中国社会科学院创新工程学术出版资助项目
中国哲学社会科学学科发展报告·当代中国学术史系列

当代中国近代史研究

CONTEMPORARY STUDIES OF MODERN CHINESE HISTORY

（1949-2009）

曾业英 主编

中国社会科学出版社

图书在版编目(CIP)数据

当代中国近代史研究(1949—2009)/曾业英主编.—北京:中国社会科学出版社,2014.11

ISBN 978-7-5161-5115-0

Ⅰ.①当… Ⅱ.①曾… Ⅲ.①中国历史—近代史—研究 Ⅳ.①K250.7

中国版本图书馆CIP数据核字(2014)第272557号

出版人 赵剑英
责任编辑 刘志兵
责任校对 李 楠
责任印制 戴 宽

出 版 中国社会科学出版社
社 址 北京鼓楼西大街甲158号(邮编100720)
网 址 http://www.csspw.cn
中文域名:中国社科网 010-64070619
发行部 010-84083685
门市部 010-84029450
经 销 新华书店及其他书店

印刷装订 三河市君旺印务有限公司
版 次 2014年11月第1版
印 次 2014年11月第1次印刷

开 本 710×1000 1/16
印 张 56.5
插 页 2
字 数 956千字
定 价 158.00元

总　　序

当今世界正处于前所未有的激烈的变动之中，我国正处于中国特色社会主义发展的重要战略机遇期，正处于全面建设小康社会的关键期和改革开放的攻坚期。这一切为哲学社会科学的大繁荣大发展提供了难得的机遇。哲学社会科学发展目前面对三大有利条件：一是中国特色社会主义建设的伟大实践，为哲学社会科学界提供了大有作为的广阔舞台，为哲学社会科学研究提供了源源不断的资源、素材。二是党和国家的高度重视和大力支持，为哲学社会科学的繁荣发展提供了有力保证。三是“百花齐放、百家争鸣”方针的贯彻实施，为哲学社会科学界的思想创造和理论创新营造了良好环境。

国家“十二五”发展规划纲要明确提出：“大力推进哲学社会科学创新体系建设，实施哲学社会科学创新工程，繁荣发展哲学社会科学。”中国社会科学院响应这一号召，启动哲学社会科学创新工程。哲学社会科学创新工程，旨在努力实现以马克思主义为指导，以学术观点与理论创新、学科体系创新、科研组织与管理创新、科研方法与手段创新、用人制度创新为主要内容的哲学社会科学体系创新。实施创新工程的目的是构建哲学社会科学创新体系，不断加强哲学社会科学研究，多出经得起实践检验的精品成果，多出政治方向正确、学术导向明确、科研成果突出的高层次人才，为人民服务，为繁荣发展社会主义先进文明服务，为中国特色社会主义服务。

实施创新工程的一项重要内容是遵循哲学社会科学学科发展规律，完善学科建设机制，优化学科结构，形成具有中国特色、结构合理、优势突出、适应国家需要的学科布局。作为创新工程精品成果的展示平台，哲学社会科学各学科发展报告的撰写，对于准确把握学科前沿发展状况、积极推进学科建设和创新来说，是一项兼具基础性和长远性的重要工作。

中华人民共和国成立以来，伴随中国社会主义革命、建设和改革发展的历史，中国特色哲学社会科学体系也处在形成和发展之中。特别是改革开放以来，随着我国经济社会的发展，哲学社会科学各学科的研究不断拓展与深化，成就显著、举世瞩目。为了促进中国特色、中国风格、中国气派的哲学社会科学观念、方法和体系的进一步发展，推动我国哲学社会科学优秀成果和优秀人才走向世界，更主动地参与国际学术对话，扩大中国哲学社会科学话语权，增强中华文化的软实力，我们亟待梳理当代中国哲学社会科学各学科学术思想的发展轨迹，不断总结各学科积累的优秀成果，包括重大学术观点的提出及影响、重要学术流派的形成与演变、重要学术著作与文献的撰著与出版、重要学术代表人物的涌现与成长等。为此，中国社会科学出版社组织编撰"中国哲学社会科学学科发展报告"大型连续出版丛书，既是学术界和出版界的盛事，也是哲学社会科学创新工程的重要组成部分。

"中国哲学社会科学学科发展报告"分为三个子系列："当代中国学术史"、"学科前沿研究报告"和"学科年度综述"。"当代中国学术史"涉及哲学、历史学、考古学、文学、宗教学、社会学、法学、教育学、民族学、经济学、政治学、国际关系学、语言学等不同的学科和研究领域，内容丰富，能够比较全面地反映当代中国哲学社会科学领域的研究状况。"学科前沿研究报告"按一级学科分类，每三年发布，"学科年度综述"为内部出版物。"学科前沿研究报告"内容包括学科发展的总体状况，三年来国内外学科前沿动态、最新理论观点与方法、重大理论创新与热点问题，国内外学科前沿的主要代表人物和代表作；"学科年度综述"内容包括本年度国内外学科发展最新动态、重要理论观点与方法、热点问题，代表性学者及代表作。每部学科发展报告都应当是反映当代重要学科学术思想发展、演变脉络的高水平、高质量的研究性成果；都应当是作者长期以来对学科跟踪研究的辛勤结晶；都应当反映学科最新发展动态，准确把握学科前沿，引领学科发展方向。我们相信，该出版工程的实施必将对我国哲学社会科学诸学科的建设与发展起到重要的促进作用，该系列丛书也将成为哲学社会科学学术研究领域重要的史料文献和教学材料，为我国哲学社会科学研究、教学事业以及人才培养作出重要贡献。

王伟光

序

中国社会科学出版社计划出版“中国哲学社会科学学科发展报告”，这对传承我国学术史研究的历史传统，繁荣发展哲学社会科学具有重要的意义。

一

“中国哲学社会科学学科发展报告”（以下简称“报告”）是近几年中国社会科学出版社吸取了我国哲学社会科学界专家学者的建议，经过广泛深入的学术咨询和学术研讨，才确定的重要出版项目。

“报告”涉及历史学、考古学、文学、哲学、美学、宗教学、逻辑学、法学、教育学、民族学、经济学、国际政治学、国际关系学、敦煌学、语言学、简帛学等不同的学科和研究领域，内容丰富，能够比较全面地反映当代中国哲学社会科学领域的研究状况。“报告”执笔者均为国内知名的学科带头人，在相关领域有长期深入的研究，这支作者队伍是“报告”质量的重要保证，也折射出中国社会科学出版社对这套“报告”立项的重视。

“报告”包括三部分内容：一、当代中国学术史；二、年度综述；三、前沿报告。最近出版的是当代中国学术史的部分成果，展示了新中国特别是改革开放以来哲学社会科学相关领域建设与发展的状况，是对该时期相关学科发展历程与收获的检阅与巡礼，反映了中国哲学社会科学各个学科进步的内在动力和创造，实际上是一部规模恢弘的中国哲学社会科学学科发展史，必将为中国哲学社会科学的学科发展奠定良好基础，有力促进其繁荣与发展。

二

在我国，学术史撰写具有悠久的历史传统和鲜明的特色。“学术”一词，先秦典籍已有（如《礼记》等），有时被简称为“学”，如“世之显学，儒墨也”（《韩非子·显学》）、“论学取友”（《礼记·学记》）等。“学术”概念的内涵，历来学者们多有探讨。在中国学术史上，人们对“学术”的理解和界定是多元的，很难用一种固定的含义来把握，但是又具有相对稳定和明晰的意义。“学术”自然含有“学”与“术”两方面的内容，用今天话说既有理论意义，又有实践作用；“学”与“术”在中国传统学术观念中是不可分割的，所以被《庄子·天下》称作“道术”。梁启超、钱穆先生各自都撰有学术史著作，其“学术”比较接近班固《汉书·艺文志》的某些内容，相当于今天我们所说的“观念文化”，涵盖哲学、经学、史学等的思想观点、理论体系和研究方法。梁启超曾在《学与术》一文中，根据体用原则对“学”与“术”的关系作了发挥，认为“学者术之体，术者学之用。二者如辅车相依而不可离。学而不足以应用于术者，无益之学也；术而不以科学上之真理为基础者，欺世误人之术也”（《饮冰室文集》之二十五下），就具有近现代学术的基本风貌和精神，体现了学术史的时代性。

先秦时期的《庄子·天下》、《荀子·非十二子》（当然，也有学者根据《韩诗外传》所引，认为是《非十子》，如章学诚等）、《尸子·广泽》、《吕氏春秋·不二》、《韩非子·显学》等都是我国古代学术史的经典作品。

《庄子》称“道未始有封”（《齐物论》）、“道术无乎不在”（《天下篇》）、“无所不在”（《知北游》），都在强调道具有普遍性和无限性，并且寓于万物中，不能瞬息离开万物。《天下篇》还简明扼要地勾勒了先秦学术史的演变脉络，即“神巫之学”、“史官之学”到“百家之学”的过程，“天下多得一察焉以自好”、“道术将为天下裂”正反映了春秋战国时期学术分化、发展与演进的史实，即由“官师合一之道”、“官守学业”到“私门著述”（章学诚《校雠通义·原道》）的变化历程。这些论述都具有深邃的学术视野，有助于后人研究先秦时期的学术史。还有，《荀子·非十二子》集中论述了先秦它嚣魏牟、陈仲史鳍、墨翟宋钘、慎到田骈、惠施邓析、子思孟轲共十二子的学术内容与弊端，表彰仲尼子弓、舜禹之道，主张“上则法舜禹之制，下则法仲尼子弓之义，以务息十二子之说，如是则天下之害除，仁人之事毕，圣王之迹著矣”。《吕氏春秋·不二》指出“老聃贵柔，孔子贵仁，墨翟贵廉（疑应为‘兼’），关尹贵清，子列子贵虚，陈骈贵齐，阳生贵己，孙膑贵势，王廖贵先，兒良贵后”的学术差异，希望能够从不同的学术见解中找出其相同点。《韩非子·显学》比较详细地描述了儒墨两派显学的发展状况，保留了“儒分为八，墨离为三”的儒墨学派演变的资料，为后人研究指出了方向。不过，韩非重点批评的是“愚诬之学”，认为“无参验而必之者，愚也；弗能必而据之者，诬也”，强调“参验”的重要性。

从先秦学术史资料中可以看出，“和”是有差别（矛盾）的统一性，而“同”则是无差别的统一性。孔子明确地指出，他自己主张“和”而反对“同”。在以孔子为代表的儒家思想的影响下，中国古代学术史要求从不同的学术思想派别中找到它们的统一性，这个目标促使中国古代学术思想既重视研究事物的相异面，又要找到它们之间的统一性，这是中国古代学术史能够持续发展的方法论和认识论的理论依据。

《史记·太史公自序》载司马谈《论六家要旨》，从《易大传》“天下一致而百虑，同归而殊途”开端，分述阴阳、儒、墨、名、法、道德六家学术要旨，认为它们都有共同的目标，只不过出发点不同，理论的深浅有别。在分类上，以各家各派的派别名称取代具体的代表人物，是学术史发展的必然趋势，评论褒贬有度，反映了当时学术发展的趋势。西汉末刘歆《七略》，也是重要的学术史作品，后被吸收进《汉书·艺文志》中。《汉书·艺文志》历来受到学者们的重视，曾被清代学者章学诚称为“学术之宗，明道之要”（《校雠通义·汉志六艺》）。《七略》、《汉书·艺文志》最重学术源流，对后世学术史影响很大。我国古代正史中的《艺文志》（或《经籍志》）、《儒林传》等包含了丰富的学术史内容，成为学术史研究的重要资料。

从宋代开始，出现了以学派为主的学术史典籍，如南宋朱熹《伊洛渊源录》（这是学案体学术史的开创之作），明代周汝登《圣学宗传》，明末清初孙奇逢《理学宗传》等，均具备以学派为主勾勒学术思想演变的雏形。《伊洛渊源录》收录周敦颐、二程、邵雍、张载及程门高足的传记与时人评价，贯穿着洛学学派的学术思想，邵、张仅被视为洛学的羽翼，这一点未必准确。《圣学宗传》欲会通儒释，后被黄宗羲等批评。《理学宗传》虽网罗学派较多，但以程朱、陆王为主贯穿学术史。可见在学术史上真正会通各个学派并不是一件轻而易举的工作。

清朝初年，黄宗羲《明儒学案》和黄宗羲、全祖望等《宋元学案》则是学案体学术史的集大成者。《明儒学案》是一部系统的成熟的学案体学术思想史著作，侧重分析各家学术观点，“为之分源别派，使其宗旨历然”(《明儒学案·序》)，体例上以“有所授受者分为各案，其特起者，后之学者，不甚著者，总列诸儒之案”(《明儒学案·发凡》)，按照人物学术思想异同划分学派归属，处理学案分合。《宋元学案》出于多人之手，经历曲折，但卷帙浩大，资料丰富，注重人物之间的师承关系，并将其作为认定学派的主要依据。这种注重学术宗旨、学派传承的研究方法，对清代江藩《国朝汉学师承记》、《国朝宋学渊源录》等都多有影响。

在我国近代，有些学者自己撰述学术史著作，其中有些成为传世之作，如梁启超《中国近三百年学术史》、《清代学术概论》，钱穆《中国近三百年学术史》等。他们所阐述的“学术”，包含对中国传统思想文化的理解，也包括关于现实政治思想的评价等，具有综合性的特色。20世纪末、21世纪初，我国学人力图恢复这个传统，在新的起点上进行关于中国学术史著作的撰述。

今天我们看到以“学术史”命名的著作已有若干种，有的偏重于中国文明起源的研究；有的着重典章制度源流演变的探讨；还有的侧重历史文献和出土文献的考察。这些毫无疑问都属于“学术”范畴，从不同的角度和学科去研究具体学科的演变，总结学术经验与教训，为学科学术的未来发展提供借鉴，无疑是一件有意义的事情。

三

我国历史上的学术史传统源远流长，它是中华文化的智慧结晶和文化宝藏。无论是序跋体、传记体、目录体、笔记体、学案体、章节体、学术编年体等，中国学术史的优秀传统大体上可以归纳为：

1. 重视文献资料考订，坚持“明道之要”的学术原则。学术史著作重视文献资料考订，将学术史建立在可靠的资料基础上，这是学术史研究的基础。前贤在梳理学术史时，除强调实事求是，斟酌取舍，重视无征不信外，还主张“学”与“术”的结合，既重视文献资料的整理爬梳，又重视文化意义与学术精神的彰显弘扬。这就是学术史著作有关于“明道之要”(《校雠通义·原道》、《校雠通义·补校汉艺文志》)的原因。《明儒学案》主张学术史研究要努力反映各种学术体现“道”的宏大与无所不包，“学术之不同，正以见道体之无尽”，并以大海与江河等关系为例：“夫道犹海也，江、淮、河、汉以至泾、渭蹄涔，莫不昼夜曲折以趋之，其各自为水者，至于海而为一水矣”（《明儒学案·序》）。江淮河汉虽各有曲折，但都同归于海；学术虽有学派的不同，但都是道的体现。

2. 注重学术变迁的源流和发展脉络考察。“辨章学术，考竟源流”（《校雠通义·焦竑误校汉志》）一直是学术史的传统。如在《庄子·天下》、《荀子·非十二子》以及《史记》史传作品的影响下，探讨学术流变的传承变化，成为学术史的重要内容和特色，《七略》、《汉志》重学术源流后成为学术史著作的通例。

3. 重视对于学术史中不同学派特色的研究，揭示它们在中国学术史上的独特贡献。在对学派学术特色把握的基础上，重视研究不同学派间思想的差异与融合，则是学术繁荣和发展的生命。战国时期诸子百家之学的争辩交融，汉唐宋元时期儒、道、佛三教的发展与融合，明清时期中学与西学的会通，均深藏着相反而相成的学术精神。清初，黄宗羲、全祖望撰《宋元学案》，以理学家为主干，但并不排斥其他学派的学者，如永嘉学派的陈亮、叶适，王安石新学，苏氏蜀学，强调不同学派的交流影响，相反相成，正如黄宗羲主张的：“有一偏之见，有相反之论，学者于其不同处，正宜着眼理会，所谓一本而万殊也。以水济水，岂是学问！”（《明儒学案·发凡》）

4. 继往开来，重视学术创新与进步。中国古代学术著作，在梳理学术流变的过程中，侧重学术的继往开来，袭故弥新，“以复古为解放”（《清代学术概论》）。不夺人之美，不隐人之善，否则，将被视为“大不德”（《清代学术概论》）。《四库全书总目》在一定程度上吸收了当时的研究成果，订正某些缺失，提要穷本溯源、辨别考证，展现了学术史的发展脉络和成果。正是这种订正增补，反复斟酌，使学术史长河滔滔不息，绵延两千多年而不绝，即使在民族遭遇重创的危机关头，中华文化中卓著的学术精神依然能够鼓励世人勇挑重担，成为民族发展的脊梁，正因为如此，学术兴替往往被视作民族精神生死存亡的大事。

5. 学术史带有明显的整体性、综合性、学术性，力求将学术思想、政治、经济、文化思想等熔于一炉，避免支离破碎。《庄子·天下》说：“后世之学者，不幸不见天地之纯，古人之大体，道术将为天下裂。”《天下篇》的作者看到关于天地的整体学术被分裂为各个不同的部分，“譬如耳目鼻口，皆有所明，不能相通”，这很有见地。古代因为还没有现代意义的学科观念，传统的经史子集提供了更多融通交流的机会和可能，使传统的学术史研究能够注重整体性、综合性、学术性，并具有浓郁的民族文化的特色，又有很强的时代性。

四

中国古代学术史是我们宝贵的思想文化财富，在新时代如何吸收其优长，从更加开阔的学术视野出发，不仅看到思想史上学派间的差异，更加着力研究“差异”是如何转化为“融合”、“会通”的。如果我们能够在这方面进行细致的梳理研究，找出“融合”的关节点，以及“会通”与“创新”的关系，也许这是克服学术史研究中某些概念化、公式化的有效途径，使学术史研究更加具体、实在，逐步接近于学术史的原貌。

中国古代学术史重综合、完整与学术的特征在今天仍然具有时代意义。虽然现在的哲学社会科学主要是分门别类的研究，当然这是学科分化与发展的标志，但是由此而带来的学科分离与隔绝，则是学者们需要关注的问题。学科间的会通，是学科发展特别是交叉学科、跨学科、新兴学科产生和发展的关键。在西方，自文艺复兴以后，人文社会科学的发展，得益于经济学、社会学、地理学、人类学、心理学、人口学、语言学等学科的交流和相互借鉴，而且与自然科学的发展紧密相关，这个经验值得借鉴。

我国哲学社会科学的发展，需要学科间的交融（交叉融合），为此，可首先从不同学科的学术史研究着手，任何一门学科的学术史必然与其他学科有关，因此，对于学术史的研究，无疑为哲学社会科学各门学科之间的交叉与融合奠定了基础。可喜的是，当代中国学人已成功撰写了不少学术史著作，为我国哲学社会科学理论创新体系的建设提供研究成果。

“中国哲学社会科学学科发展报告”的出版，肯定会为我国哲学社会科学的繁荣和发展作出新的贡献。

2010 年 7 月 16 日

撰写人员及分工

曾业英（中国社会科学院近代史研究所研究员）	《前言》，第一章《概述》，第三章《晚清政治史》第三节，第二十三章《近代史资料的整理与出版》第三节
张海鹏（中国社会科学院近代史研究所研究员）	第二章《理论与方法问题》
姜　涛（中国社会科学院近代史研究所研究员）	第三章《晚清政治史》第一、二节
汪朝光（中国社会科学院近代史研究所研究员）	第四章《中华民国史》
虞和平（中国社会科学院近代史研究所研究员）	第五章《经济史》
刘　统（上海交通大学历史系教授）	第六章《军事史》
茅海建（华东师范大学历史系教授）	第六章《军事史》
龚书铎（北京师范大学历史学院教授）	第七章《思想史》
董贵成（北京师范大学历史学院教授）	第七章《思想史》
邱　涛（北京师范大学历史学院副教授）	第七章《思想史》
刘志琴（中国社会科学院近代史研究所研究员）	第八章《文化史》
胡逢祥（华东师范大学中国史研究所教授）	第九章《史学史》第一、二节
刘俐娜（中国社会科学院近代史研究所研究员）	第九章《史学史》第三、四节
侯中军（中国社会科学院近代史研究所副研究员）	第十章《中外关系史》

杨婉蓉(中国社会科学院近代史研究所历史学博士)	第十章《中外关系史》
王先明(南开大学历史学院教授)	第十一章《社会史》
何一民(四川大学城市研究所教授)	第十二章《城市史》
刘晶芳(中共中央党校教授)	第十三章《工人运动史》
郑永福(郑州大学历史学院教授)	第十四章《妇女史》
吕美颐(郑州大学历史学院教授)	第十四章《妇女史》
李玉琦(中国青少年研究中心研究员)	第十五章《青年运动史》
夏春涛(中国社会科学院马克思主义研究院研究员)	第十六章《太平天国运动史》
王　杰(广东省社会科学院研究员)	第十七章《孙中山研究》
章开沅(华中师范大学教授)	第十八章《辛亥革命史》
张建军(内蒙古师范大学历史文化学院教授)	第十九章《北洋军阀史》
杨奎松(华东师范大学历史系教授)	第二十章《中共党史》
荣维木(中国社会科学院近代史研究所编审)	第二十一章《抗日战争史》
马　勇(中国社会科学院近代史研究所研究员)	第二十二章《人物研究》
庄建平(中国社会科学院近代史研究所编审)	第二十三章《近代史资料的整理与出版》第一、二节
雷　颐(中国社会科学院近代史研究所研究员)	第二十四章《海外中国近代史研究著作的译介》第一、二节
杜继东(中国社会科学院近代史研究所编审)	第二十四章《海外中国近代史研究著作的译介》第三节

目　　录

前　言

十多年前的1999年，我任中国社会科学院近代史研究所主办的《近代史研究》杂志主编期间，为纪念新中国诞生50周年，也为中国近代史研究者能在即将到来的21世纪的研究工作中有所遵循和鉴戒，曾与黄春生、徐秀丽两位副主编商议以“50年来的中国近代史研究”为主题，于这年的第5期推出一期专刊。随即拟定中国近代史研究的理论与方法、晚清政治史，以及中国近代经济史、文化史、思想史、社会史、城市史、妇女史、青年运动史、工人运动史、中外关系史、中华民国史、中共党史等24个专题，约请内地一批研究有素的专家撰写学术回顾文章，总结过去，展望未来，以推动中国近代史研究的健康发展，并得到众多知名专家的支持。后因每期刊物的篇幅有限，无法一次容纳全部来稿，原定第5期的《近代史研究》仅刊发了其中16篇，其他8篇便与这16篇一起结集成《五十年来的中国近代史研究》一书，交上海书店出版社出版了。

这期《近代史研究》和《五十年来的中国近代史研究》一书出版后，引起历史学界特别是青年学子的广泛关注。《近代史研究》出版后，不少读者致函编辑部要求邮购，有的高校历史系学生甚至人手一册地购买，使这期刊物成了多年来发行量最大的一期。《五十年来的中国近代史研究》一书初版于2000年4月，2002年7月出了第2版。2003年8月，或许因为这是新中国第一本较为系统介绍新中国的近代史研究概况的著作，又被国务院批准的高等教育211工程“十五”建设重点项目之一的“高校经典教材数字图书馆工程”列为入选书目，由上海书店出版社制成电子图书，供100所“211工程”高校、400所有研究生培养任务的高校和1000所普通高校的师生网上阅读。2008年10、11月，我在台北访查史料期间，也听到多位台湾同行朋友谈起此书，说“这边也卖得很好”，问我“有无兴趣继续做下去”。看来，这书对人们学习、研究中国近代史还是有所帮助的。这是我十多年后的今天，仍然乐于重操旧业，编辑这本《当代中国近代史研究（1949—2009）》的主要原因。

本书由《五十年来的中国近代史研究》一书修订、增补而成。除了由我将各专题统一改成章节体外，主要是在内容上增加了“概述”一章和各章1999年以后的研究概况，有的还写到了2012年。对于1999年之前的研究概况，有些章节也作了较大的修正和补充。而对研究概况的介绍则主要坚持了以下原则：一是由于本书篇幅有限，不能事无巨细，一一介绍研究者涉及的所有问题，因而只能重点介绍重大事件、重要人物和在某一领域研究得相对集中、相对充分，而且是持之有故、言之成理、叙事详尽的研究成果。二是客观介绍研究者提出的有代表性的观点。对有分歧的问题，同时介绍各种不同的观点，力求避免只介绍，或多介绍自己赞同的观点和支持自己意见的观点，不介绍，或少介绍自己不赞同的和不支持自己意见的观点。三是对于某些在学术界和社会上影响较为广泛的有代表性的观点，酌情介绍研究者所持的主要理由和关键性的事实根据。四是对以往研究中的成败得失和未来前景适当作些实事求是的评述和切实可行的展望。当然，凡事说来容易做来难，虽然尽可能如此做了，但在读者看来，很可能觉得实际并不尽如人意，那就只好恳祈多加曲谅了。

至于其他方面则一仍《五十年来的中国近代史研究》的旧例，未作统一要求和改动。如在内容方面，保留了该书的23个专题，仅“教育史”一章，由于原作者王炳照先生已经故去，其他学者又不便续貂，只好忍痛割爱。在作者方面，绝大部分还是该书的原作者，唯“社会史”“北洋军阀史”“史学史”等少数几章，因多种原因或更换了作者，或增加了新的作者。在体例方面，本着尊重作者多元选择的原则，除了将每个专题改为一章外，各章的具体写作体例均未作统一处理：有的按问题性质分节，有的依时间为序分节；有的侧重于观点介绍，不加评论，有的观点介绍与评论并举；有的以介绍专著为主，有的以介绍论文为主，有的二者兼而不废，相对全面。在文字表述方面，有的以自我叙述为主，不多加引用，有的引用多于自我叙述；等等。

需要特别说明的是，为统一各章体例，我为一些没有拟定分节标题，仅以“一、二、三”之类的数字划分段落的篇章代拟了分节标题，并酌情调整了一些篇章的分节标题。为平衡章节间的字数，还对个别篇章作过一些删节，有的删节得较大；有的推倒重来，进行了整体改写；其他大多数则主要是对个别史实作修订和增补。这方面如有什么不妥，均与原作者无关，当由本人负责。不过，我也保留了个别篇章中就一部专书的整体要求来说，似不宜保留的部分稍显重复的内容，没有将其一并删去。这是因为：（1）当初设计篇章时，忽略了有些篇章存在部分史事重叠的现象，已难以绝对避免；（2）本书虽由 24 章组成一个整体，但各章又事实上单独成篇，须适当兼顾各章的独立性、完整性和内在逻辑性；（3）它们虽稍有重复，但各自重点不同，详略不一，可互为补充。此外，本书所介绍的研究概况，大多均直接来源于相关原始论著，且详细标明了出处，读者可径直查考。而涉及的人物又有限，记载也相对集中，因此，为节约篇幅，不再另列人名索引。

本书得以顺利出版，首先要感谢各位专家的热情赐稿，其次要感谢中国社会科学出版社慨允纳入《中国哲学社会科学学科发展报告》大型丛书系列出版，第三还要感谢该社张小颐、刘志兵两位先生的指导，特别是刘志兵先生在文字简洁、注释规范、规制把握和编纂主要参考文献等方面所付出的辛勤劳动。无奈我学识浅薄，能力有限，挂一漏万，甚至错落真知灼见之处，在所难免，竭诚欢迎专家学者和读者朋友批评指正。

曾业英
2013 年 10 月于中国社会科学近代史研究所

第一章
概　述

中华人民共和国成立至今，已度过60多个春秋。60多年来，中国近代史研究由先前中国历史研究中最为薄弱，甚至不被人们视为“学问”的研究领域，发展成今日中国历史学界公认的已建立自己的科学体系的分支学科，呈现出前所未有的繁荣局面，这是有目共睹的。然而，同样有目共睹的是在国内外各种因素的影响下，它的发展也不是一帆风顺的，与整个中国社会科学的发展一样出现过这样那样的问题，遭受过严重的挫折，经历了一个曲折的过程。简略回顾一下这一曲折过程，对今后的中国近代史研究的发展，无疑是必要的，也是有益的。

第一节　初期发展

新中国成立后，中国近代史研究受到中央人民政府特别是它的最高领导人——中国革命的杰出领袖毛泽东的高度重视。

早在1950年5月1日，新中国诞生刚刚半年，中央人民政府就在华北大学历史研究室的基础上，建立了一个由马克思主义历史学家范文澜任所长的中国近代史研究所。这是新中国成立后在人文社会科学领域建立的第一个研究所。1953年9月，依据中共中央宣传部的提议，经中共中央设立的“中国历史问题研究委员会”议决，以历史研究所第三所的名义正式划归全国科学研究中心——中国科学院。不久恢复原名，改称中国科学院近代史研究所，并由此演变为今天的中国社会科学院近代史研究所。该所草创之际，研究人员并不多，不过10余人，主要成员都是一些中国共产党民主革命时期培养起来的历史研究者，后来陆续吸收了一批旧中国高等院校或科研机构有成就的从事历史研究的老专家，以及新中国自己培养出来的青年历史研究工作者，很快就发展到了100多人，成了内地中国近代史研究的重镇。其间，还有不少省、市、自治区，如上海、天津市和湖南、广东等省也成立了历史研究所，其中不少人是研究中国近现代史的。此外，众多高等院校历史系都设有中国近现代史教研室，聚集了一大批中国近代史的教学研究人员。仅仅10多年，总计中央与各省、市、自治区研究机构及高等院校历史系的中国近代史研究人数，可以毫不夸张地说，已远远超过了旧中国，足见新中国对中国近代史研究的重视。

在中央和各级地方政府的大力支持，以及广大研究工作者的共同努力下，这一时期的中国近代史研究在以下三方面取得了显著的进展。

首先是初步建立了独立的科学的中国近代史学科体系。长期以来，包括中国近代史在内的中国历史学未能走上科学的道路，总是以统治者的“英明”“圣贤”与否来解释国家的兴亡和社会的盛衰，用各种唯心主义谬说来掩盖阶级斗争的事实。虽然中国资产阶级民主派的历史学家也在疑古辨伪的口号下，批判过帝王家谱式的传统历史观和历史体裁，对中国历史学的发展起过一定的进步作用，但由于他们始终否定生产力对历史进程的决定作用，因而也否定阶级斗争在历史上的作用，仍然无法揭示中国近代历史的真相。新中国成立后，广大中国近代史研究者通过学习马克思主义唯物史观和阶级分析的方法及研究实践，明确了“一切社会的历史都是阶级斗争的历史”，虽然对中国近代史上的某些具体问题也存在这样那样的不同认识，但对中国近代史的上下时限、基本线索和研究方法等学科体系问题的认识则基本趋于一致。大多认同中国近代史上起1840年的鸦片战争，下迄1919年的五四运动（改革开放后，随着研究的深入，下延至1949年新中国的成立）；中国近代社会的性质是半殖民地半封建社会，其基本任务是反帝反封建斗争。因此，中国近代史研究的基本线索应是中国人民的反帝反封建斗争运动及其发展，而马克思主义唯物史观和阶级分析方法则是它的根本方法。充分反映和展示这一学科体系的代表著作有三种：第一、第二种是1962年出版的大学历史系中国近代史教学用书，分别为中国科学院院长郭沫若主编、中国科学院近代史研究所副所长刘大年组织本所研究人员集体编写的《中国史稿》第四册，北京大学翦伯赞主编、邵循正和陈庆华编写的《中国史纲要》第四册；第三种是胡绳编著的《从鸦片战争到五四运动》，它虽然出版较晚，1981 年才面世，但其体系与以上二书并无差异。

其次是搜集、整理、出版了一批中国近代史的基本资料，为中国近代史研究的发展奠定了坚实的基础。史料是历史研究的核心和基础，没有史料，历史研究就无从谈起。因此，由“中国历史问题研究委员会”议决成立的中国史学会，还在筹备阶段就把搜集、整理、出版中国近代史的基本资料列为自己的头等大事。1949 年 7 月，新中国成立前夕，负责筹备中国史学会的范文澜已开始谋划这方面的工作了。他提出要编辑《中国近代史资料丛刊》，组织历史学家对近代重大历史事件分别编辑专题资料，陆续出版。趁 1950 年纪念义和团运动 50 周年之机，由翦伯赞主持编辑、出版了《义和团》专题资料一种。1951 年 7 月中国史学会正式成立后至 1959 年，按计划先后编辑、出版了《太平天国》《回民起义》《戊戌变法》《鸦片战争》《中法战争》《中日战争》《辛亥革命》《捻军》《洋务运动》等专题资料 10 种，其中多者八册，二百几十万字，少者四册，也有一百几十万字，可说是新中国成立初期中国历史学界编辑出版的规模最大的一套资料集。1954 年又在中国科学院近代史研究所创办《近代史资料》杂志，专门刊发中国近代史资料。与此同时，在中国史学会的统一规划下，中国科学院经济研究所严中平等众多经济史学家也开始了中国近代经济史资料的编辑工作，先后出版了包括《中国近代经济资料选辑》《中国近代工业史资料》《中国近代农业史资料》《中国近代手工业史资料》《中国近代对外贸易史资料》《中国近代铁路史资料》《中国近代航运史资料》《中国近代外债史统计资料》《旧中国公债史资料》等在内的《中国近代经济史参考资料丛刊》，包括《中国海关与滇缅问题》《中国海关与英德续借款》《中国海关与义和团》等在内的《帝国主义与中国海关资料丛编》，包括《北京瑞蚨祥》《上海民族橡胶工业》《上海市棉布商业》《上海民族机器工业》《上海民族火柴工业》《上海民族毛纺织工业》《永安纺织印染公司》《旧中国机制面粉工业统计资料》等在内的《中国资本主义工商业史料丛刊》，包括南洋兄弟烟草公司、荣家企业、刘鸿生企业等专题资料在内的《上海资本主义典型企业史料》丛书。这些丛刊、丛编都是经过专家学者认真筛选，具有相当参考价值的近代政治、经济史资料，至今仍为中国近代史研究者广泛引用。需要说明的是，这些还仅仅是其中几种比较突出的大型资料集，限于篇幅，其他如罗尔纲主持编纂的《太平天国史料丛编简辑》、全国政协编辑的《辛亥革命回忆录》、军事科学院编辑的《中国人民解放军第二次国内革命战争时期资料选编》和《中国人民解放军第三次国内革命战争时期资料选编》等众多篇幅不一的资料集，不能在此一一列举。但是，仅此已足可说明中国近代史研究者这时对资料建设的重视和在这方面所取得的成就是不容置疑的。

最后是对帝国主义侵华史、太平天国农民运动、辛亥革命、资本主义经济等中国近代史上的重大事件及专题进行了比较系统、深入的研究。关于帝国主义侵华史，首先面世的是刘大年的《美国侵华史》、钦本立的《美帝经济侵华史》。随后又出版了丁名楠等人集体编著的《帝国主义侵华史》第一卷，该书虽然只写到中日甲午战争，但对晚清各主要资本主义国家"压迫中国，反对中国独立，阻碍中国社会进步的历史"，作了比较全面和系统的"综合叙述"。太平天国农民运动是这一时期研究进展最为显著的领域，发表论著最多。以当时主要历史类学术刊物《历史研究》的刊文为例，1966 年"文化大革命"之前，《历史研究》发表中国近代史各类专题论文约 113 篇，有关太平天国研究的 65 篇，占各类总数的 57.52%，几乎是 2/3 了。[①] 专著方面，出版了罗尔纲撰写的纪传体通史《太平天国史稿》及《太平天国史记载订谬集》《太平天国史事考》《太平天国史料辨伪集》《天历考及天历与夏历公历对照表》《太平天国史料考释集》《太平天国文物图释》《太平天国史迹调查集》7 种在史事考证方面取得重大进展的文集。辛亥革命史的研究成就虽不及太平天国，但从"文化大革命"前《历史研究》所发表的论文数量来看，也达到 22 篇，居于第二位。[②] 更重要的是在研究方向和重点方面发生了重大变化，不再像旧中国的史学那样仅仅侧重于孤立的政治事件的叙述和少数知名人士的个人活动的研究，转而强调经济背景和阶级关系的探讨、强调人民群众的地位和作用了，把辛亥革命看作是清末社会主要矛盾激化的产物，从而大大丰富了辛亥革命史的内容，有助于恢复它的本来面目。至于对资本主义经济的研究，首先是研究成果丰硕，"文化大革命"之前，仅出版的重要专著就多

① 参见本书第 82 页。
② 参见本书第 82 页。

达61种，如吴杰的《中国近代国民经济史》、尚钺的《中国资本主义关系发生及演变的初步研究》、吴承明的《帝国主义在旧中国的投资》、魏子初的《帝国主义与开滦煤矿》、傅筑夫等人的《中国原始资本积累问题》、周秀鸾的《第一次世界大战时期中国民族工业的发展》、张郁兰的《中国银行业发展史》、杨培新的《旧中国的通货膨胀》，等等。[①] 其次是开辟了许多新的研究领域，如关于资本原始积累、民族市场、民族资产阶级和买办资产阶级、农产品商品化、新民主主义经济、少数民族经济，以及太平天国、戊戌维新、辛亥革命对经济发展的影响等问题，都是这时才引起研究者重视，而且取得了一定进展的新课题。

这一时期的中国近代史研究之所以能取得如此显著的进展，除如前所说有中央和各级地方政府的重视外，还有以下几个重要原因。

一是有个相对安定的读书研究时间。任何一项科学研究，要想取得成功，都必须在研究对象和研究者自身两方面具备一定的条件。对于中国近代史研究而言，前者最要紧的是要解决一个理论、方法问题，一个资料问题。如前所说，既已确立了马克思主义唯物史观和阶级分析方法，又有了一定的资料准备，自然不是什么问题了。关键是后者，即中国近代史研究者有无积极性，有无不受其他无关之事的干扰而专心治学的时间问题。中国革命的胜利，新中国的成立，洗刷了百余年来帝国主义强加给中国人民的屈辱，基本结束了国家的分裂和战乱状态，中国近代史研究者，无论是新中国成立前素负盛名的老专家，还是之后成长起来的新生力量，都与全国人民一样无不欢欣鼓舞，无不希望为发展新中国的科学文化事业贡献最大力量，积极性空前高涨，这是毋庸置疑的。因此，真正的关键便只有一个，那就是有无读书研究的时间了。“文化大革命”之前，特别是20世纪50年代前期，中共中央虽然也开展了一次又一次的打退所谓资产阶级思想进攻的思想批判运动，强调社会科学研究人员必须改造世界观，因而研究工作常要为思想批判运动让路，以致中断研究之事也时有发生，但是，相对此后而言，毕竟时间较短，规模不大，仍可说是个相对安定的时期。许多研究者凭着自己对新中国文化建设的一颗赤诚之心和对中国近代史研究的热爱，利用这一相对安定的环境，以坚强的意志和毅力，抓住一切可以利用的时间，孜孜不倦地从事着自己的研究工作，应是这一时期中国近代

① 参见本书第123页。

史研究取得显著进展的原因之一。

中国近代史研究在这一时期取得显著进展的另一原因，是大致贯彻了“百花齐放，百家争鸣”的方针。1953 年 8 月，毛泽东为推动历史研究工作的发展，亲自为即将创刊的《历史研究》杂志提出“百家争鸣”的办刊方针。1956 年 5 月 2 日，又在最高国务会议上的讲话中正式宣布，在艺术和科学领域要“百花齐放，百家争鸣”。他说：“社会科学，也有这一派、那一派，让他们去谈。在刊物上、报纸上可以说各种意见。”[①] 这是一个意义深远的方针，不仅最大限度地调动了广大科学工作者的积极性，而且是发展科学的必由之路。因为只有经得起不同观点自由讨论的学术观点，才可能是站得住脚的真理。纵观这一时期的中国近代史研究，相对于此后的“文化大革命”时期，自由讨论的空气还是比较浓厚的。例如，1954 年胡绳在《历史研究》上发表《中国近代历史的分期问题》后，便立即引起了一场热烈的讨论，持续时间竟长达三年多。据 1957 年新华社发布《中国近代史分期讨论告一段落》的消息时统计，三年来共发表相关论文 24 篇。以时间如此之长、人数如此之多的规模集中讨论一个历史问题，这在迄今为止的中国近代史研究史上，似乎是绝无仅有的。又如，1961—1962 年姜铎在上海《文汇报》上发表《试论洋务运动对早期民族资本的促进作用》《试论洋务运动的经济活动和外国侵略资本的矛盾》等文之后，也很快引起一场不同学术观点的激烈争论。对姜铎的看法，有反对的，也有持中间立场的，赞成反对各半的，体现了中国近代史研究者当时为追求真理，畅所欲言，各抒己见的良好风范。即使 1963—1964 年戚本禹在《历史研究》上发表《评李秀成自述》和《怎样对待李秀成的投降变节行为?》两文之后，也仍有学者站出来发表不同意见。虽然这些学者为此受到过政治批判，但那是后来“文化大革命”中的事，并不发生在当时，不能以此完全否定这次讨论的“争鸣”意义。诸如此类的事例，都说明这一时期的“双百”方针还是贯彻得比较好的，对推动当时的中国近代史研究发展起了重要的促进作用。

这一时期的近代史研究取得显著进展，还有第三个原因，就是一批德高望重的老一辈历史学家发挥了引路人的重要作用。因为这一时期的近代

① 转引自逄先知、金冲及主编《毛泽东传》（1949—1976）上，中央文献出版社 2003 年版，第 486、492 页。

史研究不只表现为取得了显著进展，还表现为也存在一定的问题，甚至错误倾向，必须及时克服和纠正。如革命战争年代，由于可以理解的原因，任何工作都必须服从于推翻蒋介石国民党政权，为建设新中国扫清道路这个根本任务，一些历史学家曾运用历史学作为对敌斗争的工具，对包括蒋介石在内的历史上的统治阶级的活动采取一律骂倒的态度，甚至借用某些历史现象影射当时的蒋介石和国民党，这种现象有无检讨的余地和必要？又如对于马克思主义理论，是学习、领会它的精神实质，还是采取教条主义的态度，盲目照搬本本？等等，都是需要及时纠正的带有方向性的问题。何况随着形势的发展，还随时可能出现新的问题。在此情况下，有无正确的引路人，对于研究工作的顺利开展就至关重要了。幸运的是，这时还有一批德高望重的老一辈历史学家，如郭沫若、范文澜、翦伯赞等人不但身体健康，而且尚能正常发挥引路人的作用。他们不但看到了此类问题的存在，还及时以对科学事业高度负责的精神，运用他们丰富的学识和经验，频频著书为文，发表讲话，为中国近代史乃至整个学术研究指明方向。

以范文澜为例。早在 1950 年，他就开始以实事求是的科学精神和高度的自我批评精神，审视自己的旧版《中国通史简编》和《中国近代史》了，并公开发表自我检讨文章，希望引起大家的批评。范文澜在检讨文章中说，对于整个封建时代的历史和个别历史人物，都应该采取马克思主义的历史分析态度。无分析的一律抹杀和一律颂扬，都是主观主义的非历史主义的表现。又说，有些地方因为“借古说今”，也损害了实事求是的历史观点。他所说的“借古说今”，在《中国通史简编》中，是借吴蜀联合类比抗日民族统一战线，借孙权类比国民党反动派破坏统一战线，借武则天斥责国民党的特务统治；在《中国近代史》中，则是借鸦片战争时道光皇帝的“求降难”骂蒋介石。[①] 范文澜这种实事求是、勇于自我批评的精神，为历史学界树立了一个光辉的榜样。1954 年，他针对一些历史研究者常常被马克思主义经典作家的个别论断所束缚的情况，特地写了一篇《试论中国自秦汉时成为统一国家的原因》，从中国历史的实际出发，认为汉民族在秦汉时已逐渐形成，而不是如斯大林所说，必须到资本主义时代才

① 参见刘大年《范文澜与历史研究工作》，《刘大年史学论文选集》，人民出版社 1987 年版，第 535—537 页。

能形成民族，为反对照搬本本的教条主义做了一次具体示范。1957 年，他在北京大学历史系的一次讲演中进一步指出，学习马克思主义，要“神似”而不是“貌似”，说：“问题的发生，新变无穷，解决他们的办法也新变无穷，这才是活生生的富有生命力的马克思主义，这才是学习马克思主义得其神似。貌似是不管具体实践，把书本上的马克思主义词句当作灵丹圣药，把自己限制在某些抽象的公式里面，把某些抽象的公式不问时间、地点和条件，千篇一律地加以应用。这是伪马克思主义、教条主义。”范文澜这里所说的“神似”，就是要学习、领会马克思主义的精神实质，所谓“貌似”，就是不顾具体历史条件，盲目照搬个别具体结论的教条主义，是完全不可取的。① 1961 年，他针对 1958 年“大跃进”之后有些历史研究者也不免染上浮夸之风，喜发高论，特地在《历史研究》上发表《反对放空炮》一文，批评这些人不愿做调查研究工作，仅把自己杜撰的一些公式和规律，演成篇幅。指出要写好历史著作或论文，“必须对所要研究的历史事件做认真的调查工作，阅读有关的各种书籍，系统地从头到底读下去，详细了解这件事情的经过始末，然后用马克思列宁主义、毛泽东思想的观点方法来分析事情发生的原因和发展过程中发生的好的因素和坏的因素，判断这件事情的趋向是什么。”“必须坚持‘有实事求是之意，无哗众取宠之心’的老实态度。切忌临时抓夫式的搜集材料。”等等。他在这里既讲了工作态度，也讲了研究方法。②

郭沫若、范文澜、翦伯赞等一批德高望重的老一辈历史学家，屡在关键时刻为中国近代史乃至整个学术研究纠正错误倾向，指明正确方向，在学术界引起很大反响。正是他们这种无可替代的引路人的作用，推动了这一时期中国近代史研究的发展。

第二节 严重挫折

新中国高度重视中国近代史的研究，人们学习、研究中国近代史的积极性又因中国革命的胜利而空前高涨，按理说中国近代史研究应可走上持续发展的坦途了。但事实并不如此，20 世纪 50 年代前期的良好发展势头，

① 参见蔡美彪《回忆范老论学四则》，《学林旧事》，中华书局 2012 年版，第 198 页。
② 参见蔡美彪《实与冷——对范文澜治学精神的两点体会》，《学林旧事》，第 208—209 页。

很快就被 1957 年的反右派斗争扩大化运动延缓下来了。

从这时起，整个国家进入全面“政治挂帅”时期，各部门各单位的中心任务被一个又一个的政治运动所代替。广大知识分子，无论老少、新旧，都被认定为资产阶级知识分子，必须进行思想改造，走所谓“又红又专”的道路。他们在资产阶级世界观未改造好以前，是无法从事社会科学的研究工作的。而改造资产阶级世界观，最好的办法就是“知识分子劳动化”，到工厂、农村去劳动锻炼。1958 年，各高等院校开始全面贯彻教育与生产劳动相结合的方针，生产劳动被列为必修课[①]。1963 年，中国科学院哲学社会科学部所属各研究所也开始对每年新分配来的大学毕业生，实行刚性的先去农村劳动一年的所谓“劳动实习”制度。1965 年，身为中国科学院副院长、号称马克思主义理论家的陈伯达，“先后两次向中国科学院正式提出取消哲学社会科学部各研究所，遣散全体研究人员”。1966 年 1 月，那个没有任何理论著作的“理论家”康生也在哲学社会科学部的一份《情况简报》上写下一大篇批语，认为“社会科学研究人员在他们的资产阶级世界观改造好以前，无权从事研究工作，也无权为农民服务，可做的事只有一件，就是下到农村去劳动”。[②] 至于为提高研究人员所谓“思想觉悟”的政治学习活动，或被紧急动员起来去打退所谓资产阶级思想进攻的斗争就更是家常便饭了。所谓“又红又专”，不过是只“红”不“专”的代名词而已。研究人员如此频繁地脱离研究实践，以大部分时间和精力耗费在这无休无止的所谓资产阶级世界观改造上，当然难以维持中国近代史研究的持续发展。

问题还远不止于此。1957 年反右派斗争扩大化运动以后，所谓“社会主义社会的阶级斗争尖锐化”的观点开始广泛流行，批判资产阶级思想的斗争一浪高过一浪。经过 1958 年各高等院校的“拔白旗，插红旗”等一系列批判运动，在中国近代史研究方面，除了如前所述存在以马克思主义的一般原理代替具体问题具体分析这种教条主义倾向以外，又在研究方

---

① 我手头有一份某大学 1958—1963 年历史专业毕业生的成绩表，从中可以看到，五年之中除 1961—1962 学年因处于国家经济困难时期，学生体质欠佳，未安排“劳动”课外，其他四年都有“劳动”这门课的考查成绩，而且 1958—1959 年仅仅开设五门课，在哲学、俄文、古代汉语、体育之外，就是“劳动”课了，可见这时对劳动课的重视。所谓“劳动”课，就是每周安排一定时间到学校农场去种地。

② 黎澍：《中国社会科学 30 年》，《黎澍自选集》，广东人民出版社 1998 年版，第 99 页。

向、道路等重大问题上出现了新的偏向。

首先是由片面理解马克思主义关于阶级和阶级斗争的学说，导致阶级斗争观点的绝对化、简单化、公式化。在中国近代史研究中，只讲阶级斗争，不讲阶级社会是不同阶级的对立统一；只讲农民战争如太平天国对历史的推动作用，不讲封建统治阶级某些调节政策对社会生产的促进作用，即如戊戌变法、辛亥革命这样的资产阶级改良运动和革命运动，也是批判远胜于肯定。总之，被剥削阶级的一切思想和活动都是好的，进步的，革命的；剥削阶级的一切思想和活动总是坏的，落后的，反动的。黑白分明，毫不含糊。更有甚者，连一些大学历史系的“中外关系史”专业命名也受到指摘，认为这是丧失无产阶级立场的表现，被“要求改为帝国主义侵华史，后来又改为中国人民反帝斗争史”①。其次就是要求历史研究为现实政治服务。起初还仅仅是要求给某些现实政策寻找历史依据，作点历史注解而已。随着所谓社会主义社会阶级斗争形势尖锐化观点的强化，这种“研究”似乎就远远不够了。1965 年，戚本禹在《历史研究》上发表《为革命而研究历史》一文，要求历史研究完全为眼前的政治需要，即阶级斗争需要服务，将历史研究直接变成眼前政治斗争的一部分。至于这样的研究是否符合历史的真实，是否真正有利于社会进步，有利于中国近代史研究的发展，似乎都是无须计较的。最后就是轻视基础研究，反对所谓“烦琐考证”，崇尚“以论带史”。一个最为典型的事例，就是关于洪秀全有无胡子的问题，成了反对“烦琐考证”者的口头禅，经常被他们拿来作为批判的对象，认为这种考证毫无意义。其实，这种看法也未必全面，后人为了某种需要，如为洪秀全画像，或将其形象搬上戏剧舞台，岂能说这种考证也是不必要和毫无意义的？这些偏向无不是影响中国近代史研究持续发展的因素。

不过，由于这时并未全面中断中国近代史的研究，研究者虽不得不以大部分时间和精力耗费在“资产阶级世界观”的改造上，但总的说来仍可断断续续从事一些这方面的工作。1961 年前后中央又重申了“百花齐放，百家争鸣”的方针。如前所述，还有像郭沫若、范文澜、翦伯赞这样一批德高望重、敢于坚持真理的历史学家不顾越来越严重的“宁左勿右”的错误思潮，不断对这些偏向提出异议，甚至批评。学术空气一度有所回暖。

① 黎澍：《马克思主义与中国历史学》，《黎澍自选集》，第 140 页。

因此，这时的中国近代史研究尚能维持一个缓慢发展的局面，不仅先前基础较为深厚的研究领域多多少少取得了一些惯性式的进展，还开辟了一个主要从社会调查入手的家史、村史、社史（即人民公社史）、厂史“四史”研究的新领域，并取得若干初期成果。

但是，即使这种差强人意的局面也没能维持多久。1966 年“文化大革命”全面爆发，中国近代史研究与其他社会科学一样，由此遭受到江青、林彪集团长达十年的大破坏，几乎陷入毁灭的命运。他们先是宣布包括高等院校在内的各级学校停课，科研机构、学术团体全部停止工作，《历史研究》等学术刊物立即停刊，将一些卓有成就的历史学家全部打成反党、反社会主义、反毛泽东思想的“三反分子”，或“反动学术权威”，全盘否定新中国成立 17 年以来历史研究的成就，迫使中国近代史的科学研究长期陷于停顿。

这是否意味着江青、林彪集团要彻底取消包括中国近代史研究在内的历史研究呢？当然不是。恰恰相反，他们对历史研究其实是非常重视的，他们此时大力砍杀历史研究，不过是借此取消一切科学的历史研究，代之以他们所需要的历史研究而已。因此，他们在迫使历史科学的研究陷于停顿的同时，又很快恢复了《光明日报》的“史学”专栏，并抽调中国科学院近代史研究所和历史研究所的部分研究人员，组成“农民战争史组”，专事农民战争史的研究。尽管这个研究组很快就因戚本禹的倒台而关张，没有造成任何不良后果，但已足可证明他们并非不重视历史研究。林彪集团垮台后，江青集团又情有独钟，于 1974 年破例恢复了《历史研究》杂志的出版。为了阻止当时主持中央工作的周恩来对“文化大革命”采取扶正祛邪措施，实现“打倒一切”，篡党夺权的政治阴谋，他们网罗一些历史研究者组成写作班子，或以“梁效”“罗思鼎”的名义，或打着工农兵“理论小组”的旗号，大造中国历史从春秋战国以来仅是一部所谓“儒法斗争史”的舆论，鼓吹“儒法斗争继续到现在，影响到将来”，“现代中国还有儒，最大的儒”，矛头直指周恩来。[①] 整整十年，对于中国近代史研究来说，简直就是一场噩梦，除了惨痛的教训，几乎没留下什么。

那么，究竟有什么惨痛的教训？哪些是值得我们永远记取的呢？个人

---

① 参见黎澍《“四人帮”对中国历史学的大破坏——评所谓儒法斗争史的骗局》，《黎澍自选集》，第 62 页；刘大年《范文澜与历史研究工作》，《刘大年史学论文选集》，第 544 页。

以为，主要有以下三点：

第一，不能把历史研究直接变成政治的一部分，以学术为手段进行政治斗争。这种倾向，如前所说，早在“文化大革命”之前就出现了，这时则被江青、林彪集团发展到了登峰造极的地步。他们反复强调要“为巩固无产阶级专政研究历史”，“为现实政治斗争服务”。要求历史研究者把迁就和满足眼前的政治需要当作唯一神圣的任务。换句话说，就是要“政治挂帅”。由于他们打着“无产阶级司令部”的旗号，谁也不敢说个不字，以致泛滥成灾。

诚然，唐太宗说过，以史为镜，可以知兴替。说的是历史研究具有通古今，明是非，知得失，推动社会继续向前走的作用。人们研究历史也从来不是没有现实价值取向，纯粹为研究而研究的。否则，历史学早该在社会科学中出局了，不可能有如此长久的生命力。从这个意义上说，的确“一切历史都是当代史”。但是，江青、林彪集团要求历史研究者把“为现实政治斗争服务”，也即“为无产阶级政治斗争服务”当作唯一神圣的任务，就不但不妥，而且有害了。

首先，这个口号本身就是不完善的。一来这个口号只是片面强调了科学为政治服务，完全忽视了政治为科学服务。事实上，如果政治不为科学服务，不给科学提供必要的条件，如“百花齐放，百家争鸣”这样的基本条件，科学就无法存在，更谈不到为无产阶级政治服务了。二来就历史研究的社会功能而言，这个口号也显得过于褊狭。难道历史研究只为无产阶级的政治服务，而不为无产阶级的经济、文化、教育服务？[①] 其次，任何事物都是变化发展的，现实政治也不可能固定不变，永远停留在同一个要求上。如果紧紧追随这种急功近利的所谓“为巩固无产阶级专政”、“为现实政治斗争服务”的要求而研究历史，那就势必因为一时要适应这个政治要求而说历史是这样的，另一时候又因要适应那个政治要求而说是那样的，结果只会造成一个又一个的混乱，根本无历史真实可言。当年的《苏联共产党（布）历史简明教程》不就是这样吗？斯大林在世时是一个样子，赫鲁晓夫上台后成了另一个样子，勃烈日涅夫上台后又是一个样子，让人不知何者为真？最终失去了人民的信任。最后，这是一个完全可以被人曲解和利用，无论对社会发展还是历史学自身都危害极大的口号。江

① 参见黎澍《1979 年的中国历史学》，《黎澍自选集》，第 118 页。

青、林彪集团在“文化大革命”十年中的表演已充分证明了这一点。他们为了篡党夺权，抛出这个颇具威慑力的口号，任意歪曲、篡改历史，把一部中国历史搞得乌烟瘴气，面目全非，这已是人所皆知的事实。当然，任何口号都只能是提出一般号召，都可能被人曲解和利用。但是，诚如黎澍所说，问题是“这个口号并没有针对历史学本身的特点提出要求，并没有回答历史学作为科学的任务是什么。其实马克思主义历史科学的奠基者早就对这个问题作了明确的论述，指出它的根本任务就是揭示历史发展规律”①。而要揭示历史发展规律，就必须忠于历史真实，不容许对它进行任何歪曲和篡改，否则就不是规律，而是没有任何事实根据，对社会进步不起任何作用的“鬼律”了。这是将历史研究的任务仅仅局限在“为现实政治斗争服务”的范围内的必然结果。

可见，任何形式的，无论是江青、林彪集团这种明火执仗式的，还是其他不露痕迹的把历史研究直接变成政治的一部分，以学术为手段进行政治斗争的所谓研究，都是不可能推动历史研究正常发展的，都是应当坚决反对和摒弃的。

第二，不能硬套模式。人类历史从来就是复杂的，变化多端的。当然，也并非只是一团解不开的乱麻，这种变化也是有规律可循的，然而又绝不是仅仅按照某种固定不变的死板模式整齐划一发展的。因此，研究中国近代史必须从历史的实际出发，不能硬套死板模式。

以所谓儒法斗争史为例。江青自称发现儒法斗争是解释中国历史的新线索，经过她的追随者的补充和发展，制造出一系列的死板模式，如凡是法家都是受压的，基层起来的，爱国的，爱护群众的，儒家则完全相反；反儒必定尊法，尊儒必定反法；主张统一或对统一有贡献的人定是法家，主张分封或搞割据分裂的人定是儒家，等等。依据这些死板的模式，他们在中国近代史领域，简单地将洪秀全、康有为、章太炎等人划为法家，杨秀清、石达开、蒋介石等人划为儒家。认为洪秀全、杨秀清之间的权力之争是“反孔派”与“尊孔派”之间的路线斗争，天京内讧是“尊孔派”篡权，等等。

其实，这些死板的模式本身就是江青集团为了自己的政治需要捏造出来的，根本不能成立，以它们为模式来解释中国近代史就更荒唐了。洪秀

① 黎澍：《1979年的中国历史学》，《黎澍自选集》，第119页。

全所以反孔，主要是因为他是农民起义的组织者和领袖，他从外国传教士那里发现有一个上帝可以用来号召群众，而必须尽力排除向来受到中国人尊奉、号称“至圣”的孔老夫子，否则就不能使他的上帝在群众中获得信仰，可说与“反儒尊法”毫无关系。康有为和章太炎则是19世纪末20世纪初中国资产阶级革命运动兴起，儒学在西方传入的资产阶级社会学说和自然科学的冲击下，面临严重危机之时内部出现的两种不同倾向的代表人物，前者为儒家学派的著名今文经学家，后者为儒家学派的著名古文经学家，他们都是资产阶级的代表人物，而不是什么法家。至于蒋介石，他因参加反清革命、推翻北洋军阀统治，的确受过压，也残酷镇压过共产党人及革命群众，但能说他参加反清、推翻北洋军阀统治，与共产党联合抗日取得反法西斯战争的胜利以及在台湾坚持“一个中国”的原则，都不是爱国的吗？何况他还一度标榜自己是维护统一的，怎么就不是什么“法家”，而成了所谓“儒家”了呢？岂非对所立儒家标准的自我否定？

事实证明，在人类历史的研究中，对于各色人等构建的历史模式，我们首先要做的是检验一下这些模式是否符合中国历史的实际，考察一下他们构建这些历史模式的真正用意，而不是不分青红皂白，自以为捡到了什么宝贝，急不可耐地盲目套用。否则，贻笑大方不说，倘若因此歪曲了历史，就不是一般的小事了。

第三，不能违背科学精神。中国近代史研究既然是科学研究，就必须按照科学本身的规律来对待这一研究，也就是说必须坚持科学精神。这是中国近代史研究能否取得更大成就的必要条件。

可是，“文化大革命”十年，手握重权的江青、林彪集团不但没有按照这一原则提出要求，反而从外部强制推行一系列反其道而行之的措施，将中国近代史研究推向万劫不复的深渊。在研究范围方面，他们设置种种禁区，只允许研究农民战争史、帝国主义侵华史、人民反帝斗争史、中共党史，而对中共党史的研究也只允许研究伟大领袖的理论及其实践活动，不能研究以外的人和事，更不能研究反对过伟大领袖的人和事，即使研究也只能揭露其“三反”罪行，人为地把一部丰富多彩的中国近代史，变成一个犹如在寒风中踽踽独行的干瘪老太婆，只剩下几根骨头，少有血肉。其实，人类历史并不那么狭窄，各种现象又是互相联系的，不研究这一现象，就不能完整、全面、透彻地说明另一现象。因此，马克思、恩格斯向来认为历史学是无所不包的科学，从来不主张限制它的研究范围，硬性规定这个可研究，那个不可研究。

在研究方法方面，江青、林彪集团虽然高谈阔论阶级分析，却把它发展成高度简单化、绝对化，可以任意张贴的标签。请看戚本禹 1966 年发表的《爱国主义还是卖国主义——评〈清宫秘史〉》一文，他在文章中将义和团捧上天，把戊戌维新说成罪恶，实际贯穿着一个极其简单的模式，即：劳动人民什么都好，剥削阶级什么都不好；暴力斗争在任何情况下都应当肯定，政治改良在任何情况下都应当否定。这是罔顾事实的彻头彻尾的主观主义、实用主义。义和团是一场农民的自发斗争，虽然具有反帝爱国的革命性质的一面，但它笼统排外，反对一切外国事物，又带有浓厚的农民落后的封建蒙昧特点，根本无法与戊戌维新同日而语。戊戌维新虽是资产阶级民主性质的改良运动，却是一种变封建主义为资本主义的政治理想和救国途径，不管它多么不彻底、不切实际，都是以往几千年的农民运动未曾提出，也不可能提出的，因而具有划时代的意义。

在对待不同学术观点方面，江青、林彪集团无视毛泽东早已提出的发展艺术和科学的“双百”方针，不顾毛泽东多次要求对艺术和科学中的是非问题，应当通过艺术和科学界的自由讨论去解决，通过艺术和科学的实践去解决，而不应当简单地利用行政力量强制推行或禁止一种风格，一种学派，公然宣布在艺术和科学领域实行全面专政。他们除了承认文艺方面的八个样板戏外，在历史学方面便只承认忠实为其“现实政治斗争服务”的梁效、罗思鼎两家，完全堵塞了近代史研究的发展道路。历史研究是科学事业，不是政治宣传，而科学事业是有着完全不同于政治宣传的发展特点的。因为历史研究的根本任务是揭示历史的本质和内在发展规律，决定了它必定是一个充满错误和失败的曲折而复杂的过程，不是一次研究所能完成的，无论是犯错误还是改正错误，都是认识真理的环节。每改正一次错误，都会接近真理一步，任何拘守现成结论，拒绝进一步的研究都是错误的。因此，必须力避行政力量的干涉，允许不同意见的自由讨论。

总之，坚持科学精神，是包括中国近代史研究在内的一切科学事业的生命线，万万忽视不得。

需要指出的是，江青、林彪集团也不是任何时候，在任何问题上都可一手遮天的。1972 年 6 月，周恩来亲自指示由河南息县“五七”干校搬到明港军营，清查所谓“五一六”反革命阴谋集团一年多的中国科学院哲学社会科学部各研究所，全部返回北京，恢复工作。周恩来这一指示，为

“文化大革命”中的中国近代史研究带来了两个难得的亮点。

一是大大促进了沙俄侵华史的研究。沙俄侵华史研究一度被新中国为维护中苏友好关系而列为禁区，后虽因中苏关系破裂而解禁，也有一批即使在中苏友好时期仍坚持认为沙俄疯狂侵略过中国的学者始终在从事这方面的研究，但终因无休止的政治运动而少有进展。直到这时，中国科学院近代史研究所重新聚集人才，成立了《沙俄侵华史》编写组，才取得了相当可观的成绩。1974—1975 年，他们先后发表《驳谎言制造者——关于中苏边界的若干问题》《历史真相不容歪曲——关于〈中俄尼布楚条约〉的几个问题》等文，1976 年 3 月完成《沙俄侵华史》第一卷的编写，10 月由人民出版社正式出版。这些论著虽在某些措辞上仍不免带有那个时代的印记，但却都是尊重历史事实，经得起时间考验的严肃学术著作。

二是开辟了中华民国史研究的新领域。1972 年 9 月，中国科学院近代史研究所成立了一个集中 40 余人的中华民国史研究组，按照写一部书——《中华民国史》，编三种资料——《中华民国大事记》《中华民国人物传》和《中华民国的政治、经济和文化（专题资料）》的计划，拉开了内地中华民国史研究的序幕。虽然这时尚处“文化大革命”时代，研究人员精神创伤严重，工作进展缓慢，成果有限，而且在有限的成果中也同样留有那个时代的印记，但毕竟为此后的大发展启动了风帆，奠定了初基。

这两个亮点，可说是“文化大革命”不幸中的万幸。

第三节　空前繁荣

1976 年 10 月，继林彪集团之后，江青集团也垮台了，“文化大革命”终于结束。随着国家改革开放和社会主义现代化建设新时代的到来，中国近代史研究也翻开了新的一页，由倒退进入一个空前繁荣的时期。其主要表现，可归纳如下：

第一，研究队伍的壮大和素质的提高。1977 年 5 月，中共中央批准中国科学院哲学社会科学部改建为中国社会科学院，升格成与中国科学院同级的部委单位。紧随其后，各省、市、自治区也纷纷聚集人才，成立省、市、自治区社会科学院。再次表明中央和各级地方政府对社会科学事业的高度重视。与此同时，许多理工科大学，如北京清华、武汉华中科技（原华中工学院）、上海东华（原华东纺织工学院）等大学，也恢复或新建了历史系，加上众多新增高等院校的历史教学研究人员，这时的中国近代史研究队伍已大大超过了“文化大革命”前的规模。以中国社会科学院近代史研究所为例，“文化大革命”之前全所工作人员最多时为165人，到了20世纪80年代最多时达250人。虽然此后由于贯彻离休、退休制度，工作人员逐年有所下降，截至1999年底甚至降到了140人①，但是，就全国而言，由于新增了许多地方社科院的历史研究所和高等院校的历史系，中国近代史研究队伍的壮大是毋庸置疑的。

更为重要的是经过多年的新陈代谢，“文化大革命”以后培养出来的新生力量逐渐成为这支队伍的主力和骨干。他们受过系统的基础训练，不少人还有国外深造的经历，研究素质越来越高，也是个不争的事实。对此，只要看一下许多历史研究所和重点高校历史系招聘人才时，对应聘人员学历条件的要求越来越高就一清二楚了。80年代中期以前，大学本科毕业生尚被社会视为“天之骄子”，持有本科文凭就足够了。但是，80年代后期开始，因为有愈来愈多的硕士毕业生走出校门，本科文凭渐渐不管用了。到了90年代，特别是中后期，随着大批博士毕业生走上社会求职，标准再次提高，唯有博士毕业生才够格了。进入21世纪以后，更是水涨船高，连博士文凭也风光不再，而必须是有过博士后研究经历，或“海归”博士了。这一招聘条件的变化，真实反映了中国近代史研究队伍整体素质的提高。

第二，学术团体、学术刊物的大量增加和学术讨论会的频繁举办。在学术团体方面，除了恢复的“文化大革命”前已成立的中国史学会及各省、市、自治区的历史学会，还涌现了一大批由研究者自行发起、组建的研究会。直接以中国近代史为研究对象的就有中南地区辛亥革命史研究会、北京太平天国历史研究会、南京太平天国史学会、义和团运动史研究会、孙中山研究学会、西南军阀史研究会、中国近代史史料学学会、新四军和华中抗日根据地研究会、中国抗日战争史学会、中国现代史学会等10多个。加上同时兼含研究中国近代史内容的，如中国中外关系史学会、中国中日关系史学会、中国现代文化学会、中国中俄关系史研究会、中国商

① 张海鹏：《前言》，中国社会科学院近代史研究所科研处编《中国社会科学院近代史研究所研究人员著述目录（1950—2000）》，2000年5月印，第1页。

业史研究会、天津史研究会等就更多了。

在学术刊物方面，此前仅有《历史研究》《史学月刊》《历史教学》《文史哲》《近代史资料》等不多的几家涉及中国近代史研究内容的刊物和少数大学学报，这时除了出版专门发表中国近代史研究成果的《近代史研究》杂志外，还创办有《国外中国近代史研究》（1995 年后因经费不支而停刊）以及《民国档案》《民国春秋》《民国研究》《抗日战争研究》《中共党史研究》《党的文献》《北京档案史料》《东北沦陷史研究》《历史档案》《档案与史学》等众多完全或主要发表中国近代史研究成果及资料的刊物。

至于学术讨论会，更是一个接着一个，频率之高、规模之大，都是前所未有的。以辛亥革命史为例，“文化大革命”结束前的 27 年间，仅在 1961 年在武汉举办过一次全国性的学术讨论会。而“文化大革命”结束后，除了湖南、广东、浙江、武汉、上海这些与辛亥革命关系密切的省、市经常举办这方面的学术讨论会，中国史学会还每隔十年就举办一次百人以上的国际性学术盛会，迄今已举办包括 2011 年百年纪念大会在内的 5 次。其他如中国近代经济史、近代中国会党问题、中华民国史、中国现代史、全国革命根据地史、抗日战争史、中国近代社会史、中国近代文化史、甲午中日战争史、洋务运动史、太平天国史、中法战争史、西南军阀史、义和团运动史、护国运动史、中国国民党“一大”、遵义会议、九一八事变等中国近代史分支学科和重大历史事件，以及孙中山、林则徐、左宗棠、蔡锷、胡汉民、张学良等著名历史人物，甚至如黄远生、王金发这样知名度并不高的历史人物均举办过学术讨论会，有的还不止一次。更为难得的是，这时的学术讨论会还有一个共同特点，即思想活跃，讨论热烈，往往在同一个问题上发出多种甚至对立的声音，体现了真正自由讨论的气氛。

第三，开辟了许多新的研究领域，大大丰富了中国近代史的内容。尽管毛泽东早在 1941 年就指出，要先对中国近代史“作经济史、政治史、军事史、文化史几个部门的分析的研究，然后才有可能作综合的研究”。也有学者早在新中国成立之初，就提醒中国近代史研究者要努力避免：“政治史内容占了极大的比重，而社会生活、经济生活和文化的叙述份量很小，不能得到适当的地位。”① 但是，此前的中国近代史研究却始终未能

① 胡绳：《中国近代历史的分期问题》，《历史研究》1954 年第 1 期。

摆脱这一困境，即使开展得比较充分的政治史研究，也仍然限制在一个极小的范围内，无非是两个过程，三个高潮，八大事件；直到这时才有了明显的改变，不但政治史的研究范围大为拓宽，还最大限度地扩大了整个近代史的研究领域，真正打破了政治史与“社会生活、经济生活和文化叙述”比率严重失衡的局面。

首先是复兴和重建了中国近代社会史、文化史两个分支学科。它们作为独立的分支学科，虽有各自不同的研究方向、范围和体系，但也有若干共同点：一是都很重视所谓“下层”，即社会大众的研究；二是都很重视社会大众生活的研究，所不同的只是精神生活与物质生活的区别而已；三是都很重视重大社会问题的研究，而这些问题在城市和乡村中的表现是完全不同的，因而又推动了近代城市史研究的兴起和发展。正是这些研究整体弥补了以往中国近代史研究的不足和欠缺。

其次，以往颇受重视的研究领域也有了新的突破，如政治史中洋务运动、清季新政、北洋军阀史、西南军阀史这些长期受冷落的课题，这时开始受到研究者的重视，并且出版了《清末新知识界的社团与活动》《晚清学部研究》《袁世凯传》《北洋军阀史》《西南军阀史》等一批研究成果。又如太平天国运动史，虽然此前备受重视，但研究重心却始终局限在农民一方，至于地主阶级则只是一种背景性的陪衬研究。这时，不但有学者大声疾呼要加强对地主阶级的研究，而且身体力行进行了深入的研究，出版了《太平天国时期的地主阶级》《湘军史稿》《曾国藩传》《曾国藩幕府研究》等颇有学术价值的论著。再如，对于抗日战争史，也不再仅仅停留于研究共产党领导的敌后游击战争，还对国民党的正面战场和游击战争展开了广泛而深入的研究，比较真实地反映了抗日战争史的全貌。由于这时整个国家已转入以经济建设为中心的现代化建设，有的学者提出中国近代史研究应“从最薄弱、最繁难而又最重要”的近代经济史入手寻找突破口①，因此，经济史方面开辟的新领域和所取得的成果也最多。一些几乎无人涉足的领域，如工业化问题、企业管理问题、经济法规问题和近代海关问题，等等，都纳入了研究者的视野，像近代海关史还成了研究热点，获得显著进展，先后出版了《中国近代海关史》晚清部分和民国部分。一些先前有所研究的领域也有不少新的拓展，如商业史研究中的商会史研究就取

① 刘大年：《中国近代史研究从何处突破》，《光明日报》1981 年 2 月 17 日。

得了显著的进展，先后出版了《上海商会史》《传统与近代的二重变奏——晚清苏州商会个案研究》《商会与中国早期现代化》《苏州商会档案丛编（1905—1949）》《天津商会档案汇编（1903—1950）》等研究著作和资料书籍。

最后，也是最重要的一点，就是对各领域的具体史事展开了广泛、深入的研究，并取得了众多较为符合或者接近历史真实的成果。这些成果，虽然所涉史事大小不一，影响程度也不同，但有一个共同特点，就是无不体现唯物史观的要求：清除意识形态对历史的曲解，“把历史的内容还给历史”。

这里仅举数例，以见一斑。一是1841年5月广州三元里人民抗英斗争的领导者是谁的问题。此前仅依据新中国成立后的口碑调查资料，而且还是菜农韦绍光后裔一面之词，就认定这次抗英斗争的领导者是菜农韦绍光。经过改革开放后一场不大不小的学术争论，发现此说难以成立，真正的组织领导者应是爱国地主士绅何玉成。二是在太平天国人物研究中，此前都说太平军女军中有一个叫洪宣娇的大首领，她是洪秀全的妹妹。有学者甚至据此提出：洪宣娇嫁给萧朝贵是一种政治联姻，是洪秀全牵制杨秀清的手段。经学者再三研究，证明此说有误，实际并无洪秀全妹妹洪宣娇其人，而是广西桂平紫荆山区一位普普通通的农家女子杨宣娇，她并不是什么太平军女军中的大首领。三是富田事变的性质问题。1930年12月上旬，红一方面军总政治部秘书长兼肃反委员会主任李韶九奉总前委书记毛泽东之命，率部前往江西省行动委员会所在地吉安富田抓捕AB团分子。红二十军团政委刘敌认为李韶九所抓捕的并不是AB团分子，如此抓下去难保不危及自身安全，因而决定率部将其救出，并杀害拥护毛泽东的干部群众上百人，还喊出了“打倒毛泽东，拥护朱（德）、彭（德怀）、黄（公略）”的口号。随后，原江西省行动委员会和参与事变的刘敌等人，以及红二十军排长以上干部先后被全部处决。对于这次发生在富田的事变，一直以来均认定是暗藏在苏区内部的反共组织AB团策动的一场反革命事变①。经学者多年深入调查与研究，证实所谓“富田事变”完全是一起子

① 《毛泽东选集》多次提及这个AB团，并讲到AB团在富日、东固一带对群众影响很大，导致群众与红军对立。注释中更明确讲：AB团是当时国民党潜伏在红色区域内的反革命特务组织（参见该书第204、211、236页）。

虚乌有的冤假错案。这一研究成果，现已写入1991年7月人民出版社出版的中共中央党史研究室著《中国共产党历史》（上卷）和2002年9月中共党史出版社出版的中共中央党史研究室著《中国共产党历史》第一卷（1921—1949）上册，指出：肃清“AB团”和“社会民主党”的斗争，是严重臆测和逼供信的产物，混淆了敌我，造成了许多冤、假、错案。

值得一提的是，这样的事例，在中共党史研究方面，绝不是个别的，而是大量的。诚如杨奎松所言：“自改革开放以来，中共党史研究的最为突出的成就，就是学者们在许多基本史实的研究上取得了引人注目的进展……包括早期共产主义小组的组成情况；俄共代表维经斯基来华及活动的情形；中共一大的召开时间、代表人数；共产国际代表马林来华工作的情况及国共‘党内合作’政策提出的经过；苏联顾问鲍罗廷来华及其与国共两党的关系；第一次全国劳动大会召开的时间及经过；‘三·二〇’事变发生的原委；上海三次工人武装起义的经过；共产国际第七次扩大执委会决议对中国革命的影响；所谓十万农军围长沙的问题；‘八七’会议的情况；十一月紧急会议的情况；南昌起义、秋收起义、广州起义的情况；赣南会议的情况；宁都会议的召开时间和内容；遵义会议的召开时间及会后传达的内容……几乎所有中共党史上的重要史实，大都是在改革开放以后10年左右的时间里才基本上弄清楚的。用‘丰硕’两个字来形容改革开放30年来中共党史研究在史实研究方面的收获，无论如何都是不过分的。”①

还要特别指出的是，这也不单单是中共党史研究独有的现象。中华书局2011年辛亥革命百年纪念前夕出版的《中华民国史》（1—12卷）、《中华民国史大事记》（1—12卷）、《中华民国史人物传》（1—12卷），足可证明中华民国史研究何尝不是这样？可见，这是整个中国近代史研究的普遍现象。

改革开放后，中国近代史研究为什么能取得如此显著的进步，出现如此繁荣的局面？除了近代史研究者在国家工作重心转向经济建设的同时，实现了期盼已久的由年复一年的世界观改造和政治空谈，向具体研究工作的大转变，工作积极性空前高涨，创造精神大为发扬外，个人以为，还有以下三个重要原因：

---

① 参见本书第670页。

一是思想的大解放。1978 年关于真理标准的讨论和中共十一届三中全会思想解放方针的确定，打破了中国近代史研究者长期难以逾越的现代迷信、教条主义和实用主义精神枷锁的束缚，对以马克思主义为指导思想和研究方法等理论问题有了更加深刻的理解。开始抛弃以往那种简单化、绝对化的形而上学方法，恢复了具体问题具体分析的实事求是的学风。明确了马克思主义对历史学的第一要求是弄清史实，唯有史实清楚了，才有可能发现历史过程的本质和规律，才会对历史有正确的认识。而要实现这一要求，就要充分占有材料，探寻历史事件的内在联系和规律；就要以科学的态度，叙述真实的历史过程，等等。这是这一时期中国近代史研究发展的根本动力。

二是海峡两岸及中外学术交流的常态化。古人云：兼听则明，偏信则暗。对于以追求真实为第一要求的历史研究者来说，学术交流无疑是最直接、最有效的“兼听”场所和途径了。但是，毋庸讳言，长期以来，由于意识形态的不同，大陆的历史研究者与外界的学术交流是不通畅的，而且还不是一般的不通畅。海峡两岸同属一个中国，却完全被人为分隔。对于英、美等西方历史学界的了解，唯一的渠道就是那点有限的“资本主义国家反动学者研究中国近代历史的论著选译”①。虽然也偶尔举办过一些中外学术交流活动，但无论是中国举办的，还是国外举办的，都只是少数人的专利，非大多数一般学者所能问津。至于到西方世界去直接交流，更是一般学者所不敢想的。现在，这一切都过去了。1982 年 4 月 1—4 日，美国亚洲研究学会在芝加哥举办年会特别学术讨论会，两岸中国近代史学者同时应邀赴会，是为两岸学者 1949 年分离后首次同台讨论辛亥革命史。而几乎同时，大陆也开始频频举办有对岸和外国学者参加的各种学术交流活动。尽管交流之初，仍不免为意识形态所困，两岸学者首次聚首于芝加哥，就显得相当拘谨②，而大陆举办的一些学术交流活动，学者的住处也往往被特地分隔于宾馆的不同楼群，但是，学术交流的闸门毕竟已经开

① 参见中国科学院近代史研究所资料编译组编译《外国资产阶级是怎样看待中国历史的——资本主义国家反动学者研究中国近代历史的论著选译》第 1 卷，商务印书馆 1961 年版，第 10—14 页。

② 据出席过此次会议的北京学者李宗一和台北学者张玉法先生后来相告，双方除了在会上发表不同学术意见外，会下没有任何接触，似乎都有戒心，只是远远望一望对方是台北或者北京的哪一位而已。

启，而且越开越大，时至今日，可说是完全常态化了。大批海外中国近代史著述开始在中国出版发行，各种海外史学理论和方法先后传入中国，两岸及中外学者的学术交流，更是你来我往，日益频繁和便捷。互通信息，交换资料，切磋观点，已成家常便饭。

这种状况，既反映了中国社会的进步，也推动了中国近代史研究的发展。随便举一例，1984 年 10 月 17 日，王庆成在《光明日报》刊文指出不少过去不清楚的太平天国史事，如有关杨秀清、萧朝贵地位的确立，金田起义前太平天国对儒家典籍态度的变化，天京事变前领导集团内部矛盾的激化，等等。他为什么能提出这些新见？显然得益于中外学术交流。因为这些新见，完全来源于这年春天，他前往英国学术访问时，在英国图书馆发现了《天父圣旨》和《天兄圣旨》两种太平天国印书。

三是大量新资料的披露和出版。历史研究的基本方法，如马克思所说："必须充分地占有材料，分析它的各种发展形式，探寻这些形式的内在联系。只有这项工作完成以后，现实的运动才能适当地叙述出来。"① 这个方法的核心要求是不允许按照预设的模式剪裁历史资料，而必须"充分占有材料"，完全从事实出发。"充分占有材料"，既是历史研究的起点，也是它进一步发展的前提和保障。如前所说，新中国本十分重视中国近代史资料的发掘、整理工作，改革开放以后，不但迅速恢复了这一工作，而且大大拓展了这一工作的范围。中共党史资料，尤其是档案资料，历来深藏密室，从不对没有"级别"的一般学者开放，遑论整理、出版？但是，这时不同，不仅中共中央及各省、市、自治区档案馆的开放尺度大为放宽，还出版了如《中共中央文件选集》（1—18 集）、《中共党史参考资料》、《江西党史资料》、《共产国际与中国革命资料选辑（1919—1924）》、《共产国际、联共（布）与中国革命档案资料丛书》等众多综合与专题性的原始档案资料。至于民国史资料的出版，更如雨后春笋，不但出版了大批资料书籍，如《中华民国史档案资料汇编》《北洋军阀》《冯玉祥日记》《抗日战争》《抗日战争时期国民党军机密作战日记》《审讯汪伪汉奸笔录》《周佛海日记》等，还影印出版了大批清季及民国时期的旧报刊，如《申报》《大公报》《顺天时报》《盛京日报》《民国日报》《中央日报》，

① 马克思：《〈资本论〉第一卷第二版跋》，《马克思恩格斯选集》第 2 卷，人民出版社 1972 年版，第 217 页。

等等。正是这些新资料的披露和出版，为中共党史、中华民国史、中国近代社会史的研究提供了极大方便，大大推动了中国近代史研究的发展。

当然，事物总是在各种矛盾中前进、发展的，这时的中国近代史研究也不例外，在此大繁荣、大发展的背后，似乎也显露出一些值得重视的倾向。近年来，已有不少学者注意到这些问题，并发表了一些很有见地的意见，本书各章也多有评介和讨论，这里不再重复，仅在此基础上提出几点相关看法，以供大家讨论。

第一个值得重视的倾向是追名逐利的问题。如前所述，改革开放前，近代史学界也流行“政治挂帅”，一切为政治服务。现在虽无人公开倡言“经济挂帅”，但种种迹象表明，这却是个不争的事实。一些人学习、研究中国近代史，似乎不是为了追求真理，不是为了给人以科学的历史知识，使其通过了解过去，更好掌握今天，洞察未来，促进社会进步，而仅仅是为了一己私利。否则，就不会出现那么多心浮气躁的所谓专家、学者，不会产生那么多低水平的重复之作，不会抖搂出那么多抄袭甚至剽窃之类的丑闻，不会在各种荣誉和社会科学基金评审中传出那么多明争暗斗的恶例了。也许有人会说，“但有故人供禄米，微躯此外更何求”，都是那些不近情理的考核制度、高房价之类的生活压力造成的，纯属“逼良为娼”。坦白说，这话有一定道理，但我并不完全赞同。为什么？因为在同样的条件下，不是也有一大批真正以学习、研究中国近代史为崇高事业，不求升官发财、社会闻达，一心只做自己的研究，并取得相当成就，从而受到社会各界赞赏的年轻学者吗？为什么他们能这样做，而我们却不能？人生在世，谁不想过得富足、风光一些？本无可厚非，但要取之有道，得来无愧。不能将不可取的“政治挂帅”，又一变而为同样不可取的“经济挂帅”，不择手段地一味追名逐利。黎澍在谈到个人崇拜时说过一句话：“应该说，毛泽东利用人家对他的崇拜来发动‘文化大革命’是不对的；但有那么多人都去崇拜，这就是我们大家的责任了。”① 他说的个人崇拜，与“经济挂帅”，虽性质不同，但所说“我们大家”要负“责任”却是相同的。因此，一个负责任的研究者，是不可以也不应该推卸自己应负的责任的。

进而言之，或许这还是一个值得历史研究者进一步思考、研究的问题。综观千百年的历史，许多悲剧不都和这个问题密切相关吗？庙堂之上

① 《与〈光明日报〉记者的谈话》，《黎澍自选集》，第79页。

者，以奖、惩两手御于下。庙堂之下者，往往不问是非，顺着杆儿往上爬。不正是这一自觉不自觉的上下结合态势，导致了一幕又一幕的历史悲剧的重演吗？可见，不仅要研究庙堂之上者的所作所为，也要研究庙堂之下者的所作所为，研究他们究应具备什么样的品行和素质，非此不能有效推动社会的进步。

第二个值得重视的倾向是双重标准的问题。历史研究离不开臧否人物，评价史事，而人类历史又总是在充满先进与落后、保守与革新、革命与反动、前进与倒退的矛盾和斗争中前进的。近年来，人人都说要客观、公正对待历史。这就产生了一个以什么标准和怎样运用这个标准评价历史的问题。是采用公认的统一标准，还是按不同标准，各是其是，各非其非？正确的做法当然是前者。否则，不仅无法实现真正的“客观、公正”，还可能被人斥为不过是挂在嘴上的宣传口号。

有位年轻人发现，多年来有一“引用率极高的史学箴言”，这就是陈寅恪的所谓“了解之同情”。应该说，这位年轻人的观察是准确的。改革开放以来，的确有许多人，特别是年轻人对陈寅恪这一说法倍加青睐，认为“无论如何，‘了解之同情’的态度是值得提倡的”，因而每每对自己所研究的问题“表一种‘了解之同情’”。[①] 那么，陈寅恪说这话的本意究竟是什么？真的是要求历史研究者对任何历史问题，都要“表一种‘了解之同情’的态度”，而不是要他们将此作为一种分析历史问题的“方法”吗？个人以为，这是对陈寅恪的误解。请看他的原话：“凡著中国古代哲学史者，其对于古人之学说，应具了解之同情，方可下笔。盖古人著书立说，皆有所为而发。故其所处之环境，所受之背景，非完全明了，则其学说不易评论。”这里说的，显然是“方法”问题，即在评论“古人学说”之前，必须完全明了其“所处之环境，所受之背景”。虽然他在解释“完全明了”，即“所谓真了解”的含义时，也说过要“神游冥想，与立说之古人，处于同一境界，而对于其持论所以不得不如是之苦心孤诣，表一种同情，始能批评其学说之是非得失，而无隔阂肤廓之论”，但紧接其后，又对“表一种同情”作了否定性的说明：“此种同情之态度，最易流于穿凿附会之恶习；因今日所得见之古代材料，或散佚而仅存，或晦涩而难

① 刘巍：《“诸子不出于王官论”的建立、影响与意义——胡适“但开风气不为师”的范式创新一例》，《近代史研究》2003 年第 1 期。

解，非经过解释及排比之程序，绝无哲学史之可言。”[①] 可见，陈寅恪虽然说过“了解之同情”这句话，但从前后整体意思看，他并不赞同以“‘了解之同情’的态度”对待历史问题。他的“了解之同情”，只是一种分析历史问题的“方法”，一种类似于1914年列宁指出的马克思主义分析任何社会问题，都要“把问题提到一定的历史范围之内”[②] 的方法。“方法”与“态度”，其实是两个性质有别的概念。作为“方法”，诚然有可取之处，但将其转变成一种对待历史的“态度”，就未必了，因为“同情”与“客观”是难以兼容的。“同情”，难以“客观”。“客观”，不需要“同情”。有学者批评改革开放以来，许多历史人物研究者往往“研究谁，就爱上谁”[③]，其思想根源，就在这里。

退而言之，就算陈寅恪真的要求历史研究者，以“‘了解之同情’的态度”对待历史问题，也应以这一态度为统一标准，平等对待历史运动中的矛盾、斗争各方吧。否则，怎谈得上客观、公正？然而，稍为留意一下多年来的中国近代史研究实践，就不难发现，事实并不完全如此。大多数研究者固然能以同一态度对待矛盾、斗争中的各方，不搞双重标准，但也有部分研究者往往厚此薄彼，不能一视同仁。他们对清廷、北洋政府及南京国民政府一方，无不极力“表一种‘了解之同情’”，但对另一方，如孙中山领导的旧民主主义革命和中国共产党领导的新民主主义革命，却不表任何“‘了解之同情’”，而只以找“问题”、揭“真相”为能事了，充分反映他们实行的是与客观、公正大相径庭的双重标准。

需要说明的是，我并不反对“找问题”，揭“真相”，只是认为必须统一标准，“一碗水端平”。否则，不但不能把“历史的内容还给历史”，还会人为地造成历史的更大混乱，岂不有违我们研究历史的初衷？

第三个值得重视的倾向是弱化政治史研究的问题。以往的历史研究过于集中在政治史领域，把错综复杂的社会历史极为简单地归结为阶级斗争的历史，将丰富多彩的社会生活一概斥为“宣扬剥削阶级腐朽生活方式”。20世纪80年代初，一些学者开始“积极倡导‘复兴和加强社会生活史的

---

① 陈寅恪：《审查报告一》，载冯友兰《中国哲学史》下册《附录》，中华书局1961年版，第1—4页。

② 列宁：《论民族自决权》（1914年2—5月），《列宁选集》第2卷，人民出版社1961年版，第440页。

③ 参见本书第776页。

研究'"，认为这是走出所谓“史学危机”的“一条切实可行的途径”。①打这时起，史学界一直存在一种弱化政治史研究的倾向。不少研究者自觉不自觉地转向人类文明史、社会生活史、风俗习惯史等方面的研究。衣食住行、祭祀、礼仪、庙会、茶馆、宗族、士绅等成为一些研究者追逐的时尚，而政治史则明显受到一些人的冷落，甚至有人提出要将其清除出中学历史课堂，倡导历史教学不要再讲第一次世界大战和第二次世界大战了。

其实，针对以往历史研究过度突出政治史的状况，在新的历史时期有所改变和侧重是可以理解的，也是无可厚非的。而且，如前所说，恢复社会史研究，不但没错，还为中国近代史研究的进步做出了重要贡献。因为历史本来就是丰富多彩的，政治史并不是历史的全部，而仅仅是其中一部分，何况历史学家如何选择研究方向，也是个人的自由。但是，如果将这类研究与政治史研究对立起来，变成非此即彼、扬我抑彼、唯我独尊的二元对立问题，意欲人为地将政治史从历史本身中抹去，让人误以为没必要再从事这方面的研究了，那就是另一回事了。

一来政治史是客观存在，不是人抹去得了的；二来平心而论，政治虽属上层建筑，不如经济基础那样对社会发展起决定性的作用，但事实早已证明，其对社会发展的反作用也是显而易见的，在一定条件下甚至起着关键性的作用。试想，哪个时代的社会变迁不和政治密切相关，不是政治大变动的产物？以衣着打扮为例，辛亥革命前人人头上那根辫子，不就是有了武昌起义的枪声，才有了剪去的可能吗？还有，当年那套男女老少“皆宜”的色泽单调、式样一律的“毛式”干部服，不就是改革开放以后才发生彻底改变的吗？没有 1978 年后的改革开放，哪有今天城乡街市那五颜六色、多姿多彩、赏心悦目的绚丽衣着风景线？可见，政治大变动，乃是迅速、彻底改变社会生活的重要条件，我们没有理由忽视政治史研究，更无理由轻视政治史研究。

第四节 新的趋势

中国近代史研究，自 2000 年以后开始进入一个新的发展时期。不但“文化大革命”结束后渐成内地“显学”的中华民国史研究取得了令人瞩

---

① 参见本书第 327 页。

目的成就，如前所述，于2011年出版了中国社会科学院近代史研究所中华民国史研究室组织编撰的《中华民国史》（1—12卷）、《中华民国史大事记》（1—12卷）、《中华民国人物传》（1—12卷），向辛亥革命百年纪念献了一份厚礼，即如太平天国、戊戌变法、中外关系等以往学者研究有素的老课题也同样取得了不俗的进步，推出了一批引人注目的学术著作。例如，通史方面有实现了中国社会科学院近代史研究所几代人夙愿的该所研究员张海鹏主编的《中国近代通史》。专题研究方面有华东师范大学历史系茅海建教授的《戊戌变法史事考》《从甲午到戊戌：康有为〈我史〉鉴注》，原中国社会科学院近代史研究所研究员（今北京大学历史系教授）王奇生的《党员、党权与党争：1924—1949年中国国民党的组织形态》，华东师范大学历史系教授杨奎松的《国民党的"联共"与"反共"》，等等。随着蒋介石、胡汉民、张学良以及共产国际等各方面资料的开放和出版，在史实重建方面更取得了不少突破，如20世纪20年代的东北易帜、中东路事件，30年代国民党内部的派系政治，40年代毛泽东与共产国际的关系，抗战结束后的东北政局等不少历史真相，均逐渐揭开了被人为包裹的面纱。鉴于相关研究者对此均有深切了解，这里不一一赘述，仅依个人观察，就这一时期中国近代史研究领域的若干新趋势，略作介绍。

第一个新趋势是，由不乏情绪化的类似"非此即彼"式的研究转变为冷静的理性研究。由于改革开放前，史学界普遍受到教条主义、阶级斗争绝对化的困扰，改革开放后中国近代史与中国历史研究的其他领域一样，也经历了一个异常普遍与深刻的反思阶段，对以往研究中的简单化、片面性进行了全面清理。例如，有的对过度夸大太平天国《天朝田亩制度》的革命性提出了异议；有的对百年来帝国主义列强强加在中国人民头上的不平等条约进行了实事求是的考查和分析，提出了更具说服力的客观、科学的标准，排除了某些不实甚至错误的认定；有的对历史人物评价中"以人划线"的偏颇提出了批评，对以往所谓"公认"的历史事实进行了重新研究，客观而公正地恢复了不少历史人物的本来面目，等等。应该说，这都是非常必要的，效果也是好的，对保证中国近代史研究沿着正常的科学道路前进起了重要的推动作用。

但是，事物往往有复杂的一面。随着反思过程的推进，人们发现有些"反思"似乎并不如反思者自诩的那样客观，除了事实不清，尚须深入研究、探讨外，似乎还存在一种历史研究者不应有的对追寻历史真相极其有害的情绪化倾向，自觉不自觉地陷中国近代史研究于新的简单化、片面性的困境之中。如有的只知一味指责义和团的愚昧、落后，而对它的反帝爱国精神却不赞一词；有的只字不提引发历次革命运动的深刻社会危机，却不遗余力地强调其对社会造成的“损失”和“破坏”[①]；有的不但把帝国主义列强的军事侵略与政治、经济、文化完全分开，认为列强军事侵略固然给中国造成负面影响，但在军事以外的经济、政治、文化、教育等方面，在促进中国近代化发展方面却“做了不少努力”，给中国“引进了新的社会因素”，“在中国实行了改革”，甚至进一步认为，不但在“经济、政治、文化、教育等方面，就是军事战争也对中国产生了正面影响”。他们以鸦片战争为例，说“它既是西方殖民主义者对东方一个主权国家的侵略战争，又是上升阶段的资本主义对桑榆暮年的封建王朝的战争，有进步意义的一面。从这一点着眼，有人甚至得出结论，认为鸦片战争如果来得早一点，中国的面貌就不至像后来那样落后，也不至于遭受那样的屈辱”[②]。等等。

此类情绪化的反思，不但与事实相悖，还有一定的蛊惑性，虽尚未成为多数人的主流意见，但若任其泛滥，则难免对史学研究和社会大众产生不良影响，因此，不但屡有学者呼吁研究者不宜重复以往那种“非此即彼”的错误倾向，而应秉持理性原则，实事求是地研究中国近代史，既否定旧的教条主义、简单化和片面性，也拒绝新的教条主义、简单化和片面性。要积极团聚众多冷静思考和研究中国近代史的学者为一个理性学派，为近代史研究的健全、长远发展做出贡献。更有广大学者身体力行，努力将这一原则贯彻于自己的研究实践之中，并取得了相当可观的成绩。

第二个新趋势是，由简单照搬西方史学理论和方法转变为将其与中国历史实际相结合的研究。改革开放后一个时期以来，基于历史研究者皆可理解的原因，诸如所谓“现代化范式”、“施坚雅模式”、比较史学、计量史学、田野调查等西方史学理论和方法被纷纷引入中国近代史研究领域。为发展本民族文化，借鉴外国先进文化，本无可厚非。但是，不可否认的是，每个国家都有自己的国情，西方史学理论和方法毕竟是在西方的土壤

---

① 参见吴剑杰《关于近代史研究“新范式”的若干思考》，《近代史研究》2001 年第 2 期；李文海《认识近代国情的几个重大历史是非》，《近代史研究》1996 年第 6 期。

② 转引自汪敬虞《关于中国近代史研究中的殖民主义观点问题》，《近代史研究》1996 年第 6 期。

中培育出来的，因为文化背景相同，思维方式一致，用以解释相应的西方国家的历史，当然行之有效。倘若原封不动搬入中国，强解中国近代史，由于文化背景、思维方式的不同，加上对中国的了解又未必深入，所知有限，就难保不发生削足适履的荒唐事了。何况有些所谓理论和方法还并不是今天的新发明，所谓比较史学、计量史学就是中国史学界早已普遍采用的方法，所谓“田野调查”也不过是往日采用的“社会调查”概念的另一种说法，并不具有什么补偏救弊的新功能。正因如此，所以有关如何借鉴西方史学理论和方法的讨论，多年来，在中国近代史学界，乃至整个中国史学界，就始终没有停止过。

以“现代化范式”为例，不少学者指出，其实，它也不是什么新理论，早在20世纪三四十年代，蒋廷黻就曾步西方后尘，提出过类似的概念，与范文澜提出的中国近代史是帝国主义入侵、变中国为半封建半殖民地和中国人民反帝反封建的历史，即今天所说的“革命史范式”，形成最早的一次对立。今天的多数倡导者，与蒋廷黻当日以此对抗“共产革命”的目的根本不同，主要是希望借此为以经济建设为中心的时代任务提供借鉴。但是，历史研究的基本要求是从实际出发，任何背离历史事实的研究都难以发挥真正的借鉴作用。大凡熟悉中国近代史发展历程的学者都清楚，以推翻帝国主义、封建主义、官僚资本主义三座大山为目标的人民革命，不仅是中国近代史上不以人的意志为转移的客观事实，而且是最为波澜壮阔的篇章，是中国近代史所发出的最强音。可是，有的研究者不愿正视这一客观事实，反而一叶障目，自觉不自觉地主张以“现代化范式”取代“革命史范式”，或曰将“革命史范式”转换成“现代化范式”。说法不同，偏颇则一。不少学者依据自己的研究经验，指出以“现代化”作为研究中国近代历史进程的视角，固然有一定的意义，“它使读者通过另一个视角看到了近代中国的历史。但是这样的观察与研究，也终究不能把一部完整的中国近代史呈现在读者面前”。而用“现代化范式”取代“革命史范式”，将客观存在的波澜壮阔的革命篇章排除于中国近代史之外，更不能说是“正确的替代”。即如“现代化范式”包含“革命史范式”说，也难掩其捉襟见肘的窘境。因为近代中国的两大基本任务——争取国家“独立”和“富强”并“不是平行进行的”，“在近代中国，主题还是谋求中国的独立和平等。正是这一主题，制约着近代中国历史的发展，制约着中国现代化的发展方向”。为此，他们认为较为可取的办法应是尊重历史实际，以“革命史范式”为主，吸取“现代化范式”之长，取长补短。唯有如此，才能全面反映中国近代历史的真实面貌。①

再看“施坚雅模式”。自1998年中国社会科学出版社翻译出版美国人类学家兼亚洲研究专家施坚雅于1964—1965年发表的有关中国近代社会经济史研究的论文，对中国市场体系提出一个新的分析模式，即结构—功能分析模式以后，它就引起了中国历史研究者的广泛关注。“施坚雅模式”，对中国近代史学者来说，的确是个相当新鲜的理论。它肯定市场体系对农民具有重要的意义，并且开创了研究农村市场的新局面，自有其贡献和合理性。但它是否完全符合中国乡村市场的历史实际？有无局限，局限在哪里？何种程度上能移用于中国乡村市场的研究？中国社会科学院近代史研究所研究员王庆成怀着追求真理、尊重科学的态度，利用华北数十州县的方志，特别是利用形成于光绪早期的《青县村图》《深州村图》中的丰富资料，对晚清时期华北的集市和集市圈的各类不同情况进行了详尽的研究。发现华北各州县集市数量参差不齐，甚至差距很大，集市数与州县人口数、村庄数及土地面积的关系，亦无有规则的比率。集市圈即集市与赶集村庄的空间构成，所包含的村庄多至近百村，少则两三村，甚至一村，不仅无法与施坚雅所谓的“市场区域的正六边形模式”相吻合，甚至对他提出的“中国农村社会结构，不是村庄，而是基层市场社区，即基层市场体系的空间区域，是农民的实际社会区域”的重要理论也要打个重重的问号。诚如王庆成所言：“半个多世纪前中国社会学家费孝通提出：‘中国乡土社区的单位是村落，从三家村起可以到几千户的大村。’目前，我宁愿相信这看法可能比较正确——既然集市是农民的基本社区之说还缺少确切的根据。”② 当然，也有一些学者认为“从方法论的角度看，施坚雅模式仍是我们从事中国近代史研究可以借鉴的有效资源”。这是学术研究的正常现象，不足为奇。不过，这些学者也承认“西方学者可能不懂中国，更难以将中国国情穷形尽相”，“用事实去衡量一种理论框架”，“本无可厚非；对一种理论做度长量短的批评也是旁观者应有的反思，或可推动认识的发展”。③ 如此看来，即使是这部分学者也并不反对“用具体的经验和

① 参见张海鹏主编《中国近代通史》第1卷，凤凰出版传媒集团、江苏人民出版社2006年版，第56—60页。

② 参见王庆成《晚清华北的集市和集市圈》，《近代史研究》2004年第4期。

③ 参见任放《施坚雅模式与中国近代史研究》，《近代史研究》2004年第4期。

研究”，对西方史学理论和方法加以必要的检验。这就够了，彼此有一颗尊重真理、服从真理的心，就没有不能解决的难题。

可见，已有愈来愈多的学者不满足于简单照搬西方的史学理论和方法，开始转向将其与中国历史实际相结合的研究，并通过自己的研究实践证明：只有经过这样的研究，才能对西方的史学理论和方法有所证实，有所修正，有所发明，有所创造；对我们中国的近代史研究者来说，才能判定何种理论和方法是可取的，或者部分可取的，何种理论和方法是不可取的，或者部分不可取的。这是对待西方史学理论和方法唯一可取的态度。虽然相对而言，迄今参与这种研究的学者尚不够广泛，成果也还有限，但可以预见，只要努力去做，前途必定是光明的。因为早在中国民主革命时期，毛泽东就以其伟大的实践和成功，为我们证明了这一点。

第三个新趋势是，由大多以主要精力关注历史细节的研究转变为同时兼顾历史大视野的研究。改革开放一个时期以来，为纠正以往中国近代史研究中的片面性和尽可能地“还原”历史，众多学者一面对以往的研究成果进行认真梳理，一面对许多无人涉足的新课题展开深入研究。对于这一时期的研究，如用人们常说的宏观、微观研究标准加以区分，则似乎无论哪方面的研究，都基本属于微观研究，或者说细节性的研究。因为其研究结论大多是对具体史实的“有”与“无”、“是”与“非”的回答，或者具体历史过程的描述，而少有对整体历史走向的思考。当然，宏观研究也不是没有，相对较少而已。这些细节研究所取得的成就有目共睹，诚如华东师范大学历史系教授茅海建所说：“我们今天对许多历史事件有了新鲜的认识，有了恰当的把握，得出较为中肯的结论，似非为在观念或方法论上有大的突破，很可能只是明晰了其中一些关键性的历史细节。”① 历史细节研究既有如此之大的作用，当然没有不继续坚持做下去的理由。

然而，历史研究的最终目的，毕竟不全在评价古人的功过是非，最主要的还是探讨今日中国的路怎么走。为了今日中华民族乃至全人类的命运，为了未来社会的进步，这就不能离开宏观的研究，或者说“历史大视野”的研究；就不能只戴观察历史细节的显微镜，而不戴预测历史未来的望远镜。必须两镜齐备，在研究历史细节的同时，也对历史作长时段、全

① 茅海建：《戊戌变法史事考二集》，生活·读书·新知三联书店 2011 年版，《自序》第 2 页。

方位的思考，从中找出历史发展的脉络和规律。何况即使评价古人，也不是仅靠研究他本人一时、一事、一地、一方面的“细节”表现，而不对其前后左右的人和事，如对他的家庭、对手、朋友、上下级、周围漠不关心者，他所面对的社会舆论，他听到什么、看见什么，等等，作全面的综合研究所能实现的。因此，在充分肯定研究“历史细节”的必要性的同时，也有不少学者提出要对中国近代史做“大视野”的研究。认为首先要在纵向，即时间上“打通”，取消以1919年为界划分为近代、现代前后两个阶段，对1840—1949年的历史做整体研究。胡绳1997年7月在祝贺《近代史研究》出满100期的贺词中说：“我谨重提一个建议：把1919年以前的八十年和这以后的三十年视为一个整体，总称之为‘中国近代史’，是比较合适的。这样，中国近代史就成为一部完整的半殖民地半封建中国的历史，有头有尾。”① 其次还要在横向，即空间上“打通”，将政治、经济、思想、文化、社会生活等各个方面，甚至与周边国家的历史联系起来做“大视野”的研究。北京大学历史系教授罗志田在反思改革开放30年的中国近代史研究时就说过：“研究近代中国，不仅要深入了解所谓‘前近代’的中国，至少还须参考三方面的外部历史，即19世纪以来的西方、日本和各殖民地（以及后人对其的研究）。”“只有对19世纪以来的西方和日本——特别是其发展变化的一面——具有较深入实在的了解，才能真正认识近代中国很多前所未有的变化。但过去的研究很少真正做到这一点，尤其在日本和中国的关联方面做得最不够（常见的不过是对比双方改革之成败）。”② 更为可喜的是还有不少学者怀着一颗追求真理的赤诚之心，不畏艰难地迈开了这方面的探索步伐。尽管他们的研究尚待付出更多的努力，但作为一种值得肯定的新趋势似是毋庸置疑的。

60多年来的中国近代史研究，走过一条曲折的路，有发展，有挫折，有繁荣；有经验，也有教训。今天，中国又进入了一个崭新的时期，全国上下都在为实现中华民族的伟大复兴而奋斗，中国近代史研究大有可为，其前景必定更加灿烂和美好。

---

① 《近代史研究》1997年第4期。

② 罗志田：《近三十年中国近代史研究的变与不变——几点不系统的反思》，《社会科学研究》2008年第6期，转引自步平《改革开放与中国近代史研究》，《近代史研究》2009年第5期。

第二章
理论与方法问题

第一节 20 世纪 50 年代有关中国近代史分期的讨论

1949 年中华人民共和国成立之后，中国近代史研究有了很大进展，无论是研究机构、研究队伍、研究成果，还是研究的深度和广度，都有了往昔不能相比的发展。但是，我认为，最重要的进步是在历史观方面，是在中国近代史研究的理论与方法方面。

1954 年在《历史研究》创刊号上，胡绳发表了《中国近代历史的分期问题》一文，引起了近代史学者的强烈关注和热烈讨论。1957 年，《历史研究》编辑部汇集了三年来学者讨论的文章予以出版。这是中国近代史学界学习唯物史观、寻求在中国近代史研究领域建立马克思主义史学体系的宝贵记录。中国近代史如何划分时期，看起来是编写近代史教科书的一个具体问题。但是依据什么标准分期，却涉及历史观问题，涉及研究中国近代史的理论与方法问题，涉及叙述和研究中国近代史的主要任务是什么，以什么来做中国近代史的基本线索问题。胡绳有感于 1949 年以前有些中国近代史教科书按照“道光时代”“咸丰时代”“同治时代”，或者按照“积弱时期”“变政时期”“共和时期”来叙述历史，认为是不足道的、不足取的，因为它们“没有反映出社会历史发展中的本质的东西”[①]；另一

① 胡绳：《中国近代历史的分期问题》，载《中国近代史分期问题讨论集》，生活·读书·新知三联书店 1957 年版，第 2 页。这里胡绳指的是李泰棻《新著中国近百年史》，1924 年版；孟世杰《中国最近世史》，1926 年版。

些教科书，甚至包括一些企图用马克思主义的阶级分析的方法来说明历史的书在内则放弃了历史分期的办法，按照重大事件来叙述历史，叙事时大致上采用了“纪事本末体”的方法，这种方法，往往“拆散了许多本来是互相关联的历史现象，并使历史发展中的基本线索模糊不清”①。在讨论分期标准的时候，胡绳批评了那种拿帝国主义侵略形态作划分时期标准的看法，认为“只看到侵略的那一面，而看不到或不重视对侵略的反应这一面，正是历来资产阶级观点的近代史著作中的主要缺点之一”②；同时也批评了单纯用社会经济生活的变化来做划分时期标准的做法，认为那样会走到经济唯物论的立场上去，对中国近代史分期，必须全面考察当时社会的经济基础和上层建筑，而上层建筑的变化并不是亦步亦趋地跟随着基础的变化。胡绳依据马克思主义唯物史观，依据毛泽东有关中国近代史的说明，提出了“基本上用阶级斗争的表现来做划分时期的标准”的重要意见。他还特别指出，马克思主义对中国近代史研究的要求不是在于给各个事变、各个人物一一简单地标上这个阶级或那个阶级、进步或革命的符号。如果在一本近代史著作中不过是复述资产阶级观点的书中的材料，只是多了这一些符号，那并不就是完成了马克思主义研究的任务。“要使历史研究真正渗透着马克思主义的思想力量，就要善于通过经济政治和文化现象而表明在中国近代历史舞台上的各种社会力量的面貌和实质，它们的来历，它们的相互关系和相互斗争，它们的发展趋势。”③ 应该说，这是第一次向学术界提出了用马克思主义研究中国近代史的任务，从学术上提出了要使历史研究真正渗透马克思主义的思想力量的重要观点。依据这种观点，胡绳还提出了“中国近代史中的三次革命运动的高涨”（此后史学界一般称“三次革命高潮”）的概念，并对1840—1919年的中国近代史分期提出了自己的见解。

胡文发表后，引起学术界热烈反应。至1957年新华社发布《中国近代史分期讨论告一段落》的消息，共有24篇论文发表。三年之间，先后有孙守任、黄一良、金冲及、范文澜、戴逸、荣孟源、李新、来新夏、王仁忱、章开沅等发表讨论文章，阐明自己的观点。报纸还报道了天津师范

① 胡绳：《中国近代历史的分期问题》，载《中国近代史分期问题讨论集》，第2页。胡绳所指一些企图用马克思主义的阶级分析的方法来说明历史的书，是华岗著《中国民族解放运动史》，1951年增订版；范文澜著《中国近代史》上编第一分册，1947年版。

② 同上书，第4页。

③ 同上书，第7页。

学院历史系中国近现代史教研室、中国人民大学第六次科学讨论会以及综合大学文史教学大纲讨论会上有关中国近代史分期问题的讨论意见。许多人同意或基本同意胡绳有关分期标准的见解，同时也提出了若干不同的见解：有人认为应以中国近代社会的主要矛盾的发展及其质的某些变化为标准[①]，有人主张“必须严格地遵循历史唯物主义的原理，树立以中国人民为中国历史主角的思想”[②]，有人认为“分期标准应该是将社会经济（生产方式）的表征和阶级斗争的表征结合起来”[③]，有人认为，“帝国主义及其走狗的经济政治压迫和中国人民的民族民主革命成为贯穿这一历史时期的根本矛盾，也就成为贯穿各个事件的一条线索”[④]，等等。因为对分期标准的认识不同，或者虽然相同，但理解不一定相同，因而形成了对中国近代史分期的种种不同主张。

评价这次讨论，我认为，不在于对分期标准的认识是否统一，不在于对具体的历史分期取得了多少进展，而在于，这是新中国成立以后中国近代史学界（不仅限于中国近代史学界）结合研究中国近代史分期问题，认真学习马克思主义、历史唯物主义，消除旧中国封建主义的、资产阶级的史学观的一次重要机会。通过这次讨论，明确了研究中国近代史，必须采用马克思主义的、历史唯物主义的理论和方法。讨论者几乎一致认为，毛泽东所说的“帝国主义和中国封建主义相结合，把中国变为半殖民地和殖民地的过程，也就是中国人民反抗帝国主义及其走狗的过程”，原则上表述了中国近代史的基本内容，因此，应当考虑以中国人民的反帝反封建的斗争运动及其发展作为中国近代史的基本线索。与此同时，史学界还开展了中国古代史分期问题讨论、中国奴隶制与封建制分期问题讨论、中国土地制度问题讨论、汉民族形成问题讨论、中国资本主义萌芽问题讨论，等等，所有这些讨论，是发生在50年代的一次马克思主义大学习，是一次不可多得的百家争鸣，它推动了史学界形成学习理论特别是学习唯物史观的浓厚风气，使一大批来自旧中国的学者，以及刚刚成长起来进入史学战

---

① 参见孙守任《中国近代历史的分期问题的商榷》，载《中国近代史分期问题讨论集》，第15页。

② 黄一良：《评孙守任〈中国近代历史的分期问题的商榷〉一文》，载《中国近代史分期问题讨论集》，第43页。

③ 金冲及：《对于中国近代历史分期问题的意见》，载《中国近代史分期问题讨论集》，第45页。

④ 范文澜：《中国近代史的分期问题》，载《中国近代史分期问题讨论集》，第98页。

线的青年受到了马克思主义的教育，受到了学习运用马克思主义的基本观点、运用唯物史观观察和研究中国历史，特别是中国近代史的锻炼，推动了中国近代史学科的建设，推进了中国近代史领域若干重大理论问题和历史实际问题的研究。回顾这次讨论，我们仍然感到，中国近代史学科所以有今天这样的局面，我国近代史研究学者所以有今天这样的思想水平，是如何受惠于50年代的那次讨论的。

经过50年代的讨论以后，近代史学界关于中国近代史研究的科学性和革命性问题、关于中国近代史研究的指导思想问题、关于中国近代史的基本线索问题，大体取得了共识。此后出版的三本中国近代史课本，体现了这次讨论的结果。其中两本是1962年出版的：一本是郭沫若主编、刘大年组织中国科学院近代史研究所的研究人员编写的《中国史稿》第四册，一本是翦伯赞主编、邵循正和陈庆华编写的《中国史纲要》第四册；第三本是胡绳编著的《从鸦片战争到五四运动》，此书虽然出版于1981年，反映的仍是那次讨论的结果。前两本书是为大学历史系编写的教材，后一本是为广大干部编写的近代史读本。

以前讲中国近代史的书，包括拥有众多读者的范文澜著《中国近代史》，一般带有纪事本末的特点，而且内容偏重于政治史。这在当时是有道理的，但是需要改进。《中国史稿》第四册的作者们努力作出了改变。依照《中国史稿》第四册主持人刘大年的看法，1840—1919年近代中国80年的历史，明显地表现为鸦片战争至太平天国失败、1864年至戊戌变法与义和团运动失败，以及1901年至五四运动爆发三个不同时期。在那几个时期里，帝国主义、中国社会各阶级的相互关系，他们的矛盾斗争各有特点。其中社会经济状况、阶级斗争、意识形态是结合在一起的，统一的。因此，新的著作要求根据历史演变的时间顺序讲述事件；不只讲政治事件，也要讲经济基础、意识形态，不只讲汉族地区的历史，也要讲出国内各民族在斗争中与全国的联系和相互关系。《中国史稿》第四册这种写法，就是总结了新中国成立以来中国近代史学科的理论建树和研究成果，加以概括和升华，给中国近代史搭起了一个新的架子，有些地方作出了可喜的概括。当时它是指定的高等学校教材，印数很多。1982年全国近代史专家在承德举行学术讨论会，有的研究者评论说，60年代最有影响的近代史著作是郭沫若主编、实际上是刘大年写的《中国史稿》第四册。这个评论指出了那本书在一段时间里流行的情形。胡绳的著作，规模较大，条分缕析，议论恢宏，在一定程度上体现了作者刻意追求的马克思主义的思想力量，对教学和研究工作以及对广大群众的爱国主义教育产生了深远影响。

学者们对以上三本书，尽管在某些具体问题的论述上可能有不同意见，但是基本上确定了中国近代史教科书的编写体例和框架，确认了用阶级分析的方法考察中国近代史的历史进程，确认了近代中国社会是半殖民地半封建社会，确认了近代中国的基本任务是进行反帝反封建的斗争，在具体编写上大体接受了三个革命高潮的概念。80 年代中期以来出版的数以百计的中国近代史教科书和普及读物，大体上都是按照这个框架编写的，可以看作是学者们接受这个框架的标志。

第二节　20 世纪 80 年代有关中国近代史基本线索的讨论

1980 年起，中国近代史学界再次掀起中国近代史基本线索问题的讨论。经过十年动乱，一些学者从拨乱反正、解放思想出发，要求抛弃极“左”的政治枷锁和教条主义的绳索，要求纠正由于指导方针上的失误在史学研究中出现的片面化、简单化的倾向，反思近代史研究的基本状况，对早先胡绳提出并得到相当多学者支持的基本上用阶级斗争的表现作划分时期的标志以及三个革命高潮的概念，提出了怀疑和驳难。李时岳首先在 1980 年第 1 期的《历史研究》上发表了题为《从洋务、维新到资产阶级革命》的论文，引起了有关中国近代史基本线索问题的新一轮讨论。这次讨论中也涉及近代史的分期问题，却不像 50 年代的讨论那样，使近代史基本线索这样一个重大理论问题附丽于分期问题上，而是直接提出了问题。

李时岳的文章发表后，在 80 年代中期形成了争鸣的热潮，直到 90 年代还有相关文章发表。与 50 年代的那次讨论比较，这次讨论，问题提得更广泛了，角度更新了，研究更深入了，分歧也更显著了。概括起来，大体有三种主要观点。一派以李时岳为代表。李时岳提出：“1840—1919 年的中国近代史，经历了农民战争、洋务运动、维新运动、资产阶级革命四个阶段”，“反映了近代中国社会的急剧变化，反映了近代中国人民政治觉悟的迅速发展，标志着近代中国历史前进的基本脉络”①。认为要重视近代

① 李时岳：《从洋务、维新到资产阶级革命》，《历史研究》1980 年第 1 期。

史上资本主义经济发生发展的意义，给予资产阶级政治运动以应有的政治地位[①]；强调要以“洋务运动—维新运动—资产阶级革命”作为中国近代史的进步潮流或基本线索。一些学者把这种提法概括为“三个阶梯”论，李时岳本人认为不确切，曾著文修正说应当包括太平天国农民战争而称之为“四个阶梯”论。它的依据是，近代中国社会的发展实际上存在着两个而不是一个趋向：一是从独立国家变为半殖民地（半独立）并向殖民地演化的趋向，一是从封建社会变为半封建（半资本主义）并向资本主义演化的趋向。前者是个向下沉沦的趋向，后者是个向上发展的趋向。李时岳表示赞成基本上用阶级斗争的表现为线索，认为“四个阶梯”论与“三次高潮”论并非根本对立，只是部分的修正和补充，“三次高潮”论有不完善的地方，“在于没有把阶级斗争和社会经济紧密地联系起来，从而没有把唯物史观贯彻到底”[②]。在中国近代史基本线索问题的讨论中，有的学者认为毛泽东的“两个过程”论没有概述中国近代史的“全部内容”，是对毛泽东本人原意的“误解”，要求“摆脱”“两个过程”论的“束缚”，重新学习马克思主义的理论，“悟出一些新的道理，把我们的研究建立在科学理论的基础上”[③]。有的认为，中国近代社会“争取独立和谋求进步始终是历史的主题；而向西方学习，发展资本主义，则是近代中国争取独立和谋求进步的根本道路”[④]；或者说，近代“中国人民面临着争取民族独立（反对帝国主义）和谋求社会进步（发展资本主义）两项根本任务。这两项任务贯串着整个中国近代史，一切斗争，包括政治的、经济的、思想文化的斗争在内，都是围绕着这两项根本任务进行的。它们构成中国近代史的基本线索”[⑤]。依据这种理解，他们以资本主义运动（包括经济和政治两方面）作为主要线索来考察中国近代历史发展的进程，认为洋务运动、维

---

① 李时岳：《中国近代史主要线索及其标志之我见》，《历史研究》1984 年第 2 期。

② 同上。

③ 胡滨：《打破框框，开阔视野》，《文史哲》1983 年第 3 期“关于中国近代史基本线索问题（笔谈）”专栏。

④ 据《历史研究》编辑部近现代史编辑室《国内史学界关于近代中国资产阶级的研究》，《历史研究》1983 年第 4 期。该项资料注明这段文字出自 1981 年 3 月 12 日《人民日报》发表的李时岳、胡滨著《论洋务运动》一文。经查上述资料所引述的这段文字，与原文有出入，但并不违背作者的本意，或者可以看作是对作者本意的一种概括。

⑤ 胡滨：《打破框框，开阔视野》，《文史哲》1983 年第 3 期“关于中国近代史基本线索问题（笔谈）”专栏。

新运动、辛亥革命“反映了近代中国人民政治觉悟的迅速发展，标志着近代中国历史前进的基本脉络”[①]。他们认为，在当时的社会历史条件下，要争取民族独立和谋求社会进步，就必须向先进的西方资本主义国家学习，改变中国贫穷落后的状况，实现中国的近代化。

另一派大体上坚持胡绳原先提出的观点。胡绳在《从鸦片战争到五四运动》一书的序言和1997年再版序言以及其他文章中，仍坚持三次革命高潮的观点，认为前一派的看法抹杀了农民革命在近代中国历史中的作用。苏双碧[②]、苑书义[③]、张海鹏[④]、荣孟源[⑤]等也先后发表争鸣文章，认为中国近代史的发展线索应制约于中国是半殖民地半封建社会的性质，中国人民的中心任务是摆脱帝国主义和封建主义的统治，其中也包括建立自己的民族工业，在中国发展资本主义，这个过程就构成为近代中国历史发展的主要线索。他们认为毛泽东关于中国近代史所说的“两个过程”，正确地概括了中国近代史的基本线索，不同意把“向西方学习，发展资本主义”当作“近代中国争取独立和谋求进步的根本道路”，认为中国只有通过民主革命，推翻帝国主义、封建主义的统治，才能发展资本主义。与前一派意见相比较，这一派意见不同意简单地把洋务运动当成进步运动，也不赞成把义和团运动列在基本线索之外。

第三派意见比较复杂，基本上依违于以上两种意见之间，或者另有生发。章开沅发表《民族运动与中国近代史的基本线索》（《历史研究》1984年第3期）一文，试图从民族运动的角度来阐明中国近代史的基本线索。该文认为鸦片战争是中国近代民族运动的发端，把近80年的近代中国历史以1900年为界标，概括为“两个阶段，三次高涨”，即：第一阶段经历了太平天国和甲午战后的戊戌维新、义和团两次民族运动的高涨；第二阶段经历了辛亥革命这次更具有近代特征的民族运动的高涨。他说，民族运动的这三次高涨，是近代中国历史客观存在的发展态势，体现了中国近代史的基本线索和发展规律。章开沅认为，“洋务—维新—革命”只是一个简单的框架，特别容易忽略农民和土地问题这样重要的社会内容。因

① 李时岳：《中国近代史主要线索及其标志之我见》，《历史研究》1984年第2期。
② 苏双碧：《关于中国近代史的发展线索问题》，《光明日报》1983年11月9日。
③ 苑书义：《论近代中国的进步潮流》，《近代史研究》1984年第2期。
④ 张海鹏：《中国近代史的“两个过程”及有关问题》，《历史研究》1984年第4期。
⑤ 荣孟源：《谈中国近代史的两个过程》，《历史教学》1984年第7期。

为中国是一个半殖民地半封建社会，不能机械搬用近代史及资本主义发生、发展和衰败的历史之类现成公式。他又认为“三次革命高潮”还是不用为好，因为“革命”一词有广狭两种理解，说三次革命高潮不仅容易引起概念理解上的歧义，而且容易使人联想到新民主主义革命史三次国内革命战争的提法，使作为整个中国近代史组成部分的新、旧民主主义史缺乏体例上的协调。他又特别指出，毛泽东说的“两个过程”可以作为我们据以探究近代中国历史基本线索的基点。说近代中国历史发展过程是一种民族运动，并不意味着以另一套线索取代“两个过程”而作为基本线索。“两个过程”是客观存在的历史实际，是中国近代史全过程的主干，因而也就理所当然地被人们理解为贯穿始终的基本线索。由此看来，这第三派虽然对前两派都有所批评，其主张的实质与胡绳的意见是较为接近的。

戚其章是另外一种看法。他说“两个过程”就是中国近代史的基本线索，是难以成立的。他认为，考虑基本线索时不宜空泛地谈论“阶级斗争的表现”，反帝斗争固然不能体现基本线索，就是反封建斗争也不一定每次都能体现基本线索，“基本线索的标志，应该是能够反映近代中国社会发展前途的国内阶级斗争”，“只有推动社会变革的国内阶级斗争才能体现中国近代史的基本线索”。他提出，在中国近代史上，只有太平天国、维新运动和辛亥革命才能体现基本线索，洋务运动和义和团运动不能列入基本线索的标志之内。这样，“太平天国—维新运动—辛亥革命，便构成了近代中国历史发展的三个阶梯”。①

以上是80年代中期有关中国近代史基本线索争论的几种主要见解。这些见解，都是以1840—1919年的中国历史过程作为立论的史实根据的。三派意见有许多共同之处，即都承认要以阶级斗争的表现作为确认中国近代史基本线索的标志，理论上的分歧表现在，或者强调阶级斗争要与社会经济的发展相联系，要求重视资本主义发生发展的意义和资产阶级的政治地位，提出向西方学习，发展资本主义，是近代中国争取独立和谋求进步的根本道路，因而高度评价洋务运动的历史地位，贬低义和团运动的作用；或者强调阶级斗争要与反映近代中国社会发展前途的社会变革相联系，认为不能把洋务运动和义和团运动列入基本线索之内。但是这种意见认为不能把中国近代史的“两个过程”和反帝反封建算作中国近代史的基

① 戚其章:《关于中国近代史基本线索的几点意见》,《历史研究》1985年第6期。

本线索，则显然与其主张的“只有推动社会变革的国内阶级斗争才能体现中国近代史的基本线索”相违背，有理论上不够严密的地方。就具体分歧而言，三派意见最大的不同，是对洋务运动和义和团运动的评价。就洋务运动而言，第一派认为，洋务运动促进了中国资本主义的发生，是进步运动。经济史研究专家汪敬虞研究了洋务企业和近代中国资本主义的发展和不发展后认为，中国资本主义现代企业的产生，以商人为主体的民间活动先于洋务派官僚为主体的官场活动。最先在中国接触资本主义并且实践资本主义的是和入侵的外国资本主义发生联系的新式商人。洋务派官办、官督商办企业后来虽然在中国资本主义现代企业产生过程中居于主导地位，但洋务派并不能成为扶助中国资本主义发展的积极力量，洋务派官僚不是站在促使中国资本主义走向发展的一面。① 汪敬虞在研究了洋务派的官督商办企业以后得出结论：“插手现代企业的洋务派官僚，并不能承担发展中国资本主义的历史任务。”② 经济史研究专家姜铎在讨论洋务企业的性质时，认为洋务企业属于早期官僚资本性质，具有买办性和封建性，“洋务企业的垄断排他倾向，抑制了私人资本的自由发展，也是客观存在，不应否认的”③。还有人指出：“近代中国存在着几种不同性质的资本主义运动。只有民族资本主义才是对中国历史的发展和中国人民的解放有利的，才是进步的。官僚资本主义和殖民主义，则是造成中国贫穷落后的根本因素，是反动的。中国不是多了民族资本主义，而是多了封建主义、官僚资本主义和帝国主义。比较起官僚资本主义和帝国主义在华开办的企业，民族资本主义企业是十分微弱的。因此，不加分析地以资本主义运动作为主要线索来考察中国近代历史发展的进程，笼统地说洋务运动反映了近代中国人民政治觉悟的迅速发展，代表了时代前进的方向，是难以令人首肯的。”④ 就义和团而言，各家评价不一，但对于义和团是北方农民自发的反帝爱国运动，似乎并无很大分歧。问题是胡绳当初界定第二次革命高涨，并没有把义和团作为唯一标志，而且申明“把第二次革命运动高涨仅看作 1899—1900 年的义和团的发动是不完全的”，他是把“戊戌维新”和义和团一起看作

① 汪敬虞：《近代中国资本主义的发展和不发展》，《历史研究》1988 年第 5 期。

② 汪敬虞：《洋务派不能承担发展中国资本主义的历史任务》，《历史研究》1985 年第 4 期。

③ 姜铎：《略论洋务企业的性质》，《历史研究》1985 年第 6 期。

④ 张海鹏：《中国近代史的“两个过程”及有关问题》，《追求集——近代中国历史进程的探索》，社会科学文献出版社 1998 年版，第 14—15 页。

是第二次革命运动高涨时期的特征。他指出，“二者在第二次革命高涨期间虽然都存在着，但二者是完全各不相关的。追求资本主义理想的改良主义运动表现为短命的‘戊戌维新’。以农民群众为主体的自发的斗争则在悲惨地失败了的义和团运动中取得歪曲的表现”①。胡绳除了在《从鸦片战争到五四运动》一书中正面叙述洋务运动和义和团外，还在初版前言中指出，“本书不认为有理由按照‘洋务运动—戊戌维新—辛亥革命’的线索来论述这个时期的历史的进步潮流”；同时指出，“在充分估计义和团运动的反帝斗争意义的时候，必须看到它具有的严重弱点；同时也不能因为在当时的历史条件下，义和团运动不可能发展为一个健康的反帝斗争，就把它的历史地位抹煞掉”。在全面坚持三个革命高潮观点的时候，胡绳对义和团的评价显然是有分寸的。

至于强调阶级斗争与社会经济发展相结合，这其实是胡绳当初提起问题讨论的题中应有之义。胡绳认为，研究中国近代史的基本任务，是要通过具体历史事实的分析来说明在外国帝国主义侵略中国的条件下，中国社会内部怎样产生了新的阶级，各个阶级间的关系发生了些什么变化，阶级斗争的形势是怎样发展的。② 按照马克思主义的政治经济学概念，所谓阶级指的是在一定社会生产体系中、在一定社会经济结构中处于不同地位的集团。所谓阶级斗争，则是基于经济利益根本冲突的集团之间的斗争。提出研究中国社会内部怎样产生了新的阶级这样的问题，当即指在半殖民地半封建社会内部产生了怎样新的社会经济结构，并由此产生了新的阶级结构和阶级斗争。要研究新的阶级、各阶级间的关系以及阶级斗争的形势，自然就是要求研究新的社会经济结构，要求把阶级斗争与社会经济结构的研究结合起来。刘大年在1980年提出“中国近代史从何处突破?”这样的问题，强调研究中国近代经济史的重要性，提倡用唯物史观研究中国近代史，也是这样的用意。应当指出，20世纪50年代以后，关于中国近代史线索、关于三次革命高潮的理解和运用愈来愈简单化、公式化，对阶级斗争的表现的理解，也愈来愈教条化、线条化，许多中国近代史教科书千篇一律，一个面孔，使读者愈来愈不满意，引起大量反思和讨论，是可以理解的。这种反思和讨论，对于重新学习和理解马克思主义，学习和理解唯

---

① 胡绳：《中国近代历史的分期问题》，载《中国近代史分期问题讨论集》，第8—9页。

② 同上书，第6页。

物史观，加深理解中国近代史复杂的历程，多角度、多面向、全过程探讨中国近代史，是有很大好处的。

中国近代史基本线索的讨论，到了80年代末以后又有了新的进展。学者们不满足于以往的讨论局限于1840—1919年的近代史分期，主张中国近代史下限应当延至1949年的呼声高涨了。《历史研究》1988年第3期发表了陈旭麓《关于中国近代史线索的思考》，就是把1840—1949年的110年历史作为一个完整的历史时期来考察的。陈旭麓在该文认为："所谓完整的历史时期，就是说这个110年不同于秦汉以来任何一个历史朝代，而是一个特殊的历史社会形态，即在封建社会崩溃中被卷入资本主义世界的半殖民地半封建社会。要从这样一个特殊的完整的社会形态及其丰富的内涵来考虑。"陈旭麓从这个路向出发，按革命的本意来定义革命高潮，认为中国近代史上确有三次革命高潮，但不是经胡绳提倡、得到大多数学者接受的那三次革命高潮。他认为在19世纪的中晚期，中国在推动变革的道路上，有过农民起义的高潮，有过维新变法的高潮，有过反帝运动的高潮，它们以不同的斗争方式、程度不等地推动或体现了新陈代谢的历程，但并没有形成如后来那样的反帝反封建的革命高潮。只是到了20世纪才出现具有完全意义的革命，形成高潮。他断言，这三次高潮是：1912年的辛亥革命，推翻了清朝政府；1927年的大革命，打倒了北洋军阀政府；1949年中国共产党领导的解放战争，推翻了国民党的统治，夺取全国胜利。他强调，中国近代史上只有这三次革命高潮，没有这三次高潮，就赶不走帝国主义，也打不垮封建势力。夏东元也从110年中国近代史的角度，提出了他对中国近代史基本线索的理解。他认为："'一条主线'（即资本主义酝酿、发生和发展为线索）'两个过程'（即'帝国主义和中国封建主义相结合，把中国变为半殖民地和殖民地的过程，也就是中国人民反抗帝国主义及其走狗的过程'）相结合，阐明中国近代110年的历史规律；既不同意'三次革命高潮'说，也不认为'四个阶梯'说是妥当的。"①这位作者确定以资本主义为主线，认为将洋务运动、戊戌维新、辛亥革命列为三个进步运动，虽然是四五十年前的陈说，但经过重新论述，注意到了资本主义发生发展的规律性，但未把110年历史联系起来看，而

① 夏东元：《中国近代史应予改写》，上海《社会科学报》1988年9月22日；《110年中国近代史应以戊戌变法徵分断线》，《历史研究》1989年第4期。

且完全把洋务运动与戊戌变法、辛亥革命并列起来是不适宜的，因为洋务运动是反对资本主义的核心问题——民主政治改革的。因此他确信，以资本主义的酝酿、发生和发展与“两个过程”相结合，以实现民主与反实现民主规定资本主义的发展和不能顺利发展为基本线索，将110年的中国近代史以戊戌变法为界标划分为前后两段，是比较能全面体现历史发展规律的。[①] 1997年张海鹏接续对这个问题发表意见。张海鹏认为：中国近代史研究，从20世纪50年代起，就沿用新中国成立以前的说法，分为中国近代史（1840—1919年）和中国现代史（1919—1949年）两个时期。直到现在，大学里还是这样分别设置教研室，分别讲授课程。他认为，这样的分法，对历史认识和学科建设，都没有好处。新中国成立已近半个世纪，对于1949年上溯至1840年那一段中国历史，我们现在是看得更清楚了，应该有更好的认识和解说。总起来说，他认为应该将1840—1949年的中国历史打通来研究，这不论对中国近代史还是1949年以后的中国现代史，不论对于中国革命史还是中共党史的研究，都会有好处。他还认为，李时岳前几年提到半殖民地是“历史的沉沦”，半封建即半资本主义是“历史的上升”[②]，颇有新意，但说半殖民地半封建中国同时既有沉沦的一面又有上升的一面，则很难使人信服。李时岳问道，如果说近代中国只有历史的沉沦，那么，“‘历史的沉沦’何所底止？漫漫长夜宁有尽头？”[③] 张海鹏由此受到启发，进而提出主张：从半殖民地半封建中国110年历史来考察，近代中国历史到了20世纪初（大约在1901—1915年），可以说是半殖民地半封建社会沉沦到谷底的时期。1901年是《辛丑条约》的签订，1915年是日本向中国提出二十一条、袁世凯称帝以及陈独秀创办《新青年》。这些重大事件，大大刺激了中国社会成长中的新的社会阶级力量，促进了他们的觉醒，促进了整个中华民族的觉醒。从此以后，中国社会内部的发展开始呈现上升趋势，新文化运动的发展和五四反帝爱国运动的爆发是这一上升趋势的明确表征。此后，资产阶级及其政治代表的力量，无产阶级及其政治代表的力量迅速成长并终于先后取代旧势力，成为主导社

① 参见夏东元《110年中国近代史应以戊戌变法微分断线》，《历史研究》1989年第4期。
② 参见李时岳《中国近代史主要线索及其标志之我见》，《历史研究》1984年第2期。
③ 李时岳：《关于“半殖民地半封建”的几点思考》，《历史研究》1988年第1期。

会发展的力量。①

张海鹏还认为，胡绳提出的三个革命高潮的概念是中国近代史中很重要的概念。从政治史或者革命史的角度来观察，这个概念的提出，是反映历史实际的。固然，从经济史、思想史、文化史或者从近代化史的角度观察中国近代史，可以从各相关专业的需要出发提出不同的、反映各相关专业历史实际的某些概念，但是，从中国近代史的全局衡量，恐怕都要考虑三个革命高潮概念的统率、制衡作用，把三个革命高潮概念完全撇开不用，恐怕是难以反映历史真实的。

但是，胡绳当初提出这个概念的时候，所处理的对象是中国近代史的前半期，即 1840—1919 年期间。把中国近代史的下限放在 1949 年 9 月，则胡绳所提中国近代史的三个革命高潮的概念之不符合实际，是很明显的。从这个角度对三个革命高潮论所作的批评，是完全有道理的。因此，从中国近代史的全局考虑，有必要重新考虑中国近代史上的革命高潮问题。

考虑到胡绳当初提出革命高潮概念的用意，是为了说明中国近代史发展的基本线索，是为了“通过经济政治和文化现象而表明在中国近代历史舞台上的各种社会力量的面貌和实质，它们的来历，它们的相互关系和相互斗争，它们的发展趋势”，是为了认识“革命运动高涨的时期乃是社会力量的新的配备通过激烈的阶级斗争而充分表露出来的时期”②，我们就会明了，他并不是从革命的本来意义来定义“三次革命运动的高涨”这一概念的。他提出这个概念的出发点是可以理解的，它对于我们从政治上来认识中国近代史发展的基本线索和特点，恰恰是很重要的。况且，19 世纪几次革命运动的高涨（如太平天国运动、戊戌维新、义和团等），为此后真正革命运动的到来做了认真的准备，提供了思想资料，是从旧民主主义革命过渡到新民主主义革命不可缺少的准备阶段。缺少了这些，我们认识中国近代史的基本线索，总结中国近代史的发展规律，就缺少了必要的环节。从这个认识出发，中国近代史的革命高潮依然应该把 19 世纪的几次革命运动包括在内。当然，不一定非要三次不可。从全局衡量，应该有七

---

① 参见张海鹏《中国近代史的分期及“沉沦”与“上升”诸问题》，《近代史研究》1998 年 2 期。

② 胡绳：《中国近代历史的分期问题》，载《中国近代史分期问题讨论集》，第 4、7 页。

次。它们是：太平天国革命运动；戊戌维新和义和团运动；辛亥革命；新文化运动和五四运动；1927 年大革命；1937—1945 年抗日战争；解放战争的胜利和中华人民共和国的成立。以上七次革命运动或革命高潮，基本上决定了近代中国的政治走向，包括了从旧民主主义革命到新民主主义革命的所有主要阶段，包括了民族民主革命的基本内容。这就是中国近代史发展的基本线索。①

关于中国近代史基本线索的讨论，虽然近年来发表的文章少了，但是学者们没有停止思索。我希望并且相信，我们的讨论不会就此停步。重要的是要保持百家争鸣的良好态势。我们不需要只有一个声音。在马克思主义指导下，我们可以形成多个学派，提出多个不同的框架，促进中国近代史研究的真正繁荣。

必须强调，研究中国近代史的基本线索，是要探索观察中国近代历史的一种方法，以便运用这种方法，去发现中国近代史发展的基本规律。中国近代史的基本线索，并不等同于中国近代史。中国近代史所反映的历史事实，是中国近代史的基本内容，并不是全部内容。中国近代史的全部内容比这些要丰富得多、复杂得多。无比丰富的历史现象，好比旧时代的铜钱，这些基本线索好像绳索，可以把一堆散乱的铜钱贯穿起来，人们认识这堆铜钱的整体就方便多了。我们对中国近代史的基本线索有了明确的认识，我们对全部中国近代历史的认识就会有条理多了，对中国近代历史的发展方向和发展规律就较易把握了。

以上有关中国近现代史的分期、有关中国近代史基本线索的认识，以及大体上取得共识，是 60 年来中国近代史学科所取得的重大成就。有了这些成就，中国近代史这门学科的整体面貌就清楚了。说它是一个独立的学科，在一定的意义上是指此而言。就是在这样一个整体认识的架构下，展开了中国近代史学科领域丰富多彩的研究成果。

第三节 关于中国近代史的“沉沦”与“上升”

中国近代史的“沉沦”与“上升”问题，涉及的是中国近代历史的发

① 参见张海鹏《中国近代史的分期及“沉沦”与“上升”诸问题》，《近代史研究》1998 年 2 期。

展趋势问题，也是如何看待近代中国历史的发展方向的一个饶有兴趣的问题。

以往对中国近代历史发展趋势的认识，一般是说近代中国“沉沦”到半殖民地半封建社会的“深渊”。[①] 20 世纪 80 年代初，李时岳提出近代中国社会的发展实际上存在着两个而不是一个趋向：一是从独立国家变为半殖民地（半独立）并向殖民地演化的趋向；一是从封建社会变为半封建（半资本主义）并向资本主义演化的趋向。前者是个向下沉沦的趋向，后者是个向上发展的趋向。半资本主义，对封建社会是一种历史的进步。半资本主义的存在，就是“上升”。所以，半殖民地半封建社会不仅有“沉沦”，而且有“上升”。这种“沉沦”和“上升”是同时并存的。这是历史学家对近代中国历史的又一种解说。这个说法很新颖，对近代史学界影响很大。汪敬虞曾评论这一观点说：“根据作者的论证，人们可以得出这样的结论，那就是：中国近代社会，既可以说是半殖民地半封建，也可以说是半殖民地半资本主义。因为半封建 = 半资本主义。”[②]显然，汪敬虞并不赞同这个观点，但未深入讨论。此外，专文讨论者，尚付阙如。

李时岳提出上述观点，是在 1919 年为下限的中国近代史的框架内思考的。在这个框架内思考，对中国近代史发展趋势的新解说，有几点说不通的地方。第一，在 1919 年前，中国遭受列强十分重大的打击，《南京条约》《北京条约》《马关条约》《辛丑条约》《民四条约》等，严重束缚着中国，割地赔款，外国驻军，租界和租借地，协定关税，领事裁判，外国经济实力控制着中国经济生活，说中国“沉沦”在半殖民地半封建社会的“深渊”，基本上符合历史事实。说这时候的中国同时存在着“上升”，比较难以说通。第二，经过洋务运动，资本主义生产方式在中国经济生活中所占成分十分微弱，民族资本主义在 19 世纪末刚刚形成且十分微弱，说中国半封建的另一半是半资本主义，显然并不合适。第三，学术界对半殖民地半封建社会的理解，一般是把它作为社会形态看待的，实际上所谓社会形态是一个马克思主义的概念，它是介于资本主义和社会主义之间的一种过渡性的社会形态。说半殖民地是对国家地位而言，说半封建是对半资

① 参见李时岳《近代中国社会的演化和辛亥革命》，《纪念辛亥革命七十周年学术讨论会论文集》上册，中华书局 1983 年版，第 173 页；《中国近代史主要线索及其标志之我见》，《历史研究》1984 年第 2 期。

② 汪敬虞：《中国近代社会、近代资产阶级和资产阶级革命》，《历史研究》1986 年第 6 期。

本主义而言，固然有某种道理，但是，把一种社会形态割裂开来，在科学上是说不过去的，是缺乏理论支撑的。

如果把中国近代史理解为1840—1949年的历史，全面观察110年历史发展趋势，则情况就不一样了，视野就开阔了，我们就可以看到近代中国"沉沦"和"上升"的全过程。我经过10多年的思考，就近代中国的"沉沦"和"上升"问题撰写了文章，与李时岳的观点相商榷。我就近代中国110年的历史考察，提出了"沉沦""谷底""上升"的看法。在我看来，在1840—1900年，中国历史的发展趋势主要表现为"沉沦"，这个时期，也有"上升"的现象，但那是次要的因素；从1901年到1920年期间，中国历史表现为"沉沦"到"谷底"的时期，所谓"谷底"时期，实际上是"沉沦"到"上升"的交错期，是黑暗到黎明的交错期。这个时期，是《辛丑条约》签订后中国最困难的时期，半殖民地半封建社会完全形成，因此是"沉沦"表现最严重的时期；辛亥革命、五四运动在这个时期发生，表明中国的"上升"因素已经上升到可以与"沉沦"表现相抗衡的时期。度过了"谷底"时期以后，中国的历史发展趋势就主要表现为"上升"了。[①]

据我所知，一些学者对上述观点发表了评论。多数人认为"谷底"说颇具新意。有的学者评论说，这一说法"饱含着作者创造性的学术探索"，"尝试性地提出了中国近代史的一种新的理论架构"[②]。有的学者认为，"《关于中国近代史的分期及其"沉沦"与"上升"诸问题》一文，是一篇旨在重新构建中国近代史学科体系的很有价值的文章"，"半殖民地半封建社会深渊'谷底'的问题，是一个很值得继续讨论的重要学术问题"[③]。还有学者认为，"关于中国半殖民地半封建社会的'谷底'说和中国近代社会的'沉沦'、'上升'的理论，使我们对半殖民地半封建社会的认识更加清晰了，更加形象化了，更加接近历史的实际了。历史的发展是曲折的，是不断进步的，中国近代社会也是这样，这就给人们以信心，给人们以力量。尤其是我们从近代社会的发展中看到，尽管近代各个阶级、各个

① 参见张海鹏《关于中国近代史的分期及其"沉沦"与"上升"诸问题》，《近代史研究》1998年第2期。

② 陈铁军：《关于中国近代史的一种新的理论架构》，《史学理论研究》1999年第4期。

③ 袁成毅：《再探中国近代半殖民地深渊的"谷底"》，《杭州师范学院学报》2001年第2期。

阶层为避免社会的‘沉沦’做出了他们的努力，但只有无产阶级才使中国避免了继续‘沉沦’为殖民地的厄运，才使中华民族获得独立和解放”，“这是张先生对中国近代史体系的重大贡献”①。“我完全赞同张先生对中国近代社会发展轨迹的描述，尤其是他提出的‘谷底说’，发前人所未发。”“张海鹏先生的谷底说和对近代中国社会发展轨迹的描述，是对近代社会发展最形象最具体的说明，最科学的解释。张先生的描述，使人们对近代中国社会发展的轨迹清晰可见，不仅看到了近代社会的屈辱和灾难，而且也看到了近代社会前进的力量和方向，从而使人们对近代社会有了一个科学的认识。这是张先生对中国近代史宏观研究的一大贡献。”②

对于近代中国“沉沦”的“谷底”究竟在哪里，学者有不同的看法。有的认为，“谷底”应该在甲午战争到《辛丑条约》签订之间③；有的认为，应该在1931—1945年日本侵华期间④。

还有学者对“谷底”说提出了质疑，认为“‘谷底’之说所以不完全正确，最要紧之处是它完全否定或者低估了辛亥革命的胜利成功及其划时代的里程碑的历史意义”⑤。

看来，继续探讨近代中国的“沉沦”与“上升”以及“谷底”问题，对认识近代中国历史的发展轨迹或者历史发展趋势，认识中国近代史的本质特征，还是很有意义的。进一步展开学术争鸣与探讨是必要的，是值得提倡的。

第四节　关于中国社会性质与“告别革命”问题

判断人类历史上某一阶段的社会性质，是一个马克思主义的命题。最

① 张华腾：《一部全新的中国近代史著作——评张海鹏先生主编的〈中国近代史〉》，《殷都学刊》2001年第3期。

② 张华腾：《关于对中国近代社会发展及其发展轨迹的认识——兼与张海鹏先生商榷》，《殷都学刊》2003年第2期。

③ 参见张华腾《关于对中国近代社会发展及其发展轨迹的认识——兼与张海鹏先生商榷》，《殷都学刊》2003年第2期。

④ 参见袁成毅《再探中国近代半殖民地深渊的“谷底”》，《杭州师范学院学报》2001年第2期。

⑤ 陈铁健：《近代中国社会沉沦谷底问题浅议——读潘荣〈北洋军阀史论稿〉》，《史学月刊》2008年第1期。

早提出关于中国近代社会性质观点的是列宁。列宁从帝国主义时代特点出发，提出了殖民地和半殖民地理论。[①]早在1912年和1919年间，列宁曾在自己的文章中分别提到中国是半封建的国家和半殖民地国家，他是从过渡阶段的社会这样的角度分别提到这两个“半”的，但未作论证。中国人接受这样的观点，是在中国共产党成立之后。[②]1922年7月，在中共“二大”通过的《关于“国际帝国主义与中国和中国共产党”的决议案》和《关于议会行动的决案》，已经开始出现“半殖民地”概念。同年9月，蔡和森在《统一、借债与国民党》和《武力统一与联省自治——军阀专政与军阀割据》等文章中，明确地使用了“半殖民地”、“半封建”概念来说明中国社会的性质。在此前后，陈独秀、蔡和森、邓中夏、萧楚女、李大钊、罗亦农等人均明确认识到中国是半殖民地社会。1926年，蔡和森在《中国共产党史的发展（提纲）》中提到“半殖民地和半封建的中国”、“半封建半殖民地的国家”，是目前所能查考到的最早将两“半”概念联结起来的完整表述。中共中央在自己的文件中正式提出完整的半殖民地半封建概念，是在1929年2月的《中央通告第二十八号——农民运动的策略》中，那是在中共“六大”以后。[③]与此同时，中国的思想理论界还爆发了一场关于中国社会性质问题的大论战。一些在马克思列宁主义指导下做研究工作的理论工作者，以新思潮派为代表，与中国托派的动力派和国民党学者新生命派，进行了长期的理论斗争，对中国社会性质和革命性质问题进行了严肃思考和理论创造。1938—1940年，毛泽东连续发表《战争和战略问题》《中国革命和中国共产党》《新民主主义论》等指导性论著，系统地、科学地、正确地解决了中国的社会性质问题。他指出：“自从一八四〇年的鸦片战争以后，中国一步一步地变成了一个半殖民地半封建的社会。”“帝国主义列强侵略中国，在一方面促使中国封建社会解体，促使中国发生了资本主义因素，把一个封建社会变成一个半封建社会；但是在另一方面，它们又残酷地统治了中国，把一个独立的中国变成了一个半殖

① 参见赵德馨《列宁关于半殖民地半封建社会的学说》，《青海社会科学》1984年第4期。

② 孙中山讲过中国是“次殖民地”，认为“次殖民地”的地位比殖民地的印度还不如，这是对殖民地理论的误解。

③ 参见陈金龙《“半殖民地半封建”概念形成过程考析》，《近代史研究》1996年第4期；陶季邑《关于“半殖民地半封建”概念的首次使用问题》，《近代史研究》1998年第6期；李洪岩《半殖民地半封建理论的来龙去脉》，载《中国社会科学院近代史研究所青年学术论坛》2003年卷，社会科学文献出版社2005年版。

民地和殖民地的中国。”[①]“中国的特点是：不是一个独立的民主的国家，而是一个半殖民地的半封建的国家；在内部没有民主制度，而受封建制度的压迫；在外部没有民族独立，而受帝国主义压迫。”[②]这是对于近代中国社会性质最经典的表述。毛泽东不止一次强调指出：只有认清中国社会的性质，才能认清中国革命的对象、中国革命的任务、中国革命的动力、中国革命的性质、中国革命的前途和转变。总之，认清中国的社会性质问题，才能解决近代中国历史发展的基本规律问题。从此以后，中国共产党的理论工作者，以及在中国革命成功的推动下愿意接受马克思主义指导的史学工作者，在中国的社会性质问题上，都认同了近代中国是半殖民地半封建社会的观点。[③]

对这个认识，有人提出质疑和挑战。有的文章认为，帝国主义“破坏了中国的国家主权和领土完整，但没有也不可能改变中国的社会性质”，因而辛亥革命之前的中国仍是封建社会，辛亥革命以后的中国是半封建或半资本主义社会（也有文章认为是资本主义社会），辛亥革命之前和之后，无论如何都不是半殖民地半封建社会，因此半殖民地半封建社会“这个说法究竟是否恰当，似有必要重新加以研究”。还有人对“两半论”提出了直接的质疑和驳难，认为“两半论”是“失误”，“延误了我们反封建历史任务的完成”。[④]有记者采访某研究员，问：“您的意思是不是说，应该否定‘半殖民地半封建’这一理论概括，提出新的概括，以突破现存的近代史的框架，探索新的架构呢?”答：“显然有这样的意图，确切地说，重新检讨‘半殖民地半封建’这一提法，是要为设计新的近代史构架寻找理论基点。”[⑤] 这里已经把问题提到相当尖锐的程度了。

质疑者说“要为设计新的近代史构架寻找理论基点”。质疑者要设计的新的近代史构架是什么，支持这一构架的理论基点找到了没有，始终未见下文。但是，我们对论者所谓“半殖民地半封建”理论“延误了”“反

① 毛泽东：《中国革命和中国共产党》，《毛泽东选集》（合订本），人民出版社 1964 年版，第 620、624 页。

② 毛泽东：《战争与战略问题》，《毛泽东选集》（合订本），第 530 页。

③ 参见李洪岩《半殖民地半封建理论的来龙去脉》，载《中国社会科学院近代史研究所青年学术论坛》2003 年卷。

④ 《中国近代社会性质的再认识》，广州《学术研究》1988 年第 6 期。这篇报道用的第一个标题就是“毛泽东‘两半’论的权威面临挑战”。

⑤ 《关于近代中国社会性质问题答记者问》，广州《学术研究》1988 年第 6 期。

封建历史任务的完成”却百思不得其解。前已指出在革命中，认清了中国社会的性质，就认清了中国革命的任务、革命的对象。中国革命的任务就是反帝反封建，这是由半殖民地半封建社会性质本身所规定了的。所谓“推翻三座大山”，不就是指完成了反帝反封建的革命任务吗？我们倒是要问，如果否定“半殖民地半封建”这一理论概括，在中国近代史研究中，能够正确坚持反帝反封建的观点吗？

在半殖民地半封建社会问题的讨论中，有一种分歧值得注意。所谓半殖民地半封建社会，是一种适应于近代中国社会的社会形态，是一种过渡性的社会形态，它恰当地反映了近代中国社会的政治、经济、文化状况。作为社会形态，它是不可分割的。另一种意见认为，半殖民地是对国家地位而言，半封建是对半资本主义而言，两者不是互相补充，而是互相对立的。①这个分歧是很大的。分歧的任何一方在据此观察近代中国历史时，都可能得出不完全相同的结论。

究竟如何看待近代中国的半殖民地半封建问题，可以从学理上去分析，也可以从历史实践上去分析。但是任何学理的分析，都只能基于历史实践。脱离了历史实践的分析，都是书生之见，是靠不住的。近代中国的新民主主义革命，它的历史实践是什么呢？它正是基于对中国社会性质的正确认识和分析，才制定出新民主主义革命的战略、策略，才能明确革命对象、明确革命力量、明确革命前途。中华人民共和国的成立，社会主义道路的选择，都是这个历史实践的结果。离开这个历史实践，虚构种种臆测的理论，怎么能与历史的实践相符合呢？历史研究是基于史实的探讨，离开了史实，仅凭思辨是不能解决问题的。

从20世纪50年代以来，中国近代史研究领域，关于革命和改良问题发生过多次争论。80年代的争论，主要涉及如何正确评价改良派或者改良主义问题。那时候的争论，对于革命的作用，一般都是肯定的。问题是如何评价改良派的历史作用，这主要涉及戊戌维新运动的评价以及清末立宪运动、立宪派以及资政院、谘议局等作用的评价。早期对改良派的评价比较低，80年代以后，对改良派的评价已渐趋平实。我在《中国近代通史》

① 以上有关半殖民地半封建理论的质疑和讨论，参看倪玉平《近20年“两半”问题研究述评》，广州《学术研究》2008年第10期；《关于“半殖民地半封建社会”问题研究之新进展》，《北京日报》2009年2月16日。

第一卷中谈及这个问题:

回顾历史，我们看到，改良与革命只是近代中国人改造中国的不同道路的选择，尽管它在近代中国的历史命运不尽相同，但它对于推动近代中国历史进程的进步作用都是不容抹杀的。

当然，这样说并不意味着改良与革命可以等量齐观。有一种见解说革命与改良，是推动近代中国历史前进的双轮。这个观点需要加以讨论。何谓双轮？好比一辆车子，两个车轮同时向前滚动，才能带动车厢向前运动。革命与改良，是否是这样的两个轮子，同时推动着近代中国历史的前进呢？还需要根据事实和理论做出具体的分析。

革命与改良的关系到底如何？对于社会历史的前进运动来说，革命和改良都是推动历史前进的动力。改良是常态，革命是变态。每一个国家，每一个时代，总是经常处在改良的状态中，否则，那个社会就停滞了，不前进了。所以改良是经常存在的。而革命则不然，社会革命不能经常存在，一个社会不能经常处在革命的状态中，如果是那样，这个社会就会是病态的。

诚然，革命并不是社会历史前进的唯一推动力。革命的发生是有条件的，不是可以任意制造出来的。社会发展的经常形式是社会改良。当阶级矛盾不到激化的程度，解决社会阶级利益的冲突，往往要靠阶级妥协与调和；解决社会政治利益的冲突，往往要靠社会改良的种种办法。阶级调和的办法，社会改良的办法，也能促进社会的发展，但它们只能在同一个社会制度内运行，如果要推翻旧制度，建立新制度，阶级调和、社会改良，是无能为力的，只能让位于革命手段。革命发生，才能使社会发展发生质的变化。因此，革命虽不是社会发展的唯一推动力，却是社会历史发展的根本动力。否定这一点，无原则地歌颂社会改良，显然是一种反历史主义的态度。

正因为革命是社会发展的根本动力，它能推动历史发展产生质的变化，而改良则不以推翻一个社会的制度为目的，它是在社会制度允许的范围内进行的，用今天的话来说，是在体制内进行的。因此，一个真正的革命家并不拒绝改良，而一个改良主义者则往往拒绝革命。也往往是这样的情况：一个社会的改良进行不下去的时候，或者那个社会不允许改良的时候，往往就可能爆发革命。从这个角度说，改良为革命准备着条件，改良为革命积聚着能量。在这种情况下，实行改良的人和实行革命的人，往往不是同一批人。[①]

以上这些话，大体上是总结了学术界的多次争论得出的认识。今天看来，得出这样的认识应该是公允的。

但是，在 90 年代，出现一种“告别革命”的言论。这种理论在西方社会早已有之，在中国则从 90 年代中期开始出现。始作俑者，似乎是李泽厚。1994 年李泽厚在一篇对话里说：“辛亥革命是搞糟了，是激进主义思潮的结果……自辛亥革命以后，就是不断革命：‘二次革命’，‘护国、护法’，‘大革命’，最后就是（19）49 年的革命，并且此后毛泽东还要不断革命”，“现在应该把这个观念明确地倒过来：‘革命’在中国并不一定是好事情”[②]。1995 年，李泽厚、刘再复在“回望二十世纪中国”的时候，在香港出版了一本标题为《告别革命》的书。该书几乎否定了历史上的一切革命，当然也否定了近代中国的一切革命。他们宣布，改良比革命好。这本小书是谈话记录，谈不上什么理论依据，没有论证，不过是反映谈话者厌恶革命的心理。这就不是理论的误区、学术方向的误区，而是作者们政治倾向的误区了。

我在一篇评论里曾经指出：为什么要提出“告别革命”说？反对法国大革命，是为了反对十月革命；反对辛亥革命，是为了反对中国共产党的新民主主义革命。他们要“反省整个中国近代史”，就是这个目的。他们要改变反共反社会主义的策略，于是“放弃激进的社会/政治批判话语，转而采取文化上的保守主义话语”，实际上是“隐喻了某种意识形态的企图”。这还说得不够明确。《告别革命》一书的序言，把“告别革命”说的目的全盘托出：“这套思想，恰恰是‘解构’本世纪的革命理论和根深蒂固的正统意识形态最有效的方法和形式。”原来如此。把近代中国的革命历史都否定了，把 20 世纪的革命理论都“解构”了，所谓反帝反封建自然不成立了，中华人民共和国的成立自然就失去合理性了。如此，则所谓有中国特色的社会主义、社会主义的市场经济，岂不是都消解殆尽了么？[③]

“告别革命”的思想，是一种历史虚无主义的表现，在思想文化领域

① 参见张海鹏主编《中国近代通史》第 1 卷，江苏人民出版社 2006 年版，第 127—128 页。

② 李泽厚、王德胜：《关于文化现状、道德重建的对话》，《东方》1994 年第 5 期。

③ 参见张海鹏《“告别革命”说错在哪里？》，《当代中国史研究》1996 年第 6 期。

有着广泛的影响，很值得学术界、理论界注意。

这里需要指出，历史研究，需要实事求是，需要从历史事实出发，就是对历史上发生过的既有的事实、事件、人物的表现、历史过程，做出客观研究，提出认识，给后人指出历史借鉴。革命和改良，是历史上发生过的事件，历史学者的任务，就是对革命和改良的来龙去脉、事实经过做出研究，对革命和改良在历史发展中对当时和后世发生的影响，作出评估。

第五节　晚清史与中国近代史的关系以及对“新清史”的认识

晚清史研究，是清史研究的基本组成部分，也是中国近代史研究的基本组成部分。在今天，这是毫无疑义的。1999 年姜涛发表《50 年来的晚清政治史研究》（《近代史研究》1999 年第 5 期）点破这一点以前，学术界的认识是不明确的，人们谈到清史，实际上并不包括道光二十年以后的历史。人们说到中国近代史，往往是指 1840 年以后的中国历史，似乎晚清的历史不在清史研究的范围内。国家清史编纂工程即将启动之际，我参加一个座谈会，一个研究清史的著名学者开出一个清史著作书目，竟都是嘉庆以前的，我问道光以后的算不算清史，那位先生无以应对。还是在那个时候，一位今天在清史编纂工程中承担重要任务的学者，说自己并不适合在清史工程中担任职务，基本理由是自己的专业是中国近代史研究。可见，在那个时候，中国近代史与清史之间是存在壁垒的，在研究者的心目中，是划有界限的。

从学科分野的角度说，清史与中国近代史之间，是有某种区分的。这种区分，主要是在 1949 年以后，当中国近代史作为一个独立的学科形成，当新成立的中国科学院首先出现以近代史冠名的研究所，当中国近代史作为一门独立的课程在各大学普遍讲授以后。在大学里，嘉庆以前的历史放在中国古代史里讲授，道光以后的历史作为中国近代史讲授。晚清史与中国近代史的区分，就在学者中自然形成了。没有人专门论述过晚清史与中国近代史的区分问题，也没有任何行政部门就此发表过意见。这是一个学科成长的自然历程。

中国近代史的学科对象有一个演变的过程。很长时间里，大多数学者把 1840—1919 年的中国历史作为中国近代史。最近 20 年来，大多数学者把 1840—1949 年的中国历史作为中国近代史。不管中国近代史学科对象如何演变，鸦片战争至清帝被推翻这一段晚清史，都包括在中国近代史的学科范围内。因此，从学科演变的历史来说，晚清史与中国近代史发生了不可分离的关系，换一句话说，晚清史包括在中国近代史内。

从中国近代史的角度看晚清史，1840 年鸦片战争起始，中国出现国势陵夷的数千年未见的变局，西方势力侵入，西方思想东渐，儒学日渐衰颓，社会性质发生变化；从社会底层到庙堂之上，各方面人士思想动荡，社会严重不安。随着外国侵略加深，不仅对外战争不断，国内战争也不断。从太平天国、洋务运动，到戊戌维新、义和团运动，再到中国同盟会倡导、推动的革命，直至清廷被推翻，中华民国成立，中国社会出现从“沉沦”到“上升”的转变。西方的机器和资本主义的生产技术移植到中国，中国国内生产方式开始发生变化，社会上产生了新的阶级力量，新的知识群体，譬如工人阶级和资产阶级，譬如与传统士人不同的新的知识分子群体，戊戌维新开始，国内逐渐出现各种社会团体，为中国的改革和革命奔走呼号。这些社会新势力，都是区别于传统势力的。这也是中国社会从“沉沦”到“上升”转变的重要标志。

如果从清史的角度看晚清史，情形或许稍有不同。从道光二十年鸦片战争起始，中国出现国势陵夷的数千年未见的变局，西方势力侵入，西方思想东渐，儒学日渐衰颓，社会性质发生变化；社会底层各方面人士思想动荡，社会严重不安。高官显贵声色犬马如故，他们想的是如何保住朝廷，如何保住乌纱帽，对民间改革朝政的呼声往往视而不见，对农民起义或者革命行动一律采取镇压政策。从清政府一面看，中国社会是在“沉沦”中。庙堂之上不做认真反思，不谋对策，不思进取，没有危机意识，多次失去发展机遇。

所谓发展机遇，含义有三：一是要发展，二是要有国际比较，三是机会来了要抓住不放。所谓抓住，是指决策者自觉的认识和实践。观察晚清社会，并不缺少发展机遇。只是由于当时的决策者不能很好认识迅速发展自己，以赶上世界先进国家的必要性，以至机遇来临时不能很好抓住，终于造成晚清一系列因落后而挨打的悲惨境遇。这是历史留给我们的沉痛教训。

鸦片战争虽然给中国带来打击，统治者却并不了解事态的严重性。朝廷对世界事务仍是懵懂无知，甚至《南京条约》签订以后，道光皇帝对英国在何方向、道里远近仍全然不晓。林则徐、魏源们虽然得出了“师夷之长技以制夷”的正确认识，也撰写了《海国图志》那样介绍外国历史地理的书籍，在日本引起轰动，但是在中国国内却反应寥寥。直到太平天国农民起义爆发，太平军所向无敌，其势力活动于大半个中国，其间，英法发动第二次鸦片战争，英法联军打到北京，咸丰皇帝不得不“北狩”热河，清政府才切身感受到了外国人的“船坚炮利”。但最高统治层仍认为这些只是“肢体之患”，真正构成“肘腋之患”的还是农民起义。太平天国农民大起义被彻底镇压以后，国内曾经出现了20多年相对平静的时期。统治阶层某些上层人物对中外发展的差距已有较多认识，政权相对也比较稳定，如果利用这个机会发展自己，事情未必不可为。日本正是在这个时候通过明治维新，奠定了发展资本主义的基础。中国统治阶层中一部分人如军机大臣奕䜣，封疆大吏曾国藩、李鸿章发起洋务新政，造船造炮，发展军事工业，随后又以官办或官督商办形式发展了一些民用工业。这些人试图只在器物层面上做一些变动，而不变动思想观念、社会制度来谋求民富国强。即使这样局部变动也没有取得整个统治阶级的共识，顽固派、反对派，朝野上下所在多有。最高统治者慈禧太后也只是居中驾驭，并无定见。这与明治维新以后的日本统治阶级正好相反。一次发展自己的机会就这样没能抓住，失去了。甲午一战，北洋海军全军覆没，洋务新政主持者们求富求强的梦破灭了。

晚清发展的第二次机会是在戊戌维新时期到来的。甲午战后的民族危亡给那些不曾“入仕”的知识分子们以极大的刺激和启迪。他们讲学办报，集会结社，一方面积聚力量，同时也给群众以新知识的宣传和灌输。他们希望通过由下而上，再由上而下的方式，变革朝政，变革思想，发展国家的资本主义。康有为、梁启超是这些人的代表。恰好年轻的光绪皇帝想巩固自己亲政的地位，摆脱慈禧太后和老旧重臣的控制，于是与康梁一拍即合，发动戊戌变法。但是变法不过百日，慈禧一伙发动宫廷政变，囚禁光绪，处死戊戌六君子，断送了变法的前程，使中国再次失去了发展的机遇。皇帝尚且不能掌握朝廷实权，那些流亡海外的士子们以保皇相号召，也只是徒呼奈何了。

光绪二十六年（1900）十二月初十，清廷借光绪皇帝名义发布变法上谕，特别指出：“懿训以为取外国之长，乃可补中国之短；惩前事之失，乃可作后事之师。自丁戊以还，伪辩纵横，妄分新旧。康逆之祸，殆更甚于红拳。迄今海外（甫）逃，尚以富有、贵为等票诱人谋逆。更借保皇保种之妖言，为离间宫廷之计。殊不知康逆之谈新法，乃乱法也，非变法也……实则剪除乱逆，皇太后何尝不许更新。”① 这是说，慈禧太后是不反对取外国之长补中国之短的，在剪除了康、梁等“乱逆”以后，她是同意变法维新的。这是慈禧太后在新的形势下的自我辩护。这表明，她不是不愿意变法，而是不许光绪皇帝、康有为、梁启超等主持变法，她要按照自己的意愿来实行变法，要把变法事业抓到自己手里来做。其实质是在维护皇权的前提下实行变法。

20 世纪初中国出现了第三次发展的机会。在由谁来掌握这机会上却出现了复杂的情况。在朝的统治者和在野的革命派、立宪派都想掌握这次机会，而且在朝、在野各自演出了程度不等的悲喜剧。八国联军侵华给清统治者留下了极为深刻的教训。他们认识到完全按旧的方式很难维持统治，决心实行新政。从 1901 年到 1911 年，清政府在实行新政方面确实有了相当大的动作。朝中大臣反对实行新政的声音很小，反对新政改革的派别几乎不存在。这是与前两次新政根本不同之点。清政府不仅派出五大臣赴东西洋各国考察政治（这是承认政治不如人的表示），而且在政治、军事、经济、教育、法制改革方面迈出了较大的步伐，颁布了大量的政策法令、规章条例。某些措施已经触动了清朝统治的根本，如在政治上宣布预备立宪，在中央设资政院，在各省设谘议局，扩大了民意表达，在官制方面也作了一些革新；在经济措施上鼓励资本家投资工商企业、鼓励资本家发展，商会的普遍发展在客观上鼓励资本家组织起来；在教育上废除科举，建立新式学制，举办大中小学，形成了新的人才培养机制；在法制改革方面也冲击了传统的政法不分、立法司法不清的观念，等等。这些都是此前的两次新政不可比拟的。如果把这次新政提前 40 年，中国的发展道路可能不同，发生中国式的明治维新并非不可能。但这次新政改革是在中国已经诞生了新的阶级力量的历史条件下进行的，新式知识分子群已较多认识到中外发展的差距而力求有更大的改革动作，最高统治者捍卫皇权神圣意志坚决，对体现皇权的有力统治机构军机处不许触动，把应允预备立宪的时间拖得太长。满族亲贵加紧控制政权，尤其加紧控制新练的军队，得罪

① 《光绪朝东华录》第 4 册，总第 4601 页。

了热衷于君主立宪的立宪派，加深了满汉矛盾；清政府完全站在革命派的对立面，改革以巩固皇权、防止革命为目的，使得这次改革在革命派和立宪派的联合攻击下失败，使得清政府失去了最后一次借改革以谋求发展的机遇。这一次失去发展机遇，对清朝统治是致命的。它在革命派和立宪派的联合攻击下，失去了统治的合法性，终于被迫走向灭亡。

从清史的角度看晚清史，晚清历史是一部“沉沦”史，是一部走向灭亡的历史。

综合起来看，晚清史与中国近代史，既有区别也有联系。区别方面，除了上面所讲外，还有一点，晚清史只是中国近代史的一部分，不是它的全部。联系方面是很清楚的，而且是基本的，那就是，从清史看晚清史，或者从中国近代史看晚清史，所看的部分是同一个，晚清历史是基本的研究对象。从这一点来说，前面所说的研究角度的不同，也不能说得太过绝对。

美国研究清史的学者提出了“新清史”概念，据说被称为一个学派，而且在美国学术界引起深刻辩论。所谓“新清史”学派，在中国学术界近年也引起关注，出现一些评论。我发现，中国学者对所谓“新清史”多持怀疑甚至不大赞成的态度。

我对“新清史”学派的论著缺乏深入研究，只看过一些评论和介绍。“新清史”派的研究中主张重视作为中国统治民族满族的主体性研究，主张重视利用满文档案和其他民族的文字书写，主张重视满族在创建清朝中国中的贡献，注意研究清朝统治者的“满族性”，这是对清史研究有积极意义的学术见解。但是，对“新清史”的学术成就不能有过高的评价，毋宁说“新清史”的基本学术倾向是值得质疑的。什么“不同凡响”，什么“挑战”，云云，是不切实际的评论。“新清史”的主体观点是所谓满洲帝国与中国不能画等号，中国只是满洲帝国的一部分，等等，是找不到史料支持的空中楼阁，是研究者的主观想象，是西方世界观在中国历史研究上的折射，不值得称赞。华裔美籍历史学家何炳棣的评论是值得重视的。中国学者刘小萌、黄兴涛等先后做出了学术评论。[①] 刘凤云、刘文鹏编了《清朝的国家认同——“新清史”研究与争鸣》文集，搜集了美国学者有

① 参见刘小萌《清朝史中的八旗研究》，《清史研究》2010 年第 2 期；黄兴涛《清代满人的“中国认同”》，《清史研究》2011 年第 1 期。

关“新清史”的辩论和中国学者的反应①，中国人民大学清史研究所在2009年专门召开国际学术讨论会，以“新清史”的讨论作为会议的主题。会议论文集题名《清代政治与国家认同》，发表了众多学者的见解。②

有的学者开始采用“新清史”的观点研究清史。有一篇介绍《乾隆朝满文寄信档译编》（以下简称《满文寄信档》）的文章，分析、介绍了这本书的史料价值。《满文寄信档》的主旨是运用“新清史”的观点和方法来介绍这本书，研究是否达到预期，是令人怀疑的。据作者介绍：乾隆朝满文寄信档“是清代军机处专门抄载寄信上谕的重要档簿，无汉文副本，珍贵性毋庸置疑”。作者认为，“‘新清史’无疑具有极大的挑战性，需要深入研究清史特别是深入研究满文档案之后予以验证和回答”。③ 这篇文章介绍，乾隆朝满文寄信上谕反映了西北边疆和东北等地政治、军事、民族、外交等诸多方面的史实，特别是边疆民族事务，以及边疆地区与外国关系事务，在没有汉文副本的情况下，它对于研究清史的史料意义特别重大。该文作者引用“新清史”研究者的观点指出：“重建清代政治、社会、经济、文化等各种不同层面更完整的图像，满文档案扮演着重要角色。”如果这的确是所谓“新清史”派的观点，这句话等于白说。很明白，无论是中国，还是美国，研究清史需要重视满文档案，从来没有人怀疑过。中国清史学界怀疑过这一点吗？从来没有过。注意发掘满文老档和整理、编辑、翻译满文档案一直是清史研究者努力追求的。④

《满文寄信档》引用“新清史”观点指出：“‘新清史’认为满洲人从未失去他们在清代社会中是一个特殊群体的想法，他们可以维持少数统治的原因，主要因为他们能够一方面运用中国政治传统，一方面又同时维持其独特之认同。”在研究清史的学者看来，这句话没有任何新意。满族始终是有清一代中国社会的统治者，那个时代的中国社会始终存在着满汉矛

① 参见刘凤云、刘文鹏编《清朝的国家认同——“新清史”研究与争鸣》，《清史研究丛书》，中国人民大学出版社2010年版。

② 参见刘凤云、董建中、刘文鹏编《清代政治与国家认同》，社会科学文献出版社2012年版。

③ 常建华：《从“新清史”研究看〈乾隆朝满文寄信档译编〉的史料价值》，《历史档案》2011年第1期。

④ 参见王钟翰《满文档案与清史研究》，《清史余考》，辽宁大学出版社2001年版；吴元丰《满文与满文古籍文献综述》，《满族研究》2008年第1期；吴元丰《近百年来满文档案编译出版综述——以中国大陆为中心》，《满语研究》2011年第2期。

盾，一直到1909年三岁的宣统继位，他的父亲载沣任摄政王，还在排斥汉大臣，1911年5月成立的所谓责任内阁，实际上是排斥汉大臣的“皇族内阁”或者“亲贵内阁”。这正是满族亲贵维持其满族独特统治之认同的强烈表现。当然，正是这一表现，加速了满族王朝的崩溃。

《满文寄信档》在“乾隆朝满文寄信档的‘新清史’研究价值”一节中，指出了几个事实：一是寄信档没有使用中国、中华字样，而是使用了“大清国”字样，作者认为，“自称‘大清国’并不能说不代表中国，这就类似于自称‘大明’而不说‘中国’”。应该说“大清”与“大唐”、“大元”、“大宋”、“大明”一样，正是继承了中国历代王朝改朝换代后的命名传统。二是“满文寄信档的对外叙事中，大量出现的是‘天朝’一词”。作者指出，“由于‘天朝’一词为汉族语汇，传统上代表中国，因此‘天朝’延续了‘中国’的用法和含义。我们难以判断‘天朝’是‘大清’而非指‘中国’”。以上两点正是说明满族统治者的“中国认同”，在这个大关节上，我们看不出任何与此不同的独特的满族特点。据黄兴涛研究，《清圣祖实录》卷143所载碑文辞，康熙时期“大清国”与“中国”已经在完全相同的意义上使用。可以毫无疑问地断言，入关之后的“满洲”不过是满人的族群认同符号而已，它与其自称“中国”的国家认同之间存在着本质差别。①

《满文寄信档》在指出满语为清朝国语，承办八旗事务及边疆少数民族事务的满蒙官员，一般都用满文缮写公文，不准擅自使用汉文；有关诰敕、谕旨、寄信及各部院的行文，也都用满文书写。同时，作者指出“满人的汉化也是明显的事实”。这一节的研究结论，处处反驳了“新清史”的观点。这告诉我们，“新清史”的观点是没有充足理由的。

“新清史”是美国一些研究清史的年轻学者提出的主张，在美国也引起争辩。在我看来，“新清史”没有那么新。说“它的出现已经在一定程度上对如今的清史研究提出了挑战”②，未必是准确的。“新清史”的研究者只强调清初的历史，未能观照到晚清的历史。综观有清一代的历史，“新清史”的缺陷是明显的。“新清史”十分关注清初对边疆地区开发的

---

① 参见黄兴涛《清代满人的“中国认同”》，《清史研究》2011年第1期。

② 贾建飞：《“新清史”刍议》，《中国社会科学报》2010年3月16日，国家清史编委会中华文史网站转载。

研究，将清史研究从中原转移到边疆，有一定的道理，但清末的边疆正是资本主义列强侵略的对象，“新清史”在这里如何解释呢？如果将“新清史”称为一个学派，它应该对全部清史有一个贯通始终的解释体系。实际上，我们没有发现这样的体系。研究清史，从客观的学术立场来说，不必过分强调大汉族主义，也不必过分强调大满族主义。反对大汉族主义，不必否认满族的汉化，满族的汉化是一个缓慢的长期的过程，所谓汉化，主要是指满族统治阶级对汉族文化的全盘吸收和提倡，满语和满文从政治生活和日常生活中逐渐消失。指出这一点并不是强调满族统治阶级的“满洲性”已经泯灭，满族作为有清一代的统治阶级，在政治上对汉族的提防和限制是一直存在的。“皇族内阁”的成立是一个明显的标志。主张大满族主义，不必对满族的汉化刻意回避。汉族在长期的历史发展中，经济文化发展水平明显高于各少数民族。中国历史发展中，存在着各民族的冲突、碰撞与融合，长达几千年。这样一个过程中，汉族当然从各民族中学习、吸纳了不少文化因素，但总体而言，是高度发展的汉族文化成为其他各民族学习吸纳的主要对象。这正如资本主义发展成熟以后，资本主义的经济文化明显高于前资本主义，在炮舰政策的推广下，资本主义经济文化影响了世界各民族。即使自称高度发展的汉族经济文化，也受其影响，满族文化自不待言。

在2009年中国人民大学清史研究所举办的“清代政治与国家认同”国际学术讨论会上，哈佛大学东亚语言与文明系讲座教授、“新清史”学派的代表性学者欧立德（Mark C. Elliott）发言说：“新清史”很难说是一个学派，只是一种视野或思潮。他个人的研究只是强调满族人所以成功不仅是因为汉化，而主要是因为保持着强烈的满洲特色。对于10多年前何炳棣与罗友枝之间的那场论战，他非常倾向于何炳棣的观点。他认为，清史确实是中国史的一部分，清朝和中国是不可分的。[①] 这一段即兴发言，几乎颠覆了“新清史”学派的基本主张，使研究回到了正确的清史研究轨道上来。

趋新厌旧，可能是人们追求知识的秉性。但是，对于新，要做出分析与判断。有的“新”，是新瓶装旧酒；有的“新”里埋下了毒药；有的

---

① 欧立德的发言，转引自董建中、刘文鹏所写的《清代政治与国家认同》后记，见《清代政治与国家认同》，第870—871页。

新，是真正的创新。晚清政治史研究，要创新，要有新的研究视角和新的理论与方法。对于外洋号称的新理论，一味趋新厌旧，不一定是可取的。晚清政治史研究，不可跟风走，不可被所谓“新清史”蒙蔽了学术视野。中国学者，要有学术自信。

第三章
晚清政治史

晚清政治史是中国近代史的重要组成部分。

由于“近代”本身是一个相对的概念，随着时间的推移，中国近代史的时段范围60年来已有了重大的变化。在20世纪50年代，中国近代史基本上是专指1840年鸦片战争到1919年五四运动的这一段历史；而在迈入21世纪的今天，研究中国近代史的人们已公认从1840年直到1949年中华人民共和国成立这一时段之内，都属于近代史的范围。尽管如此，晚清（从1840年鸦片战争爆发到1912年清帝逊位）之属于近代范畴迄今并没有变，而晚清政治史也始终是中国近代史的重要组成部分。

对于60年来晚清政治史的研究，本章以1978年的改革开放和2000年进入21世纪为界，大略划分为1978年前、1978年后和21世纪初年三个阶段进行简括的叙述。

第一节　新体系的形成

1978年以前的近30年，尤其是“文化大革命”前的17年，是新的近代史体系的形成时期。晚清政治史的研究被严格纳入中国近代史新体系的框架之中，并取得了丰硕的研究成果。

中华人民共和国的建立，是中国共产党人的胜利，是中国人民的胜利，是灾难深重的旧中国近百年动乱、变革的最终结果。国家主流意识形态，不可避免地成为研究晚清以来中国近代史的指导思想，而相关历史的研究，也就与现实政治结下了不解之缘。

重视对鸦片战争以来近百年历史的研究，是中国共产党人的一贯主张。早在1941年5月，毛泽东就批评了那种“对于自己的历史一点不懂，或懂得甚少，不以为耻，反以为荣”的恶劣学风，提出：对于近百年的中国史，应聚集人才，分工合作地去做，克服无组织的状态。应先作经济史、政治史、军事史、文化史几个部门的分析的研究，然后才有可能作综合的研究。①

1949年6月30日，为纪念中国共产党成立28周年，毛泽东在《人民日报》上发表《论人民民主专政》一文，不仅历述了自1840年鸦片战争失败以来，先进的中国人千辛万苦向西方国家寻找真理而不果的痛苦经历，也总结了在找到马克思列宁主义这个“放之四海而皆准的普遍真理”之后，中国所发生的变化，说明了中国共产党人之所以“一边倒”和走俄国人的道路的必然。值得注意的是，毛泽东在文中列举了在中国共产党出世以前几位向西方学习的先进中国人：自从1840年鸦片战争失败那时起，先进的中国人，经过千辛万苦，向西方国家寻找真理。洪秀全、康有为、严复和孙中山，代表了在中国共产党出世以前向西方寻找真理的一派人物。② 这四位，一位是太平天国的天王，两位是戊戌维新的主将，还有一位是辛亥革命的领袖。毛泽东正是以他们为代表，概括了100多年来中国人民不屈不挠、前仆后继地反对内外压迫者，最终由中国共产党人完成先人遗志的斗争历程，从而表达了中国共产党人对1840年鸦片战争以来的中国历史的一种崭新的解释。

同年9月30日，毛泽东又在为人民英雄纪念碑起草的碑文中，对中国近百年史的几个节点，做出了相当明确的表达：三年以来，在人民解放战争和人民革命中牺牲的人民英雄们永垂不朽！三十年以来，在人民解放战争和人民革命中牺牲的人民英雄们永垂不朽！由此上溯到一千八百四十年，从那时起，为了反对内外敌人，争取民族独立和人民自由幸福，在历次斗争中牺牲的人民英雄们永垂不朽！

其中所谓的“三十年以来”，就是1919年五四运动以来。以后对自

---

① 毛泽东：《改造我们的学习》，《毛泽东选集》（横排合订本），人民出版社1967年版，第594页。

② 毛泽东：《论人民民主专政》，《毛泽东选集》（横排合订本），第1358页。

1840 年到 1949 年的中国近百年史，就是以 1919 年的五四运动为界，分为前后两个部分：通常以前一部分为中国近代史，而以后一部分为中国现代史；而从革命史的角度，前一部分又称为旧民主主义革命阶段，后一部分又称为新民主主义革命阶段。所谓近代史，也即旧民主主义革命阶段的历史，实际上就是晚清史再加上民国时期最初的 8 年。然而，晚清史本身此时还不可能有自己的独立地位。

由中国共产党人在民主革命的实践中所提出的，此时作为新的历史体系指导思想的有关阐述主要有：

关于近代社会的性质。鸦片战争以来直到中华人民共和国成立以前的中国社会，既不是资本主义社会，也不完全是封建社会，而是一种过渡性的社会——半殖民地半封建社会。这一概念，系中国共产党人根据马克思列宁主义的学说，最初于 20 世纪 20 年代末所提出。毛泽东在《中国革命和中国共产党》（1939 年 12 月）和《新民主主义论》（1940 年 1 月）等论著中，对鸦片战争以来中国社会的半殖民地半封建性质，作了系统的阐述和论证。

关于近代社会的主要矛盾或根本矛盾。毛泽东在《中国革命和中国共产党》中提出："帝国主义和中华民族的矛盾，封建主义和人民大众的矛盾，这些就是中国近代社会的主要的矛盾。"[①] 范文澜为此曾解释道：在鸦片战争后，中国社会有两个根本矛盾，一个是原有的（按：指封建主义和人民大众的矛盾），一个新添的。这个新添的根本矛盾，就是中华民族反对外国资本主义后来变成帝国主义的经济政治压迫的矛盾。中国封建势力和外国侵略势力结合成一个反动势力，从某种意义上来说，两个根本矛盾也就合并成一个根本矛盾。以帝国主义为主，以封建势力为辅的反动势力成为这个矛盾的一面，因之中国人民的革命矛头，直接对着封建势力时，实际也对着帝国主义；反过来，也是一样。它们利害相关，互相勾结，这就使得中国人民革命不得不同时负担起反帝反封建的双重任务，而这个任务中国农民阶级和资产阶级是不可能担当的。旧民主主义革命时代所有的反抗，都以失败而告结束，原因就在这里。[②]

---

① 《中国革命和中国共产党》，《毛泽东选集》（横排合订本），第 594 页。

② 范文澜：《中国近代史的分期问题（一）》（1955 年），《范文澜历史论文选集》，中国社会科学出版社 1979 年版，第 117 页。

与这一命题密切相关的是毛泽东的另一论述："帝国主义和中国封建主义相结合，把中国变为半殖民地和殖民地的过程，也就是中国人民反抗帝国主义及其走狗的过程。"① 这一原则性论述，也即所谓"两个过程"论，被看作是了解中国近代历史的基本线索。

在研究体制上，中国科学院近代史研究所的建立，应是最为明确的标志。这个于新中国诞生之初即行设立的国家级研究机构，是以范文澜为首的来自延安和华北解放区的部分史学工作者于1950年5月组建的。② 各综合性大学和师范院校的历史系开设中国近代史课程，设立中国近代史教研室，也培养和聚集了一批中国近代史的研究和教学人才。

在研究史料的建设上，以郭沫若、吴玉章和范文澜为正、副会长的中国史学会成立之初，就把主编"中国近代史资料丛刊"的工作确定下来，作为对中国近代史研究的提倡。编辑这套资料丛刊主要"是供给高中和大学的教师们、历史研究工作者们做参考"。在以徐特立、范文澜、翦伯赞、陈垣、郑振铎、向达、胡绳、吕振羽、华岗、邵循正、白寿彝11人组成的总编辑委员会的指导下确定编选的有关资料，集中地反映了发生在晚清时期的一系列重大事件，实际上也可以说是晚清政治史的资料。这个编委会的规格之高，为迄今所仅见；而相关资料的编选者，也多为著名的学者。50年代所编成的10种资料中，最先出的是第9种《义和团》（1950年编成，1951年出版）。这部书的提早出版，是为了纪念义和团运动50周年，又由于当时适逢朝鲜战争爆发，"清算帝国主义的血账，是纪念义和团最好的方法"，也是赶在此时出版这部书的重要原因。第5种《洋务运动》于1959年编成，1961年出版，它之所以最后编成是由于洋务运动本身历时最久（几占中国近代史80年中的一半时间），而相关资料包罗万象，篇幅过巨，编选难度较大之故。10种资料中，《太平天国》《捻军》《回民起义》3种，共同反映了以太平天国革命运

① 毛泽东：《中国革命和中国共产党》，《毛泽东选集》（横排合订本），第595页。

② 按：新华社于1950年7月1日发出的《中国科学院半年工作概况》的新闻稿中提到，中国科学院在成立之后的半年中，"先后合并了华北大学研究部，接管了前北京［北平］研究院各所、前中央研究院各所、前中国地理研究所、前静生生物调查所、前西北科学考察团等二十四个单位"。"在中国科学院之下暂分设：近代史、考古、语言、社会、近代物理、应用物理、物理化学、有机化学、生理生化、实验生物、水生生物、植物分类、地球物理等十三个研究所，一个紫金山天文台，一个工学实验馆。各所、台、馆负责人员，业经中央人民政府政务院第三十三次会议通过任命。"《新华月报》1950年8月号，第923—924页。

动为中心的各地各族人民的反清斗争。因此，这10种资料可以归纳为“八大事件”。有关资料的“序言”或“叙例”中对这些事件的概括，乃是资料的编选者——首先是研究者，经反复推敲而形成的见解，它们实际上是50年代近代史学界对晚清政治史中相关事件的一种已成共识的经典性表述①：

关于鸦片战争，编者指出：“鸦片战争是中国历史上划时代的大事，它给中国人民带来的灾难是深重的。从鸦片战争以后，中国便逐步地陷入半殖民地、半封建的历史阶段，但同时也激起了中国人民的反帝反封建的革命斗争。”“在中国共产党和中国人民的伟大领袖毛主席的领导下，中国人民终于胜利地推翻了帝国主义、封建地主阶级的统治，结束了由鸦片战争引起的历史命运。但是这并不等于说：垂死的帝国主义和封建残余不想作最后的挣扎而甘心退出历史舞台。因之，了解近百年来中国人民在帝国主义和封建主义双重压迫下的悲惨景况，和学习中国人民百折不挠的反抗精神，是十分重要的政治教育。鸦片战争是中国近代史的开端，学习中国近代史应当从鸦片战争开始。”

关于太平天国和各地各族人民的反清斗争，编者指出：“一百年前的太平天国革命运动，前后坚持了十四年，势力扩展到十七省，革命的英雄们建立了自己的国家，组织了强大的武装，实行了各种革命政策，发动了广大农民为推翻封建的土地制度而斗争，并且担负起反对外国资本主义侵略势力的任务，他们的这些英雄行动，在中国历史上写下了光辉的一页。固然太平天国仍旧是没有工人阶级领导的单纯农民战争，它在中外反革命联合进攻之下终于失败了。但是太平天国所表现的中国人民的光荣的革命传统和崇高的爱国主义是永远值得中国人民引以自豪的。”“太平天国革命前夕，在南方的粤、桂、湘、赣，北方的苏、皖、鲁、豫，各地农民群众因不堪虐政的压迫，已纷纷起来，反抗封建地主阶级的统治。这些农民军，大大小小的组织非常多，其中声势比较雄厚的，在南方要算天地会，在北方则是捻军……捻军是北方农民的大规模武装起义，也是太平天国革命在北方的再起。研究太平天国革命而忽视捻军和其他反对满清专制王朝的起义军的活动，对于太平天国革命的研究是不够全面的，也就不

① 按：以下引文均摘引自《中国近代史资料丛刊》各种资料的“序言”、“叙例”或“题记”，不再一一注明。

能看出当时农民革命战争的坚强性和普遍性。”“把回民起义简单地看作回民单纯的活动，是不对的；把回民起义看作回汉两族的斗争，是更不对的。我们应该把回民起义看作是中国人民进行阶级斗争的一个形式，云南回民起义和西北回民起义正是当时全中国人民反清斗争洪流中的两支猛流。”

关于洋务运动，编者指出：“洋务运动从十九世纪六十年代起，到中日甲午战争，前后约三十多年。这是清政府一部分带有买办倾向的当权派，采用资本主义外壳以保持封建统治的一种自救运动。它的产生，是清政府在两次鸦片战争的失败和对太平军作战中，一部分官僚军阀认识到自己军器窳败、船只缺乏的危险，他们一方面感觉到洋人船坚炮利的可怕，而对外国屈服；同时也感到洋人的武器可以利用来巩固自己的统治，因而有意识地提倡起所谓‘新政’。”“西方的资本主义国家通过战争手段在中国抢得更多的权益后，认为清朝统治阶级已彻底屈服；清政府兴办这些‘新政’对它们不但不是什么威胁，反而更便于对中国人民进行深度的剥削与奴役。这就是它们和清朝统治阶级互相勾结的政治基础。因此在这期间，它们尽量把巨额的军火和大批军官、技术人员供给清政府，共同合作来屠杀中国人民。”“这种‘新政’并经不起考验，它在中法战争和中日战争的过程里，遭到了彻底的破产。然而，为期三十多年的洋务运动，对十九世纪后半叶的中国历史，也产生过一定的作用……它给中国资本主义的发生与发展，造成了某些有利条件。并且，使中国的无产阶级获得了一些发展。同时，清政府既办理洋务，便不得不培养一些懂洋务的人才，通过同文馆、水师学堂及派送留学生，栽植了一些通达外情、理解科学的技术人员。这些人中，一部分在洋务派官僚集团中做了走卒，但也有些人因接触西洋事物而接触了新的思想，对资本主义思想在中国的传播，起了桥梁作用。”

关于中法战争，编者指出：“中法战争是指十九世纪八十年代中国人民为了反抗法国资产阶级的侵略越南和中国各地而进行的正义的战争。”“当时在太平天国革命失败之后十几年中，中国本身已经迅速地沦为世界资本主义的商品市场，外国侵略者在中国已经建立起来它们的统治秩序；但它们同时还分别向中国的邻邦下手，要灭亡这些国家，藉为进攻中国的基地。法国在侵略越南的战争中，就公开地叫嚣着要进入中国的西南。因此中法战争不仅是援助越南，也是中国自卫的战争，也就是说，它是中国近代史上一次重要的民族战争。”“中法战争的特色，在于中国人民主动地进入了战争，许多官吏和将领也都大声疾呼主张奋起抗战。满清统治者看到自身利害的关系，被迫应战，甚至主张投降的洋务派首领李鸿章也不敢公开地阻挠出兵……这次战争，以冯子材将军统帅的部队在谅山大破敌军而终止。它是中国近代史上中国对外国侵略者艰苦作战而获得巨大胜利的一次战争，尽管当时主张投降的统治者甘心自认失败，法国侵略者却不能不狂叫着北圻的惨败。”“在中法战争以前，中国统治阶级中洋务派的图富图强的设施表面上已略具规模了。但在战争过程中，打败仗的多是受有新式训练具有新式装备的淮军——洋务派首领李鸿章的嫡系部队；而马江一役，大小新式兵轮几全数沉毁，南洋援闽兵船更是遇敌便逃。所以当时甚嚣尘上的洋务运动，不必等到中日战争才告垮台，在这次战争中已是原形毕露了。”“总而言之，中法战争是中国人民不断反抗帝国主义及其走狗的过程中一个具有重大意义的历史事件。中国人民又一次表现了抵抗外侮的巨大力量。同时在战争过程中，打击了国内的反动的腐朽统治势力，揭露了洋务派官僚的媚外卖国和洋务运动的本相。”

关于中日战争，编者指出：“中日战争是中国近代史上一个巨大的事件。一方面它标志着中国遭受更严重的侵略和奴役的开端，因为甲午战后中国成为帝国主义列强在东方矛盾的焦点，中国迅速地进一步半殖民地化，而且一度面临着被敌人瓜分的危机。另一方面，从甲午战争开始，中国人民的反抗斗争，也跟随着日益严重的局面加紧加强。在战争过程中，中国人民进行了正义的、英勇的反抗。在统治者向敌人屈辱投降之后，台湾省人民坚持着反抗侵略者的英勇斗争，全国人民反对马关条约的呼声，促使革命形势迅速高涨，国内阶级关系发生了显著的变化，因此研究一八九五年以后几年中国社会各方面的变化，不能不以中日甲午战争为起点。”“中日战争的性质是极其明显的。日本军国主义者长期以来蓄意侵略朝鲜，并进一步侵略中国，这是大量的史料（包括尽人皆知的所谓‘田中奏折’）以及战争的结果所早已证明的。美国资产阶级支持日本的扩展，企图趁机垄断朝鲜和中国东北的市场，也是众所周知的事实。因此在这次战争中，中国人民和朝鲜人民所进行的抵抗，同样是反侵略的、自卫的斗争。没有疑问，在这一次战争中，正义是属于中国人民和朝鲜人民的。这次战争也深刻地显示着英勇的朝鲜人民和中国人民在共同反对殖民主义的斗争中的紧密的相互关系。这在今天看来，是有极伟大的现实意义的。”

关于戊戌变法，编者指出：“五十五年前（按：即1898年），中国已在中日战争中遭受严重的失败，国际帝国主义进一步加紧侵略中国，使中国处于被瓜分的危机中。为了逃脱危机，并进而谋中国的独立自强，以康有为梁启超等为代表的中国一部分受到西方资本主义思想影响的上层知识分子，继承了他们前辈的改良主义的政治主张，发动了变法维新的运动。他们曾运用学会、学堂、报纸等工具，向当时的知识分子群众，进行了宣传教育和组织的工作；他们企图运用政权力量，自上而下地实行他们所想望的君主立宪的政治主张，并从而使中国走上资本主义的道路。”“在当时的中国历史条件下，戊戌变法运动是具有爱国主义性质和进步意义的。但这个运动主要的是代表了当时从地主官僚转化过来的资产阶级的政治倾向，所以只能是一种软弱的改良主义的运动。领导这个运动的人，看不见农民革命的力量，他们所企图的都是用改良主义的办法，来抵制农民的革命。他们和当权的封建势力并不是根本对立的，只是要求封建统治势力让出一点位置来给新起的资产阶级。这样的脱离最广大人民群众的软弱的改良主义运动，注定了只能得到悲惨的失败。”“戊戌维新运动在当时社会中所起的思想启蒙作用是不能低估的。在戊戌变法失败后不久，资产阶级的革命思想开始蓬勃地发展了起来，并战胜了改良主义的思想。戊戌时期的维新派，到了后一时期，已成为资产阶级革命派的反对者，但是从历史发展上看，应该承认，维新派在戊戌时期不仅向顽固的封建势力作了猛烈的思想斗争，而且又通过自己的政治实践来证明了改良主义思想的破产，这就对于后一时期资产阶级革命思想的发展，尽了前驱的作用。”

关于义和团运动，编者指出：“这一个曾经震撼世界的伟大农民暴动，到今年已经过去了半个世纪。数不清的事实，证明了自义和团暴动失败以来的半个世纪中，国际帝国主义者对于中国人民的迫害，有加无已。自第二次世界大战以来，美帝国主义对于中国的侵略，简直达到了绝顶猖狂的时代。最近竟公然武装侵略我们的台湾并轰炸我们东北的领土，妄想和五十年前一样，再来一次对中国人民的大屠杀与大洗劫。五十年前的义和团反对帝国主义的斗争是带着狭隘与落后性的，这是在没有无产阶级领导时农民革命的不可避免的现象，因此他之陷于失败的悲剧也是难以避免的。但是现在解放了的中国人民已经是不可欺侮了，已经有能力来清算帝国主义侵略中国的一切血账。”

关于辛亥革命，编者指出："一九一一年的辛亥革命，是近代中国的一次伟大的民主主义革命。""这次革命，推翻了清朝的统治，结束了两千多年的君主专制，制定了资产阶级民主性质的临时约法，建立了民主共和国，奠定了民主主义的思想基础，给中国资本主义的发展创造了条件，为此后中国人民的解放事业开辟道路，功绩是辉煌的，意义是重大的。""由于当时中国处在半殖民地半封建社会，中国资产阶级有它的软弱性，领导革命不能彻底，以致辛亥革命胜利之后，革命的果实反被北洋军阀篡窃，既没有改变中国的社会性质，民主主义革命事业也并未完成。这是历史条件的限制，是值得我们研究的问题。"

这一套资料丛刊计 10 种 64 册，共约 2300 余万字。[①] 它们的出版，为中国近代史——首先是晚清政治史的研究打下了坚实的资料基础，海内外的研究者们深受其惠，至今仍有其重要的利用价值。但这套资料丛刊的编选，依然有着那个时代的局限。比如，《鸦片战争》资料中，编者们对选自清人李元度《国朝先正事略》中《林文忠公事略》的材料，就做出了自认为是必要的删节——将林则徐根据自己谪戍新疆时的亲身经历而对后进们所作的提防俄罗斯侵略的几句谆谆告诫给删略了。[②]

1954 年，胡绳在《历史研究》创刊号上发表《中国近代历史的分期问题》，从而引发了一场持续三年多方告一段落的有关分期问题的大讨论，生活·读书·新知三联书店还为此出版了讨论专辑。[③] 据作者自己说，所谓分期问题，"是指从鸦片战争到五四运动约八十年间的历史应如何细分为若干阶段，若干时期的问题"。究其本意，是想解决对相关历史的叙述体系和内容结构的问题，以克服近代史中"政治史内容占了极大的比重，而关于社会生活、经济生活和文化的叙述分量很小，不能得到适当的地位"的缺点。而据作者的分析，这种缺点的产生，虽然有种种其他原因，但与既有的中国近代史论著中在逐一叙述若干重大事件时类似于纪事本末体的体裁很有关系，"因为在近代史中，如果只选取突出的大事件来做叙

---

① 按：这套丛刊中的另一种《第二次鸦片战争》（计 6 册约 250 万字）迟至 1979 年方由上海人民出版社出版。

② 按：被删略的有关记载是："时方以西洋为忧，后进咸就公请方略，公曰：'此易与耳！终为中国患者，其俄罗斯乎！吾老矣，君等当见之！'然是时俄人未交中国者数十年，闻者惑焉。"《中国近代史资料丛刊·鸦片战争》第 6 册，第 263—267 页。

③ 参见历史研究编辑部《中国近代史分期问题讨论集》，生活·读书·新知三联书店 1957 年版。

述的主题，就会很容易弄到眼前只看见某一些政治事件”。

但从讨论的结果看，作者的这一初衷似乎并没有真正达到。因为作者在批评近代史中政治史占了极大比重的同时，旗帜鲜明地提出了以阶级斗争为标志来划分时期，并提出在中国近代史中曾出现过三次革命运动的高涨，即太平天国为第一次，甲午战争以后到义和团失败为第二次，辛亥革命为第三次。学者们的讨论尽管在具体的分期问题上见仁见智，甚至各不相让，但却基本赞同了以阶级斗争作标志的“三次革命高潮”论。由此也可看出，这场分期问题的讨论之所以重要，本不在于具体时段的划分，而在于提出了一种新的结构性诠释体系，提出了一个统系全局的纲。至此，中国近代史的新的结构体系已趋于完备和成熟，不仅依旧是以晚清政治史为基本框架，而且以阶级斗争为纲的革命史的味道更加浓郁了。“八大事件”并没有也不可能为“三次高潮”所取代，而是从此有机地融合在一起。故而，人们往往将“两大矛盾”“三次高潮”“八大事件”相提并论，并以此作为对这一体系的概括。

到了60年代初，也就是1966年“文化大革命”之前，一些按照新体系编写的教科书陆续问世。其中最为突出的是人民出版社于1962年出版的《中国史稿》第4册。《中国史稿》是由中国科学院院长郭沫若主编的一部历史著作，其中的第4册为《半殖民地半封建社会》（上），也即近代史部分（1840—1919），由刘大年负责组织近代史研究所的有关人员编写。《中国史稿》第4册力图克服以往的近代史著作，包括拥有众多读者的范文澜的《中国近代史》叙事类似于纪事本末体，且内容偏重于政治史的缺点，决定根据历史演变的时间顺序讲述事件：不仅讲政治事件，也讲经济基础、意识形态、文化发展；不仅讲汉族地区的历史，也讲国内各民族在斗争中与全国的联系和相互关系。郭沫若曾盛赞这本不足20万字的书“写得扼要、明确、流畅，有吸引力。反帝、反封建的一条红线，像一条脊椎一样贯穿着，这是所以有力的基本原因”①。这部书当时是指定的高等学校教材，印数也多，是60年代最有影响的近代史著作。

在专史研究中，则以帝国主义侵华史和太平天国史的研究最为深入（由于相关研究都已有专题论述，这里不作细述）。

---

① 郭沫若：《致刘大年》（1962年8月26日），载刘潞、崔永华编《刘大年存当代学人手札》，中国社会科学院近代史研究所1995年印制。

50年代初出版的刘大年的《美国侵华史》是一种大跨度的研究，晚清只是其中的一个部分。50年代末出版的丁名楠等集体编写的《帝国主义侵华史》第1卷（从鸦片战争到甲午战争），系根据当时所能找到的材料，对晚清时期各主要资本主义国家“压迫中国，反对中国独立，阻碍中国社会进步的历史比较全面和系统地加以综合叙述”①。但此书所侧重的还是外国侵略者与中国之间的政治关系。

以太平天国革命为中心的各地各族人民反清斗争，是晚清政治史中最为重大的事件，但也只是在新中国才具备了深入研究的条件。由于农民是中国共产党所领导的民主革命中的主要力量，作为旧式农民战争最高峰的太平天国史的研究也得到了空前的重视。下文附表是笔者据《历史研究》创刊后40年间发表的有关晚清政治史论文所作的分类统计。从中可见，在1966年以前所发表的论文中，有关太平天国的竟占到近58%，远超过占第二位的辛亥革命（约占19%）。

政治史和人物研究有着不解之缘。政治史是历史的基本框架或主要内容，而政治史的一个显著的重要特点，就是离不开形形色色的人物的活动。如果说晚清历史是一个大舞台，凸显的前台就是晚清政治史，而活跃于前台的形形色色的人物，就是我们所要研究的对象。由于“文化大革命”前的晚清政治史研究中的革命史色彩日益加重，对晚清人物的研究有着过于偏重革命营垒的倾向，而对统治阶级也即所谓反动营垒中人物的研究则是很不够的。笔者据《中国近代史论文资料索引（1949—1979）》②所搜集的材料进行了一番统计：1949年到1979年的30年间，在国内各主要报刊（含高等院校学报）上发表的有关晚清人物（有些已跨到民国时期）的论文、资料中，篇目最多的是关于孙中山的，计453篇，其中“文化大革命”前发表的就有422篇，且以1956年最为集中，也即其诞辰90周年的前后。其次是有关李秀成的，计306篇，主要集中于1964年和1965年，也就是戚本禹借《李秀成自述》发难，攻击其为“叛徒”以后。位居第三的是章太炎，计137篇，各时期都有，而主要集中于1974—1975年，也就是“评法批儒”高潮时期，这是因为他在此期间被“四人帮”封为“法家”的缘故。其他篇目在20篇以上的晚清人物依次如下（按篇目

① 丁名楠等：《帝国主义侵华史》第1卷“弁言”（1957年12月），人民出版社1973年版。
② 徐立亭、熊炜编：《中国近代史论文资料索引（1949—1979）》，中华书局1983年版。

多少为序，括号中为论文或资料的篇目数）：洪秀全（93）、秋瑾（70）、龚自珍（62）、林则徐（58）、石达开（56）、梁启超（52）、严复（50）、康有为（45）、魏源（41）、谭嗣同（40）、詹天佑（38）、杨秀清（36）、陈玉成（29）、曾国藩（22）、袁世凯（22）、张謇（22）、李鸿章（20）、洪仁玕（20）。

这其中，詹天佑并不是政治人物，而是由于他对铁路事业的贡献。龚自珍主要是因其诗文，张謇则是由于他兴办实业的活动。若除去这三人，则太平天国人物占了多数。在晚清权倾一时的曾国藩、李鸿章、袁世凯的排名都很靠后。另外，晚清大吏中，以兴办洋务著名的张之洞有19篇，而与曾国藩、李鸿章齐名的左宗棠竟然只有4篇，其中发表于“文化大革命”前的只有1篇（其他3篇发表于1978年与1979年）。这就很能说明问题了。

1966年以后，也就是“文化大革命”的十年间，“左”的路线越演越烈，正常的历史研究几乎已无法开展，值得一提的只有晚清时期中俄关系史的研究。至于在1967年为配合批判《清宫秘史》而形成高潮的赞颂义和团、红灯照的文章，为配合“批林批孔”而陆续发表于1974—1976年间的有关太平天国反孔斗争的文章，都已不属于严肃的历史研究的范畴了。

第二节　研究的深入发展

1976年“文化大革命”结束以后，尤其是1978年中共十一届三中全会实行改革开放和重新确立实事求是的原则以后，晚清政治史的研究也开始拨乱反正，并得到前所未有的发展。

由于中华人民共和国自身历史的形成（到目前为止的60多年已远远超过民国史的38年），越来越多的人赞成1840—1949年的历史为统一的中国近代史。也正因如此，晚清史虽然仍是中国近代史的重要组成部分，但其作为清代史之组成部分的固有属性已愈益显露，与清代前、中期史的联系也有所加强，而与民国史的区分愈益突出了。有意思的是，以前在讨论近代史分期时，参与讨论的学者们或是尽力避免以清王朝被推翻的时间作为分期的节点，或是虽用作节点也只提辛亥革命的失败和袁世凯的上台而绝口不提清帝的逊位，现在却成了心照不宣、不证自明的自然的分期依据。20世纪90年代初陆续出齐的10卷本《清代全史》（王戎笙主编），已正式将晚清史纳入其体系之中，其中的第7、第9两卷为晚清政治史的专卷。范文澜编写、蔡美彪等续编的《中国通史》（10卷本），本来撰写到清代嘉庆朝为止，现也续撰晚清史部分。中国第一部大型综合性百科全书《中国大百科全书》的《中国历史》卷中，根本就没有“中国近代史”的位置，而是将有关内容分别纳入“清史”和“中华民国史”的门下。

但中国近代史依然有其存在的根据，晚清政治史也依然是中国近代史的重要组成部分。道理很简单：人们需要知道自己的昨天和前天，而晚清离我们毕竟还不够“远”；更重要的是，自18世纪末叶西方工业革命以来，曾经落后的西方（西欧、北美再加上后起的实际上位于东方的日本）一跃而成为世界上最为先进的地区，而这一基本态势自西方工业革命以来迄今并没有实质上的改变。

同是晚清史，从近代史的角度与从断代的角度进行研究是有区别的。从断代的角度看，晚清对于大清王朝来说，已是巅峰过后的下坡，是“盛世”之后的“末世”“衰世”，是其一步步走向衰亡的“没落史”“衰亡史”。而“近”本身却是相对于“今”而言，从近代史的角度审视晚清史，研究者着眼于现实，更看重的是与现实密切相关的新的力量、新的因素的形成与发展。正如刘大年所指出的：我们的近代史研究，应该反映时代发展中人们需要知道的与现实相关的过去。如果不这样去做，那就很像有人说过的，“他们是在回答谁也没有问过他们问题的聋子”①。

20世纪70年代末80年代初，是晚清政治史研究最为活跃的时期。随着一批研究单位乃至高校相关学科专业的恢复和创建，随着有关学术刊物的增多，随着各种大中小型学术会议的召开，学者间的学术交流空前活跃，大量的论文和著作得以发表和出版。这些论著中，有一些是“文化大革命”前就已写就而由于种种原因积压下来的，新撰写的论著中，也有一些是“文化大革命”时就已有所研究积累的成果。

在这些论著中，中国社会科学院近代史研究所的《中国近代史稿》（刘大年主编，人民出版社出版，第1册1978年出版，第2、3册1984年出版），是一部具有近代通史性质的著作，它的前身就是《中国史稿》第

① 参见刘大年为张海鹏的《追求集——中国近代历史进程的探索》（社会科学文献出版社1998年版）所写的序言。

4册。该书大体采用了原有的框架，对这一段历史也没有提出什么新的看法，但通过大量史实的补充，强化了《中国史稿》第4册的那些基本观点，克服了原书“有骨头无肉”的缺憾，而且每一个时期各有总评，成一家之言。可惜的是，此书只出了前3册，叙述的内容从1840年第一次鸦片战争到1901年《辛丑条约》的订立，比原计划写到1919年五四运动少了近20年。但它对晚清从鸦片战争到义和团运动的60年历史的叙述已较为完备了。

胡绳于1981年出版的《从鸦片战争到五四运动》，则是按照作者自己提出的“三次革命高潮”论编写的。在这部新著中，他借用了章太炎在1906年所说的“以前的革命，俗称‘强盗结义’；现在的革命，俗称‘秀才造反’”的机智提法，重申了自己的论点：太平天国时期是“强盗结义”，不是“秀才造反”；到了戊戌维新和义和团时期，还是“强盗结义”，而“秀才”已开始迹近“造反”，不过“秀才”是不愿把自己卷入“强盗结义”中的。到了同盟会时期，已是“秀才造反”为主，而且“秀才”还想运用“强盗”的力量。——三次革命高潮时期形势的不同，就发动力量来说，基本上就是这样。当然，所谓“强盗”和“秀才”是都有一定的阶级含义的。[①]

胡绳还在序言中强调：“本书不认为有理由按照‘洋务运动—戊戌维新—辛亥革命’的线索来论述这个时期的进步潮流。”胡著确系大手笔，“条分缕析，议论恢宏，在一定程度上体现了作者刻意追求的马克思主义的思想力量，对教学和研究工作以及对广大群众的爱国主义教育产生重大影响”[②]。然而这部著作也继承了作者在《帝国主义与中国政治》一书中过分强调“中外反动派”相互勾结共同镇压革命的原有观点，不加辨析地继续将“中外同心以灭贼为志”（即中央和地方同心协力镇压太平天国）错误地理解为与外国侵略者“同心灭贼”，同时也继续将慈禧太后于1900年6月的对外宣战，“几乎描写为极其机智地借刀杀人的恶毒策略”[③]，这就多少削弱了该书应有的力度。

---

① 胡绳：《从鸦片战争到五四运动·序言》，人民出版社1981年版。

② 张海鹏：《中国近代史研究的回顾》，《追求集——中国近代历史进程的探索》，第116—117页。

③ 孙守任：《中国近代历史的分期问题的商榷》，《中国近代史分期问题讨论集》，第21—22页；并参见姜涛《“中外同心以灭贼为志”新释》，《光明日报》1986年6月18日。

然而，随着改革开放的进一步深入和扩大，以经济建设为中心已成为不可逆转的事实，人们已不再满足于中国近代史基本是政治史，甚至只是革命史的状况，对现有的框架模式与相关的结论，也试图予以突破。首先是在理论方面的探讨，集中表现在对中国近代历史发展线索的不同看法。1980年，有文章提出用“农民战争—洋务运动—维新运动—资产阶级革命”来表述中国近代历史发展的基本脉络，由于文中主要论述了从洋务、维新到资产阶级革命三段“重要历程”，所以这一观点又被称为“三个阶梯”说，并得到相当一部分学者的赞同。这一观点发展到后来，则是对鸦片战争以来中国社会的半殖民地半封建性质本身，也即所谓“两半”论提出了质疑和挑战。

从资本主义发展的角度，从近代化、工业化的角度看，“三个阶梯”说有其合理之处，或可补“三次高潮”论的不足。但“两半”论本身还是有其生命力的：半殖民地半封建的提法，固然凸显了反帝反封建的革命目标的一面，但同时也隐含了半独立半资本主义的另一面，因而它同样也为发展资本主义，为实现近代化、工业化的另一目标提供了根据。

我们注意到刘大年近年来在多种场合对“两个基本问题”说的表述：中国近代史的研究，早已使我们得出了一个概括，一个明确的认识：近代中国历史的基本问题，一是民族不独立，要求在外国侵略、压迫下解放出来；二是封建统治使中国社会生产落后，要求实现工业化、近代化。这个概括来自种种具体问题的研究，它合乎历史事实，而又可以帮助我们分析、观察今天的现实。①“两个基本问题”说——这是在新的认识基础上的整合和重新统一。

其次是相关研究领域的进一步拓宽。具体表现在政治史以外的其他各领域的研究得到加强：经济史、军事史、社会史、文化史，等等，都已渐次展开并各有成就。

与晚清政治史密切相关的中外关系史也受到重视。曾因“左”的思潮冲击被迫中断的《帝国主义侵华史》课题，也于20年后的1978年重新上马，并于1986年出版了第2卷（从甲午战后到五四运动）。沙俄侵华史、日本侵华史等专题研究也相继取得成果。

---

①　见刘大年为张海鹏的《追求集——中国近代历史进程的探索》所写的序言；并参见刘大年《抗日战争时代》，中央文献出版社1996年版，第3、15、125页。

在晚清政治史本身的研究中，对清朝统治阶级的研究也已得到了加强。对于统治集团中的重要人物，首先是曾国藩、左宗棠、李鸿章等人，不仅都有研究专著和大量研究论文，而且还出版了他们的文集。此外，对清廷枢纽人物如恭亲王奕䜣、慈禧太后等人的研究，对湘、淮军集团的研究，也取得了一些成果。

对被简称为“八大事件”的晚清重大事件的专题研究也在继续深入。如茅海建的《天朝的崩溃——鸦片战争再研究》（生活·读书·新知三联书店1995年版）对第一次鸦片战争中清政府的信息传递制度、公文书写制度、军事调拨制度以及战争过程等都进行了比较接近史实的研究，虽因其近代化的取向一度引起反弹，但毕竟比较全面和深入地呈现了这次鸦片战争的历史场景。戚其章《甲午战争史》（上海人民出版社1990年版）一书则通过亲身参与史料编撰过程中的积累，辩驳了由来已久的各种误传，澄清了甲午战争的历史真相。孔祥吉《康有为变法奏议研究》（辽宁教育出版社1988年版）被认为是继台北黄彰健之后对戊戌变法研究最重大的突破。

太平天国研究曾是成果最丰硕的领域，但也是“文化大革命”的“重灾区”。早在“文化大革命”前，就有着过分拔高农民起义，且以太平天国比附共产党人的革命等一些不正常的做法。1964年，戚本禹在康生的指使下借李秀成的“叛徒”问题发难，又伤害了一批持不同见解的学者。“文化大革命”时期，“四人帮”更是利用太平天国大做文章。洪秀全被抬到前所未有的高度，而其他一些重要人物，包括杨秀清、石达开，也和李秀成一样，被打成投降派、叛徒、分裂主义者，等等。甚至洪秀全的一首“地转实为新地兆，天旋永立新天朝”的“地震”诗，也在唐山大地震后被“四人帮”作为鼓舞人心之用。对此，学者们早就憋足了一股气，所以太平天国研究的最早“复苏”也就不是偶然的了。1979年5月，近代史学界第一次大规模的国际学术讨论会——太平天国史国际学术讨论会在南京召开。一时间，太平天国史的研究蓬蓬勃勃，又出现了一派热闹的景象，曾有人为此戏言：“研究太平天国的人简直比太平军还要多。”但随着近代史其他研究领域的陆续开发，众多人一哄而上挤在太平天国领域的现象很快得以克服，研究的热点也渐次后移。因此，当太平天国史专家王庆成后来在英国发现《天父圣旨》《天兄圣旨》等珍贵的太平天国文献时，虽也曾引起近代史学界的震动，但有关文献却始终没有得到很好的利用，有关的研究也没有得到什么反响，表明研究热点已发生变化。

辛亥革命，尤其是孙中山的研究继太平天国后成为新的热点，这跟大陆学术界与台湾地区及国外学术交流的加强也有一些关系。除报刊论文外，还出版了一些极有分量的学术专著，如章开沅、林增平主编的3卷本《辛亥革命史》，金冲及、胡绳武合著的4卷本《辛亥革命史稿》等。

随着以经济建设为中心的改革开放的深入，洋务运动的研究也开始“热”起来，对研究对象——洋务运动本身的评价也逐步升高，如一些研究者提出洋务运动是进步运动，有着爱国的倾向和抵制外侮的作用，它对中国民族资本主义的发生和发展所起的促进作用是主要的，限制作用是次要的。夏东元《洋务运动史》（华东师范大学出版社1992年版）一书对此作了较为公允的评价。因此，在本质上，洋务运动与太平天国、戊戌变法、辛亥革命一样，是中国近代史上的进步运动，等等。上面提到的新的主线说，也即“三个阶梯”说，与“洋务运动热”是密切相关的。

对于晚清政治史中的若干专题研究，因头绪较多，不再一一细述，兹据《历史研究》所载论文的情况，列表分析如下[①]：

《历史研究》所反映的晚清政治史各专题研究状况（1954—1993）　（篇）

相关专题	1966年前	所占百分比（%）	1974—1983年	所占百分比（%）	1984—1993年	所占百分比（%）
两次鸦片战争	5	4.42	4	3.31	10	7.41
太平天国	65	57.52	37	30.58	17	12.59
洋务运动	2	1.77	16	13.22	34	25.18
戊戌变法	13	11.50	6	4.96	15	11.11
义和团运动（及其他）	4	3.54	6	4.96	7	5.19
辛亥革命	22	19.47	42	34.71	51	37.78
帝国主义侵华	2	1.77	10	8.26	1	0.74
总计	113	99.99	121	100.00	135	100.00

《历史研究》自1954年创刊，1966年停刊，1974年复刊直至今天，虽有月刊、双月刊的反复变化，但其研究论文的容量还是相对稳定的，因此可用来进行一些比较。需要说明的是，《〈历史研究〉目录索引》中，

① 据《〈历史研究〉目录索引》整理。按：1954—1983年的索引原系按专题排列，1984—1993年的索引则系按时期排列。现已尽可能地作了归并，以利对比。

无论是按专题或是按时期划分，上表都有一些论文不属于或不纯属于晚清政治史的范围。本表的统计中只剔除了那些明显不属于政治史的论文。

首先，有关晚清政治史论文的总量略呈上升趋势：1966 年“文化大革命”发动之前约 12 年，发表有关论文 113 篇；1974 年复刊至 1983 年的 10 年，计发表 121 篇；1984 年起的新的 10 年，计发表 135 篇。

其次，各专题篇目数量变化明显。

两次鸦片战争：在三个时期均非热门，但在 1984 年后略多，呈上升趋势。

太平天国革命：由“文化大革命”前的第一热门（几占总数的 2/3）逐渐转冷，1984 年后退居第三（已不足 1/7）。

洋务运动：由冷转热，由“文化大革命”前的最末位，逐步上升，1984 年后已跃居第二（1/4 强）。

戊戌变法：热—冷—热，除“文化大革命”期间一度受冷遇外，稳定在 11% 左右（1/9）。

义和团运动：始终未能成为热门。

辛亥革命：稳定上升，由“文化大革命”前的第二（但只占 1/5），上升为第一位（近 2/5）。

帝国主义侵华：居于末位。由于有些论文已归并到各相关时期，这里主要是属于总论或按边疆地区分类的部分。但其在“文化大革命”期间显然“热”了一下，这与当时反对社会帝国主义霸权的政治背景有关。

1978 年后晚清政治史研究中的这些变化，离不开以下因素：

首先是档案资料的大量开放和出版。档案是政治史研究的核心资料，中国第一历史档案馆的开放对于推动晚清政治史研究的发展至关重要。1978 年恢复对外开放以来，深受研究者的欢迎，随即掀起了一股涌入该馆查阅档案资料的热潮，以致查档人数在 80 年代中期一度达到每年 7000 多人次的盛况。与此同时，有关收藏机构开始大规模整理、出版历史文献档案。例如，鸦片战争时期的《鸦片战争史料选译》（广东文史研究馆译，中华书局 1983 年版）、《鸦片战争档案史料》（中国第一历史档案馆编，上海人民出版社 1987 年版、天津古籍出版社 1992 年版），太平天国时期的《清政府镇压太平天国档案史料》（总计 26 册，中国第一历史档案馆编，光明日报出版社 1990 年版、社会科学文献出版社 1995 年版）、《太平天国资料汇编》（太平天国历史博物馆编，中华书局 1980 年版）、《太平天国革命时期广西农民起义资料》（太平天国革命时期广西农民起义资料编辑组编，中华书局 1978 年版）、《太平天国文献史料集》（中国社会科学院近代史研究所资料编辑室编，中国社会科学出版社 1982 年版），中法战争时期的《中法战争调查资料实录》（广西人民出版社 1982 年版），中日战争时期的《清末海军史料》（张侠等编，海洋出版社 1982 年版），戊戌变法时期的《康有为政论集》（汤志钧编，中华书局 1981 年版）、《康有为与保皇会》（上海市文物保管委员会编，上海人民出版社 1982 年版）、《自立会史料集》（岳麓书社 1983 年版），义和团时期的《义和团史料——筹笔偶存》（中国社会科学院近代史研究所近代史资料编辑部、中国第一历史档案馆合编，中国社会科学出版社 1983 年版），辛亥革命时期的《清末筹备立宪档案史料》（故宫博物院明清档案部编，中华书局 1979 年版）、《中华民国史档案资料汇编》（第一辑、第二辑，中国第二历史档案馆编，江苏古籍出版社 1981 年版）、《武昌起义档案资料选编》（湖北人民出版社 1981 年版），等等。这些档案资料的公开出版，为晚清政治史的研究提供了极大的方便。

其次是研究大环境的改善，自由讨论渐成风气。民国政治史是现代中国的昨天，而晚清政治史则是它的前天。1978 年之前，无论是民国政治史还是晚清政治史都纳入了“革命史”的研究范式，无事不贴上阶级斗争的标签，无人不被阶级划分脸谱化，万事一律，千人一面，看不到时代的特点，看不到人物的个性，并由此形成许多不可逾越的定见。虽然毛泽东多次指出历史研究应允许“百家争鸣”，自由讨论，但实际状况并不理想，有时甚至是背道而驰的。但是，1978 年改革开放以后，情况就大不相同了，实事求是的科学精神得到了迅速的恢复，“双百”方针也不再多为口惠之辞而获得了较好的贯彻，自由讨论逐渐成了历史研究的常态。正是这种研究大环境的改善，使以史实为依据的研究得以突破许多禁区，大大改变了晚清政治史研究的面貌，其中最为典型的事例就是清末新政等新领域的研究成了众多研究者的热门选择。

最后是海外史学理论和方法的影响。第二次世界大战特别是朝鲜战争结束以后，对近代中国的研究在美国成为海外汉学研究的一个独特分支，而且成了显学，其影响力逐渐扩展到欧美其他国家。改革开放以后，他们的有关研究著述不再像此前那样只是供给少数研究者“内部参考”，而是开始大量公开翻译出版，成了中国近代史研究者的重要参考书目。例如，江苏人民出版社翻译出版的“海外中国研究丛书”，就成了一时的畅销书。这些研究著述以不同的视角，不同的理论和方法，不同的叙事方式，影响了中国相当一批学人，特别是年轻学人。这种影响，既有正面的，如开阔眼界，启迪思想，深化研究，等等；也有负面的，如有的人不去透彻了解人家的整体思想，仅仅依据自己的需要，寻章摘句，甚至断章取义，把人家的好东西弄得离弦走板，失去了原有的价值。而更多的则是只知生吞活剥，全盘照搬，无异于认他邦为故乡。这些都是必须引以为戒的。

进入90年代以来，随着时间的推移，近代政治史、晚清政治史的研究也出现了一些新的趋向。可以大略将其归结为“三多三少”，或“三弱三强”，即：在整个中国近代史的研究中，政治史的研究相对减少变弱，其他专史研究相对增多增强；在中国近代政治史领域的研究中，热点也在逐渐后移，即移向中华民国史的研究，晚清史的研究相对冷寂；在晚清政治史本身的研究中，对革命运动、革命者的研究减少，而对统治阶级、统治集团人物乃至晚清政治制度、中央和地方权力的演变等的研究得到增强。应该说，这些都是很正常的现象，是研究深入发展的题中应有之义。

然而，在研究中，也一度出现过一些不和谐的声音。主要是一些研究者在价值取向上逐步趋向文化保守主义实即政治的保守主义，从而反对近代史上的一切革命。就晚清政治史的范围来说，认为不但太平天国、义和团，甚至辛亥革命都搞错了，弄糟了。对统治集团中的人物，有的研究者并不是全面地实事求是地研究和评价，而是做起“翻烧饼”式的翻案文章。如对曾国藩，说是要推翻范文澜加给曾国藩的污蔑不实之词，“所谓曾氏是镇压革命力量的刽子手的罪名难以成立”，“曾国藩不但没有‘卖国投降’，而且显示了不顾个人屈辱而为国宣劳的爱国情怀”，等等；又如对李鸿章，不赞成将其一概骂倒，因为不论是其他什么“鸿章”上台都无法避免他的命运，这当然是实事求是的，但有的研究者说，看完了李鸿章的全部材料，几乎找不到他的一条缺点，这就不是实事求是的态度了。

但不管怎么说，这时晚清政治史研究中呈现出的多样性甚至某种不确定性本身还是一件极为可喜的事情。从论证共产党领导的人民革命的无比正确和必然性，转而“翻烧饼”，进而再平实地研究和叙述历史，这是认识上的飞跃。历史学本是一门求实的学问，即使不用某种分期或叙述体系，只要采取实事求是的科学态度，是照样可以把历史解说清楚的。

一位智者说过：“某些事件只走一条路，并非因为它们不能走另一条路，而是因为它们绝对不可能倒退回去。"① 循着这一思路，我们也可以这样说：某些历史事件有了我们今天所知道的结局，并非说这就是必然的、不可变更的，而恰恰在于我们已不能倒退回去。人们在创造着自己的历史，但人类今天的活动将把我们自己引向何处，现代的人们也未必能确切地知道。近代史的研究将因这种不确定性而常新，晚清政治史的研究也必将因近代史的常新而常新。这并不是说，晚清政治史如什么"大饼"或"大钱"之类可任意翻转或随意排列，而是说它可以不时地凸显出它先前不为人知或不为研究者所重视的某些方面，如此而已。

第三节　21 世纪初年的新进展②

进入 21 世纪以后，总的说来，晚清政治史研究仍没有脱离 20 世纪 90 年代以来逐渐形成的轨迹，多数研究者的研究重心仍明显偏重于清朝统治一方，而相对冷落革命运动方面的研究，其中清朝最后十年所推行的所谓"新政"改革更受到前所未有的关注。因此，21 世纪初年，晚清政治史研究所取得的重要进展，也大多集中在这个领域。

自 20 世纪 90 年代出版侯宜杰《二十世纪初中国政治改革风潮——清末立宪运动史》（人民出版社 1993 年版）和朱英《晚清经济政策与改革措施》（华中师范大学出版社 1996 年版）等书之后，这时又先后出版了关晓红的《晚清学部研究》（广东教育出版社 2000 年版）、李细珠的《张之洞与清末新政研究》（上海书店出版社 2003 年版）、苏全有的《清末邮传部研究》（中华书局 2005 年版）等多部颇有分量的研究清末新政的专著，至于报刊发表的相关论文就更不胜枚举了。这些论著分别就清末的政治制度、财政制度、法律制度、科举制度和教育制度的变革及相关人物展开了广泛的研究。现依次择要简介如下：

关于政治制度的变革。《晚清学部研究》一书从政治制度的演变、晚清人脉关系、晚清教育行政体制和学务的发展，以及中学和西学的传承等

① 马丁·加德纳：《灵巧的宇宙》，转引自伊·普里戈金《从混沌到有序：人与自然的新对话》，上海译文出版社 1987 年版，第 284 页。

② 本节参考了张海鹏、虞和平 2000—2007 年中国近代史研究综述（见《近代史研究》2002—2008 年相关各期）及崔志海《近三年来晚清政治史研究回顾》（《史林》2012 年第 5 期）等文，谨此致谢。

方面，对学部的意义及其存在的问题作了较为全面系统的探讨。指出1905年学部的设立是晚清中央行政体制的重大调整和新政变革的重要一环，其诞生的历程、运作及其复杂的人脉关系，相当典型地反映了新旧体制转换的艰难和曲折。学部作为清廷的一个职能部门，在新旧、官民、中外等矛盾冲突激化，危及统治秩序之际，往往牺牲科学规律以顺从朝廷意旨，结果成为清王朝的殉葬品。此外，本书作者还先后发表了一系列的专题论文，分别对晚清州县考绩制度的演变、督抚衙门行政体制的改革过程、直省会议厅的设置与运作、官制改革与行政经费及直省公费与吏治整顿间的关系，以及晚清外官改制的试办与实质、成效与困境，晚清府厅州县改制的成效和意义等，作了深入的考察和分析，揭示了晚清政体变制和社会转型的复杂性。[①]《清末邮传部研究》一书对1906年设立邮传部的背景及其官制、机构、经费、规章管理、职掌等制度作了系统、全面的探讨，重点论述了该部在发展中国交通事业和回收利权方面的事功，并对其政策决策作了深入检讨和重新审视。另有学者对晚清官员的俸禄制度进行了探讨，指出清政府在改革旧有俸禄制度方面取得了一定成效，但只是官制改革的辅助措施，最终并未完成，与官制改革一样不可避免地失败了。[②] 还有学者对清末新政时期的平满汉畛域问题作了专门探讨，指出在清廷平满汉畛域的措施中，地方官特别是东三省改制后的地方官，多任用汉族人，而中央核心层仍由满族亲贵控制。宣统年间，平满汉畛域的措施推行趋缓，尤其出现“地方平而政权中枢不平”的局面，这种情形加剧了社会的不满，加速了清廷的覆亡。[③] 有学者考察了晚清的课吏馆，认为它是一个集官吏培训、考核和甄别为一体的官方非编制内机构，最初只为个别地方官员自行设置，1902年后作为新政的一部分而遍设于各地，不久又多被法政学堂取代，性质发生异化。另有学者认为它为清廷整顿吏治而设，但地方政府

---

① 参见关晓红《清末州县考绩制度的演变》，《清史研究》2005年第3期；《晚清督抚衙门房科结构管窥》，《中山大学学报》2006年第3期；《清季督抚文案与文案处考略》，《近代史研究》2006年第3期；《从幕府到职官：清季外官制改革中的幕职分科治事》，《历史研究》2006年第5期；《独断与合议：清末直省会议厅的设置及运作》，《历史研究》2007年第6期；《清末官制改革与行政经费》，《学术研究》2009年第11期；《晚清直省公费与吏治整顿》，《历史研究》2010年第2期；《清季外官改制的地方困扰》，《近代史研究》2010年第5期；《清季外官改制的试办与成效》，《史学月刊》2011年第11期；《清季府厅州县改制》，《学术研究》2011年第9期。

② 参见鞠方安《清末官制改革中官员的俸禄改革》，《中国人民大学学报》2001年第5期。

③ 参见迟云飞《清末最后十年的平满汉畛域问题》，《近代史研究》2001年第5期。

则把它当作一种缓解仕途压力的办法。在管理上，清廷虽力图注重实务、实学，但课吏之举依旧流于虚文，仍然没有解决官员队伍问题。[①]

关于财政制度的变革。有学者对清末新政时期的财政体制进行了研究，认为清末新政时期的财政体制也发生了某些变化，在一定程度上反映了清末新政时期政治、财政上所发生的近代变革，新组建的度支部权力进一步加强，而银库的权力也有进一步加强的趋势，使从前纷乱复杂的外省分头批解京师各衙门的制度趋于简化，国库制度似乎已呼之欲出。[②] 另有学者对光绪中叶以来引介近代西方预算制度及清季的财政改革作了较为系统的考察和论述，并具体揭示清朝中央政府在推行财政制度改革过程中所遭遇的困境。[③] 还有学者对晚清鸦片厘金的起源和各省税率的沿革进行了比较系统的研究，指出晚清鸦片厘金的征收实际上始于咸丰四年（1854），至咸丰七年（1857）实际上已为咸丰帝所默认。洋药厘金自《烟台条约》生效后归海关统一征收，此后内地土药厘金税率也大幅提高。庚子以后，土药厘金陆续改征统捐，收入激增，但为响应禁烟舆论和支持万国禁烟会议，清廷在倍增鸦片厘金的同时，取消了鸦片厘金统捐。[④]

关于法律制度的变革。有学者从社会史角度对晚清的讼狱制度进行了系统考察，从积案、待质、京控、狱政、刑讯及讼狱制度影响下的社会心理等方面阐述了晚清讼狱制度的严重危机，认为这一危机是社会危机的先兆和表现，也是社会变革的重要契机，讼狱制度在晚清的运行状况深刻说明了中国法制近代化必须依赖于社会制度的根本变革。[⑤] 另有学者具体考证了清末《刑事民事诉讼法》的修订情形，认为该法的修订本是为了回应守旧大臣的批评，适应当时改革的即时之需，因而被定位为暂行章程，具有简单、务实性。不过，与此不协调的是，立法者又试图引入一些时人并不熟悉的西方制度。这次立法虽以不了了之的方式告终，但作为法典编纂

---

① 参见肖宗志《晚清的课吏馆》，《清史研究》2006 年第 1 期；田涛《清末课吏馆述论》，《天津师范大学学报》2007 年第 3 期。

② 参见任智勇《试述晚清户部银库制度与庚子之后的变革》，《清史研究》2005 年第 2 期。

③ 参见陈锋《晚清财政预算的酝酿与实施》，《江汉论坛》2009 年第 1 期；刘增合《西方预算制度与清季财政改制》（《历史研究》2009 年第 2 期）、《清季中央对外省的财政清查》（《近代史研究》2011 年第 6 期）。

④ 参见周育民《清季鸦片厘金税率沿革述略》，《史林》2010 年第 2 期。

⑤ 参见赵晓华《晚清讼狱制度的社会考察》，中国人民大学出版社 2001 年版。

的一个失败案例，却给后人留下了有益的启示。[①] 也有学者对晚清刑部皂役收入变化及影响做了专门研究，指出皂役收入的多寡和构成直接影响清代基层行政的运作；晚清皂役滥用权力，以权谋私的普遍化，既有人事的原因，更有制度的弊端。[②] 有学者考察了清末提法使的设立过程及其在晚清官制和法制改革中的意义，强调提法使作为承上启下衔接司法与行政的枢纽机构，在清廷法制改革的制度设计中具有重要的位置。[③] 有学者对清代自新所的演变作了较为系统的考察，认为清代自新所的流变说明“晚清狱制转型并非仅为西方新式狱制的简单移植”[④]。还有学者在考察晚清洗心局、迁善局的出现与演变之后指出：受西方教养院制度和社会形势变化的影响，晚清洗心局、迁善局，不同于传统慈善事业，只偏重于生活救助，而且注重思想改造，表现出拯救灵魂的努力，不但对后来的刑狱制度改革产生深远影响，而且在中国慈善事业发展史上也具有重要意义。[⑤]

关于科举制度和教育制度的变革。有学者以刘大鹏、朱峙三两位乡村士子的日记为基本史料，对所谓科举制度废除与四民社会解体及知识分子“边缘化”的观点提出了修正意见，认为众多士子在诸多渠道中经过重新分化组合，再度融入并服务于社会，不仅基本能够维持原来的社会地位，而且在权力向基层延伸的过程中成为地方精英的重要组成部分，继续掌握着各种权力资源，占据社会权势的重要位置。[⑥] 但是，也有学者认为，晚清“废科举，兴学堂”，在清廷眼里仅仅是一个教育制度的改革，实则导致了中国社会三维共构中的文化之道统、政治之王统、社会之族统的全面散构与转型。[⑦] 有学者对晚清科举经费从“福利教育”到“缴费教育”的

① 参见吴泽勇《清末修订〈刑事民事诉讼法〉论考——兼论法典编纂的时机、策略和技术》，《现代法学》2006 年第 2 期。

② 参见谢蔚《晚清刑部皂役收入研究》，《史学月刊》2009 年第 4 期。

③ 参见史新恒《清末官制改革与各省提法使的设立》，《求索》2010 年第 10 期；《效法西方话语下的自我书写——提法使与清末审判改革》，《历史教学》2010 年第 10 期；《分科改制：提法使官制向近代科层制的演进》，《求索》2011 年第 6 期。

④ 陈兆肆：《清代自新所考释——兼论晚清狱制转型的本土性》，《历史研究》2010 年第 3 期。

⑤ 参见黄鸿山《拯救灵魂的努力：晚清洗心局、迁善局的出现与演变》，《史林》2009 年第 4 期。

⑥ 参见关晓红《科举停废与近代乡村士子——以刘大鹏、朱峙三日记为视角的比较考察》，《历史研究》2005 年第 5 期。

⑦ 参见高钟《废科举：中国儒家社会全面散构的多米诺骨牌》，《江苏社会科学》2005 年第 4 期。

转变过程作了颇有学术价值的考察，认为晚清地方政府对于科举经费的筹支活动，既维持了科举制的运作，延续着“福利教育”的道路，同时又推动了科举制的废除，促成了从“福利教育”到“缴费教育”的转变，具有承上启下的重要意义。① 另有学者以直隶为例，对晚清查学和视学制度作了深入考察，经与日本比较研究后指出：近代中国地方视学制度虽源于欧美、日本，但省视学的职权范围又超出监督的一般定义，体现了清廷试图通过地方视学对地方教育加强控制的意旨。② 还有学者于重新考察清末立停科举制的过程和后果后指出：在张百熙、端方、袁世凯等人的推动下，清政府采取断然措施，终结科举制，但也遗留诸多问题。③ 在对清末留学日本热潮的研究中，有学者对清末“五校特约”留学计划的形成背景、过程及内容、实施状况进行了探讨，指出这一计划的实施，实现了由以速成留学为主的混乱阶段向以高等专门学校为中心的有序留学阶段的转变，直接导致了归国留学生学业水平的提高。④ 另有学者针对鲜有人研究留日学生群体在清末新政中的作用的缺陷，具体考察了留日学生在清末筹备立宪、教育改革、编练新军、法制变革等方面的种种活动，认为留日学生对于清末新政改革发挥了广泛的影响，起了重要作用。⑤

关于相关人物的研究。这方面的研究主要集中于以下三人，一是张之洞，二是袁世凯，三是光绪帝。有学者具体考察了清末新政的重要文献《江楚会奏变法三折》出台的前因后果，认为“三折”由张之洞主稿，其主要思想来源于他以《劝学篇》为中心的变法思想主张。“三折”不但推动了清末新政的开展，对于确立张之洞在新政过程中的角色和地位也有重要意义。⑥ 如上所述，该文作者随后还推出专著《张之洞与清末新政研究》一书，对张之洞推行新政的实际情况进行了系统、深入的研究。另有学者

① 参见徐毅《晚清科举经费研究——兼论从“福利教育”到“缴费教育”的转变》，《历史档案》2010 年第 1 期。

② 参见汪婉《晚清直隶的查学和视学制度——兼与日本比较》，《近代史研究》2010 年第 4 期。

③ 参见关晓红《议修京师贡院与科举制的终结》，《近代史研究》2009 年第 4 期；《终结科举制的设计与遗留问题》，《中山大学学报》2011 年第 5 期。

④ 参见吕顺长《清末留日学生从量到质的转变——关于清末“五校特约”留学的考察》，《浙江大学学报》2001 年第 1 期。

⑤ 参见尚小明《留日学生与清末新政》，江西教育出版社 2002 年版。

⑥ 参见李细珠《张之洞与〈江楚变法三折〉》，《历史研究》2002 年第 2 期。

考察了袁世凯的幕府，揭示袁如何广泛网罗人才，利用这一传统机构帮助自己在直隶总督任上举办各项新政，对直隶和全国的新政推行发挥了重大作用。[①] 还有学者对1909年1月2日摄政王载沣驱袁事件产生的背景及经过做了再研究，说明载沣驱袁事件既是清廷内部的权力斗争，也与当时中、美、日三国之间的外交有着十分微妙的关系，在载沣驱袁权力斗争的历史背后，同时浮现出日、美两国较量的影子。[②] 此外，不少学者还就光绪帝的死因展开了热烈讨论。有学者依据若干清廷重臣的传世日记，考证光绪、慈禧之死的种种迹象，认为光绪应系病死，并非被害而死。[③] 但更多学者根据现代精密仪器在光绪帝头发中发现大量砒霜，并结合相关档案和文献资料，认为光绪帝不是正常病死，而是被人谋害，死于砒霜中毒。[④] 而另一些学者则根据宫中光绪皇帝脉案资料，依然坚持光绪帝为正常病死，对他人谋害说持审慎态度，认为此说尚有诸多疑点，不可率尔作为定论[⑤]。

此外，边疆地区的新政研究历来是一个薄弱环节，这一时期也有了良好的开端。有学者对东北、蒙古、新疆、西藏与川边地区在清末新政时期有关政治、经济、军事、文化教育等方面的改革举措及其经验教训，进行了较为全面系统的探讨，为学界的进一步研究奠定了基础。[⑥]

这时的晚清革命史研究，虽然较晚清新政研究相对冷落，但也并非毫无佳绩可言。事实上，这方面的许多研究领域都取得了不俗的进步，只是程度不等而已。其中进展最为显著的是戊戌变法的研究。主要表现在：首先，在戊戌变法的“史实重建”方面取得了重大进展，先后出版了茅海建的《戊戌变法史事考初集》（生活·读书·新知三联书店2005年版）、《从甲午到戊戌：康有为〈我史〉鉴注》（生活·读书·新知三联书店

---

① 参见李志茗《袁世凯幕府与清末新政》，《史林》2007年第6期。

② 参见崔志海《摄政王载沣驱袁事件再研究》，《近代史研究》2011年第6期。

③ 参见马忠文《时人日记中的光绪、慈禧之死》，《广东社会科学》2006年第6期。

④ 参见钟里满《清光绪帝砒霜中毒类型及日期考》，《清史研究》2008年第4期；戴逸《论光绪之死》，《清史研究》2008年4期；崔志海《光绪皇帝和慈禧太后之死与美国政府的反应——兼论光绪死因》，《清史研究》2009年第3期。

⑤ 参见王开玺《关于光绪帝死因的思考与献疑》，《晋阳学刊》2009年第6期；朱金甫《再论光绪帝载湉之死》，《历史档案》2010年第4期。

⑥ 参见赵云田《清末西藏新政述论》，《近代史研究》2002年第5期；《清末新政期间的“筹蒙改制”》，《民族研究》2002年第5期；《清末新政期间东北边疆的政治改革》，《中国边疆史地研究》2002年第3期；《清末川边改革新探》，《中国藏学》2002年第3期；《清末新政期间新疆文化教育的发展》，《西域研究》2002年第2期。

2009 年版)、《戊戌变法史事考二集》(生活·读书·新知三联书店 2011 年版),提出了一系列的新见。前者主要涉及戊戌政变的时间、过程与原委,中下层官员与民众对变法的建策,张之洞调京主持朝政与机会错失,光绪帝的对外观念,日本政府对戊戌变法的观察与反应,等等。中者就康有为所著《我史》从甲午(1894 年)至戊戌(1898 年)的 5 年记录,逐条进行厘订,鉴别真伪,并分析康有为作伪的原因,为读者澄清了以往许多似是而非的说法,也为研究者正确使用《我史》乃至其他戊戌变法史料奠定了坚实的基础。[①] 后者主要关注其中的许多细节,如“公车上书”的背后推手,戊戌前后的“保举”及光绪帝的态度,康有为与孙家鼐的学术与政治之争,下层官员及士绅在戊戌期间的军事与外交对策,张元济的记忆与记录,康有为移民巴西的计划及其戊戌前入京原因,康有为及其党人戊戌真奏议之补篇,康有为《我史》手稿本之考察,等等。与此同时,茅海建还就戊戌变法期间的张之洞的动向推出 5 篇专题论文,深化了张之洞和戊戌年间政局的研究[②]。其次,对梁启超《戊戌政变记》的史料价值,有学者提出了新认识,认为此书与康、梁师徒 1898 年末至 1899 年初流亡日本时的政治活动密切相关,其中有关戊戌变法的宏观陈述和关键细节在形成过程中受到了作者政治活动与当时舆论的影响,是康、梁等人为达到争取外援、反击舆论的政治工具,“实为康梁应急的政治宣传品,而非纪实的信史”[③]。再次,对维新派的“围园”密谋和袁世凯的“告密”问题,展开了热烈的讨论。有学者对维新派的“围园”密谋提出了修正意见,认为“康有为等确有利用袁世凯派兵围颐和园的计划”,但对以往学界考证围园密谋的重要证据——毕永年的《诡谋直纪》的真实可靠性提出了质疑,认为是毕永年依据“八月初三日后甚至戊戌政变后听到的密谋事而编写的”[④]。关于袁世凯“告密”问题,有学者认为缺乏根据,荣禄才最有

---

① 参见茅海建《从甲午到戊戌:康有为〈我史〉鉴注》及其《康有为与他的〈我史〉》(《广东社会科学》2009 年第 1 期)。

② 详见茅海建《戊戌变法期间张之洞之子张权、之侄张检、张彬的京中密信》《张之洞与杨锐的关系——兼谈孔祥吉发现的“百日维新密札”作者》《戊戌政变前后张之洞与京、津、沪的密电往来》《张之洞与〈时务报〉、〈昌言报〉——兼论张之洞与黄遵宪的关系》《张之洞与陈宝箴及湖南维新运动》,依次刊载《中华文史论丛》2010 年第 3、4 期及 2011 年第 1、2、3 期。

③ 戚学民:《〈戊戌政变记〉的主题及其与时事的关系》,《近代史研究》2001 年第 6 期。

④ 房德邻:《维新派“围园”密谋考——兼谈〈诡谋直纪〉的史料价值》,《近代史研究》2001 年第 3 期。

可能是告密者。也有学者考察了袁世凯通过荣禄“电庆邸达之”向慈禧告密而引发戊戌政变的全过程，认定袁是告密元凶。① 最后，对戊戌时期的一些人物进行了深入研究。如有学者撰文揭示百日维新后期光绪帝任命黄遵宪为驻日特命全权公使的直接原因，并非出自维新派的推荐，而是由于日本方面的主动邀请，指出此举引发了光绪帝亲自书写上谕、国书，并派遣军机与总署大臣联络日本公使，试图推行联合日本，大举新政，以此来寻求变法的出路。② 另有学者就戊戌时期李盛铎与康、梁之间的关系做了一些有价值的补正，指出李盛铎、陈炽与梁启超等人曾有过合作创办日报《公论报》的计划，以及李盛铎在戊戌保国会前与康、梁积极策划开会事宜过程中的一些具体细节等。③

与此同时，辛亥革命研究也取得了多方面的进展，主要表现在：一是对清王朝迅速崩溃的原因进行了多层次多角度的研究。有学者全面考察长沙抢米风潮中官、绅、民三者的角色及相互关系之后指出：这场严重的社会冲突是官、绅、民三者共同酿成的，是清朝统治迅速走向崩溃的重要表征。④ 另有学者论述了清政府在清末舆论和军队控制，应对诸如丁未黄冈起义、长沙抢米风潮、武昌起义等危机和“苏报案”问题上的失策，以及在对付康、梁维新派和国内立宪派政策。⑤ 二是对立宪派在辛亥革命中的

---

① 参见刘路生《戊戌政变袁世凯初四日告密说不能成立——兼与郭卫东先生商榷》，《清史研究》2005 年第 1 期；孔祥吉《蔡金台紫密札与袁世凯告密之真相》，《广东社会科学》2005 年第 5 期。

② 参见孔祥吉、村田雄二郎《一个日本书记官见到的康有为与戊戌维新—— 读中岛雄〈随使述作存稿〉与〈往复文信目录〉》，《广东社会科学》2009 年第 1 期。

③ 参见马忠文《戊戌期李盛铎与康梁关系补正——梁启超未刊书札释读》，《江汉论坛》2009 年第 10 期。

④ 参见杨鹏程《长沙抢米风潮中官、绅、民》，《近代史研究》2002 年第 3 期。

⑤ 详见苏全有《论清末新军的国家失控》（《学术研究》2009 年第 7 期）、《清末新军失控现象的另类解读——以袁世凯式军队控制为视点》（《郑州大学学报》第 42 卷第 4 期）、《从丁未黄冈起义看清政府的危机应对》（《中州学刊》2009 年第 3 期）、《清末的舆论失控与政府应对》（《东岳论丛》第 31 卷第 9 期）、《清末官员背离政府的成因探析——以孙宝瑄为例》（《福建论坛》2010 年第 5 期）、《清末舆论缘何失控》（《求索》2010 年第 12 期）、《从 1910 年长沙抢米风潮看清政府的危机应对》（《历史教学》2010 年第 24 期）、《从武昌起义看清政府的危机应对》（《湖北大学学报》第 37 卷第 6 期）；李细珠《清末民变与清政府社会控制机制的效能——以长沙抢米风潮中的官绅矛盾为视点》（《历史研究》2009 年第 4 期）；王敏《从苏报案看晚清政府对政治危机的应对》（《社会科学》2009 年第 6 期）；崔志海《晚清维新派、立宪派的兴起与清朝的覆灭》（载中国社会科学院近代史研究所政治史研究室、湘潭大学曾国藩研究中心编《晚清史论丛 · 湘淮人物与晚清社会》第 3 辑，社会科学文献出版社 2011 年版）。

地位和作用有了更深入的研究。有学者采用社会学、经济学、文化学等理论和方法，对立宪派重要人物张謇与近代中国社会之间的互动关系进行了全面研究；并通过对张謇与另一个立宪派代表人物汤寿潜交谊关系的研究，提出了新的认识：辛亥革命时期的东南地区和东南精英在全国政局变化中已处于举足轻重的地位，但其总体实力还不足以一举取代北方的传统政治中心地位，而在实际上主导社会潮流的东南精英乃是半新不旧的过渡时代英雄，所以辛亥革命只有以南北妥协宣告结束。革命派的英勇斗争是导致君主专制制度崩溃的最重要的冲击力量，然而以张謇、汤寿潜为代表的立宪派在各项革新事业中的贡献，对国民政治觉醒也起了一定的推波助澜作用。另有学者对各省谘议局联合会的来历，尤其是其第二届会议的内容及其政治影响进行了新的探讨，认为各省谘议局联合会的最大议题是反对皇族内阁和广练民兵。这次会议是大多数议员及其所代表的立宪派开始在政治上与清廷决裂的征兆，也是清朝统治的政治基础开始塌陷的重要标志。[①] 三是对某些众所周知的革命事件提出了新的看法。如有学者对发生在1903年的“苏报案”进行了再研究，披露许多鲜为人知的细节，揭示了章太炎、邹容这两位英雄人物在法庭上的表现，并对该案发生后100多年间中外各种传媒对其英雄形象的建构过程进行了系统梳理，从而说明“苏报案”这一历史事件是如何被赋予各种政治意义并被意识形态化的，事件的主角章太炎、邹容又是如何被神圣化的。这一研究，在一定程度上改变了以往内地史学界对苏报案的固化认识。[②] 四是触及了革命派、立宪派在革命过程中的一些失误。如有学者认为由于革命派以恢复建立汉族国家为目标，明显存在狭隘的“民族国家主义”，这就在客观上为日本黑龙会等外国侵华势力提供了可乘之机，也导致了国内满、蒙、回、藏等民族对革命充满疑惧而产生离心倾向，国家面临领土分裂和由此引起大规模民族仇杀的巨大危机。后以江浙一带象征五族共和的“五色旗”取代武汉军政府象征十八省汉族铁血团结的“十八星旗”，作为中华民国的国旗，标

① 参见章开沅等《张謇与近代社会》，华中师范大学出版社2001年版；章开沅《张汤交谊与辛亥革命》，《历史研究》2002年第1期；耿云志《辛亥革命前夕的各省谘议局联合会》，《福建论坛》2002年第2期。

② 参见王敏《西方列强与苏报案关系述论》，《历史研究》2009年第2期；《反清·抗俄·反帝——苏报案英雄形象的建构》，《史林》2009年第4期；《苏报案研究》，上海人民出版社2010年版。

志着五族共和被确立为国策。这一转变具有重大的历史意义。也有学者实事求是地指出辛亥时期知识界的民族国家认同观念并非一致，革命派与立宪派在满汉关系问题上的看法和见解皆有正确和谬误之处。[①] 有学者系统考察了南京光复至清帝退位数月内同盟会、湖北集团、江浙集团三方的政治关系，指出三方虽有反清共同点，但各有利益取舍，无法形成合力，因此，当袁世凯加入反清阵营后，只能与之妥协。革命党人虽有美好的愿景，却心有余力不足，无法确立民主宪政的基石。还有学者直言革命党人利用会党是一个失误，认为会党不仅没有帮助革命党联系群众，还给革命事业造成了损失。各省独立后，会党成了社会不稳定的重要因素，甚至成了反对民主共和的反动势力。[②] 等等。

太平天国、义和团运动等领域的研究成绩虽远不及以上两个领域，但也有一定收获。在太平天国方面，有学者对太平军北伐时是否用强制性“裹胁”手段补充兵员的问题进行了专门研究，认为北伐军最终败亡，与“裹胁”不无关系。有学者重新研究《天朝田亩制度》后指出，所谓“平均分配土地”，只是对《天朝田亩制度》误解的说法。对于所谓“圣库制度”，有学者认为并不是绝对平均的“军事共产主义”；圣库是已经在朝内和军中建立的一种机构，《天朝田亩制度》中提出的国库是打算将来在每个社会基层组织建立的仓库，二者在“级别”、性质、职能和物资来源等方面都截然不同，且没有必然联系，用国库来解释圣库是不妥的，说国库来源于圣库亦纯属推测。但另有学者认为太平天国既然一直将所有公共拥有的仓库称为“圣库”，那么，将公共生活必需品的供给制度称为“圣库制度”，是可以成立的。《天朝田亩制度》中的“国库”就是“圣库”。而以往学者们认为圣库制度是一种“军事共产主义式的分配制度”，也仍是

① 参见张永《从“十八星旗”到“五色旗”——辛亥革命时期从汉族国家到五族共和国家的建国模式转变》，《北京大学学报》2002 年第 2 期；崔志海《辛亥时期思想界关于满汉关系问题论争的再考察——以〈民报〉和〈新民丛报〉为中心》，《史林》2011 年第 4 期；李帆《辛亥革命时期的“夷夏之辨”和民族国家认同》，《史学月刊》2011 年第 4 期。

② 参见张皓《无法和谐的奏鸣曲——论同盟会、湖北集团和江浙集团之间政治关系的演变》，《民国档案》2007 年第 3 期；欧阳跃峰《利用会党：辛亥革命的一个误区》，《史学月刊》2007 年第 2 期。

说得通的。[①] 还有学者通过对太平天国时期苏州三县、常熟和江西农村政治实情进行研究，指出其政治实践即使是不完善的，也仍然因其艰难的尝试和摆脱旧习惯的愿望而具有自身的历史价值。[②] 等等。在义和团运动方面，有学者从中央统治集团内部和地方督抚两方面探讨了义和团运动爆发的原因。有的认为1900年发生的“庚子事件”与戊戌政变后清朝统治阶级内部崛起的一个新的政治集团——以端王载漪为首的“大阿哥党”的疯狂活动有着密切的关系。有的认为在枝强干弱的晚清，直隶、山东督抚对义和团的态度、政策，不仅影响着义和团运动的发生、发展，也影响了清朝中央统治集团对义和团的决策。[③] 另有学者就庚子年张之洞的动向及其有无帝王思想展开讨论。有的根据日本史学界新发现的宇都宫太郎日记及张之洞的表现，认为张之洞庚子年在内心深处存在独立称王思想。[④] 有的则提出商榷意见，认为张之洞庚子年的活动不足以证明他有谋异动的野心，所谓张之洞庚子年的“帝王梦”之说难以成立。[⑤] 此外，他们还就义和团运动中亲庆王奕劻和时任巡阅长江水师大臣李秉衡二人的评价问题进行了有益的探讨。[⑥]

当然，任何事物都是复杂的，21世纪初年的晚清政治史研究固然取得不少进展，但也不能说它已完美无缺，毫无改进余地了。以下三个问题，或许值得我们重视。

---

① 参见池子华等《北伐太平军“裹胁”问题述论》，《历史档案》2001年第3期；王国平《〈天朝田亩制度〉新议》，《江海学刊》2005年第1期；欧阳跃峰《“圣库制度”考辨》，《近代史研究》2005年第2期；吴善中《太平天国圣库制度辨正》，《近代史研究》2011年第1期。

② 参见王明前《太平天国苏州三县农村政治研究》，《苏州科技学院学报》2006年第4期；《太平天国常熟县农村政治研究》，《常熟理工学院学报》2006年第5期；《太平天国江西农村政治研究》，《江西师范大学学报》2006年第5期。

③ 参见周育民《己亥建储与义和团运动》；喻大华《东直督抚与义和团运动的兴起》，《清史研究》2000年第4期。

④ 参见孔祥吉《张之洞在庚子年的帝王梦——以宇都宫太郎的日记为线索》，《学术月刊》2005年第8期；《再释张之洞帝王之梦——兼答李细珠先生》，《近代史研究》2010年第5期；《日本档案中的张之洞与革命党——以吴禄贞事件为中心》，《福建论坛》2010年第5期。

⑤ 参见李细珠《张之洞庚子年何曾有过帝王梦——与孔祥吉先生商榷》，《近代史研究》2010年第3期；戴海斌《庚子事变时期张之洞的对日交涉》（《历史研究》2010年第4期）、《庚子年张之洞对日关系的若干侧面——兼论所谓张之洞的“帝王梦”》（《学术月刊》第42卷11月号，2010年11月）。

⑥ 参见孔祥吉《奕劻在义和团运动中的庐山真面目》（《近代史研究》2011年第5期）、《义和团运动中李秉衡的言行考察》（《清史研究》2011年第3期）；戴海斌《“误国之忠臣”？——再论庚子事变中的李秉衡》，《清史研究》2011年第3期。

第一，不能仅仅止步于模糊不清的“合力”研究。改革开放以来，在包括晚清政治史研究在内的中国近代史研究中，盛行着一个别开生面的“合力”说。如在辛亥革命研究中，几乎都以“合力”说评价康、梁立宪派的历史作用，认为它与孙中山革命派目标一致，都要在中国建立民主政体，实现国家的独立富强，只是在实现的手段上存在分歧。二者都主张扩大民权，只是一个要限制君权，一个要彻底取消君权。因此，康、梁立宪派也是推翻清王朝的“合力”之一。有人甚至认为除革命派、立宪派外，袁世凯也应列入革命的“合力”之中。这里不讨论“合力”是不是历史前进的动力问题[①]，也不讨论袁世凯应否列入“合力”之中，仅就尽可能“还原”历史真实而言，这类研究似乎也是不够的，甚至是有缺陷的。诚然，由于立宪派与革命派同属资产阶级营垒，将其列入推翻清王朝的“合力”，无可厚非。但是，要想真正“还原”历史的真实，似乎不能仅仅到此为止。因为它只“还原”了历史真实的一半，而没有打破砂锅问到底，进一步解决立宪派与革命派到底谁的作用大、谁的作用小，大到什么程度、小到什么程度等问题，因而仍然是不准确的，模糊不清的。唯有继续深入研究，走完研究过程的另一半，才能给出较为准确、精当的答案。

第二，不能忽视历史“不变性”的研究。历史总是发展变化的，这是一定的。近代中国历史因为遭遇“三千年未有之大变局”，所呈现的最大特点就是一个“变”字。经济基础在变，上层建筑在变，统治阶级在变，被统治阶级也在变，可以说整个社会都在变。晚清政治史研究者以主要精力，甚至全部精力，对这种“变”的历史进行持久的研究，当然是必要的，有利于社会进步的，因为它们毕竟是晚清政治史的主流。然而，历史的辩证法从来就是有主流必有支流，有“变”必有不“变”，或者暂时未“变”的一面。如帝王思想、特权思想、迷信思想之类的形形色色的封建专制主义思想，不但晚清时期大量存在，即便辛亥革命推翻清王朝、中国共产党完成新民主主义革命以后也还若隐若现地继续残留在人们的头脑中，或多或少地影响着历史的进程。这已是被历史充分证明了的事实。遗

① 20世纪80年代史学界曾开展过一场不大不小的争论。刘大年发表文章，明确表示不能认同“合力”说，也有学者发表文章与刘大年商榷。参见刘大年《历史前进的动力问题》（《刘大年史学论文选集》，人民出版社1987年版，第106—134页）、郑宏卫《历史的动力与合力：兼评刘大年的〈说“合力”〉》（《学术研究》1988年第3期）、吴廷嘉《合力辩：兼与刘大年同志商榷》（《历史研究》1988年第3期）等文。

憾的是长期以来，对于这种历史“不变性”的研究，如它的主要表现是什么，是怎样形成的，为什么能形成，何以能够长期不变，有什么影响，该如何清除它等问题，却基本没有研究者问津，不能不说是一大不足。其实，这种研究同样是必要的，必须引起重视。

第三，要加强宏观研究。与中国近代史其他研究领域一样，大多数研究者对晚清政治史的研究都停留在一些个案的具体史实的真假对错的研究上，而少有研究者做长时段的全方位的研究和思考，基本属于就事论事，“碎片化”的研究。厘清史实是必要的，这是历史研究的第一步，也是历史科学的第一要求。史实不清，真假不分，是非对错，无从谈起，在此情况下作出这样那样的判断，得出这样那样的结论，不但荒唐，而且荒谬。但是，历史研究的根本任务，不全是为了“纪勋”，也不全是为了“揭丑”，更为根本的是为了今天，为了未来，为了让今人和后人了解在什么历史条件下做事能够成功，怎样做事才符合绝大多数人的利益，才是推动社会进步，才称得上成功。一句话，就是为了吸取历史的经验教训，走好、走正今天和未来的路。而要达到这一目的，光有辨别个案具体史实真假对错的微观研究是不够的，必须同时甚至更多地从事综合的宏观研究，获取被历史实践反复证明为正确的规律性认识才有可能。因为历史经验不止一次地告诉过我们：凡事此时真实，彼时未必真实，局部可行，全局未必可行，唯有经过综合的宏观研究，才能获得真正符合事实的启人智慧的规律性认识。

不过，这些都是前进中的问题，只要我们沿着实事求是的道路继续向前迈进，就一定能够在前进中逐步解决，晚清政治史研究也一定能取得更多的进展和更大的成就。

第四章
中华民国史

中华民国史研究是中国历史研究中的新兴学科。虽然1949年以前已有学者对民国史有初步研究，但是，民国史作为历史研究的学科，其建立则是在1949年以后。尤其是1978年以后国家政治经济大环境的变化，改革开放政策及其带来的百花齐放、百家争鸣的局面，使民国史学科得以真正建立、发展和繁荣。可以说，中华民国史研究是中国历史研究诸学科中建立较晚，但发展较为迅速、取得成就较为显著的学科之一。本章拟以有限的篇幅，为民国史学科60年的发展勾画出大致的线索，并对研究中现存及未来需要解决的若干问题作简略的评论与展望，俾便研究者的参考利用。①

第一节　历史回顾

中华民国处在中国近代前所未有之风云变幻的历史时期。还在民国年间，已有学人开始搜集整理有关民国史料，并有初步的研究。②但就总体而言，1949年以前，国内战乱连年，缺乏研究所需的必要环境与资

① 本文所述民国史研究成果，时限大体为1949年10月1日中华人民共和国成立至2008年底，主要为有关民国时期政治史的研究，军事、经济、思想、文化、中外关系、人物研究以及中国台湾、香港地区与外国学者的研究情况，因篇幅所限，只在必要时有所论及。

② 民国年间出版的一些民国史料和研究著作，颇具参考价值，至今仍为学者所利用，请参阅有关论述。

料，而且民国成立时间不长，一般学者格于当朝人不写当朝史的中国史学传统，身处民国自身的环境，也还没有将民国史作为学科研究的意识。①

中华人民共和国成立后，民国史研究开始进入中国史学研究科目之列。1956年，国家社会科学十二年规划将民国史列为重点项目。1971年，全国出版工作会议再度将民国史列入国家重点出版计划。为此，中国科学院（今中国社会科学院）近代史研究所在1972年成立民国史研究组，成为内地第一家以“民国史研究”命名的研究单位。随后，该组开始进行民国史的资料整理与初步研究，编辑《中华民国史资料丛稿》。但因为长期极“左”思潮的影响和干扰，民国史上的诸多事件与人物已有政治“定评”，民国史研究的空间甚为狭窄，缺乏学术研究所需的自由讨论的空间。同时，受中国历史分期问题的影响，1919年以前的民国史被划入中国近代史，1919年以后的民国史被划入中国现代史，被人为割裂成两段。②而中国现代史研究的主要内容又局限于新民主主义革命史和中共党史，民国史只能作为陪衬。因此，1978年以前，少数关于民国史的研究主要局限在揭露帝国主义侵略和国民党统治方面，成为政治“大批判”的工具和附庸。唯有在近代经济史领域，有一批学者做了相当出色的开创性工作，他们主持下的近代经济史资料的系统整理与出版，是当时近代史研究中较有成绩的方面之一，其中相当一部分有关民国时期的经济统计资料至今仍在研究中被广为利用。③不过，1978年以前，民国史研究的范围非常有限，影响也不大。民国史研究作为一门学科，仍然没有建立。

---

① 1930年南京国民政府决定成立国史馆筹备委员会，1947年在南京正式成立国史馆，专事民国史料的搜集整理与民国历史的研究，但是格于当时战乱频仍的实际，国史馆并未能做多少实际工作。

② 关于中国近代史的分期问题，当时主要有两种意见：一种意见将1840—1919年划为近代史，将1919—1949年划为现代史；另一种意见是将1840—1949年划为近代史。前一种意见是多数。目前，大多数学者在研究中已经接受了后一种分期方法，但在学校教学中，前一种分期方法仍在运用。

③ 如严中平等人的《中国近代经济史统计资料》、吴承明的《帝国主义在旧中国的投资》、陈真等人的《中国近代工业史资料》、彭泽益的《中国近代手工业史资料》、章有义的《中国近代农业史资料》、汪敬虞和宓汝成的《中国近代铁路史资料》、徐义生的《中国近代外债史统计资料》，等等。这些资料虽均标以“近代”字样，但其中相当一部分是民国时期的统计资料。由于篇幅原因，本文第一、第二节所引著作概未注明版本，请读者自行查阅，或参考刊登于《五十年来的中国近代史研究》一书的相应部分。

以1978年的真理标准问题讨论为开端，思想解放运动蔚为潮流，改革开放成为国策，国家政治经济大环境发生了重大变化，从而也带来了学术研究的空前繁荣。受惠于这样的大环境，1978年，近代史研究所的民国史组改称民国史研究室，由该室编辑的《民国人物传》第1卷于当年出版，这是1949年以后以“民国”作为书名而公开出版的第一部著作①，标志着民国史学科的真正起步。1981年，该室主持编写的《中华民国史》第1编第1卷出版，成为中华民国史学科建立的奠基之作。从此，有关民国史研究的著作和史料大量出版，学术研究队伍迅速扩大，学术交流活动日渐频繁，民国史研究已经发展成为中国历史研究诸学科中的后起之秀。

一个学科建立并成熟的标志，就是有可以代表这个学科研究水平的高质量研究著作的出版。近代史所民国史研究室于成立初始即决定编写一套包括研究专著、人物传和大事记在内的系统的《中华民国史》，这套著作的出版实际成为民国史学科建立的标志，也是迄今内地民国史研究的代表性成果。《中华民国史》分为3编12卷，由国内知名学者数十人共同撰写，已先后出版了第1编全1卷（辛亥革命和南京临时政府，李新主编），第2编第1卷（袁世凯统治时期，李宗一、曾业英、徐辉琪、朱宗震等著）、第2卷（皖系军阀统治时期，彭明、周天度主编）、第5卷（北伐战争和北洋军阀的覆灭，杨天石主编），第3编第2卷（从淞沪抗战到卢沟桥事变，周天度、郑则民、齐福霖、李义彬等著）、第5卷（从抗战胜利到全面内战爆发前后，汪朝光著）、第6卷（国民党的失败和中华民国的覆亡，朱宗震、陶文钊著）；其他各卷已经交稿，将于近期全部出版。《民国人物传》共12卷（孙思白、朱信泉、严如平、熊尚厚、娄献阁等主编），收录民国时期有影响的政治、军事、外交、经济、文化等各界人物近1000人，已全部出版。《中华民国大事记》（序编1905—1911年，正编1912—1949年，韩信夫、姜克夫主编）全5册39卷，逐日记述民国时期政治、军事、外交、经济、文化等方面的大事、要事，已全部出版。此三项工程构成了民国史较为完整的体系，为民国史学科研究奠定了坚实的基础。

在民国专史方面，在20世纪最后20年出版的较为重要的著作有：章开沅、林增平主编《辛亥革命史》，金冲及、胡绳武《辛亥革命史稿》，

① 笔者尚未详加查考有关书名，但1949年以后，“民国”作为一中性的书名似应自此书始。

林家有主编《辛亥革命运动史》；来新夏主编《北洋军阀史稿》，谢本书等《护国运动史》，莫世祥《护法运动史》；黄修荣《国民革命史》，刘继增、毛磊、袁继成《武汉国民政府史》，王宗华、刘曼容《国民军史》；张同新《国民党新军阀混战史略》、《蒋汪合作的国民政府》，郭绪印《国民党派系斗争史》，杨奎松《西安事变新探》；中国社会科学院近代史研究所《日本侵华七十年史》，军事科学院军事历史研究部《中国抗日战争史》，罗焕章等《中国抗战军事史》；解学诗《伪满洲国史新编》；资中筠《美国对华政策的缘起和发展》，陶文钊、杨奎松、王建朗《抗日战争时期的中国对外关系》，石源华《中华民国外交史》；彦奇、张同新《中国国民党史纲》，刘健清《中国国民党史》，刘永明《国民党人与五四运动》；谢本书、冯祖贻主编《西南军阀史》，匡珊吉、杨光彦《四川军阀史》，莫济杰等《新桂系史》；许涤新、吴承明主编《中国资本主义发展史》，杜恂诚《民族资本主义与旧中国政府》，徐鼎新、钱小明《上海总商会史》；姜克夫《民国军事史略》；徐矛《中华民国政治制度史》，袁继成主编《中华民国政治制度史》；张静如、刘志强《北洋军阀统治时期中国社会变迁》；陈锡祺主编《孙中山年谱长编》，李宗一《袁世凯传》，严如平、郑则民《蒋介石传稿》，吴景平《宋子文评传》；还有若干有关民国历史研究的丛书。

有关民国史研究的论文更多，难有确切统计数字，散见于各学术期刊。但目前较有影响、学术价值与研究质量较高的论文，主要发表在少数学术刊物上，如《历史研究》《近代史研究》《抗日战争研究》等，由于这些刊物长期形成的学术地位，这种现象不会在短期内改变。各大学学报和省级社科刊物发稿量较大，可称民国史研究论文发表的主要阵地，但因种种原因，质量参差不齐。

第二节 改革开放后的进展

1978 年以前，民国史研究尚未真正展开，加上极“左”思潮的影响和干扰，研究领域“禁区”重重，研究者心有所忌，有限的研究也被套上政治的框框，成为政治的传声筒，甚至“民国”这个词都很难不带贬义地出现在历史著述中。1978 年以后的思想解放运动，真正开启了民国史研究自由讨论的空间。在学术研究思想解放、百家争鸣的形势下，民国史研究突破以往旧有条条框框的限制，取得前所未有的发展，其中最根本的变化就在于实事求是的原则和方法得到了恢复和发展，研究者可以按照历史的实际发展状况及其内在规律去研究历史，民国史上许多以前没有研究或不能研究的问题，现在有人研究并提出了自己的看法，而以前已经有所研究并有“定评”的问题也不断有人重新研究并提出新的看法。

1978 年至 20 世纪末的民国史研究大体可分为两个阶段。1978—1989 年为第一阶段，表现为民国史学科建立，并突破研究领域的限制，大胆提出新的观点与看法，在宏观领域取得较大进展。1990—1999 年为第二阶段，随着研究的深入，研究者更注重于具体问题的个案研究，在微观领域将研究推向深入。①

民国史研究最先在辛亥革命问题上取得突破。辛亥革命是导致民国诞生的重大历史事件，是中华民国的开端，但是 1949 年以后史学界对其研究不多，评价也一直不高。1981 年，以辛亥革命 70 周年纪念为先导，史学界推出一批专著和论文，论证了辛亥革命的资产阶级民主革命性质，充分评价了同盟会和孙中山在领导辛亥革命、建立南京临时政府、推翻中国几千年封建帝制方面的历史功绩。对于资产阶级在这次革命中的地位和作用，对于各个地区，各个阶级和阶层，各个政治派别、团体与代表人物在这次革命中的表现，做了相当具体深入的研究。②这次讨论最重要的进展，就是明确肯定资产阶级革命在当时中国的进步意义，“资产阶级政权优于封建政权，具有一种崭新的面貌”③。这样的评价，在以往极“左”思潮盛行的年代是不可能有的。

继辛亥革命的研究取得突破之后，民国史研究随着历史时段的延伸而不断深入，不断取得新的进展，这一进展的主线，就是资产阶级及其代表人物在民国时期的历史地位与进步作用不断得到肯定与深入探讨。在关于护国运动的研究中，如实肯定其资产阶级革命性质，认为“护国运动是辛亥革命的继续”，“是一次资产阶级革命运动”；明确肯定以往遭到贬斥的

① 本节叙述大体以这两个时段划分，但为了照顾叙述的方便与连贯，偶尔也有两个时段的交叉叙述。

② 参见《中华民国史》第 1 编第 1 卷；《辛亥革命史》；《辛亥革命史稿》；《纪念辛亥革命七十周年学术讨论会论文集》。

③ 《中华民国史》第 1 编第 1 卷，下册，第 439 页。

梁启超和进步党人在护国运动中的领导作用。[①]一般而论，梁启超是资产阶级温和派的代表，主张立宪而不主张革命，因而以往对他们的批判较之对以孙中山为代表的资产阶级革命派的批判更为严厉。因此，在肯定了资产阶级革命派的历史功绩之后，对资产阶级温和派历史贡献的肯定，具有重要的意义。民国政府成立后，中央和各地政权很快又落入了北洋军阀以及各地方军阀手中。对这一段历史的评价，过去着重于批判军阀投靠帝国主义，误国残民，阻碍历史发展的一面。在这方面，1978 年以后的研究体现了一定的继承性，但更多地注意用历史事实论证。[②]另一方面，研究者也认为军阀与帝国主义的关系有利害冲突与矛盾的一面，内容变化复杂，因时因地而异，不能简单地将军阀类比为是帝国主义的“工具”；巴黎和会中国代表拒绝签约，不仅是民众反对的结果，也与统治阶级内部矛盾导致的“分裂型政治”有关。[③]与此同时，学术界对北洋政权的阶级属性这一主题有所讨论。有论者认为，北洋军阀官僚资本是私人资本，并认为北洋军阀“以封建地主阶级为其主要的社会基础”，但“又在一定程度上具有了资产阶级性质”[④]。既然北洋政府具有代表资产阶级利益的一面，它的各项政策当然有对当时经济发展起促进作用的一面。有论者认为，北洋政府制定了一系列有利于民族工商企业发展的政策和法令，而正是这种新生产力和生产关系的发展，导致了当时中国社会政治结构、经济结构、思想文化等各方面的变化，从而引起社会革命，最终导致了北洋军阀的衰亡。[⑤]在关于北洋时期群众运动的研究中，值得一提的是，有论者对国民党与五四运动的关系做了研究，认为国民党积极参加并推动了五四运动，他们在运动前宣

---

① 参见《中华民国史》第 2 编第 1 卷；《护国运动史》；谢本书《蔡锷传》；董方奎《梁启超与护国战争》；金冲及《护国运动中的几种政治力量》、曾业英《云南护国起义的酝酿和发动》，《历史研究》1986 年第 2 期。

② 参见裴长洪《西原借款与寺内内阁的对华策略》、章伯锋《皖系军阀与日本帝国主义的关系》，《历史研究》1982 年第 5、6 期。

③ 参见孙思白《试论军阀史研究及相关的几个问题》，《贵州社会科学》1982 年第 2 期；俞辛焞《日本对直奉战争的双重外交》，《南开学报》1982 年第 4 期；丁雍年《对张作霖的评价亦应实事求是》，《求是学刊》1982 年第 5 期；邓野《巴黎和会中国拒约问题研究》，《中国社会科学》1986 年第 2 期。

④ 彭明：《北洋军阀研究提纲》，《教学与研究》1980 年第 1 期；来新夏、郭剑林、焦静宜：《北洋军阀史研究中的几个问题》，《学术月刊》1982 年第 4 期。

⑤ 参见沈家五《从农商部注册看北洋时期民族资本的发展》，《历史档案》1984 年第 4 期；张静如等《北洋军阀统治时期的社会和革命》，《教学与研究》1986 年第 6 期。

传鼓吹，在运动中制定策略与方法，推动其发展；五四运动的“政治性质和思想主题，以至于运动的预演、爆发和取胜，均同国民党人的政治言行有直接关系”；因此，“五四运动的真正推动和领导者应该是以孙中山为首的资产阶级民主革命派”①。过去一向将资产阶级及其代表党派置于群众运动的对立面，而新的研究结论有了变化，承袭了1978年以后对资产阶级在民国时期的历史作用给予积极评价的趋势。

1927年以后的国民党政权，向来是民国史研究中较为敏感的领域，1978年以前对其几乎没有什么研究。1978年以后，关于国民党统治时期的研究首先在对抗日战争时期的国民党政权研究方面取得了相当进展。以1985年纪念抗日战争胜利40周年为契机，出现了一大批研究成果，对国民党对日政策由“攘外安内”到联共抗日的转变，对其在抗战前为抗战所做的军事、经济准备工作，如整编军队、构筑国防工事、发展军事工业、制定抗日战略、进行国防经济建设，对抗战中国民党军队负担的正面战场的地位和作用，以及正面战场的历次重要战役，均给予了适度的、积极的评价。②与此同时，研究者对于国民政府建立后的关税自主、法币改革，以及抗战时期经济政策的作用等问题，也都予以一定的积极评价。③关于抗日战争中正面战场的作用及其与敌后战场的关系，以往研究突出了敌后战场，而忽略了正面战场，此时有论者认为，无论是相持阶段之前还是之后，“国民党正面战场和共产党敌后战场，都具有同等重要的战略地位，不存在主要战场和次要战场之分”；两个战场有摩擦的一面，但相互配合、

① 刘永明:《国民党人与五四运动》；黄金华、漆良燕:《也谈“五四”运动的领导者及其性质》,《理论探讨》1988年第5期。

② 参见何理《抗日战争史》；郭大钧《从“九·一八”到“八·一三”国民党政府对日政策的演变》,《历史研究》1984年第6期；李义彬《华北事变后国民党政府对日政策的变化》,《民国档案》1989年第1期；陈谦平《试论抗战前国民党政府的国防建设》,《南京大学学报》1987年第1期；乐嘉庆、姜天鹰《评抗战前夕国民党南京政府的抗日准备》,《复旦学报》1987年第5期；袁旭等《论抗战初期的正面战场》,马振犊《“八一三”淞沪战役起因辨正》,江抗美《武汉保卫战述评》,郭学旺、孟国祥《中条山会战述评》,《近代史研究》1985年第4、5期，1986年第6期，1987年第4期。

③ 参见高德福《试论国民党政府的关税自主政策》,《史学月刊》1987年第1期；樊小钢《论国民党南京政府的关税改革》,《浙江财经学刊》1987年第2期；虞宝棠《一九三五年国民党政府币制改革初探》(《华东师范大学学报》1982年第4期)、《试论国民党政府的法币政策》(《历史档案》1983年第4期)；朱镇华《重评1935年的“币制改革”》,《近代史研究》1987年第1期；郑会欣《一九三五年币制改革的动因及其与帝国主义的关系》,《史学月刊》1987年第1期；《民国档案与民国史学术讨论会论文集》,档案出版社1998年版。

相互依存的关系一直贯穿于整个抗日战争期间。①可喜的是，关于抗战历史的研究，是大陆学者和台湾地区学者在民国史研究领域最早开展交流与互有回应的论题之一。如关于抗战的战略，台湾学者认为，国民党政府自抗战一开始就制定了持久战战略，并主动发动淞沪战役，诱使日军改变进攻方向，奠定了抗战胜利的基础。大陆学者则多认为国民党的持久消耗战略是在抗战中逐渐形成的，而且这个战略仍有重要缺陷，即其不彻底性和动摇性，而且“始终是不完全的”，“实际上只是指狭义的军事作战行动战略”；至于发动淞沪战役的战略意图，目前并无史料依据支持台湾学者的上述设想，同时这一战役也未起到转换全局的作用。②尽管双方的观点未尽相同，但这样的交流与回应对于民国史研究而言则是有重要意义的。

值得注意的是，对于国民党统治时期的研究，虽然相对敏感且基础薄弱，但是研究者并不回避矛盾，而是勇于开拓，在一些宏观领域的重大问题上取得了明显进展。蒋介石是国民党及其政权的领袖人物，过去被冠以“独夫民贼”“人民公敌”之衔。此时有论者认为，在整个抗战期间，国民党处理抗日与反共的关系时，抗日还是主要的方向，因为中日民族矛盾没有解决；只要抗日，就属于人民的范围，因此当时的蒋介石集团也包括在人民之内。③有论者对抗战前后的蒋介石作了较为全面的评价，认为蒋战前放弃“攘外必先安内”的错误政策，联共抗日，顺应了历史潮流；抗战初期，蒋与中共合作，指挥国民党军队抗击日军，是对国家民族的贡献，但其片面抗战、消极防守战略，也使国家蒙受了不必要的损失；抗战中期，蒋没有放弃抗战，没有完全中断国共合作，但坚持一党专政和独裁统治，制造反共摩擦，消极被动，保存实力，限制和降低了国民党军队的抗战作用；抗战胜利后，蒋违背历史潮流，坚持个人独裁统治，最终彻底失败。④对抗战研究中的一些具体问题，也有论者根据历史事实提出了自己的看法。如关于蒋介石与汪精卫的关系，有论者认为，蒋与汪的叛国投敌“毫无关系”，他们“不可能有共同的语言，更不可能有一致的行动”；将

---

① 徐焰：《抗日战争中两个战场的形成及其相互关系》，《近代史研究》1986 年第 4 期。

② 余子道：《中国正面战场对日战略的演变》，《历史研究》1988 年第 5 期；《中国正面战场初期的作战方向问题》，《军事历史研究》1987 年第 4 期；王建朗：《抗战初期国民党军事战略方针述评》，《复旦学报》1985 年第 4 期。

③ 参见王桧林《抗日战争史研究中的几个问题》，《北京师范大学学报》1985 年第 4 期。

④ 参见严如平、郑则民：《试论抗日战争中的蒋介石》，载《民国档案与民国史学术讨论会论文集》。

曲线救国“作为国民党当局的指示方针”不符合历史事实；国民党对汉奸政权一概打倒，汉奸财产一律没收，汉奸主要头目多被处决，至于对汉奸将领的委任，“只是出于反共和抢占沦陷区目的的一时利用”。[①]

关于官僚资本的研究与讨论也在这一时期取得了重要进展。官僚资本是民国年间就开始使用的概念，1949 年以后，为研究者所沿用，而且其适用对象有扩大的趋势，即凡军阀、官僚，以及国家、机关投资创办的企业一概称为官僚资本主义。此时有论者提出，官僚资本是已为群众接受的通俗名称，可以作为特定范畴使用，但它的实质，用政治经济学术语说，就是不同政权下的国家资本主义。又有论者认为，官僚资本是个政治概念，不应用于标明企业性质；官僚私人投资与国家投资是不一样的，即使是军阀官僚投资的资本也属于民族资本中的私人资本。[②]同时有论者明确提出，既然官僚资本是个政治概念，我们就有责任使用科学的经济概念；军阀官僚原始积累的来源并不能决定他们所办企业的性质。“从政治方面看，国民党统治时期有过掌握党、政、军、财经大权的四大家族，然而从经济方面看，那一时期却并没有四大垄断资本家族。”[③]在民国经济史研究中，以更严格、更科学的国家资本概念代替不尽科学的官僚资本概念有可能成为史学界的共识，但因为官僚资本概念在民国时期即被广泛使用，因此在民国政治史研究中，运用这一概念仍有其必要性。

总体而言，1978—1989 年的民国史研究已经初步改变了过去研究不多、“禁区”不少的局面，展现出一派繁荣发展、百家争鸣的兴旺景象，并且在若干重要问题上有所突破。不足之处是，研究尚不够深入，因此一些讨论缺乏应有的学术深度，而仅仅表现了拨乱反正的政治意义。

1990—1999 年，可以视为民国史学科建立后研究历程的第二个阶段。随着前一阶段研究的进展，不少研究者感到，仅仅突破某些研究领域的限制，对一些问题提出新的看法，只是浅层意义上的进展，而且有些新的看法不过是随着思想解放的潮流应时而生，还缺乏深入的研究，而真正具有

---

① 蔡德金：《试论抗战时期蒋汪关系的几个问题》，载《民国档案与民国史学术讨论会论文集》。

② 参见许涤新、吴承明《中国资本主义发展史》第 1 卷总序；丁日初《关于“官僚资本”与“官僚资产阶级”问题》，载《民国档案与民国史学术讨论会论文集》；《西南经济研究讨论会综述》，《中国经济史研究》1986 年第 1 期。

③ 丁日初、沈祖炜：《论抗日战争时期的国家资本》，《民国档案》1986 年第 4 期。

学术意义的突破与创新，应该是在深入研究的基础上得出的。因此，这一时期的民国史研究者更注意具体问题的个案研究。

民国史个案研究的进展表现在很多方面，首先应该提到与档案资料相结合的研究。90 年代以来，不断有新的、过去不为人知的有关民国事件与人物的档案公布，同时，藏于海外的民国史料也引起了学者们的注意，还公布了大量与民国史密切相关的中国共产党的档案资料，所有这些为研究者提供了良好的研究条件。这些利用档案资料研究取得的进展包括：北伐时期若干问题的研究，西安事变若干问题的研究，以及主要利用海外所藏档案史料对民国史事件与人物的研究。①

有关抗日战争的个案研究也有相当进展。如关于“不抵抗主义”，有论者认为，“不抵抗主义”是东北地方当局所采用的说法，蒋介石当时并无不抵抗的直接命令，但蒋和南京政府默认了东北地方当局的“不抵抗”；张学良对“不抵抗”负有相当责任。也有论者综合运用中日双方史料，对于卢沟桥事变作了相当具体的历史过程的构建，认为该事变完全是日本的预谋，日本有学者提出的谁先打“第一枪”的争辩毫无意义；蒋介石和国民政府对事变的处置是正确的，作出了应战部署，推动了全国抗战。②关于抗战时期国民党军队的敌后游击战，过去从无研究，此时有论者从其最初的决策、实施的过程、特点以及在敌后各战区的发展情况作了较为全面的介绍并给予了一定的积极评价。③关于正面战场一些以往已有定论的问题，此时也有论者予以重新评价。如 1944 年的正面战场，过去强调的是失地千里，但有论者提出，国民党实行的是“东守西攻”战略，东线失败并不

---

① 参见《中华民国史》第 2 编第 5 卷；杨天石《海外访史录》；杨奎松《西安事变新探》；陈谦平《论“紫石英”号事件》，《南京大学学报》1998 年第 2 期。杨（天石）著以大量海内外所藏档案史料为依据，论证了 1927 年张作霖查抄北京苏联大使馆时据以为由的所谓苏联“阴谋文证”完全是伪造，揭开了 20 世纪 30 年代中期国民党内部各个派别之间若干矛盾的内幕；杨（奎松）著着重利用中共与共产国际的档案资料，揭开了西安事变中若干问题之谜，修正了一些固有说法的不确；陈著则利用英国档案材料，对轰动一时的“紫石英”号事件的前因后果作了详细考证。

② 参见冯筱才《“不抵抗主义”再探》，《抗日战争研究》1996 年第 2 期；蔡德金《对卢沟桥事变几个问题的思考》，《抗日战争研究》1997 年第 3 期。

③ 参见戚厚杰《国民党敌后游击战争初探》，《军事历史研究》1990 年第 1 期；韩信夫《试论国民党抗日游击战场》，《民国档案》1990 年第 3 期；张业赏《论国民党军在山东敌后战场的地位》，唐利国《关于国民党抗日游击战的几个问题》，《抗日战争研究》1996 年第 1 期、1997 年第 1 期。

关系全局，而西线滇缅战场的胜利解除了中国两面受敌的威胁，开辟了重要的交通线，因此1944年的整个正面战场是得大于失。关于正面战场的战略反攻问题，有论者提出，1945年4月的湘西战役是正面战场反攻的开始，从此正面战场屡胜日军，收复了不少国土；由于中国是弱国的特殊环境，中国的反攻不同于别国，力不从心、时间短促，但仍值得肯定。①在关于国民党统治时期的研究中，这些年里也有一些值得注意的研究成果，如关于国民党政权建立初期的财经政策，关于三青团的研究，关于重庆谈判问题，关于战后东北问题，关于中美商约的研究，等等。②

在北洋军阀及其政权研究方面，这一时期的研究对于北洋政权的资本主义性质有了较多的共识。这主要源于对北洋政府经济政策的研究，研究者多认为北洋时期的经济政策促进了资本主义的发展，反映了资产阶级的利益。有论者认为，北洋政权制定的经济政策，除了极少数因财政困难和不平等条约的制约未能贯彻外，其他基本上都得到了具体落实。也有论者通过档案资料的研究，认为民国初年的经济法制建设，门类齐全、内容详尽，初步形成了资本主义经济法制体系，体现了资产阶级利益，是历史的进步。③还有论者认为，由于北洋时期中央政权名存实亡，自清朝后期开始的国家资本主义发展方向中断了，中央政府缺乏权威，无力控制经济活动，使经济得以循自由资本主义道路发展。④在关于北洋时期政治外交的研

① 参见温锐、苏盾《重评1944年中国抗日战争的正面战场》，刘五书《论抗日战争正面战场的战略反攻》，《抗日战争研究》1996年第4期、1995年第3期。

② 参见宗玉梅《1927—1937年南京国民政府的经济建设述评》，《民国档案》1992年第1期；程道德《试述南京国民政府建立初期争取关税自主权的对外交涉》，张生《南京国民政府初期关税改革述评》，《近代史研究》1992年第6期、1993年第2期；贾维《三青团的成立与中共的对策》《国民党与三青团的关系及其矛盾之由来》《三青团的结束与党团合并》，《近代史研究》1995年第2期，1994年第4、1期；章百家《对重庆谈判一些问题的探讨》，《近代史研究》1993年第5期；杨奎松《1946年国共两党斗争与马歇尔调处》，汪朝光《抗战胜利后国民党东北决策研究》，《历史研究》1990年第5期、1995年第6期；薛衔天《战后东北问题与中苏关系走向》，《近代史研究》1996年第1期；任东来《试论一九四六年“中美友好通商航海条约”》，《中共党史研究》1989年第3期；陶文钊《1946年“中美商约”：战后美国对华政策中经济因素个案研究》，《近代史研究》1993年第2期。

③ 参见黄逸平《辛亥革命后的经济政策与中国近代化》，《学术月刊》1992年第6期；虞和平《民国初年经济法制建设述评》，《近代史研究》1992年第4期。

④ 参见杜恂诚《北洋政府时期国家资本主义的中断》，《历史研究》1989年第2期；石波《辛亥革命与中国民族资本主义经济的发展》，《湖北社会科学》1991年第8期。

究方面，有论者对北洋政府的“修约外交”予以一定肯定①，关于北洋政权后期兴起的国民革命运动，有论者以详尽的统计数字，从家庭人口的生活水平角度，论证北洋时期普通人民的贫困化，从而证明社会变革的必要②。以往研究不多的民国时期社会、文教方面的课题也正在引起更多研究者的注意，他们的研究成果得到了许多学术期刊的支持。③

这一时期的民国史研究，由于个案研究的进展，选题更为广泛与多样，在叙述与评价方面，更注重具体与细致的分析，以往那种绝对肯定或绝对否定的研究方法与结论此时已很少见到了，这种状况本身也说明了民国史研究的深入与发展。不足之处是，一些研究成果只是就事论事，缺乏在此基础上提升到理论高度的追求，尤其缺乏对重大问题的理论探讨。

第三节　新世纪的新进展④

进入21世纪以来，民国史研究不断有新的进展，已经成为中国历史学最为引人注目的研究领域。在民国史综合研究方面，有张宪文主编的《中华民国史》（南京大学出版社2006年版），还有朱汉国等主编的《中华民国史》（四川人民出版社2006年版）。张海鹏主编的10卷本《中国近代通史》（江苏人民出版社2006年版），其中有5卷研究的也是民国时期的历史。上述这些著作，虽然都是通论性论著，但基本上仍以政治史为论述的中心，有关经济、文化、社会方面的内容仍待加强。

在民国史综合研究方面，还应该注意到学术讨论会的意义。近些年来，每年都举办过若干次研究民国史的国际学术讨论会，如由中国社会科学院近代史研究所主办、2002年召开的中华民国史国际学术讨论会，由中

---

① 参见《中华民国史》第2编第5卷。

② 参见刘志强、姚玉萍《对北洋政府时期下层人民家庭功能及革命动因的考察》，《近代史研究》1991年第5期。

③ 《近代史研究》于1998年内集中刊发了多篇研究论文，如饶东辉的《民国北京政府的劳动立法初探》，严昌洪的《民国时期丧葬礼俗的改革与演变》，陈蕴茜、叶青的《论民国时期城市婚姻的变迁》等（《近代史研究》1998年第1、5、6期），表现了这一中国近代史研究领域的领衔刊物对社会史研究的重视。这些论文从一个较少为人研究的侧面，对民国时期的社会生活做了较深入的研究，为我们多方面认识与了解民国时期的社会发展提供了可能性。

④ 本文第三、第四节承中国社会科学院近代史研究所赵利栋、罗敏副研究员提供不少资料，谨此致谢。

国社会科学院近代史研究所民国史研究室和四川师范大学历史系主办、2004—2007 年召开的 20 世纪 10—40 年代的中国国际学术讨论会，由南京大学历史系主办、2000 年和 2006 年召开的中华民国史国际学术讨论会等。这些会议的参加者来自海内外各研究单位，研究领域较为宽泛，研究成果具有前沿性，研究者可以从中观察目前海内外民国史研究的最新进展与研究动向及发展趋势，充分反映了民国史研究已经成为一门国际性学科的特色。

在民国史专题研究方面，近年的研究重点更多在南京国民政府时期。就研究领域而言，政治、经济、军事、外交史为传统研究领域，研究成果仍然较多。同时，许多新的研究领域，如社会、文化、地域、城市史，等等，正在不断吸引研究者的关注。就研究倾向而言，学者们本着自由讨论的精神，对民国史上的诸多问题，或提出新的观点，或修正原有看法，大大推进了对民国史的认识，而在方法论方面，亦呈多元发展的态势，其中基于实证的个案研究，仍为民国史研究的主体。就发表成果的形式而言，除了每年出版的诸多专门著作之外，研究论文的大量发表，亦为展示民国史专题研究成果的重要方面。以下仅就近年来在民国政治史研究方面的若干成果略予介绍。

对于 20 世纪 20 年代中期国民革命的研究，过往学界较多从中共党史研究的视角出发，关注国共关系的形成、演变及其结果。最近以来的研究，开始从当时的历史实际出发，注意到影响国民革命发生、发展过程的诸多因素，尤其是北方的情况。罗志田认为，当时中国政治的主要矛盾关系是“南北之争”而非国共之争，以此出发，他对影响国民革命的诸因素，如地缘文化、社会认同等问题进行了再检讨。①杨天宏对善后会议的研究，也有别于以往南方政府反对北方“军阀”视角，认为国民党与段祺瑞政府就善后会议发生的争执，更主要的是在争夺中央及地方政府的控制权，但由于国民党缺乏实力，未能迫使有奉系支持的段政府做出实质性让步，双方关系最终破裂。②

对于国民革命时期的群众运动，过往研究多从革命史的角度出发，冯

① 参见罗志田《南北新旧与北伐成功的再诠释》，《开放时代》2000 年第 9 期；《北伐前夕北方军政格局之演变（1924—1926）》，《史林》2003 年第 1 期；《“有道伐无道”的形成：北伐前夕南方的军事整合及南北攻守势易》，《中国社会科学》2003 年第 5 期。

② 参见杨天宏《国民党与善后会议关系考析》，《近代史研究》2000 年第 3 期。

筱才则以段祺瑞执政府为讨论对象研究五卅运动，认为运动的扩大与执政府的政治、外交策略相关，实际成为执政府可以利用的工具，因此在近代中国，群众运动从来不是单纯的民意表达，忽略群众运动背后的力量，就无法理解近代中国群众运动的复杂内涵。[①]对于国民革命时期的农民运动，以往研究较多的是中共领导或影响下的两湖农民运动，梁尚贤的研究则以国民党与广东农民运动的关系为研究对象，认为国民党曾经扶持广东农运，但又与地主士绅保持着密切关系，在后来的清党运动中，国民党放纵土豪劣绅民团对农会和农民的报复，并波及努力于国民革命的党内忠实同志与革命青年，使国民党走上政治腐败之路，并埋下了日后失败的种因。[②]对于1924年的广州商团事件，以往研究多从孙中山和革命政府的角度观察历史，邱捷通过对清末民初广州商人团体产生和发展历史的研究，认为此次事件是由英国和南北军阀阴谋策动的传统说法，迄今尚缺乏有力证据，其发生与清末民初广东特殊的政治、社会背景以及商团发展的历史特点有直接关系，也许是商人团体同政府冲突的特殊事例。[③]敖光旭亦通过对广东商团产生与发展历史的研究，认为在愈演愈烈的官商摩擦、军团冲突、罢市风潮及全省联团活动中，逐渐形成了以商团为驱动中心，以民团为外围组织，以士绅和商人为主要社会基础，以民治或自治为核心理念的一体化社会网络，以社会主体自居的大商团主义也随之形成，进而以实力与广东政府分庭抗礼，出现类似西方早期现代化时期的市民社会及其发生模式。[④]

国民党统治在民国时期的兴衰起落向为学界所关注。王奇生对国民党组织制度史的系列研究，独辟蹊径，着重从国民党治党史的角度，以历史学研究为本，结合社会学和政治学的研究取向，深入考察了国民党的组织结构、党员构成、录用体制、党政关系、派系之争等问题，条分缕析，创见迭出，引起学界的关注。他认为，国民党在20世纪20年代中期改组

① 参见冯筱才《沪案交涉、五卅运动与一九二五年的执政府》，《历史研究》2004年第1期。

② 参见梁尚贤《国民党镇压农民运动及其影响》《国民党与广东民团》，《近代史研究》2002年第2期、2003年第6期。

③ 参见邱捷《广州商团与商团事变——从商人团体的角度的再探讨》，《历史研究》2002年第2期。

④ 参见敖光旭《商人政府之梦——广东商团及大商团主义的历史考察》，《近代史研究》2003年第4期；《共产国际与商团事件》，《中国社会科学》2003年第4期。

后，其组织的实际形态和制度形态之间存有较大差异，组织形态散漫如故，清党运动造成国民党党内人才的逆淘汰，唯有听任土豪劣绅和投机腐化分子分掠地方资源，其所受之自我创伤几乎不亚于共产党所受的打击；国民党在中央实行以党统政，在地方实行党政分开，党权在地方政治运作中日趋弱化，在很大程度上削弱了国民党的党治权威和基础，国民党最终只能建立起弱势独裁的党治国家秩序。① 南开大学的江沛等运用政治学理论研究国民党党国体制的源流、理念、实践、变异及其影响，认为在南京国民政府成立后，国民党实施“党国”体制，以党的意识形态作为治国的基本原则，以“党政双轨制”的权力管理体系作为自上而下的行政运作模式，这既是西方政党政治理念特别是苏俄政党体制进入中国政坛的结果，也是传统中国政治文化与西方现代政党体制及理念相互作用的产物，但是，由于国民党统治体系内党、政、军利益的纷争以及党、政管理系统并存且关系滞碍而导致行政成本倍增，进而演变为国民党政治制度的顽症。②

有关国共关系的研究，一直是学界关注的中心问题之一，近年的研究，对国民革命和战后时期的国共关系有较多的拓展。

杨奎松考察了孙中山与共产党关系的演变和国民党内“容共”还是“分共”的争论，认为孙中山接纳共产党一方面是基于联俄的现实需要，同时也是试图利用共产党在宣传和组织方面的才能改造国民党，但并未改变孙中山基本的政治目标和理念；“容共”还是“分共”，自始即成为国民党内矛盾冲突的中心话题；孙中山去世后，制约力量的消失导致国共关系不可避免地走向破裂。在此基础上，杨奎松进一步研究了国民党发动的清党运动，认为清党采取了暴力形式，并且借助于军队和地方旧势力，不仅使军队成为地方权力的受益者，而且在很多地区重新恢复了旧有的统治关系，实际导致了国民党“党格”的分裂，这既包括组织上党的系统相对激进和权势部门的相对保守与腐化，也包括某些思想理念与实际政策之间

① 参见王奇生《党员、党权与党争：1924—1949 年中国国民党的组织形态》，上海书店出版社 2003 年版；《论国民党改组后的社会构成与基层组织》、《清党以后国民党的组织蜕变》，《近代史研究》2000 年第 2 期、2003 年第 5 期；《党政关系：国民党党治在地方层级的运作（1927—1937）》，《中国社会科学》2001 年第 3 期。

② 参见江沛等《中国国民党“党国”体制述评》，《安徽史学》2006 年第 1 期。

的严重脱节。[1]邓野、汪朝光对抗战胜利前后国共关系的研究，诸如联合政府、国共谈判、政协会议、东北交涉，等等，揭示出国共两党关系的复杂性、多样性及其受制于国内外形势发展的诸般面相，以及影响两党关系发展演变的各种因素，进而深化了人们对相关历史问题的认识。[2]

有关蒋介石的研究，也为学者所关注。杨天石利用新近开放的蒋介石日记，对蒋介石及相关人物和事件做了较为全面的研究，引起海内外学界的广泛关注。[3]黄道炫对蒋介石提出的“攘外必先安内”政策作出新的诠释，认为九一八事变前该政策并不具有强烈的针对性，“攘外”基本限于口号宣传，“安内”则首先是针对反蒋的地方实力派；九一八事变后，“安内”是中心，妥协是“攘外”的主基调，但妥协又有限度；1934 年该政策的倾向发生重大变化，“安内”的重点转向国内建设，政策重心明显向“攘外”方向转移。[4]

第四节　影响研究的若干因素

一是研究资料的开放。历史资料是史学研究的基础，近年来民国史研究的进展，首先得益于历史资料的开放及获取的相对便利。如大陆各档案馆所藏民国档案尤其是民国地方档案史料，台湾地区所藏蒋中正档案和国民党档案，美国斯坦福、哥伦比亚、哈佛大学等处所藏蒋介石、宋子文、孔祥熙等民国重要人物的档案，俄罗斯所藏共产国际的档案等，都在最近

---

① 参见杨奎松《孙中山与共产党——基于俄国因素的历史考察》《“容共”，还是“分共”？——1925 年国民党因“容共”而分裂之缘起与经过》，《近代史研究》2001 年第 3 期、2002 年第 4 期；《1927 年南京国民党“清党”再研究》，《历史研究》2005 年第 6 期。

② 参见邓野《联合政府与一党训政——1944—1946 年间国共政争》，社会科学文献出版社 2003 年版；《联合政府的谈判与抗战末期的中国政治》，《中国社会科学》2002 年第 5 期；《国民党六届二中全会研究》《东北问题与四平决战》《南京谈判与第二次国共合作的终结》，《历史研究》2000 年第 1 期、2001 年第 6 期、2002 年第 2 期；《论国共重庆谈判的政治性质》，《近代史研究》2005 年第 1 期。参见汪朝光《1946 年早春中国民主化进程的顿挫——以政协会议及国共关系为中心的研究》《战后国民党对共政策的重要转折——国民党六届二中全会再研究》，《历史研究》2000 年第 6 期、2001 年第 4 期；《战与和的变奏——重庆谈判至政协会议期间的中国时局演变》《战后中苏东北经济合作交涉研究》，《近代史研究》2002 年第 1、6 期；《关于战后对苏外交及东北问题的激烈争执》，《民国档案》2006 年第 3 期。

③ 参见杨天石《找寻真实的蒋介石》，山西人民出版社 2008 年版。

④ 参见黄道炫《蒋介石“攘外必先安内”方针研究》，《抗日战争研究》2000 年第 2 期。

若干年中逐步对研究者开放。[①]以上学界在国民革命、国共关系、蒋介石研究方面所取得的进展，都受益于这些档案资料的开放。再如金以林、罗敏对蒋介石和国民党派系、地域之争的研究，主要依据的是台湾地区所藏的档案史料[②]；陈红民对国民党领导人胡汉民的研究，主要依据的是美国哈佛燕京图书馆所藏胡汉民档案[③]；吴景平对民国财政金融史的研究，主要依据的是上海市档案馆所藏民国时期的财政金融档案[④]。还应该注意的是，影印出版的民国报刊史料（如以《申报》和《东方杂志》为代表的民国时期的若干主要报刊均已影印出版）及大陆各省、市编辑出版的大量有关民国时期地方情况的档案文献史料（这些史料几乎涉及民国时期各地方、各时期、各行业、各人物的情况），对于研究者也是非常有用的。目前，对于治民国史的学者而言，根本的问题已不在于史料不足，而在于如何利用众多的史料从事研究，以及如何从浩如烟海般的史料中发现并解决问题。

二是研究领域的拓展。过往的民国史研究，主要是政治、经济、军事、外交史等传统领域。目前，在对传统研究领域的研究继续之同时，新的研究领域被大大扩张，诸如社会史、文化史、地区史、城市史、制度史等明显增多。其原因有研究理念的变化（如由研究的“外向化”而“内向化”，由研究的“向上看”转为“向下看”），研究资料的拓展（如地方史料、口述史料、图片史料、影像史料的运用，等等），大量新进研究人员

---

① 这些档案史料有的已刊布出版，如大陆翻译出版的《联共（布）、共产国际与中国国民革命运动（1920—1925）》《联共（布）、共产国际与中国国民革命运动（1926—1927）》《共产国际、联共（布）与中国革命文献资料选辑（1926—1927）》（均为中共中央党史研究室第一研究部译编），北京图书馆出版社 1997—1998 年版；台湾地区编辑出版的《蒋中正总统档案事略稿本》《阎锡山档案要电录存》，台北“国史馆”2003—2008 年版。

② 参见金以林《地域观念与派系冲突——以二三十年代国民党粤籍领袖为中心的考察》《蒋介石的第二次下野与再起》，《历史研究》2005 年第 3 期、2006 年第 2 期；《从汪、胡联手到蒋、汪合作——以 1931 年宁粤上海和谈为中心》《宁粤对峙前后阎锡山的反蒋倒张活动》，《近代史研究》2004 年第 1 期、2005 年第 5 期。参见罗敏《从对立走向交涉：福建事变前后的西南与中央》，《历史研究》2006 年第 2 期；《“矛盾政策”中找寻出路——四届五中全会后的胡汉民与西南时局》，《近代史研究》2007 年第 5 期。

③ 参见陈红民《函电里的人际关系与政治：读哈佛—燕京图书馆藏“胡汉民往来函电稿”》，生活·读书·新知三联书店 2003 年版；《两广与福建事变关系述论》，《近代史研究》2001 年第 4 期。

④ 参见吴景平《江苏兼上海财政委员会述论》《“九一八”事变至“一二八”事变期间的上海银行公会》，《近代史研究》2000 年第 1 期、2002 年第 3 期。

和博硕士研究生对于论文的选题考虑，等等。如以往并不为学者重视的商民运动，朱英等有了较多研究[①]。魏光奇对清末至北洋时期行政制度的研究[②]，温锐对20世纪上半叶地方基层政府社会管理职能的研究，有助于我们对近代中国地方制度现代化转型功用的认识[③]；王兆刚对30年代县自治的研究[④]，曹成建对40年代地方自治的研究，引发人们从社会基层控制的角度思考国民政府统治崩解的原因[⑤]；王先明等对30年代县政建设运动与乡村社会变迁关系的研究[⑥]，张伟对广西乡村基层政权建设的研究[⑦]，汪汉忠对民国时期苏北地区催征吏的研究[⑧]，李巨澜对民国时期县以下乡村基层政权的研究[⑨]，为我们认识近代乡村社会的演进与转型，以及国家权力与乡村的关系提供了新的思考。李里峰对民国时期文官考试制度的研究[⑩]，使我们认识到当时政府组织体制构成的特定方面。阎天灵对战前国民政府内蒙古政策的研究[⑪]，反映出民国时期民族问题和民族政策复杂与特殊的方面。一些以往历史研究者很少介入的领域，也被纳入研究视野。如王奇

① 参见朱英《商民运动与中国近代史研究》，《天津社会科学》2005年第4期；霍新宾《国共党争与阶级分野——广州国民政府时期工商关系的实证考察》，《安徽史学》2005年第5期；乔兆红《大革命初期的商民协会与商民运动》，《文史哲》2005年第6期；李柏槐《商民的利益集团：商民协会——成都与上海等地商民协会差异之比较》，《社会科学战线》2005年第1期。

② 参见魏光奇《官治与自治——20世纪上半期的中国县治》，商务印书馆2004年版。

③ 参见温锐《20世纪上半叶地方基层政府社会管理职能的初步转型——以赣闽粤三边地区为例》，《文史哲》2004年第1期。

④ 参见王兆刚《论南京国民政府的县自治》，《安徽史学》2001年第2期。

⑤ 参见曹成建《20世纪40年代新县制下重庆地方自治的推行及其成效》《20世纪20年代末至30年代前期南京国民政府的地方自治政策及其实施成果》《20世纪30年代前期南京国民政府对地方自治政策的调整》，《四川师范大学学报》2000年第6期，2003年第1、5期。

⑥ 参见王先明《20世纪30年代的县政建设运动与乡村社会变迁——以五个县政建设实验县为基本分析样本》，《史学月刊》2003年第4期。

⑦ 参见张伟《民团、学校与公所——1930年代广西乡村基层政权之建构》，《中国农史》2005年第3期；《官意与民意之间：1930年代广西的村街民大会》，《史学月刊》2006年第8期。

⑧ 参见汪汉忠《试论民国时期的催征吏——苏北个案研究》，《民国档案》2001年第3期。

⑨ 参见李巨澜《略论民国时期的区级政权建设》，《史林》2005年第1期。

⑩ 参见李里峰《民国文官考试制度的运作成效》，《历史档案》2004年第1期；《南京国民政府公务员考试制度的几个问题》，《史学月刊》2004年第1期；《现代性及其限度：民国文官考试制度平议》，《安徽史学》2004年第4期。

⑪ 参见阎天灵《试论抗战前十年国民政府对内蒙古的政策定位》，《中国边疆史地研究》2001年第1期。

生对漫画与北伐关系的研究，李恭忠对中山陵建筑与政治关系的研究[①]，汪朝光对民国电影检查制度的研究[②]，等等。研究领域的拓展有助于后人对民国历史的认识更趋全面而深入，也有助于后人对民国历史多重而复杂面相的了解。

三是研究趋向的转换。历史研究的基本方法，当然是基于史料的实证研究。然而，近年来的民国史研究，尤其是一些新进学者的研究，也较多运用社会科学的研究方法，注重问题的提出、框架的构建与理论的分析。如杨念群关于中国近代医疗卫生制度的研究，引入社会学研究的方法，关注现代医疗制度的建立同中国传统文化与伦理以及其他现代体制如警察系统、新型自治组织的关系，现代医疗制度对社会组织控制及市民日常生活的影响，国家权力经由医疗程序和身体控制的途径在其中所起的作用。[③]冯筱才则以五四时期发生在上海的“日人置毒”谣言风潮为个案，尝试从社会心理层面探讨上海普通市民对五四运动的反应，认为“五四运动”在当时上海下层民众心中，可能更重要的是因为日人放毒谣言而引发的集体恐慌行动，而在那些极力推动“民族主义运动”的“精英”看来，这恰是“民气”的体现。[④]民国史研究趋向的转换目前仍在持续发展之中，未来可能有更多新的成果出现，尤其是不少新进研究人员与研究生更注重于此。

第五节　存在的问题

尽管民国史研究目前非常活跃，研究成果众多，但因其开展时间较晚

---

① 参见王奇生《北伐中的漫画与漫画的北伐》、李恭忠《开放的纪念性：中山陵建筑精神的表达与实践》，《南京大学学报》2004 年第 4 期。

② 参见汪朝光《民国电影检查制度之滥觞》《检查控制与导向——上海市电影检查委员会研究》，《近代史研究》2001 年第 3 期、2004 年第 6 期；《战后国民党政府的电影检查》，《南京大学学报》2001 年第 6 期；《抗战时期沦陷区的电影检查》，《抗日战争研究》2002 年第 1 期；《影艺的政治——1930 年代中期的中央电影检查委员会研究》，《历史研究》2006 年第 2 期；《“不怕死”事件之经纬和美国辱华片被查禁之先例》，《近代中国的城市和乡村》，社会科学文献出版社 2006 年版。

③ 参见杨念群《再造病人——中西医冲突下的空间政治（1832—1985）》，中国人民大学出版社 2006 年版；《北京“卫生示范区”的建立与城市空间功能的转换》，《北京档案史料》2000 年第 4 期。

④ 参见冯筱才《上海下层民众对五四运动的反应：以“日人置毒”风潮为中心》，《社会科学研究》2005 年第 3 期。

以及种种因素的作用，研究仍有诸多不足之处，以下略举一二介绍之。

一是缺少对话与讨论。目前的民国史研究，似乎更偏重于个案研究，选择前人较少触及的论题，使用过去未见运用的史料。其优处在于拓展研究领域，填补研究空白，而其劣处在于各说各话，缺乏交集与讨论，故近年来鲜见对于民国史全局问题的讨论与争鸣。而且，对同一论题，除去一些应景式的研究外，一般情况下，学者不愿重复研究，尤其是新进学者更是如此。这也或多或少影响到对相关问题的讨论。就个人阅读所及，近年来同题讨论较多也较有意义的，是对 1924 年广州商团事件的研究。以往研究，主要是从广东政府和孙中山的角度观察。近年的研究，从广州商人团体的角度，探讨事件的前因后果，认为英国和南北军阀阴谋策动事件的传统说法，迄今尚缺乏有力的证据，而共产国际则是事件中居支配地位的因素之一；事件的发生与近代广东特殊的政治、社会背景以及商团发展的历史特点有直接关系。①

由于过去学术批评泛政治化倾向的影响，加以学术批评可能引发的社会反响，学者们对学术批评多持谨慎态度，严肃的学术批评和讨论较少见到。近年所见的学术批评有对民国时期浙江省自治运动的讨论。冯筱才对浙江省自治运动提出了与前人有别的看法，而沈晓敏则认为，浙江省自治运动的失败，恰好证明前人关于军阀扼杀自治、文人主张在军人武力前无效、军阀缺乏实施省宪的诚意等论点符合历史实际，不宜轻易推翻，并对冯文中的史料运用提出了自己的看法。②

二是民国史研究的定位问题。民国史研究在学界一般被理解为对于民国时期统治阶级历史的研究，一定程度上是专史研究，而非通常意义的通史研究。由此带来的问题是，民国时期的一些历史事件和人物，未必都能纳入这样的研究框架之中，而且也不易得到充分的研究，如民国史研究和中共党史研究的关系。黄道炫对国共内战时期第五次“围剿”及反“围剿”的研究，将其置于广阔的历史背景下，侧重从社会史角度，对第五次

① 参见邱捷《广州商团与商团事变——从商人团体的角度的再探讨》，《历史研究》2002 年第 2 期；张洪武《1924 年广东商团与广东革命政府关系之嬗变》，《四川师范大学学报》2002 年第 1 期；敖光旭《共产国际与商团事件》（《中国社会科学》2003 年第 4 期）、《商人政府之梦——广东商团及大商团主义的历史考察》（《近代史研究》2003 年第 4 期）。

② 参见冯筱才《理想与利益——浙江省宪自治运动新探》，《近代史研究》2001 年第 2 期；沈晓敏《也谈浙江省自治运动——兼与冯筱才先生商榷》，《史学月刊》2003 年第 10 期。

"围剿"与反"围剿"战争作出新的解读。[①]邓野对北平和平解放前后傅作义政治转型的研究，认为傅作义的反正过程具有强烈的双重性，其两手准备的策略是为可能的再起留出余地，也是过渡时期特有的现象。[②]由于民国史研究的特殊性及其研究深度的不足，目前将民国史研究完全纳入通史体系的框架，或许条件还不够成熟，未来一段时间内，民国史研究作为专史和通史研究将会并存。随着时间的推移与研究的深入，民国史研究的定位及其研究体系和对象问题终将得到解决，并为民国史研究开拓更为广阔的空间。

三是要继续拓宽研究领域。虽然民国史的研究领域较前已大为拓宽，但目前仍有不少空白点，有些重要时段和问题，仍缺乏深入的研究。如关于北京政府时期的研究，已经出版了几本通论性著作[③]，但除对当时的外交关系研究较多外[④]，专题研究仍比较缺乏。北京政府时期的诸多事件和人物，至今还没有深入的研究。[⑤] 北京政府时期的诸多问题，至今也还缺乏合理的解读，如对北京政府时期议会制度的评价。再如，关于抗日战争的研究，多集中于抗日方面，而沦陷区的研究，尤其是沦陷区经济、社会、文化方面的研究较为缺乏。在这方面，近年来虽有一些研究成果出现[⑥]，但仍远远不够。关于国民党统治中国前10年的研究也还有不足。

---

① 参见黄道炫《第五次反围剿失败原因探析——不以中共军事政策为主线》，《近代史研究》2003年第5期。

② 参见邓野《傅作义政治转型过程中的双重性》，《历史研究》2005年第5期。其实，稍早朱宗震已指出："我们现在通常称傅作义在北平起义，但根据近几年公布的史料，当时毛泽东并没有同意给傅作义以'起义'的政治名义和地位。傅作义在北平和平解放后，还经过一段思索的过程，才表示接受中共的政治路线。当时，军事和政治斗争的环境很复杂，双方经过数年血战，要建立和平自然不是一件容易的事。事过境迁，后来容易把当年复杂的斗争简单化。"见朱宗震《傅作义接受北平和平解决的政治性质初探》，载丁日初主编《近代中国》第7辑，上海立信会计出版社1997年版，另收入氏著《孤独集》第218—243页，上海书店出版社2001年版。

③ 如：来新夏等《北洋军阀史》，南开大学出版社2000年版；郭剑林等《北洋政府简史》，天津古籍出版社2000年版；莫建来《皖系军阀统治史稿》，天津古籍出版社2004年版。

④ 参见金光耀等主编《北洋时期的中国外交》，复旦大学出版社2006年版。

⑤ 最新的研究成果可见苏智良等主编《袁世凯与北洋军阀》，上海人民出版社2006年版。

⑥ 如：余子道等《汪伪政权全史》，上海人民出版社2006年版；王强《汉奸组织新民会》，天津社科院出版社2006年版；潘敏《江苏日伪基层政权研究（1937—1945）》，上海人民出版社2006年版。

第六节　研究趋向前瞻

尽管民国史研究经过 30 年的成长，成果与创见迭出，但毕竟其开展时间不长，研究成熟度不够，仍有许多亟待深入研究的领域与深入讨论的问题，如继续发掘与运用丰富的历史资料，开拓民国史研究的领域与范围，对民国史研究的重要问题提出新的见解，加强与海外民国史研究者的交流，等等。可以预期未来的研究趋向是：

第一，民国史研究的传统领域——政治史、经济史、外交史等仍将得到众多研究者的关注，其中的薄弱环节将被不断弥补；社会史、文化史、制度史、区域史等新的研究领域，正在日渐成为研究者的关注重点，并将得到更进一步的发展。

第二，由于民国史研究起步较晚，空白甚多，加之研究风气的转变，个案研究在民国史研究中仍将占据重要地位。而个案研究的进展，对于民国史研究未来之宏观定位与把握有着重要意义。

第三，在注重个案研究的同时，也将注重对问题的讨论，注重以小见大，使个案研究兼有订正史实与探究问题之意义。

第四，海内外民国史档案资料的日渐开放，海内外学术交流的日渐频繁，无论对民国史宏观研究还是微观研究都将是较大的推动因素，并有助于研究者对民国历史的深入探讨。

第五，随着高等教育事业的发展，每年都有大量博硕士研究生选择民国史作为毕业论文的选题，这将持续推动民国史研究的发展尤其是研究选题的拓展。

第六，当下社会对历史研究的需求与认知的变化，将在一定程度上推动民国史研究选题与取向的变化，而各种传媒将在其中起到相当的作用。

第五章

经济史

新中国成立60年来，中国近代经济史学科既取得了巨大的研究成就，也经过了艰难曲折的历程。在1966年之前的17年中，它随着社会主义经济和文化建设的全面展开而快速发展起来；在1967—1976年的10年中，它受“文化大革命”的影响而遭受严重挫伤；在1977年（特别是1979年）之后的22年中，它在对外开放、经济体制改革和社会主义现代化建设高潮的带动下走向繁荣，且成为中国近代史研究的一个重要突破口；进入21世纪以来，它随着改革开放和现代化建设新时期的到来，呈现出深入发展和开拓进取的新面貌。

第一节　新中国初期的发展

新中国成立后，近代经济史学科与整个历史学科一起进入了以马克思主义为主导的新时代，并取得了较大的发展。在中国共产党和人民政府的支持下，学术研究有计划、有组织、有重点地重新开展起来，建立了新的研究队伍，取得了大量的研究成果，形成了完整系统的学科体系，呈现出一个新发展的高潮。这种喜人的发展势头，一直持续到1966年“文化大革命”爆发才被打断。

一　学科发展的基本状况

第一，在中国共产党和人民政府的倡导下，科研、工商管理和教育部门共同努力，开始有计划地进行近代经济史的学科建设和学术研究。1953

年，由中央政府组织成立的中国历史问题研究委员会决定编辑出版一套中国近代经济史资料书，由中国科学院经济研究所（现在的中国社会科学院经济研究所，以下简称经济研究所）具体负责。1960 年，毛泽东在政治经济学的读书笔记中指出："很有必要写出一部中国资本主义发展史。"同年，周恩来亲自把这一编写任务交给了当时在中央工商行政管理局工作的许涤新，并指示说："这本书如写得好，对学习马克思主义政治经济学有帮助，对中国青年的教育有重要意义。"① 这两项倡导性部署，有力地促进了以经济研究所、中央和地方的工商行政管理机构、大学的有关教学和研究机构为核心的三支近代经济史研究骨干队伍的形成，极大地推动了本学科的建设和学术研究。

经济研究所经济史组从 1954 年起，由严中平负责着手主编"中国近代经济史参考资料丛刊"，在 1966 年之前先后编辑出版了《中国近代经济史统计资料选辑》，以及工业、农业、手工业、外贸、铁路、外债、公债等专题资料，在编中的航运、工商行会的资料也于 80 年代出版。该所在编辑这些资料的同时开始了各项专题研究，很快成为中国近代经济史研究的核心力量。

国家工商行政管理局系统从 1958 年起，在许涤新的主持下，与经济研究所等单位合作，组织上海、武汉、广州、重庆、青岛、哈尔滨等城市的工商行政管理部门成立专门班子，开展"中国资本主义工商业史料丛刊"的编辑工作，到"文化大革命"前出版了 5 种史料，"文化大革命"后又有一些史料编成出版。从 1960 年起，由许涤新、吴承明负责，开始组织中央工商行政管理局和各经济研究机构的有关人员，着手编写《中国资本主义发展史》。

其他有关的科研、教学和管理机构，也在上述两项主导性研究工作的带动下积极行动起来，组织科研和教学人员学习马克思主义经典作家的有关理论和政治经济学，开展中国近代经济史的研究和教学，编辑出版了一些资料书和教科书，有的大专院校开设了中国近代经济史课程。如上海科学院经济研究所主持编辑的"上海资本主义典型企业史料"，"文化大革命"前已出版 4 种，"文化大革命"后又有几种出版；对外贸易部海关总署研究室编辑出版了"帝国主义与中国海关"资料 15 册。一些大学的有

① 许涤新、吴承明主编：《中国资本主义发展史》第 1 卷，人民出版社 1985 年版，总序。

关系所和个人也日益进入研究近代经济史的行列，编辑和撰写了一些颇有学术价值的资料和论著。

第二，增强了学科建设意识，明确了学科概念。有些学者指出了加强近代经济史研究对深化经济学和历史学研究的重要性和必要性。如严中平结合其所主持的近代经济史资料编辑工作，撰文指出，近代经济史是政治史、军事史、文化史等专史和通史的基础，但是这一学科的研究无论在经济学研究中还是近代史研究中都是薄弱环节，如果再不加强这一薄弱环节，其他专史和通史都很难深入前进了。① 有些学者讨论了国民经济史的研究对象和方法，以及其与政治经济学、历史学的关系。如孙健提出，国民经济史的研究对象主要为一个国家生产关系演变的规律，虽然要研究生产关系与生产力的相互作用，但其范畴不包括生产力，它与政治经济学及历史学既有联系又有区别。② 其他学者也就经济史的学科概念发表了看法，虽然观点有所不同，但是都有这样一个基本共识：中国近代经济史是一门运用历史学和经济学的研究方法，以生产关系为主要研究对象，探讨近代社会经济发展变化规律的，介于历史学和经济学之间的边缘学科。

第三，取得了相当丰硕的研究成果，形成了新的研究重点，开拓了新的研究领域。17 年中，出版专著 61 种、资料 38 种，发表论文 570 余篇。重要的著作有吴杰的《中国近代国民经济史》、尚钺的《中国资本主义关系发生及演变的初步研究》、钦本立的《美帝经济侵华史》、吴承明的《帝国主义在旧中国的投资》、魏子初的《帝国主义与开滦煤矿》、傅筑夫和谷书堂的《中国原始资本积累问题》、周秀鸾的《第一次世界大战时期中国民族工业的发展》、张郁兰的《中国银行业发展史》、杨培新的《旧中国的通货膨胀》等。从这些研究成果的内容结构来看，已形成了两个研究重点。一是突出揭露帝国主义经济侵华，出版有关的著作和资料书 14 种，发表论文 78 篇，均占总数的 14% 左右；二是兴起了研究资本主义经济的热潮，出版有关著作和资料书 56 种，发表有关论文 220 余篇，分别占总数的 56% 和 40% 左右。研究的领域，除了对资本主义工矿各业、外国在华资本、官僚资本和官僚资产阶级、洋务企业等旧有领域

① 参见严中平《中国近代史研究上的一个薄弱环节》，《人民日报》1956 年 7 月 17 日。

② 参见孙健《国民经济史研究的对象、方法和任务》，《经济研究》1957 年第 2 期。

做更加全面深入的研究之外，还有不少新的开拓，有关资本原始积累、民族市场、民族资产阶级和买办资产阶级、农产品商品化、新民主主义经济、少数民族经济，太平天国、戊戌维新、辛亥革命对经济发展的影响等课题，几乎都是新中国成立后才有较多研究的，并取得了程度不等的成果。

二　讨论的主要问题

在这 17 年中，近代经济史研究开辟了不少新的领域，并展开了不同观点的热烈讨论，推进了各相关问题的研究。

第一，中国的原始资本积累问题。这一问题的讨论始于 1956 年初，到 1965 年基本结束。讨论的中心问题是：中国有没有原始资本积累？其特点和实质是什么？参加讨论的多数学者认为，中国有原始资本积累的过程。这一过程主要发生在鸦片战争之后，当时有一部分破产的农民和手工业者流入新式工业；政府和官僚把一部分利用暴力搜刮来的财富投资于工业；一些买办和商人的资本转向工业投资，在中国原始资本形成过程中占有极其重要的地位；外资入侵也造成了中国的商品和劳动力市场。其特点是：有外国资本的参与；对小生产者的剥夺特别残酷；速度慢而不充分，规模大而数额少；原始积累和资本积累交叉并进。①

少数学者认为没有原始资本积累过程。其理由是：农民和手工业者处于被压迫和破产的境地，不可能进行原始积累；官僚、地主、商人的货币财富绝大部分用于购买土地、商业投机和高利贷活动，即便有少数投入民族工业，也只是资本的转化和积累，不属于原始资本积累；政府则因其压制民族工业，不能充作原始资本积累的工具。②

另有少数学者提出，中国原始资本积累经过了两个阶段。鸦片战争之前为第一阶段，它与资本主义萌芽同时开始于 16 世纪中叶，其特点是民族的、自发的、零散的和迂回曲折的。鸦片战争之后为第二阶段，其基本

---

①　参见傅筑夫、谷书堂《中国原始资本积累问题》，《南开大学学报》1956 年第 1 期；从翰香《关于中国民族资本的原始积累问题》，《历史研究》1962 年第 2 期；黄逸峰《中国资本原始积累的形式及其特点》，《江海学刊》1962 年第 3 期；陈绛等《中国原始积累问题》，《江汉学刊》1962 年第 3 期。

②　参见伍纯武《中国资本的原始积累问题》，《学术月刊》1961 年第 3 期。

特点是半殖民地半封建性。①

第二，民族市场问题。对这一问题的讨论，主要发生在1961—1963年间。讨论的焦点是民族市场的形成与否及其形成的时间和性质。参加讨论的多数学者认为近代中国已形成民族市场，但对形成的时间和发展的过程有不同的意见。有的认为，自明代中叶以来，随着商品经济的发展，全国统一的民族市场已逐渐形成；有的认为1840年以后民族市场逐步形成；有的提出19世纪末开始形成，到20世纪20年代后有较大的发展；他们还指出，这种民族市场虽然带有半殖民地性，但是不能由此否定它的存在。② 也有少数论者认为，中国始终没有形成民族市场，只在1840年后出现了半殖民地性质的国内市场，而且由于经济发展的不平衡、货币和物价的不统一、帝国主义的争夺和军阀战争，国内市场处于分裂的状态。③

第三，洋务运动与中国资本主义问题。对这一问题的讨论，各种观点的争论更为激烈，重点讨论了洋务企业的性质及其对民族资本的作用。这次讨论是由姜铎的文章引发的，他在1961年底和1962年初先后发表三篇文章，在指出洋务企业因存在浓厚的垄断倾向而对民族资本有限制和阻碍作用之后，重点强调了洋务企业因仿效西方资本主义生产方式而具有的对民族资本的刺激和促进作用。并认为“官督商办”、“官商合办”制度，在当时的社会条件下是资本主义初期发生阶段所必经的过程，有利于民族资本的发生和发展，并与外国资本存在着明显的矛盾。④

姜铎的文章很快引来了不同观点的商榷。如牟安世指出，洋务企业只是进行了技术改革，没有改变封建的生产关系，因此不能说是仿效西方资本主义生产方式。洋务企业都是实行经济垄断的排他性企业，官督商办制度不仅成为民族资本发生和发展的阻碍，并且成为封建买办官僚侵吞民族资本的一个有力工具。邵循正认为，洋务企业的官僚资本主义色彩是很清楚的，洋务运动主要庇护的是买办化官僚集团，其次是民族资产阶级上

---

① 参见关梦觉《中国原始资本积累问题初步探索》，上海人民出版社1958年版。

② 参见杨志信《中国民族市场是明末开始的》，《学术月刊》1962年第10期；李家寿《试论中国民族市场的形成问题》，《光明日报》1963年5月13日；孔经伟《鸦片战争前中国社会是否形成了统一市场》，《学术月刊》1961年第5期。

③ 参见陈诗启《近代中国有没有民族市场的形成》，《中国经济问题》1961年第5期。

④ 参见姜铎《试论洋务运动对早期民族资本的促进作用》《试论洋务运动的经济活动和外国侵略资本的矛盾》，《文汇报》1961年12月28日、1962年1月12日。

层，中下层得不到什么庇护。张国辉认为，官督商办制度是洋务派官僚与买办相结合的形式，其实质是官僚买办集团对近代企业的垄断和分肥，形成早期的官僚资产阶级，并阻碍民族资本主义的发展。①

还有第三种观点。如夏东元认为，洋务军用工业虽然向官僚买办型发展，但已具有相当程度的资本主义性质。李运远和汪敬虞认为，洋务派创办各类企业的过程，并不单纯是官僚资本的形成过程，而需要注意到的它的分化。中国民族资本近代工业的产生道路和方式是多种多样的，纯粹商办的是一种，由官办、官督商办、官商合办而转化的是另一种，且更为主要，更占优势。②

第四，中国民族资本主义的发生和发展问题。对这一问题的讨论，集中于考察近代机器工业的产生与资本主义萌芽和外国资本的关系。一种观点认为，资本主义工业的产生与资本主义萌芽基本上没有关系。这是因为，鸦片战争后中国的工场手工业遭到严重摧残，很少能向机器工业过渡，近代机器工业不是鸦片战争以前已经孕育着的资本主义萌芽的延续，而是在外国资本的刺激下，依靠封建国家的权力和官僚、商人、买办的投资创办起来的。③

另一种观点认为，两者有着比较密切的联系。18—19 世纪中国城市小手工业已很发达，许多地区已存在民营和官营的手工业工场。前者为民族资本近代工业准备了一定的条件；后者虽具有纯粹的封建性，但对 19 世纪后半叶近代工业的发生有着重要的作用。它们或继续存在，并逐步发展成为近代工业；或在洋货的竞争下转产；或虽被迫停闭，但其资金、技术和工人流向其他近代工业。因此，外资入侵不能切断资本主义萌芽与近代工业的联系，工场手工业是近代工业形成的重要途径。④

① 参见牟安世《关于洋务运动对中国早期民族资本的作用问题》，《文汇报》1962 年 5 月 17 日；邵循正《洋务运动和资本主义发展关系问题》，《新建设》1963 年 3 月；张国辉《中国近代煤矿企业中的官商关系与资本主义发生问题》，《历史研究》1964 年第 3 期。

② 参见夏东元《论清政府所办近代军用工业的性质》，《华东师范大学学报》1958 年第 1 期；李运远《中国民族资本主义近代工业的产生》，《财经科学》1957 年第 3 期；汪敬虞《从上海机器织布局看洋务运动和资本主义发展关系问题》，《新建设》1963 年 8 月。

③ 参见樊百川《中国手工业在外国资本主义侵入后的遭遇和命运》，《历史研究》1962 年第 3 期。

④ 参见孙毓棠《十九世纪后半叶中国近代工业的发生》，《中国近代工业史资料》第 1 辑，科学出版社 1957 年版，序言。

第三种观点认为，两者之间的关系既不是很密切，也不是没有。一些大工业基本上都没有经过工场手工业阶段，而是直接采用机器生产的，但多数行业经过了这一阶段，有的还长期停留在这个阶段上。从企业家数来说，近代中国的资本主义工业有80%是工场手工业。工场手工业与近代工业之间既有上述联系，外资也不能完全切断它们两者之间的联系，但使萌芽不能独立发展。中国社会经济的基础及其在外国侵略下的变化，是产生中国近代工业的第一位原因。①

第五，民族资产阶级和买办资产阶级的问题。民族资产阶级的研究所涉及的，一是关于形成的时间，有19世纪70年代形成说和1895年前后形成说两种观点，都是通过考察民族资本的企业和投资者的数量而提出的，后一种观点还以戊戌变法运动认定民族资产阶级已形成为一个独立的阶级。二是关于分层，有关研究都认为民族资产阶级有上、中、下三层之分。也有持四层说者，即把三层说的中层再分为上下两层：其上层为较大的工商业资本家、中等银行家和大钱庄老板；其下层为中等工商业资本家、小银行家和中小钱庄老板。②

买办资产阶级的研究所涉及的，一是把它的产生发展的过程，分为1912年之前的初步形成和发展阶段，1912—1927年的发展阶段，1927—1949年的发展为官僚资产阶级阶段。二是把它的性质和作用定为，是外来资本主义势力与中国封建势力相结合的产物，是完全依附于外国资本的反动阶级，代表中国最反动的生产关系，阻碍和破坏了社会生产力的发展；但也有学者认为它与民族资产阶级有若干共性，在一定条件下有相互转化的可能。三是认为它是外资侵华的重要合伙者和支持者。③

---

① 参见吴承明《中国资产阶级的产生问题》，《经济研究》1965年第9期；戴逸《中国近代工业和旧式手工业的关系》，《人民日报》1965年8月20日。

② 参见郭沫若《中国史稿》第4册，人民出版社1962年版；张万全等《中国民族资产阶级究竟何时形成的》，《学术月刊》1963年第9期；范文澜《中国近代史》，人民出版社1979年版；翦伯赞《中国史纲要》第4册，人民出版社1964年版；樊百川《试论中国资产阶级的各个组成部分》，《中国科学院历史研究所第三所集刊》第2集，1955年。

③ 参见黄逸峰《关于旧中国买办资产阶级的研究》，《历史研究》1964年第3期；伍丹戈《论旧中国买办资本的落后性和反动性》，《光明日报》1964年8月12日；聂宝璋《中国买办资产阶级的发生》，中国社会科学出版社1979年版。

三　一种值得注意的倾向

由上可见，在这17年中，中国近代经济史研究取得了丰硕的成果和明显的进展，但是也存在一种隐患，这就是不能很好地贯彻“双百”方针，不能正确地理解学术研究为现实服务的精神，使学术研究过多地受现实政治的影响，存在着从某些政治原则出发作简单逻辑推理的现象。

在对外国在华资本的研究中，为了适应当时反帝斗争的需要，在较多地注重外资的经济侵略性和资本主义剥削的反动性的研究时，忽视了探讨外资输入对近代中国社会经济变化的客观作用，不注意研究中外资本之间的正常经贸关系。

在关于中国原始资本积累问题的讨论中，有些论者简单地从毛泽东提出的没有外国资本主义的影响，中国也将缓慢地发展到资本主义社会的理论原则出发，对提出中国的原始资本积累过程主要发生在外资入侵之后观点的学者进行批判，甚至加之以“美化帝国主义”的罪名。

在对中国资本主义和资产阶级的研究中，从为当时的阶级斗争和资本主义工商业社会主义改造服务出发，较多地批判其剥削工人、抵制无产阶级革命的反动性和软弱性，很少探讨其在近代中国社会发展中的积极作用。对于中国资本主义的发展状况和水平，从半殖民地半封建社会的落后性出发，简单地认定为“日趋没落”，即使有短暂的发展阶段也完全归结于中国人民反帝斗争和帝国主义列强因世界大战放松侵略的结果，很少从国际条件和国内社会制度、经济机制的变革等方面进行分析。

在关于近代中国政府对资本主义经济发展的作用的研究中，存在着从政府的政治性质出发而完全否定的现象。如对洋务运动的研究，有些论者从阶级斗争和清政府的封建性、反动性出发，认为清政府为镇压太平天国起义，依赖于外国资本和技术而发起来的洋务运动，只是一次清政府挽救其封建统治地位的运动，是一次反动的卖国运动，不仅不是为了发展中国的资本主义，而且阻碍了中国民族资本主义的发生发展，毫无进步可言。又如对晚清和民国政府所制定经济政策的作用问题，也往往从政府的反动性和封建性出发，不是作简单的否定，就是以“徒具形式”论之。

指出上述这些倾向，并不是说近代经济史研究不需要为现实社会服务，也不是说这些研究的成果都是不正确的，而是意在总结经验教训。这些倾向的出现，从总体上说是时代所造成的，虽然难以避免，但应该引以为鉴。从研究方法上来说，带有教条主义的色彩，缺乏实事求是的精神，用阶级性、政治性、阶级斗争、政治斗争的价值判别标准来衡量经济的落后或先进、衰退或发展，甚至取代经济标准和经济法则。从学术方向上来说，是没有很好贯彻“双百”方针的反映，为了迎合形势，论述畸轻畸重，尊己抑彼，对持不同研究视角和不同学术观点者，不能以民主平等的学术讨论方式对待之，更不能以开拓进取的精神鼓励之。这些倾向，到“文化大革命”时被利用、发挥到登峰造极的地步，对本学科造成了极大的危害。

第二节　“文化大革命”时期的停滞

正当本学科在已取得丰硕成果的基础上即将进入全面发展的时候，“文化大革命”发生了。当时，极“左”路线猖獗，搞经济建设被视为“修正主义”；“影射史学”横行，儒法斗争史和阶级斗争史代替了整个史学。在这种背景下，以中国近代经济发展过程为主要研究对象的近代经济史当然要被打入冷宫，上一阶段已经开始的所有研究项目都被迫中止，新的研究课题更无从着手，本学科的研究几乎处于完全停止的状态。

就研究成果而言，在这10年中，只有1本书和9篇文章问世，其数量之少令人难以置信。如果再仔细看一看这些有幸出世的书和文章的内容，更显示出极“左”路线对本学科的摧残。这一本书就是1975年由上海人民出版社出版的《江南造船厂史》，它的内容，主要是通过叙述该厂工人的反帝反封建斗争史实，反映近代中国无产阶级如何锻炼成长为最革命、最有觉悟的阶级。它的出版过程更显示了极“左”路线对学术研究的压制，该书原是1964年完成的《江南造船厂厂史》书稿中的一部分，因当时政治形势的需要将这部分抽出来经加工后先行出版，并在书中污蔑和攻击刘少奇，而有关该厂创建和发展过程的部分均被删除，直到1983年原书稿才由江苏人民出版社出版。发表的9篇文章中，有3篇是关于太平天国的圣库制度和江苏、安徽农村的阶级和土地关系的，2篇是关于工人阶级的，2篇是关于帝国主义经济侵略和资本主义剥削的，2篇是配合中苏边界争议而写的关于黑龙江以北乌苏里江以东的经济开发问题的。显而易见，这些文章都只是由于对当时的阶级斗争或国际斗争有一定的可鉴之处才得以发表的。

就学术讨论而言，这一阶段已没有真正的学术讨论可言，而只有以极

“左”面目出现的“批判”和“禁区”。如把洋务运动作为批判“洋奴哲学”的靶子，洋务运动和洋务派成了“崇洋媚外”和“洋奴”的同义语，不许人们对此持有任何异议，洋务运动史几成研究的“禁区”。

第三节　改革开放后的反思和繁荣

“文化大革命”结束后，本学科的研究工作迅速恢复和发展起来。10年前已在研究而被迫中断的项目从新着手进行，已完成而未能出版的论著和史料得到解放，新的研究工作也很快起步。特别是1978年底中共十一届三中全会以后，受全国社会主义现代化经济建设高潮的带动，也由于历史学和经济学深入研究的需要，本学科的研究在继承和反思以往研究的基础上，深入研究旧课题，不断开拓新领域，积极开展国际学术交流，进入了欣欣向荣的全面繁荣阶段。

一　学科发展的基本状况

第一，学科的意义和价值更加受到重视。随着经济建设高潮的兴起和历史学、经济学、社会学研究的深入发展，近代经济史学科更加受到重视。1981年，刘大年首先发表文章，指出加强近代经济史研究对深入研究近代史的重要性和必要性：中国近代经济史是整个近代史研究的基础，如果要把历史研究真正建立在唯物主义基础上，就必须认真研究经济史。在以往的近代史研究中，凡是得出了基本正确评判的重大历史问题，都是因为有经济史研究成果的支持。因此，近代经济史研究是深入研究近代史的最重要课题和突破口。1983年，经君健又从开展广义政治经济学研究的角度指出了研究经济史的重要性。他认为，中国的政治经济学界只重视社会主义和资本主义两部分，且在资本主义政治经济学的研究中，对其一般经济法则在半殖民地半封建社会所发生作用的问题很少有人问津。中国人口众多，幅员辽阔，历史悠久，对历史上各种生产方式的经济运动规律做具体研究，将对广义政治经济学的建立具有重要的意义。1986年，严中平在中国经济史学会成立大会的开幕词中，在总结和反思本学科研究的经验教训后，提出本学科的目标和任务：对内应发挥经济史学的社会效应，对外要走上国际讲坛，以我们的成果树立中国经济史学科在世界学术之林中的地位。[①] 傅筑夫、丁日初、魏永理、张永东等学者，也先后就此发表了文章。他们所提出的有关加强近代经济史研究的认识和观点，得到了学术界广泛认同和响应，在一定程度上推进了近代经济史研究的发展。

第二，研究的队伍进一步增强。相应于近代经济史研究受到重视，从事本学科教学和研究的队伍逐渐扩大。不少高等院校的历史系和经济系增开了近代经济史课程，有的院校和研究所还陆续开始招收本专业的硕士和博士研究生，这些经过专业训练的新生力量陆续进入本学科研究的行列，有不少已成为优秀的研究人员和学科创新的主力群体。同时，还有一批原来从事一般历史学、经济学、农林学、社会学，乃至自然科学研究的学者涉足本学科的研究；有些在图书馆、档案馆、博物馆和地方志编写机构工作的研究和编写人员也陆续加入了本学科的研究、编写和资料整理工作。全国政协文史资料编辑委员会，以及有些地方政协文史资料编辑委员会，也逐步开创了工商资料专辑的编写工作。

除了研究人员数量的增加和构成的多元化之外，本学科的学术团体组织也日益推广。1983 年的全国史学规划会上成立了“中国近代经济史丛书编辑委员会”，并开展了一些促进学科发展的工作，如编辑出版了几期《中国近代经济史研究资料》和“中国近代经济史资料丛刊”。1986 年 12 月中国经济史学会成立，内设近代经济史分会，13 年来做了许多学术交流工作，对学术研究的发展起到了一定的促进作用。地方性和专题性的学术团体也从 80 年代初开始陆续组建，至今许多省市成立了经济史研究会之类的学术团体，专题性的学术团体亦多有设立，如中央革命根据地经济史研究会、中国商业史研究会、中国少数民族经济史研究会、中国城市史研究会、中国商会史研究会、张謇与南通研究中心、中国海关史研究中心等。这些学术团体，有的通过举行研讨会开展学术交流活动，推进学术研究，有的则组织和进行了相关专题的实际研究工作。

第三，研究的方法不断创新。在改革开放的时代精神带动下，为了使本学科的研究适应时代的需要，提高研究水平和国际学术地位，研究方法日益受到研究者的重视。如严中平、吴承明、彭泽益、张仲礼、詹向阳等

① 参见刘大年《中国近代史研究从何处突破》，《光明日报》1981 年 2 月 17 日；经君健《加强中国经济史研究是发展经济学科的一项重要战略任务》，《经济研究》1983 年第 10 期；严中平《在中国经济史学会成立大会上的开幕词》，《中国经济史研究》1987 年第 1 期。

不少学者，都在80年代初期撰文强调要注意改进经济史的研究方法，提出要扩大视野，不能就中国论中国、就近代论近代、就经济论经济、就事论事；要采用经济学和统计学的方法，进行定量分析、计量研究；要注意典型解剖，以点观面。后来，继续有学者就此提出自己的见解，特别是吴承明对此贡献最多，提出了一系列的新见解，如关于经济史研究中应当如何运用史料学和考据学、历史唯物主义、经济计量学、发展经济学、中地理论（中心地区和边缘地区理论）、社会学、系统论等方法，对改进经济史研究方法很有启发意义。刘佛丁对此也致力颇多，尤其重视采用各种计量经济学的方法进行研究。①

在实际研究工作中，各种新的研究方法被日益广泛地采用。除了上述有关学者所提出的各种新方法均有不同程度的运用之外，还有一些新的理论方法被采用，如现代化理论、法学、城市社会学、经济社会学、经济伦理学、市民社会理论、价格理论、房地产理论等。这些新理论方法的运用，对研究的视野扩大和角度创新，对分析的深化和合理化，都产生了程度不同的作用。

第四，研究的领域不断扩展，研究的角度不断创新。随着国家经济体制改革和经济建设的逐步发展，经济史研究方法的不断创新，本学科的研究领域得到广泛的拓展，呈现出总体研究开拓新思路，专题研究日益多元化的趋向。如在工业化问题、企业制度、企业文化、企业集团、生产技术、房地产业、价格结构、消费结构、产业结构、市镇经济、农村经济、城乡经济、区域经济、国际收支、华侨投资、人口经济、经济社团、市民社会、经济政策、民国经济、战时经济、革命根据地经济、海关制度、海洋经济等以前几近空白的领域，都有了一定的研究。

以前有所研究的领域，又开辟了不少新的研究内容。如农业史研究中的农垦事业、经营地主、农业近代化；手工业史研究中的手工业与现代工业的互动关系；商业史研究中的商业行帮和商事习惯；金融史研究中的信托、保险、有价证券和交易所；交通史研究中的港口、公路、航空和邮电；民族市场研究中的农村集市、城市市场、区域市场、全国市场、生产

---

① 参见严中平《科学研究方法十讲》，人民出版社1986年版；吴承明《市场·近代化·经济史论》（云南大学出版社1996年版）、《中国经济史研究中的计量问题》（《历史研究》1985年第3期）；刘佛丁等《近代中国的经济发展·导论》，山东人民出版社1997年版。

资料市场、劳动力市场、资本市场、技术市场、信息市场、房地产市场等；少数民族和边疆经济史研究中，不仅所涉及的民族和地区进一步扩大，而且开始探讨发展模式的问题。在中外经济关系、外国资本、官僚资本、买办资本、资产阶级、太平天国经济、洋务企业、地主经济等以前有较多研究的领域，不仅有进一步的深入研究，而且走出了片面和僵化的模式，向着系统全面和实事求是的方向前进。

第五，研究的成果迅速增加，研究的水平明显提高。上述这些客观和主观条件的改变，有力地推动了本学科的研究，研究成果持续快速增加。1979—1999 年的 21 年中，本学科共出版著作约 760 种，发表论文约 6260 篇。其中 1985 年之前的 7 年中，出版著作近 140 种，发表论文近 1600 篇，平均每年出版著作 20 种，发表论文 229 篇，总数已大大超过新中国成立后前 30 年的总数，特别是论文数量超过了 1.5 倍。1986 年之后的 14 年，研究成果以更快的速度增加，平均每年出版著作 44 种，发表论文 333 篇，尤以著作的增加为快。

在学术研究中涌现了一批高水平的、开创性的优秀著作。如 50 年代启动的许涤新和吴承明主编的《中国资本主义发展史》3 卷本，50 年代开始准备，80 年代初着手写作的严中平主编的《中国近代经济史（1840—1894)》2 册，由人民出版社分别于 1985、1990、1993 和 1989 年出版；祝慈寿撰写的《中国近代工业史》，由重庆出版社于 1989 年出版；陆仰渊、方庆秋主编的《民国社会经济史》，由中国经济出版社于 1991 年出版。这些著作代表了本时期中国近代经济史总体研究的前沿水平。同时，一些具有开创性意义的专题研究也有大量著作问世。有些专题已有比较全面的研究，取得了较多的成果，如张仲礼、隗瀛涛、罗澍伟、皮明庥等主编的上海、重庆、天津、武汉等地的城市史；从翰香、苑书义、孔经纬、段本洛等编撰的华北、东北、江南等地的区域（农村）经济史；陈诗启、戴一峰等撰写的海关史；徐鼎新、马敏、朱英、虞和平等撰写的上海、苏州、全国的商会史；刘佛丁、王玉茹、张东刚、陈争平等撰写的有关经济发展、价格结构、国际收支等方面的计量经济史；樊百川、凌耀伦、张后铨、朱荫贵等的有关轮船航运业史著作；马伯煌、叶世昌等的经济思想史著作。有些专题目前虽然尚为个别人所研究，成果也比较单一，但其开创性的学术价值已显示出重要的发展方向，如房地产史、证券史、企业制度史、经济政策史等。

二　讨论的主要问题

与思想解放、研究方法创新和研究领域开拓相应，这一阶段本学科的学术讨论集中于两个方面，一是对以往有关讨论的反思和深化，即旧题新论，二是对新领域研究中的重要问题的讨论。

就旧题新论而言，突出表现为不再机械地从社会政治状况和阶级政治属性的传统判断出发，对近代经济和资产阶级状况作推理性的论述，而是注意实际状况的考察，使政治与经济、政治与资产阶级的互动关系分析，更加符合辩证唯物主义的原理。讨论的主要问题有下述几个。

第一，关于中外经济关系问题。对于中外贸易，丁日初、沈祖炜认为，暴力掠夺性贸易同按经济规律办事的正常贸易是交织在一起的，从长期的变化趋势来看，后者是主流。这种中外贸易尽管产生了一些不利于中国的因素，但毕竟在客观上对中国经济发展和社会进步起了积极作用，诸如推动商品经济发展，加速自然经济分解，促进城乡经济繁荣和近代工业发展等。张仲礼、李荣昌认为，中美贸易与中英、中日贸易不同，具有较多的自由贸易色彩，有显著的比较利益，有促进进口替代和出口导向型产业的兴起和技术输入等方面的作用。对于外国在华投资，丁日初认为，它向中国人提供的银行和运输服务、贷款、现代化机器设备和技术训练，是有利于中国资本的一面；它力图挤垮或兼并中国同类企业，是排挤中国资本主义的一面。然而后者只存在于某一时期或局部范围内，且到条件发生变化时就可能减弱以至于消失。因此从历史的宏观和外资的整体来考察，它对中国民族资本主义促进的一面终究占主要地位。曹均伟还认为，中外合资企业也有积极的一面，它扩大了资本主义生产关系，缓和了中国的资本短缺等。聂宝璋、陈绛认为，外资轮运业虽有威胁民族轮运业发展的一面，但它对中国封建社会的冲击、震动和刺激，对民族轮运业的发生和发展起了客观的促进作用。①

第二，关于传统经济与资本主义经济的关系问题。对这个问题的讨论，比较重视考察传统经济成分在外国和本国资本主义经济影响下发生的

① 有关论者的文章参见章开沅、朱英主编《对外经济关系与中国近代化》，华中师范大学出版社 1990 年版。另参见丁日初《议经济现代化》，载《上海研究论丛》第 2 辑，上海社会科学院出版社 1989 年版；曹均伟《对近代中外合资企业的再认识》，《广东社会科学》1988 年第 4 期。

内在变化。传统手工业，特别是棉纺织业、丝织业、井盐业、榨油业、陶瓷业中的资本主义萌芽，不仅继续存在，而且有所发展，成为民族资本主义工业的一个有机组成部分，还为机器工业的产生发展提供了一定的工人、技术和市场条件，有的更逐渐转化为机器工业。① 传统商业和金融业，特别是经营洋货和农副产品的商业，在鸦片战争后就陆续具有资本主义商业和金融业的性质。其经营的商品逐渐以资本主义生产为主要基础；其市场流通范围逐步扩大；其取得的利润已成为资本主义平均利润的一部分；其生产关系已具有明显的资本主义雇佣性质；其经营方式逐渐采用经销、代销、包销、拍卖、批发、信用结算等新方式。② 农业经济虽然仍以传统农业为主体，但是新型的资本主义农业也在缓慢发展。如经营地主、富农、农垦公司在逐渐增加；耕种、灌溉、化肥、种子等方面的新式技术和设备在逐渐推广；通商口岸附近和铁路沿线地区的农产商品化程度在不断提高；农业人均产出亦非一直处于下降状态，而是有升有降，且总体上呈上升趋势；农业总产值中的资本主义农业所占的比重也在逐渐提高，1936年时达到10%的最高水平。③

第三，关于国内市场问题。这一阶段的研究较之以前有很大的进展，主要表现为四个方面。一是对农产商品化发展状况的考察，用计量研究的方法，论证了近代的农产品商品化增长速度比鸦片战争前大大加快，并呈现为加速度发展的状态，从而使农产品的商品市场不断扩大。二是对国内贸易总值和市场规模的考察，用各种计量研究方法，对某些阶段和某些年份的国内贸易总值进行了估算，特别是吴承明估算出1870、1890、1908、

---

① 参见彭泽益《近代中国工业资本主义经济中的工场手工业》，《近代史研究》1984年第1期；夏林根《论近代上海地区棉纺织手工业的变化》，《中国社会经济史研究》1984年第3期；段本络《近代苏州丝织手工业18年间的演变》，《近代史研究》1984年第4期；汪敬虞《中国近代手工业及其在中国资本主义产生中的地位》，《中国经济史研究》1988年第1期；许涤新、吴承明主编《中国资本主义发展史》第2卷，人民出版社1990年版。

② 参见朱英《近代中国民族商业资本的发展特点与影响》，《华中师范学院研究生学报》1985年第1期；黄逸平《近代中国民族商业资本的产生》，《近代史研究》1986年第4期；张国辉《晚清钱庄和票号研究》，中华书局1989年版。

③ 参见丁长清《试论中国近代农业中资本主义发展水平》，《南开学报》1984年第6期；刘克祥《1895—1927年通商口岸附近和铁路沿线地区的农产品商品化》，《中国社会科学院经济研究所集刊》第11集；吴承明《中国农业生产力的考察》，《中国经济史研究》1989年第2期；虞和平《改造传统农业》，载章开沅主编《比较中的审视——中国早期现代化研究》，浙江人民出版社1993年版。

1920、1936 年 5 个基期的市场商品总值和期间的年均增长率分别为：10.4、11.7、23.0、66.1、120.2 亿两（规元）；1.20%、1.14%、6.28%、2.89%。[①] 三是对各种类别市场的研究。如关于华北、四川、江苏、广西等农村市场的研究，探讨了市场的区域等级结构、商品流通渠道和交易规模，以及地方特点等。关于上海、天津、武汉、重庆等城市市场的研究，探讨了市场的发育过程、交易方式、功能作用和特点等。关于生产要素市场的研究，张仲礼等认为，在近代上海，生产资料市场、劳动力市场、资本市场已完全形成，技术市场、信息市场也开始出现；王玉茹则认为，到 20 世纪 40 年代，生产要素市场在经济发达地区初步形成，但仍发育得很不完善；赵津探讨了全国主要房地产市场的经营方式及其与金融业和政府的关系。四是关于市场价格体系的研究。所涉及的内容包括：民国时期的价格变动及其规律；城市房地产价格变动规律及其对城市土地利用、城市“建筑革命”等方面的调节和促进作用；工农业产品价格剪刀差并不存在，以及借贷利率下降、工农业工资差距扩大、土地价格上涨对资源配置和产业结构优化的影响。五是关于市场需求的研究。如张东刚的研究估算了 19 世纪 80 年代至 20 世纪 40 年代的国民消费需求总额、农业投资总额、政府部门经常性支出等的长期变动数列，以及一些横截面统计数据，认为近代中国总需求呈不断上升的总体趋势，其基本特征是低水平波动上升，增长幅度较小，结构变动也不尽合理，但也对经济的发展和结构变化产生了相应的促进作用。[②]

---

① 参见许涤新、吴承明主编《中国资本主义发展史》第 2、3 卷，人民出版社 1990、1993 年版；曹幸穗《旧中国苏南农家经济研究》，中央编译出版社 1996 年版；吴承明《中国资本主义与国内市场》（中国社会科学出版社 1985 年版）、《近代国内市场商品量的估计》（《中国经济史研究》1994 年第 4 期）；杜恂诚《20 世纪 30 年代中国国内市场商品流通量的一个估计》，《中国经济史研究》1989 年第 4 期；沈祖炜《1895—1927 年中国国内市场商品流通规模的扩大》，上海《近代中国》第 4 辑，1995 年。

② 参见从翰香主编《近代冀鲁豫乡村》，中国社会科学出版社 1995 年版；谢放《清末民初四川农村商品经济与社会变迁》，《四川大学学报》1990 年第 4 期；唐文起《清末民初江苏农村市场论述》，《江海学刊》1992 年第 5 期；张仲礼《近代上海市场发育的若干特点》（《上海社会科学院学术季刊》1994 年第 2 期）、《近代上海城市研究》（上海人民出版社 1990 年版）；罗澍伟等《近代天津城市史》，中国社会科学出版社 1993 年版；皮明庥等《近代武汉城市史》；隗瀛涛等《近代重庆城市史》，四川大学出版社 1991 年版；赵津《中国城市房地产史论》，南开大学出版社 1994 年版；贾秀岩、陆满平《民国价格史》，中国物价出版社 1992 年版；王玉茹《近代中国价格结构研究》，陕西人民出版社 1997 年版；张东刚《总需求的变动趋势与近代中国经济发展》，高等教育出版社 1997 年版。

第四，关于洋务企业问题。有关论者大都认为官督商办民用企业具有资本主义性质，但属何种资本主义则见解不一。刘大年、黄逸峰、姜铎、汪熙、张国辉、黄如桐、樊百川等都坚持官僚资本的观点。丁日初、沈祖炜、李时岳、胡滨、张耀美等认为属于民族资本，或称国家资本。其理由是：这些企业的所有权属于国家，经营管理上虽然有封建性，但没有买办性和垄断性，与国民党政府的官僚资本不可相提并论。[①] 汪敬虞、夏东元、董蔡时等则提出了早期官僚资本（雏形）与早期民族资本（胚胎）共存论，认为两者同时产生，彼此渗透，互相转化，分途发展。[②]

第五，关于资本主义经济发展水平问题。新的研究不赞同以往那种政治日趋黑暗导致经济日益衰败的观点。不少学者通过大量的计量研究，认为近代中国经济的发展虽然是艰难曲折的，但总的来说是逐步增长的，而且指出第一次世界大战结束至抗战爆发和抗战结束后的时期，中国的经济仍有程度不同的增长，并提出了近代中国经济增长周期的理论。[③]

第六，关于资产阶级的问题。新的研究认为：洋务运动时期不存在官僚资产阶级与民族资产阶级的分野，丁日初则认为不存在官僚资产阶级和买办资产阶级，明确提出了“一个阶级”论；买办不仅可以向民族资产阶级转化，而且是其中的一部分；把民族资产阶级分为上、中、下三个层次，并以此认定其政治态度，与历史事实不符，这是把政治态度和经济地位机械联系的结果；有的学者提出，从资本集团、资产阶级团体的角度入手进行研究，更能揭示资产阶级的实际面貌。[④]

---

① 参见丁日初、沈祖炜《论晚清的国家资本主义》，《历史研究》1983 年第 6 期；李时岳、胡滨《李鸿章与轮船招商局》（《历史研究》1982 年第 4 期）、《从开平矿务局看官督商办企业的历史作用》（《近代史研究》1985 年第 5 期）。

② 参见汪敬虞《论中国资本主义两个部分的产生》，《近代史研究》1983 年第 3 期；夏东元《略论洋务运动的多边关系》，上海《社会科学》1982 年第 9 期；董蔡时《洋务运动必须正名》，《求索》1984 年第 5 期。

③ 参见吴承明《中国资本主义的发展述略》，载《中华学术文集》，中华书局 1981 年版；张仲礼《关于中国民族资本在 20 年代的发展问题》，上海《社会科学》1983 年第 10 期；王玉茹《论两次世界大战之间中国经济的发展》，《中国经济史研究》1987 年第 2 期；许涤新、吴承明主编《中国资本主义发展史》第 2、3 卷；刘佛丁《近代中国的经济发展》，山东人民出版社 1997 年版。

④ 参见丁日初《关于“官僚资本”与“官僚资产阶级”问题》（载《民国档案与民国史学术讨论会论文集》，档案出版社 1988 年版）、《买办商人、买办与中国资本家阶级》（《文汇报》1987 年 3 月 17 日）；王水《买办的经济地位和政治倾向》，《中国社会科学院经济研究所集刊》第 7 集；章开沅《关于改进研究中国资产阶级方法的若干意见》，《历史研究》1983 年第 5 期。

就新辟领域的研究而言，讨论较多的有下述几个问题。

第一，关于历届政府的经济法规和政策问题。对晚清政府所制定的工商法规和振兴实业措施，朱英做了比较全面的研究，他通过分析经济政策的制定过程、具体内容和实施状况，在指出其弊端和缺陷之外，亦肯定其对资本主义经济法制建设的先导作用，对维护资产阶级利益和促进资本主义发展的积极作用。虞和平认为，就制定过程、科学性和可行性而言，其与资产阶级和经济发展的要求尚有较大的差距，但对资本主义经济伦理的产生具有较大的促进作用。①

对民国北京政府所制定的经济法规和政策，一些专题论文和有关民国经济史的著作，对其法规内容和政策措施做了较多的陈述。虞和平的有关研究还认为，它的种类结构初步形成了资本主义经济法制体系，它的内容构成具有较高的科学性和可行性，它的制定过程较多地体现了资产阶级的利益，它的功能作用较大地改善了资本主义经济社会秩序，在近代中国经济法制建设进程中处于承上启下的地位。但是在实际的贯彻执行上，对强化管理执法颇严，对扶持和保护企业及企业家的利益和权利常常有法不依，从而限制了它对经济发展促进作用的发挥。

对南京国民政府所制定的经济法规和政策，近年来有较多的研究。除了对其法规体系和基本政策进行比较全面的陈述和一分为二的评价之外，着重研究了一些重要的专项政策措施。一是对法币政策的研究，认为它具有稳定汇率、松动信贷、降低利率、协调物价、促进农工商业发展、使中国的币制进入现代型行列等一定的客观积极作用。二是对关税自主政策的研究，认为它虽有一定的历史局限性，但不能说是欺骗宣传、徒有形式，它在一定时期内和一定程度上改善了中国的海关主权状况，并在提高进口税、减免出口税、保护本国工商业、改变进口货物结构、增加财政收入等方面都有一定的积极作用。三是对抗日战争时期经济统制政策的研究，认为它既有掠夺性的一面，又有积极性的一面。金融统制增加了政府的经济实力，阻止了白银外流；工矿统制扶助了工农业生产；贸易统制维持了对

---

① 参见朱英《晚清经济政策与改革措施》，华中师范大学出版社1996年版；虞和平《商会与中国早期现代化》（上海人民出版社1993年版）、《清末民初经济伦理的资本主义化与经济社团的发展》（《近代史研究》1996年第4期）、《民国初年的经济法制建设》（香港《二十一世纪》第7期，1991年10月）。

外贸易，从而有利于抗战和国计民生。①

第二，关于商会和其他经济团体的问题。在商会史的研究方面，不仅讨论了商会的产生发展过程、政治和社会属性及其在清末政治运动和辛亥革命中所起的作用，而且逐渐深入和延伸到商会的角色地位、组织结构、功能作用、现代化作用、与政府的互动关系、外交活动、中外比较、商案仲裁、市民社会等问题，并以此考察中国资产阶级的形成时间和程度。其中讨论较多的问题有：对其性质属性问题，朱英认为清末商会具有“官督商办”的性质和特点；虞和平认为它是一种商办的法人社团。对其组织构成与行会的关系问题，马敏、朱英认为商会的根本宗旨、基本职能、组织结构和总体特征等，都是与行会截然相异的；虞和平认为，鸦片战争后行会内部已具有的对现代社会的潜在适应性是其与商会结合的同质因素，两者还在协调成员关系和官商关系、经济管理、利益自维等功能上，具有相同和互相依赖的关系，使两者有机地结合在一起。对其促进早期现代化的作用问题，朱英、马敏、徐鼎新比较全面地论述了它的经济促进作用；虞和平从改善资本主义经济秩序、有助于资产阶级的政治参与和民族独立运动，以及商人外交的产生和发展等角度，考察了商会的这一作用。对其与资产阶级成长关系的问题，朱英从商会的组织状况和政治活动角度，提出商会的诞生是资产阶级初步形成的重要标志；虞和平则认为，清末各地商会的诞生使资产阶级进入从自在状态向自为状态转化的过渡阶段，民国初年全国商会联合会的成立，则使之进入基本自为的阶段，亦即完整形成阶段。对其与政府的关系问题，王迪认为清末时主要是在振兴实业基础上的相互依赖和合作关系；虞和平认为，在1904—1930年间，呈现为依法的管理与被管理关系向着超法的控制与反控制关系转变的趋势；朱英认为在

① 参见陆仰渊、方庆秋《民国社会经济史》，中国经济出版社1991年版；石柏林《凄风苦雨中的民国经济》，河南人民出版社1993年版；黄如桐《1935年国民党政府法币政策概述及其评价》，《近代史研究》1985年第6期；慈鸿飞《关于1935年国民党政府币制改革的历史后果辨析》，《南开经济研究》1985年第5期；朱镇华《重评1935年的币制改革》，《近代史研究》1987年第1期；高德福《试论国民党政府的关税自主政策》，《史学月刊》1987年第1期；李良玉《论民国时期的关税自主》，《南京大学学报》1986年第3期；丁日初《论抗日战争时期的国家资本》，《民国档案》1986年第4期。

清末民初时期主要是良性互动的关系。①

对于行会、行帮、同乡组织和其他经济团体的研究，开始从单纯的研究其封建性质，转向探讨其组织形态和功能特征及其现代化过程。徐鼎新、虞和平认为，鸦片战争以后，传统行会的组织性质和功能作用逐渐朝着现代性组织和资本主义化的方向转变，一些新兴的资本主义行业所建立的行会组织更具有这种现代的资本主义组织性质。同乡组织则从清末民初开始日益增多地采用现代的同乡会组织形式，其功能作用也从传统的以"救死"和联谊为主，改变为以"救生"和扶持同乡经济利益为主，并带动传统的同乡组织朝着这一方向转变。民国初年成立的以振兴实业为宗旨的大量经济社团，则更是一种以目标和利益认同为基础，并为实现共同的目标和利益而奋斗的现代经济社团，在当时的经济现代化建设中起到一定的社会动员作用。②

第三，关于经济现(近)代化问题。关于经济现代化的促进因素，有论者认为，外部的西方资本主义刺激，是具有决定性影响的主导因素，内部的资本主义萌芽是次要因素，因为它远未达到诱发出产业革命的程度，不可能促使中国走上现代化的道路。另有论者认为，除外部因素外，内部因素同样具有重要的作用，如明清时期的经济结构变化已显示出现代化模式的潜在自然形态；政府的重商主义政策，大量的工场手工业，是工业化的一个真正的内部因素。

关于经济现代化的阻碍因素，有的论者认为，西方资本主义的侵略是主要原因，它使中国的经济现代化处在被扭曲的状态。有的论者认为，西方侵略固然是一重大原因，但是决定性的原因还在中国内部，如统治者没

---

① 参见徐鼎新《旧中国商会溯源》(《中国社会经济史研究》1983 年第 1 期)、《上海商会史》(上海社会科学院出版社 1991 年版)；马敏、朱英《传统与近代的二重变奏——晚清苏州商会个案研究》，巴蜀书社 1993 年版；朱英《从清末商会的诞生看资产阶级的初步形成》(《江汉论坛》1987 年第 8 期)、《转型时期的社会与国家》(华中师范大学出版社 1997 年版)；虞和平《商会与中国资产阶级自为化问题》(《近代史研究》1991 年第 3 期)、《商会与中国早期现代化》(上海人民出版社 1993 年版)；王迪《试论清末商会的设立与官商关系》，《史学月刊》1987 年第 4 期。

② 参见徐鼎新《清末上海若干行会的演变和商会的早期形态》，载《中国近代经济史研究资料》第 9 辑，上海社会科学院出版社 1989 年版；虞和平《鸦片战争后通商口岸行会的近代化》(《历史研究》1991 年第 6 期)、《清末以后城市同乡组织形态的现代化》(《中国经济史研究》1998 年第 3 期)、《民国初年的实业团体活动》(《孙中山和他的时代》，中华书局 1989 年版)、《辛亥革命与中国经济近代化的社会动员》(《社会学研究》1992 年第 5 期)。

能迅速进行全面改革，对新式企业进行不合理的干预和控制；传统文化积淀制约了应有的“二元结构”中某些优势的发挥。又有的论者认为，这两方面的因素都存在，只是各有不同的阻碍作用。

关于经济现代化进程的总体状况，罗荣渠认为是一种依附性增长趋势，其具体表现为：被完全纳入世界资本主义经济体系，并处在这个体系的边缘地位；现代工业是以沿海条约口岸城市为中心的布局，主要是轻工业，也只能在外资企业的夹缝中生存和发展，外国资本在中国现代化经济部门中和中国比较现代化的地区占据支配地位；广大农村被卷入商品经济体系，但其商品化的发展速度落后于工业；经济增长是一种土洋结合的二元经济，但现代工业增长缓慢、发展畸形，传统经济一直占主体地位。①

关于中外经济现代化的比较，朱英、虞和平、朱荫贵认为：在日本、欧美等西方国家的经济现代化进程中，以资产阶级为主导力量；官商之间密切配合；经济立法及时、完备、高效；经济社团与经济现代化进程同步产生和发展，经济促进功能明确，并以民主自由为基础，以法律制度为保障；工业化的启动具有较强的主动性，既移植西方的生产技术也移植经济体制，利用政府权力进行大规模的资本原始积累；农业现代化与工业化同时并进，互相促进；对外贸易和商业不仅发展迅速，而且成为工业化的重要推动力。在近代中国的经济现代化进程中，资产阶级始终不能单独承担这一使命；官商关系极不稳定，时而改善，时而恶化；经济立法滞后、残缺、低效；经济社团的产生和发展与经济现代化进程不尽一致，政治因素较多，时而高涨，时而低落，缺乏民主和法律的保障；工业化的启动有较大的被动性，只移植西方的生产技术而不移植经济体制，政府在资本的原始积累中没有充分发挥作用；农业的现代化滞后，没能成为工业化的强大支柱；对外贸易和商业虽然有较大的发展，但在半殖民地的社会经济制度下，不能充分发挥其应有的推动工业化作用。朱荫贵认为，中国的轮船招商局与日本的三菱会社（邮船会社）之所以会有不同的发展道路和结局，主要是由于两国政府在人才培养、资金筹措、管理制度等方面的干预政策的不同，日本政府的干预政策具有全局性和长期性，中国政府的干预政策

① 参见章开沅、朱英主编《对外经济关系与中国近代化》；高亚彪、吴丹毛《现代化进程中的文化制约与求解程序》，《北京社会科学》1989 年第 1 期；罗荣渠《现代化新论》，北京大学出版社 1993 年版。

不然。严立贤认为，需求增长和市场扩大是日本早期工业化的发生发展及其向近代大工业过渡的主要推动力；农业的低剩余率和极不发达的国内流通制度，则是导致中国早期工业化及其向近代大工业过渡中徘徊不前，远远落后于日本的症结所在。①

第四节　新世纪之初的创新与开拓

一　学科发展的基本状况和研究方法的创新

进入21世纪后，本学科的研究在前一时期的基础上继续繁荣发展，且朝着深入和开拓的方向进取。就2000—2007年而言，共出版著作约480种，平均每年60种，明显超过上一阶段；发表论文约2260篇，平均每年283篇，略低于上一阶段的后14年。与此同时，随着研究的进展和时代的发展，研究的方法和视角亦有所创新，研究的问题和领域也有较大深入和较多开拓，在一些课题的研究中呈现出既重视学术跟踪又注重社会联系的新特点，使学术性和时代性实现了较好的结合。

在这一阶段中，本学科最重要的一个创新是社会经济史日益受到关注。早期的经济史研究，主要是把它作为宏观经济学的一部分来对待的，研究的对象主要是部门、行业、企业、统计，研究的方法主要是各种经济学。虽在新中国成立前后已出现社会经济史的提法，但对其学科概念的认识并不清楚，研究所涉及的内容也主要限于商帮、行会、阶级之类。20世纪八九十年代以来，社会经济史开始受到重视，中国社会科学院近代史研究所在80年代设立经济史研究室时就以社会经济史为主体研究方向。也有个别学者撰写了相关著作，并提出其研究的对象，认为：研究生产关系和生产力，“反映两者之间适合或不适合，以及两者之间关系，就是社会经济史的全部内容”。研究的内容应包括影响经济变化的“各种政治的、军事的、文化的因素”和政府的决策、政策，以及民族资本与官僚、商人和买办的关系。② 近年来认同面进一步扩大，原本以经济学为出发点的经济史研究机构和著名学者，也非常重视和采纳社会经济史的方法和内容。

① 参见章开沅、罗福惠主编《比较中的审视：中国早期现代化研究》第2、3章，浙江人民出版社1993年版；朱荫贵《国家干预经济与中日近代化》，东方出版社1994年版；严立贤《中国和日本的早期工商会与国内市场》，北京大学出版社1999年版。

② 陆仰渊、方庆秋主编：《民国社会经济史》，中国经济出版社1991年版，绪论第3页。

如吴承明在2001年时指出："目前中国的经济史研究可以说有三大学派，一派偏重从历史本身探讨经济的发展，并重视典章制度的演变。一派重视从经济理论上阐释经济发展过程，乃至计量分析。一派重视社会和文化思想变迁，自成体系。"并明确表示"赞成社会经济史的提法"。其理由是："经济发展和制度革新必然引起社会结构、社会群体组织和行为的变迁。社会结构的变化也会影响经济发展。"[①] 也就是说，社会经济史不仅要考察经济发展的现象，更要考察现象背后的社会制约因素，要考察经济与政治、文化、社会的互动关系。因此，吴承明所说的第一学派也可以与第三派归纳在一起，统称为社会经济史。除了经济史学家之外，社会史学家也注意到了这个问题。如行龙在2003年发表文章指出，经济与社会本不可分离，只有将经济因素置放于社会整体历史的变迁中进行考察，才能使经济史的研究走向全面深入。2007年，又在其著作中谈及这个问题，进一步指出，各行各业的经济活动"与地理、环境、生态等因素本身就是难舍难分的统一体"；并强调"首先从区域史的角度开展社会经济史研究"，要采用田野调查的方法。[②] 也有些高等院校成立了社会经济史的研究机构，并被教育部批准为重点学科或研究基地，标志着社会经济史作为一个独立的学科，已为学界和政府教育部门所公认。但是，迄今为止，对社会经济史的学术范畴尚未形成明确的概念，尚处于混沌状态，有关的研究者只是界定了自己的研究内容，或因自己的研究内容超出纯经济的范围，故而称之为社会经济史，因此社会经济史的学科概念和研究方法尚待进一步的探讨。

在具体研究中，有不少学者趋向社会经济史。汪敬虞主编，人民出版社于2000年出版的《中国近代经济史（1895—1927）》3册，以及刘克祥、吴太昌主编，人民出版社于2010年出版的《中国近代经济史（1927—1937）》3册，其内容结构，与以前吴承明、严中平主编的中国近代经济史整体研究著作相比，社会经济史的内容已有明显的增加和加强，反映了经济史学科内容体系向社会经济史扩展的新动向。其中能够体现社会经济史特色的内容有：农业经济中租佃关系、雇佣状况、生产力及其改

① 吴承明：《经济史：历史观与方法论》，《中国经济史研究》2001年第3期。

② 行龙：《经济史与社会史》，《山西大学学报》2003年第4期；《走向田野与社会》，生活·读书·新知三联书店2007年版，第75页。

革；政府政策中的税收、财政、公债、工商政策和法规。此外，在专题研究中，具有社会经济史特色的内容和领域已有众多成果，主要集中于经济体制、经济政策和法规，企业制度、企业文化、生产技术，商会、农会、经济协会、同业公会等的经济团体，农业、农村、农民的状况及其现代化改造等方面；还有一些论著着力于经济史与社会史的融合，或从经济史的角度考察社会，或从社会史的角度考察经济。

运用新制度经济学进行研究，也是近年来的一种方法创新。对这一方法运用较多的是杜恂诚，他运用诱致性变迁和强制性变迁的概念研究了近代金融制度变迁过程。所谓诱致性变迁，是指由制度不均衡引致的民间自发性变迁；强制性变迁是指由政府法令引起的变迁。政府处于弱势时，诱致性变迁仍可能发生，而强制性变迁则很难发生，如北洋政府时期；政府处于强势时，强制性变迁就易于发生，如南京国民政府时期。他还指出近代金融制度强制性变迁中的两种类型：一是以诱致性变迁为基础的强制性变迁，是正向交替，其中的政府只能尊重市场的原有基础，并以此决定自己的作为，起到纠正市场缺陷的作用。另一类是强制性变迁，是逆向交替，其中的政府不是为了纠正市场的缺陷，而是从执政者的利益出发，强制推行自己单方面制定的方针政策。① 他还对儒家伦理与企业制度的关系进行了研究，认为道德背景同交易成本紧密相关，民间商人在创办企业时所采用的家族企业制度，使道德背景刺激交易成本上涨的机会最小，其中儒家伦理无疑起了十分重要的作用。但是，儒家伦理对企业也有负面影响，家族企业在缺少凝聚核心的情况下，往往会出现分家析产而降低竞争能力，导致二代而亡。② 他又通过对近代上海钱庄业经营体制从习惯法到成文法变迁的考察，认为上海钱业公会是以习惯法进行自我治理的同业组织，体现出一些西方学者所谓“第三方实施机制”的制度特征，可视为新制度经济学的一个典型案例。③

新经济社会学的社会网络，或商业网络的视角亦时有采用。如应莉雅考察了天津商会的网络化组织和功能作用，认为天津商会由于具有较为完

① 参见杜恂诚《近代中外金融制度变迁比较》，《中国经济史研究》2002 年第 3 期。
② 参见杜恂诚《儒家伦理与中国近代企业制度》，《财经研究》2005 年第 1 期。
③ 参见杜恂诚《近代上海钱业习惯法初探》，《历史研究》2006 年第 1 期。

善的网络化组织系统，使之能够发挥减少区域市场交易成本的功能。[①] 王红曼认为，抗日战争时期的后方地区，初步形成了以国家四行二局为核心，以省市县银行为卫星，以简易储蓄所、邮汇局网点为基层组织的战时三层金融网络体系，这也是战时从中央到地方基层的国库网，从而使西南区域经济在得到难得的发展契机的同时也受到外部因素的制约。[②] 张思认为，在整个19世纪，华北地区有一张由进出口商人、栈房业者、内地中间商人、城乡集市与零售店铺以及城乡消费者结成的传统市场网络，它卓有成效地促进了开放口岸与华北内地间长距离贸易的发展。[③] 还有一些学者研究了铁路与贸易网络形成的关系。此外，也有学者研究国际的商业网络，如戴一峰考察了南中国海与中国东南地区的社会经济网络，认为这一华人跨国网络的最初形态是华商跨国贸易网络，进入近代后，则从单一的贸易网络逐渐演化为一个由贸易、移民、金融、社会等网络交叉构成的复合网络，并对闽南地区的经济发展产生了既促进又制约的重要影响。[④]

在采用一些新研究方法的同时，也对前些年从国外引进的一些研究方法进行了检讨和修正。如美国学者施坚雅所提出的中国近代市场结构理论，曾引起中国经济史学者的较大反响，引用者有之，批评者亦有之。王庆成以实证研究与之进行了一系列的商榷。首先通过研究所得的华北若干州县的集村比率、人口密度、市场面积、市场人口的实际数字，与施氏“基层市场社区平均面积和人口”表中的基本相关数字相比较，证明施表基本上不符合实际。[⑤] 史建云认为，施坚雅所提出的市场模型，从他自己所设定的几何学意义上来说，可能确如其所言无懈可击，但在经济学意义上来说，则是不能成立的。[⑥] 任放的看法有所不同，认为施坚雅的三级市场理论模式与社会实际之间虽然存在着差异，有些事实不能被理论所解释，这是因为它涉及一些人为的、历史的和自然条件的干扰因素，但与理

① 参见应莉雅《网络化组织与区域市场交易成本——以天津商会为个案（1903—1928年）》，《南开经济研究》2004年第5期。

② 参见王红曼《四联总处与西南区域金融网络》，《中国社会经济史研究》2004年第4期。

③ 参见张思《19世纪天津、烟台的对外贸易与传统市场网络——以洋纱洋布的输入与运销为例》，《史林》2004年第4期。

④ 参见戴一峰《南中国海与近代东南地区社会经济变迁——以闽南地区为中心》，《史林》2005年第2期。

⑤ 参见王庆成《晚清华北的集市和集市圈》，《近代史研究》2004年第4期。

⑥ 参见史建云《对施坚雅市场理论的若干思考》，《近代史研究》2004年第4期。

论本身无关，不能作为反对、推翻该理论的有效证据，只是存在缺陷。从方法论的角度看，它仍是从事中国近代史研究可以借鉴的有效资源。①

二　研究领域的开拓和新观点的提出

第一，关于“三农”问题研究。所谓“三农”问题即农村、农业和农民问题，这在中国近代经济史研究中历来都是一个备受关注的领域。近几年，在中共中央和国家提出“三农”建设方针的影响下，“三农”研究更加受到重视，并在继续对“三农”进行分别研究之外，注意到“三农”的综合研究。研究内容主要涉及以下两方面：

一是通过考察近代“三农”状况提出新的观点。在农民素质的层面上，刘兴豪认为，在1912—1937年间的湖南，虽然地租、赋税、高利贷的繁重和农民生活的异常困苦严重制约了农业现代化进程，但是农民受教育程度的提高、非农化趋向又对农业现代化起到一定的促进作用。② 王先明等人认为，20世纪前期山西乡村雇佣关系的社会构成涉及乡村社会各主要阶层，雇工和雇主双方角色并不完全固化，而“社会分化不充分”既是雇佣关系普遍化和雇工身份非固定化的导因，也是雇工群体不能构成一个相对独立阶层的根本原因。③

在农民经济负担的层面上，对旧有研究中所说的地租率高于50%，提出了不同的观点。高王凌通过研究地租的“实收率”，认为多数地方并不能照定额租征收，而是按原额折成交租，如果实收率只有租额的七八成左右，地租额约为产出的40%，那么实收地租率只有产出的30%，或是略多一点。④ 邢丙彦的研究支持了高王凌的估算，他根据上海市档案馆藏“典于记”租册记载，认为民国时期，松江、青浦两县仍延续着清朝以来的地租减免惯例，在1918—1936年间，“正租”的“租成”最高不过八成，最低为七三成，平均约在七七成左右。在实际收取时，佃户还可再获得“荒让”的地租减免；田地因修筑圩岸、沟洫者，亦给予地租减免；对

① 参见任放《施坚雅模式与中国近代史研究》，《近代史研究》2004年第4期。

② 参见刘兴豪《1912—1937年湖南“三农”问题探析》，《广西社会科学》2006年第10期。

③ 参见王先明、牛文琴《二十世纪前期的山西乡村雇工》，《历史研究》2006年第5期。

④ 参见高王凌《地租征收率的再探讨》，《清史研究》2002年第2期。

部分佃户还有交纳地租“逢限免米若干”的减免办法。① 但是，史志宏的研究支持了旧有的估算，他利用河北省清苑县 4 个村庄在 1930 年、1936 年、1946 年时相关情况的调查资料，对其地租率进行了估算，认为粮租为 38%—45%，钱租为 45%—54%。② 这种不同的研究结果，可能是南北差异的反映。

在农村社会治理的层面上，有学者研究了以往未注意的水资源与乡村社会的新课题。胡英泽以调查所得的 200 余块水井碑刻及访问材料，考察了明清以来山西、陕西、河南等北方地区的水井习俗和制度。认为北方乡村水井在建构社区空间、规定社会秩序、管理社区人口、营造公共空间、影响村际关系等方面有重要作用。由水井组织产生的多种关系，使合作式的相互依存成为必要，地缘关系突出，血缘关系减退，还形成了一套相对严密的井汲规约，并内化为乡村社会的秩序。③ 韩茂莉探讨了山西、陕西地区水权保障系统及其运作方式。指出，水权保障系统是以获得水资源为目的的民间组织，农户自愿介入，寻求维护自身水权的保障。为了维护地缘、血缘两个层面的水权，农户间形成一套有别于政权体系的管理原则。水资源的分配形成灌渠、利户两个受益层面，由此又使水权保障系统形成以渠系、村落为基点的地缘水权圈以及以家族为中心的血缘水权圈，两者相互交织，融社会习俗、社会惯性为一体，在乡村社会中占有重要地位。④

二是通过考察民国时期的乡村建设运动，力图对“三农”做综合性和体制性的研究。近年来，这一问题的研究多有著作问世，主要有：郑大华的《民国乡村建设运动》、李德芳的《民国乡村自治问题研究》、徐秀丽主编的《中国农村治理的历史与现状：以定县、邹平和江宁为例》⑤；有关的论文就更多了，所涉及的地区除了以往有所研究的河北、山东之外，又

① 参见邢丙彦《民国时期松江、青浦的地租减免惯例与农村社会经济秩序——上海市档案馆馆藏“典于记”租册研究之一》，《上海师范大学学报》2004 年第 4 期。

② 参见史志宏《20 世纪三四十年代华北平原农村的租佃关系和雇佣关系——以河北省清苑县 4 村为例》，《中国经济史研究》2003 年第 1 期。

③ 参见胡英泽《水井与北方乡村社会——基于山西、陕西、河南省部分地区乡村水井的田野考察》，《近代史研究》2006 年第 1 期。

④ 参见韩茂莉《近代山陕地区地理环境与水权保障系统》，《近代史研究》2006 年第 1 期。

⑤ 分别出版于 2000 年社会科学文献出版社、2001 年人民出版社、2004 年社会科学文献出版社。

有江西、浙江、江苏、安徽、福建等省。这些著作，从乡村的政治改革、文化教育、农业合作、农产加工、农村治理等方面，对所涉地区的“三农”做综合性的考察。众多论文则多是专题性的研究，提出了一些新的见解。如虞和平认为，从社会经济史和现代化史的角度来看，乡村建设运动的主体目的和内容，主要是对乡村政治进行自治化和民主化的制度改革，对农业经济推行企业化和市场化的股份制合作社建设，对农民素质实施知识化和文化的普及教育，从而显示了一种农村改造的现代性模式。[①] 张秉福认为，乡村建设运动的模式虽不能根本解决中国乡村问题，但是其反对模仿和照搬西方模式的思路仍值得新世纪农村建设借鉴。[②] 孙诗锦认为，在晏阳初的定县实验区中，知识分子倡导的乡村建设运动是与政府的农村复兴运动相结合的，这表明当时政府和民间在重构国家权威上的一致性。[③] 郑立柱考察了抗战时期晋察冀边区的“三农”政策和国统区的“三农”问题，初步展现了国共两党在此问题上的不同措施及其效果。[④] 对于国民政府的合作政策，赵泉民认为，1928 年后国民政府开展的合作运动，不仅是其实现民生主义的手段，而且是其统治合法性在乡村社会重建的一种努力，因此是一场政府主导下的“强制性制度变迁”，更多体现了政府意志。[⑤] 李玉敏等人认为，合作社经济政策的完善程度与积极意义值得肯定，但在实际推行中绩效明显不足；其产生缺陷的原因，主要在于对合作社价值及属性的认识偏差，缺乏有效的组织保证、权威资源和财力支撑，以及政权的专制性。[⑥] 对于农村合作金融问题，张书廷认为，抗战前农村合作社由于自集资金十分短绌，社员贷款多属社外资金，从而未能成为农民自己的组织。[⑦] 赵泉民等人也指出，乡村合作事业主要靠政府强力与银行资

---

① 参见虞和平《民国时期乡村建设运动的农村改造模式》，《近代史研究》2006 年第 4 期。

② 参见张秉福《民国时期三大乡村建设模式：比较与借鉴》，《新疆社会科学》2006 年第 2 期。

③ 参见孙诗锦《定县实验与农村复兴运动》，《史学月刊》2006 年第 7 期。

④ 参见郑立柱《论抗战时期晋察冀边区的“三农”政策》，《河北大学学报》（哲学社会科学版）2007 年第 3 期；《抗战时期国统区“三农”问题研究》，《重庆社会科学》2007 年第 4 期。

⑤ 参见赵泉民《政府意志：20 世纪三四十年代中国乡村合作运动价值取向论》，《中国社会经济史研究》2006 年第 1 期。

⑥ 参见李玉敏、栾雪飞《国民政府的合作社经济政策及其评价》，《东北师大学报》2006 年第 4 期；李玉敏《国民政府合作社政策缺陷的产生原因》，《社会科学辑刊》2006 年第 4 期。

⑦ 参见张书廷《关于抗战前中国农村合作金融的几个问题》，《福建师范大学学报》2006 年第 2 期。

本的资助来推进，使合作社“异化”为银行资本在乡村的“代理人”；又认为信用社在促使城市过剩资金流向乡村的同时，又为现实政治制度环境所掣肘，形成了乡村借贷关系中进化与异动并存的局面，即信用社的“大发展”与高利贷的继续盛行。①

第二，关于企业史的研究。企业史研究，在一些发达国家早就是历史学研究中的一个重点和热点，美国、日本、英国的研究成果尤为丰硕，出版了不少颇有影响的著作。中国历史学界和企业界，在改革开放之前虽也编写了一些企业史书籍，但大多是宣传性的简易读本，且以讲述本企业的革命斗争、阶级斗争和社会主义改造的故事为主体内容。改革开放以后，随着企业制度改革和“三资企业”的兴起，对企业史的学术性研究开始起步。尤其是1993年11月中共十四届三中全会提出建立现代企业制度以后，近代企业史研究引起了诸多学者的重视，已成为中国近代经济史研究中一个比较引人注目的新方向，但大多限于单个企业发展史的研究。2000年前后，企业史研究开始朝着更广阔、更深入的方向发展，在研究方法、研究领域和学术观点上的创新和开拓着力甚多。众多论著运用历史学与经济学、管理学、社会学、行为学相结合的方法，并采取现代化和工业化的角度，以企业制度、企业管理和企业文化为重点进行研究。既研究企业与政府的关系，也研究企业与社会的关系；既研究企业的政治属性，也研究企业的经济属性；既研究企业的组织结构模式，也研究企业的组织协调机制；既研究企业的内部生产，也研究企业的市场竞争；既研究企业的管理方式，也研究企业的精神理念；既研究企业的成功经验，也研究企业的失败教训。其中研究较多的主要是以下三个问题。

一是关于近代企业的股份制问题。这是近年企业史研究中最热闹的一个方面。主要的著作有：沈祖炜主编的《近代中国企业：制度和发展》，着重从法规层面论述企业制度的发展变化，分析了有关法规对商业、工业、金融业企业制度和企业发展的影响；还分析了影响企业制度变化和企业发展的其他多种因素，如外资企业、市场竞争、企业家精神、科技进步、通货膨胀、社会环境等。邹进文著《公司理论变迁研究》，从经济学

① 参见赵泉民、忻平《资金构成与合作社的“异化”——基于20世纪三四十年代中国乡村社会变迁的考察》，《华东师范大学学报》2006年第2期；赵泉民《进化与异动：合作社对乡村借贷关系影响分析——以20世纪前半期中国的乡村信用社为中心》，《江海学刊》2006年第5期。

的角度对清末和民国时期的公司制度和思想进行了初步的研究，勾勒了它的发展变化过程、基本内容和特点；还介绍了“股份制优越性论”“公司属性论”“公司治理结构论”“股东控制权变化论”“发展股票市场论”。李玉著《晚清公司制度建设研究》，着重研究了“官督”与“商办”在晚清公司制度建设中的互相调适关系，以及《公司律》的法理与功能，政府发展公司的制度举措，公司制度建设中的制约因素。张忠民著《艰难的变迁：近代中国公司制度研究》，主要内容包括：传统企业组织形式、《公司法》、公司形态的演进及其数量与分布、公司的类型及其特点、公司股本的筹集及其“官利制度”、公司治理结构以及管理制度的演进等。①

相关的论文数量较多，主要的有：朱荫贵以一篇文章考察分析洋务运动时期产生的36家股份制企业，认为它们是引进西方新型工商企业组织形式而产生的近代中国第一批股份制企业，并从这批企业成立时所需要履行的手续，股票的形制、内容、发行与买卖的途径和方式，以及企业的章程等方面，考察了它们与传统企业及西方股份制企业的异同；另一篇文章考察近代股份制企业的特点，认为它们除了具有西方企业组织运行的一般特点外，还带有浓厚的中国特点和传统经济要素的痕迹。② 宁全红认为，晚清引进西方公司制度的历程表明，公司制在引入中国后即被“扭曲”，从而造成形似而神不似的结果。③ 李玉考察了北洋政府时期股份有限公司的股份制度，认为北洋政府时期公司股份来源方面较晚清有所变化。④

二是企业的经营管理问题。这一问题的研究，在一些有关企业史和企业家的著作中多有涉及；专题论文则数量众多，既有总体性研究的，也有个体性研究的。较有特色的论文主要有：陈争平研究张謇大生企业集团的产业结构模式，认为它具有以机器纺织业为中心、工农业结合、多角发展的特点。并认为这种经营策略，不仅使企业能够自给自足，而且带动了南通地区经济的全面发展。他的另一篇文章论述了大生企业制度的历史地位，认为大生企业在靠股份制兴办社会化大生产、建立公开而严明的企业

---

① 所列各书分别出版于：1999年上海社会科学院出版社，2002年人民出版社，2002年上海社会科学院出版社，2000年湖南人民出版社。

② 参见朱荫贵《近代中国的第一批股份制企业》，《历史研究》2001年第5期；《中国近代股份制企业的特点——以资金运行为中心的考察》，《中国社会科学》2006年第5期。

③ 参见宁全红《形似而神不似——公司制在近代中国的命运》，《兰州学刊》2006年第11期。

④ 参见李玉《北洋时期股份有限公司的股份制度述论》，《民国档案》2006年第3期。

管理机制等方面进行了一系列制度创新。“大生”模式的形成，标志着中国近代企业制度发展史上的“官营”模式占统治地位时代的终结，民营化成为主流发展方向时代的到来。[①] 高新伟考察了股份公司内部的人事关系，认为公司制移植到中国后，对“内部人”进行控制的正式制度并未发挥应有作用，而主要借助传统手段来完成。又以另文考察了近代公司中少数股东的自我保护机制，认为中小股东更多采用间接方式、依赖非正式制度实现对公司的约束。[②]

三是企业文化问题。目前，这一问题已引起不少研究者的注意，但实际研究还比较薄弱，专题性研究成果较少，除有少数文章涉及近代企业文化的概念和总体性研究之外，较多的是关于广告和商标的研究，涉及国货意识、品牌意识、企业精神。在总体性研究方面，有学者认为，“企业文化”是一种形成于从事经济活动的组织中的特殊文化，它的本质是为该组织成员所共同认可的，以特定价值观为核心，由群体意识、行为规范等系统所构成的意识形态和物质形态的总和，中国民族企业在20世纪的前半叶就创造了独具特色的、适合中国国情的企业文化。凭借这种文化，一些民族企业不断成长、发展和壮大，并与享有超经济权利的外来企业相抗衡，在某种程度上挽回了民族利益，堵塞了国权漏卮。[③]

在近代广告研究方面，已出版的专著有：赵琛《中国近代广告文化》，着力于探讨近代广告文化发展的内在规律，挖掘近代广告蕴含的文化价值。黄志伟、黄莹《中国近代广告》，通过广告的图文分析，揭示五口通商之后中国交通运输、纺织、服装、制药等业民族品牌的营造、创建过程。[④] 朱英则以专文论述了近代广告的产生发展过程，并指出其对近代工商业发展的促进作用，不少华商巧妙地利用广告拓展自己的事业，甚至在与外国资本进行激烈竞争的过程中能立于不败之地。[⑤]

在近代商标研究方面，上海商标协会会员左旭初的研究成果值得注

---

① 参见陈争平《试析近代大生企业集团的产业结构》，《江苏社会科学》2001年第1期；《试论中国近代企业制度发展史上的“大生”模式》，《中国经济史研究》2001年第2期。

② 参见高新伟《试论近代公司的“内部人控制”》，《天津社会科学》2006年第4期；高新伟、高丹《略论近代公司少数股东的自我保护机制》，《兰州学刊》2006年第4期。

③ 参见汪永平《中国近代民族企业的企业文化建设》，《经济师》2004年第6期；汪永平、贺宏斌《中国近代民族企业的企业文化探析》，《中国社会经济史研究》2007年第4期。

④ 所列两书出版于：2000年吉林科学技术出版社，2004年学林出版社。

⑤ 参见朱英《近代中国广告的产生发展及其影响》，《近代史研究》2000年第4期。

意。他先后出版《中国近代商标简史》和《著名企业家与名牌商标》二书。前者介绍了中国商标法规的起源、商标机构、商标注册与管理等政府商标管理的内容，并对名牌商标进行系统的介绍，既有总体又有个案，着力于揭示名牌商标文化渊源。侯晓盼《方寸故事——中国近代商标艺术》，采用图像学、符号学和形式分析学等研究方法，论述近代商标的发展历史、图形样式、设计模式、创意根据，以及商标图形与近代平面设计之间的对应关系，并从社会文化、经济结构、消费心理、观念意识等层面论述商标图案的符号含义、艺术风格和时代特征。① 谢玉梅则通过对近代无锡企业名牌商标创立的分析，揭示科学管理、商标使用时间、产品销售领域、企业信息网络建立、广告宣传等因素对名牌商标创立的决定作用，以及名牌商标创立后，对企业知名度的提高和良好信誉的树立、市场开拓等方面的推动作用。②

第三，关于经济社团研究。对于经济社团的研究，在前一阶段已多有成果，但主要限于行会、商帮和商会，这一阶段则循着前一阶段的研究轨迹有较大的开拓。

一是从行会研究拓展到同业公会研究，既有总体研究，也有个案研究，其中又以上海银行公会的研究最为突出。总体研究的主要成果有：朱英主编《中国近代同业公会与当代行业协会》，研究了同业公会的兴起和发展过程、组织体系与治理结构、经济与社会功能、外部关系和政治参与。魏文享著《中间组织——近代工商同业公会研究（1918—1949）》，以"中间组织"的理论架构，考察民国时期工商业同业公会制度及其权力来源、经济作用、政治参与、社会角色等问题。李柏槐著《现代性制度外衣下的传统组织——民国时期成都工商同业公会研究》，除了与一般研究基本相同的组织、功能、运作和作用的研究之外，着重考察了成都作为一个内地城市的同业公会与沿海地区同业公会的不同之处，更多地看到其传统与现代互渗的一面，从而揭示其特点所在。个案研究涉及了不少行业的同业公会，如钱业、木业、糖业、粮食业、水业、渔业、航运业、证券业、会计业等，其中成果最多的是有关上海银行公会的研究。如郑成林著《从

① 所列各书分别出版于：2003 年学林出版社，2008 年上海社会科学院出版社，2009 年重庆大学出版社。

② 参见谢玉梅《试论无锡近代企业名牌商标的创立、使用及保护》，《江南大学学报》（自然科学版）2007 年第 4 期。

双向桥梁到多边网络——上海银行公会与银行业（1918—1936)》，认为上海银行公会最突出的功能，在于构建了一个供其成员共享的制度化的网络体系，从而发挥了行业利益的维护者、行业运行的协调者、行业发展的设计者和行业政策的建议者的作用，有效地提升了银行业的竞争力，促进了银行业的发展。① 对银行公会的研究，也是复旦大学历史系师生们的一个重点领域，如吴景平和他的学生王晶、张天政都有重要论文发表，王、张撰写了博士学位论文，有力地推动了这项研究。②

二是商帮研究的深入。中国历史上的著名商帮有徽商、晋商、粤商、甬商（即宁波商帮）。近代以后，徽商已经衰落；晋商虽依然存在但在民国时渐趋衰落；粤商和甬商仍然发展，特别是甬商发展最大。近年来对近代商帮的研究，亦如商帮自身在近代的存在状况相类似，以宁波商帮的研究最为显眼。现有研究成果涉及三个层面：第一个层面是整体性研究，如李瑊著《上海的宁波人》，考察宁波商帮在上海的形成、发展和壮大过程及其所从事的各项社会经济活动和成就。张守广著《超越传统——宁波帮的近代化历程》，考察宁波商帮在近代融合中西工商文化，实现从传统商帮到近代资本主义工商业集团的转型过程，并分析宁波帮的商人精神和企业家精神等。乐承耀著《近代宁波商人与社会经济》，考察宁波商帮在全国各地的发展和经营活动，兼及其参与文化、慈善、社会和政治运动的状况，既揭示其在全国的网络系统，也揭示其对所在城市和地区社会经济发展的作用。陶水木著《浙江商帮与上海经济近代化研究（1840—1936)》，系统论述以宁波商帮为主的浙江商帮在上海经济近代化演进中的地位和作用，总结他们经营工商业的经验教训。③ 第二个层面是宁波商帮的行业史研究，如服装业、金融业、航运史。第三个层面是宁波帮著名商人的个案研究，有关论著为数甚多。

---

① 所列各书分别出版于：2004 年中国人民大学出版社，2007 年华中师范大学出版社，2006 年四川大学出版社，2007 年华中师范大学出版社。

② 参见吴景平、王晶《“九一八”事变至“一二八”事变期间的上海银行公会》，《近代史研究》2002 年第 3 期；吴景平《上海银行公会改组风波》，《历史研究》2003 年第 2 期；王晶《上海银行公会研究（1927—1937)》，博士学位论文，复旦大学，2003 年；张天政《上海银行公会研究（1937—1945)》（博士学位论文，复旦大学，2004 年)、《略论上海银行公会与二十世纪二十年代华商银行业务制度建设》（《中国经济史研究》2005 年第 2 期)。

③ 所列各书分别出版于：2000 年上海人民出版社，2000 年西南师范大学出版社，2007 年人民出版社，2000 年生活 · 读书 · 新知三联书店。

三是近代商会研究范围的扩展。在视野扩展方面，较有创新意义的是关于商会的商事仲裁问题和商人外交问题的研究。关于商事仲裁问题，从20世纪90年代中期开始受到关注，如朱英、马敏、任云兰有专题论文发表。[①] 这一阶段研究成果有所增加，主要有马敏、郑成林、虞和平、陶水木的论文。[②] 这些论文所讨论的内容，主要涉及了商会建立的商事公断处（商事裁判所）的产生、确立和发展变化过程；商事公断处的商事仲裁功能、程序、效益、规范和原则；从商事公断处的建立和发展变化中反映出来的商人的司法参与和司法独立的意识和实践，以及其与官方司法理念和制度之间的共生、融合和冲突的复杂多维关系；杭州商会在民国后期的商事公断处建设。但是，这一问题的研究尚处于比较薄弱的状况，还没有相关的专著出现。

关于商人外交问题，也从20世纪八九十年代开始受到关注，虞和平的一篇论文和一本著作首先提出这一概念，并开始研究清末民初的中美商人外交活动，以及中国商会参加国际商会的过程。[③] 这一阶段，研究有所开拓与深入。如虞和平考察了五四运动中的商人外交参与及其在近代中国商人外交史中的地位，认为由此开始，中国商人的外交活动由被动转变为主动、由间接转向直接、由依附走向独立，并日益趋向频繁化、国际化、自主化、政治化、统一化、理性化。[④] 他和贾中福还考察了中国商会代表团参加1922年太平洋商务会议的活动情况，认为这是中国商人的第一次直接外交活动，推进了中国工商界联美制日的外交策略，也增进了中国商人走向世界的意识。[⑤] 贾中福还出版专著，考察了1905—1927年中美商人

① 如：朱英《清末苏州商会调停商事纠纷》，《华中师范大学学报》1993年第1期；任云兰：《论近代中国商会的商事仲裁功能》，《中国经济史研究》1995年第4期；马敏：《商事裁判与商会——论晚清苏州商事纠纷的调处》，《历史研究》1996年第1期。

② 马敏：《略论辛亥前后商人司法意识的变迁》，郑成林：《清末民初商事仲裁制度研究》，均载中国史学会编辑《辛亥革命与20世纪的中国》，中央文献出版社2002年版；虞和平：《清末民初商会的商事仲裁制度建设》，《学术月刊》2004年第4期；陶水木、郎丽华：《略论民国后期杭州商会的商事公断》，《商业经济与管理》2003年第11期。

③ 参见虞和平《清末民初中美商会的互访和合作》，《近代史研究》1988年第3期；《商会与中国早期现代化》，上海人民出版社1993年版。

④ 参见虞和平《五四运动与商人外交》，《近代史研究》2000年第2期。

⑤ 参见贾中福《中美商人团体与近代国民外交（1905—1927）》，中国社会科学出版社2008年版。

之间的外交活动及其影响和互动关系。[①] 宋美云考察了20世纪初天津商会出国考察、开展贸易、开办公证和监督、交换信息等活动。[②] 魏国栋考察了1921年末中国准备参加华盛顿会议期间，天津商会领导天津民众进行外交后援活动的状况，从而通过合法的渠道阐释自己的愿望，对政府的外交活动构成了制衡与支持的态势。[③]

在时间和空间扩展方面，从前一阶段的主要限于1927年之前和上海、苏州、天津的商会研究，扩展到1927年之后的商会，以及其他城市和地区的商会。就时间方面的扩展而言，魏文享研究了抗战期间商会、同业公会等民间经济组织在统制经济实施过程中的地位和作用，指出国民政府的战时经济统制在相当程度上借助了商人团体的民间组织资源。[④] 郑成林考察了抗战后中华民国商会联合会的成立过程及其主要政治参与和经济活动，进而借此透视了抗战后商会与南京国民政府之间的错综复杂关系。[⑤] 就空间方面的扩展而言，目前已有研究无锡、杭州、贵阳、山西、广西、云南、四川、江西等地商会的论文发表。

在领域扩展方面，主要是从商会扩展到商民协会。在前一阶段，有关的研究只有张亦工的一篇专题论文，探讨了商民协会的兴起过程、功能作用，以及其与商会的关系[⑥]；其他如徐鼎新、虞和平、朱英的有关商会的著作也有所涉及。这一阶段，商民协会的研究有长足的进步，冯筱才出版了专著《北伐前后的商民运动（1924—1930）》，着力探讨商民协会和商民运动各种参加者的实际心态及其行动；力图分析国民党党部、商民协会与商会、工会等机构团体间的利益纠葛及其参与商民运动的异同。[⑦] 此外，还有多篇论文发表，既有总体性研究，也有广东、湖南、湖北、上海、江苏、浙江、四川的区域性研究，除了继续深入研究商民协会的始末过程和

① 参见虞和平、贾中福《中国商会代表团参加太平洋商务会议述论》，《史学月刊》2004年第7期。

② 参见宋美云《20世纪初天津商会对外交往与城市经济的发展》，《南开经济研究》2000年第3期。

③ 参见魏国栋《华盛顿会议前后天津商会活动之考察》，《社会科学研究》2007年第2期。

④ 参见魏文享《商人团体与抗战时期国统区的经济统制》，《中国经济史研究》2006年第1期。

⑤ 参见郑成林《抗战后中华民国商会联合会简论》，《华中师范大学学报》2006年第5期。

⑥ 参见张亦工《商民协会初探》，《历史研究》1992年第3期。

⑦ 参见冯筱才《北伐前后的商民运动（1924—1930）》，台北：商务印书馆2004年版。

对国民革命的作用之外，还探讨了一些新的问题。如彭南生、李玲丽的论文认为，通过商民协会参与国民革命，使商人受到了政治熏陶，有利于商人摆脱“在商言商”的传统束缚，促进政治参与意识的形成。① 李柏槐的论文，对内陆中心城市成都与上海等沿海地区的商民协会进行了比较研究，认为成都市商民协会不是在国民党的扶持下发展起来的，也没有成为国民党试图控制资本家的“临时党化工具”，而是在与成都总商会的斗争中产生和发展起来的，是实实在在地为商民利益奔走呼吁的商民利益集团，并最后主导了旧商会的改组。②

除了上述三方面的主要开拓和创新之外，还有一些其他值得注意的新发展。如关于博览会、原始工业化、证券业、保险业、商团等问题，都有不同程度的研究和突破。

1979 年以来的中国近代经济史研究虽然开拓了不少新的领域，但受原有研究基础和资料条件的制约，研究课题的布局不平衡，以致在有较多研究的领域内出现一些低水平重复研究的现象，而在一些较少研究的领域内则存在着诸多缺少深入研究的薄弱环节，甚至空白地带。从总体上来说，对社会经济、生产力、流通、消费等领域的研究比较薄弱。对经济体制、经济法制、企业管理、企业集团、经济组织、经济网络的研究则方兴未艾。对房地产业、文化产业、外资企业、企业文化、人力资源的研究则微乎其微。在市场、金融、商业、农村经济、经济社团等领域虽已取得了不少的研究成果，但研究主题不平衡。如对于市场经济，研究农产品商品化、市场规模、市场区域结构的较多，研究生产要素市场和技术市场、信息市场的较少；对于金融业，研究银行、钱庄、票号等信贷机构的较多，研究保险、信托、证券的较少；对于商业，研究商业资本和内外贸易的数量、性质和作用的较多，研究商事习惯、促销方式、财务管理的较少；对于农村经济，研究华北、江南、华南地区的较多，研究其他地区的较少；经济社团研究，主要集中于 1927 年之前上海、天津、苏州三个地方商会和同业公会的组织性质和结构、经济和政治作用，而对1927年之后的状

① 参见彭南生、李玲丽《略论大革命时期的湖北商民协会》，《江汉大学学报》2006 年第 3 期。

② 参见李柏槐《商民的利益集团：商民协会——成都与上海等地商民协会差异之比较》，《社会科学战线》2005 年第 1 期。

况、其他重要的地方商会和同业公会，以及它们的城市管理、行业治理、国际交往等则很少研究；至于其他经济社团的研究那就更少了，甚或近于空白。加强这些薄弱方面的研究，无疑是今后近代经济史研究的一个重要方面。

第六章

军事史

1840 年到 1949 年的中国近代史，充满着外来的侵略和内部的斗争，战争连绵不断。作为这一时期开端的鸦片战争，清朝的军队惨败于兵力兵器相当有限的英国远征军；这一时期结束后，中国人民志愿军在朝鲜战场上，与以美国为首的“联合国军”进行了相当有力的较量。中华人民共和国成立以后的 60 年，中国大陆的学术界对这一时期的军事史进行了相当广泛的研究，发表了数以千计的论文和数以百计的著作，其中不乏精彩之笔，但就整体而言，研究状态尚未达到令人满意的水平。

第一节　最初的工作

中国近代军事史最初一批研究成果为中国人民解放军的战史与军史。中华人民共和国成立之后，这支经历 22 年战争且保存丰富档案资料的军队，在中央军委的指示下，开始总结历史经验。1949 年 10 月，原东北军区司令部编写了《东北三年解放战争军事资料》，叙述东北解放战争的基本过程。其中详细介绍了第四野战军所属 12 个军、东北军区所属 10 个军区的组织沿革、人事变更和装备情况；并依据当时的战斗总结和作战记录，编述历次重大战役。这部近百万字的资料不仅为后来的研究提供了大量第一手材料，且为后来此类著述的编写，创立了范式。1952 年至 1956 年解放军各军区以军为单位，由军司令部组织人员编写本军的《第三次国内革命战争战史》。1956 年以后，参加抗美援朝战争的部队，又以军为单位编写了《抗美援朝战史》。这批著述的主要特点是编写人员多为战争过程的亲历者，熟悉情况，对本部队的作战经过、政治思想工作和军队建设均有详细、准确的叙述，且对本部队的失败教训，也能如实记载。各军的《抗美援朝战史》，因编写时间仓促，内容及篇幅均不及《第三次国内革命战争战史》丰富。随着中国人民解放军军事学院和军事科学院于50年代中后期在南京和北京相继成立，中国人民解放军史的研究有了专业的机构。军事学院出于教学的需要，编写了关于解放军历史上重要战役的《战例选编》。在叙述基本作战过程时，更注重决策、战术上的理论分析。军事科学院战史研究部（后更名为军事历史研究部）和图书资料处（后更名为军事图书馆）整理档案资料，编辑了多卷本的《中国人民解放军第二次国内革命战争时期资料选编》和《中国人民解放军第三次国内革命战争时期资料选编》。这两套大型资料书的编选、校勘、排列均见功力，具有较高的使用价值。与此同时，为了编写解放战争时期各大野战军的历史，有关军区成立了战史编辑室。除了文献材料的搜集外，还采访高级将领，进行专题研究，并于1962年前后完成了四大野战军的《战史》初稿和《战史资料选编》。以上研究工作，都是军队内部在保密的情况下进行的。相应的研究成果，除上送有关高级指挥员及有关高级教学研究机构参考外，皆存档。自20世纪50年代后期起，解放军的一些高级将领在政治上受到错误对待，他们的历史功绩逐渐成为研究的禁区。60年代的“左”倾思想，更使军事史上的杰出人物毛泽东被置于不恰当的位置上。中国人民解放军历史的研究人员遇到了困难。

晚清军事史的研究，其最初的成就为史料建设。中华人民共和国成立后，近代史逐渐成为显学。中国史学会组织了全国学术界的力量，编辑了“中国近代史资料丛刊”，在20世纪五六十年代，该丛刊出版了《鸦片战争》《太平天国》《捻军》《洋务运动》《中法战争》《甲午战争》（该丛刊的《第二次鸦片战争》《北洋军阀》于70年代、90年代出版）。这些大型资料书中，包含了相当多的军事史的内容。然而，非军事系统的研究人员，较少军事学的专门知识，也少军事史的兴趣。尽管晚清历史中军事史有着极为重要的地位，但在五六十年代出版的晚清历史的著述中，军事史经常性地成为政治史、对外关系史乃至经济史的陪衬。

在20世纪五六十年代的中国近代史研究中，中华民国史是最为薄弱的一环，而中华民国军事史的研究近于一片空白。然于60年代初起，全国政协及各地政协先后成立了文史资料委员会，一大批国民党高级将领纷纷撰写军事回忆录，这些资料于60年代起陆续在各级《文史资料选辑》中发表，其中相当部分内容具有很高的史料价值，可弥补档案文献之不足。到90年代，在改革开放的大背景下，民国史，特别是抗日战争史，成为学术研究的热门，发表了大量的专著和论文。

综上所述，在20世纪五六十年代，中国近代军事史研究属于开创时期，虽然成熟的研究著作不多，但在史料整理工作上有着不俗的成就，为后来的研究提供了较为坚实的地基。

第二节　研究的起步

1966年开始的“文化大革命”，截断了中国大陆的学术研究，中国近代军事史学科也不例外。自“文化大革命”后期起，工作有所恢复。1978年由中华书局出版的资料书《清末新军编练沿革》即是其中的一项。该书大多选自中国第一历史档案馆所藏清代档案，编选得体实用。而1979年由北京出版社出版的《中国人民保卫海疆斗争史》，则明显留有那个时代的色彩，政治性冲淡了学术性；但作为中国大陆第一部叙述1840年至1974年西沙群岛自卫反击战的专题性著作，在研究海军海防问题上尚有一定参考价值。未过多久，中国近代军事史的研究，如同其他学科一样，发展渐渐增快。

最先突起的是中日甲午战争史及相关的海军史研究。1981年，戚其章的《北洋舰队》（山东人民出版社），孙克复、关捷的《甲午中日海战史》（黑龙江人民出版社）出版；1982年，张侠、杨志本编《清末海军史料》（海洋出版社）出版；1983年，戚其章的论文集《中日甲午战争史论丛》（山东教育出版社）出版；1984年，孙克复、关捷的《甲午中日陆战史》和《甲午中日战争人物传》（黑龙江人民出版社）出版，在此题目下同时还有许多研究者发表了一大批论文。这是中国近代军事史研究出现的第一个热点，初步建立了关于甲午战争与清末海军的知识体系，且对后来研究的深入有很大的推力。与此同时兴起的另一个热点是太平天国军事史的研究。1982年，郦纯的《太平天国军事史概述》上、下编出版（中华书局），张一文、舒翼、沈渭滨等数十名研究者在此前后对太平天国的战役战斗及战略决策发表了上百篇论文。其他的领域虽没有如此的热度，但牟安世的《鸦片战争》（上海人民出版社1982年版）、上海社会科学院经济研究所的《江南造船厂厂史》（江苏人民出版社1983年版）等书也有不少相应的军事史内容。

张玉田、陈崇桥等人编著的《中国近代军事史》（辽宁人民出版社1983年版），是在此题目下第一部尝试性的著作，内容涉及1840年至1919年军事史的各个方面。这部书的弱点正如许多批评者所言，军事特点不够充分，这恰恰反映出那时中国近代军事史的各个领域研究尚不充分，作为综合性的著作也一时无法达到人们所企盼的水准。而由军事科学院战争理论部第三室编写的《中国近代战争史》上、中、下三册（军事科学出版社1984、1985年版），正以其较强的军事特色引人瞩目。该书叙述了1840年至1919年历次内外战争，并对战略战术的得失作了初步的分析，且附有34幅彩色作战示意图，是一部成熟之作。

这一时期最具权威性的著作应推《中国人民解放军战史》（军事科学出版社1987年版）。这部三卷本的大书是在60年代初编辑相关史料的基础上，于“文化大革命”结束后正式编写而成的。该书反复征求意见，多次修改，以极高的成本确保其准确性和严肃性。书后附有作战地图和各类统计表。读者对这部权威性著作的好评，时时可闻，但该书作者对于解放军战史中的经验教训，似过于惜墨。

值得注意的是，专业性的军事史刊物也于此时出现。1985年，中国人民革命军事博物馆创办知识性双月刊《军事史林》；1986年，上海空军政治学院创办学术性季刊《军事历史研究》；同年，原为《军事学术》增刊的《军事历史》，也改为学术性与知识性结合的双月刊，由军事科学院军事历史研究部主办，独立发行。中国近代军事史是以上各刊关注的主要内容。1987年，《抗日战争研究》也在中国社会科学院近代史研究所创办，这一学术性的季刊，也以相当大的篇幅论及军事史。

第三节　研究转向细化

自20世纪80年代中后期起，中国近代军事史的研究开始细化。研究者的视野，不再看重整体性的综合研究，而是更注重历史关键变化中的各个因素。专题研究也逐渐深化。由此至2009年，大约出版了上千种内容各异的著作和万余篇水准不一的论文。限于本章的篇幅，对这一时期的论文不再专门提及。有一些综合性述评，有兴趣的读者可以参阅。[①] 以下主要对一些有代表性的学术专著进行简要的综述，但也难免遗漏一些优秀的作品。

1. 晚清战争史。晚清历史中，战争是最主要的事件，所有的晚清史著作或多或少都会涉及晚清战争史，相关的著作很多。其中最值得注意的有：《甲午战争史》（戚其章著，人民出版社 1990 年版），特点在于考证，对战术动作的描述已到“营”一级，是同类著作中叙述最为精准者。前面介绍的关捷等著的甲午战争史，经过不断的修订补充，到 2005 年由吉林人民出版社出版关捷等总主编的《中日甲午战争全史》6 卷，分战前、战争、战后、思潮、人物等，代表了目前国内这个课题研究最广泛、深入的总结。《天朝的崩溃：鸦片战争再研究》（茅海建著，生活·读书·新知三联书店 1995 年版），特点同样在于考证事实，在战术的分析上也见功力。《太平天国军事史》（张一文著，广西人民出版社 1994 年版），以战争史为主，又突破了战争史的范围，对太平天国的军制、训练、供给、战术、战略等方面均有专门的研究。《中法战争诸役考》（黄振南著，广西师范大学出版社 1998 年版），对中、法、越南史料综合比较，破陈出新，很值得一读。《九一八事变前东北境内外国军事势力研究》（胡玉海著，中国社会科学出版社 2006 年版），对日俄在东北的军事占领和争斗，作了详细考证，也揭示了九一八事变前东北军事格局的历史变迁，颇有特色。

2. 晚清陆军史。在这一方面著作不多，其中最显功力的有两种：《湘军史稿》（龙盛运著，四川人民出版社 1990 年版）、《淮军史》（樊百川著，四川人民出版社 1994 年版），这两部书的材料搜集相当完备，对湘军和淮军的起源、组织编制、经费供给、派系集团等方面，均有细密的叙说，然在军事特点上，尤其是建军原则和惯用战术方面，尚欠火候。关于

---

① 如：沈渭滨、夏林根、朱学成：《中国近代军事史研究述评》，载《中国近代军事史论文集》，军事科学出版社 1987 年版；孔德琪：《1987 年中国近代军事史研究述评》，《军事历史研究》1988 年第 1 期；张一文、刘庆、皮明勇：《中国近代军事史研究概览》，天津教育出版社 1991 年版；军事科学院外军研究部：《世界军事年鉴》（该年鉴 1993 年至 1998 年各册，皆有“军事理论研究”专栏，而该专栏大略用 1.5 万至 2 万字的篇幅，专门介绍相关年度中国近代军事史论文的大致内容及主要观点）；江英：《中国近代军事史研究新进展》，《军事历史研究》1994 年第 1 期；《近两年中国近代军事史研究新进展》，《军事历史研究》1995 年第 4 期、1996 年第 1 期。本文的撰写也参考了上引文字，作者在此表示感谢。

军事史上意义更大的完全采用西式装备和西式编制的北洋陆军，则没有具如此功力的著作。

3. 海军史。海军是中国第一个近代化军种，相应的研究也较多。值得注意的著作有：《龙旗飘扬的舰队：中国近代海军兴衰史》（姜鸣著，生活·读书·新知三联书店2005年版），几经修订，全面反映了中国近代海军从兴起到衰亡的过程，总结了中国近代海军诸多历史经验和教训。另有《中国近代海军史事日志（1860—1911）》（姜鸣著，生活·读书·新知三联书店1995年版）、《中华民国海军通史》（陈书麟、陈贞寿著，海潮出版社1993年版）、《近代中国海军》（海潮出版社1994年版）、《晚清海军兴衰史》（戚其章著，人民出版社1998年版）。从这些著作中可以看出学问的递进，其中《近代中国海军》是由海军司令部组织人员编写的，时限至1949年，内容包括晚清海军与中华民国海军，章节设计也更富军事特点。中国海防早于海军，杨金森、范中义著《中国海防史》（海洋出版社2007年版）叙述了中国海防发展的历史，但重点是在近代海防。

4. 空军史。在此领域，全面系统的著作当推《中国军事航空（1908—1949）》（马毓福著，航空工业出版社1994年版）。该书对抗日战争时期苏联、美国援华航空兵也辟专章介绍。全面介绍中国人民解放军空军历史的是《当代中国空军》（中国社会科学出版社1989年版）。近年来值得称道的几部著作有：陈应明、廖新华编著《浴血长空：中国空军抗日战争史》（航空工业出版社2006年版），详细介绍了抗战期间中、美、苏空军联合作战的历史情况，并对当年的空军装备作了详细介绍。林虎著《保卫祖国领空的战斗》（解放军出版社2002年版），对新中国成立后的空军作战作了全面介绍，由于作者的专业身份，战斗介绍和总结参照了当年的作战记录，富有技术特色和历史的真实性。同一时期李林山、王叶红编著《中国人民解放军空军作战史》（蓝天出版社2001年版）也有相同的参考价值。

5. 红军及其战史。在这一领域最值得称道的研究成果是，由中共中央军委牵头组织红一、红二、红四方面军战史编审委员会编写，于1989—1993年由解放军出版社出版的《中国工农红军第一方面军战史》《中国工农红军第二方面军战史》《中国工农红军第四方面军战史》《中国工农红军第25军战史》。此外，还整理出版了红二、红四方面军的《战史资料选编》。萧克的《朱毛红军侧记》（中共中央党校出版社1993年版），以亲身经历探讨与反思了红军创建时期的组织路线、建军原则与相关战略战术。长征是这一时期最重要的历史事件，成为众多研究人员最关注的课题。《红军长征史》（中共中央党史研究室第一部，辽宁人民出版社 1996 年版）是较全面、系统的第一部专著。军事科学院军事历史研究所编著的《中国工农红军长征全史》5 卷（军事科学出版社 2006 年版），汇集了新发表的史料和研究成果，是长征研究的集大成者。张树军、黄一兵主编的《长征史记》（吉林人民出版社 2006 年版）在记述历史的同时，以“史鉴记事”和“一家之言”的方式，对长征中一些事实的考证和有争议问题的介绍，开阔了学术研究的思路。专题研究中，秦生著《西北红军长征史》（中共党史出版社 2007 年版）则是在一个限定的范围内，特别对西路军的研究进行了探索。《南方三年游击战争史》（阎景堂主编，解放军出版社 1997 年版）是一部系统全面介绍没有参加长征，在江西根据地坚持斗争的部队艰苦奋战的著作。

6. 抗日战争战史与军队史。军事科学院军事历史研究部的《中国抗日战争史》3 卷（解放军出版社 1994 年版），与同类著作相比显得更加完整与准确。《中华民族的抗日战争》（支绍增、罗焕章著，军事科学出版社 1987 年版）、《中华民族抗日战争史》（王秀鑫、郭德宏主编，中共党史出版社 1995 年版），注重国民党军队在正面战场的积极作用。王辅的《日军侵华战争》4 卷（辽宁人民出版社 1990 年版），则从日方资料入手，颇具特色。《中共抗日部队发展史略》（张廷贵等著，解放军出版社 1990 年版）叙述了八路军、新四军、抗日联军及其根据地、游击区的发展史，对组织沿革、重要作战及战果亦作考证。岳思平主编《八路军》（中共党史出版社 2005 年版）是目前这一研究最全面、深入的专著。《新四军发展史》（马清武、童志强著，山西人民出版社 1997 年版）、《新四军简史》（王辅一著，中共党史出版社 1997 年版），皆为目前新四军研究较完整的专著。童志强著《关于新四军》（上海科学技术文献出版社 2005 年版）是一部论文集，对一些学术争论问题大胆提出了自己的新见解。正面战场研究是 20 世纪 90 年代以来抗战研究成果最突出的，《中国远征军战史》（徐康明著，军事科学出版社 1995 年版），全面且较为深入地研究了抗战中滇缅远征作战的历史。广西师范大学出版社 1993 年起推出的“抗日战争丛书”汇集了一批中青年学者的成果，其中林治波《大捷：台儿庄会战纪实》颇见功力。近年来，随着对抗日战争正面战场的研究逐渐深入，抗战史的研究更为全面客观。张宪文主编《中国抗日战争史》（南京大学出版社 2001 年版）是最新成果的代表作。徐康明著《中缅印战场抗日战争史》（解放军出版社 2007 年版）在前一部著作的基础上，补充了中美联合作战的新内容。

7. 解放战争史。20 世纪 80 年代末起，由中共中央军委批准，陆续组建了解放战争各野战军战史编辑室，整理、修改或重写 60 年代编写的各野战军战史。《第二野战军战史》《第一野战军战史》《第三野战军战史》《第四野战军战史》已于 1990—1998 年由解放军出版社出版。军事科学院军事历史研究部编著的《全国解放战争史》5 卷（军事科学出版社 1997 年版），从军史和战史两方面成为全面系统之作。人民出版社从 1997—2007 年陆续出版的《东北解放战争纪实》《华东解放战争纪实》《西北解放战争纪实》《中原解放战争纪实》《华北解放战争纪实》《中南解放战争纪实》（刘统、袁德金、金立昕著），以战区研究解放战争过程，与前面的战史互补。湖北省军区编写的《中原突围史》（军事科学出版社 1996 年版），叙述了 1946 年那段壮烈的战史，是区域性战史解析的专著。解放战争中的三大战役是研究者关注的领域，值得注意的著作有《辽沈决战》（系研究与文献结合的 3 卷本汇编，人民出版社 1988 年版）、《淮海战役史》（何晓环等著，上海人民出版社 1993 年版）。个别战役的研究也有许多好作品，如《海南之战》（刘振华著，辽宁人民出版社 1994 年版），在历史叙述后附录作战档案。《创造渡海作战的奇迹——解放海南岛战役决策指挥的真实记叙》（杨迪著，解放军出版社 2000 年版），则以亲身经历从司令部工作角度反映战役的特点。《血祭金门》（洪小夏著，香港新大陆出版社 2001 年版），以采访和史料相结合，是研究金门战斗的专著。

8. 抗美援朝战争史。《中国人民志愿军抗美援朝战史》（军事科学院军事历史研究部，军事科学出版社 1990 年版）、《当代中国丛书·抗美援朝战争》（中国社会科学出版社 1990 年版），属专门机构长期研究之作，叙述全面。90 年代以来，这个专题成为军事史研究的重点。军事科学院军事历史研究部在前两部著作的基础上，经过深入的研究和修订，完成了三卷本《抗美援朝战争史》（军事科学出版社 2000 年版），在深度和广度上又进一步。个人研究方面，《第一次较量——抗美援朝战争的历史回顾与反思》（徐焰著，中国广播电视出版社 1990 年版），包含了作者个人的许多思考，富有意义。《毛泽东、斯大林与朝鲜战争》（沈志华著，广东人民出版社 2007 年版），则是根据苏联解密档案，从国际关系角度研究朝鲜战争的突破性成果。

9. 军事制度史。军事制度史本是军事史研究的重点，然而在中国近代军事史研究中却是令人遗憾的弱项。由中国社会科学院历史研究所与军事科学院军制研究部合作的《中国军事制度史》（大象出版社 1997 年版），对近代的军事组织体制编制、军事教育训练、军事法制、兵役制度、后勤体制、武官制度等均有涉及，但尚欠完备。后勤史的研究在解放军总后勤部推动下相对先进，从 1983 年起，解放军后勤学院（后更名为后勤指挥学院）等机构开始着手编辑《中国人民解放军后勤资料选编》，现已由金盾出版社出版了 18 册。相关的著作则有《中国近代军事后勤史（1840—1927 年）》（陈崇桥、张玉田主编，金盾出版社 1993 年版）、《中国人民解放军后勤简史》（乔光烈主编，国防大学出版社 1989 年版）、《中国人民解放军革命战争后勤史简编》（徐庆儒主编，金盾出版社 1990 年版）、《中国人民解放军后勤史》（吴学海主编，金盾出版社 1992 年版）、《抗美援朝战争后勤史简编本》（周和编，金盾出版社 1993 年版）、《中国人民解放军第二野战军后勤史》（刘鲁明主编，金盾出版社 1995 年版）等。其中《中国人民解放军后勤史》是在资料编纂基础上编写而成，共 4 卷，分别叙述了土地革命战争、抗日战争、解放战争和当代中国的后勤史，显得更为扎实，且对历史经验进行了探讨；《抗美援朝战争后勤史简编本》更具以史为师、以史为鉴的特点，注重理论性的建设。在军事教育方面，《中国近代军事教育史》（史全生主编，东南大学出版社 1996 年版）也值得一读。

10. 传记与回忆录。由于中国近代历史的特殊性，军事人物往往同为政治人物，有关的人物传记已有不少，但写出传主军事特色的却为数不多。其中应予重视的有中央文献研究室主编的《朱德传》，解放军各元帅传记组撰写的《彭德怀传》《刘伯承传》《贺龙传》《陈毅传》《罗荣桓传》《徐向前传》《聂荣臻传》《叶剑英传》（皆由当代中国出版社出版），诸书立意严谨，考证详细；《彭德怀传》《陈毅传》《刘伯承传》军事特色更显突出，这与传主的军事生涯更丰富相关。但由于当年对传记编写有严格的体例规定，元帅传记尚嫌简略。90 年代以来出版的大将传记，则突破了字数限制，《粟裕传》和《陈赓传》（当代中国出版社 2007 年版）篇幅大增，记述更为详细。《毛泽东与林彪》（胡哲峰、于化民著，广西人民出版社 1998 年版）对林彪的军事生涯，作了较客观的记述。由星火燎原编辑部组织编写的《解放军将领传》，目前已由解放军出版社出了14集，收入了百余名高级将领的传记。王成斌等主编的《民国高级将领列传》7卷（解放军出版社1991年版），收入北洋和国民党将领300余人。军事人物回忆录出版的总数难以准确统计，就笔者感觉而言，《粟裕战争回忆录》（解放军出版社1988年版）因融入传主军事思想，使人感到特别有价值；《彭德怀自述》（人民出版社1981年版）、《黄克诚自述》（人民出版社1994年版）、《萧克回忆录》（解放军出版社1997年版）讲真话、讲实话，使人感到作者的坦诚。

11. 资料编辑。《中国近代史资料丛刊续编·甲午战争》（戚其章主编，中华书局1989—1996年版），共约400万字，分11卷。《中国近代史资料丛刊续编·中法战争》（张振鹍主编），共约300万字，自1995年起已由中华书局出版5卷。以上两书的特点是注重外文史料的搜集。《鸦片战争档案史料》7卷（中国第一历史档案馆编，天津古籍出版社1992年版）和《清政府镇压太平天国档案史料》16册（中国第一历史档案馆编，社会科学文献出版社1994年版），比以前出版的资料汇编，有重大的补充和修订。《中华民国海军史料》（杨志本等编，海洋出版社1987年版），出版虽早，但相当有用。文史资料出版社从80年代起，将全国政协等机构组织原国民党高级将领编写的回忆录，辑为专题，已出版《围剿中央苏区亲历记》《围追堵截红军长征亲历记》《从九一八事变到七七事变》《百万国民党军起义投诚纪实》等10余种，可资研究参考。《中国人民解放军历史资料丛书》是由中共中央军委部署各总部、各大军区、各军兵种及军事科学院等机构编纂，分43个专题、250分册，共约2亿字的巨型历史资料汇编，1994年起已由解放军出版社出版了《南方三年游击战争》《八路军》《新四军》《渡江战役》《后勤工作》等110册。待到出齐之后，研究者可基本掌握解放军历史各领域的历史文献和主要档案。

12. 工具书。《中国大百科全书·军事卷》（中国大百科全书出版社1989年版）、《中国军事百科全书》（军事科学出版社1997年）是中央军委组织各总部、各大军区、各军兵种、军事科学院等机构编写的大型工具书，其中相当部分涉及中国近代军事史。这两部书的条目基本涵盖了这一时期的重要战役战斗、军兵种及其发展、军队组织沿革、高级指挥员简历，释文简练且准确。军事科学院军事图书馆所编《中国人民解放军组织沿革和各级领导成员名录》（军事科学出版社1990年版），依据档案等材料，将解放军在土地革命战争时期和抗日战争时期团以上建制序列与领导成员、解放战争时期师以上建制序列与领导成员，详尽列出，相当准确，使用方便。

以上的介绍，很大程度上只不过是书名的罗列，所作内容提要与评价，也只是本章作者粗浅且一般性的看法，未必准确。

还有一点必须说明，以上介绍的分类，很大程度上是依据现有研究成果状况，与中国近代军事史学科体系应有的分类有着不小的差距。

第四节　亟待建立学科体系

与中国近代史的其他学科相比，中国近代军事史的研究是比较滞后的。这里面最重要的一点，就是没有建立起完整的学科体系。

现有的研究，集中于战争史与军队建设史，尤其是解放军的战史与军史。究其原因，在于中国近代军事史是一门交叉学科，这就要求中国近代军事史的研究人员最好能有多学科的训练。但是，非军事系统的历史学界，多数人没有军事学训练，致使其从事该项研究时，军事特色并不突显。军事系统的研究人员，则开始时史学训练稍显不足，20 世纪 80 年代以后，此类人员的史学知识与功夫因学习与积累有了相当的成长，由此推出了《中国人民解放军战史》等具有阶段性标志的成功之作。在中共中央军委的部署下，军事科学院和各军事院校建立了战史研究机构和历史教研室，解放军各大单位建立了各种临时性或相对长期性的编辑、研究机构，专门进行解放军历史的研究，由此推出了一大批质量可靠的解放军战史和军史著作。但是一个很大的问题是：军事单位的研究成果有许多不对外公开，例如总参某部编写的《中国人民解放军联络工作史》和《中国人民解放军敌军工作史》，都是叙述加资料汇编的重要专著。虽然其中的大部分内容可以在公开出版物中找到，但要耗费很大精力。此外，军事档案很少对社会开放，使许多大学和社科研究人员无法进行深入的研究，制约了军事史研究的发展。而晚清时期、北洋军阀统治时期、国民党方面的研究，由于没有专门的教学研究机构，主要靠个人申报课题，获得国家科研资助，成果相对要少一些，且缺乏系统性，尽管个别研究成果已达到很高水准。也因为如此，在中国近代军事史的研究中，时常可以看见“业余”研究者的身影。

对于中国近代的军事技术、军队制度、军事教育与训练、军事学术与军事思想等方面的研究，研究的深度和系统性都有待提高。从1840年至1949年，中国军队完成了从冷热兵器混用时代到多军兵种的转变，然而，对于这一时期中国军队使用的武器装备，现有的各种著述，尚难以反映这一转变的实际状况。而对这一时期武器装备的引进、研究开发、生产、配套，研究更少。一些军事工业企业的研究，着眼点在于经济史而非军事史，或作为中华人民共和国兵工史的背景。没有武器装备的历史的深入研究，就无从说明这一时期中国军队的编制组织和基本战术，后者是以前者为基础的。如果更进一步分析，军事学术和军事思想的探讨又以军队编制与战术的研究为基础。正因为如此，本章对后勤史研究的凸显予以尽可能的介绍。在总后勤部推动下由金盾出版社出版的“后勤历史丛书”，使后勤史几乎成了继战争史和军队建设史之后研究较深的领域。

与中国近代的政治、经济、文化等众多领域不同，到1949年中华人民共和国成立之时，中国的军事力量已列世界诸强。鸦片战争与抗美援朝战争，是中国近代军事史上的两大坐标。要说明这一历史演变，仅靠短时段、单方面的研究是不行的。建立相对完整的本学科体系，是中国近代军事史研究者在21世纪应当解决的课题。

以成果最多的中国人民解放军战史与军史来看，有组织的集体编写是其成功经验，可以在比较短的时间内完成较大部头的著作，且能保证一定的质量。但这种方法的基本缺陷就是缺乏个性。为了照顾方方面面的审稿意见，最容易在审稿中抹去的恰恰是那种有特色的见解，使得著述看似全面，实则平淡。例如军事科学院编写的3卷本《抗美援朝战争史》，第1卷在审稿时顾虑到涉外问题，删去了国际冷战格局的部分内容，与其他两卷内容相比很不平衡，现在看来实在是个损失。

军事史研究中的学术争鸣与百花齐放，不仅可使军事史学科常青常新，也可为军事学的发展提供有用的素材。中国人民解放军原本是中外历史上屡败屡战的千古典范，正是这种惨烈的经历培植了他们的能力，使之最终能在朝鲜战场上与以美国为首的“联合国军”一决高下，尽管再一次付出了惨烈的代价；但在许多描写中国人民解放军历史的著作中，笔者感受不到这种力量。一路凯歌行进的壮剧，原本只存在于戏剧舞台上，感人的历史总是让人悲喜交加。

更让笔者感到此项不足的是，关于中国人民解放军军事人物的传记。

传主们几乎个个深谋远虑且战无不胜。打仗原本是这个世界上最最实打实的事情，书生议兵流为千古的荒唐，然在相当数量此类读物中，只是一派白面书生相，感受不到解放军军事人物特有的那种务实、狡黠、勇猛、质朴的底色。毛泽东是中国近代最伟大的军事家，毛泽东的军事生涯与军事思想的研究一直是中国近代军事史的显学，然而那种过于理论化的叙述与分析，使之失去了他极富号召力的个人魅力，我们在读他的军事传记时，失去了如同读拿破仑军事传记时引人入迷的心绪。

近现代史研究中的一些敏感问题和禁区，在军事史中表现得最为突出。例如《粟裕战争回忆录》被公认为最有学术价值的作品，但作者却回避了淮海战役的内容，使人感到其中的难言之隐。在许多解放军人物的传记中，我们看到同一个事件，却有不同的表述和解释。徐向前《历史的回顾》，对长征中一些敏感问题的叙说与别人有所不同。如果把不同人物的传记对比来读，倒可以考证出许多重要的东西。造成这些差异的原因是传记编写者“各为其主”的立场，要做到客观公正地反映历史，尚需要一个时期的沉淀。

最后，笔者还有责任对书坊报摊上流行的“纪实”文学说明自己的看法。在商品浪潮冲击下，许多近代军事史题材不可避免地成为商业炒作的“卖点”。这是不足为奇的。但是，使人吃惊的是，一些专业的军事史研究者竟厕身其间。这个世界上的文抄公古今中外没有消灭过，但教授不许抄书；商业性的所谓“纪实”看来一时还不会衰败，但专业的军事史研究者须恪守职业道德和学术规范。不然，我们在读其著述时无法辨别作者的用心和用力程度。参与创作那种“纪实”的研究者，慢慢会在其他研究者心中死去。

第七章
思想史

思想史在中国是一门既古老而又年轻的学科。在中国悠久的史学发展史上，思想史历来占有十分重要的地位，留下了丰富的思想史资料以及独特的理论方法。但思想史的概念却是在20世纪初伴随着西学东渐而来的外来词，20世纪30年代中期冠以思想史的著作开始出现（郭湛波《近三十年中国思想史》，大北书局1935年版），思想史才摆脱传统学术史的局限而成为一门崭新的学科。也就在此时，一批进步学者开始尝试以马克思主义为理论指导，致力于此项研究工作，在当时的思想史学术园地里取得了可观的成果，对于民族解放和国家独立做出了贡献，也为以后思想史的学术研究开辟了道路。就中国近代思想史而言，需要提及的是侯外庐的《中国近世思想学说史》（重庆三友书店1944年版）有关近代的部分，这是1949年前中国近代思想史研究的显著成果。

但诚如作者所言，写作此书时正处于特殊的战争环境，受种种客观条件限制，此书并不是一本系统完整的近代思想史著作。近代思想史研究的蓬勃发展是在新中国成立以后。中华人民共和国成立60年来，中国近代思想史的研究在曲折中取得了很大的成就。按照研究发展的情况，大体上可以分为两个阶段：从1949年到1976年为第一阶段，从1977年到现在为第二阶段。长期以来，不论研究和教学，中国近代史下限到五四运动前，此后为中国现代史。与之相应，中国近代思想史的下限也止于五四运动，五四运动后为中国现代思想史。本章所论重在五四运动之前，兼及五四运动后，特予说明。

第一节　初具规模的开创性研究

伴随新中国的诞生，上海时代书局于1949年11月出版了斐民著的《中国近代思想发展简史》。作者运用马克思主义观点，叙述了从鸦片战争到新民主主义革命时期思想发展的历程，扼要地介绍了从太平天国空想社会主义到新民主主义几种主要思想的来龙去脉及相互关系。这是新中国成立以来第一部比较系统地论述近代思想史的著作。1955年，石峻、任继愈、朱伯昆编的《中国近代思想史讲授提纲》由人民出版社出版。它的贡献主要在于为建立中国近代思想史的基本理论框架做了有益的尝试。作者以马克思主义、毛泽东思想为指导，比较全面系统地探讨了近代思想史的对象和内容、学习和研究思想史的目的、近代思想产生的社会历史条件和反帝反封建思想发展的路线等问题。该书的出版对近代思想史的研究起了推动作用，引起学术界的关注。学术界对近代思想史的基本问题展开了讨论。王忍之、徐宗勉指出该《提纲》存在三方面的缺憾：一是研究客体不全面。文章认为，《提纲》把旧民主主义革命时期反帝反封建思想的发生和发展的历史作为研究对象是正确的，而认为“近代中国社会产生的新经济、新阶级和新的政治力量，是中国近代思想发生和发展的物质基础”则是不全面的，因为它们只是中国近代新的先进的思想发生和发展的物质基础。近代中国除了有新的进步的思想，还有反映旧经济、旧政治的反动思想和为帝国主义服务的买办的奴化思想。《提纲》把中国近代思想发展的历史归结为革命思想路线和改良主义思想路线两条路线的斗争，没有研究和讨论进步的思想在跟帝国主义思想和封建主义思想进行斗争中发生和发展起来的整个过程，也是片面的；因为前者的斗争只是新的进步思想内部的斗争，后者的斗争则是中国近代思想史的主题。二是思想发展的脉络不完整。编者没有系统地说明各个时期思想的继承关系，形成思潮及思潮的发展和衰落过程，而是更多地逐一介绍思想家的思想，缺乏对整个思潮进行全面的分析与论述，这样便不能深刻全面地把握社会思想的全貌。三是没有充分揭示思想与其赖以产生的社会历史条件的内在联系。对当时的社会历史环境缺乏深入具体的说明，没有充分说明思想是如何产生、发展的。①

上述意见是很有见地的，不仅弥补了《提纲》中存在的某些不足，而且对于中国近代思想史研究也有促进作用。如新旧思想的斗争、思想家与思潮的关系、西方资产阶级思想在中国的传播等问题，一直是以后中国近代思想史研究中值得重视的问题，有些问题至今还没有得到很好的解决。

在这一阶段里，没有系统的近代思想史著作面世，而人物思想的研究却颇为活跃。除在报刊上发表了一批论文外，还出版了中国人民大学中国历史教研室编的《中国近代思想家研究论文选》（生活·读书·新知三联书店1957年版）、北京大学哲学系编的《中国近代思想史论文集》（上海人民出版社1958年版）和李泽厚的《康有为谭嗣同思想研究》（上海人民出版社1958年版）。这些论文涉及的人物范围很广泛，不仅重要人物如林则徐、龚自珍、魏源、洪秀全、康有为、梁启超、孙中山、章太炎、陈独秀、李大钊等的思想有不少研究，次要人物如冯桂芬、宋恕等的思想也有所研究。其中有些论文对人物思想的论析有独到见解，颇有学术价值。广泛而有一定深度的人物思想研究，有助于后来人物思想研究的进一步深入，也为系统的中国近代思想史著述打下了良好的基础。

在人物思想研究中，对有些人物的思想评论也有不同意见。如关于龚自珍的政治、经济思想是否有资本主义倾向，魏源思想的阶级属性，冯桂芬是具有资产阶级民主思想的改良主义者还是地主阶级改革派，康有为《大同书》成书年代和评价，梁启超后期思想的评价，谭嗣同的哲学思想是唯物主义还是唯心主义等问题。应该说，当时还颇有学术争鸣的气氛，在不少问题上都能展开讨论，各抒己见。但是从以上列举的争论问题来看，不难发现主要是关于人物思想的阶级属性问题，反映了思路相对狭隘，而对阶级观点和阶级分析的理解、把握也存在简单化的偏向。1965年，有些刊物对孙思白的《陈独秀前期思想的解剖》（《历史教学》1963年第10期）一文的批判，突出地表现了在“左”的路线影响下的教条主义、简单化的倾向。至于“文化大革命”中“四人帮”为了政治需要大搞评法批儒，在此影响下出现的文章将龚自珍、魏源、章太炎等思想家都纳入儒法斗争中，定之为法家，加以随意渲染。这是对学术的严重扭曲，极

① 参见《评〈中国近代思想史讲授提纲〉》，《哲学研究》1956年第1期。

不严肃。

在专门的思想史领域，也有研究成果出版。赵靖、易梦虹主编的《中国近代经济思想史》（中华书局1964—1966年版），是第一部论述近代经济思想的专著。而关于改良主义思想研究的成果有叶蠖生的《中国近代革命运动中反对改良主义的斗争》（中国人民大学出版社1956年版）和胡滨的《中国近代改良主义思想》（中华书局1964年版）两部专著。《中国近代改良主义思想》一书，系统考察了中国近代资产阶级改良主义思想兴起和没落的历史，把它分为四个阶段，从鸦片战争至19世纪60年代为酝酿时期，以龚自珍、林则徐、魏源等为代表的一部分比较开明的官僚地主阶级知识分子从封建主义正统思想中开始分化出来，他们的政治观点和学术观点虽还没有脱离封建主义的体系，但为后来的资产阶级改良主义者提供了丰富的思想资料。从19世纪60年代至1894年中日甲午战争，是改良主义思想的发生和初步发展时期。著名的改良主义思想家有冯桂芬、王韬、薛福成、马建忠、郑观应等人，政治上主张采用西方资产阶级的议会制度，经济上倡导发展民族工商业，但他们并没有形成一个完整的思想体系。从1894年中日甲午战争至1898年戊戌变法运动是高涨时期。以康、梁为首的改良主义者把改良主义思想推向了高潮，并发展为政治运动。从1898年戊戌变法至1911年辛亥革命运动是没落时期。戊戌变法失败后，康、梁等少数人仍然坚持改良主义路线并对民主革命思想进行攻击，在双方论战中，改良主义思想被击败，影响逐渐缩小。作者的论断并不都准确，但在分析不同时期或同一时期思想家时纵横对比，寻同求异，颇能切中肯綮，找出各自的特征。

系统论述鸦片战争时期社会思潮的是刘大年的《中国近代思想史的一页》（《新建设》1962年第12期）。该文通过对林则徐、黄爵滋、龚自珍、魏源、姚莹、包世臣、张穆等人的研究，指出他们敢于正视现实，揭露批判腐朽的封建制度，主张对列强的侵略进行抵抗，学习西方富国强兵之道。这种思想潮流，成为近代中国人民反帝反封建斗争的发端。作者在文章中还提出资产阶级改良主义思想对封建主义思想的论战、资产阶级革命派对改良派的论战、“五四”前一部分小资产阶级和资产阶级知识分子发起的新文化运动，是近代中国思想解放潮流的三次高潮，它们都是朝着鸦片战争时期社会思潮指出的方向进行的。

第二节 方兴未艾的系统性研究

思想史研究者自身的思想解放，是思想史研究的先决条件。1976年10月粉碎“四人帮”以后，特别是1978年12月中共十一届三中全会的召开，破除了极“左”路线的影响，在解放思想、实事求是的思想路线指引下，史学界开始冲破教条主义的束缚，努力用准确的马克思主义唯物史观来研究历史。近代思想史的研究也呈现出空前的繁荣景象，发表的有关论著可谓目不暇接，研究的深度和广度也是以前无法比拟的。

30年来，近代思想史研究与前一阶段明显不同的是一批系统的中国近代思想史著作的出版。在框架结构上，这些系统的中国近代思想史著作有其发展变化的过程，可以分为三个小段：（1）大致从1978年到20世纪80年代末，有关中国近代思想史的著作，着重于论述思想家的思想，也就是说，其系统主要由思想家构成，下限至1919年五四运动前；（2）从20世纪80年代末到90年代中期，由以人物思想为主，变为以思潮为主，下限也是至1919年五四运动前；（3）20世纪90年代后期以来，近代思想史著述的下限，由1919年五四运动前延伸至1949年中华人民共和国成立前夕。这种变化，从一个侧面反映了近代思想史研究的深化。现将各阶段的研究概况分述于下。

先看1978年至80年代末。1978年，侯外庐主编的《中国近代哲学史》由人民出版社出版。该书虽名为哲学史，实际重心在思想史（特别是政治思想史），它具有以下几方面的显著特点：第一，注重从哲学角度探求人物思想根源，从根基上把握思想的渊源，说明其思想变化的轨迹。例如，作者在论述魏源的社会政治思想时，从详细剖析魏源朴素唯物主义认识论和历史进化观入手，揭示了魏源主张政治改革和反侵略思想的根源及其局限性，从而使读者对其思想有一个深刻的理解。作者在论述人物的哲学思想时，常从认识论、历史观等多方面深入，避免简单的泛泛而谈。在论及思想家的思想时，作者往往追溯其渊源。如谈到龚自珍思想时，介绍了古代荀况、王充、王安石的唯物主义自然观，指出他们的继承关系。思想家的思想是立足于现实的，但必须从已有的思想材料中汲取养料，说明这种继承关系才能够深入揭示其思想特点。第二，注意揭示每个时期的思想与当时社会历史的有机的本质的联系，比较深刻地说明思想产生的原因，准确把握各个时期思想的特征并作深入细致的剖析。例如，作者认为鸦片战争前社会思潮的特征是经世致用思潮的兴起，鸦片战争后则是反侵略的爱国思潮。前者是一部分先进的地主阶级改革派面临封建社会末世严重的社会危机和民族危机要求救世除弊、改革现状的呼声，而后者则是鸦片战争后少数爱国知识分子总结失败教训思考未来前途的反映。第三，关注近代西方哲学社会思想的输入对中国思想界所产生的影响。书中除分散介绍有关内容外，特别对辛亥革命前后资产阶级唯心主义哲学的输入及其思想影响设立一章，比较详尽地介绍了它们的思想和在国内传播的情形，这些对于全面理解近代思想是必不可少的。作者还注意到把西方近代自然科学介绍到中国的早期科学家如李善兰、徐寿等，论述了这些具有唯物主义倾向的科学家对传统天命观的批判。第四，较全面系统地介绍了近代各时期的落后反动思想，并论述了它们和进步思想的斗争情况。由于这部书是在“文化大革命”后期特殊的政治气候下写作的，对人对事的某些评价现在看来有简单化、不客观之处。但是，它对中国近代思想史研究和系统著作的撰写产生的积极影响，则不应低估。

在《中国近代哲学史》之后出现的系统的近代思想史的著作，大多以政治思想史命名。从 20 世纪 80 年代初开始，一批著作陆续出版。比较早的有邵德门的《中国近代政治思想史》（法律出版社 1983 年版），其后便是桑咸之、林翘翘的《中国近代政治思想史》（中国人民大学出版社 1986 年版）和与之同名的宝成关的著作（吉林大学出版社 1991 年版）等，约有 10 余部之多。至于论述近代政治思想和有关人物的政治思想的论文，则数量更大。这些著作揭示了中国近代政治思想发展的历史过程和总的趋势，认为近代政治思想就是对中国传统的封建主义国家观及维护这种国家观的君权神授说和三纲五常伦理道德观念的批判和摒弃，同时也是资产阶级国家观形成发展，并经过实践最终失败的历史。它们的出版对于推进和完善近代思想史的研究起了积极的作用。近代中国政治思想的另一条主线便是反侵略的爱国主义思想。维护国家主权、抵抗外来侵略是关乎国家命运的基本问题，近代任何先进的思想家大都对此提出过主张，并努力进行了实践，但最终都没有能够实现其思想主张。

中国近代政治思想的特点，首先是纷繁复杂。在短短的百余年间走过了欧洲几百年的思想历程，社会政治思想从封建主义跃进到社会主义，各个阶级、各个政治派别纷纷提出自己的政治主张。当思想的主流正汹涌澎湃之时，潜伏的支流也已潺潺流动初现端倪。今日进步思想战线的旗手，明日已沦为落后思想的护兵。有继承传统的，有借鉴外来的，有糅合中西的，政治思想成为异彩缤纷、五光十色的万花筒。其次是肤浅粗糙。近代中国的政治思想基本上是针对迫切的救亡图存的政治问题而提出的。现实斗争的紧迫性没有给思想家们提供足够的条件来构筑他们的理论体系，往往是在解决现实问题的政治方案已经形成之后才去找哲学的支撑点来建立自己的思想体系，这样便不可能形成成熟的完整的思想体系。

多年来，政治思想史的研究范围在逐渐扩大，从主要重视资产阶级扩展到地主阶级改革派和农民阶级，甚至资料甚少的义和团政治思想也受到关注；从占主流的进步政治思想延伸到相当长时期里居于统治地位的落后反动的政治思想。评价也更客观、更实事求是，如对无政府主义，既指出它的消极作用，也肯定它在中国特定的历史条件下，在反对专制主义、批判封建文化、初步介绍马克思主义方面所做的贡献。在写法上，有以派别人物为主的，也有以思潮为主的，有从总体上宏观的论述，也有个案微观的透视。当然，中国近代政治思想史需要探讨的问题还很多，比如在研究对象和范围上就存在较大的分歧，这是要进一步努力解决的。

随着一批近代思想史著作的出版，学术界对研究中国近代思想史的认识进一步深化，提出了一些中肯的意见。金冲及在《中国近代思想史研究中的几个问题》① 一文中全面阐述了自己的观点，提出应该在四个方面加以突破：（1）把近代各种社会思潮的发展演变和它们之间的相互关系作为重点来研究。（2）在时间上应该重点研究从甲午战争到五四运动的 20 多年，因为这 20 多年是思想浪潮汹涌澎湃的时期。（3）要深入探索中国近代哲学思想和政治思想的关系。他认为，“在长时期内，中国近代进步思想界中占支配地位的哲学思想，一直是唯心主义（特别是主观唯心主义），而不是唯物主义”，“第一个给近代中国提供了比较完备的唯物主义思想体系，并在思想界产生广泛影响的，是严复，特别是他所翻译并加了大量按语的《天演论》”。（4）要研究西方近代社会政治思想和哲学思想的各种重要流派，特别是对中国近代思想界产生重要影响的那些思想流派及其对中国的影响，还要着重研究日本近代思想界对中国的影响，因为当时的日本对中国思想界影响巨大。作者的这些见解正切中当时中国近代思想史研

① 载《中国文化研究集刊》第 1 辑，复旦大学出版社 1984 年版，第 265—286 页。

究中存在的问题。例如，过去我们总认为进步的思想家在哲学思想上一般倾向于唯物主义，而唯心主义者在政治思想上必定是落后的，因此在研究先进人物时总是搜寻其唯物主义的成分，而忽略了这其中的复杂性。这些确实是值得深入探讨的课题。

这期间，人们对近代思想史进行了多角度的探讨，研究工作深入细致。如汪林茂认为，在近代中国的进步思想潮流中，有四个新旧交替的转折点并各有其代表人物。龚自珍、魏源身处封建社会的大转折时代，发出了“更法”“师夷长技以制夷”的呼声，首次冲击了封建统治者顽固死守的陈腐信条，成为近代思想解放潮流的先驱。冯桂芬上续龚、魏之绪，开始突破“三代圣人之法”，更明确地提出中国诸多不如“夷”的地方，进一步具体地表达了学习西方的主张，开启了改良主义的先河。维新派的激进分子唐才常突破改良思想的范畴，在变法运动失败后，开始了武装推翻清朝统治的战斗，但对改良思想却割舍不下。辛亥革命失败后，朱执信的思想开始突破旧三民主义的体系，逐渐接近马克思主义。他们都是特定时期承前启后、继往开来的进步思想的代表人物。这些论断是否都符合客观实际，自可讨论，但毕竟提出了问题，有助于研究的进一步深入。①

1988 年，张锡勤和李华兴的同名著作《中国近代思想史》（黑龙江人民出版社 1988 年版、浙江人民出版社 1988 年版）先后出版。两书都比较系统地展现了中国近代思想发展的全貌，既有相同之处，又各具特点：(1) 清晰地展示了中国近代思想的脉络和发展趋势，是两书的共同特点。张锡勤认为“推翻帝国主义和封建主义的统治，拯救、改造中国，使中国走向独立富强，使人民摆脱苦难，这是近代中国人民的共同愿望，也是中国近代思想史的主题”。同时，他认为，近代中国思想史的主流是学习西方，输入西方的资本主义文明，并逐渐认识到资本主义无力补救中国，最终接受了马克思主义，走向了社会主义道路。李华兴认为，中国近代思想史的中心是反帝反封建的社会政治思想，中国近代思想界的一个重大课题是向西方学习。经过艰苦的摸索，最后才将信任票投给了马克思主义，这是人民的选择，历史的选择。(2) 注重从文化的角度考察思想的变迁。张锡勤认为，近代中国接受西方文明的过程，同时也就是对自身传统文化再认识、再评价，进行清理改造的过程。资产阶级思想家们深入地对比了中

① 参见汪林茂《中国近代思想史上的四个转折点》，《求是学刊》1985 年第 5 期。

西文化的异同，试图改造中国传统的文化心理结构，发动了“道德革命”、“文学革命”、“史界革命”。作者对这些方面都做了较细致的评介。李华兴认为，中国人向西方学习经历了文化变迁的三个层次：器物层次—制度层次—思想文化层次。这是一个由表及里，由浅入深，不断深化的过程。近代的思想家和改革家们最终认识到，只有提高民族素质，进行深层次的思想文化变革，才能够推进中国的社会变革。虽然两位作者注意的侧重点不同，但都从文化的深层考察思想的变化。这是以前的几部专著没有顾及到的。（3）吸收了新的研究成果。如两书都对洋务运动作了一定的评介，不过二者的观点不尽相同，张著认为近代中国寻找前途出路经历了包括洋务思潮的六种思潮；而李著则认为近代中国有三种先进的社会思潮，其中并不包括洋务思潮。这些都是以前的近代思想史著作所没有的。

再看80年代末到90年代中期。如果说1978年到80年代末系统的近代思想史著作是以思想家或以思想家为主兼及社会思潮为框架，那么80年代末以后的著作的框架则几乎都是社会思潮。

还在50年代，王忍之等人在文章中即论述了思想家和思潮的关系问题。“文化大革命”后，侯外庐在其《中国近代哲学史》中开始用“社会思潮”来总括某一历史时期的思想，并对某些思潮的特征做了概述。80年代末，金冲及认为中国近代思想史，最重要的是研究各种社会思潮的发展演变和它们之间的相互关系。他认为，由于不同阶级、阶层的人群所处经济地位和社会关系不同，他们的利益也不同，因而在社会上就形成不同的思潮，有主流、支流、潜流和逆流，综合构成一幅极为复杂而丰富的历史图画。尽管社会思潮潮起潮落，但总的趋势是向前发展的。

较早以“思潮”作为书名、论述整个中国近代思想史的专著，是吴剑杰的《中国近代思潮及其演进》（武汉大学出版社1989年版）。作者认为，以往有关中国近代思想史的专著和教材存在着不足，即“依时期、分派别重点地论述各个有代表性的思想家及其代表作，似难以揭示出近代政治思想潮流兴衰替嬗、发展演进的基本线索和规律性”。因此，该书“主要以近代历史上出现的几种进步性思潮，而不再以人物思想为线索”。作者正是以此为主线，论述了鸦片战争时期地主阶级改革派的社会批判、改革思想和爱国维新思想，太平天国农民革命思想，19世纪后半期的洋务思潮，戊戌时期的维新思潮，辛亥革命时期的民主革命思潮，以及资产阶级民主革命思想的低落和马克思主义的传入等。虽然也还存在着只写几种进步思潮是否就能全面反映近代中国思想发展演进的线索和规律性等问题，但这种尝试无疑是有益的。

稍后，吴雁南等主编的《清末社会思潮》（福建人民出版社 1990 年版）一书问世。书中所述虽然只限于甲午战争后到辛亥革命前一个时段，不是全部中国近代的历史，但中国近代思想史上的重要思潮，多数都包括在内，所涉有爱国主义思潮、变法维新思想、革命民主主义思想、君主立宪思想、教育救国思想、实业救国思想、国粹主义思想、无政府主义思想和早期社会主义思潮等。书中对于思潮的归类，自有其特点，但也有可推敲之处。如爱国主义，它是中国近代思想史的脊梁，贯穿始终，体现于各种思潮之中，单列一类，与其他思潮并列，是否妥帖，似可斟酌。

90 年代中期，以“社会思潮”命名的著作增多。如戚其章的《中国近代社会思潮史》（山东教育出版社 1994 年版）、胡维革的《中国近代社会思潮研究》（东北师范大学出版社 1994 年版）、黎仁凯的《近代中国社会思潮》（河北人民出版社 1996 年版）、高瑞泉主编的《中国近代社会思潮》（华东师范大学出版社 1996 年版）等。这类著作大多以思潮为线索分类撰述，而于思潮分类也大同小异。这里不可能一一介绍，只以其中在框架上有所不同的两种著作为例。

胡维革的《中国近代社会思潮研究》在结构上有其特色，它不仅限于对近代思潮的依次论述，而且把它们作为近代中国社会思潮的一个重要内容来处理。该书着重探讨了以下几个问题：（1）关于中国近代社会思潮的开端、主线、流程和终结；（2）关于西方文化、传统文化、社会意识、知识分子群体、思想巨人与中国近代社会思潮的关系；（3）关于几种重大社会思潮的起因、内容、演变及影响。这就避免了由依时期、分派别重点论述各个有代表性的思想家及其代表作，而依序论述各个思潮的不足。尽管论述的深度以及有些论断不一定都能得到研究者的认同，但毕竟较只是依序阐述各个思潮为丰满。

高瑞泉主编的《中国近代社会思潮》则是一部专论性著作，书中所收的 12 篇专论，其内容与上述的一些近代社会思潮史有明显的不同。该书所论的 11 种思潮是：人道主义思潮、进化论思潮、实证主义思潮、唯意志论思潮、自由主义思潮、文化激进主义思潮、汉宋学术与文化保守主义思潮、无政府主义思潮、民族主义思潮、佛教复兴思潮与中国的近代化、基督教传教与晚清“西学东渐”。比较而言，这些思潮中虽也有政治思潮，但更偏重的是哲学、文化思潮。这可能是因为作者所从事的专业不同，所关注和侧重的方面也难免会有所不同。在 11 种思潮中没有马克思主义和社会主义思潮，编者在后记中已作了说明，理由似可成立。不过正因为马克思主义在近代中国影响甚大，而在一部研究中国近代社会思潮的著作中却没有它的位置，未尝不是缺陷。还需要提出的是，该书关于中国近代的下限，不是到五四运动，而是到中华人民共和国成立，这也是与上述各种哲学史、政治思想史、思想史、社会思潮史不同的。

五四运动到中华人民共和国成立前的思想史，大多属政治思想史，如林茂生、王维礼、王桧林主编的《中国现代政治思想史》（黑龙江人民出版社 1984 年版）和王金铻、李子文著的《中国现代政治思想史》（吉林大学出版社 1991 年版）。前者 1984 年出版，是一部较系统地论述中国现代政治思想史的专著。该书认为，在新民主主义革命时期，各阶级、政党、团体及其代表人物政治思想的核心是建国问题，各种建国纲领和方针的提出及它们之间的斗争，构成了中国现代政治思想史的基本内容。该书从而以大地主大资产阶级、民族资产阶级和无产阶级三种建国理论与主张的相互关系与斗争为基本线索，系统论述了中国现代史上的主要政派及其政治思想。后者是 90 年代初出版的。该书改变了通史体例的中国现代政治思想史的写法，按照思想出现的先后，系统地论述了三民主义、新民主主义、自由主义和封建买办法西斯主义四种主要思想。作者的目的是力求将中国现代政治思想的主体分别完整系统地显示出来，并由此进行深层次的研究。这种写法，自有其长处。不过 30 年间的政治思想错综复杂，一部中国政治思想史只反映几种主要思想，点虽突出，面却较窄。

高军、王桧林、杨树标主编的《中国现代政治思想评要》（华夏出版社 1990 年版）一书，不以“史”命名而有其特点。该书以纪事本末的编辑体例，论述了从五四运动到中华人民共和国成立的 30 年间具有影响的 20 余种政治思想，其中包括中国新民主主义革命理论、中国无政府主义、胡适实用主义、中国空想社会主义、中国基尔特社会主义、孙中山三民主义、国家主义派的政治思想、戴季陶主义、西山会议派的政治思想、中国法西斯主义、国民党改组派的政治思想、第三党政治思想、人权派政治思想、乡村建设派政治思想、中国托派政治思想、汉奸“新民主义”、战国策派政治思想，等等。作者对这种种政治思想不仅阐述其产生、发展的过程，而且作了分析和评价，多有新意。

最后看90年代后期至21世纪初年的研究。上述诸多关于中国近代思想史的系统著作，除高瑞泉主编的一种外，其下限都止于五四运动。而以“中国现代政治思想史”命名者，则自五四运动到中华人民共和国成立。然而情况也在发生变化，90年代后期以来新出版的关于中国近代思想史的著作，下限则是止于中华人民共和国成立。

吴雁南等主编的《中国近代社会思潮》（湖南教育出版社1998年版），全书共4卷，200多万字，时间跨度从鸦片战争到新中国成立前一个多世纪，是目前为止篇幅最长、规模最大的系统研究近代社会思潮的专著。其特点主要有：（1）比较系统全面地展示了中国近代社会思潮的多样性、完整性及其演变发展的轨迹，正确地把握了中国近代社会思潮的主流和方向，揭示出救亡图存、振兴中华、改造中国、走近代化道路是近代社会思潮的中心，爱国主义则是这些社会思潮的原动力，而科学社会主义在各种社会思潮中最终取得主导地位。同时也顾及中间和反动的思潮，并把它们同当时的社会环境和民众心理的嬗变联系起来考察。（2）从文化的角度来考察社会思潮。作者认为，近代社会思潮的发展演变，是同中西文化的冲突与融合交织在一起的，只有科学地认识中西文化，才能正确地解决中国文化发展的方向。书中以较多的篇幅来评述文化领域中的思潮与论争，这在其他系统的中国近代思想史著作中是不多见的，其中的神秘主义、非基督教等思想现象更少有人注意。

由彭明、程歗主编的《近代中国的思想历程（1840—1949）》（中国人民大学出版社1999年版）有三个显著特色。首先，作者将思潮看作是由从低到高的认识序列互相联结而成的精神体系，把思想史研究的主轴从人物分析转向更为广阔的群体意识分析。其次，在百年思潮的演进过程问题上，提出了具有新意的划分阶段的见解，认为随着时代主导意识的变化和发展，中国近代思潮先后经历了四个阶段：（1）从鸦片战争到中日甲午战争，是多种改革思潮的萌动时期；（2）从甲午战争到辛亥革命，是对传统思想的否定时期；（3）从五四运动前到20世纪30年代中期，是思想界重新调整思考方向和发生深刻的分化组合的时期；（4）从20世纪30年代中期到新中国成立，是以毛泽东为代表的中国共产党的新民主主义思想体系开花结果的时期。上述阶段划分把握是否恰当，当然还可以研究，但此前还不曾有人做过这样明确的叙述，应该说是有进展的。最后，提出了“一部中国近代思潮史，本质上是中国人自我发现、自我觉醒和自我选择民族生存方式的认识史”，这是符合历史实际的，也是颇有新意的。

进入21世纪以来，中国近代思想史在时限上坚持将下限延伸到1949年中华人民共和国成立前夕，而如以前那样用“政治思想史”来涵盖整个近代思想史研究的情况已较为少见，近代思想史研究同时也经历了一个从系统性研究向分时段研究倾斜，继而又趋于恢复系统性研究的过程。

这一时期，系统性研究逐渐恢复，部分论著从各自一面反映了中国近代思想史研究的深化和特色。何兆武等的《中国思想发展史》（湖北人民出版社2007年版）一书，梳理了从先秦到五四运动前夕的中国思想发展脉络，分门别类地论述各个时期每一种思想的继承和发展，体现了中国几千年来思想文化的丰富内涵。该书的特色是除介绍哲学思想和政治思想外，对经济思想、科学思想、史学思想、文学思想以及农民革命思想都作了系统的阐述分析，这是思想史研究的有益尝试。葛兆光的《中国思想史》第2卷（复旦大学出版社2000年版）一书，讨论了7世纪至19世纪中国思想界的最终确立和逐渐瓦解过程。涉及近代思想，该书认为16世纪的中国开始从“天下中心”的朝贡想象逐渐进入“万国”时代，这种知识、思想与信仰世界却渐渐出现了深刻的裂缝，尽管明清嬗代，曾经有一度在表面上弥合了这种裂缝，暂时在公众和政治话语层面上重建了同一的思想，但是，这种公与私的领域之间已经分裂的传统，终于在坚船利炮的压力和诱惑中开始瓦解，特别是1895年中国被日本所败，在愤激的心情和屈辱的感觉下，中国开始按照西方的样式追求富强，走上向西转的道路，由此激荡出现代中国思想界的“救亡”与“启蒙”、“民族主义”与“世界主义”、“激进主义”与“保守主义”等种种思想。

分时段研究的成果也不少，如张汝伦的《现代中国思想研究》（上海人民出版社2001年版），汪荣祖的《从传统中求变：晚清思想史研究》（百花洲文艺出版社2002年版），陈哲夫的《二十世纪中国思想史》（山东人民出版社2002年版），王兴业的《中国现代思想文化的发展轨迹》（中国文史出版社2003年版），郑大华的《晚清思想史》（湖南师范大学出版社2005年版）、《民国思想史论》（社会科学文献出版社2006年版），等等。

随着研究的深入，学界对近代思想史研究中存在的问题和可能的发展方向、思想史学科的含义等展开了讨论。过去的近代思想史研究著作，往往只注意分析精英思想家的思想，基本上是近代思想家的思想观念发展史的状况，引发学界打通思想史和社会史、关注思想与社会互动关系的呼声。刘泽华、庞朴撰文认为，思想与社会的互动过程，不是一般的既研究思想又研究社会，也不是思想研究与社会研究的机械相加，而是两者的互动和混成现象。主要包括两方面：一是思想的社会化和社会的思想化过程；二是思想（观念）的社会和社会的思想（观念），重要的是要呈现出“思想的社会”、“社会的思想”以及“思想社会化和社会思想化的过程”。[①] 另有学者提出，思想史的学科建设需要处理好三大问题、九大关系：一是学科属性的问题，包含思想史与哲学史、文化史、学术史三大关系；二是价值中立原则的问题，包含事实判断与价值判断、主流话语与非主流话语、思想史与社会演进史三大关系；三是时代精神问题，包含民族主义与世界主义、经验主义与理想主义、传统与现代三大关系。[②]

对于近代思想史研究的对象和内容，学界主要有两种观点。一种观点认为，思想史研究仍应以精英思想为主，因为思想史研究的主旨是探讨人类思想观念对于人类自身历史的作用和影响，从精英思想的研究出发，可能更容易求得问题的解决，而且历史上真正的“精英思想家”的思想其实包含着一般社会思想，而沉淀于社会习俗、礼仪等方面的一般社会思想，由于其分散性和具有杂质，难以典型地展现一个时代的思想观念与精神风貌。另一种观点主张思想史不仅要研究精英思想，还要扩大到一般社会思想；不仅要研究形而上的“道”，还要研究形而下的“器”；不仅要做“加法”，还可以做“减法”，要研究历史上一度很重要而后来消失的思想观念，必须重视民众思想及其与精英思想间的互动关系。关于思想史研究方法，学者们认为：第一，广泛借鉴其他学科以及西方思想史研究的方法。要从精研学界佳作中领悟其方法，而不是搬用别人的教条和公式。第二，立足于近代中国。研究的主要问题应是中国自身的思想问题，是中国思想在近代的内在结构演变和发展脉络，外部因素只是中国近代思想变动的条件之一，而且必须通过中国社会内部的因应发生作用。第三，应具有开阔的眼界。近代思想是在中国走向世界过程中展开的，应从总体上研究影响近代思想的各种文化条件，除内部的文化条件外，必须把握西方文化

① 参见刘泽华《开展思想与社会互动和整体研究》；庞朴《思想与社会的互动》，《历史教学》2001 年第 8 期。

② 参见许苏民《“一位擎着火炬的侍女”——论中国近代思想史学科建设中的三大问题与九大关系》，《南京大学学报》2005 年第 2 期。

观念、文化样式在近代发展变化的基本脉络，必须把握同时在非西方国家尤其是殖民地国家发生的思想、思潮。[①]

第三节　繁荣的专题研究

从1977年到21世纪初年的第二阶段里，中国近代思想史的研究，除去系统的著作大量出版，取得显著成绩外，对思想家的个案研究和专门思想领域的研究，也有很大的进展。

在思想家研究方面，较早较集中地体现于李泽厚的《中国近代思想史论》（人民出版社1979年版）一书。该书着重论述了洪秀全、康有为、谭嗣同、严复、孙中山、章太炎、梁启超、王国维和鲁迅9人的思想，他们在中国近代思想史上都是具有时代代表性的人物。但作者并不只是停留于思想家的个案研究，而是把代表人物和思潮“结合和统一起来论述”，着重论述推动近代中国历史发展的太平天国、改良派、革命派三大思潮。作者认为“不强调从思潮着眼，无法了解个别思想家的地位和意义；不深入剖解主要代表人物，也难以窥见时代思潮所达到的具体深度”，是有见地的。书中所要论述的是从洪秀全到鲁迅，中国近代走向未来的进步浪潮，对与这浪潮相对抗的反动派的思想则没有涉及，只在后记里稍为谈了以曾国藩、张之洞、袁世凯为典型的思想。不能认为作者对此不重视，恰恰相反，作者明确指出中国近代反动派的思想“是同样值得深入研究的”，因为“这个陈旧不堪的意识形态在近代条件下，却极为顽强地通过变换各种方式阻挠着历史行程的前进”。李泽厚的另一著作为《中国现代思想史论》（东方出版社1987年版）。该书主要论述了现代史上一些重要人物的思想，也涉及学术论战、文艺思想等问题。学术界对其中有些论断有较多争议。例如，关于“救亡压倒启蒙”的问题，就有不少学者提出批评。他们认为这种说法不符合近代中国的历史实际，如果从中国近代思想发展的来龙去脉来看，恰恰是救亡引进了启蒙。一次救亡运动的高潮，总是能有力地唤起或促进一次伟大启蒙运动的到来。戊戌维新运动、辛亥革命、五四运动、“一二·九”运动等无不如此。这是中国近代历史上一种带规律性的现象。

---

① 参见《中国近代思想史研究方法学术讨论会综述》，《历史研究》2003年第1期。

人物思想研究的论文数量很多，著作也不少。除人物传记涉及思想方面外，专门研究人物思想的也多有出版和发表，在一些重要思想家的研究上取得了重要进展。

关于孙中山三民主义的深入研究一直是重点和热点。蒋大椿的《孙中山民生史观析论》（《中国社会科学》2000 年第 2 期）一文，通过对孙中山民生史观的系统考察，尤其将它与唯物史观进行认真比较后，认为马克思的历史观是唯物辩证的实践史观，民生史观的实质是多元动力的主体进化史观。民生史观基本含义有二：一为民生是历史的重心，表明孙中山对社会历史内容和基本结构的见解，突出了历史主体的人；二为人类求生存是社会进化的定律，表明孙中山对历史发展规律及其动力的认识：社会进化的原动力，一是民生，二是“人类求生存”，三是“民生主义”。

梁启超思想尤其是戊戌后思想发展的研究，取得重大进展。由于梁启超思想的发展与他流亡日本后的经历关系密切，因此，结合中日两方面的材料来探讨梁启超启蒙思想的渊源显然是正道。郑匡民的《梁启超启蒙思想的东学背景》（上海书店出版社 2003 年版）一书，对梁启超思想与日本思想界的渊源关系作了深入探讨，指出梁启超对近代中国政治、思想、文化、学术均产生重大影响的启蒙思想、新民思想、民权思想、国家主义和国家有机体论等思想，均有日本思想家的影子在其中。梁启超传播西学，通过日本这一中间渠道，因而渗入了不少日本思想家的思想成分，该书厘清和析释这些成分，有助于对梁启超思想更深入和更精确的了解。关于梁启超的思想文化取向，郑师渠的《梁启超与新文化运动》（《近代史研究》2005 年第 2 期）一文指出，梁启超在欧游前与新文化运动相一致，欧游归来则增加了反省现代性的思想支点，与新文化运动原主持者间的关系是求同存异。他坚持反对“科学万能论”，反对全盘否定中国传统文化，主张借助西方科学的精神与方法，重新估价和整理国故，以发展新文化。因此，梁启超由反省现代性归趋于整理国故，仍不失其独立的地位。

章太炎思想一直是学界研究的重点。张昭军的《儒学近代之境——章太炎儒学思想研究》（社会科学文献出版社 2002 年版），将章太炎儒学思想置于中国儒学发展历史长河中动态地把握，置于儒学近代转化和中国传统文化近代嬗变的大背景下来讨论，分析了章太炎儒学思想的学术流变、思想本原、演进过程、与儒学近代化的关系及其儒学思想的政治性、时代性和社会性。指出章太炎儒学思想具有自身特点的同时，因近代儒学存在共性，需要把握并客观评价章太炎儒学思想在其思想体系中的位置。史革新的《章太炎社会思想述略》（《史学理论研究》2005 年第 3 期）一文指出，章太炎的社会观固然深受西方社会学思想的影响，但又不为其所囿，而是在自己理解的基础上，融入了进化论、历史学、政治学以及传统儒学、诸子学、佛学等思想内容，形成对人类社会起源、组合、发展、变迁以及批判现实社会、追求理想社会等问题的一整套独特看法。

章士钊是辛亥革命时期较早关注和研究近代民主政治的知名政论家，因倡议“毁党造党”而轰动一时。陈宇翔的《章士钊的政党理念与“毁党造党”说》（《浙江社会科学》2000 年第 4 期）一文，系统总结和分析章士钊的政党主张和理念后指出：注重政党的党纲和推崇英国式的政党内阁制是章士钊政党思想的最大特征，提出“毁党造党”论是他的政党思想发展的逻辑结果，由于近代中国缺少建立民主政治的必备条件，这必定成为无果之花。《甲寅》月刊时期，是章士钊一生思想影响最大的时期，也是他自由主义政治思想的巅峰时期。邹小站的《章士钊〈甲寅〉时期自由主义政治思想评析》（《近代史研究》2000 年第 1 期）一文，剖析、勾画出这一时期章氏自由主义思想的轮廓：以功利主义的理论系统清理国家与个人的关系，批驳专制集权理论；捍卫民主政治的价值，提出调和立国论。他认为，章氏一方面关注国家的强大，另一方面又关注个人的自由权利；一方面认定中国应当走民主政治道路，另一方面又为中国的现实条件所困；既希望中国能够以和平有序的方式实现政治的转型，又在现实的逼迫下承认革命的正当性。因此，章士钊思想上的困惑，在中国自由主义者中具有相当典型的意义。

值得指出的是，“文化大革命”前的人物思想研究注重两点：一是唯物主义与唯心主义的斗争，认为进步的思想家必是唯物主义或倾向于唯物主义的，而唯心主义定是反动、落后者的思想特征；二是以阶级成分决定思想状况。“文化大革命”后纠正了这种片面性和简单化倾向。研究者认为唯心主义在近代进步思想界长期占主导地位，它也是进步思想家进行政治斗争的思想武器。在阶级社会里，由于各自阶级利益的不同，各阶级代表人物的思想主张是不相同的。但仅仅注意及此是不够的，因为同一阶级不同阶层、不同利益集团的思想倾向是不同的，甚至是相互对立的。探求思想家的思想，还必须从其个人的经历、思想渊源等多方面进行考察，既看到共性，也要认识其个性。对于研究人物思想，这些意见是值得注意的。

改革开放30多年以来，中国近代思想史的研究范围空前广泛，各个专门思想领域研究的深度和广度不断拓展，几乎涵盖了近代思想的各个方面。如经济思想有赵靖、易梦虹重新修订的《中国近代经济思想史》（中华书局1980年版）等多种著作，法律思想有张晋藩的《中国近代法律思想史》（中国社会科学出版社1984年版）等，哲学思想有冯契的《中国近代哲学史》（上海人民出版社1989年版），史学思想有胡逢祥、张文建的《中国近代史学思潮与流派》（华东师范大学出版社1991年版），佛学思想有郭朋的《中国近代佛学思想史稿》（巴蜀书社1989年版），军事思想有吴信忠、张云的《中国近代军事思想和军队建设》（军事科学出版社1990年版），新闻思想有胡太春的《中国近代新闻思想史》（山西人民出版社1987年版），文艺思想有叶易的《中国近代文艺思想论稿》（复旦大学出版社1985年版）等。这里不可能一一阐述，仅就几种专题思想史的研究论著加以评介。

熊月之的《中国近代民主思想史》（上海人民出版社1986年版）是近代民主思想研究有代表性的成果。（1）该书所反映的中国近代民主思想内容丰富，比较全面，不仅论述民主政体的思想，还包括一切与专制主义相对立的思想，如自由思想、平等思想、分权思想、法治思想、反对封建纲常的思想、反对作为封建精神支柱的孔子的思想，以及其他各种反对封建专制主义的思想的发生、发展，各自的特点、影响。（2）辨析了古代“民主”（民之主）与近代“民主”（人民的权力）含义的本质区别，以及近代中国“民主”与“民权”的内涵演变。指出中国古代的民主思想重点在反对专制主义，但与近代民主思想有相通之处，是接受西方近代民主思想的历史依据。中国民主思想的直接来源是西方资产阶级民主思想，西方近代民主思想不但否定专制制度，更为近代民主国家和人民权利描绘了蓝图。（3）全面考察了近代资产阶级民主思想的演进历程，认为它经历了酝酿（鸦片战争前夜）、产生（19世纪70年代后）、发展（甲午战争后）、成熟（20世纪最初10年）和转变（民国成立后到五四运动）五大阶段，其间又经过了民主共和与君主立宪四个交替否定的过程，反映了中国人民对民主由浅入深、由表及里的思想认识路径。在此基础上揭示出了中国近代民主思想发展的内在规律及其特点。作者认为，近代中国最早是从御侮强国的目的出发而采用西方议会制度的，它较民族资本主义的进程超前出现。这样便使近代民主思想带有明显的实用主义特点，影响了对西方近代民主思想的完整理解和系统吸收，对于看似与救国没有直接联系的自由平等思想则相对冷落。正因为如此，新文化运动时更高地举起了民主的大旗，而只有中国共产党才能在中国建立真正的社会主义民主，并将使民主制度进一步趋于完善。尽管书中的某些论断未必能为研究者所认同，但不可否认，这是一部在认真研究基础上撰写的有独到之处的学术专著。

而耿云志等的《西方民主在近代中国》（中国青年出版社 2003 年版）一书，则是 21 世纪初年研究近代中国民主思想的代表作。（1）该书从思想和制度、认识和实践两大视角切入，考察自从中国的先进分子睁眼看世界开始，为改变中国落后的君主专制制度，力求在中国建立某种西方式的民主制度（包括立宪君主制和共和制）所作的种种努力和尝试。（2）该书对自鸦片战争以来中国人民主认识的发展历程，对西方民主思想和民主政体引入中国，在中国的发展、演变和尝试的历史进程作了系统考察。（3）该书根据对中国近代民主政治认识与实践两方面的考察，认为近代中国民主化进程的最大特点是，近代中国对民主政治的认识与实践并不同步，存在一个奇特的悖论。

近代民族主义思想的研究专著有唐文权的《觉醒与迷误：中国近代民族主义思潮研究》（上海人民出版社 1993 年版）、陶绪的《晚清民族主义思潮》（人民出版社 1995 年版）和罗福惠主编的《中国民族主义思想论稿》（华中师范大学出版社 1996 年版）等。中华民族是具有悠久历史和灿烂文化的民族，很早便形成了深厚的民族主义传统。在历史上，传统的民族主义思想在促进国内以汉族为主体各民族的融合和团结，积极开展对外交流和扩大国际影响等方面都产生过重要的影响。其中的爱国主义思想、反抗外来侵略的思想等是数十年来的民族优良传统。对于中国传统民族主义思想的形成、特点以及它存在的缺陷，各书都作了一定的探讨，对传统民族主义的特点和缺点有比较一致的看法。在近代中国，传统民族主义思想受到前所未有的挑战，发生了重要变化。陶绪在书中考察了传统民族观念中华夏文化中心的地理观念、华夏文化优越观念、羁縻怀柔观念、“夷夏之辨”观念及其在晚清的变化，比较系统地阐述了传统民族观念中有的内容因不适应社会和时代的要求而被淘汰，有的内容在新的历史条件下发生了很大变化。这种新的近代民族意识为 19 世纪末 20 世纪初民族主义思潮的形成准备了条件。晚清民族主义思潮的重要来源是西方近代民族主义思想，直接原因是中国民族危机的加剧和资本主义发展的需要。资产阶级民族主义思想是晚清民族主义思潮的主流，改良派以满汉合一为特征和革命派以排满革命为特征的不同民族观及其争论对民族民主革命产生了重大的影响。当然，民族主义思想在其他阶级、阶层也有表现，罗福惠在书中论述了太平天国运动、反洋教斗争和义和团运动中中国乡村民众民族意识的觉醒，以及对近代民族斗争的巨大影响。虽然他们限于阶级地位和认识水平不可能找到民族解放的正确道路，但却是中华民族争取民族独立的重要力量。唐文权则提出，中国近代民族主义思想不仅是政治的，而且还有经济的和文化的民族主义思想。这就拓展了民族主义思想研究的范围。

21 世纪之初，又有罗志田《乱世潜流：民族主义与民国政治》（上海古籍出版社 2001 年版）一书面世。他以近代民族主义发展为切入点，分析了民国初年的思想与政治互相呼应、渗透、相互作用的状况，指出近代民族主义的反抗与建设两面实际是相辅相成而不可分割的，在抵御外侮的反帝运动中各政治力量对民族主义有加以政治运动的策略，同时，民国初年中国权势结构中外国在华存在有着实际和隐约的控制力量，意味着中国民族主义对外的一面与实际政治运作的关联密切。21 世纪以来，近代民族主义研究的论文数量较多。耿云志的《中国近代思想史上的民族主义》一文指出：民族和民族主义的客观性和历史合理性不能否定。近代民族主要包括以下几个因素：长期共同活动的地域，历史上形成的共同文化，长期紧密联系的经济生活、政治生活、文化生活所造成的国家认同。近代民族主义的发展大体经历了三个层次：一是鸦片战争前后，中国人尚未摆脱“华夷之辨”的古代民族观念；二是在西方列强侵略的刺激下，近代中国的民族主义迅速发展起来；三是到 20 世纪 20 年代初，中国民族主义增加了为争取民族平等的世界新秩序而奋争的新内容。一定要注意民族主义的表现形式，肯定健全的民族主义、理性的民族主义，反对民族虚无主义、民族沙文主义；既反对崇洋媚外，又反对盲目排外。李文海的《对“民族主义”要作具体的历史的分析》一文认为，民族主义是以民族权益和民族感情为核心内容的一种政治观念、政治目标和政治追求，是一个历史的范畴，不同的历史时期、不同的历史人物及不同的政治派别，民族主义的内容、作用会有很大的差异，对民族主义要作具体的历史的分析。在近代中国，民族主义主要起着积极的作用，同时也不能忽视其消极的作用和影响。[①]

近代中国的无政府主义思潮，是改革开放后较受研究者关注的一个课题，因而发表的成果也较多。在那些系统的中国近代政治思想史、社会思潮史中，差不多都辟有专章论述这一思潮。此外，还出版了4部专门研究无政府主义思潮的著作：徐善广、柳剑平的《中国无政府主义史》（湖北人民出版社1989年版），路哲的《中国无政府主义史稿》（福建人民出版社1990年版），蒋俊、李兴芝的《中国近代的无政府主义思潮》（山东人民出版社1991年版），汤庭芬的《中国无政府主义研究》（法律出版社1991年版）。它们在对中国近代无政府主义思潮发展线索的认识上虽稍有差别，但基本上是一致的，即认为19世纪末20世纪初为传入时期，1907年至五四运动前后为形成、发展时期，1923年到1941年为破灭时期。其中蒋俊、李兴芝的著作就是按照无政府主义思想从传入到尾声的发展变化线索顺序撰述的，脉络清晰，比较系统。作者认为，中国无政府主义，主要是一个以小资产阶级社会主义与民主主义相结合为特点的思想派别，它不仅提出了防止资本主义的口号，而且还发表了一定的反封建和要求民主的言论，在不同历史时期有着不同的作用，不能简单地否定。这种以历史事实为依据，坚持实事求是原则的态度，是可取的。而汤庭芬的著作则横向分析解剖中国的无政府主义，具有明显的专题性研究性质，如关于中国无政府主义的兴起与破灭、思想内容、形成的历史条件、思想来源，以及与资产阶级革命派、与马克思主义的关系等问题都逐一做了较为深入的探讨，提出了自己的见解。这几部著作都是在20世纪80年代末以后出版的，此前已有一批研究中国无政府主义的有学术价值的论文发表，如胡绳武、金冲及的《二十世纪初年的中国无政府主义思潮》（湖南人民出版社1983年版），杨天石、王学庄的《同盟会的分裂与光复会的重建》（《近代史研究》1979年第1期），张磊、余炎光的《论刘师复》[②] 等。这些研究，有助于后来专门研究的深入和专著的出版。

近代伦理思想史成为一门独立的学科是20世纪80年代以后的事，它是从哲学史中分离出来的。较早的近代伦理思想史专著是张锡勤等撰的

① 以上两文均载《史学月刊》2006年第6期。

② 载《近代中国人物》（一），中国社会科学出版社1983年版。

《中国近现代伦理思想史》（黑龙江人民出版社1984年版）、徐顺教等主编的《中国近代伦理思想研究》（华东师范大学出版社1993年版）和张岂之、陈国庆的《近代伦理思想的变迁》（中华书局1993年版）。前二书着重于人物伦理思想研究，所论包括新民主主义革命时期资产阶级和无产阶级人物的伦理思想。后一书的下限至五四运动，在体例上有所突破，兼顾对社会伦理思潮和著名思想家的论述。作者对近代伦理思想发展的脉络做了清晰的阐述，明确提出中国近代伦理思想产生于洋务运动，在戊戌维新、辛亥革命、五四新文化运动的历史进程中发展，并认为，“近代中国始终没有建立起兼采中西伦理道德精华的、具有中国特色的伦理思想体系。而且由于民族生死存亡始终为最急迫的问题，这就决定了伦理思想的建设不能成为主题”。书中还就一些理论性较强、难度较大的问题提出了自己的见解。例如，在中国旧的、封建主义伦理道德中，哪些是具有封建性的糟粕，哪些是具有生命力的珍品，我们应当如何有选择地加以继承；中国近代许多著名思想家的伦理思想，都有一个从对传统伦理道德的离异或悖逆到回归或倒退的发展变化过程，为什么会出现这种情形；事实证明，中国传统伦理道德不能全部用来振兴民族精神，完全照搬西方的伦理道德也不能适应中国近代国情，那么，中国近代以来的伦理道德思想体系应当如何建构，它应当是怎样的理论形态，中国传统伦理道德与西方近代伦理学说中的精品怎样结合，等等。这些问题的确都值得探讨，它的提出对于近代伦理思想以至近代思想史的深入研究都是有助、有益的。

近代学术思想史研究的兴起稍晚于近代伦理思想史，但成绩却颇为可观，近代理学思想研究是其中较为突出的领域。如龚书铎等的《清代理学史》（广东教育出版社2007年版），对有清一代理学思想的发展演变作了系统梳理。（1）将清代理学发展演变的历史分为三个阶段：第一阶段历顺治、康熙、雍正三朝；第二阶段为乾隆、嘉庆及于道光中叶；第三阶段从道光中叶开始，历经咸丰、同治、光绪朝，至宣统三年止。（2）总结清代理学的特点是：无主峰可指，无大脉络可寻；学理无创新，重在道德规范；宋学与汉学既互相贬抑又兼采并蓄；宗理学者对西学的抵拒与接纳。（3）该书对有清一代理学兴衰变化的脉络，主要思想家的理学思想，以及理学内部宗程朱与宗陆王者的辩驳、调和、消长，清代理学较之宋明理学的特点等，皆做了切实有据的考辨、梳理和分析。此外，史革新的《晚清理学研究》（商务印书馆2007年版），张晨怡的《清咸丰年间湖湘理学群体研究》（中央民族大学 2007 年版），张昭军的《晚清民初的理学与经学》（商务印书馆 2008 年版）等，均有深入研究。

关于近代学术思想转型的研究，有一些值得注意的现象。王汎森的《从经学到史学的过渡——廖平与蒙文通的例子》（《历史研究》2005 年第 2 期）一文，以廖平与蒙文通师生之间的学术承传为例，考察近代学术研究从经学向史学转变的进路。认为，蒙文通的“古史多元论”、“大势变迁论”都牵涉到近代从经学向史学过渡的复杂学术背景，加之受廖平的“经学系统不是一个完整的有机体”观念的影响，于是在近代“经”与“史”地位发生激烈转变的学术背景下，开始用历史的思维处理廖平以经学思维提出的问题。刘巍的《〈教学通义〉与康有为的早期经学路向及其转向》（《历史研究》2005 年第 4 期）一文，以《教学通义》为切入点，考察康有为经学思想的演变及其原因。认为《教学通义》所反映出来的，实际上是一种基于经世理念的古今兼用的趋向，上书活动的失败，使康有为经学思想发生转变，调整了得君行道的上行路线，开辟了以匹夫自任“合民权”以保国、保种、保教的新的理论与策略，与这种思想相表里的是对孔子的重新诠释与今文经学立场的确立。桑兵的《从眼光向下回到历史现场——社会学人类学对近代中国的影响》（《中国社会科学》2005 年第 1 期）一文，考察了清末和民国时期西方社会学、人类学对中国史学产生的巨大影响，以及晚清民国史学的转向问题。指出，清季知识人提出民史的概念，并认识到用西方新起的考古学与社会学来弥补远古历史不足之重要，经过民国学人的探索，史学的“眼光向下”和社会学、人类学的重心下移合流，使民史的重建渐具雏形。但也产生了一些令史家困惑的倾向，其中重要的一点，便是史学以史料为依据，而考古学与人类学基本没有自己的文献记录，都强调实地作业，要解决此一困惑，就要“回到历史现场”。关于中国近代学术变迁的趋向问题，麻天祥在《变徵协奏曲——中国近代学术统论》（《湖南师范大学社会科学学报》2000 年第 2 期）一文认为，在中西两种文化的冲突中，百余年来中国近代学术变迁的基本特征是：变与合。其内容包括三个方面：如何评价传统，怎样引介西方，建设什么样的未来文化。对传统的重新评价，是中国近代学术变迁的依据和核心内容；有选择地引介外来学说是变的条件；对中国文化未来的建设则是变的结果。其主要途径是：以复古为形式，以创新为内容，以中西文化比较为方法，中西互补，古今合和，建设求真而又致用的近代学术，形成了近代学术的新格局。

晚清时期，一个引人注目的学术现象，就是中国传统学术门类发生了分化，出现了现代性质的学术分科，并初步建立了现代意义上的学术门类。左玉河的《从四部之学到七科之学——学术分科与近代中国知识系统之创建》（上海书店出版社2004年版）一书，从考察晚清学术分科观念及分科方案入手，揭示了传统学术向现代学术转变的历史轨迹：从“四部之学”向“七科之学”转变，是中国传统学术向现代学术形态转变的重要标志之一；传统学术的现代化与西方学术的中国化，是中国传统学术向现代转型的关键。

近代自由主义和保守主义研究一直是近代思想史研究的一个热点。关于“问题与主义”之争，有论者认为，胡适等新文化人有意区分“问题与主义”的起因，主要是针对当时主导北京政权的安福系。因为当时的安福系也将社会主义与无政府主义等“主义”作为其研究对象。在胡适看来，既然“主义”方面大家不太分得出彼此，那么研究具体问题或不失为一种选择。有些后来以为冲突的观念，对当时当地的当事人而言，未必就那样对立，反有相通之处。至于中国问题是局部解决还是整体解决的问题，则涉及更为宽广的面相，支持者和反对者的社会构成和具体思路都相当复杂，难以用简单的二分法加以涵盖，当时中国的“马克思主义者”和“自由主义者”群体尚在形成之中，各自皆难得出系统一致的看法。①《独立评论》是影响很大的自由主义刊物。章清的《“学术社会”的建构与知识分子的“权势网络”》（《历史研究》2002年第4期）一文，从传统的“士”向近代“知识分子”转型的角度，考察认为20世纪30年代《独立评论》所聚集的一群学人，其学术活动及介入公共事务所形成的“权势网络”，表明读书人力图通过重建知识的庄严，重新确立读书人在现代社会的位置；但在此过程中，知识分子衍生的“精英意识”，筑起了一张公开的与潜在的“权势网络”，他们打通了上层的渠道，却失去了“人民性”，导致读书人新的角色与身份具有很强的“依附性”。

李细珠《晚清保守主义思想的原型——倭仁研究》（社会科学文献出版社2000年版）一书指出，“近代中国保守思想”是中国传统文化对西学

① 参见罗志田《因相近而区分：“问题与主义”之争再认识之一》，《近代史研究》2005年第2期；《整体改造与点滴改造：“问题与主义”之争再认识之二》，《历史研究》2005年第5期。

东渐挑战的抗拒性回应，与近代中国“向西方学习”的进步思潮相比，是一种具体表现为更多地维护传统文化而反对引进西方文化的文化心态或思想取向。该书以倭仁为中心，以近代中西思想文化关系为背景，从中国本土思想传统中，探寻近代中国思想的渊源和流变。此外，研究保守主义的论著还有李世涛的《知识分子立场——激进与保守之间的动荡》（时代文艺出版社 2000 年版）、喻大华的《晚清文化保守主义思潮研究》（人民出版社 2001 年版），等等。

作为新中国近代思想史研究的重点之一的马克思主义和新民主主义理论研究，这时也有了新的探索。学者们开始注意将马克思主义与其他社会思潮结合起来考察。如张太原的《自由主义与马克思主义：〈独立评论〉对中国共产党的态度》（《历史研究》2002 年第 4 期）一文认为，《独立评论》对中国共产党的评论，使原本同属于“新思潮阵营”的自由主义者和马克思主义者，经过一个既争论又合作的时期后，双方走向截然不同的道路。到 20 世纪 30 年代由于受社会主义及学习苏俄潮流的影响，自由主义者对中国共产党的思想态度发生了很大变化。该刊对中国共产党的态度有明显的二重性：在特定的语境中，中国共产党有“同情和赞许”的一面；同时从民族主义和自由主义立场出发，中国共产党又有着“批判和反对”的一面。在逐渐形成两大政治势力对立的中国，随着各自势力的消长，前者可能使该刊周围的一些自由知识分子向“左转”，同中国共产党进行某些合作；后者可能使他们向“右走”，投入国民党政府。郑大华、谭庆辉的《20 世纪 30 年代初中国知识界的社会主义思潮》（《近代史研究》2008 年第 3 期）一文，考察了 20 世纪 30 年代初中国知识界的社会主义思潮，认为其兴起的直接诱因是 1929—1933 年资本主义世界的经济政治危机、资本主义国家加强对华经济掠夺，导致资本主义吸引力日益削弱；社会主义国家苏联第一个五年计划取得辉煌成绩，社会主义的魅力迅速彰显；以及日本侵略导致民族危机陡然增加。这一思潮在苏联完成“一五计划”和欧美经济危机最严重的 1932—1933 年间达到高潮，其后逐渐趋于低落，并最终被掩盖于抗日战争的浪潮之下，包括热谈苏联和社会主义、探讨苏联“一五计划”成功的原因以及追求社会主义三个既有联系而内涵各有不同的层次。与“五四”时期的社会主义思潮相比，30 年代初的社会主义思潮带有浓厚的计划经济气息和缺少理论建树两个显著特点。

对于新民主主义理论，以往的研究偏重于对新民主主义革命时期新民主主义理论的分析和评判，而较少关注 1949 年以后新民主主义理论的发展与放弃问题，尤其没有将该理论如何创制、发展及放弃的机缘给予系统的评判。王智等的《新民主主义理论的创制与放弃》（《党的文献》2000 年第 1 期）一文，考察了新民主主义理论孕育、形成、发展和放弃的完整过程，认为该理论的过早放弃，使得发展商品经济、吸取资本主义积极成果的奠基工作仓促收场。还有学者将新民主主义理论与现代化思潮联系起来考察。张勇在《新民主主义理论与三四十年代关于中国现代化的争论》（《中共党史研究》2000 年第 2 期）一文中认为，新民主主义理论是中国由被动现代化转为主动现代化时期的指导理论。要科学地描述新民主主义理论的发展轨迹，必须将其放在当时的社会历史条件下，与其他现代化思潮一起加以分析和考察。在吸收和批判其他现代化思潮的基础上，新民主主义理论变得更加丰富和完善。当然，由于受到同样的社会历史条件的限制，新民主主义理论又不能不具有当时中国现代化思潮的一般特征。

关于其他社会思想的研究。对于战国策派思潮，此前学界多持否定态度，视其为“反动的鼓吹法西斯主义的思潮”，江沛的《战国策派思潮研究》（天津人民出版社 2001 年版）一书对这种定位提出质疑。该书对这一思潮进行了全面、系统的整理，力求完整地厘清该思潮的思想主张及其价值。该书对战国策派的基本定性、对文化形态史观的评价、对其传统政治批判与现实政治关系、关于“民族意识”的倡导、围绕《野玫瑰》展开的批判等问题，都提出了不同的见解，认为该思潮突出了近代以来知识群体的社会功能，“文化形态史观”是主张在吸收西方文化的前提下，充分保持中国文化的独立性和民族性，绝非因循守旧。

过去未引起人们注意的计划经济思潮、反现代化思潮、重农思潮也进入了学者们的研究视野。黄岭峻的《30—40 年代中国思想界的“计划经济”思潮》（《近代史研究》2000 年第 2 期）一文，对 20 世纪 30 年代初期以后在中国思想界出现的颇有影响的“计划经济”思潮产生的背景、过程、主要内容及其影响作了比较详细的考察，认为该思潮的倡导者既有国民党上层人物，也有自由派知识分子，他们均试图以政府干涉的办法，避免出现严重的经济危机和尖锐的社会矛盾，把“计划经济”视为人类社会的必由之路。这一思潮导致其后政治上“大政府小社会”的格局，也引起人们对于计划经济与其赖以实现的政治条件的思考：计划经济必须与民主政治结合，才能真正推进社会生产的发展。

西方发达国家的现代化带来了巨大的物质文明，同时也造成资源浪费、环境污染、生态破坏以及经济震荡、道德沦丧、精神枯萎等弊病，东方国家由此在20世纪上半叶出现了反现代化的思潮，梁漱溟和甘地是中印两国的突出代表。陈辉宗的《梁漱溟与甘地现代化思想之比较》（《新东方》2000年第7期）一文，比较了梁漱溟与甘地现代化思想的异同，认为在排斥现代工业文明，批判西方文化，提倡本国文化，主张乡村重建方面，他们的基本观点是一致的，但也存在一定的区别，梁不像甘那样排斥工业化，在乡村重建的经济方面，梁主张“中道”，既不排斥工业化，但又反对过度工业化，提倡分散、中小规模的工业化。

近代以降，现代化潮流推动着中国社会经济形态的转型，推动着国人思想观念的变革。赵泉民的《论晚清重农思潮》（《社会科学研究》2000年第6期）一文认为，自1860年后，随着新型工业的创建、对外贸易的发展、商品经济的勃兴、市场的拓展，有识之士在倡导“重商”的同时，逐渐认识到农业对工商业的支助作用，因而形成了新形势下的“农本意识”，并企图通过创办农务学堂、刊农报、设农会、讲农政、派遣留学生、广译西方农书等方式来推动农业的转型。他指出，这种重农思潮与兴农实践对于改造传统农业，促进中国社会的技术化、细密化、专门化发展起到了一定的作用。

第四节　几点思考

新中国成立60年来，尤其是改革开放30年来，中国近代思想史研究取得的成绩，是20世纪前50年所无法比拟的。也可以说，中国近代思想史是在新中国成立后才真正建立起来，并不断地发展的。根据对60年来中国近代思想史的简略回顾，在此提出如下几点思考。

第一，60年来，中国近代思想史的研究，从系统性著作发展的情况来看，经历了由按时期依序论述思想家及其代表作到主要按思潮分类论述，由思想史或政治思想史到社会思潮史的变化。这是一个明显的变化，有了突破，但是，也还不能说中国近代思想史的体例结构就已经完善了。因为以思潮为序与按思想家排列存在着类似的局限，民间思想很少或没有得到足够的反映。而且还给我们提出了一个问题：思想史、政治思想史、社会思潮史之间是什么关系，它们是相同还是不同？

顾名思义，思想史的内容广泛，应包括政治、经济、文化等各方面的思想，政治思想只是其中的一个方面，而社会思潮或社会思想不应等同于政治思想，它只是思想史中的一个方面。不过就现已出版的著作而言，三者并没有多大区别，主要都是写政治思想。中国近代社会是半殖民地半封建社会，面临着被瓜分、亡国的危机，民族独立和人民解放是时代的主题，政治思想突出是不奇怪的。但是突出不是唯一，它不能涵盖全部思想史。中国近代思想史的研究范围是什么，意见也不一致。例如，有的研究者认为，中国近代思想史是研究这个时期各种思想观念（尤其是社会政治思想）新陈代谢的历史过程及其规律性。看来这还需要加以探讨。

第二，20 世纪 90 年代以来出版的关于中国近代思想史的著作，几乎都以“社会思潮”命名，但什么是社会思潮，研究者的说法也不一样。例如，有的研究者认为，所谓社会思潮，就是某一时期内，在某一阶层、阶级或整个民族中反映当时社会政治、经济情况而又有较大影响的思想潮流；而有的研究者则认为，中国近代社会思潮是指发生在中国社会的带有资本主义倾向和性质的思潮。这两种说法，存在着明显的不同。这里还牵涉到与社会学的关系问题。例如关于中国社会思想史研究的范围，有的学者是这样界定的：“中国社会思想史是研究中国人在社会生产和生活实践中所形成的关于社会生活、社会问题、社会模式的观点、构想或理论发生、发展、继承和相互碰撞与融和的内在历史过程及其特点与规律的社会学分支学科。”① 这个定义，跟前两种关于社会思潮的界定也不一样。就中国近代社会思潮的研究来说，它的范围是什么也是值得探讨的。

第三，新中国成立 60 年来尤其是改革开放 30 年以来，近代思想史研究取得了一些令人瞩目的成绩，但也有着明显不足：如研究者的素质仍有待提高。历史和历史人物是客观存在的，而研究者却都有其主观观念，要做到实事求是、准确地评析人物的思想并不容易。由于依据的主要文献是历史人物留下的文集，加上研究过程中容易产生偏爱，好的思想加以拔高，不好的思想则为之开脱、辩解，这种状况应力求避免。而思想史研究又需要多方面的学术训练，尤其需要较高的理论思维能力，不仅忠实地对待所有的思想资料，而且还能对一些重大理论问题进行有深度和说服力的分析论述。再如，一些研究者还常常片面追求新见解、新理念和新方法，

① 《专家学者研讨中国社会思想史》，《光明日报》1999 年 3 月 26 日。

而不愿做深入扎实的研究，往往以呼应海外某些时髦理论以自重，只是套用海外的所谓新方法和新理念进行简单的模仿，将历史学变成了解释学，思想史成了个人阐述自己思想的窗口，并不能真正对近代思想发展的历程有所增益，导致思想史研究领域难以见到真正质量高、影响大的成果。

第四，结合学界对中国近代思想史研究发展趋势的思考，似应注意以下几点：一是进一步加强跨学科研究和比较研究，尤其是思想史与文化史、社会史、政治史结合；将一定时期的思想人物放入当时的社会文化大背景下进行分析，将思想人物与同时代的其他思想家（包括国外思想家）做横向的比较研究。二是社会思潮史研究和人物思想研究仍将十分活跃，并且会越来越具体，越来越深入；对思想人物的个案研究，仍会吸引更多研究者的注意。三是近代政治思想史研究在短时间内难有大的突破，而文化思想史的研究会趋于深入，晚清和民国学术思想史的研究已成为人们关注的热点，这一趋向将会更加明显；将有更多的学术人物进入研究者的研究视野。四是近代中国思想史上的重大思想观念，如民主观念、科学观念、进化观念、自治观念等都将继续展开讨论，并有可能取得新的进展。

第八章
文化史

20 世纪 80 年代伊始，在中国的学术理论界最引人注目的现象是，文化研究的遽然复兴。这是一股包括文化史、文化理论、文化建设与展望等一系列重大文化课题的研究性热潮。高等学府、科研机构、民间社团纷纷以文化研究为热点，城镇、企业、校园、街道以关注文化建设为时尚，其参加人数之众、讨论议题之多、发表论著之丰，不仅是新中国成立以来所未有，在世界史上也不多见。文化研究已超越传统的文史领域，日益成为当代中国学术研究、文艺实践、社会主义精神文明建设，乃至社会变革思潮的一个重要组成部分。

说是复兴，因为文化研究曾经在 20 世纪 20 年代“五四”前后兴盛于一时，对于某些问题的论战延续了二三十年，50 年代在内地悄然消退，沉寂 30 年之久，这样一个曾经被长期冷落的领域，何以狂飙突起？这本身就是一个不寻常的文化现象。

从 20 世纪 20 年代到 80 年代，这两次文化热潮相距六七十年，间隔两三代人，讨论的课题又相近、相似、重叠、交错，论题中的某些意向还可追溯到鸦片战争后第一批睁眼看世界的先进知识分子的求索。然而 100 多年来的历史进程表明，这又不是简单的重复和延伸。100 多年来的中国历经沧桑，社会面貌发生翻天覆地的变化，这一变化使 20 世纪末和 21 世纪初的文化研究成果无论从数量还是深度的开掘方面，都具有前人所不及的广度和力度。

目前要对近代文化史研究中涌动的社会思潮作总体性评价，不尽相宜，但它在学术上提出的课题，反复的论证，不同意见的争鸣，却历历在案，本章试图从学术上作一评述，为的是将纷争的诸多见解稍作整理，以留给读者更多的思索。

第一节 从历史反思发端的文化热

90年前的五四新文化运动，是中国第一次文化研究的热潮，20世纪30年代国难当头之际，又反复出现文化论战，政治、军事的动荡并未使文化研究萧条。1949年内地进入和平建设时期之后，文化研究却遽然冷落，从20世纪50年代到80年代前期，全国没有一所大学设置文化史课程，更没有一所专业的文化史研究机构。虽然就文化史的局部来说也不乏建树和发展，考古发掘、文化资料的积累和整理也相当丰富，但是作为最能代表文化史研究水平的综合性专著几乎绝迹，据80年代初出版的《中国文化史研究书目》①所见，大陆1949年后的30年间出版的有关文化史的综合研究著作，仅有蔡尚思的《中国文化史要论》一本，基本上还是书目评介。以思想史取代文化史研究成为普遍倾向，毛泽东早在1941年就倡议编写近百年文化史，积40年之久无人问津，所以文化史学科建设的长期断档，是不争的事实。

中国是世界著名的文明古国，浩如烟海的文化遗存举世无双，强劲的文化传统传衍不息，但是在这有辉煌文化历史的国家，文化史学科却建树迟缓，不能不使人感到遗憾。这种状况又与中国近代史上多次出现的文化论战是多么不相称！西学的传入在思想界引起轩然大波，新学与旧学、中学与西学之争，振聋发聩，多种文化流派和论辩，层峰叠起，给近代文化史研究提供了无比丰富而又具体生动的内容。深厚的文化积累、反复的文化论战与薄弱的文化研究形成巨大的反差，这不是偶然的现象。

1949年后，内地理论界确立历史是阶级斗争史的观念，这对不承认阶级斗争的旧史学是一场革命性的变革，正因为如此，它激发了众多学者的研究热情。但是把几千年的文明史全部归结为阶级斗争史，导致阶级斗争的绝对化，把影响历史的文化因素摒弃在视野以外，或者当作唯心主义的

① 中国社会科学院近代史研究所文化史研究室编：《中国文化史研究书目》，北京史学会1984年印行。

文化史观加以鞭挞，这不能不导致复杂现象的简单化。以政治、经济的发展代替文化研究，尤其是以思想史取代文化史成为普遍性的倾向。文化研究不仅为其他专业史所消融，在现实中也失去赖以存在的理论基础。以文化革命为旗号的“十年浩劫”，几乎扫荡了一切文化遗产，接踵而至的评法批儒运动又扭曲了中国传统文化发展的源流。人们对马克思主义教条式的信奉，对社会主义不切实际的设想，向西方封闭的社会环境，自以为新中国早已解决一切文化问题，甚至凭借一句语录就可以平息复杂的文化争端，无须再从文化上反思。社会不能提供文化研究的原动力，文化研究也就失去了生机。

再从学科建设上来说，文化史本是历史学和文化学交叉的综合性学科，它是在近代中国形成的新兴的学术领域，兼有与社会史共生的特点。新中国诞生后由于极“左”思潮的影响，社会学作为资产阶级的伪科学遭到取缔，导致社会史的衰落。与此相似的是，文化学被取消，文化史也受到株连。所以理论指导的失误、学科建设的偏颇，直接导致文化史研究的中断。

由此可见，文化研究的盛衰同极“左”思潮的肆虐和国家命运息息相关。国家命运的转机，自然也就成为文化研究的转折，对十年浩劫的反省和对国情的重新思考，是激起人们进行文化反思的第一动因。

这两个问题的提出和敞开思想讨论，得益于中国共产党一系列拨乱反正的措施，70 年代末实践是检验真理唯一标准的讨论，破除了现代迷信，对解放思想起了重要的推动作用。全国工作的重心转移到经济建设上，放弃以阶级斗争为纲的战略决策，为文化研究提供了宽松的社会环境。

1980 年初夏，《光明日报》编辑部召开首都理论界座谈会，与会者痛切地指出，我们是从半封建、半殖民地国家进入社会主义的，在这样的国家，建设现代化的社会主义中国，不仅要反对封建主义残余，还必须大兴调查研究之风，重新认识国情和世界，逐步探索一条取得胜利的道路。次年 2 月 13 日编辑部又一次组织《认真研究中国的国情》笔谈，编者按指出：“过去在社会主义建设中老是犯‘左’的错误，多次遭到挫折，一个重要原因，就是对自己的国情重视得不够。”再次召唤理论工作者深入研究国情。这是由否定十年“文化大革命”而启动的对中国现状和历史的重新思考，由此进入对中国文化传统再认识的领域，从而兴起了研究中国文化的热潮。

与以往学术纷争不同的是，这股文化热具有自发性。人们对文化问题的热衷，不是出于行政指令或某个人的召唤，而是基于活生生的现实感受，探索中国文化的盛衰和出路，并形成群众性的热潮，这在理论界是绝无仅有的事。它的发展进程，也反映了文化自身运行的规律。

文学是最先进入文化思考的一翼。20 世纪 70 年代末，拨乱反正的最初时期，即有一批文学作品敏锐地反省了重大的社会课题，《伤痕》《班主任》《公开的情书》联袂而出，引起轰动和争议。这三篇小说切中时弊的批判锋芒，由浅入深，由现实切入到传统，激发人们的思考。如果说《伤痕》是对十年浩劫摧残人性的觉醒，那么《班主任》则是对新中国成立以来“左倾”路线戕害少年心智的拦击。《公开的情书》对沿袭数千年的伦理观念提出了挑战。这些作品来自人民的大海，从作者来说都不是专业作家，甚至也不是以艺术技巧取胜，但它又以深厚的生活气息和强烈的时代精神，引起人民群众的共鸣。这些作品的根本思想内容，是对极“左”政治造成各种创伤的揭露，是对极“左”表现的历史渊源和封建残余的反思。人们把新时期文学的第一浪潮概括为“伤痕文学”，或是识破欺骗后的“觉醒文学”，这里有着广大民众的爱恨、悲愤、呐喊和抗争。虽然这一系列的作品，有各种档次，有的作品也遭到各种非议，但都不足以掩盖它的主流。重要的是它的社会和文化意义，从观念形态上突破禁区，触动十年、三十年、几千年奉为正统或先进的文化楷模，从对现实的政治的批判，进入历史文化的反省。随后而起的文化小说、寻根小说等都带有文化反思性，受到民众的欢迎。文化热，可以说是从文学界洞开先声。

自然科学界率先从文化传统的领域反思近代中国科学落后的原因。1982 年 10 月，中国科学院《自然辩证法通讯》杂志社在成都召开“中国近代科学落后原因”学术讨论会，提出从文化传统探索近代中国科学为什么落后的命题。这是一个历经科学家们酝酿而从未诉诸公众讨论的问题，在这时提出是醒目而严峻的。与会者认为，在中国的科学技术成果中，80% 以上是技术成果，其中为大一统国家政权和地主经济服务的技术如通信、交通、历法、土地丈量、军事等又占 80% 左右，技术结构的非开放性，加重了技术转移的困难。儒道互补的文化体系决定了科学理论结构的核心是伦理外推的有机自然观。在这种科学技术结构中，理论、实验、技术三者互相割裂，不能出现互相促进的循环加速过程，所以没有出现科学技术的革命。有的认为，中国封建主义的政治体系、教育和选拔人才的制度排斥和鄙弃科学技术，使得中国缺乏产生近代科学的社会条件。有的比较中西学术的差异说，在西方以求知为特点的希腊文化培育了追求真理，酷爱独立、自由的文化性格；在中国以伦理为中心的文化类型，从来不存在独立于政治意识以外的学术文化体系，这是中国不能孕育近代科学体系的重要原因。①

众所周知，中国的社会改革是从经济领域起步的，经济改革中又以引进外资为重要决策。当代世界科技的飞速发展，使人们大开眼界，痛感振兴中华必须根本改变中国科学技术落后的面貌。自然科学是人类探索、利用和改造大自然的文化活动，中国古代的科学技术在世界史上长期居于领先的地位，但从16、17世纪以来却落后于西方，差距足以相隔一个时代。近代科学为什么不能在中国诞生？首先成为令人瞩目的问题，引起科学工作者的关注。

就会议提供的论文来说，对近代科学落后原因的分析未必充分，但是从文化传统方面提出命题，这是从政治、经济方面进行的研究所不能取代的内容。它深入到传统文化的核心结构，涉及中国沿袭数千年的价值取向、思维方式、民族心理能不能适应现代化这样一个重大的课题。与会者主要是自然科学和哲学工作者，历史学者尤其是近代史学者极少。关于近代科学问题，本应是近代史诸问题中不可或缺的部分，但问题的提出不是由历史学界而是由自然科学工作者首先揭橥，这是对史学研究现状的挑战和鞭策。这也是十一届三中全会以后，实施开放政策，引进西方先进的科学技术，首先在自然科学界激起的回应。

同年12月，在上海召开新中国成立以来第一次文化史研究座谈会，聚集哲学、历史、文学、艺术、考古、文献等领域的著名专家教授，就如何填补中国文化史研究的巨大空白交换意见。与会学者指出：忽视中国文化史开展总体研究的结果，不仅妨碍各种学科的研究向纵向发展，更加妨碍我们从总体上认识中华民族的灿烂文明。比方说，中华文明的特色是什么？中国文化的历史地位如何？目前还没有能使学术界普遍同意的概括性

---

① 参见会议论文集《科学传统与文化——中国近代科学落后的原因》，陕西科学技术出版社1983年版。

总结。不了解一种文化的历史过程，就很难了解一个民族一个时代的整个精神状态，也对深入了解那个民族的社会全貌极其不利。与会者痛感文化史研究薄弱的现状亟须改变，倡议立即组织力量开展专题研究，做好舆论宣传，推进文化史研究的复兴。①

这两次会议以后，文化研究似应迅速推开，然而除了简短的报道外，并未得到热烈的响应。文化热与一般时尚不一样，要有学术研究的积累，并非如时论所言一哄而起，它的启动甚至是滞重的。早在 1980 年，李泽厚在《孔子再评价》一文中已经提出研究民族文化心理结构的问题，当时的理论界大多关切孔子的评价，而对文化研究中这一最具时代性的重大课题，并未给予应有的重视。直到 1983 年 9 月 28 日《光明日报》发表《关于文化史研究的初步设想》，论述文化史学科在中国的形成、特点和研究方向，并就历史上吸收外来文化的最佳状态和民族文化心理等问题提出看法，该文成为新中国成立以来见诸报端的从总体方面研讨文化史的首篇文章，与上述会议相距 10 个月之久。

文化热的真正铺开是 1984 年。这年上半年新中国第一批文化史研究论著《中国文化研究集刊》和《中国近代文化史研究专辑》问世。下半年大型文化史丛书，上海人民出版社的“中国文化史丛书”、中华书局的“中华近代文化史丛书”先后付梓。有关文化史的专论、专栏遍及各大报刊，民间文化团体、文化沙龙如雨后春笋，蓬勃兴起。国际性、全国性、地区性的文化史讨论会联翩而起。上海、广州、武汉等大城市文化发展战略会议的召开，有力地推进了民众文化热的高涨。不同职业、阶层和年龄的人们，从不同侧面提出建设社区文化、企业文化、校园文化、商业文化等各种问题，文化与经济、文化与哲学、文化与政治、文化与人生、文化与科学、文化与生态等诸多理论问题令人应接不暇。

毫无疑问，文化史的勃兴，时代的需要是决定性的因素。1984 年经济改革的全面铺开，对文化研究起了明显的增温效应。

80 年代中叶，中国内地正处在以经济变革为先导的全面变革的新时期，经济改革的目的是要发展商品经济，以促成传统的计划经济向市场经济的转轨，这是社会主义现代化的必经阶段。新体制的创行在某种意义上

① 参见《中国文化史研究学者座谈会纪要》，《中国文化》研究集刊第 1 辑，复旦大学出版社 1984 年版。

说可以自上而下地运作，但是它与旧观念的矛盾，却不能依靠行政手段去解决。邓小平在中共十二届三中全会上指出，小生产的习惯势力还在影响着人们。这种习惯势力的一个显著特点，就是因循守旧，安于现状，不求发展，不求进步，不愿接受新事物。沿袭数千年的农业小生产观念，与新体制发生矛盾、冲突，甚至使新体制扭曲变形，严重地阻碍中国现代化的进程。经济体制的改革，不仅引起经济生活的重大变化，而且引发人们生活方式和精神状态的重大变化。中国共产党的机关刊物《红旗》于1986年第14期发文说："当前热烈开展的探寻文化发展的道路，是继实践是检验真理的唯一标准的大讨论后，又一场理论上探寻社会主义发展道路的思想文化运动。"① 人们正是从对传统文化的反省、中西文化的比较和民族心理的剖析中，发掘有利于现代化的因素，摒弃旧观念，吸收新思想，以建立与社会主义商品经济相适应的文化观念和心态，给现代化赋予新的精神动力。所以文化热在形式上表现为追溯历史的文化史热和文化反思热，正是社会变革的必然选择。

从学科建设角度回溯这个过程，可以看到文化热的启动和走向，大致从文学发端，进入自然科学，再深入到社会科学，在理论界全面开花，形成广大的读者群。这种程序又反映了文化自身演进的规律。文化作为精粹的形态是涵盖自然科学、社会科学和人文学科三大学术体系的知识丛体，这三大门类又以不同的属性，从不同层次推进了文化研究的发展，大致可以这样说：文学最敏感地反映文化思考的动向；自然科学以最活跃的姿态展现现代化的进程；社会科学则以理性的智慧对传统文化与现代化进行历史性的总结，把问题聚焦到怎样对待传统文化与西方文化这一百多年来贯穿近代文化史的两大主题，出现文化渗入各门学科，各门学科通力进行文化研究的盛况。这种综合化、一体化的研究趋势，正是文化研究现代化的大方向。因此，本来属于历史范畴的文化史，在当代具有那样广泛的群众效应和现实意义，充分表明文化热具有深厚的历史感和时代精神。

第二节 20世纪后期热点追踪

如果说1984年以前文化热尚处于发轫的初期，那么自1984年进入实

① 芮杏文：《改革时期的文化发展战略问题》。

质性的研究后它很快成为全社会关注的热门话题，至1986年形成第一高峰，主要表现在以下五个方面：（1）在各种课题中，传统文化的现代化成为中心议题，吸引各门学科的研究者从不同领域进行研讨。（2）中西文化的研究面临现实中要不要实施文化开放，亦即多方位开放的问题，与此相应的是，有关思想文化的译著畅销不衰，刺激了文化丛书的出版热。（3）涌现一批文化研究的民间机构和文化沙龙，他们自筹资金，自行集会讨论、讲学、调研，这对突破原有的科研管理机制具有开创意义。（4）一批学者参与城市发展战略的制定与研讨，促使文化研究面向现实的文明建设。1987年民俗文化渐趋兴旺，文化小说风行一时。企业文化作为现代社会最新的文化形态，独树一帜，引人注目。有的学者预言，这有可能成为中国新文化的生长点。1988年科学文化的课题脱颖而出，人们以极大的兴趣关注这一深刻影响人类物质生活和精神生活的文化力量，它有可能成为建构中国新文化的基础。（5）90年代以来大众文化崛起，日益显示出它的重要社会价值，正在改变中国文化构成的传统格局，促进了史学研究题材的平民化，这为近代文化史的研究开辟了广阔的道路。

80年代以来，文化热从学坛进入社会，从历史贴近现实，从学科反省走向对未来的设计，并以它空前活跃的见解、观点和流派，谱写了当代中国文化思潮的新篇章。如果暂且不从学术本身条分缕析，而从社会关注的文化热点问题考察，那么大致有如下六个问题。

首先引人关注的是有关传统文化特性的争议。文化特性问题，实际上是怎样评价传统文化，进而认识国情和改造国民性的问题，文化热首先在这一问题上引起不同看法，见仁见智，主要有下述见解：

1. 人文主义说。认为人文主义是与神文主义相对立的思想，通常是指欧洲文艺复兴时期的世俗化思潮，但是人文主义适用的范畴并不限于欧洲。中国文化以伦理、政治为轴心，不甚追求自然之所以，缺乏神学宗教体系，从而更富有人文精神。由于中国与西方对人的理解有差异，因此中西方的人文主义各有不同的特色。西方人文主义认为，人是具有理智、情感和意志的独立个体，每个人只能对自己的命运负责，所以强调自由、平等、尊严、权利，用这种眼光看，中国人文未形成独立的人格。与西方人文主义不同的是，中国传统文化是把人看成群体的分子，是有群体生存需要、有伦理道德自觉的互助的个体。强调仁爱、宽容、和谐与义务，并从人际关系扩展到人与自然的关系，形成天人合一、主客互融的文化特色，用此种眼光来看，西方人文未形成社会的人格。所以这两种形态各有长短，合理的选择应该是两者的统一。①

海外学者杜维明对此提出自己的看法，他认为儒学以人为主的基本精神，是涵养性很强的人文主义，这与西方那种反自然、反神学的人文主义有很大的不同，它提倡天人合一，万物一体，这种人文主义是入世的，要参与现实政治但又不是现实政治势力的一个环节，而是有着深厚的批判精神，即力图通过道德理想来转化现实政治，要完成自己的人格，就要关心和发展他人的人格，这不同于犹太思想家认为的人格可通过信仰上帝来实现；印度思想家认为"真我"的完成可不经社会的转化直接回到梵天；道家也认为只有切断人际关系才能找到个人的自足。唯有儒家人格修养的完成是不能离开群体的，此所谓圣王的思想，才是儒学的真精神。②

持人文主义说而不同意上述结论的看法是，中国传统的人文思想的主流是导向王权主义，即君主专制主义。封建专制主义恰恰以具有人文色彩的儒家思想作为统治的思想。儒家的重民、爱民，不是目的而是手段，民是被恩赐和怜悯的对象，这不是说君主不被制约，而在于被制约的目的是保证君主地位的稳定和巩固，所以王权主义与人文思想不是两种对立的思想体系，前者是后者的一部分。近代西方人文主义思想则是与封建专制相对立的。中西人文思想所以会有这样大的差距，关键是人文思想背靠的历史条件不同，近代西方人文主义思想的发展以商品经济为基础；而中国古代的人文思想是建立在自然经济基础之上的，这不能产生民主思想，只能产生家长主义，它是王权主义最好的伴侣。所以人文主义的实质是把人视为道德的工具，排除人的物质性和自然欲望，从而使人不成其为人，其结果只能强化王权主义。③

2. 人伦思想说。中国古代所谓的人文和人伦都是指人与人的关系，此种关系是以君臣父子为基础，尊卑贵贱，等级分明。垂直的统治结构，一层驭一层，层层相隶属。君臣、父子、夫妇、兄弟、朋友是基本的人伦关系，君为臣纲、父为子纲、夫为妻纲，是人伦中的纲纪，每种关系都有相应的道德规范。作为人，不是父即是子，不是君就是臣，不是夫就是妇，

① 参见庞朴《中国文化的人文精神（论纲）》，《光明日报》1986年1月6日。

② 参见薛涌《文化价值和社会变迁——访哈佛大学教授杜维明》，《读书》1985年第10期。

③ 参见刘泽华《中国传统人文思想中的王权主义》，《光明日报》1986年8月4日。

不是兄就是弟，在家事父，竭其力尽孝，在外事君，致其身尽忠，忠孝都以绝对服从为天职，只有义务，没有权利，违反义务的就是叛臣逆子，枉为人，应受到惩罚，直到肉体上灭其人。人在这种模式中只有隶属他人才有存在的价值，表现在人格上多受制于他人，实际上是受制于权力。隶属观念与反躬自省的道德修养相结合，使个性的压抑达到最大的强度，很难有人权自主意识的觉醒。这和西方的人文主义大相径庭。但是隶属观念表现在情感上，又增进了人与人的互相依存与协调，对家庭、国家具有强劲的亲和力。所以古人常以天下观代替国家观，又以家族观实施国家观，修身齐家治国平天下，把个人命运与家庭国家的利益融为一体，有助于中华民族的凝聚和绵延，因而主张用人伦思想更能确切地表述中国文化的特质。①

第二，两极对峙——怎样对待传统文化。怎样对待传统文化是一个有世界意义的课题。由于近代中国社会变迁的激烈和反复，使得这个问题的争议经常出现弘扬传统与彻底否定传统的两极对峙，在这两极之间又存在众说纷纭的歧见和程度不同的折中，从而使这场讨论具有更为复杂纷繁的内容，从“五四”以来争议不息。20 世纪末随着文化研究的升温和海外新儒学在内地的传播与强烈的反响，两极对峙又有新的发展。

1. 何谓传统？一种看法认为，传统是“文化成果所体现的主体智力、意向中某种精神、风格、旨趣、神韵的凝聚”，可以说是“凝聚在物质型文化和精神型文化中的观念、意识、心理”，或者是“文化延续和凝聚为系统的内在要素、因子”②。

另一种看法，把传统放在过去、现在和未来三个时间维度中考察，认为“传统是游动于过去、现在、未来这整个时间性中的一种过程，而不是过去就已经凝结成型的一种‘实体’”，所以“传统乃是尚未被规定的东西”，“传统的真正落脚点恰恰是在未来”，“继承发扬传统就在于不断地开采过去的可能性源泉”③。

再一种看法认为传统不是血统，是一种文化现象。它是过去传递到今天的观念、制度、行为规范。它经历长时期的完善、积淀而获得了牢固

---

① 参见刘志琴《人伦思想与现代意识》，《光明日报》1986 年 4 月 28 日。

② 参见张立文《传统与文化的异同》，《光明日报》1988 年 10 月 31 日。

③ 参见甘阳《传统、时间性和未来》，《读书》1986 年第 2 期。

性，它支配多数社会成员而获得了广泛性；它超越个人具有了社会性；它在制度化和不断宣传的过程中具有了神圣性，同时又保留文化的基本特性——可塑性。人的行为既被传统文化制约，又具有可变性，所以才能不断发展、开拓走向新世界。①

2. 文化传统与传统文化的辨析。庞朴首先提出要区别文化传统与传统文化的问题，他对此的界定是，传统文化是过去的已经完成的东西，而文化传统仍是发展中活的东西。汤一介在《港台海外中国文化论丛·总序》中说：文化传统是指活在现实中的文化，是一个动态的流向；而传统文化应是指已经过去的文化，是一个静态的凝固体。对后者我们可以把它作为一种历史上的现象来研究，可以肯定它或者否定它，而对前者，则是如何使之适应时代来选择的问题，因此它将总是有特殊性（或民族性）而又有当代精神的文化流向。不管人们愿意或者不愿意，一个能延续下去的民族的文化总是在其文化传统中，而且不管如何改变它，仍造出现代化的中国新文化。

另一种看法是："离开现在越远的精神，越不是传统。传统是现在，过去是证明。正如真正的人就是生活于现在的人，离现在越远，人的本质属性越少一样。中国传统文化精神曾经从春秋战国时代经过，也曾在唐宋明清驻足，但中国传统文化的本质既不在唐宋明清，更不是孔子的说教，它就存在于现实的民族精神之中。"②

3. 越是开放越要弘扬传统说。只有弘扬民族优秀文化，才能正确对待和吸收外来文化，也只有开放，才能使传统文化更新。综观世界，无论是发达国家还是发展中国家，文化的发展都是民族性和世界性的统一。牺牲传统的现代化，绝不是现代化的正确目标，丢掉民族优秀文化，中国就会失去自立于世界民族之林的特色和基础，所以越是开放，越要弘扬民族优秀文化传统。③

4. 与传统彻底决裂说。持这种看法的学者认为："我们不能再把儒家文化继续当成'中国文化的基本精神'，而必须重新塑造中国文化新的'基本精神'，全力创建中国文化的现代系统，并使儒家文化下降为仅仅只

① 参见郑也夫《"反传统"之反省》，《中国青年报》1988 年 10 月 28 日。

② 杨善民：《文化传统论》，《山东大学学报》1988 年第 3 期。

③ 参见《弘扬民族优秀文化的几个问题——天津市弘扬中国民族优秀文化理论讨论会纪实》，《理论与现代化》1990 年第 8 期。

是这系统中的一个次要的、从属的成分。”“我们正处于中国历史上翻天覆地的时代，在这种巨大的历史转折时代，继承发扬‘传统’的最强劲手段恰恰就是‘反传统’，因为要建立现代新文化系统的第一步必然是首先全力动摇、震荡、瓦解、消除旧的‘系统’，舍此别无他路可走。”①

5. 唯有突破传统才能创新说。长期以来对待传统文化最简练的说法就是批判继承，而批判继承最简练的说法就是取其精华去其糟粕。“这个说法经过不断简化和滥用，已变成一种机械理论。照这种理论看来，知识结构只是各种不同成分的混合与拼凑，而不是有着内在联系的实体，因而可以进行任意分割和任意取舍。”所以对传统文化“批判的愈深，才能愈区别精华与糟粕”，“对旧传统不能突破就不能诞生新文化”。②

第三，现代新儒学在国内的传播及其附议和驳议。现代新儒学是继孔孟原始儒学、阐发孔孟之道的新儒学即宋明理学之后，力图以儒家精神融合西学以谋求现代化的具有国际性的中国文化学派。在学理上，这个流派继承陆九渊、王阳明的道统，重视传统的道德伦理价值，以弘扬儒家真精神为已任，但在扬弃名教和思考方式方面又比儒学有所前进，因此称为现代新儒家或新传统主义。他们宣扬的主张，又称为儒学发展的第三阶段或儒学的第三次复兴。主要代表人物是“五四”以来活跃在中国理论界的一批专家学者，第一代有熊十力、梁漱溟、张君劢；第二代有徐复观、唐君毅、牟宗三；新一代有杜维明等。改革开放以后，他们多次来大陆讲演、授课，发表论著，将海外的新儒学思潮介绍到内地，引起强烈反响，并对其理论特征和思想倾向提出各种看法。

1. 现代儒学的理论特征。方克立认为有四大特征：一是尊孔崇儒，以儒家学说为中国文化的正统，弘扬儒家学说；二是当代中国的新儒家，继承、发扬宋明理学精神，以陆、王的心性之学为接引的“源头活水”，强调以“内圣”驭“外王”，表现出泛道德主义倾向；三是适应现代潮流，援西学入儒，返本开新，融合中西文化；四是具有民族本位的文化立场、中西体用的基本态度，推重直觉的思维方式。此种看法还认为，现代新儒学不单是一种学术文化思潮，而首先是社会政治思潮，它所关注和回答的

① 甘阳：《传统、时间性与未来》，《读书》1986年第2期。

② 王元化：《诠传统与反传统》，《人民日报》1988年11月28日。

是“中国向何处去”这个时代的主题。①

也有人认为新儒学的特征是：（1）把文化伦理独立于社会政治秩序，作为根植于千百年社会生活的人文睿智，并继续对现代社会发生积极影响；（2）主张区分事实世界和价值世界、自然世界和应然世界，以两分的思维方式和世界模式界定科学和哲学范围，既坚定传统儒学道德的、人本的哲学立场，又不贬损科学的意义和价值；（3）以“由内圣开出新外王”为思想纲领，“返本”是儒家的内圣之教，“开新”即把儒家精神落实到科学和民主的事业上。②

2. 新儒学有两重作用说。姜义华认为，新儒学的积极意义是：既希望现代化又对现代化尤其是西方式的现代化持批评的态度；批评传统，力图对传统加以改造、重构，保持了对传统的认同与衔接。它的缺陷是：对现代化表现了较强烈的浪漫主义情绪，少了一些历史主义的态度；对传统儒学在现实生活中的负面影响估计不足，把盘根错节的传统儒学过于理想化，并对非儒学部分及世界文化中的精华产生排拒反应，最终仍将限制或损害新文化的创造。③

3. 新儒学无作用说。有的学者认为，数十年来新儒学思潮虽然不绝如缕，阐发新义者大有人在，然而始终不能同广大民众的事业相联系，对历史的前进几乎不产生作用。④有的学者认为新儒家企图站在儒者的立场来应付现实的变革，陷入难以克服的理论矛盾，终究囿于传统的藩篱不能自拔，难以对社会产生积极的影响。⑤有的学者说，儒家的民本思想不过是统治者力图得人心，根本不能疏导出民主的规范，道器观在本质上是与科学不相容的。纲常名教被视为道的本体，方技、术数被看作末流，与科学不能相通，所以现代新儒学没有出路。⑥

4. 新儒家方案荒唐说。有的学者认为，儒学的结构和功能从根本上有利于维护封建王权主义和文化专制主义，这一传统与现在仍有生命力的小农意识、宗法观念、官僚作风、文牍主义相结合，势必构成实现现代化的

---

① 参见方克立《第三代新儒家掠影》，《文史哲》1989 年第 3 期。

② 参见郑家栋《儒家与新儒家的命运》，《哲学研究》1989 年第 3 期。

③ 参见姜义华《二十世纪儒学在中国的重构》，《儒家与未来社会》，复旦大学出版社 1990 年版。

④ 参见施忠连《新儒学与中华文化活精神》，《哲学研究》1989 年第 9 期。

⑤ 参见郑家栋《儒家与新儒家命运》，《哲学研究》1989 年第 3 期。

⑥ 参见朱曜日等《传统儒学的命运》，《吉林大学学报》1987 年第 3 期。

巨大阻力。如果现实感强一些，了解国人由于科学民主素养低下带来的积弊，就会知道复兴儒家方案的荒唐。①

5. “大陆新儒家”一说。方克立在《略论90年代的文化保守主义思潮》一文中说，90年代以来“文化保守主义已是一些学者和刊物公开亮明的旗帜”，“‘大陆新儒家’的呼唤，是文化保守主义已经逐渐形成气候的重要标志，在80年代是听不到这种声音的。那时虽然也有个别大陆学者强烈认同新儒学，但其文章只能拿到港台报刊去发表，而在大陆发表不出来。90年代情况有了很大变化，在中国大陆自觉不自觉地站在文化保守主义立场的学者已不是个别人”。认为这是某些学者自觉的文化选择和“策略改变”，突出表现在过分夸大精神、观念的作用，宣扬唯心主义的历史观和世界观。②

第四，对文化近代化历程的回顾成为学术界瞩目的课题。归纳起来，主要回顾了以下几个问题。

1. 文化近代化起点问题的复出与论证。关于中国近代化的起点问题，由于与中国近代社会的变革联系在一起，曾经被中外学者反复论证。1950年前有宋元说、明清说、鸦片战争说，莫衷一是。1949年新中国成立后大体上统一于以鸦片战争为界限。这又有两种情况：一种是以社会性质为划分准则，认为自鸦片战争以后中国进入半封建半殖民地社会形态，凡在这一社会形态中所发生的文化问题都属于近代文化的范畴，以与鸦片战争前相区别；再一种是美国学者费正清提出并为一些中国学者所呼应的“冲击—反应”模式，认为中国社会缺乏突破传统的动力，只有19世纪以来中国面临西方经济、军事、政治和文化的强大冲击时，中国社会和文化才被迫作出反应，一步步向近代演进。毫无疑问，这两种看法都把19世纪中叶看作中国文化近代化的开端。所以在学术界关于文化近代化的起点问题，几乎都定于鸦片战争以后，鲜有争议。

20世纪80年代文化研究中有关明清之际是中国文化近代化开端的论点异军突起，引人注目。按理说，这一说法的始作俑者20世纪20年代有梁启超，50年代有侯外庐，但从论证上来说，自侯外庐的《中国早期启蒙

---

① 参见郭齐勇《现代化与中国传统刍议》，《武汉大学学报》1986年第5期。

② 见沙健孙、龚书铎主编《走什么路——关于中国近现代历史上的若干重大是非问题》（以下简称《走什么路》），山东人民出版社1997年版。

思想史》后，20 多年无重大进展。值得注意的是，80 年代以肖箑父为首的武汉一批老中青学者再次提出这一课题的新论证，认为明清之际出现突破封建藩篱的早期民主主义意识；注重新兴的“质测之学”，吸取科学发展的新成果；开辟一代重实际、重实证、重实践的新学风。就其一般的政治学术倾向看，已具有了对封建专制主义和封建蒙昧主义实行自我批判的性质，这种批判的社会基础，是地主阶级在受到农民、市民反封建起义震荡后的分化，出现了一批异端思想家和“破块启蒙”（王夫之语）的新动向。①与此不同的是，有的学者从社会史方面分析文化现象，认为过去对这课题的论证基本局限在精英文化的层次，研究的深入，有待扩大视野，从社会史的领域发掘大众文化资料。社会的近代化往往以文化的近代化为先导，文化的近代化又必然以社会的近代化为依归，这两者的发展需要同步运行，却并非是同时开启。中国文化的近代化起自明清之际，经历着开启—中断—再开启的过程。中国早期启蒙与西方人文启蒙不同的特点是政治伦理的启蒙，这主要表现在对忠君信条的怀疑、抨击与批判，而且下延到广大民众。②

持有上述看法的文章，实际上在不同程度上对美国学者费正清论述中国近代史的“冲击—反应”模式表示了异议，认为这一见解忽视了中国社会和文化自身的变异，因此，发掘中国传统社会萌发近代化的思想资源是这一问题取得进展的关键。

2. 中国近代文化史特点的诸见解。一种观点认为，中国近代文化史的显著特点是多变性。有的从近代文化结构的变化分析，从秦汉以后迄至清中叶，孔孟儒学一直是中国封建文化的主干，并以其统率其他各个领域，形成以纲常伦理为核心的封建主义文化体系，结构单一，层次分明。鸦片战争后，西方文化传播，同中国文化发生撞击、交错、汇合，呈现出各种色彩，新旧中西，五方杂陈，中国文化结构发生深刻的变动，主要表现在：民权、平等思想逐渐在哲学、法学、政治学、教育学、史学、文艺等领域发挥指导作用，削弱了纲常伦理思想的权威性，使中国传统文化的内在结构发生质的变化，这是近代文化与古代文化根本的不同点；再一方面，古代文化的部门分类比较粗疏简单，近代资产阶级思想和研究方法的

① 参见冯天瑜主编《东方的黎明——中国文化走向近代化的历程》，巴蜀书社 1988 年版。

② 参见刘志琴《中国文化近代化的开启》，《社会学研究》1993 年第 2 期。

输入，使得原来的学科和体系发生变化，形成新的科学体系，开拓了新的领域和学科。①

有的学者从近代文化的内容分析，认为甲午战争前西方文化在中国的传播是不平衡的，自然科学的引进水平高于社会科学。向西方学习的人们对西学的认识有表面性和片面性，就自然科学来说，重视应用科学，忽视基础理论，引进的既有先进的学科，也有陈旧落后的内容。对社会科学只是零碎、片断地介绍，有较大的隔膜，基本上没有离开固有的文化传统，主要特征仍是器唯求新，道唯求旧。甲午战争是近代文化史上的转折，随着民族危机的加深，救亡图存爱国运动的兴起，促进新文化运动，文学革命、白话运动、史学革命、教育救国、科学救国蔚为思潮，形成反帝反封建的资产阶级新文化体系和新的知识分子群。可以说，近代中国文化是在中国沦为半殖民地半封建社会的过程中形成的，它从一开始就与力图改变国家和民族积弱的命运紧密相连，要求独立、民主、科学成为近代文化变迁的主要内容，爱国主义是近代中国文化的显著特征。②

再一种看法是，对中国传统文化持保留态度，对西方文化持批判态度，才是中国近代文化史的特点。这是由近代中国民族矛盾的尖锐性，东西方文化的对抗性，资本主义制度的腐朽性和中国传统文化的部分合理性等因素造成的。③

3. “中体西用”的新解及其争议。在中国近代史上，“旧学为体，新学为用”的“中体西用”论风行一时，实际上成为从洋务运动到维新变法的指导原则。由于洋务自强和维新变法的失败，人们大都对“中体西用”的方针持以否定意见。文化研究进入 80 年代以后，有学者提出新的看法，认为“中体西用”是利用儒家传统引进西方文化的选择，既保持传统，又容纳西学，两者取得各自的地位，从而减弱学习西方的阻力。“中体西用”论的长期流行，反映了历史现象背后的某种真情，实际上是以这种方式思考近代西学怎样与中国传统文化相融合的问题，探索与西学同质的思想文化在民族传统中的苗头，力图在传统文化中找到西学有可能生根的地方。通过对西学的吸收消化，实现中华文化的自我更新，依靠自身固有的活

---

① 参见龚书铎《近代中国文化结构的变化》，《历史研究》1985 年第 1 期。

② 参见《全国首次近代文化史讨论会简介》，《中国近代史学术动态》1985 年第 1 期。

③ 参见王燕军《近年来中国文化史研究述评》，《华南师范大学学报》1990 年第 2 期。

力，吐故纳新，继往开来，向现代化飞跃，这是一个重大的历史课题。“中体西用”的口号虽然本身蕴含不可克服的矛盾，但在当时起了好的作用。[①] 反对这种说法的，则旗帜鲜明地表示“中体西用”乃是中国近现代文化保守主义的基本主张。[②]

有的从中国文化的境遇来探讨“体用”问题，认为这是清末知识界处理中西文化关系通行的思维定式。虽然在这一定式之下，有许多认识上的分歧，发生许多观念的变化，但以“体用为结合点来探讨中西文化问题，大体上可以看作中西文化观念的基本形态和时代特征”。因此“中体西用”文化观的萌生、形成、嬗变、分解的历史全过程，揭示中国文化推陈出新的艰难历程，为近代文化史研究提出了新思路。[③]

4. 洋务思潮与近代化。在中国近代化的问题中，与洋务运动有关的评价是个颇为敏感的问题，1949 年后学术界对此一贯持以批判态度，很少发表不同意见。80 年代从近代化的角度对此重新审视，提出洋务思潮的新概念。认为洋务思潮既有世界潮流的影响，也是龚、魏经世致用思想发展的必然结果，它对封建传统观念有一定的冲击作用。洋务思潮引进一些先进的思想，虽然不一定是科学的思想流派，但在太平天国起义失败后和维新运动兴起之前，没有比它更进步的社会思潮。洋务派与顽固派的几次争论，是中西文化对立与冲突的集中表现。中西文化在近代是有差距的，西方是工业文化，中国是农业文化。洋务派向西方学习的步伐并不大，是浅层次的西化运动，但毕竟开了头，开启了向西方学习的新篇章。关于洋务思潮的特点，有学者归结为：一是以实用主义为归宿；二是贯穿资本主义的“用”与封建主义“体”的矛盾；三是复杂的多层次的思想活动。也有一种意见认为：洋务思潮是以“变通”、“师夷”、“工商立国”为特点，以往忽视洋务思潮的作用，与全面否定、贬低洋务运动有关系。[④]

其实，19 世纪的中国要真正把西方科技移植到中国，没有当权派的支持，就不可能有所作为，19 世纪翻译介绍西方科技书籍成效最显著的是江

---

① 参见田文军《“中国走向近代化的文化历程”学术讨论会综述》，《哲学动态》1988 年第 1 期。

② 参见方克立《略论 90 年代的文化保守主义》，《走什么路》。

③ 参见丁伟志、陈崧《中西体用之间》，中国社会科学出版社 1995 年版。

④ 参见王劲、张克非《洋务运动史第三次讨论会综述》，《历史研究》1985 年第 6 期。

南制造局附设的译书局。历史的复杂性在于，由师夷长技发端的洋务思潮，本是符合历史发展的进步思想，可领导洋务活动的又是一帮维护封建统治的权臣，他们又有镇压农民起义的劣迹，因此人们的评价常常把这样一个政治集团与洋务思潮混为一谈，对其政治行径与文化引进不加具体分析，从而低估了这一大规模地引进西方科技的历史作用。洋务派的出现，在统治集团打开了缺口，这是古老中国走向近代化不可缺少的一步，这一步为中国培养了严复、李善兰、徐寿、詹天佑等一代具有近代知识结构的文化人，播下现代文明的种子，是数千年未有之文化巨变。它对中国近代化的影响，远过于洋务运动的宗旨，洋务派是不自觉地充当了历史发展的工具。

5. 知识分子群体研究的进展。知识分子是创造文化的主体，也是文化传承的载体，知识分子的现代化与传统文化的现代化有紧密的关系。以往对近代思想文化的研究多着眼个体人物的论述，而对于近代知识分子群体的形成、特点、作用的研究相当薄弱，几成空白。20 世纪 80 年代以来，这方面出版了一批有分量的著述。钟叔河的《走向世界——知识分子考察西方的历史》，通过多侧面的研究，对我们民族从封闭社会走向现代世界的历史作了一番纵横考察，再现了早年出国的人们在认识和介绍世界方面所经受的误解、屈辱、痛苦和走过的坎坷道路，他们的遭遇和认识反映了近代新旧思想文化的矛盾、冲突和交替的情景，为中国人正确对待外部世界起了引路和搭桥的作用。章开沅的《离异和回归——传统文化与近代化关系试析》提出在社会转型之际，开创新制度的思想先驱对于传统文化大都曾有离异和回归两种倾向。向传统的离异，总体上是进步的潮流；向传统的回归，则比较复杂，主要是担心独立民族精神的丧失，防止被西方文化完全征服和同化。这样一个难度很大的课题引起学术界的兴趣。吴廷嘉的《近代中国知识分子》一书认为，近代中国知识分子是近代爱国政治运动的领导力量，也是近代思想文化学术史发端的承载主体，具有强烈的改革意识和献身精神；另一方面又过于热衷政治，容易激进，内部派系分化严重。它的形成带有突发性和超前性，政治上经济上缺乏有力的支持，因而实践能力和理论能力相对薄弱，这些特点至今还在发生作用。李长莉的《先觉者的悲剧——洋务知识分子研究》对洋务知识分子做出解析，认为他们是与近代经济文化因素相联系的新型知识分子群体，为引进和传播西方科技文化做出了贡献，并形成崇尚富强的价值观念和社会改良思想。由于他们处在依附洋务官僚的地位，既受到官僚体制的约束，又受到传统士大夫的排斥，所以未能形成引进开放文化的热潮，也未能促成大的社会改革。

对“五四”以来知识分子的研究，主要是在个案方面取得了新的进展。如20世纪50年代以来对胡适的政治批判、株连，他的学术活动一概受到谴责，对胡适的研究成为禁区。耿云志的《胡适研究论稿》是首先突破禁区的一部专著。黎澍在该书的序言中指出：“根据事实对胡适一生在学术上、思想上和政治上的作用作了颇为鞭辟入里的分析，指出他的资产阶级实质，可以说是比较接近真实了。”此外，对梁漱溟、张东荪等有争议的人物重新研究，都已取得可观的成绩。

第五，对“五四”精神的省思和不息的争议。历来对“五四”精神的研讨，大都用民主和科学来概括，因此用德、赛两先生作为“五四”精神的两大旗帜，在学术界鲜有异议。20世纪80年代以来对“五四”精神的再研究提出了新的见解。

1.“五四”精神新说。五四运动作为一个历史的概念，有的偏重它的救亡主题，视为爱国的政治运动；有的突出它批判传统，倡导新文化的精神，认为是启蒙运动。各种观点都认为五四运动以它爱国革新的精神推动了新文化运动的发展，民主和科学是“五四”精神的两面大旗，这种看法在学术界处于主导地位，阐释虽有不同，实质并无歧义。20世纪末的研究对此提出异议，有的认为，“五四”精神作为一种文化思潮，只是从西方传来自由民主思想，而不是工人阶级意识形态，其核心是肯定个体价值的自由民主思想而不是社会党的革命精神。现代社会的显著特征是自由、民主和高效率，与这三个价值相比较，自由尤为重要。“五四”把西方文明的精髓概括为民主和科学，显然有偏颇；有的对民主与科学精神做出新的解释，认为民主实质上是人的社会性的解放；科学是人的自然性的解放，因此“五四”精神可归结为人的解放运动，第一次揭起人的解放的旗帜，把以个性解放为核心的人道主义作为全部文化思想的基础架构；“五四”精神是一种系统思想，即忧患心理、改革意识、个体解放兼容并包同马克思主义构成的多维、交渗、递嬗的思想系列，其核心是拯救和改造中国。王元化认为“五四”文化思潮的主流是不是民主和科学还值得探讨，当年对这两个概念的理解十分肤浅，仅仅停留在口号上。近年来受到学术界重视的独立思想和自由的精神，才是“五四”文化思潮的重要特征。[①]

2. 救亡压倒启蒙说及其异议。1986年李泽厚发表《启蒙救亡的双重变奏》和《中国现代思想史的三次大论战》（《走向未来》1986年第1、2期）有关“五四”回想的两篇文章，提出“五四运动包含新文化运动和爱国反帝运动这两个性质不相同的运动”，这两者由“启蒙与救亡的相互促进”发展到“救亡压倒启蒙”。文章认为，“五四”以后“救亡的局势，国家的利益，人民的饥饿痛苦，压倒了一切，压倒了知识者或知识群对自由、平等、民主、民权和各种美妙理想的追求和需要，压倒了对个体尊严、个人权利的注视和尊重”，因此，“从新文化运动的着重启蒙开始，又回到进行具体、激烈的政治改革终”。在长期严峻艰苦的政治军事斗争中任何个人的权利，个体的尊严相形之下都变得渺小不切实际，使得封建意识和小生产意识始终未得到认真的清算。文章还阐述了在启蒙与救亡的双重历史任务既和谐又抵触的历史纠缠中，中国思想界进行艰难执着的思考和追求。指出发生在20世纪20年代的科学与玄学的大论战，30年代的中国社会性质的大论战和40年代末文艺的民族形式问题大论战出现的必然性，以及救亡图存占据压倒优势所造成的上述文化论战的不彻底性。这种不彻底性规定了后来的历史走向和命运，今天随着救亡使命的完成和现代化历史过程的重新展开，本来应该在三次论战中完成的思想文化课题，又一次等待着为民族振兴而思考和奋斗着的人们去回答。

丁守和《关于五四运动的几个问题》（《历史研究》1989年第3期）一文对此提出不同看法，认为五四运动是反帝爱国的救亡运动，在中国近代史上有划时代的伟大意义。救亡与启蒙的关系是：救亡唤起启蒙，启蒙为了救亡。戊戌时这样，“五四”时期也是这样。文章还强调“五四”精神是民主和科学，这一精神贯穿于五四运动的各个方面，影响着整个时代，至今仍有现实意义。

3. 对“五四”反传统的评估。“五四”时期有关抨击传统文化的论著历来都作为激进的反传统主义的论调来看待，苏双碧对此发表有不同见解。他认为：“新文化运动的矛头所指多是封建文化最落后、最禁锢人的思想部分，并不是笼统地批判传统文化。事实上传统文化中的优秀部分都没有受到新文化运动的批判。只是新文化运动的主将们，当时着力于提倡

---

① 参见王元化《我对“五四”新文化运动的再认识》，《炎黄春秋》1998年第5期。

民主、科学，批判封建文化，还来不及对传统文化中的优秀部分和糟粕部分加以区别。”即使鲁迅辛辣地抨击“国粹”是“肿毒”和“祖传老病”，绝不会是指传统文化中优秀部分，而是嘲笑“国粹派”把封建糟粕也当成“国粹”加以保护。陈独秀宁愿看到“国粹”消亡，这更多地也是指糟粕，因此笼统地说“五四”新文化运动全盘否定传统文化不是事实。①彭明持以相似的意见，他说：“当时大多数启蒙思想家所否定的只是儒家文化，而对于儒家以外的诸子，则大都予以肯定，就是对于儒家也采取了历史主义态度。”②

“五四”时期的文化启蒙，很大程度上是在帝国主义压迫下产生的，内部的思想准备并不成熟。启蒙的功利主义倾向导致对东西文化的论断情绪化、简单化，用形式主义的方法反对传统缺乏说服力；政治斗争又淡化了必要的理论研究，在宣传方面滞留在呐喊阶段，民主和科学口号的提出，主要是造成舆论氛围，并不是实体性的操作；重视了文化和知识分子，忽视了经济和深入民众；理论相对贫困，无论是激进派、自由派还是保守派都没有产生足以代表民族思想体系的时代巨人。

第六，传统文化与现代化是贯穿 80 年代文化热的主旋律。传统文化与现代化并非是简单的中西文化之争，但是中西文化的比较研究与这一主题含有一致性，讨论者遇有不同意见的分歧，往往又在寻求现代化的过程中有所沟通，或在某些侧面达成共识，有争议而缺少鲜明的对叠，双方都在不同意义上提出自己的新思路，是 80 年代这一论争的特点。

1. 传统与现代化的冲突。现代化是现代文明史上的概念，是指有一定经济结构、政治结构和文化意识结构形态的工业化的文明。实现工业化可以有资本主义方式，也可以有社会主义方式。中国的现代化，实际上是指中国式的社会主义工业化的社会形态，正是从整体意义上说，现代化并不等于西化，现代化的实现不仅是经济要求，还要求有其相应的现代文化观念，以便在社会结构的内部，保持经济、政治和文化意识三大要素的平衡，以保障社会的稳定发展。

曹锡仁在《中国文化传统与中国现代化的冲突》一文中认为，中国近代文化的发展并未能彻底改造中华民族文化意识的传统，当这一传统中的

① 参见苏双碧《五四运动和传统文化》，《光明日报》1989 年 4 月 19 日。

② 参见彭明《论五四时期的理性精神》，《历史研究》1989 年第 3 期。

消极因素以沉淀方式在中国现代化事业的洪流中重新泛起时，与社会主义现代化建设的冲突表现在十个领域，这就是：建立网络型社会结构的要求与传统文化中大一统的冲突；平等原则与贵贱等级原则的冲突；法治要求与人治传统的冲突；现代民主制与家长宗法观念的冲突；个性的全面发展与共性至上的群体原则的冲突；创造需求与保守心理的冲突；开放与封闭矛盾的冲突；竞争意识与中庸信条的冲突；物质利益原则与伦理中心原则的冲突；社会消费需要与崇俭反奢的冲突。种种冲突可以概括为两种文明的矛盾，这是现代化事业向古老文明的挑战。传统文化如何走出困境，获得新的活力成为文化现代化的重大课题。①

何新在《中国文化史新论》（黑龙江人民出版社1985年版）一书中认为，中国文化现代化有三大阻力：一是来自价值观念。这有两种情况：一方面在中国潜隐文化中，至今根深蒂固地存在大量的反现代化的价值观；另一方面自“五四”以来，又经过“文化大革命”，造成传统价值结构的断裂和崩解，在青年心态中普遍存在价值观无所依归的失范感。二是来自某些陈旧过时的思想观念。三是来自旧体制的阻挠。因此主张反省我们的文化、反省历史、反省意识形态，以便探索一条新路。

陈俊民认为，文化危机并不意味着对传统的否定，而是表明这一文化传统面临再生和兴盛的契机，即在危机中寻找自己的出路。关键是在文化的冲突中建构适应现代和本来的新的文化价值系统。知识分子要摆脱急功近利的态度，树立求真的精神，反省中西文化。②

2. 传统为现代化工具说。1988年学术界出现新权威主义思潮，持这一看法的学者认为，传统有防止人心失范的作用，它在一定程度上是传统国家在现代化过程中必要的整合社会秩序的得力工具。传统的价值体系在近代的衰微和瓦解，以及反传统的激进主义的崛起，使传统文化不能充分发挥它羁约人心和稳定秩序的功能，从而加重现代化转化的困难。从这一角度来认识辛亥革命后梁启超、康有为、章太炎尊孔、保教的主张，可以发现，这些知识精英的价值回归，正是对激进主义者反传统的简单化态度的一种反扑，是尝试运用传统价值符号来实现民族自治和现代化的努力。③

① 参见曹锡仁《中西文化比较导论——关于中国文化选择的再检讨》，中国青年出版社1992年版。

② 参见陈俊民《构建适应现代化的新的文化价值系统》，《社会科学报》1990年7月5日。

③ 参见肖功秦《文化失范与现代化的困厄》，《读书》1988年第10期。

3. “西体中用”论引起争议。与此相联系的是关于“西体中用”的争论，这是李泽厚对中西文化交流与现代化问题提出的新见解。在《西体中用简释》一文中，他对这一命题作出阐释，主要认为，“体”是社会存在、生产方式、现实生活以及生长在这体上的理论形态。现代化不等于西方化，但西体的实质就是现代化，这是指以西方为代表的现代化的历史进程。马克思主义就是从西方社会存在本体中产生的科学理论，正是从这个意义上才可谓“西体”，而“中用”就是怎样结合中国实际加以运用。中国现代化的进程既要求根本改变经济、政治、文化传统的面貌，又仍然需要保存传统中有生命力的合理东西。没有后者，前者不可能成功；没有前者，后者即成为枷锁。其实今天讲的“马列主义中国化”、“中国化的社会主义道路”，似也可以说是“西体中用”。附议者认为，“西体中用”论旗帜鲜明地支持改革开放，虽然将中西文化纳入“体用”范畴不尽准确，但方向是对的，有的还补充认为，“西体”的主要部分应是商品经济，发展商品经济必然与传统体制发生一系列的矛盾，提出这一观念可以与“中体西用”相对立。①

“西体中用”论一出，即受到来自两个方向的反驳，有的认为这是“全盘西化”的论调，实质是要把西方文明全盘搬到中国，彻底重建中国文化。②与此相反的是刘晓波发表的与李泽厚的对话，以明确的西化论观点批评李泽厚，把李置于维护传统文化的地位。另一种意见则认为，“西体中用”有西化倾向，但并不等于全盘西化，含义模糊，没有超出体用二元的思维模式。③

4. 对传统创造转化说。在抨击传统中的有害因素时，可以在适当的历史条件下对传统的符号及价值系统重新解释和建构，使经过转化的符号与价值系统，变成有利于变迁的种子，同时在变迁中保持文化的认同。在这个过程中，新的东西是经由对传统中健康、有生机的素质加以改造和我们选择的西方观念与价值相融合而产生的。如对儒家的“仁”，可以将它与“礼”分开，强调它作为个人道德自主性的意义。

这种看法原是华裔学者林毓生在《中国意识危机》一书中提出的，文

① 参见《中体西用之争概述》，《哲学动态》1988 年第 4 期。

② 参见默明哲《关于中体西用与西体中用的反思》，《社会科学》1986 年第 6 期。

③ 参见方克立《评“中体西用”和“西体中用”》，《传统文化与现代化》，中国人民大学出版社 1987 年版。

化热在内地得到不少附议者。有的还认为，现代化的自由、民主与法治不能从全盘打倒传统中获得，只能经由对传统的创造性转化逐步得到。对传统道德命题的重新取向，能在中国社会形成强大的"支援意识"。①

5. 综合创造说。张岱年、程宜山在《中国文化与文化论争》（中国人民大学出版社1990年版）一书中提出，经过一百多年来政治、经济、思想文化的变化，中国传统文化的旧系统结构已经解体，新的社会主义文化也已略具雏形。在这种条件下，经过慎重考察、认真挑选的古今中外不同文化系统所包含的要素，按照现代化的客观需要，综合成一个社会主义现代化的新中国文化系统是完全可能的。这种综合创造之所以必要，是因为：其一，中国文化的旧系统已经落后过时，不破除这种体系结构，不吸取大量的外来的先进文化要素，重新建构，中国文化没有出路。其二，完全舍弃中国的固有文化，全盘西化，既没有可能，也不符合客观需要。在世界上维护民族独立是至关重要的，没有民族的独立，现代化无从谈起，而民族的独立与民族文化的独立性是不可分割的。其三，西方文化虽然在整体上优于中国传统文化，但并非处处都高明，从基本精神看，各有各的独创性，亦各有各的片面性，只有凭借综合创造所形成的文化优势，才有希望弥补因落后而造成的劣势。因此主张坚持社会主义原则，弘扬民族主体精神，走中西融合之路。这就要抛弃中西对立、体用二元的僵固的思维模式，排除盲目的华夏中心论与欧洲中心论的干扰，以开放的胸襟、兼容的态度，对古今中外文化体系的组成要素和结构形式进行科学的分析和审慎的筛选，经过辩证的综合，创造出一种既有民族特色又充分体现时代精神的高度发达的社会主义新中国文化。

改革开放以来，人们热衷讨论的传统文化与现代化的问题，在某种意义上又可归结为中外文化比较的研讨，其目的在于进行积极的健康的文化交流，使中国文化走向世界，也使世界文化走进中国，以便继承、改造、发展中华文化。由于强烈的现实性，经常体现为社会主义建设服务的直接作用，政治经济形势的发展、政策的调整和重大社会问题的决策，都有可能对中外文化的研究起导向的作用。正因为如此，在1949年后文化研究被冷落的30年中，有关中外文化交流的研究从未断档。自从实施改革开放的国策以来，怎样对待外来文化和传统文化成为当代中国文化研究的最

---

① 参见崔之元《追求传统的创造性转化》，《读书》1986年第7期。

强音，这就又一次把比较文化的研究推向新的高潮。

比较文化的实质是对外来文化和本民族传统文化相碰撞时所进行的思考和研究。文化是人类在一定的生存和发展环境中的创造，普天下的文化莫不有其相通、相融的一面，但是它又有各自生存的空间，自然的、社会的、人文的、心理的不同条件造就了不同的文化传统，这就使各民族的文化又有不同的特性，从而有相拒、相斥之处。这种相通又相拒的状态，是文化研讨中富有魅力的问题。金观涛的《走向未来丛书》、《走向未来》杂志，钟叔和的《走向世界》等以及一批有关中外文化比较的论著成了热销书。与其他文化问题不同的是，此类课题的研究不仅从宏观的整体上来考察，展现多侧面的视角，更引起人们关注的是具体的、分解的、微观的研究，从生活日用诸如筷子、服饰、饮食、住房、谚语，到思想心态、风俗习惯，乃至治国理政的传统和决策，几乎无所不包，此类著述深受读者的欢迎。人们渴望了解国情和世界的热情，极大地鼓舞了研究向具体而深入的方向发展。传统文化与现代化的论题打开了人们的眼界，促使中外文化研究日益繁荣，这是百年前不能比拟的盛事。

第三节　世纪末文化研究主题的转化

文化热至80年代末就已显著降温，进入90年代以后文化研究已有的热点课题逐渐退回书斋，很少再有那种大众参与的盛况。专业学术工作者的研究方向也有所转向。世纪之交中国文化研究发生这样大的转折，主要表现在下述三个方面。

第一，回归传统，国学复兴。80年代的文化热虽然有所消退，但是，作为文化史重要内容的国学，在90年代不仅没有降温，而且形成新的热点。1993年8月16日《人民日报》用整版篇幅刊载《国学，在燕园悄然兴起》一文，以北京大学中国传统文化研究中心编辑出版的《国学研究》第一卷为基础，报道了北京大学对中国传统文化研究的盛况。时隔一天，《人民日报》又发表署名文章《久违了，国学》。由于新闻媒体的积极参与，国学研究日益兴旺。这种势头的上涨还表现在大量的古籍被重印、再版，国学研究的专业刊物一种接一种相继问世。整理、研究中国传统学术的学者明显增多，并吸引了新一代年青学者的兴趣，所以有人认为这是继“五四”之后的国学复兴热，80年代的文化热并没有断层。

从文化热到国学热，仍然贯穿传统与现代的关系问题，但又有不相同的环境和背景。国学的重新提倡是对80年代反传统思潮的反拨，是作为与“西化”相抗衡的文化力量，召唤人心，重建信仰，以化解由市场经济带来的负效应。很显然，从农业社会向现代工业社会的转型，从计划经济向市场经济的转轨，剧烈的社会变革引发社会秩序的失衡和人文精神的沦丧，使人们开始怀念传统的道德调谐；海外新儒家学派对中国传统文化的重新阐释，提高了国人的自信；西方后现代社会道德的失落在内地引起的震动，都助长了回归传统的情绪。人们力图重新利用传统的文化资源，从中发掘具有现代价值的滋养，并不失为一种重建文化精神的探索。从总体来看，这股国学思潮，比“五四”时期的国学研究有较多的理性；比新儒家有较多的批判性；在整理古籍方面有一定的成效。但是国学热存在的一些倾向性问题，在学术界早已有非议。

然而耐人思考的是，对这股国学热怎样评价？80年代那种彻底否定传统文化的民族虚无主义是一种偏差；90年代不加分析地爆炒传统文化，以为只有儒家能够拯救世界文明，宣扬华夏文化优越论也是一个误区。怎样科学地对待传统文化，在批判旧观念的同时保持和弘扬优秀的文化传统？如何吸收西方文化的优秀成果，建设社会主义的精神文明？国学研究又如何定位？其核心仍然是传统文化与现代化的问题。那种以国学排斥和取代马克思主义的论调，也显然过分夸大了国学的作用，混淆了学术与政治的界限，并不足以解决理论问题。这也说明80年代的文化热到90年代发生变奏，可以推测，这将成为跨世纪的文化主题，吸引后来人的注意。

第二，大众文化崛起，社会文化研究兴旺。90年代社会主义商品经济的大发展与市场经济的导向，使得人们的社会心理从关心意识形态向关注经济生活转化，这是文化热降温的又一因素。其实这种降温只是政治色彩的淡化和文化视点的多元化。尤其是凭借现代传媒技术，为大众消费而制造的文化产品，一改传统的说教面孔，走向商业化和娱乐化，对精英文化形成不小的冲击。本来，哪个时代都有大小传统、雅俗文化和主亚文化之分，大众文化即是小传统和通俗文化，并不始于现代。但是大众文化真正显示它重要的社会价值，令人刮目相看，却是现代工业文明的产物。在精英文化为主流的文化结构中，大小传统之间的隔膜，上层文化和下层文化的距离是难以避免的现象。社会主义文化强调面向劳动人民，缩小了上层文化和下层文化的差距。但是，不论是封建主义传统还是传统的社会主义，指导思想虽有不同，以精英文化为主流的一元化的文化结构，却没有多少变化，这是前现代社会文化的基本格局。

社会主义市场经济和现代科技的发展推动了新一代文化市场的发育，大众文化的崛起以锐不可当的威势，改变了雅文化主导俗文化的传统格局。以信息高科技为生产和传播特征的新兴文化产业，以大量的影视、音响、多媒体和电子读物涌向市场，与此同时，学术成果通俗化蔚为潮流，把少数人享用的专业知识，变成大众欣赏的读物。文化消费不再是精英的特权，也是平民百姓的生活需求。现代工业和都市文明造就了广大的市民消费阶层，他们的选择决定了文化市场的取向。现代学者对这一现象予以高度的评价。有的说："大众文化反映着普通群众的精神要求，代表着大多数人的利益，是现实的中国文化的主要构成。"①有的认为："不管我们愿意不愿意接受，只要现代化进程不发生逆转，在相当一个时期里，通俗文化的主流地位恐怕是难以动摇的。"②有的强调："大众文化、通俗文化的发展，在一定限度内体现了人民的文化需求和文化权利。它在文化领域内，形成多元化和多层次的局面，从而给人民提供了选择的条件。"③

大众文化由小传统、亚文化一跃而为中国文化的主要构成，文化史研究也失去神圣的使命，从资政济世的高阁，下移到平民百姓的书桌，甚至变成茶余饭后的消闲读物。史学研究者从"代圣人立言的帝王师"，沦为民众的一支笔。这对专事研究王朝兴亡盛衰，人类社会发展规律的那种大抱负、大事变、大业迹的治史传统是个挑战。文化史的内容从诸子百家向阅世知人转化，使得古往今来人们的生活风貌、衣食住行、社会交往以及人际关系都成为研究的对象，这些生动活泼的内容以对读者市场特有的吸引力，促使文化史工作者及时调整了研究方向，因此芸芸众生的穿衣吃饭、婚丧嫁娶、消闲娱乐，登上了大雅之堂，有的还成为国家社科基金资助的重点项目。从文化史和社会史交叉的边缘萌生的社会文化史，因为视角下移到平民百姓，开拓新的领域，给文化史的建设又带来新的发展机遇。各种各样的风俗丛书、生活丛书、衣食住行、日用器物、民众娱乐，以及描述农夫工匠、僧道隐士、侠盗乞丐等形形色色众生相的文化读物成

① 李宗桂：《论当代中国文化的主流》，《社会科学战线》1993年第4期。

② 许纪霖：《精英文化的自我拯救》，香港《二十一世纪》1993年第2期。

③ 王元化：《对当前文化问题的五点答问》，《文汇报》1994年7月24日。

为出版的大宗。这不仅充实了文化史中的空缺，也极大地丰富了历史表述的题材。

大众文化入主社会文化结构的态势，呼唤创生自己的理论和学术系统。《近代中国社会文化变迁录》（浙江人民出版社 1998 年版），堪称这一领域的奠基之作。该书以大众文化、生活方式和社会风尚的变迁为研究对象，从思想史的角度阐释社会文化现象，提出贴近社会下层看历史，世俗理性和精英文化社会化的问题，以及上层文化与下层文化的互动、磨合和对流的问题，为近代文化研究开拓了新的视野。中国社会文化史必将在 21 世纪得到长足的发展，并以它浓郁的民族特色受到世人的瞩目。

第三，文化史的学科建设从 20 世纪 20 年代梁启超提出设想后，发展就不平衡，50 年代在大陆又中断了 30 年，目前空白的正在填补，薄弱的得到加强，既有的格局有了新的突破。一批有造诣的文化史专著深受读者的欢迎，文化通史、文化理论、历代文化、区域文化、少数民族文化、风俗文化、企业文化、科学文化以及各种文化丛书，从无到有，从学术专著到通俗读物，成龙配套，联翩而出，避免了“五四”时期文化研究的偏颇，使文化研究渗入多门学科，以综合化、一体化的发展趋势，推动了当代社会科学和人文学科的发展。尤为可喜的是，一批中青年研究者脱颖而出，形成一批有理论修养，又有丰富知识的文化研究队伍。可以说，文化史的研究正以前所未有的出人才、出成果的优势，成为一门显学。

更为重要的是，80 年代以来文化研究从学坛进入社会，从历史贴近现实，从学科反省走向对社会主义精神文明的设计，表现出它在促进人的观念变革，提高国民文化素质中的作用，从以下三个方面超越了“五四”时代。其一，社会主义精神文明建设，把改善民族心理素质作为文化发展战略的出发点和归宿，提供了“五四”时代所没有的社会条件。其二，减少了“五四”时期文化论战中的片面性和实用性，从民族文化心理的良莠两方面，提供可资转换的历史借鉴。其三，“五四”时代是唤起跪着的奴隶站起来，打碎封建制度的镣铐，恢复人的地位。80 年代人的主体性觉醒，是要求人的自我实现，改变人的观念，提高人的价值，发挥人的潜能，逐步实践马克思指出的，共产主义社会的基本原则是人的全面而自由的发展，是更高层次的人的觉醒运动。这是“五四”英烈们梦寐以求而不能企及的新高度。历史把这样的重任赋予了我们这一代。

第四节　新世纪文化研究的多元纷争

进入21世纪以来，文化研究日益呈现多元蜂起，大起大落，热议纷争的局面。

一是国学持续升温，引发争议。21世纪以来，文化界一大盛事是国学的复兴，一个深藏在图书馆，寂寞良久的学问突然兴起，国学院、国学班、从幼儿到大学的国学教育遍地开花，并很快走向大众，形成社会思潮，由此引发的各种争议，于今不息。

2004年5月，《中华文化经典基础教育诵本》在北京首发，编者蒋庆在“前言”中说：“中国文化复兴必须从娃娃抓起，儿童背诵中华文化经典，从小在心中埋下中国圣贤义理之学的种子，长大成人后自然会明白中国历代圣贤教人做人的道理。”

7月，薛涌在《南方周末》发文《走向蒙昧的文化保守主义》，认为“读经就是强迫孩子在3—12岁间背诵15万字自己并不懂的东西”，这是“愚民运动”。

9月，“2004年文化高峰论坛”在北京召开。会议由许嘉璐、季羡林、杨振林、任继愈、王蒙5位人士发起，有72位学者名流参加。其《甲申文化宣言》：“主张每个国家、民族都有权利和义务保存和发展自己的传统文化；都有权利自主选择接受、不完全接受或在某些具体领域完全不接受外来文化因素；同时也有权对人类共同面临的文化问题发表自己的意见。”这是继1935年王新命等10位教授发表《中国本位文化建设宣言》和1958年牟宗三、张君劢等海外新儒家《为中国文化敬告世界人士宣言》以后，第三次以宣言形式的告全国民众书。

9月8日，《中国青年报》发表《甲申文化宣言：哪里来？哪里去?》，质问：“拯救传统与完成启蒙，这个国家现在更需要哪个，或者需要齐头并进?”

论坛的参加者也有不同意见。汤一介对《瞭望周刊》记者说：“有人说中国的传统文化能够解决西方文明所遇到的问题。但是难道别的文明出现了问题，我们的文明就一定能解决吗？而且看一看中国社会今天的各种问题，有许多难道不是还应该从我们的传统中寻找原因吗?”有的认为这个宣言不是一个考虑周全、严谨的宣言。杜维明认为，当务之急是要对传统文化进行一番认真的研究。

9 月 21 日，袁伟时在《南方都市报》发表《中国文化：应世界潮流方可得重生》一文，对宣言提出批评。李泽厚接受媒体采访时说："我不赞同以此来否认或忽视人类仍有共同的普遍性的价值和原则。我反对认为文明并无进步落后之分，原始文明与现代文明价值等同的文化相对主义。"

有的学者认为国学热与既往不同的是，不是由学者发起，而是来自社会的需求。2003 年有 500 万儿童读经，2004 年达 1000 万，这是来自社会底层的对道德失范的焦虑，国学需要的不是"热"，而是怎么做。有的学者指出，文化复兴不是复古，而是文化更新，不是以传统文化代替现代文化，而是以传统文化辅助现代文化。①

对于什么是国学，认识不尽一致。刘梦溪等文化学者认为国学是指六艺之教，即诗、书、礼、乐、易、春秋，这六学蕴有史学、美学、文学、哲学、政治学等多种内容。《易》学为道家所宗，是先秦的国学；外来的佛学中国化后创生的禅学，在中国根深叶茂。所以，国学是儒学为主体兼容各派的学术体系，是一门通学，国学教育是古典文化的通才教育。②李学勤认为："我们讲国学，不能排斥各个民族的文化传统，各个地区的文化特点，所谓'三教九流'都应该包括在内。国学所包含的内容应该是非常广博的，比章太炎、钱穆所论述的国学内容还要广泛。"③

梁涛等认为，国学是中国在 20 世纪初经受中西文化碰撞后产生的现代概念，是一代学人在追求现代化过程中，保存优良传统的努力，是忧国忧民的思虑。当初按照西方学科体制对中国传统学术重新分类，取得积极的成效，但也因此肢解了固有的学术体系，导致国学的解体。从 20 世纪 90 年代兴起的国学热，是在十年"文化大革命"对传统文化疯狂破坏后，民族传统的第一次回归。这是在经济快速发展中出现各种社会流弊后，人们对精神家园的追寻和认定，力图在全球化发展的大格局中，树立文化自尊、自强、自新的意识，以建设融合东西方文明的新国学。④

分歧大的是对国学发展前景的估计，季羡林早在 1991 年发表的《21

① 参见周有光《期待中国群众的心灵起飞》，《社会科学报》2009 年 7 月 16 日。

② 参见刘梦溪《论国学》，上海世纪出版集团 2008 年版。

③ 李学勤：《在国学热中的几点思考》，《东岳论丛》2009 年第 6 期。

④ 参见梁涛《国学热：向民族传统的一次回归》，《中国社会科学报》2009 年 9 月 24 日。

世纪：东方文化的时代》一文中提出，到21世纪西方文化将逐渐让位于东方文化，这一论断在21世纪引起很大的争议。

《中华读书报》记者舒晋瑜在报道中提出，国学热要谨防民族主义问题，汤一介教授指出，国外研究中国学的学者已注意到要“摆脱自己的种族中心论”，文化上的欧洲中心论已经破产，我们决不能提出什么“中国中心论”来，什么“三十年河东，三十年河西”、“中国文化可以拯救世界”，这不仅不可能，而且是十分有害的提法。“目前，对于老祖宗给我们留下的遗产，必须珍视，但我们并没有为这份文化遗产增添多少光彩；相对于发达国家的学术文化现状，虽然我们已取得很大的进步，但我国当前也还没有能在学术理论上为人类做出划时代的贡献。”①

张鸣在《中国经济时报》2009年10月23日发文认为，提倡国学是为拯救传统文化，可以理解，但如果在21世纪的今天，试图重建儒学的独尊地位，用经学治国平天下，重振国威，则是很可笑的事。如果国学能强国，我们就没有必要引进西方器物和思想，在现代化之途上艰难跋涉。

国学复兴本身引发争议这一现象，揭示时代要求国学以新的姿态参与当代文化建设。复兴，意味着这门古老的学问将与现代教育接轨，重新焕发光彩。《文学评论》副主编胡明坦言，中国文化确实存在危机，尽管孔孟之道可以为中华民族搭起道德升华的平台，但承担不了文化复兴的任务，应该在马列主义和孔孟之道两个平台上实现融合。

二是启蒙路向何方。20世纪80年代初思想解放运动后期出现文化热，被认为是继“五四”以后的“新启蒙运动”。高扬人的解放，讴歌人的理性，热烈地批判传统，拥抱西方的现代性，充满激情与理性。

90年代进入启蒙后期，在市场经济的冲击下，启蒙阵营分裂为几种主义：文化保守主义、新古典自由主义、新左派等。欧洲18世纪发生启蒙运动到19世纪经济高速增长、阶级分化时，出现政治上的自由主义、社会主义与保守主义。命题相似，依然算是启蒙后期。

进入21世纪后，可称为“后启蒙时代”，在很多人看来，启蒙已经过时，新时代来临。

2009年在五四运动90周年、法国大革命220周年之际，许纪霖发表《启蒙如何虽死犹生》（《中华读书报》2009年7月15日）一文，作出相

① 参见舒晋瑜《中国学研究的冷与热》，《中华读书报》2009年9月30日。

关的分析。

文章说，当今有三股思潮从三个方面解构启蒙：一是国家主义，从10年前中国驻南斯拉夫使馆被炸到2008年传递奥运火炬事件，民间出现民族主义狂飙，其中有文化认同需求，也有中国崛起的诉求。国家主义是民族主义思潮中的极端形式或右翼，民族主义追求民族的崛起，国家主义主张以国家强盛作为核心。启蒙的核心不是国家，而是人，是人的自由与解放。国家主义则把国家作为目的，核心。

第二个挑战是古典主义。西方古典主义表现为斯特劳斯热，他主张从现代多元社会回到柏拉图、古希腊的自然主义，掀起重读开放经典热。另一种是中国传统的，论语热、庄子热、诸子热。中外古典主义的软肋是：世俗时代意义的崩溃和核心价值的匮乏。中外古典，有汇合趋势。有人致力打通中西古典，假想敌都以启蒙为核心的现代性。这与90年代的文化保守主义和新儒家不同。保守主义和新儒家不认同传统是负数，并没把传统与现代对立，而是寻找两者的接榫点，认同现代性的普世价值，重视发掘传统的现代价值，寻求普世价值的中国特色；当今出现的古典主义不承认现代社会的正当性，而是试图用回到古典的方式重新奠定现代社会正当性，实际上是反现代的另类现代性。

第三种挑战是多元现代性。以前都以西方为普世价值的典范，但这10年从日本引进东亚现代性。东亚现代性的起源与欧洲不同，类似德国19世纪的浪漫主义。德国从批判英法启蒙开始，一般的启蒙，不是从别民族而是从普遍的人性和理性出发阐释科学、社会和文化。但德国浪漫主义是从民族国家的语言、历史、文化并联现代性的独特的道路。东方与西方是不同的现代景象。这种观念影响大，是显学，激进的新左派与保守的国家主义思潮结盟；古典主义与国家主义结盟，共同指向自由主义。

2009年时值五四运动90周年之际，出现一股否定新文化运动的言论。这股思潮，从台湾地区和海外华人学者发端，于今在大陆得到积极回应。论者认为80年代启蒙所追求的现代普世价值，已经过时，是迂腐，丧失主体性的表现。秋风发文《告别五四，发现保守主义传统》说：狭义的五四运动，是救国的大众骚动运动，与新文化无关。广义的“五四”即新文化运动无助于，甚至妨碍了中国现代国家之建立，祸根在于“全盘性反传统主义及其背后的惟理主义自负”。受新文化熏陶的青年学生领导的国民革命，不惜从肉体上消灭一切“反动派”，向往以暴力建立民主制度，造成新制未立而传统已毁。所以保守主义才是建设新文化的正道，这是介于激进与守旧两极之间的中间立场，是坚定的宪政主义者，其杰出的代表人物是张君劢、陈寅恪、吴经熊等学者。作者认为他们对中学和西学持以中正、包容的态度，可概括为“中体西学，资相循诱”的特色。文章还指出新文化运动的健将陈独秀、钱玄同、鲁迅等对西学了解“十分肤浅”，“他们大多只是在日本短期留学期间，通过二手资料对西方有一知半解而已。可以说激进主义在很大程度上是因为无知而无畏”。中国新文明须由中国人自己创造，创造的主体自应立足于中国之体，保守主义传统值得承继、维续、扩展。①

此外，还有各种另类方案，如新左派提出批判解构行政行为的现代性，中外古典主义提出反启蒙的现代性等。

同年，九三学社《民主与科学》杂志，在京召开纪念五四运动90周年研讨会。会上有人提出：“五四”时期对传统的过激批评，都局限在精英的小范围内，对社会的影响并不大，有个例证可说明问题。早在20世纪20年代“五四”以后，江苏第一师范学校招生考试有一份考题，要求考生列举崇拜的人物，应考的有300多人，都是中小学生，统计的结果是，列于第一、第二的是孔子和孟子。这份答卷实际上是个难得的民意测验，他们的选择和追求反映了小知识分子的思想走向。从这些答卷中可以发现，孔子和孟子的影响极其深远，崇拜者有200多人，占应答人数的三分之二，如果再加上颜渊、范仲淹、朱熹、王守仁等儒学名人，有绝对的优势。由此可见，清末民初一些人虽然对封建礼教和儒学有过猛烈的抨击，但对中下层的读书人影响并不大，在中小学生中尊崇孔孟的观念仍很流行。时下认为儒学在中国的中断，是由于“五四”时期激烈地反孔，使中国文化发生断层，因此对中国道德文化危机的溯源，往往归罪于“五四”时期的文化激进主义，这是不公平的。“五四”时期的反礼教，打倒孔家店，对思想启蒙起了很大作用，对推进中国社会的改革是利大于弊。真正使儒学在内地衰落的是1949年后极“左”思潮的影响和“文化大革命”。鉴于种种质疑“五四”的论调，历史学家不去正本清源，是史学的悲哀。所以我们还要补上一课，理解“五四”才能真正弘扬“五四”

① 参见秋风《告别五四，发现保守主义传统》，《随笔》2009年第4期。

精神。①

资中筠接受该杂志采访，发文《解放思想，坚持启蒙》，认为从五四运动以来中国几经折腾，发展非常曲折，后人遂以“五四”作符号，实际上涵盖了大半个世纪的知识分子的探索，走了不少弯路，至今尚未完成，也被不停地追问。“五四”并没有定于一尊，而是开创了比较自由的论争风气，如今“五四”争得的思想积淀到今天已完全退光了，现在又从头再来。“文化大革命”中在高呼“与一切传统决裂”的同时，从思维到行动又是封建王朝的大回潮。转了一大圈，又回到原点了。当前否定“五四”来自几方面，一是文化保守主义兴起，西学中源说又出来了，以发扬传统拯救世界。与从前不一样的是，以前维护传统的大多是饱学之士，现在大谈传统的连文言文都没念过多少，是从民族主义的情绪出发；二是认为“五四”导致激进、暴力革命，把后来遭遇的各种负面东西推到“五四”激进派头上。其实“五四”并不代表一种主义，它只是冲破一些桎梏，“五四”精神本身并不等同暴力革命。至于哪条政治道路占上风，不应由新文化的倡导者负责，至少他们倡导的是民主不是专制。总之坚持启蒙，继续解放思想，这是希望所在。②

“五四”是多元的，有激烈的反传统，也有另一种启蒙，如《东方杂志》杜亚泉和1918年后的梁启超，并非是保守派，而是温和启蒙，主张“接续主义”不是在传统的废墟上重建，而是在会通中西、博采众长的基础上创造新文化。所以启蒙本身就有丰富的资源，可以自我反思和提升，以重新激活启蒙。

三是对文化自觉的认同。2007年10月，胡锦涛在中共十七大号召提升文化软实力，并在政府工作报告中写入“文化软实力”。主要措施是：培育文化产业，帮助国内企业走向世界；以文化作为重要的外交手段，在海外开办孔子学院和孔子教室。截至2009年3月已在世界各地开办孔子学院256所、孔子教室58所，并试运行孔子学院电子版，在互联网上加大传播中国文化的力度。③

在当今经济全球化的形势下，文化力量越来越成为综合国力和国际竞

---

① 参见刘志琴《首先要理解五四，才能发扬五四精神》，《民主与科学》2009年第6期。

② 参见资中筠《解放思想，坚持启蒙》，《民主与科学》2009年第2期。

③ 参见《参考消息》2009年8月13日报道。

争力的重要组成部分。对文化软实力的强调，推进了对文化自觉的认同。

"文化自觉"，是费孝通在1997年北京大学举办的第二届社会学人类学高级研讨班上提出的著名论题，这是指生活在一定文化中的人，要明白自身文化的来历、特色和发展方向，做到有自知之明，以加强对文化转型的自主能力。在这以前他提出，各民族都要以"各美其美，美人之美，美美与共，天下大同"为文化理想。所以文化自觉是一个艰巨的过程，只有在认识自己的文化、理解所接触的多种文化基础上，才有条件在多元文化的世界里确立自己的位置，然后经过自主适应，和其他文化一起，取长补短，共同建立一个有共同认可的基本秩序和一套各种文化都能和平共处、各抒所长、联手发展的共处守则。这是在当今社会多元化、价值多元化的多种文化接触中，各民族对外来文化应持有的尊重、兼容和取长补短的心态。"文化自觉"对文化发展理论的高度概括，赢得学术界的欢迎和认同，这是中国思想文化界对经济全球化的积极反应。

乐黛云认为，"文化自觉"提出一个衡量民族文化的坐标，纵轴是从传统和创造的结合中去看待未来，展开新的起点，这是时间轴；横轴是在当前的语境下找到民族文化的自我定位，确定存在的意义和对世界可能做出的贡献，这是空间轴。从这坐标来衡量，我们的传统和创造结合得很不够，还谈不上以新的观点去看待未来。"自知之明"是为了"加强文化转型的自主能力，取得适应新环境、新时代文化选择的自主地位"，而不是势头很猛的复旧。时下有的认为这100多年的近代史都错了，走的是"以夷变夏"的道路，主张建立儒教社会，这种明显的排外取向不是文化自觉的本意。在经济全球化的背景下，在保持文化自主性的同时，要理解多元文化，博采众长，才有条件让中国文化参与世界文化的建构，建立各抒所长，联手发展的共处原则。这既要反对"文化割据主义"，拒绝接受外来文化，同时也要反对"文化霸权主义"，宣扬文化吞并和一体化的论调。①

刘梦溪对"文化自觉"有高度评价，认为这是一个"全新的概念"，对个人而言是增强自我反思的能力，对文化遗产的保护和传承，不仅是情感延续，而且是理性的认知，这是传承人类的精神血脉，只有到这层次，才称得上是文化自觉。费老提出的"各美其美，美人之美，美美与共，天

---

① 参见《乐黛云谈文化自觉：各美其美，美美与共》，《人民日报》（海外版）2006年8月14日。

下大同”可称为“四句教”，是说各民族、国家的文化都有自己的美点，各种不同的文化都有优长之处，互相吸收，众美交融，期待天下大同，以达到文明演化的最高境界，这也是对亨廷顿“文明冲突论”的回应。

余秋雨在2006年8月31日北京跨文化传播论坛上的发言提出，文化在精神上是共通的，在形态上要承认差异与相互欣赏。我们的问题在于对共通的心存疑虑；对不可能趋同的又进行趋同式的误导。如说“京剧征服了世界”，把文化形态无限放大，上升为国家化、民族化的统一思维，幻想你死我活的争战，这对中国文化并非吉兆。联合国2004年人类发展报告，在结论中宣布：本报告否决文化差异将导致文明冲突的理论，接受图图大主教意见：我们为差异而欣喜。文化如果失去人类的坐标和交流，中国文化将找不到出路，在自我陶醉中失去自己。文化交流形象大于思维，感性大于概念，行为大于口号。一个泰戈尔以让印度文化纳入开放主流文化；一个海明威就让欧洲接受了美国文化。文化交流主要不以国家政策、行政活动方式，而是以有魅力的桥梁式的人物为中心来完成。

第九章

史学史

第一节　兴起与初期发展

作为历史学的一门分支学科，史学史在中国兴起和发展的历史并不长。最先明确提出把中国史学史作为一种专门学问进行系统研究的，当推“五四”以后的梁启超和何炳松。梁启超在《中国历史研究法补编》中提出中国“很有独立做史的资格”，并专题讨论“中国史学史的做法”。何炳松也在《西洋史学史》的译序中宣布了其欲从事编写中国史学史的计划。此后，较有系统的中国史学史研究论著才渐有问世，只是对近代史学史的研究，在很长一段时期内仍处于相当薄弱的状态。纵观20世纪三四十年代的史学史研究，涉及中国近代领域的，除了金静庵《吾国最近史学之趋势》(1939年)、周予同《五十年来中国之新史学》(1940年)、张绍良《近三十年中国史学的发展》(1943年)、齐思和《近百年来中国史学的发展》(1949年)等少数综论性文章外，有关个案的研究，不但数量少，且几乎都集中在龚自珍、魏源、梁启超、章太炎、王国维等人身上。在专著方面，值得注意的只有两种，一是金毓黻的《中国史学史》(重庆商务印书馆1944年版)，二是顾颉刚的《当代中国史学》(南京胜利出版公司1947年版)。前者所述近代史学太过简略，连作者自己也感到不满，以致在1949年后该书重版时干脆删除了这一部分，成了一部名副其实的古代史学史。后者虽涉及近代史学的内容略多，但大多为对近代史学各重要分支学科研究成果的简要介绍和评论，颇类梁启超《中国近三百年学术史》中的“清代学者整理旧学之总成绩”部分，主要参考价值乃在文献史料学方面，与完整意义上的史学史研究仍有相当的距离。

新中国成立以后的最初10年，由于当时史学界的注意力大多转向了学习运用唯物史观、重新认识历史和批判非马克思主义史学方面，学术讨论的重点也多为与社会革命联系较密切的宏观历史理论问题，如中国古代社会史的分期、封建土地所有制的形式、资本主义萌芽、农民战争的性质和作用、汉民族形成与民族关系，以及历史人物的评价等，对史学史这类专业化更强的学科史研究，往往因其看似与现实问题隔得稍远而不遑顾及，总体上说来，中国近代史学史的研究依然比较沉寂。50年代的高等院校历史系很少开设这门课，有的教师还因开设此课在1958年的“教育革命”中被指为“搞冷门”，与火热的现实斗争不协调而不得不中辍，便说明了这一点。在这种情况下，近代史学史的研究自然难有大的作为。这一时期，不但杂志发表的有关论文寥寥可数，涉及面也颇狭窄，以致无法形成一种可观的研究规模。这种状况，直到60年代初才有所改观。

1961年4月全国文科教材会议后，教育部高等学校文科教材编审办公室委托吴泽在华东师范学院（今华东师范大学）历史系组织力量编写中国近代史学史教材。时任历史组编审组长的翦伯赞还亲自召开座谈会，专门讨论了中国近代史学史编写的一些原则问题，范文澜、吕振羽、侯外庐和尹达等都应邀出席了会议。这项计划的实施，有力地推动了内地近代史学史研究工作的开展，也标志着该学科的建设进入了实质性的启动。

从这时起至“文化大革命”前的四五年间，可以说是中国近代史学史学科建设的草创期，就其研究工作的侧重而言，主要集中在资料的搜集整理和以史家为重心的个案研究上。华东师范学院历史系自接受教材编写任务后，在系主任吴泽的主持下，召开了专门的学术座谈会，建立了教材编写组，确定了编写大纲和工作计划，并率先开展了大量基础性的资料搜集、调查和研究，先后发表了《魏源的变易思想和历史进化观点》（吴泽，载《历史研究》1962年第5期）、《康有为公羊三世说的历史进化观点研究》（吴泽，载《中华文史论丛》第1辑，1962年8月）、《魏源〈海国图志〉研究》（吴泽、黄丽镛，载《历史研究》1963年第4期）、《徐燕的史学思想》（袁英光，载《华东师范学院学报》1964年第2期）等专题论文。与此同时，各级学术杂志上的相关论文也渐渐增多。但不久“文化大革命”的爆发使这项刚刚有所起色的研究事业被迫中断。

十年动乱结束后，学术研究重新走上了正常的发展道路。1978年，华东师范大学历史系恢复了史学史研究室的建制和中断10余年的中国近代史学史教材编写工作，并率先招收了以中国近代史学史为主攻方向的硕士研究生。与此同时，中国社会科学院历史研究所、北京师范大学史学研究所、南开大学历史系等科研机构和高校也纷纷组织力量，对中国史学史展开了从古代到近代的全面研究，一部分高校还开设了有关近代史学史的课程，从而使该学科的研究出现了一种前所未有的新局面。

从学科建设的角度说，20世纪70年代末至80年代末，可称之为学科框架体系的基本形成时期。

这一时期的研究，首先是从理论上进一步明确了中国近代史学史研究的指导思想、方法视野、主题线索、内容范围及各时期特点的认识。80年代初，白寿彝发表的《谈谈近代中国的史学》（《史学史研究》1983年第3期）对中国近代史学发展的基本脉络和特征作了概括性的通论。俞旦初《简论十九世纪后期的史学》（《近代史研究》1981年第2期）则以丰富的史料展示了近代前期的史学演变趋势。蒋大椿的《中国史学科的回顾与展望》（载《唯物史观与史学》，吉林教育出版社1991年版）也对1840年至1949年间的史学发展作了比较完整的评述。这些都为人们了解近代史学史的基本线索提供了方便。

更为主要的是，这一时期的研究还通过大量基础性工作，包括对各种思潮、流派、史家、史著和社会史学现象的个案研讨，填补了许多学术空白，勾勒出了中国近代史学史的基本全貌。吴泽主编，袁英光、桂遵义撰著的《中国近代史学史》（江苏古籍出版社1989年版）便是这一阶段性成果的代表。本书结合近代社会变迁与史学发展的特点，将1840年至1919年之间的中国近代史学史厘为三期，分阶段具体论述了其间封建史学日趋没落，代表时代进步潮流的地主阶级改革派史学、资产阶级改良派史学和革命派史学相继兴起，以及科学的马克思主义史学在中国的初期传播和发展过程，深入揭示近代史学波浪形曲折推进的历史真相及其与时代阶级斗争的内在必然联系。其最大特点是资料丰富，论证详赡，且对近代新旧各派史学的主要代表人物、史著乃至某些历史辅助学科发展状况皆有所论列，这就为后人的进一步研究提供了坚实的基础。当然，作为内地第一部系统研究中国近代史学史的拓荒之作，也难免存在一些不足，主要是全书的框架结构基本上为“文化大革命”前所拟定，有些地方尚未能充分展现80年代学术界对近代史学的研究风格。如西方史学的输入及其影响，是中国近代史学发展史上一个非常值得注意的因素，该书前言虽也谈到了这点，但实际论述却很不够。此外，从全书的布局看，专题论文色彩过浓，相互间的关联有时反而显得不够紧密。其中个别章节的设置，也有可商榷的余地，如第1编第4章第4节“外国人和呤唎对太平天国史的研究”，就显得不是很协调，因为其中列举的都是外国人在国外编写并且很晚才被译介到国内的中国近代史著作，对中国近代史学的演进几乎谈不上有何影响，严格说来，并非中国近代史学史的研究范围，显与全书的主旨不符。其间值得重视的专著还有尹达主编的《中国史学发展史》（中州古籍出版社1985年版），下卷专述1840年至1949年间中国史学的演进大势，内容虽稍嫌简略，却是80年代出版的通论性中国史学史著作中唯一能够完整反映近代史学发展全过程的，因而具有一定的开创意义。

这一时期的近代史学史研究，在基本资料的积累整理和研究成果的总结方面也形成了相当的规模。如华东师范大学中国史学研究所先后编辑出版了《中国近代史学史论集》（上）（华东师范大学出版社1984年版）、《王国维学术研究论集》三辑（华东师范大学出版社1983—1990年版）、《何炳松论文集》（商务印书馆1990年版）、《何炳松纪念文集》（华东师范大学出版社1990年版）和《中国当代史学家丛书》。北京师范大学史学研究所主办的《史学史研究》杂志刊载的当代史学家访问记和有关近代史学家的回忆，以及各家杂志发表的众多史学家传记，则为近代史学史的研究保存了可贵的资料。此外，吴泽和杨翼骧主编的《中国历史大辞典·史学史卷》（上海辞书出版社1983年版），陈清泉、苏双碧等编的《中国史学家评传》（下）（中州古籍出版社1985年版），仓修良主编的《中国史学名著评介》第3卷（山东教育出版社1990年版）、北京师范大学编的《陈垣校长诞生百年纪念文集》（北京师范大学出版社1980年版）、北京大学历史系编的《翦伯赞学术纪念文集》（北京大学出版社1985年版）、中山大学编辑的《纪念陈寅恪教授国际学术讨论会文集》（中山大学出版社1989年版）和北京大学中古史研究中心编的《纪念陈寅恪先生诞辰百年学术论文集》（北京大学出版社1989年版），以及中国社会科学院历史研究所编的《八十年来史学书目》（中国社会科学出版社1984年版）、刘泽华主编的《近九十年史学理论要籍提要》（书目文献出版社1992年版）

等，在清理总结前人的相关研究成果方面，也都做了很好的基础工作。

特别值得一提的，还有1982年至1983年俞旦初在《史学史研究》上发表的长篇论文《二十世纪初年中国的新史学思潮初考》。该文不仅从20世纪初的各类旧期刊、翻译史著和清季历史教科书中爬梳出大量的史料，十分具体地勾勒出了“新史学”思潮的总体概貌，还为进一步拓展近代史学史研究的史料范围提供了新的示范，对后来的研究者启迪良多。葛懋春主编的《中国现代史论选》上册（广西师范大学出版社1990年版）和蒋大椿主编的《史学探源——中国近代史学理论文编》（此书1991年4月才由吉林教育出版社正式出版），可说是进一步推进了这方面的工作。

如果说，20世纪80年代的中国近代史学史研究尚属拓荒阶段的话，那么90年代则是它的第一个金色收获季节了。这明显反映在中国近代史学史研究著作的数量激增上。整个80年代，这类专著仅出版一部。而自1991年起，就先后有胡逢祥和张文建的《中国近代史学思潮与流派》（华东师范大学出版社1991年版）、高国抗和杨燕起主编的《中国近代史学史概要》（广东高等教育出版社1994年版）、陈其泰的《中国近代史学的历程》（河南人民出版社1994年版）、马金科和洪京陵编著的《中国近代史学发展叙论》（中国人民大学出版社1994年版）、蒋俊的《中国史学近代化进程》（齐鲁书社1995年版）、俞旦初的《爱国主义与中国近代史学》（中国社会科学出版社1996年版）、张岂之主编的《中国近代史学学术史》（中国社会科学出版社1996年版）、张书学的《中国现代史学思潮研究》（湖南教育出版社1998年版）等10多部著作问世。

其中，《中国近代史学思潮与流派》较早从思潮和流派结合的角度，对近代史学的发展作了系统考察。《中国近代史学的历程》和《爱国主义与中国近代史学》虽皆由论文汇编而成，但也形成了各自对于近代史学史贯通研究的基本框架结构。前者对中国近代史学研究的基本方法、视角、意义，以及重要史家均有论列。后者出版于作者身后，书中除首篇简论19世纪后期中国的史学外，其余主要是对20世纪最初10年某些宏观性史学思潮和史学现象的思索，如新史学、爱国主义史学思潮、外国史研究和历史科学观念的兴起等。其在研究上所展示的新视角和扎实细致的资料工作，受到了同行的普遍推重。《中国史学近代化进程》和《中国现代史学思潮研究》是两部讨论20世纪前半期史学的专著，其着眼点皆偏重于史学思想或史学理论的演变。前者对“新史学”、实验主义史学、“古史辨”、史料建设派、历史研究法派，以及此时期出现的某些历史观一一作了评述。后者是内地出版的第一部系统论述中国现代史学思潮之作，从历史和逻辑两方面对“五四”以来出现的实证主义、相对主义、马克思主义三股史学思潮的影响消长和相互关系进行了辩证的考察。不但对王国维、胡适、顾颉刚、傅斯年、陈寅恪、陈垣、梁启超、何炳松、朱谦之、常乃德、雷海宗、钱穆、李大钊、郭沫若、吕振羽、翦伯赞、侯外庐、范文澜等众多史家在史学理论与方法方面的贡献、特征及得失俱有评述，还对中国现代史学发展过程中遭遇到的一些理论困惑，如怎样认识“历史科学”的内涵、历史研究中“主观”与“客观”的对立、史料与理论孰重孰轻、“求真”与“致用”的矛盾等问题，作了认真的反思，体现了作者在史学史研究中着力探究时代史学脉搏的敏锐“问题意识”。《中国近代史学学术史》则是一部从学术史的角度对近代史学进行别开生面研究的专著。作者认为，史学学术史“不同于史学史，后者主要研究史观、史书体例以及史学功能等属于史学本身的演变发展历史；史学学术史研究的方面并不限于史学本身，而且包含有各种史学成果的学术价值和社会效益的估量，以及史学与其他学术成果的关系等等”①。因此，该书从史学哲学、史学方法和史学学术成果三方面对近代史学学术史展开了论述，并把近代史学的发轫上推到明末清初。

以上情况表明，这一时期有关中国近代史学史的著作，在风格和结构布局上已日益呈现出多样化的趋势。

此外，这一时期的中国近代史学史研究，还在以下三方面呈现出全新的气象：

第一是研究视野大为开阔。60 年代初，中国近代史学史研究的视角和框架明显受到侯外庐《中国思想通史》的影响，突出的是对近代一些史学大家或重要史著的个案研究；对其史学思想的探讨，也往往只注重政治思想和以自然观与历史观为主的哲学思想，而不是历史学科自身的理论与方法，显得与一般哲学史或思想史研究的模式比较接近。80 年代特别是 90 年代以后，近代史学史的研究逐步形成了自己的学科风格，特别是对直接推动学科自身发展的理论和方法演变倾注了更大的关怀。其研究内容，也不再局限于某一史家或史著的个案讨论，而将视野逐步扩展到各种影响史

① 张岂之：《中国近代史学学术史·序》，第 1—2 页。

学变动的重要文化因素或社会史学现象方面。

如中西史学的交流，曾对中国近代史学的发展产生过很大影响，但新中国成立以后，这方面的研究一直十分薄弱。进入90年代后，有关论文日趋增多，如胡逢祥的《西方史学的输入和中国史学的近代化》（《学术季刊》1990年第1期）和《“五四”时期的中国史坛与西方现代史学》（《学术月刊》1996年第12期）、张广智的《西方古典史学的传统及其在中国的回响》（《史学理论研究》1994年第2期）和《20世纪前期西方史学输入中国的行程》（《史学理论研究》1996年第1期）、王也扬的《清末外国史书的引进与中国史学观念的变化》（《社会科学探索》1994年第5期）、于沛的《外国史学理论的引入和回响》（《历史研究》1996年第3期），以及留美学者王晴佳的《中国20世纪史学与西方——论现代历史意识的产生》（台湾《新史学》第9卷第1期，1998年3月）等，分别对西方史学输入近代中国的途径、内容、影响和特点作了论述。而桑兵的《伯希和与近代中国学术界》（《历史研究》1997年第5期），则从双向交流的角度，对西方汉学家伯希和与中国学术界的交往及相互影响作了翔实而饶有兴味的考论，使人们对这一问题的认识日趋具体。

有关近代史学思潮和流派的研究，也在这一时期得到了进一步的深化。除了前述一些专著外，还有刘俐娜的《五四时期史学思潮新探》（《近代史研究》1991年第1期）、张和声的《文化形态史观与战国策派的史学》（《史林》1992年第2期）、张文建的《学衡派的史学研究》（《史学史研究》1994年第2期）、胡逢祥的《“五四”时期的“科学主义”思潮与中国史学的现代化建设》（《华东师范大学学报》1995年第6期）、郑师渠的《学衡派史学思想初探》（《北京师范大学学报》1998年第4期）以及侯云灏的《20世纪前期中国史学流派略论》（《史学理论研究》1999年第2期）等不少论文，也对此展开了多方面的探讨，从而为厘清近代史学头绪纷繁的演变轨迹提供了有益的启示。

在研究领域的开拓方面，更有不少新的进展。如20世纪初以来西北敦煌文献的发现和敦煌学的形成，与现代历史学特别是中西交通史、西域史、西北地理、宗教史等分支学科的发展有着密切的关系，但以往少有史学史的角度的研究。林家平等所撰《中国敦煌学史》（北京语言学院出版社1992年版），可以说在相当程度上弥补了这一缺陷。关于中外史学的比较研究，虽早有人提倡并作过一些讨论，但系统深入之作却不多见。盛邦和的《东亚：走向近代的精神历程——近三百年中日史学与儒学传统》（浙江人民出版社 1995 年版）对中、日（兼及朝鲜）史学近代化的系统比较，应当说在这方面做出了有意义的尝试。西方考古学的传入及其在中国的兴起，也与中国近代史学的发展有着十分密切的关系。陈星灿的《中国史前考古学史研究（1895—1949）》（生活·读书·新知三联书店 1997 年版）从考古学史的角度，对这一过程进行了总结。其余如黄敏兰的《学术救国——知识分子历史观与中国政治》（河南人民出版社 1995 年版）对思想史上各派历史观的考察，陈其泰的《清代公羊学》（东方出版社 1997 年版）对今文经学《春秋》公羊说与近代史学思想发展关系的系统研究，都显示了这一新动向。有的论文，还从近代历史教学体制、专业学会和杂志的作用、社会文化思潮和哲学思潮与史学的相互影响等新视角，探讨了史学近代化的进程。凡此皆不同程度地拓展了中国近代史学史的研究。

第二是研究重心明显由 1840 年至 1919 年转向了 1919 年至 1949 年的史学史。"文化大革命"之前，1919 年至 1949 年间的史学史研究几乎是个空白。自 20 世纪 80 年代起，这方面的研究才真正有所启动。不过，最初的研究仍多集中在马克思主义史学和史家的研究方面①，而对非马克思主义史家的研究，则大抵不出梁启超、王国维、陈寅恪、胡适、顾颉刚、陈垣、吕思勉等数人范围。1990 年以后，尤其是世纪之末，开始呈现全面铺开的态势，不但马克思主义史学史的研究硕果累累，其他各家各派的讨论也达到了相当宽广和深入的境界。

在马克思主义史学史的研究方面，最具代表性的专著是桂遵义的《马克思主义史学在中国》（山东人民出版社 1992 年版）。该书论述了五四运动至 1956 年间马克思主义唯物史观在中国的传播和中国马克思主义史学的形成发展史，是迄今为止内地最为全面反映中国马克思主义史学发展史的专著。与此同时，原先对马克思主义史家的个案研究也开始由单篇论文发展为专著，先后出版了刘茂林等人的《吕振羽评传》（社会科学文献出

① 参见朱仲玉《1919 年至 1949 年间中国的马克思主义史学》（《史学史研究》1981 年第 3 期）、白寿彝等《马克思主义史学在中国的传播和发展》（《史学史研究》1983 年第 1 期）、叶桂生等《略论马克思主义中国历史学的创立和发展》（《学习与研究》1982 年第 11 期）与《中国社会史论战与马克思主义历史学的形成》（《中国史研究》1983 年第 1 期）、林甘泉等《中国古代史分期讨论五十年》（上海人民出版社 1982 年版）、白钢《中国封建社会长期延续问题论战的由来与发展》（中国社会科学出版社 1984 年版）和张静如《中共党史史学史》（中国人民大学出版社 1990 年版）等论著。

版社 1990 年版）、朱政惠的《吕振羽和他的历史学研究》（湖南教育出版社 1992 年版）、叶桂生等的《郭沫若的史学生涯》（社会科学文献出版社 1992 年版）、中国社会科学院历史研究所史学史研究室编的《新史学五大家》（社会科学文献出版社 1996 年版）和张传玺的《翦伯赞传》（北京大学出版社 1998 年版）。并且结集出版了一些有关人物的研究论集，如中国郭沫若研究学会等编的《郭沫若史学研究》（成都出版社 1990 年版）、中国社会科学院历史研究所中国思想史研究室等编的《纪念侯外庐文集》（陕西人民教育出版社 1991 年版）、林甘泉等主编的《郭沫若与中国史学》（中国社会科学出版社 1992 年版）等。

对于中国现代非马克思主义各派史学的研究，20 世纪 90 年代更呈现出一种突破禁区、思想解放的新格局，一批五六十年代以来遭到批判否定的史学家或视为禁区的领域得到了重新检视和实事求是的评介。仅 90 年代百花洲文艺出版社出版的“国学大师丛书”中，就包括了胡适、陈寅恪、柳诒徵、汤用彤、郭沫若、钱穆、顾颉刚、章太炎、罗振玉、梁启超、刘师培、王国维 12 位史家的评传。1997 年华东师范大学出版社出版的“往事与沉思”传记丛书第 1 辑也包括了两部现代史家回忆录（傅振伦的《蒲梢沧桑——九十忆往》和何兹全的《爱国一书生——八十五自述》）与三部现代史家传（葛剑雄的《悠悠长水——谭其骧前传》、顾潮的《历劫终教志不灰——我的父亲顾颉刚》和张耕华的《人类的祥瑞——吕思勉传》）。此外，岳玉玺和李泉的《傅斯年——大气磅礴的一代学人》（天津人民出版社 1994 年版）、王永兴的《陈寅恪先生史学述略稿》（北京大学出版社 1998 年版），以及各家出版社出版的现代学者研究丛书中对此亦多有涉及。至于单篇论文的范围就更为广泛了，对于陈垣、朱希祖、邓之诚、何炳松、张荫麟、朱谦之、常乃直、萧一山、冯承钧、张星烺、雷海宗等，都有不同程度的讨论。

第三是逐步形成了学术争鸣的氛围。在史学思潮和流派的评价方面，争议较大的主要有国粹主义、学衡派和战国策派等。

国粹主义作为一种文化学术思潮，长期以来曾因其浓厚的保守倾向而遭到大多数人的否定。如杨天石曾发表《辛亥革命前的国粹主义思潮》（《新建设》1965 年第 2 期）一文，认为“国粹主义思潮是一种封建地主阶级的复古思潮”，它“在保存民族遗产的幌子下保存封建文化，用遗产作为抵制革命的新文化的手段”。吴泽主编的《史学概论》还把钱穆、柳诒徵、缪凤林等“五四”以后的史家归入国粹派，认为其思想实质是“美化中国古代社会”，“美化封建专制制度和封建文化”[①]。仅有张枬、王忍之等少数人认为1905年至1907年间出现的国粹派是当时革命派的支流，它用“保存国粹”的形式，宣传排满复汉和反对君主专制的思想，有一定的革命性。[②] 20世纪80年代以后，主张后一种观点的人有了增多的趋势，如隗瀛涛等主编的《辛亥革命史》中册（人民出版社1980年版）便对晚清国粹主义思想中蕴含的积极因素作了较多的发掘。胡逢祥和郑师渠等人则通过对20世纪初年国粹派史学活动的考察，认为不能将其视为一味排斥西学和固守传统的文化复古派。在史学研究上，他们颇能注意吸收西方近代理论和方法，“不仅同样高揭‘史界革命’旗帜，猛烈批判旧史学，而且于新史学身体力行，研究硕果累累”，充当了20世纪初“资产阶级史学不容忽视的一个重要的方面军”[③]。或者可以说，国粹派的史学主张，实际代表了“刚刚从地主阶级中分化出来，具有反帝反封建要求，但又与封建文化保持较深关系的资产阶级学术思想”[④]。

有关学衡派史学的讨论，情况也与此类似，长期以来一直被当作封建文化的余绪而弃置一旁。这时随着学术界对文化保守主义的研究日趋重视，学衡派的史学也得到了重新评价。郑师渠认为，学衡派的史学思想实现了与当时西方史学发展态势相近的“由实证主义史学向新史学的转换”，在理论上，他们肯定历史演变的自身规律性和史学作为一门科学存在的价值，主张史学的发展应注重普及与提高并重，并在通史与专史的编纂、研究领域的开拓和学术团体的组织活动方面提出了一系列建设性的意见，颇能“得风气之先”[⑤]。

而活跃于20世纪40年代初的战国策派史学，“文化大革命”前原被定性为“法西斯史学”，从政治上判决了“死刑”[⑥]，直到80年代以后，

① 吴泽主编《史学概论》，安徽人民出版社1985年版，第348、349页。

② 参见张枬、王忍之《辛亥革命前十年间时论选集》卷2序言，第16、17—18页。

③ 郑师渠：《晚清国粹派的新史学探讨》，《北京师范大学学报》1991年第5期。郑师渠另有《晚清国粹派研究》（北京师范大学出版社1993年版）一书，可参看。

④ 胡逢祥：《论辛亥革命时期的国粹主义史学》，《历史研究》1985年第5期。

⑤ 郑师渠：《学衡派史学思想初探》，《北京师范大学学报》1998年第4期。

⑥ 袁英光：《“战国策派”反动史学观点批判》，原载《华东师范大学学报》1958年第2期，后转载于《历史研究》。尹达主编的《中国史学发展史》基本上也持此说，参见该书第572—574页。

才有人从学术的角度对其进行讨论。虽然大部分文章对战国策派史学的政治倾向仍持批评态度，但至少在两个方面提出了新的评价：一是不赞成将它说成是替德、日法西斯侵略张目，理由是战国策派曾明言："如果希特勒和东条英机取胜，只能是文化的颓萎枯竭，'希特勒绝对要不得'。有些文章指责战国策派希望法西斯统一世界，似与事实不合，果真如此，他们又何必鼓吹'战'，只须提倡'降'就可以了。"① 二是肯定其输入西方文化形态史观对于开阔国内史学理论视野具有一定的积极意义。②

至于对近代史家的讨论，争议之处就更多了。这里仅以梁启超、章太炎、陈寅恪、郭沫若为例，作些简介。

梁启超是中国近代新史学的奠基人，由于一生思想多变，学术界对其史学的认识分歧也较多，主要是：（1）关于梁氏史学理论体系的形成时间。一种意见认为当在20世纪20年代，即《中国历史研究法》发表之时③；另一种意见认为初步形成于1902年左右，以《中国史叙论》和《新史学》的发表为标志，此后只是进一步完善罢了④；还有一种意见主张上推到戊戌变法前夕。（2）关于梁氏史学思想的评价。一种意见认为，梁氏史学思想的演变与其政治活动基本同步，即前期进步有生气，后期伴随着政治上的落伍，史学上也不断倒退⑤；另一种意见认为，梁的史学总体上应基本肯定，即使是晚年思想多变，表现出对进化论的怀疑，也并非简单的倒退，其中实包含着对历史的认识趋向深化和复杂化的一面⑥。（3）关于梁氏史学的特点。一种意见认为"批判与创新是梁启超史学的特点"，即使在他晚年仍是如此⑦；另一种意见认为离开时代的变化，笼统地说梁

① 张和声：《文化形态史观与战国策派的史学》注文，《史林》1992年第2期。

② 参见侯云灏《雷海宗早期史学思想研究》，《史学理论研究》1992年第3期；李帆《"文化形态史观"的东渐——战国策派与汤因比》，《近代史研究》1993年第6期。

③ 参见刘振岚《梁启超对历史发展规律的探索》，《历史研究》1984年第5期。

④ 参见胡逢祥《梁启超史学理论体系新探》，《学术月刊》1986年第12期。

⑤ 参见胡滨《论梁启超的史学》（《文史哲》1957年第4期）和李侃《梁启超史学思想试论》（《新建设》1963年第7期）。

⑥ 参见刘振岚《梁启超对历史发展规律的探索》（《历史研究》1984年第5期）、胡逢祥《梁启超史学理论体系新探》（《学术月刊》1986年第12期）以及张书学《中国现代史学思潮研究》第286页。

⑦ 参见马金科《批判与创新是梁启超史学的特点》（《光明日报》1983年10月12日）和曹靖国《梁启超进化史观的演变》（《东北师大学报》1985年第3期）。

氏史学的特点是批判和创新是不对的[①]；还有的指出梁的史学理论体系具有多元论倾向、开放型结构和不稳定性等特点[②]。

关于章太炎的史学，大部分论文都比较强调其民族主义的历史观念，认为他是中国近代由传统史学向资产阶级新史学转变的代表人物之一。[③]也有人认为其史学理论基本上来源于资产阶级进化论和西方的社会学。[④]

陈寅恪是这一时期学术界议论的一个热点，其中比较有争议的，除政治思想外，在史学思想方面，首先是他的史学方法的渊源问题。比较传统的说法，认为其史学方法主要承自“乾嘉朴学的家法”[⑤]。陈门弟子王永兴也认为陈之“史学渊源于宋贤”，“而又发展之，开辟了华夏民族史学的新时代”，并特作《陈寅恪先生史学述略稿》加以阐扬。[⑥] 其次是其史学流派的分野问题。许冠三的《新史学九十年》将他与傅斯年一同归入“史料学派”。但海外华裔学者汪荣祖深不以为然，说：“使人觉得奇怪的是，史料居然可作为一个史学流派的称号。因史料乃任何史学流派，或任何像样的史学家必须共同重视与尊奉的，说不上是一种特点，也不是一种特长。”[⑦] 傅璇琮也提出，不能“把陈寅恪的学问仅仅归结为考据，那只是看到它的极为次要的部分”，因他治学“决不以考据资料自限”，而是十分强调“通识”的[⑧]。

而郭沫若则是中国老一辈马克思主义史学家中影响最为广泛并且也是最有争议的人。自他逝世以后，学术界对其史著的资料、观点、结论乃至学风都有所非议，开始是对其“文化大革命”中所撰《李白与杜甫》的指责，接着是对其以往有关曹操、武则天的翻案文章，以及古史分期看法等的批评。1981 年姚雪垠在《文汇月刊》上发表的《评〈甲申三百年祭〉》除了指出其史料上的疏漏，还对他的治学态度和学风表示了极大的不满。

---

① 参见吴怀祺《关于梁启超史学评价的几个问题》，《光明日报》1984 年 1 月 18 日。

② 参见胡逢祥《梁启超史学理论新探》，《学术月刊》1986 年第 12 期。

③ 参见吴若蔚《章太炎之民族主义史学》（台湾《太阳杂志》第 13 卷第 6 期）、李润苍《章太炎的史学观点和方法》（《学术月刊》1984 年第 8 期）。

④ 参见杜蒸民《试论章太炎的史学思想及其成就》，《史学史研究》1983 年第 4 期。

⑤ 俞大维、蒋天枢、萧公权、汪荣祖等皆持此见，参见《新史学九十年》第 238 页注 16。

⑥ 《陈寅恪先生史学述略稿·前言》，北京大学出版社 1998 年版。

⑦ 汪荣祖：《陈寅恪与乾嘉考据学》，载《纪念陈寅恪教授国际学术讨论会文集》，第 220 页。

⑧ 傅璇琮：《陈寅恪文化心态与学术品位的考察》，《社会科学战线》1991 年第 3 期。

金景芳也对郭沫若的治史学风提出了言词激烈的批评，认为他的某些研究“既没有马克思主义的理论根据，又没有中国历史事实根据，纯粹处于主观臆造”①。这些看法，很快遭到顾诚、王守稼、缪振鹏、谢济等人的反驳，他们认为，郭沫若的历史研究固然存在着某些不足，但绝不能因此从学风上全盘否定其成就，应当从时代条件和其在历史上所起的实际作用来全面认识郭沫若史学的地位。② 特别是尹达的《郭沫若》一文，高度评价了郭沫若一生的史学活动，认为他是中国无产阶级史学的拓荒者，“革命行动家与学术家兼而为之的道路，决定着郭沫若治学的特点”，无论是对中国古代史还是甲骨、金文和古器物的研究，都是如此。虽然他的某些史著，也存在着理论上的简单化和片面化倾向，有时甚至用“驰骋想象”的推理代替史实的分析，以致显得不够严谨，但难能可贵的是，对于自己的错误，他总能不断进行自我解剖，并勇于修正。③ 在有关郭沫若史学的各种评价中，还应顺便提及海外学者余英时的《〈十批判书〉与〈先秦诸子系年〉互校记》。该文最初发表于 1954 年香港《人生》半月刊，1994 年复收入上海远东出版社出版的《钱穆与中国文化》一书，在内地产生了较大的影响。文中指责郭沫若的《十批判书》大量抄袭钱穆的《先秦诸子系年》，以致“我们便不能不对他的一切学术论著都保持怀疑的态度了”④。由于该文对郭的批评已迹近攻击，引起一些内地学者的不满，翟清福、耿清珩为此撰文，列举史实，对余文逐条作了理智的辨析，指出余英时出于个人的好恶，肆意扬钱抑郭，绝非一个正直学者应有的态度，“学术批评应当实事求是，不能出于政治偏见而恶意中伤”⑤。

以上所举，虽然只是几例，但从思想解放程度看，已让我们深切感受到了这一时期内地史学风气的转换尤其是学术界思想日趋开放之势。正是这种日趋开放而健康的学术争鸣，使中国近代史学史的研究不断萌发出了

---

① 金景芳：《中国古代史分期商榷》，《历史研究》1979 年第 2—3 期。

② 参见顾诚《如何正确评价〈甲申三百年祭〉》，《中国史研究》1981 年第 4 期；王守稼和缪振鹏《〈甲申三百年祭〉及其在现代史学史上的地位》，《郭沫若研究》（1），文化艺术出版社 1985 年版；谢济《金景芳先生为何如此评论郭沫若史学》，乐山《郭沫若学刊》1991 年第 1 期。

③ 陈清泉等编：《中国史学家评传》（下），中州古籍出版社 1985 年版。

④ 《钱穆与中国文化》，第 119 页。

⑤ 翟清福、耿清珩：《一桩学术公案的真相》，《中国史研究》1996 年第 3 期。

新的意境和活力。①

第二节 理论与方法的检视

20 世纪后半期的中国近代史学史研究，曾围绕本学科理论体系的建设，展开多方面的探索和争论，取得了不少积极的成果。兹就其大的方面，略加评述。

一 关于中国近代史学史的基本内容

中国近代史学史的基本内容与一般史学史的研究对象应当说并无差别，但由于其所处时代的特殊性，因而也有一些新的内涵与特点。李润苍认为，中国近代史学史的研究，必须从其所处的半殖民地半封建社会政治、经济、文化—思潮的基本背景出发，从史观、史法、史料、史编、史家五个方面对该时期的史学现象做出科学的说明。应“重点深入研究中国近代有代表性的史籍和史家，包括翻译的外国史学名著，探索外国史学对中国史学的影响，中外史学的交流”；“指出它们的特点、地位和作用，从而阐明其演变、发展的规律，供现代史学参考、借鉴”。尤其要重视对“史观”问题的考察，因为史观在影响史学变化的诸因素中具有决定性的主导作用。② 吴泽主编的《中国近代史学史》对此作了更为系统清晰的论述，指出，中国近代史学史的研究对象除了包括一般的史学思想、历史编纂学、史料学等外，还应看到随着近代以来学科分工的发展，“史学史研究的对象和范围也随之扩大。如考古学、民族学、宗教学、历史地理等，都是与史学史发展相关联的学科，均应作为史学史研究的对象。但这些只能作为史学发展的辅助学科，不能取代史学史的研究。还特别应当注意，由于中国近代是半殖民地半封建社会，反映在史学上，外国史学思想和史学方法有着重大影响，不探本溯源，不易进行深入的分析，特别是有些学者片面鼓吹学习西方，主张‘全盘西化’，给中国史学带来了严重后果。另一方面，我们应注意到中外史学的发展应有共同的基本规律，也有各不

① 有关 20 世纪 80 年代以前近代史学史研究的具体问题讨论情况，乔治忠、姜胜利编著的《中国史学史研究述要》（天津教育出版社 1996 年版）有更多的介绍，可参看。

② 李润苍：《关于中国近代史学史的基本内容和几点想法》，《史学史研究》1985 年第 2 期。

相同的民族特点。不研究外国史学，就没有一个综合比较的研究，也就不能认识各国史学发展的共同规律和我国史学的民族特点。因此，研究中国近代史学史，必须同时研究西方资产阶级史学及其对中国的影响"[①]。叶桂生则强调，现代史学史的研究应注重分析该时期史学和史家的流派及其特点，写出代表性史家的成就和性格，以便从中揭示该时期的史学动向。[②]这些探讨，对于拓宽史学史研究的视野，特别是促进近代史学史研究更充分地展示其时代个性，无疑具有积极的启迪意义。

二　关于中国近代史学史的发展主线和分期

这是一个涉及对近代史学史的总体认识和编写大框架的体系性问题。20 世纪 80 年代初，白寿彝较早对此作了分析，认为由民族危机激起的"救亡图存的爱国主义史学思潮"是旧民主主义革命时期进步史学的主流，不但反映了当时的社会矛盾和时代要求，对封建主义进行了多方面的深刻批判，也为此后史学的近代化和马克思主义史学的建立准备了条件。而彻底地反帝反封建则是"五四"以后 30 多年中国史学近代化的最大特色和主流。并指出，史学近代化的过程主要表现为研究重心的转变和视野的日趋开阔、史观的更新、史料范围的扩大和治史方法的进步等。[③] 李润苍则认为："对中国近代史学史的分期可以史观的变化为标志，把近代前 80 年分为两个小段：20 世纪初年梁启超提出建立'新史学'、'史界革命'以前为第一段，以后为第二段。第一段自魏源的《海国图志》、徐继畬的《瀛环志略》、梁廷枏的《海国四说》起，19 世纪七八十年代又有王韬的《法国志略》《普法战纪》，黄遵宪的《日本国志》等，至 90 年代末梁启超的《戊戌政变记》，尽管这些书中有反映反帝反封建斗争的倾向，但其史观还不能确定为资产阶级的。只有到了 20 世纪初年，随着民族资本主义的发展，民族资产阶级的改良派和革命派的形成，各种资产阶级史观的输入，当时的历史论著才有鲜明的资产阶级性质。"[④] 杜蒸民的《中国近代资产阶级史学概论》（《安徽师范大学学报》1983 年第 1 期）也认为 19 世纪后期的中国史学从总体上看并未跳出封建史学的框架，最多只是资产阶

① 《中国近代史学史・前言》，第 3—4 页。

② 参见叶桂生《关于现代史学史的思索》，《史学史研究》1989 年第 4 期。

③ 参见白寿彝《谈谈近代中国的史学》，《史学史研究》1983 年第 3 期。

④ 李润苍：《关于中国近代史学史的基本内容和几点想法》，《史学史研究》1985 年第 2 期。

级史学的萌芽，至1901年、1902年梁启超发表《中国史叙论》和《新史学》，才标志着资产阶级史学的真正开端。

80年代后期，一些近代史学史专著对此作了更为细致的论述。如尹达主编的《中国史学发展史》认为，从鸦片战争到太平天国革命运动期间，封建史学的樊篱开始被冲破，但由于还缺乏先进阶级的力量和思想武器，其性质仍属于封建史学的范畴。洋务运动至戊戌变法期间，随着西方进化史观的输入和外国史研究的进一步展开，中国资产阶级史学开始萌芽。20世纪初年则是中国资产阶级“新史学”创立的真正开端。“五四”以后30年，马克思主义史学的形成和发展成为现代史学进步的主线，中国史学从此走上了真正科学的轨道。①

吴泽在《中国近代史学史》中提出，中国近代史学的发展贯穿了唯物主义与唯心主义、唯物史观与唯心史观的斗争这一主线，故史学史的研究应注重阐明唯物史观如何在斗争中壮大自己并推进整个中国史学发展的过程及其规律。在近代史学史的分期上，该书认为，一方面应考察构成史学演变的三个要素，即史学思想、历史编纂学和史学研究范围的变化情况；另一方面则应与从根本上制约其发展阶段性的社会历史发展特点联系起来进行分析，也即“抓住每一社会形态发展过程中的各个不同历史时期的主要矛盾和主要矛盾方面，探索出当时各个社会形态中史学发生、发展、演变递嬗的规律”，做出合理的分期。依据这一标准，书中主张将中国近代史学史分为四个阶段：一是鸦片战争前后到太平天国时期，其史学演变的趋势表现为封建旧史学的渐趋衰落和地主阶级改革派史学的兴起。二是太平天国革命失败到义和团运动时期，随着洋务运动的展开，西方近代史学的逐步传入和民族资产阶级登上政治舞台，资产阶级新史学开始崛起。三是义和团运动失败到五四运动时期，其时资产阶级改良派史学依然保持着相当的影响，革命派史学也异军突起。四是五四运动至1949年新中国成立，为马克思主义史学在中国产生、传播和发展并成为主流的时期。②

胡逢祥对近代史学的分期，较多地着眼于各时期史学主流的社会文化属性演变，认为中国史学变革的近代化趋势，从内容上看，“主要表现为两个方面：（1）历史研究开始反映出中国近代社会的特点，尤其是帝国主

① 参见《中国史学发展史》，第379—381、470页。

② 吴泽主编：《中国近代史学史·前言》。

义和中华民族的矛盾、封建主义和人民大众的矛盾这些重大历史斗争的课题。（2）史学主导形态逐步由封建性向资产阶级性以及科学化转变”。据此，他主张将1840年至1949年间的中国史学发展进程划分为三个阶段：一是鸦片战争前后至19世纪90年代，为中国史学近代化的酝酿期，也即中国史学发展主流由封建史学向资产阶级史学转化的过渡期；二是19世纪90年代至新文化运动，为中国近代史学的确立期；三是“五四”至1949年新中国成立，为中国近代史学走向科学化时期。[①] 蒋俊的《中国史学近代化进程》则强调了中国近代的史学革命与该时期整个社会民主革命进程的一致性，因而主张以“史学革命”为主线来考察近代史学，认为19世纪末是史学革命的准备时期，20世纪初至20年代末系以资产阶级史家为主进行史学革命的时期，30年代至40年代末是马克思主义史家为主进行史学革命的时期。

这些分歧的存在，反映了各家分期标准不一，有的强调以社会形态演变为基准；有的以中国近代的“三次革命高潮”为参照依据；有的着眼于史学自身发展的阶段特点；有的倾向于社会经济、政治、学术文化多种因素的综合分析。但就具体的分期而言，我们仍可从中发现一些基本的共识，即大部分意见都倾向以19、20世纪之交和“五四”作为两个分期的基本历史界标，将整个中国近代史学的演变划分为三个时段。

三　中国史学的近代化进程与传统史学及西方史学的关系

近代以来，中国史学经历了有史以来最为深巨的“脱胎换骨”之变，几千年来一直以“道统相传”的方式递嬗并不断得到加固的传统史学体系遭到了根本的动摇，而有着不同社会与文化背景的西方史学却登堂入室，大有取而代之之势。如何看待这一历史现象，如何正确评估传统史学和西方史学在中国史学近代化过程中的实际作用和影响，这是中国近代史学史研究必须回答的问题。

对于这一问题，史学界曾出现过一些认识上的偏差。肖黎就指出，20世纪50年代以来，在很长的时间里，学术界存在着一种既漠视传统史学的优良传统，又盲目排斥西方史学理论方法的错误倾向，“文化大革命”

① 胡逢祥：《中国近代史学的发展进程及其特点》，《华东师范大学学报》1991年第4期。

时期，这两者更被打上了“封资修”的标记。[①] 在这种情况下，自然很难谈得上对其进行科学的研究。

一个时期以来，传统史学在近代史学发展中的地位和作用日渐受到人们的重视。陈其泰便指出：“认为传统史学即封建史学，因而近代史学与传统史学之间存在一个断裂层，近代史学从理论到方法都是由外国输入，在编撰上也是摒弃了传统史书形式而从外国移植。这种似乎很时髦的论调实则同一个多世纪以来中国史学演进的客观进程相违背。”他认为，近代史学是从传统史学发展演变而来的，外来影响只是近代史学产生的条件。传统史学中既有大量糟粕，也孕育着近代因素，在外来文化大量输入之时，这些宝贵的近代因素被当时敏锐的学者所发扬，成为他们吸收外来进步文化的内在基础，并在与外来成分相糅合的过程中得到升华，形成向近代史学转变的“中介”。有成就的近代史家，其学术无不深深扎根于民族文化的土壤，做到了将外来进步思想与中国史学的优良传统相糅合。可见20世纪史学发展的主流绝不是一脚踢开传统，对外来东西的生搬硬套或简单移植。[②] 他还强调，近代史学对古代传统史学是扬弃而不是摒弃，这是一个对传统史学的吸收、改造、发挥和提高过程。[③] 瞿林东则提出，在20世纪史学发生巨大变革的过程中，传统史学受到了严峻的批判，这是史学进步的表现，但同时，由于人们对其在近现代史学发展过程中的积极作用估计不足，也削弱了对当代史学之民族形式的研究和追求。苏双碧也发表了类似的意见：“在中国，当资产阶级新史学兴起，以及无产阶级的马克思主义史学出现并发展起来时，就必然要破除传统史学方法，揭露传统史学的弊端，以便为新的史学方法开路，从而使零碎的、个别的历史研究变成探寻历史发展规律的研究方法。”[④] 但这种批判是为了史学在新社会形态下的发展，而不是从根本上否定传统史学。

这些看法，无疑表达了当代学人对这一问题的理性自觉。而如果从整个中国近代史学发展的实际过程看，更不难发现，传统史学的深刻影响力（包括其精华和某些缺陷），无论对其赞赏还是厌弃，都是不容回避的客观存在。因此，正确反映新旧文化交替过程中这层错综复杂的关系，应是近

---

① 参见《20世纪中国历史学》（下），《光明日报》1998年1月27日。

② 陈其泰：《史学与中国文化传统》，书目文献出版社1992年版，第177—179页。

③ 参见陈其泰《论近代史学对传统史学的扬弃》，《中国史研究》1987年第1期。

④ 《20世纪中国历史学》（上），《光明日报》1998年1月20日。

代史学史研究的一项重要任务。有鉴于此，20 世纪八九十年代以来发表的近代史学史论著，有不少都对传统史学与近代史学的关系作了不同程度的探讨。如汤志钧的《近代史学和儒家经学》（《学术月刊》1979 年第 3 期）对近代史学和传统经学之间关系的考察，陈其泰的《传统史学向近代史学的转变》（收入其所著《史学与中国文化传统》）对传统史学思想、历史编纂学、考史方法等在近代影响的分析，以及学术界对国粹派、学衡派史学和史家的研究，其关注的重点皆在于此。

至于西方史学与中国近代史学的关系，于沛的看法颇具代表性，他说："20 世纪中国史学发展的每一关键时刻，都和外国史学理论的引入、传播及中外史学的交融有着密切的关系。没有进化史观，就没有梁启超的新史学；没有唯物史观，就没有中国的马克思主义史学。"[①] 综观此期发表的有关论文，其讨论的主题多集中在以下几方面：首先是西方史学传入近代中国的过程问题。一种意见认为，西方史学输入近代中国的过程可以 19 世纪末为界线，大致分为前后两期。前期为自发阶段，主要通过两个渠道，一是西方近代来华传教士的史书编译活动，二是近代前期中国人编写的外国史地著作，内容零星而全无系统。19 世纪末以后才开始步入自觉阶段，内容也渐趋系统。[②] 另一种意见认为，从比较确切的意义上说，西方史学之输入中国并对中国史学真正产生影响，当自 20 世纪初的梁启超始。[③] 其次是输入的内容问题。如俞旦初的《20 世纪初年中国的新史学思潮初考》对 20 世纪初中国通过日本中介输入西方近代史学理论的过程及其内容的考察；张广智的《20 世纪前期西方史学输入中国的行程》对 20 世纪前 50 年梁启超、何炳松、李大钊、傅斯年和"战国策派"输入西方史学的活动，以及现代美国"新史学"、兰克的"客观主义史学"、西方文化形态史观等在中国的影响所作的评述等。再次是中国近代输入和吸收西方史学的特点。如胡逢祥在《西方史学的输入和中国史学的近代化》中指出，19 世纪末以后，中国史学界之吸收西方史学理论，其初往往并非直接通过史学本身，而是通过西方现代社会学的理论和方法，特别是其中的进化论和社会形态演进学说等，这种历史学与社会学的结合，是中国史学

① 引自《20 世纪中国历史学》（下），《光明日报》1998 年 1 月 27 日。

② 参见胡逢祥《西方史学的输入和中国史学的近代化》，《学术季刊》1990 年第 1 期。

③ 参见张广智《20 世纪前期西方史学输入中国的行程》，《史学理论研究》1996 年第 1 期。

走向近代化的主要趋势之一。张书学则认为，20世纪初叶，西方在近200年间先后出现的实证主义、马克思主义、相对主义三大史学思潮几乎同时被介绍到中国，对中国史学发生了共时性的影响。而中国史家在构筑自己的理论体系时，往往根据自己的理解将西方各派史学理论和方法杂糅在一起，并能注意保持自己的民族特点。他们大多是在传统史学的基础上吸收西方史学思想的。[①] 这些，对于当代中国史学的建设应当说都提供了有益的借鉴。

四 关于中国近代史学思潮与流派的分野问题

史学思潮与流派的起伏兴衰，敏锐地反映着一定时期史学流变的脉息动向，因而历来受到近代史学史研治者的关注。但在如何界定近代史学思潮和流派的分野上，却众说纷纭。

关于中国近代的史学思潮，白寿彝较早就认为：自鸦片战争到辛亥革命前后，始终贯穿着一股"救亡图存的爱国主义史学思潮"[②]。稍后，俞旦初也在有关论文中详细论述了20世纪初年国内出现的"新史学"和爱国主义两大史学思潮，"这两种思潮并起奔腾，交相辉映，在中国近代文化史上展示了灿烂的篇章"[③]。吴怀祺的《中国史学思想史》持论亦与此相近。他指出，在中国近代史学发展史上，主要出现过三股史学思潮：鸦片战争后，在传统史学经世观的基础上发展起来的爱国主义史学思潮贯穿了近代史学的整个过程；19世纪末到20世纪初，随着西方史学的输入及其和中国传统史学某些理论与方法的结合，新史学思潮由此蓬勃兴起；"五四"以后，马克思主义在中国的广泛传播，使唯物史观在史学领域内成为发展的主潮。[④]

胡逢祥、张文建则从另一个视角提出了划分近代史学思潮的看法，他们认为，中国近代史学的发展，虽然总体上始终受到爱国主义思想的深刻影响，但由于爱国主义是一种广泛影响于政治、经济和文化各层面的社会思潮，用这类概念来定义整个近代的史学思潮，似乎过于泛化了，因而主张史学思潮的界定应尽可能体现出学术史本身的特点。据此，他们提出："从史学发展本身的特点看，中国近代真正形成史学思潮的主要有经世致用史学思潮、新史学思潮、国粹主义史学思潮、疑古史学思潮以及屡屡泛

① 参见张书学《中国现代史学思潮研究》，第51页。

② 白寿彝：《谈谈近代中国的史学》，《史学史研究》1983年第3期。

③ 俞旦初：《中国近代的爱国主义史学思潮》，《史学史研究》1985年第2期。

④ 参见吴怀祺《中国史学思想史》，安徽人民出版社1996年版，第327—328页。

起的封建复古主义史学思潮。这些思潮依次递兴，大致经历了一个从依附于一般的学术思潮到逐步形成独立史学思潮的过程。”① 胡逢祥还主张把“五四”时期的史学主潮概括为“科学主义史学思潮”②。

而张书学对“五四”以后史学思潮的系统清理工作，尤值得我们注意。他认为，左右中国现代史学发展方向的主要为实证主义、相对主义和马克思主义三大史学思潮。“这三大史学思潮在相互对垒、碰撞和融会的过程中，促进了现代中国史学的发展。三大史学思潮之间的关系是一种生态关系，否定或看不到这种生态关系而架构的现代中国史学发展史，无疑会因为维度不够而捉襟见肘；或者只看到它们之间的斗争、排斥，看不到彼此的同一互渗，亦难以透视全局。”③ 这样的认识确是颇有新意的。只是在中国近代史学思潮的具体界定上，似有强求与西方近现代主要史学思潮合辙的痕迹。中国近代之存在实证主义和马克思主义两大史学思潮，这是大家所公认的。第一次世界大战后，西方相对主义思潮对中国史学界产生过一些影响，这也是事实。但它究竟有没有在中国形成过堪与实证主义和马克思主义鼎足而立的大思潮，却是大可商榷的。众所周知，实证主义和马克思主义史学之所以在现代中国形成这样大的影响力，除了种种历史和现实的原因外，还因其理论内涵存在着某些与中国传统文化易于结合的因素有关。而中国自古代形成史官记事制度后，历史向来就被视为客观存在过的事物，“求历史之真”也被悬为治史的基本宗旨之一，这种文化氛围，使相对主义在中国史学界从来就未获得过充足的滋长空间。如梁启超等人虽说过一些同情相对主义史学观点的话，但直到晚年，这种观点事实上并未成为其史学实践的主导意识。至于钱穆，也不能因他重视历史研究过程中史家主体意识的作用，便将其归入相对主义史家的行列，因为与此同时，他也十分强调历史本身的客观性。这些问题，实际上都可以作进一步的探讨。

与史学思潮的分野问题比较起来，对近代史学流派的讨论似乎要更活跃一些。按照近代史学有关流派的衡量标准，中国古代的史学流派本不甚发达，章太炎甚至说：“夫国学有不必讲派别者，如史学是。”④ 这主要是

① 胡逢祥、张文建：《中国近代史学思潮与流派》，第15—16页。

② 胡逢祥：《“五四”时期的“科学主义”思潮和中国史学的现代化建设》，《学术月刊》1996年第12期。

③ 张书学：《中国现代史学思想研究·引言》，第5—6页。

④ 转引自汤志钧编《章太炎年谱长编》，中华书局1979年版，第674页。

由于封建文化专制主义的严厉控制，使史学的学科独立发展受到极大的限制，以致史学流派往往被同时的政治或经学派别所掩盖。近代早期，此种情况仍未得到根本的改变，其时比较接近学派性质的大概只有鸦片战争前后的西北史地学派和光绪朝的元史学派。直到20世纪以后，真正具有近代意义的史学流派才开始逐步产生。因此，关于近代史学流派的议论，主要集中在20世纪上半叶。还在三四十年代，就有冯友兰、钱穆、周予同、曾繁康、齐思和、金毓黻等不少学者探讨过现代史学流派的划分问题①，以后稍有沉寂。80年代以来，这一问题的讨论又有了重趋活跃之势。

1979年，海外学者余英时在一篇题为《中国史学的现阶段：反省与展望》（载台湾《史学评论》创刊号）的文章中提出："在现代中国史学的发展过程中，先后曾出现过很多的流派，但其中影响最大的则有两派：第一派可称之为'史料学派'，乃以史料之搜集、整理、考订与辨伪为史学的重心工作。第二派可称之为'史观学派'，乃以系统的观点通释中国史的全程为史学的主要任务。"认为两派各偏于一端，唯有起而互补，方能趋于史学正道。该文的观点，实与钱穆《国史大纲·引论》所说相近；而"史料"、"史观"两派的名称，则颇有取于周予同的《五十年来中国之新史学》，只是对其内涵作了新的解释。其后许冠三的《新史学九十年》（香港中文大学出版社1986年版），又将偏重于史料及史实考证的史家和"史观派"各分为若干流派加以详论，使人们对此期史学流派的基本情况有了更为清晰的概念。侯云灏在《20世纪前期中国史学流派略论》一文中，对前此各家划分此期史学流派的方法得失作了简评，认为"几种划分标准各有利弊，莫衷一是"，倒不如以史坛原来的局面，就事论事，将中国近代史学流派分为新史学派、古史辨派、南高派、考古派、国粹派、食货派、保守派、史料学派、生机史观派、生物史观派、战国策派、马克思主义派12个学派。

在中国近代史学流派的分野上出现这种意见纷纭的局面，主要是由于各家的流派划分标准不一。有的习惯以阶级或政治立场分派，如地主阶级改革派、资产阶级改良派、顽固派、革命派等史学流派概念便据此而生。这种分法虽有一定的道理，但难以充分反映史学本身的特点，且易陷入简

① 详情可参见周文玖的《我国20世纪三四十年代的史学评述》，《史学理论研究》1999年第2期。

单化，正如林甘泉所说的，“学派分野和阶级分野虽然有一定联系，却不能完全划等号”[①]。有的主张以史家工作的重心所在分派，如史料派和史观派之划分便是。但这种方法也存在问题，“因为史料是史学工作的基础，史观又是史学研究的灵魂，两者缺一不可”[②]，说史料派没有史观或史观派不采用史料，都是不可能的。也有的完全以史家的学历特别是接受国外某种史学理论的背景为依据分派，如傅斯年和陈寅恪同到德国受到过历史语言学派的影响，便都被列入了兰克式的史料学派。而实际上，中国现代的大部分史家，在吸收外来史学理论和方法时，往往并不局限于一家一派之说，而是兼收并蓄，有时甚至将相互有矛盾的学说糅合在一起，以为我用。如过分拘泥以学历背景分派，同样带有片面性。总之，对各家有关近代史学流派的划分固不必强求统一，但总期于能综合各方面的因素，使流派的划分日趋合理，以便更准确地反映中国现代史学的发展趋势与特点。

五 关于史学功能在近代社会的变化及其实际影响

中国传统史学历来十分强调自身的“经世致用”功能。在封建社会，它曾依附于经学并与之牢固结盟，作为维护封建政治的主要意识形态而盛极一时。进入近代以后，其学术地位和原有的社会功能逐渐发生变化。鸦片战争前后，当封建制度日益走向衰落之际，龚、魏重张“六经皆史”之帜，试图通过强调史学的经世功能，挽救日趋严重的社会危机。20 世纪初年，眼看经学没落已成定局，梁启超提出了“史界革命”，甚至说“悠悠万事，惟此为大”，称史学为“学问之最博大而最切要者”，“今日欧洲民族主义所以发达，列国所以日进文明，史学之功居其半焉”[③]。从理论上将史学的社会功能进一步扩大。其时改良派和革命派在学术研究与宣传活动中，无不注重借史论政，便反映了这种观念。新文化运动前后，在“科学主义”的影响下，出现了一种“非功利主义”的观念，王国维、胡适、顾颉刚等都提出过这样的主张。20 年代末以后，史学的经世致用功能在现实政治的刺激下和爱国救亡的时代主旋律中重新得以高扬。史学功能在近代所发生的这些变化，从根本上说，是中国社会及其整个文化巨变的反映，

---

① 林甘泉：《20 世纪的中国史学》，《历史研究》1996 年第 2 期。

② 侯云灏：《20 世纪前期中国史学流派略论》，《史学理论研究》1999 年第 2 期。

③ 梁启超：《新史学》，《饮冰室合集·文集》（9）。

同时也显示了其时史家对这一问题的认识水准。

如何来评价近代史家的上述艰辛探索与实践呢？瞿林东认为，在中国近代史学史上，虽然有“为史学而史学”的种种思潮存在，但史家在关心社会并注重以史学经世的问题上“都有鲜明的认识”，即使其间“走过弯路，留下了严重的教训，但史学之关注社会，在总的方向上是不错的，是应当肯定和坚持下去的”①。刘俐娜认为，虽然近代早期的学者已提出重新认识史学功能的问题，但未能加以解决，直至“五四”时期，全面认识和建设新史学的主客观条件才趋于成熟，其时对于史学功能的认识和重新转换，主要体现在确定了为民众服务的方向，扩大了研究的范围和视野，着眼于现实、人生和社会的进步等。② 也有的提出，对于1919年后史坛出现的非功利主义史学功能观，应作具体的分析，特别是“五四”前后这一观念的提出，对于克服传统史学过分依附于封建政治、缺乏独立意识的弊端实是一种必要的针砭和“矫枉”，这对确立中国近代学术形态和健全史学的学科独立发展机制无疑具有积极的意义。③ 张书学对此抱有类似的意见，并指出，历史研究中“求真”与“致用”的对立统一，本是其价值观不可或缺的两个基本点，但在中国现代史学史上，却常常表现为两者的分离，这对于历史科学的发展曾产生过不利影响。④ 王学典更以为，在现代中国史学界，存在着两种互相冲突的治史旨趣：一种是为学问而学问；另一种是为变革现实、再造未来而研究历史。前者为史料考订派推崇，后者为唯物史观派所信守。20世纪40年代以后，两派的观念有相互逆向移动的迹象，唯物史观派开始举起了求真的旗帜，而史料考订派也有关注致用之意。⑤ 甚至说，百年中国史学史，可以说是史料考订派与史观派的对抗史。前者的实证追求最后变成了在科学方法旗帜下乾嘉汉学的复兴，后者的阐释取向也部分演变为科学理论旗帜下晚清今文经学特征的再现。其实，他们“所追求的东西一开始很可能就是无法实现的东西，与历史学的本性不相容的东西”⑥。姜义华则从“史官史学”和“史家史学”的独特视角考

① 《20世纪中国历史学》（下），《光明日报》1998年1月27日。

② 参见刘俐娜《五四时期学者对史学功能的认识》，《历史研究》1996年第3期。

③ 参见胡逢祥《中国近代史学的发展进程及其特点》，《华东师范大学学报》1991年第4期。

④ 参见张书学《中国现代史学思潮研究》，第97—117页。

⑤ 参见王学典《从追求致用到向往求真》，《史学月刊》1999年第1期。

⑥ 王学典：《实证追求与阐释取向之间的百年史学》，《文史哲》1997年第6期。

察了这一问题。他说，近代以来的史家史学，对现政权及现社会持批判态度，有着较强的独立性。但由于近代中国新史观和新史学在空前严重的民族危机和社会危机中形成，其所带有的强烈政治性、党派性和阶级性，使史家史学在他们所支持的政治力量取得政权、确立了政治支配地位以后，自身很容易相应地从一种社会异己意识变为统治意识，在重建意识形态控制系统中演化为新的史官史学。正因为如此，在 20 世纪大部分时间中，史官史学声威不减往昔。[①] 这些意见，都是值得我们进一步深思的。

六 关于中国马克思主义史学发展史的反思

在中国近代史学史上，马克思主义史学居于十分重要的地位，因而史学界有关这方面的研究也比较多。限于篇幅，这里只能对一些学术界普遍关注或有争议的问题略作述评。首先是关于 1919 年至 1949 年间中国马克思主义史学的发展进程，大部分意见认为可分为三个阶段：1919 年至 1927 年为其诞生或奠基期；1927 年至 1937 年为成长壮大期；1937 年至 1949 年为中国马克思主义历史科学体系的基本确立期。白寿彝、瞿林东、朱仲玉、蒋大椿、桂遵义大致持此见，其中白寿彝、瞿林东又将 1937 年至 1949 年这一阶段区分为抗日战争和解放战争两个时期。[②] 叶桂生和刘茂林虽然也同意将其发展分为三个阶段，但具体分期却有不同，主张以 1919 年至 1927 年为其理论准备阶段，1928 年至 1940 年为中国马克思主义史学形成阶段，1941 年至 1949 年为其建设阶段。[③]

其次是中国马克思主义史学的历史地位问题。一个时期以来，由于学术界存在某种贬低、误解，甚至否定马克思主义史学的错误倾向，这一问题已引起众多学者的关注。1997 年 5 月，北京师范大学史学研究所还为此召开了专门的学术讨论会。会上，蒋大椿指出，1949 年前的马克思主义史学是在同其他派别相互补充、斗争和竞争中成长的，虽然还不能说已成为

---

① 参见姜义华《从“史官史学”走向“史家史学”：当代中国历史学家角色的转换》，《复旦学报》1995 年第 3 期。

② 参见朱仲玉《1919 至 1949 年间中国的马克思主义史学》，《史学史研究》1981 年第 3 期；白寿彝和瞿林东《马克思主义史学在中国的传播和发展》，《史学史研究》1983 年第 1 期；蒋大椿《中国史学史的回顾与展望》，载作者所著《唯物史观与史学》；桂遵义《马克思主义史学在中国》。

③ 参见叶桂生、刘茂林《略论马克思主义中国历史学的创立和发展》，《学习与研究》1982 年第 11 期。

中国史学的主流，却是代表时代进步潮流的最先进的史学。唯物史观对历史的解释，比其他各派都要强，在史料学方面的成就也很大，这些完全应该肯定。即使是讲阶级斗争，在当时也是正确的，是真理相对性的体现。吴怀祺进而认为，"五四"以后的马克思主义史学，无论是从史学发展的趋向还是实际看，都已成为这一时期的史学主流。陈其泰和周溯源等还从马克思主义史学在历史研究成果、人才培养、理论建树、发挥史学的进步社会功能和推进历史学的科学化建设方面，对其进行了高度的评价。[①]

最后是对马克思主义史学发展过程中经验教训的总结。如果说新中国成立之初，人们因震于马克思主义史学取得的辉煌成就及其在史学界的主导地位，一度对这项工作比较忽略的话，那么，经过"文化大革命"的惨痛教训，学术界对此的反思已日趋自觉和深入。戴逸就指出：在马克思主义指导问题上，由于受"左"的思潮的影响，长期以来存在着教条主义与形式主义的问题。以阶级斗争为纲曾在很长的时间内占据统治地位，农民战争史代替了全部的中国历史，历史人物评价也打上了"左"的烙印，这些都需要作进一步的反思。当然，马克思主义仍然是科学的理论和方法，但它只能以自己的理论威力争取群众，而不能靠行政命令、大批判和压服的方法，这是一个教训。[②] 有的则从马克思主义史学史的角度对此作了探讨，认为马克思主义史学自在中国诞生之日起，便十分强调史学的"致用"也即为革命服务的功能，在相当长的一段时期内，其对历史研究虽已"具有了充分的致用自觉，尚缺乏必要的求真自觉"[③]。这种倾向，使其"在强化和追求历史学的战斗性、革命性的同时，就自然难免强古就今、以古证今现象的发生，尤其是为激发人民爱国、革命的义愤，不惜借古人古事说今人今事，任意作历史类比，把历史现实化，结果不仅对历史研究造成破坏性影响，而且使人辨别不清历史唯物主义和唯心主义的界限，怀疑马克思主义历史学的科学性，在马克思主义史学史上留下了深刻而沉痛的教训"。对此，范文澜、翦伯赞等老一辈马克思主义史家在新中国成立初期曾作过自我反省，可惜未引起史学界足够的重视，以致后来在这方面出现了更大的偏差。不仅如此，由于大多数早期马克思主义史家都把马克

---

① 参见许殿才《中国马克思主义史学历史地位学术讨论会纪要》，《史学史研究》1997 年第 3 期。

② 参见《20 世纪中国历史学》（下），《光明日报》1998 年 1 月 27 日。

③ 王学典：《从追求致用到向往求真》，《史学月刊》1999 年第 1 期。

思主义看作具有普遍权威性的“科学的哲学”，以为研究历史“只是发现已经发现的规律，而忽视对中国历史特殊规律的探讨；自信只要用马克思主义来研究中国历史，即可得出科学的结论，而缺少对史家主体问题的研究”，由此造成了某些盲从本本的教条主义倾向。① 这种反省式的讨论，虽然会有一些不同的意见，但总的来说，将对中国当代史学的发展起到积极的促进作用。

涉及中国近代史学史研究整体框架的理论问题自然还可以举出不少，如中国近代史学发展过程中政治和学术的关系、社会大变动时期史家思想多元特性的分析等。这些问题的讨论，都较集中地反映了这时学术界对近代史学发展基本趋势的认识水平，无论其观点是得是失，皆足供研究者参考借鉴。

第三节　新世纪初年的持续发展

进入21世纪以后，中国近代史学史研究呈现出持续发展的态势，不但传统的热门研究在继续深入和扩展，取得不少新成果，还开辟了不少新的研究领域，出现了一些新思路、新取向和新的叙事形式。这里仅从既有研究的深入、研究范围的拓展、研究新倾向的出现等方面，作一简要的梳理。

一　既有研究的深入

首先是随着新旧世纪的交替，引发了研究者的“回顾”热，从而涌现出一批总结20世纪中国史学发展的著作。主要有罗志田主编的《20世纪中国的学术：史学卷》（上下两卷，山东人民出版社2001年版）、盛邦和主编的《现代化进程中的中国人文学科·史学卷》（上海人民出版社2005年版）、姜义华等主编的《20世纪中国社会科学：历史学卷》（上海人民出版社2005年版）、陈高华等编著的《20世纪中国社会科学：历史学卷》（广东教育出版社2006年版）等。此外还问世了一些专题性的回顾著作，如王学典的《20世纪中国史学评论》（山东人民出版社2001年版）、王子今的《20世纪中国历史文献研究》（清华大学出版社2002年版）、陈其泰的《中国马克思主义史学的理论成就》（国家图书馆出版社2008年版）、《20世纪中国历史考证学研究》（北京师范大学出版社2005年版）、肖黎

① 张书学：《中国现代史学思潮研究》，第112、40页。

主编的《20 世纪中国史学重大问题论争》（2007 年）、张广智主编的《20 世纪中外史学交流》（2007 年），等等。这些著作的编纂思路及写作体例不尽相同，有的侧重整体，有的从专门史或重大问题、重要事件、史著成就等方面入手，各有所长。

其次是出版了一批颇有分量的研究专著。主要有路新生的《中国近三百年疑古思潮研究》（上海人民出版社 2001 年版）和《经学的蜕变与史学的转轨》（上海古籍出版社 2006 年版）、高恒文的《东南大学与“学衡派”》（广西师范大学出版社 2001 年版）、盛邦和的《解体与重构：现代中国史学与儒学思想变迁》（华东师范大学出版社 2002 年版）、张越编著的《五四时期中国史坛的学术论辩》（百花洲出版社 2004 年版）、朱发建的《中国近代史学“科学化”进程研究：1902—1949》（湖南师范大学出版社 2005 年版）、刘俐娜的《由传统走向现代：论中国史学的转型》（社会科学文献出版社 2006 年版）、陈其泰的《中国近代史学（1840—1919）》（上海人民出版社 2006 年版）、侯云灏的《20 世纪中国史学思潮与变革》（北京师范大学出版社 2007 年版）、张越的《新旧中西之间：五四时期的中国史学》（北京图书馆出版社 2007 年版）、沈卫威的《“学衡派”谱系——历史与叙事》（江西教育出版社 2007 年版）、谢保成的《民国史学述论稿（1912—1949）》（上海人民出版社 2011 年版），等等。论文集方面则有罗志田的《近代中国史学十论》（复旦大学出版社 2003 年版）、瞿林东主编的《历史时代嬗变的记录：中国近现代史学研究》（北京师范大学出版社 2007 年版），等等。这些专著，对中国近代史学的整体、分期，以及史学、史家、史派、史著等问题进行了不同层次的考察，十分重视史学与整个社会政治、思想文化、学术的联系，远远超出了“就史学论史学”的范围，既是以往研究的深入，也体现了新理论、新观念的运用，从纵深两方面推进了近代史学史的研究。

最后是在梁启超“新史学”、五四时期的史学、马克思主义史学流派与唯物史观、史家等备受学者关注的传统专题研究方面取得了显著的进展。

1. 关于梁启超“新史学”。刘俐娜从社会政治变革产生近代民主政治文化入手，考察了新史学的兴起与发展，指出：具有新政治文化特点的新史学观念，使学者在研究对象、内容、方法诸方面有了新的理解和认识，直接影响了新史学的诉求对象由统治阶级转向国民大众，其内容由政治史转向与民众生活相关的社会生活与文化史，由“君史”转向“国史”、

"民史"，推动了史学现代化。[①] 任幸芳认为梁启超的《新民说》与《新史学》宗旨相通，在倡导近代进化观、民族主义精神、国民观念等方面有着内在的一致性，说明梁氏企图借新史学灌输近代进取精神、民族主义精神与国家观念，培养新国民以适应救亡图存的时代需求。[②] 王汎森指出，新史学的内容正是在"国家"、"国民"、"人群"、"社会"等传统没有的新的政治概念影响下开始思考和建构的。新概念开启了以国民活动为主体的历史探讨空间，以及"对复数的而非单元的历史行动者的关怀"，塑造了晚清的史学革命。[③] 这一研究超越了梁启超的《新史学》是史学还是政治理论著作的分辨[④]，为新史学的研究提供了新思路。许小青认为，以"新史学"为中心的史学革命最初意义不仅表现于现代史学的建立，更在于新式知识分子借"史学"革新，界定"民族"、"国民"等近代概念，有力促进了近代民族国家观念的兴起。[⑤] 一些非史学史学科的学者则从探讨新史学的本质入手对其重新解读。有人认为新史学本质上是探讨文明史、社会史、文化或社会文化史，有人认为其本质体现为爱国主义、民族主义、科学史学和实证主义史学等。[⑥] 这些看法超出了传统范围，将"新史学"研究引入更广的领域，体现了跨学科视野，也揭示了新史学在特殊时代背景下多向度的特点。

2. 关于五四时期的史学。对这一问题的研究，主要集中在近代史学理论建设、科学对史学的影响，以及中西交融、对新史料的认识、走出经学羁绊、科学与求真精神、整理国故运动几个方面，研究思路则较以往反帝反封建的政治革命中心论更为广阔。

罗志田对五四前后的"科学"观念对国学和史学的影响进行了探讨，

---

① 参见刘俐娜《晚清政治与新史学》，《史学月刊》2003 年第 8 期。

② 参见任幸芳《论梁启超〈新史学〉与〈新民说〉的内在一致性》，《浙江师大学报》2000 年第 3 期。

③ 王汎森：《晚清政治概念与"新史学"》，载罗志田主编《20 世纪的中国：学术与社会·史学卷》（上），山东人民出版社 2001 年版。

④ 主要观点见黄敏兰《梁启超〈新史学〉的真实意义及历史学的误解》，《近代史研究》1994 年第 2 期；《梁启超〈新史学〉的政治意义》，《政治学研究》1996 年第 4 期。

⑤ 参见许小青《20 世纪初新史学与民族国家观念的兴起》，《社会科学研究》2006 年第 6 期。

⑥ 参见张昭军《梁启超的新史学是文化史》，《史学理论研究》2010 年第 2 期；罗检秋《从"新史学"到社会文化史》，《史学史研究》2011 年第 4 期；陈永霞《民族主义与 20 世纪初年的"新史学"》，《史学月刊》2012 年第 5 期。

认为时人对科学的理解与今日一般认知的“科学”概念有相当距离。对于“五四人说到‘科学’何以更注意其‘精神’和‘方法’并具体化为实验主义和辩证唯物论？而在实践层面又为什么一度落实在胡适提倡的‘整理国故’、顾颉刚为首的‘古史辨’和郭沫若为代表的‘社会史研究’之上”的原因，他解释说：“这既有中国学人对考据方法相对熟悉而能有所为这一技术层面的因素，也因国人隐显不一的民族主义情绪在起作用。没有科学的支撑，国学便上不了台面；没有‘国故’这一多数中国学者耳熟能详的具体治学对象，以方法为依归的‘科学’便不能落在实处。而传统文化和外来文化这种奇特结合与近代中国思想史和学术史上的一些特殊关怀又有着若即若离的关系。”① 刘俐娜从概念入手探讨五四时期现代史学理论体系的建设，认为当时“学者重新认识‘历史’一词，厘清和界定它的基本含义，明确区分和论述了客观存在的历史、历史学和史书等概念”，为中国现代史学的建设“奠定了重要基础”，对于拓宽研究思路、扩展研究空间和范围，“建设科学的历史学以及建立中西方史学对话的环境，使中国史学走向世界”，有“积极的意义”②。

对于整理国故，罗志田认为整理国故的口号，初起与学术相关，又超出学术，“其中形成社会参与相对广泛的思想论争至少有四次”。他从“检讨论争双方的观念本身”入手，进而“侧重于各类读书人观念的异同”，将论争“置于当时思想言说之中进行考察”，“最后从时人关注的古今中外的时空互动角度”，分析了“论争的史学启示”。③ 张越分析了郭沫若明确批评胡适“整理国故”的观念和实践，却积极认同顾颉刚“古史辨派”涉及整理国故的历史研究方法，认为郭沫若这种不同评价与他运用马克思主义唯物史观看待和研究历史有关。④ 卢毅认为20世纪二三十年代“整理国故运动”风行一时，一方面缘于新史料的不断发现和新方法的逐步运用，另一方面也因为当时学者普遍抱有“与外人争胜”⑤ 的心态。葛兆光则认

① 罗志田：《走向国学和史学的“赛先生”——五四前后中国人心目中的“科学”一例》，《近代史研究》2000年第3期。

② 刘俐娜：《20世纪20年代中国史学界对历史的认识》，《史学理论研究》2003年第1期。

③ 罗志田：《古今与中外的时空互动：新文化运动时期关于整理国故的思想论争》，《近代史研究》2000年第6期。

④ 参见张越《从对整理国故和“古史辨派”的评价看郭沫若的史学思想》，《郭沫若学刊》2003年第1期。

⑤ 卢毅：《“整理国故运动”兴盛原因探究》，《东南文化》2006年第4期。

为“20年代以来，在整理国故的旗帜下”，只是“把清代考据学的传统悄悄换了一个包装，嫁接为西方的科学方法”，而东西方学者对中国的研究，“更刺激了中国学者”“这种‘新’史学的风气”①。对于“古史辨”派、整理国故与章太炎及其弟子的关系问题，卢毅通过对北大研究所国学门中章门弟子对古史辨派的复杂态度的考察，认为“既存在学术观点的分歧，又掺杂有章太炎的影响以及国学门中微妙的人脉纠葛”②。桑兵认为，“整理国故如果没有章氏门生的响应乃至主持，不易在学术界得到广泛反响。如果说在整个新文化运动中太炎弟子只是偏师，那么在整理国故这一领域，章门则至少分享领军作用”③。张越则提出：不应认为《古史辨》“曾独占一个时代”，因为“疑古学说所带来的史学观念的转变即融于中国史学转型的总的趋势中”④。

五四时期史学研究的深化还表现在对南京高师史地学系和“学衡派”的研究上。南高师的史地学派是五四时期与北大新文化派遥相呼应，但观点不尽一致的史学重镇。传统的观点认为，这一学派与传统史学渊源较深，注重史地研究，反对新文化运动对传统文化的全盘否定，将之定性为守旧派。新的研究更注意客观评述，指出：“就治学而言，南高师史地学派并不守旧，且与北大新文化派颇多相似之处。”⑤ 还有学者提出，学衡派的史学思想有独到特点：主张历史发展受多方面影响，应“综合各方之长”⑥，既强调历史学的相对性，也肯定历史学的科学性；既重视史料和考证，更讲求史学正人心、讲史德的致用功能。

3. 关于马克思主义史学流派与唯物史观。这时的研究者开始更多从史学自身发展角度总结马克思主义史学和唯物史观。张越考察了20世纪40年代马克思主义史家对史料和历史考证方法的重视，认为马克思主义史家从理论上论述了史料及考证方法的重要性，阐述了理论观点与材料方法间

---

① 葛兆光：《〈新史学〉之后——1929年的中国历史学界》，《历史研究》2003年第1期。

② 卢毅：《章门弟子与“古史辨派”》，《史学史研究》2007年第3期。

③ 桑兵：《近代学术转承：从国学到东方学——傅斯年〈历史语言研究所工作之旨趣〉解析》，《历史研究》2001年第3期。

④ 张越：《对信古、疑古、释古说的重新认识》，《辽宁师范大学学报》2001年第5期。

⑤ 吴忠良：《评南高师的史地学研究》，《史学史研究》2004年第3期。

⑥ 张越：《试论学衡派的史学思想》，《辽宁师范大学学报》2002年第6期。

的辩证关系，极大地促进了马克思主义史学的中国化。[①] 洪认清研究了抗战时期延安的中国近代史研究，展现了范文澜、张闻天、何干之、艾思奇、叶蠖生、杨松等人分部门有组织地研究中国近代通史、革命史、经济史、思想文化史所取得的一系列创新性成就。[②] 陈其泰、张爱芳认为马克思主义史家有关历史编撰与史学发展的关系、史书体裁的发展、历史编撰改革的方向以及史书编撰创新的途径等论述丰富了具有民族形式的中国马克思主义史学理论，对今天新史学的发展具有重要的启示和指导作用。[③] 梁磊考察了早期共产党人对中国近代史学的贡献。[④] 罗新慧以中国社会史论战的主要阵地《读书杂志》为主线，考察了由对现实中国社会性质的认识溯源中国古代社会性质的不同观点之间的论战，认为这一论战客观上扩大了唯物史观的影响，开辟了中国历史研究的新路径。[⑤] 对于马克思主义史学家的研究，吴汉全认为李大钊对历史哲学地位的科学解说和对历史本体论、认识论的研究，为建立历史哲学的中国学派做出了贡献；他还是以马克思主义指导中国近代史研究的奠基人。[⑥] 林甘泉认为吕振羽依据马克思主义社会经济形态理论，结合中国历史实际，得出了神话传说所反映的史前时代是原始社会的结论，深入探讨了殷周时代的社会性质，考察了亚细亚生产方式问题，有力批判了“中国社会之特有的停滞性”的观点，对中国马克思主义史学的建立做出了重要理论贡献。[⑦] 胡逢祥则认为 20 世纪 30 年代初李平心运用唯物史观研究中国近现代史是开创性的，为近代史研究树立了全新模式。[⑧]

4. 关于其他史家的研究。这时，一些先前少有人问津的史家开始受到学者的关注。如邵华阐述了郭嵩焘以“礼”代“理”的历史主义态度，认为其史学思想具有现代性。郭丽萍对沈垚的西北史地学进行了研究，揭示

① 参见张越《试析 20 世纪 40 年代中国马克思主义史学家对史料和历史考证方法的重视》，《史学集刊》2006 年第 2 期。

② 参见洪认清《论延安时期的中国近代史研究》，《史学史研究》2004 年第 3 期。

③ 参见陈其泰、张爱芳《马克思主义史家论历史编撰》，《东岳论丛》2008 年第 2 期。

④ 参见梁磊《早期共产党人对中国近代史学的贡献》，《渤海大学学报》2008 年第 6 期。

⑤ 参见罗新慧《〈读书杂志〉与社会史大论战》，《历史研究》2003 年第 2 期。

⑥ 参见吴汉全《李大钊与历史哲学理论》，《史学史研究》2002 年第 2 期；《李大钊与中国近代史研究》，《近代史研究》2003 年第 3 期。

⑦ 参见林甘泉《吕振羽与中国社会经济形态研究》，《史学史研究》2000 年第 4 期。

⑧ 参见胡逢祥《李平心与中国近现代史研究》，《江西社会科学》2005 年第 4 期。

他的西北史地研究中存在“技”与“学”的矛盾。隋淑芬对严复的历史观和历史研究方法展开研究，认为他提出从世界历史的视阈探究历史规律，讨论历史发展过程中内因和外因、历史阶段的可跨越性和不可跨越性，运用归纳法、中西比较法研究历史，突破了传统史学的局限，在史学理论和方法上均有创新和建树。李峰、王记录则探讨了陈黻宸的史学成就。[①] 等等。民国时期的史家则是学者们关注的重点。颜军提出胡适的清代思想史研究“是其学术研究的又一个范例，鲜明地体现了他的治学特点，反映了他对中国文化发展的认识和希望”。陈以爱揭示了持疑古观念的胡适与王国维学术上的不同取向。[②] 刘俐娜这时先后发表三篇论文，探讨了顾颉刚的史料学思想、抗战时期史学思想的变化、学术研究中的民族复兴思想。[③] 路新生则指出，顾颉刚的古史研究受到“崔述较深的影响……一方面能够将史事的‘原始状’与‘传衍状’相分离；另一方面，亦由于过分强调史料的‘当下性’而忽视了史料的‘滞后性’”，使他“在疑古的具体操作中不免出现了某些误区”[④]。刘巍、李帆从钱穆的《刘向歆父子年谱》考察其史学思想。刘巍认为该书的刊行结束了晚清以降的经今古文学之争，“反映了经学没落、史学主位或经学史学化的趋势。”李帆认为该书“以坚实的证据解决了经学史上的一个大问题——康有为所力主的刘歆伪造诸经之说不成立”。它“彻底破除了经学上的门户之见，并冲破了‘六经皆史’说之樊篱，达到了将经学问题转化为史学问题的目的”。[⑤] 徐国利连续发表三篇论文，揭示钱穆对中国史书各种体裁作出的全面分析。认为他的中西史学比较观既有积极合理性，也表现出文化保守性和民族狭隘性。其关于义理、考据和辞章的思想是他的学术文化思想的核心，在中国现代学术思想

① 参见邵华《嬗变中的传承——论郭嵩焘的史学思想》，《史学史研究》2008年第2期；郭丽萍《显学的背后：沈垚西北史地学述论》，《中国边疆史地研究》2005年第1期；隋淑芬《严复的历史观与历史研究方法》，《史学史研究》2003年第4期；李峰、王记录《新旧之间：陈黻宸史学成就探析》，《史学集刊》2007年第2期。

② 颜军：《胡适清代思想史研究浅议》，《近代史研究》2000年第1期；陈以爱：《胡适对王国维“古史新证”的回应》，《历史研究》2008年第6期。

③ 参见刘俐娜《论顾颉刚的史料学思想》，《史学史研究》2003年第2期；《抗日战争时期顾颉刚的史学思想》，《史学史研究》2005年第3期；《从〈上游集〉看抗战时期顾颉刚的学术活动及思想》，《抗日战争研究》2006年第3期。

④ 路新生：《顾颉刚疑古学浅论》，《华东师范大学学报》2002年第1期。

⑤ 刘巍：《〈刘向歆父子年谱〉的学术背景与初始反响》，《历史研究》2001年第3期；李帆：《从〈刘向歆父子年谱〉看钱穆的史学理念》，《史学史研究》2005年第2期。

史上既有重要价值，也有不少局限。[①] 周文玖论述了朱希祖的史学成就。田亮分别考察了柳诒徵和“学衡派”重要史家缪凤林的民族主义史学思想。[②] 陈其泰、田园指出萧一山《清史大纲》中的“民族革命史观”对抗战产生了积极的作用。[③] 周少川等探讨了陈垣的民族文化史观及其宗教史研究、爱国主义史学思想。[④] 赵庆云考察了金毓黻对中国近代史研究的贡献。[⑤] 等等。

二 研究范围的拓展

在研究范围的拓展方面，首先是开辟了不少新的研究领域。如张海鹏、龚云的《中国近代史研究》（福建人民出版社 2005 年版），对近代中国几部不同风格的《中国近代史》著作作了系统深入的分析。刘兰肖的《晚清报刊与近代史学》（中国人民大学出版社 2007 年版）梳理了晚清报刊与近代史学兴起的关系。李春雷的《传承与更新：留美生与民国时期的史学》（中国社会科学出版社 2007 年版），探讨了留美学生这一特殊群体在民国史学发展中的作用和民族主义对其史学研究本土化的影响。田亮的《抗战时期史学研究》（人民出版社 2005 年版）讨论了抗战时期重庆、延安及日本占领区的史学。胡逢祥探讨了现代高校学术机构的体制与功能，认为北大、清华两校在现代教育史上地位特殊，在中国现代学术制度创建过程中起了开风气、具规模的作用。他还从现代学术制度的建构层面考察了清末至民国时期史学专业机构的建置与运作、体制沿革、运行模式和功能等。[⑥] 左双文系统考察了 20 世纪三四十年代内地史学家与香港史学的关

---

① 参见徐国利《钱穆论史体与史书》，《史学史研究》2000 年第 4 期；《钱穆的中西史学比较观》，《史学史研究》2002 年第 1 期；《钱穆的学术史方法与史识——义理、考据与辞章之辨》，《史学史研究》2005 年第 4 期。

② 参见周文玖《朱希祖史学略论》，《史学史研究》2004 年第 4 期；田亮《柳诒徵的民族主义史学思想》（《史学史研究》2004 年第 2 期）、《抗战时期缪凤林的民族主义史学思想》（《史学史研究》2002 年第 4 期）。

③ 参见陈其泰、田园《抗战时期萧一山历史观的跃进》，《人文杂志》2010 年第 1 期。

④ 参见周少川《论陈垣先生的民族文化史观》，《史学史研究》2002 年第 3 期；陈其泰《陈垣：宗教史的开山之祖》（《江海学刊》2005 年第 5 期）、《陈垣与抗战时期爱国主义史学——纪念陈垣先生诞辰 130 周年》（《淮阴师范学院学报》2010 年第 5 期）。

⑤ 参见赵庆云《论金毓黻与中国近代史研究》，《史学史研究》2008 年第 2 期。

⑥ 参见胡逢祥《从北大国学门到清华国学研究院——对现代高校学术机构体制与功能的一项考察》（《中国图书评论》2006 年第 10 期）、《中国现代史学的制度建设及其运作》（《郑州大学学报》2004 年第 2 期）、《现代中国史学专业机构的建制与运作》（《史林》2007 年第 3 期）。

系，认为正是内地史学家推动了香港史学的起步和成长。[①] 桑兵从民国时期历史教学需要和学风转变方面考察了中国科学史学史料与史观两条路径的并存与冲突。[②] 尚小明从课程变革考察抗战前北大史学系的发展，指出前十年的课程变革在学术界有不小的影响，但在培养专业人才方面收效甚微；后十年的课程变革，造就出一大批史学家，对现代中国史学的发展产生了深远影响。他还从教育背景、数量、流动性、所学专业与教授专业转换诸方面考察了同时期大学中的史学教学。[③] 这类考察从教学教育方面深化了中国近代史学史的研究。桑兵、胡逢祥还讨论了民国时期的中国史学会。[④] 等等。

其次是开展了学科交叉与打通史学与经学关系的研究。在学科交叉研究方面，主要表现为不少学者将近代史学置于社会文化、思想的发展中考察。如有学者指出：进步的公羊学说与有识之士的救亡探索相激荡，有力推进了晚清时期全国民众的文化认同。[⑤] 与此同时，还出现了民族主义史学的讨论。有学者认为，新史学的出现有着甚强的民族主义意味，当时的主要旗手梁启超提倡民族主义，一方面是为了激发国人的自尊心和爱国心，另一方面是欲借鉴世界上强大民族发展的经验改造落后的中国。人种观念也因统治者的异族性而得到倾向革命的士人的推重，倡导新史学的章太炎于是成了晚清反满革命的主将。[⑥] 有学者明确指出：在民族主义成为主要思潮的背景下，时人试图将史学纳入民族主义宣传的轨道，作为民族主义动员的重要载体。其对历史主体或历史叙写内容的诠释、史学功能的追求、史料选择和史学批评标准的设定，都深深烙上了民族主义的痕迹。可以说，20 世纪初年“新史学”的根本性质就是民族主义。[⑦] 有的学者还

---

① 参见左双文《近代史家和 20 世纪三四十年代香港史学》，《史学史研究》2004 年第 1 期。

② 参见桑兵《教学需求与学风转变——近代大学史学教育的社会科学化》，《中国社会科学》2001 年第 4 期。

③ 参见尚小明《抗战前北大史学系的课程变革》（《近代史研究》2006 年第 1 期）、《近代中国大学史学教授群像》（《近代史研究》2011 年第 1 期）。

④ 参见桑兵《二十世纪前半期的中国史学会》，《历史研究》2004 年第 5 期；胡逢祥《现代中国史学专业学会的兴起与运作》，《史林》2005 年第 3 期。

⑤ 参见陈其泰《公羊学说与晚清历史文化认同的推进》（《史学史研究》2010 年第 4 期）、《晚清历史文化认同的新格局》（《河北学刊》第 26 卷第 4 期，2006 年 7 月）、《实现“民主共和国”理想与近代历史文化认同的发展》（《山西师大学报》2007 第 1 期）、《民族危机刺激下近代历史文化认同面临的紧迫课题》（《人文杂志》2006 年第 3 期）等文。

⑥ 参见许小青《20 世纪初新史学与民族国家观念的兴起》，《社会科学研究》2006 年第 6 期。

⑦ 参见陈永霞《民族主义与 20 世纪初年的“新史学”》，《史学月刊》2012 年第 5 期。

进一步指出：是近代引入的西方民族主义和民族国家等观念学说，直接促进了史学的兴起。在晚清很多读书人眼中，史学已被提升到国与种族（即文化）存亡的高度，实即取代了经学过去种种被赋予而在近代已无力承担的社会角色。章太炎讨论乱世史家更为有用时说历代“中国屡亡，而卒能复兴”，皆“归功于史家”。这不是传统的认知，而是带有明显的西来民族主义色彩。①

经史地位的转变是近代史学史上的重要问题，在打通史学与经学关系的研究方面，有学者指出：近代今文经学在促成中国史学近代化的过程中发挥了重要作用。康有为斥古文经为伪，提出孔子作“六经”说，动摇了传统经学的根基，对史学近代化起到了思想启蒙作用；今文经学家兼史学家崔适不但扩大了古文伪经的范围，促使经书权威进一步动摇，而且采取由经及史的研究方法，直接开启了由经学而史学的转向；而今文经学家兼史学家梁启超和夏曾佑，则是真正受今文学影响、以进化论为指导思想，开创近代新史学的代表人物，梁氏《新史学》初步构建起近代新史学的理论体系，夏氏《中国历史教科书》则是近代中国第一部新式通史。② 另有学者探讨章太炎的经史观，认为章太炎的“六经皆史”说与近代启蒙思潮、新史学思想相结合，对前人成说有质的突破；在此基础上形成的“征信”论相对于当时的“疑古”之风，其“求真”精神相对于前人的“求实”，都是对传统学术思想的重要发展；其在方法论上的贡献体现于以新史学方法治经，运用社会学、逻辑学等方法解经。③ 也有学者从廖平、蒙文通两代学人经史观的变化分析学术史上经学向史学的过渡，指出：蒙文通的两个学术重点“古史多元论”和“大势变迁论”，皆牵涉到近代从经学向史学过渡的复杂背景，尤与其业师廖平的独特经学观念相关。“古史多元论”是蒙氏用历史思维处理廖平所提问题的结果，而“大势变迁论”强调史事必须联系社会、政治、文化等各个层面加以观察，说明蒙氏成了一位新学术体制中的专业史家。这一学术转变反映了那一时代价值层面深

---

① 参见罗志田《通史致用：简析近代史学地位的一度上升》，《社会科学战线》2010 年第 2 期。

② 参见汪高鑫、邓锐《今文经学与史学的近代化——以康有为、崔适、梁启超和夏曾佑为考察中心》，《史学史研究》2009 年第 4 期。

③ 参见张昭军《论章太炎的经史观》，《史学史研究》2004 年第 2 期。

刻而广泛的变化。[①] 还有学者联系晚清今古文经学之争与民国新史学家提出的“六经皆史料”的口号，扼要勾勒了章学诚的“六经皆史”说在晚清民国时期的影响与折变。[②]

最后是开始对近代史学进行整体探讨。如对近代经世史学的研究，邬国义认为：从内在学术理路上说，经世史学与乾嘉学术的衰落有关，在形式上表现为对明末清初经世致用的回归与继承。新史学对史学经世的功能和内涵作了具有新的时代特点和阶级特色的界定阐发，把史学的社会作用提到前所未有的高度。对史学经世功能的理解与基本上延续传统的龚自珍、魏源的史学经世观有明显区别。[③] 另有学者从经世致用的思想线索考察辛亥革命时期的史学，认为辛亥革命时期主张史学经世者，主要是主张今文经学的改良派和主张古文经学的革命派，以及其他一些爱国史学家。爱国主义、民权主义和大同主义或社会主义、无政府主义构成当时经世致用思想的三个层次。[④]

又如对晚清、民国时期史学的研究，罗志田通过对作为民间学者的国粹学派与办理存古学堂的官方在保存国粹方面的实际努力及其观念的异同的考察，指出：庚子后士人多以为政府不足以救亡，朝野双方在政治上相当对立，而在文化方面，国粹学派“国学保存会”的组织标志与官方同样明确以“保存国粹”为口号的“存古学堂”取向非常相近，显现出共性；双方不同程度都倾向于中西调和，对稍后所谓“欧化”取容纳态度，而非完全排斥。不过，双方保存国粹的具体取向相当不同，有时的确视对方为对立面。[⑤] 刘俐娜认为，自鸦片战争至清王朝被推翻的几十年间，中国史学发生的深刻变化表现在一些悠久的传统开始受到质疑、新的历史观念渐被接受、新的著史方式出现以及编纂内容调整等，应晚清社会变革需要，渐渐发展为尝试建立新史学的趋向。具有如此特点的晚清史学，前有积淀深厚

---

① 参见王汎森《从经学向史学的过渡——廖平与蒙文通的例子》，《历史研究》2005 年第 2 期。

② 参见刘巍《经典的没落与章学诚“六经皆史”说的提升》，《近代史研究》2008 年第 2 期。

③ 参见邬国义《论近代经世致用史学思潮的兴起》，《史林》2003 年第 6 期；《新史学思潮经世功能的再考察》，《华东师范大学学报》第 35 卷第 3 期，2003 年 5 月。

④ 参见苏中立、杨正喜《辛亥革命时期的经世致用思想》，《中南民族学院学报》2001 年第 6 期。

⑤ 参见罗志田《清季保存国粹的朝野努力及其观念异同》，《近代史研究》2001 年第 2 期。

的传统史学，后接五四时期现代史学的建设，介于传统和现代之间担负承前启后的使命，其特殊的历史地位和内涵显明了传统史学走向衰微，新史学开始孕育并迅速发展的趋势，迈出了中国史学由传统向现代转变的第一步。① 还有学者提出：晚清史学为民国史学的发展奠定了新的学术基础，民国初年（1912—1920）史学发展的趋势和成就，对“五四”前后的历史研究和整个学术领域的近代化产生了巨大推动作用，均值得深入研究，重新评价。②

三　研究新倾向的出现

研究新倾向的出现，主要指这时逐渐形成了一种新的研究取向和叙事方式。罗志田把这种研究新倾向称为“新文类”，并指出它的“写作旨趣与过去的史学史不完全相同，更多从社会视角观察，注重学科的发展演化及其与社会的互动……除了一般史学史中较重视的史学思想的变迁外，也希望关注历史研究的主题、写作和表述方式、所传授的历史知识（如历史课本）、与史学相关的学术建制以及社会对史学的认知等方面的变化”。其选题从具体的史学现象入手，关注以往宏大叙事忽略的现象和人物；观察问题的“眼光向下”、“以虚入实”，将研究重心更多转向具体的中下层机构、群体、人物和事件；而对过程的注重胜于结果，不再以寻求历史发展规律为终极目标，等等。③ 他的《近代中国史学十论》（复旦大学出版社2003年版）可说是这种研究新倾向的示范之作。具有同样意义的还有葛兆光的《〈新史学〉之后——1929年的中国历史学界》（《历史研究》2003年第1期）一文。他选择1929年发生的相关重要事件，探寻中国史学的新变化，指出：当时“一批历史学家依然在‘疑古’的旗帜下强调着历史方法的科学取向、客观眼光和中立立场，而另一批历史学家却在悄悄地从‘疑古’转向‘重建’，使科学的历史学增添了一些新的中国式的内容，

---

① 参见刘俐娜《晚清史学的发展与变革》，《晚清国家与社会》，社会科学文献出版社2007年版。

② 参见陈其泰《晚清典志体史学名著的时代特色——兼论晚清史学的历史地位》，《北京行政学院学报》2011年第1期；张克兰《晚清史学风气之转移与结胎》，《江汉大学学报》第26卷第1期，2007年2月；陈其泰等《民国初年历史观领域的新变革》，《陕西师范大学学报》2005年第2期。

③ 参见罗志田《近三十年中国近代史研究的变与不变——几点不系统的反思》（《社会科学研究》2008年第6期）、《编序》（《20世纪的中国：学术与社会·史学卷》，山东人民出版社2001年版）、《自序》（《近代中国史学十论》）等文。

还有一批历史学家在注意着民族历史认同基础的维护……还有一些历史学家则在西方理论资源中，另外寻找到了马克思主义的解释方法，开始重新理解和叙述中国历史”。这一复杂现象表明，一方面中国历史学者关注的领域已经从汉族中国扩展到四裔甚至世界，“新史学”正日渐试图成为“科学”并与西方“接轨”；另一方面，在历史学界种种动向与争论的背后也隐藏了什么才是“中国”的“新史学”的问题，由此引起关于世界主义与民族主义、科学取向与民族认同之间的紧张与焦虑，并一直延续至今。葛兆光认为，傅斯年唤醒了中国学者最高的民族意识，但他也看到实现“东方学正统”这种看起来具有相当民族主义色彩的学术理想，要通过使历史学成为“科学”即西方现代知识方法的途径来实现。其背后隐隐透露出西方近代历史学的影响。葛兆光还认为，1929 年反映出的中国历史学与国际学术界“接轨”的努力，表现在“科学地整理史料，可能是最容易最方便将旧历史学方法转接到新历史学方法上来的一个领域”，“对于历史论题选择方向的转变，也是很容易很方便地把旧史学转接到新史学方法上来的另一个重要方向”。这些分析从东西文化汇通的宽广视野，进入深层历史实际，揭示了更为复杂的逻辑关联。

这种研究新倾向也表现在对史学内部联系的重新解读上。如围绕傅斯年史料即史学的观点及相关的历史语言研究所所作的新观察，有学者认为傅斯年把近代史学理解为史料学，强调用科学方法整理史料，把中国史学打造成“科学的东方学之正统”，虽然体现了现代性特征，却与注重解释史学的新史学和综合史观影响下的现代史学发展方向不同道。[①] 另有学者认为傅斯年在《历史语言研究所工作之旨趣》中反对国故、疏通、普及，以区别于顾颉刚的“疑古”、北大国学门等的国故整理运动，虽然提出历史学只是史料学之类的极端口号，但所主张的内容和路径与北京大学国学门的趋向一脉相承。其“科学的东方学之正统”，亦是推助中国史学走上世界学术大道的口号；而“动手动脚到处寻找新材料，随时扩大旧范围”，是改变中国固有治学之道的思路，也造成了“只找材料不读书的偏激，脱离学术正轨”。“太炎门生取代桐城文派，史学革命又推翻浙学一统，都是否认继承（对再上一代倒可以认同），而夸大差异。待到升上主流地位，

① 刘俐娜：《试论傅斯年史学思想的现代性及局限性》，载《“傅斯年与中国文化”国际学术研讨会论文集》，天津古籍出版社 2004 年版。

立论才能不断修正，渐趋公允，但就难免被后浪赶超。而且发迹时的故意偏激在平和以后仍有巨大惯性，始作俑者或许心知肚明，顺其势者则不免每下愈况。所以，由偏激以至众从的主流派虽然人多势盛，学术路径却往往不循正轨，把握近代中国学术转承的脉络，反而不能以此为线。”[①] 还有学者检视傅斯年的藏书，参照其他资料，发现其留德期间并没有太多接触兰克学派及其德国的历史研究，相反对西方博古主义或古学运动研究古典文化颇有兴趣。所以尽管“史料学派”推动历史研究的科学化且常与兰克学派的理论和实践相比仿，傅所开展的一系列工作显示出他之强调史料的扩充和整理并由此推广科学史学的做法，只是介乎科学主义和博古主义之间。[②] 更有学者以“趋新反入旧”概括傅斯年、史语所与西方史学潮流的关系，认为史语所苦心孤诣孜孜以求接轨国际新潮，却误引兰克史学为同道，阴差阳错融入西方传统史学的末流。当时学术界努力趋新求变，但对新史学与兰克史学的学术时差缺乏明确意识。傅斯年及史语所受此制约，面对西方史学的新旧潮流取舍失当，以致走上一条与现代学术趋向逆行之路，“未曾注意西洋史学观点、选题、综合、方法和社会科学工具的重要”；这一疏失、缺陷直接造成了史语所与现代学术潮流的隔膜；所欲建立的“科学的东方学之正统”，不过是步已成明日黄花的欧洲传统汉学的后尘，投身衰退中的旧潮流，而与新兴的社会科学化的汉学南辕北辙，致其青出于蓝、后浪推前浪的竞胜赶超失去意义。[③]

又如，对陈寅恪“了解之同情”的治史取向，有学者从史料与历史诠释、史料与表述两个层面进行考察，认为“注重‘今典’的‘了解之同情’，无疑是20世纪以考据为基础的中国新史学的重要创获”。陈氏为文的“‘牵缠反复’无意中或因‘君为李煜期之以刘秀’的心态所致”；“在意识层面恐怕确有让代表不同见解的相关史料毕呈于读者之前以‘随人观玩’的深切用心。两者结合在一起，便形成了陈氏独特的学术论述风格”。关于陈寅恪的“不古不今之学”，既然“目前似不可能”遵从“陈先生自定的标准”，“确定其所用何典”，或亦不必“论定”其准确意思，“但仍

① 桑兵：《近代学术转承：从国学到东方学——傅斯年〈历史语言研究所工作之旨趣〉解析》，《历史研究》2001年第3期。

② 参见王晴佳《科学史学乎？“科学古学”乎？——傅斯年“史学便是史料学”之思想渊源新探》，《史学史研究》2007年第4期。

③ 陈峰：《趋新反入旧：傅斯年、史语所与西方史学潮流》，《文史哲》2008年第3期。

可钩稽相关论述，借诠释此语之机，探索其思想学说，期对其治学处身之道，有稍进一步的‘了解之同情’。从其对中西体用关系的处理，可看出他关于‘国粹’的开放观念。他一生基本研究中国历史上文化碰撞和文化竞争明显的时代和议题，以‘法后王’的取向，作‘古为今用’之尝试，希望能对当代中外文化融合有所推进，体现出一个学人极有分寸的‘爱国济世’之苦心”。[①] 不过，也有学者指出“了解之同情”并非陈寅恪本人治史方法的表述。陈寅恪“认为了解之同情‘最易流于穿凿附会之恶习’，因而不仅不主张使用，甚至认为一般不可用。否则非但不能理解古人，反而可能南辕北辙，愈有条理统系，去古人学说真相愈远”[②]。

这些研究所涉似乎都是一些不大的“小事”，却不同程度地反映了这时的中国近代史学史研究的新取向和新叙事方式。他们分析文本时既重视社会历史语境的影响，也借鉴其他学科的理论概念、批评视角和分析模式，与以往研究注重文本内部、严守学科边界和自身系统，探讨对象规律和各要素的关联等明显不同，使诸多被忽略的史学现象进入了研究者的视野。这类研究能否得到史学史研究者的认同并不重要，重要的是它跨越学术史、思想史和文化史多个领域，展示了大视野的综合式思考特点，予人以更多的联想空间。彼得·基维有言，当代美学正从“只知道一件大事”的时代进入“知道很多小事”的时代。“只知道一件大事”是宏大叙事的特点，而“知道很多小事”则是新叙事的特征。如果你知道的许多小事是核心的、重要的，你就会成为整个学科的主人。[③] 当前的中国近代史学史研究似乎正在转向研究很多小事的时代，这些小事是否具有“核心”与“重要”地位，则是研究者能否成为把握“整个学科的主人”的关键所在。

第四节　对学科体系的新思考与展望

21 世纪以来，一些研究者清楚地意识到此前的中国近代史学史研究，

---

① 罗志田：《陈寅恪史料解读与学术表述臆解》，《近代中国史学十论》，复旦大学出版社 2003 年版；《陈寅恪的“不古不今之学”》，《近代史研究》2008 年第 6 期；《陈寅恪文字意趣札记》，《中国文化》第 22 期，2006 年 5 月；《知人论世：陈寅恪、傅斯年的史学与现代中国》，《读书》2008 年第 6 期。

② 桑兵：《“了解之同情”与陈寅恪的治史方法》，《社会科学战线》2008 年第 10 期。

③ 彼得·基维：《前言》，载诺埃尔·卡罗尔《超越美学》，商务印书馆 2006 年版。

虽然在近代文化史、社会史和思想史等新兴学科的影响下日趋活跃，但总体说来还是多属具体的个案研究，少有整体综合研究，至于理论探讨就更不多见了。于是，他们尝试着对中国近代史学史的发展线索进行重新探索，以期建立更加科学、完善的学科体系。

陈其泰着眼于近代社会与史学发展的关系，指出1840年起史学研究在历史观、著述内容、形式上都明显不同于传统史学。这种变化既来源于社会剧变的刺激，也是学术文化内部新旧推移的结果。他把近代史学80年分为三期：鸦片战争到1860年前后为民族危机刺激下救亡图强史学勃兴时期；19世纪七八十年代到90年代末为维新变法酝酿发动与近代历史变易观和进化论传播时期；20世纪最初20年为帝制崩溃和“新史学”倡导时期。[①] 这一看法与白寿彝《谈谈中国近代史学》中概括的中国近代史学史线索一致，只是具体表述更为细化而已。

刘俐娜从现代化的视角探讨了近代中国史学的转型，勾勒出“从困境中觅路、变革中求新，到最终通过借鉴、吸收外来新的史学理论和观念……完成了建立现代史学的历史使命”的线索。她认为社会转型带来器物、制度、观念多层面的变化，一同构成史学转型的社会文化背景，提供了客观条件和动力，“直接推动了中国史学由传统向现代的进步”；并进而依据史学自身发展的特点，从学科规范、理论的破旧立新、方法的引进完善、资料整理与著作编纂等方面，详细考察了近代史学的更新变化。[②]

胡逢祥等人则从科学传播和科学方法的采用层面探究史学现代化的内在理路。胡逢祥指出：“西方科学方法的输入，是推动中国学术走向现代化的一大动力，其内涵非止一般的技术手段，而实涉及整个治学的理念和路向问题。”他认为胡适等人倡导“科学方法”提示的现代人文学术研究参照自然科学的成功经验、注重外延性拓展的新思路，直接开启了从北京大学国学门、中山大学语言历史研究所到中央研究院历史语言研究所倡导的重视田野考察和现代多学科交叉研究的史学发展新路径。同时认为这一现代史学建构路线混淆了自然科学和人文科学的界限，把“近代史学”的工作范围框定在史料学领域限制了历史视野的拓展，模糊了传统考据学与

---

① 参见陈其泰：《时代剧变推动下近代史学演进大势》（上、下），《北京行政学院学报》2007年第5、6期。

② 刘俐娜：《20世纪初期中国社会转型与史学的发展》，《教学与研究》2004年第6期；《由传统到现代——论中国史学的转型》，社会科学文献出版社2006年版。

现代科学方法的区别。他还尝试通过对中国近代史学史上科学与人文路向并存现象的分析，提出建设现代史学的思路，指出：作为中国现代史学发展主流的“科学化”实践本身并非十全十美，存在着明显的“泛科学主义”倾向；现代史学的建设，不仅需要广泛吸取西方现代科学的各种成果和进步方法，也离不开对传统史学优秀遗产的继承。“新人文主义的史学实践……以人文阐释与科学实证相结合的治史途径，不仅丰富了现代史学建设的理论与实践，也给今人的治学以相当的启示。”① 朱发建也认为：“从史学‘科学化’的角度，重新梳理近代中国史学发展的派别，认识各家各派的得失利弊，给予较为客观公正的评价，可以摆脱意识形态（包括官方、民间意识形态）与家派观念的束缚，专从知识形态演变的角度，重新认识近代史学发展的进程，不失为一条重建近代史学史的新思路。”②

盛邦和从文化发展的角度考察研究史学变迁，将史学与儒学联为一体，诠释中国史学与儒学在文化建设中相互连带与激励的机制。以旧史的“通体解散”与新史的“全面创设”，旧儒“火烛烟灰”与新儒何处“安身”，以及中国现代文化建设从“建议”“解体”到“重构”“融构”的曲折发展，展现20世纪中国史学在文化解体和重构中的变化历程。③

张越还从历史观更新的角度论述了史学转型。他认为，从复古倒退和一治一乱的循环史观，到进化史观、唯物史观和“其他历史观点的引进”，“反映了中国史学带有根本性质的变革步履”和由传统走向近现代的“基本进程”④。谢保成循着新史学在民国时期的“逐渐谢幕”和“更新趋势”⑤ 出现的线索，探讨了这一时期史学的发展演变。另有学者从思潮与变革的关系考察20世纪中国史学的发展。⑥

桑兵具体考察了近代新史学的发展演变，指出：近代新史学的建设者常把前人的“新史学”当作不破不立的对象，以趋新为务，忽视扎实的研

① 胡逢祥：《科学方法输入后的中国现代史学之走向》，《学术月刊》2008年第3期；《科学与人文之间——关于现代史学建设路向的一点思索》，《史学理论研究》2003年第3期。

② 朱发建：《史学科学化——考察中国近代史学史的新思路》，《湖南师范大学学报》第33卷第6期，2004年11月。

③ 盛邦和：《解体与重构：现代中国史学与儒学思想变迁》，华东师范大学出版社2002年版。

④ 张越：《进化史观对中国史学转型的促进和影响》，《求是学刊》2003年第1期。

⑤ 谢保成：《民国史学述稿（1912—1949）》，上海人民出版社2011年版。

⑥ 参见侯云灏《20世纪中国史学思潮与变革》，北京师范大学出版社2007年版。

究功夫，拿不出超越旧史学的代表作，这是应当记取的教训。他由此认为：“史无定法，即使在新史学的大旗下，也不可能一统江山”；学者治史“要志向高远，避免盲人摸象，防止以偏为新；创新的前提是温故，不必以眼空无物颠覆前人，不能以凿空蹈隙填补空白。一味趋新往往浅薄，所以趋时者容易过时。虽然偶有盲人摸象似的附庸蔚为大国，更多的却是短暂喧闹过后即销声匿迹”①。因而于肯定多元化研究价值的同时，又十分郑重地指出承继学统，建构整体观念的重要。

与此同时，后现代建构主义调整解构主义的影响，还引发了一些学者重写、重读、重绘、重释近代学术史的思考。有的提出“重绘民国时期学术地图”问题，认为对于中国近代史学史来说，最大的问题是如何确定唯物史观派与史料考订派各占的比例。两派被叙述位置的不断变化呈现出一再变化的重绘，迄20世纪末，“最大的问题已经转换为史料考订派内部史家的相对地位如何确定”。还提出要关注学术史书写的客观性，追求兼顾史观、史料和方法“客观的学术史叙事”，认为要达到这一目的，“归根结底不是主观或觉悟问题，更不是史家的个人品质问题，而是要建立起一种公正的交流、评价和比较机制”。“‘客观的学术史叙事’既非以‘史考’为中心的叙事，也不是以‘史释’为中心的叙事，而是兼顾史观、史料和方法的叙事。”② 有的甚至明确提出了“近代史学史如何‘重写’？如何以一个较为客观而具共识的标准，将近代史学各家各派安置在合适的位置上”③ 的问题。

关于以什么范式书写近代中国学术史的问题，葛兆光表示：过去的研究确实有种种问题，无论是传统的以鸦片战争为起点的政治史线索，还是由“坚船利炮”到“制度法律”，再由“制度法律”到“思想文化”画出若干阶段的文化史线索，基本上都把思想史看成是一批被预设为“先进分子”的新派的连续过程，以及中国上层士绅对西方文明认识的深化过程。他认为这种研究“理论上的边界清楚和历史上的清晰预设，虽然常常给研究者带来了很多便利，但也常常代替了实际历史的复杂过程”。在他看来，

---

① 桑兵：《近代中国的新史学及其流变》，《史学月刊》2007年第11期。

② 王学典：《顾颉刚和他的弟子们》，山东画报出版社2000年版；《二十世纪中国史学是如何被叙述的——对学术史书写客观性的一种探讨》，《清华大学学报》2008年第2期。

③ 朱发建：《史学科学化：考察中国近代史学史的新思路》，《湖南师范大学学报》第33卷第6期，2004年11月。

“罗志田的思路显然希望更深一层地讨论一种新中有旧、旧中有新的复杂性，探讨新旧转型时期的各种知识、思想与信仰的位置挪移，以及在这种近乎乾坤大挪移般的巨变中，各种地域、阶层、人物的不同感受以及命运，描绘着世纪初思想史那幅相当错综复杂而且不断变动的地图”。他希望“重新建构一幅复杂的近代历史中的思想、社会与学术地图”，以展现近代社会、思想和学术“新中有旧、旧中有新”的错综复杂全貌。他还注意到史学史研究借鉴社会史公共领域、公共空间等概念，将一些边缘化的史学家纳入研究视野，认为这些“边缘知识分子”的存在，正好为解决近代思想与学术史分析框架中很多复杂的问题，提供了一个更合理更深刻的解释。在社会史之外的学术史与思想史之间需要重建一个诠释关系，因为知识变化常常是思想异动的发生背景和支持资源。他说：“当我们的思想史习惯地依照某种政治史理路描述19世纪思想变化时，虽然也大多谈论今文经学中注重微言大义的新取向，但似乎很少关心以历史考据文献诠释为中心的旧学问，可是，据说在乾嘉时代曾经席卷士人的考据学，何以一下子就变成旧学而被新知取代呢？这种新、旧切开的历史叙述，以致从乾嘉到道咸以后，无论是学术还是思想史，似乎总有些接不上榫连不上线。”①

胡逢祥、瞿林东等人早在21世纪之初，就针对中国近代史学史研究出现的新现象，表示过自己的看法②，在这时的近代史学史研究范式讨论中，他们同样没有缺席。胡逢祥提出：20世纪90年代后期近代史学史研究者视野的拓宽，使60年代形成的“以史学思想、史料学和编纂学为基本内容，而以前者为核心的研究范式”日显局促；“近十多年来研究中出现的一些新视角、新专题和新方法，更使这种旧范式与新实践之间的差距拉大，因而亟须对之作出一种理论上的回应，在认真总结60年代以来史学史研究实践的基础上，对学科研究的理论和方法展开进一步讨论，改进并建立起更为合理的研究范式，以引导和促进今后的史学史研究”。在研究内容上，他认为要增加对“史学运行制度”、“史学与社会公众互动”

① 葛兆光：《重绘近代思想、社会与学术地图——评罗志田〈权势转移：近代中国的思想、社会与学术〉》，《历史研究》2001年第1期。

② 参见瞿林东《近五十年来中国史学史研究的进展》，《史学月刊》2003年第10期；胡逢祥《历史学的自省：从经验到理性的转折——略评20世纪上半叶我国的史学史研究》，《华东师范大学学报》2004年第1期。

层面的研究。[1] 瞿林东则认为，改革开放“三十多年来，中国史学史研究取得了可观的成就。一般说来，对于某一史家的某种史书的思想、体裁体例、价值与局限等问题的研究，已成为广泛使用的模式……需要在继续运用这一模式的过程中，探索新的研究路向，进而提升中国史学史研究的水准”。他从相关研究内容和研究方法的角度思考，提出要重视“理论研究、专题研究和比较研究等问题”，以“推动中国史学史研究于传承中有所发展和创新”。[2] 还有人主张转换研究视角，“用史学范型观照传统史学的发展历程”，“用国家与社会关系视角观照史学史”[3]；有人主张拓展视野，把中国史学史放到国际中国史学、东西方史学研究和交流的大环境中考察，从历史的纵向考察和横向的比较中探寻研究的新方向[4]。

不可否认，受后现代主义和社会史研究热的双重影响，中国近代史学史研究也存在“碎片化”的现象，题目过于细化，学者各自为战，缺少沟通合作，以及共同关注的理论热点和热门话题，缺乏相对集中的学术讨论和争鸣。精深的个案研究是必要的，但不做整体性的研究，将直接影响对中国近代史学史的完整认识和理解。以预设理论支持宏大叙事，的确容易将复杂的历史简单化，但碎片式的研究也只能看到一个个零散的故事。我们研究中国近代史学史不是为了自娱自乐，而是为了通过对史学发展的了解，更好地认识历史，把握今天，预见未来。人类的认识规律告诉我们，尽管不必将某些宏大叙事框架视为无可置疑的“科学”，但理解历史需要借助这样的叙事框架。因此，在近年出现的新叙事、新视角、新方法等研究日益多元化、多样性、跨学科、模糊专门史之间的界线等趋向的基础上，如何从整体上把握中国近代史学史的逻辑线索和体系，是当下迫切需要讨论的问题，也是重新书写中国近代史学史的需要。我们应当有意识地重新认识和建构近代史学史学科本身的逻辑体系。或许这类体系还会随着认识能力的提升和研究理念的更新不断重构，但这是一个自然过程，即史学史学科发展的必然经历。

① 胡逢祥：《关于改进中国史学史研究范式之我见》，《史学月刊》2012 年第 8 期。
② 瞿林东：《试论中国史学史研究的新路向》，《天津社会科学》2012 年第 1 期。
③ 钱茂伟：《中国史学史研究视角的转换》，《学术月刊》2012 年第 1 期。
④ 参见朱政惠《中国史学史研究的国际视野》，《学术月刊》2012 年第 1 期。

第十章
中外关系史*

近代中外关系史研究60多年来的发展过程，如同中国近代史研究的其他领域一样，与中华人民共和国的政治发展进程密切相关：一方面，政治形势的发展为近代中外关系史的研究提出命题，并提供相应适宜的环境，而研究结果也大致反映了这一时期社会对某一问题的认识；另一方面，近代中外关系史的研究又在一定程度上影响着社会的认识，对人们正确认识外部世界也发挥着积极影响，这在最近30年来的改革开放时期尤其如此。因此，与中华人民共和国的发展史划分大致同步，60年来近代中外关系史研究的发展过程显然也可分为两个阶段，即以1978年为界，分为1949年到“文化大革命”结束的30年和改革开放以来的30年。

第一节　发展概况

在中华人民共和国成立后相当长的一段时期内，近代中外关系史的研究以帝国主义侵华史为主要内容。出现这一现象，主要有两个方面的原因：第一，近代以来，积贫积弱的中国不断遭受列强的侵略，帝国主义侵华客观上构成了中外关系史的一个重要内容。因此，研究帝国主义侵华史

---

* 本文的探讨是建立在《五十年来的中国近代史研究》一书所载“中外关系史”一章基础上的，原章节由王建朗、郦永庆两位研究员执笔，本章节在撰写过程中得到王建朗研究员指导和支持，在原有章节内容的基础上进行了扩充，增加了近10年来的新出版著作。出于对后学的抬爱，王建朗研究员坚持不再在本文中署名。

是学科本身的必然要求。第二，在东西方冷战的大背景下，教育人民正确认识历史，认清帝国主义本质便成了历史学家的一个重要任务。因此，研究帝国主义侵华史也是社会和国家发展提出的要求。

这一时期出版的较有影响的综合性著作有胡绳著《帝国主义与中国政治》(生活·读书·新知三联书店1950年版)，丁名楠、余绳武、张振鹍等人著《帝国主义侵华史》第1卷(科学出版社1958年版)。《帝国主义与中国政治》抓住帝国主义侵略中国、反对中国独立和反对中国发展资本主义这一主线，论述了鸦片战争后80多年间民族矛盾和阶级矛盾的发展和变化。《帝国主义侵华史》对1840—1895年间帝国主义的入侵、中国半封建半殖民地社会的形成等重大问题进行了认真的探讨。该书集众专家之力，无论在史实考证、史事叙述还是在总体框架方面都具有学术著作的规范。在此后面世的有关中外关系史专著中，我们仍能看到这一著作的影响。此外，胡滨的《十九世纪末叶帝国主义争夺中国权益史》(生活·读书·新知三联书店1957年版)有力地揭露了甲午战后帝国主义在瓜分中国的浪潮中既勾结又争夺的情况。

在对各帝国主义国家侵华活动的研究中，20世纪50年代着力最多的当是美国侵华史，这多半因为美国是当时与中国最为敌对的国家。其中最有影响的为刘大年的《美国侵华史》(人民出版社1951年版)和卿汝楫的两卷本《美国侵华史》(生活·读书·新知三联书店1952、1956年版)。这两种著作主要从政治史角度揭露美国的侵华活动，而钦本立的《美国经济侵华史》(世界知识出版社1954年版)则从经济史角度揭露了美国的侵华活动。

基于同样的背景，50年代的中苏关系研究则以宣传中苏友好为主旨，出版了曹锡珍的《中苏外交史》(上海世界知识出版社1951年版)和彭明的《中苏友谊简史》(中国青年出版社1955年版)等专著。在特定历史条件的限制下，这一时期的论著只讲苏联对华援助和友谊，不谈苏联对中国的伤害，也不提沙皇俄国对中国的侵略。60年代中后期，由于中苏关系急剧恶化，有关沙俄侵华史的研究迅速升温。中国社会科学院近代史研究所集体撰写的《沙俄侵华史》(共4卷，至1978年出版两卷，人民出版社1976、1978年版)，详细地叙述了沙俄对中国的军事、政治和经济侵略。此外，比较有影响的著作还有复旦大学历史系的《沙俄侵华史》(上海人民出版让1975年版)和吉林师范大学历史系的《沙俄侵华史简编》(吉林人民出版社 1976 年版）等。

但对于长期扮演列强领头羊角色的英国以及侵华最烈的日本，却缺乏系统的研究，对它们的研究主要集中于两次鸦片战争和甲午战争。这一时期先后出版了鲍正鹄《鸦片战争》（上海新知识出版社 1954 年版）、魏建猷《第二次鸦片战争》（上海人民出版社 1955 年版）、蒋孟引《第二次鸦片战争》（生活·读书·新知三联书店 1965 年版）、贾逸君《甲午中日战争》（新知识出版社 1955 年版）、陈联芳《朝鲜问题与甲午战争》（生活·读书·新知三联书店 1959 年版）、戚其章《中日甲午威海海战》（山东人民出版社 1962 年版）等专著。对其他国家的研究则更为薄弱。

与帝国主义侵华史相呼应的是中国反侵略斗争史。在这方面较有影响的主要有陈锡祺《广东三元里人民的抗英斗争》（广东人民出版社 1956 年版），李时岳《近代中国反洋教运动》（人民出版社 1958 年版），周明绮《1905 年的反美爱国运动》（中华书局 1962 年版）等。

这一时期近代中外关系史研究所取得的成就具有开创性的意义。研究者运用马克思列宁主义的基本理论，突破了 1949 年前外交史研究的旧框框，建立了新的以马克思列宁主义为指导的学科体系。这一时期的研究涉及近代中外关系的若干重大事件，勾画出了近代中外关系发展的基本线索，搭建了学科的基本框架，为学科的进一步发展奠定了基础。

毋庸讳言，这一时期的研究不可避免地受到当时中国政治进程中不时占据主导地位的“左”的思想的影响。中外关系发展的丰富而复杂的内容基本上被侵略和反侵略模式所涵盖。除此以外的许多方面，无法进入研究者的视野。而且，即便是关于帝国主义侵华史的研究，也受到政治风潮的冲击。如《帝国主义侵华史》第 1 卷出版后，便有人指责该书犯了方向性错误，声称解放了的中国人民需要的是“扬眉吐气史”，而不是“挨打受气史”。于是，研究组被撤销。以致到 20 多年后，该书第 2 卷才得以与读者见面。

给近代中外关系史研究带来勃勃生机的是 1978 年后新时期的改革开放。它既向研究者提出了如何全面认识外部世界的课题，也创造了一个大为宽松的学术环境。同时，随着中国社会的全面对外开放，中外文化交流获得了极大发展，中国学者能够直接了解西方社会，从而大大地开拓了视野。中外关系史学科由此出现了繁荣景象。

这一时期，出现了多种近代中外关系史的综合性著作。除前述《帝国主义侵华史》第2卷（人民出版社1986年版）和《沙俄侵华史》第3、4卷（人民出版社1981、1990年版）陆续出版外，一批以中外关系史或外交史冠名的通史性著作也纷纷面世。叙述清末到1919年间（个别的到1911年或1949年）中外关系史的著作有刘培华《近代中外关系史》（北京大学出版社1986年版），顾明义《中国近代外交史略》（吉林文史出版社1987年版），王绍坊《中国外交史（鸦片战争至辛亥革命时期）》（河南人民出版社1988年版），杨公素《晚清外交史》（北京大学出版社1991年版），赵佳楹《中国近代外交史》（山西高校联合出版社1994年版），唐培吉主编《中国近现代对外关系史》（高等教育出版社1994年版）等。这些著作对清末民初近代中外关系史上的重大事件进行了比较系统的清理和阐述。这些外交通史性著作有一个共同的特点，即它们都无一例外地是在高校教学讲义的基础上修改而成的。进入21世纪以来，又陆续出版有赵佳楹《中国现代外交史》（世界知识出版社2005年版）、黄凤志主编《中国近代外交史（1840—1949）》（吉林大学出版社2005年版）、熊志勇《中国近现代外交史》（世界知识出版社2005年版）等。

相对来说，民国时期外交史的研究是一个比较新兴的领域。其综合性专著的出版普遍晚于研究清末的专著，大抵都在20世纪90年代。其中，比较有影响的有吴东之主编《中国外交史（中华民国时期）》（河南人民出版社1990年版），宗成康主编《百年中国对外关系（1840—1949）》（南京大学出版社1993年版），唐培吉主编《中国近现代对外关系史》（高等教育出版社1994年版），石源华《中华民国外交史》（上海人民出版社1994年版）、《近代中国周边外交史论》（上海辞书出版社2006年版），杨公素《中华民国外交简史》（商务印书馆1997年版）以及程道德主编的《近代中国外交与国际法》（现代出版社1993年版），等等。吴东之著与石源华著是新中国成立以来第一批以“中华民国外交史”为研究对象的专著。这些著作在研究体系的建构、史实的准确叙述方面对于外交史学科的成长具有重要意义。

由于研究者所掌握外语语种及个人精力的限制，更大量的研究，也可以说更为深入的研究是按国别而分类进行的。中美关系、中日关系、中苏关系、中英关系、中德关系、中葡关系、中韩关系皆有不少成果面世。如陶文钊著《中美关系史（1911—1950）》（重庆出版社1993年版）、项立岭著《中美关系史全编》（华东师范大学出版社2002年版）、熊志勇著

《百年中美关系》（世界知识出版社 2006 年版）、张振鹍等著《日本侵华七十年史》（中国社会科学出版社 1992 年版）、向青等著《苏联与中国革命》（中央编译出版社 1994 年版）、田保国著《民国时期中苏关系（1917—1949）》（济南出版社 1999 年版）、沈志华等著《中苏关系史纲（1911—1991）》（新华出版社 2007 年版）、薛衔天等著《民国时期中苏关系史（1917—1949）》（中共党史出版社 2009 年版）、黄鸿钊著《中英关系史》（香港开明书店 1994 年版）、萨本仁和潘兴明著《20 世纪的中英关系》（上海人民出版社 1996 年版）、王为民主编《百年中英关系》（世界知识出版社 2002 年版）、吴景平著《从胶澳被占到科尔访华：中德关系（1861—1992）》（福建人民出版社 1993 年版）、马振犊等著《友乎？敌乎？德国与中国抗战》（广西人民出版社 1997 年版）、黄庆华著《中葡关系史（1513—1999）》（黄山书社 2005 年版）、石源华著《韩国独立运动与中国（1919—1945）》（上海人民出版社 1995 年版）等。

第二节　专题论述

一　外交理论与体系

通史性著作是一个学科基础理论和体系的代表，在中华人民共和国成立后的相当时期内，帝国主义侵华史构成了近代中外关系史研究的主要内容，与其相对应的是中国人民的反侵略斗争史。此时期的研究者运用马克思列宁主义的基本理论，突破了旧外交史研究的框架，建立了新的学科体系，而其指导思想则是马克思列宁主义。近代中外关系史研究的基本线索在此一时期亦已勾画出来，但此时尚未专门就近代中国外交的理论和体系单独提出来加以研究。[①] 改革开放后，近代中外关系史研究进入一个新的发展阶段，出现了一批通史性著作和双边关系史的专著，尤其是民国时期的外交史渐受重视。近代中外关系史的研究的整体推进，为研究近代的外交理论和体系提供了良好的基础。

在不平等条约体系主导中国近代外交之前，朝贡体系最能代表传统中国的对外交往体制。朝贡体系其实是传统中国对外交往体制的概念化抽

---

① 此时出现了一批具有代表性的著作，具体情况请参见《五十年来的中国近代史研究》，第 251—255 页。

象，自费正清提出朝贡体系以来，学界虽有人对其提出不同见解，但均未成系统。在学界已知的朝贡体系和不平等条约体系之外，有学者提出了新的概念——中华秩序原理，并以之来研究中国与暹罗之间的建交交涉。研究者指出，中国与暹罗之间的建交谈判之所以破裂，根本原因在于暹罗在接受西方的国际法后，开始废弃中华世界秩序原理，并因追求中暹平等地位，造成东西国际秩序原理的冲突。①

21世纪第一年，学者们更加关注中国外交近代化的进程。有学者指出，起源于西欧的近代国际体系与以中国为中心的东亚传统国际秩序之间发生过激烈冲突，第二次鸦片战争后，中西双方都试着开始调整政策，中国逐渐加入近代国际体系，晚清官员在逐渐认知和接受西方国家的外交观念上存在一个渐进的过程，对国际法的接纳是中国外交近代化的一个重要因素。②

近代外交体系的转型研究渐受重视。有研究指出，虽然还有若干重大细节需要深入探究，但大体上可以认定近代中国的外交转型起步于鸦片战争后，完成于民国北京政府时期。③ 在认识传统中国的对外观念方面，有研究者认为，近代中国人的对韩认识往往面临情感和思想的困境，体现了近代中国他者认识与自我认识的相关性，也对中国近代民族主义的形成具有一定的影响。④

在国与国之间的交往中，条约是必须遵守的，但晚清政府面临的是悖于平等交往权的不平等条约，这样的一种特殊情形给清政府提出了一个是否遵守条约的历史难题。在不同的时期，清政府在遵守条约问题上呈现出不同的特点。虽然在两次鸦片战争期间曾有过摆脱条约束缚的尝试，但最终确立了遵守条约的主体意识，并以之约束清朝官吏。⑤

在进入近代社会之前，中国与西方有着完全不同的外交观念和外交制度。鸦片战争后，在中西交涉中，不同的外交观念和外交制度便成为冲突

---

① 参见张启雄《东西国际秩序原理的冲突——清末民初中暹建交的名分交涉》，《历史研究》2007年第1期。

② 参见计秋枫《中国加入近代国际体系的历程》，《南京大学学报》2001年第6期；王开玺《史学月刊》2001年第2期；田涛《国际法输入与晚清中国》，济南出版社2001年版。

③ 参见李兆祥《近代中国的外交转型研究》，中国社会科学出版社2008年版。

④ 参见王元周《认识他者与反观自我：近代中国人的韩国认识》，《近代史研究》2007年第2期。

⑤ 参见李育民《论清政府的信守条约方针及其变化》，《近代史研究》2004年第2期。

与融合的焦点。中国近代外交观念和外交制度在这种冲突与融合的旋涡中发生、发展并呈现出不断演变的过度特征。不了解这一切，就很难搞清近代中外关系中一些重大问题的起因，如鸦片战争前的中西“礼仪之争”、鸦片战争期间清政府的“剿抚”摇摆、第二次鸦片战争时期的“公使驻京”问题，以及涉及中国藩属越南和朝鲜的中法战争和中日甲午战争。但史学界关于外交思想演变的研究很不够，有关外交制度的研究取得了一定的进展，已经出版的专著有钱实甫的《清代的外交机关》（生活·读书·新知三联书店 1959 年版）、王立诚的《中国近代外交制度史》（甘肃人民出版社 1992 年版）和高伟浓的《走向近世的中国与朝贡国关系》（广东高等教育出版社 1993 年版）。王立诚将中国近代外交制度分为四个时期加以论述，即中西外交制度的冲突时期、试图沟通两种不同文化的洋务外交体制时期、积极适应现实的外交制度的改革时期和符合国际外交通例的外交体制形成时期。

二　不平等条约

1. 不平等条约研究中的理论与概念。不平等条约研究是一个传统的课题，得益于国际法理论的引入和实证性研究的开展，该领域的研究取得较大进展。经过前代学者努力，就条约收罗与编撰而言，虽然未能全部结集成册，但重大条约基本上未有遗漏。不可否认，尚有部分约章，由于种种原因，并未能为现有条约集所收录。在众多条约汇编中，最广为引用的当为王铁崖编《中外旧约章汇编》全三册，该汇编由生活·读书·新知三联书店出版，第 1 版的出版年份分别是 1957、1959 和 1962 年，1982 年三联书店把该汇编重新出版，目前所用的版本基本上都是 1982 年的重印本。在这里还有一本辞典必须提及，即《中国对外条约辞典（1689—1949）》[①]。该辞典在《中外旧约章汇编》的基础上，把中外“条约”的数目增加到 1356 个。虽然该辞典收集的“条约”在数目上超过了《中外旧约章汇编》，但并没有列出所增加“条约”的出处，且所给条约仅仅是部分条文的摘要，并无整体内容。

中华人民共和国诞生以来，不论是在国际法学界还是史学界，对条约

---

① 朱寰、王恒伟主编：《中国对外条约辞典（1689—1949）》，吉林教育出版社 1994 年版。该书的条约年代索引中列出了条约的数目。

概念的认识均经历了一个发展过程。国际法学界所经历的过程与史学界存在明显的区别，前者是为了适应不断变化的国际形势而相应作出的调整，后者主要是在具体运用概念过程中所存在的认识分歧。新中国成立以来，出于研究帝国主义侵华的需要，史学界更多关注的是涉外文件是否构成了侵略，而不太关注文件是否具有条约性质的甄别。这种对条约定义的模糊认识，导致大家对近代中国条约数量、不平等条约数量的认识始终未能达成一致。

新中国成立初期至20世纪90年代，关于条约定义的讨论并未引起重视。由于不平等条约确为帝国主义侵华的主要内容与载体，因此，研究帝国主义侵华必须涉及条约问题。虽然此期间对帝国主义侵华的研究并未中断，甚至一度成为中外关系史研究的主要内容，但是并未对条约概念问题展开认真讨论。在这样一个基础性问题上，大家似乎都有一个确定的标准，具体是什么，却又语焉不详。这一状况一直持续到90年代讨论不平等条约的数目时才有所改变。

进入21世纪以来，随着不平等条约研究的深入进展，学界开始在理论方面探讨什么是不平等条约这样一个耳熟能详的概念。关于不平等条约的数目，一直流传着1100多个的说法，并为国务院新闻办公室1991年的《中国的人权状况》白皮书采用。有学者指出，这是对《中外旧约章汇编》的错误理解。首先，该书所收入的1100多个文件并非都是条约；其次，该书所收条约也并不都是不平等条约。因此，1100多个不平等条约的数目是不能成立的。①

数目不一，根本在于评判标准的模糊，缺少一个为大家所接受的客观评判原则。新近的研究成果提出，评判一个条约是否平等，有总的标准：一是缔结形式和程序是否平等；二是条约内容是否对等，是否损害了中国的主权。约文是否对等，条约的内容是否侵害了中国的主权，是条约形式和实质上平等与否的主要根据，舍此之外，不应该有别的标准。在上述理论的指导下，新近的统计数字认为，近代中国订立有343个不平等条约，不平等条约国有23个。但由于种种客观条件的限制，该统计数字并不是最终的结果，而只是鉴于王铁崖《中外旧约章汇编》所得出的一个阶段性

① 参见张振鹍《论不平等条约——兼析〈中外旧约章汇编〉》，《近代史研究》1993年第2期。

成果。①

不平等条约特权。中国的不平等条约特权始于中英《南京条约》，对《南京条约》的详细解读是全面认识近代中国不平等条约特权的基础。② 治外法权是不平等条约特权中危害较大的一种，学界对其研究已经较为系统而全面，但近来的研究开始追溯其产生的渊源。早在鸦片战争前的1833年，英国就试图建立具有治外法权性质的法庭，1839年在未经清政府同意的情形下，义律擅自宣布成立领事法庭，鸦片战争后，英国最终通过不平等条约获得该项特权。③

治外法权的收回历程也有新的研究进展。有学者指出，由于治外法权的种种弊端与危害，中外双方都有修改它的意图，但英国于第二次鸦片战争后提出的“混合法庭”方案未被接受。甲午战争和八国联军之役，激起了收回领事裁判权的强烈要求，虽然清政府明确提出了这一问题，并采取了改革司法法律制度的实质性行动，但陷入了不易解套的困境。④

2. 废约研究。关于不平等条约废除历程的研究近十年来取得了较大进展，现有研究已经为废约过程勾勒出一条清晰主线，主要的废约细节也均有阐述。王建朗的《中国废除不平等条约的历程》（江西人民出版社2000年版）首先提出了“废约”这样一个极具学术价值的问题，并在诸多方面提出自己的见解，为该研究搭起了一个具体而严密的框架。李育民的《中国废约史》（中华书局2006年版）则将废约这一课题推向深入，考察了中国共产党及其他政治派别对废约的贡献。

21世纪以来，废约研究向精细化方向发展，更加注重个案研究，在关注政府废约的同时，也关注到个人及在野党派对废约运动的贡献。新近的研究指出，晚清第一任驻外公使何如璋已经明确认识到关税自主和治外法权是不平等条约的主要部分。⑤ 整体而言，北京政府时期的废约案例仍然

① 参见侯中军《近代中国不平等条约数目与评判标准的探讨》，《历史研究》2009年第2期。

② 参见郭卫东《转折——以早期中英关系和〈南京条约〉为考察中心》，河北人民出版社2003年。

③ 参见吴义雄《鸦片战争前英国在华治外法权之酝酿与尝试》，《历史研究》2006年第4期。

④ 参见李育民《晚清改进、收回领事裁判权的谋划及努力》，《近代史研究》2009年第1期。

⑤ 参见戴东阳《日本修改条约交涉与何如璋的条约认识》，《近代史研究》2004年第6期。

吸引研究者的目光，在中俄旧约废止问题上，北京政府坚持先废止旧约，再签订修约，而苏俄政府则要求订立新约后再废止旧约，最后双方妥协：新约未订立前，旧约概不施行。① 从晚清开始的废约运动，历经民族主义运动的高涨，最终由南京国民政府完成了废约的最后一个环节。学界已经形成的共识是，中国废除不平等条约的成功不是某个政府和运动的单独成果，而是合力的作用，这其中当然也有中国共产党对废除不平等条约的贡献。② 也有学者对北洋时期的废约提出质疑，认为北洋时期主要是修约，人们基于革命正统的角度往往忽视了修约的成果。③

三　晚清外交研究

1. 第一次鸦片战争及近代中外不平等关系的开端。鸦片战争的原因和起源一直是学界关注的焦点，在注重原始资料的前提下，对战争爆发原因及过程都有新的认识和发现。关于鸦片战争爆发原因，一直存在着为保护对华鸦片贸易和为开展对华自由贸易两种观点。中外学者一般分持前后不同看法。20 世纪 90 年代，有学者提出这两种因素兼而有之的双重动因说，并指出前者是一段时间内起重大作用的直接因素，后者则是长远起作用的根本因素，是基本动因。④ 近年来的研究主要集中于对影响战争的人及舆论方面的研究。如来华西人及其群体的研究，以期说明战争爆发前各种因素的交互作用。研究者注意到了来华西人群体为维护自身利益而采取的各种行动，包括成立广州外侨总商会和酝酿对华动武的舆论。作为英国商人战前成立的组织，广州外侨总商会卷入了中英双方的交涉，并产生了一定影响。⑤

学界注意到对华战争舆论的形成与酝酿，并探讨这种舆论对英国发动战争的影响。最新的研究成果认为，对华动武的舆论并非一蹴而就，而是有一个长期的发展过程。随着 1830 年前后中英冲突的演进，来华西人群体对广州贸易体制愈益不满，逐渐产生了对华武力强制的舆论。律劳卑事

---

① 参见唐启华《1924 年〈中俄协定〉与旧约废止问题——以〈密件议定书〉为中心的探讨》，《近代史研究》2006 年第 3 期。

② 参见王建朗《中国废除不平等条约的历程》、李育民《中国废约史》。

③ 参见唐启华《被废除不平等条约遮蔽的北洋修约史》，社会科学文献出版社 2010 年版。

④ 参见刘存宽《试论英国发动鸦片战争的双重动因》，《近代史研究》1998 年第 4 期。

⑤ 参见吴义雄《广州外侨总商会与鸦片战争前夕的中英交涉》，《近代史研究》2004 年第 2 期。

件后，这种主张逐渐发展为对华战争舆论，并在广州的英文报刊上引发争论，但到兴泰行商欠案发生后，西人普遍不满广东当局的解决方式，对华战争成为一致主张。①

在论及清政府对待鸦片贸易的态度时，很长时期内一直认为有严禁派和弛禁派之分。20 世纪 80 年代中期，一些学者提出不同意见，认为道光皇帝一直是主张严禁鸦片的；清政府内只有禁烟策略之别，而无弛禁派和严禁派之分；统治集团中也不存在一个鸦片利益集团。② 同样，在论及清政府对待英国侵略的态度时，以往都将它与抵抗派同投降派之间的斗争相联系。现在一些学者注意到，不少鸦片战争前期主剿的“英雄”，后期都变成了高唱主和的头面人物。他们都认为不应简单地把主张和谈视为投降，并以此划分抵抗派和投降派。③

鸦片贸易是鸦片战争的导火索，然而学界对战前鸦片贸易的数量一直未能有准确的统计，有研究者指出，由于肮脏的鸦片贸易所具有的秘密特征，完全准确、完整无缺的统计是不可能的，但并非不能得出大致的数值。鸦片战争前 18 年间，平均每年有 1 万多箱鸦片输入和 1000 多万两白银被掠夺，这一数字虽不如以前所认识的那样庞大，但足以揭示鸦片贩子及其背后利益集团的掠夺本性。这样一种更加符合历史事实的估计，无疑将促进我们对鸦片贸易的客观认识。④

1841 年 1 月，英军在强占香港时曾宣称，中英之间已订立割让香港的川鼻草约。中外史学界曾长期沿袭这一说法。在 20 世纪 80 年代，有研究者通过考证指出，所谓“川鼻草约”，是英国单方面制定的条文，琦善并未在该草约上签字。英军是在没有条约依据的情况下强占香港的，后来通过《南京条约》确认了抢夺的成果。⑤

鸦片战争后，中西之间的交往更多地体现了朝贡体系与近代国际法体系之间的碰撞。朝贡体系作为中国固有的对外交往机制，在许多方面与近

① 参见吴义雄《鸦片战争前在华西人与对华战争舆论的形成》，《近代史研究》2009 年第 2 期。

② 参见郦永庆《有关禁烟问题的几点新认识》，《历史档案》1985 年第 3 期；林敦奎、孔祥吉《鸦片战争前期统治阶级内部斗争新探》，《近代史研究》1986 年第 3 期。

③ 参见郦永庆《从档案看鸦片战争时期清政府的对外政策》，《历史研究》1990 年第 2 期；茅海建《天朝的崩溃》第 3 章。

④ 参见吴义雄《鸦片战争前的鸦片贸易再研究》，《近代史研究》2002 年第 2 期。

⑤ 参见胡思庸、郑永福《川鼻草约考略》，《光明日报》1983 年 2 月 2 日。

代国际法体系相凿枘，甚至连互相交往的外交文书都难以达成一致意见。中西交往体制冲突并非开始于鸦片战争之后，其实在鸦片战争前就已经发生碰撞。中英双方均曾希望获得制定交往原则的权力，1834 年的律劳卑事件体现了双方的这种争夺，但义律为打破僵局，1837 年擅自向清政府和广东地方让步，实现了以英国官员身份驻省的计划。①

2. 第二次鸦片战争及不平等条约体系的形成和发展。学界对第二次鸦片战争时期中外关系的研究相对分散，与第一次鸦片战争相比其研究基础相对薄弱。20 世纪 90 年代，有研究者对于法国为何参与战争，在战争中扮演的角色，以及英法之间的关系展开探讨，认为法国参与第二次鸦片战争的原因是多方面的，既有国内因素，也有国际因素，既有政治动机，也有经济考虑，以及外交政策的自身延续性。法国虽然在军事上积极配合英军，但在外交上则与英国展开激烈竞争，力图分享英国在远东的利益。②

随着对俄国档案的深入解读，第二次鸦片战争时期的中俄关系也有研究涉及。有研究者指出，俄国虽然不是战争的直接参加者，但其较英法两国更早地获得了条约特权，并割占中国大片领土。耆英在对外交涉中由起用到弃用，其背后是晚清外交的弱势与不可为。有研究者认为，耆英复出后通过俄罗斯馆大司祭巴拉第与俄国顺利建立了联系，但为了取得俄国"调停"许诺，却轻率答应提前签订不平等的中俄《天津条约》，这导致了其获罪并自尽的结果。③

以往认为，清政府丧失海关行政职能，主要是外人的故意纵容与破坏，但这并非全是事实。有研究者指出，英国曾经帮助缉私，试图建立"公平"的海关贸易，此举未能奏效后，才试图单方面建立海关法治。清政府未能顺应时势，把海关行政职能拱手让与外人。④ 清政府在丢掉香港后，也曾试图恢复海关权力，以期挽回经济利益。1868 年，清政府为打击鸦片走私曾对香港进行了为期多年的封锁，但却最终以牺牲国家主权换回有限的经济利益。⑤

① 参见吴义雄《权利与体制：义律与 1834—1839 年的中英关系》，《历史研究》2007 年第 1 期。

② 参见葛夫平《法国与第二次鸦片战争》，《近代史研究》1997 年第 1 期。

③ 参见陈开科《耆英与第二次鸦片战争中的中俄交涉》，《近代史研究》2009 年第 4 期。

④ 参见王立诚《英国与近代中外贸易"法治"的建立》，《历史研究》2001 年第 2 期。

⑤ 参见陈新文《"封锁香港"问题研究（1868—1886)》，《近代史研究》2003 年第 1 期。

关于不平等条约的发展，比较一致的看法是：第二次鸦片战争后中国与英、美、法、俄订立的《天津条约》和《北京条约》，极大地扩充了列强在华特权，不平等条约由此而初步形成体系。甲午战争后的《马关条约》使日本得到西方列强在华已有的一切特权。该条约还反映出列强向中国输出资本的要求，成为外国资本主义侵略转向帝国主义侵略的一个重要标志。此后不久便出现了列强近乎要瓜分中国的一系列不平等条约。义和团运动失败后的《辛丑和约》则使不平等条约体系完整化，标志着帝国主义在华半殖民地统治的确立。①

随着研究的深入，学者们发现，在列强所获得的特权中，竟有清政府官员主动出让的。究其原因，是由于长期闭关锁国，清政府对若干近代国家主权概念茫然无知，以至丧失国家重大利权而不自觉。如领事裁判权的出让，初意只是想把涉外案件中的麻烦推给外人，以减少中外司法纠纷。而片面最惠国待遇的给予，除了显示恩惠公平赐予的“天朝”心态外，希望列强因此互相牵制也是一个重要原因。②

3. 日本侵华政策的缘起与发展。1874 年日本侵台，但未能实现武力征服，中日双方在妥协的基础上达成了《北京专条》。以往的研究总是把注意力放在“丢失琉球”和赔款问题上，20 世纪 90 年代，有学者对此做出更为精确的研究，指出中日这场斗争所要解决的根本问题是：台湾特别是台湾东部地区是不是中国的领土？日本以征伐“无主之地”的名义出兵，并在交涉中反复重申这一观点，清政府对此屡加驳斥。最后日本不得不在专条中确认了中国对台湾的主权，英、美等国外交代表也明确表态承认台湾为中国领土。中国在台湾的主权问题由此而得到澄清。③

以往认为，专条默认了日本对琉球的主权。有学者指出，这是对条文的错误理解。清政府在交涉中一直不承认琉球船民为日本国属民，条约中的“日本国属民”并非指琉球船民，而是确指在台湾遭劫的日本人，不能

---

① 参见张振鹍《论不平等条约——兼析〈中外旧约章汇编〉》，《近代史研究》1993 年第 2 期；李育民《近代中国的条约制度》绪论。

② 参见茅海建《天朝的崩溃》第 7 章；郭卫东《近代中国利权丧失的另一种因由——领事裁判权在华确立过程研究》（《近代史研究》1997 年第 2 期）、《片面最惠国待遇在近代中国的确立》（《近代史研究》1996 年第 1 期）。

③ 参见张振鹍《关于中国在台湾主权的一场严重斗争》，载中国史学会、台湾研究会编《台湾史研究论集》，华艺出版社 1994 年版。

从专条中得出清政府承认日本拥有琉球主权的结论。[①] 但必须承认清政府在琉球问题上的外交并不成功，新近的研究不但注重对清政府自身政策的分析，亦关注到日本的立场。有研究者指出，甲申事变前后黎庶昌的琉球案交涉，早期有声有色，后期则只是提出书面策略，这与日本立场渐趋强势有关。[②]

日本的大陆政策是贯穿近代日本对外关系史的一条主线，中国是这一政策的最主要的受害者。关于日本大陆政策形成的时间，有人认为形成于明治初年，明治天皇“开拓万里波涛，布国威于四方”的“御笔信”，定下了对外扩张的基调，同时计划分五步实施，即陆续征服台湾、朝鲜、满蒙、全中国、全世界。[③] 另一种观点认为，大陆政策形成于山县有朋内阁时期，其标志是1890年山县有朋的《施政方略》提出了“主权线”和“利益线”问题，这是日本对外扩张的基本理论。[④]

朝鲜问题是中日之间另外一个外交议题，出于传统宗藩关系的考虑，中国力图保持朝鲜的独立自主地位，并尽力帮助朝鲜适应转变的国际形势。争取朝鲜则是日本既定侵略政策，在甲午战争的前十年，中日之间围绕朝鲜的电信权就已经展开争夺，清政府对朝鲜采用了传统的宗属外交与近代条约外交相结合的灵活外交政策；日本对中国采用了暂时放弃争夺朝鲜电信线的架设权和管理权，将获取通信手段放在首位的实用主义外交。[⑤]

甲午战争是日本侵华史上的重要里程碑，新兴的日本终于打败了腐朽的老大帝国，一跃成为对中国威胁最大的侵略国家。因此，甲午战争一直是研究19世纪中日关系的最大热点。改革开放后陆续出版的专著有戚其章的《甲午战争史》（人民出版社1990年版）和《甲午战争国际关系史》（人民出版社1994年版），孙克复、关捷的《甲午中日海战史》（黑龙江人民出版社1981、1984年版）等。学者们对甲午战争的起因、进程及其战败对中国的影响以及欧美各国的干预均有充分研究。进入21世纪以来，

---

① 参见陈在正《1874年中日〈北京专条〉辨析》，载中国史学会、台湾研究会编《台湾史研究论集》。

② 参见戴东阳《甲申事变前后黎庶昌的琉球策略》，《历史研究》2007年第2期。

③ 参见万峰《日本近代史》第7章，中国社会科学出版社1978年版。

④ 参见米庆余《近代日本大陆政策的起源及其形成时期的特征》，载中国日本史学会编《日本史论文集》，辽宁人民出版社1985年版。

⑤ 参见郭海燕《从朝鲜电信线问题看甲午战争前的中日关系》，《近代史研究》2008年第1期。

关于甲午战争的爆发原因又有了新的研究成果。通过分析金玉均被刺前后中日两国的外交活动，指出并无证据表明中国驻日使团及李鸿章父子预先参与了暗杀金玉均的活动，日本出兵朝鲜及挑起中日甲午战争与金玉均被刺并无关联。[①]

内地对甲午战争的研究虽然数量众多，但一直缺乏国际法视野下系统研究甲午战争的专著，由于内地以前在此方面的研究过于单薄，以至于在舆论上出现受害的中国却是国际法违反者的怪论。[②] 21 世纪初年，出版了从国际法角度研究甲午战争的专著。针对日本方面的辩解，该研究从历史事实出发对日本方面的观点予以驳斥，指出日本的行动完全违背了国际法的准则。[③]

甲午战争后的中日关系出现了多重面相，在中国为摆脱日本的种种侵略的同时，还存在中日结盟的倾向。近年来，这个问题得到更多关注。新近的研究认为，甲午战争后至戊戌政变发生前夕，日本联华势力在中国展开了多方活动，其内部各支力量在华联结活动及其工作对象之间虽存在区分，但同时也有交流、协作和整合[④]；中国维新力量在呼应日本联华活动中也存在区分和异同，并逐步形成一个颇为广泛的、复杂的日中结盟的组织圈，并对戊戌政变产生影响。除此之外，有学者围绕“兴亚会”展开探讨，分析了戊戌到庚子间的中日结盟活动。[⑤]

戊戌变法是清政府在甲午战后自上而下进行的救亡图存运动，起初日本对中国的这场政治运动虽表示赞许，但很少予以实质性援助。但戊戌政变后，日本对华进行“务实”外交，不但派兵进驻北京，而且援助中国内部的实力派，在华影响逐步扩大。[⑥]

4. 反洋教斗争与义和团运动。教案或称“反洋教斗争”，持续数十年，构成了近代中外关系中不可回避的一个特殊内容。对于教案的起因，

---

① 参见戴东阳《中国驻日使团与金玉均——兼论金玉均被刺与甲午战争爆发之关系》，《近代史研究》2009 年第 4 期。

② 参见王建朗《近代中外关系史研究的新视野——读〈国际法视角下的甲午战争〉》，《抗日战争研究》2002 年第 2 期。

③ 参见戚其璋《国际法视角下的甲午战争》，人民出版社 2001 年版。

④ 参见邱涛、郑匡民《戊戌政变前的日中结盟活动》，《近代史研究》2010 年第 1 期。

⑤ 参见桑兵《“兴亚会”与戊戌庚子间的中日民间结盟》，《近代史研究》2006 年第 3 期。

⑥ 参见茅海建、郑匡民《日本政府对于戊戌变法的观察与反应》，《历史研究》2004 年第 3 期。

比较一致的看法是，这是中华民族与帝国主义之间的矛盾不断激化的产物。也有人指出，教案是各种矛盾错综交织的产物，不能只讲民族矛盾而忽视别的因素，如基督教与中国封建政教礼俗的矛盾、中西文化的差异和冲突等。① 对于反洋教斗争的性质，分歧较大。有人认为，反洋教斗争既具有反侵略的性质，也具有农民革命的性质。② 另一些人认为，参加反洋教斗争的社会力量非常广泛，而地主阶级人物往往充当倡导者。因此，不能称之为农民革命。而且，反洋教运动虽以反侵略为主流，但免不了盲目排外的举动，常常是以封建主义的文化意识去对抗资本主义的文化意识，因而，它又始终带有反进步的因素。③

同样的分歧也出现在对义和团的评价上。一些人指出，义和团盲目"杀洋仇教"，对洋人不加区别一律打击。他们反对先进科技，对一切资本主义新事物统统采取横扫的态度。④ 但另一些人认为，帝国主义要灭亡中国，是义和团排外的根本原因。义和团的排外是被压迫民族在生死存亡之际的正义反抗。帝国主义在华兴办近代企业和科技，强化了对中国的经济掠夺和政治压迫。因此，义和团反对洋物，是对帝国主义侵略政策的反抗，而不是对先进生产方式的反动。⑤ 还有研究者指出，反帝与排外是有联系但性质不同的概念，反帝应该肯定，排外带有很大的盲目性，是愚昧落后的标记。因此对排外不能苛责，也不能一味辩护。⑥

1901 年，清政府与列强订立了丧权辱国的《辛丑和约》。以往，一般以"量中华之物力，结与国之欢心"作为其后清政府的外交写照，认为它从此"彻底投降"了帝国主义。有学者考察了此后 10 年间清政府的外交，

---

① 参见覃光广、冯利《关于中国近代教案研究方法的反思》，吴金钟《近代中国教案史研究综述》，均载四川省哲学社会科学联合会等编《近代中国教案研究》，四川省社会科学院出版社 1987 年版。

② 参见牟安世《中国人民反对外国教会侵略的斗争和中国近代史的主要线索》，《社会科学研究》1985 年第 4 期；《再论中国人民反对外国教会侵略的斗争和中国近代史的主要线索》，《近代史研究》1990 年第 2 期。

③ 参见李时岳《反洋教斗争的性质及其他》，《近代史研究》1985 年第 5 期；覃光广、冯利《关于中国近代教案研究方法的反思》，《近代中国教案研究》。

④ 参见王致中《封建蒙昧主义与义和团运动》，《历史研究》1980 年第 1 期；张玉田《应当全面看待义和团运动》，《辽宁大学学报》1979 年第 1 期。

⑤ 参见朱东安、张海鹏、刘建一《应当如何看待义和团的排外主义》，《近代史研究》1981 年第 2 期；陈振江《义和团几个问题的辨析》，《历史研究》1981 年第 1 期。

⑥ 参见丁名楠《义和团运动评价中的几个问题》，载路遥编《义和团运动》，巴蜀书社 1985 年版；李侃《关于义和团运动的评价问题》，《人民日报》1980 年 4 月 10 日。

提出不同看法，指出清政府确实做了大量危害本民族利益的事，但它同帝国主义也有矛盾，有争执，甚至可以说有斗争。“彻底投降论”是带有片面性，简单化、绝对化的提法。①

5. 门户开放政策。对门户开放政策的评价是一个长期以来极具争议性的话题。旧中国的史学界曾经流行着这是美国要保护中国免遭欧洲列强瓜分的观点。这当然不能为新中国的史学界所接受。但是，评价在一段时期内又走上了另一极端。1979 年，有学者对包括门户开放政策在内的一些问题提出重新评价，认为门户开放政策包含尊重中国领土与主权完整的内容。它宣布于中国被瓜分之祸迫在眉睫之时，后来并一再重申，在客观上对抑制或延缓帝国主义对中国的侵略起到一定作用。②

该文的发表引起关于门户开放政策的一场争论。批评者认为，门户开放政策是美国的侵华政策，美国打着“贸易机会均等”等旗号，同其他帝国主义激烈争夺中国，它只想占便宜而回避危险。把列强没有瓜分中国归因于门户开放政策，是不能成立的。③ 也有学者赞同重新评价，还有人提出修正意见，由此而形成了改革开放之后中外关系史研究中的一次重大的学术争论。

经过讨论，澄清了一些史实上的问题。虽然分歧犹在，但在一些问题上也形成了大多数人都能接受的看法。如关于提出这一政策的动机，学者们指出，美国决策者考虑的始终是美国垄断资本向海外扩张的现实利益和潜在利益。门户开放是一个殖民扩张的对外政策，而不是民主主义对外政策。但对它的客观作用，不少学者予以肯定认为它在一定程度上对某些国家如沙俄和日本瓜分中国的势力起了制衡作用。④ 近年来又有学者探讨了清末中国民间和政府对这一政策的反应，指出当时在民间最有影响力的资

---

① 参见张振鹍《清末十年间中外关系史的几个问题》，《近代史研究》1982 年第 2 期。

② 参见汪熙《略论中美关系史上的几个问题》，《世界历史》1979 年第 3 期。

③ 参见丁名楠、张振鹍《中美关系史研究：向前进，还是向后倒退》，《近代史研究》1979 年第 2 期；丁名楠《关于美国对华门户开放政策的若干历史考察》，《档案与历史》1986 年第 1 期。

④ 参加讨论并阐述这一看法的文章较多，比较有代表性的有：罗荣渠：《关于中美关系史和美国史研究的一些问题》，《历史研究》1980 年第 3 期；项立岭：《怎样向前推进？中美关系史研究中的几个问题》，《世界历史》1980 年第 5 期；吴嘉静：《“门户开放”——美国对华政策史一页》，《复旦学报》1980 年第 5 期；邹明德：《美国门户开放政策起源研究》，《中美关系史论文集》第 2 辑。

产阶级维新派和革命派都对这一政策持批评态度。清政府对门户开放政策的态度则比较复杂，它既从中看到某种希望，持一定的欢迎态度，又对它的作用将信将疑。①

6. 辛亥革命及其前后的中外关系。辛亥革命前十年间的中外关系大体是循《辛丑和约》后的框架而展开，近代中国的不平等条约体系至此发展到顶峰。围绕一系列商约谈判及铁路借款，晚清政府在内外交困中度过了其最后的10年。虽然清政府刚刚经历了八国联军之役，但在签订对外商约及处理对外关系时，并非一味妥协退让。通过研究中美《通商行船续订条约》，有学者指出，该约虽然是一个不平等条约，但由于清政府国权意识的增强，该条约在主要方面并没有实现美国"门户开放"政策的目标，也不一定都对中国的利益构成危害，甚至在某些方面较诸以前的不平等条约有所改善。② 对于美国第一次退还庚子赔款，有研究者认为，就退款的过程来看，此次退款主要不是清朝驻美公使梁诚运动的结果，也非1905年抵制美货运动的结果，而是因为美国政府从赔款一开始就有退还的打算。③

对于清末新政时期的禁烟运动，先前已有较多的研究，近来的研究重点考察了英国对清政府禁烟所采取的政策及行动，关注到禁烟运动的外来压力。在鸦片利益集团的支持下，英国外交人员对清政府旨在挤压鸦片销路的"牌照捐"横加指责，最终迫使清政府将其撤销。④

晚清政府与罗马教廷的交往是以往研究较少关注的领域，近十年来的研究仍不多见。有研究者指出，晚清政府曾试图联络教廷废除法国在华的保教权，但因法国的反对而未获成功。⑤

学界对辛亥革命时期的对外关系研究，较多地集中于列强的对华态度，尤其是日本的对华态度。在中日外交的研究上有学者提出"双重外交"的概念，强调中、日与欧美之间互相利用的双边外交关系。⑥

---

① 参见张小路《中国对"门户开放"政策的反应》，《社会科学战线》1998年第2期。

② 参见崔志海《试论1903年中美〈通商行船续订条约〉》，《近代史研究》2001年第5期。

③ 参见崔志海《关于美国第一次退还部分庚款的几个问题》，《近代史研究》2004年第1期。

④ 参见王宏斌《清末广东禁烟运动与中英外交争执》，《近代史研究》2003年第6期。

⑤ 参见杨大春《晚清政府与罗马教廷的外交历程》，《史学月刊》2001年第1期。

⑥ 参见俞辛焞《辛亥革命时期的中日外交史》，天津人民出版社2000年版。

四　民国早期的外交

1. 民国初年的外交困境。武昌起义后，列强宣布对中国争取中立政策。一些学者认为，这种中立是虚伪的，列强先是支持清政府继而又扶植袁世凯，反对在中国建立资产阶级共和国，是列强对华政策的基本内容。[①]但不少人认为，由于列强在华利害关系错综复杂，在清政府和革命军之间，列强的政策基本是中立的。但在袁世凯和孙中山之间，列强无疑是倾向于袁世凯的。[②]

民国的建立并未缓解中国的外交困境。民国初年最引人注目的动向是，列强利用中国政局的动荡，在边疆地区开始了新一轮的分裂活动。俄国策动和支持了外蒙古的独立。虽然外蒙未能如俄国所愿在此时完全独立出去，但分裂进程已经启动，最后由苏联政府在 30 多年后完成。余绳武等的《沙俄侵华史》第 4 卷、丁名楠等的《帝国主义侵华史》第 2 卷以及内蒙古大学等编著的《沙俄侵略我国蒙古地区简史》（内蒙古人民出版社 1979 年版），对俄国的分裂活动作了详细论述。

21 世纪以来，学界在外蒙古问题研究上取得了新进展，尤其是对俄国与外蒙古之间的关系有新认识。有学者指出，辛亥革命前后俄国与外蒙古方面在其脱离中国独立问题上存在很大分歧，为了最大限度地实现其自身利益，俄国并不希望外蒙古走向形式上的独立，而是打着“调停”旗号，一面唆使外蒙古脱离中国，投向俄国，另一方面利用所谓“宗主权”问题加以控制。[③] 也有学者论述了袁世凯政府在外蒙古独立事件上的处置方式，认为尽管《中俄蒙协约》使得俄国实现了其既定的方针，中国因此丧失了国家主权，但该约毕竟确定了中国对外蒙的领土主权，也属对强权政治下宗主权理论的一种突破。[④]

西藏问题是民国初年外交的另一重要议题。佘素的《清季英国侵略西藏史》（世界知识出版社 1959 年版）、朱梓荣的《帝国主义在西藏的侵略活动》（西藏人民出版社 1980 年版）、周伟洲的《英俄侵略我国西藏史

---

① 参见卿斯美《辛亥革命时期列强对华政策初探》，载《纪念辛亥革命七十周年学术讨论会论文集》中册，中华书局 1983 年版。

② 参见《帝国主义侵华史》第 2 卷第 5 章。

③ 参见刘存宽《中俄关系与外蒙古自中国的分离》，《历史研究》2004 年第 4 期。

④ 参见朱昭华《袁世凯政府对外蒙古独立的因应》，《史学月刊》2009 年第 6 期。

略》（陕西人民出版社 1984 年版）、吕昭义的《英属印度与西南边疆（1774—1991）》（中国社会科学出版社 1996 年版），均对英国以及其他列强对西藏的侵略作了充分揭露。学者们指出，英国对西藏的觊觎和侵略由来已久，辛亥革命发生后，英国加紧了分裂活动，积极支持暴动分子驱赶驻藏川军，阻止民国军队进藏平乱。

承认民国政府问题，是民国成立后所面临的重大外交议题。学界认为，列强是支持袁世凯的，不论是在南北议和，还是在当选总统问题上，袁都获得了列强或多或少的支持。虽然列强内部意见并不一致，但总体而言，对袁支持的力量超过了反对的力量。当然，即使是同一个国家，其前后态度也有变化，不过，这并不影响对该国态度的总体判断。学界还认为，在承认问题上列强是处处为难民国政府的，不论是孙中山为首的南京临时政府，还是袁世凯当选大总统的北京政府，为了取得列强的承认似乎下了气力。在当时的主要大国中，除美国等少数几国外，无不以承认相要挟。有研究已经注意到，至少美国在承认中华民国问题上并非是基于经济利益考虑，而主要是出于意识形态。美国承认中华民国，是理想政治战胜现实政治的一个典型个案。①

美国与日本在辛亥革命中的作用及态度得到学界比较多的注意。美国是最早承认中华民国的国家，其对辛亥革命具有较多的同情，尤其是在威尔逊当选为美国总统以后。日本在承认问题上的外交政策及活动已经比较清楚，通过目前的材料可以认为，日本在承认问题上处于一种主导地位，俄国在很多问题上与日本具有类似的立场。② 法国、英国、德国等在承认问题上虽不如美日之间分歧巨大，但各自立场并不一致。③ 可以肯定，在拖延承认中华民国问题上，日本起到了主导作用。

2. 中国参加第一次世界大战与出席巴黎和会。北洋军阀政府曾经被作为卖国政府的代名词，但随着研究的深入，人们发现，对于北京政府的外交活动不能一概予以否认。进入 21 世纪以来，这种研究倾向得到加强，

---

① 参见王立新《伍德罗·威尔逊政府承认中华民国问题再研究》，《求是学刊》2004 年第 6 期。

② 参见中国社会科学院近代史研究所《日本侵华七十年史》，中国社会科学出版社 1992 年版，第 137—148 页。

③ 法国在辛亥革命中的态度参见陈三井《法国与辛亥革命》，台北《“中央研究院”近代史研究所集刊》第 2 期，1971 年 6 月。

除相关的论文外，已经有相关方面的专著出版。研究者将中国参加第一次世界大战的积极作用作为论述重点，强调中国为提高自身国家地位和国际认同所做出的巨大努力，高度评价众多参战华工的历史作用。[①] 对于中国参战的原因，跳出了府院之争、派系之争的研究视角，开始从外交史角度重新审视北京政府的参战决策。研究者指出，总体而言，北京政府不仅希望通过参战获得战后处分权这一远期利益，还希望获得延付庚款、提高关税等现实利益。以参战为筹码，北京政府与协约国列强展开了并不轻松的谈判。中方的要求获得了部分的满足。可以认为，参加欧战标志着中国外交政策从消极到积极的一个重大转变，北京政府后期的积极外交可说由此而发端。[②] 有研究者注意到莫理循在推动中国参加第一次世界大战中的作用，指出莫氏通过为中国政府出谋划策、向西方列强传递有关中国参战的各种信息、游说日本政界高层人物等多种途径，对中国参战起到了重要的作用。[③]

日本利用第一次世界大战的机会出兵中国山东，并迫使袁世凯政府订立了一系列新的不平等条约。更令中国民众深感挫折和失望的是，作为第一次世界大战的战胜国，中国在巴黎和会上所提出的收回德国在山东权益、取消日本强加给中国的“民四条约”的要求竟未被会议所接受。这一外交上的失败影响极大，它激发了中国民众广泛的爱国情绪，引发了“五四爱国运动”，影响了中国人对救国道路的选择。

3. 华盛顿会议前后的中国外交。随着新的研究方法的引入，舆论和媒体在外交中的作用得到一定关注。有研究者认为，华盛顿会议前，中国政府外交总长颜惠庆运用公开外交原则对公众舆论进行了较为成功的疏导，不但缓解了北京政府因鲁案直接交涉问题所陷入的被动局面，而且摆脱了日本强烈要求中日两国政府直接交涉的纠缠，使山东问题得以提交华盛顿会议讨论。[④] 也有研究者特别关注关税会议时期的上海舆论，深刻分析了

---

① 请参考徐国琦著，马建标译《中国与大战：寻求新的国家认同与国际化》，上海三联书店2008年版。

② 参见王建朗《北京政府参战问题再考察》，《近代史研究》2005年第4期。

③ 参见蔡双全《论莫理循在推动中国参加第一次世界大战中的作用》，《民国档案》2009年第2期。

④ 参见马建标《谣言与外交：华盛顿会议前鲁案直接交涉初探》，《历史研究》2008年第4期。

其对外交所产生的影响。[1] 华盛顿体系是第一次世界大战后的远东国际新秩序，围绕其展开的研究向我们揭示了大革命时期的中外关系进程。中国民族主义运动并不满足华盛顿会议的体制安排，大革命的兴起就是对该体系不满的反应。中国国民革命促使美国对华政策作出重大调整，实际上动摇了作为华盛顿体系重要构架的大国一致原则，为后来华盛顿体系的崩溃埋下了伏笔。[2]

有研究者注意到职业外交家在国内政治中的派系问题，进而将研究视角推进到外交运作的层面。该研究指出，在华盛顿会议上围绕山东问题的争夺，不但是中日之间的外交之争，同时也是职业外交家参与国内政治斗争的派系之争。中国的外交官们虽然表面上标榜独立与中立，但常常不得不依靠非正常的社会关系和非正式的制度安排来推进外交实践，甚至主动参与派系斗争。[3]

收回关税主权和治外法权，是北京政府外交的主要任务之一。虽然在华盛顿会议上同意召开关税会议和调查中国治外法权状况，但进展并不顺利。日本在关税自主交涉中，坚持固有对华思维模式，拒绝承认中国有旧约废止的权利，非但为中国人民反对，也与英美态度不一致，致使其陷入孤立境地。[4] 虽然没有日本的支持，但关税会议仍然得以召开。北京政府的外交家成功地将关税自主列为会议议题，并说服与会代表通过了未被华盛顿会议列为讨论范围的关税自主议案，突破了华府条约二五征税的税率规定。[5] 在中法庚款交涉案中，北京政府较南京国民政府更好地维护了国家利益，给予北京政府更加积极的评价。[6] 在谋取关税自主权的同时，北京政府亦将收回治外法权提上日程，法权会议就是北京政府的一次积极尝试。有研究者指出，在会议的全过程中，北京政府的外交家均付出了艰辛

① 参见杨红林《朝野纠葛：北京政府时期的舆论与外交——以关税特别会议为个案的考察》，《史学月刊》2005年第12期。

② 参见王立新《华盛顿体系与中国国民革命：二十年代中美关系新探》，《历史研究》2001年第2期。

③ 参见陈雁《外交、外债和派系——从“梁颜政争”看20世纪20年代初期北京政府的外交运作》，《近代史研究》2005年第1期。

④ 参见王建朗《日本与国民政府的革命外交：对关税自主交涉的考察》，《历史研究》2002年第6期。

⑤ 参见杨天宏《北洋外交与华府会议条约规定的突破——关税会议的事实梳理与问题分析》，《历史研究》2007年第5期。

⑥ 参见葛夫平《中法庚款案中的无利债券问题》，《近代史研究》2005年第2期。

努力，以图撤废治外法权这一严重伤害中国主权的外人特权。法权会议折射出的北京政府外交是一种带有改良色彩的“修约”外交。①

现有的研究表明，苏联并非自愿放弃在华特权，1924年签订的中俄解决悬案大纲协定所谓放弃在华旧约特权，只有在中俄会议之后才有可能，但会议未获得任何结果，苏联政府的承诺也就成为泡影。②

4. 国民外交概念的引入。早在晚清时期，具有国民外交性质的运动就已经兴起，1905年的抵制美货运动即为其中之一。③ 目前，更多的研究成果仍然集中于民国北京政府时期的对外交往活动。有研究者指出，20世纪20年代的中苏建交谈判过程具有明显的国民外交背景，加拉罕在与北京政府谈判的同时与国内民众团体保持密切联系，并与地方政府订立协定，这些非常规举措符合当时中国人民的激进外交心理。④ 国民要参与外交，而政府也有意利用。有研究者指出，20世纪20年代的群众运动并不单纯是民意的表达，而是经常被在野或执政势力利用，借群众之力以为外交之助。五卅惨案解决过程中，执政府在沪案初期交涉中有意识地利用民众运动，迫使外人让步，并挟民意对抗强势军人，以便保持其地位。⑤ 但在研究具体的交涉条件时，有学者指出，“十三条”之所以成为沪案交涉的正式条件，不仅仅是蔡、曾、许等特派员对北京执政府将“上海事件地方化”意图的简单贯彻，而是双方互动互补的结果。⑥ 通过考察关税特别会议期间的上海舆论，有学者认为，鉴于当时特殊的时代背景，各种社会舆论被全面动员起来，以汹涌澎湃之势冲击着外交领域，形成了近代史上国民外交的黄金时期。⑦ 有学者对北京政府外交的研究现状进行评价，分别对中国大陆及台湾地区、日本和欧美各国的研究进展提出评议，认为随着

---

① 参见杨天宏《北洋外交与“治外法权”的撤废——基于法权会议所做的历史考察》，《近代史研究》2005年第4期。

② 参见唐启华《1927年中俄会议研究》，《近代史研究》2007年第4期。

③ 参见贾中福《近代国民外交视角下的1905年抵制美货运动》，《贵州社会科学》2005年第4期。

④ 参见何艳艳《国民外交背景下的中苏建交谈判（1923—1924）》，《近代史研究》2005年第4期。

⑤ 参见冯筱才《沪案交涉、五卅运动与一九二五年的执政府》，《历史研究》2004年第1期。

⑥ 参见周斌《再论五卅惨案十三条交涉条件的提出》，《近代史研究》2009年第4期。

⑦ 参见杨红林《朝野纠葛：北京政府时期的舆论与外交——以关税特别会议为个案的考察》，《史学月刊》2005年第12期。

档案的开放以及研究群体的形成，北京政府外交是近代中国外交史最有可能取得突破的研究领域。① 该评价可以为掌握北京政府外交的研究趋势提供相当有价值的参考。

5. 修约外交。中国先在巴黎和会，继而在华盛顿会议上提出取消列强在华不平等特权的要求，提出修改束缚中国的不平等条约。修约外交是研究北京政府外交的重要组成部分，并已有专著出版，即唐启华的《被“废除不平等条约”遮蔽的北洋修约史（1912—1928）》（社会科学文献出版社2010年版）。修约研究的学者指出，摆脱不平等条约束缚，是贯穿清末、民国北京政府、南京国民政府的一致目标，北京政府末期融合修约、废约之长，发展出“到期修改，期满作废”的可行策略，并获得成功案例，成为日后改订新约的重要依据。修约的最终目的仍是废约，在1926年与比利时和西班牙政府的修约交涉中，由于这两个国家拒绝在事关中国主权的重要问题上作出让步，北京政府曾先后断然宣布废除旧的中比条约和中西条约。这种不顾列强反对而单方面宣布废约的做法，在中国近代史上是破天荒的，显示了相当的勇气和决心。②

当北京政府与列强修订不平等条约的交涉举步维艰之时，新生的苏俄政府先后三次发表对华宣言，宣布废除帝俄政府与中国订立的不平等条约。对于这一举动，学者们在总体上一致予以肯定。在具体问题的研究上也更趋深入。如关于苏俄第一次对华宣言，该宣言有两个文本，前一个文本有无偿归还中东铁路的内容，而后一个文本则无此文字。苏联学界一直否认中方所收到的前一文本是正式文件。中国学者指出，按法理和外交惯例，外交文件当然以送达对方国家政府的文本为准；而明确载有“无偿归还中东铁路”词句的文件还曾由苏俄外交人民委员部东方司出版。因此，前一文本表达的无疑是官方立场。不同文本的出现，反映了苏俄政府自身在中东铁路问题上的变化。③

6. 大革命时期的中外关系。有学者认为，华盛顿会议提出了一整套解决中国问题的政策，华盛顿方案与中国国民革命有着直接因果关系，中国

① 参见唐启华《“北洋外交”研究评价》，《历史研究》2004年第1期。

② 参见王建朗《中国废除不平等条约的历史考察》，《历史研究》1997年第5期；习五一《论废止中比不平等条约》，《近代史研究》1986年第2期。

③ 参见方铭《关于苏俄两次对华宣言和废除中俄不平等条约问题》，《历史研究》1980年第6期；薛衔天《试论“苏俄第一次对华宣言”内容变化问题》，《社会科学战线》1991年第3期。

激进的民族主义者对华盛顿方案的不满是大革命兴起的主要因素之一。① 列强与苏俄对不平等条约态度的强烈对比，使中国民众相信，苏俄才是中国争取民族解放的同盟军。中国共产党的成立和国民党的改组都是在这一背景下发生的。其后，便有了在苏俄帮助下的广州国民政府的北伐。北伐的口号是“打倒军阀，打倒列强”。研究者指出，在实际斗争中，北伐军民并没有四处出击，而是把当时在中国享有最大权益的英国作为主要的打击对象。这一策略是明智的，它是北伐初期进展顺利的重要原因之一。②

面对大革命的浪潮，英国起初试图通过武力构筑一道堤坝阻挡北伐洪流。1926 年 10 月以后，英国转而采取“怀柔”外交，并于 12 月提出“对华新政策”。在武汉国民政府陆续收回汉口、九江英租界后，英国调兵上海。在处理南京事件时，英国对华政策又回到“炮舰政策”的老路上。③ 有研究者注意到在关余问题上英国的态度。在南方革命政府截取关余的情况下，英国外交部为避免南方政府反英，希望在承认北京政府为中国唯一合法政府的前提下，由列强共同出面压迫北京政府就关余问题与南方达成某种妥协，但因其本国驻华使领和其他列强的反对，最终未获成功。④

关于北伐时期列强对华政策的研究现状，有研究者在系统总结 20 世纪 40 年代以来的研究成果后，提出了以后的发展方向，强调全方位研究各方材料以及认真厘清既有研究成果的重要性。⑤ 以往的研究曾经认为，英、美、日等帝国主义国家都对大革命持敌视态度，并共同策动蒋介石反共。现在，人们都已认识到这一说法并不准确。有学者指出，日本在宁案中采取了比较妥协的低调政策，而着眼于拉拢蒋介石走上反共道路，这与英国以及美国的政策是不同的。⑥ 另有学者不赞同将美国政策与英国等同观之，认为美国对中国革命营垒内部的分裂情况也早已掌握，北伐开始

---

① 参见王立新《华盛顿体系与中国国民革命：二十年代中美关系新探》，《历史研究》2001 年第 2 期。

② 参见徐义君《试论广州武汉政府时期国民政府的反帝外交策略》，《近代史研究》1982 年第 3 期。

③ 参见丁宁《中国大革命时期的英国对华政策》，《近代史研究》1989 年第 1 期。

④ 参见张俊义《南方政府截取关余事件与英国的反应》，《历史研究》2007 年第 1 期。

⑤ 参见牛大勇、陈长伟《北伐时期列强对华政策研究评价》，《历史研究》2005 年第 3 期。

⑥ 参见沈予《四一二反革命政变与帝国主义关系的再探讨》，《历史研究》1984 年第 4 期；《论日本币原外交破坏中国大革命》，载《中日关系史论文集》，黑龙江人民出版社 1984 年版。

后，美国便极力笼络蒋介石，尽力诱迫他去压制共产党。①

济南事件是北伐时期中外关系史中的一个重大事件。有学者认为，蒋介石在济案处理中的委曲求全外交，影响长远，是其后 10 年对日妥协外交的开端。② 另有学者指出，济南事件是中外关系发展的一个重要转折点。在此之前，国民党在外交上全力与日本维持一种稳定的工作关系，对美外交只居于二等的位置。在此事件后，蒋介石感受到日本对中国的巨大威胁，遂放弃以日本为外交中心的取向，转而寻求与美国建立密切的关系以制衡日本的侵略行动。③ 还有学者从第一次世界大战后列强在远东争夺的角度去分析引发这一惨案的原因，认为这是日本为挣脱华会束缚而迈出的试探性步伐。事件发生后英、美虽对日本施加压力，但根本上采取的是消极旁观政策，对日本没有约束。④

关于《田中奏折》，日本学界基本认为是伪作。中国学界以往一致认定是真品，但从 80 年代中期开始出现了不同的声音。由中国人民抗日战争纪念馆编辑的《田中奏折探隐集》（北京出版社 1993 年版）收入了田中奏折讨论中具有代表性的文章。其中，大部分文章认为是存在田中奏折的。对这一奏折持有疑问的学者，则从奏折中出现的若干史实错误和行文规格分析，认为这不可能是身为首相的田中的作品。此外，他们还指出了两位当事人回忆中的矛盾之处。可以预见，田中奏折的真伪之争还会继续下去。但无论田中奏折是真是伪，都丝毫不会减轻田中内阁及日本军国主义侵华的罪责。⑤

---

① 参见牛大勇《美国对华政策与四一二政变的关系》，《历史研究》1985 年第 4 期；《北伐战争时期美国分化政策与美蒋关系的形成》，《近代史研究》1986 年第 6 期。

② 参见杨天石《济案交涉与蒋介石对日妥协的开端》，《近代史研究》1998 年第 1 期。

③ 参见罗志田《济南事件与中美关系的转折》，《历史研究》1996 年第 2 期。

④ 参见申晓云《济案——“九一八”前日本挑战华会体系试探》，《江苏社会科学》2001 年第 6 期。

⑤ 在这一点上，笔者与《田中奏折探隐集》编者的看法有所不同。该编者认为，如果《田中奏折》是伪造的，则需要对从九一八事变到太平洋战争的日本一系列的侵略行动的总体规划性，做另一种研究。这似乎过高估计了该奏折是否存在的重要性。笔者以为，存在这一奏折固然能说明日本此后的一系列侵略是有计划有步骤的，但不存在这一奏折，并不等于日本对中国、对远东及太平洋地区不存在侵略企图。是否形成过《田中奏折》这样一个文件，对证明日本的侵略计划，是充分条件，而不是必要条件。

五　南京国民政府时期的外交

1. 南京国民政府成立初期的外交。修订不平等条约是这一时期国民政府外交的一个重要内容，但在很长时期内，这是一个避免提及的话题。20世纪90年代以来出版的民国外交史著作大多对此作了比较客观的介绍，既展现了国民政府的外交努力，也指出了它的妥协和局限性。[①] 但在对修约活动的评价上，仍然存在较大分歧。有人认为，这一被南京国民政府称为“革命外交”的行动，实际上多是一些空洞口号和原则。国民政府除了收回一些列强已无力维持而表示愿意放弃的特权外，在实质性的问题上并未取得比北京政府更大的进展，其根本原因在于蒋介石的勇于对内、怯于对外的误国害民政策。[②] 另一些人认为，南京国民政府对修约活动是努力进行的，并在关税主权、租界法院以及最终收回一些租界及租借地问题上取得了一定成果。国民政府的这些活动，具有进步的历史意义。还有人指出，从东北易帜到九一八事变，是南京国民政府在外交上具有生气的积极时期。中国与各国终于订立了实现自主关税的条约，这在鸦片战争以来80年间的中外交涉史上是第一次，应予肯定。[③]

这一时期，中苏在中东路问题上冲突不断，1929年爆发了导致苏军出兵东北的“中东路事件”。以往史学界沿袭苏联观点，大都指责中国政府反苏反共。20世纪80年代始，有学者提出不同看法，认为中东路事件的起因是中国政府为了收复国家主权，这才是它的本质和主流。[④] 在中东路事件上，张学良得到了蒋介石和南京国民政府的鼎力支持，蒋试图运用外交手段使列强压制苏联，但未得各国同意。[⑤] 新近的研究认为，学界对中东路争议较多是由中苏“共管”体制的矛盾、地缘政治及中方决策失误等多种因素造成的。在中东路事件上，唯一的、真正的获益者是非当事国日

---

① 参见石源华《中华民国外交史》第6章；吴东之《中国外交史（中华民国时期）》第3章。

② 参见申晓云《南京国民政府“撤废不平等条约”交涉述评——兼评王正廷“革命外交”》，《近代史研究》1997年第3期。

③ 参见琚贻明《南京国民政府建立初期对外政策评析》，《民国档案》1997年第1期；程道德《中华民国历届政府关于关税自主权的交涉》，《近代中国外交与国际法》。

④ 参见冯国民《评“中东路事件”》，《世界历史》1986年第12期。

⑤ 参见杨奎松《蒋介石、张学良与中东路事件之交涉》，《近代史研究》2005年第1期。

本。[①] 对于后来苏联政府于20世纪30年代将中东路出售给伪满，学者们大都持批评态度，认为此举违反了公认的国际法准则，侵犯了中国主权。[②]

2. 九一八事变与20世纪30年代前期国民政府的外交。关于九一八事变的研究，可以说是成果累累。比较有影响的专著有易显石等的《九一八事变史》（辽宁人民出版社1981年版）、刘庭华的《九一八事变研究》（国防大学出版社1986年版）、姜念东等的《伪满洲国史》（吉林人民出版社1986年版）、解学诗的《伪满洲国史新编》（人民出版社1995年版）等。学者们对九一八事变的历史背景、经济原因、事变经过及历史教训等，都进行了比较深入的研究。

谁是九一八事变的发动者？日本一些学者认为是关东军少数人的独断专行。中国多数学者认为，这是日本军部精心策划的侵略事件。也有人持"追认说"，认为事变是由关东军的一些高级幕僚策划的，但日本军部和内阁政府在事变后给予了支持。学者们指出，日本政府并不反对军方发动战争。阴谋固然由军方策划，但政策还是出自内阁。九一八事变的发动是日本天皇制国家意志的体现。[③]

关于美国对九一八事变的态度，存在着不同意见。一些人认为，美国实行的是绥靖政策，对侵略者予以纵容。它提出的"不承认主义"并不是支持中国反对日本侵略，它不承认的只是日本对美国在华权益的攫取。[④] 另一些人认为，美国提出"不承认主义"，以明确的语言反对日本用武力手段侵占中国土地，损害中国主权，这无疑是对日本侵略的一种阻遏。不承认主义在当时的作用很有限，它是一种未来干涉主义，保留了美国将来在有利条件下加以干涉的权利。因此，它对日本的侵略不是助长，而是遏制。[⑤]

九一八事变后，在日益加深的民族危机面前，国民党政府采取了"攘外必先安内"的政策。这一政策至今仍受到学者们的一致批评。略有变化

---

① 参见刘显忠《中东路事件研究中的几个问题》，《历史研究》2009年第6期。

② 参见骆拓《略论苏联出售中东路问题》，《苏联历史问题》1984年第3、4期合刊；金梅《"苏满关于中东路转让基本协定"所涉及的国际法问题》，《近代史研究》1990年第4期。

③ 参见郎维成《日本军部、内阁与九一八事变》，《世界历史》1985年第2期。

④ 参见胡德坤《九一八事变与绥靖政策》，《武汉大学学报》1979年第3期；王明中《"满洲危机"与史汀生主义》，《美国史论文集（1981—1983）》，三联书店1983年版。

⑤ 参见陶文钊《中美关系史》第4章；易显石《略论美国对九一八事变的态度》，《中美关系史论丛》，复旦大学出版社1985年版。

的是，在一些具体问题上出现了新的认识。有学者提出，蒋介石以需安定内部建设后方为由，否定即时抗日论，而以长期抵抗为号召，使“安内攘外”成为国民党牌号的抗日理论。这一理论不应等同于投降理论。国民政府的“安内攘外”是把“安内”作为抗日的前提。在重点“安内”的同时，国民政府对“攘外”并非一无作为，而是做了一些抗日准备工作。[①]在内外交困中，国民政府在国民党中央政治会议之下设立了一个“特种外交委员会”作为临时性的决策机构，应对日本侵略下的外交困境。该机构虽然做了很多工作，但在对日交涉问题上最后是无计可施。[②]

九一八事变后中苏复交问题一直得到研究者的重视，此问题的不同方面逐渐得以展现。[③] 新近的研究认为，中苏复交之所以一再拖延，既有国民政府在形势判断和内外政策上的错误因素，也有内外环境本身的困难。在对苏复交的决策过程中，国民政府始终对“复交”与“联苏”严加区别。而最终促使它决定无条件复交的根本原因，不在联苏制日，而在阻止苏联亲日疏华及承认“满洲国”。在1935年初的对日和对苏关系上，蒋介石由对日是亲善的，尝试以“共同访苏”换取日本对华政策的改善。但日本所提条件令中方难以接受，最终迫使蒋介石及国民政府走上对苏不惜联合与对日不应惧战的道路。[④]

这一时期，国民政府的外交逐渐走上了联络英、美以对抗日本的道路。有研究者对1933年中美棉麦借款和1935年的币制改革进行了分析，指出这两个事件都具有远远超出经济层面的影响。国民政府企图通过借款加强与欧美的联系，进而寻求其政治上、财政上和技术上的支持，以扼制日本逐步升级的入侵。而以币制改革为标志，国民政府的财政金融政策明显出现了摆脱日本而倒向英、美的趋势。[⑤]

---

① 参见陈先初《从安内攘外到联共抗日——局部抗战时期国民政府内外政策述评》，《抗日战争研究》1992年第2期。

② 参见左双文《“九一八”事变后南京国民政府设立的特种外交委员会》，《近代史研究》2003年第1期。

③ 参见李义彬《南京国民政府的联苏制日方针》，《历史研究》1991年第1期；李嘉谷《九一八事变后中苏关系的调整》，《抗日战争研究》1992年第2期；金光耀《1932年中苏复交谈判中的何士渠道》，《近代史研究》1999年第2期。

④ 参见鹿锡俊《1932年中国对苏复交的决策过程》，《近代史研究》2001年第1期；《蒋介石与1935年中日苏关系的转折》，《近代史研究》2009年第3期。

⑤ 参见郑会欣《1933年的中美棉麦借款》，《历史研究》1988年第5期；吴景平《英国与1935年的中国币制改革》，《历史研究》1988年第6期。

中德关系在这一时期迅速发展。学者们主要对德国军事顾问来华、中德之间的贸易以及德国协助中国发展国防工业这三个问题进行了比较充分的研究，认为这一时期中德关系发展的速度之快，为其他任何国家所不可比。学者们指出，德国顾问既参与了国民党的“剿共”军事，也参与了“一二八”淞沪抗战和长城抗战。他们在协助国民党整训军队和进行军事教育方面颇有成就，使中国军队的现代化迈出了一大步，这对以后的中国抗战不无帮助。有学者把这一时期称为中德关系的“蜜月时代”。[①]

六　抗战外交

1. 抗战前期的中外关系。抗日战争是中国民族解放斗争史上的一个转折时期，中国对外关系在这八年中发生了巨大变化。民国以来，对中国威胁最大的日本终于被打败，美国和苏联先后成为对中国最具影响力的国家，这对以后的中国内政和外交产生了长远的影响。中国的国际地位也因这场战争而获得大幅度的提高。

与这一时期极为活跃的中外关系相适应，有关的研究成果异常丰富。除了若干抗战史著作中的有关论述外，仅就外交史专著而言，综合性专著有陶文钊、杨奎松、王建朗的《抗日战争时期中国对外关系》（中共党史出版社 1995 年版），王建朗的《抗战初期的远东国际关系》（台湾东大图书公司 1996 年版），彭敦文的《太平洋战争爆发前国民政府外交战略与对外政策》（武汉大学出版社 2010 年版）。双边关系专著有王淇主编的《从中立到同盟——抗日战争时期美国对华政策》，任东来的《争吵不休的伙伴——美援与中美抗日同盟》，王真的《动荡中的同盟——抗日战争时期的中苏关系》，李嘉谷的《合作与冲突：1931—1945 年的中苏关系》，曹振威的《侵略与自卫——全面抗战时的中日关系》，王真的《没有硝烟的战线——抗战时期的中共外交》（以上专著均由广西师范大学出版社出版），徐蓝的《英国与中日战争（1931—1941）》（北京师范学院出版社 1991 年版），李世安的《太平洋战争时期的中英关系》（中国社会科学出版社 1994 年版），等等。专题研究专著有黄友岚的《抗日战争时期的“和平工作”》（解放军出版社 1988 年版），项立岭的《转折的一年——赫尔利使华与美国对华政策》（重庆出版社 1988 年版），牛军的《从赫尔利到

① 参见马振犊、戚如高《蒋介石与希特勒——民国时期的中德关系》第 4 章。

马歇尔——美国调处国共矛盾始末》（福建人民出版社1988年版）等。

抗战前期，中国的对日作战处于孤军奋战之中，这一时期中国外交的中心是争取外援。一些研究者指出，这一时期国民政府的外交基本上是成功的。中国推动美国修改立法，限制对日贸易，并给予中国财政援助，使美国外交走上了中国所期望的道路。中国还撇开意识形态的分歧，争取到了苏联大规模的援助，并尽可能地延缓了德国与日本的靠拢过程，从德国也获得相当数量的军事物资。这一尽力争取友邦、孤立敌国的外交政策是明智的。①

关于卢沟桥事件爆发后国民政府的对日政策，人们在中日秘密交涉问题上存在着不同看法。一些人将此视为蒋介石对抗战动摇，准备投降。但另一些人认为，交涉和妥协并不等于投降。蒋介石在交涉中始终坚持恢复七七事变前的状态，是有基本原则的。②还有学者指出，国民政府与日谈判另有意图，如以谈判牵制日方，缓和日方攻势，以及要英、美提供更多援助等。③

对于这一时期英、美对华政策的评价，分歧较大。一些人认为，对日绥靖是英、美远东政策的基调，英、美不时企图以牺牲中国来与日本妥协。④另一些人认为，英、美的远东政策有所不同，研究中应有所区别。在总体上，英、美政策同时具有两种倾向，一是对日妥协，一是援华抗日。随着时间的推移，援华制日逐渐成为主流。他们认为并不存在“远东慕尼黑”阴谋。英、美在远东对日本做出妥协，无论在动机、程度还是后果上都不能和欧洲的慕尼黑相提并论。⑤

在以往的研究中，德、日两个法西斯国家被认为从一开始就狼狈为

---

① 参见章百家《抗日战争前期国民政府对美政策初探》（《中美关系史论文集》第2辑）、《抗日战争时期国共两党的对美政策》（《历史研究》1987年第3期）；王建朗《二战爆发前国民政府外交综论》，《历史研究》1995年第4期。

② 参见蔡德金《如何评价卢沟桥事变爆发后蒋介石的对日交涉》，《抗日战争研究》1996年第3期。

③ 参见汪熙《太平洋战争与中国》，《复旦学报》1992年第4期。

④ 参见刘天纯《远东慕尼黑阴谋与中国人民的抗日战争》，《中国社会科学院研究生院学报》1985年第4期。

⑤ 参见王斯德、李巨廉《论太平洋战争前美国远东战略及其演变》，《中美关系史论文集》第1辑；王建朗《太平洋会议是怎么回事——关于远东慕尼黑的考察之一》（《抗日战争研究》1996年第3期）、《试论太平洋战争爆发前的英美对日妥协倾向——关于远东慕尼黑的考察之二》（《抗日战争研究》1998年第1期）。

奸。现在，许多研究者指出，在抗战之初，德国确曾保持过一段时期的中立。德国继续向中国输出军事物资，其军事顾问继续在中国军队中发挥作用。“陶德曼调停”中，德国希望中日双方都做出妥协达成停战，而并非与日本狼狈为奸地迫使蒋介石投降。调停失败后，德国感到中日和解无望，其远东政策逐渐逆转。[①]

苏联是抗战前期给予中国最大援助的国家，学者们对此一致予以肯定。并指出，苏联给中国以巨大援助，自己也因此而深获其利，因为中国的抗战反过来大大减轻了日本对苏联的压力。[②] 第二次世界大战爆发后，苏联与日本订立中立条约。学者们一般认为，这一条约分化了日德关系，增强了苏联的安全。但苏、日互相承认伪满和“蒙古国”，这是对中国领土主权的侵犯。也有人指出，与其说该约保证了苏联远东边境的安全，不如说是中国人民抗日战争的牵制使日本未能在东方对苏开战。[③] 还有人认为，该约是一个为了本民族的利益而牺牲他国、纵容侵略的绥靖主义产物。[④]

如何评价抗战时期的中苏关系，学界也有探讨。有学者认为，评判抗战时期中苏关系是与非的标准，仅着眼于意识形态和社会制度是不够的。这一时期影响中苏关系的主要因素是两国的利益冲突，更为重要的是苏联对华政策中的大国沙文主义。还有学者认为，评论抗战期间中苏关系的是与非，必须实事求是，尊重历史，不作具体历史分析，全盘否定这一时期苏联对华政策，或过高评价国民党政府维护国家主权的行为，都不可取。[⑤] 当中苏两国的利益接近，或完全一致时，苏联的对华政策符合中国利益；当双方出现矛盾或冲突时，苏联对华政策就明显伤害中国利益。[⑥]

2. 抗战后期的中外关系。太平洋战争爆发后，中国参与领衔签署

① 参见王建朗《陶德曼调停中一些问题的再探讨》，《中共党史研究》1989 年第 4 期；易豪精《从“蜜月”到断交——抗日战争爆发前后中德关系的演变》，《中共党史研究》1995 年第 5 期；马振犊、戚如高《友乎？敌乎？德国与中国抗战》第 6—7 章。

② 参见齐世荣《中国抗日战争与国际关系（1931—1941）》，《世界历史》1987 年第 4 期。

③ 参见王春良《评日苏中立条约和雅尔塔协定》，《山东师范大学学报》1985 年第 1 期。

④ 参见厉声《苏日中立条约试析》，《苏联历史问题》1985 年第 2 期。

⑤ 参见孙才顺《如何评价抗战期间中苏关系中的是与非》，《抗日战争研究》2001 年第 3 期；王真《实事求是，尊重历史——怎样以科学的态度研究抗战时期中苏关系的是与非》，《抗日战争研究》2001 年第 4 期。

⑥ 参见栾景河《抗战期间苏联对华政策再研究》，载王建朗、栾景河主编《近代中国、东亚与世界》（下），社会科学文献出版社 2008 年版。

《联合国家宣言》。1943年1月，中国与英、美分别订立平等新约，废除了英、美在中国的不平等特权。战争后期，中国参与联合国的创建，并成为联合国安理会的常任理事国。中国的国际地位得到了显著的提高。学者们对此一致予以肯定，但在一些具体问题上则存在着分歧。如对1943年新约，一些学者认为应予充分肯定。中国人民争取废除不平等条约的斗争延续数十年，抗战期间得以实现，这是一个具有历史意义的事件。新约的订立，是包括中国共产党在内的全体中国人民奋勇抗战的直接结果。因此，肯定新约也是对中国全体军民抗日业绩的肯定。[①] 还有研究者指出，既然中国沦为半殖民地是以不平等条约的签订为起点，从法理角度看，废除不平等条约则应被视为中国摆脱半殖民地状态的标志。新约的签订，标志着中国已成为一个独立自主的国家。[②] 对此持异议者指出，新约并不标志着中国已经摆脱了半殖民地地位。新约废除的主要是政治特权，并未废除所有特权。而且英、美废弃的特权当时绝大部分为日本所占有，在打败日本前，不能说中国已成为真正的独立国家。[③]

新近的研究则从国民政府的自身外交出发，更加关注国民政府的主动外交行为。研究者指出，在走向政治大国的过程中，中国绝不只是一个被动的受提携的角色，而是有着自己的积极思考和筹划，这一思考从太平洋战争爆发后不久便已开始。无论是对周边国家抗日活动的支持，还是对设立战后国际组织的讨论，中国都有较早的筹划，并以一个大国的身份要求自己，规范自己。对于四强概念的确定与维持，对联合国组织若干原则的确立，中国都做出了自己的贡献，而不仅仅是一个美国政策的追随者。[④]

以英、美废约为先导，各国在战时和战后陆续与中国签订新约。然而，就在各国纷纷放弃其在华特权之时，中苏于1945年8月订立了有损中国主权的《中苏友好同盟条约》。1949年后相当长的时期内，学术界对这一条约持肯定态度。80年代改革开放后，出现了一分为二的评价，认为

---

① 参见王建朗《抗战时期中外关系概论》，载《民国档案与民国史学术讨论会论文集》，档案出版社1988年版。

② 参见陶文钊《中美关系史讨论会综述》，《近代史研究》1988年第6期。

③ 参见王淇《1943年“中美平等新约”签订的历史背景及其意义评析》，《中共党史研究》1989年第4期；《中美关系史讨论会综述》，《近代史研究》1988年第6期。

④ 参见王建朗《大国意识与大国作为——抗战后期的中国国际角色定位与外交努力》，《历史研究》2008年第6期；《太平洋战争爆发后国民政府外交战略与对外政策》，武汉大学出版社2010年版，引言部分。

苏联此举既有协助中国对日作战的一面，也有恢复沙俄在日俄战争中失去的权益的一面，不应全面肯定。[①] 近年来有学者明确指出，这是一个不平等条约，无论从条约谈判的背景、进程还是内容来看，其不平等性质都是不容置疑的。它对中国主权与领土完整的巨大损害，至今每一个中国人还能感受到。[②] 随着宋子文档案、俄国档案文献陆续解密，《中苏友好同盟条约》第二阶段的谈判得到更为细致的解读，向世人展现了国民政府“大国背后的辛酸”历程。[③]

中美关系是这一时期最重要的双边关系。美国出于对中国战时对日牵制作用和战后重要战略伙伴角色的期望，使中美关系迅速发展。美国积极扶助中国成为世界大国。但是，由于历史、文化、传统、价值观、制度和实力等方面的差异，中美双方的合作充满了摩擦与冲突。史迪威的去职便是抗战后期中美之间的一个重要事件。研究者们从各种角度研究后指出，史蒋矛盾不只是个人性格上的冲突，而是美国与国民党政策矛盾的体现。[④]

进入21世纪以来，随着美国斯坦福大学胡佛研究院开放阅览其所收藏、代管的宋子文档案、蒋介石日记等国民党要人的资料，围绕民国人物而展开的民国外交研究有了深入进展。王建朗使用蒋介石日记重新解读抗战后期的中美关系，指出太平洋战争爆发后，蒋介石对美国在欧亚战略的选择上严重不满，怀疑美国支持中国的诚意，并消极对待开罗会议，而史迪威事件进一步激化了美蒋矛盾。通过详细分析开罗会议及史迪威事件中美蒋之间所存在的分歧，认为蒋介石日记所展示的抗战后期中美之间的矛盾和冲突，其严重性大大超过人们以往的认识，而这最终导致了两者之间信任的逐渐流失。[⑤]

---

① 参见朱瑞真、单令魁《1945年的中苏友好同盟条约》，《苏联东欧问题》1984年第2期；潘志平《关于1945年中苏友好同盟条约的评价》，《世界史研究动态》1985年第9期。

② 参见刘存宽《重新评价1945年〈中苏友好同盟条约〉》，载抗日战争研究编辑部编《抗日战争胜利五十周年纪念集》；张振鹍《“二十一条”不是条约——评〈中国近代不平等条约选编与介绍〉》，《近代史研究》1999年第3期。

③ 参见王建朗《大国背后的辛酸——再议〈中苏友好同盟条约〉谈判》，载王建朗、栾景河主编《近代中国、东亚与世界》（下）。

④ 参见魏楚雄《论史迪威事件及其成因》，《近代史研究》1985年第1期；章百家《抗战时期中美合作的历史经验——由史迪威在华经历所想到的》，金光耀《蒋介石与史迪威和陈纳德的关系》，均载史迪威研究中心编《史迪威将军与中国》，重庆出版社1992年版。

⑤ 参见王建朗《信任的流失：从蒋介石日记看抗战后期的中美关系》，《近代史研究》2009年第3期。

同为中国的同盟国，英、美对华政策及国民政府对英美外交政策仍然存在差异，有亲疏之别。中英关系在这一时期并未有多大改善，相反，双方在一些重大问题上的分歧陆续凸显出来。英国对中国成为大国持怀疑和排斥态度，国民政府对于发展中英关系也兴趣平平，两国关系始终未因成为盟国而有多大好转。中国期望借助美国对英国有所制约，但美国在中英冲突中对中国的支持相当有限。①

美国从抗战后期开始卷入中国内部的国共斗争，赫尔利使华便是一个标志性的起点，学者们对此做了大量的研究。对于赫尔利的变化和袒蒋，大多数研究者都不赞成把它看成是个人行为，而认为赫尔利的行为符合或基本符合罗斯福的对华政策。但同时指出，赫尔利在扶蒋抑共方面有时比美国政府的政策走得更远，并对美国政策的转变起了推波助澜的作用。②

战时中美关系中的朝鲜问题也引起了注意，有学者将其称为东亚冷战的序幕。出于不同的实力地位、地缘关系、与朝鲜的历史文化渊源的差别，在战后朝鲜的安排上中美意见并不一致，而且美国不希望在朝鲜问题上排斥苏联，进而影响罗斯福总统所坚持的“四强”模式，这就导致朝鲜问题留置于太平洋战争结束时由美苏各自的军事态势来决定，从而为以后的冷战埋下了伏笔。③

七　解放战争时期的对外关系

资中筠的《美国对华政策的缘起和发展（1945—1950）》（重庆出版社 1987 年版），屠传德的《美国特使在中国（1945. 12—1947. 1）》（复旦大学出版社 1988 年版）以及一批高质量的论文，将这一时期中美关系的研究大大推进了。学者们认为，美国希望在战后亚太地区出现一个统一的亲美的中国。它既希望国民党继续掌权，又想避免在中国发生大规模内战。于是，便有了马歇尔使华。马歇尔提出的蓝图是：共产党交出军队，国民党让出一部分权力，将共产党统一到以国民党为主的联合政府中。有

---

①　参见王建朗《从蒋介石日记看抗战后期的中英美关系》，《民国档案》2008 年第 4 期。

②　参见牛军《赫尔利与 1945 年前后的国共谈判》，《近代史研究》1986 年第 1 期；陶文钊《赫尔利使华与美国政府扶蒋反共政策的确定》，《近代史研究》1987 年第 2 期；章百家《美国对华政策新解》，《历史研究》1990 年第 4 期。

③　参见刘晓原《东亚冷战序幕：中美战时外交中的朝鲜问题》，《史学月刊》2009 年第7 期。

学者将马歇尔调处时期的美国政策概括为“扶蒋溶共”。[①] 以 1946 年 3 月马歇尔返美述职为界，许多学者认为，马歇尔在此之前的调处大体上是公正的，并取得了一些积极的成果，但此后则越来越偏袒国民党。关于马歇尔调处失败的原因，研究者指出，这既在于美国政策内在的矛盾，也在于美国政策和中国现实的矛盾。美国的政策不可避免地具有不公正性。[②] 还有学者从更广阔的背景上展开考察，把它与此时的美苏关系和冷战的开始联系起来。西方冷战思想的一个重要方面，是把各国共产党都视为苏联扩张的工具。苏联在东北对中国共产党的支持使美国政府更加相信这一点。这对美国的在华举措产生了重要影响。[③] 学者们指出，马歇尔离华后，美国政策经历了一段“观望”时期，随之便转入公开的援蒋内战。但对于援蒋的方式和程度，美国政府内部存在着分歧。随着杜鲁门向国会提出援华法案，美行政当局与国会中的亲蒋势力的公开辩论达到高潮。国会最后通过的《1948 年援华法》是双方妥协的结果，但比较接近政府的有限援蒋的立场，即在抢救沉船时要量力而行，并要留有脱身的余地。[④] 美国政府在 1948 年秋冬已开始考虑脱身问题，多次拒绝国民党政府关于扩大援助的要求。研究者一般认为，1949 年 1 月艾奇逊接任国务卿后，设法摆脱国民党政府已成为美对华政策的主要考虑之一。但艾奇逊的政策受到了各方面的阻力，不能及时付诸实现，导致自己陷入泥沼而不能自拔。[⑤]

魏德迈使华及其与美国对华政策的转变问题也引起讨论。有研究者指出，尽管魏德迈的调查堪称尽心尽力，不辞劳苦，而且也的确搜集了极其丰富的资料，但是，魏德迈的调查并没有为美国的对华政策找到一条现实道路，其结果是有条件地援蒋政策的确立，这就使美国在既要干涉中国内战，又想免于卷入中国内部事务的自相矛盾的旋涡中越陷越深，无法自拔。[⑥]

---

① 参见屠传德《美国特使在中国》。

② 参见陶文钊《马歇尔使华与杜鲁门政府对华政策》，载《中美关系史论文集》第 2 辑。

③ 参见资中筠《美国对华政策的缘起和发展》第 4 章；时殷弘《杜鲁门政府对新中国的政策》，第 19—20 页。

④ 参见袁明《从 1947—1948 年的一场辩论看杜鲁门政府的对华政策》，载《中美关系史论文集》第 2 辑。

⑤ 参见《美国对华政策的缘起和发展》第 6 章。

⑥ 参见杨婉蓉《1947 年魏德迈使华与美国对华政策的转变》，载《中国社会科学院近代史研究所青年学术论坛 2008 年卷》，社会科学文献出版社 2009 年版。

关于国民党政府的对美政策，有学者指出，蒋介石制定战后对美政策有一个基本设想和信念，即美国将无条件地支持国民党政府，这也成为他发动并坚持内战的精神支柱。但蒋介石高估了由他领导的中国在美国全球战略中的地位，也高估了美国援助他的决心。美蒋关系是相互需要和利用的关系，各自的利益、目标和路径选择，实际上都存在着不可弥合的矛盾。①

有学者考察了1949年前后美国中情局间谍人员秘密潜入西藏的问题，以美国解密的国家档案为依据，详细考证马克南、白智仁秘密入藏的经历，还原了美国企图策动西藏分裂势力与新中国对抗的历史事实。② 依据已经公开的美国情报机构在中国内战时期的情报，有学者认为此一时期美国的对华情报工作存在许多问题，因而也影响到了其准确性和涵盖面。但大体上还是客观和可信的，依旧对美国的政策制定有一定的参考价值。③

战后初期，苏联表示了支持国民党政府统一中国的立场，但苏联并未认真地履行这一承诺。根据对新解密苏联档案文献的研究，有学者认为马歇尔调处与苏联政策的转变存在着内在联系。在马歇尔调处时期，苏联对华政策已经开始发生重大转变，即从支持国民党政府转变为有条件地支持中国革命。④ 有学者指出，直到渡江战役前，苏联都是“脚踩两只船”，分别做与国共两个政府发展关系的两手准备。⑤ 一些研究者认为，1949年初期斯大林曾派米高扬来华劝中国共产党不要打过长江，并有人回忆曾亲自听到毛泽东有关苏联劝阻中国共产党不要过江的谈话。⑥ 但另一些人认为这只是一个传说而已，并没有档案材料的依据。当时担任毛泽东翻译的师

---

① 参见饶戈平《1945——1949年国民党政府的对美政策》，《民国档案》1988年第2期；《蒋介石、国民党政府与美国》，载袁明等编《中美关系史上沉重的一页》，北京大学出版社1989年版。

② 参见程早霞、李晔《一九四九年前后美国中情局谍员秘密入藏探析》，《历史研究》2009年第5期。

③ 参见杨奎松《中国内战时期美国在华情报工作研究（1945—1949）》，《史学月刊》2009年第3期。

④ 参见陈晖《马歇尔使华与苏联对华政策》，《历史研究》2008年第6期。

⑤ 参见曲星《苏联在新中国建国前后的对华政策》，《国际共运》1986年第6期。

⑥ 参见向青《关于苏联劝阻解放大军过江之我见》，《党的文献》1989年第6期；廖盖隆《抗日战争后期和解放战争时期苏联与中国革命的关系》，《中共党史研究》1990年增刊；王方名《要实事求是，独立思考——回忆毛主席1957年的一次亲切谈话》，《人民日报》1979年1月2日。

哲也否认此事。[①] 1994 年，俄罗斯方面公布了 1949 年 1 月斯大林和毛泽东就国共谈判问题的往来电文。斯大林电文的基本精神是不赞成和谈，告诫中国共产党不要停止军事行动。研究者据此认为，所谓斯大林主张“划江而治”的说法是难以成立的。[②] 在新中国成立前夕，苏联驻华使馆却追随国民党政权由南京迁至广州，对此看似奇怪的现象，有学者指出，实际上，苏联驻华使馆撤离事件是苏联方面采取历史上惯用的双重对华政策的必然结果，既不是苏联方面对中国革命的进程判断失误，也不是苏联方面坚持了不干涉中国内政的原则。[③]

八　相关专题史的研究

1. 香港史和澳门史研究。对香港史的研究很长时期内未受到应有的重视。20 世纪 80 年代初，中国政府表明了收回香港主权的立场，而英方则辩称《南京条约》是符合国际法的。这一争论为香港史研究的发展提供了契机，中国学者开始重视香港史的研究。90 年代初，一批重要的科研成果纷纷问世，如余绳武、刘存宽主编的《19 世纪的香港》（香港麒麟书业公司、中华书局 1994 年版），余绳武、刘蜀永主编的《20 世纪的香港》（香港麒麟书业公司、中国大百科全书出版社 1995 年版），刘蜀永主编的《简明香港史》（香港三联书店 1998 年版）以及刘存宽的《香港史论丛》（香港麒麟书业公司 1998 年版）等。这些论著以大量的历史事实证明了割、租香港的三个不平等条约的不平等性，指出它们是以暴力方式强加给中国的，是对中国主权和领土完整的野蛮侵犯，从根本上违反了国际法的基本原则，因而没有任何法律效力。这些论著充分肯定香港华人对香港社会发展的重大贡献，将香港社会制度的发展、香港与内地的关系及中英之间的外交谈判，如实地展现于世人面前。学者们还从不同的角度探讨了香港对近代中国社会的各方面影响。[④]

同香港史研究相似，澳门史研究在 20 世纪 80 年代以来有了较大发展。

---

① 参见余湛、张光佑《关于斯大林曾否劝阻我过长江的问题》，《党的文献》1989 年第 1 期；师哲《陪同毛主席访苏》，《人物》1988 年第 5 期。

② 参见王真《斯大林与毛泽东 1949 年 1 月往来电文译析》，《近代史研究》1998 年第 2 期。

③ 参见栾景河《新中国成立前期苏联对华政策剖析——以苏联将使馆由南京撤至广州事件为中心》，《当代中国史研究》2003 年第 2 期。

④ 参见刘蜀永《从香港史看西方对近代中国社会的影响》，《史学集刊》1991 年第 2 期。

先后出版的专著和论文集主要有费成康的《澳门四百年》（上海人民出版社 1988 年版），黄鸿钊的《澳门史纲要》（福建人民出版社 1990 年版）以及《中国边疆史地研究》1999 年第 2 期的澳门专号等。对于 1887 年前葡人窃据澳门，而中国政府仍保有主权的历史，学者们看法基本一致，但对 1887 年后澳门的地位有着不同的看法。有的说是殖民地，认为中国由此对澳门失去了主权。[①] 有的认为是葡萄牙"永驻"的准殖民地。[②] 另有学者认为，葡萄牙虽然获得了永居权和管理权，却仍然承认澳门是中国的领土，领土主权仍在中国手中。澳门是由葡国管理的一块特殊的中国领土。此后，中国历届政府开展了对澳门恢复行使主权的长期斗争。[③] 21 世纪以来，有学者对赫德与"澳门属地"、"澳门地位"问题的关系进行探究，认为这是赫德以牺牲中国国家权益为代价，实现扩大自己权势和维护英国及列强在华权益的真实写照。[④]

2. 租界史研究。20 世纪 80 年代后期，租界史研究形成高潮，涌现了一批有较高学术价值的论文和专著。其中，比较有影响的专著有袁继成的《近代中国租界史稿》（中国财经出版社 1988 年版），费成康的《中国租界史》（上海社会科学院出版社 1991 年版），张洪祥的《近代中国通商口岸与租界》（天津人民出版社 1993 年版），尚克强、刘海岩主编的《天津租界社会研究》（天津人民出版社 1996 年版）。这些著作叙述了近代中国通商口岸、租界、租借地的形成和发展的过程及其客观影响，对租界的土地、法律和行政制度，租界的社会生活和租界文化等做了相当的研究，并介绍了中国收回租界和租借地的历史过程。

租界史研究中争论最大的一个问题是对租界历史作用的评价。有人认为，租界是帝国主义侵略中国的据点，租界的设立加深了中国的半殖民地化。[⑤] 另一些人则认为，租界对中国社会的影响是多方面的。租界以其复

---

① 参见许剑英《澳门沦丧略述》，《沈阳师院社会科学学报》1985 年第 2 期；王昭明《鸦片战争前后澳门地位的变化》，《近代史研究》1986 年第 3 期。

② 参见陈诗启《海关总税务司对鸦片税厘并征与粤海常关权力的争夺和葡萄牙的永驻澳门》，《中国社会经济史研究》1982 年第 1 期。

③ 参见黄鸿钊《澳门问题的历史回顾》，《南京大学学报》1987 年第 1 期；黄启臣《澳门主权问题始末》，《中国边疆史地问题研究》1999 年第 2 期。

④ 参见黄庆华《"澳门地位"、"澳门属地"与赫德》，载王建朗、栾景河主编《近代中国、东亚与世界》（下）。

⑤ 参见袁继成《近代中国租界史稿》。

杂的历史内容影响着中国早期的现代化，在中国近代历史运动中兼动力与阻力于一身。它既是侵害中国主权的“国中之国”，又以现代化的市政建设和市政管理对中国城市的建设和管理起着示范作用；它既是殖民地侵略的桥头堡，又是资本主义世界在封建主义中国的一块“飞地”，客观上具有扩散资本主义文化促进中国社会新陈代谢的功能。租界刺激了沿海沿江城市经济和民族工业的发展。[①]

3. 传教士的活动与作用。20 世纪 80 年代之前，有关基督教在华传播史的研究非常薄弱。传教基本被看作是宗教侵华和文化侵略。顾长声的《传教士与近代中国》（上海人民出版社 1981 年版）可称为内地全面研究传教士问题的拓荒性著作，资料丰富翔实，但该书未能超越文化侵略模式。顾长声于 1985 年出版的《从马礼逊到司徒雷登》，其观点则有所变化，对一些在中西文化交流中起过桥梁作用的传教士作了肯定的评价。80 年代下半期以来，传教史研究逐渐成为热点之一。顾卫民的《基督教与近代中国社会》（上海人民出版社 1996 年版）和王立新的《美国传教士与晚清中国现代化》（天津人民出版社 1997 年版），是近年较有影响的全面探讨传教士在华活动的综合性著作。

多数学者认为，传教士的活动是在中国沦为半殖民地的背景下展开的，他们既是西方殖民势力的一员，也是西方文化的传播者，对其活动作绝对肯定或绝对否定的评价都是片面的。传播西学并非传教士来华的初衷，但传教士的文化活动在客观上起到积极作用，他们把西方的科学知识和技术引到中国，对中国的教育、医药、新闻、出版等事业的发展产生了推动作用。[②] 在肯定传教士积极作用的同时，有学者进一步指出，传教士对中国现代化的进程还产生着逆向作用。传教士的知识水平、宗教和种族偏见以及功利目标限制了他们的视野，降低了其活动的进步性、科学性和应有的价值，甚至造成对中国现代化的误导。[③]

---

① 参见张仲礼等《近代上海城市的发展、特点和研究理论》，《近代史研究》1991 年第 4 期；丁日初《再论上海成为近代中国经济中心的条件》，《近代史研究》1994 年第 1 期；周积明《租界与中国早期现代化》，《江汉论坛》1997 年第 6 期。

② 参见史静寰《狄考文和司徒雷登在华教育活动》，台湾文津出版社 1991 年版；梁碧莹《美国传教士与近代中西文化交流》，载《新的视野——中美关系史论文集》第 3 辑。

③ 参见王立新《美国传教士与晚清中国现代化》，结语部分。

第三节　几点感想

60 多年来，近代中外关系史研究已经发展成一个包含着若干子学科的大型学科。成就很大，但问题还是存在的。要把近代中外关系史研究继续向前推进，需要更宽广的视野、更宏观的思维和更严谨的学风。

一是更宽广的视野。列强在对中国进行侵略的同时，也输入了资本主义的生产方式和资产阶级的政治学说，从而为中国传统社会的变革注入了新的因素。对于近代中外关系史，应该有，也应该允许有不同角度的考察。已有的研究大体上是从两个角度着眼的：一种是从国家主权和民族地位的角度，研究列强的侵略如何使中国一步步沦为半殖民地，中国人民如何反抗和斗争，终于迎来民族独立国家振兴；一种是从社会发展的角度，研究中国人认识西方学习西方的过程，从认识船坚炮利到兴办近代工业，从接受科学知识到接受政治观念，进而进行民族革命和社会革命。在这两种不同的视角之间，常常会出现一些并非必要的论争。然而，强求以一种标准来统一视角是不可取的。放眼看来，恰恰是这两个看似矛盾的方面共同构成了中外关系发展的统一体。只有注意从这两个方面去考察历史发展，才能全面地说明近代中外关系史的内容。

宽广的视野也是研究每一个具体问题时所必须具备的。近代中国是列强在东方汇聚的最大舞台（在亚洲其他国家，大抵是某个列强发挥着主要影响），各种关系错综复杂。以中美关系而言，研究 19 世纪的美国对华外交就不能离开研究英国，研究民国初年到 20 世纪 40 年代中期则不能离开日本，40 年代中后期又不能离开苏联。这些国家在很大程度上影响了美国对华政策的方向和程度。一些从事双边关系史研究的学者，常常容易犯忽视多边关系影响的错误。如一些学者在探讨 20 世纪 40 年代后期美国对华政策的若干问题时，忽略了美苏关系对此时美国决策的极大影响，这便影响了研究成果的深度和精确性。

二是更宏观的思维。迄今为止，我们对若干重大事件的微观研究都取得了相当的进展，但在宏观的观察上则远远不够。比如，对于近代中外关系发展线索的描述，我们依据的常常是革命史的发展线索和阶段划分，而忽视了中外关系本身的特殊性质。对近代中国人的民族观和世界观的演变、中国近代外交思想和外交战略的演变以及外交家群体的研究等，都是极为薄弱的环节。迄今我们尚无外交思想发展史的专著，文章也很少见。缺少了对外交思想史的研究，就很难说近代中外关系史研究已经成为一个门类齐全的学科。

缺乏宏观的眼光，历史的叙述便失去了连续性。一些具体事件的评论大多是就事论事，而很少在历史发展的长河中探索这一事件的存在意义，它的发展性或它的转折性。比如说，对民国历届政府在修订不平等条约方面的努力，如果不考虑处于弱势的中国在强大阻力面前的一步步的艰难前进，不作纵向的前后比较，而只是指责其缺乏勇气彻底废约，便似乎有违历史地考察问题的方法。关于这一点，列宁曾经说过："判断历史的功绩，不是根据历史活动家没有提供现代所要求的东西，而是根据他们比他们的前辈提供了新的东西。"①

三是更严谨的学风。从事学术研究的一个基本前提，就是必须对设定课题的已有成果有一个通盘的了解。唯有如此，才能谈得上深入。然而，不愿做深入细致的检索，忽视前人研究成果的现象并不少见。由此，便出现了大量的重复研究。在若干问题上，我们都可以看到既没有新资料又没有新观点的面孔类似的文章。有低水平的重复，也有对已被公开指正的错误史实或论断的重复，还有的人费了不少心力，到头来做的只是无用功。如关于引发九一八事变的柳条湖事件，在日方当事人公开发表文章对此供认不讳多年后，还有人仅仅依据中方史料，撰文推断日方制造该事件。

严谨的学风还要求在研究中（无论是在措辞还是在观点上）避免过分情绪化。近年来，那些非学术性的措辞、陈套已不多见，但情绪化的思考方法仍然存在。中国一跨入近代社会便处于屈辱的地位，这使得人们对列强的侵略、对中国旧政府的妥协自然地产生出憎恨情绪，在研究中便容易产生责之唯恐不严的倾向。在涉及统治者的对外交涉—妥协—投降的关系时，常常有人将交涉看作是妥协甚至是投降的代名词。如与林则徐同样主张睁眼看世界的徐继畬，在神光寺事件中，他和林则徐都想驱逐英人出城，但提出的解决问题的方法不同，徐就被视为投降派人物，这是不公正的。

在近代中外关系史学科内，各个专门领域的发展是不平衡的。以国别而言，除了美、日、俄（苏）、英等几个大国外，对中国与包括法国在内

① 列宁：《评经济浪漫主义》，《列宁全集》第2卷，人民出版社1959年版，第150页。

的其他国家的双边关系研究都很薄弱；以门类而言，对中外经济和文化关系的研究，近年来有所进展，但仍显薄弱。近代中外关系史的研究要向前推进，除了要在已有相当基础的问题上进一步深入外，还需花大力气去开拓和发展新领域，提出和探索新课题。只有在这一方面也取得重大进展，近代中外关系史研究才能真正成为一门系统的科学的全面发展的学科。

第十一章
社会史

1987年春，《历史研究》推出一组关于社会史研究的论文和相关的学术研究综述[①]，为改革开放以后的新时期的历史研究提示了一个新的愿景。许多学者表达了对未来前景的憧憬或向往："可以预计，随着社会史研究的开展，历史学将进入一个新阶段，将出现繁荣局面。"[②]"我们有理由相信，社会史复兴的势头不可逆转，蓓蕾初现的社会史之花，必将以自己绚丽色彩的独特风貌，盛开于万紫千红的学术园林。"[③]这种期待在学者的共同努力下，经过短短几年的辛勤耕耘，就赢得了学界的瞩目，"社会史，或者说新社会史、新史学的研究在历史学界似乎已经成为一种'显学'，或被视为史学界的主流"[④]。然而，勃然而起的社会史研究及其理论追求的原动力，显然不是学者个人的心血来潮，而是史学内在追求与时代需求相互促动的历史成果。

第一节 史学困局与社会史的萌动

尽管"重视社会史研究是中国史学的一个传统"，"1949年以前，学

---

① 参见冯尔康《开展社会史研究》，陆震《关于社会史研究的学科对象诸问题》，宋德金《开拓研究领域 促进史学繁荣——中国社会史研讨会述评》，均载《历史研究》1987年第1期。

② 冯尔康：《开展社会史研究》，《历史研究》1987年第1期。

③ 陆震：《关于社会史研究的学科对象诸问题》，《历史研究》1987年第1期。

④ 冯尔康：《中国社会史概论·前言》，高等教育出版社2004年版，第1页。

者们在社会史研究方面就程度不同地有过相当不错的理念和著作”[①]，而且仅就研究内容而言，1949 年至 1966 年共出版中国社会史书籍 58 种[②]，但实际上就基本理念、研究范式而言，这些成果仍属于“革命史”或“阶级斗争史”或“社会形态史”中的一部分，与今天人们所理解的社会史研究尚有时代性差别。严格意义上的社会史研究应该是改革开放以后的新时期的产物。

20 世纪 80 年代，当思想领域改革开放的春天出现后，史学界的理论思考也进入极为活跃的时期。“历史发展动力论”和“历史创造者”的大讨论[③]，成为中国史学界思想、理论转向的一个重要风向标。在批判“文革史学”的同时，人们也对以阶级斗争为主线、以“革命运动”为主导内容的史学理念提出了强烈质疑并进行深刻反省。同时，面对“以经济建设为中心”的时代任务，面对人们社会生活的新变动，中国历史学如何确立自己在新时期应有的地位和实现自身的学术价值等问题，就成为人们必须关注却又并非能够即刻解决的课题。只有在充满选择的时代，才能激发出富有思想意义的课题。正是在这种特定历史条件下，人们感受到了所谓“史学危机”的存在和由此而生成的压力。

“在 1983—1985 年五年间，‘史学危机’成了史学界的一个主题词，其先，是由大学生和青年学者提出，继而，整个史学界都卷入了‘是否存在史学危机，史学危机症结何在?’的讨论。”[④] 张芝联在总结 1976—1989 年中国史学成绩的基础上，提出了四个值得注意的问题，其中即包括“史学危机”[⑤]。80 年代以来，随着社会主义市场经济的确立，史学对于政治生活、对于当时的市场经济已显得无用武之地，于是，注重当前社会，为现实、为社会服务的史学传统促使史学工作者以新的时代眼光去审视史学，在更大的范围内挖掘史学的功用，为史学的发展寻找出路。这一阶段进行的探讨呈现出多角度、多方位的特点，它既表现出学者们的理性思

① 李良玉、蔡少卿：《六十年来的中国近代社会史研究》，《南京晓庄学院学报》2010 年第 4 期。

② 据冯尔康等的《中国社会史研究概述》（天津教育出版社 1988 年版）所载书目。

③ 1979 年 3 月，中国社会科学院在成都召开历史科学规划会议，与会学者提出了“历史发展动力问题的讨论”，随即，在全国学术界（已经超出历史学界而成为整个思想界的热点）出现了关于“历史动力论”讨论潮。不久，关于“历史创造者”的讨论又掀起另一轮热潮。

④ 邹兆辰、江涓、邓京力：《新时期中国史学思潮》，当代中国出版社 2001 年版，第 35 页。

⑤ 张芝联：《当代中国史学的成就与困惑》，《史学理论研究》1994 年第 4 期。

维，也透露出学者们的急切心情。学者们从考察“史学危机”的原因入手，有人认为，是居主导地位的马克思主义史学体系及其理论在理解和具体运用上发生的偏差，导致其理论体系的功能衰竭而引起史学危机；有人认为，是由于商品经济大潮的冲击，史学传统价值被颠覆，从而导致历史学面临严峻考验；也有人认为，“史学危机”根本就不存在，所谓的“危机”，对史学来说，不过是史学向自身的正常回归，对史学家来说，是由史学家自身的体验对比而产生的一种失落感。上述“危机论”表明了史学家在共同关注着同一个问题，即在新的历史时期，史学家如何运用新的科学理论方法，开展有效的科学工作来充分发挥史学的社会功能，从而使史学得到健康繁荣的发展。于是，这一问题再度掀起对“历史与现实关系”和“史学的社会功能”等问题的讨论高潮。虽然人们对于“史学危机”本身还难以完全取得认同，但却不能不承认史学本身面临着不容回避的时代挑战和寻求新突破的巨大压力的问题。

面对所谓“史学危机”，史学界提出种种解决的途径和方案，有人提出了“应用史学”的理论。应用史学理论显然在强调史学的社会功能和现实关怀，以充分体现史学的实用价值。1949 年以后的中国史学，与其他人文学科一样，曾经包裹了一层浓厚的意识形态外壳，成为历次政治运动、政治宣传的附庸和工具。80 年代以来，史学逐步挣脱意识形态的硬壳，还原为史学本身，但也因此引发了一场不大不小的“史学危机”。不管意识形态史学原来在方法上是多么机械、简陋，总是提供了一个自成一体的宏大叙事。一旦这套模式解体，将如何阐释历史？整个 80 年代都为此而焦虑，希望重新建构一个替代性的宏大叙事模式。各种试图冲破陈规旧矩的创新和努力，就在“史学危机”深沉的压力下萌动了——“社会史”不过是当时众多含苞待放花蕾中较为独特的一枝而已。

“史学危机”无疑是“新时期”史学转向的历史前提。“于是，有关‘史学危机’的讨论成为史学的自我反省和重新定位，成为对史学发展道路的探讨和预见。”“与‘史学危机’讨论同时兴起的，是‘三论’热、历史发展合力论和‘历史创造者’的争鸣”，是“‘文化史’与‘社会史’的倡导”。[①] 当人们着意于新的史学领域的开拓和新史学理论的建构时，强烈的批判意识和深刻的反思情怀必然如影随形。田居俭在《中国社会史研

① 邹兆辰、江湄、邓京力：《新时期中国史学思潮》，当代中国出版社 2001 年版，第 35 页。

究的反思与展望》（《社会科学战线》1989 年第 3 期）中说："由于'左'的思潮影响和教条主义的束缚，人们对历史唯物主义的认识和理解日益僵化和片面，过分夸大阶级斗争效应，绝对固守单因果的阶级分析方法，把错综复杂的社会历史简单地归结为阶级斗争的历史……从而摒弃了阶级关系之外的其他社会关系，将丰富多彩的社会生活斥之为'庸俗'、'烦琐'、'宣扬剥削阶级腐朽生活方式'，粗暴地驱逐于史学殿堂的门槛之外，轻率地中断了中国治史的优良传统。"因此，"史学危机"之所以形成的深层原因之一就在于"把'历史的内容'排出了历史，史学研究必然要出现偏颇和失误"。从而，"积极倡导'复兴和加强社会生活史的研究'"就是"史学走出'危机'的一条切实可行的途径"①。

作为中国社会史首倡者的冯尔康也怀有强烈的解脱"史学危机"的意识。他认为："开展社会史研究是历史学走向繁荣的途径和走向新阶段的起点，这是进行社会史研究的第三个意义。现在有些历史学工作者认为史学处在危机中，不被人重视，因而思考史学的功能与出路。"而"社会史恰能充当此任"。可以看出，"史学危机"给人们的主动进取和谋求新突破造成了不容忽视的现实压力，并由此转变为符合时代需求的动力。"开展社会史研究的实践，会证明社会史带动史学突破性发展的积极作用。"② 史学发展的内在要求构成"社会史"萌发的动因，是当时积极倡导社会史研究的学者共同的切身感受。"就历史学说，研究领域日趋窄小，研究课题严重老化，而史学领域中的这种重症或者说是危机，也可以看作哲学社会科学各学科状况的一个缩影。"在思想解放已经渐成气候的情况下，"人们对上述病症的反应，随着生活实践，从隐隐约约的感受发展为明确而强烈的认识"。"社会史研究在今天复兴，正是上述反省的必然结果。"③ 由危机而形成压力，由压力而生成动力，无疑是"新时期"众多史学工作者走向社会史研究的必由之路。王家范的认识具有相当代表性，他说："社会史首先应作为传统史学的叛逆角色出现在学术舞台上。""当前史学遇到的危机实质上是社会信任的危机。以政治史为核心、深深纠缠于'史件—人物'固定框架的史学传统，显得老态龙钟，无力回应社会变革对史学提出

① 田居俭：《史学通向"柳暗花明"的一条途径》，《光明日报》1986 年 6 月 20 日。

② 冯尔康：《开展社会史研究》，《历史研究》1987 年第 1 期。

③ 陆震：《关于社会史研究的学科对象诸问题》，《历史研究》1987 年第 1 期。

的一系列斯芬克斯之谜。”正是“其深重得多的危机意识迫使史学工作者由西方的启示而找寻解脱的生机。文化史与社会史的崛起，便是由不同角度作出的选择”。①

龚自珍说过，“一代之兴必有一代之学”。是的，“十余年后，当我们为行程中的当代史学回首来路时，不难发现：响彻当时史学界的‘危机’之声正是一个新的史学发展时期的开端”②。而且，那份旨在解脱“史学危机”的使命感和责任意识，已经融化于“社会史”的学术诉求之中，成为其与生俱来的特性之一。1987 年第 1 期《历史研究》评论员文章就以《把历史的内容还给历史》为题，表达了这种学术情怀：吁请史学界扩大视野，复兴和加强关于社会生活发展的研究，以“突破流行半个多世纪的经济、政治、文化三足鼎立的通史、断代史等著述格局”。

“社会史”的兴起，既是当代社会对于史学研究的一种时代呼唤，也是史学对这一时代要求的自觉回应。③ 因此，社会史学对于冲破传统史学的僵化模式、片面注重政治史和革命史的著史格局、理论方法单一的倾向具有“革命”意义，也正由于此，社会史学在短短几年时间里异军突起，备受瞩目。人们惊喜地发现：超脱既往的研究模式和束缚之后，社会史展现给人们的是更为广阔的领地，而且这一领域的开拓所具备的学术价值和社会意义将是深远而持久的。

第二节　三个发展阶段

1986 年 10 月，由南开大学、天津人民出版社、《历史研究》编辑部等单位共同发起，在天津召开了第一届中国社会史研讨会。这次会议大致上可以看作学术界有计划地恢复社会史研究活动的开始。会后《历史研究》集中刊发了一组讨论“中国社会史研究对象和研究范围”的论文，并且还发表了《历史研究》评论员文章：《把历史的内容还给历史》。这在学术界引起了很大震动和反响，标志着中国历史学研究理论和方法的新转向。当时，中国近现代史学者是倡导和推动社会史研究的主要力量。由此开

① 王家范：《中国社会史学科建设刍议》，《历史研究》1989 年第 3 期。

② 邹兆辰、江湄、邓京力：《新时期中国史学思潮》，第 35 页。

③ 参见王先明《中国近代社会史研究的理论思考——兼论历史学的社会学化》，《近代史研究》1993 年第 4 期。

始，中国近代社会史研究日渐兴盛繁荣，成为中国近现代史领域最令人瞩目和最富有活力的方向。概括起来，20 年来的中国近代社会史研究历程可分为三个阶段。

一　学科复兴阶段（1986—1990）

1986 年 10 月第一届中国社会史学术讨论会召开，宣告了中国社会史学科的诞生。此后，在各方面共同努力下，不间断地举行每两年一届的全国性研讨活动，使得社会史研究稳步扎实地持续发展，取得了令人欣喜的成就。80 年代后期以来，中国人民大学、中国社会科学院近代史研究所和历史研究所、南开大学、山西大学、南京大学等院所先后组织了一批社会史研究课题，或建立了研究室，不少高校开设了社会史课程。社会史学科开始获得学术界的基本认同而得以复兴。

1986 年至 1990 年，天津人民出版社率先推出社会史丛书 4 种。1989 年起浙江人民出版社与南京大学合作，前后历时 7 年，组织出版了中国社会史丛书全套 20 种。据粗略统计，仅 1986 年至 1994 年间出版的中国社会史图书就有 120 多种，同期发表论文 700 多篇，其中中国近代社会史 240 篇。

总体而言，在社会史复兴的第一阶段，其成就主要体现为对于“社会史学科对象及其研究范围”形成了相对的共识。1986 年 10 月中国社会史研讨会的主题围绕着社会史学科的基本问题展开：即“中国社会史的研究对象、范畴”、“社会史与其他学科的关系”、“开展社会史研究的意义以及若干属于社会史研究范畴”等。这次会议将社会史定位成专门史或一个流派，在研究方法上提出要借鉴社会学、民俗学、人类学等学科的理论与方法，可以看作学术界有计划组织和推动社会史研究活动的开始，对重建和复兴中国社会史研究工作意义重大。其后的三次学术会议，虽然主题略有不同，但对社会史研究对象、社会史的学科特征和研究方法的关注仍很强烈。对这一问题的讨论持续到 90 年代初，它也构成了这一阶段中国近代社会史研究的主要课题。关于这一问题的基本成果可以概述为几点：

第一，认为社会史研究历史上人们社会生活的运动体系，亦即以人们的群体生活与生活方式为研究对象，以社会组织、社会结构、人口社会、社会生活方式、物质与精神生活习俗为研究范畴，揭示其在历史上的发展变化及在历史进程中的地位和作用。

第二，认为社会史是一种整体的历史。因为真正能够反映一个过去的时代全部面貌的应该是通史，而通史总是社会史。史学研究应当注意人们在生产中形成的，与一定生产力发展程度相适应的生产关系的总和。因而，由此延伸出来的以经济活动为基础的种种人际关系都应成为社会史研究的对象。

第三，认为社会史的专门研究领域是社会，即是不包含政治、经济、文化等在内的所有社会生活。此种观点认为，社会史的内容应当包括三个层次，即社会构成、社会生活、社会功能。近似的观点认为社会史的研究领域包括社会环境、社会构成、社会关系、社会意识、社会问题、社会变迁等方面。

第四，认为社会史不是一个特定的史学领域，而是一种新的视角、新的路径，亦即一种“自下而上”地研究历史的史学范式。

第五，认为社会史是以“人”为轴心的历史。它应当注意自觉地造就人，准确地把握人，真实地再现人，合理地批评人，强烈地感染人。还有人指出，社会史以“人”为核心，不是指某个具体的人，而是作为某个阶级、阶层或集团的整体意义的人的历史的演变。

对这些问题的讨论，学术界至今也还未能达成完全一致的认识，但却在学科理论层面上形成了大致认可的范围。通过对社会史定义、研究对象和范畴的阐释，在广泛争论的基础上，学界形成了相对稳定的“专史说”、“通史说”、“范式说”、“视角说”等观点，由此掀起了社会史研究的一次高潮。上述问题的提出和争论，对于推进中国近代社会史的研究具有重要意义。

二 体系建构阶段（1991—2000）

1990 年之前，已有若干专题性的中国近代社会史研究成果面世，如关于中国近代秘密社会史的研究就有蔡少卿的《中国近代会党史研究》（中华书局 1987 年版）、秦宝琦的《清前期天地会研究》（中国人民大学出版社 1988 年版）。90 年代以后社会史研究呈现更加强劲的势头，专题性的中国近代社会史研究成果层出不穷，成为成果丰硕的学术方向之一。如关于中国近代秘密社会史的研究就有李世瑜的《现代华北秘密宗教》（上海文艺出版社 1990 年影印版）、濮文起的《中国民间秘密宗教》（浙江人民出版社 1991 年版）、苏智良的《近代上海黑社会研究》（浙江人民出版社 1991 年版）和周育民、邵雍的《中国帮会史》（上海人民出版社 1993 年版）、黄建远的《清、红、黑》（江苏人民出版社 1998 年版）、刘才赋的

《通天教主》（江苏人民出版社 1998 年版）等著作的出版。在近代社会生活和社团研究方面有严昌洪的《中国近代社会风俗史》（浙江人民出版社 1992 年版）、桑兵的《清末新知识界的社团与活动》（生活·读书·新知三联书店 1995 年版）、李良玉的《动荡时代的知识分子》（浙江人民出版社 1990 年版）等著作。在中国近代社会结构史方面有姜涛的《中国近代人口史》（浙江人民出版社 1993 年版）、王先明的《近代绅士：一个封建阶层的历史命运》（天津人民出版社 1997 年版）、马敏的《官商之间——社会剧变中的近代绅商》（天津人民出版社 1994 年版）、贺跃夫的《晚清士绅与近代社会变迁：兼与日本士族比较》（广东人民出版社 1998 年版）等著作。1998 年前后，上海文艺出版社、江苏人民出版社等，也相继出版社会史丛书近 20 种。似乎可以说，中国近代社会史研究走向繁荣的阶段已经开始。

虽然专题性的中国近代社会史研究成果颇多，但真正对于学科发展具有影响意义的，却是社会史学科体系研究的成果。1992 年，出版了乔志强主编的《中国近代社会史》（人民出版社 1992 年版）和陈旭麓的《中国近代社会的新陈代谢》（上海人民出版社 1992 年版）。其后，龚书铎主编的 8 卷本《中国社会通史》（山西教育出版社 1996 年版）问世。这些著作的出版，为当时的社会史研究划出了一个相对明晰的研究范围，并且将理论架构与史实结合起来，使社会史的学科特征得到相对完整的体现。它们的出版标志着中国近代社会史学科体系的初步形成。

《中国近代社会史》一书提出了社会史的学科体系，认为它主要包括三个方面，即“社会构成；社会生活；社会功能等”。与《中国近代社会史》所持专史说不同，陈旭麓则提出社会史实际上就是通史，他认为“经济史、文化史毕竟以专史为归属，其议旨和范围都有限度，真正能够反映一个过去了时代全部面貌的应该是通史，而通史总是社会史”。这一阶段社会史学科体系研究呈现出以下一些特色：第一，在研究时段上，大多选取了变化剧烈的近代社会作为研究对象，近代社会史在中国社会史复兴与研究中扮演了重要角色。第二，中国近代社会史的理论建构，更多地借鉴和运用了社会学的理论和方法；“社会学化”倾向一定程度上导致了史学特征的失落。第三，近代社会史理论构架虽有分歧，特点各异，但从总体理论构建上却有惊人的相似性。首先，都是以“社会”来观照内容，并把近代社会史析分为三个方面，并赋予其具体的内容。其次，都是从历史上的社会（横断面）而不是从社会的历史（纵剖面）来确定整体的理论体系。

对此，我称之为“三板块结构”，即近代中国社会嬗替变迁的总体历史进程，在“社会构成、社会生活、社会职能（或社会意识）”的“社会学化”理论体系中根本无法凸显，导致社会史变为“社会学的历史投影”。这等于是从三个侧面表现的历史的社会，而不是“社会的历史”。中国近代社会史的理论架构具有将社会学理论简单移植的倾向，这导致了历史学的社会学化的趋向，应该引起学术界的重视。①

三　稳步发展阶段（2001 年后）

关于中国近代社会史学科体系的讨论，在 20 世纪之末已经趋于沉寂，不再成为学界关注的话题。学术研究的兴趣更多地集中在专题社会史的研究方面，或者说更着重于问题意识的凸显和新领域的开拓，由此推动着中国近代社会史研究走上稳步发展的轨道。就这一阶段的研究特点而言，当可关注以下几个方面。

一是问题意识的突出。21 世纪以来的中国近代社会史研究更加突出问题意识。这在 20 世纪末就已经成为共识，即不再继续讨论宏观性的学科对象和范畴，而是坚持以问题为导向，使社会史研究逐步走向深入。1998 年苏州第七届研讨会将“家庭、社区、大众心态变迁”确定为会议主题；2002 年上海会议主题为“国家、地方民众互动与社会变迁”；2004 年厦门会议主题为“仪式、习俗与社会变迁”。社会史学术讨论会的“问题”的凝练，使得全国学者能够相对集中地从不同角度和知识背景对同一问题展开研究，相对而言，既可避免学术研究中的“自言自语”（即因为学术话语不同，研究课题不同，无法展开讨论和对话，社会史学界称之为“自言自语”），也能促使研究课题的深化。而且这些“问题”的集合，事实上就揭示着社会史研究逐步走向深入的历史进程。

二是研究领域的扩展。近代区域社会史研究的兴盛，近代城市史、乡村史以及近代灾荒史研究的发展等，极大地扩展着中国近代社会史研究的领域。特别需要关注的是，社会史学界开始注意研究基层“社会空间”的构造及其转换问题，以区别于以往史学界对上层政治空间与制度安排的单

---

① 王先明：《中国近代社会史研究的理论思考——兼论历史学的社会学化》，《近代史研究》1993 年第 4 期。

纯关注，使社会史研究在方法论意义上实现了“区域转向”。“区域社会史”逐渐成为中国社会史研究的主流，在学术界约定俗成地出现了诸如“华北模式”“关中模式”“江南模式”“岭南模式”等的研究范式。

三是历史人类学的兴起。随着社会史的深入发展和区域社会史的兴起，人类学的方法对社会史研究的影响越来越大，在具体研究中得到了较为普遍的运用。勒高夫曾在《新史学》中指出，历史学要“优先与人类学对话”，新史学的发展“可能是历史学、人类学和社会学这三门最接近的社会科学实行合作”。勒高夫称之为“历史人类学”。一批中青年学者一方面开始注意建立具有自己特色的人文社会科学研究的方法体系和学术范畴；另一方面，重视民间文献和口述资料的搜集和整理。它代表着人类学与历史学，尤其是与社会史学科整合的一种努力。

第三节　近代社会史研究的新走向

中国近代社会史研究在 20 世纪 90 年代后进入持续稳定的发展状态，其研究领域和选题呈现着日趋扩大的趋势，其研究理论和方法在某些方面也走向成熟。中国近代社会史研究的新成果不断涌现，为新时期中国史学发展做出了新的贡献。它所呈现出的时代趋向主要是：

1. 区域社会史研究成果突出，其理论研究也日趋深化。90 年代以后，区域社会史研究日见繁盛，并呈现出中国社会史研究路向选取的区域化特征。区域史研究成果的丰富多样和千姿百态，对于史学研究传统取向的转换、研究问题的深入展开和基本研究格局的改变，具有显而易见的作用。因而，区域史研究构成中国近代社会史研究的主要方面。

王笛的《跨出封闭的世界：长江上游区域社会研究（1644—1911）》（中华书局 2001 年版）是较早的有代表性的区域社会史研究专著。它分别从自然地理与经济地理，人口、耕地与粮食，农村经济与农业发展，区域贸易与市场网络，手工业与工业，政治结构与地方社会秩序，新旧教育体制的变动，社会组织及其功能的变化，社区、社会阶层与社会生活，传统文化与近代意识等方面，对这一区域的近代化进程做了整体的研究。江南区域社会史研究的成果相对集中，段本洛《苏南近代社会经济史》（中国商业出版社 1997 年版）、马俊亚《混合与发展：江南地区传统社会经济的现代演变（1900—1950）》（社会科学文献出版社 2003 年版）、小田《江南乡镇社会的近代转型》（中国商业出版社 1997 年版）等，分别从区域经济社会的现代演变、乡镇社会转型进程方面，对近代江南区域社会进行了比较深入的研究。李学昌主编的《20 世纪南汇农村社会变迁》（华东师范大学出版社 2001 年版）也是特色鲜明的著作，它从历史典籍、民间文献与实地调查入手，围绕社会变迁的主要层面和变数，追踪和描述了南汇农村社会变迁轨迹，并提出了区域社会变迁的理论认识。

华北区域社会史研究也是近年来研究比较集中的领域。乔志强主编《近代华北农村社会变迁》（人民出版社 1998 年版），苑书义等人著《艰难的转轨历程——近代华北经济与社会发展研究》（人民出版社 1997 年版），郑起东著《转型期的华北农村社会》（上海书店出版社 2004 年版）等著作，推动着近代华北区域社会史研究走向深入。苑著主要立足于经济因素，从农业与农村、城市经济与社会结构、政治制度的变迁几方面入手，探讨近代华北经济与社会发展的相关性。郑著则以专题展开，从农村权力结构、社会组织、国家对农村的征派、农村经济生活要素、农民物质生活状况方面讨论了近代华北区域社会变迁问题。相对而言，乔编的视野更为广阔，它以 19 章的篇幅从人口、婚姻、家庭、宗族、阶级、阶层、市场交换、城市化与城乡关系、物质生活、社会风俗、民间信仰、社会心理、人际关系、乡村教育、基层政权、地方自治、灾荒救治、社会问题以及社会变迁诸多方面，对这一区域社会变迁进行了系统研究。而且此书力求在社会史的“知识体系”中寻找“一条主线贯穿其中”，并以“传统社会向近代社会的演化”作为其“主线”（见此书《绪论》第 17 页）。魏宏运主编的《二十世纪三四十年代太行山地区社会调查与研究》（人民出版社 2003 年版）从自然环境与社会制度、小农社会的农业变革、农村商业集市、工矿业的兴起、村落、家庭与家族的变迁、农村新文化与新风尚等多角度，对这一区域的乡村社会变迁做了全面系统的研究。张利民等著的《近代环渤海地区经济与社会研究》（天津社会科学院出版社 2003 年版），是内地第一部研究环渤海区域社会现代化的专著。作者不仅探讨了农业经济、沿海贸易、农村市场、交通体系、工业体系在区域社会发展中的作用，而且也着重描述了区域市场网络、区域现代化进程以及社会流动、社会生活、社会结构的近代变动，并力求揭示区域社会近代化的特点。

伴随着近代区域社会史专题研究的深入，区域社会史研究的理论指向也十分明显。李文海认为，研究区域史首先要着重发现和揭示这个区域同其他区域不同的特色；其次要树立全局观念，不能就区域谈区域；再次要有综合观念，要揭示区域内各种要素的相互联系；最后要特别强调学科的交叉。① 就此问题，《学术月刊》2006 年以专栏形式发表一组集中讨论的论文：唐力行认为从事区域史研究必须在三个层面上拓展视野：其一是要注意区域与周边地区的关系；其二是要进行区域比较研究；其三是区域史的研究要与整体史相结合。② 王先明提出，研究问题的空间特征决定了区域史研究的选择，而不是人为的空间取舍形成区域史研究，即将研究对象简单地地域化或地方化。因此，可以这样把握区域史研究，即一定时空内具有同质性或共趋性的区域历史进程的研究。③ 张利民提出了区域史的空间范围界定问题，认为科学地规范和界定区域的空间是最基本的，是区域史研究不能回避的基础问题。区域史研究对空间的界定应该是理性的，如果随意地冠名区域史，既有失偏颇，也影响区域史的科学性和严谨性，不利于区域史的深入开展和各学科的交叉研究。④ 吴宏歧认为，区域史研究已经成为中国历史学科各主要分支学科研究中的一个新取向，但其碎化现象也引起了不少学者的担忧。区域化的中国社会史研究要避免碎化现象回归整体史研究的正途，必然借鉴社会科学其他相关学科的成果、视角和理论方法来实现自我建设和理论创新。⑤

杨念群针对目前区域史研究多趋向于探讨“宗族”和“庙宇”功能的现状，提出“跨区域研究”的角度，认为应该在尊重既有地方史研究成果的基础上，重新理解政治变迁的跨地方性逻辑的问题。⑥ 徐国利认为，区域史（学）就是研究社会历史发展中由具有均质（同质）性社会诸要素或单要素有机构成的、具有自身社会历史特征和系统性的区域历史，进而揭示区域历史发展系统性和独特性的史学分支学科。⑦

---

① 参见李文海《深化区域史研究的一点思考》，《安徽大学学报》（哲学社会科学版）2007 年第 3 期。

② 参见唐力行《从徽学研究看区域化的中国近代史研究》，《学术月刊》2006 年第 3 期。

③ 参见王先明《“区域化”取向与近代史研究》，《学术月刊》2006 年第 3 期。

④ 参见张利民《区域史研究中的空间范围界定》，《学术月刊》2006 年第 3 期。

⑤ 参见吴宏歧《历史地理学视野下的中国近代社会史研究》，《学术月刊》2006 年第 3 期。

⑥ 参见杨念群《“地方性知识”、“地方感”与“跨区域研究”的前景》，《天津社会科学》2004 年第 6 期。

⑦ 参见徐国利《关于区域史研究中的理论问题——区域史的定义及其区域的界定和选择》，《学术月刊》2007 年第 3 期。

近代区域社会史研究在江南区域和华北区域方面取得了突出的成绩，不仅成为学界特别关注的领域之一，并且在研究内容和理念上也引出了一些新的思考。面对中国广阔的区域，进一步拓展的空间相当宽阔，未来的研究无论在地域范围还是在理论方法上，都会有持续的进一步的发展。

2. 近代乡村史研究方兴未艾，走向深入。乡村社会变迁始终是中国历史变迁的主体内容，这不仅因为在区位结构中乡村占据绝对的优势，而且因为乡村的生活模式和文化传统从更深层次上代表了中国历史的传统。近代乡村史也成为近年来学界主要关注的课题。王先明著文《开展二十世纪的中国乡村史研究》（《光明日报》2000 年 12 月 1 日），不久又主持了第一次中国近代乡村史研讨会。特别是当“三农问题”构成制约中国社会发展和实现现代化进程的突出问题时，对它的关注和寻求解脱之路的现实需求，催促着我们不得不对其进行学理或学术层面的分析。近年来的近代中国乡村史研究突出表现在以下几个方面。

其一，乡村社区及历史研究。王庆成对明代以降，河北、山东等地华北村落的人口构成及其历史来源、村落规模与结构特征等，做了相当深入和系统的研究，认为华北的“镇”，不一定是商业聚落，不少“镇”人口不多，又无商店市集，只是一般村庄。村镇户均人口多在五人左右，入学者只占人口百分之一二。穷民、残疾、节孝等类人员在人口中占有相当比例，老年人口比例偏低，性别比例普遍严重失衡，就人口年龄分配而言基本上是稳定的人口类型。[①] 还有学者利用田野调查所搜集到的水井碑刻及访问材料，研究了水井在建构乡村社区空间、规定社会秩序、管理社区人口、营造公共空间、影响村际关系等方面所起的重要作用。[②]

其二，乡村土地关系、阶级关系与权力结构研究。土地产权中不同性质的永佃权问题的研究有所深化。曹树基认为从 1927 年后浙江省推行二五减租实践过程看，尽管浙江各地区大都存在“一田二主”现象，但是，由于土地来源不同，“田面田”的性质也有不同。由于两种“田面田”的地租率不同，所以，在政府推动的减租过程中，拥有“相对的田面田”的田主积极推动“二五减租”，而“公认的田面田”田主则反对“二五减

① 参见王庆成《晚清华北乡村：历史与规模》，《历史研究》2007 年第 2 期；《晚清华北村镇人口》，《历史研究》2002 年第 6 期；《晚清华北村落》，《近代史研究》2002 年第 3 期。

② 参见胡英泽《水井与北方乡村社会——基于山西、陕西、河南省部分地区乡村水井的田野考察》，《近代史研究》2006 年第 1 期。

租”，后者成为浙江“二五减租”的最大障碍。[①] 李德英对成都平原的租佃制度研究表明，近代成都平原的押租制度（押租与押扣）并非如有关学者所说的仅仅是加强剥削的手段，它们有着更广泛的内涵，是该地区自然生态和社会生态环境的产物。缴纳押租，佃农不仅获得了土地的佃种权，而且通过押扣的方式使自己交出去的押租金获得了一定的利息。从制度上看，租佃双方的经济关系比清代以前更趋平等。[②] 李氏更详尽的研究体现在其专著《国家法令与民间习惯：民国时期成都平原租佃制度新探》（中国社会科学出版社 2006 年版）中。不过，刘克祥本着“以理服人”“以史实服人”和“揭示押租制的历名原貌”的原则，稍后发表了《关于押租和近代封建租佃制度的若干问题——答李德英先生》（《近代史研究》2012 年第 1 期）一文，指出：“押租原是地主防止佃农欠租而预收的保证金，是经济强制取代非经济强制的产物，不久蜕变为名目繁多的高利贷剥削。成都平原和四川的押租最为流行和苛重。‘押扣’不过是地主榨取押租的一种手段。租佃制度……产生的根本原因是土地与生产者的分离，同市场或市场经济没有内在联系。近代特别是民国时期，增押增租、频繁撤佃成为地主压榨佃农的主要途径，押租、地租交替上升，进一步加剧了佃农的贫困化和贫农雇农化，押租和封建租佃制度已经成为农业生产和社会经济发展的桎梏，彻底废除封建土地制度和包括押租在内的封建租佃制度，实现‘耕者有其田’是顺应社会发展的历史要求。”

黄道炫对 20 世纪 30 年代革命与土地之间的相关性问题作了探讨，认为江西、福建是 30 年代中国南方苏维埃运动的中心区域，从当时各种调查材料提供的数据综合看，这一地区地主、富农占地约 30%，贫雇农占地约 20%。在什么情况下发生革命，在什么地方形成革命中心，并不必然和当地的土地占有状况相联系。[③] 徐畅以抗战前湖南、湖北、江西、安徽、江苏和浙江六省农村为中心，以农家负债和地权异动为视角，从农户土地典押借贷比例、由土地典押借贷到丧失地权的可能性与现实性，农户因土地典押借贷引起地权丧失的实况，微观和宏观两个层面的地权变化等方

① 参见曹树基《两种“田面田”与浙江的“二五减租”》，《历史研究》2007 年第 2 期。

② 参见李德英《民国时期成都平原的押租与押扣——兼与刘克祥先生商榷》，《近代史研究》2007 年第 1 期。

③ 参见黄道炫《一九二〇——一九四〇年代中国东南地区的土地占有——兼谈地主、农民与土地革命》，《历史研究》2005 年第 1 期。

面，论证抗战前长江中下游地区地权处于集中时期；并由此说明 20 世纪 30 年代前期中国农村所面临的前所未有的严峻形势。[①]

在乡村雇工阶层研究上，胡成认为，近代江南农村的工价持续上涨，但比照实际购买并扣除通货膨胀的因素，雇工收入仍然偏低，从而导致雇工短缺。该区经营式农场未能发展起来的原因，不在于小农转向更为便宜的家庭劳动力，而在于这时发生了单纯依靠农业已无法维持生存，不得不重新配置资源的近代转型。[②] 王先明认为，20 世纪前期山西乡村雇佣关系有较大发展，但雇佣关系的社会构成涉及乡村社会各主要阶层，雇主和雇工双方角色并不完全固化。雇佣关系的普遍化是通过雇工身份的非固化或雇佣角色的互换性得以实现的。山西乡村社会的雇佣关系，是一种多重身份、地位和角色交叉的"网型构造"，对于雇工群体的时代性认识，有必要置于当时乡村社会普遍贫困化的事实中进行研究。[③]

新旧制度的更易导致了乡村士人阶层的剧烈变动。关晓红通过区域性的比较考察认为，科举停废虽导致传统意义的"士"阶层消失，但多数旧学出身者通过各种渠道重新分化组合，直至清末民初仍然占据社会权势的重要位置。清廷虽为士子多方宽筹出路，可是无法遏止中年士人文化心理的失衡以及青年学生对国家命运的关注。[④] 徐茂明《江南士绅与东南社会（1368—1911）》（商务印书馆 2004 年版）以一章的内容对"近代社会变迁中的东南士绅"作了专门探讨，并提出一些具有新意的见解。

此外，渠桂萍与王先明的论文从"乡土资源"的角度提出了乡村民众的社会分层问题，认为 20 世纪 20 年代至 40 年代初，华北乡村民众在接受"阶级"理念之前，对于自身生活社区的层级结构，有一整套内生的评价标准与区分体系。这种社会分层的维度是根植于乡村文化脉络的"乡土资源"。[⑤]

---

① 参见徐畅《农家负债与地权异动——以 20 世纪 30 年代前期长江中下游地区农村为中心》，《近代史研究》2005 年第 2 期。

② 参见胡成《近代江南农村的工价及其影响——兼论小农与经营式农场衰败的关系》，《历史研究》2000 年第 6 期。

③ 参见王先明、牛文琴《二十世纪前期的山西乡村雇工》，《历史研究》2006 年第 5 期。

④ 参见关晓红《科举停废与近代乡村士子——以刘大鹏、朱峙三日记为视角的比较考察》，《历史研究》2005 年第 5 期。

⑤ 参见渠桂萍、王先明《乡村民众视野中的社会分层——以二十世纪二十至四十年代初的华北乡村为例》，《人文杂志》2004 年第 6 期。

关于乡村权力结构的研究，有李怀印的《晚清及民国时期华北村庄中的乡地制——以河北获鹿县为例》（《历史研究》2001 年第 6 期）、邱捷的《民国初年广东乡村的基层权力机构》（《史学月刊》2003 年第 5 期）等。李文认为，晚清及民国时期河北省获鹿县的乡地，属半官方人员，由村民轮任，负责催征或代垫粮银及地方治安等事务。这种以村民集合体为特色的乡地制在获鹿一带流行。乡地制使当地的权力关系格局，既区别于华北多数地方涣散无力的自耕农社会，又不同于华南强大的士绅。宗族统治，应视作这一时期国家与乡村关系的第三种形态。邱文探讨了民国初年广东乡村基层权力重建中的问题，认为由于广东政局动荡，省、县政府对乡村往往不能充分行使权力，乡村基层权力机构获得很大的独立性。国民政府成立后，广东实行新县政，但民国初年形成的乡村基层权力机构的格局，在不少地区一直延续到 40 年代末。

其三，农村社会经济与农民生活问题研究。近年来，有关近代华北农村社会的研究存在着一种引人注目的倾向，即“素来被认为是衰落破败的华北农村，被不少学者描述出农村资本主义自由发展的耀眼图景”。对此，夏明方在注重定量分析和系统调查基础上提出了完全不同的意见。① 温锐认为，20 世纪初期即苏区革命前赣闽边农村民间传统借贷关系具有普遍性，利息也不是学术界长期所认定的那么高，而且它对当地农村社会经济运行与发展具有不可或缺性。民间借贷不是需要不需要的问题，而是政府如何加以规制与调控的问题。② 李金铮对此问题做了专门研究，其专著《借贷关系与乡村变动——民国时期华北乡村借货之研究》（河北大学出版社 2000 年版）、《民国乡村借贷关系研究》（人民出版社 2003 年版）分别对华北和长江中下游区域的乡村借货作了比较翔实和深入的考察，从一个侧面揭示了近代乡村经济—社会演变进程中的新旧借货关系与农民的生存状况。李金铮的另一部著作《近代中国乡村社会经济探微》（人民出版社 2004 年版），则汇集了他近年来对近代中国乡村社会经济研究的主要成果，从乡村区域研究理论与方法、近代华北与长江中下游地区的农家经济与生活、华北抗日根据地与解放区的农业经济与社会发展等方面，做了比

① 夏明方：《发展的幻象——近代华北农村农户收入状况与农民生活水平辨析》，《近代史研究》2002 年第 2 期。

② 参见温锐《民间传统借贷与农村社会经济——以 20 世纪初期（1900—1930）赣闽边区为例》，《近代史研究》2004 年第 3 期。

较微观的区域研究。

学者们也关注到近代乡村工业化问题。张思认为，19 世纪末，直鲁农村手工纺织业在外国棉制品的冲击下经历了一个严重衰落的低谷，也迎来与国内发达地区并驾齐驱、与机器棉制品比肩竞争的发展转机。一些学者认为，关于洋布、洋货未能打入华北内地，甚至纠缠于“帝国主义是现实还是神话”的看法值得商榷，“封建、落后”的农村经济在突来的冲击面前所表现出的强韧性和对抗能力，在机遇面前所显示出的与时俱进的品质以及对新技术和新生产方式的持续容纳能力也同样值得关注。① 彭南生则提出了半工业化问题，认为多元共存的生产形式使半工业化在市场波动时具有较大的灵活性。半工业化是一种在落后国家和地区所存在的既不同于农村传统手工业也不同于原始工业化的现象，需要更加深入的研究。②

黄正林主要依据地方档案资料对陕甘宁边区的农村市场、经济与社会发展做了研究，认为在市场构成、专业市场的形成等方面，既有全国农村市场的共性，也有西北区域市场的特性。晚清以来，周期性的社会动荡和自然灾害，以及地方军阀的横征暴敛，造成人口锐减，农村经济凋敝，农民日益贫困，购买力低下，农村市场衰退。同时，鸦片的大量种植，导致了西北农村市场畸形发展，出现了专门的鸦片市场。这些现象直到新中国成立前夕也没有多大改观。③ 同时，他也对这一区域的经济财政、社会变迁和社会风尚等问题做了探讨，这方面的成果集中在他新近出版的《陕甘宁边区乡村的经济与社会》（人民出版社 2006 年版）一书中。

此外，一些学者还对农民离村问题④、农村分家行为⑤以及役畜等问题⑥做了研究。

3. 社会性别史的发端与研究。社会性别史也在最近几年进入人们的视野，并在突破妇女运动史前提下生成新的研究理念。李细珠对民初女子参

---

① 参见张思《遭遇与机遇：19 世纪末中国农村手工业的曲折经历——以直鲁农村手工纺织业为例》，《史学月刊》2003 年第 11 期。

② 参见彭南生《半工业化：近代乡村手工业发展进程的一种描述》，《史学月刊》2003 年第 7 期。

③ 参见黄正林《近代甘宁青农村市场研究》，《近代史研究》2004 年第 4 期。

④ 参见王印焕《1911—1937 年冀鲁豫农民离村问题研究》，中国社会出版社 2004 年版。

⑤ 参见王跃生《20 世纪三四十年代冀南农村分家行为研究》，《近代史研究》2002 年第 4 期。

⑥ 参见王建革《役畜与近代华北乡村社会》，《社会科学研究》2006 年第 2 期。

政做了研究，认为民初女子参政权案是男性权势对女性政治诉求的整体压抑与排斥，体现了鲜明的性别歧视面相。民初女子参政权运动的失败，不能简单地仅仅归咎于以袁世凯为代表的封建专制势力的阻碍与破坏。[①] 夏春涛则对太平军中的婚姻与两性关系做了新的探讨。[②] 然而，值得关注的问题却正如李伯重所说，20 世纪末期受国际学坛风气的激荡，此项研究也成为中国史坛上一个值得注意的新动向。[③] 研究者显然不再拘泥于以前"妇女运动史"的立场，而有着全新的"社会性别史"和历史人类学的特征。所以，定宜庄认为"妇女史是在社会史的大背景之下产生的""一个新的研究领域"[④]。如杨兴梅不仅注意到"在对近代四川反缠足运动的历史进程进行重建时，也可看出清季官绅权力的调适与再分配的一些面相，以及禁罚方式的确立对民国反缠足努力的影响"[⑤]，而且也从社会观念上观察到"缠足"造成的"两个世界"问题："由于近代社会变动导致从价值取向到生存竞争方式都有较大的差异的'两个世界'的存在，多数不能受教育的女性很难享受与'新世界'相伴随的社会待遇，缠足实际成为保障她们婚姻成功的一个基本条件；这样的社会因素又反过来强化了这一'世界'小脚美的观念"[⑥]。

第四节　社会史研究的学科影响

社会史方向的开拓和日趋繁盛的态势，一定程度上改塑了中国近代史研究的基本格局，其学术影响值得关注。其学术贡献在三个方面表现明显：

第一，突破教条，重构体系。以往的中国近代史研究，政治史范式代表了主流方向。作为基本线索和基本理论分析框架，具体表现为一条线索、两个过程、三次高潮、八大事件的革命史叙事脉络。在一个特定的历

---

① 参见李细珠《性别冲突与民初政治民主化的限度——以民初女子参政权案为例》，《历史研究》2005 年第 4 期。

② 参见夏春涛《太平军中的婚姻状况与两性关系探析》，《近代史研究》2003 年第 1 期。

③ 参见李伯重《问题与希望：有感于中国妇女史研究现状》，《历史研究》2002 年第 6 期。

④ 定宜庄：《妇女史与社会性别史研究的史料问题》，《历史研究》2002 年第 6 期。

⑤ 杨兴梅：《从劝导到禁罚：清季四川反缠足努力述略》，《历史研究》2000 年第 6 期。

⑥ 杨兴梅：《观念与社会：女子小脚的美丑与近代中国的两个世界》，《近代史研究》2000 年第 4 期。

史时期，“两个过程”或许是中国近代史研究的最佳视角，但中国近代社会变革的全面性、复杂性显然未能全部纳入这一研究框架。况且，要全面理解中国革命的过程，不研究这一时期社会演变的诸侧面也是不全面不深透的。所以，如何适度突破已有的研究模式，建构新的研究框架，是中国近代社会史研究兴起之初面临的首要问题。

20 世纪 80 年代中国近代社会史的复兴，是在对旧有研究模式的反思、改革开放形势的转变、国外社会史理论的引入以及中国社会史的复兴与重建这样一种大背景下进行的。开展社会史研究适应了学术发展的需要，也顺应了时代发展的潮流。社会史复兴之初的主要目标是“把历史的内容还给历史”。在近代社会史研究成果的推动下，中国近代史的研究理念、研究视角和研究方法均发生了根本性变化，简单化、教条化的“革命史”和“阶级斗争史”模式已经被突破，使中国近代史的内容获得了重新建构的新的知识体系；并由此丰富、深化、扩展了中国近代史的内容。这应该是具有时代性的变化。

第二，汲取新知，更新方法。社会史的兴起一开始就体现着一种高度的学科开放性特征。作为“新史学”的社会史实际上是在历史学和社会学的交叉渗透基础上产生的新学科，因而，社会学概念、范畴、理论方法的植入似无可非议。“在所有的社会科学中，社会学和人类学在观点上与历史学最为接近。当代社会与过去社会之间的分界线是微妙的，不断变动的，而且是人为的。”社会学的理论、范畴、方法大量引入历史学，显然是从社会史开始的。而且，“从严格的逻辑意义上说，社会科学家使用的唯一证据——无论其研究领域多么特殊——只能是历史的证据”。[①] 因而，“新术语滔滔不绝地涌向历史科学，它们更一般、更抽象和更严谨，其性质与传统历史概念迥然相异。这一科学术语向历史科学的‘大迁徙’绝对是一个进步过程”[②]。由此，“不管历史学家愿意与否，社会学将成为史料外知识中的一个重要组成部分，历史学家缺此将无法应付任何最具体的研究”[③]。正是从社会史的兴起开始，中国近代史研究的理论和方法呈现出日新月异之势，并大量引入西方学者的理论模式，如施坚雅的“区域经济理

① ［英］巴勒克拉夫：《当代史学主要趋势》，上海译文出版社 1987 年版，第 76 页。

② ［苏］米罗诺夫：《历史学家和社会学》，华夏出版社 1988 年版，第 32 页。

③ 同上书，第 97 页。

论”、萧公权与周锡瑞等的“士绅社会”理论、罗威廉的“市民社会”分析、黄宗智的“经济过密化”分析、杜赞奇的“权力的文化网络”及乡村基层政权“内卷化”的研究、吉尔兹的“地方性知识”、艾尔曼的“文化资本”解释方法等。近年来，中国学者提倡“新史学”或“新社会史”的研究，试图在引入过程中建构起“本土化”的解释体系。

社会史在坚持历史学基本方法的同时，主要还是较多借用了社会学、民俗学、历史地理学等学科的方法。随着社会史的深入发展和区域社会史的兴起，人类学的方法对社会史研究的影响越来越大，在具体研究中得到了较为普遍的运用，如张佩国的《近代江南乡村地权的历史人类学研究》（上海人民出版社 2002 年版）。当代史学变动的一个突出趋向是，一方面在研究内容上表现出“社会化”，另一方面在理论和方法上也呈现出“社会学化”倾向，以社会学的理论模式和术语去说明历史。这种趋向也某种程度上体现着社会史学科的高度开放性。

第三，三大转向，完成转型。社会史的兴起，对于中国近代史研究或者说对于整个中国历史学而言，具有划时代的意义。我认为它使得中国的历史学研究内容实现了三大转向：

一是由精英的历史转向普通民众的历史。传统史学所关注的大多是历史舞台上的主角，虽然新中国的史学在唯物史观指导下，学者们大都接受了“人民群众创造历史”的历史观，但即使在以农民战争为主线的史著中，也仍然是以农民起义英雄、领袖为中心，而对真正意义上的社会大众——农民的研究却并不深入。社会史倡导研究普通人的历史，试图通过对社会大众日常生活的探讨揭示出“英雄”们借以出演的历史正剧的社会内容，从而全面而深刻地揭示社会历史运动的必然规律和基本趋向。许多与普通人相关的内容如贱民、娼妓、太监、游民、流民、乞丐、妇女、秘密社会，都成为社会史学者的研究课题。社会史导致的研究对象的日趋“下层化”或“大众化”，是它的时代特征之一。

二是由政治的历史转向日常社会生活的历史。人类社会的历史规律绝不外在于日常社会生活。不论社会变革最终爆发的形式和强度如何，事实上它的爆发力量和变动趋向，早在社会生活的一般进程中缓慢聚积着和体现着。传统史学格外关注历史事变的最终结果或重大的事变本身，而相对漠视事变酝酿、孕育、发生的不经意的历史过程。新时期的社会史则相反。与以往的历史著述侧重于政治事件不同，社会史研究密切关注的是同社会大众日常生活相关的内容，诸如民俗风情、历史称谓、婚丧嫁娶、灾荒救治以及衣、食、住、行等社会物质生活和精神生活的历史演变，这使得历史学研究内容带有了浓郁的生活气息。

三是由一般历史事件转向了重大的社会问题。社会史崛起伊始，就以强烈的社会责任感着力于人口问题、灾荒问题、流民问题、社会犯罪等专题的研究，试图从历史的纵向探索中为现实的社会问题的化解提供历史借鉴，并借以强化史学的社会功能。

正是在这一历史性转向中，实现了中国近代史研究由“革命史”向“整体史”或“社会史”的转型。如果说“革命史”代表了20世纪80年代之前的中国近代史研究的主流趋向的话，那么，社会史就标志着“新时期”中国近代史研究的主要方向和发展趋势。

第五节　未来发展态势

社会史以高度开放的姿态形成了自己独有的学科特色。跨学科的交叉渗透，多学科理论方法的汲取，为社会史的创新和发展提供了深广的学理基础和诱人的前景。但是，这种特性也给学科的发展带来一些与生俱来的问题，有必要引起我们的重视。

首先，就中国近代社会史学科体系而言，基本上还局限于“三板块的结构”（即社会构成、社会生活、社会功能或“社会意识”）体系之中。这其实是一个典型的社会学的知识框架，与历史学旨在揭示纵向变迁及其内在动因的主旨并不完全相符。历史学的价值和意义在这种“社会学化”理论体系中根本无法凸显，导致社会史变为“社会学”的“历史投影”。“三板块”结构的近代社会史，实际上是分别从不同角度叙述的近代人口史，婚姻史，家庭史，衣、食、住、行史以及灾荒史、教养史等。“三板块”之间以及“三板块”所叙具体内容之间，缺少了体现学科理论体系的最主要的一种内存关联。这等于是从三个侧面表现历史的社会，而不是“社会的历史”。

单纯的“社会学化”只能失落历史学本身的学科特征，使之远离史学而趋近于历史社会学。毫无疑问，作为综合性很强的新兴的近代社会史，在当代社会科学的相互渗透、扩散中，理应积极吸取社会学的理论成果。问题在于，近代社会史的学科本位却只能是历史学而不能是社会学，如果在学科渗透中失落了史学特征，那么社会史就会日渐失去其独立存在的学科意义。

其次，新的理论方法的引入，有利于近代史研究领域的扩展和传统模式的突破。但另一方面，非规范性的引入和运用也导致了近代史研究的失范化与破碎化。比如“区域化取向”就造成了历史学研究的失范。任何研究都有自己特定的规范性，区域史研究亦然。但是，大量的研究者及其成果，并不遵循区域史的规范要求，而只是在追逐时尚中张扬着区域史的旗号。一些专门性很强的主题，如资源史、环境史研究等，也以省区的限定挂上了“区域史研究”招牌，而无视其学科本身的规范性要求。那么，何谓规范的区域划分？区域史研究的基本规范是什么？这些最基本的问题并没有在研究中有所观照，以至于形成极为泛化的“区域化取向”。

“区域化取向”造成了近代史研究的“碎化”。在研究对象的区位选择方面呈现出严重的不平衡性，有跨省区的大区域史研究，有省区史研究，更有县域史研究，还有村域史研究，等等。如果没有可以相对认同的标准，研究的“区域单元”似乎可以无限的细分下去，不仅可以划分到“村域”，甚至可以划分到“家族界域”。这种趋向不仅割裂了历史演进的整体性，也背离了“区域社会史把特定地域视为一个整体”的研究宗旨。如上等等，表明中国近代社会史研究中还存在许多学科发展中亟待注意和解决的问题。

中国近代社会史研究走过了20多年的历程，取得了令人瞩目的成绩，至今仍保持着强劲的发展趋势。从目前的发展景况不难预见，中国近代社会史研究将在以下几个方面获得新的拓展：

一是区域社会史持续发展。20世纪90年代以后，区域社会史研究日见繁盛，并呈现出中国社会史研究路向选取的区域化特征。区域史是史学研究自身发展的必然趋势，也是史学服务于地方社会文化发展的客观要求。区域史研究成果的丰富多样和千姿百态，对于史学研究传统取向的转换、研究问题的深入展开和基本研究格局的改变，具有显而易见的作用。因而，区域史研究构成中国社会史研究的主要方面。现有的区域社会史研究在江南区域和华北区域方面取得了突出的成绩，不仅成为学界特别关注的领域之一，并且在研究内容和理念上也引出了一些新的思考。但面对中国广阔的区域，进一步拓展的空间相当宽阔，未来的研究无论在地域范围还是在理论方法上，都会有持续的进一步的发展。

二是乡村史研究的纵深展开。乡村社会变迁始终是中国历史变迁的主体内容，这不仅因为在区位结构中乡村占据绝对的优势，而且因为乡村的生活模式和文化传统，从更深层次上代表了中国历史的传统。因此，乡村史也是社会史学界主要关注的课题。2000 年我发表了论文《开展二十世纪中国乡村史研究》，一年后我主持了第一次中国近代乡村史研讨会，此后中国近代乡村史研究也成为学界关注的热点之一。

特别是当“三农问题”构成制约中国社会发展和实现现代化进程的突出问题时，对它的关注和寻求解脱之路的现实需求，催促着我们不得不对其进行学理或学术层面的分析。因此，由现代回观历史，从历史审视现代，就必然成为现代史学一个不容回避的课题。因为“三农问题”不仅仅是一个现实问题，而且根本上也是一个历史的产物；困扰当代社会发展的“三农问题”，有着近代以来自身形成、发展和演变的线索；近代中国农村社会变迁的凸显，可以说是伴随着工业化、城市化乃至现代化的历史进程而出现的历史主题。回观历史，并将当代三农问题置于近代历史进程中审视，才能够厘清其形成、演变的趋向，也才可以认清其时代特征。这是时代给予史学的要求，也是历史学回应并作用于时代的基本功能。

三是社会史新方向的拓展。多学科的交叉、融通，会使得社会史拥有着持久的活力和研究领域的创新力。近年来的社会史研究因应着时代的需求，不断在摄取新的学科理念和方法中扩展着自己的研究领域，形成了新的学科丛。

其一是社会生态史或环境社会史。近来，随着环境史和社会史研究的深入发展，两者逐渐对接和互渗。越来越多的研究者认识到：社会史研究不仅需要考虑各种社会因素的相互作用，而且需要考虑生态环境因素在社会发展变迁中“角色”和“地位”；不能仅仅将生态环境视为社会发展的一种“背景”，而是要将生态因素视为社会运动的重要参与变量，对这些变量之于社会历史的实际影响进行具体实证的考察。如李玉尚《地理环境与近代江南地区的传染病》（《社会科学研究》2005 年第 6 期）、余新忠《清代江南的卫生观念与行为及其近代变迁初探——以环境和用水卫生为中心》（《清史研究》2006 年第 2 期）等。

社会生态史以一种新的社会史学理念为基础，认为人类社会首先是一个生物类群，是地球生物圈内的一个特殊生命系统，与周围环境存在着广泛的物质、能量和信息交流，始终受到生态规律的支配和影响。因此，社会的历史也就存在着采用生态学理论方法加以考察的必要性与可能性。近年来，中国生态史（或称环境史）成果引人瞩目，预示着一个崭新分支——生态史学或环境史学正在逐步建立之中。

其二是医疗社会史。这也是“新史学”向纵深发展而产生的一门社会史分支学科。最近几年，这方面的研究成果十分令人关注，如梁其姿《麻风隔离与近代中国》（《历史研究》2003 年第 5 期）、李玉尚《近代中国的鼠疫应对机制——以云南、广东和福建为例》（《历史研究》2002 年第 1 期）、焦润明《1910—1911 年的东北大鼠疫及朝野应对措施》（《近代史研究》2006 年第 3 期）、余新忠《咸同之际江南瘟疫探略——兼论战争与瘟疫之关系》（《近代史研究》2002 年第 5 期）等。相关的专著则有余新忠的《清代江南的瘟疫与社会：一项医疗社会史研究》（中国人民大学出版社 2003 年版）、张大庆的《中国近代疾病社会史（1912—1937）》（山东教育出版社 2006 年版）等。这些论题的问题意识十分强烈，而且提示着近代社会史乃至整个中国近代史研究的一个新的群体和发展方向的生成。

无论从社会史中心议题的深入研讨，还是从新的研究领域的拓展来看，社会史仍然展示出诱人的发展前景。而社会史的发展又始终与其特有的学术关怀和强烈的问题意识密切相关。“使历史研究的内容更为丰富”①，应该成为当代社会史学及社会史学家的追求。

① 王先明：《社会史的学术关注与问题意识》，《人民日报》2006 年 2 月 24 日（15）。

第十二章
城市史

第一节　缘由与兴起

中国是世界城市起源地之一，早在5000多年前，就出现了早期的城市。中国城市不仅源远，而且流长，城市发展的历史未曾中断，这是欧、美、东亚、南亚等地区和国家的城市所不能相比的。中国古代的城市数量之多，规模之大，也是世界古代史所罕见的。自先秦以来，关于城市的记载不绝于书，并出现了以记载城市地理、社会、经济、文化等为主要内容的著作，著名的如《洛阳伽蓝记》《东京梦华录》《都城记胜》《长安志》《宋东京考》等史籍和《两都赋》《两京赋》《蜀都赋》等名篇；另外浩如烟海的地方志书也保存了丰富的城市史资料，但在古代一直未形成独立的城市学和城市史学。19世纪中叶至20世纪中叶，中国城市出现了前所未有的变化和发展，城市在社会经济发展中的地位和作用不断提高，现代化与城市化成为城市发展的主题。但关于城市史的研究不曾引起学界的重视。20世纪30年代，学界曾围绕"中国是以农立国还是以工立国"展开了一场关于中国经济发展的道路的争论，曾有学者提出发展都市以救济农村的观点，对城市的地位和作用予以高度评价。不过当时极少有学者对城市进行深入的研究，因而不可能形成一门学科。

新中国成立后前30年，由于多种因素的影响，领导层和学术界均视城市为资产阶级思想产生的温床，对城市的发展加以种种限制，将城市研究视为资产阶级学说；在阶级斗争为纲的年代，城市史研究没有发展的可能性。

改革开放以来，城市现代化建设出现了突飞猛进的发展。城市的巨变呼唤着社会科学工作者从理论上对城市进行深入的研究，一个新的学科“城市学”崛起，经济学、社会学、地理学、历史学等学科都纷纷向城市研究靠拢。与此同时，史学界出现了所谓“史学危机”现象。为了摆脱危机，走出低谷，史学工作者都在探索新的发展路子。随着学界思想解放，适应学术改革与发展的需求，特别是以经济建设为中心的改革新形势的呼唤，城市史研究终于引起有关部门领导和学者的高度重视。1986 年，国家社会科学基金评审委员会历史组召开专家评审会，与会的国内知名学者均对开展城市史研究十分关注。他们认为，随着中国社会主义现代化建设的发展，构建历史学与经济学、社会学、城市管理学诸学科相结合、交叉的新学科——城市史学已经成为社会与学术发展的必需与必然。在他们的提议下，研究上海、天津、重庆、武汉等近代新兴城市被列入国家“七五”社会科学规划的重点研究项目。城市史研究正是在这样的背景下兴起的。经过 20 余年的发展，城市史研究不仅取得了若干重大研究成果，而且也形成了一个研究群体，并在 21 世纪出现了方兴未艾的发展趋势。

可以说，城市史研究作为一种学术潮流的兴起，是以 1986 年国家“七五”社会科学重点研究项目——上海、天津、重庆、武汉四个近代新兴城市的研究开展为起点的。中国城市史研究虽然起步晚，但发展较快，在新中国成立 60 周年之际，已取得令人瞩目的进展。主要体现在以下几个方面：

1. 理论探讨取得突破性进展，初步形成具有中国特色的城市史理论框架和研究方法。

城市史研究作为一门新学科，首先于 19 世纪 20 世纪之交在欧美兴起。西方学术界对中国近代城市史的研究也开始得比较早，20 世纪 20 年代就出现了有关近代中国城市史研究的论著。60 年代以来，西方学术界对中国城市史的研究已经形成若干理论模式并出版大量的研究论著，但由于中西文化长期的阻隔，这些研究成果在 80 年代中国城市史学研究兴起时翻译成中文的极少，因而中国学术界对中国城市史的研究是在缺乏理论和方法借鉴的情况下起步的。为此，中国学者对城市史研究在理论上进行了不懈的探索。20 余年来，在他们的努力下，中国城市史理论研究取得了相当大的进展，如对于城市史研究的目的、意义，城市史研究的主要对象，城市化与近代化，近代化与半殖民地化，城市的体系、布局，城市的功能、结构，城乡关系，城市发展的动力等理论问题都进行了较为深入的探讨；不少学者还十分重视提出近代中国城市史研究的理论模式，初步形成“结构—功能学派”、“综合分析学派”、“社会学派”以及“新城市史学派”等不同的学派。理论研究的多样化，一方面反映了学者们思维十分活跃，另一方面也对具有中国特色的城市史研究理论体系的形成和城市史研究的深入起了十分重要的推动作用。

2. 近代城市史研究基地的形成与广泛的学术交流。

随着城市史研究的兴起和加强，一些重要研究基地得以逐步形成。如上海社会科学院历史研究所、四川大学城市研究所、天津社会科学院历史研究所，以及华东师范大学、江汉大学等都成立了相关的学术研究机构，并承接多项国家哲学社会科学规划的城市史研究课题，同时北京大学、清华大学、复旦大学、中山大学、中国人民大学、陕西师范大学也有学者将自己的研究转移到与城市史相关的研究中。尤其值得重视的是一批中青年学术新人的崛起，取得令人欣喜的成绩。

与此同时，以城市史研究为主题的学术交流活动此起彼伏，蔚然成风。从1988年到2007年，上海、重庆、武汉、天津、青岛、成都等城市举行过10多次比较大型的关于城市史的学术讨论会。

部分近代城市史学术讨论会议统计表（1988—2008）①

会议时间	举办地	会议名称	主办单位	会议议题或成果
1988年7月	上海	租界与近代中国社会	上海社会科学院历史研究所、上海历史学会	租界对中国的双重影响
1988年9月	上海	近代上海城市研究国际学术讨论会	上海社会科学院	洪泽主编：《上海：通往世界之桥》（上下卷），上海社会科学院出版社1989年版

① 部分内容参见熊月之、张生《中国城市史研究综述（1986—2006）》，《史林》2008年第1期。

续表

会议时间	举办地	会议名称	主办单位	会议议题或成果
1989 年 11 月	成都	第一届近代中国城市讨论会	四川大学城市研究中心承办	近代城市研究课题组交流经验，互通信息
1990 年 10 月	宜昌	第二届近代中国城市讨论会	武汉城市史课题组承办	城市史研究的内涵、主线，研究方法、思路和视野等
1991 年 10 月	天津	第三届近代中国城市讨论会	天津城市史课题组承办	主要讨论城市史研究的理论和方法、城市发展的动力、近代城市的区域化差异等问题
1991 年 10 月	上海	城市研究与上海研究国际学术讨论会	上海研究中心	城市史研究的理论与实践；上海研究的学术史；近代上海城市的形成和发展；上海社会研究；近代上海的经济政治问题；上海文化研究
1993 年 8 月	上海	城市进步、企业发展与中国现代化国际学术讨论会	上海社会科学院、美国加州大学伯克利分校、美国康奈尔大学	张仲礼、熊月之等主编：《城市进步、企业发展和中国现代化（1840—1949）》，上海社会科学院出版社 1994 年版
1996 年 8 月	上海	近代中国城市发展史国际学术讨论会	上海社会科学院历史研究所、经济研究所、上海史研究中心	张仲礼、熊月之等主编：《中国近代城市企业·社会·空间》，上海社会科学院出版社 1998 年版

续表

会议时间	举办地	会议名称	主办单位	会议议题或成果
1998 年	上海	中国近代城市史国际研讨会	上海社会科学院	长江沿江城市、上海城市、企业史、城市综合与比较等
2002 年 6 月	成都	长江上游城市文明起源学术研讨会暨中国古都学会 2002 年学术年会	成都古都学会、四川大学城市研究所	城市文明起源与城市发展
2002 年 9 月	上海	上海史青年学者国际学术研讨会	上海社会科学院历史研究所、日本上海史研究会	20 世纪上半叶上海文化与社会变迁
2003 年 12 月	上海	上海开埠 160 周年国际学术讨论会	上海社会科学院历史研究所、上海高校都市文化 E—研究院合办	百年来上海社会变迁、市民生活、城市建设、经济发展、文化演进等
2005 年 8 月	青岛	近代中国的“城市·乡村·民间文化”——首届中国近代社会史国际学术研讨会	中国社会科学院近代史研究所、青岛大学	含有近代城市社会史的相关讨论
2006 年 6 月	天津	“城市空间与人”国际学术研讨会	今晚报、美国康奈尔大学等	天津城市建设历史与发展、天津历史文化沿革与发展
2006 年 9 月	上海	中国城市史国际学术讨论会	上海社会科学院历史研究所	以城市社会史、文化史为主
2007 年 7 月	成都	中国城市文化史国际会议	《历史研究》杂志社、四川大学历史文化学院	近代中国城市文化与社会变迁的相关研究

此外，中国社会科学院历史研究所主办的“比较城市史研究网”、四川大学城市研究所主办的“城市中国网”、上海社会科学院历史研究所网站、华东师范大学现代城市社会研究中心主办的“都市研究网”等城市研究网站相继建立，在交流研究信息，共享学术资源方面起了很好的作用，成为城市史研究兴盛的标志之一。

3. 对城市史研究的重视度不断提高，研究领域不断扩大，学术专著和论文大量发表。

对城市史研究的重视度不断提高，首先表现在国家哲学社会科学规划领导小组对这一课题的重视。从“七五”规划到“十一五”规划，有关部门都将近代城市史研究列入国家哲学社会科学的重点项目，对相关的选题优先考虑，先后作为国家哲学社会科学重点课题、年度课题及青年基金课题的近代城市史研究项目达到几十个；此外国家教委和各省的社科基金课题也都列有近代城市史研究课题。在这种学术研究的导向下，20 余年来，越来越多的研究者向近代城市史研究领域靠拢，有力地推动了近代城市史研究的繁荣。

近代城市史研究在20 世纪 80 年代兴起之初，研究者主要围绕少数新兴的大城市开展研究，并着意于这些新兴大城市从传统到现代变迁过程的全方位考察，力图从整体上说明各城市的地理、经济、政治、文化的多层次结构状态及其演变的过程，并且注意到各城市的文化特色，如提出了上海的“海派文化”和重庆的“重庆精神”等。随着这几个国家重点课题的完成及其成果的正式出版，研究者都注意到了对近代城市史研究领域的拓宽和深入，主要表现在：

第一，单体城市研究的普遍化和深入化。20 世纪 90 年代以来，单体城市研究仍然是近代城市史研究的一个热点，但与 20 世纪 80 年代不同的是出现了两个趋势：一是单体城市研究的范围大大拓展，从对四个新兴城市的研究拓展到对其他更多的城市进行研究，从大城市向中小城市、从通商口岸城市向其他类型的城市研究扩展，如关于北京、成都、济南、广州、苏州、无锡、杭州、昆明、沈阳、大连、自贡、本溪、鞍山、洛阳等城市都有一批研究成果问世；二是单体城市研究向多层次、多角度、多学科交叉研究深入发展，对城市的经济、政治、文化、建筑、社会生活、阶级阶层等领域的研究都有一些较有分量的成果。

第二，研究领域向纵深拓展，主要表现在从单体城市研究向区域城市研究和中国城市整体研究拓展，尤其是国家重点课题的导向出现了新的趋势。“八五”期间，国家社科重点课题的设置不再是单体城市，而是强调对不同类型城市的综合研究和区域城市研究，先后批准的国家重点课题有“中国近代不同类型城市综合研究”、“东南沿海城市与中国近代化研究”等；此外国家年度基金课题和青年基金课题也设置了“近代华北城市系统研究”、“山东城市史研究”等一些综合性较强的城市史研究课题。因而从20世纪90年代初期起，中国大陆的城市史研究出现了从单体城市研究向群体城市、区域城市研究和不同类型城市综合研究、近代中国城市史整体研究拓展的新趋势。“九五”期间，城市史研究仍被列入重点课题，但值得注意的是新的国家重点课题为“近代中国城市发展与社会变迁”等，这种强调城市发展与社会变迁的互动性研究，预示着城市研究在21世纪来临之际的发展方向。

由于国家哲学社会科学规划领导小组和历史学科专家组对城市史研究的高度重视，在“七五”、“八五”、“九五”、“十五”、“十一五”五个五年规划中都设置了多个与近代中国城市史相关联的重点研究课题，城市史研究逐渐由原来的无人问津变得热闹起来，“近代城市研究已成为近代史研究中引人注目的新领域”①。

第三，出现了将城市史研究与现代城市发展研究相结合的趋势。20世纪90年代以来，各地的城市史研究者都具有较强的时代意识，他们力图摆脱传统的研究框架和范式的束缚，并努力寻求历史与现实的结合点，因而在研究的内容、理论与方法上都具有较强的历史透视作用，“城市史已经成为寻求历史学与现实社会相结合的一条有希望的途径”②。如四川大学城市研究所先后参与了成都历史文化名城保护研究、成都城市综合整治研究、成都九五规划和十五规划研究等，取得了相当的成效。上海社科院、复旦大学的有关学者也广泛参与了上海的经济、文化建设研究，成绩斐然。

有学者统计，仅1979年至1994年，内地出版的关于近代中国城市史

① 全国哲学社会科学规划办公室编：《哲学社会科学各学科研究状况与发展趋势》，学习出版社1997年版，第418页。

② 任云兰：《第三届近代中国城市研究学术讨论会综述》，载《城市史研究》第6辑，天津教育出版社1991年版。

的专著、资料集、论文集便已多达 534 部[1]。而自 20 世纪 90 年代中期以来，相关著作的出版更是如雨后春笋般的涌现，其中有不少著作堪称佳品。而关于城市史研究的论文更是不计其数。据中国期刊全文数据库统计，自 1986 年至 2008 年，仅《历史研究》《近代史研究》《中国史研究》《史学月刊》《史林》《中国历史地理论丛》《史学集刊》《历史档案》《中国社会经济史研究》九家主要 cssci 期刊便刊发城市史及相关研究文章 505 篇，占九家刊物发表论文总数的 2.8%。

内地主要 cssci 期刊所载城市史论文（1986—2008）

刊名	总篇数	城市史研究篇目数量（以“城市”、“市镇”为主题词检索）	所占百分比（%）
历史研究	1469	32	2.2
近代史研究	2329	50	2.1
中国史研究	1231	14	1.1
史学月刊	4341	139	3.2
史林	1762	133	7.5
中国历史地理论丛	1765	141	8
史学集刊	1659	31	1.8
历史档案	2267	21	1
中国社会经济史研究	1296	77	6
总计	18119	505	2.8

① 参见张利民《近代中国城市史论著索引》，载《城市史研究》第 13—14 辑，天津古籍出版社 1997 年版。

由上表的统计，可以看到城市史研究已经成为一个重要的学术方向，其成果卓著。

4. 科研和教学力量大为加强。

20世纪80年代中期以前，城市史研究不受重视，研究者寥寥无几，没有专门的研究机构和学者。1986年以后情况发生了比较大的变化，研究城市史的人逐渐增多，并形成了以上海、天津、重庆、武汉四个课题组为基础的四个研究近代城市史的基地，形成了一支较有实力的研究队伍，各课题组的一些中青年教师和科研人员通过20余年的努力，逐渐成长起来，成为城市史研究的骨干和中坚，其中不少人已成为颇有成就的教授和研究员。此外，步入21世纪以后，城市史专业呈现出遍地开花式的发展、壮大。诸如西北大学、新疆大学等一些以往未曾设置过城市史专业的高校，也纷纷开设了相关的课程。

同时城市史研究的队伍在不断扩大，一方面城市史研究表现出来的活力逐步吸引了一些大、中、小城市从事地方史、地方志研究、编纂的人员转换思路，从城市史的研究视角对各自所处的城市进行系统的多维研究；另一方面，一些大学的教师和社科院系统的研究人员也纷纷加入城市史研究的行列中，从不同的角度对城市史展开研究。尤其值得注意的是，部分高校设立了以研究中国近代城市史为主的科研机构，并开始招收中国近代城市史专业方向的硕士、博士研究生，培养、充实研究队伍，如四川大学以近代重庆城市研究课题组为基础于1988年成立了四川大学城市研究中心（后改名为四川大学城市研究所），该中心（所）不仅先后承担了多项研究近代城市史的国家社科重点课题和多项国家社科青年基金课题，而且还以近代城市研究为主要方向，建立了当时（1994年）内地唯一的地方史（现改名为专门史）博士授权点，10余年来，该研究所已经毕业和正在攻读的硕士生100余名、博士生40余名，并已设置博士后流动站。近年来，中国人民大学清史研究所、南京大学历史系等也开始培养以近代城市史研究为主要方向的博士生和博士后。数量庞大的硕士生和博士生加入城市史研究的行列中，由此进一步推动了城市史学科研究的勃兴。由于城市史研究队伍增加了如此之多的受过专门训练的新生力量，可以预计他们将在未来的10年中发挥骨干作用，并产生新的学术带头人。

第二节　理论探索

从城市史研究开展以来至今，学者们十分重视对城市史理论的探讨，初步形成了多元化的具有中国特色的近代城市史研究理论模式和研究方法。近年来，城市史理论研究的重点、热点和难点主要表现在以下几方面。

一　城市史研究的基本内容

对近代城市史研究的基本内容与线索的探讨，是20世纪80年代中期到90年代初城市史研究者经常面临的一个有争议的理论问题。城市是一个由众多因素复杂地结合在一起的有机整体，涉及的范围相当广泛。作为一个新兴学科，如果不首先确立它研究的基本内容和主线，就不能突出自己的特色，不能形成自己的理论体系和研究范式。因而从城市史研究兴起之时，研究者便对此问题十分关注。一般研究者承认城市史研究有其特殊性，它应以城市为研究对象，并有别于其他历史学分支学科的研究。四川大学隗瀛涛认为："近代城市史和其他的理论著作相比，应具有不同的特色，既不同于以政治为主要内容，严格按照时间顺序编写的一般编年史，也不同于探讨某一特定领域的专史，更不同于旨在整理、研究、保存史实的地方志、城市志。"① 隗瀛涛的观点得到大多数研究者的赞同，但如何区别近代城市史研究与其他学科的特点，确定其内涵，则在研究者中发生了较大的争议，意见颇不一致。

天津社科院罗澍伟也认为城市史和地方史不同，但他强调城市史作为三级学科在国外属于社会史分支，是由历史学家和社会学家合作完成，因而城市史就是城市社会、经济史。城市史研究的重点应该放在城市社会和经济上，应将研究的触角伸向城市社会的各个侧面和深层，探讨近代城市社会的演进，城市经济结构的变化，以及阶级、阶层、民间社团与政党、市民运动与市民心理及生活方式和社会风貌、风俗的变化，中西文明交汇和冲突，社会管理，市政交通，文教兴革等。② 上海林克等人也主张城市

---

① 隗瀛涛等：《关于近代中国城市史研究的几个问题》，载《城市史研究》第3辑，天津教育出版社1990年版。

② 参见何一民等《近代中国城市研究学术讨论会综述》，《近代史研究》1990年第3期。

史重点研究城市所具有的各种社会机制的运行规律及其相互关系。这种观点在当时被称为“社会学派”。[①]

以隗瀛涛为首的《近代重庆城市史》课题组不同意把城市史仅仅视为社会史的分支，他们认为城市社会虽然是城市的一个十分重要的方面，但还不能说是城市史研究的全部内容，因而主张城市史应该以研究城市的结构和功能的发展演变为基本内容。他们强调城市史是把城市看作一个有机社会实体，把城市视为在特定环境和历史条件下发生的一个广泛的社会运动过程。城市史研究要着重探讨城市结构、功能由简单初级形式向复杂高级形式的演变，不仅要揭示城市发展的一般规律，而且还要揭示每一个特定城市的特殊发展规律。中国城市史研究虽然涉及近代社会、经济、政治、思想、文化以及历史事件、历史人物，但这些都必须是和城市的结构与功能演变有密切联系的，只有抓住了城市结构功能这条主线，才可以清楚地确定城市史研究的领域和内涵，使城市史形成有别于地方史和地方志的鲜明的特色。他们还提出要区分两种类型城市，一种是以国家或地区城市体系或城市群体为研究对象的城市史，一种是以单体城市为研究对象的城市史，这两种城市史研究的内容既有联系，又有区别，前者应着重研究城市体系或城市总体结构和总体功能，后者则着重研究某一城市的具体结构和具体功能。[②] 近代城市史可以通过五个方面的研究来揭示城市结构和功能的发展演变：城市地域、城市经济、城市社会、城市政治、城市文化。对他们的主张，当时“有人称其为‘结构—功能学派’”[③]。这种观点在今天看来并不完善。他们也注意到这一点，在其后的区域城市研究、不同类型城市研究、近代城市发展与社会变迁研究中已注意吸取其他学者的观点。但需要强调的是，“结构—功能”观点的提出在当时确实产生了重要的影响，不仅成为《近代重庆城市史》研究的主要指导思想之一，而且对初步涉足城市史的研究者较快把握城市史的基本内容起了重要作用。

除以上两种较有影响的观点外，还有一种观点认为应该加强城市史研究的综合性，这种观点被人称为“综合分析学派”。唐振常提出城市史和城市研究有区别，前者是历史学的一个分支，后者则是一门新兴学科，他

① 参见刘海岩《近代中国城市史研究的回顾与展望》，《历史研究》1992 年第 3 期。

② 参见隗瀛涛主编《近代重庆城市史·绪论》，四川大学出版社 1991 年版。

③ 刘海岩：《近代中国城市史研究的回顾与展望》，《历史研究》1992 年第 3 期。

主张对城市史应该全面把握、综合研究。因为城市是综合的实体，包括政治、经济、文化、社会、人口等方面，城市史应是诸方面综合发展的历史。[①] 也有学者认为："城市史是以城市为研究对象，以揭示城市和城市社会的发展演变为目的。"因而应首先确定城市要素，"虽然目前中外学术界关于城市的定义还存在分歧，但作为比较完整意义上的城市至少包括 10 大要素：即城市的地域结构、基础设施、人口、社会、行政管理、经济、流通、信息、文化、生态环境，所以城市史主要就是要具体研究历史上构成城市的各要素和它们之间的联系、发展及演变"。[②]

武汉社科院皮明庥、李怀军撰文阐述了他们关于综合研究城市史的看法。他们认为，只有首先对城市的内涵进行科学界定，才能从根本上确定城市史的内涵。他们主张以城市社会和城市文明的演进和特点的把握与研究作为城市研究的主线，认为城市是一个结构，一个动态的立体社会。研究者的视野必须占有整个城市社会、城市文明及其历史。研究城市史从纵向上要研究城市形成、发展的脉络和阶段性，研究不同历史时期社会中城市形态、发展状况及其历史特点。从横向看要研究城市的各子系统，如地理地貌、城市自然景观、城市园林、城市工业、城市商贸和金融、城市建筑、城市公用事业、城市交通、市政工程、城市科技等，这些子系统另一方面又可以延伸出许多子系统，有其侧面和分支。因而可以从不同的视角切入。[③] 皮明庥其后在《城市史研究略论》（《历史研究》1992 年第 3 期）一文中除了重申以上的看法外，还进一步作了补充。他强调城市社会和文明之兴衰，乃是城市史研究的基本线索，重点要把握几个要素：（1）城市的生成和盛衰荣枯，发展链条和区段；（2）城市社会形态和社会结构（地理空间结构、城市行政及市政结构、经济结构、人口和阶层结构等）；（3）城市性质和功能演变，包括经济、政治、军事、文化等多重功能，并从辐射和吸收的双方对流中加以展示；（4）城市文化特质，包括城市风貌、风尚、市民气质和生活方式、社会心理、文化流派乃至风味产品等。

天津社科院刘海岩则提出应当把城市人（相对于乡下人而言）的行为

---

① 参见何一民等《近代中国城市研究学术讨论会综述》，《近代史研究》1990 年第 3 期。

② 何一民等：《近代中国城市研究学术讨论会综述》，《近代史研究》1990 年第 3 期。

③ 参见皮明庥、李怀军《城市史的思路与视野》，载《城市史研究》第 5 辑，天津教育出版社 1991 年版。

和城市环境的关系作为城市史研究的中心，既要研究城市人的行为方式，又要研究城市环境的形成和结构，以及城市的行为与环境的相互作用。① 这种以研究城市人的行为和城市环境的关系作为城市史研究的中心的观点，与“社会学派”的观点有些近似，但也略有一些区别。

而步入21世纪以来，学界同样对城市史研究的内容及意义进行了诸多思考。比如，何一民《历史时空之城的对话：中国城市史研究意义的再思考》（《西南民族大学学报》人文社科版2008年第6期）一文，便从人类文明史的高度，回顾和总结城市史的发展历程，并在此基础上对城市史研究的意义再次强调了城市史研究是联系过去与现在的桥梁，能够为城市发展战略的制定提供思路和可靠的历史及现实的依据。

另一些学者则对城市史的研究方法和导向进行了思考。姜省的《区域·社会·空间·文化——近代中国城市史研究的主要问题》（《城市问题》2008年第11期）一文，便将近代中国城市史研究的四大方向定位为区域、社会、空间和文化。林广所写《历史视野中的城市》（《历史教学问题》2008年第2期）一文，着重强调了城市史研究要注重历史，并认为尽管应从不同学科去探索城市发展的规律，但是通过历史学科去研究城市是其最基本的途径。有意思的是，并非所有的学者都认同这个观点，在一些学者眼中，城市史研究本身就是一个综合性的策略，甚至在此基础上还提出应将建筑史领域的研究工作与城市史研究紧密结合起来，从而令城市史在更加开放的同时也更加专门化。②

以上各种观点，可以说各有其道理，皆能自圆其说。多种观点的提出，体现了近代城市史研究领域内学者们的思想解放和活跃。笔者认为这种多元现象的出现，是一件好事，没有必要强求统一认识，只形成一种观点。从近年的研究趋势来看，不少学者并未受以上观点的束缚，他们多善于吸取国内外的新理论，从而补充、修正自己的观点。可以预期，在不久的将来，新的理论模式将在一批新的中青年学者中产生。

二 城市现代化与城市化

内地史学界多将早期现代化（19世纪中叶至20世纪中叶）称为近代

① 参见刘海岩《近代中国城市史研究的回顾与展望》，《历史研究》1992年第3期。

② 参见万谦《开放领域与专门学科——建筑史学视野中的中国城市史研究概览》，《建筑师》2008年第10期。

化，主要是为了区别新中国的社会主义现代化。虽然早有学者指出近代化的提法不科学，但 20 世纪 80 年代的著作和论文仍多用此术语。90 年代以后，不少学者已经注意到这个问题，而将其表述为早期现代化。由于过去若干论著和论文均称为近代化，为了表述方便，本章在引用其他学者的观点时，仍保留其近代化的提法。

早期现代化（近代化）研究是 20 世纪 80 年代以来史学界关注较多的一个新课题，近年来出版了多种专著。研究近代城市不能不涉及现代化问题，这是因为 19 世纪以来，城市在国家和区域活动中所起的中心作用越来越突出，重大的变革大都发生在城市中，无论是经济领域还是政治、文化等方面的现代化变革，都是以城市为中心展开的，从中心城市向一般城市扩展，从城市向农村扩展。一些重要城市的发展、盛衰，不仅对地区有极大影响，而且对于国家甚至人类社会的进程也有影响。因而城市的现代化既是一个国家或地区现代化的重要组成部分，也是这个国家或地区现代化的标志。研究一个国家的现代化可以从研究某些重要城市的现代化入手。同时，对城市的现代化研究也不能孤立地进行，还须放在一个广阔的背景下加以考察，进行多学科、多层面的研究。现代化不仅是经济的现代化，同时也是政治、文化、社会等多方面的变化过程。城市是一个国家或地区的政治、经济、文化中心，因而也是发展现代化的基地。城市还是一个国家的窗口或镜子，通过这个窗口或镜子可以看到这个国家的现代化的发展状况。因此，研究近代城市史的学者都十分重视对城市现代化的研究。可以说，到目前为止，内地学者关于近代城市史的研究多以此为主线而展开，但具体切入点有所不同。

隗瀛涛等人认为近代中国城市史研究有两条互相推动、相互制约的主线，一条是近代城市化过程，一条是城市现代化过程。但在不同类型的城市中，这两条主线应有所侧重，全国或区域城市体系中，人口在不同城镇中的分布、密度有所不同，城镇的等级、层次、空间分布，城镇的社会经济类型、产业布局以及城镇之间的社会经济联系也有所不同，因而区域城市研究的重点以城市化为主线。而以某一城市为研究对象的单体城市研究，则可侧重于城市近代化这一主线，重点探讨城区结构功能的近代化过程。同时，他们又指出这两条主线的划分，在一定程度上是为了表述上的方便，实际上这两条主线又是同一历史过程，城市化本身就是现代化的一个重要标志，而城市现代化不过是城市化水平提高的反映。[①] 至于城市早期现代化的特征，隗瀛涛等学者认为主要有：近代民族工商业在城市的聚集和发展，反帝反封建民族民主运动在城市的兴起和发展，近代教育、科技、文化在城市的兴起与发展，以及由上述因素的变动导致的社会结构、阶级结构、社会组织、价值观念等的变迁。[②]

云南社科联谢本书认为近代城市是近代文明的中心，近代城市的发展是中国近代化的一个重要尺度，是近代中国不可缺少的重要环节。故他也强调研究近代城市重点应研究城市的近代化。[③]

乐正也主张将城市化和城市近代化作为近代城市研究的两条主线。两方面的内容既相互联系、同时并进，但又有区别。中国近代城市化特点与西方国家的城市化不尽相同，主要表现为三点：（1）中西城市化的动力不同，西方城市化的动力主要是工业化，而近代中国的城市化的动力主要是商业化；（2）中西城市化的差异较大，主要原因在于近代中国城市对农村的“拉力”和农村对城市的“推力”太小；（3）在世界近代化进程中，西方主要国家是世界经济交往中的“终极利益”的获得者，因为西方国家的城市处于中心地位，而落后国家则处于外围依附地位，中心城市对外围城市有很强的经济控制力，迫使财富由外围城市流向中心城市，外围城市只能在财富外流的过程中获得一些连带利益或中间利益。这样一种经济关系反映出中国近代城市化过程中的某些半殖民地色彩，也反映出中西方近代城市化中的不同功能与特点。[④]

对城市化的研究也涉及很多理论问题，特别是关于城市化的内涵就有不同看法：一种意见认为城市化是指人口居住重心由农村转向城市，因而主张将农村人口向城市迁移作为城市化的核心；另一种意见则认为近代城市化不仅是人口城市化的过程，还应包括第二、第三产业向城市聚集，城市数量的增加，城市状态在地域内的扩大，城市的生产和生活方式、价值观念的普及和在乡村的传播等更为广泛的内容。历史学研究者对这一问题的思考，与人口学、城市学、地理学、经济学、社会学等领域的研究者对

① 参见隗瀛涛主编《近代重庆城市史·绪论》，四川大学出版社 1991 年版。

② 同上。

③ 参见谢本书《中国近代城市的发展与近代化历程》，载《城市史研究》第 3 辑，天津教育出版社 1990 年版。

④ 参见乐正《近代城市发展的主题与中国模式》，《天津社会科学》1992 年第 2 期。

当代城市化的研究有相互呼应之处。近年来内地其他学科对城市化的研究在理论上有很大发展，因而各学科之间可以互相借鉴，取长补短。

三　半殖民地化与城市发展

20 世纪 80 年代中期，内地学术界曾有人对中国的半殖民地问题提出质疑，因而对此问题的理论探讨成为近代城市史研究的一个重要内容。

目前大多数学者都认为中国城市现代化和城市化与殖民地化、半殖民地化同步进行。西方发达国家在现代化发生的时候，并没有遇到很大的国际压力和外部干扰因素，它们没有面临沦为殖民地或半殖民地的危险。相反，它们通过血与火的殖民掠夺，完成了最初的资本原始积累，使它们在其后的国际竞争中占有很大优势。而中国开始进行现代化转型时，西方主要的资本主义国家对中国进行了疯狂的侵略，中国被西方资本主义列强用武力强拉到世界资本主义体系中，处于边缘和依附地位，所以中国城市的早期现代化从一开始就与殖民地、半殖民地化同步进行，错综复杂地纠缠在一起。外国资本主义既对中国城市的近代化起了一定程度的推动作用，同时也对中国城市的近代化起着阻碍作用。这种以西方发达的资本主义国家为中心的国际政治、经济秩序，对中国早期现代化的发展十分不利。19 世纪末世界资本主义从自由竞争阶段进入帝国主义垄断阶段，少数几个大的帝国主义国家将世界瓜分完毕，由它们占主导地位的国际经济、政治秩序已经形成。因而后发展现代化的国家在国际分工中只能处于边缘和依附地位，成为少数几个帝国主义国家的原料市场和商品输出、资本输出的市场，为这些国家提供原料和初级产品。国际市场被少数国家的资产阶级所操纵，不平等条约体系成为套在中国身上的铁链，中国成为西方资本主义国家奴役、掠夺的对象。在多个资本主义国家的侵略、奴役、掠夺下，中国沦为半殖民地，人民经受了巨大的灾难，国家也丧失了巨额资源和财富，经济结构的转型呈现畸形化，因而中国城市的现代化发展十分缓慢、曲折。这种不平等的关系严重地制约着中国现代化经济的发展，并导致了中国与少数资本主义国家之间的严重对立，从而延误了现代化的时间，失去了正常发展现代化的机遇。还进一步加剧了中国城市近代化发展的不平衡性，沿海沿江少数开埠通商城市近代化发展较快，但绝大多数内地城市近代化发展缓慢，尤其是西部城市近代化发展十分缓慢。这种差距不断加大的结果，对中国整体的现代化产生了很多不利影响，也影响到新中国成立以来社会主义现代化的建设。

中国城市的近代化是在外国资本主义入侵后才出现的，因此近代化与半殖民地化形成密不可分、十分微妙的关系。外国侵略中国后，中国被迫或不自觉地采用外国的文明，侵略成了不自觉的历史工具，刺激了中国城市的变化，开始了曲折的近代化历程。特别值得注意是，近年来，大多数学者不仅能客观地、辩证地看待半殖民地化与近代化的关系，同时还能针对过去完全强调殖民主义侵略对中国的破坏的一边倒的研究倾向，客观地评价外国资本主义入侵在中国的作用。不少学者指出，殖民主义者的动机和效果发生背离的现象是经常存在的。在近代史上，殖民主义者对中国侵略的动机和效果有一致的地方，也有不一致的地方。殖民主义者对中国的侵略不管其目的有多么卑鄙，在刺激城市进步方面，毕竟客观上起了一定的作用。①

《近代重庆城市史》一书的作者认为近代中国城市的半殖民地化具有以下四个方面的特征：（1）城市功能和结构打上了半殖民地化的烙印；（2）城市的畸形发展和布局极不平衡；（3）民族资本受到挤压和买办极为活跃；（4）“城市病”流行。② 同时，他们还强调对于西方影响和半殖民地化问题要注意两个问题：一是中国的近代文明不全是来自西方；二是西方文明向落后国家和地区进行渗透是一种历史趋势，其途径和形式可能不同。外国资本主义的侵略，虽然带来了一些西方文明，但正是这种侵略对中国独立自主权的破坏和在中国的特权，又在很大程度上阻碍了中国人民更快更好地学习西方的先进文化。帝国主义与中国封建主义相结合，使中国的近代化进程十分缓慢，并带上殖民地附属国的色彩。所以在研究中国城市近代化时，对于中国人民自身的作用要有充分的认识，对帝国主义侵略的促进作用与阻碍作用都要进行充分的分析。

凌耀伦也同意在近代中国半殖民地化与近代化是同步进行的。西方的冲击既带来了文明，也带来了灾难，对这两种后果都应该实事求是地进行分析。判断西方文明是否具有侵略的性质，关键看西方文明的输入方式，即是主动输入，还是被动输入。半殖民地化的表现不是新生的资本主义，而是资本主义的畸形发展，后天不足，发展不平衡，以及买办色彩、奴化

① 参见张仲礼主编《近代上海城市研究》，隗瀛涛主编《近代重庆城市史》，罗澍伟主编《近代天津城市史》，皮明庥主编《近代武汉城市史》，何一民《中国城市史纲》，费成康《中国租界史》等。

② 参见隗瀛涛主编《近代重庆城市史·绪论》，第9—10页。

意识、丧失民族自尊心等。中国近代化之所以速度缓慢主要就是因为丧失了主权，没有自主权。①

租界是近代中国城市中的一种特殊现象，是中国城市殖民地化半殖民地化的一个重要标志。租界的存在对中国近代城市的发展影响甚巨。但在一个相当长的时间内，内地学术界对租界的研究比较薄弱，并立足于批判，因而在许多方面有所忌讳，不能深入研究。20 世纪 80 年代中期以来，上海、天津、重庆、武汉、北京等地的学者对租界进行了比较深入的研究，取得了丰硕的成果。一些学者通过对租界的具体实证研究，探讨了西方现代城市建设和管理经验给中国城市近代化带来的客观影响，从另外的侧面展示了西方与中国城市近代化的关系。《近代上海城市研究》一书的作者指出：租界与华界是相互联系，相互影响的。早期租界依傍于华界，繁荣以后的租界则对华界产生了较大影响，刺激了华界的近代化发展，如租界先进的市政设施和市政管理，不断地为华界所仿效；租界的经济对华界也有很强的辐射作用，引起华界及市郊一些产业结构的变化。② 他们还就殖民主义者的动机与效果的关系进行了辩证的分析，指出殖民主义者设租界、开工厂、经商，主要是从自身的利益出发，目的是发财，赚取利润，对中国进行经济侵略。这一方面加深了中国的半殖民地化程度，但另一方面也加速了中国自然经济的解体，创造了近代工业发展的环境，促进了城市近代化的发展。

四　城市现代化和城市化的动力

这个问题自 20 世纪 80 年代以来就引起中国近代城市史研究者的广泛注意，他们或在相关的著作中加以讨论，或者专文论述。

中国城市在 19 世纪中叶以来出现较大的变化和发展，即出现城市现代化和城市化的新趋势。众所周知，清代中期就出现了资本主义萌芽的进一步发展，但整个发展是十分缓慢的，萌芽始终不能成长起来，不能突破封建经济的土壤，长成参天大树和形成森林，故对城市性质的影响甚微。过去学术界一直有一种看法，认为中国封建社会内部商品经济的发展已经孕育了资本主义萌芽，如果没有外国资本主义的入侵，中国也将缓慢地发

---

① 参见凌耀伦《浅谈中国近代城市史研究》，载《城市史研究》第 3 辑，天津教育出版社 1990 年版。

② 参见张仲礼主编《近代上海城市研究·总论》，第 3 页。

展到资本主义社会。近年来有不少人对这种假设提出质疑，认为这种假设缺乏历史根据，无论从政治条件、经济条件、技术条件等方面考察，还是从意识形态、人的因素等方面分析，中国封建社会内部不具备自发地发展城市现代化的条件，中国要突破中世纪的藩篱，踏上现代化的历程，需要新力量的推动。这个新力量就是来自外部的资本主义力量。[①]

《近代上海城市研究》的作者认为："中国古典城市不同于西方城市的特点，决定了中国历史上城市虽然为数不少，城里人口众多，但孕育不出与封建社会相对抗的市民阶层、市民运动，发动不了与封建自然经济相对立的工业革命，也无法启动城市近代化的闸门。"[②] 因此，他们强调外力对近代上海城市近代化的推动作用。他们认为上海城市的近代化是从外国殖民侵略者用武力迫使中国将上海开埠和建立租界开始的，又是在外国资本主义经营的新模式的示范下进行的。上海的近代化与外国的影响有密切的关系，深深地打上了西方的印记。但外国的影响只是外因，外因只能通过内因的变化才能充分表现出来，这种内因就是上海人对西方民主政治思想、城市管理方式、企业管理方式和技术等的学习、理解和创新。他们还认为，上海与外国的交流不是单向的，而是双向的，一方面西方的民主政治思想、城市管理方式、企业管理方式和技术等对上海的近代化起了促进作用，另一方面上海也为西方与各国的繁荣做出了贡献。[③] 黄美真、张济顺等人也强调中国城市化不能只视为欧风美雨孵化的结果，还要看到中国人为适应新局面所做的近代化努力。[④]

《近代重庆城市史》将推动近代城市发展的动力概括为内力和外力两种，而外力则分为"西力"和"东力"。所谓"西力"主要是指来自西方资本主义的影响，而所谓"东力"则是指国内四川以东各省区的影响。《中国城市史纲》进一步发展了以上观点，认为中国城市现代化的启动和发展动力主要来自两个方面：一是外力，即外国资本主义侵华势力，一是内力，即中国社会内部结构变革所产生的推动力，两种力又由各种力组合而成，多种力的综合、相互作用，形成一种合力，推动了中国城市的现代

① 参见何一民《中国城市史纲》，四川大学出版社 1994 年版。

② 张仲礼主编《近代上海城市研究·总论》，第 3 页。

③ 同上书，第 30 页。

④ 参见黄美真、张济顺《近代上海与近代中国几个问题的思考》，载《论上海研究》，复旦大学出版社 1991 年版。

化起步。该书强调外力楔入对中国城市的影响是双重的，既有负面的影响，也有正面的影响。负面的影响主要表现在使部分城市沦为殖民地半殖民地城市，造成了城市的直接破坏，压制阻碍了中国资本主义的发展，使现代化受阻，造成中国城市畸形发展。另一方面，外力对中国城市现代化所起的推动作用也十分明显：（1）外力推动了开埠城市经济向早期现代化转轨，导致城市经济结构和功能的演变；（2）外力改变了城市面貌，促进了城市建设向早期现代化发展；（3）为中国城市资本主义产生创造了一定条件。该书还指出，中国城市早期现代化的进程、速度、规模、范围、性质等，尽管要受到外力的影响，但最终还是取决于中国社会内部结构变革的方式、程度、性质和范围等，现代化的推动力量主要还是来自中国社会内部，来自中国人为适应新局面，为推动现代化所做的种种努力。

西方城市的发展大都是建立在工业化的基础之上的，工业化是城市化和城市现代化的主要推动力。但在半殖民地半封建的中国，自给自足的自然经济一直很盛行，工业化的水平很低，商业资本一直大于工业资本。因而有一些学者认为商业化才是中国近代城市发展的主要动力。中国近代工业发展缓慢，近代中国的乡村人口向城市聚集只能通过商业化来实现。商业对人口的吸纳性远远低于工业，造成中国近代城市化水平的低下。① 如乐正即认为开埠通商和由此产生的巨大商业力量，是近代中国城市化进程的启动器，是城市发展的新动力和新特征。②

也有人不同意以上观点，如李运华认为只有工业化才是中国城市近代化和城市化的命脉。他强调中国工业化的发展过程也就是城市近代化和城市化的发展过程，工业化的发展速度和发展水平决定着城市近代化和城市化的发展速度和发展水平，中国近代工业的性质和发展特点在一定程度上决定了中国城市近代化的性质及其发展特点。③

另外，有相当一部分研究者一方面十分重视开埠通商对城市发展的作用，认为这些城市在近代都是因商而兴，外力正是通过开埠通商转化为中国城市近代化动力的。但另一方面也很强调这些城市的发展与工业的关

---

① 参见任云兰《第三届近代中国城市研究学术讨论会综述》，载《城市史研究》第 6 辑，天津教育出版社 1991 年版。

② 参见乐正《开埠通商与近代中国的城市化问题》，《中山大学学报》1991 年第 1 期。

③ 参见李运华《中国城市近代化和近代中国城市化之命脉》，载《城市史研究》第 7 辑，天津教育出版社 1992 年版。

系，认为工业化才是中国近代城市发展的内在动力。这是因为这些开埠城市虽然因商而兴，但却是因工而发，一方面工业的发展使城市的吸引力倍增，刺激了城市规模的扩大，另一方面，工业化直接为城市发展提供物质基础，促进城市的近代化。[①] 黄汉民认为在落后国家，综合性多功能的近代城市一般都是先由商业兴市，再由工业发展进一步推动城市近代化的发展，如近代上海即走过了一个因商而兴、由工而盛的发展过程。[②]《近代上海城市研究》《近代天津城市史》《近代重庆城市史》《近代武汉城市史》等著作也提出了相似的观点。

与近代城市化和城市现代化相联系的是关于开埠通商城市的作用，也是一个涉及如何正确认识外力在近代中国的作用的问题。多数论者认为西方资本主义的入侵，中国与世界联系的建立与加强，是近代中国城市发展的外力因素。这主要表现在以下几方面：（1）通商口岸的被迫开放，外国租界的建立，以及西方各主要国家对中国政治、经济、文化等多方面的渗透，使许多城市被纳入了世界资本主义体系；（2）开埠后的城市成为外国资本主义在华输入商品与输出原材料的集散地，由此推动了开埠城市的发展；（3）开埠使这些城市首先接触到西方工业文明，从而为中国资本主义的发展和城市近代化奠定基础。[③]

此外，吴松弟主编的《中国百年经济拼图：港口城市及其腹地与中国现代化》（山东画报出版社 2006 年版），是研究中国城市现代化的一部力作。该书着重强调了外力对中国近代城市现代化的重要推动作用，从全球现代化浪潮和中国面积广大、区域差异的视角出发，在依据丰富的旧海关资料和地方性资料进行考证的基础上，出于经世致用的目的，全面论述了 1840 年以后的中国现代化进程，从沿海沿江的港口城市开始，沿着重要交通路线向广大内陆延伸的过程以及港口城市与腹地的关系。不仅研究了上海等 12 个重要港口城市的贸易和经济发展及其与腹地的双向互动，也论及长三角、珠三角等区域的港口，城市与地区的关系，以及对当前的区域经济发展和现代化的影响。

晚清时期，由于清廷实行闭关锁国政策，中国的经济主要在国内大循

---

① 参见《近代上海城市研究》等著作。

② 参见黄汉民《上海工业与城市近代化》，第三届近代中国城市研究学术讨论会论文，1991 年。

③ 参见任云兰《第三届近代中国城市研究学术讨论会综述》，载《城市史研究》第 6 辑，天津教育出版社 1991 年版。

环，外部经济对中国的影响不大，城市发展的动力主要来自国内的诸种因素，同时城市发展的规模也受到极大的限制。19世纪中叶以来，中国的封闭状态被打破，被纳入世界资本主义经济圈中，国际的因素对中国城市的发展产生了越来越大的影响，而这些影响在许多方面是通过开埠通商城市来实现的。开埠通商城市在中国城市的发展进程中是一种新的形式，它是一种开放型城市，是一个开放系统，这是它区别于原始城市、传统城市的一个显著特征。近代开埠通商城市的开放性首先表现在经济的开放性，以通商贸易为特征的城市经济决定了它必然要与外界交往，与其他城市——国内的和国外的城市，以及它能够辐射到的广大乡村腹地经常地、大量地、不停顿地进行物资的、能量的、信息的以及各种精神成果的交流，保持城市的新陈代谢。同时近代开埠通商城市的开放性还表现在它不断地吸收发达城市的先进技术、先进设备、先进的科研成果和各种技术人才，不断地从周围地域输入各种生产原料和生活资料。它又不断地发挥巨大的辐射作用，从政治、经济、文化、技术、设备、物资、人才、知识等方面影响着其他城市和周围广大农村的发展。因此，近代中国的城市一旦开埠之后，都得到不同程度的发展，开埠通商促进了一批新兴工商业城市的崛起。到20世纪中前期，开埠通商城市成为中国新兴城市的主体，其中部分城市成为区域性甚至是全国性的经济中心城市，初步形成了以这些城市为中心的区域性和全国性经济网络。

五　城乡关系

城市与乡村是人类文明产生以来，共同存在的两个空间实体，城市与乡村在社会、经济、文化、建筑等若干方面都不同，但城乡之间一直有着十分密切的关系，城市的存在和发展必须以一定范围内的乡村作为自己的腹地。因而城市史研究不能独立地局限于研究城市本身，而必须扩大研究视野，要在广阔的社会、经济、文化的背景下来考察和研究城市化过程。马克思主义经典作家对城市的观点和分析，不仅建立在城市内部矛盾运动的基础上，而且建立在剖析城乡分离、对立运动的基础上。中国是一个农业大国，故研究城市史时更要特别注意城乡关系。《近代重庆城市史》认为在西方城市发展中，城乡分离对立的运动，主要表现为城乡之间的社会分工和城市资本权与乡村土地权的对立，而中国城市发展中，城乡社会分工不明显，也没有资本权和土地权的尖锐对立，这是中西方城乡关系很不同的特点。近代中国的城乡关系，一方面表现为城市作为经济中心的功能，对乡村产生了较大的辐射力和吸引力，一定程度上扩大了城乡之间的联系；另一方面又加速了城乡之间的差别和对立，城市在政治上压迫乡村，经济上剥削乡村，造成乡村的落后、破产，使乡村固有的矛盾激化，最终又延续了中国城市化和城市现代化的进程。①

但也应该看到，近代中国城乡关系发展演变也是一个错综复杂的历史过程，既要注意城市现代化因素对乡村的传播、影响，导致乡村社会、经济的变迁，也要注意乡村落后的、中世纪的因素对城市的渗透。② 乐正提出要从近代世界范围内，从不同层次来研究城乡关系。他认为上海在中国是城市，但是从世界范围看，上海却是西方国家的农村；重庆是西南地区的城市，但却是上海的农村，因为上海在近代是西方国家的工业品的市场和原料供应地，而重庆又是上海的工业品的市场和原料供应地。此一观点有其新颖之处，将中国城乡关系的发展放在世界范围内进行考察也有其道理，但对其将上海称为西方的农村，重庆称为上海的农村的表述，则引起了不少研究者的异议，认为这容易导致中国近代城市史研究走向新的误区。③

近代以来，由于外国资本主义的入侵，以及中国资本主义的成长，城乡关系也发生了相应的变化。主要表现在两个方面：一方面，城市经济功能有所发展，并对农村地区产生了较为广泛的辐射力和吸引力，扩大了城乡之间的经济联系。另一方面，城乡之间的社会分工有了较明显的发展，主要表现在机器工业大多集中在城市，而城市工业所需的原料、市民生活物资的供应又主要来自农村。在古代中国，有相当一部分城市人口与乡村保存着密切的联系，对城市存在着离心倾向。进入近代以来，由于城市功能的变换和城市生活条件的改善，城市和乡村的差距拉大，“乡土”的传统被逐渐打破，城市对乡村人口的吸引力加大。越来越多的农村人口进入城市后，不再返回农村，成为永久性的城市人口，而打破了传统的城乡关系。

但也有人认为，传统的城乡关系在近代中国并未改变，城乡之间并没有形成明显的社会分工，城市经济生活中地主、商人和高利贷者三位一体

① 参见隗瀛涛主编《近代重庆城市史·绪论》。

② 同上。

③ 参见何一民等《近代中国城市研究学术讨论会综述》，《近代史研究》1990 年第 3 期。

起主导作用，城市在政治上压迫乡村，并在经济上多方面剥削、掠夺乡村，使农村经济破产，延缓了乡村城市化的进程。①

乡村城市化进程的延缓，对于城市现代化的发展反过来也产生了制约。西方发达的资本主义国家，以城市为发展现代化的基地，带动包括农村在内的整个地区的现代化发展，城市乡村之间的对立冲突相对说来不是那么严重。但在中国，早期现代化并非是一个自然渐进的历史进程，而是在西方列强的侵略下，为了维护清王朝的统治和中华民族的生存需要而被迫采取的传播式现代化进程。由清廷倡导的早期现代化以优先发展军事工业和重工业为满足这一需要的保障，由此便决定了近代中国城乡之间的历史定位：早期现代化只能是发生于城市的孤军突进，现代化与农村基层社会严重脱节。这样，晚清现代化从一开始就只能在城乡分裂的空间中展开，这种分裂的空间结构使农村被抛在现代化的进程之外，不但难以品尝现代化的初期成果，反而必须承担现代化启动的重负。在这种情况下，农村陷入了严重的衰败与动荡之中，而农村的衰败与动荡反作用于早期现代化运动，构成了中国早期现代化受挫的一个深层原因。②

六　区域城市史研究

近代区域城市研究是当前城市史研究的最新趋向。其特点是将中国按空间分解为若干个较小的研究单位，把各研究单位存在着的相互联系、相互影响的自然地理、经济、社会、政治、文化等要素纳入同一个体系之中进行整体性、综合性研究。区域城市史研究方法的理论前提立足于经济社会发展水平极不平衡，区域性和地方性变异幅度很大的客观国情。必须精密细致地剖析地域性变异的形式、内容和程度，才有可能准确把握城市史的全貌。

美国学者施坚雅认为，中国近代城市没有形成一体化的完整的城市系统，而只是若干个地区性的、合理的系统；每个系统与相邻系统之间相互分离，只有些脆弱的联系。如果忽视各区域间城市化进程和城市化水平的不平衡性，从全国范围笼统地研究中国的城市化是没有意义的。因此，只有将城市史研究纳入区域的范围内进行考察才能得出符合实际的结论。施

---

① 参见涂文学《第二届全国城市史研讨会述评》，载《城市史研究》第5辑，天津教育出版社1991年版。

② 参见吴毅《农村衰败与晚清现代化的受挫》，中国人民大学复印报刊资料《中国近代史》1996年第9期。

坚雅以上的观点对中国城市史学界产生了较大的影响。[①] 施坚雅关于从区域的角度开展近代中国城市史研究的观点对我们是有所启发的。内地学者普遍认为：开展区域城市史研究有助于从区域宏观高度考察区域城市系统和城市在区域中的地位及作用，总结近代城市的发展规律，这既是城市史研究深入的必然趋势，又可以为当前区域发展战略的制定提供历史借鉴，使城市史研究更具活力。[②]

施坚雅关于中国只有区域城市系统的看法，是以 19 世纪的中国城市发展为基础的。从 19 世纪中国城市发展的状况来看，是有一定道理的，但也并不完全准确。施氏过于强调城市区域的独立性和封闭性，否定了区域城市之间的联系性和中国城市的统一性，并不符合中国城市发展的实际情况。中国几千年来通过国家政权建立了完整的城市政治行政体系，这是中国城市发展的一个重要特点，也是中国城市发展的共性。另外，中国区域之间的经济联系很早就已开始，18 世纪时，中国跨区域的商品经济有了很大恢复和发展。中国学者许涤新、吴承明主编的《中国资本主义发展史》对此有深刻的分析和研究。清中期的中国有几条 1000 千米以上的贸易路线，内河航程约 5 万千米，从上海到华北、东北的长距离商运也在清代发展起来了，从四川到长江中、下游的贸易也在此一时期有较大发展。[③] 虽然从总体上看长途贸易在中国市场中所占比重不大，但它的存在和发展对于中国各宏观区域间和城市间的联系也起了一定的作用。20 世纪以来，随着轮船、铁路、公路和航空等新式交通事业的发展，中国各区域之间、城市之间的政治、经济、文化联系已经变得越来越密切，因而施氏的立论基础已经发生了变化，其结论也就必须重新加以检讨。

目前内地的区域城市史研究在一定程度上仍受到施坚雅理论模式的影响，但不少学者在检讨施氏理论的基础上也努力着手构架具有中国特色的区域城市史研究理论和方法。

一是关于区域城市史的学科性质和界定。隗瀛涛等学者认为：区域城市史既是区域史的一个分支，又是城市史的一个分支；确切地说，是区域史和城市史相结合而形成的一个新的研究领域。他们主张区域城市史的界

---

① 参见［美］施坚雅《中华帝国晚期城市研究》，吉林教育出版社 1989 年版。

② 参见任云兰《第三届近代中国城市研究学术讨论会综述》，载《城市史研究》第 6 辑，天津教育出版社 1991 年版。

③ 参见许涤新、吴承明主编《中国资本主义发展史》第 1 卷，人民出版社 1985 年版。

定应该是“以一个政治、经济、社会、文化诸方面有共同联系和特色的地区的城市体系、城市群体为研究对象的城市史”①。万灵则倾向于认为区域城市史属于区域史研究的内容，是区域史的分支。② 两种论点从表面上看并无太大分歧，但会导致研究的内容和侧重点不同，故前一种观点在城市史学者中获得较为广泛的认同。

二是关于区域城市史的研究内容和对象。隗瀛涛等学者提出区域城市史的研究对象是区域内的城市体系、城市群体；最基本的研究内容至少包括区域内城市体系发育演变的历史、区域城市化的历史道路和发展水平、区域内的城乡关系三个方面。③有学者较为关注区域对城市化的作用和影响。他们认为，区域城市史就是以在政治、经济、社会、文化诸方面存在许多共性，并拥有密切联系的城市群体的区域为对象，研究区域内城市体系的形成和发展，以及各类城市之间和城乡之间关系的历史变迁。④ 刘海岩认为，区域城市研究所注重的应是存在以一个或若干个城市为中心，并具有一定规模的城市体系、内部结构功能一体化的大型空间单位。区域城市研究应注意区域发展周期性变化对城市化的影响，区域城市系统的结构性特征，区域间城市系统的差异性。⑤ 区域城市研究作为区域史和城市史相互交叉而形成的新的研究领域，既要研究区域这一背景，又要研究城市发展这一主题，两者不可或缺。目前研究者对两者各有侧重，这也是可以理解的。为了区别区域城市史和一般区域史的研究界限，突出近代城市史的研究特色，区域城市史的研究在一定时期内以区域内的城市体系、城市群体的发展演变为重点较为恰当。从现有的区域城市史初期研究成果来看，主要是围绕区域城市体系、区域城市群体进行研究。

三是关于区域的划分问题。区域城市研究遇到的首要问题就是区域的划分。施坚雅关于中国宏观区域的划分对中国学者产生了较大影响，但由于施氏理论本身存在若干不足，其区域研究缺乏可操作性，因而越来越多的研究者对施氏所划分的区域提出质疑。施氏主要是以自然地理条件作为

---

① 隗瀛涛、谢放：《近代中国区域城市研究的初步构想》，《天津社会科学》1992 年第 1 期。

② 参见万灵《中国区域史研究理论和方法散论》，《南京师大学报》1992 年第 3 期。

③ 参见隗瀛涛、谢放《近代中国区域城市研究的初步构想》，《天津社会科学》1992 年第 1 期。

④ 参见任云兰《第三届近代中国城市研究学术讨论会综述》，载《城市史研究》第 6 辑，天津教育出版社 1991 年版。

⑤ 参见刘海岩《近代中国城市史研究的回顾与展望》，《历史研究》1992 年第 3 期。

划分区域的依据[①]，然而划分区域的标准是多种多样的，其参照系数可以是经济的、政治的、文化的，也可以自然的、地理的或是民族的，等等。因此陈克指出，如何为区域中的一系列城市建立一种综合体系需要有充分的理论准备。[②]隗瀛涛等人主张对于区域范围的划分问题，除了考虑行政的、地理的、经济的具体情况确定研究范围外，还应考虑结合城市史的特点来确定划分标准。首先要考虑中心城市在城市体系中的作用和影响范围，这可以视为区域城市史研究的范围；其次要考虑城市体系区域范围的动态性，区域城市史研究的区域范围也应根据城市体系的发展演变，采取历史的动态的划分标准。[③]

20世纪90年代初，张仲礼等学者第一次“将东南沿海城市作为一个城市群来研究”[④]。他们把东南沿海五口通商城市看作一个有机的群体，采用多层次、多角度、多学科相结合的立体交叉式研究方法考察其纵向发展和横向联系，较好地把握了东南沿海地区以五口通商城市为主体的城市群体在带动区域近代化和中国近代化中的历史地位和作用。这一研究课题以较为成熟的东南沿海五口通商城市个案研究成果为基础，通过对这一城市群体整体特色的综合研究和五口通商城市之间相互联系的探讨，改变了以往个案城市研究存在的孤立、静止的缺陷，开拓了城市史研究的新领域，同时也提升了城市史研究的层次，扩大了研究视野。因而在近代中国区域城市研究中突破了施坚雅的区域城市研究模式，有所创新。

罗澍伟等人对区域城市系统的概念和研究思路也提出了自己的看法。罗认为区域城市系统是指在一定的区域范围内，不同类型、不同层序城市的地理分布。这种分布不仅构成了该区域的城市系统，也是该区域经济制度和经济发展的综合反映。[⑤] 周俊旗则进一步提出，在城市系统概念中确立的应是一种多学科参与的、多角度思维的史学概念。城市系统反映的并非仅仅是经济制度和经济发展，而是多种因素（经济、政治、文化、社会等）相互交织的综合系统。因此他认为区域城市系统的概念应表述为：在

---

① 参见施坚雅《中华帝国晚期城市研究》，吉林教育出版社1989年版。

② 参见陈克《近代中国城市研究：一个朝气蓬勃的新领域》，《天津社会科学》1992年第2期。

③ 参见隗瀛涛、谢放《近代中国区域城市研究的初步构想》，《天津社会科学》1992年第1期。

④ 张仲礼主编：《东南沿海城市与中国近代化·序言》，上海人民出版社1996年版。

⑤ 参见罗澍伟《试论近代华北的区域城市系统》，《天津社会科学》1992年第5期。

特定区域内，不同城市之间因一定频率的政治、经济、文化、社会等诸方面联系而形成的城市群体，城市作为一个大的系统是综合各种因素的整体，在城市群内各城市之间存在着错综复杂的各种联系，应重视城市系统的整体性和联系性。区域城市系统研究的主要任务是揭示特定区域内群体城市之间的联系、发展、变化以及该城市系统的形成和发展。① 区域城市系统概念和研究思路的提出，反映出中国学者在研究近代区域城市史方面力求突破施坚雅等外国学者过分偏重经济地理学的角度研究区域城市的思维模式，力求借鉴各种新学科的理论和方法，对中国区域城市进行综合的、整体的、相互联系的研究的新趋向。

七　关于城市发展规律的探讨

20 世纪末至 21 世纪初，已有学者开始关注城市发展的规律性研究，他们提出了农业时代政治行政中心城市优先发展和工业时代经济中心城市优先发展的规律。城市是一个复杂的综合体，影响城市发展的因素很多，既有经济的、政治的因素，也有文化的、社会心理的多方面的因素。但是，在不同时期，各个因素所起作用的程度又是不同的。在农业时代，政治因素就大于经济等其他因素，从秦以来实行的高度中央集权政治体制决定了中国城市发展的首要因素就是该城市在封建政权中的政治地位。政治行政中心城市优先发展规律的形成与中国中央集权政治制度的不断强化有着直接的联系。所有的城市都被纳入政治行政等级网络中，城市的规划、建设受到政治行政等级体系的制约，因而政治行政中心城市可以通过行政权力更容易获得资本、劳动力和技术，所以说行政中心通常比其他城市发展得快，行政级别越高的城市发展速度越快、发展规模越大，都城往往是一个时期最大的城市，省会一般也都大于府县城。

而步入工业时代之后，在政治中心优先发展规律的基础上，经济中心优先发展也成为新的规律。19 世纪中叶以来，世界经济向一体化方向转化，中国城市的外部条件发生了变化，城市发展的动力机制也随之而发生变化，外部的因素也越来越多地影响着中国城市的发展演变。由于西方势力的入侵，传统政治因素决定城市发展规模这一规律受到了外力的挑战，

---

① 参见周俊旗《关于近代区域城市系统研究的几个问题》，《天津社会科学》1994 年第 5 期。

导致城市发展的动力机制发生变化。中国城市不再只是政治中心城市优先发展，经济中心城市优先发展也成为一条新的规律，一批新兴经济中心城市崛起，它们的成长不仅对个别地区产生了影响，而且对整个中国，甚至对世界的经济格局也有着多种影响，并初步奠定了中国现代城市发展格局。经济中心城市之所以优先发展，主要原因在于工业革命以来，以现代工业、商业、金融为主体的城市经济在整个社会经济中所占比重日渐上升，城市经济在国民经济中占据主导地位，城市成为国家和地区的经济中心。城市经济的繁荣不仅使其对行政权力的依赖日益减弱，而且也促进了社会进步。此一时期的城市是建立在机械化大工业生产和商品大流通为主要内容的开放型经济基础之上，现代大生产工业品的生产目的主要不是针对城市内部的消费，而主要是对外部的交换，通过商品流通获得利润，然后不断扩大再生产，保持资本的增值和企业的发展，因此，工业时代的城市性质已有了质的改变，它不再是单纯的消费中心，而首先是一个生产中心。外向型城市经济使城市处于社会化大生产状态，特别是社会生产深刻的地域分工与广泛的商品交换的经济大环境中，城市的发展依赖于工业产品的对外交换和商业贸易。为了更好在经济上对外交流，需要大力发展以城市为枢纽的现代交通网络，同时现代交通的兴起也为打破地域限制提供了最有利的工具。交通运输的发展加强了城市的开放性，促进了城市与乡村、城市与城市之间的横向联系，打破了城市在地域上的封闭状态，为它的发展创造了更广阔的空间。工业时代城市发展与工业化同步。工业化是城市发展的驱动力，城市发展反过来又推动工业化的发展，两者互相影响，互相促进。

另一个需要注意的问题是，城市的经济中心作用和经济中心城市是不同的概念。不是所有的城市都可以成为经济中心，在一个国家或地区，只有部分城市可以成为经济中心。在工业化和近代城市发展的初期，经济发展的特点不是分散，而是集中。由于部分城市所具有的良好经济规模效益、社会规模效益、环境规模效益、建设规模效益等，是其他城市所不具备的，或无法相比的，因而人口和生产要素、社会文化要素都向这部分城市聚集，由此产生的聚集效益成为大城市超前发展的重要原因。城市史学家的历史责任与使命就是通过深入的研究，努力揭示中国城市发展的内在规律。这不仅对城市史研究具有重要的学术意义，而且对指导当前的城市发展也具有重要的现实意义。当代城市是近代城市的延续和发展，通过对近代城市发展和社会变迁的研究，可以为当代城市建设提供历史的经验教训，起到以史为鉴的作用。①

此外，近年来，有一些学者开始探讨城市发展的周期规律问题。他们认为，城市发展是有周期性规律的，城市衰落与城市的兴起、发展、繁荣一样，是城市发展演变的一个必经阶段，城市的兴起、发展、繁荣和衰落共同构成了城市的周期性发展。城市在多个连续的周期性循环发展中不断地进行量的积累和质的提升，从而完成了从农业时代向工业时代、从工业时代向信息时代的飞跃。他们首次提出，要分别从农业时代和工业时代对城市发展周期进行研究。中国是一个传统的农业大国，有几千年的农业文明发展史。在整个农业社会中，中国城市文明从来没有中断过，这构成了中国城市的突出特点。中国城市发展与衰落总是同封建王朝的兴盛及更替相一致，王朝兴盛则城市繁荣，王朝后期的战争又使城市遭到破坏而迅速衰落，另一个王朝兴起后城市恢复繁荣。毫无疑问，农业社会中城市所表现出来的与王朝更替相一致的发展—衰落—破坏—恢复—发展的周而复始的低水平循环，仅仅是城市发展周期性的一个外在的表现形式，要深入了解农业社会城市发展周期的内在规律，还需要结合农业社会的城乡关系以及它们的各自特点的分析来把握城市发展的周期。工业时代的城市以经济为引力急骤扩张并分化，导致不平衡加剧，其城市发展周期出现了新的表现形式：一是城市发展的速度加快，变数增大，城市发展的周期缩短；二是城市的类型增多，不同的城市有不同的发展周期；三是城市发展周期所受外部影响越来越大。②

近代城史研究涉及的理论问题远不止以上几个方面。可以说，近代城市史研究虽然起步晚，但在研究者的共同努力下，形成了多元发展的研究热，初步形成了具有中国特色的近代城市史研究理论体系。但也毋庸讳言，中国的近代城市史研究的理论不够成熟，还存在若干不足，特别是近年来，随着近代城市史研究不断向纵深发展，理论研究的不成熟也越来越显现，因而加强理论的探讨成为今后的一个重要发展方向。

① 参见何一民主编《近代中国城市发展与社会变迁：1840—1949 年》，科学出版社 2004 年版。

② 参见何一民编《近代中国衰落城市研究》，巴蜀书社 2007 年版。

第三节　丰硕的成果

近代城市史研究从20世纪80年代兴起到21世纪初，短短20余年间发展成为生机勃勃的新兴学科，其研究成果十分丰硕，主要表现在以下几个方面。

一　单体城市研究

近代城市史研究起步于单体城市研究，所取得的成就令人注目。有学者统计，20世纪80年代以来，国内出版的与单体城市相关的专著、资料集、论文集等共计518部，数量可谓很多。① 不过，有两点值得注意，一是这些著作或资料集主要集中在北京、上海、天津、武汉、重庆等少数大城市，二是真正能称得上是近代城市史研究专著的并不多，仅20余部，所占比例甚小。就其代表作而言，应首推以下四部国家社会科学“七五”重点项目成果，即张仲礼主编的《近代上海城市研究》（上海人民出版社1990年版）、隗瀛涛主编的《近代重庆城市史》（四川大学出版社1991年版）、罗澍伟主编的《近代天津城市史》（中国社会科学出版社1993年版）、皮明庥主编的《近代武汉城市史》（中国社会科学出版社1993年版）。这四部著作是新中国出版的第一批以比较新的理论和方法研究近代城市史的学术专著，不仅具有开创意义，而且也是迄今为止单体城市研究的权威性著作。它们的共同特点是篇幅浩瀚、内容丰富、材料翔实，叙述畅达而观点新颖，历史与现实感俱强。皆以城市的近代化历程为主线，透视城市内部各方面的发展状况，展现城市发展的阶段性波动，总结城市发展的特点，揭示城市发展的规律。各书在具体的研究方法和编撰体例上，又各有特色，形成了一定的模式，分别为内地其他城市编写近代城市史所借鉴。此外，这些著作的作者都很好运用了历史研究方法，但同时又突破了传统史学的研究方式，采用多学科综合研究的方法，运用社会学、经济学、政治学、地理学、人口学等学科的理论和方法进行分析和综合研究，突出重点，分析深入，颇有说服力。不仅拓宽了地方史和近代史的研究领域，为城市史研究开辟了蹊径，也为当代各地的城市规划、建设、管理以

① 参见张利民《近代中国城市史论著索引》，载《城市史研究》第13—14辑，天津古籍出版社1997年版。

及城市化道路提供了历史借鉴，具有重要的学术价值和现实意义。

史正明著《走向近代化的北京城》（北京大学出版社 1995 年版）、常宗虎著《南通现代化：1895—1938》（中国社会科学出版社 1998 年版）等著作也具有较高的学术水平。此外，谢本书和李江主编的《近代昆明城市史》（云南大学出版社 1997 年版）、程子良和李清银主编的《开封城市史》（社会科学文献出版社 1993 年版）、刘景玉和智喜君主编的《鞍山城市史》（社会科学文献出版社 1994 年版）、王瓒叔主编的《宝鸡城市史》（社会科学文献出版社 1994 年版）、王仁远等编著的《自贡城市史》（社会科学文献出版社 1995 年版）、曹子西主编的《北京通史》（中国书店 1994 年起陆续出版）、张学君和张莉红著《成都城市史》（成都出版社 1993 年版）、傅崇兰主编的《拉萨史》（中国社会科学出版社 1994 年版）等专著各具特色。

但是，从目前已出版的单体城市史著作来看，主要集中在对部分大中城市的研究，而对情况复杂、功能差异较大的广大中小城市以及联系广阔农村的小城镇研究仍然薄弱；从研究内容看，城市经济仍是重点，城市社会、城市建设和城市文化的研究还不够深入，亟须进一步加强。

二　近代区域城市史研究

早在 20 世纪 80 年代，就有一些研究者试图从区域的角度来研究城市，如武斯的《区域中原城市史略》（湖北人民出版社 1980 年版）、傅崇兰的《中国运河城市发展史》（四川人民出版社 1985 年版）、王长升等的《长城沿线城市》（东方出版社 1990 年版）。但这些著作主要是以研究古代城市发展为主，较少涉及近代城市。王玲的《北京与周围城市关系史》（北京燕山出版社 1988 年版）应是较早涉及近代城市的一部区域城市史研究论著。它以北京为主体，将其周围的城市结合成群体，研究北京与这些城市相互间的关系。研究发现，北京与周围城市发展过程中，存在着相辅相成、共存共长、双向影响的密切关系。北京周围的城市各自都有一定的独立性，彼此都有比较明显的传统分工，与北京又组成一个有机整体，充分发挥它们各自独特的优势，分别成为北京的工业、文化、商业、民族、旅游、能源各方面的辅助城市，使北京作为全国政治、经济、文化、交通中心更加完善。这一研究初步反映了城市群体研究注重整体性、历史性、联系性的理论特色。①

20世纪90年代初，一些学者将近代城市史研究从个案研究提升到区域研究的层次，以进一步深化对近代城市发展规律的把握与认识，并在对东南沿海、华北、长江流域等区域城市系统、城市群体研究的积极探索和不断尝试中取得了一定的研究成果。区域城市史研究被一致认定为拓宽和深化城市史研究的重要途径，代表着近代城市史研究的发展趋势。由张仲礼主持的国家“八五”社科重点研究课题“东南沿海城市与中国近代化”，第一次“将东南沿海城市作为一个城市群来研究”。他们紧扣东南沿海城市与中国近代化这一主题，或就上海、宁波、福州、厦门、广州这五个最早对外开放的通商口岸与中国近代化的关系，逐一从政治、经济、文化、社会等方面进行专题研究、对比研究和综合研究，力图从纵横交织的多个角度，既勾勒出每个城市的个性，又归纳出五口通商城市的共性特征。他们首次把东南沿海五口通商城市看作一个有机的城市群体，采用多层次、多角度、多学科相结合的立体交叉式研究方法考察其纵向发展和横向联系，较好地把握了东南沿海地区以五口通商城市为主体的城市群体在带动区域近代化和中国近代化中的历史地位和作用。这一研究课题以较为成熟的东南沿海五口通商城市个案研究成果为基础，通过对这一城市群体整体特色的综合研究和五口通商城市之间相互联系的探讨，改变了以往个案城市研究存在的孤立、静止的缺陷，开拓了城市史研究的新领域，同时也提升了城市史研究的层次，扩大了研究视野。当然，毋庸讳言，也存在一些不足，主要表现在：将东南沿海城市群体主要限定为五口通商城市，缺乏对东南沿海地区城市群体中其他非通商城市地位和作用的研究；对东南沿海城市群体中城市之间内在双向联系的探讨稍嫌单薄，对东南沿海城市群体的比较研究和综合研究仍需进一步加强。这样评论作为开拓城市史研究全新领域的尝试性的学术成果，也许过于苛刻，但这确实是城市群体研究朝纵深方向发展的努力方向。

继茅家琦主编的《横看成岭侧成峰——长江下游城市近代化的轨迹》（江苏人民出版社1993年版）和张仲礼主编的《东南沿海城市与中国近代化》（上海人民出版社1996年版）两部近代区域城市史研究著作面世之

① 参见余棣《开创群体城市史研究先例——〈北京与周围城市关系史〉评述》，《北京社会科学》1992年第1期。

后，21 世纪初又雨后春笋般涌现出一批新作。具有代表意义的是张仲礼、熊月之、沈祖炜主编的《长江沿江城市与中国近代化》（上海人民出版社 2002 年版），以及隗瀛涛主编的《近代长江上游城乡关系研究》（四川出版集团、天地出版社 2003 年版）和何一民主编的《20 世纪中国西部中等城市与区域发展》（巴蜀书社 2005 年版）。如果说《东南沿海城市与中国近代化》是从上海单体城市向区域城市研究的初步转轨的话，那么《长江沿江城市与中国近代化》就是使三部曲趋于完善的快板音符。该书开篇即放弃对单体城市的烦琐描述，直接切入长江流域主题，以宏观的总论对全书进行把握和交代后，用 15 章的篇幅对长江沿江城市的经济、交通、城乡关系、人口、风俗、居民素质、会馆公所和帮会组织、中西文化交流以及宗教九个方面进行了系统的论述。而《20 世纪中国西部中等城市与区域发展》一书则研究了以往城市史学界所忽略的诸如新疆、甘肃、青海、宁夏、陕西、云南、贵州、广西、四川等西部地区的中等城市。

20 世纪 90 年代以来，研究区域城市的论文也日渐增多。关于长江流域地区的城市研究文章有 10 多篇，其中张仲礼《上海城市经济近代化及对长江流经济的影响》（《上海社会科学院学术季刊》1992 年第 3 期）、隗瀛涛和谢放《上海开埠与长江流域城市近代化》（载《城市史研究》第 10 辑）两文从不同的角度论述了近代上海城市与长江流域各城市间的互动关系。王笛《近代长江上游城市系统与市场结构》（《近代史研究》1991 年第 6 期）、熊月之等《论东南沿海城市与中国近代化》（《史林》1995 年第 1 期）两文全面地分析了东南沿海城市的发展对中国近代化的影响。茅家琦《长江下游城市近代化的轨迹》（《湖北大学学报》1994 年第 3 期）从经济、政治、文化方面论述了长江下游城市的近代化进程。

天津学者以区域内城市系统的演变和城市化的进程为主线，对华北城市进行了系统研究。近代华北是中国传统社会由封闭被迫走向开放过程中变化最为剧烈的区域之一，表现在区域城市系统方面，就是以北京为核心的传统区域城市系统走向瓦解，初步形成以北京和天津为中心的近代华北区域城市系统。罗澍伟认为，研究这一时期华北区域城市系统的变迁过程，对于深入了解近代中国社会经济的变动和重新组合，深入了解近代中国各类各级城市地位的奠定，无疑会有很大的帮助。[①] 他们紧扣近代华北

① 参见罗澍伟《试论近代华北的区域城市系统》，《天津社会科学》1992 年第 5 期。

区域城市系统变迁这一主线，既研究城市系统中各级、各个城市的个性及其在城市系统中的地位，也研究整个华北城市系统的共性、概貌及其在近代中国城市系统中的地位和特色，并推出了一批富有特色的前期研究成果。如罗澍伟的《试论近代华北的区域城市系统》（《天津社会科学》1992 年第 5 期）、胡光明的《北洋新政与华北城市近代化》（载《城市史研究》第 6 辑）、周俊旗的《清末华北城市文化的转型与城市成长》（载《城市史研究》第 13—14 辑）、张利民的《近代华北城市人口发展及其不平衡性》（《近代史研究》1998 年第 1 期），等等。区域城市群体和区域城市系统研究的重要内容之一，是区域内部和区域之间的城市联系。胡光明《清末民初京津冀地区城市化快速进展的历史探源与启示》（《河北大学学报》1997 年第 1 期）一文，在宏观整体把握京津冀地区区域城市系统的基础上，考察了区域内部具有特色的次等城市系统的联系。他通过对清末民初京津冀城市网络发展演变状况及其内外因素的剖析，认为这一时期京津冀城市化和城市近代化大大加快的历程充分说明京津冀共生于一个生存空间，是密切联系、协调发展的关系。三方应更进一步地密切携手，发挥各自优势。

东北地区是 20 世纪以来兴起的中国城市化水平最高的地区，自然成了区域城市研究的热点地区，所发表的研究成果也较多，主要有高晓燕《试论东北边疆地区城市发展的特点》（《学习与探索》1993 年第 2 期）、王革生《清代东北沿海通商口岸的演变》（《东北地方史研究》1991 年第 3 期）和《清代东北商埠》（《社会科学辑刊》1994 年第 1 期）、杨天宏《清季东北“自开商埠”述论》（《长白学刊》1998 年第 1 期）和《清季自开商埠海关的设置及其运作制度》（《社会科学研究》1998 年第 3 期）、吴晓松《交通拓展与近代东北城市建设》（《城市规划汇刊》1996 年第 3 期），等等。2001 年 11 月，东北师范大学出版社出版的曲晓范著《近代东北城市的历史变迁》则是近代东北城市史研究的一部力作。

2000 年以前，关于西南、西北地区城市研究的文章相对较少。何一民采用甄别人口类型的新方法，发表《抗战时期“人口西进”运动与西南城市发展》（《社会科学研究》1996 年第 3 期）一文，从人口的迁移对城市发展的影响角度，论述了抗战时期西南地区城市发展的原因。他着重指出，人口迁移对于西南城市社会经济发展的影响不在于迁入人口的数量，更重要的在于迁入人口的质量。外省迁往西南的人口从知识结构分析，多为具有一定科技文化知识、专门技能和管理经验的人员，其中不乏当时中国的社会精英；从年龄结构分析，多是外地城市的青壮年；从迁入地分布分析，主要迁入西南的一些重要城市。因此，尽管当时西南地区迁入和迁出人口的数量大体持平，但素质高、具有年龄优势的外省城市居民的迁入，改变了西南城市的人口结构，对西南城市特别是重庆、成都、昆明等中心城市的发展产生了巨大的影响。这种将人口学的理论和方法引入城市史研究的做法是一种新的尝试。进入 21 世纪以来，有关西南、西北地区城市史研究的论著大量出现。2002 年四川大学出版社出版了何一民主编的《成都城市早期现代化研究》，近百万字，第一次全面系统地对近代以来百余年间成都城市的历史变迁做了深入研究。

城市史研究者对区域城市系统概念和研究思路的讨论，实质上反映出近代区域城市史研究者力求突破过分偏重经济地理学的角度研究区域城市的传统思路，实现以综合性、整体性、联系性为特色进行区域城市史研究的愿望。这同时也是城市史研究者坚持区域城市史的学科性质和学科特色，在借鉴其他学科理论、方法的同时，坚持运用历史学的研究方法，自觉与其他学科相区别的表现。

近代城乡关系是近代区域城市发展中的一个基本问题，也是近代城市史研究的重要课题之一。区域城市史研究必须加强对区域内乡村历史变迁和城乡互动关系的研究。区域城市作为一个有机、开放、动态的系统，与环境之间时刻处于不断输入和输出物质流、能量流和信息流的过程之中，即区域城市和周围农村是互动关系。《近代上海城市研究》《近代重庆城市史》《近代天津城市史》等专著都对城乡关系进行了初步的探讨。《东南沿海城市与中国近代化》一书则列专章“城乡互动——农村经济与东南沿海城市近代化”详细考察了东南沿海五口通商城市近代化的兴起，对各个城市周边农村经济的影响以及农村产业结构的变迁情况，认为近代东南沿海口岸城市周边的农村，由于其特有的地理位置，以及与口岸城市天然的地缘联系，在国内农村中率先得城市近代化风气之先，相比其他区域的农村，卷入近代化进程的时间较早，程度也较深，这种以城市为中心的近代化进程的卷入，对于周边农村以及城市本身都具有双重的意义。在此基础上形成的近代城乡关系必然表现为矛盾的综合体：一方面，农村在卷入城市近代化的进程中，既支持了城市的近代化，同时自身也获得了发展的利益；而另一方面，农村又不得不受制于城市，接受由于经济、政治差异而形成的城乡不平等关系，并且无可奈何地在必要的时候为城市的近代化付出代价和牺牲。这就是周边农村在口岸城市近代化进程中的历史地位和历史作用。[①]

此外，戴鞍钢着重探讨了近代上海城市的崛起与周围农村经济互动互补的紧密关系。[②] 沈毅对近代殖民地型城市旅顺和大连租借地的城乡关系进行了较为深入的研究，认为“旅、大租借地农村的落后和贫困，与大连市比较先进的工商业相结合的这种二元经济结构，阻碍了大连城市经济的健康发展”[③]。蔡云辉对近代中国城乡关系的特点、城乡关系与城市化间的关系，以及近代中国城乡关系对城市、乡村，尤其是城市化发展的影响进行了系统分析，认为近代中国的城乡关系，不仅弱化了城乡关系中联系性加强所产生的对城乡发展的积极拉动作用，而且导致了乡村的残破和城市的畸形发展，使近代中国城市化发展低速缓进，并最终滞缓了近代中国早期现代化的进程。[④] 此外，林星、隗瀛涛、田永秀等人也对近代城乡关系作过有益的探讨。[⑤]

城乡关系是城市史研究的一大主要领域，尤其是在21世纪以来这个越来越重视城乡一体化、城乡统筹的年代，对城乡关系的研究愈加引起学界的关注。除以上论著外，还有对诸如北京、上海城乡关系进行比较研究的专文[⑥]，以及探讨城乡间文化互动的专文[⑦]。这些比较性的研究著述，进一步深化了城市史领域内对城乡关系的研究工作。

三　近代城市整体研究

20世纪80年代末，有学者撰文称：“迄今为止，国内还没有一篇从整

---

① 参见张仲礼主编《东南沿海城市与中国近代化》，上海人民出版社1996年版。

② 参见戴鞍钢《近代上海与周围农村》，《史学月刊》1994年第2期。

③ 沈毅：《近代旅、大租借地的农业与城乡关系研究》，《华东师大学报》1992年第3期。

④ 参见蔡云辉《城乡关系与近代中国的城市化问题》，《西南师范大学学报（人文社会科学版）》2003年第5期。

⑤ 参见林星《近代东南沿海通商口岸城市城乡关系的透视——以福州和厦门为个案》，《中国社会经济史研究》2007年第2期；隗瀛涛、田永秀《近代四川城乡关系析论》，《中华文化论坛》2003年第2期。

⑥ 参见邱国盛《近代北京、上海城乡关系比较研究》，《西南民族大学学报（人文社会科学版）》2008年第6期。

⑦ 参见戴鞍钢《近代上海都市文化对市郊农村的辐射》，《历史教学问题》2008年第3期。

体上探讨近代中国城市变化和发展的文章。”① 这种局面自 90 年代初开始发生变化，不仅发表了相当数量的从整体上探讨近代中国城市变化和发展的文章，而且出版了多部从整体上研究中国城市变化和发展的专著。如戴均良的《中国城市发展史》（黑龙江人民出版社 1992 年版）、何一民的《中国城市史纲》（四川大学出版社 1994 年版）、宁越敏等的《中国城市发展史》（安徽科技出版社 1994 年版）、顾朝林的《中国城镇体系：历史、现状与展望》（商务印书馆 1992 年版）、曹洪涛等的《中国近现代城市的发展》（中国城市出版社 1998 年版）、隗瀛涛主编的《中国近代不同类型城市综合研究》（四川大学出版社 1998 年版）以及何一民主编的《近代中国城市发展与社会变迁（1840—1949）》（科学出版社 2004 年版）。

前三部著作均是城市通史性著作，比较全面、系统地从城市的经济、政治、文化、社会等方面研究了中国城市的起源、古代的发展、近现代的发展。这三部著作各具特色，均为中国城市史的开创性著作，并有一个共同的特色，即注意研究方法的综合性，既有史的厚度，又有理论的力度，对不同历史时期城市发展的特点进行了归纳，颇有新知和新意。但因是城市通史性著作，要对不同历史时期的城市进行研究，故对近代中国城市发展演变的分析虽然着墨较多，却仍嫌不够，一些问题的分析意犹未尽，或未能全面展开研究。

顾朝林著《中国城镇体系：历史、现状与展望》也是一部城市通史性著作，所不同的是，它主要集中在中国城镇体系的形成、发展、演变上，而对城市政治、经济、文化、社会等方面的演变涉及不多，或几乎没有涉及。曹洪涛等著《中国近现代城市的发展》对近现代以来一些主要城市的发展演变作了比较全面的描述，资料较丰富，特别是每一城市都附有一幅甚至两三幅地图，比较形象直观地将各城市的形态展现在读者面前。但由于缺乏理论指导，未能从整体上对近现代中国城市发展进行研究，因而稍欠深度。

值得重视的是，一些虽非城市史的专著，也涉及城市研究。如由章开沅、罗福惠主编的《比较中的审视：中国早期现代化研究》（浙江人民出版社 1993 年版）第五章即为“城市化与社会结构、民风民俗的变迁”。该

① 罗澍伟：《中国城市史研究述要》，载《城市史研究》第 1 辑，天津教育出版社 1989 年版。

书探讨中国中西城市化的不同模式，中西城市近代化的差异以及社会结构的变迁等，从整体上对近代中国城市发展作了理论的探讨，不乏新意。

中国近代城市发展在客观上存在两种差异：即地区性差异和类型差异。这两大差异构成近代城市史中观层次研究的学术前提。区域城市研究以城市发展的地区性差异和发展不平衡性为前提；城市类型研究以城市类型差异和近代转型时期城市类型的复杂性为前提。区域城市研究更多地关注城市网络体系和城市化；城市类型研究则较多关注城市性质、特征、发展的动力、条件以及城市发展的历史继承和时代变革，亦即城市近代化问题。两种研究方向相结合，就可以解决近代城市史研究的主要问题：近代城市化和城市近代化。这两种研究可以为在宏观层次上把握中国近代城市的发展规律和道路问题提供基础准备。

隗瀛涛主编的《中国近代不同类型城市综合研究》，以现代化为主线对近代中国的城市类型进行了划分，对不同类型的城市的兴衰、发展原因、发展动力、相互关系进行了深入的研究。本书共分为四个部分：（1）概论：对城市化和城市类型进行理论探讨，并概述各章的内容。（2）传统城市的继承与演变：主要论述三种传统城市——传统行政中心城市、工矿业城市和工商业城市在近代以来的发展演变。（3）开埠通商与近代新兴城市的发展：主要论述19世纪中叶以来，中国被迫对外开放的通商城市和自动开放的通商城市的发展演变及其对中国早期现代化的影响。（4）近代工业交通与城市的发展：主要论述近代新式工业（包括外国资本和本国资本在内兴建的新式工业）的兴起和新式交通——轮船、铁路、公路等对城市发展的影响。其学术成就主要表现在以下几方面：（1）是第一部较为全面、系统地对近代中国城市进行分类综合研究的学术著作，具有开创意义。（2）在对城市进行分类综合研究方面，理论上有所突破。（3）坚持以马克思主义理论为指导，并能运用多学科的理论和方法，辩证地、历史地分析城市史和近代化过程中的复杂现象，提出不少新见解。它的出版，标志着近代城市研究从单体城市研究、区域城市研究进入整体的、综合性的宏观研究，对中国近代城市史研究起了重要推动作用。章开沅、王庆成、魏宏运、吴雁南等知名学者评价本书“反映了我国城市研究的最新水平，在国际上亦能独树一帜”。“无论在城市研究理论和学术水平方面，都达到了一个新的水平。对以马克思主义理论开拓城市研究方面做出了贡献”，“是本世纪末研究中国近代城市发展的一部开创性力作”。

此外，近代城市史的比较研究也取得一定研究成果。如上海学者关于上海与香港的比较研究，上海学者与日本学者合作进行的关于上海与横滨[①]的比较研究，都取得令人注目的成就。

四　对城市经济与城市发展动力的研究

在近代城市史的研究领域中，对城市经济的研究自起始便是学界重点着力的对象，无论是单体城市还是区域城市的研究均离不开这一问题的探讨。尤其是步入21世纪以来，对城市经济和城市发展动力的研究更是向纵深发展，甚至出现了对近代中国衰落城市的开拓性研究。

经济发展离不开一定的社会因素，内因和外因是社会经济赖以发展的重要条件。近代中国半殖民地半封建的社会性质，决定中国不可能具备合理的经济发展环境，也不可能走上正常的发展道路，因而近代以来城市经济发展受外力影响较大。因此，城市史研究者对城市经济、发展动力的探讨，历来十分重视开埠与租界产生的外力在推动城市经济发展中的作用，强调对外交流交往改善了经济发展的外部环境。如有学者认为鼓浪屿租界华侨在商业、金融、实业等方面的投资促进了厦门城市经济的发展[②]；大连自由港制度确立后的对外交往促进了城市经济发展，并推动了城市化和工业化[③]；九江开埠引起了传统商路变迁，从而引起江西城市重心位移和城镇结构变化，形成“以九江—南昌为中轴的市镇格局”，促使江西经济向近代缓慢转型[④]。另有学者肯定自开商埠城市对地区经济发展和商埠城市繁荣及城市近代化的推动作用。[⑤] 还有学者从汉口茶市的形成与发展角度，肯定开埠后的汉口茶市贸易在推动武汉城市经济发展中发挥了作用[⑥]；认为长沙开埠确立了长沙的外贸和航运中心地位，并最终确立了长沙作为

---

① 《上海和横滨——近代亚洲两个开放城市》，华东师范大学出版社1997年版。

② 参见何其颖《鼓浪屿租界与近代厦门经济与市政建设的发展》，《中国社会经济史研究》2005年第4期。

③ 参见吕绍坤《近代大连自由港制度的实施及其对城市经济的影响》，《社会科学辑刊》2004年第3期。

④ 参见陈晓鸣《九江开埠与近代江西社会经济的变迁》，《史林》2004年第4期。

⑤ 参见徐柳等《自开商埠与地区社会经济的发展》，《安徽师范大学学报（社会科学版）》2000年第4期。

⑥ 参见张笃勤《晚清汉口茶市与武汉社会经济》，《江汉大学学报（社会科学版）》2005年第3期。

区域经济中心的地位[①]；天津的进出口贸易对市场内部结构和外部环境的影响，推动了天津市场发展及华北经济中心地位的确立[②]。

关于城市发展动力问题的研究，步入21世纪后又有新的进展。主要表现在有学者认为：强调新兴城市的发展和现代化转型，的确能够反映中国近代历史的特征。然而，要真实反映近代中国城市发展的整体状况和水平，仅考虑部分城市的发展是远远不够的。“衰落城市”作为近代城市中不可忽略的城市类型和现象，把握和研究这部分城市衰落的原因、特点及其规律，既是构建城市史研究体系并使之进一步完善的要求，也是当代城市发展寻求历史借鉴的客观需要。[③] 于是，他们开始将研究视角转向衰落城市及其原因的探讨。如何一民先后考察过苏州、杭州、扬州等传统工商业城市在近代的衰落[④]，以及汉口、景德镇、佛山、朱仙镇明清四大名镇在近代的舛变[⑤]；鲍成志、谯珊、蔡云辉等人从交通变迁、自然灾害、战争以及农业时代向工业时代的变迁等方面对城市衰落的影响进行了重点探讨。[⑥] 在此基础上，2007年1月，巴蜀书社推出了何一民编的《近代中国衰落城市研究》。该书认为新陈代谢是宇宙间的普遍规律，兴盛与衰落是相对的概念，有兴盛就有衰落，世上万物都有一个从兴盛发展到衰落的过程。近代中国城市衰落的程度、表现和分布是不平衡的，这种不平衡性是近代中国政治、经济、社会及城市发展不平衡规律的集中体现，同时也进一步加剧了中国政治、经济、社会及城市发展的不平衡。该书首次提出要分别从农业时代和工业时代对城市发展周期进行研究。重点探讨了近代社会政治、经济变动、交通地理变迁、战争及自然灾害等因素造成的城市衰

---

① 参见李玉《开埠与长沙区域经济中心地位的确立》，载《城市史研究》第19—20辑，天津社会科学院出版社2000年版。

② 参见汪青松《对外贸易与近代天津市场》，载《城市史研究》第21辑，天津社会科学院出版社2002年版。

③ 参见何一民《近代中国衰落城市：一个被忽视的重要研究领域》，《四川师范大学学报(社会科学版)》2007年第4期。

④ 参见何一民《中国传统工商业城市在近代的衰落——以苏州、杭州、扬州为例》，《西南民族大学学报（社会科学版)》2007年第4期。

⑤ 参见何一民《明清四大名镇在近代的舛变》，《学术月刊》2008年第12期。

⑥ 参见鲍成志《近代中国交通地理变迁与城市兴衰》，《四川师范大学学报（社会科学版)》2007年第4期；谯珊《近代中国自然灾害与城市衰落》，《西南民族大学学报（社会科学版)》2007年第4期；蔡云辉《中国近代战争作用下的衰落城市》，《浙江社会科学》2007年第1期；何一民《从政治中心优先发展到经济中心优先发展》，《西南民族大学学报（社会科学版)》2004年第1期；何一民主编《近代中国城市发展与社会变迁（1840—1949)》，科学出版社2004年版。

落现象，并就“衰落城市”进行了典型的个案分析。故而该书出版后，受到学界的广泛关注，并予以较高的评价。

五　对市政建设与城市管理的研究

随着传统政治消费型城市向近代经济生产型城市的转变，列强把西方的市政观念带入中国在一定程度上促进了市政转型。市政现代化很大程度上改变了近代中国的市民生活，并影响传统中国市民的思想意识和思维方式。

前面所谈到的无论是单体城市研究，还是区域城市研究，几乎都涉及市政建设和城市管理的内容。当然，也有诸多直接研究近代市政和城市管理的论文。

市政建设是政府尤其是近代政府重要城市管理工作之一。周子峰将1920—1937年厦门市政建设分为缓慢发展和较快发展两个阶段，认为近代厦门在物质、市民意识、社会结构等方面的发展也影响着厦门社会。[①] 曹胜认为德占时期青岛城市建设带有浓厚的殖民色彩。[②] 赵可认为20世纪广州引进的欧美近代政治体制推动了广州市政的崛起。[③] 张伟则从越界筑路角度分析其对上海城市建设的影响。[④]

公共交通是市政建设的重要方面，主要集中在公共交通演进及新旧交通方式的冲突上。邱国盛认为人力车与电车的先后引进改善了上海交通状况，但两者呈现矛盾与共存的局面。[⑤] 王印焕指出交通近代化过程中出现了人力车与电车两种交通工具的矛盾，但两种交通工具并存于城市公共交通体系中。[⑥] 陈文彬认为上海自开埠后其城市社会经济的发展、城市生活

① 参见周子峰《近代厦门的市政建设运动及其影响（1920—1937）》，《中国社会经济史研究》2004年第2期。

② 参见曹胜《德占时期青岛城市建设的特点与启示》，《青岛科技大学学报（社会科学版）》2004年第1期。

③ 参见赵可《体制创新与20世纪20年代广州市政的崛起》，《广西社会科学》2006年第3期。

④ 参见张伟《简论上海租界的越界筑路》，《学术月刊》2000年第8期。

⑤ 参见邱国盛《从人力车看近代上海城市公共交通的演变》，《华东师范大学学报（哲学社会科学版）》2004年第2期；《人力车与近代城市公共交通的演变》，《中国社会经济史研究》2004年第4期。

⑥ 参见王印焕《交通近代化过程中人力车与电车的矛盾分析》，《史学月刊》2003年第4期。

节奏的加快促使了城市公共交通向现代转型。[①]

公共事业管理是城市公共事业的重要内容之一。邱国盛指出，近代以来，在外来人口增加及政府管理不足的情况下，上海的同乡组织在管理外来人口方面发挥了重大作用并推动了上海城市化进程。[②] 杜丽红探讨了20世纪30年代的北京污物管理改革，指出官办到官商合办的转变使北京污物管理改革初见成效。[③] 汪朝光通过考察上海市电影检查委员会的发展历程，讨论了国家政权对文化艺术的控制。[④]

六　对城市社会、公共空间以及大众文化的研究

城市社会、公共空间、大众文化是城市史研究的主要领域之一，也是新中国成立60年来城市史研究动态中一个新的趋势。尤其是步入21世纪，城市史研究经历20余年的发展之后，已经超越了以往研究范式，向纵深发展，并突出表现在城市史研究视角的“从上到下”取向。

由于近代城市研究是从单体城市起步的，因此在之前的成果中，大致有九成以上是关于单体城市的。其后又将研究视野逐步扩展为类型城市和区域城市。这种“发散式”或叫作“网络式”的研究视角已成为近年来城市史研究的显学。另一方面，在城市与区域内部进行多学科融合和纵深式探索的研究视角，也蔚然兴起，甚至占据了城市史学的半壁江山——越来越多的学者开始将视野投向了城市内部的日常生活和大众文化。近年来探讨城市公共空间、日常生活以及大众文化已然成为一种主流趋势。

对于城市公共空间的研究，学者们一方面关注城市的建筑物理空间，另一方面对城市的人文空间即公共领域也做了深入的研究。前者主要涉及城市的房地产、城市规划和建设等方面。早期有史明正对北京城市建设和社会互动的研究。[⑤] 近期有刘海岩对近代城市空间演变的探索，他以天津

---

① 参见陈文彬《城市节奏的演进与近代上海公共交通的结构变迁》，《学术月刊》2005年第7期。

② 参见邱国盛《从国家让渡到民间介入——同乡组织与近代上海外来人口管理》，《华东师范大学学报（哲学社会科学版）》2005年第3期。

③ 参见杜丽红《1930年代北平城市污物管理改革》，《近代史研究》2005年第5期。

④ 参见汪朝光《检查、控制与导向——上海市电影检查委员会研究》，《近代史研究》2004年第6期。

⑤ 参见史明正《走向近代化的北京城——城市建设与社会变革》，北京大学出版社1995年版。

为例，解释在近代化的过程中城市空间如何从传统的空间演变为近代型的空间，形成东方式的城市空间模式。而影响近代城市空间演变的因素主要包括政治的、技术的和社会行为方面的。[①] 另外，徐亦农关注的是以苏州为基础的传统城市的物质形态的设计和建设及其发展。[②] 在论文方面，则有汪利平对杭州的旅游与城市空间的演变的关系的考察，等等。后者有王笛关于街头文化与公共空间的论著。[③] 他运用社会人类学的方法，通过对下层民众公共空间与日常生活关系细致入微的调查分析，让人看到下层民众在那些变幻炫目的旗号和悦耳动听的口号下，是怎样一步步丧失了他们的生存空间和文化传统的，同时又揭示了民众是怎样拿起“弱者的武器”为自己的命运而抗争的。关于人文空间公共领域的研究论文也如雨后春笋般涌现出来。李微通过对近代上海电影院产生与发展的考察，揭示出其作为城市公共空间对市民生活的影响。[④] 陈蕴茜、齐旭以江苏南通更俗剧场为中心，考察了近代城市空间重组中的精英文化与大众文化的异同与互动。[⑤] 王炜则对近代北京公园开放与公共空间拓展之间的关系进行了研究。[⑥] 此外，也有学者对近代市民的文化消费空间进行尝试性的探讨。[⑦]

在城市社会方面，主要集中在社会阶层、组织、人口以及生活等几个方面。城市，是社会发展、社会生活的缩影，生活着各种不同的群体，存在不同的阶层。因而城市各阶层的研究也是城市史研究的一个重要领域，并有着广阔的研究空间。近年来，学者们越来越把研究视角探入到社会的各个阶层，社会底层尤其受到关注。

对于市民和绅商阶层的研究，比较有代表性的是文斌对近代天津盐商这个特殊阶层的家族、社会网络、文化生活及其在城市控制和公共领域的

① 参见刘海岩《空间与社会：近代天津城市的演变》，天津社会科学院出版社 2003 年版。

② 参见徐亦农《时空经纬中的中国城市：苏州城市形态的发展》，夏威夷大学出版社 2000 年版。

③ 参见王笛《街头文化：成都公共空间、下层民众与地方政治（1870—1930）》，中国人民大学出版社 2006 年版。

④ 参见李微《近代上海电影院与城市公共空间（1908—1937）》，《档案与史学》2004 年第 3 期。

⑤ 参见陈蕴茜、齐旭《近代城市空间重组中的精英文化与大众文化——以江苏南通更俗剧场为中心的考察》，《江苏社会科学》2008 年第 6 期。

⑥ 参见王炜《近代北京公园开放与公共空间的拓展》，《北京社会科学》2008 年第 2 期。

⑦ 参见叶中强《近代上海市民文化消费空间的形成及其社会功能》，《上海财经大学学报（哲学社会科学版）》，2006 年第 4 期。

地位和影响的研究。[①] 何一民认为辛亥革命前后新旧制度和观念的交替，使市民生活观念有着明显的缺陷。[②] 王云骏认为民国时期工商、劳工阶层主要以社团组织的形式参政，但其参政愿望因国民政府的独裁统治并不能真正实现。[③] 叶美兰则以扬州为个案，对近代未开埠城市的市民人格特征进行了讨论。[④] 余子明认为在中国受到列强侵略后，传统绅士群体为追求新的人生价值及对国家民族的忧患意识而进入城市，开始了城市化的变迁。[⑤] 杨鹏程对长沙抢米风潮中官、绅、民三者的角色及其相互关系进行了再研究。[⑥] 邱捷从商人与城市现代化关系角度，研究广东的商人后指出：商人通过参与政治、经济、文化等社会活动，在一定程度上推动了广东的现代化。[⑦]

人力车夫、贫民、乞丐、娼妓等是城市底层的主体。孔祥成从出身背景、教育水平、年龄层次以及性别构成等角度，对上海人力车夫做了较为深入的研究，认为他们在为城市发展做出贡献的同时却被边缘化、角落化了。王印焕从人力车在社会发展中的地位角度展开研究，认为他们的境遇决定了他们的革命性。刘海岩认为灾民是近代天津城市贫民阶层的主体，城市的救济一定程度上使灾民定居城市，但所处地位决定其必将被进一步边缘化。江沛则从公娼业的发展变迁、运作机制以及暗娼业的特征等方面，分析了近代天津娼业的发展。

关于社会组织的研究，主要集中在对会馆、商会等组织的研究上。一些学者整体论述了商会的发展及其与政府、社会等的关系。如郭绪印认为，产生于开埠后的上海会馆具有商业性、后来居上及长盛不衰等特点。[⑧] 郑成林认为，1927—1936 年的十年间上海、天津的商会参与民主、抗日及

---

① 参见关文斌《文明初曙——近代天津盐商与社会》，天津人民出版社 1999 年版。

② 参见何一民《辛亥革命前后中国城市市民生活观念的变化》，《西南交通大学学报（社会科学版）》2001 年第 3 期。

③ 参见王云骏《民国时期城市市民参政意识刍议——以南京城市社团组织（1927—1937）为个案》，《江苏社会科学》2002 年第 1 期。

④ 参见叶美兰《近代未开埠城市市民人格特征解读——以现代化进程中的扬州为个案》，《江海学刊》2005 年第 2 期。

⑤ 参见余子明《从乡村到城市：晚清绅士群体的城市化》，《史学月刊》2002 第 8 期。

⑥ 参见杨鹏程《长沙抢米风潮中的官、绅、民》，《近代史研究》2002 年第 3 期。

⑦ 参见邱捷《近代广东商人与广东的早期现代化》，《广东社会科学》2002 年第 2 期。

⑧ 参见郭绪印《城市转型中近代上海会馆的特点》，《学术月刊》2003 年第 3 期。

促进经济恢复发展的活动而具有一定的自主性。[①] 李柏槐指出民国时期的商会与同业公会在法律上是地位平等的，但在组织管理上却是隶属关系。[②] 崔恒展等分析了近代济南商会在社会发展中发挥的积极的作用，并据此指出对当代商会的发展具有启示意义。[③] 王春英探讨了清末商会的成立形式，指出商会的成立与商部的政策倾斜和大力推行有关。[④] 另一些学者探讨了商会及会馆在近代社会的功能及作用。如任云兰分析了 1903—1936 年间天津商会的贩济活动，并以此透视近代慈善事业中国家与社会的关系。[⑤] 侯宣杰指出，作为总揽天津事务总枢纽的天津商会，在城市粮食管理上配合官方机构，对于保证京津地区粮食的供应起到了很大的作用。[⑥] 魏国栋讨论指出，天津商会的"筹款赎路"运动对北京政府收回胶济铁路起了推动作用。[⑦] 宋美云认为商会是国家政权调控市场体系的不可替代的一环，对于规范市场的运行有重要的作用。[⑧]

对市民生活的研究，主要以市民的生活观念、生活方式及生活空间为研究对象。[⑨] 忻平著《从上海发现历史——现代化进程中的上海人及其社会生活》（上海人民出版社 1996 年版）可说是这方面的代表性著作之一。他运用全息史观研究现代化进程中的上海人及其社会生活，在理论上和方法上均有较大的创新。夏东元称该书"构架了一个全新的研究体系，使人有耳目一新之感"[⑩]。论文方面则更为丰富，如王毅从梳理《上海历代竹枝

---

① 参见郑成林《1927—1936 年国民政府与商会关系述论》，《近代史研究》2003 年第 3 期。

② 参见李柏槐《民国商会与同业公会关系探析——以 1929—1949 年的成都为例》，《四川师范大学学报（社会科学版）》2005 年第 2 期。

③ 参见崔恒展、党明德《济南商会的历史演进及其启示》，《济南大学学报（社会科学版）》2005 年第 6 期。

④ 参见王春英《官商互动的多元图景呈现——清末商会成立形式初探》，《华中师范大学学报（人文社会科学版）》2005 年第 5 期。

⑤ 参见任云兰《论华北灾荒期间天津商会的贩济活动（1903—1936）》，《史学月刊》2006 年第 4 期。

⑥ 参见侯宣杰《清末商会与城市粮食管理——以天津商会为个案研究》，《华南农业大学学报（社会科学版）》2006 年第 1 期。

⑦ 参见魏国栋《天津商会与胶济铁路的收回》，《云南社会科学》2006 年第 4 期。

⑧ 参见宋美云《论商会在市场化进程中的作用——以近代天津为例》，《天津师范大学学报（社会科学版）》2005 年第 3 期。

⑨ 参见熊月之《上海城市社会生活史笔谈 稀世富矿：上海城市社会生活史研究的价值》，《史林》2002 年 第 4 期；罗苏文《近代上海：多元文化的摇篮》，《史林》2002 年 第 4 期；李长莉《上海社会生活史的典型意义》，《史林》2002 年 第 4 期。

⑩ 夏东元：《从上海发现历史·序》，上海人民出版社 1996 年版。

词》和《上海洋场竹枝词》的内容、风格、写作旨趣的变化入手，分析了上海从乡镇文化形态到城市文化形态的变迁中，人们对农工商业的观念变化，对娱乐活动的观念变化和对女性地位的观念转变。从经济基础、生活世界到角色地位的转变中，可以看出当时的文人在进步中依然保守，而在保守中又显示出面对上海城市化、现代化时的无奈、犹疑、如梦、归去的情感内涵。① 赵楠以《上海新报》所刊登的广告及“图说专栏”，说明从西方传入的生活用品、生活习俗等对上海市民的影响。② 葛涛从上海照相业的角度探讨其与上海人生活的关系。③ 李长莉以《申报》为立足点，分析了晚清上海社会生活方式及观念的变迁。④ 谯珊指出中外贸易的发展、消费观念的更新以及市民阶层的形成，促使城市消费观念、习惯及结构发生变迁。⑤ 褚晓奇则以菜场为研究对象，探讨城市近代化及市民生活方式的变化。⑥

此外，考察其他大城市的社会生活或通论性的文章也大量涌现。扶小兰直接对近代中国城市文化娱乐生活方式的变迁进行了考察。⑦ 李德英分析了近代公园对市民生活的影响，认为近代公园主要经由租界开辟，私家园林、部分皇家园林开放，以及民国市政当局开辟等途径形成，具有娱乐、教化以及环境等多种功能。⑧

需要指出的是，尽管城市大众文化史的研究受到学术界较多的关注，可到目前为止，这一领域的研究成果尚不尽如人意，有待进一步开发和推进，也有不少理论问题需要探讨。⑨

---

① 参见王毅《徘徊于传统与现代之间：从竹枝词看近代上海文化风气的变迁》，《史林》2008 年第 6 期。

② 参见赵楠《十九世纪中叶上海城市生活——以〈上海新报〉为视点》，《史林》2004 年第 1 期。

③ 参见葛涛《照相与清末民初上海社会生活》，《史林》2003 年第 4 期。

④ 参见李长莉《以上海为例看晚清时期社会生活方式及观念的变迁》，《史学月刊》2004 年第 5 期。

⑤ 参见谯珊《近代城市消费生活变迁的原因及其特点》，《中华文化论坛》2001 年第 2 期。

⑥ 参见褚晓奇《近代上海菜场研究》，《史林》2005 年第 5 期。

⑦ 参见扶小兰《论近代中国城市文化娱乐生活方式之变迁》，《西南交通大学学报（社会科学版）》2007 年第 5 期。

⑧ 参见李德英《城市公共空间与社会生活——以近代城市公园为例》，载《城市史研究》第 19—20 辑，天津社会科学院出版社 2000 年版。

⑨ 参见周锡瑞《重塑中国城市：城市空间和大众文化》，《史学月刊》2008 年第 5 期。

第四节　问题与展望

近代城市史研究在改革开放以后异军突起，充分显示出蓬勃的学术生命力和强劲的发展势头。但也应认识到这才迈出第一步，作为一个新兴学科仅初具规模，在理论体系、研究方法、研究领域等方面都还存在若干问题与不足，亟须努力解决。当然，我们也坚信，近代城市史研究未来的道路会更广阔，前景会更灿烂。

内地学界在近代城市史研究理论方面已初步形成具有中国特色的理论框架，但至今还没有产生某种权威性的理论模式；不少研究者在理论方面还存在若干模糊不清的认识或生搬硬套的情况，如关于城市史的内涵、城市史的基本线索、城市现代化的内涵、城市发展动力机制等理论问题都还需要进一步深化；对城市发展分期的标准、城市类型划分的标准、区域划分的标准等理论问题的认识也比较混乱；在区域城市史研究领域内一些学者受国外的理论束缚仍然较大。在研究方法上，一些研究者已经注意到方法论的多样性问题，力求运用多学科的研究方法，将社会科学与自然科学的理论、方法相结合进行研究，并取得了一定的成绩。但仍有相当一部分的研究者未给予高度重视，他们基本上还是沿用传统的单一的历史研究方法，并满足于对城市发展状况的一般性描述。在研究领域和选题方面也存在一些问题。单体城市研究主要集中在少数大中城市，而各地差异巨大的大多数中小城市和小城镇的研究还处于薄弱状态。这种状况严重制约了区域城市史研究和整体的宏观研究的全面展开。单体城市的研究和城市各层面研究的现状导致从经济角度研究区域城市史的成果相对较多，而从文化、社会等角度进行区域城市史研究的成果偏少。这种状况的出现与研究难度直接相关，也有理论与方法的贫乏问题。已有学者提出应综合研究区域城市史，从政治、经济、文化、社会等方面多角度揭示城市之间、城乡之间的联系形式和联系内容。另外，加强区域城市的文化和社会研究，也可能是最有学术创新希望的方向，应该引起高度重视。

区域城市史研究迄今仍停留在对少数区域性中心城市和次中心城市以部分地区性中心城市的发展与相互关系的研究上，很少研究区域范围之内数量众多、功能各异的地区性城市和小城镇以及集市等的互动关系，难以充分反映区域城市群系统的多层次特征。另外，对直接联系城市和乡村的广大市镇、集市等研究的不足，也将导致区域城乡关系研究缺乏扎实的基础。当前区域城市史研究还面临着如何在单体城市研究的基础上提高、综合，充分体现“整体性、综合性研究”的优势和特色，避免区域城市史研究成果仅以单体城市研究成果简单拼凑组合面目出现的问题。

近代城市史作为新兴研究领域，富有巨大的挑战性。作为一门新兴学科，有着很大的包容性和综合性。它直接涉及社会学、建筑学、地理学、经济学、政治学、人口学、生态学、统计学、文化人类学乃至心理学等社会科学和自然科学的多个学科。它要求研究者必须具备多学科的广博知识和宽阔的理论视野。研究者需要不断更新自己的知识，不断学习和探索。每当新的研究领域开拓时，研究者都会感到学识不够。因而这种挑战性也产生了巨大的学术魅力，吸引着越来越多的研究者从事这一领域的学习与探索。21 世纪是中国腾飞的世纪，城市的快速发展，必将对近代城市史研究产生巨大的推动力。可以预期，在不久的将来，近代城市史研究将出现多元发展的繁荣局面。其学术生长点和研究趋势，或许将主要在以下几方面展开：

其一，宏观理论的研究将会成为一个热点，呈现突进趋势，故而需要进一步加强城市史理论和研究方法的探讨与争鸣。近代城市史研究要突破现有的研究水平，取得创新性研究成果，首先就必须在理论和方法上创新，要依赖于多学科的理论和方法的综合运用。这是城市史研究深入发展的一个主要努力方向。这里需要特别强调的一点是，在借鉴其他学科的理论和方法方面，必须注意同层引进问题，具体讲就是在宏观研究方面引进宏观研究的理论和方法，在中观研究方面引进中观的理论和方法，在进行微观研究时引进微观研究的理论和方法。如果非同层引进，难免产生不相适应性或排斥性，也难免出现生搬硬套或标签式的引进。要促进理论建设，还需要广泛开展学术争鸣，要进一步解放思想，广泛吸取世界各国的学术精华，同时要有创新意识，力求在理论上、方法上有所创新，逐步形成一支具有现代观念和现代知识的中国近代城市史理论研究队伍。

其二，进一步加强城市发展的整体性宏观研究和个体的微观研究，以及两者相结合的综合研究。随着城市现代化的广泛开展，迫切需要对城市发展进行宏观研究，探讨城市发展的规律和特点。在未来的 5—10 年内，中国将可能进入变动剧烈、充满矛盾和机遇的重要转折时期，许多城市将会因全球性的结构调整而面临严峻的考验，因而对不同类型城市发展周期和发展规律进行及时的研究，开展城市发展的宏观研究，不仅有着重要的学术意义，而且有着直接的现实意义。因此，在适当的时候，组织力量编著一部或多部具有权威性的鸿篇巨制的多卷本中国城市史，以及各宏观区域的城市发展史是十分必要的。

在深入开展城市发展宏观研究的同时，必须进一步加强对城市的微观研究。城市的宏观研究应建立在微观研究的基础之上，如果微观研究十分薄弱，就难以为宏观研究提供坚实的基础。因而进一步拓宽城市各层面的微观研究领域，特别是结合更多的学科，加强对城市社会、城市文化的微观研究，便是21世纪近代城市史研究的任务之一。

宏观研究与微观研究相结合的方法也应成为一种新的研究趋势。如上所述，城市的宏观研究应建立在微观研究的基础之上，没有微观研究，或者研究得十分薄弱，宏观研究就没有基础，就立不起来。但如果缺乏宏观的研究，就会只见树木，不见森林。因而必须加强宏观研究与微观研究的有机结合，将城市史研究提升到一个深入发展的新阶段。

其三，进一步拓展城市发展研究的领域。广泛开展区域城市研究、城市发展类型研究和众多中小城市的研究。此外，城市各层面的研究领域，特别是城市社会、城市文化的研究也将成为21世纪城市史研究的任务之一。

其四，广泛开展城市史比较研究。中外城市比较研究、中国不同区域和不同类型城市比较研究方兴未艾，在未来很长一段时期内也将成为一个重要的学术生长点，受到研究者的青睐。对于比较研究，尤需注意纵向比较和横向比较，而且不能忽视城市间的可比性。

其五，城市历史研究与现代城市发展研究相结合的新趋势。重视历史研究与现实的结合是近年来城市史研究者的一个共识，也是城市研究的魅力所在，有关的城市研究者对此进行了不懈的努力和探索。不同的城市研究者可以从不同的角度寻找结合点和切入点，但有一点是共同的，那就是城市研究者应该具有很强的时代感、使命感和历史透视感。城市研究者应该站在历史与未来的交汇点上，关注与国家社会经济发展紧密相连的课题，以便有助于寻找历史和现实的结合点和切入点。

当代中国城市，特别是中等以上的城市，绝大部分都具有悠久历史，都是在近代城市的基础上发展演变而来，与近代以来城市政治、经济、军事、文化等各个领域的发展变化息息相关。研究城市历史特别是近代城市史，有助于揭示近代以来城市发展的特征、规律，对于我们今天认识和推动城市现代化和城市化进程有着重要的意义，可为当代城市的发展提供战略思路、深层次的文化内涵和坚实的发展依据，起到启迪思想、激发灵感、挖掘和利用潜在文化力的作用。因此，加强城市史研究不仅是学术问题，而且已成为时代的迫切要求。

总的说来，21 世纪近代城市史研究将围绕城市理论研究、个案城市研究、城市特征研究、区域城市研究、城市带和城市群研究、城市社会研究、不同类型城市研究、城市比较研究等方面进一步展开。从研究的对象来说，呈现出单体城市、区域城市与整体城市体系相结合的趋势；从研究的内容来说，呈现出传统性与现代性相结合的趋势；从研究的特征来说，呈现出共性与个性相结合的趋势；从研究的方法来说，呈现出社会科学与自然科学研究方法相结合的趋势；从研究的目的来说，呈现出学术理论研究与城市现代化建设实践相结合的趋势。

除此之外，还需要很好把握近代城市史研究中的一些具体问题。

第一，要注意对城市个性的研究和对城市发展的关节点的把握。中国城市的数量非常多，城市间的个体差异很大，不同区域的城市有差异，同一区域的城市之间也有差异，因而在研究近代中国城市发展史时，应对城市发展的道路或现代化的道路有一个确切的认识，而且围绕着发展道路找出它在各方面的特征，并抓往最主要的特征，即该城市的个性。城市个性的把握，是城市史研究得以深入展开的关键。城市的发展史，往往是该城市的类型特征不断丰富的历史。在这些丰富的城市类型特征中，只有那些恒久地影响城市成长、壮大的特征才能构成该城市的个性。研究城市个性还要注意对城市发展的关节点的把握。所谓城市发展的关节点就是明显影响城市发展的内因和外因。包括一些重要历史事件，大者如战争，次者如开埠、修路以及某种制度的创立、机构的设置、条约的签订、政策的制订、法规的出台，等等。抓住了这些关节点，城市发展的阶段性随即凸显。通过对城市发展的关节点的探析，进而把握城市发展的脉搏，揭示城市发展的规律。

第二，要注意将城市的发展放在全球现代化和城市化潮流中加以考察。对城市早期现代化的研究是近代中国城市史研究中的一个核心问题。目前学术界对这个问题的研究逐渐改变了以西方为中心的模式，呈现多元化的趋向。除了仍需不断理论创新以外，我认为在方法上还有几点需要引起注意：

一是注意城市早期现代化的动态性和阶段性。城市现代化是一个不断发展演变的过程，处于不断的运动中，所以它有产生、发展和完成等多个发展阶段，不同的阶段有不同的特点和内容。这一点应该是毋庸置疑的。

二是注意其整体性和系统性。从总体的特征来看，现代化是从传统农业社会向现代工业社会转变的过程，是一个全方位、多层面变革的历史进程，其核心是工业化和由此导致的现代经济增长，随着经济的现代化，城市政治、文化、人的价值观念都要实现由传统向现代的转变。值得注意的是，有部分研究者往往过于强调经济领域的现代化，认为现代化就是工业化，因而对于城市早期现代化只强调城市现代经济的发展，强调大机器工业的发展水平，对于城市其他领域的现代化发展则往往注意不够，比如对城市基础设施、城市管理、城市文化教育等方面的现代化研究则往往忽略，或未放在一个应有的位置上加以考察。

三是注意其不平衡性和波浪性。现代化发展的不平衡性和波浪性是一个世界普遍的现象。现代化的发展进程也不是呈直线式，而是呈波浪式非线型发展。在中国由于早期现代化是由外力楔入而启动的，特别是城市经济现代化是与对外开放紧密联系在一起的。开放是城市发展的重要契机，城市经济现代化则是开放的坚实基础。与沿海沿江地区形成对比的是内陆地区的城市，内陆地区的城市在近代以来因交通运输和通信手段等方面都处于较落后水平，故在不断扩大的中外经济贸易中很难实行现代化过程中的越区贸易和越项贸易，商品经济优势不能得到充分发挥。因此，本来就经济落伍的内陆地区，在整个现代化变动中，落后得更远，城市早期现代化发展的不平衡不断加剧。

四是注意不能孤立地研究城市早期现代化，必须将其放在一个广阔的背景下加以考察，进行多学科的、多层面的研究。一方面，城市现代化必须与整个国家现代化或地区的现代化相协调，充分发挥城市带动农村和推动区域甚至国家现代化的中心作用；另一方面城市现代化又要受到国家或地区许多因素的制约，城市现代化是在国家或地区的经济、政治、人文环境中进行的，城市之外的大环境好坏都将对城市现代化的发展产生直接的影响。现代化和城市化是一个全球性的共同进程，中国的现代化和城市化固然有其自己的特殊规律，但也必然受到全球现代化和城市化的一般规律的制约和影响。因而在研究中国近代城市发展时，应注意将所研究的对象放在全球现代化和城市化潮流中加以考察。同时由于 19 世纪以来世界越来越趋于一体化，一个国家或地区的发展越来越受到国际政治、经济、社会秩序发展的制约，故研究城市现代化也不能够离开国际环境。这样就要求我们研究城市早期现代化，在空间上要站在全球的视角来思考，在时间方面要进行长时段的研究。只有这样，才能高屋建瓴，视野开阔。

此外还需要注意的是，研究城市现代化与研究国家或地区现代化在内容方面很多是相重叠的。但是，为了体现城市现代化的特色，应该重点研究最能体现城市现代化内涵的一些问题。如城市基础设施现代化、城市建设的现代化、城市管理的现代化、城市人的现代化、城市社会结构和社会生活的现代化。

第三，要注意研究城市在全国或区域城市体系、城乡网络中的地位和作用。任何一个城市，不论其规模大小，都会对其腹地内较次一级的城镇和乡村产生影响。城市越发展，这种影响力就会越强，作用范围也会越广。反之，该城市腹地内较次一级城镇和乡村的社会变迁也会促进或阻碍该城市的发展。在探讨城市本身内部的历史进程时，应将其与该城市在全国或区域城市体系、城乡网络中的地位和作用的发展变化联系起来，这是全面、深刻地揭示该城市发展史的重要一环。

第四，要注意对同城市发展关系密切的人物的思想、活动和相关重大历史事件的研究。人是城市的主体，城市的任何活动都离不开人，因而城市的发展史，在很大程度上即是城市人的生产、生活的历史，尤其是上层社会的人物的言行对城市发展的影响很直接、很大。但下层社会人物的言行对城市的具体发展也必然产生不可忽视的影响，因而也应予以充分重视。城市史研究的深入进行，还要求将在城市发生的重大历史事件从城市内在发展的角度加以深刻理解，而不仅仅视其为个别在全国范围内发生的历史事件在某些城市的简单反映。从个别城市或几个相关城市社会内部政治、经济、民众意识等的相互关系、发展变化的角度来理解某些重大历史事件发生的原因及其进程、结果，将会更加丰富城市史研究的内容。

第五，要注意发挥图片、地图在研究中的作用。与城市相关的图片、地图资料对于增加城市史研究的感性认识有时会起到文字所不能起到的作用，往往一幅地图或一张图片就能很直观地说明许多问题。因此，在城市史研究中，应通过各种途径，采用各种方法，尽可能搜集地图和图片，增强对城市历史发展的感性认识。

21 世纪是中华民族复兴的伟大世纪，也是中国文化再造的新世纪，历史学在这个充满希望的新世纪将重新确立自己的地位和作用。作为新兴研究领域的近代城市史研究，不仅自身具有重要的学术意义，而且由于与国民经济的主场有着直接、间接的联系，因而将受到学术界的高度重视，其参与研究的人数会大大增加，其研究成果也会成倍增长，并形成具有中国特色的城市史研究体系。因此，如何在新世纪进行学术创新，为城市史研究深入开展创造条件，将是每个研究者应该思考和为之努力的重要工作。

随着经济全球化的加剧，世界城市正在趋同化，以西方城市发展为参照系，照搬西方城市发展的思路，正在左右着相当一部分专家学者和城市管理者的思维。中国是一个农业大国，也是一个人口大国，人均资源相对不足，中国的国情与西方先进工业国之间的差异相当明显。中国城市如何根据国情，走出一条符合国情的中国式发展道路，这是当代中国城市面临的一个重大课题。城市就是一部“活的历史”，它联系着历史与现实，过去和未来。城市史研究就是要透过城市的历史去观照现实与未来。

21 世纪以来，中国城市处于新的十字路口，何去何从？城市如何重新调整战略，以适应全球化竞争的需要？如何形成特色和增强核心竞争力？这些都与城市史研究有着直接和间接的联系。期待更多的学术新人加入这一研究行列中，共同为中国城市的腾飞尽一份绵薄之力。

第十三章
工人运动史

中国民主革命时期工运史研究，在五四运动前后，实际上已经开始。从“五四”至中华人民共和国成立前，中国共产党在领导工人阶级进行反帝反封建的革命斗争中，运用马克思主义理论，对中国工人阶级状况、工人斗争的经验教训不断地进行研究、总结，写出了一些著作和大量文章，为新中国成立以后民主革命时期工运史的研究奠定了基础。此外，国民党及国民政府属下的管理劳工运动的机构和人员，以及社会科学工作者，也对工人运动进行研究，正式发表和出版了一些有关的著作和资料书。其中内容涉及工人劳动状况和斗争情况的调查、劳动立法和劳动政策的讨论、中国劳动运动的国际联系等方面，尽管有些著作观点不正确，但资料比较丰富，对新中国成立以后学术界研究民主革命时期工运史有一定参考价值。

新中国成立后，特别是中共十一届三中全会以来，工运史研究取得了很大进展。据不完全统计，截至2009年，正式出版的工运史书有210余种。其中学术性较强的通史、专史、传记约占半数。此外，还发表了有关文章近900篇。从现有的成果中，可以看出中国学术界经过60年努力，在工运史研究领域取得了很大成绩。

新中国成立60年以来的工运史研究，经历了曲折发展的过程。大体可分为四个阶段：1949年10月中华人民共和国成立至1978年底中共十一届三中全会前的30年是工运史研究的兴起和曲折发展阶段；十一届三中全会至1989年的10年是工运史研究的恢复、广泛开展和空前繁荣阶段；1989年至1999年的10年是深入开展阶段；21世纪以来的10年，工运史研究规模缩小，但研究的领域有新的拓展，认识有新的进展。

第一节　兴起与严重挫折

1949 年 10 月中华人民共和国成立至 1978 年底中共十一届三中全会前的 30 年，新中国工人运动史的研究经历了兴起、初步繁荣和严重挫折。30 年的工运史研究又可划分为两段：“文化大革命”前的 17 年；“文化大革命”及向新时期过渡的 13 年。

从新中国成立到“文化大革命”开始前的 17 年，是工运史的研究由起步到初步繁荣的阶段。17 年间，正式出版的工运史书近 60 种，发表文章 170 余篇。这一时期的工运史研究主要是为了配合对干部、群众进行阶级教育和革命传统教育。当时出版的工运史著作中，多数是叙述工人斗争的通俗小册子。如《二七大罢工》《五卅运动》《省港大罢工》《上海工人的三次武装起义》《大革命时期苏州纺织工人的罢工斗争》《解放前的景德镇陶工运动》，等等。这些小册子以通俗易懂的语言，从不同侧面反映了中国工人阶级的英勇斗争。此外，也有个别较有学术水平的著作。例如，刘立凯、王真的《一九一九至一九二七年的中国工人运动》，较系统介绍了中国近代工业的发展和中国工人阶级的形成过程，叙述了中国共产党成立前后和第一次国内革命战争时期的工人运动，论证了中国工人阶级在中国革命中的伟大历史作用。

在这一时期出版的工运史书中，特别值得一提的是厂矿史。其中质量较好、影响较大的即达 20 余种。如《红色的安源》、《北方红星——长辛店车辆厂六十年》、《门头沟煤矿史稿》、《清河制呢厂的五十年》、《三十六棚——哈尔滨车辆工厂六十年》、《列车的摇篮》（沈阳机车车辆厂厂史）、《大隆机器厂的发生、发展与改造》，等等。这些厂矿史生动、具体地反映了工人阶级的苦难生活和英勇曲折的斗争，具有一定的学术价值。

丰富、翔实的史料是开展工运史研究必不可少的条件。这一时期，中华全国总工会中国职工运动史研究室在史料的搜集、整理和编辑出版方面做了大量工作，取得了丰硕成果。1957 年由该室编辑出版的《中国历次全国劳动大会文献》，汇集了从 1922 年第一次全国劳动大会至 1948 年第六次全国劳动大会的主要文件。1958 年，该室又编辑出版了 5 卷本的《中国工会历史文献》。这套多达220余万字的文献，汇编了中国工会领导机关从中国共产党诞生到中华人民共和国成立，在各个革命时期发布的重要文件，包括决议、指示、宣言、通电、报告、书信、传单及党和工会负责同志以其个人名义发表的一些重要文章，以及地方工会、产业工会的有关资料等，内容十分丰富。1958年，该室为了进一步提供历史资料，发表研究成果，促进工运史研究，还创办了内部刊物《中国工运史料》，至“文化大革命”前出版了8期。除上述汇编资料外，50年代还由中共中央宣传部和全国总工会提供原件，由人民出版社和工人出版社影印发行了《中国工人》《上海伙友》《劳动界》《工人之路》《工人宝鉴》《劳动》《全总通讯》《苏区工人》8种工运报刊。上述资料的汇编出版，大大便利了工运史研究的开展。此外，严中平等编的《中国近代经济史统计资料选辑》，孙毓棠、汪敬虞、陈真等分别编辑的两套《中国近代工业史资料》，彭泽益编的《中国近代手工业史资料》，对研究民主革命时期的工人运动也有重要的参考价值。

这一时期报刊上发表的百余篇工运史文章中，有些是学术水平较高的。举其要者，有系统论述民主革命时期工运经验和“五一”节纪念历史的，如李立三的《中国工会运动的经验和教训》，宫韵史[①]的《五一劳动节的起源、发展及其在中国的四十年》，张注洪的《中国劳动人民纪念五一节的历史》；有论述“五四”前后工人阶级和工运历史问题的，如黎澍的《十月革命与中国工人运动》，赵亲的《辛亥革命前后的中国工人运动》、《五四运动前中国工人运动史的分期问题》，尚钺的《关于中国无产阶级的发生、发展形成的问题》，刘明逵的《1912—1921年中国工人阶级状况》，李时岳的《辛亥革命前后的中国工人运动和中华民国工党》，项立岭的《试论中国工人阶级由自发到自觉的转变》，李星等的《再论中国工人阶级由自在阶级到自为阶级的转变》，梁家河[②]的《二七斗争的历史意义》，等等；有论述大革命时期工人运动的，如梁家河的《五卅运动的历史意义》，齐武的《五卅运动的历史意义和经验教训》，金应熙的《四一五反革命政变前广东工人对国民党右派的斗争》，马洪

① “宫韵史”是当时全国总工会工运史研究室在报刊上发表文章使用的化名，主要执笔人为唐玉良。

② “梁家河”是当时全国总工会工运史研究室与中国科学院近代史研究所工运史组合作，在报刊上发表文章使用的化名，执笔人为唐玉良、刘明逵。

林的《上海工人三次武装起义》；有论述土地革命战争时期工人运动的，如金应熙的《从四·一二到九·一八的上海工人运动》，雪竹的《九·一八事变前抚顺煤矿工人斗争》，等等；有论述抗日战争时期工人运动的，如宫韵史的《1937—1945 年国民党统治区工人阶级的状况》，傅尚文的《1938 年开滦煤矿工人反日大罢工》，李义彬的《哈尔滨电车工人的抗日斗争》，等等。

在这一时期的工运史研究中，学术争鸣已初步开展起来。1960—1962 年，学术界围绕中国工人阶级何时实现由自在阶级向自为阶级转变的问题展开了讨论。参加讨论的论文近 20 篇，主要观点有以下三种：

一是认为在五四运动中工人阶级已成为自为阶级。持这种观点的论者认为，工人阶级对自身所处的社会是否达到理性认识，即本质的认识，是区别工人阶级处在自在阶级或自为阶级的决定因素。五四运动中，中国工人阶级在马克思主义的影响下，已开始认识到自己所处的半殖民地半封建社会的本质，并以独立阶级的姿态自觉地投入到运动中，在斗争中表现出具有鲜明的政治意识、独立的政治行动、一定的水平和较广泛的阶级团结四个特点，在时局的演变中起了决定性作用，因此无愧于自为阶级的称号。他们还认为：既然理论界普遍承认五四运动是新民主主义革命的开端，区别新旧民主主义革命的根本标志是领导权问题，新民主主义革命是无产阶级领导，那就很难想象，当工人阶级还没有成为自觉阶级时能够成为革命的领导者。[①]

二是认为中国工人阶级由自在阶级转变成为自为阶级是一个较长的历史过程。1914—1919 年“五四”前是转变的准备阶段；“五四”后迅速由自在阶级向自为阶级转变；1921 年中国共产党成立标志着工人阶级已由自在阶级转变为自为阶级。持这种观点的论者认为，中国工人阶级由自在到自为的转变，需要具备三个条件：第一，阶级队伍的形成和壮大；第二，在阶级斗争中积累了一定的经验；第三，马克思主义传入中国和一批初具共产主义思想的、愿意同工农群众相结合的革命知识分子的出现。三个条件不是互不相关的。衡量工人阶级由自在向自为转变的标志，是知识分子

① 参见荣天琳、张注洪、周承恩《五四前后的中国工人阶级》，《北大史学论丛》1959 年；张琦《中国工人阶级在“五四时期”是否已开始成为“自为”的阶级》，《江汉学报》1962 年第 4 期。

是否与工人阶级相结合了。五四运动中，革命知识分子已经迈开了与工人阶级相结合的最初一步，工人阶级已经开始表现出自己的力量，并且已开始接受马克思主义的影响，因此应当说工人阶级已开始向自为阶级转变。但不能说五四运动是工人阶级由自在阶级转变为自为阶级的标志。因为“五四”时期工人阶级在政治上还不够成熟，还没有达到理解中国半殖民地半封建社会的本质和无产阶级历史使命的水平；还没有自己的组织。五四运动后，初具共产主义思想的革命知识分子加速了与工人结合的步伐，特别是1920年5月上海共产主义小组成立后，一方面加强马克思主义的宣传灌输，一方面加紧了在工人中组织工会的工作，并初步取得成绩。这种马克思主义日益与工人运动相结合的过程，就是工人阶级由自在向自为转变的过程。①

三是认为在中国共产党成立前，工人阶级完全处于自在阶段。中国共产党的建立，使工人阶级开始进入自为阶段。持这种观点的论者认为，工人阶级要实现从自在到自为的转变，第一，在思想方面必须做到三个理解，即理解资本主义社会的本质，理解社会阶级的剥削关系，理解无产阶级的历史任务。而要做到三个理解，就必须向工人阶级进行全国统一的、有组织的、有计划的灌输社会主义意识的工作。五四运动后，初具共产主义思想的知识分子在工人中进行了初步的灌输工作。但远没有使工人做到三个理解。这项工作必须由无产阶级政党来进行才能做到。第二，在组织上必须使自己形成一个统一的阶级力量向整个旧政权进行冲击。不仅要组织工会，还必须组织党，并且要首先成立党来统一工人的行动成为阶级的行动。五四运动中及五四运动后，在共产主义小组影响下虽然成立了一些工会，但还只是地方性的、行业性的、个别的，而且不巩固。第三，工人阶级的斗争必须是有意识的、有组织的经济和政治斗争。“五四”至中国共产党成立前，工人的罢工斗争虽有较大发展，但基本上还是分散的经济斗争。个别的政治斗争也是局部的、零散的、缺乏政治目标的。因此不能认为中国共产党成立前工人阶级已开始由自在向自为转变。中国共产党成立后，有组织有计划地向工人灌输社会主义意识，大力从事将工人组织起

① 参见李星、赵亲、黄杜《论中国工人阶级由自在阶级到自为阶级的转变》，《学术月刊》1961年第2期；李星、黄杜《再论中国工人阶级由自在阶级到自为阶级的转变》，《学术月刊》1961年第7期。

来的工作，工人斗争才有了鲜明的经济要求和政治目的，成为有组织的统一的斗争。工人阶级也才开始进入自为阶段。[①]

在中国工人阶级由自在向自为转变问题上之所以存在三种不同意见，主要原因是对转变所需条件的理解不同。大家对毛泽东在《实践论》中提出的，以三个理解作为衡量是否转变为自为阶级的标准，基本上没有不同意见。问题是在中国半殖民地半封建社会条件下，联系工人阶级成长的实际，具备哪些条件才能使工人阶级达到三个理解，实际上看法是不同的。此外，对“五四”至建党前后工人运动发展程度的认识不同，也是导致意见分歧的一个原因。

“文化大革命”前的工运史研究，还需要特别提出来说明的是，1960年全国总工会工运史研究室曾与科研部门和有关大专院校协作，召开全国工运史工作座谈会，共同探讨了工运史的学科体系问题。会议提出工运史研究的基本内容应当包括以下几个方面：（1）在各个革命发展阶段和历史时期，中国工人群众的处境和状况；（2）中国共产党对于中国工人群众运动的领导，以及党内两条路线斗争在工人群众运动中的反映；（3）中国工人阶级的斗争（阶级斗争和生产斗争）；（4）中国工人群众的组织和工人队伍的统一团结；（5）中国工人群众运动在中国革命运动中的地位、作用，以及中国工人群众运动和其他革命群众运动的关系；（6）中国工人运动和国际工人运动的关系。这一关于中国工运史学科体系的设想，对深入工人运动史的研究，无疑是非常重要的。会后，全国总工会工运史研究组邀请中国科学院近代史研究所工运史研究组和中国人民大学中共党史系工运史教研室的学者，根据座谈会达成的共识，进行《中国民主革命时期工人运动史》的编写工作。到1962年，书稿已基本完成，并发给有关单位征求意见。虽然这次编写史稿的工作，在中共八届十一中全会以后，受到新的“左”倾思想的干扰，特别是受到“文化大革命”的冲击，没能最后完成，但是，已经编成的部分书稿，在一定程度上反映了“文化大革命”前工运史研究的主要成果，为“文化大革命”后系统编写出版工运史著作奠定了初步基础。

从1966年5月至1976年10月的十年动乱期间，中国工运史的研究遭到严重破坏。遍览10年中出版的图书杂志，在工运史方面，仅见严重歪

① 参见项立岭《试论中国工人运动由自发到自觉的转变》，《学术月刊》1961年第7期。

曲历史事实的数篇文章和几本小册子。在这个阶段中，随着党和国家的各级领导人被错误批判、打倒，工运史上除了对毛泽东指导过的安源罢工等事件进行了不符合事实的宣传外，其他几乎都成了禁区。只有当“大批判”需要时，才把某些工运史上的事件拿来，从中寻找打倒某人的根据。刘少奇等工运历史上的许多领袖人物和英雄、烈士，都遭到了肆意诬蔑攻击，而“文化大革命”前如实论述过涉及他们的一些事迹的工运史研究工作者，则大多遭到了不应有的种种指责和批判。在“四人帮”帮派势力操纵下出版的《五卅运动》一书就是这方面的典型代表。该书为了达到诬蔑攻击刘少奇的目的，不惜篡改和伪造历史，把奉中国共产党派遣参与领导“五卅”反帝大罢工的刘少奇说成是怀着不可告人的目的、窜到上海钻进上海总工会破坏五卅运动的“工贼”。该书还借批判“五卅”中的“投降派”为名，影射攻击中央其他领导人。从这本书中，可以看出工运史研究在“文化大革命”中被破坏到何种程度。

1976 年 10 月，中共中央一举粉碎“四人帮”，结束了持续 10 年的“文化大革命”。在这之后的两年间，随着揭发批判“四人帮”、平反“文化大革命”中的冤假错案、清理“文化大革命”前历次政治运动遗留下来的问题和开始恢复国民经济等工作的展开，工运史研究工作也开始恢复。1977 年，为纪念上海工人三次武装起义，上海、北京等地发表了一些纪念文章。1978 年秋，全国总工会已开始恢复工运史研究室等机构，为工运史研究的恢复和发展做了准备。

第二节　恢复、开展和繁荣

1978 年 12 月中共十一届三中全会后，工运史研究步入黄金时期。十一届三中全会确立的一切从实际出发，实事求是的思想路线，使广大工运史研究者得以摆脱长期形成的“左”的思想束缚，焕发出空前的创造精神。党和政府的重视和提倡，则使工运史研究的广泛开展，有了组织上和物质上的保证。在上述有利形势下，80 年代的工运史研究获得了大发展，呈现出空前繁荣的局面。

这一时期工人运动史研究的空前繁荣局面的形成，中华全国总工会在其中起了重要作用。1979 年，中华全国总工会向各级工会发出关于搜集中国工运史料的通知。全国总工会工运史研究室于 1980 年 10 月召开了第一次全国工运史工作座谈会，确定恢复和建立各级工运史研究机构，切实开展工运史料的征集、整理和编纂工作。之后，又于1983年6月和1986年6月召开第二、第三次全国工运史工作座谈会，研究如何深入广泛开展工运史研究的问题。在全国总工会的统一部署和大力促进下，工会系统的工运史研究出现空前繁荣的局面。到1986年，据全总工运史研究室统计，已有26个省、自治区、直辖市建立了工运史工作机构，包括地、市、县各级地方工会和铁路、邮电、海员等产业工会，全国工会系统的工运史研究机构总计380多个，有专职人员540多人，加上聘请、借调和兼职的，从事工运史研究工作的共计1300多人。全总工运史研究室和各省市工运史研究室编印的公开出版或内部发行的刊物60多种。各地通过查阅档案、报刊，征集的文献资料有7万多份，3.6亿多字，文物和照片6000多件；通过调查访问，抢救了活材料2万多份，2100多万字。在搜集资料的基础上，整理编印史料专辑40多本；编写工运史稿130多本；编写工运史大事记约200份；地方工会志110多篇；撰写论文700多篇。其中部分已正式出版或发表。在工会系统重视工运史研究的同时，社会科学院系统、党校系统和高等院校系统的中共党史和工运史研究者也潜心研究，发表了大量成果。据不完全统计，10年间正式出版的工运史著作和资料书60余部90余本，发表的文章400余篇。这些成果不仅在数量上超过了前30年，尤其在质量上有较大提高。

首先，这10年在工运史资料的整理出版方面成果显著。在已出版的资料书中，大致有三类：一是通史性的。其中最重要的有：（1）刘明逵主编的大型资料书《中国工人阶级历史状况》第1卷第1册（中共中央党校出版社1985年版），详细收录了从1840年至1927年有关中国产业工人队伍的产生和发展，中国工人阶级的劳动条件、工资和生活状况，手工业工人和其他劳动者的状况，有关劳动问题的政策法令等方面的大量史料。（2）中华全国总工会编纂的《中共中央关于工人运动的文件选编》（档案出版社1985年版）。该书分上、中、下3册，共96万余字，系统选编了从1921年中国共产党成立到1949年新中国成立前，各个时期中国共产党中央和部分中央局关于工人运动的决议、批示、宣言、通告、通知、电文等文件，为系统研究各个时期中国共产党领导工人运动的方针和策略，提供了方便。（3）全国总工会工运史研究室将“文化大革命”前创刊的《中国工运史料》改为按时期和年份汇编工运史料的专辑，继续出版。从

1979年出版的总第9期到1986年的总第29期，共出版21期，平均每期20余万字，为工运史研究者提供了该室珍藏的从五四运动到1937年的大量翔实的工运史料。二是专题性的。已出版的主要有《二七大罢工资料选编》（工人出版社1983年版）、《上海工人三次武装起义》（上海人民出版社1983年版）、《五卅运动史料》（第1、2卷）（上海人民出版社1981、1986年版）、《五卅运动与省港罢工》（江苏古籍出版社1985年版）、《华工出国史料汇编》（中华书局1981—1984年版）、《焦作煤矿工人运动史资料选编》（河南人民出版社1984年版）、《省港大罢工资料》（广东人民出版社1986年版）、《湖南劳工会研究论文及史料》（湖南人民出版社1986年版）、《刘少奇论工人运动》（中央文献出版社1988年版）、《上海工会联合会》（档案出版社1989年版）等。三是地区性的。已正式出版的有《江西工人运动史料选编》（江西人民出版社1986年版）、《闽浙赣苏区工人运动史料》（江西人民出版社1989年版）、《自贡盐业工人斗争史档案资料选编（1915—1949）》（四川人民出版社1986年版）、《四川工人运动史料选编》（四川大学出版社1988年版）、《北方地区工人运动资料选编（1921—1923）》（北京出版社1981年版）、《陕甘宁边区工人运动史料选编》（上、下）（工人出版社1988年版）、《云南工人运动史料汇编》（云南人民出版社1989年版）、《北京工运史料》（4册）（工人出版社1982年版）等。10年来众多翔实、准确的档案史料的出版，为工运史研究的进一步开展创造了有利条件。

其次，在工运史大事记方面，80年代全国工会系统编写的200余种工运大事记，大多只是内部印行。

最后，在已出版的工运史书中，宣传性的通俗小册子已不多见，大多是学术性较强的著作。这些著作在许多方面填补了工运史研究的空白。已出版的工运史著作，按其内容大体可分成以下几类：

通论民主革命各个时期的工运史著作。在这方面，10年中已出版了7种。其中，首先应提到的是唐玉良编写的《中国民主革命时期工人运动史略》（工人出版社1985年版）。该书虽然只有10万字，分量不算大，但十分精练，可以说是作者多年从事工运史研究的结晶，是第一本通论中国民主革命时期工运史的简要著作。它在内容和结构上为后人编写全国、地方和产业工运史提供了有益的启迪和借鉴。其次是王建初等主编的《中国工人运动史》（辽宁人民出版社1987年版）。该书是为了满足工会系统院校开设中国工运史课的需要编写的。全书40余万字，是第一部通史性的工运史专著。除上述两书外，值得一提的还有盖军等编写的《中国工人运动史教材简编（1919—1949）》（华东师范大学出版社1988年版）。该书在20余万字的篇幅中，简明扼要地描述了民主革命时期的工人运动，较详细地考察了中国共产党工运的策略的演变，力求作出客观的、准确的评价。

论述民主革命中一个时期的工运史著作。齐武的《抗日战争时期中国工人运动史稿》（人民出版社1986年版），是继新中国成立之初出版的刘立凯、王真的《一九一九至一九二七年的中国工人运动》（工人出版社1953年版）之后又一本论述一个时期的工运史著作。全书28万余字，首次对抗日战争时期中国共产党领导下的解放区、日本统治的沦陷区和国民党统治区的工人运动，作了比较广泛、深入的论述和探讨。

地方工运史。早在“文化大革命”前，上海、唐山、浙江等少数省市已做了一些编写地方工运史的准备工作。中共十一届三中全会后，这项工作在全国各地广泛开展起来。地方工运史的撰写，成为各省市工运史研究的重点。经过几年的潜心研究，在1985—1989年间，先后出版了《石家庄工人运动史》（工人出版社1985年版）、《重庆工人运动史》（西南师范大学出版社1986年版）、《武汉工人运动史》（辽宁人民出版社1987年版）、《浙江工人运动史》（浙江人民出版社1988年版）、《山东工人运动史》（山东人民出版社1988年版）、《天津工人运动史》（天津人民出版社1989年版）、《大连工人运动史》（辽宁人民出版社1989年版）、《青岛工人运动史》（中共党史资料出版社1989年版）8种。这些地方工运史不拘一格，各具特色，都是在广泛深入地进行调查研究的基础上编写成的，都较好地论述了各自地区工人运动的历史特点和经验教训。它们同全国性的工运通史呼应，再现了中国工人运动波澜壮阔多姿多彩的画卷。

产业工运史。薛世孝编著的《中国煤矿工人运动史》（河南人民出版社1986年版），是新中国第一部完整的产业工人运动史，填补了工运史研究的一个空白。

专题史。比较重要的有陈卫民的《中国劳动组合书记部在上海》（知识出版社1989年版），任建树、张铨的《五卅运动简史》（上海人民出版社1985年版），蔡洛、卢权的《省港大罢工》（广东人民出版社1980年版），周尚文、贺世友的《上海工人三次武装起义史》（上海人民出版社1987年版），陆象贤主编的《中国劳动协会简史》（上海人民出版社1987

年版），等等。这些专题性的工运史著作，都对所论述的专题进行了深入的研究，在史实和论断方面都有不少创见，对推动这些问题的进一步研究，具有积极意义。此外，根据地工人运动史的研究有了突破。中央苏区工运史征编协作小组编著的《中央革命根据地工人运动史》（改革出版社1989年版）填补了这方面的空白。该书对中央根据地的工人运动进行了比较系统的论述和总结，并附录了一些亲历者的回忆录、有关中央苏区工运的历史文献、工会组织沿革和工人运动史大事记。

回忆录和工运人物研究。10年间出版的回忆录中，有许多涉及工人运动的内容。其中罗章龙的《椿园载记》（生活·读书·新知三联书店1984年版）和《张金保回忆录》（湖南人民出版社1985年版），较有参考价值。在已出版的工运历史人物传记中，较有分量的是魏巍、钱小惠的《邓中夏传》（人民出版社1981年版），唐纯良的《李立三传》（黑龙江人民出版社1984年版），卢权、禤倩红的《苏兆征》（上海人民出版社1986年版）。此外，值得重视的还有中国工运学院编辑出版的《刘少奇与中国工人运动》（吉林人民出版社1988年版），陈君聪、曹宏遂编写的《刘少奇工运思想研究》（工人出版社1988年版），对刘少奇在中国工运的理论策略和实践方面的贡献，作了比较深入的研究和探讨。

10年间，内地报刊发表的工运史文章不仅数量众多，而且相当一部分学术水平较高。其特点，一是研究的范围大大拓展了。不仅是早期、中国共产党的创立和大革命时期的，其他各时期也都有了一定数量的有学术价值的论文；不仅研究工业中心上海、广州的工人运动，而且研究沿海其他城市和内陆城市的工人运动；不仅有关于白区工运的内容，而且有苏区工运的内容；不仅有共产党领导的工人运动，而且开始研究国民党控制的和日伪统治下的工人运动；不仅研究中国工运本身，而且涉及共产国际与中国工运的关系。二是研究的内容深化了。不是停留在对工人斗争过程的叙述和一般性地阐述斗争的意义和作用，而是试图比较全面地探讨斗争发生的原因、斗争中各种力量的作用、斗争策略的评估。在人物研究上，摒弃了对则全对、错则全错的形而上学的方法，力求具体地实事求是地分析和评价。这一时期工运史研究的深化，集中体现在以下两个方面：

一是加强了对工人运动理论和策略的研究。10年来，学术界在对工运理论和策略的探讨中，提出了不少新问题和新见解。

关于工人阶级内部统一战线。长期以来，关于统一战线的研究都是在工人阶级与其他阶级之间，而对工人阶级内部是否存在统一战线的问题，没有讨论。1985 年以来学者们撰文指出，中国工人阶级内部存在统一战线是客观事实，并对其特点作了初步探讨。有的文章集中考察了中国共产党关于工人阶级内部统一战线概念提出的过程，有的在叙述工人阶级内部统一战线理论在新民主主义革命时期的实践的基础上，注重探讨中国工人阶级内部统一战线的特点。如漆文锋、邹小孟的文章认为中国工人阶级内部的统一战线的特点是：（1）不存在共产党与其他工人政党的统一战线问题；（2）基本上是处于秘密隐蔽状态；（3）主要任务是配合农村根据地的斗争；（4）同中国共产党领导的整个革命统一战线的关系是密不可分的。① 作者认为中国共产党把马克思主义的工人阶级内部统一战线观运用于中国工运实际的过程中，在一定程度上丰富和发展了工人阶级内部统一战线理论。

关于工人运动的策略。这期间，陆续有文章探讨这一问题。刘晶芳通过对大革命失败后中国共产党白区工运策略的演变和白区赤色工会的历史考察，认为这一时期中国共产党的白区工作策略中，以赤色工会为白区工人阶级同反动派斗争的主要组织形式是错误的，应予否定。② 汪洋撰文对中国共产党在白区工运中长期实行的消灭黄色工会的策略进行了考察，指出中国共产党把本来属于中间营垒的改良主义的黄色工会简单地认定是反革命性质的，从而不加分析一概否定，采取打倒的策略是错误的。正确的策略是尽可能利用黄色工会。③

关于中国共产党的工运策略与共产国际和赤色职工国际的关系。中国共产党是共产国际的支部。在遵义会议前，中国共产党的重大决策几乎都与共产国际有关。中国共产党领导的工会，直接受赤色职工国际指导。学者们利用新发掘的史料，深入研究了中国共产党的白区工运策略的形成、发展和变化与共产国际的关系。盖军、刘晶芳对这一时期共产国际对中国革命的指导进行了较系统的考察，指出中国共产党白区工运策略的发展变化，特别是脱离中国工运实际的“左”倾策略，是与共产国际指导中的错

① 参见漆文锋、邹小孟《马克思主义的工人阶级内部统一战线观及其对中国革命和建设的影响》，《宜春师范专科学校学报》1986 年第 1 期。

② 参见刘晶芳《土地革命战争时期白区的赤色工会》，《近代史研究》1987 年第 4 期。

③ 参见汪洋《略论关于黄色工会的两种策略》，《辽宁大学学报（哲学社会科学版）》1989 年第 2 期。

误分不开的。[①] 之后，唐玉良的文章在充分肯定1927年以前赤色职工国际对中国工运的支持和援助的同时，指出赤色职工国际“四大”以后的一些“左”倾的决定，对中国工运的错误和挫折，也负有一定的领导责任。文章总结国际工运的经验教训，肯定各国无产阶级之间的团结合作是必要的，但采取赤色职工国际这样的集中统一的组织形式，由一个远离各国的世界性的指挥中心来指挥各国的工人运动是不好的。[②]

关于刘少奇的工运理论和策略的评价。刘少奇作为中国工人运动的领袖，他的关于工人运动的理论和策略对中国工运发生过重要影响，因而受到研究者的高度重视。在这10年中，正式发表的研究刘少奇工运理论的文章有近50篇，其中大部分是研究他的民主革命时期的工运理论和策略的。学者肯定了刘少奇在指导苏区工运中提出的工人在自己政权下应有主人翁的劳动态度的思想，高度评价了他的白区工运策略思想，认为他的策略思想是马克思主义与中国工运实际相结合的创造。在对他的工运策略思想形成的研究上，学者们注意克服过去长期在人物评价中的绝对化的形而上学的倾向，指出刘少奇是人不是神，他的正确的策略思想也有一个形成发展过程，并非一蹴而就。在其认识过程中的某一阶段，也会是正确错误交织，也要经历从不清楚到清楚，由不正确到正确的过程。因此，研究伟大人物的思想，也应客观、实事求是。[③]

二是较广泛地开展了学术争鸣。随着实践是检验真理的唯一标准、一切从实际出发、实事求是的思想路线的确立，随着举国上下平反冤假错案和拨乱反正工作的开展，学术界对工运史中许多已有定论的理论、实践、人物重新评估，并本着实事求是的精神深入探讨一些疑难问题，促进了工运史研究的深化。80年代主要讨论的问题有：

1. 半殖民地半封建中国知识分子和雇农是否是工人阶级的一部分。一种意见认为旧中国大多数知识分子是无产阶级的一部分。理由是他们不占有任何生产资料，受雇于人，靠出卖劳动力维持生活。因此，以生产资料

---

① 参见盖军、刘晶芳《土地革命战争时期的白区工运策略与共产国际》，《党史研究》1987年第2期。

② 参见唐玉良《赤色职工国际与中国工运相互关系的初步探讨》，《中国工运学院学报》1989年第3期。

③ 参见刘晶芳《“九一八”至“一二八”前后刘少奇白区工运策略思想述评》，《刘少奇研究论文集》，中央文献出版社1989年版。

占有关系，以及人们在社会经济结构中的地位作用为划分阶级的唯一标准来衡量，应当说旧中国知识分子的大多数是无产阶级的一部分。[①] 另一种意见则不同意上述分析，认为旧中国知识分子大多数不属于工人阶级的一部分。[②] 对农村中的雇农是否是无产阶级的一部分，也有不同看法。一种意见认为，雇农是无产阶级的一部分。认为这样看，比较符合中国无产阶级形成的客观历史条件；比较符合毛泽东思想对中国无产阶级概念使用的客观事实；也比较符合中国共产党及其领导下的工会组织中国无产阶级团结斗争的历史。[③] 另一种意见则认为雇农是无产阶级，但不是工人阶级的一部分。理由是无产阶级和工人阶级并不是相同的概念。雇农不同近代机器工业相联系，也不具备工人阶级集中、富于革命的坚定性和彻底性、有严格的组织纪律性等特点。[④]

2. 产业工人的集中性是否为中国无产阶级的特殊优点。毛泽东在《中国革命和中国共产党》中概括为三条：第一，深受三种压迫，革命比任何阶级来的坚决和彻底，除极少数工贼，整个阶级都是最革命的。第二，开始走上革命舞台就在本阶级的革命政党——中国共产党的领导下。第三，和广大农民有一种天然联系，便于结成亲密联盟。此后直至50年代初，毛泽东概括出的特殊优点一直为学术界沿用。50年代中期有变化，将毛泽东的三条中的第一、第二条合并，增加“集中”一条。新三条提出后，普遍为理论界认可和运用，30年无大变化。1983年底，缪楚黄撰文对“集中”是中国无产阶级的特殊优点表示异议。他指出：“陈伯达从大工厂和中小工厂集中工人人数多少比例这一角度，说中国工人集中程度比资本主义国家产业工人更高，是片面的，故不应采用集中是特殊优点这一提法。”[⑤] 其后，有的文章则从中国无产阶级的形成及结构不同于西方资本主义国家入手分析，指出中国无产阶级的内涵比西方资本主义国家无产阶级的内涵大得多，不仅包括产业工人，而且主要成分是手工业工人和农业工

① 参见顾邦文《旧中国大多数知识分子是无产阶级的一部分》，上海《社会科学》1985年第3期。

② 参见郑兆安《旧中国知识分子大多数不属于工人阶级的一部分》，《湖南师范大学学报》（哲学社会科学版）1986年增刊。

③ 参见刘星星《中国无产阶级概念与中国工运史研究》，《工人日报》1985年7月5日。

④ 参见郑庆声《中国工人运动史的研究对象问题》，《史林》1986年第3期。

⑤ 缪楚黄：《毛泽东思想的历史发展》，《党史通讯》1983年第23—24期。

人。由此自然不能得出集中是无产阶级特殊优点的结论。①

3. 关于中国无产阶级的局限性问题。长期以来，工运史研究中凡是论到无产阶级时，总是论其先进性。1980 年，学术界有人对中国无产阶级的特点进行了辩证思考，提出了中国无产阶级有局限性的特点。1981—1982 年间，学术界就这一问题展开了争鸣。参加讨论的文章近 10 篇，主要观点有两种。

一种观点认为中国无产阶级有局限性。主要表现为落后、保守、迷信、不懂尊重科学等弊病。这些弊病在社会政治经济生活中就表现为封建主义的意识和平均主义思想。他们认为产生局限性的主要原因有两个。其一是中国无产阶级先天不足，到 1919 年城市无产阶级总共不到 200 万，仅占全国人口的 1/200，而且大都受小手工业的影响，保留着狭隘、自私和涣散性。其二是中国无产阶级身上具有农民属性。中国无产阶级是直接从农民转化来的。而农民中即使最革命的雇农阶层，也缺乏成为无产阶级的必要物质条件，不可能具备无产阶级那样高的组织纪律性。刚刚从农民队伍跨入工人阶级队伍中的无产阶级不可能一下子摆脱农民属性的影响。这种或多或少带有的农民属性，是产生无产阶级局限性的根源。他们认为无产阶级的局限性给革命和建设事业带来损害，承认和研究无产阶级的局限性有利于无产阶级的自我改造与改造世界。②

另一种观点认为中国无产阶级没有局限性。他们认为肯定无产阶级具有局限性的学者是混淆了有限和无限的概念，把阶级局限同具体事物存在的暂时性、历史性混为一谈。阶级的根本缺陷是由其经济地位决定的，是不能改变的。历史上的剥削阶级都有其局限性。而无产阶级由于同先进的生产方式相联系，其经济地位使其具有伟大的团结性、互助性、组织性、纪律性、进步性和对财产的公有观念。其本性是先进性而不是局限性。虽然无产阶级由于与农民联系紧密会受到农民思想的影响，但这种影响毕竟是外因，是第二位的，况且农民从加入无产阶级队伍起，就不断得到思想改造，从而逐渐溶化掉农民意识。全面地看问题，应当说这种改造占了主导地位。因此，说中国无产阶级有局限性既没有马克思主义理论作为依

① 参见刘星星《“集中”不是中国无产阶级的特殊优点》，《江汉论坛》1984 年第 12 期。

② 参见黄万盛、尹继佐《试论中国无产阶级局限性》（上海《社会科学》1980 年第 5 期）、《再论中国无产阶级局限性——兼答几位批评者》（上海《社会科学》1982 年第 3 期）；徐高《对〈论中国工人阶级的先进性〉一文的意见》，上海《社会科学》1982 年第 2 期。

据，又不符合中国无产阶级实际，是错误的。持这种观点的同志还认为，强调无产阶级的弱点，并把它上升到局限性的理论高度是有害的。这会导致抹杀或歪曲党的性质，从而不利于共产党的领导。①

除上述两种观点外，还有一种看法认为肯定先进性与承认局限性并不冲突。理由是，任何一种历史特有现象，绝不会仅给社会带来好处而无弊端。中国无产阶级与农民联系异常紧密，对工农联盟、动员和组织起强大的反帝反封建力量无疑是一个很大的优越性。但也应看到，正是由于同一原因，农民的心理、农民的习惯和农民的思想对无产阶级的影响较深，使得诸如平均主义、自由散漫等小生产习气在无产阶级队伍中长期存在，而且只要中国还是一个农民占大多数的国家，只要工农、城乡差别存在，农民属性就一定会在无产阶级身上有所反映。但这并不等于改变了无产阶级的本质属性。②

4. 香港海员大罢工是谁领导的。长期以来在工运史研究中一般认为香港海员大罢工是中国共产党领导的，但也存在着不同意见。近年来报刊发表了几篇专门讨论这个问题的文章。主要有两种看法：

一种看法认为是国民党领导的。理由是香港海员大罢工发生时中国共产党刚刚成立，党员人数少，处在秘密活动下，力量有限，中国共产党广东党组织的力量尤其弱。加上中国共产党当时的工运重点在北方，中国共产党没有也不可能发动和领导香港海员大罢工。持这种观点的学者列举了以下史实证明罢工是由孙中山为首的国民党所发动和领导的：（1）罢工的领导机构——中华海员工业联合总会是在孙中山等人发动下形成的，是经国民党广东政府注册的；（2）罢工是国民党的联义社主持的，苏兆征、林伟民以联义社成员的身份参加并领导了罢工；（3）罢工的活动经费，大都来自国民党方面。从罢工开始到结束，广东政府始终起着重要作用。③

另一种看法是，香港海员大罢工不是国民党领导的。它是在当时的国内外潮流的影响下，以苏兆征、林伟民为骨干的香港海员工会自己发动和

① 参见徐一鸣、马程华《所谓中国无产阶级局限性析辩》，上海《社会科学》1982 年第 6 期；曹仲彬《论中国工人阶级的先进性——〈论中国无产阶级局限性〉一文质疑》，上海《社会科学》1981 年第 5 期；王兆锋《认识中国无产阶级局限性的几个问题》，上海《社会科学》1982 年第 6 期。

② 参见程继尧《肯定先进性和承认局限性并不冲突——也谈中国无产阶级局限性问题》，上海《社会科学》1981 年第 6 期。

③ 参见刘丽《香港海员大罢工是国民党领导的》，《近代史研究》1986 年第 2 期。

领导的。它得到了国内外人民的声援、国民党的重要支持以及共产党的大力支持和领导。其理由是，香港海员工会是在孙中山支持下成立的，但与孙中山和国民党之间并无直接隶属关系，联义社是香港海员工人的社团，不是国民党的组织，事实上也完全没有用过联义社的名义领导罢工；苏兆征、林伟民在领导香港海员罢工时，绝不是以国民党党员的身份出现的。至今仍未发现孙中山或者国民党就如何发动和领导这场罢工斗争公开发表过任何宣言、文件或言论，至今也无法找到体现国民党的领导作用的任何资料。①

5. 关于省港大罢工的领导问题。一种意见认为，省港大罢工是在中国共产党广东区委和全总直接领导下进行的。其根据是：（1）罢工是共产党发动的。“五卅”惨案第二天，中国共产党广东区委会议决定成立临时委员会领导广东人民开展声援上海人民的斗争。6 月 8 日，中共党员邓中夏等去香港发动。临委会决定罢工后，指定黄平、邓中夏、杨殷、苏兆征、杨匏安五人组织党团为罢工指挥机关。（2）罢工是共产党领导的。罢工起来后，“临时省港罢工委员会”作为罢工指挥部，创造了罢工工人代表大会和工人武装纠察队的组织形式，制定了“特许证制度”，确定了“单独对英”的原则，等等。正是中国共产党的正确领导，保证了省港大罢工顺利进行，并取得了重大胜利。②

另一种意见认为，不应只提共产党领导了省港大罢工，而应当承认国民党也起了领导作用。国民党拟订了罢工计划，并派员以中央代表身份带着国民党的密令到香港和沙面发动罢工，发出让香港、沙面工人返回广州的命令。罢工实现后，广州政府在对英封锁，解决回省工人食宿、交通等方面采取了一系列有效措施，使罢工得以坚持。国民党制定了区别列强、单独对英的方针，制定了复工条件，成功地进行了外交斗争。在省港大罢工中，国民党左派代表人物汪精卫、廖仲恺、宋庆龄、何香凝等做出了重大贡献。廖仲恺实际成了罢工总指挥。汪精卫起的作用也很大。上述事实说明国民党对罢工起了领导作用。考虑到当时是国共合作，国民党中的共产党员又是省港大罢工的重要组织者和领导者，因此应当认为省港大罢工

---

① 参见禤倩红、卢权《香港海员大罢工是国民党领导的吗?》，《近代史研究》1987 年第 5 期。

② 参见卢权《略述省港大罢工的几个问题》，广州《学术研究》1979 年第 4 期；陈善光《第一次国共合作与工人运动的新发展》，广州《学术研究》1985 年第 1 期。

是国共两党以国民党名义共同领导的反帝政治运动。[①]

6. 关于武汉政府时期工人运动中的“左”倾错误。武汉政府时期工人运动中存在着“左”倾错误，是刘少奇1937年在《关于大革命历史教训中的一个问题》一文中首次提出的。在这之后直至1981年前，学术界没有展开讨论。1981—1982年间，陆续有几篇文章就这一问题展开了争鸣。论者对武汉政府时期工人运动中存在“左”的错误的认识是一致的，但对错误的程度、持续的时间以及造成后果的评价上存在分歧。

一种意见认为，武汉政府时期工运中“左”的错误是严重的。从开始即存在，越到后来越“左”。表现在：（1）不断地提出使企业商店无法承担的要求；（2）无限制地游行集会，组织政治经济罢工；（3）经济上侵犯小资产阶级的利益；（4）政治上执行政府机关职能，随便捉人，戴帽游行，擅自关闭厂店，强取什物，强制雇工，武力解决劳资纠纷，等等。“左”的错误造成生产不断下降，加剧了经济政治危机，使资产阶级、小资产阶级、农民产生不满情绪，造成党、工会与工人，工人与士兵农民，工人纠察队与市民之间关系的紧张。总之，“左”倾是武汉政府时期工运中的主要错误倾向。[②]

另一种意见认为，武汉政府时期工运主流是好的，“左”的错误有，但没有那么严重。事实上，“左”的错误不是贯穿武汉政府时期工运始终，而主要存在于这一时期的第一阶段（1926年10—12月）。第二阶段（1927年1—5月）“左”倾逐步得到纠正，右的错误逐渐发展。第三阶段（1927年5月6日—7月15日）主要危险是右倾。事实上工人没有不断地提出使企业商店无法承担的要求。工人名义工资虽增加较多，但考虑到工人原有工资极低，而武汉地区生活费用很高的实际情况，应当说增加一倍工资亦不为高。工人罢工游行集会较多，但并不是无限制的。湖北省委和中央政治局会议通过的《工人政治行动议决案》曾对罢工进行了比较严格的限制。从已举行的罢工和游行集会来看，大多数是必要的。持这种观点的论者认为，要从全局上把握对武汉政府时期工运的评价，既要看到工运中确有“左”的错误，又要看到，在整体上犯的是右的错误，后者是占主

① 参见李晓勇《国民党与省港大罢工》，《近代史研究》1987年第4期。

② 参见刘继增、毛磊、袁继承《武汉政府时期工人运动中的“左”倾错误》，《江汉论坛》1981年第4期。

导地位的。引起大革命失败的主要是右倾错误。因此，不能把工运中的“左”倾错误说过头，只能在基本肯定的前提下，恰如其分地指出其不足。①

7. 如何看待武汉工人纠察队交枪事件。对1927年6月28日武汉工人纠察队交枪事件，中共“八七”会议认为是党内机会主义错误在工人运动中的典型事例。之后几十年里，党内、学术界均作如是观。

1980年有文章首次肯定了交枪事件，认为它是“从实际出发，对于保存和发展革命力量有利的必要妥协”。文章考察了大革命后期武汉地区的形势、敌我力量对比和武汉工人纠察队的情况，认为在革命面临失败、敌我力量对比悬殊的情况下，工人纠察队既不可能组织有效的抵抗，也不可能拖走，自动缴械是保存力量的唯一可行的办法。从交枪的实际情况看，只交了1000支坏枪，约占总枪数的30%，而将好枪隐藏起来。这些枪后来交给了叶、贺部队，成为中国共产党日后发动武装起义所用武器的来源之一。从后果上看，交枪在政治上使党变被动为主动，争取了时间，集中了力量，为掀起更大规模的反抗国民党的武装斗争做了准备。因此，绝不能把交枪看作是投降主义。② 上述文章发表后，在学术界引起较强烈的反响，一些学者撰文与之商榷。他们考察了取消工人纠察队决策的形成过程，认为中共中央的意图绝不是出于策略考虑，根本不是为了保存和发展革命力量，而是屈服于汪精卫等人对纠察队的非议，以解散工人纠察队的行动表示对国民党、汪精卫无条件服从和拥戴的诚意。这个决定是陈独秀右倾机会主义在工人运动中贯彻的结果。有的文章考察了1927年6月底武汉的形势和敌我力量对比，认为并非只有交枪一条路好走，把纠察队拉过江去，保存力量不是不可能。还有的文章对交枪的实际情况进行了考察，认为事实上所有的枪支基本都交了，没有根据说明好枪保存下来交给叶、贺部队了。一些文章还注重对交枪后果的考察，认为纠察队的解散不仅没有任何积极影响，反而给革命带来了令人痛心的严重后果。它引起了革命队伍的极大混乱，加剧了革命的危机，助长了汪精卫集团的叛变。它

① 参见曾宪林《武汉政府时期工人运动中“左”倾错误有关问题之商榷》，《党史资料通讯》1982年第2期；程涛平《怎样看待武汉政府时期工人运动中的“左”倾错误?》，《党史研究》1982年第3期。

② 参见刘继增、毛磊、袁继承《武汉工人纠察队交枪事件的考察》，《历史研究》1980年第6期。

是陈独秀放弃武装斗争领导权的典型表现，是一个右倾投降主义的事件。[①]

除上述主要争鸣的问题外，学术界还就劳动组合书记部成立的时间、安源大罢工的领导、“二七”大罢工的领导、五卅运动中陈独秀的评价、总商会的作用的评价等问题展开了讨论，推动了对这些问题的深入研究。

第三节　20世纪90年代的深入开展

20世纪80年代工运史研究的广泛开展，为90年代的工运史研究奠定了坚实的基础。与80年代相比，90年代的工运史研究呈现出更加广泛和深入的特点。据不完全统计，这10年中，国内出版的工运史著作80余部，发表文章240余篇。

与80年代相比，90年代出版的工运史书中，资料书的数量大大减少了，但大多质量较高。由刘明逵编著的《中国工人阶级历史状况》大型资料书，继1985年出版第1册之后，又于1990年出版了第1卷第2册。全书近80万字，辑录了从1840年鸦片战争后到1919年五四运动前中国工人阶级自发的经济斗争、反帝反封建的政治斗争、早期组织的情况、辛亥革命前后与工人运动有关的政治派别、海外华工反压迫斗争及对革命的贡献的资料。上海市档案馆编辑的上海档案史料丛编继1989年出版了《上海工会联合会》后，又编辑出版了《五卅运动》（共3辑）（上海人民出版社1991年版）。中共上海市委党史研究室还编了《解放战争时期第二条战线：工人运动和市民斗争卷》（上）（中共党史出版社1999年版）。

90年代各地继续编印了一些地方和产业的工运史大事记。特别是由唐玉良、王瑞丰主编的《民主革命时期中国工运大事记》（辽宁人民出版社1990年版），是一部资料翔实、准确的书。大事记较全面地记述了民主革命各个时期工人运动各方面的重大事件；注意了所记事件在地区分布上的广泛性；突出了工运史不同于近代史、中共党史、革命史的专业性质和特点，从而给读者研究和检索1840—1988年间的中国工人运动重大事件提供了方便。

---

① 参见阎铁城《解散武汉工人纠察队的决定应该肯定吗？——与刘继增等同志商榷》，《党史研究》1982年第2期；张光宇《浅论武汉工人纠察队交枪事件的性质——与刘继增等同志商榷》，《武汉大学学报》1982年第4期。

在工具书方面，由常凯主编的《中国工运史辞典》（劳动人事出版社1990年版），填补了中国工运史研究的一项空白。这部辞典在收条标准、框架结构、条目释文等方面体现了历史内容的连续性、完整性，注意了评述的科学性。这部辞典突破了以往工运史研究中存在的仅仅研究中国共产党领导的工人运动的局限，力求全面系统地反映敌、我、友三方组织的工人运动的历史，体现了拨乱反正的精神，对工运史上的重要理论观点、重大是非、重要著作（包括台湾国民党官方编纂的《中国劳工运动史》）尽可能作了客观、公正、全面的评价。此外，中华全国总工会编辑出版的《中国工会百科全书》（经济管理出版社1998年版）、汝信主编的《中国工人阶级百科》（中国国际广播出版社1992年版）、李国忠主编的《中国共产党工运思想文库》（中国工人出版社1993年版），也为中国工运史的研究提供了方便。

90年代工运史研究的深入，更重要的表现是一批学术水平较高，论述比较全面系统的工运史专著纷纷出版。其中特别突出的是由刘明逵、唐玉良主编的6卷本《中国工人运动史》（广东人民出版社1998年版）。全书250余万字，是1949年以来论述中国民主革命时期工人运动历史的内容最全、量最大、学术水平较高的具有一定权威性的一部工运史著作。该书是在编辑出版大型史料书《中国工人阶级历史状况》的基础上编写的，在写作过程中注意广泛参考、吸收已有的研究成果，因此做到了史料丰富、翔实，立论准确，较深刻地反映了中国工人阶级和工人运动的历史特点及其在各个时期的经验教训。在此之前，王尔玺等主编的《中国工会史》（中共党史出版社1992年版）、全国总工会组织编写的《中华全国总工会七十年》（中国工人出版社1995年版），也都以中国工会的产生及其组织、活动为中心，概述了新中国成立前后百余年的工运史，是较有分量的著作。

邹沛、刘真编写的《中国工人运动史话》（中国工人出版社1993年版），是颇有特点的工运通史。该书共5册130余万字，采用章回小说的技法，用通俗的语言，深入浅出地描绘了自中国工人阶级产生至新中国成立各个时期的工运的历史发展，突出了一些重大事件。该书是将近代中国工运史通俗化的有益尝试。

90年代在地方工运史研究方面也有较大进展，出版的著作主要有上海社会科学院历史研究所沈以行等主编的《上海工人运动史》（上、下卷）（辽宁人民出版社1991、1996年版），上海总工会工运史研究室编写的

《抗日战争时期上海工人运动史》（上海远东出版社 1992 年版）、《解放战争时期上海工人运动史》（上海远东出版社 1992 年版）和《上海工运志》（上海社会科学院出版社 1997 年版），以及《福建工人运动史》（中国工人出版社 1990 年版）、《福建工人运动史要录（1927—1949）》（厦门大学出版社 1999 年版）、《济南工人运动史》（中国工人出版社 1992 年版）、《开封工人运动史》（河南人民出版社 1992 年版）、《洛阳工人运动史》（河南人民出版社 1992 年版）、《许昌工人运动史（1897—1992）》（河南人民出版社 1993 年版）、《宁波工人运动史》（中国工人出版社 1994 年版）、《湖州工人运动史》（中国广播电视出版社 1992 年版）、《唐山工人运动史》（中央文献出版社 1993 年版）、《秦皇岛工人运动史》（1998 年）、《大连市工会志（1923—1990）》（辽宁人民出版社 1993 年版）、《保定工人运动史》（中国工人出版社 1994 年版）、《长沙工人运动史》（国防科技大学出版社 1993 年版）、《湖南工人运动史》（中国工人出版社 1994 年版）、《湖北工人运动史（1863—1949）》（湖北人民出版社 1996 年版）、《江西工人运动史》（江西人民出版社 1995 年版）、《郑州工人运动史》（河南人民出版社 1995 年版）、《杭州工人运动史（1876—1992）》（工商出版社 1996 年版）、《绍兴工人运动史》（浙江人民出版社 1999 年版）、《厦门工人运动史》（厦门大学出版社 1991 年版）、《广东工人运动史》（广东人民出版社 1997 年版）、《乐清工人运动史（1925 年—1990 年）》（中国工人出版社 1995 年版）等 20 余种。这些书大都内容丰富，具有较高的学术水平。特别是沈以行等主编的《上海工人运动史》（上、下卷），共 107 万余字，详细地论述了 1949 年 5 月上海解放前各个时期的工人运动，着重论述了各个时期中国共产党领导上海工人斗争的经验教训，并对上海的招牌工会、黄色工会、国民党官办工会以及其他反动势力和民主力量在上海工人中的影响和活动，作了较多的论述和分析。该书在结构上还有一个突出的特点，就是它不像一般工运历史著作那样按革命时期分章，而是以各个时期上海工人运动发展中的中心、重点问题作为专题，按这些专题的先后顺序，将全书上下卷共分 30 章进行论述。这种做法是否得当，自然还可讨论，但作者通过这种做法力图打破套用中共党史和革命史分期分章的老框框，设法创造出一种具有工运专史特色的框架体系，其用心和想法是可取的。

由于历史的原因，东北三省有编写统一的《东北工人运动史》的必要。为此，东北三省总工会的工运史研究室曾于80年代中期联合建立了协作组，共同编写了《东北工人运动大事记》，为进一步编写《东北工人运动史》做了准备。齐武撰写的《东北工人运动史纲（1866—1949)》(中共中央党校出版社1992年版)，18万余字，第一次简要地论述了从1866年至1949年东北地区工人运动的概况，为进一步全面系统地研究和编写东北工运史做了有益的尝试。

80年代中期兴起的几省协作编写革命根据地工运史的工作，90年代已见成效。湘赣两省工会的工运史工作者合作编写的《湘赣革命根据地工人运动史》（江西人民出版社1991年版)，概括地论述了毛泽东领导创建的革命根据地工会运动的兴起、作用和经验教训，并附有一些重要的文献史料。1991年1月至1992年11月，中国工人出版社又连续出版了山西、河北、山东、河南、北京、天津、内蒙古七省市自治区工会历时6年合作编写的《晋冀鲁豫革命根据地工人运动史》(中国工人出版社1991年版)、《晋绥革命根据地工人运动史》和《晋察冀革命根据地工人运动史》（中国工人出版社1992年版)。书中翔实地记叙了“三晋”革命根据地工人阶级在中国共产党领导下，紧密团结各民族、各阶层人民，在抗日战争和解放战争时期，为民族独立、人民解放英勇奋斗的光辉历程，是已出版的根据地工运史中最有分量的著作。这三本书的出版，大大丰富了根据地工人运动史的研究。此外，90年代出版的《福建工人运动史》《江西工人运动史》《湖南工人运动史》也都以较多篇幅论述革命根据地的工人运动。张希坡著《革命根据地的工运纲领和劳动立法史》(中国劳动出版社1993年版)，是唯一一本研究根据地劳动立法的专著。该书系统地考察了根据地劳动法规产生和发展的历史脉络，认真研究了解放区的劳动纲领和劳动立法的成就和存在问题，总结了劳动立法的经验教训。这也是革命根据地工运史研究开始深入的一个表现。

从80年代起，在中共中央和地方各级党委编纂的中国共产党的组织史资料工作的推动下，县以上各级地方工会大多进行了工会组织史资料的编纂工作。与此同时，在各级政府组织编写地方志的工作推动下，县以上各级地方工会也大都进行了工会志的编写工作。到90年代，各级工会在这两方面都取得了大量成果。特别是在工会志方面，到1998年，已有河南、河北、上海、江苏、浙江、山东、湖南等省级工会志和常州、徐州等地市级工会志公开出版。这些也都是地方工运史研究成果的一部分。

90 年代还出版了一批具有学术价值的厂矿企业工人运动史，如《安源路矿工人运动史》（中共党史出版社 1991 年版）、《开滦工人运动史》（新华出版社 1992 年版）、《山东煤矿工人运动史》（煤炭工业出版社 1995 年版）、《广东海员工人运动史》（广东人民出版社 1993 年版）等。特别是中共上海市委党史研究室和上海市总工会在 20 世纪 50 年代以来对上海各产业系统的工厂企业党史工运史进行长期调查研究的基础上，抽调一批专业人员，编写一套《上海工厂企业党史工运史丛书》。经过 10 年的努力，从 1991 年起，陆续由中共党史出版社公开出版。该丛书的第 1 辑 19 本已基本出齐，第 2 辑 13 本还在陆续出版。这套工厂企业工人运动史，一改以往仅限于罢工斗争的写法，增加了对本产业或本企业发展沿革和职工队伍的形成发展及在各时期处境的叙述，目的是说明工人运动发生和发展的基础和条件。对工人运动的描写，除着重于工人的重大政治斗争、经济斗争外，也反映了工人的组织状况、工人教育等内容。为了增加史料的权威性，便于读者查考，每本书中都收录了与本书内容密切相关的史料。

90 年代继续出版了一些专题性的工运史著作，其中较重要的有卢权、禤倩红著《省港大罢工》（广东人民出版社 1997 年版），朱义宽著《狂飙——上海工人三次武装起义 70 周年祭》（上海学林出版社 1997 年版）等，特别是卢、禤合著的《省港大罢工》一书，共 29 万余言，从“具有反帝传统的广东工人阶级”谈起，对这次震动中外，具有伟大意义的反帝大罢工的全过程，对它的历史作用和意义，作了全面系统的论述。该书不论在深度还是广度上，都超过了以往的有关著作。

在回忆录和人物传记方面，较有价值的是张祺《上海工运纪事》（中国大百科全书出版社上海分社 1991 年版）、杨长春《一个联络员的自述——杨长春回忆录》（中共党史出版社 1999 年版）、《何孟雄传》（吉林大学出版社 1990 年版）、《工人将军梁广》（广东人民出版社 1995 年版）、卢权和禤倩红《苏兆征传》（广东人民出版社 1993 年版）①。

除以上成果外，沈以行、姜沛南、郑庆声主编的《中国工运史论》（辽宁人民出版社 1996 年版）是新中国成立 60 年来最有分量的一本工运

① 卢权、禤倩红的《苏兆征传》是在 1985 年撰写的同名传记的基础上重新编写的。由于使用了大量档案、报刊和调查访问所得的口碑史料，吸收了新的研究成果，不论内容还是分量都比过去有了较大充实和提高。

史论文集。该书收论文40篇，内容包括对中国工运史上一些重大事件、人物作用的较为详细的论述，对中国工人运动史的一些理论问题的探讨，可谓新见迭出。

90年代发表的工运史论文数量上没有80年代多，但研究的深度和广度却比80年代有较大进展。这10年的新进展主要是：

1. 关于解放前的帮会与工人运动。半殖民地半封建的中国国情使中国工人运动具有不同于西方资本主义国家和俄国的重要特点之一是，帮会与工人运动的关系密切。这种状况在中国工运中心上海尤其突出。正确处理帮会问题，是中国共产党领导工人运动的一个难题。长期以来，工运史研究中对这个问题重视不够。80年代中期以后，逐渐有学者发表文章，分析帮会与工人发生关系的原因，阐述了帮会在工人运动中的作用，考察了中国共产党对帮会的策略，总结了历史经验。1985年朱学范在上海人民政协编辑部出版的《旧上海的帮会》（上海人民出版社1986年版）一书中发表《上海工人运动与帮会二三事》一文，根据亲身经历和深刻体会，论述了帮会问题在上海工人运动中的严重性及其利用帮会在上海工人中开展活动的经验，是研究中国工运史上帮会问题的一篇值得重视的文章。进入90年代以后，上海社会科学院历史研究所工运史研究室集中力量攻关，对上海工人运动与帮会关系的研究取得重大成果。陈卫民的《解放前的帮会与上海工人运动》，张军、黄美珠的《秘密社会与第一次工人运动高潮》，邵雍的《五卅运动中的工人帮会问题》，饶景英的《三十年代上海的帮会与工会》，是研究这个问题的有代表性的文章。此外，刘明逵、唐玉良主编的《中国工人运动史》也没有回避这个问题。该书第1卷较全面地对中国工运影响很大的各种帮会的产生、特点和作用进行了探讨；第4卷分析了国民党工会和帮会的关系，探讨了20世纪30年代中国工人运动深受封建帮会影响的原因。学者们在论著中客观地分析了帮会在上海工人运动中的作用，指出它在早期曾领导工人进行罢工，使工人得到一些经济利益，起到一些进步作用。在某些特定的时期和特定的历史条件下，也能参加反帝反军阀斗争。但是，随着中国共产党的成立和劳动运动的真正开始，帮会逐步成为开展工人运动的绊脚石。1927年上海青帮与蒋介石勾结，参与“四一二”政变，复又依附国民党上海市党部，组织工会，与中国共产党争夺工运领导权，捣毁革命工会，破坏，甚至武力镇压罢工，给工人运动带来了极大危害。特别是30年代，上海帮会势力在帝国主义和国民党政权的支持下迅速膨胀，并渗入工会，通过在工会中组织各种会社团体控制工人运动，以至国民党控制的上海市总工会的领导成员和各主要工会的领导人基本上都是杜月笙的门徒。学者们分析了产生这种现象的原因，认为与上海的经济政治状况有密切关系。在经济上，受世界经济危机和日本侵略的影响，民族工业陷于破产半破产境地，工人的就业和人身安全没有保障，为与恶劣环境抗衡，维持职业，保住饭碗，不得不寻求帮会保护。在政治上，国民党上海市总工会带头组织帮会社团；国民党为分化工人团结，控制工会和工人运动有意识地利用；中国共产党“左”倾领导人不顾白色恐怖严重，组织赤色工会，开展冒险活动造成的严重损失，使持中间立场的工人不敢接近赤色工会，又不愿依附国民党，于是选择帮会作为暂时保护自己的工具。学者们对中国共产党在领导上海工人运动中对帮会的策略进行了研究，指出党在长期斗争中形成的打入帮会，发动群众，利用帮会矛盾，各个击破，团结帮会下层群众，坚决打击明显破坏罢工的“老头子”，在某种情况下利用帮会的“调节”等策略，取得好的效果。经过长期艰难曲折的斗争，不断排除帮会阻力，赢得革命胜利。①

2. 关于国民党的劳工政策和国民党工会。大革命失败后，国民党在全国建立了政权。国民党有关劳工运动的理论、政策、法令、措施和组织活动演变和实施情况，同中国共产党制定正确的工人运动理论和政策，胜利地领导工人斗争关系极大。虽然在土地革命战争后期和抗日战争、解放战争时期，中国共产党为了合法开展国统区的工人运动，曾注意研究国民党的劳工政策、法令及国民党控制的工会的活动，但是新中国成立后，工运史学界却长期不重视对这些问题的研究，影响了工运史研究的深入。80 年代学者们已注意到这个问题，开始下工夫研究，但成果较少。90 年代这方面的研究取得了一些进展。仅上海社会科学院历史研究所的学者发表的文章，就有陈卫民的《南方工会初探》和《“南方工会”再探——广东机器工会剖析》、周永祥的《评国民党御用工具——上海工统会和上海工总会》、郑庆声的《论一九二八年上海的“七大工会”》、饶景英的《关于“上海邮务工会”—— 中国黄色工会的一个剖析》等多篇。陈卫民在文章

① 参见张军、黄美珠《秘密社会与第一次工人运动高潮》，《党史研究与教学》1993 年第 2 期；邵雍《五卅运动中的工人帮会问题》，《党史研究与教学》1993 年第 3 期；陈卫民《解放前的帮会与上海工人运动》，上海《史林》1993 年第 2 期；饶景英《三十年代上海的帮会与工会》，上海《史林》1993 年第 3 期。

中详细解剖了广东机器工会，展示了国民党御用工会中最反动的一种类型。郑庆声则对大革命失败后上海盛极一时的七大工会进行了细致的分析，提出了与传统观点不同的看法，指出七大工会是在大革命失败后的白色恐怖下，在赤色工会受到致命打击，无法公开存在，国民党御用的工统会、工总会不得人心，工人群众需要工会保障他们利益的情况下产生的，尽管七大工会政治上反共，拥护国民党，但应当看到它能在一定程度上为工人说些话，为工人争得经济上的利益。因此不能把七大工会看作黄色工会。它们是中间性质的工会。与七大工会类似的工会，在国民党统治区是很多的。对这类工会，应当采取团结、争取的策略。饶景英的文章则在分析上海邮务工会演变的基础上，揭示了中国黄色工会的基本特征，即：以国民党为靠山，建立和维持自己的统治地位；运用帮会组织强化统治；与邮政当局互相勾结，在政治上反共，在经济上施小惠。文章分析了邮务工会成为黄色工会的诸多条件，指出除了国民党的操纵外，与其内部条件有关。邮政作为国家企业，经济条件较好，有改良主义的土壤；邮务工人大多出身于知识分子，其先进分子容易接受革命思想，同时也有一部分人成为改良主义思想的支柱。从邮务工会的行为看，既有与西方黄色工会相似之处，又有自己的特点，属于西方黄色工会的变种。作者认为在中国，这种黄色工会是极少的，在民族解放的潮流中，也是在不断发生变化的。中国共产党正确的策略应当在对黄色工会特点的正确把握中产生。①

对国民党的劳工政策的研究仍比较缺乏。刘明逵、唐玉良主编的《中国工人运动史》第4卷用两节的篇幅对大革命失败前后国民党劳工政策的变化，南京国民政府的劳工立法，国民党和国民政府主管劳工运动的机构，国民党对各地工会的整理、控制和国民党控制的工会的状况，以及国民党控制下的工会的国际联系作了较为系统的阐述，揭露了国民党背叛孙中山的扶助工农的政策，重在控制、限制和压制劳工运动的反革命实质。作者利用内地所能搜集到的大量统计资料，勾画了国民党控制的工会的发展状况，分析了这些工会的不同类型，指出中国黄色工会与党派关系密切、与帮会关系密切的两大特点。指出国民党统治区工会的情况是相当复杂的，真正的黄色工会只是其中的一部分，绝不可将非共产党领导的工会

① 三篇文章曾在《史林》杂志发表，后收入姜沛南《中国工运史论》，辽宁人民出版社1996年版。

一律看作黄色工会。即使是其中的黄色工会，也与资本主义国家黄色工会有很大不同，应当根据各种工会的具体特点及其内部的实际情况，采取正确的策略，利用其合法性，抵制和限制其反动性，以利于革命职工运动的开展，不应不加分析地统统打倒。①

3. 关于抗日战争时期工人运动的几个问题。1995 年抗日战争胜利 50 周年的全国性纪念活动，推动了抗日战争时期工人运动史的研究，使之取得了较大进展。10 年中发表的论文有 20 余篇。内容涉及这一时期工人运动的特点、工人的抗日武装斗争、沦陷区工人斗争、华侨工人与抗战，等等。其中，沦陷区工人运动的研究比较深入。九一八事变东北沦陷后，随着中日民族矛盾成为主要矛盾，东北工运很快实现了由国内战争向抗日斗争的转变。肖同水的《九一八事变后黑龙江工人抗日救亡运动》（《学术交流》1994 年第 1 期），孙继英的《1931 年至 1937 年东北工人的抗日斗争》、《1938 年和 1939 年的东北工人反满抗日运动》（长春《社会科学战线》1995 年第 1 期），较详细反映了东北工人阶级的反日斗争，写出了斗争极其艰难曲折的特点。

沦陷时期的上海工运是学者关注的重点。黄美真在《沦陷区的上海工运》（《历史研究》1994 年第 4 期）的文章中，分析了上海沦陷后社会矛盾变化对工运的影响及由此产生的新特点，论述 1938 年工运低潮的原因及 1939 年以后再趋活跃的社会背景和种种表现，揭示了促进工运高涨的经济驱动力和各种政治力量的引导作用，充分肯定了中国共产党在上海工运中采取的一系列正确策略。文章还对这一时期出现在沦陷区上海工运中的一股逆流——日伪工运团体的形成和活动进行了详细的考察。饶景英撰写的《上海沦陷时期“伪工会”述评》，对沦陷初期的伪工会、汪伪时期的伪工会和太平洋战争爆发后上海全面沦陷时期的伪工会进行了考察，指出这些工运团体具有稳定性、独立性极差，号召力和凝聚力极差的特点，阐述了面对错综复杂的环境和伪工会组织的不同状况，中国共产党采取的不同的策略。王仰清的《论孤岛时期上海工人求生存斗争及其策略运用——兼评日伪势力对租界的渗透》一文，引用较多的统计资料，详细地论述了工人斗争渐次萌发、形成高潮和曲折回落，日伪势力向租界渗透控制工人斗争的情况，以及中国共产党如何同日伪工会较量，采取正确策略，有效

① 参见《中国工人运动史》第 4 卷，第 60—106、265—290 页。

地防止日伪利用工人，争取罢工胜利。①

4. 关于革命根据地工人运动。中国半殖民地半封建农业大国的特殊国情，决定了中国革命必须走农村包围城市，武装夺取政权的道路。这就使中国的工人运动不仅是在城市中进行，而且在中国共产党领导的革命根据地也存在，并且随着根据地的形成和发展，在中国共产党领导的工人运动中所占比重逐渐增大。在中国共产党的领导下，根据地的工人阶级为新民主主义革命的胜利做出了重要贡献。90 年代学者们加强了对根据地工人运动史的研究，陆续有一批成果问世。其内容包括中国共产党的革命根据地工会工作方针的演变；土地革命战争时期左右江、湘赣、中央苏区的工人运动；抗日战争时期中国共产党对抗日根据地工会工作的理论和实践、晋冀鲁豫边区工人阶级在建立和巩固民主政权中的作用、根据地的工会整风运动、赵占魁运动的作用及其经验；解放战争时期解放区职工生产竞赛运动等。论文的覆盖面较广，有关各个时期根据地工运的文章都有一些。其中，有些文章的学术水平也是较高的。

第四节　21 世纪初的进展和深化

进入 21 世纪以来，工运史研究整体上是萎缩的，表现为专业研究人员流失严重，研究成果数量减少。10 年中出版图书 10 余种，发表论文 60 余篇。这一阶段虽总体状况不好，但在以往几十年研究的基础上，仍有一些进展。

这 10 年最值得肯定的是在史料的整理出版方面成就卓著。刘明逵、唐玉良主编的《中国近代工人阶级和工人运动》（中共中央党校出版社 2001 年版），14 册 1000 万字，辑录了自鸦片战争至中华人民共和国成立 100 多年间中国工人阶级和工人运动的大量史料。该书作者历时近 20 年，在广泛搜集各时期中外各种史籍、报刊和有关方面的档案、文件，并适当收录有关当事人的回忆和重要著述的基础上，分时期辑录成册，每册按内容分列章、节、目及细目，精编有关工人阶级队伍状况、劳动生活状况和组织斗争（即运动）状况的史料，并在各章之首撰有编者说明，在书后列有重要参考书目索引。这套书不仅在史料选编上下了功夫，而且撰写的编

① 《中国工运史论》，辽宁人民出版社 1996 年版，第 419—431、403—418 页。

者说明反映了编著者对史料研究的见解。《中国工会运动史料全书》是中华全国总工会组织所属各部门，历时8年编辑的一套规模空前的史料书。该书共62卷1.5亿多字。分综合编（反映各个历史时期全国工运概况和工会的国际联系），产业编（每个全国产业总工会系统1卷），地方编（除港、澳、台地区3卷待编外，其余各省、自治区、直辖市各1卷）。全书为电子版，此外纸质的出版了22卷。全书收编史料范围，上起1840年，下迄1993年，展现了一个半世纪的历史进程中，中国工人阶级及工会运动的光辉历程和伟大贡献。在编辑体例上，各卷按该时期工运历史的中心、重点内容分列章、节、目编辑有关史料，每卷均编有工运大事记、先进模范人物和工运领导人简介和名录、工会组织机构沿革、工运统计资料选录、重要参考书目索引等项附录。它的编辑出版，对于了解中国工人运动的历史，总结经验教训，继承和发扬工人运动的优良传统，具有重要意义；同时，对于深入研究中国近现代史、中共党史、中国人民革命史、新民主主义和社会主义建设史，也具有重要的参考价值。

在已出版的著作中，刘明逵主编的《中国工人运动图史》（广东人民出版社2006年版）是1998年出版的6卷本《中国工人运动史》的姐妹篇。全书共收2500幅历史图片，通过图片形象、感性、全面、系统地展现了中国工人阶级在民主革命时期走过的光辉历程。在地方工运史中，云南省总工会、省党史研究室编著，王元辅、李继红主编的《云南工人运动史（1872—2000)》（云南民族出版社2003年版)，客观、全面地展现了云南工人运动的历史，讴歌了云南工人阶级在革命和建设中做出的巨大贡献。刘功成、王彦静著《20世纪大连工人运动史》（辽宁人民出版社2001年版）80万字，其中有一多半的篇幅描述了新中国成立前大连工人阶级的状况和工人斗争。刘功成、林伟著《大连工运风云100事》（吉林文史出版社2005年版)，翔实记述了大连工人运动发生至中华人民共和国成立之前的70年间鲜为人知的100件大事、要事，真实、生动地反映了大连工人阶级在大连近现代社会发展进程中所发挥的主力军作用，以及所做出的巨大贡献。此外，解福谦主编的《山西军事工业工人运动史通览》（山西人民出版社2008年版)，分图集、组织沿革、工运纪要、人物传录、文献选辑、回忆录、大事记及附录等部分，反映了1898年至2002年间山西军事工业工人运动的全貌。裴宜理著，刘平译《上海罢工——中国工人政治研究》（江苏人民出版社2001年版)，是学术价值很高的一部译著。其第一部分“地缘政治，1839—1919”，追溯了上海工人力量在地理上与文化上的源流，认为早期上海工人的反抗因籍贯的不同而存在差异。第二部分“党派政治，1919—1949”，描述了20世纪20—40年代上海工人运动的基本状况，指出外来的组织者为达到其目的不得不接受工人中的传统组织形态和观念，即使是与组织者思想信仰相抵触的东西，有些共产党人也以加入封建帮会的方式组织工人运动。第三部分“产业政治”，对烟草、纺织和运输三大行业做了详尽的个案研究，揭示出不同行业的工人在不同时期对当时政治形势的反应。该书不以党派为中心，而以工人的自身诉求为研究中心，对他们与各种政治势力之间的关系以及工人运动与中国近代政治变迁的关系做了独到而深刻的分析，不论在观点还是研究方法上都令人耳目一新，颇多启发。

这10年工运史研究中还出了几本论文集，收录了一批工运史研究者的研究成果。曹延平主编的《中国工人运动史研究文集》（中国工人出版社2000年版），收录了50余篇文章，分“工运春秋”、“人物研究”、“组织史迹”、“史实考证”、“研究述评”5个专题，从不同的角度，记述和分析了中国工人运动史上的重大事件、代表人物、组织机构和研究现状。刘功成著《工人运动史研究文摭》（中国社会出版社2003年版），收入文章100篇，其中较大部分内容是民主革命时期大连以及中国工人运动史，集中展现了作者20年潜心研究工人运动的成果。颜辉、王尔玺主编的《中国工会纵横谈》（中共党史出版社2008年版），以专题的形式，全面系统地追踪与研究中国工人阶级与工会运动的全过程。该研究探讨了中国共产党领导下的工人阶级与工会运动的历史演变与方针政策；中国共产党创建工会的宗旨、组织原则、运行机制、工会职能的确立及实践活动。此外，书中还对港、澳、台地区，欧美等国的工会历史与现状作了简介与述评；对苏联与东欧诸国工会运动的兴衰利弊也进行了初步剖析评价。

21世纪以来的10年工运史研究的进展，主要表现在以下方面：

1. 关于中国共产党的工人运动理论策略。学者们对中国共产党在民主革命时期的工人运动理论和策略进行了较深入的研究。何刚、曹延平在《中国共产党与中国工会关系的历史回顾》一文中认为，从中国劳动组合书记部成立到六次劳大，中国共产党对工会的指导思想是：（1）始终把建立和领导工会作为自己的一项重要任务。（2）指导工会坚持正确的政治方向，根据各个阶段的革命形势和任务确定自己的工作方针。（3）在坚持对工会工作领导的同时，强调要尊重工会的组织系统及其工作的相对独立性，反对包办代替和党群不分。(4) 坚持按照群众组织的性质和特点做工会工作。[①] 戴文献在《中国马克思列宁主义工会理论发展的历史回顾与思考》一文中，对新民主主义时期各个历史阶段工会理论的产生与发展作了全面系统的考察，并结合每一阶段中国工人运动的实践概括了理论的内容及特点。[②]

新民主主义社会的劳动关系应该怎样处理，是中国共产党领导建立的新民主主义政权遇到的新问题。学者们对李立三、刘少奇、毛泽东的新民主主义社会劳动关系理论做了较深入的研究。

高爱娣认为李立三在新中国成立前后处理复杂的劳资关系中，阐述了处理劳资关系和劳资纠纷的思想。其内容包括：(1) 回答了新民主主义政权下劳资关系的特点，指出工人阶级和资产阶级的矛盾和斗争依然存在，但斗争的性质和方式发生了根本的改变。首先，在无产阶级领导的新民主主义政权中，资产阶级是工人阶级的同盟者，"是朋友而不是敌人"。因此，工人阶级和资产阶级斗争是为了更好的团结，通过斗争实现劳资两利。其次，在人民民主政权下，工人阶级的任何一个斗争，都是为了巩固这个政权。(2) 根据新的历史条件下存在的劳资关系，提出了一套适合新民主主义政策的、处理劳资纠纷的原则、途径和手段：第一，"公私兼顾、劳资两利"是处理劳资纠纷的基本原则。第二，政府的劳动法令和企业的集体合同是实现劳资两利、处理劳资纠纷的主要途径。第三，协商谈判、调解仲裁是处理劳资纠纷的基本手段。(3) 明确指出在新民主主义政权下实行的"劳资两利"，同欧洲社会民主党提倡的改良主义的"劳资合作"的根本不同点。(4) 明确提出在解决劳资纠纷时，工会是代表工人群众的利益与资方交涉，代表工人进行谈判、协商，而不是站在两个阶级之间进行调解、仲裁，摆正了工会在处理劳资关系问题中的位置。作者认为李立三关于新民主主义时期劳动关系的理论，对贯彻中国共产党的"公私兼顾、劳资两利"的政策，指导工会在新民主主义政权下正确处理劳资关系

---

① 参见《中国工人运动史研究文集》，中国工人出版社2000年版，第27—31页。

② 参见颜辉、王尔玺主编《中国工会纵横谈》，中共党史出版社2008年版，第125—143页。

和劳资纠纷，实现社会安定，推动生产发展，起了重要的作用。[①] 王晓明、贺赞认为李立三对工会理论进行了富有开创性的探索。他对当时情形下工会继续存在的合理性及必然性，工会组织理论及立法工作，如何正确处理工会和行政之间的矛盾，如何正确处理党、政、工之间的关系，如何正确处理工会与工人之间关系，工会在私营企业中的作用等方面的理论问题所进行的大胆探索和开拓性的工作，对于工会理论的完善、工会作用的发挥，有着重大的影响。这不仅奠定了当时工会工作的理论基础，甚至对于今天，也尚有巨大的指导作用。[②]

王尔玺的《建国前夕刘少奇天津之行和工会理论的新探索》（《工会理论与实践》第 13 卷第 1 期，1999 年 2 月）一文，充分肯定了刘少奇的天津讲话在工会理论建设史上的意义。作者认为刘少奇阐述的“必须全心全意地依靠工人阶级，团结其他劳动群众，争取知识分子，争取尽可能多的能够同我们合作的自由资产阶级分子及其代表人物站在我们方面，或者使他们保持中立，以便向帝国主义者、国民党、官僚资产阶级作坚决的斗争，一步一步地去战胜这些敌人。同时即开始着手我们的建设事业，一步一步地学会管理城市，恢复和发展城市中的生产事业”的城市工作总路线、总方针，为新中国成立前后工人运动的根本转变指明了方向，为工会工作制定方针政策提供了理论依据。刘少奇在天津有关工会创建的讲话和指示，以及他所阐明的原则、方法与程序，促进了这期间广大职工迅速参加工会，从而为大中城市的接收、改造和各级人民政权的创建、巩固以及国民经济的恢复、发展，提供了坚实、广泛的群众基础和组织保证。刘少奇关于加强对工人教育，加强工人阶级内部团结，解决国营企业中厂长，即管理者与被管理者职工之间的矛盾，教育职工积极投入生产，应以提高政治觉悟、文化知识和技术水平为主等思想，为新中国成立前后工会组织教育职工规定了内容重点和方式、方法。讲话对新中国成立前后工会的地位、作用提出的新见解，对各级工会组织内部的机构和任务划分、工会经费的收缴及管理等作的初步设想，为新中国成立前后把生产列为各级工会的首要任务和中心工作提供了理论依据，从而有利于动员和组织广大职工

---

① 高爱娣：《李立三关于新民主主义时期劳动关系理论概述》，《工会博览》2000 年第 24 期。

② 参见王晓明、贺赞《建国前后李立三对工会理论的探索及成果》，《工会论坛》第 13 卷第 5 期，2007 年 9 月。

群众全力投入到恢复和发展国民经济以及后来的建设高潮中去。

王强在《"劳资两利"中的国家利益——毛泽东新民主主义劳资关系思想探析》(《中国矿业大学学报》(社会科学版)2004 年第4 期)一文中认为毛泽东新民主主义劳资关系思想的精神实质，是在实施"劳资两利"方针中逐渐突出国家利益的重要性，并以国家利益引导、平衡和评判劳资双方的利益。毛泽东做到了在解决劳资纠纷中保障国家利益，在教育党内外各方人士中维护国家利益，在执行新中国经济建设方针中体现国家利益。

2. 关于国民党和国民政府的劳工理论和政策。21 世纪的头 10 年，国民党和国民政府的劳工理论和政策引起了研究者的关注。

赵洪顺的《国民党政府劳工政策研究(1927—1949)》(山东师范大学，硕士学位论文，2007 年)，分析了国民政府劳工政策制定的国际、国内背景，考察了政策的演变，着重分析了劳资协调政策和劳资福利政策。在对国民政府劳工政策的评价上，作者认为其积极作用有两点：一是促进了中国近代劳工立法；二是部分地实现了工人阶级的利益，在一定程度上缓和了阶级矛盾。其局限性也有两点：一是部分劳工政策脱离了中国的实际；二是"保障""控制"并存，以控制劳工为目的。作者认为国民党政府成立初期，对于劳工阶级的"保障"还是比较积极的，只是到了后期，国民党政府对劳工阶级"保障"的成分逐渐减弱，"控制"的成分逐渐增强。到了第三次国内战争时期，国民党政府对劳工阶级的"控制"达到了顶点，窒息了劳工阶级的生存活力，最终导致了自身的覆亡。周良书、汪华的《国民党初掌政权后的劳工政策解析》(《学术界》总第 118 期，2006 年 3 月)则认为 1927 年国民党上海市政权建立以后制定并实施了一系列劳工政策，既是国民党对大革命时向劳工所作各项承诺的兑现，同时也反映了新政权有利用这些劳动法规来安抚劳工、控制社会的政治企图。在对工人的若干权益作出承诺的同时，都以极其明确的话语规定了对劳工行动的限制。鉴于雇主除了停业这一对付工人的办法外，尚有解雇、罚款、减资、降职等手段来压制工人的抗争，而对于劳工来说，除了罢工这一途径能与资方相抗争外，再无他途，因此上述法规虽然都明令雇主劳工不得有擅自停业、罢工等直接行动，看似平等公允，但实际上更多针对的是处于弱势的劳工群体。

陈竹君的《南京国民政府劳工福利政策研究》(《江汉论坛》2002 年

第 6 期)，分析了国民政府推行劳工福利政策的原因和劳工福利各项政策及其实施概况，并对其采取两分法的评价，既肯定“南京国民政府统治时期，劳工福利政策从无到有，从分散到系统，最终形成了比较完整的体系”，同时也指出“由于历史的种种局限，国民政府的劳工福利政策及其推行措施都存在着诸多弊端，因此实施效果远未达到理想的目标”。陈竹君的《试论抗战时期国民政府的劳工福利政策及其缺陷》(《民国档案》2003 年第 1 期)，描述了国民政府在坚持抗战的需要和工人斗争的促进下对增进劳工福利事业做出的努力，肯定了抗战期间国民政府推行的劳工福利政策在维持社会稳定、提高劳工素质、推动生产力发展、支持持久抗战等方面起到积极作用。同时也指出其在政策本身和政策的实施方面存在的劳工福利制度不完善，劳工福利政策推行的地域范围有限，且地区间、企业间发展极不平衡，经费奇缺，人才不够等缺陷。

陶炎武的《南京国民政府的劳工工资改良政策》(《咸宁师专学报》第 21 卷第 4 期，2001 年 8 月)，分析了南京政府劳工工资改良政策的背景，概括了政策的内容，并对其作出评价。作者认为“国民党政权是近代中国历届政府中第一个比较用现代观念来看待和处理劳工问题的。一些劳工法规的第一次颁布，用法律形式肯定了工人的一些基本权利，毕竟是历史的一大进步”。南京政府制定的一些改善工人工资待遇的政策，颁布的《最低工资法》等几部法规，在一定程度上限制了资本家对工人的剥削。但是由于种种原因，其实际效果并不理想。

3. 关于民国时期的劳工立法。这一问题得到较多关注，研究的深度和广度都有较大拓展。较全面研究近代主要是南京国民政府劳工立法的论文，如刘长英的《中国多元劳工法制的近代考察》(广西师范大学，硕士学位论文，2006 年)，从历史纵向的发展角度出发，辅以横向的比较分析，对近代中国北洋政府、广东革命政府、南京国民政府和中国共产党领导下的革命政权的劳工法制的多元变迁及其演进过程、特点、对中国社会的影响等方面，做一历史的梳理与探讨。衡芳珍的《1927—1936 年南京国民政府劳工立法研究》(河南大学，硕士学位论文，2005 年)，对南京国民政府在劳工立法方面的成就给予充分肯定，认为“这些法律覆盖了除劳工保险的一切领域，形成了比较完备的法律体系。从立法成就上看，超过当时的殖民地半殖民地国家。这些法律有利于改变工人与资本家的不平等地位，规定了工人享有的广泛权利，顺应了历史发展的潮流，同时国民政府通过这些法律在一定程度上控制了工人运动，协调了劳资纠纷，限制了劳资双方的过激行为，从而安定了生产秩序”。论文也指出劳工法中存在一些不足之处：（1）与中国产业落后的情况不符，脱离实际，如《工厂法》中对工作时间、休息、休假、女工分娩、学徒等方面的规定，与中国产业不发达的情况不协调、不对应。所以颁布以后，两次延展实行日期，并且仍遭到民族资产阶级的反对。在当时情况下，《最低工资法》也难以实施。（2）这些法律反映了国民政府通过劳工立法控制工人运动的企图，如限制公有事业工人组织工会，限制工人团体契约权和罢工权的行使，规定了一些烦琐的不必要的呈报、备案、核准手续。在立法上控制工人运动是必要的，这也是国际劳工立法的一种趋势，但如果对工人运动在法律上规定过严，则会限制工人运动，阻碍其活力的发挥，从而使整个社会失去在互动中的和谐，有时反而引起更大的不稳定。

在南京国民政府制定的单行劳动法规中，《劳资争议处理法》适用范围广泛，是非常值得关注的。在以往的研究中，学者们一般关注其限制工人权利、压制工人斗争，有利于资本家的方面。邓慧明《南京国民政府劳资争议立法研究（1927—1937）》（华东政法学院，硕士学位论文，2007年），则从立法的角度对其作了较多肯定，认为南京国民政府的《劳资争议处理法》经过了严格的立法程序，详细规定了适用范围、处理程序等内容，其权威性、完备性是毋庸置疑的。认为它充分吸收了西方资本主义国家立法的优秀成果，把近代中国法律制度的建设推向了一个新阶段。作者也认为《劳资争议处理法》具有很大的阶级局限性，指出南京政府制定《劳资争议处理法》的政治目的主要是缓和阶级矛盾，镇压和控制工人运动，而对工人阶级的利益的体现和保护措施都很不到位，加上种种因素的制约作用，最后发挥的效力可以说是微乎其微。

在对南京政府制定的《工厂法》的研究方面，研究者也不再局限于从工人利益的角度观察和评价，而多将其扩展到近代中国法制建设和经济发展的全局考虑。夏慧玲的《南京国民政府〈工厂法〉研究（1927—1937）》（湖南师范大学，硕士学位论文，2006年）认为，南京国民政府《工厂法》充分吸收了西方资本主义国家法律的优秀成果，把近代中国法律制度的建设推向一个新阶段。其法律制度有积极、科学的一面，既适应了中国社会经济发展的需要，也顺应了当时国际发展的总趋势。从立法的阶级实质来看，南京国民政府《工厂法》具有很大的阶级局限性。它制定《工厂法》的政治目的主要是缓和阶级矛盾，镇压和控制工人运动，而对工人阶级利益的体现和保护措施都很不到位，较大革命时期制定的工厂法规落后了很多。纵观南京国民政府《工厂法》的制定实施过程，尽管在一定程度上满足了当时社会发展的客观需要，一定程度上维护了劳资双方的利益，缓和了阶级矛盾，对中国劳动法体系的构建起到了一定的积极作用，但总的来看，南京国民政府《工厂法》的制定和实施是不成功的，对当时经济建设所发挥的作用也是有限的。饶水利的《南京国民政府〈工厂法〉研究：1927—1936》（华中师范大学，硕士学位论文，2007 年），则对《工厂法》作了充分肯定的评价，认为国民政府对劳资双方“本无轩较”，其在制定劳工立法的过程中追求的是“社会安定、经济事业之保养发展和社会各种利益之间的调节平衡”。既要保住资本家的既得利益又要抑制他们过分飞扬跋扈；既要改善劳工待遇又要防止劳动者铤而走险，从而不利于国民政府。《工厂法》的制定本身就宣告了劳工阶层的一项胜利。作为中国现代史上第一部比较全面的调整劳资双方关系、维护劳工权利的全国性劳动立法，其对中国工厂工业的发展无疑是有积极的促进作用的。彭南生、饶水利的《简论 1929 年的〈工厂法〉》（《安徽史学》2006 年第 4 期），对 1929 年《工厂法》出台的原因、特点和影响进行比较全面的分析。作者认为南京政府之所以制定《工厂法》，客观上，是因为工厂工人劳动条件的恶劣，劳动待遇的低下，使得劳资矛盾日趋尖锐，城市社会秩序动荡不定，进而威胁到新生的国民政府统治的稳定。主观上，南京国民政府希望借此缓解劳资纠纷，维护劳工的基本权利，为工业的发展创造一个较为和谐的环境，培固税源，巩固南京政府的统治基础。作者分析了《工厂法》具有移植性、继承和超越性、过度超前性等特点，认为这是障碍《工厂法》实施的重要原因。作者对《工厂法》作了充分肯定的评价，认为《工厂法》带动了其他劳工法规的制定，逐步形成了以《工厂法》为中心，包括众多地方劳动法规在内的规范国家、劳工、资本家三方关系，保护劳工基本权益的法制体系；在一定程度上有利于国民政府依法从西方国家手中索回以前丧失的国权，维护中华民族的权利；在一定程度上有利于改善劳工的工作条件、生活状况和维护他们的权益。同时也指出，该法对工人的法律保护仍然是片面的，作为一部单行法，它对于工厂标准的规定将手工业和商业中人数大大超过工厂工人的、广泛存在的劳工问题排斥在法律的保护范围之外。不仅如此，它听任传统手工业对工人法律外的使用，在客观上造成了落后生产方式对中国早期工业化进程的阻碍。朱正业的《南京国民政府〈工厂法〉述论》（《广西社会科学》2007 年第 7 期），也对《工厂法》作了充分肯定的评价，认为《工厂法》是近代中国第一部真正意义上的劳动法，其实施有利于保护劳工利益，在一定程度上推动了社会经济的发展；该法明确了劳资双方的权利和义务，但主要保护了劳工的权利。(1) 严格限制资方单方解约，可保障工人不被轻易解雇，而对劳工解约，限制却较少。(2) 工人一定程度上作为工厂主人，可以参与工厂的年终分红、管理和决策。比如，作为工厂管理和决策机构的工厂会议，应由劳资双方推选相等数量的代表参加，会议主席也由双方各推选一人轮流担任。这些规定极大地调动了工人的劳动积极性和主动性。(3) 工资制度的改革，彻底改变了工资完全由资本家决定的状况，保障了工人及其家庭的正常生活。(4) 工作时间、休息和休假制度对恢复工人的精力和体力，保障工人健康起了积极作用。《工厂法》的制定实施，提高了工人的参与意识与劳动效率，有力地推动了经济的进一步发展。(5) 自《工厂法》颁布实施后，劳资双方的矛盾趋于缓和，南京国民政府的统治得到巩固。

4. 关于劳资争议中的工人、资本家、国民党关系。长期以来，中国工运史研究被限定在中共党史和中国革命史的范围内，在阐释工人与资本家的关系时往往又偏重于阶级斗争的对抗层面，并将其普遍模式化，而忽视对其合作方面的探讨。近年来学者们通过对工人运动中典型事件的个案研究，揭示了三者关系中十分复杂的现象。

以往对省港大罢工的研究，多将工人、商人两大阵营各自分立，并且多是从传统工运史的角度来分析的，以中国共产党领导的省港罢工委员会对商人所采取的反帝革命统一战线策略为重点，而对商人在罢工中的“心态及行为”层面则着墨甚少。以二者的互动关系为分析视野的专题论著更是少见。在前人研究成果的基础上，霍新宾在《“爱国”与“私利”之间——国民革命时期一例民族主义运动中的工商关系》一文中（《安徽史学》2006 年第 5 期），以工人、商人二者的互动关系为切入点，力求客观平实地反映当时的历史真相。国民革命时期，“爱国”与“私利”的权衡始终左右着商人参与民族主义运动的持久程度。省港罢工伊始，粤商基于反帝爱国的民族情感，多能牺牲“私利”而积极参加对外经济抵制运动。然而，随着运动的开展，“私利”的严重受损驱使其对投资此次罢工的

“风险和成本”重新审视。而“特许证”取消后，商人更以合作的姿态援助罢工。与上海“五卅”运动中短暂的“劳资同盟”相比，省港罢工中的“工商联合”却呈现出稳固、持久的特点。此种在阶级、民族利益博弈中形成的“工商联合”，不仅与中国共产党民族主义运动统一战线策略的成熟、国民党“袒工抑商”的劳资政策关系密切，同时也与广州“工商合行”的行会传统及商人国民革命性的提高不无关联；更重要的是罢工促进了经济发展，使商人深受其惠。正是“爱国”与“私利”的双重动因，共同谱奏着民族主义运动中工商关系绵延跌宕交响乐章的主题曲。霍新宾在《“无情鸡”事件：国民革命后期劳资纠纷的实证考察》一文中（《近代史研究》2007 年第 1 期），通过对 1926 年底 1927 年初广东商人解雇工人所引起的劳资纠纷的细致考察，集中反映了国民革命后期广州工商两界在利益冲突中迥异的心态及行为，体现了国共两党对待劳资问题政策的差别，折射出以“阶级协调”标榜的国民党政权在社会整合中为抉择劳资之间的“公正”立场而面临的两难境遇。同时，从阶级斗争与“工商合行”两种理念交锋而导致以劳资合作来应对此次纠纷的事实中，也可知中国共产党对工人的政治与阶级动员能力是有限的。

王奇生的《工人、资本家与国民党——20 世纪 30 年代一例劳资纠纷的个案分析》（《历史研究》2001 年第 5 期），以 1932—1933 年间发生在上海的，由三友实业社停业引发的一场持续近两年之久的大规模的劳资冲突为个案，通过对其发生发展全过程细致的描述和剖析，客观真实地展示了工人与资本家、资本家与国民党政权、工人与国民党政权三者之间的复杂关系。三者的博弈，反映了 20 世纪 30 年代劳资关系中，主动权逐渐由劳方向资方转移的趋势，工人明显处于被动和弱势地位；反映了资本家阶级对国民党日益扩张的政治权力的不满和反抗，以及相当强的政治独立意识和自主组织能力，反映了声称代表“全民”的国民党，在应对劳资冲突时左右为难的尴尬处境，说明国民党中央并不单纯是代表某一方的利益，而主要是为了维护其统治秩序；也反映了在共产党领导的赤色工会和国民党控制的黄色工会之外的工会组织和工人运动的活动方式、特点及其作用。

徐思彦的《合作与冲突：劳资纠纷中的资本家阶级》一文，在对 20 世纪上半叶中国的劳资纠纷中资本家的态度作了细致的考察后认为，在认知层面，资本家阶级高倡劳资合作主义，鲜有例外。在实践层面，资方往往能本着合作主义之精神，做出某种程度的妥协，求得冲突的缓和或解决，但也不乏坚持顽抗者。资方是否做出妥协，主要取决于对其利益得失的权衡，但也与劳方组织的发展、阶级意识及权利意识的增强、具体进退策略的取舍，不无关联。实际上，劳资合作的运行空间相当有限。

5. 关于帮会与工会的关系。高爱娣的《行帮对早期工人运动的影响》(《工会理论与实践》第17卷第3期，2003年6月)，对行帮与工会的关系作了较为全面客观的分析。指出早期工人运动中行帮是工人运动的主要组织者，是早期工人组织的主要参照模式；同时，由于行帮狭隘的利益观，又影响了工人阶级的内部团结，妨碍了工人群众阶级意识的提高，并在一些情况下弱化了工人斗争的有效性，给早期工人运动带来了诸多负面影响。多数论者认为，中国共产党对帮会的性质有深刻的认识，看到它可以成为一种革命力量的一面，也注意到它对工人运动的危害。对中国共产党在革命实践中逐步摸索的对待帮会的策略予以积极的肯定。①

综上所述，新中国成立60年来的工运史研究成绩斐然。这些成果突出表现在上述各方面。概括说，一是在资料的搜集、整理和出版方面做出很大成绩，为工运史研究奠定了坚实的基础。二是出版了大量研究成果。这些成果较为全面地反映了工人阶级产生和成长的内外环境、工人阶级的状况、工人的经济斗争和反帝反封建的政治斗争、工人组织的发展。三是对工运史上的若干重点难点问题做了较为深入的研究，发表了一些非常有见地的看法。尤其是21世纪以来的10年工运史研究开始突破作为中共党史研究附庸的框架，融合历史学、政治学和社会学的研究方法，学术研究较广泛深入地开展起来。四是对工运史学科体系作了初步探讨，学者们曾提出促进学科建设的宝贵意见。五是曾形成一支有一定规模的工运史研究的队伍。

在充分肯定60年工运史研究取得的辉煌成就的同时，也应当看到存在的问题。主要是：

第一，缺乏深入的理论研究。对民主革命时期工人运动理论的研究，虽然已开始为学术界所重视，并取得初步进展，但是成果不多。许多重要的理论问题，如：中国共产党是如何从中国的实际出发运用和发展马克思主义工运理论的？半殖民地半封建中国的工人阶级和工人运动与资本主义

① 参见邵雍《中国秘密社会》第6卷《民国帮会》，福建人民出版社2002年版。

国家工人阶级和工人运动相比较，有哪些特点？工人运动在民主革命中的地位和作用、与武装斗争的关系、与各个时期的战略任务关系如何？在实行反帝反封建的民主革命中，在中国现代化的进程中，工人阶级对资产阶级应采取何种政策和策略？尚缺乏应有的重视和深入的研究。

第二，研究内容不平衡，存在畸轻畸重的现象，学术争鸣不够活跃。如在研究的内容上，偏重于早期工运的研究。在已发表的成果中，论述大革命及此前的工运的文章较多，研究土地革命战争时期、抗日战争时期的文章较少，解放战争时期的文章更少；对国民党及非国共两党领导的劳工运动的研究虽有一些进展，但仍不够深入；一些重要的产业和重要地区的工运史研究还是空白，一些重要问题提出来了，但缺乏深入的研讨和不同观点的交锋。这在一定程度上妨碍了研究的深入。

第三，在资料建设上仍应加强。几十年来，全总各级工运研究机构搜集了大量资料，在资料的整理和出版方面取得了重要成就，但仍有许多重要史料还待进一步挖掘利用。如对国民党和国民政府有关工运的文献资料缺乏挖掘和整理，对旧中国社会科学工作者初步整理的资料和研究成果也很少加以利用。工运史研究要深入，资料的进一步挖掘、搜集和整理、出版仍是必不可少的。

第四，工运史学科体系尚未真正建立起来。1991 年春，北京大学教授张注洪在为全国工人运动史研究会拟召开的中国工人运动史学术会议撰写的《关于加强中国工人运动史研究的几个问题》一文中，对几十年的工运史研究作了总的评估，认为工运史学界经过多年探索，对中国工运史的对象、任务、分期、方法以及它与其他学科的关系，中国工人阶级的内涵、特点、主要事件和人物的认识等重大问题上，大家的意见渐趋一致。这说明中国工人运动史正在发展成为一门独立的学科，它的科学体系也在形成。但是他认为从中国工人运动史的科学体系所应具有的内涵，即它不仅要求有专门著作，能科学地阐明工运史学科的对象、任务及学科的重大问题，还应该基本消灭本学科的重大空白部分；它不仅要求运用马列主义创造性地阐述中国工运史，还要求总结出运用马列主义研究本学科形成的理论成果；它不仅要求对中国工运史研究所用的史料下搜集、整理和利用的功夫，还要求上升为规律性的东西，形成科学论述；它不仅要求对国内以至国外中国工运史研究的信息和进程作一般的了解，还要求对工运史学史作出系统的总结并形成专门著作；它不仅要求掌握历史唯物主义，吸收中国传统史学和西方研究工运史方法的合理部分，还应根据自己的实践经验加以系统化的总结，以形成方法论的科学成果来衡量，似乎还不能说已形成了学科的科学体系。要充实和完善中国工运史学科的科学体系，至少还应当在加强中国工人运动史的理论研究，拓宽工运史的研究领域，消灭工运史研究上的某些空白，建立中国工人运动史史料学，重视中国工运研究的进程和经验的总结，吸收中国史研究的有效方法，借鉴和运用多学科的研究方法等方面下一番切实的功夫。应当说，上述总结是非常有见地的。严格说来，工运史学科体系的确还没有完整形成。

第五，缺乏专门的机构和基本的队伍。自 20 世纪 90 年代初全总撤销工运史研究室后，工会系统已少有专职的工运史研究人员。社科院系统设有工运史研究机构的也只是极个别的，从事研究的人员极少。高校系统自取消中共党史和中国革命史课程设置后，原开有工运史课的也极少保留。2005 年成立的中国工人历史与现状研究会，开展了一些学术活动，但重点放在研究中国工人阶级的现状上。由于没有常设的专门的研究机构，没有基本的队伍，学术活动的开展受到很大限制。工运史研究人员流失严重，基本是散兵游勇，各自为战，严重地制约了工运史研究的深入和广泛开展。

总之，工运史研究是中国社会科学研究中不可缺少的部分。非常希望有关部门能重视起来，有志于工运史研究的学者能行动起来，共同推进研究的深入开展。衷心祝愿工运史研究这枝学术之花能够长开不败，像我们的伟大祖国一样繁荣昌盛。

第十四章
妇女史

新中国成立60年以来，尤其是近30年，史学界关于中国近代妇女史的研究有了长足进展，取得了可喜的成绩。

关于妇女史的定义，有学者将其分为两类：一种为按传统史学方法描述妇女群体活动的历史；一种是以女性性别立场与视角去观察和编纂的妇女历史。[①] 还有学者根据目前妇女史研究的一般范式，将改革开放后兴起的具有西方女性主义色彩和新社会史特征的妇女史称之为“新妇女史”。[②] 但不管哪一种妇女史都是把女性作为研究对象和研究主体。通过妇女史研究达到全面、科学地认识社会发展及人类自身，既是妇女史研究的最终目标，也是其研究的价值所在。

近代以来，妇女一向是学者十分关注的社会群体。回顾“五四”时期的历史，不难发现，当时凡是主张新文化的人，都极大地关注妇女问题，关注妇女的历史与现实。陈独秀、李大钊、胡适、鲁迅、周作人、毛泽东等，撰写了一大批有关妇女问题的文章，产生了重大社会影响。其后20年，中国妇女史研究出现了第一个高潮。

新中国成立后60年，近代妇女史研究经历了三个历史阶段。1966年“文化大革命”爆发前为第一阶段，这一时期，由于思想认识及政治等多方面原因，妇女史研究未能引起史学界应有的重视，研究成果不多，视野也极为有限。就旧民主主义革命时期而言，人们的兴趣主要在太平天国妇

---

① 参见高世瑜《妇女史研究三议》，《妇女研究论丛》1997年第3期。

② 参见刘文明《“新妇女史”在大陆的兴起》，《史学理论研究》2003年第1期。

女问题上，妇女人物研究也只在秋瑾等个别人物方面有较大的进展。新民主主义革命时期的妇女史研究，则大体局限于中国革命史范围。妇女史研究明显处于低潮。全国妇联曾于1964年设立妇女运动历史资料组，在全国各地搜集妇女运动历史资料，但不久便陷于夭折。“文化大革命”时期，学术研究遭到严重摧残与扭曲，数量极其有限的近代妇女史文章，也多和批林批孔、批儒评法紧紧挂钩，成为政治斗争的工具而脱离了学术轨道。1978年中共十一届三中全会之后，妇女史研究进入了新的高潮期。特别是近十几年，随着世界范围内性别主流化的推进及社会性别理论与方法的引进，妇女史研究出现了前所未有的繁荣，出现了由边缘向主流转化的可喜趋势。据不完全统计，改革开放30年来，有关中国近代妇女史的文章已发表2000余篇，出版的专著和教材达百余种，还有一批近代妇女史的文献资料正式出版。另有一些论著及资料汇编，虽然并非专门的妇女史研究，但有专门章节或较大篇幅涉及近代妇女问题。这些专著和一大批学术论文的出版发表，反映了新时期以来中国近代妇女史的研究状况与研究水平。

第一节　妇女运动与妇女解放思想

中国近代妇女史研究，60年来成果最多的是关于妇女运动方面的。仅专著就有10余部，主要有刘巨才的《中国近代妇女运动史（新民主主义时期）》（中国妇女出版社1989年版）、吕美颐和郑永福的《中国妇女运动——1840—1921》（河南人民出版社1990年版）、唐亚辉的《中国妇女百年奋斗史》（湖南师范大学出版社1999年版）、上海市妇联妇运史编纂委员会编写的《上海妇女运动史——1919—1949》（上海人民出版社1990年版），全国妇联1989年组织人力编写出版了《中国妇女运动史（新民主主义时期）》（中国妇女出版社），2008年又组织专家学者撰写出版了《20世纪中国妇女运动史》上卷（中国妇女出版社）。这些专著与众多相关论文，主要对以下问题进行了探讨。

一　中国近代妇女运动的分期与特点

妇女运动，是为了提高妇女社会地位，恢复妇女诸种社会权利，以实现女性作为“社会人”的价值而进行的社会运动。从本质上说，它是人类对自身存在方式的变革。学术界的讨论，围绕着中国妇女运动的发生、发展及其特点进行。

评价太平天国革命是否是一场妇女解放运动，涉及妇女运动的定义以及中国近代妇女运动何时产生的问题。史学界对此一度存在不同看法。罗尔纲 1955 年发表的《太平天国与妇女》一文认为，“太平天国是一个反封建的革命，男女平等是它的革命政纲之一”。太平天国是“妇女解放的第一个实行者。这样广大彻底的妇女解放运动，在俄国十月革命以前，世界历史上不曾有过，真是人类最光荣最先进的行动”。[①]郑鹤声[②]、林增平[③]大体沿袭了罗尔纲的看法。他们代表了“文化大革命”前学术界对太平天国妇女问题性质的基本看法。尽管今天看来这些观点多有可商榷之处，但当时是一场严肃的学术讨论，并且在材料发掘和史实考证方面贡献颇多。

20 世纪 80 年代初，不少学者对传统看法提出质疑，主张对太平天国的妇女解放问题给予实事求是的评价。张寄谦指出：对于妇女参加劳动、参军、参加政治活动，“不宜把它描绘成得到了彻底的解放”，因为在太平天国起义的故乡广西少数民族地区，劳动妇女在家庭中的地位一向比较高，这一传统对起义队伍影响很深。相反，洪秀全“集中继承了封建伦理观念中男子对妇女的压制和歧视”。[④] 王戎笙也说：“太平天国提倡男女平等的光辉思想，就是通常引用的那么几句……而大量的、连篇累牍的，却是宣扬妇女低贱，鼓吹三从四德的言论。”太平天国北伐中甚至拿女人作为赏赐品，妇女在这种场合连做人的资格都没有，哪有男女平等可谈？[⑤]郑焱、汤可可进一步指出，农民的“阶级局限和几千年封建意识的传统束缚，使他们在当时不可能具有近代的男女平等思想，妇女也不可能真正认识自己所处的社会地位，并自觉地为自身的解放而奋战”[⑥]。饶任坤认为，太平天国提出的男女平等口号，实际上不是政治口号，而是宗教的教条。[⑦]

值得注意的是，在对太平天国妇女政策的评价上，至今仍然存在不尽

---

① 《太平天国史事考》，生活·读书·新知三联书店 1979 年第 2 版，第 340 页。

② 《太平天国妇女解放运动及其评价》，《文史哲》1955 年第 8 期。

③ 《中国近代史》，湖南人民出版社 1958 年版，第 132—133 页。

④ 《论洪秀全》，载《太平天国史学术讨论会论文选集》第 3 册，中华书局 1981 年版。

⑤ 《如何看待太平天国的平均主义》，载《太平天国史论文集》，广东人民出版社、广西人民出版社 1983 年版，第 173—174 页。

⑥ 《太平天国并不是一次妇女解放运动》，《史学月刊》1981 年第 2 期。

⑦ 参见《太平天国妇女问题再探》，《学术月刊》1990 年第 6 期。

相同的看法。21 世纪伊始王绯重新提出，“太平天国这一创举的原创性影响不可低估”，太平天国革命一度将妇女带到解放线上，“为它之后的资产阶级革命勇开先路”，并使之“能够在时间、途径和方式上超越英美妇女运动”①。

关于妇女运动产生的历史条件，刘巨才指出，妇女解放运动的产生需要四个条件：工业文明是产生妇女运动的物质前提；性别矛盾尖锐化，妇女问题已成为严重的社会问题，是产生妇女运动的社会基础；性别觉悟是产生妇女运动的思想基础；具有民主思想和平等观念的妇女队伍，是妇女运动的群众基础。②

另有学者提出：“妇女解放运动的兴起，一方面需要社会生产力发展到一定水平，能够为女性回归社会提供相当的物质基础；另一方面则要求人类有能力重新审视自身的存在价值。”③

中国妇女运动何时发端是一个分歧较大的问题。荣铁生指出：“中国近代意义的妇女解放运动”，“19 世纪末是它的启蒙阶段，辛亥革命前后形成高潮”④。多数学者在各自的著述中以戊戌维新运动作为中国妇女运动开端。以李静之为代表的研究者则认为戊戌维新只是“中国妇女运动的序幕”，辛亥革命高潮中才“诞生了以妇女为主体，有纲领、有组织，有一定规模的妇女运动”⑤。2008 年新出版的《20 世纪中国妇女运动史》上卷，即坚持后一种观点。

关于中国近代妇女运动分期问题，学术界一般以中国共产党成立的 1921 年为界，分为前后两大阶段，每个大段又分为若干小段。刘巨才认为，前一大阶段是与旧民主主义革命同步的知识妇女解放运动（1898—1921），后一大段是与新民主主义革命同步，以无产阶级为领导、以工农劳动妇女为主体、以知识妇女为先锋的妇女解放运动。⑥

---

① 《妇女：法律上的死亡与复活——太平天国革命与妇女解放》，《中国文化研究》总第 33 期，2001 年秋。

② 参见《对中国妇女运动的几点看法》，《妇女研究论丛》1994 年第 1 期。

③ 吕美颐、郑永福：《中国妇女运动——1840—1921》，河南人民出版社 1990 年版，第 12 页。

④ 《辛亥革命前后的中国妇女运动》，载《纪念辛亥革命七十周年学术讨论会论文集》上册，中华书局 1983 年版，第 650 页。

⑤ 《伟大的七十年》，中共党史出版社 1992 年版，第 174 页。

⑥ 参见《对中国妇女运动的几点看法》，《妇女研究论丛》1994 年第 1 期。

关于旧民主主义革命时期妇女运动的特点，有研究者将其概括为三个方面。其一，中国近代妇女解放运动始终是中国人民反帝反封建的资产阶级民主革命的有机组成部分，妇女运动的高涨往往与政治革命的高潮同步出现。但是，反帝反封建任务的艰巨性，使资产阶级往往着眼于女性的力量和作用，而忽视女性应得的权利，广大妇女在严峻的政治斗争面前也强化了“天下兴亡，匹妇亦有责焉”的社会责任感，相对淡化了自我权利意识。其二，由于中国民族资本主义生长艰难，发展缓慢，为妇女解放运动创造的必要的历史条件极其有限；而民族资产阶级在力量弱小的情况下，就担负了妇女运动的领导责任，使得中国妇女运动在条件不充分的情况下超前产生，并由此引发出男性充当妇女解放的积极倡导者而女性反为追随者的特殊现象。由此说明，中国近代不仅缺乏独立于反帝反封建斗争的妇女运动，也缺少独立于男性的妇女解放运动。其三，中国妇女运动具有特殊的艰巨性和复杂性。中国妇女受压制、受屈辱不仅是男性和家庭的需要，更是历代统治者“齐家、治国、平天下”策略的需要，任何改变妇女社会地位的努力都会遭遇来自多方面的强大阻力。① 李桂海将近代中国妇女解放运动的时代特征归纳为以下四点：“与资产阶级革命联系在一起；从批判封建家庭伦理的角度探讨妇女解放；男性思想家发挥启蒙作用；关注妇女的社会权利。”②

中国近代妇女运动的“男性特色”问题，引起了众多学者的关注。孙兰英指出：由于社会基础、经济条件尚不具备，从明清之际启蒙思想的兴起直到辛亥革命成功，“解放妇女的宣传者、倡导者、组织者都是男性”，他们与先进的妇女共同构成了近代妇女运动的主体。这种“男性特色”使中国所进行的运动实际上是“解放妇女运动，而不是妇女解放运动”。文章还认为，中国妇女在男性思想家启蒙下，不仅认同了他们的观点，“还把在父权制下一直处于优势地位的男子当作理想的化身”。男性也由于“没有针对大男子主义传统进行自我否定而获得精神上的彻底解放”，因而往往在认为目的已经达到时，就重弹封建伦理的老调。③ 桑兵的《近代中国女性史研究散论》（《近代史研究》1996 年第 3 期）一文，也对近代妇

① 参见《中国妇女运动——1840—1921》，第 12—15 页。

② 《近代中国妇女解放运动的特点》，《船山学刊》2003 年第 2 期。

③ 《论中国近代妇女运动的“男性特色”》，《史学月刊》1996 年第 3 期。

女解放多由男性发端现象，从多角度探究其根源。他强调，除了男性受教育的比例大大高于女性外，以下几条原因也应予以考虑：其一，在中国传统社会中，母亲对子女的教育成长所负责任往往较父亲为大，影响也较深，由此产生的文化意义上的恋母情绪，会左右后代对待女性的态度。其二，身受家长压抑的男性，对于比自己地位更为低下的女性，易产生强烈的同情心，而对统治社会和主宰家庭的男性油然生厌。怜悯与颂扬女性，正可抒发对人间压抑不平的愤懑。王晓丹等更多强调从女性自我意识缺失、女性主体意识错位方面，来分析中国近代妇女运动的“非女性化”特征。①

关于中国共产党领导的新民主主义革命时期妇女运动的特点，有研究者将其概括为六个方面：以马克思主义妇女观为指导的理论形态；同革命运动紧密结合；注重确立男女平等的法律地位；唤起女性主体意识；以劳动妇女为主体广泛团结各界妇女；建立中国共产党领导下的妇女团体以代表和维护妇女的利益。②

还有学者提出，妇女运动对于社会发展与进步的推动作用不应忽视。认为：妇女运动的直接与间接成果一般表现为两个方面，“一是女性的社会地位得到某种程度的改善与提高，两性关系的错位逐步得到纠正，性别群体利益不断得到调整。二是妇女运动在整个社会产生了强大冲击波，对人们的价值观念、行为准则和生活方式发生着重大影响，使人们逐步接受某些新事物，产生某种新共识”，推动了“正向”社会变迁③。

二　关于妇女解放思想

关于妇女解放思想已经有不少专著先后出版，如夏晓虹的《晚清文人妇女观》（作家出版社 1995 年版），王政、陈雁主编的《百年中国女权思潮研究》（复旦大学出版社 2005 年版），张莲波的《中国近代妇女解放思想历程》（河南大学出版社 2006 年版）等。2005 年 6 月，复旦大学历史系和美国密歇根大学中国文化研究所在上海共同主办了“百年中国女权思潮研究”国际学术研讨会，120 位中外学者与会，集中展现了近代妇女思想史研究的最新成果。

---

①　参见《论中国近代妇女运动的非女性化特征》，《中华女子学院学报》2002 年第 4 期。

②　参见李静之等《马克思主义的妇女观》，中国人民大学出版社 1992 年版。

③　吕美颐：《论中国近代妇女运动对社会变迁的推动作用》，《郑州大学学报》1999 年第 4 期。

熊月之所著《中国近代民主思想史》（上海人民出版社1986年版）与吴雁南等主编的《中国近代社会思潮》（湖南教育出版社1998年版）两书，对近代妇女解放思潮的兴起与发展作了系统论述。书中多有突破传统看法之处，如对传教士的评价，认为鸦片战争以后来华的部分传教士，自觉或不自觉地宣传了西方资产阶级男女平等、妇女解放等新观念，客观上对中国妇女运动起了思想启蒙作用。再如对于早期维新派，认为他们对妇女问题的关注与探索，已不同于历史上封建士大夫中的开明人士，而带有若干资产阶级民主思想的色彩，对于中国妇女解放思潮的兴起具有前驱先路的作用。

在讨论男女平等思想的产生时，研究者普遍认为，自晚明起，随着中国资本主义萌芽的产生，思想领域产生了代表市民阶层的人文主义思潮，于是出现了男女平等的思想萌芽，即有自觉意识（包括男女两性）地追求男女平等。这一萌芽延续了近300年，但一直没有形成完整的男女平等理论。李国彤较早明确提出了这一观点。① 多数学者取得共识的另一点，是认为近代妇女解放思想，是在西方天赋人权学说及资产阶级自由、民主、平等思想传入中国后才在中国思想界产生的。孟新安认为，男女平等思想产生于戊戌时期，“成为一个时代的里程碑”②。何黎萍却认为，戊戌时期维新派的男女平等思想还不成熟，存在思想与理论中的自我矛盾。20世纪初，在西方女权思想的影响下，中国才出现了“妇女解放思想的重大飞跃”③。不少学者对于20世纪初的女权主义代表作——《女界钟》进行了深入研究，认为“金天翮的名著《女界钟》，代表了晚清女权主义思想的最好水平”④。

对于妇女解放思想在中国产生的渊源，王美秀认为这一问题既不能完全溯源于西方文化的传播和影响，也不能只追根于本土，而应看作是中西文化碰撞、交融的结果。“在近代东西文化交流碰撞的过程中，东方国家普遍出现与传统文化离异并趋向西方文明的潮流。”⑤夏晓虹指出，西学东

① 参见《近代前夜妇女解放思想的萌动及其影响》，载北京大学中外妇女研究中心编《北京大学妇女问题第三届国际研讨会论文集》。

② 《中国近代男女平等思想刍论》，《江汉论坛》1994年第12期。

③ 《论中国近代女权思想的形成》，《中国人民大学学报》1997年第3期。

④ 熊月之：《晚清上海：女权主义实践与理论》，《学术月刊》2003年第11期。

⑤ 《西学东渐影响下的中国近代妇女运动》，《北京大学学报》1995年第4期。

渐一个极其可观的思想成果，便是平等观念的阐扬，它形成于戊戌变法前后，“迨到二十世纪初，已越来越多地被‘男女平权’尤其是‘女权’的说法所置换”①。

可以看出，研究者在诸如近代妇女解放思想何时产生、渊源何在，早期维新派是否具有妇女解放思想等问题上，认识略有差异。

关于“五四”时期的妇女解放思潮，相关论述较多。有学者总结了这一时期妇女解放思潮的特点：一是以人格独立意识为核心的个性解放观念的高扬；二是妇女解放思潮与当时改造社会的探索结合紧密，呈现出异常活跃驳杂的多元竞进格局；三是此时的妇女解放思潮，具有社会基础的广泛性和思想理论的深刻性。同时，马克思主义妇女理论的初步传播，使这一时期妇女解放思潮跃进到一个新的境界和层次。② 王如青对陈独秀、李大钊与胡适、周作人代表的倾向不同的两种妇女解放思想进行了比较和分析，指出，前者代表的是“阶级解放”论，注重妇女整体解放，后者代表“个体觉醒”论，更加关注女性的个体自觉。两者对妇女解放理论都具有开创意义，又都潜在着偏颇与局限。③ 吴效马等人从时代特点出发，将“五四”时期与戊戌维新及辛亥时期的妇女解放思潮进行了对比。④

关于马克思主义妇女观在中国近代的传播，有不少著述论及。石巧兰、李兴芝认为，马克思主义妇女观在中国近代的传播可分为三个阶段：辛亥革命前后为早期介绍阶段，五四运动前后为初步传播阶段，中国共产党成立至中共二大是马克思主义妇女观的确立阶段。以中共二大《关于妇女问题的决议》为起点，马克思主义妇女观作为观察和解决妇女问题的根本观念以党的决议形式确立下来，成为马克思主义妇女观在中国确立的标志。⑤

刘巨才指出，马克思主义妇女观同中国妇女运动的实际相结合，形成了有中国特色的新民主主义妇女解放理论。这个理论的基本内容是：主张中国妇女解放运动是反帝反封建的新民主主义革命的重要组成部分；工农

---

① 《从男女平等到女权意识——晚清的妇女思潮》，《北京大学学报》1995 年第 4 期。

② 参见吴雁南、冯祖贻等主编《中国近代社会思潮》，湖南教育出版社 1998 年版，第 2 卷第七编第五章。

③ 参见《“阶级的解放”与“个体的觉醒”——“五四”时期知识分子的两种妇女解放观刍议》，《河北大学学报》2000 年第 5 期。

④ 参见《“五四”时期妇女解放思潮的特点》，《浙江学刊》2001 年第 4 期。

⑤ 参见《马克思主义妇女观在我国的早期传播及其中国化》，《妇女研究论丛》1992 年第 1 期。

劳动妇女是妇女运动的主力军和基本力量；先进知识妇女是妇女解放运动的先锋和桥梁；中国共产党的领导是妇女运动健康发展的可靠保证；建立和健全各类妇女组织是开展妇女运动的组织基础；建立妇女运动统一战线的思想和策略、支援和参加武装斗争是新民主主义妇女运动的主要内容；妇女特殊利益与阶级整体利益的关系，劳动群众中的男女不平等问题，是必须关注的重要问题。①李静之指出，中国共产党妇女运动指导思想的确立和发展经历了漫长的历史过程，大革命时期已经正式确立，苏区时期又明确地提出了发展农妇运动的指导思想，抗日战争和解放战争时期妇女运动指导思想得到进一步的发展。②

一些文章还分别对著名政治家、思想家的妇女解放思想进行了研究，因为在他们身上，集中体现了一个时代的妇女观，体现着当时先进的人对妇女问题的态度。研究较多的有康有为、梁启超、谭嗣同、黄遵宪、严复、秋瑾、孙中山、吴虞、李大钊、胡适、鲁迅、蔡元培、毛泽东、向警予、宋庆龄等人。进入21世纪以来，研究的视野更加扩大，涉及了王明、陈望道、邵力子、沈兹九等多党派人士。这一研究的意义在于，突出了妇女解放思想的时代特色，也显示了妇女解放思想的丰富多彩的个性。

三　不缠足、兴女学、创报刊、结团体

关于中国近代妇女运动的切入点，学术界大体接受了陈东原20世纪30年代提出的观点，以不缠足运动和兴女学运动的兴起作为中国妇女运动的起点。因为形体解放是妇女解放的先决条件，思想解放则是妇女解放的关键所在。两项运动均肇始于戊戌时期。

20世纪80年代以前，对不缠足运动缺乏学术性研究，只有康同璧1957年发表过一篇回忆文章。1983年樊心的《近代妇女解放的先声：浅谈戊戌变法时期的不缠足运动》(《上海师院学报》1983年第1期)一文，重提不缠足运动。此后出现的一系列论述不缠足运动的文章，成为新时期妇女史研究热潮中一个醒目之点。文章研究的重点在晚清，内容涉及：维新派倡导不缠足运动的运作过程、外国传教士在提倡不缠足运动中的宣传

① 参见《新民主主义妇女解放理论初探》,《妇女研究论丛》1992年第1期。

② 参见《新民主主义革命时期中国共产党妇女运动指导思想的确立和发展》,《妇女研究论丛》2001年第4期。

和示范作用以及清政府在推行新政中提倡不缠足的意义。

进入90年代，不缠足运动的研究有了新的进展。李凤飞、暴鸿昌的文章全面考察了缠足的地域、民族、阶层的分布情况，并分析了清代以来反对缠足的各种立场和视角，包括审美的、实用的、国家兴亡的、人道文明与卫生的、妇女解放的不同方面。[①] 有人从文化视角来透视不缠足运动的产生，认为“当一个社会或民族在经历文化变迁时作为其外在行为表现的风俗断无不变之理”[②]。应当一提的是杨兴梅所撰《南京国民政府禁止妇女缠足的努力及其成效》（《历史研究》1998年第3期）一文。文中不同意史学界认为辛亥后缠足现象已成强弩之末，新文化运动期间“缠足陋俗出现了根除的趋势”[③] 的认识，提出，“实际上，新文化运动以后中国女性缠足现象远比过去所认知的更广泛”。文章对南京政府在禁止缠足方面所做的“积极持久的努力”给予肯定，并指出：“这是一次由中央政府统一领导并在全国范围内普遍推行、以禁罚为重要手段的不缠足运动，说它是近代不缠足运动的高潮阶段，或不为过。”文章还强调，由于各级人员执行禁罚过程中常常违反民间风习，使得“此项政策的实施至少在方式方法上大有使人民不满之处”。另有一些文章从身体史或观念史的角度开展研究，如杨念群的《从科学话语到国家控制——对女子缠足由美变丑的历史进程的多元分析》（《北京档案史料》2001年第4期）、杨兴梅的《观念与社会：女子小脚的美丑与近代中国的两个世界》（《近代史研究》2000年第4期）等。

近代女子教育的产生与发展影响重大，一直是研究中国近代妇女史的重点之一。20世纪80年代以来，除了黄新宪所著《中国近现代女子教育》（福建教育出版社1992年版）等专著，专门论述近代女子教育的文章已有90余篇。多数文章着重于中国女子教育的近代化及女子教育体制的建立，阎文芬的《中国女子教育的近代化历程、特点及启示》（《华东师范大学学报》1996年第2期）一文提出近代女子教育的三个特点，即“复杂性”、“多元性”及“女子教育总体发展上的落后性”。梁景和的文章揭示了近代女子教育发展的脉络，并对1907年清政府颁布的两个女学

---

① 参见《中国妇女缠足与反缠足的历史考察》，《学习与探索》1997年第3期。

② 湖北大学中国思想文化史研究所：《中国文化的现代转型》，湖北教育出版社1996年版，第370—371、383—387页。

③ 梁景时：《中国近代不缠足运动始末》，《山西师大学报》1995年第1期。

章程和民初的“壬子癸丑”学制在近代女子教育发展中的地位与作用，进行了分析。①

研究比较集中的是清末女学，首先是确定了中国人自办的第一所女学堂所属问题，多种近现代教育史都曾认为是1902年创办的务本女校或爱国女校。1980年初朱有瓛、钱曼倩发表文章指出，1898年创办的经正女学是中国自办的最早女学堂，并进行了全面考证。② 还有不少文章考察了20世纪初中国女学兴起的过程、办学宗旨及特点。

教会女学问题，是研究的热点之一。1988年，章开沅、顾学禄等学者与美国普林斯顿大学合作，开创了中国教会大学研究，推出一批研究成果。崔运武的文章把教会女子教育分成了两个阶段：一是教会女校发展的初期阶段（1844—1860），二是教会女校的扩张时期（1860—20世纪20年代）。前一阶段的特点是学校数量少、程度低，学生以贫民子女为主；后一阶段则已形成从小学到大学规格齐全的教育体系，学生向富家子女转向。文章肯定了教会女子教育在“提倡男女教育平等”、“以洋风移旧俗”、促进“中国女界一定范围、一定程度的解放”方面的作用，但强调这“不是教会集团的初衷”。③ 王奇生的文章研究了教会女子高等教育的历史演变与特点，认为教会女子大学开创了中国女子高等教育的先河，并在这一领域“始终处于领先地位”，无论在创办时间、女学生人数、女生在全部学生中所占比例方面，都远远超过了同期的中国大学。因而“在第一代中国知识女性的成长过程中，教会大学扮演了十分重要的母体角色”④。乔素玲认为，中国近代女学的创立与发展不仅受到西方教育制度的影响，而且受日本影响很大，“从而使中国近代女学带有浓重的日本色彩”⑤。朱峰于2002年出版了《基督教与近代中国女子高等教育》（福建教育出版社）一书，以金陵女子大学及华南女子大学为考察对象，全方位探讨了教会女子大学发展的坎坷历程。

女子留学问题也是研究的热点之一。已经出版的几部留学生史都比较

---

① 参见《近代中国女学演变的历史考察》，《辽宁师范大学学报》1993年第6期。
② 参见《经正女学是我国自办的最早女学堂》，《上海师范大学学报》1980年第1期。
③ 《近代中国教会女子教育浅析》，《史学月刊》1988年第2期。
④ 《教会女子高等教育的历史演变》，《华中师范大学学报》1996年第2期。
⑤ 《近代中国女学与日本》，《广东社会科学》2001年第1期。

多的涉及或以专门章节论述了女子留学。[①] 在这些研究的基础上，1995 年又有一部女子留学史专著出版。[②] 这些书介绍了早期的教会女子留学、清末女子留日热、民初女子留美热、“五四”时期女子留法勤工俭学热、20 世纪 20 年代的女子留苏、抗战胜利后的女子留美趋向等一系列问题，介绍了不同时期政府的留学制度和政策，以及女留学生的生活和她们对社会的贡献。论文中，论及清末留日女留学生的较多，周一川的《清末留日学生中的女性》（《历史研究》1989 年第 6 期）与谢长法的《清末的留日女学生》（《近代史研究》1995 年第 2 期）等文章，详细考订女子留日的基本情况。郭常英与苏小环的文章探讨了清末女子留学的初始动因。蔡峰对民国时期女子留学的途径及留学专业领域进行了全面考察。[③]

近代女子教育对于妇女运动及妇女生活的影响，本是极为重要的问题，但这方面的研究成果相对较少。宋瑞芝指出，戊戌时期的兴妇学运动“为妇女解放进行了思想启蒙”，辛亥时期女子教育的发展，“唤醒了妇女革命的自觉意识”，“五四”时期平民教育的兴起和大学开放女禁，使“妇女解放运动突破了知识女性的圈子，扩展到了工农大众之中”，从而“揭开了中国妇女真正觉醒时代的帷幕”[④]。一些文章则强调，近代女子教育制度的确立是中国妇女最早获取的权利；女子教育的发展大大提高了妇女的整体素质；从某种意义上说，中国女性的启蒙，应归功于女子教育的产生和发展。[⑤]

早期的女子报刊，曾是对妇女进行启蒙教育的有效工具，也是向社会伸张女权的重要阵地。20 世纪 60 年代初，新闻界曾就中国第一份女子报刊问题有过一场争论。当时，秋瑾创办的《中国女报》和陈撷芬 1902 年创办的《女学报》都被视为中国第一份女报。1963 年，潘天桢、杜继琨分别发表文章指出，中国第一份女子报刊是 1898 年上海桂墅里中国女学会创办的《女学报》，并介绍了该报宣传“男女平等，施教劝学”等内容

---

① 参见李喜所《近代留学生与中外文化》，天津人民出版社 1992 年版；王奇生《中国留学生的历史轨迹》，湖北教育出版社 1992 年版；留学生丛书编委会《中国留学史萃》，友谊出版社 1992 年版。

② 参见孙石月《中国近代女子留学史》，中国和平出版社 1995 年版。

③ 参见《近代中国女子留学探析》，《史学月刊》1991 年第 3 期；《民国时期女子留学的途径及留学专业领域》，《中华女子学院学报》2003 年第 1 期。

④ 《近代女子教育的兴起与妇女觉醒》，《河北学刊》1995 年第 5 期。

⑤ 参见何黎萍《中国近代妇女教育平等权的演进》，《社会科学辑刊》2000 年第 6 期。

和出版发行情况。[①] 但争论并未引起人们对这一问题的研究兴趣。20 年以后,《女学报》重新受到妇女史学者的重视,80 年代初,林虹发表了《中国第一份女报》,刘巨才发表了《中国历史上第一份女报》[②],方汉奇等学者也纷纷著文,论证了与《女学报》相关的问题。研究的深入,使人们发现了维新派妇女以往鲜为人知的一系列活动,如创办女学会与女学报、参与创办女学堂等,了解了她们关于妇女解放的主张。这一研究的意义,不仅仅在于确定第一份女报的所属,而是涉及戊戌时期是否形成了妇女运动、中国妇女运动何时开端等重要问题。

近代女子报刊创办状况的研究也有进展。各种近代报刊史以及辛亥时期、"五四"时期的期刊介绍,都以专门章节介绍了不同时期的女子报刊。1990 年出版的《北京妇女报刊考》(光明日报出版社 1990 年版),对 1949 年以前北京出版的 110 种女子报刊,进行了评介。女子期刊的个案研究则涉及了不少著名妇女杂志,如《中国新女界杂志》《妇女杂志》《劳动与妇女》《妇女评论》《新妇女》《妇女声》《妇女周报》《女星》《妇女生活》《妇女之友》等。还涉及了一些有影响的大报的妇女专栏,如《大公报》的《妇女与家庭》、《民国日报》副刊《妇女周报》等。[③]

女子报刊与妇女解放的关系,受到研究者的重视。周昭宜的《近代女子报刊的兴起及意义》(《河北师范大学学报》1997 年第 1 期)一文指出,女子报刊的兴起,不但"在中国报刊史上具有里程碑的性质和划时代的意义",而且"它自诞生之日起,就成了妇女争取自身解放的喉舌"。而女性跻身于报刊活动,也"体现了社会的进步和女性主体意识的觉醒"。"五四"时期的《新青年》虽然不是妇女刊物,但曾对妇女解放起过重要作用。张晓丽的《〈新青年〉的女权思想及其影响》(《史学月刊》1996 年第 4 期)一文指出,《新青年》的女权思想集近代妇女解放理论之大成,对中国妇女思想启蒙发挥了重要作用,"它表现的锋芒与锐气,不但当时使社会震惊,即使在今日也颇有启发意义。"应当指出,中国近代女子报刊总量很多,对妇女运动和妇女生活的影响极大,但迄今为止研究还很不够,蕴藏其中的丰富史料也未得到充分利用。

---

① 参见《图书馆》1963 年第 3、4 期。

② 参见《史学月刊》1982 年第 1 期;《新闻研究资料》1983 年第 17 期。

③ 参见李秀云《从两性对立到两性超越》,《天津师范大学学报》2008 年第 4 期;李瑞生《向警予与上海〈民国日报〉副刊〈妇女周报〉》,《怀化师专学报》2001 年第 4 期。

关于妇女团体。戊戌时期建立的“女学会”是中国最早的近代意义上的妇女团体，这一论断已被多数学者所公认，只是由于资料欠缺还难以窥其全貌。近代妇女团体的研究，集中在团体的分类、活动内容与形式、社会影响等方面。多数论者根据妇女团体的倾向将其划分为三种类型：一种以振兴女权为目标，一种侧重于参加当时的政治斗争，还有一种以改良社会风习或举办慈善事业为主。妇女团体的出现，表明中国妇女开始以群体面貌参与社会生活，影响十分深远。张莲波的文章列举了辛亥时期的35个妇女团体，分析了这一时期妇女团体的特征，并指出，辛亥革命前出现的众多妇女团体，“为武昌起义后女权运动掀起高潮奠定了思想基础和组织基础”①。一些文章强调了早期妇女团体政治参与意识不强和政治上软弱与幼稚的问题，还有一些文章对共爱会、中国妇人会等女子团体进行了个案研究。

抗日战争时期是女子团体发展最快的时期。黄晓瑜把这一时期的妇女组织分为如下几类：全面抗战爆发前自发组织的妇女抗日团体；统一战线建立后全国性的妇女抗日组织；各根据地的妇女联合会和妇女救国会。②刘静的《抗日战争时期国民党统治区新成立的妇女组织简介》（《妇运史研究资料》1985年第3期）一文估计，1940年前后国统区的妇女抗日组织大约有358个，其中影响最大的全国性组织有中国妇女抗敌后援会、中国妇女慰劳自卫抗战将士总会、战时儿童保育会、新生活运动促进总会妇女指导委员会、中苏文化协会妇女委员会等。并对这些组织的来龙去脉、内部组织、活动特点进行了评述。武锦莲的《抗战前期的〈妇指会〉及其活动》（《上海师范大学学报》1989年第2期）一文强调了妇指会1938年改组后，虽然仍旧由宋美龄任指导长，但性质已发生变化，成为“国民党、共产党和无党派的妇女，站在平等地位”的统一战线组织，并在抗战和妇女参政等运动中发挥了重要作用。另有一些文章介绍了妇女战地服务团等有影响的妇女团体的创建过程、活动情况与社会影响。③ 日伪统治区的新民会的妇女会、国防妇人会、“全满妇人团体联合会”，也开始进入研

---

① 《二十世纪初的妇女团体》，《史学月刊》1991年第2期。

② 参见《抗日救亡中的妇女组织》，《历史教学》1986年第9期。

③ 参见罗义俊《何香凝和中国妇女抗敌后援会》，《历史教学》1987年第9期；丁卫平《南京妇女救国会——全国第一个救国会组织的建立与活动探析》，《长白学刊》1994年第5期。

究者的视野。[①]

如果说近代妇女团体的研究有了某些突破，主要是指对于抗战时期国民政府领导下的妇女组织的介绍和评价已比较真实和客观，不足之处则是研究中侧重于政治性妇女团体，女子职业团体、实业团体、学术团体、文化艺术与宗教性质团体涉及较少。

四 女子参政运动

女子参政运动，是中国近代女权运动的重要内容之一，也是研究者比较关注的问题。李细珠提出，“清末存在正反两股相悖的思想潮流”。一是少数男性女权主义者与个别先进女性，“认为女性与男性一样都是国民的一部分”，“则当然具有相应的参政等方面的权利”；二是大多数人在探讨国民意识时“或是有意无意地忽视性别这个问题，或是贬低甚至否定女性的国民资格及其相应的参政等方面的权利”。但是，两种思想潮流中“双方的力量是极不成比例的”，影响了妇女参政运动的成败。[②] 在对历次女子参政运动的考察中，涉及民初这一时期的文章较多。严昌洪强调民初女子参政运动发生的历史必然性，指出：“从横向来说，它是国际女权主义思潮与妇女参政运动在中国的反映。从纵向来说，它是戊戌以来民主思潮与革命运动的继续发展。从历史来说，它是对中国几千年男女不平等的偏枯现象的反动。从现实来说，它是对革命以后仍然压制女性的顽固传统的反抗。”文章分析了此次运动失败的原因，认为：“这一场具有重要意义的社会运动遭到了男人的压制，也受到了女人的冷遇，成为少数勇敢分子的行动，这是失败的直接原因。根本原因则是辛亥革命的不彻底与迅速的失败。”[③] 蒋婷薇认为，民元妇女参政运动之所以失败，主要原因在于支持与反对的双方“在性别定义上形成的分歧导致双方无法对话”[④]，也无法取得共识。

关于1921年至1922年间女子参政运动的第二次高潮，吴淑珍在分析其产生背景时强调，五四运动进一步启迪了妇女的觉悟和参政意识；1921

① 参见刘晶辉《关东军的“铳后援”——“全满妇人团体联合会”初探》，《辽宁师范大学学报》2003年第6期。

② 《略论清末国民意识中的性别与权利之关系——以女子参政权为中心的历史考察》，《妇女研究论丛》2005年第2期。

③ 《唐群英与民初女子参政运动》，《贵州社会科学》1998年第4期。

④ 《民国元年的妇女参政运动》，《江海学刊》2001年第4期。

年各省发生自治运动，重新制定省宪使妇女参政出现新机遇。认为1922年的妇女参政斗争，缺少民国初年的女子参政派那种激奋和勇猛精神，但却带有强烈时代色彩，“反映了从旧民主主义向新民主主义过渡的某些特征”①。张莲波进一步指出，“这次参政已超出了资产阶级女权运动的范畴，带有无产阶级妇女解放的性质”，“得到了共产党的及时指导”②。由于仍然存在缺乏思想基础与群众基础等问题，因此仍旧难免陷于失败。

吴淑珍还对人们关注较少的大革命时期国共合作下的妇女参政运动作了考察。她认为国民革命使妇女参政的观念不断更新，很多人逐渐认识到：妇女参政运动“要和大多数妇女群众结合”才有意义；国民革命是推进女子参政运动的“先决条件”；不应把妇女参政运动弄成“做官当议员运动”。文章还认为，1924年冬掀起的女界国民会议运动，将妇女参政运动推向了新阶段，使中国妇女运动首次实现了组织上的统一，开始“在同一的目标同一的策略之下”进行。同时，妇女参政被置于反军阀和争取民族独立的基础之上，说明妇女运动开始加入新民主主义革命阵线。③

20世纪三四十年代的妇女宪政运动延续了10余年，国统区广大妇女为争取参政权进行了不懈斗争，尤其是重庆各界妇女掀起的宪政运动，声势浩大影响广泛。但专题研究论文相对较少。

中国共产党领导的根据地妇女参政运动，备受研究者重视。周亚平的文章指出：“凡是建立革命政权的地方，广大劳动妇女便真正获得了参政权，不论是苏区，还是抗日根据地和解放区都证明了这一点。”④ 张永英指出，中国共产党成立后，不但在理论上提高了对于妇女参政的认识，而且形成了一系列妇女参政的政策，包括：“在法律上赋予妇女同男子平等的参政权”；“以最低比例保障妇女的参政权”；以“女工农妇代表会议及妇女代表大会成为妇女参政的主要形式”；在“土地、婚姻、教育等公共政策中保障妇女参政的基本条件”，使得中国共产党领导的各根据地劳动妇女参政的水平，走在了全国最前列。⑤

① 《中国妇女参政运动的历史考察》，《中山大学学报》1990年第2期。

② 《1922年前后中国妇女参政的特点》，《山西师大学报》2001年第3期。

③ 《中国妇女参政运动的历史考察》，《中山大学学报》1990年第2期。

④ 《中国妇女参政的历史轨迹》，《吉首大学学报》1993年第1期。

⑤ 《中国共产党成立后关于妇女参政的理论认识与实践经验》，《妇女研究论丛》2001年增刊。

应当说，中国近代女子参政问题的研究已取得比较大的进展，但尚存在一些薄弱环节，特别是在探讨中国妇女参政运动的规律，总结其中得与失方面，还需进一步加强。

五　国共两党与妇女运动

近代中国，资产阶级维新派、资产阶级革命派、共产党、国民党等不同政派与政党都曾与近代妇女运动有过直接关系，或充当过妇女运动的领导角色。国共两党与妇女运动的关系，是近30年来研究者较为关注的问题。研究进展较快的是共产党建党初期对妇女工作的领导、抗战时期妇女统一战线以及其国统区妇女运动等问题。

对于中国共产党建党初期妇女运动的方针政策及对妇女运动的领导问题，全国妇联的《中国妇女运动史（新民主主义时期)》[①] 作了较为系统的考察，指出：中国共产党建立后于同年8月帮助上海中华女界联合会进行改组，使之成为建党初期党领导的重要妇女组织；1922年中共“二大”产生的《关于妇女问题的决议》，是中国妇女运动史上第一个以政党名义通过的关于妇女运动的决议。畅引婷在充分肯定建党初期党对妇女运动的领导与贡献的同时，指出妇女运动的开展受到的“种种局限”，如“帝国主义、反动军阀的高压政策”、“封建的束缚，妇女人才缺乏”、“经济困难，经费无着”，以及经验缺乏、工作失误等，比较客观地反映了当时中国共产党领导妇女运动的实际情况。[②] 此外，叶孟魁提供了一则中国共产党建党前夕有关妇女政策的新史料，即张太雷致共产国际的报告，其中第五部分特别报告了中国的妇女问题及妇女解放的必由之路，强调妇女是无产阶级可以依靠的革命力量，是“统一的革命机器的有用的螺丝钉”[③]。新的资料，反映了中国共产党早期领导人对于中国妇女问题的认识水平。

对于抗日战争时期国共两党建立妇运统一战线的研究，主要涉及宋美龄主持的庐山谈话会，以及统一战线的形成、特点、对妇女运动的推动等问题。研究者普遍认为，1938年5月宋美龄出面召开的庐山谈话会，实现了各界妇女大联合，标志着中国妇女抗日统一战线正式成立。董妙玲指

① 春秋出版社1989年版，第145—147页。

② 《论建党初期党对妇女运动的领导》，《青海师范大学学报》1992年第1期。

③ 《中共最早关于妇女运动的文献》，《北京党史研究》1997年第1期。

出，妇女抗日统一战线“具有地域、政治成分和阶级成分的广泛性”，“组织形式的统一完整性”，“抗日方向的连续性”以及“内部阶级斗争的尖锐性”。统一战线中始终存在着左中右三派，是“带有阶级对抗性的合作”。而宋美龄“对抗日的态度，对共产党和进步人士的态度，归根到底取决于蒋介石的总体部署”。① 关于中共在妇女统一战线中的作用，李媛认为，邓颖超领导下的南方局妇委，成功运用了“发展进步势力，争取中间妇女，孤立顽固妇女”② 的统战策略，最大限度团结了各阶层妇女，推动了国统区妇女运动的全面高涨。国民党对待妇运统一战线的态度、政策等问题，受到不少研究者的重视，武锦莲的《抗战前期的“妇指会”及其活动》、李媛的《宋美龄与第二次国共合作时期的妇女界统一战线》、侯德础的《宋氏姊妹与“工合”运动》③ 等文章，对此进行了有意义的研究。

研究国统区妇女运动的文章近年有所增加，一些文章正面展示了南京国民政府于20世纪二三十年代领导戒缠足等风俗改良运动的运作过程，以及取得的效果。晁海燕著文论述了国统区的“妇女训练”，认为这次对城乡妇女干部和普通妇女民众进行的大规模训练，“是对各阶层广大妇女进行的有组织的一项思想和文化教育活动”。文章还对江西、南京、广东、四川等地开展妇女干部训练和妇女民众训练的概况进行了介绍，并对这一活动产生的广泛影响给予了充分肯定。④ 水世琤的文章，介绍了社会学家雷洁琼接受妇指会之邀，在江西卓有成效地开展妇女组训工作的情况。⑤

研究成果最多的还是中国共产党领导下的妇女运动。多数文章着重分阶段、分区域、分专题论述在中国共产党领导下妇女运动发展的状况，一些文章侧重于总结与探讨其中的规律与历史经验。⑥总体看，对于各党派妇女政策、妇运方针、妇运组织形式的研究，比起对妇女运动的过程、内

① 董妙玲：《中国妇女抗日统一战线组织的特点和作用》，《中州学刊》1995年第5期；杨慧：《论国统区妇女界抗日救亡统一战线》，《东南大学学报》2001年第2期。

② 《邓颖超与抗日民族统一中的妇女运动》，《中共党史研究》1988年第3期。

③ 分别载《上海师范大学学报》1989年第2期、《党史研究与教学》1993年第2期、《文史杂志》1995年第4期。

④ 《抗战时期国统区的妇女训练》，《西北大学学报》1997年第4期。

⑤ 参见《雷洁琼在抗日战争期间的峥嵘岁月》，《团结报》1992年6月17日、7月1日、8月11日。

⑥ 参见畅引婷《第一次国内革命战争时期妇女运动的特点》，《山西师大学报》1992年第3期；邱松庆《中央革命根据地的妇女运动》，《江西社会科学》1983年第1期。

容、成果的研究明显不足。国共两党相比，国民党与妇女运动关系的研究更显薄弱，如关于第一次国共合作时期国民党中央妇女部及其工作、抗战时期的妇女国民参政会等问题，涉及文章较少且缺乏力作。

第二节 妇女生活

严格说，对于近代妇女生活的研究，兴起于改革开放之后。文化史研究热与社会史研究的深入，是最初的推动力。性别理论的传播与运用，则促使更多学者将眼光转向了普通妇女的普通生活。20 世纪 90 年代以来，一批研究近代妇女生活变迁的专著陆续出版，涉及妇女生活中物质与精神的各个层面。如郑永福、吕美颐的《近代中国妇女生活》（河南人民出版社 1993 年版）、李小江等主编的《性别与中国》（生活·读书·新知三联书店 1994 年版）、罗苏文的《女性与近代中国社会》（上海人民出版社 1996 年版）、夏晓虹的《晚清女性与近代中国》（北京大学出版社 2004 年版）等。此外，冯尔康、常建华所著《清人社会生活》（天津人民出版社 1990 年版）、乔志强主编的《中国近代社会史》（人民出版社 1992 年版）、严昌洪著《西俗东渐记——中国近代社会风俗的演变》（湖南出版社 1991 年版）与《20 世纪中国社会生活变迁史》（人民出版社 2007 年版）、孙燕京《晚清社会风尚研究》（中国人民大学出版社 2002 年版）、李长莉《晚清上海社会变迁——生活与伦理的近代化》（天津人民出版社 2002 年版）等著述，都以相当篇幅研究了与妇女生活相关的一些专题。加之一批专题论文的发表，近代妇女生活史的研究提升到一个新的水平。

一 民族民主革命中的妇女

妇女生活融入反帝反封建时代主旋律，是近代中国妇女生活的主要特点之一。在历次反侵略战争和反封建势力的斗争中，广大妇女表现了高度的爱国主义精神和大无畏的英雄气概，并做出了重大贡献。长期以来的妇女史研究，对这些方面给予了充分肯定，相关文章很多，此处不再赘述。

需要提及的是，随着抗日战争史研究的深入，妇女战时生活的研究取得了显著成果。一些学者对抗战时期女性因战争受到的伤害及在争取战争胜利过程中的英勇表现，进行了细致梳理和系统论述。如卞修跃的《抗日战争时期中国妇女伤亡及日军对中国妇女的残害——二战期间日本国家军人在华反人道暴行系列研究之一》一文，以各省统计为基础，对中国人口因战争伤亡的性别比、女性伤亡具体人数、日寇侮辱中国妇女的残暴手段，进行了详细统计。[①] 丁卫平的《中国妇女抗战史研究》（吉林人民出版社 1999 年版）一书，则“用详尽的史实说话，真实具体的再现中国妇女在全国各地的抗日斗争历程”，分别对“中国共产党领导的抗日根据地、国民党统治区和日本帝国主义占领区的环境和斗争方式”[②] 进行了系统阐述。这些研究成果，为抗战时期妇女史研究的深入提供了重要资料支持。

长期被遮掩真相的慰安妇问题，20 世纪 90 年代后引起了多方面关注，取得了重要研究成果，一批论著与调查报告先后出版。苏智良、陈丽菲经过长达 10 余年的调查研究，撰写出《慰安妇研究》（上海书店 1999 年版）、《日军性奴隶：中国“慰安妇”真相》（人民出版社 2000 年版）、《侵华日军慰安妇制度略论》等专著与论文，以确凿的史实推翻了日本一些学者认为充当慰安妇的主要是朝鲜和日本妇女而“极少中国姑娘”的论断，指出：“中国是日本法西斯慰安妇制度的最大实施地”，“慰安妇人数最多，遭遇最惨”。他们考察了日军在华慰安所的类型、分布，慰安妇的来源、人数，日军强迫中国妇女充当慰安妇的方式等问题，以确凿的证据证明，第二次世界大战期间日军在中国设立的慰安所分布于中国 21 个省市广大地区，有的长达 14 年，中国慰安妇的人数总计在 20 万以上，多是被日军抢夺，在战场上被俘，被诱骗而来，也有的被汉奸强迫或从妓女中强征而来。文章尖锐指出，作为一种制度，“一旦日军中‘强奸’的观念置换为‘性服务’之后，军队中集团性的强奸不但合法，而且受到军方的保护”，这是问题的实质所在。[③] 相关的文章还有王海华的调查报告《侵华日军性暴力对中国女性的摧残——抗战时期山西盂县日军性暴力受害者调查》（《妇女研究论丛》1999 年第 2 期）等。慰安妇问题的研究，带有较强的政治色彩，超出了一般妇女生活史的研究范畴。

二　不同阶层妇女的生活

一些研究者注意对近代不同阶层的妇女进行具体研究，在抓住妇女共

① 参见《中国社会科学院近代史研究所青年学术论坛·2003 年卷》，社会科学文献出版社 2005 年版。

② 陈瑞云：《让史实说话——读〈中国妇女抗战史研究〉》，《史学集刊》2001 年第 2 期。

③ 《侵华日军慰安妇制度略论》，《历史研究》1998 年第 4 期。

性的同时，力求掌握其特殊性，以避免研究中的简单化与模式化。研究涉及近代产业女工、近代知识女性、职业妇女、农村妇女，以及妓女、奴婢等特殊阶层。

产业女工是近代新崛起的阶层，它除了具有工人阶级的一般特征外，还具有自己的特点。郑永福、罗苏文、何黎萍等均在书中或文章中论述了近代女工的产生与发展、分布特点、数量变化、工资收入等基本情况。他们的统计资料表明，近代女工的人数一直占产业工人总数（矿山之外）的30%—40%，是一支不容忽视的力量。罗苏文强调，近代“女性作为一种可观的劳动力资源被纳入资本主义劳动力市场，参与商品交换”[①]，但男女劳动力商品却不能得到平等对待。其书中还论述了女工的家庭生活、业余消遣等生活侧面。池子华的《近代史上的“打工妹”》（《妇女研究论丛》2000 年第 1 期）指出，“打工妹”一词出现于清末民初，这一群体的出现是社会转型的伴生现象，是一股进步的时代潮流，文章还分析了近代“打工妹”的流向与职业分布等问题。李年终以 20 世纪 20 年代上海厚生纱厂在湖南招募女工为例，探讨由此引发的对女工人格等问题的争论，唤起民众对劳工问题的关注。[②] 此外，上海纱厂的“包身工”制度、上海缫丝业的“女子工业进德会”等，也有研究涉及。

职业妇女也是近代新崛起的阶层。何黎萍在文章中指出，近代妇女进入社会后最早从事的职业是工人，稍晚是教师和医生。民初出现的女子实业运动，是妇女就业的一次大预演；20 世纪 20 年代末 30 年代初，国家从法律上确认妇女职业平等权，妇女得以涉足社会大部分职业。但是“妇女并没有获得真正的职业平等权。社会许多职业还没有对妇女开放，尤其是高层次的职业”[③]。另有文章提出，20 世纪二三十年代妇女就业领域迅速拓展，部分女性开始进入高层次职业领域，出现了一批女教授、女校长、女经理、女银行家、女行政长官等，这是当时女性职业的新特点。[④] 何黎萍对解放战争时期妇女职业状况进行了考察，将国统区女性职业环境的恶

---

① 《女性与近代中国社会》，上海人民出版社 1996 年版，第 286—316 页。

② 参见《20 年代湖南女工问题研究》，《山东社会科学》2002 年第 1 期。

③ 《试论近代中国妇女争取职业及职业平等权的斗争》，《近代史研究》1998 年第 2 期。

④ 参见吕美颐、郑永福《20 世纪 20、30 年代女子职业简论：从上海女子商业储蓄银行谈起》，《郑州大学学报》2002 年第 6 期。

化与解放区女职工得到广泛就业平等权的状况进行了对比。[①] 女招待、女警察也有专题研究。[②]

社会对于女性职业的态度，以及由此引发的关于贤妻良母的女性角色问题，一直是学者关注和有所争论的问题。20 世纪 90 年代中期臧建发表《妇女职业角色冲突的历史回顾——关于"妇女回家的三次论争"》（《北京党史研究》1994 年第 2 期）、吕美颐发表《评中国近代关于贤妻良母主义的论争》（《天津社会科学》1995 年第 5 期）。进入 21 世纪以来这一问题的研究有了新的进展，夏蓉的文章具体考察了"贤妻良母主义"论争中男女两性的观点歧异，指出其"根本分歧是如何看待女性家庭角色与社会角色之间的关系问题"[③]；程郁的《二十世纪初中国提倡女子就业思潮与贤妻良母主义的形成》（《史林》2005 年第 6 期）一文指出，"至少在中国贤妻良母主义形成初期，近代各个政治派别几乎都主张妇女自谋生路，认为女子教育的目的之一是制造更多的职业妇女"；李卓在比较中日两国的贤妻良母观时，认为日本的贤妻良母主义传入中国，是一个逆向传播过程，而贤妻良母的内涵中是否包含有知识和受教育，是两国贤妻良母观的根本区别[④]。职业妇女的主体——知识妇女群也受到了研究者的重视，一些文章从不同侧面论述了近代知识女性表现出的自立精神、自救意识、爱国情结等。[⑤]

关于近代农村妇女。近代经济史学家较早注意到，鸦片战争后外国棉纱与棉织品的输入，对中国传统的耕织结合的自然经济产生了瓦解作用，促成纺与织以及耕与织的分离，对农村妇女及其家庭产生了重大影响。但这种研究没有与妇女史接轨。20 世纪 90 年代以来，一些学者开始在更广阔的视野内研究近代农村妇女。《近代中国妇女生活》一书，从农村妇女的家庭生活、岁时风俗、农业生产活动、家庭手工业等方面，探讨了近代农村妇女生活的变化。并且尝试运用定量分析的手段，对农妇的生产劳动占家庭农业劳动总量的比例进行量化分析。《女性与近代中国社会》一书，

---

① 参见《解放战争时期妇女职业状况考察》《史学月刊》2003 年第 1 期。

② 参见张艳丽《民国时期的女子警察》，《民国春秋》2001 年第 6 期。

③ 《20 世纪 30 年代中期关于"妇女回家"与"贤妻良母"的论争》，《华南师范大学学报》2004 年第 6 期。

④ 参见《中国的贤妻良母观及其与日本良妻贤母观的比较》，《天津社会科学》2002 年第 3 期。

⑤ 参见黄新宪《进步知识妇女群体的崛起与近代社会变革》，《福建论坛》1990 年第 6 期。

选择华北定县与江苏江村两地，对南北方不同地域农妇的生活环境、生产中的性别分工、女性家庭地位等问题进行了对比分析。王思梅、黄正林等人的文章，则对特定历史时期和特定地区——根据地的农村妇女，在政治、经济、社会生活方面发生的巨大变化进行了研究。①小田探讨了江南地区乡村妇女职业结构的变化，认为这不仅拓展了农村妇女的生存手段，而且对于现代江南乡土工业的产生和发展也是有益的。②

娼妓是女性中一个特殊而复杂的群体。20 世纪 80 年代以来出版了几部以介绍为主的娼妓史。忻平、江沛分别以上海和天津为例，从社会发展多元化方面探讨了娼妓业兴盛的原因与特点；分析了娼妓业的群体结构，行规、经营与分配，娼妓与嫖客的生活实态等一系列问题，主张从社会经济方面来寻求娼妓业存在的社会基础。③张百庆从分析城市早期近代化出发，探讨近代城市娼妓业兴盛的社会原因。④一些文章还涉及近代废娼运动问题。林红的文章论述了从太平天国的“废娼”，到“五四”前后的废娼讨论，认为近代废娼运动是“人权意识觉醒和妇女解放思潮的直接产物。它在观念上撼动了男性中心社会的‘卖淫社会必要论’的一统天下，引发人们对娼妓问题的人道主义思考”。而人权意识的先天不足是中国废娼理论始终得不到长足发展的主要原因。⑤

对妇女进行分层研究，是近代妇女史研究中需要重视和加速推广的方法，目前只有少量贴近社会史的妇女史专著和文章有所运用，制约了妇女史研究在广度与深度方面的扩展。尤其是作为近代女性人口最多的农村妇女阶层，对其生存状况关注不够，是研究中一大缺憾。

三 婚姻与家庭

婚姻与家庭是人类社会生活的重要组成部分，也是绝大多数人生活的必然经历。20 世纪五六十年代，近代婚姻家庭制度研究中涉及最多的是太平天国的婚姻家庭问题。当时研究者对于太平天国男女别营、建立女馆及

---

① 参见王思梅《试论中国共产党推进农村妇女解放的理论与实践》，《妇女研究论丛》2001 年第 4 期；黄正林《抗战时期陕甘宁边区的乡村妇女》，《抗日战争研究》2004 年第 2 期。

② 参见《江南乡村妇女职业结构的近代变动》，《历史档案》2001 年第 3 期。

③ 参见《20—30 年代上海青楼业兴盛的原因及特点》，《史学月刊》1998 年第 1 期；《20 世纪上半叶天津娼业结构论述》，《近代史研究》2003 年 2 期。

④ 参见《中国城市早期现代化过程中的娼妓问题》，《史学月刊》1999 年第 1 期。

⑤ 《废娼与妇女解放的历史反思》，《妇女研究论丛》1997 年第 2 期。

改革婚姻论财的陋俗，给予了很高评价。太平天国的“龙凤合挥”文书发现后，更增加了人们的研究兴趣。此后，近代婚姻家庭史的研究基本处于中断状态。80年代以来，学术界对近代婚姻家庭的研究重新启动，内容包括了婚姻观念、婚姻制度、婚姻立法、婚嫁习俗以及家庭制度在近代的基本状况及其变迁。

陈振江认为，近代婚姻家庭变革是一场深刻的社会革命，“发端于19世纪末期的维新改良运动时期，高涨于20世纪初期民主革命勃兴之时，及至‘五四’运动前后形成了前所未有的高潮”。他强调婚姻家庭的变革，“实质上是反对专制制度和争取民主自由的女权运动，也是人性觉醒的重要标志”。他还特别指出，辛亥革命前后革命派与无政府主义者从两个方面“倡言婚姻变革”，尽管激进人士“把家庭视为万恶之源，把废除婚姻家庭当作拯救中国的灵丹妙药”，只是乌托邦式的空想，但所形成的“婚姻家庭革命”的社会思潮，有着“不可磨灭的积极效果”。①

徐建生指出，人们从三个方面对旧式婚姻及其习俗进行揭露和批判：其一，对旧式婚姻中“包办、买卖和强迫性质”的批判。认为这些做法“是对爱情的扼杀，是家庭中尊长压制和取消卑幼人格的最为露骨的表现”。其二，对“早聘早婚恶俗”的批判。认为这些恶俗不仅有损个人身心，而且“阻碍社会进步，国家强盛”。其三，对“贞操、出妻与一夫多妻”的批判。认为把片面的贞操强加于女子，“乃是畸形的道德，即不道德”；而“七出”的规定，“其含义即是要求女子在家庭中放弃最起码最正当的权利”；一夫多妻制对于出嫁的女子“就是长期的卖身”，与娼妓的区别“仅仅在于时间的长短和出卖的方式不同”。作者认为，近代以来对旧式婚姻的批判颇具深度，“尖锐而深刻地触及了其本质的各个方面”。②

行龙对清末民初婚姻生活中的新潮流作了进一步分析，指出近代婚姻变革思潮受到西方“天赋人权，自由平等的理想原则”的影响，因此人们多对中国传统的“礼法婚姻”持否定态度，而对西方实行的由两人之契约而成的“法制婚姻”十分推崇。文章重点研究了清末民初婚姻变革中出现的值得注意的新动向：一方面是在主婚权利、媒介形式、择偶标准与范围、离婚再嫁等方面追求开放自由；婚礼习俗删繁就简趋向文明。另一方

① 《清末民初婚姻家庭变革运动的趋向》，《南开大学学报》1997年第4期。

② 《近代中国婚姻家庭变革思潮述论》，《近代史研究》1991年第3期。

面则是清末民初买卖婚姻陋俗有增无减，“无论贫富，无论娶妇嫁女，聘礼嫁奁十分丰厚”，使得人们的生活负担因婚嫁更为沉重，造成婚姻中各种流弊，带来一系列社会问题。①

还有些学者利用20世纪二三十年代社会学的研究成果，考察民国年间婚姻状况的变化。陈蕴茜、叶青的文章，以大量统计数据，说明在对待婚姻决定权、婚姻目的等问题上，人们的态度都有很大改变。例如，由以“良善子女的产生”为结婚目的，发展到以“寻求生活伴侣”为第一目的；女性对待丈夫纳妾持反对态度的愈来愈多；自由离婚观念逐渐被多数人所接受。并认为民国时期城市婚姻制度的变迁，“是长期历史积淀形成的传统婚姻制度在新的历史条件下的变革和发展”，这一“转型过程的完成取决于整个社会的转型”。②

一些学者对近代结婚礼俗的演化进行了研究。严昌洪《旧式婚礼所折射的妇女地位问题》③，认为婚礼中的各种禁忌与厌胜仪式、跪茶之俗、闹房与验贞之习，反映的都是妇女无个人意志与独立人格可言。文章在探索中国婚俗从传统“六礼”向文明婚礼演进之后指出，文明婚礼中的“新旧结合，不中不西，又中又西”的特点，是“中西习尚走向融合的积极成果”。结婚礼俗的改革，不仅“折射出妇女地位的有限提高”，而且“可以避免因旧式婚礼的诸多弊端而引起的家庭关系的潜在危机”。李少兵对民国时期婚姻习俗的变化也进行了考察。④

一些学者强调，婚俗作为一种观念形态的文化，具有历史惰性。长时期内“新的婚俗可能在‘质’的方面具有很强的生命力，旧的婚俗则在‘量’的方面仍占‘统治’地位，有普遍性的影响，迟迟无法革除”。同时，近代社会经济发展的不平衡性，也会使婚姻制度的变革呈现不平衡性。因此不应忽视长期保存在近代社会生活中的各种婚姻陋俗，如娶妾、早婚、童养媳、未生子先抱媳的“望郎妇”与“花等女”、典妻与租妻、通过为女家做工而等待幼女长大成亲的“站年汉”、男子兼祧两房时得娶

---

① 《清末民初婚姻生活中的新潮》，《近代史研究》1991年第3期。

② 《论民国时期城市婚姻的变迁》，《近代史研究》1998年第6期。

③ 《中南民族大学学报》2003年第1期；《西俗东渐记——中国近代社会风俗的变迁》，湖南出版社1991年版，第220—228页。

④ 参见《民国时期的西式风俗文化》，北京师范大学出版社1994年版，第238—245页。

两妻，以及刁难寡妇再嫁等陋俗。[①] 一些文章论述了近代广东特有的“自梳女”与“不落家”婚俗形成的社会经济背景。这种通过特定的仪式自行易辫为髻以独身终老，或结婚不落夫家、不与丈夫同居的生活方式，深受海内外学者的重视。有文章认为“自梳女”现象之发生在近代珠三角地区，与当地经济发展的特点有关，也与女性个人能否具有经济独立的条件直接相关。[②] 还有文章进一步对近代女性的独身问题进行了研究，刘正刚、乔素玲认为女性独身现象的出现，主要是社会经济变迁、生活水平提高的结果，是社会从传统向现代转型的标志。[③] 近代少数民族婚姻制度研究中最热的是中国西南地区纳西族的“走婚”制（即阿注婚）。20 世纪五六十年代，刘光汉、严汝娴、宋兆麟等对这种特别的婚姻制度进行过系统调查，1983 年正式出版《永宁纳西族的母系制》一书，将其定性为母系制遗存。当今学者的研究角度有多种，或来自民族学、人类学，或来自社会学、历史学。一些人还认同以往纳西族学者的研究结论，如和钟华就认为摩梭人（纳西族的一支）的“走婚”，产生于“特定的地理条件、社会经济发展状况及文化心理背景。它是摩梭人的一种选择，一种适合于他们的生存环境的生活方式”[④]。

关于法律变革与婚姻制度变革的关系。学者普遍认为近代婚姻立法的特点，是在法律制度上对妇女在婚姻生活中的平等地位趋向肯定。研究重点在于国共两党的婚姻立法改革。孙晓指出，1924 年《中国国民党第一次全国代表大会宣言》和 1926 年国民党二大的《妇女运动决议案》中有关婚姻制度改革的规定，都具有立法意义。[⑤] 对于 1930 年国民政府公布的《民法·亲属编》，多有文章涉及。张树栋、李秀领等从两方面对《民法·亲属编》进行了分析：一方面充分肯定民法中关于“一夫一妻”、“婚姻自由”、“男女平等”方面的新规定；一方面对于民法中允许娶妾、限制妇女

① 参见张树栋等《中国婚姻家庭的嬗变》，浙江人民出版社 1990 年版，第 239—242 页；郑永福等《近代中国妇女生活》，第 146—179 页；罗苏文《女性与近代中国社会》，第 229—236 页。

② 参见王丽《近代广东女性独身现象：自梳与不落夫家》，《广西民族学院学报》2001 年第 3 期；叶春生《珠三角的“自梳女”》，《妇女研究》2001 年第 3 期。

③ 参见《近代中国女性的独身现象》，《史学月刊》2001 年第 3 期。

④ 《对摩梭母系家庭的再认识》，载李小江、朱虹、董秀玉主编《性别与中国》，生活·读书·新知三联书店 1994 年版，第 470 页。

⑤ 参见《中国婚姻小史》，光明日报出版社 1988 年版，第 231—232 页。

离婚请求权所表现出来的“虚伪性”进行批判。[①] 谭志云以20世纪二三十年代南京国民政府时期江苏省高等法院民事案例为例，剖析了妇女在法律上获得与男子平等的离婚权利后，仍然受到来自法律、社会、文化等方面因素的困扰和制约的原因。[②] 程郁考察了《民国时期“妾”的法律地位及其变迁》(《史林》1999年第4期)，指出与北洋政府时期相比，南京政府时期妾与家长的关系从合法契约变成了家属身份，为司法解释所承认，两者并没有本质区别。对于中国共产党领导的根据地1931年公布的《中华苏维埃共和国婚姻条例》和1934年公布的《中华苏维埃共和国婚姻法》，以及抗日战争时期各边区政府制定的婚姻条例的进步性，不少文章给予了高度评价。岳珑等人指出，陕甘宁边区婚姻制度改革，不仅“给广大妇女生产、生活带来全新的变化”，而且“为新中国婚姻法的制定、颁布与实施提供了宝贵的经验”[③]。总体来说，对于婚姻立法问题的关注正在加强，但对中国近代婚姻立法的进程、性质、效果，以及婚姻制度变革对女性的影响，尤其是婚姻变革对家庭的影响问题，尚缺乏系统研究。

四　妇女与宗教

宗教是一种意识形态，也是一种生活方式。由于长期受到歧视与压制，一些女性精神世界更需要精神寄托，因此与宗教结下了不解之缘。在相关研究中，女性与基督教的关系论著较多，在教会女子大学的研究方面成果突出；女性与佛教的研究文章有限，但出现了一些比较有深度的文章；女性与近代伊斯兰教的研究则有了突破性进展，水镜君与玛利亚·雅绍克（英）合作出版《中国清真女寺史》（生活·读书·新知三联书店2002年版），开辟了这一专题研究的全新领域。近年的近代妇女与宗教的研究，既有领域拓展，也有观念更新，在宗教对妇女影响的评价方面，已从全盘否定转变为实事求是的评价。

天主教与基督教新教对近代中国曾产生过重大影响。在研究中国妇女运动的兴起、近代女子教育的产生、早期不缠足运动等问题时，不少文章都论述到了基督教的正面影响。《基督教和近代中国妇女运动》、《基督教在近代

① 参见《中国婚姻家庭的嬗变》，浙江人民出版社1990年版，第246页。

② 参见《民国南京政府时期的妇女离婚问题——以江苏省高等法院1927—1936年民事案例为例》，《妇女研究论丛》2007年第4期。

③ 《论陕甘宁边区婚俗改革与妇女地位的转变》，《西北大学学报》2004年第1期。

中国妇女中的传播及其影响》等文，在考察天主教与基督教在近代中国妇女中传播的概况，勾勒中国修女、贞女与一般女教徒信仰生活的同时，还指出，“基督教对近代妇女生活的影响，已超出了宗教范围”，无论在传播男女平等妇女观、促进女子教育产生与发展、推动改革残害妇女的陋俗方面，还是在向女性传播带有近代色彩的生活方式方面，都起到了推动作用。只是，西方文化中一些有益的东西，“在长期敌对的气氛下，人们也很难平心静气地加以辨别、吸收”。[①] 一些论著，客观分析了基督教能够吸引相当数量妇女的原因，认为是由基督教在组织、人才、经济上有国际宗教组织的支持和指导，其活动方式具有教育性、娱乐性和服务性这些特点决定的。[②]

基督教女青年会及其活动是研究中的重点之一。早期女青年会主要通过集体活动和有教育意义的各项事工来吸引广大妇女。周蕾等人的文章，介绍了20世纪二三十年代女青年会的劳工事业与乡村事业，指出基督教团体比较早地注意到了工厂女工问题，创办了多所平民学校、女工夜校、劳动服务处等，以帮助女性为主的弱势群体。[③] 还有文章进一步探索了女青年会的活动与中国妇女运动的关系问题，将其视为“另一种妇女运动”或“寻找男女平等的另种途径”[④]。此外，对中国妇女影响较大的基督教报刊，如《万国公报》《女铎》《女星》《女青年报》《妇女》等，也有文章进行了考察。[⑤]

陶飞亚主编的《性别与历史：近代中国妇女与基督教》一书，出版于2006年（上海人民出版社），是一部研究基督教与中国妇女关系的专题论文集，搜集文章17篇。内容涉及女基督徒的身份、信仰，宗教生活，女青年会事工、来华女传教士、中国女基督徒中的著名人士等，集中展现了

① 裔昭印：《基督教和近代中国妇女运动》，《上海师范大学学报》2000年第4期；郑永福：《基督教在近代中国妇女中的传播及其影响》，载《性别与中国》，第236—249页。

② 参见《中国妇女运动史（新民主主义时期）》相关章节。

③ 参见《基督教女青年会的劳工事业和乡村事业之历史考察（1927—1937）》，《天风》2008年第23期；《基督教与劳工问题——以上海基督教女青年会女工夜校为中心》，载陶飞亚主编《性别与历史：近代中国妇女与基督教》，上海人民出版社2006年版。

④ 《另一种妇女运动——以中华基督教女青年会农工事业为例（1904—1933）》，载陶飞亚主编《性别与历史：近代中国妇女与基督教》；王丽：《中华基督教女青年会：寻找男女平等的另种途径》，《光明日报》2008年11月28日。

⑤ 参见王林《西学与变法——万国公报研究》，齐鲁书社2004年版；马长林、杨红《宗教·家庭·社会——面向女性基督徒的宣教——以〈女铎〉、〈女星〉、〈女青年报〉、〈妇女〉为中心》，载陶飞亚主编《性别与历史：近代中国妇女与基督教》。

这一研究领域的新成果。

郑永福《佛教与近代中国女性》及郑永福、吕美颐《佛教与基督教在近代中国女性中影响之比较》两文，论述了近代佛教女教徒的来源和分布、比丘尼与女居士（优婆夷）的宗教修持生活，以及近代社会变革对她们生活的影响，并论及民间妇女对佛教的宗教迷信问题，分析了民间妇女崇佛成风的社会、心理因素及佛教自身特点的影响。并通过与基督教进行对比，探寻近代佛教在妇女中影响衰退的原因。[①] 何建明对其中一些问题持有异议，提出这一时期出现了“佛教文化复兴运动”，“佛教女众逐步走出传统束缚，在创办社会事业、组织现代女众团体和佛教学术研究等方面都取得了举世瞩目的成绩”，是佛教复兴事业的重要组成部分。文中还列举了当时有影响的比丘尼量海、恒宝、觉明及居士张圣慧、吕碧城等人的活动。[②] 此后何建明连续发表了《近代中国佛教的女性观》《中国近代的佛教女众教育》等文，指出在社会变革的大潮中，中国佛教积极调适近代女权思想，开掘佛教的男女平等精神，合理阐释佛典中某些贬责女性的言论，强调佛教女众受教育权的重要性以及享受权利与承担责任的关系。但是佛教女性观念的近代转变，是一个艰难的过程。[③]

近代中国妇女与伊斯兰教关系的研究起步较晚，一些文章涉及的问题集中于伊斯兰教的女子教育及信仰特征等方面。[④] 水镜君与（英）玛利亚·雅绍克对中国近代清真女寺进行了多年研究，为近代中国妇女与伊斯兰教关系的研究开辟了新的领域。她们揭示了这些矗立在中原地区和广大回民集居区的清真女寺，是在何种历史背景及何种动力之下，由清真女学发展而来，又对广大穆斯林妇女产生何种影响。以往对于这一问题的研究几乎是空白，该书则进行了有意义的开掘与探索。她们指出：这种出现于清代中后期的“由女阿訇主持的清真女寺是伊斯兰教在中国本土化的产物，是远离伊斯兰世界的中国穆斯林在适应主流文化过程中的一种集体创新”。这种独立的女寺礼拜场所的出现，使伊斯兰妇女从此有了“专属于自己的

---

① 参见《佛教与近代中国女性》，载陶飞亚主编《性别与中国：近代中国妇女与基督教》；《佛教与基督教在近代中国女性中影响之比较》，《佛学研究》1996 年第 5 期。

② 参见《略论清末民初的中国佛教女众——兼与郑永福、吕美颐先生商榷》，《佛学研究》1997 年第 6 期。

③ 参见《佛学研究》1998 年第 7 期；《佛教文化》1999 年第 6 期。

④ 参见丁国勇《回族女子教育的兴办与发展》，《回族研究》1992 年第 2 期；戴建宁《试论回族妇女信仰伊斯兰教的心理特征》，《回族研究》1992 年第 4 期。

公共活动空间”，尽管女寺的功能比较单一，且无法根本改变伊斯兰教中男女不平等的现实，但男女寺并存、并称的现象已“隐含着一种平等或平等的要求”。[①] 此书的写作建立在大量的调查和访谈基础之上，采用了人类学、口述史与历史研究、文本分析互补的研究方法。两位研究者的文化背景差异较大，使用的理论与分析思路也不尽相同，但并未影响给人们留下清晰完整的概念。

总体上看，近代妇女与宗教的研究已有突破性进展，但因研究基础薄弱和难度较大，研究水平尚有很大提升空间。

五　与妇女生活相关的其他问题

关于女性生育问题。生孩子不仅是关乎女人命运的大事，也是人类自身再生产的大事，但以往较少被妇女史学者所关注。秦燕、岳珑 1997 年出版的《走出封闭——陕北妇女的婚姻与生育（1900—1949）》一书，是较早研究这一问题的专著。书中运用文献资料和口述史料分析了陕北地区生育习俗的特殊性，指出“在传统社会里，妇女的生育行为、生育观念均受到当地生活方式、社会习俗的制约和影响”。陕北地区特殊的自然与社会环境，使得这里的人们有着强烈的生殖愿望，有着重男但不嫌女的性别价值取向。书中还以不少篇幅论述在中国共产党领导下陕甘宁地区进行生育革命和推广新法接生给这一地区妇女带来的福音。[②] 吕美颐、郑永福《近代中国新法接生的引进与推广》（《山西师大学报》2007 年第 5 期）一文，着重指出：南京国民政府将妇幼保健列入公共卫生事业，为推广新法接生采取了一系列措施。大力培养新式助产士，制定有关助产士的法规，将助产士管理纳入卫生行政，在一些城市和农村设点，以尝试建立妇幼保健网络。这是国民政府在发展公共卫生事业中最见成效的一项工作。

溺女婴是与生育相关的恶俗。徐永志考察了山西、湖南、浙江、福建、广西等省的溺女习俗，指出“近代溺女泛滥成灾，流弊成风，是中国历史上溺女的全盛时期”，“遍及贫富两大阶级”。他认为，造成这种现象的根本原因，一方面是人口过剩及重男轻女思想的影响；一方面是“厚嫁之俗”，使

---

① 水镜君、［英］玛利亚·雅绍克：《中国清真女寺史》，第 1、124、127 页。

② 《走出封闭——陕北妇女的婚姻与生育（1900—1949）》，陕西人民出版社 1997 年版，第 163—205 页。

一般人家对嫁女“力所不及”。溺女背后隐藏着深刻的经济原因。文章认为，溺女之风造成了严重社会危害，导致全国男女比例严重失衡，助长了民间各种收养婚姻陋俗的流行，影响家庭与社会的稳定。[①] 与生育问题相关的还有节制生育、优生优育、性教育等一系列问题，但是研究文章很少。[②]

关于女性服饰的变迁。由于服饰生动具体地反映了妇女生活的变化，反映了社会习俗的变迁，因此一直受到研究者的关注。金炳亮的《民初女子服饰改革述论》（《史学月刊》1994 年第 6 期），从民初女子服饰的改革潮流出发，提出经过社会变革洗礼的广大妇女，“力求从后台走到前台，在社会大舞台上充当重要角色，改变传统妇女的形象。表现在服饰上，就是大胆奔放，不拘一格”。认为虽然“民初妇女在服饰上的创新有冲击传统的成分”，但也“带有盲目性和与女权运动脱轨的缺点”。罗苏文强调，民初以后，“等级贵贱、性别尊卑的陈规陋俗开始受到冲刷、荡涤，女性妆饰呈现出诱人的时代色彩”，这种变化“使女性兼有了审美主体、客体的双重身份，也使女性妆饰转为彰显个性的手段”。文中还以上海、北京、西安、兰州为代表，对不同地域女子服饰的变化，做了对比研究。[③] 张敏的文章则对妓女、职业妇女、下层妇女等不同人群的穿着特点进行了分析。[④] 另有一些文章，以经济发展为依托，强调除了“审美观念的变化、时装表演与选美活动的展开、大众传媒的推波助澜”之外，“近代服装服饰产业的产生与发展，则为民国时期女性服饰演变提供了重要物质基础”[⑤]。

近 10 年来，妇女生活研究所触及的问题越来越广泛。诸如近代体育在女性中的开展及与妇女解放的关系[⑥]、20 世纪二三十年代女性自杀的社会现象[⑦]、近代女性的赈灾实践及角色变化[⑧]、关于近代妇女的财产问

---

① 《近代溺女之风盛行探析》，《近代史研究》1992 年第 5 期。

② 参见关威《五四时期张竞生的妇女问题思想》，《中华女子学院》2006 年第 3 期。

③ 《女性与近代中国社会》，第 168 页。

④ 参见《试论晚清上海服饰风尚与社会变迁》，《史林》1999 年第 1 期。

⑤ 郑永福、吕美颐：《论民国时期影响女性服饰演变的诸因素》，《中州学刊》2007 年第 5 期。

⑥ 参见陈晴《中国近代女子体育与妇女解放》，《武汉体育学院学报》1999 年第 4 期；郑志林《略论我国近代女子体育的兴起》，《体育文史》1994 年第 3 期。

⑦ 参见邵晓芙、池子华《20 世纪二三十年代上海女性自杀现象解读》，《徐州师范大学学报》2006 年第 2 期；乔素玲《痛苦诀别：1920 年广州市民自杀透视》，《广东史志》2002 年第 3 期。

⑧ 参见赵晓华《清末民初女性的赈灾实践及角色变化》，《妇女研究论丛》2008 年第 3 期。

题[①]，等等，均有文章涉及。应当说，女性的社会生活是个包罗万象的议题，近代社会又变化万千，因此，只有不断发掘新的研究领域，才能真实再现妇女生活变迁的全貌。

第三节　妇女人物

妇女人物是近代中国妇女史研究的重要领域。研究对象集中于三种类型：一是晚清后妃及相关人物，如慈禧太后、珍妃、裕德龄姐妹等人；二是农民起义中有影响的女英雄，涉及较多的是太平天国和义和团时期的洪宣娇、傅善祥、苏三娘、周秀英、林黑儿等；三是中国近代妇女解放运动的先驱者以及中国民主主义革命中的妇女领袖、知名人士、英雄人物等，前者如秋瑾、唐群英、徐宗汉、尹锐志、尹维竣、吴芝英、张竹君、张默君、刘青霞、吕碧城等，后者如何香凝、宋庆龄、蔡畅、向警予、邓颖超、康克清、史良、沈兹九、雷洁琼等。此外，还有一些风云一时或在某一方面影响较大的妇女人物，也受到了研究者的关注，如出自青楼的赛金花、小凤仙，中国近代第一个女报人裘毓芳，早期走出国门的女性代表人物单士厘，晚清外交女英才刘瑞芬、女企业家董竹君等。研究成果较多的是那拉氏、秋瑾、向警予、宋庆龄等人。

关于那拉氏等。有关慈禧的文章已超过百篇，水平良莠不齐。有关专著有魏鉴勋的《专权太后慈禧》（辽宁民族出版社 1992 年版）、宝成关的《奕䜣慈禧政争记》（吉林人民出版社 1993 年版）、徐彻的《慈禧大传》（辽海出版社 1994 年版）等。研究的内容，主要涉及慈禧生平及其政治活动，加之大量的宫廷逸事。李锦全、苏全有等人的文章，以探讨戊戌变法和清末新政中慈禧的政治作为与影响为主。[②] 作为女性中的特殊人物，如何从性别视角审视她的政治活动和全部生活，内地少有文章涉及。从某种意义上来说，关于慈禧的研究，还没有进入妇女/性别史的研究视野。洪宣娇曾被作为太平天国的女英雄而广泛传播，但随着改革开放新时期的到来，经钟文典、罗尔纲、梁义群等专家学者的严谨考证，已证明并无其

① 参见何黎萍《中国妇女争取财产权和继承权的斗争历程》，《北京社会科学》1998 年第 4 期；张佩国《近代江南农村妇女的“财产权”》，《史学月刊》2002 年第 1 期。

② 参见《论戊戌变法和清末新政中的慈禧》，《文史哲》1999 年第 1 期；《慈禧为何成为康有为的继承人》，《河南师范大学学报》2000 年第 1 期。

人，实由萧朝贵之妻杨宣娇讹传而来。[①]

关于秋瑾。在旧民主主义革命时期的妇女人物中，最受关注的要属秋瑾，有关文章达300篇之多。《秋瑾集》（中华书局1960年版）、《秋瑾年谱及传记资料》（中华书局1983年版）、《秋瑾年谱》（齐鲁书社1983年版），以及郑云山的《秋瑾评传》（河南教育出版社1986年版）的出版，推动了秋瑾研究热潮的一再出现。有关秋瑾史实的考订，争论最多的是其出生年份，郭延礼等主张1877年说，另有1875年、1878年、1879年说。[②] 相关的学术论著，以探讨秋瑾的爱国反帝活动及其民主思想者居多，对其争取妇女解放、抨击封建礼教、反对封建婚姻、要求男女平等的思想予以充分肯定。[③] 近10年来，人们已从对其生平事迹和有关史实的考订，逐渐深入到探究其作为女性的主体觉醒，以及妇女解放思想产生的动态过程。夏晓虹研究了1902年前后秋瑾的北京之行，认为这一时期是她萌生女性独立观念的一大契机，争取妇女解放的信念从此确立。[④] 沈倩则探讨了秋瑾从依附状态到独立状态的转变过程、转化动因。[⑤]

关于向警予。对中国共产党早期杰出妇女领袖的研究，关注向警予的较多，除了戴绪恭等编《向警予文集》（湖南人民出版社1985年版）及其传记的出版，相关文章不下几十篇。刘华清的《试论向警予妇女解放思想体系》（《中华女子学院学报》1997年第1期），全面探讨了向警予妇女解放思想的内涵，以及她对妇女解放根本目标、根本途径的认识。文章认为，向警予把唯物史观贯穿于整个妇女解放思想体系之中，具有开拓性、深刻性。李卫平的文章研究了向警予关于妇女运动统一战线的思想，指出向警予主张共产党在积极开展劳动妇女运动的同时，必须联合并指导其他的资产阶级妇女运动，必须制定正确的策略，在组织上建立妇女运动的统

① 参见钟文典《试说洪宣娇》，《广西师范学院学报》1980年第1期；罗尔纲《重考“洪宣娇”从何而来》，《历史研究》1987年第5期；梁义群《洪宣娇的来历及事迹辨》，《学术研究》1998年第1期。

② 分别见《关于秋瑾生平、卒年和生地》，《华东师范大学学报》1981年第3期；《关于秋瑾生年的再探讨》，《浙江学刊》1983年第2期；《秋瑾出生应为1878年》，《浙江学刊》1983年第2期；《秋瑾研究中的几个问题》，《江淮论坛》1982年第6期。

③ 参见张玉芬《略论秋瑾》，《辽宁师范学院学报》1981年第5期。

④ 参见《秋瑾北京时期思想研究》，《浙江社会科学》2000年第4期。

⑤ 参见《秋瑾：从依附到独立的人生选择》，《南京社会科学》2001年第2期。

一战线。[①] 文章认为，妇女统一战线的思想与策略，对于推动建党初期妇女运动的发展有着积极影响。对于向警予的活动与生平，学术界尚在某些问题上存在分歧。如向警予是汉族人还是土家族人[②]，中共二大至四大期间向警予是否当选为中央委员并任中央妇女部部长[③]，等等，均有不同看法。

关于宋庆龄。60 年来，对于这位“中国历史上最伟大的女性”的研究，可谓硕果累累。《宋庆龄文选》（人民出版社 1992 年版）之外，有关专著已出版 40 多部，其中包括各类《宋庆龄传》5 部，文章 500 余篇。学术界对于宋庆龄的研究是将其作为政治领袖与社会活动家来定位的，主要涉及宋庆龄一生不平凡的经历、对中国革命的伟大历史功绩、她从民主主义者向共产主义者的转变等。关于宋庆龄与妇女解放运动的关系，也受到研究者的重视，文章虽不多但有较高的研究起点。

宋庆龄的一生，始终与中国革命紧密相连并为之做出了重大贡献，大量文章涉及这方面的内容，主要包括：投身中国革命，始终站在斗争第一线；坚持和发展孙中山的新三民主义，并且形成了宋庆龄思想；促成第一、第二次国共合作，为维护革命统一战线不懈斗争；为保护妇女与儿童利益做了大量工作，有效推动了社会救济与福利事业的发展；作为世界和平运动领袖在国际舞台上的活动。[④] 一些文章涉及了宋庆龄人生中一系列具体问题，如祖籍、出生地、在美留学、与孙中山结合、对国民党右派的斗争、开展工合运动，以及宋庆龄与基督教的关系等。[⑤] 其中，对有些问题的研究尚有分歧。

关于宋庆龄从爱国主义、民主主义战士到国际主义、共产主义战士的重大转变问题，长期以来一直是研究重点。内容包括转变的思想基础、促成转变的内外因条件、完成这一转变的标志等方面。学者们普遍认为，宋庆龄在 30 年代初发表的几篇论著，尤其是 1933 年 9 月《中国的自由与反

---

① 参见《向警予论妇女运动的统一战线》，《求索》1985 年第 5 期。

② 参见《红旗》1984 年第 9 期，封三。

③ 参见姜华宣《向警予是否担任过中央委员和妇女部长》，《党史资料丛刊》1983 年第3 辑。

④ 参见韩新路《宋庆龄与抗日民族统一战线》，《中华女子学院学报》1999 年第 4 期；傅绍昌《宋庆龄与“八一三”淞沪抗战》，《学术月刊》2001 年第 3 期；韩新路《浅析宋庆龄的崇高精神风范》，《中华女子学院学报》1998 年第 4 期。

⑤ 参见盛永华《宋庆龄与基督教》，《学术研究》2000 年第 3 期。

战斗争》的发表，是她已完成向共产主义者转变的标志。[①]

作为中国妇女解放的光辉旗帜，宋庆龄的妇女解放理论与实践已越来越多地进入研究者的视野。盛永华的《宋庆龄与中国妇女解放运动》[②]、程绍珍的《宋庆龄民主革命时期的妇女解放思想》（《郑州大学学报》1991年第5期），着重探讨宋庆龄关于妇女解放的理论体系，认为把妇女解放与推翻剥削制度联系起来，把中国妇女解放运动视为中国民族民主革命和世界无产阶级解放事业的一部分，是宋庆龄在妇女理论问题上本质性的飞跃，是其妇女解放理论最重要的内容。紧紧依靠中国共产党，坚持妇女运动统一战线的思想和策略，是宋庆龄关于妇女解放理论的另一重要内容。强调全世界妇女需要解放、需要和平，强调妇女是人类解放运动与和平事业的伟大动力，也是宋庆龄妇女解放理论不可或缺的部分。还有文章提出，20世纪20年代宋庆龄就已经指出，“妇女地位是一个民族发展的尺度”，这表明“与同代人相比较，宋庆龄对于妇女问题的认识起点是相当高的”。

吴淑珍等人的文章，论述了宋庆龄在各个历史阶段投身妇女解放运动的实践活动。文章认为，宋庆龄的妇女解放思想发端于在美留学期间；投身妇女解放运动始于1921年建立妇女“出征军人慰劳会”等组织以支持护法军政府；国民党二大以后，她以中央妇女部部长的身份直接领导妇女运动；抗战时期，她以自己崇高的声望和积极行动，推动了妇女统一战线的建立，促使宋氏三姐妹摒除政见分歧，携手推动妇女救亡新局面。文章指出，“在整个民主革命阶段，无论是处于顺境还是逆境，宋庆龄都始终高举妇女解放的旗帜，一开始就表现出与资产阶级女权运动领袖不同的特点”。[③]尚明轩等人的文章就抗日战争时期宋庆龄对妇女运动的特殊贡献，进行了专题研究，突出了两点内容：一是在争取国际妇女界对中国抗战的同情和支持方面做出了努力；二是在香港期间，直接领导港、澳地区和广大华侨妇女支援内地的抗日战争。文章强调，宋庆龄在这些方面起到的作

---

① 参见朱敏彦《近年来宋庆龄研究综述》，《党史教学与研究》1992年第6期；徐叶丽《近年来宋庆龄研究综述》，载《纪念宋庆龄文集》，上海人民出版社1993年版。

② 《宋庆龄论》，广东人民出版社1993年版。

③ 《宋庆龄与中国妇女解放运动》，载《宋庆龄学术研讨会论文集》，中国和平出版社1994年版；《宋庆龄——中国妇女解放运动的先驱》，载《纪念宋庆龄文集》。

用，是任何人无法替代的。①

总体来看，作为政治领袖和妇女领袖的宋庆龄，两种角色都应是研究中不可或缺的内容。但是长期以来，后一种角色的研究明显薄弱，尤其是宋庆龄领导、影响中国妇女运动的特殊方式、特殊贡献，是研究中特别需要加强的。

近年来关于近代妇女人物的研究，涉及范围有了很大拓展。曾宝荪和曾纪芬的《曾宝荪回忆录》（岳麓书社 1986 年版）、董竹君的《我的一个世纪》（生活·读书·新知三联书店 1997 年版）等回忆录，为研究这些杰出妇女人物提供了难得的历史资料。先后出版的重要女性传记还有《唐群英评传》（湖南出版社 1995 年版）、《豪门女杰刘青霞》（河南文艺出版社 2005 年版）、《厚生务实巾帼楷模——金陵女子大学校长吴贻芳》（山东教育出版社 2004 年版），以及《中华女英烈》（文物出版社 1988 年版）之类的纪念性传记，虽然从学术角度看有些参差不齐，但还是对推动妇女人物专题研究有积极意义。论文中所涉及的妇女人物一般集中于特定事件，作为个案研究的特点是较易深入透视当时的社会。如夏晓虹的文章，以清末女学生杜成淑在报纸上公开拒绝翻译馆男学生屈疆求爱事件，探讨了社会转折时期新教育与旧道德的尖锐矛盾；以惠兴以身殉学的自杀事件，探讨兴办女学的艰难，揭示出复杂的社会矛盾对新事物成长的干扰。② 再如，对因为放足被翁姑逼迫自杀的胡彷兰一案，研究者解读的角度不尽相同，有的通过分析民众、舆论、官方、妇女团体对此案的态度，探讨女性在争取自身权利的过程中与社会各种势力的交互关系，有的则通过解剖这一事件由案例到新闻到小说的演变过程，探讨社会舆论对于妇女解放进程的影响程度。③ 侯杰、秦方、李德珠以张嗣清、吕碧城、刘清扬、郭隆真等“新女性”为研究对象，揭示了生活在男权社会和男权秩序下，新女性遭遇的种种人生矛盾。④ 至于近代女性作家这一特殊群体，她们作为时代骄子，其个人及作品的影响往往长久不衰，但对她们的研究大多被纳入了文

---

① 参见《宋庆龄与抗战时期的妇女运动》，《抗日战争研究》1995 年第 4 期。

② 参见夏晓虹编著《晚清女性与近代中国》，北京大学出版社 2004 年版，第 38—56、223—257 页。

③ 参见鞠萍《从胡彷兰案看清末女性放足与兴女学运动》，《华中师范大学研究生学报》2007 年第 3 期；夏晓虹编著《晚清女性与近代中国》，第 257—282 页。

④ 参见王政、陈雁《百年中国女权思潮研究》，复旦大学出版社 2005 年版。

学史范畴。

人物个案研究是历史研究的重要组成部分，女性人物的深入研究于妇女史研究的重要性不言而喻。已有的成果中，大量有影响的妇女人物，包括清末民初妇女运动发轫阶段、民主革命的各个历史时期不同党派不同民族的妇女代表人物、领袖人物，以及作为芸芸众生的普通妇女，还未很好地纳入研究视野。这种状况已经成为妇女史整体水平难以提高的制约因素之一。积极调整研究思路，在不同层面上开展对各种类型妇女人物的深入研究，是人们所期待的。

第四节　研究中的几个问题

60 年来，近代妇女史研究走过了曲折发展的道路，近 30 年进入了发展的第二个高峰期。妇女史对于历史学的贡献，不仅在于拓宽了史学研究的领域，而且带来了新的理论与方法。可以说，妇女史在研究对象、途径、范围和分析范畴等方面都取得了突出进步。在研究对象方面，它把目光对准了全体妇女，开始对城市和乡村普通妇女，包括女工、女奴、女仆、修女、女巫、寡妇、娼妓等不同群体的妇女展开研究；在研究途径方面，它从孤立地考察妇女状况，或者简单地把妇女的历史活动填入以男性为中心的传统历史的做法，发展到对两性关系进行研究；在研究的范围方面，它从研究妇女的政治、经济活动，家庭婚姻，进一步扩展到她们的宗教、文化活动以及日常生活的方方面面；在分析范畴方面，妇女史最重要的成就是把社会性别概念引入历史研究之中，并把它用作历史分析的一个范畴。[①] “它对历史研究在整体上已经产生了深远影响”[②]，甚至具有史学革命的意义。但是，由于起步较晚，近代妇女史研究还有诸多问题需要认真思考。

一　关于妇女史研究的理论

当今的妇女史已具备专门史的特点，显示出双重身份，既是历史学的分支，又是妇女学的分支。作为前者，它必然遵循史学研究的基本理论与方法，并不断汲取史学理论与方法更新的成果；而作为后者，它又必不可

---

① 参见裔昭印《妇女史对历史学的贡献》，《史学理论研究》2004 年第 3 期。

② 刘文明：《妇女史与社会性别的启示》，《史学理论研究》2004 年第 3 期。

避免地接受女性主义理论，受到这一理论发展的深刻影响。新中国成立后的前 30 年，近代妇女史作为历史研究的一部分，采纳的是以马克思主义历史观和实证主义方法为指导的研究方法，由于研究基础薄弱，始终未能发展为独立学科，也未能摆脱学术边缘的处境。改革开放 30 年以来，妇女史研究主要受到了来自两方面的推动：一方面是史学内部新社会史的兴起及文化史研究热的出现；一方面是现代化浪潮和当代妇女运动推动下的西方女性主义的迅猛发展。近代妇女史由单纯的历史学分支，逐渐发展为妇女/性别研究，“开始摆脱长期作为政治附庸、历史点缀和商业卖点的尴尬地位，迈向独立发展成长的阶段”①。

近代妇女史研究最大的突破，是吸收和采用了西方女性主义理论的核心内容之一——社会性别理论，并进行了本土化改造。女性主义作为西方妇女运动的产物，20 世纪 70 年代孕育出了社会性别（gender）理论，在西方妇女学界，社会性别理论作为同阶级和种族一样的分析社会制度的基本范畴，被广泛使用。90 年代初，性别理论传入中国，受到中国妇女学与妇女史学界的普遍重视，不少学者开始尝试将这一理论引入妇女史研究，发表了一系列研究成果。1997 年高世瑜在评价中国妇女史研究状况时，曾指出研究者对于性别理论的采纳程度不尽相同，并以此为根据，将当时的研究成果划分为妇女史与女性主义妇女史两种类型，认为“前者似乎只是历史学的一个曾被忽视、遗漏的研究领域，而后者则是用一种全新的史学研究角度与方法，或者说是一种史观去重新编写历史”②。在一个时期内，近代妇女史研究也是以第一种类型为主，偏重于钩沉发微以再现女性在近代的生存状态。但是不少学者一直在积极研究并有意识地在研究中运用性别理论，一些带有明显女性主义色彩的著述不断涌现出来。有代表性的，诸如黄育馥 1998 年出版的《京剧、跷和中国的性别关系（1902—1937）》（生活·读书·新知三联书店）一书。该书以独特的视角研究京剧中的“跷”——一种作为道具模仿妇女缠足的木制小脚。通过这一舞台道具在 20 世纪前几十年中国京剧舞台上的兴衰，揭示了当时中国社会性别关系的变化以及这一艺术现象在性别关系方面的深刻内涵。2004 年出版的夏晓虹所著《晚清女性与近代中国》（北京大学出版社），也是一部以性别观照

① 杜芳琴：《妇女学和妇女史的本土探索》，天津人民出版社 2002 年版，第 231 页。

② 《妇女史研究三议》，《妇女研究论丛》1997 年第 3 期。

贯穿全书为特点而使人耳目一新的专著，书中不仅对于清末一些人云亦云的女性人物和相关事件，重新进行了深入考订，而且以细致的文本分析和对性别理论的有效运用，使全书新意盎然。应当说，社会性别理论在妇女史研究中的运用，体现的是一种学术意识，为妇女史研究从根本上发展为学术范例奠定了理论基础。

一些学者还在运用社会性别理论建立妇女史自己的体系方面进行了有意义的尝试，力图使近代妇女史走出革命史的框架。她们试图从“社会性别制度”入手，在制度层面探讨一个社会的性别秩序和性别的社会结构建立的机制，并探讨这一制度的内在结构——纵横交错的规范网络，以及自身的运作机制。[①] 希望从研究性别制度的构建与变迁中重建妇女史的体系与框架。

但是，近代妇女史研究中，理论的欠缺依然是一个需要重视的问题，是制约研究水平的重要因素。其中，性别理论本土化是关键所在。目前，有些妇女史研究只是停留在对性别理论认同的宣示上，有些则停留于简单的模仿与比拟，缺乏对这一理论的深入理解和卓有成效的运用。切实在研究中借鉴性别理论，才能体现妇女史研究的理论创新。

二　关于妇女史研究的方法

妇女史研究在方法论方面的突破，主要体现在多学科交叉研究方法的运用以及口述历史方法的运用等方面。新的研究方法，使妇女史研究朝着多视角、跨学科、综合性的妇女/性别史的方向有了实质性进展。

妇女史研究在发展中逐渐打破传统学科界限，从多种学科汲取了理论与方法，包括社会学、人类学、女性学、民族学、人种学、人口学、民俗学、宗教学、新闻学、统计学等相关学科。多学科带来的多种研究方法和研究手段，弥补了一个时期妇女史研究领域难以拓展的窘境，为解决妇女史资料来源不足打开了新的门径。

这其中，社会学对妇女史的影响最大。20 世纪 70 年代末在法国年鉴学派影响下，新社会史研究在中国出现高潮。把妇女作为性别群体纳入近代社会史研究成为学者们的共识，一些社会史论著对此做了有益尝试，《清人社会生活》《中国近代社会史》《20 世纪中国社会生活变迁史》等近

① 参见杜芳琴、王政主编《中国历史中的妇女与性别》，天津人民出版社 2004 年版，第 78—79页；吕美颐《性别制度与社会规范》，《郑州大学学报》2009 年第 2 期。

代社会史专著中，都有相当篇幅论及妇女生活的方方面面及相关问题。妇女史还一再作为专题被列入社会史丛书系列。新时期的近代妇女史研究，最早借用的新研究方法即来自社会学和社会史，如罗苏文的《女性与近代中国社会》、郑永福的《近代中国妇女生活》（河南人民出版社 1993 年版）、蒋美华的《20 世纪中国女性角色变迁》（天津人民出版社 2009 年版）等著作，都明显借鉴了社会史的理论与框架，采纳了社会史分层研究、群体研究、角色研究等方法。一些论文，也大量引用 20 世纪二三十年代《社会学杂志》《社会学界》《社会问题》《社会调查集刊》等刊物的调查数据资料，显示出研究方法的创新。当然，近代社会史研究替代不了近代妇女史研究，但在拓展妇女史研究视野和丰富研究方法方面，给了妇女史研究很多有益的启发。

口述史是近十几年来备受中外史学界重视的新研究方法，虽非妇女研究所独创，但与妇女史具有天然盟友关系。传入中国后亦首先在妇女史研究中得到应用，成为妇女史研究在方法论方面的又一突破。口述历史打破了单纯以文献为资料、以史学家为代言人的传统史学规范，将生命体验融入史学，并把录像、录音等现代技术引入历史研究，是中国史学史上一种开拓性尝试。

不少学者在研究近现代与当代妇女史时使用了口述方法，很快取得一批成果。如定宜庄的《最后的记忆：十六位旗人妇女的口述历史》（中国广播电视出版社 1999 年版），和钟华、杜芳琴主编的《大山的女儿》西南卷、华北卷（贵州民族出版社 1998 年版），张晓的《西江苗族妇女口述史研究》（贵州人民出版社 1997 年版）等。

李小江主持的“20 世纪中国妇女口述史”是规模较大的妇女口述史项目。1992 年启动，历经 10 余年，参与者达到近千人次，至 2003 年正式出版了名为《让女人自己说话》（生活·读书·新知三联书店）的妇女口述史丛书。该丛书分独立历程、经历战争、文化寻踪、民族叙事四部分，全方位展现了近代妇女的历史命运与独特风采。项目进行过程中曾就口述史的理论与实践召开了两次研讨会，对口述史的功能、妇女口述史与正史的关系、口述资料与一般资料的区别、口述资料的真实性、资料的使用权及操作技术等一系列问题进行了研讨，推进了妇女史研究中口述史的应用。丛书的出版，是一次比较成功运用口述方法完成近代妇女史的大制作，不仅为妇女史研究提供了文字之外的丰富资料，而且其本身就是一部别样妇女史。其意义在于“将历史记载从英雄推及普通人，将历史的解释权由男子推及妇女”。在妇女于正史中基本缺席的情况下，口述历史“将妇女载入史册，即是其价值体现”。①

可以预料，妇女口述史将会对近代妇女史乃至整个近代史的研究产生更加积极的影响。但是，妇女史学界熟悉口述史操作方法的人数较少，口述史的启动又需要资金与人力等较多外部条件，一些急需抢救的口述资料，随时又有失去的危险。如何继续坚持和进一步推广这一研究方法，是一个需要给予特别关注的问题。

妇女史研究中还有另一种正被一些学者尝试和运用的方法，即文本分析的方法。文本意识促使性别史研究者不断探寻适当的文本，拓展资料空间，在历史研究惯用的官书、档案、地方志等资料之外，口述历史、碑刻、墓志铭、诗歌、对联、挽词、传说、故事、民谣、戏曲、歌词、图画、雕像、宗教经典和宣传品等，都被纳入了文本范围，从而大大弥补了妇女史资料的不足。此外，文本分析的切入点与视角，尤其是解读方法，更加适合社会性别理论的运用。侯杰在强调文本解读是重要环节时，指出：“解读并不是对文本意涵的被动接受，而是融入了解读者的理解和主观想象。”因而，给研究者留下了更大的阐释空间和采用多视角分析的余地。文本分析的方法对于妇女史研究的意义在于，通过“给文本以适当的界定和解读，从而使中国近代性别史得到更丰富的再现”，展示出更加深刻的内涵。② 妇女史研究或许因此能够走出容易流于肤浅的窘境。夏晓虹、侯杰等学者在自己著述中对如何运用文本分析作出了成功尝试。由此看来，文本分析是一种有推广价值和发展前景的研究方法。

当前，不少妇女史研究者对于理论的重视超过了对于方法的重视，在研究中习惯于沿用传统的史学研究方法，较少尝试新方法。殊不知性别理论与方法是一个整体，没有方法的更新，就难以有理论的突破。

三　妇女史研究中值得注意的几个问题

与整个中国史研究相比，近代妇女史研究还处于发展的初级阶段，在水平与成熟度方面，存在着诸多需要解决的问题。

---

① 杨洁：《妇女口述史国际学术研讨会综述》，《历史研究》1999 年第 2 期。

② 《文本分析与中国近现代性别史研究》，《郑州大学学报》2009 年第 2 期。

其一，缺少研究范例，低层次重复现象不时出现。研究范例是指具有标志性，为学术界认可的研究成果。它是衡量某一学术领域研究水准的指标之一。对于妇女史来说，大批研究范例的涌现也是其发展为专门史和走向独立学科必不可少的条件。一个时期内，近代妇女史研究徘徊在初级阶段，未能涌现出大批有学术影响的成果，这是由多种因素造成的，除了起步较晚、研究理论与方法创新不足，还存在一些认识误区。刘志琴对此列出了三种情形：一是以革命史代替妇女史；二是以精英史代替妇女的大众史；三是以观念史代替妇女的社会史。① 结果既造成对妇女史的定位不准，也造成眼界偏窄，无法充分展现近代妇女生活丰富多彩的各个侧面和时尚风貌。另一个影响因素是，一些研究未建立在充分掌握史料的基础上，常常出现论证和结论比较勉强的状况，如桑兵所言："从片断与片面的资料中不可能得到真实的历史映像，而失却历史本身的复杂性，必然导致历史学术价值的降低。"再者，研究中存在的简单化倾向，也造成了顾此失彼，难以把握妇女史的全部信息，如不去区分今日的女性观与昨日的女性观、男性的女性观与女性的女性观、上流的女性观与下层的女性观、本土的女性观与外来的女性观，结果就难以避免研究中存在主观性与片面性。②

其二，研究视野不够开阔。妇女史的研究领域属于开放类型，始终在不断拓展之中。如果研究者思路过于单一，如果妇女史的研究赶不上近代史研究的步伐，就会影响研究的视野。目前近代妇女史研究领域拓展相对缓慢，薄弱环节较多，还有一些需要填补的空白之处。因此，对处于不同时代、地域、民族、阶层的妇女进行具体分析，突出不平衡性、差异性是提高近代妇女史研究水平的重要环节之一。由于中国地域辽阔、民族众多，各地区各民族妇女的社会、家庭地位与生活习俗差别较大，甚至迥然不同；同时，近代新思潮、新观念由沿海或中心城市向内地和农村的扩散存在不平衡性，对不同阶层和不同地域妇女产生的影响也存在很大差异。我们在妇女史研究中对这些因素考虑很不够，求同多而寻找差异少。实际上，在研究中注重差异，是性别理论发展的重要趋势。通过对比的方法寻找差异以提高研究水准，应是可行的办法。如在对国共两党妇女运动的方针、政策的比较研究中，探求它们在妇女运动中所起作用和所具影响的异

① 参见《中国妇女史研究在理论上何以薄弱?》，《北京日报》1999 年 7 月 7 日。

② 《近代中国女性史研究散论》，《近代史研究》1996 年第 3 期。

同；在对中国妇女运动与国际妇女运动的比较中，了解其相互关系和影响等。

其三，妇女史史料的挖掘、搜集、整理，落后于研究的发展，已经成为提高研究水平的障碍。目前已整理出版的有张玉法、李又宁主编的《近代中国女权运动史料》（台湾传记文学出版社 1975 年版）、全国妇联妇运研究室编辑的《五四时期妇女问题文选》（生活·读书·新知三联书店 1981 年版）、《中国妇女运动历史资料》（中国妇女出版社 1991 年版）、全国妇联主编的《蔡畅、邓颖超、康克清妇女解放问题文选》（人民出版社 1983 年版）等，以及江西、广东等省市出版的一批妇女运动历史资料。在浩如烟海的近代史资料中，这些只能算九牛一毛，无法满足研究之需。妇女史资料的特点是少而分散，搜集和整理的难度很大。若能在较短的时间内，整合人力、物力，分门别类地对有关近代妇女史的资料进行搜集、整理和出版，将是妇女史学界一大幸事，也是近代妇女史研究更上一层楼的必要条件。

第十五章
青年运动史

中国青年运动史是中国近代史研究中一个亟待深入开发和完善的领域，尽管新中国成立以来有部分研究者曾经涉足这方面的研究，并且伴随中国社会的发展和进步取得了一定的研究成果，但是与近代史研究的其他领域相比差距和不足还是很大，需要学术界的关注、扶植和帮助。这个研究领域有待通过进一步加强资料汇集整理工作和开展广泛深入的学术研究活动来促使其向学术化发展。

第一节　三个发展阶段

自新中国成立以来，青年运动史研究随着国家社会科学研究事业的发展，逐步从主要为满足青年团组织各方面工作需要而开展研究向创建独立学科门类方向发展，特别是在改革开放以来较之前有了一定的进步。回顾这一发展过程，大体经历了以下三个发展阶段。

一　为适应青年团工作需要而开展研究阶段

1949 年 10 月新中国成立后，从新民主主义青年团承担的工作任务出发，为满足团干部培训的需要，青运史研究被提上工作日程。在这个阶段，从事青运史研究工作的主要力量是青年团内的一些教学人员，研究内容主要是中国共产党在民主革命时期开展青年工作的经验和教训、中国青年团发展的历史以及中国学生运动史。在这个阶段，也有一些史学工作者从研究革命史的角度开展学生运动史的研究，并且在 50 年代出版了一些记述民主革命时期重要学生运动的小册子。这一时期的青运史研究主要围绕青年团的现实工作需要和政治运动的需要进行。

中国青年运动史作为一门课程最早是在内地中央团校开设的，后来随着地方团校的陆续开办，在一些地方团校也开设了中国青年运动史的课程。起初这门课在中央团校主要由中央领导和在民主革命时期从事党的青年工作的人来讲授。当时的团中央书记冯文彬曾在中央团校讲授青运简史，内容涉及民主革命时期中国青年和青年团员的斗争事迹、主要历史事件、青年工作中的成绩和失误，并着重分析了民主革命时期青年运动的历史教训。冯文彬的讲授为团校系统的青运史教学与研究奠定了基础。20 世纪 50 年代中期以后，中央团校的青运史教学和研究工作逐步展开，1956 年 6 月中央团校团的工作教研室编印了《中国现代青年运动简史讲义》，1957 年 1 月该教研室写成《中国现代革命青年运动简史讲稿》，6 月对《讲稿》稍加整理并更名为《“五四”以来中国革命青年运动简史》。这个 10 万字左右的讲稿是当时对中国青年运动史最系统的记述，同时也是全面系统研究中国青运史的最初成果。

另外，新中国成立后，青年组织的对外交往活动日渐频繁，为了向国外介绍中国青年运动的历史，1956 年中共中央审定了团中央起草的《关于中国青年运动的情况和经验教训（提纲）》。这个提纲突破了以往记述中国青年运动史的旧框框，突破了中共党史的历史分期，按照青年团组织发展的三个时期（社会主义青年团至共产主义青年团时期、抗日战争和青救会时期、新民主主义青年团时期）来记述，比较系统扼要地论述了各个历史时期青年运动的主要事件、主要成绩，对各个历史时期青年运动缺点和错误的表现、原因及经验教训都作了具体的分析和总结。

在新中国成立 10 周年前夕，因开展外事活动的需要，团中央再次组织编写《中国青年运动的情况和经验介绍提纲》。这个《提纲》概述了 1919 年至 1959 年间中国革命和建设时期中国青年运动的历程，集中论述了 40 年来中国青年运动的历史经验。其主要内容有五个方面：关于青年运动的方向问题、关于青年运动的地位和作用问题、关于青年运动的核心组织问题、过去青年的思想教育问题、关于党的领导问题。

1961 年，为满足团干部培训的要求，团中央组织中央团校教员编写了《中国青年运动讲稿》。在《讲稿》编写过程中，团中央书记处第一书记胡耀邦两次就编写工作提出了许多精辟的意见。《中国青年运动讲稿》分两部分，其一是中国民主革命时期青年运动的几个问题，其二是中国社会主义革命和社会主义建设时期的青年运动。这个讲稿的第二部分写得比较简单，只介绍了中国青年在保卫祖国和世界和平、支持各国青年的正义斗争、加强同各国青年的友谊与团结等方面的情况以及参加中国社会主义革命和建设的重要事迹。讲稿的重点是第一部分。在这个部分中，对民主革命时期青年运动的经验进行了更加系统的提炼和总结，增强了理论色彩。这个讲稿的内容主要是围绕青年运动的六个根本问题进行讲述的，这六个问题是青年运动的任务、青年运动的组织、青年运动中的统一战线、学生运动、青年运动中的斗争策略、青年运动中党的领导。这个讲稿的编写为后来的青运史研究工作打下了一定的基础。

在这一阶段，有关中国青年运动史资料的搜集整理工作开始起步。1957 年至 1961 年间，团中央组织编辑了《中国青年运动历史资料》，共 10 本。这套资料集收入了 1915 年至 1932 年 5 月底间有关中国青年运动的国内外重要文献、文件及部分报刊刊载的文稿，还有一些有关青年生活、思想状况的调查报告等资料。[①] 这套资料集的印行，推进了青运史研究的进程，同时也为青运史研究的深入发展奠定了基础。

“文化大革命”开始后，青运史研究工作停顿下来。在极“左”思潮的冲击下，大量的青运史研究成果和资料在动乱中散失，一些青运史研究者也停止了青运史的研究工作。

二　在拨乱反正和改革开放中有组织地开展研究工作的阶段

十年动乱结束后，伴随着共青团十大的召开，青运史研究工作开始恢复。1978 年 12 月中共十一届三中全会召开，实现了新中国成立以来党的历史上具有深远意义的伟大转折。1979 年 12 月，共青团中央研究室、中央团校、中国青年出版社在北京联合举办了中国青年运动史研究座谈会，与会者就青年运动的历史和经验教训、青年运动史研究的方法等问题阐述了意见。这次会议对于推动和加强青运史研究工作起了良好的作用。会议闭幕不久，1980 年初，团中央书记处决定，成立青运史编辑委员会，委员

① 这套资料集在 1988 年以后又由团中央青运史研究室和中国青少年研究中心续编，至今已经编辑出版了第 11 至第 19 集，收入了 1932 年 6 月至 1949 年 9 月底的青运史资料，将民主革命时期的青运史资料全部整理完毕。

会下设青运史研究室，并创办《青运史研究资料》，到1981年1月改刊名为《青运史研究》。在这段时间里，青运史的研究经历了一段相对兴盛的发展阶段。

在此阶段，青运史研究的一个突出特点是共青团组织积极领导各地团组织开展青运史研究。自第一次全国青运史研究座谈会后，各地相继建立一批非常设的青运史研究机构，开始了对地方青运史的研究工作。中国青年出版社出版了青运史题材的回忆录专辑“中国青年的光荣传统丛书”，包括《青春的脚步》（1980年）、《在第二条战线上》（1980年）、《激流》（1981年）、《团旗为什么这样红》（1981年）、《春天的摇篮》（1982年）等，还出版了《革命烈士书信》（1979年）、《革命烈士书信续编》（1983年）等与青运史研究相关的资料性书籍。个别地方青运史研究机构也出版了青年运动回忆录专集。在此期间，中央团校青运史研究室积极组织人力，先后编写出《新民主主义革命时期中国青年运动大事记》（《青运史研究》1981年第4—8期）等重要资料。1983年团中央青运史研究室建立后，一些省级团委也陆续建立了青运史工作机构。团中央青运史研究室接连组织召开青运史工作会议或专题学术会议，推动各地工作的开展。从80年代初开始，团中央青运史研究室先后组织召开了“中国社会主义青年团创建讨论会”、“第一次国共合作时期的共青团专题讨论会”、“留法勤工俭学运动与旅欧共青团创建讨论会”、“第二次国内革命战争时期苏区共青团专题讨论会”、“抗日战争时期青年运动学术讨论会”、“解放战争时期学生运动学术讨论会”、“‘九一八’至‘七七’中国青年抗日救亡运动学术讨论会”共七次全国性的青运史专题研讨会。由团中央青运史研究室编写的《中国青年运动史》（中国青年出版社1984年版）一书是新中国成立以来正式出版的第一本青运史研究专著。中国社会科学院和共青团中央还联合组建了青少年研究所。这个研究所专门设立了青运史研究室，开展青运史资料的搜集和研究工作，同时编印了“青运史研究与资料丛书”，到1987年该研究所并入中国社会科学院社会学研究所时，共印行了4本。

由于从中央到地方都基本设立了专门的青运史工作机构，并且通过团的组织系统推动工作开展，所以这一时期青运史研究工作开展得比较活跃，也取得了较多的研究成果。

首先，各地广泛召开老同志座谈会，抓紧抢救“活资料”。从1983年到 1987 年，团中央和地方的青运史工作者先后召开了“安吴青训班”、“晋绥青年运动”、“西北民主青年社”、“西安事变前后陕西青年运动”、“解放战争时期东北三省青年运动”、“解放战争时期杭州学运”、“山东抗日战争时期青年运动”、“三十年代上海共青团”、“解放战争时期全国学联”、“浙江英士大学”、“华东南下服务团”、“西南服务团”、“上海抗日战争、解放战争时期学生运动”等老同志座谈会，以及“江西抗战时期青运资料征集工作座谈会”、“中山大学（坪石时期）学生运动和香港学生赈济会史料征集会议”等，征集了一批重要的青运史资料。与此同时，各地还通过访问、书信等形式与一批和青运史有关的老同志建立了联系，为征集、整理和校勘历史资料提供了方便条件。

其次，各地青运史研究者还大力开展了文献、档案等文字资料的搜集和整理工作。部分省、自治区、直辖市基本完成了民主革命时期青运史的文献、档案、报刊、图书资料的搜集整理工作，并且进行了认真的分类归档和编目工作。与此同时，各地还搜集了一批有史料价值的照片、文物。在此基础上，有 20 多个省、自治区、直辖市编写了青年运动历史大事记，部分地区初步完成了青年组织沿革与领导人名录的编写工作。

再次，各地青运史研究者编纂出版了一批青运史史料。主要有《中共中央青年运动文件选编（1921—1949）》（中国青年出版社 1988 年版）、《青年共产国际与中国青年运动》（中国青年出版社 1985 年版）、《安吴古堡的钟声——安吴青训班史料集》（中共党史资料出版社 1987 年版）、《广东青运文件汇编》[①]、《西安事变前后和抗战初期陕西国统区青年运动》（陕西人民出版社 1989 年版）、《西北民主青年社与陕西国统区学生运动》（陕西人民出版社 1989 年版）、《山西青年运动历史资料》、《四川青年运动史料选编》、《川陕革命根据地青年运动文献资料选编》、《山东青年运动档案史料选编》、《新学生社史料》、《抗日战争时期的广东青年运动》、《广东青年抗日先锋队文献选编》、《广东学生运动史料选编》、《五四运动在广州资料选编》、《江苏青年运动历史档案选编》、《新安旅行团纪念专辑》、《南昌青年运动三十年》、《一二·九运动在河南》（河南人民出版社 1986 年版）、《大后方青年运动：新华日报文选》（重庆出版社 1984 年版）、《大后方青年运动参考资料》（重庆出版社 1984 年版）等一批青运

① 本章凡未注出版单位的书籍均为内部印行的非正式出版物。

史资料集。另外，据不完全统计，这一时期有 17 个省、自治区、直辖市团委和 11 个省辖市及地区团委出版了青运史研究刊物，例如，《上海青运史资料》《广东青运史资料》《湖南青运史研究》《江苏青运史资料》《浙江青运史研究参考资料》《广州青运史资料》等。虽然这些刊物出刊时间有长有短，但都不同程度地推进了青运史研究的开展，并且向社会提供了一批研究青运史的资料。

最后，一批青运史专著、人物传记和通俗读物得以出版。主要有中国青年出版社编辑的第一、第二次国内革命战争及解放战争时期的《青年英烈》（1986 年、1991 年）、《青年团的初建》（1987 年）等，共青团北京市委编著的《北京青运简史（1919—1949)》，共青团四川省委青运史研究室编写的《追求之歌——四川青年运动》（成都科技大学出版社 1986 年版）、《川北学运三十年》，共青团山东省委研究室编写的《青岛反甄审运动》《当我二十岁的时候》《山东青运人物》，共青团江苏省委编辑的《金陵风雨》（中国青年出版社 1983 年版），共青团浙江省委编写的《青年先驱者之歌》，共青团江西省委编写的《真的猛士》，共青团杭州市委青运史办公室和杭州市团校教研室合编的《杭州青年运动史话》，吉林省扶余县青运史工作委员会编写的《革命烈士梁士英传略》，以及《南通青运史话》《连云港青运史话》等。此外，社会科学界的一些致力于学生运动史及与青年运动相关课题研究的学者也出版了研究专著，如《中国学生运动简史》（河北人民出版社 1985 年版）等。

三　在经济转型和社会发展形势下自然发展阶段

进入 20 世纪 90 年代以后，中国的改革开放事业进一步深入发展。这种新的形势给青运史研究的发展带来了深刻的影响。形势要求青运史研究工作必须适应社会发展的趋势，改变通过行政组织的方式开展研究的做法，让青运史研究按社会化的运作机制来进行。根据这一形势的要求，1991 年 9 月团中央书记处决定撤销团中央青运史研究室，成立团中央青运史工作指导委员会和中国青少年研究中心，试图用一种新的机制来拓宽青运史研究的领域并吸纳社会力量及资源，推进青运史研究工作的深入开展。这样一来，青运史研究在进入 90 年代以后，有组织的研究活动逐渐减少，研究工作伴随社会需要扎实进行。

90 年代以后，由于研讨选题能够紧扣社会和时代的脉搏，参加青运史研究的人员也突破了共青团系统，并且研究人员的研究特长和专业兴趣得到充分的发挥，所以从80年代末期开始，以《中国青年运动六十年》（中国青年出版社1990年版）为代表的一批有较高学术水平和价值的学生运动史、青年运动史专著先后出版。其中主要有《中国现代学生运动史长编》（东北师范大学出版社1988年版）、《中国学生运动史》（上海人民出版社1992年版）、《中国学生的光荣历程：近代中国学生运动简史》（人民教育出版社1989年版）、《中国近代学生运动史》（河南人民出版社1992年版）、《解放战争时期北平学生运动史》（北京出版社1995年版）、《中国共青团史》（华中师范大学出版社1992年版）、《中国共青团简史》（中国青年出版社1992年版）、《中国共青团团史简编》（中国青年出版社1997年版）、《中国青年运动主题曲——二十世纪中国共青团的历程》（文津出版社1999年版）、《中国近代青年史》（红旗出版社2004年版）、《温州地区第二条战线史》（当代中国出版社2005年版）等。在此期间，还有一批地方青运史专著出版。例如，《北京青年运动史》（北京出版社1989年版）、《广东青年运动史》（广东高等教育出版社1994年版）、《四川青年运动史稿》（四川人民出版社1990年版）、《浙江青年运动史》（中国文史出版社1990年版）、《黑龙江青年运动史》（黑龙江人民出版社1990年版）、《山东青年运动简史》、《福建共青团简史》（福建人民出版社1992年版）、《贵州青年运动史》（贵州人民出版社1999年版）等。此外还出版了一些专题性的研究专著，例如，《沉浮录：中国青运与基督教男女青年会》（同济大学出版社1989年版）、《青年共产国际与中国青年运动关系史》（吉林人民出版社1990年版）等。

另外进入90年代以后，各地从事青运史工作的人都把在80年代积累的青运史资料整理出版，因此在世纪之交和进入21世纪以后，北京、广东、黑龙江、吉林、辽宁、浙江、四川、陕西、江西、山西、福建、山东、天津、河南、河北等省市都编辑出版了青运史资料丛书或资料集、回忆录集和论文集。其中比较重要的是中国青年出版社在2002年出版的6本《中国青年运动历史资料》（14—19集），这6本资料集的出版标志着民主革命时期的青运史资料集的编辑工作宣告完成。另外，中国青年出版社在2005年12月出版了《红岩儿女》第一部和第二部，汇集了1939年到1949年国民党统治区青年运动的资料，而且这两部书的编者都是这段历史的见证人，更可以显现这两部书的史料价值。2009年4月中共党史出版社出版的《中央苏区青年运动史》是第一本研究中央苏区青运史的成果。这本书融历史综述和历史资料于一体，并且配发了照片，增强书的史料性。在这个时期，各省市关于青年运动的志书也在当地政府的组织领导下，完成编纂出版工作，其中也荟萃了大量的青运史研究成果。此外，各地还配合革命英烈诞辰的纪念活动出版了一批早期青年运动领导人的传记或纪念文集，例如，《华岗传》（浙江人民出版社 1993 年版）、《恽代英传》（中国青年出版社 1995 年版）、《俞秀松纪念文集》（当代中国出版社 1999 年版）、《李求实文集》（中国文史出版社 1991 年版）、《纪念施复亮百岁华诞专辑》、《张太雷研究史料选》（中央文献出版社 2007 年版）等，也汇集了一些青运史资料。

总之，进入 20 世纪 90 年代以后，伴随国内改革开放事业的深入发展，青运史研究的格局开始出现重要的变化，研究工作逐步向学术化方向发展，青运史也作为史学领域的一门新兴学科开始步入新的发展阶段。

第二节　成果概述

经过半个多世纪的探索与开拓，青运史研究初步形成了自身的学科体系，尽管不是十分完善，但已经有了一个较好的基础。现将其主要研究成果，择要介绍如下。

一　中国社会主义青年团创建问题

中国社会主义青年团的创建经历了一个从早期组织到正式建立的过程，因此曾经有“团先于党”的说法。① 对此，研究者达成了共识。对于一部分早期团员而言，可能在 1921 年中国共产党正式成立之前就加入了青年团，从个人经历角度看，似乎是“团先于党”，但事实上中国社会主义青年团组织的正式成立是在中国共产党成立之后。这是因为，青年团组织也和共产党组织一样，经历了一个建立早期组织的阶段。其早期组织是在共产党的早期组织帮助指导下才建立起来的，而其正式组织的建立也是在中国共产党的帮助指导下，于 1922 年 5 月召开中国社会主义青年团第

① 参见任弼时《在中国新民主主义青年团第一次代表大会上的政治报告》，《任弼时选集》，人民出版社 1987 年版，第 489 页。

一次代表大会才最后完成的。[①] 所以，“团先于党”的说法是不确切的。中国青年团组织是在 1922 年 5 月才正式成立的这一观点不仅客观地反映了历史，而且能够准确地揭示党团关系。

与此同时，研究者考订了一些地方团的早期组织创建的时间。以往人们只知道上海社会主义青年团于 1920 年 8 月建立，但是不知道具体日期。经考订得知，1920 年 8 月 22 日在上海建立了中国第一个青年团组织。[②] 另外，中国共产党成立后一些地方相继建立了青年团组织：天津地方团——据“天津 S. Y. ”1922 年 3 月 16 日给施存统的信称，“天津 S. Y. 正式成立了”，“成立日期：（民国）十一年二月十二日（1922 年 2 月 12 日）”；保定地方团——据 1922 年 3 月 15 日张仲毅给施存统的信称，“是本年 2 月 10 日成立的”；唐山地方团——据 1922 年 3 月 27 日树彝给上海的信称，唐山地方团成立于 1921 年 7 月 6 日；济南地方团——据王复元 1922 年 12 月 10 日给施存统的信称，是 1922 年 9 月 16 日成立的。此外，还搞清了中国社会主义青年团第一次代表大会举行时间、地点的更改过程，查证了出席大会代表的人数及其所代表的地方团，搞清了会议议程，确证陈独秀出席了团一大的开幕式并发表讲话，证实团的一大的确决定申请加入青年共产国际。[③]

进入 21 世纪以后，随着保存在苏联的共产国际的资料的整理出版，关于中国社会主义青年团建立的一些细节问题也逐渐厘清，原来团史或青运史著作中表述不准确、不正确的地方都相应得到纠正。

二 留法勤工俭学运动和旅欧共青团的创建问题

旅欧共青团初名为“少年共产党”，关于这个组织的性质存在着意见分歧，但是多数人认为，旅欧少年共产党是青年团性质，不是党的组织。主要论据是：第一，赵世炎在 1922 年 4 月 26 日，即旅欧少年共产党正式成立前一个多月，写给无名（又名吴明，即陈公培）的信中说，“欧洲方面决定成立一个‘青年团’”，“我们已认定青年团之内幕即‘少年共产

① 参见郑洸、罗成全主编《中国青年运动六十年》，中国青年出版社 1990 年版，第 69 页。

② 参见郑洸、罗成全《中国社会主义青年团的创建（综述）》，载《中国社会主义青年团创建问题论文集》，第 12 页。

③ 参见赵朴《中国社会主义青年团第一次全国代表大会前后的若干问题》，载《中国社会主义青年团创建问题论文集》，第 26 页。

党'"[①]。第二，周恩来1923年3月13日给团中央的报告中也谈到："我们今年1月得着这封信后，益觉我们团体的名称组织有急于改换的必要，于是乃有多数同志提议以待国内信至而实行改组，立即归属国内本团，以明我们去年6月大会组织旅欧少共团体的始衷。"[②] 第三，当事人李维汉回忆自己入党的经历，也说明旅欧少年共产党是团而不是党。[③]

在开展对旅欧共青团的研究中，有的学者认为，在青年团的早期组织中，旅欧共青团的工作是富有特色的。主要表现在以下四个方面：第一，率先举起共产主义的旗帜，强调团员必须有对共产主义的信仰；第二，有严格的组织生活，注意不断提高团员的政治素质；第三，能够开展积极的思想斗争，勇敢抵制各种错误思想的侵蚀，积极宣传马克思主义；第四，注意广泛团结旅法华人，组成革命统一战线，壮大革命力量。[④] 有的认为，旅法共青团所表现出的这些特色，以及在留法勤工俭学学生中成长起一大批中国革命的栋梁之才是有深刻原因的。其一，他们在留法期间，能够认真学习马克思主义，和法国工人阶级打成一片，努力做工，养成劳动习惯，在共同的劳动中增强对工人阶级的感情，走与工人相结合的道路。此外，在当时发达的资本主义国家的生活，也使他们开阔了眼界，学习到一些先进的文化、科学和技术知识，为他们的日后成长奠定了良好的基础。其二，旅欧生活使他们能够真切地看到和感受到资本主义社会内部的种种矛盾和弊端，经济危机的严酷现实也促使他们抛弃在中国建立资产阶级共和国的理想，认真从欧洲工人运动的斗争实践中寻找新的思想武器，探索拯救祖国的道路。其三，他们积极投身革命斗争实践，注意结合斗争实践学习革命理论，坚持真理，修正错误，这些也是其健康成长的重要原因。例如，旅欧勤工俭学学生开展的三次斗争，对他们中的许多人实现思想的迅速转变起到重要的推动作用。[⑤]

---

① 中国社会科学院青少年研究所青运史研究室编：《青运史资料与研究》第1集，第110页。

② 中国社会科学院青少年研究所青运史研究室编：《青运史资料与研究》第1集，第98—99页。

③ 参见《新民学会资料》，人民出版社1980年版，第487页。

④ 参见郑洸《对留法勤工俭学与旅欧共青团创建研究成果述评》，载团中央青运史研究室编《留法勤工俭学运动与旅欧共青团创建专题论文集》，第1页。

⑤ 详见曾昭顺《留法勤工俭学活动及其在中国革命史中的地位》，载《留法勤工俭学运动与旅欧共青团创建专题论文集》，第39页。

另外，许多研究者认为，对于旅欧勤工俭学历史中的人物和事件，一定要本着历史唯物主义的原则，给予实事求是的评价。例如，对蔡和森在留法勤工俭学运动中的贡献，特别是他在旅欧建党建团准备阶段所发挥的作用，应给予充分的重视和肯定。又如，对于萧子升在湖南留法勤工俭学运动中的作用，也要给予必要的肯定。再如，对“工学世界社”以及所谓“勤工派”的评价，也存在一定问题，需要通过研究加以解决。此外，对于部分留法勤工俭学学生坚持教育救国、实业救国的道路，留学期间奋发学习，努力掌握先进文化、科学和技术，归国后报效祖国的历史，以及他们对中华民族科学文化发展所做贡献的研究有待加强。①

三　第一次国内革命战争时期的共青团问题

学者研究的主要问题是，第一次国内革命战争时期青年团的组织状况、主要活动、历史作用等。一致认为，作为中国共产党的助手，这个时期的青年团起了十分重要的作用。主要体现在以下几个方面：（1）积极协助中国共产党建立和发展革命统一战线，在帮助国民党改组和建立地方组织中发挥了重要作用；（2）在为国民革命培养军事和群众运动骨干方面，共青团发挥了积极作用；（3）青年团带领广大团员青年掀起反帝爱国运动的高潮，为推动国民革命运动的深入发展发挥了先锋和桥梁作用；（4）为维护无产阶级的革命领导权，同各种反动思潮进行了坚决的斗争，团中央的机关刊物《中国青年》发挥了特别重要的作用；（5）带领团员青年积极投身打倒封建军阀的北伐战争和工农群众运动，是一支十分重要的生力军；（6）维护中国共产党的正确主张，在坚决反对右倾投降主义的斗争中有突出的表现。②

多数研究者认为青年团在这个时期的活动对以后青年团的工作是富有启示意义的，揭示了共青团工作必须遵循的三个原则：其一，要坚决维护和服从共产党的领导，这是共青团发挥助手和后备军作用的根本保证；其二，青年团要始终坚持青年运动同全民革命运动的密切结合，要在推动全民革命运动的过程中充分发挥自身的先锋和桥梁作用；其三，青年团要发挥青年运动

① 详见郑洸《对留法勤工俭学与旅欧共青团创建研究成果的述评》，载《留法勤工俭学运动与旅欧共青团创建专题论文集》，第1页。

② 参见郑洸《有益的探讨》，载团中央青运史研究室编《第一次国共合作时期的共青团专题论文集》，第1页。

的核心作用，就要注意用马列主义教育青年，积极开展对不利于青年健康成长的各种错误思想和思潮的斗争，不断在实践中提高青年的政治觉悟。①

此外，研究者也提出了一些需要深入探讨的问题。主要有：在维护无产阶级的革命领导权方面，青年团的主要表现和经验；在加强自身建设、体现青年组织的特点方面，青年团探索的历程和主要经验；青年团开展思想理论战线斗争，开展群众工作的历史及其经验；建立和发展青年统一战线工作的历史经验等。另外，这个时期一些青年运动的人物的生平也需要研究，团的组织史方面也有空白，例如团四大选出的中央委员就没有搞清楚。

四 第二次国内革命战争时期的共青团问题

第二次国内革命战争时期是中国共产党独立领导中国革命、探索中国革命道路的重要时期。这时国内外形势复杂、多变，革命进程也波澜起伏、曲折艰辛。因此，这一时期青年运动的历史跌宕起伏，值得认真研究和探讨。但是，相关研究比较薄弱，许多问题有待探索。

研究成果较多的是关于革命根据地的共青团历史。有学者指出，从整个革命根据地而言，当时面临三大任务：一是开展土地革命、建立革命武装和革命政权；二是抗击国民党当局的军事“围剿”和打破经济封锁，保卫革命根据地；三是在服从革命战争的前提下，积极推进根据地的政治、经济、文化建设事业。根据地的共青团工作是紧紧围绕这些任务展开的。其历史作用具体表现在：第一，带领团员青年参加土地革命，维护社会治安和抓捕反革命分子，保卫土地革命的胜利果实，保证土地革命顺利进行；第二，配合党政组织开展扩大红军的工作，动员团员青年参军参战，投身武装保卫革命根据地的斗争；第三，响应党政组织的号召，加紧生产，保障红军供给和根据地人们生活需求，开展拥军优属、支援前线活动；第四，在党政组织的统一领导下，在青少年中开展文化教育活动，发展根据地的文化教育事业；第五，加强共青团自身建设和其他青少年组织建设，向党政组织输送新鲜血液和后备力量。关于根据地共青团工作的历史教训，多数人认为主要在于“左”倾错误。②

---

① 参见郑洸《有益的探讨》，载《第一次国共合作时期的共青团专题论文集》，第 1 页。

② 参见郑洸《苏区共青团与苏区红色政权》，载《第二次国内革命战争时期苏区共青团专题论文集》，福建人民出版社 1986 年版，第 1 页。

这个时期青运史研究有待深入的主要问题是共青团组织史方面有许多空白，国民党统治区青年工作和共青团工作的情况，青年工作中“左”的问题产生的根源、影响和危害及其历史教训，青年文化现象和当时青年社会问题的研究等。

五　青年抗日救亡运动问题

1931 年日本发动九一八事变，以青年为先锋的中国抗日救亡运动走向高潮。青运史的研究，主要集中在以下几个问题上。

关于“九一八”时期青年抗日救亡运动问题。有的学者认为，对“九一八”时期青年抗日救亡运动的评价应该按照实事求是的原则来认识和分析。其焦点是承认还是不承认有王明“左”倾路线的影响和怎样实事求是地估计这个影响。多数人认为，青年抗日救亡运动受到了“左”的影响。首先，执行王明“左”倾错误的领导错误地估计了形势，提出了错误的行动口号，并且在学生运动中贯彻施行，使得一些救亡运动积极分子脱离了广大群众；其次，在策略上不注意广泛团结群众，采取打倒一切的政策，导致自我孤立；再次，在组织上搞宗派主义和关门主义，不注意团结一切可以团结的人；最后，在行动上是盲动主义，不懂得利用合法的斗争方式，不顾主客观条件蛮干，搞公开示威或“飞行集会”，导致进步青年和党团员被捕。所以有些老同志说，这个时期的青年抗日救亡运动只开花不结果。不过，在这个问题上还有一些不同看法。

关于“一二·九”运动问题。讨论主要集中在“一二·九”运动究竟是自发的还是由党领导的问题上。许多当事人就这个问题写了一些有说服力的文章，明确指出“一二·九”运动是共产党领导的。但是有人提出两个问题：一是“一二·九”运动的领导核心究竟是谁；二是当时在北平党的力量那么弱小，可能不可能领导这场运动。经过探讨，关于“一二·九”运动的领导核心问题已经进一步搞清：1934 年中共北平市委再次遭到破坏后，在 1935 年春夏之交，中共河北省委特派员李常青来到北平，建立了中共北平市工作委员会。11 月中共河北省委决定撤销北平市工委，由李常青直接领导成立了北平市临时工作委员会，并且在北平市临委的直接领导下成立了北平学生联合会。“一二·九”运动就是在中共北平市临委领导下，由北平学联组织发动的。实际上这个问题的核心是怎么看待党的领导问题。为什么党的力量比较弱小还能领导这场大的运动？这是因为这场运动的一些口号、要求都是根据共产党《八一宣言》精神提出来的。党所提出的这些口号和纲领代表了包括青年在内的全国人民抗日救国的意愿，代表了中华民族的根本利益，所以必然获得全国人民的拥护和响应，这就能够把广大群众动员和组织起来，团结在共产党所倡导的抗日民族统一战线的旗帜下，领导广大人民群众开展抗日救亡斗争。①

关于中共中央决定改造共青团的问题。中共中央决定改造共青团是这个时期青运史上的一个重要问题，但是许多情况长期没有搞清。20 世纪 80 年代，经多方努力这个问题得到了基本解决。首先是中共中央决定改造共青团的时间。过去有两个说法，一说在 1935 年 11 月 1 日，一说在 1936 年 11 月 1 日。通过档案、回忆资料等多方面查证，中共中央发出《关于青年工作的决定》的时间是 1936 年 11 月 1 日。这样又带来了第二个问题：既然党中央在 1936 年才做出改造共青团的决定，那么团中央在 1935 年 12 月 20 日发出的《为抗日救国告全国各界学生和各界青年同胞宣言》中所提出的建立抗日救国青年团究竟是怎么回事？经过查证得知，团中央的这个宣言和《八一宣言》一样，是由中国共产党驻共产国际代表团起草和发出的。最初发表在 1936 年 1 月 14 日巴黎出版的《救国时报》上，然后于 1 月 27 日由中国共产党驻共产国际代表将《宣言》连同共青团东北代表在青年共产国际六大上的发言一起送给上海中央局。另外，研究表明，事实上共青团改造工作并非中共中央做出决定后才开始的。1936 年 2 月平津学生在南下宣传团的基础上成立中华民族解放先锋队就是一次试验。中共中央 1936 年春、夏陆续得到共产国际七大的有关会议精神后，于当年 8 月两次向中共北方局和河北省委发出指示信，要求把共青团改造成为青年群众组织。中共北方局根据这些指示，于 9 月 20 日做出了《关于青年团的决定》，提出改造共青团的任务。此后，北方局领导的青年团组织即实行了改造。东北地区由于较早得到共产国际的有关指示，所以团的改造工作开展较早，到 1936 年夏天，共青团组织就不存在了。1937 年 4 月西北地区青年第一次救国代表大会召开后，团组织正式撤销，青年救国会取代了共青团。而在南方和其他地区，由于处于国民党当局的严密控

① 参见郑洸《成果与启示》，载《中国青年抗日救亡运动论文集》，广东人民出版社 1992 年版，第 1 页。

制之下，有些地区共青团组织的改造直到1938年初才最后完成。①

六 抗日战争时期的青年运动问题

在开展抗日战争时期青运史研究中，人们普遍认为，抗日战争时期是中国共产党走向成熟，毛泽东思想正式形成的时期，在这个时期，中国共产党把马列主义的普遍原理与中国青年运动相结合，为中国青年运动制定了一系列正确的路线、方针、政策及指导原则，使得这个时期的青年运动战胜各种困难，蓬勃发展。中国共产党关于这个时期青年运动的正确的路线、方针、政策及指导原则是毛泽东思想的重要组成部分，是开展青年工作的重要精神财富。许多研究者指出，抗日战争时期中国青年为反抗日本帝国主义的侵略，支援世界反法西斯战争，表现出了崇高的爱国主义和国际主义精神，同时付出了巨大牺牲，做出了突出的贡献；中国青年运动在中国共产党倡导的抗日民族统一战线的旗帜下得到了空前广泛的发展，同时也积累了丰富的经验；共青团为适应建立抗日民族统一战线的形势要求，进行了根本改造，建立了青救会和各种青年抗日救国团体，改变了青年团第二党的工作方式，在实际工作中取得了良好的成效，同时也为青年组织建设和发展提供了重要的实践和理论基础；在抗日战争的烽火中成长起一大批青年干部，后来成为新中国党和国家的栋梁和骨干，研究和总结他们在抗日战争时期锻炼和成长的历程，对于青年工作和青年教育有十分重要的现实意义。

改革开放以来，有关抗日战争时期青年运动的研究有了较大的进展，主要表现在研究的面拓宽了，研究的问题深入了，不再仅仅把研究的视角放在抗日根据地和进步青年运动方面，对国民党统治区和沦陷区的青年状况也有研究，并且有研究三青团的专著问世。但是从整体上看，对抗日战争时期的青运史研究还应该说是仅仅有了一个良好的开端，还有不少课题需要研究。例如，沦陷区和国民党统治区青年及青年运动的状况，抗日战争时期青年运动的基本经验和教训，青救会组织的历史作用和历史局限性，青年抗战文学、文艺活动的特点及其历史作用，国共两党不同的抗日路线在青年运动中的影响及斗争情况，抗战时期非共产党领导的青年组织

① 参见黄启钧《关于共青团改造的几个问题》，《青运史研究》1985年第3期。

的历史，青年共产国际对当时青年运动的影响等。①

七 解放战争时期的青年运动问题

关于解放战争时期的青年运动史研究，重点是青年团的重建和国民党统治区学生运动问题。关于青年团重建问题，历史资料相对丰富，伴随着《青年团的重建》《青年团重建史料集粹》《团旗在这里重新升起》等一批历史资料书的出版，青年团重建的历史过程基本清晰。尽管地方建团的历史有待继续勾勒，但总体上的框架和脉络是清楚的。

关于国民党统治区学生运动问题，主要对学生运动的历史作用及其主要经验进行了探讨。关于学生运动的作用，普遍赞同毛泽东概括表述的"人民解放战争的第二条战线"的提法，认为这个概括充分反映了解放战争时期学生运动的性质、特点和作用。但是在对"第二条战线"概念的内涵及"第二条战线"的起点、形成的标志和发展等问题的认识上却有不同的观点。关于"起点"，有些人认为应以"一二·一"运动为起点，但是多数人认为应以抗暴运动为起点。持后一种意见者的主要理由是，"一二·一"运动时期人民解放战争还没有全面展开，第一条军事战线还没有正式形成，因此在"一二·一"时期还谈不上第二条战线。同时还指出，认为"一二·一"运动不是第二条战线的起点，并不等于否定"一二·一"运动在解放战争时期的作用。人们普遍认为，"一二·一"运动冲破了国民党的反动统治，掀起了抗战胜利后国民党统治区人们要和平、争民主斗争的第一次高潮，是解放战争时期国民党统治区爱国民主运动的先声。关于概念的内涵，有三种看法，一是认为"第二条战线"专指学生运动，二是认为指整个国民党统治区的人民革命运动，三是认为指以学生运动为先锋的国民党统治区人民反美反蒋的爱国民主运动。多数人持第三种观点。②

在如何实事求是地评价学生运动的历史地位和作用问题上，有人认为必须强调以下三点：首先，在估计和探讨一次学生运动和一个地区斗争的作用和意义时，要统观全局，把这场斗争放在全局中观察，从宏观角度分析，否则容易出现片面性。其次，应看到中国共产党领导下的国民党统治

① 参见郑洸《民主革命时期青运史专题研究综述》，《中国青运》1989年第6期。

② 参见陈修良《"五二〇"学生运动与开辟第二条战线》，载《解放战争时期学生运动》，同济大学出版社1988年版，第47页。

区学生运动之所以能起重要作用，是与中国共产党的许多系统（特工、情报、交通、统战、文委、职工、妇女）组织的支持、配合、保护分不开的。如果没有这些组织的协调、配合，学生运动不可能持久。最后，解放战争时期学生运动与历史上学生运动的最大区别，是有广大的解放区为依托和有可靠的后方基地，解放区对学生运动起到了支持、关怀和保护作用，是这个时期学生运动能够蓬勃发展的得天独厚的条件。总之，研究这一时期学生运动的历史作用时，要联系上述各方面因素，进而对学生运动作出恰当的评价。孤立地就学生运动评学生运动，是难以得出实事求是的结论来的。①

关于解放战争时期学生运动的基本经验，普遍认为主要有以下四条：第一，学生运动只有在反映历史前进的要求和人民群众的愿望，与整个革命斗争相配合并担负起时代的使命时，才能具有深刻的内容，强大的生命力和较大的历史意义。第二，学生运动只有在中国共产党的领导下，开展有组织的自觉的斗争，才能把握正确的方向，走向通往胜利的道路。第三，学生斗争的胜利，不仅要有革命热情，而且要掌握巧妙的斗争艺术，即必须把原则的坚定性和策略的灵活性结合起来。第四，在参加学生运动的实践中，通过学习马克思主义和实行同工农民众相结合，使自己逐步从民主主义者转变为共产主义者，是当时青年学生中的先进分子所走的共同道路。②

第三节　未来走向

在经历了半个多世纪的研究和探索后，青年运动史作为中国近代史的分支学科正在中国史学园地里发育成长。它在一个独特的领域内，以独特的知识和方法为社会各界人士尤其是青年提供了新的信息，从而开阔了人们的视野；它以独特的研究对象和研究任务及内容构筑起自身的历史学框架体系，丰富了中国的史学园地。但是，在看到成绩的同时，也应该清醒地认识到，青年运动史毕竟是中国史学园地的新葩，要使其根深叶茂，茁

① 参见郑洸《解放战争时期国统区学运史研究的几个问题》，载《解放战争时期学生运动》，第115页。

② 参见沙健孙《论全国解放战争时期的学生运动·代序》，载《解放战争时期学生运动》，第1页。

壮成长，还需要进一步的努力。

从研究现状和研究成果看，青运史研究还没有走出奠定学科基础的发展阶段，因此促使青运史研究学术化，建立相应的学科理论体系，进一步完善历史资料的搜集、整理、考证工作是青运史研究继续深入发展的重要任务，同时也是21世纪青运史研究领域的重要课题。

一 关于青运史研究的学术化问题

这个问题在20世纪80年代末期就已经有人提出了，但是由于多方面的因素，至今青运史研究的学术化依然是一个亟待解决的问题。因为任何一门学科的建立，都不是轻而易举的，都必须经历一个学术化的发展过程，学术化是保证一门学科获得生存并向深度和广度发展的重要前提。由于作为社会群体的青年是在中国进入近代社会以后才为社会所瞩目，并且在历史舞台上展示了这个群体的风采，所以反映这个群体社会活动的历史也只能逐步从中国近代史中分离出来，演化成独立的学科门类，这就决定这个学科必然是中国史学领域中的一个新兴的学科。历史学科的发展史表明，其许多分支学科的发展都要经历搜集、整理资料和理性认识这样一个走向学术化的发展阶段。就青运史学科而言，尽管经过多年的研究和积累，已经取得了很大的成绩，但是距离学术化的目标还有很长的路程。例如，对于青运史的研究对象、研究内容、分期划分等基本理论问题还未进行认真透彻的研究，整个学科的理论框架还未形成；研究的领域还没有完全打开，很多应该研究的课题还没有研究；研究成果多是复述资料和过程的，多是叙事式而少分析式，缺乏理论概括；研究方法比较单一，基本是单线型、平面型，缺少交叉型和立体型的研究等。这些情况无一不在表明，青运史研究必须加快其科学化发展的进程，强化本学科的理论意识，以便尽快跨入科学的门槛，真正成为“人类科学中的科学”。

从青运史研究的现状看，要实现青运史研究的学术化，必须注意解决以下三个问题：

第一，奠定马克思主义的理论基础，吸收和运用新学科的理论和方法。马克思主义是青运史研究的指导思想和理论基础，在实际研究中一定要科学地理解马克思主义的原理，掌握其科学方法，绝不能把马克思主义当成教条，要努力避免那种把丰富、深刻的马克思主义庸俗化的现象发生。另外，还必须明确，马克思主义是青运史研究的指南，但它并不能代替青运史研究。青运史研究有其自身的内容和规律。青运史作为一门正在建设中的新学科，应该在充分发挥马克思主义理论指导作用的基础上，注意吸收、移植和综合其他相关学科的理论和方法，引进新的科学观念，扩大研究的领域。当今科学发展的趋势表明，任何学科都不是一个孤立的、封闭的系统，都处于学科群体互相影响的整体运动之中。因此，实现青运史研究学术化的任务本身就已经表明必须善于学习各种新学科的知识，即不但要学习史学的新理论、新方法，还要吸收青年学、社会学、人类学等其他社会科学门类的研究成果和研究方法，同时还应借鉴自然科学的研究方法和手段。只有广泛涉猎，博采众长，为我所用，青运史研究的学术化目标才可能实现。

第二，加强基础理论研究，建构学科科学体系。任何一门新兴学科在完成科学化的进程中，都必然存在和面临体系的建构问题。青运史学也必然如此。青运史研究要保证所建构的学科体系的科学性，加强基础理论应该是不言而喻的。在过去的青运史研究中，已经有许多基础理论研究问题提了出来，但是限于各方面的条件，这些问题至今没能得到圆满的解决。其中主要有：其一，关于青运史研究对象问题。笼统地讲，这似乎不成问题，研究对象就是中国青年运动发生、发展的过程及其规律。但是青年运动的含义并不是那么清晰，在相当长的时间内，研究者都把研究共产党领导下的青年政治运动、青年团的历史作为青运史的研究对象，并且提出“中国青年运动在发展的各个历史阶段，由于革命性质和任务的不同，其具体研究对象和基本内容也是会有某些差别的”这样一种观点。针对这个主流观点，有人提出这样确定研究对象不全面，青年运动应该研究“敌、我、友三方面青年运动的历史”，提出要研究青年文化史、青年思想史等主张。就学术研究而言，应赋予青年运动以新的含义，对青年运动不宜作政治化的理解，要把青年与社会的相互作用，即社会对青年施加影响，青年通过参与社会活动对社会进步与发展产生作用这样一种互动状态称为青年运动。之所以要这样解释青年运动的含义，是因为作为政治运动的青年运动只是青年社会活动的一个组成部分，青年大量的社会活动都是非政治性的，甚至有很大一部分活动是属于社会生活性质的。更何况青年政治活动的发生也与其他日常社会生活状态及社会生活环境有直接的关系。所以，如果把研究的视角仅仅局限于政治活动，是无法反映青年运动全貌的。而对青年运动作这种互动的理解，就能够比较确切地揭示青年的社会生活状态。当然，这种解释还仅仅是一种假设，还有待于作进一步的完善和充实，更有待于学术界的认可。总之，有关青运史研究对象及其基本内容的问题还有待进一步探讨和研究。其二，关于青运史的上限问题。现在出版的青运史专著，一般认为五四运动是中国新民主主义青年运动的开端，并没有十分明确说五四运动是青年运动的开端。但是在青运史研究论文中，对这个问题却是看法各异，有人认为应以1902年中国留日学生的爱国斗争和国内的学界风潮作为青运史开端的标志，有人认为应以孙中山建立同盟会为标志作为青运史的开端，也有人提出早期青年运动的概念，把五四运动前的新式学生群的爱国斗争称为早期青年运动，把五四运动认定为青年运动的开端。其三，关于中国青年运动的主体究竟是工农青年还是知识青年的问题。有人认为是工农青年，有人认为是知识青年，甚至有人主张青年运动就是学生运动，至今莫衷一是，争论还在继续。仅凭上述三例即可说明青年运动史研究存在许多基本理论问题，开展对于这类基本理论问题的研究，是推进青运史研究深入发展，进行学科建设的一个重要步骤。

第三，加强资料整理和专题研究工作，构筑坚实基础。在青运史研究中，坚持实事求是的原则是实现研究科学化的基础，而资料工作和专题研究工作则是坚持实事求是原则的重要保证。因为掌握翔实、可靠的资料和进行深入细致的专题研究是确保立论准确、叙事客观公正的前提，在史学研究中如果缺少这个前提，科学化就无从谈起。为青运史研究的对象和内容所决定，青运史的文献或文字资料的搜集和整理的难度较大，是一项耗神费力而又难以收到效益的工作。青年的社会生活和社会活动包含于大众的社会生活和社会活动之中，很少有或无法简单地获取现成的可供研究使用的资料。除了少量的历史档案资料可供研究外，大量的有价值的资料散见于各种报刊中。这类文字资料浩如烟海，许多重要资料需要研究者或资料工作者认真寻找和捕捉。在过去的青运史研究中，限于人力、财力和其他因素，在这方面虽然取得了一定的成绩，但是还不可能满足青运史研究发展的要求，青运史资料的征集、校勘、整理工作是制约青运史研究发展的一个大问题。特别是在过去复杂的社会历史条件下，在国内外，党团组织内外复杂的政治斗争的背景下，所保留下的大量史料，存在不少伪造的、歪曲的、不准确的内容。这种情况要求青运史工作者必须以正确的观点和科学的方法，对之进行考据、辨伪、校勘，去粗取精，去伪存真，以保证史料的真实性和可靠性。另外，在青年运动的历史研究中，过去只是对一部分专题开展了初步的研究，还存在许多空白有待填补，还有许多领域有待进入。应该认识到过去专题研究的面比较窄，今后要拓宽。从时间上看，不仅要对20世纪前半叶的青年运动历史进行研究，而且还要对后半叶的历史进行研究。如果从史学研究的现实意义考虑，可能对后半叶青运史的研究意义更为重大，加大研究力度的要求也显得更为迫切。从研究专题的内容看，不仅应该有政治斗争、军事斗争方面的专题，还要有经济、思想、文化、组织、生活等方面的专题。总之，今后要多侧面、多角度、多层次地开展青运史的专题研究，以切实推进青运史研究科学化的进程。

二　关于改进青运史研究方法、更新史学工作观念问题

从60年青运史研究的成果看，青运史研究的方法和研究理念存在一些有待改进和更新的问题。这主要表现在研究方法单一，多为简单叙事型、考据型和总结经验教训型；在研究理念上习惯于按行政工作方式开展工作。伴随中国社会的进步和社会主义市场经济的逐步建立，如果依然固守这类研究方法和研究理念，将会对青运史研究工作的发展产生不利的影响。首先，过去的研究方法容易使研究者把着眼点仅仅放在历史过程上，而忽视对历史问题进行深入阐发，揭示出带有规律性的内容。即使是总结经验教训，也容易出现就事论事、浮光掠影的毛病。其次，过去的研究方法容易限制研究者的眼界，导致研究者仅仅把研究的视野局限在青年运动本身，而忽视青年运动与整个中国社会政治、经济发展的联系和国际上重大历史事件对中国青年运动的影响，这将妨碍研究的深入。再次，简单叙述历史的发展过程，也容易造成研究成果的枯燥乏味，缺乏可读性，不仅影响研究成果的社会效益和经济效益，而且也不利于青运史学功能的充分发挥。最后，按照过去的研究方法和研究理念开展研究工作，如果不考虑社会的需求，就会导致研究工作与现实工作脱节、与青年的需求脱节，许多成果完成后会被束之高阁，无人问津。青运史的这种研究情况在市场经济条件下是无法维持的，必须改弦更张。

三　关于青运史研究人员的队伍建设问题

在长期的青运史研究中，共青团系统内的研究或教学人员一直是青运

史研究的主要力量，特别是在20世纪80年代，这种现象更为突出。但是，随着中国社会的进步与发展，这种局面必将发生改变，青运史研究一定要走社会化的发展道路。为史学工作的特点所决定，青运史研究只能平稳渐进发展，而不会形成某种热潮，即使在共青团内也是如此。从事这项研究的人员力量相对弱小的局面很难改变，而这必将制约青运史研究的发展，制约青运史研究水平的尽快提高。在这种情况下，很容易让人按传统的思路考虑问题，希望能够依靠行政方式解决青运史研究人员的队伍建设问题。但是不难预见，这条道路是走不通的。未来青运史研究的发展，只能依靠广泛吸纳社会各方面的力量来进行。青年运动与社会发展是紧密联系在一起的。随着社会的进步与发展，青年的社会作用会日益扩大，同时会日益引起社会的关注，所以许多与青年社会活动相关的学科的研究工作都把视角定位在青年的身上，以至于在近20年来出现了诸如青年学、青年社会学、青年心理学、青年伦理学、青年美学等新的学科门类。这就使得青运史研究有了可靠的可资借助的社会力量。随着社会的进步，任何一门学科都不可能走封闭的发展道路，互相兼容、互相促进、互相提高是社会科学研究深入发展的必然趋势。

第十六章

太平天国运动史

太平天国研究至今已持续了近一个世纪。太平天国败亡后，清方从宣扬“皇清武功”的角度，陆续刊行了《钦定剿平粤匪方略》《平定粤寇纪略》《湘军志》等公私著述；辛亥革命前夕，革命党人又从宣传兴汉反满的角度，在海外秘密出版了汉公（刘成禺）《太平天国战史》、黄世仲《洪秀全演义》等书，重新评价了太平天国，但内容与史实有很大出入。以上著作都谈不上是严格意义上的学术研究。进入民国以后，洪秀全等人被尊崇为民族革命运动的先驱，太平天国研究这才正式揭开序幕，进入开拓和初始阶段，其成绩主要表现在史料发掘和史事考订方面。其中，萧一山、郭廷以、简又文、罗尔纲等人筚路蓝缕，是研究成就卓著的第一代学者。不过，直到新中国成立后，太平天国研究才真正进入了一个蓬勃发展的新阶段。

第一节　蓬勃发展时期

1949—1964 年可称为太平天国研究的蓬勃发展时期。

1949 年后，中国大陆的太平天国研究出现重大转折，一是该专题研究受到空前重视，二是唯物史观成为研究工作的指导思想。1951 年 1 月 11 日，不少城市举办太平天国起义一百周年纪念展览会。同日，《人民日报》发表由胡绳执笔的题为《纪念太平天国革命百周年》的社论，高度颂扬了太平天国抗击内外敌人的光辉业绩，认为“太平天国是旧式的农民战争——没有先进阶级领导下的农民战争所发展到的最高峰”，指出其失败的根本原因在于它“仍旧只是一个没有工人阶级领导的单纯农民战争”。该文还分析了《天朝田亩制度》的实质，认为它固然体现了农民大众对于土地的革命要求，但终究只是一个平均主义的图案，不可能实现，“而且这种图案并不是为着使社会生产力向前发展，却是使社会生产力停滞在分散的小农经营的水平上的。因此这种空想的农业社会主义的思想在实质上乃是带有反动性的”。

范文澜撰写的《太平天国运动史》是以唯物史观研究太平天国的拓荒之作，1945 年初版，1949 年后收编为《中国近代史》上编第 1 分册第三章，因后书一版再版、畅销一时而传播广泛，影响深远。作者详细分析了太平天国败亡的主客观原因，认为主观上在于太平天国领导层存有宗派、保守、安乐三种思想，“总根源在农民阶级消极方面的狭隘性、保守性、私有性”；客观上在于中外反革命势力逐渐结合，力量超过了革命势力，加之当时中国的进步阶级尚未诞生。作者认为，“《救世》、《醒世》、《觉世》三篇的制成，奠定了太平革命的理论基础”；并充分肯定了太平天国革命的历史意义，认为它使旧式农民起义的面目“为之大变”，“揭开了中国旧民主主义革命的序幕”，“是中国历史上第一次提出政治、经济、民族、男女四大平等的革命运动”。[①] 1954 年，在一篇论述中国近代史分期问题的文章中，胡绳主张“用阶级斗争的表现来做划分时期的标志”，并首次阐述了三次革命高潮的概念，认为“太平天国的革命运动是中国近代史中第一次革命运动的高涨”，其特征表现为“地主阶级和农民阶级的矛盾展开为巨大的爆发”[②]。

上述论断从马克思主义的立场和观点出发，否定了此前有关太平天国的一些错误观点，澄清了若干重大理论问题，为研究工作树立了正确的理论导向，更加引发了人们对太平天国研究的重视和兴趣，尽管其中的个别论断不够精确或流于溢美。

另一方面，学术界开始大规模地整理出版太平天国资料。其中，中国史学会主编的《中国近代史资料丛刊・太平天国》于 1952 年由神州国光社出版，计 8 册，约 200 万字，分太平天国史料、清方记载、外人记载、

---

① 范文澜：《中国近代史》上编第 1 分册，人民出版社 1951 年修订版，第 186、191—192 页。按：《救世》《醒世》《觉世》指洪秀全的早期宗教作品《原道救世歌》《原道醒世训》《原道觉世训》。

② 胡绳：《中国近代历史的分期问题》，《历史研究》1954 年第 1 期。

专载四部分编排。1961—1963 年，在罗尔纲主持下，南京太平天国历史博物馆编纂的《太平天国史料丛编简辑》由中华书局出版，计 6 册，140 万字，专收清方记载。这就为研究者提供了前所未有的便利。

同在 20 世纪 50 年代，罗尔纲的一系列重要论著也先后问世。其中，《太平天国史稿》是一部用纪传体形式写成的通史，以资料丰富、考订缜密见长。1955—1958 年，罗尔纲的 7 种论文集，即《太平天国史记载订谬集》《太平天国史事考》《太平天国史料辨伪集》《天历考及天历与夏历公历对照表》《太平天国史料考释集》《太平天国文物图释》《太平天国史迹调查集》，相继由生活·读书·新知三联书店出版。太平天国史料伪作之多、谬误之甚，在中国近代史各专题研究中是独一无二的。罗尔纲研究太平天国，首重辨伪考信。在考辨伪书时，他将书中内容与太平天国的制度和史实相对照，以寻找其作伪的铁证，揭穿其作伪的手法。他对伪书《江南春梦庵笔记》的考证便采用了这种方法。上述论著集中体现了罗尔纲在太平天国史料辨伪和史事考订方面所取得的成就，为后学提供了一把入门的锁钥，对新生研究力量的崛起起了积极的推动作用。

在上述背景下，太平天国研究在新中国成立初期进入一个蓬勃发展阶段。针对太平天国历史上的许多重要问题，史学界展开了积极探讨，其焦点集中在太平天国革命的性质问题上，并由此引发一场广泛而热烈的讨论。

基于对当时国内社会经济状况和阶级关系所作的不同估计，学者们在此问题上看法不一，归纳起来主要有三种不同观点。一种以范文澜、胡绳为代表，如上所述，他们认为太平天国仍旧是一场单纯的农民战争或农民革命。1957 年，郭毅生刊文提出异议，持太平天国是“资产阶级性的农民革命”说。他认为，《天朝田亩制度》体现了革命所包含的经济内容，客观上为资本主义的发展开辟了道路，是一个彻底反封建的、资产阶级性的农民土地纲领。他还分析指出，在太平天国革命前夕，从农民中分化出的雇农、雇工已具有非封建的性质，而新兴的市民等级则是后来资产阶级和无产阶级的前身，而这两种人都是太平天国的主力军和核心力量，因此太平天国革命具有了迥异于以往单纯农民战争的许多特点，“其中如政治纲领中提出的平等观念，否定封建神权和专制政权的思想，便带有较为鲜明的资产阶级性质”。[①] 第三种观点以章开沅为代表，认为太平天国是单纯农民战争兼具资产阶级革命性质，“按其社会内容来说，是资产阶级民主主义的革命，但按其斗争手段来说，却是单纯农民战争”。他还指出，太平天国的二地政策、自由贸易政策，《资政新篇》中所提出的发展资本主义的纲领，带有强烈平等观念的政治思想等，都在主观上反映了“某些资本主义发展的要求”。[②]

这场讨论前后持续多年，是太平天国研究史上最为热烈的一场学术争鸣。经过讨论，学者们大多赞同“单纯农民战争”说，认为“资产阶级性的农民革命”说对中国社会经济的估计超出了当时社会发展的客观阶段，夸大甚至提前了中国资本主义形成和发展的程度；资本主义无法从没有独立手工业和商业的原始公社式的社会中发展起来，因此，《天朝田亩制度》即使全部实现，也绝不会促进资本主义的发展；《资政新篇》中具有资本主义色彩的建议并不是太平天国的传统，所以没有也不可能产生什么实际效果。不过，学者们在太平天国是否带有资产阶级民主革命性质这一点上仍存有分歧。

这场讨论涉及太平天国革命的起因、动力、纲领、任务和目标等，客观上将研究引向了深入。围绕太平天国时期国内的社会经济状况和阶级关系，太平天国统治区的土地制度和土地关系，农村政权和乡官成分，太平天国的文化、思想和工商政策，《天朝田亩制度》《资政新篇》以及相关人物的评价，太平天国抗击内外敌人的业绩，与各地各民族反清起义——捻军、天地会、上海小刀会、浙江金钱会与莲蓬党、山东宋景诗，以及回族、苗族、壮族、彝族等反清起义——的关系，等等，学者们纷纷发表论著。上述课题在1949年之前基本上未曾涉猎，集中体现了新中国成立初期太平天国研究所取得的重大进展及其成就，极大丰富了人们对太平天国的了解和认识。

例如，为了把握太平天国统治区内的阶级关系和政权性质，学者们十分重视对太平天国经济政治举措的研究，土地制度和乡村基层政权因而成为研究的热点。关于土地制度问题，大家一致认为《天朝田亩制度》中的平分土地方案没有付诸实践，但在太平天国是否实行过“耕者有其田”政

---

① 郭毅生：《略论太平天国革命的性质》，《教学与研究》1957年第2期。

② 章开沅：《有关太平天国革命性质的几个问题》，《理论战线》1958年第2期。

策这一点上见解不一。随着新史料的不断发现和研究的日益深入，多数学者认为，太平天国并未推行过这一政策，而是大体上实施“照旧交粮纳税”政策，即承认地主占有土地的合法性；尽管通过自发的抗租斗争，加之地主所收租额受到某种限制，农民从中得到了一些实际经济利益，但革命并没有改变整个所有制，旧的生产关系仍被保存了下来。至于造成这种情形的原因，主要有以下几种解释：小农根深蒂固的私有观念必然使太平天国放弃公有制的空想，转而承认现有的私有制和土地制度；重造赋册、粮册的工作因战争而很难进行，为解决军队粮饷等问题，不得不维持原来的租佃关系；太平天国后期地方政权中混入了大批地主阶级分子，公开维护本阶级的利益。学者们同时指出，通过直接没收部分地主土地、厉行军事镇压、剥夺地主浮财、减低租额等手段，太平天国仍然打击和限制了地主。①

太平天国曾在乡村基层政权普遍设立乡官。关于乡官的阶级成分，学术界有两种截然不同的观点，或认为各地乡官在前后期大多由地主阶级分子担任，或认为劳动人民始终占据着多数。② 经过讨论，多数学者认为，前期各地乡官以劳动人民为主，后期乡官的成分则比较复杂，因时因地而异，并非整齐划一，这反映了农民分散性的特点和阶级斗争的尖锐复杂性。

关于太平天国革命的起因，1949 年之前曾有学者作过一些错误的解释。戴逸运用唯物史观并结合具体史实对此予以了澄清，指出“单纯用人口太多为理由来解释革命的发生并没有触及问题的实质”；“拜上帝会虽然脱胎于基督教，并在形式上和基督教有相似之处，但两者的实质和作用是完全不一样的”，“革命思想之所以产生并具有积极作用，正是因为思想本身是根源于社会斗争和社会生活的客观现实”。强调太平天国革命发生的原因“既不是由于人口太多，也不是由于宗教力量，最根本的原因是由于外国侵略势力和中国封建势力的剥削和压迫，剥削和压迫加重，人民的反

① 详参吴雁南《试论太平天国的土地制度》，《历史研究》1958 年第 2 期；曹国祉《太平天国的土地政策及其赋税政策》（上篇），《中山大学学报》1959 年第 3 期；龙盛运《关于太平天国的土地政策》，《历史研究》1963 年第 6 期。

② 参见王天奖《太平天国乡官的阶级成份》，《历史研究》1958 年 3 期；董蔡时《太平天国的乡官多是地主分子吗?》，《江苏师院学报》1962 年第 5 期。

抗也愈来愈激烈”。[①]

史实考证在这一时期也有重大进展，其中以关于李秀成“自述”之真伪的考订最为引人关注。当年曾国藩在处死李秀成后，将删改过的忠王亲供在安庆印成《李秀成供》一册，即世传九如堂本，而亲供手迹则一直秘不示人。1944 年，广西通志馆秘书吕集义在湘乡曾国藩故宅获见这一秘本，便据九如堂本与之对勘，补抄被曾氏删除的 5600 余字，并摄影 16 页。罗尔纲以吕氏补抄本和照片四张作为底本作注，1951 年由开明书店出版《忠王李秀成自传原稿笺证》一书，轰动一时。1956 年，有人撰文提出质疑，认为从内容来考察，李秀成不应向曾国藩乞降；笔迹上经法医鉴定，《自传原稿》与《李秀成谕李昭寿书》的笔迹相异，据此断言李秀成“自述”系曾国藩伪造。[②] 史学界就此展开了争论。罗尔纲根据书家八法理论，将上述两件文书中的字迹逐一拆开来比较，判定两者笔迹表面相异但实际相同，断言李秀成“自述”确系真迹。[③] 这种严谨的考证方法和治学态度很有启发意义。1962 年，曾氏后人秘藏的李秀成“自述”之真迹原本由台北世界书局影印出版，题签《李秀成亲供手迹》，印证了罗尔纲的论断。

总之，1949—1964 年，太平天国研究在中国大陆空前活跃，其研究队伍之壮大，研究成果之丰富，研究领域之广泛，在中国近代史各专题研究中首屈一指。与此同时，欧美的太平天国研究也达到一个高潮，陆续出版了一批重要论著，太平天国与美国内战、法国大革命均成为历史专业博士论文的热门选题。在日本和中国香港、台湾地区，该研究也同样受到重视。1958 年、1962 年，简又文的《太平天国典制通考》《太平天国全史》相继在香港问世，尤为引人注目。太平天国研究由此成为一门世界性学问。

就中国大陆而言，太平天国研究之所以能取得骄人成绩，主要得益于唯物史观的正确引导，全社会的重视，特别是史学工作者自身的不懈努力，文献史料的大量编纂出版，当时相对宽松的学术环境。不过，这一时期的研究也有偏差，主要表现为在理解和运用唯物史观时存在着简单化、

---

① 戴逸：《论太平天国革命发生的原因》，《光明日报》1961 年 1 月 11 日。

② 参见年子敏、束世澂《关于“忠王自传原稿”真伪问题的商榷》，《华东师大学报》1956 年第 4 期。

③ 详参罗尔纲《忠王自传原稿考证与论考据》，科学出版社 1958 年版。

教条化倾向，一味地美化太平天国。当然，正值幼年的新中国历史科学此时仍处在摸索阶段，出现上述偏差是可以理解的。当时已有人觉察到这一问题。曾有学者指出："在太平天国的研究中，尤其是在关于这次革命性质的讨论中，发生过个别历史家对马克思列宁主义经典著作望文生义、断章取义、牵强比附使之从属于自己的成见的现象。这种做法同以理论指导历史研究的要求完全背道而驰，无疑应当及时纠正。"[①]

围绕常熟报恩牌坊碑所展开的讨论也说明了这一点。该碑建于太平天国壬戌十二年（1862），其序文有云："禾苗布帛，均出以时；士农工商，各安其业。平租佣之额赋，准课税之重轻。春树万家，喧起鱼盐之市；夜灯几点，摇来虾菜之船。信民物之殷阜，皆恩德之栽培。"一些论著据此来比拟太平军占领苏南后民众安居乐业的情景。1957 年，祁龙威根据《自怡日记》等新史料，撰文对此提出质疑，指出当时的常熟实际上被钱桂仁、骆国忠等叛将所控制，他们密谋叛变，对农民横征暴敛，导致民生凋敝，社会动荡；他们为李秀成立碑只是为了掩饰其阴谋，碑文所描述的太平景象不过是一幅虚构的假象。作者批评了当时研究工作中所存在的偏向，即"对凡是有利于太平天国的资料，不论它是否真实，便一律当做可靠的根据，而把它渲染起来；凡是和这个观点相反的，便当做'地主阶级的污蔑'而在排斥之列"。[②] 该文引起史学界又一场延续多时的争论。学者们在对该碑内容的具体理解上虽然不尽一致，但这场争论所揭示的理论问题无疑是重要而又及时的。

不幸的是，这一在摸索中前进的良好势头很快便被突如其来的政治风暴所打断。

第二节　曲折乃至倒退时期

1964—1976 年是太平天国研究的曲折乃至倒退时期。

在被俘后所写的亲笔"自述"中，李秀成明显流露出乞降求抚之意。李秀成此举的动机和原因是什么？究竟应如何评价？这是史学界十分关注

① 靳一舟：《太平天国研究述评》，《历史研究》1961 年第 2 期。

② 祁龙威：《从〈报恩牌坊碑序〉问题略论当前研究太平天国史工作中的偏向》，《光明日报》1957 年 5 月 23 日。

的一个问题。在1951年初版本《忠王李秀成自传原稿笺证》一书中，罗尔纲提出一个假设，认为忠王此举意在效仿蜀汉大将姜维伪降钟会故事，以图恢复太平天国。在1957年该书增订本中，他又略作修正，认为忠王此举目的有二，即“保存革命实力”和“希望反动统治者能同人民一道去反抗外国侵略”。1959年，赵矢元对此提出异议，认为“伪降”一说不能成立，强调李秀成“承认太平天国革命已经失败，消失了对革命前途的信心，要求曾国藩招降他的部众，表示了严重的动摇和妥协，这也是应该承认的”。[①] 1961年，苑书义也撰文指出，李秀成此举是对革命前途丧失信心和对封建势力产生幻想的表现，其性质是“妥协投降”，但这不能改变他对太平天国的巨大贡献依然是其一生主流这一事实。[②]

然而，这种正常的学术争鸣并未能持续下去。1963年，戚本禹发表批评李秀成的文章，断言忠王不“忠”，其“自述”是一个背叛太平天国革命事业的“自白书”；并在毛泽东的支持下，自1964年起引发出一场打着揪“叛徒”、彰“气节”旗号，批判李秀成的政治运动。这场学术界的政治风波成为十年浩劫的先导。极“左”思潮的泛滥给太平天国研究造成极大的混乱和危害，具体表现在以下几个方面。

一是将学术问题与政治问题画等号。在学术问题上见仁见智本是很正常的现象，但在批判李秀成的运动中，对李秀成持肯定态度的学者竟被视作“站错了立场”，单纯的学术问题被无端上升为政治问题，在新中国史学研究中开了一个恶例。罗尔纲因坚持认为李秀成此举是“苦肉缓兵计”而受到冲击；苑书义、茅家琦、祁龙威等学者不同意戚本禹全盘否定李秀成的观点，认为李秀成虽晚节不保，但功大于过，结果也被扣上“叛徒李秀成辩护士”的大帽子，遭到打压。前之相对宽松自由的学术氛围既已不复存在，真正意义上的学术研究也就无从谈起了。

二是影射史学泛滥成灾。影射史学的实质是将历史上的个别事例或局部现象加以普遍化、绝对化，以迎合现实政治的某种需要。批判李秀成，后来“文化大革命”的历史证明，实际上是借批判李的“叛徒”罪之名，为打倒党内一大批功勋卓著的老干部制造舆论。在1974年掀起的“评法批儒”运动中，梁效之流又肆意曲解历史，将洪秀全、杨秀清之间的权力

① 赵矢元：《评〈忠王李秀成自传原稿笺证〉增订本》，《历史研究》1959年第3期。

② 苑书义：《略论农民革命英雄李秀成》，《北京日报》1961年9月7日。

之争定性为“反孔派”与“尊孔派”之间的路线斗争，将天京内讧的起因说成是“尊孔派”篡权，意在影射、攻击周恩来总理。一时间，太平天国史被肢解得支离破碎、面目全非，史学研究的科学性、严肃性荡然无存。

三是给历史人物贴政治标签成为人物研究风行的模式。按照这种模式，洪秀全被塑造成完美无缺的农民革命领袖，并以他的是非为是非，将杨秀清定性为“野心家”，韦昌辉为“阶级异己分子”，石达开为“分裂主义者”，李秀成为“叛徒”。简单化、脸谱化的研究被发挥到登峰造极的地步，对学术风气产生了恶劣影响。

上述现象都是极“左”路线的产物。戚本禹、梁效之流固然难辞其咎，但在当时特定政治气候的左右下，不少研究者也写过配合性或应景式文章。就此而论，这是整个时代的悲剧，其中的经验教训值得令人认真地反省和汲取。

概括地说，在1964—1976年，太平天国研究经历了一个曲折乃至倒退的时期，成为近代史学科受害最深的一个领域。千篇一律的文章充斥各报各刊，表面繁荣的背后却是太平天国研究真正的窒息。

第三节　成熟和收获时期

1979—2009年可说是太平天国研究的成熟和收获时期。

十年动乱结束后的最初几年是太平天国研究逐渐恢复生机的过渡时期。1979年5月，太平天国史学术讨论会在南京召开。这是新中国成立以来首次在内地举行的太平天国研究国际学术会议，同时也是太平天国研究在改革开放的大环境下重新走向繁盛的一个重要标志。1981年、1983年，由北京太平天国历史研究会主办、王庆成主编的《太平天国史译丛》《太平天国学刊》先后问世。这两种不定期丛刊均由中华书局出版，前者以编译西文资料为主，后者专刊研究论文，是内地权威性的太平天国研究专业刊物，成为反映内地学者最新研究成果和研究动态的一个窗口。1990年，在此前成立的12个地方性学术团体的基础上，中国太平天国史研究会在南京成立。

基于上述背景，在1979—2009年的30年，太平天国研究取得突破性进展；尤其是20世纪90年代初，更是达到鼎盛时期。与此前的30年相比，旧课题的研究进一步深入，新课题的研究得到开拓，研究范围几乎覆盖太平天国史的每一个层面；同时，一大批总结性成果也相继问世。兹择要略加评介。需要说明的是，某些研究成果带有交叉性，下文所做的分类主要为叙述方便起见。

一　文献史料的编纂出版和相关研究

这30年间，计整理出版2000多万字的文献资料。其中，太平天国历史博物馆主编的《太平天国文书汇编》于1979年由中华书局出版；《太平天国印书》也于同年由江苏人民出版社推出排印本。这两部书与前述《中国近代史资料丛刊·太平天国》(8册)及《太平天国史料丛编简辑》(6册)，构成研究太平天国的最基本史料。王庆成在英国图书馆发现《天父圣旨》《天兄圣旨》两种迄未被学者所知所见的珍贵文献，编注成《天父天兄圣旨》，1986年由辽宁人民出版社出版，成为研究太平天国早期历史不可或缺的史料。清方记载方面，中国第一历史档案馆根据馆藏军机处录副奏折等，编成《清政府镇压太平天国档案史料》26册，计1400余万字，1990年至2001年由社会科学文献出版社陆续出齐（前2册由光明日报出版社出版)。2004年，罗尔纲、王庆成主编的《中国近代史资料丛刊续编·太平天国》由广西师范大学出版社出版，计10册，352万字，分为太平天国文献、清方记载、外人记载三部分，集近几十年陆续刊布和未刊新资料之大成。

在长期整理编纂史料的过程中，太平天国研究逐渐形成一个专门分支——太平天国文献学，其内容包括辨伪、校勘、注释诸方面，其成果首推罗尔纲注释的李秀成“自述”。罗尔纲从1931年开始对之作注，随后一再调整版本，增订注释，1982年推出《李秀成自述原稿注》(中华书局出版)。有学者感叹说：“在我国学术史上，注释史籍的名家不少，如裴松之注《三国志》，胡三省注《资治通鉴》等。但在版本方面遭到如此曲折，还是没有过的。”1995年，罗老又推出该书增补本（中国社会科学出版社出版)。该书从太平天国制度、避讳字、特殊称谓等12个方面详加训诂，另从事实、时间等10个方面订正原文的错误或补充其缺略，名物训诂与史实考订并重，共注释700条左右，注文是原文的4倍多，堪称精湛。罗老对太平天国史料所下工夫之深，考订史实贡献之大，史学界无人能出其右。罗老穷半个多世纪之力注释李秀成“自述”，从青春一直注到白首，成为史学界的一个佳话。

王庆成在海外搜访太平天国文献方面用力最勤，贡献最大，对文献也有独到研究。所著《太平天国的文献和历史：海外新文献刊布和文献史事研究》（社会科学文献出版社 1993 年版）除结合新文献研究相关史事外，还考察了太平天国文献形成、湮没、搜集、汇编出版的历史，探讨了太平天国印书制度的演变，并重点研究了“旨准颁行诏书总目”制度。在《稀见清世史料并考释》（武汉出版社 1998 年版）“造反者文书”部分，王庆成对所辑录的 30 件太平天国文书逐一加以考释，包括订正《中国近代史资料丛刊·太平天国》辑录的《洪仁玕自述》中的错、讹、衍字 50 余处。另编注《影印太平天国文献十二种》（中华书局 2004 年版），共编辑影印为前人影印集所无的 8 种印书、4 种文书。

祁龙威在文献研究方面也颇有建树，校注清人柯悟迟著《漏网喁鱼集》（中华书局 1959 年版）等，编注《洪秀全选集》（中华书局 1976 年版）、《洪仁玕选集》（中华书局 1978 年版）。所撰《太平天国史学导论》（学苑出版社 1989 年版）除专论文书、印书和文物研究史略等内容外，还重点进行史料辨伪，如经过考订鉴定出清人笔记《燐血丛钞》系近人伪作，《太平天国文书汇编》辑录的 14 件东阳文书乃清地方政府文牍、并非太平天国文书。《太平天国经籍志》（广西人民出版社 1993 年版）则是祁氏从事文献研究的一个总结性成果。该书首次对太平天国印书逐一解题并校勘版本，复就近人所编太平天国文献进行述评，并采用“以字证经，以经证字”之法，分类笺释太平天国专用字词；另专论“伪书考辨”，归纳出三条经验：充分发露破绽；抓住作伪铁证；愈经反复，真伪愈明。

二　关于太平天国政权性质等问题的讨论

从 1979 年开始，史学界围绕太平天国政权性质问题展开热烈讨论，大体上有以下三种不同看法。

一是封建政权说。这是新近提出的一种观点。沈嘉荣认为，单纯的农民运动不能变更封建土地所有制，打倒整个地主阶级，因此在推翻旧朝后，建立起来的只能依然是封建王朝。[①] 孙祚民指出，太平天国基本上沿袭封建专制政权的模式，地主阶级及其知识分子在国家中处于统治地位，

① 参见沈嘉荣《平均主义与封建主义——四论太平天国政权性质问题》，《群众论坛》1980 年第 4 期。

且始终普遍实行承认和保护地主土地所有制、允许和支持地主收租的土地政策，因此太平天国政权是新的封建政权。[①] 段本洛也认为，“封建生产关系仍牢固存在，小农经济原封未动，在这样的社会经济基础上建立起来的政权只能是封建政权”[②]。

二是农民革命政权说。这是一种传统观点。孙克复、关捷认为，政权就是统治之权，在激烈的阶级搏斗中，农民出于反抗的需要，可以建立短期的、不巩固的劳动者专政；太平天国的《天朝田亩制度》和革命实践，说明其政权是一个与清王朝封建政权对峙10多年的“农民革命政权”。[③] 董蔡时从太平天国摧毁清朝地方政权系统、肩负起反侵略任务、农民群众基本上掌握从中央到地方的政权、在经济上沉重打击了地主阶级、太平天国政权始终得到广大劳动人民的支持五个方面，论证其政权是农民革命政权。[④]

三是农民政权封建化说。王天奖认为，受历史和阶级的局限，洪秀全等人的反封建斗争仍停留在自发而不是自觉的阶段，不可避免地要把一些封建因素带到农民运动中来，“照旧交粮纳税”政策的确定便是这个新政权开始向封建政权演变的象征和标志，后期则基本完成这个历史转化。[⑤] 苏双碧也持此说，后又补充指出：“农民政权和封建政权并没有本质区别，只是因为这个政权在某一阶段更多的是代表农民的利益，就称之为农民政权，它只区分于地主政权。”[⑥] 与之相近的还有两重性政权说。李锦全认为，农民和地主是封建社会中对立的统一体，反映在思想和主张上，就是革命性和封建性、平均平等和封建特权交错结合在一起，太平天国政权便是带有矛盾的两重性政权。[⑦] 孙祚民不赞同此说，强调“作为阶级统治工具的政权，只能代表与维护某一个阶级的利益，而不可能同时代表与维护两个对抗阶级的利益”[⑧]。

---

① 参见孙祚民《判断太平天国政权性质的标准——五论关于“农民政权”问题》，《学术研究》1981年第5期。

② 段本洛：《太平天国革命的时代特征与前途》，《江苏师院学报》1980年第2期。

③ 参见孙克复、关捷《太平天国政权性质商榷》，《社会科学辑刊》1981年第1期。

④ 参见董蔡时《试论太平天国政权的特点和性质》，《江苏师院学报》1980年第2期。

⑤ 参见王天奖《太平天国与地主阶级——兼论太平天国政权的性质》，《中州学刊》1981年第1期。

⑥ 苏双碧：《太平天国史综论》，广西人民出版社1993年版，第359页。

⑦ 参见李锦全《试论洪秀全思想及太平天国政权的两重性》，《南方日报》1981年3月30日。

⑧ 孙祚民：《关于太平天国政权性质研究中的几个问题》，《北方论坛》1980年第1期。

与这场讨论同时进行、主题相近的还有关于太平天国能否称为“革命”的争论。有论者强调农民起义不能改变旧的生产方式，建立新的生产方式，因此，包括太平天国在内的农民起义“不能称为革命，只能叫农民运动”①。牟安世回应说，从普遍和约定俗成的含义来说，“革命”就是使用暴力，武装夺取政权，就此而论，太平天国当然是一次革命。他指出，以能否变更生产方式来定义“革命”是不全面的，因为它遗漏了在阶级社会中，作为革命的根本问题的政权问题和根本方法——使用暴力、武装斗争的方法，而生产方式的更替“也是革命的结果，而不是革命的本身”②。

上述讨论在持续几年后渐告沉寂，辩驳各方未能取得共识。究其原因，主要在于争论双方主要拘泥于概念之争，而实证性研究未能跟进，尤其是对太平天国自身由哪些人构成，他们的思想、态度、政策、行为等，关注不够，研究不够深入，导致这场争论几近于“树在庙前还是庙在树后”之争，对研究工作的推动作用没有20世纪50年代的那场讨论那么明显。

学者们还就一些具体史实进行了积极探讨，金田起义日期问题便是一例。罗尔纲持道光三十年庚戌十二月初十日（1851年1月11日）说，这也是迄今社会上较多采用的一种说法。其论据主要有二，一是《洪仁玕自述》“合到金田，恭祝万寿起义，正号太平天国元年，封立幼主”等句，另一为《天父诗》第349首：“凡间最好是何日？今年夫主生诞日，天父天兄开墓日，人得见太平天日。”据此断言金田起义日与天王生日在同一天，即十二月初十日。荣孟源、茅家琦等人则据《天情道理书》“及至金田团营，时维十月初一日”句，持十月初一日（1850年11月4日）说。罗尔纲对此提出质疑，认为“团营”与“起义”是两回事，强调金田起义的过程分为四个阶段，即各地会众奉命起义，各地实行团营，接着赶至金田团营，随后从平南迎接洪秀全回金田，于十二月初十日恭祝万寿，宣布起义。③

王庆成指出，迄今为止，在太平天国官书中没有发现关于起义具体时间的明确记载，天历六节中既没有金田起义节，也没有天王圣诞节，说明

① 《历史研究必须提倡真实性和科学性》，《光明日报》1979年10月27日。

② 牟安世：《论太平天国运动能否称为革命》，《社会科学研究》1981年第1期。

③ 以上参见罗尔纲《金田起义日期再考》，《学术论坛》1980年第3期；荣孟源《金田起义日期的探讨》，《社会科学研究》1981年第1期；茅家琦《太平天国历史上几个问题的质疑》，载《太平天国史学术讨论会论文选集》，中华书局1981年版。

太平天国可能没有宣布过正式起义的日期。他认为，金田起义并不是发生在某一天的事，而是由一系列的活动和斗争串联而成的一个过程，但这并不妨碍后人确定某一天作为纪念金田起义的日子。姜涛根据《天兄圣旨》中关于洪秀全在庚戌年二月廿三日“穿起黄袍”的记载，否定了洪秀全在武宣东乡登极的旧说，认为洪在公开揭帜前已在平山秘密登极称王，进而认为广义的金田起义，指庚戌年秋历时数月之久的各路仗义起兵勤王人马向金田地区团营的全过程；狭义的金田起义日即公开揭帜日期，则是同年十月初一日。①

三 人物研究

与前期相比，这一时期人物研究最大的特点是摒弃了以人划线的简单化研究方式，并在对太平天国核心人物的具体研究上取得重大突破。

1979 年，王庆成刊文对洪秀全的早期思想进行重新评价，通过分析考察他的早期诗文及具体行迹，认为洪秀全的早期思想经历了从追求功名、以道德说教手段改造世道人心到立志反清的发展过程。1843 年皈依上帝是其思想异端的开始，但不是反清革命的标志；直到 1847 年以后，他才正式确立反清革命立场。强调“太平天国革命的根源在于社会上的阶级斗争，而不是产生于宗教教义。《劝世良言》只把洪秀全变成福音宣传者，而阶级斗争才把洪秀全推向创建新国家的政治革命”。作者还指出，《原道救世歌》《原道醒世训》和《原道觉世训》均为宗教宣传品，根本不含有政治平等、经济平等的思想，“如果相信洪秀全已经提出了这种平等思想，并且竟成了太平天国革命的理论基础，那我们就无法解释洪秀全和太平天国的历史，也不能解释太平天国迄今的一百多年的历史”。② 上述观点在当时引起较强反响，并被多数学者所接受。

苏双碧在人物研究方面著述最丰，撰有李秀成、陈玉成、石达开、洪秀全等多种人物评传，论点较为平实。例如，关于石达开安庆改制问题，苏氏指出，石达开抛弃空想的《天朝田亩制度》，改行“按亩输钱米”政策，使太平天国很快克服了建国初期的财政和供给困难；认为安庆改制

---

① 参见王庆成《金田起义的准备、事实和日期诸问题试说》，载《太平天国学刊》第 1 辑，中华书局 1983 年版；姜涛《洪秀全“登极”史实辨正》，《历史研究》1993 年第 1 期；姜涛《金田起义再辨析》，《近代史研究》1996 年第 2 期。

② 王庆成：《论洪秀全的早期思想及其发展》，《历史研究》1979 年第 8—9 期。

“不是倒退，更不是复辟，是合乎历史规律的措施”[①]。

作为太平天国乃至中国近代思想史上的一个重要人物，洪仁玕研究向为学界所重视。夏春涛著《从塾师、基督徒到王爷：洪仁玕》，利用新近公布的洪仁玕多篇供词，并从30余种西人著述中发掘资料，对洪仁玕的人生轨迹和心路历程，包括他与洪秀全之间思想的异同，做了较为详细的研究。作者还就如何评价李秀成被俘后的表现提出了新视角，认为“与洪仁玕相比，李秀成从被俘直至被杀，始终没有在任何场合流露过华夷（汉满）有别之类的思想，可见所谓忠王效仿姜维诈降、意在挑拨曾国藩与清政府之间关系的说法值得重新认识”；指出洪仁玕是太平天国内部唯一一位读过《李秀成供》并对之加以评述的人，他在签驳时反复提到李秀成“变更不一”、“已多更张”等，这实际上是对李秀成变节行为的一种含蓄的谴责。[②]

除太平天国首要人物外，次要人物乃至普通民众研究也较以往受到更多关注。例如，陈宝辉、尹福庭、庄建平著《太平天国诸王传》（广东人民出版社1990年版），共记述33位王一级人物的生平，是迄今评述太平天国人物最多的一本专著。又如，在《太平天国史》这部巨著中，罗尔纲共给172人立了传，其中包括柴大妹、蒋老水手等普通人物。

以往人物研究中一些以讹传讹的问题也得到澄清，有关洪宣娇的考证便是一例。世传洪宣娇是洪秀全的胞妹，有论者据此认为洪宣娇嫁给萧朝贵是一种政治联姻，是洪秀全牵制杨秀清的一种手段。钟文典根据民间口碑并结合文献记载进行考订，最早否定了此说，断言洪宣娇并非洪秀全的胞妹，也不是太平军女军的大首领，实为广西桂平紫荆山区的农家女子杨宣娇。[③] 罗尔纲根据新近公布的《天兄圣旨》作进一步考证，得出了同样结论。[④]

目前的人物研究虽已相当深入，但几乎每一位重要人物的生平行迹至今仍有不甚明了之处。研究者们在对人物的具体评价上也颇多分歧，褒贬不一。这些分歧主要集中在一些焦点问题上，诸如洪秀全的思想特征及其后期的功过，杨秀清、韦昌辉与天京内讧，石达开离京出走和大渡河被俘

① 苏双碧：《石达开评传》，河北人民出版社1986年版，第89页。

② 夏春涛：《从塾师、基督徒到王爷：洪仁玕》，社会科学文献出版社2007年第2版，第238、240页。

③ 参见钟文典《试说洪宣娇》，《广西师范学院学报》1980年第1期。

④ 参见罗尔纲《重考“洪宣娇”从何而来》，《历史研究》1987年第5期。

真相，洪仁玕与《资政新篇》，李秀成与其被俘后的“自述”，领导层内部的腐败问题，等等。

人物研究的视野仍有待拓宽。例如，《天父诗》中的绝大部分是洪秀全专为后妃撰写的宗教伦理诗，其内容大多涉及宫廷中的人和事。20 世纪 50 年代，吴良祚利用《天父诗》，从天王后妃的称号和内廷女职、天王的家教和私生活、严峻的家法三个方面，对洪秀全的宫廷生活做了别开生面的研究。[①] 可惜，此后未再有人做过类似的研究。

人物之间相互关系的研究也有待加强。以杨秀清与萧朝贵的关系为例。二人分别拥有代天父、天兄下凡传言的权力，是太平天国早期举足轻重的人物。据《天兄圣旨》《天情道理书》分析，天兄下凡的风头一开始明显压过天父下凡，在庚戌年四月酝酿起义的紧要时刻，杨秀清口哑耳聋，一度脱离了权力中心，以至于有人“不知尊敬东王，反为亵渎东王”；但在同年十月初一日金田团营之际，杨忽又“复开金口，耳聪目明，心灵性敏，掌理天国军务”。从此，天兄下凡的影响和作用便急剧下跌，其下凡的频率也骤然减少，次年仅下凡过一次，形同虚设。后来，萧朝贵奉命率偏师攻打长沙，不幸阵亡，天父、天兄下凡形式并存的局面遂告终结。当初天父、天兄下凡形式并行时，杨、萧之间的关系究竟如何协调，尤其是在两人意见不一的情况下？两人是否有过权力摩擦？萧的阵亡是否与此有关？这些是耐人寻味但迄未有人仔细探究过的问题。

四　政治研究

针对太平天国政体是“君主专制”的传统观点，罗尔纲提出了新见解。他援引《天朝田亩制度》《王长次兄亲目亲耳共证福音书》等史料加以论证，认为太平天国政体是“军师负责制”——以主（天王）为国家元首，临朝而不理政；以军师为政府首脑，执掌实权——既包含有农民民主的内容，又沿袭了封建主义的旧体制，既不同于中国传统的君主专制，也不同于西方的内阁制（君主立宪制），具有其独特的性质。他认为，该政体是受《三国志通俗演义》、《水浒传》和近世天地会组织的启发，“在太平天国前期行使这种政体，发扬了农民民主，取得了革命飞跃发展，国势兴隆昌盛”，“到天京事变后，军师负责制遭破坏了，洪秀全厉行君主专

① 参见吴良祚《关于〈天父诗〉》，《历史研究》1957 年第 9 期。

制，造成了人心离散的严重后果，卒至覆亡”①。

钟文典著《太平天国开国史》（广西人民出版社 1992 年版），是迄今研究太平天国开国史最为翔实和全面的一部专著。该书首先分析了太平天国起义的背景，接着依次考察了洪秀全等人从秘密酝酿、金田团营、正式揭帜、永安建政直至进军长江、定鼎金陵的全过程。其中，“封王建政在永安”一章系作者在旧著《太平军在永安》的基础上修订而成，详细探讨了太平军攻克永安的经过，以及驻留该城 195 天期间安抚民众、设防与攻守、肃奸防谍、封王建政的具体措施，写得很有深度。作者认为，太平天国在永安封王建政，休整军伍，为把革命推向全国奠定了基础；通过在永安的上述举措，太平天国的政权结构与领导统属关系基本定型，各项制度基本确立，这在中国农民战争史上绝无仅有，说明太平天国的确是旧式农民战争的最高峰。

王庆成根据《天父圣旨》《天兄圣旨》中的记载，订正了洪仁玕述、韩山文撰、简又文译《太平天国起义记》中的若干讹误之处，并对一些曲折隐晦的史实进行了考析。例如，他经过考订指出，“拜上帝会”在冯云山被捕事件后曾出现纠纷和分裂，主要不是由于外部打击而是由于内部紊乱所引起的。当时，在会内搞神灵附体传言的不止是杨秀清、萧朝贵，而是还有别人，各自发号施令。杨、萧互相联合，战胜了“拜上帝会”内的其他人或其他派别；认为天父、天兄附体传言的确立，降低了冯云山的重要性，在一定意义上也削弱了洪秀全的发言权，但这对于原来是一个宗教团体的“拜上帝会”逐渐政治化到最后发动起义，却起了积极的作用。②

太平天国时期各地各民族反清起义的研究同样也有长足进展，其中以捻军研究最为深入。江地撰有《捻军史论丛》（人民出版社 1981 年版）、《捻军史研究与调查》（齐鲁书社 1986 年版）两本文集，前书纵向探讨了捻军起义从发生、发展到失败的全过程，后书横向论述了捻军性质、分期以及史迹调查、资料搜集等问题。在数种捻军研究专著中，以郭豫明的《捻军史》最为厚实，计 50 余万言，内容系统全面，资料翔实。作者通过详细辨析，认为捻军斗争的性质属农民起义，而不是所谓地方割据势力对

① 钟文典选编：《罗尔纲文选》，广西师范大学出版社 1999 年版，第 54 页。

② 参见王庆成《〈天父圣旨〉、〈天兄圣旨〉和太平天国的历史》，《近代史研究》1986 年第 2 期。

抗清朝中央政权的反抗运动。[①] 方诗铭归纳出上海小刀会起义的两大历史特点：一是有广泛的社会基础，投身起义者除农民外，还有大量的手工业工人、航运水手、其他城市劳动人民以及工商业主；二是以城市武装斗争为主，起义军在上海县城坚持战斗了17个月。[②]在2003年11月南翔召开的上海小刀会起义150周年学术研讨会上，小刀会起义与移民的关系、对上海近代化的影响等问题较受关注，反映了研究视野的拓宽和研究的深化。骆宝善考察了广东天地会起义期间中外敌对势力相互勾结的情形，认为英、法、美等国武装力量协同清朝广东当局，破坏了天地会起义军攻取广州的战略部署，从而扼杀了这场起义在广东的胜利进展，“第一次公开扮演了同清朝统治当局联合绞杀中国人民革命运动的可耻角色”[③]。罗尔纲对云南回民起义领袖杜文秀重新进行评价，认为所谓“大理回教国”系出自外国侵略者的捏造，所谓“大理使臣”乃刘道衡的骗局，刘在伦敦向英国送交一份杜文秀向英王称臣的表文，“完全与杜文秀无关”[④]。

五　太平天国对立面研究

对于真切了解这段跌宕起伏的历史和太平天国兴亡的外在原因而言，研究太平天国对立面是一个很有意义的课题。但在早期研究中，相关论著为数甚少，且大多流于口诛笔伐式的揭露或声讨。从20世纪80年代初开始，该课题受到越来越多的重视，并陆续有一批重要研究成果问世。

贾熟村著《太平天国时期的地主阶级》是一部系统研究太平天国对立面的力作。作者将地主阶级分成中央政权和地方势力两大类加以探讨。前者按军事势力，分作江南大营、江北大营、临淮军、胜保、僧格林沁五大军事集团；按政治势力，又分为权贵派、经世派、洋务派三大政治集团。后者则分成拥清派、骑墙派、媚外派、经世派、洋务派。作者逐一考察了其各种代表人物和重要成员的表现，并专列一编（全书计五编）考察经世派中的曾国藩集团，共涉及千余人之多，然后据此加以归纳总结，对摇摇欲坠的清政府最终摇而不坠的原因作了深入剖析。作者认为，这主要是由

---

① 参见郭豫明《捻军史》，上海人民出版社2001年版，第588页。

② 参见方诗铭、刘修明《上海小刀会起义的社会基础和历史特点》，《历史学》1979年第3期。

③ 骆宝善：《广东天地会起义期间中外反动派的勾结》，《太平天国学刊》第1辑。

④ 罗尔纲：《杜文秀“卖国”说辟谬》，《学术月刊》1980年第4期。

封建家族的顽固性、反动性所致；在农民战争的冲击下，地主阶级迅速进行了新陈代谢，但分化到农民起义军一边者甚少，起而反抗农民起义者甚多，各派势力大联手，制定了各种行之有效的对策，诸如军事上组建湘军和淮军，经济上推行厘金制度以充实军需，政治上不断调节其内部的矛盾，并设法缓和地主阶级与农民阶级的对抗，同时，充分利用太平天国自身的弱点，并调整与列强之间的关系，促成中外反动势力进一步勾结，从而使自己由弱变强，反败为胜，最终镇压了太平天国，实现了所谓“同治中兴”。①

作为该课题的核心内容，湘军研究日渐深入，除散见于各报刊的诸多文章外，其代表性研究成果为龙盛运撰写的《湘军史稿》。该书从政治史角度，详细考察了湘军从创建、发展、鼎盛到基本解体的全过程，包括湘军出笼与发展的内在原因和外部影响，两湖后方基地的经营，曾国藩等人对经验教训的总结，与满族贵族关系的调整，以及湘军营制与兵种的演变，饷银的开辟，将帅与幕僚，等等，另兼论湘军战史，从而在内容上超越了以往单纯研究湘军兵制或战史的论著。书中的一些论点也颇有见地。在谈到湘、淮两大集团对后世的影响时，作者分析指出，曾国藩等人虽然保护了清王朝，但兵为将有和满汉地主平分政权的格局又给它带来了隐患，高度集中的中央大权开始旁落于军政大吏，这一现象不单见于清末，到民国时更是恶性发展，形成中央政府几同虚设、地方由军阀割据的局面；鉴于所面临的主要矛盾和政治格局与湘军集团十分相似，清末乃至民国的统治者自然会从前者成功的经验中吸取教益，“正因为如此，湘军集团，特别是曾国藩，才长期被统治者吹捧，甚至被圣贤化”。②

董蔡时则从人际关系角度，侧重探讨曾国藩、胡林翼、左宗棠、李鸿章、沈葆桢等人之间错综复杂的关系，在研究太平天国政治对手方面独树一帜。以曾国藩、胡林翼的关系为例，董氏将之划分为三个阶段，即1853年至1856年胡参加湘军依附曾的时期，1856年至1860年曾依靠胡维护、发展湘军时期，1860年两人互相配合攻陷安庆时期，认为在湘军的发展史上，在镇压太平天国的过程中，无论在政治上或军事上，曾、胡起着互相

① 参见贾熟村《太平天国时期的地主阶级》，广西人民出版社1991年版，第549—556页。
② 参见龙盛运《湘军史稿》，四川人民出版社1990年版，第512—513页。

帮助、互相补充的作用，都是农民起义军的死敌。[①] 曾、胡、左、李的传记续有多种面世，除董蔡时、王国平《胡林翼评传》（团结出版社 1990 年版）、陶海洋《胡林翼与湘军》（广陵书社 2008 年版）等书外，其余均大量涉及太平天国败亡后的史事。

朱东安撰《曾国藩幕府研究》（四川人民出版 1994 年版），从曾氏幕府的组织结构入手，考察了其设置、职能、办理成效及其主要成员的活动，包括它的发展过程与胀缩规律，幕中的主客关系和相互影响，并从中国幕府史的角度，探讨了其历史成因、地位以及对晚清政局的影响，将曾氏幕府研究推向了深入。作者指出，曾氏幕僚中以从政人员数量最多、影响最大，他们遍布各个领域，一时形成“名宦能吏，半出其门”的局面，致使晚清的满汉政治格局、国防、外交无不打上曾国藩的烙印，影响到整个政局。作者另著有《曾国藩集团与晚清政局》（华文出版社 2003 年版），将曾国藩集团视为一个整体，探讨清咸丰年间权力格局的变化及其历史成因。

上述研究深化了人们对太平天国史乃至整个中国近代史的了解和认识。不过，围绕曾国藩等人镇压太平天国的是非功过，仍存有较大分歧和争议。在 2006 年 12 月湖南双峰举行的曾国藩国际学术研讨会上，有学者提出在研究方法上要跳出革命史观和现代化史观的二元对立，超越简单的功过对比这个层面，侧重研究其成败背后的原因及其对今天的借鉴意义。

六　军事、外交、经济、文化研究

军事是一个传统课题，陆续有多种专著问世。郦纯撰《太平天国军事史概述》（全 5 册，中华书局 1982 年版）考订和叙述甚详，不足之处是单纯研究战争史，且理论分析较略。张一文《太平天国军事史》共分“战争”和“军事”两编，上编简要叙述影响乃至制约太平天国战争胜负的战略行动和重大战役，下编探析太平军的领导体制与军队编制，以及军纪、训练、武器装备、后勤保障、阵法与战法、战略、军事思想等，内容较为全面。作者认为：“综观战争的全过程，太平天国的领袖和将士们，在战术运用方面，可谓灵活多变，得心应手，呈现出一幅瑰丽多彩的画卷。在战役指导方面，虽有‘得意之笔’，但从总体上看，仍显得有些机械、呆

① 参见《董蔡时学术论文选集》，苏州大学出版社 1998 年版，第 472—485 页。

板，缺少灵活应变的能力。尤其在战略指导方面，则缺乏驾驭全局的能力，重大决策屡屡失误，终于导致战争的最后失败。”① 这种分析较有启发意义。

北伐和西征是太平天国在定都之初相继发起的重大战略行动。张守常《太平天国北伐史》、朱哲芳《太平天国西征史》（合订本，广西人民出版社 1997 年版）分别就这两大战役的具体过程，包括其战略、战术的得失，进行了较为详细的考察和分析。关于太平军北伐失败的具体原因，学界通常认为，由于定都天京，太平军便不倾全力或以主力北伐，导致北伐军孤军深入，最终全军覆没。张守常分析指出，导致北伐失败的决定性因素并不在于建都天京和孤军深入，而是在于天京领导层的决策失误：首先表现为指示北伐军快速前进，直取北京，忽略了消灭敌军有生力量、壮大自己力量和政权建设；其次是命令北伐军在攻取北京之前“先到天津扎住”，结果北伐军屯扎独流、静海三个多月等待援兵，自动放弃了战场上的主动权，这成为太平军北伐从胜利推进到终归于失败的转折点。② 这一论断较有说服力。

崔之清主编四卷本《太平天国战争全史》，2002 年由南京大学出版社出版，计 216 万字，是具有较高质量的研究专著。该书围绕战争这一军事史的核心内容，将太平天国 10 余年的兴衰史划分为太平军兴、战略发展、战略相持和天国覆亡四个阶段，宏观研究（战争历程）与微观研究（具体的战役、战斗）相统一，从而更为翔实、清晰地描摹出这场跌宕起伏的农民战争的全貌。全书摆脱了一味丑化或美化太平天国的简单研究模式，在肯定这场农民战争正义性的同时，又对其消极面进行剖析，分析了权力争斗、上下离心、事权不一等现象对太平天国战争全局的负面影响。该书另一特点是重视对战争动态层面的研究，尤其是对交战双方军事思想、战略指挥和战术运用的研究。

沈渭滨经过考订，对较为流行的太平军水营岳州成立说提出质疑，认为武汉成立说较为合理。③ 张海鹏从湘军的角度解析安庆战役，认为湘军取胜的原因在于客观估量军事形势，正确决断战略方向；总结失败教训，

① 张一文：《太平天国军事史》，广西人民出版社 1994 年版，第 420 页。
② 参见张守常《太平天国北伐史》，第 1—13 页。
③ 参见沈渭滨《曾经沧海》，上海教育出版社 2001 年版，第 155—158 页。

灵活运用以消灭敌方有生力量为中心的各项战术原则；统一调度与协同作战。[①] 王建华考察了太平军二破清江南大营一役，认为导致江南大营溃败的最直接原因是欠饷问题；李秀成“围魏救赵”计略之所以奏效，与何桂清出于与曾国藩争夺浙江地盘的考虑，有意阻滞江南大营援浙部队的行动有很大关系。[②] 张铁宝首次考订出天京重要堡垒地保城的确切地点和范围。[③]

外交是早期研究中的一个薄弱环节，相关论著主要局限于探讨太平天国的反帝斗争。这一情形在新时期有了很大改观。茅家琦在该课题研究上最有成就，所著《太平天国与列强》是其旧著《太平天国对外关系史》的增补本。该书在利用、参考大量西文资料和论著的基础上，详细考察了太平天国与西方朝野交往、接触的历史，以及后期太平军与外国侵略军交战的经过，并探讨了太平天国后期的对外经济往来，英、法、美等列强“中立”政策的实质及其演变，分析了太平天国对外政策的得失。作者在书中重点阐述了两个论点：一是认为当时英国侵华的主旨是扩大通商利益，包括鸦片贸易和正常商品的贸易，而俄国侵华的主旨则是侵占中国领土；二是认为太平天国外交政策的主要错误在于未能利用清王朝与列强之间的矛盾，阻止两者互相勾结反对自己。作者指出，太平天国办理外交的这个错误集中体现在处理进攻上海问题上。[④]

王庆成对太平天国的国际观念作了深入分析，认为它在很大程度上与其宗教、伦理思想有关，有着特别的含义。他指出，太平天国对国家之间的关系并无近代的国家主权观念，从宗教上的“天下一家”理论出发，他们一方面对西方国家持友善态度，引对方为打击清政府的同道，另一方面，又与传统的天朝大国思想相混合，奉洪秀全为“万国真主”，从而难以为西方各国所理解和接受。他认为，即使太平天国在国际观念上没有缺陷，也不会改变列强既定的外交投机政策，而“光复全部疆土，不能弃寸土于不顾”和“我争中国欲想全图”的强烈使命感，最终引导太平天国做

① 参见张海鹏《湘军在安庆战役中取胜原因探析》，《近代史研究》1988 年第 5 期。

② 参见王建华《关于太平军二破江南大营和东征苏常的几个问题》，载《历史与社会》第 1 辑，苏州大学出版社 1995 年版，第 180—190 页。

③ 参见张铁宝《天京地保城考略》，《江海学刊》1986 年第 3 期。

④ 参见茅家琦《太平天国与列强》，广西人民出版社 1992 年版，第 315 页。

出了反侵略的业绩。①

经济研究续有进展，其扛鼎之作为郭毅生著《太平天国经济史》。该书系作者据旧著《太平天国经济制度》修订扩充而成，分别探析了太平天国经济制度和政策产生的历史背景，洪秀全的经济思想，《天朝田亩制度》《资政新篇》的内容和性质，太平天国的圣库制度，"照旧交粮纳税"政策的实施，后期两种并行的土地政策，"着佃交粮"制问题，田赋与税收政策，商业政策与货币。对于一些较有争议的问题，作者均阐明了自己的观点。例如，关于"着佃交粮"制问题，作者分析指出，该政策在前期就已付诸实施，后期则在苏、浙两省的许多县镇广为推行，是太平天国的历史创举，是它区别于历代封建政权土地政策的重要特色；鉴于佃户纳粮后不再向地主交租，加之通过领取"田凭"获得了法律上的土地所有权，变相实现了"耕者有其田"，因此，该政策是对封建地主所有制的破坏。②

文化研究方面，学者们摒弃了视太平天国的反孔斗争为"五四"时期打倒"孔家店"之先声的说法，在认识上渐趋一致，认为洪秀全反孔主要是出于独尊上帝的考虑，并不意味着其反封建斗争的深化。其中，王庆成就太平天国对儒学态度的演变及其影响作了详细分析，认为太平天国起初并没有否定和打倒孔子，相反，对孔子和儒学还相当尊重；定都天京后，洪秀全转而否定儒学，排斥古人，进行一种形式上而非内容上的反孔，这可能与他个人的心理经验有关，试图造成在独尊上帝的旗帜下前无古人的局面。在遭到杨秀清反对后，洪秀全被迫下令停止焚禁古书，规定四书五经待删改后仍准阅读。杨死后，洪禁绝儒学的态度虽小有松动，但基本上仍坚持到底，导致太平天国难以吸引知识分子，人才匮乏，成为导致其失败的一个重要原因。曾有学者据曾国藩致刘蓉函中"粤匪去冬未平，且复加厉。所睹四书，当以奉诒"等语，断言太平天国出版过删改本"四书"。王庆成根据香港大学孔安道图书馆收藏的刘蓉契据残片，考订出"睹"应作"赌"，"所赌四书"指曾、刘二人为分析时局而互相打赌押注的四种书，与太平天国曾否出版"四书"毫不相关，认为太平天国从未出版过

① 王庆成：《太平天国的对外关系和国际观念》，《历史研究》1991 年第 1 期。

② 参见郭毅生《太平天国经济史》，广西人民出版社 1991 年版，第 238—282 页。

“四书五经”。[①]

七 典章制度研究

太平天国有着一整套较为系统周密的典章制度。近二三十年来，相关研究取得较大突破。郦纯撰《太平天国制度初探》（人民出版社 1956 年初版，中华书局 1989 年修订本），探讨了太平天国的经济措施、官制军制、乡官制度、赋税制度、供给制度、教育考试制度、城市组织等，是较早一部比较系统的典章制度研究专著，但缺漏尚多，尤其是在头绪繁杂的官制研究方面。盛巽昌撰《太平天国职官志》（广西人民出版社 1999 年版）在很大程度上弥补了这一缺憾。该书对太平天国官爵制度作了全方位考察，考析了该制度的渊源、嬗变及影响，梳理了其职官、爵官、散官和勋官的头绪，并附有若干官爵表，考订详细，用力甚勤。华国梁通过考析陈玉成封官受爵的经历，探讨了太平天国官制的变化规律，认为前期级别简明，升陟有制，后期级别繁多，迁调无定；另考证出太平天国后期的官爵共划分为 5 等 24 级，认为官员等级的增加与官员的冗滥互为恶性循环，导致官僚化日益严重，办事效率低下。[②]

避讳在太平天国既是重要的礼制，同时又是盛行的习俗。吴良祚在该课题研究上最有造诣，所著《太平天国避讳研究》综合历史学、语言学和民俗学的方法，考察了太平天国避讳制度产生、发展与终结的历史，探讨了避讳的分类、方法及其具体实施情形，论述了避讳在太平天国文献史料版本校勘、训诂翻译、辨伪考信等方面的作用；末章附有避讳禁用字 160 多个，使该书同时兼有工具书的性质。作者认为，该制度“承袭了我国历代的避讳制度，但又体现了太平天国避讳制度的一些特点。它的浓厚的封建性与落后性是不言自明的，但同时又透露了太平天国进步文化政策的微弱折光”[③]。史式撰《太平天国词语研究》（广西人民出版社 1993 年版）探讨了太平天国词语的来源及其衍生、发展的过程，太平天国推行专用词语的目的、方式和实际效果，并附有词语 2000 余个。朱从兵、崔德田著《太平天国文书制度》考察了太平天国文书制度的发展过程，办文机构和

① 参见王庆成《太平天国的文献和历史》，中华书局 1985 年版，第 379—398 页。

② 参见华国梁《陈玉成官爵考》，载《罗尔纲与太平天国史》，四川省社会科学院出版社 1987 年版，第 507—519 页；《太平天国的官爵等级》，载《太平天国史学导论》，第 293—309 页。

③ 吴良祚：《太平天国避讳研究》，广西人民出版社 1993 年版，第 304 页。

人员，行文关系和公文格式，公文承办与运转机制，文体与用语特点等。作者指出："太平天国的文书制度对于太平天国的发生和发展是有一定的积极作用的，但太平天国文书同时为清朝统治阶级掌握有关太平天国的情报提供了第一手资料，增加了太平天国对敌斗争的艰巨性。"① 以上三书均将各专题研究推向了深入。

太平天国政权不稳，且洪秀全后期立政无章，加之相关史料零碎分散，故太平天国地理研究一直较为薄弱。华强《太平天国地理志》（广西人民出版社 1991 年版）从历史地理的角度探讨太平天国政区地理的全貌，以政权建设相对完备的江南、安徽、湖北、江西、天浦、苏福、浙江七省和京城天京为主，对郡县之地理沿革、疆界四至，太平天国新建省郡县和避讳改名情况、攻占退出时间，各郡县守土官、驻防官等，进行了详细考察。

周新国《太平天国刑法研究》、吴善中《太平天国历法研究》（合订本），1993 年由广西人民出版社出版。周著是内地该课题研究的首部专著，从历史和法学两个角度，依次考察了太平天国刑法的历史演变，刑律、刑罚和审判制度的来源及其内容，并就洪秀全与洪仁玕的刑法思想，太平天国与清王朝的刑法，做了比较研究。"天历"是太平天国自创的一种历法，谢兴尧、郭廷以、董作宾、罗尔纲、荣孟源等前辈学者曾对之有所研究。吴著在总结前人研究成果的基础上，史实与历理并重，对天历的历理、创制与颁行问题，天历的特点和天历六节等，进行了较为全面深入的研究。作者否定了天历"是历史上空前进步的历书"一说，认为太平天国颁布天历主要是出于政治上的考虑，意在通过重定"正朔"来否定清政府的合法性，但由于漠视天象，片面追求"平匀圆满"，忌讳"亏缺"，天历编制得十分粗疏，不合农时，在科技方面并无可取之处。②

郭存孝探析了太平天国官印的颁发时间与规程，它的种类、功能和特色；考察了太平天国音乐活动的适用场合、乐器种类、音乐主管人员和机构等问题。③ 作者另著有《太平天国博物志》（广西人民出版社 1997 年版），专论太平天国的遗址、遗迹、遗物和遗风，按全国发布和收藏情况

① 朱从兵、崔德田：《太平天国文书制度》，广西人民出版社 1993 年版，第 218 页。

② 参见吴善中《太平天国历法研究》，第 244—256 页。

③ 参见郭存孝《太平天国官印研究》，《军事历史研究》1992 年第 2 期；《太平天国的音乐活动》，《太平天国学刊》第 2 辑。

逐一叙述，其中也涉及不少典章制度方面的内容。张铁宝研究了太平天国绘画方面的定制，认为其绘画以吉祥鸟兽、山水风景和花草图案为主要内容，这与太平天国不准绘人物的规定有关。①

马定祥、马传德撰《太平天国钱币》（上海人民出版社 1983 年初版，1994 年再版）是一部研究太平天国货币制度的专著。该书系统探讨了太平天国钱币的铸期、铸地、流通、折值、版式、特征、多寡以及鉴定真伪的方法，并将“天地会钱币”列为附录。

与简又文的《太平天国典制通考》相比，上述研究或填补了空白，或将同类研究推向了深入。

八　宗教和区域史、社会史研究

太平天国以宗教起家，又以宗教立国，因此，研究太平天国不能撇开宗教。但宗教通常被视为人民的精神鸦片，这使得在一味正面讴歌太平天国的年代里，学者们讳言宗教，宗教因而成为研究工作中一个无形的禁区。② 20 世纪 70 年代末，该课题开始引起少数学者的重视。其中，王庆成对其教义等做了若干开拓性研究，且视角独特，通过研究宗教来认识太平天国的思想和历史。他认为太平天国的宗教是一种中西合璧的宗教，具有中国宗教物质性的、形而下的特色，起着兴奋剂和麻醉剂的双重作用，其研究成果主要见诸《太平天国的历史和思想》一书。

夏春涛的《太平天国宗教》（南京大学出版社 1992 年版）是内地第一部以此为题的研究专著。在此基础上，作者新撰《天国的陨落——太平天国宗教再研究》（中国人民大学出版社 2006 年版，收入《国家清史编纂委员会·研究丛刊》）一书，篇幅增加约 20 万字，在结构上有较大调整，内容有所充实和扩展。该书较详细地考察了上帝教的创建过程、教义内容、宗教经典与宗教仪式，在太平军内部和民间传播的情形，与中国民间宗教和儒家孔学特别是西方基督教之间的关系；另论述了宗教理论对太平天国内外政策（国际观念、反孔政策、妇女政策等）的影响，并从宗教视角剖析了太平天国的社会政策、政治体制以及内部倾轧、吏治流弊等现象，以

① 参见张铁宝《从南京黄泥岗新发现的“作战图”谈太平天国人物画问题》，《文物》1986 年第 4 期。

② 参见徐绪典《论太平天国的拜上帝会与基督教的关系》（《文史哲》1963 年第 5 期）是前期少有的正面探讨太平天国宗教的论文。

探讨宗教与太平天国兴亡之间的关系。

关于"拜上帝会"这一宗教组织是否存在、该名称是自称还是他称的问题，学术界一直存有争议；关于"拜上帝会"这一名称，则向无争议，几乎成为不易之论。在《天国的陨落》一书中，夏春涛基于考证，认为该组织是存在的，其确切名称是"上帝会"，"拜上帝会"一说属以讹传讹。有学者提出异议，其论据为太平天国文献从未提到过"上帝会"；也有学者在认同"上帝会"说的同时，仍认为"拜上帝会"说是正确的，其依据是在几则资料中同时出现了这两种名称。夏春涛再作考订，指出几乎所有的中西原始记载，包括太平军士兵李进富的口供、广州太平军信使的口述，均证实冯云山所创的宗教组织名为"上帝会"，系自称；文献中间有出现"拜上帝会"之处，"拜"字均为动词，作"参加"解。作者同时指出，太平天国对其宗教没有正式命名，间或称为"天教"。所谓"上帝教"，是后人对太平天国宗教的称谓。太平天国宗教独尊上帝，称之为"上帝教"最为妥帖，前面不应画蛇添足，加上"拜"这一动词。根据所谓的"拜上帝会"说推衍出"拜上帝教"概念，以及将"拜上帝会"、"拜上帝教"两个概念混用，均有失妥当。①

区域史研究方面的著述首推董蔡时的《太平天国在苏州》一书。该书利用翔实的资料，较系统地考察了太平天国营建苏福省的军政、经济举措，苏州士绅在中外反动势力合流过程中所起的作用，太平军苏州保卫战的经过及其失败原因，并分析了苏福省的得失与太平天国存亡之间的关系，弥补了以往研究中的不足。作者认为，苏福省的开辟迅速扭转了太平天国的财政经济危机，并使兵力得到补充，尽管后来随着安庆保卫战的失败，安徽根据地全部沦陷，但太平天国仍能倚仗苏福省根据地支撑残局，进而开辟了浙江省根据地；正是凭借苏、浙根据地，太平军才能将抗击内外敌人的革命战争又坚持了四年之久。② 此外，王天奖对河南、徐川一对安徽、杜德风对江西、王兴福对浙江的研究，均有建树。

李文海、刘仰东著《太平天国社会风情》（中国人民大学出版社 1989 年版），从宗教活动、服饰装束、婚丧礼仪、过年度岁、家庭结构、巾帼风貌、戒赌始末、烟娼之禁、文化心态九个方面，考察了太平天国境内的

① 参见夏春涛《"拜上帝会"说再辨正》，《福建论坛》2009 年第 2 期。

② 参见董蔡时《太平天国在苏州》，江苏人民出版社 1981 年版，第 139—150 页。

社会习俗和风土人情，是从社会史角度研究太平天国的拓荒之作，给人以清新之感。

此外，邢凤麟等探讨了客家人与太平天国之间的关系。关于太平军中的婚姻状况与两性关系，太平天国时期的人口、灾荒等问题，均陆续有专文面世。① 这些均从一个侧面反映了太平天国研究课题的拓展。

九　一批大型通史类专著和工具书的问世

20世纪90年代初，随着研究的日益深入，两部大型太平天国通史类专著相继问世。②

罗尔纲著《太平天国史》（中华书局1991年版），繁体字竖排，计88卷，154万言，分订4册。该书在体例上有重大创新，共综合了叙论、纪年、表、志、传五种体例。以"叙论"概括全书，克服了纪传体"大纲要领，观者茫然"的弊病；"纪年"按纲目记大事；"表"标明复杂繁颐的史事，举凡会党起义和各族人民起义，太平天国的王侯百官、各类人物等，均列表以详；"志"记典章制度，包括太平天国的经济制度、宗教、政体、官制、军队编制、刑律、礼制、历法、科举制度、地理、交通、医疗卫生、建筑、艺术、典籍等；"传"记人物，取消了封建色彩较浓的"本纪"。在史书体裁上破旧立新，这是罗老的一大贡献。全书内容广博，考订缜密。作为当代太平天国研究的学术带头人和一代宗师，罗老以84岁高龄，于1985年撰成这一巨著，融会了他潜心治学50多年的成就，同时该书也是当代太平天国研究的一个总结性成果。该书面世后广受好评，获首届郭沫若中国历史学奖一等奖，被学术界誉为不朽的传世之作。

同年，茅家琦主编的《太平天国通史》（全3册）由南京大学出版社

---

① 参见邢凤麟《论太平天国与土客问题》，载《太平天国史论文集》；钟文典《客家与太平天国革命》，《广西师范大学学报》1991年第1期；夏春涛《太平军中的婚姻状况与两性关系》，《近代史研究》2003年第1期；姜涛《人口与太平天国革命》，《南京社会科学》1991年第1期；行龙《论太平天国革命前后江南地区人口变动及其影响》，《中国经济史研究》1991年第2期；曹树基《中国人口史》第5卷下册，复旦大学出版社2001年版；康沛竹《灾荒与太平天国革命的失败》，《北方论坛》1995年第6期；余新忠《咸同之际江南瘟疫探略——兼论战争与瘟疫之关系》，《近代史研究》2002年第5期。

② 此前出版的太平天国通史类著作主要有茅家琦、方之光、童光华合著《太平天国兴亡史》（上海人民出版社1980年版），王戎笙、龙盛运、贾熟村、何龄修合著《太平天国运动史》（人民出版社1986年版），饶任坤、陆仰渊、李福彦合著《天国兴亡》（中国青年出版社1988年版），篇幅均在30万字上下。

出版，计5篇22章，135万字，是迄今篇幅最大的一部章节体太平天国史专著。该书是受国家教委委托集体撰写的一部太平天国史教材，作者以崔之清等江苏省内学者为主。导言部分概述了百年来太平天国史研究和太平天国文献资料、遗迹遗址的情况，并详列研究论著、史料作为“附录”，这是该书的一大特色；正文则论述了太平天国从兴盛到衰亡的全过程，内容包括政治、经济、军事、外交、官制军制、事件、人物评价、民族问题等，富有新意。例如，该书就太平天国的败亡原因分析说，其主要原因并不是中外反动势力的勾结与镇压，而是太平天国自身的失误和衰落，具体表现为战略指挥上的失误，严重的分裂和内耗，自我孤立的政略和政策，宗教功能的转化，而“这些失误虽然可以简单归结为农民阶级的局限性，但并不是农民领袖们的必然共性”。①

同在90年代，钟文典主编的《太平天国史丛书》由广西人民出版社陆续出版，计收入专著10余种，多为总结性成果。

郭毅生、史式主编的《太平天国大辞典》于1995年由中国社会科学出版社出版，110万字。该书为太平天国史专业辞典，共收4000余词条，分总叙、词语、人物、军事与战争、地理、经济以及文物、史料、著作七大类编排，并附表20种，是一部权威性工具书。不过，该书“史料”、“著作”类仅收已译的外文史料和专著，未将重要的外文原始著述和研究专著一并收录在内，内容上稍欠完备。个别词条也有讹误之处，例如，王重民辑《太平天国官书十种》于民国三十七年（1948）被简又文、叶恭绰编入《广东丛书》第三集，次年正式出版，而该书却将其出版时间误作“1937年”。

郭毅生主编的《太平天国历史地图集》《太平天国历史与地理》由中国地图出版社于1989年出版。前者是一部以战争为主线的专史地图集，由地图104幅，文物、遗址与景观图片132帧，图说10万字和大事记四部分组成；后者系前书的姐妹篇，共收相关考释文字40万言。两书考订精审，均具有较高的学术价值。聂伯纯、韩品峥编著《太平天国天京图说集》（江苏古籍出版社1986年版）计收天京城内和郊区地图18幅，文字说明12万字，图文并茂，对太平天国都城的兴废沿革考释甚详。

姜秉正编《研究太平天国史著述综目》（书目文献出版社1984年版）

① 参见茅家琦主编《太平天国通史》下册，第358—393页。

共收5000多条目，内容包括1853年至1981年间海内外有关太平天国研究的资料和专著、论文等，分全史、人物评传、文物、史料、学术思想和书志学五大类编排，内容较张秀民、王会庵合编的《太平天国资料目录》（上海人民出版社1957年版）更为完备，但在史籍的版本源流和外文书目的翻译上略有失察之处。该书的下限为1981年，因此，编排近30年来太平天国史著述综目的工作仍有待继续下去。

以上分别从九个方面扼要论述了近30年来太平天国研究所取得的成就，限于篇幅和个人学识，挂一漏万在所难免。综上所述，经过几代学者的共同努力，新中国的太平天国研究终于步入了成熟和收获的季节，成为中国近代史学科成果最丰、研究最为深入的一个分支。

第四节　对研究现状的几点浅见

太平天国研究在繁盛兴旺的同时，也在不知不觉中逐渐趋于冷落，1987年《太平天国学刊》《太平天国史译丛》因经费问题被迫停刊便是其标志之一。此后，尽管有一大批总结性研究成果相继问世，但仍然无法挽住这一颓势。尤其是近10年来，相关学术活动渐归沉寂，研究队伍的人数和研究成果的数量急剧萎缩。太平天国研究曾经兴盛一时，现今内地近代史学科80岁左右的著名学者几乎无人没有涉猎过这一领域，内有不少人正是借此确立了自己在学术界的地位。但时至今日，仍然专治太平天国史的学者已是凤毛麟角，且后继乏人，研究队伍已然青黄不接。以太平天国为主体的农民战争史研究曾因成绩巨大而被誉为内地史学界的“五朵金花”之一，太平天国研究甚至一度被圈内学者冠名为“太学”，被视为一门专门的学问，而如今则异常寥落，堪称门可罗雀。海外太平天国研究趋于冷落的时间比中国大陆还要更早一些。

在持续近一个世纪之后，太平天国研究从最初的一哄而上发展到目前的门庭冷落，这是一种不可避免的正常现象。研究难度的加大和学者们研究兴趣的转移是造成上述情形的主要原因。仅就内地而言，太平天国研究起步早，名家辈出，著述如林。因此，早在20世纪80年代初就有学者断言该研究已接近终结。正因为太平天国是块已被许多人耕耘过的熟地，所以，研究者唯有“精耕细作”才能有较为理想的收获。尤其对后来者而言，这意味着首先必须阅读、消化数千万字的史料和千余万字的既有研究论著，不免让人有点望而却步。另一方面，随着近代化历程、社会史等热门专题研究的兴起，原先主攻太平天国的学者纷纷转移研究方向，从而加剧了研究队伍的萎缩。

太平天国研究“内冷外热”则是令人瞩目的另一现象。近 20 年来，一些圈外学者进行客串研究，其论断虽不无启迪，但往往流于偏颇，动辄全盘否定太平天国、替曾国藩翻案，出现了对前期研究中过“左”之处反弹过度的倾向。2000 年，长篇电视连续剧《太平天国》在中央电视台播出，重新引起人们对太平天国史的关注。令人始料不及的是，时值社会上揭批“法轮功”，结果该剧正面描写太平天国的情节并未引起多大共鸣，而剧中涉及宗教和太平天国内部倾轧之类的情节却引发不恰当的联想。一时间，指斥太平天国为宗教或太平天国是“邪教”、洪秀全是“邪教主”的论点被炒得沸沸扬扬。有学者就此现象评析说：古今“邪教”一词都是政治概念；太平天国宗教“邪教”说在立论上存在明显破绽，论者片面罗列一些史实，以杂说、戏说的方式随意评点历史，旨在借“邪教”说来全盘否定太平天国，与真正意义上的学术研究相去甚远，是一种不健康的学风，不但丝毫无助于推动学术进步，而且还会混淆视听。李文海撰文肯定了这种意见。①

那么，太平天国研究是否真的已到尽头？在专业研究日趋寥落、社会上全盘否定太平天国的声音有增无减的情况下，如何才能将此项研究进一步推向深入呢？

对历史的探索是一个很难穷尽的过程，研究越深入，人们的认识也就越加丰富和深化。太平天国这一园地虽然是块熟地，但并不意味着已经没有继续耕耘的余地。审视太平天国史学史不难看出，以往穷尽式、开拓创新性的研究较少，粗放式、低水平重复性的研究较多。具体地讲，即便是研究最为深入的课题，至今仍有不少史实还没有搞清楚，几乎每一个课题都不同程度地存在着模糊乃至空白之处。在对不少具体问题的评价上也众说纷纭，迄未取得共识。就此而论，几乎所有的课题都存有继续深入的余地，都值得重新研究、重新认识。

---

① 参见夏春涛《天国的陨落》一书结束语“太平天国宗教‘邪教’说辨正”。李文海认为：“《天国的陨落》对太平天国宗教的辩证分析，特别是对上帝教是否‘邪教’的有力辨正，具有重要的理论意义和方法论意义。”（《为什么不能把太平天国的上帝教看作‘邪教’——夏春涛〈天国的陨落〉评介》，《中华读书报》2006 年 6 月 28 日）

要想将研究继续推向前进，首先要树立科学的研究态度、研究方法。重新研究、重新认识不是推倒重来，不是片面追求立论上的标新立异，而是要在以往研究成果的基础上，从史料、史实出发，进行严谨的具有创新意义的研究。毋庸讳言，以往的一些研究或多或少带有为尊者讳的情结，带有以概念替代或冲淡具体研究的倾向，导致有些认识流于表面化。这给后来者继续研究留下了空间，但不能矫枉过正。以历史虚无主义的态度看待太平天国，这本身谈不上是学术研究，相反会给研究工作带来混乱。作为中国历史上旧式农民起义的最高峰，太平天国想开创一个新朝，却又无法超越封建制度，这里面含有太多值得后人思索的东西。其中的是非功过，不是一味的肯定或否定所能够涵括和揭示的。孙中山和毛泽东都是从正反两方面来反思这段历史的。因此，神化太平天国也好，丑化太平天国也罢，都不是一种科学、严肃的态度，都会使研究工作流于简单化，从而制约研究的深入。

其次，要在扩展研究视野上下工夫。举例来说，从社会史角度研究太平天国仍存有相当大的空间，有不少课题值得花大力气进行深入探讨。曾有学者就此提出过具体的构想，主张将太平天国的各类人物（从领导层、将领到士兵、基层行政人员等）分别作为太平天国本身的构成因素，进行多方面的比较研究；或选择太平天国境内的某个县或乡镇，研究该地区的政治、经济、官民关系、生活、社会风俗习惯在太平天国统治前后是否有所变化，与清统治区是否有异同。① 这种别开生面的研究无疑有助于拓宽研究视野，从而深化对太平天国史的认识。

此外，有关太平天国的文献资料虽然堪称汗牛充栋，但就某一具体研究课题而言，却又往往显得相对不足，这是时常困扰研究者的一个问题。以有限的资料来研究历史，更需要研究者充分发挥分析思考的能动性，尽可能正确地解读历史现象。当然，在史料方面仍有潜力可挖。就太平天国自身文献而言，《钦定制度则例集编》《钦命记题记》等书至今仍未发现；发掘新的残存文书的可能性依然存在。西文资料是太平天国史料的一大宝库，内有不少记载大大弥补了中文记载的不足，但国内学者挖掘利用西文资料的情况却一直不很理想，从而使研究的深度受到限制。再就是要重视

① 参见王庆成《我研究太平天国史的经历和体会》，载《习史启示录——专家谈如何学习中国近代史》，天津教育出版社 1988 年版，第 118—119 页。

了解、借鉴国外学者的相关研究成果，如日本研究太平天国的新生代领军人物菊池秀明对金田起义前夜广西客家社会的研究就很值得关注。

从总体上讲，目前的太平天国研究已跌入谷底，今后也绝无可能重现往日的繁盛光景。不过，太平天国史的重要性并不会因此而削弱或减色——对中国近代史研究而言，太平天国是一段无法绕开、至关重要的历史。虽然热潮已过，但真正有志于继续从事此项研究的学者应当耐得住寂寞。太平天国研究并没有走到尽头。只要在上述几个方面继续努力和改进，新的收获或许就在眼前。

第十七章
孙中山研究

孙中山研究60年的历程，虽然有过迂回，但总体说来是逐步发展并走向荣盛，于今仍饮“显学”之誉，现“显学”之形。

发展的势态主要见证于四个层面：（1）史料在此前基础上不断有新发现，专题如《孙中山年谱》、《孙中山选集》、《孙中山藏档选编》（辛亥革命前后）、《孙中山全集》、《孙中山年谱长编》、《孙中山辞典》、《广东省志·孙中山志》、《孙文选集》以及《辛亥革命》、《辛亥革命史资料新编》、《辛亥革命回忆录》等文史资料相继出版。（2）论著星罗棋布，涉面宽广，计有专著（含论文集）200余部，论文2000余篇，尤以1996年孙中山基金会组织编辑的学术丛书（一套10种）的水平见著。（3）学术研讨会饮誉海内外，自1961年的“纪念辛亥革命50周年学术讨论会”至2008年的“孙中山与中国社会”博士论坛为止，计50余次，其中，“孙中山和他的时代”、“孙中山与亚洲”、“孙中山研究述评”、“孙中山与中国近代化”、“孙中山与世界”、“孙中山与振兴中华”等反响不凡。（4）学术团体（队）夯实了稳步发展的平台，30多家研究所或研究会的建立，全国性与地方性的研究互促互动，既培养了学人的梯队，又凝聚了大批有志者，有力地推动该领域研究的长盛不衰。

研究样态大致呈现三个特征：一是从定性分析向实证研究过渡，逐步深化与细化。新中国成立初期，侧重政治史、思想史领域的研究，倾向定性的分析。20世纪80年代以降，展示了百花齐放、百家争鸣的影像，实证研究之风劲吹。二是选题与时代主题紧密相连，学术与现实意义兼具。如孙中山与香港、孙中山与近代化、孙中山与世界、孙中山与振兴中华、孙中山与和谐社会建设、孙中山与改革开放等命题，较好地把握了时代脉搏，既非附会，有利于借史鉴今。三是对外学术交流不断拓展。自 1990 年首次与境外学术机构联合举办“孙中山与亚洲”学术研讨会以后，内地学人与日本、美国、俄罗斯、法国、韩国、英国、澳大利亚、德国以及中国台湾、香港、澳门等国家和地区学者交流频繁，为孙中山研究走向世界搭建了学术桥梁。

60 年的研究时态，大致可以界为五个阶段：1949—1966 年，1976—1984 年，1985—1990 年，1991—1999 年，2000—2009 年。兹分述如下。

第一节　初期概况

1949—1966 年属初期研究阶段。在此一阶段，学人力求以马克思主义为指导，对孙中山的革命思想与事功作出客观、公允的评价。这是一种探索，也是一种尝试定性研究的发端。

1956 年 11 月，毛泽东发表《纪念孙中山先生》一文，高度赞扬“中国民主革命的先行者”孙中山创建共和国与倡导国共合作的丰功伟绩及其对后世的影响，被学界奉为圭臬，大大地激发了学人的研究兴趣。1961 年的“纪念辛亥革命 50 周年学术讨论会”，有力地推动了孙中山研究的发展。1949—1966 年内地学人发表相关论文近 200 篇，专著有陈锡祺的《同盟会成立前的孙中山》。此间论述较多的问题有三：早期思想与活动；三民主义的形成、内涵及意义；哲学思想。

一　早期思想与活动

多数学者认为，孙中山早期的思想是“革命”和“改良”的混合体。争论的焦点有二：其一，改良因素和革命因素谁占主导地位？有曰：孙氏要求革新政治，发展资本主义，“在当时是一种进步的思想，虽含有改良主义的成分，但已脱离改良主义的范畴，产生了革命的要求，不能因为其某些思想与改良主义者类似而断定他在甲午战争以前还是一个改良主义者”①。有曰：1895 年前孙氏“改良主义思想仍然是主要的”②。

① 陈锡祺：《同盟会成立前孙中山的革命思想与活动》，《中山大学学报》1957 年第 1 期。

② 段云章：《孙中山早期革命思想的阶级基础》，《中山大学学报》1962 年第 3 期。

其二，革命思想的确立是在兴中会成立之前还是之后？一说1895年前孙氏已初具反清革命思想，兴中会的成立和革命纲领的提出，是其“革命活动的开始”[①]；一说兴中会成立时其“革命思想比改良思想占了较大比重”，但直到1900年惠州起义，“他思想中的革命因素才处于压倒性的主体地位”[②]。

二　关于三民主义

学者大多赞成毛泽东对三民主义的定性分析，认为它是中国近代史上第一个比较系统明确的资产阶级民主革命纲领，分旧三民主义和新三民主义两个时期。但在阐释其形成、内涵及意义时，存有歧见。

民族主义。民族主义是“在帝国主义侵略和清朝民族压迫的社会条件中产生的”[③]，反映了全国人民反清反侵略的民族革命的要求。孙中山在旧民主主义革命时期有无反帝思想？有曰：其在辛亥前已产生了反帝思想，辛亥后的革命斗争实践，使之逐步确立起来[④]；有曰：辛亥时期其民族主义缺乏明确的、彻底的和坚决的反对帝国主义的内容，没有提出有力的反对帝国主义的纲领和口号。关于“大亚洲主义”，有论者认为它的主张趋向是反对帝国主义，提倡一种与西方列强的“霸道文化”相对立的观念，实质上并不具有狭隘的地域性和种族性，其缺陷在于对日本帝国主义抱有幻想[⑤]；也有论者认为，孙氏试图借“大亚洲主义”联合日本以抵抗欧美列强的侵略，仍未认清日本的侵略本性，无异于与虎谋皮[⑥]。关于“反满”问题，有人认为它表现出一定程度的大汉族主义倾向，使其革命带上了浓厚的种族革命的色彩，此乃民族主义的一个缺陷；有人认为“反满从来不是一个独立的运动”，辛亥时期的反满“从属于资产阶级民主革命”[⑦]。

民权主义。学者的分歧集中在对“五权宪法”和“建国大纲”思想的评价上。有人认为：孙氏主张的建国三时期、权能分开，是英雄创造历史

① 李时岳：《孙中山的道路》，《史学集刊》1956年第2期。
② 秦如藩：《二十世纪前孙中山政治思想的发展》，《中山大学学报》1962年第1期。
③ 侯外庐主编：《中国思想史纲》下册，人民出版社1957年版，第322页。
④ 参见江海澄《试论孙中山的反帝思想》，《山东大学学报》1962年第1期。
⑤ 参见张磊《论孙中山的民族主义》，《北京大学学报》1957年第4期。
⑥ 参见李光灿《论孙中山的民族主义》，《新建设》1956年第12期。
⑦ 刘大年：《辛亥革命与反满问题》，《历史研究》1961年第5期。

而人民群众只能是盲目随从的唯心主义观点；五权宪法也不能补三权分立之弊。① 有人则认为：民权理论的内容“虽然存在着不依靠群众的严重弱点，但其主观目的是好的，这一整套建立共和国的方案大大地提高了革命党人的思想水平，解决了当时革命运动的关键问题”②。

民生主义。孙氏为何提倡“平均地权”？有说是“由于对中国农民痛苦遭遇的恳切同情和欧洲社会主义运动的刺激”③。有说孙氏希望以此来解决农民对土地的要求，激发会党群众参加革命。④ 有的强调孙氏是想借此解决社会发展后因私人垄断土地而产生的特权问题，以防止第二次革命的发生。⑤ 关于民生主义的思想渊源，有曰：“太平天国的农业社会主义的土地纲领和（十九世纪）九十年代改良派发展资本主义的思想是其最重要和最直接的思想渊源；亨利·乔治的‘社会主义’则几乎成为民生主义的具体内容和办法，与此同时，也应该充分看到马克思主义对孙的影响。”⑥ 有曰：其渊源主要是西方的土地国有学说，以亨利·乔治的理论为基础，吸取了约翰·穆勒的方案。⑦ 有曰：中国古代的大同思想无疑有着相当影响。对“平均地权”的评价，论者多以列宁在《中国的民主主义和民粹主义》中所作的评论为指针，但在具体阐释其性质、作用时，有论者认为它“是一种主观社会主义，既反映了中国社会需要发展近代工业的客观要求，同时反映了中国人民不愿走西方国家发展近代工业所走的资本主义道路的美好愿望”⑧。它代表了中国近代资产阶级民主派和下层劳动群众的利益，是当时最革命、最激进的主张。有论者认为：希望以平均地权，“不触动封建社会的土地所有制而解决土地问题，事实上是绝对不可能的”⑨。关于新民生主义，论者认为它“锐利地把发展中国经济问题归结为必须首先打倒帝国主义废除不平等条约的政治问题。前期游

① 参见李光灿《孙中山的民权主义》，《历史研究》1962 年第 6 期。

② 李时岳：《孙中山的道路》，《史学集刊》1956 年第 2 期。

③ 陈锡祺：《同盟会成立前孙中山的革命思想与活动》，《中山大学学报》1957 年第 1 期。

④ 参见苑书义《同盟会时期孙中山的三民主义》，《历史教学》1955 年第 8 期。

⑤ 参见吴玉章《辛亥革命》，人民出版社 1961 年版，第 16 页。

⑥ 李泽厚：《论孙中山的“民生主义”》，《历史研究》1956 年第 11 期。

⑦ 参见李时岳《孙中山的“平均地权”纲领的产生和发展》，《光明日报》1955 年 10 月 27 日。

⑧ 来新夏：《同盟会及其政纲》，《历史教学》1955 年第 6 期。

⑨ 李光灿：《论孙中山的民族主义》，《新建设》1956 年第 12 期。

移不定的‘耕者有其田’的急进主张，在这个时候已经完全确定下来，并变为具体的政纲了”。“就世界意义说，是最邻近马克思主义的最后一种空想社会主义。”①

三　哲学思想

孙氏哲学思想庞杂而又充满矛盾，含有不同程度的辩证唯物主义因素，这是研究者的共识。其思想内蕴究竟是以唯物主义还是以唯心主义为主？学人多有争鸣。有的认为其“紧紧接近于唯物主义，虽有唯心主义的成分，毕竟是次要的”②。它鲜明的唯物主义特色体现在：“以进化发展的普遍观念为其主要内涵的方法论；以近代自然科学素材为基础而形成的具有唯物主义因素的自然观；以革命实践中的直接经验为主要源泉的具有唯物主义因素的认识论；以二元论为其特色的社会历史观——民生史观。”③有的认为其唯物主义思想和辩证法因素并未占到主要的地位，这体现在：世界观是二元论的，或者说是在唯物主义和唯心主义之间摇摆，“时常倾向于唯心论的发挥”④；在回答世界起源和解决哲学基本问题时，虽“对于物质是肯定的，而对于精神则强调得更多一些”，“没有跳出唯心主义的圈子”；认识论“带有很大的矛盾色彩”，“动摇于唯物论和唯心论之间”⑤。对孙中山的社会历史观，论者多认同毛泽东关于“三民主义的宇宙观则是所谓民生史观，实质上是二元论或唯心论”⑥的论断，但在阐释其作用时持论不同。一曰：“‘人类求生存’的原则，是脱离具体的社会积极形态的，即没有物质基础的空中楼阁。”⑦一曰：“这种观点含有某些唯物主义的因素，有它正确的地方，而且在当时的历史条件下，起了积极作用。”⑧

此期间对孙中山的研究，大致可以归纳为以下特点：第一，确立了以马克思主义、毛泽东思想为理论指导的研究方法；第二，从总体上看，研

① 李泽厚：《论孙中山的“民生主义”》，《历史研究》1956 年第 11 期。
② 侯外庐：《孙中山的哲学思想及其同政治思想的关系》，《历史研究》1957 年第 2 期。
③ 张磊：《略论孙中山的社会历史观》，《学术研究》1963 年第 1 期。
④ 郑鹤声：《试论孙中山思想的发展道路》，《文史哲》1954 年第 4 期。
⑤ 杨正典：《孙中山先生的哲学思想》，《教学与研究》1957 年第 1 期。
⑥ 《毛泽东选集》第 2 卷，人民出版社 1955 年版，第 681 页。
⑦ 李光灿、郭云鹏：《孙中山的哲学思想》，《哲学研究》1962 年第 4 期。
⑧ 何练成：《试论孙中山的社会经济思想》，《西北大学学报》1957 年第 2 期。

究以定性为主，缺少量化分析与比较研究，呈现出粗线条、轮廓式的特色；第三，思想研究多于生平事迹研究，这或许是由于“定性”主导和原始资料挖掘不够。

第二节　省思与复苏

1966—1976 年“文化大革命”期间，中断了正常的学术研究，故此不赘。

“文化大革命”结束，特别是中共十一届三中全会之后，孙中山研究从省思步入复苏期。就时段而言，大体为 1976—1984 年。

以 1979 年冬季在广州召开的“孙中山和辛亥革命学术讨论会”为契机，继之受 1981 年“纪念辛亥革命七十周年学术讨论会”和“纪念辛亥革命七十周年青年研究工作者学术讨论会”的推动，孙中山研究日渐“兴奋”起来，一批成果相继问世。魏宏运的《孙中山年谱》，广东省哲学社会科学研究所历史研究室等单位编著的《孙中山年谱》，尚明轩的《孙中山传》，张磊的《孙中山思想研究》，李时岳、赵矢元的《孙中山和中国民主革命》，肖万源的《孙中山哲学思想》，韦杰廷的《孙中山哲学思想研究》，王志光的《孙中山的反帝思想》，章开沅、林增平主编的《辛亥革命史》，李新主编的《中华民国史》第 1 编，金冲及、胡绳武的《辛亥革命史稿》第 1 册以及胡绳的《从鸦片战争到五四运动》等著作，反映了研究层面的进展。相关论文的刊发始渐升温，研究领域较前广泛而深入，尤富拓展性。《孙中山全集》（中华书局 1981—1986 年版）引起海内外的广泛关注；多种相关的档案、史料专辑相继出版。此外，全国和地方性的孙中山研究学会也竞相问世。此期间的学术论争主要表现在以下几个方面。

一　关于三民主义

民族主义。论者强调其“主要是用西欧、美国、日本的资产阶级思想革新了传统的华夏民族意识而形成的”。新三民主义的民族主义，是“吸收了列宁的民族理论和中国共产党当时的民族纲领”，加以改造而成的。针对前此激烈论争的“反满”口号，论者指出“排满”“实质上成为反帝、反封建、反君主专制主义三位一体的战斗口号”。① 还有论者提出，

① 章开沅：《“排满”与民族运动》，《近代史研究》1981 年第 3 期。

"孙中山对'五族共和'的态度是：始则怀疑，继则附和，终于批判"，其真实主张是"带有明显的大汉族主义标记"的"实行种族同化"①。

民权主义。论者多着墨于民主共和国思想，指出它"不仅反映了那个时代的历史特点，也给了那个时代以巨大影响"。认为视五权宪法为"消极因素"，"不太公允"，建国三时期的"训政"，实质上是为革命专政与民主宪政之间架设了"一座桥梁"。②

民生主义。论者认为孙氏的经济建设思想"带有强烈独立自强、民族解放性质"③ 包括四项原则——"人尽其才，地尽其利，物尽其用，货畅其流"，两项中心主旨——"平均地权和节制资本"，二重革命——"产业革命与政治革命（或社会革命）同时并举"。具体做法是"全国统筹，交通先行"，"利用外资，确保主权"。④ 其思想可分两段：1919 年前，是空想的、主观的、感情的社会主义者；国民党改组后，是"民主主义社会主义者"⑤。

二 哲学思想

哲学思想研究的重心已从辨析其属性拓展到对具体内容的探析。关于物质与精神的关系，有学人认为孙氏把两者看作"不是'绝对分离'的关系，而是既对立又合一的关系"⑥。有的强调孙中山的宇宙观是物质和精神"二者并重的二元论"，"必然要陷入唯心主义"⑦。关于知行观，有的认为孙中山"提出了'先有事实，后有言论'，'以行而求知，因知以进行'的基本上带有辩证法因素的认识论和知行观，然后用以指导行动"，这是"对中国传统哲学中社会历史观的一个突破"⑧。有的指出"孙中山始终把'行'和'事实'作为思想产生的基础"，"这是唯物论的反映论"。即便是孙氏所说的"天生之智"论，也"合乎实际的科学道理"，"不能轻率

① 张正明等：《论孙中山的民族主义》，载《纪念辛亥革命七十周年学术讨论会论文集》（下），中华书局 1983 年版。

② 李华兴：《评孙中山的民权主义思想》，载《论清末民初中国社会》，复旦大学出版社 1982 年版。

③ 陈可青：《试论孙中山经济建设思想》，《经济研究》1980 年第 2 期。

④ 朱伯康：《孙中山关于经济建设的设想》，载《论清末民初中国社会》。

⑤ 何振东：《评孙中山的社会主义学说》，《徐州师院学报》1981 年第 4 期。

⑥ 韦杰廷：《孙中山哲学思想研究》，湖南人民出版社 1981 年版，第 201 页。

⑦ 侯外庐主编：《中国近代哲学史》，人民出版社 1978 年版，第 395—396 页。

⑧ 肖万源：《孙中山哲学思想》，中国社会科学出版社 1981 年版，第 56 页。

地断定为唯心主义”。[①] 也有论者阐释孙中山的认识论和知行观“具有严重的形而上学缺点”[②]。

三　专题研究

与武昌起义的关系。有的说孙中山等革命党人对武昌起义的爆发和整个革命高潮的迅速到来缺乏应有的思想准备。[③] 有的则从武昌起义把孙氏“当作革命领袖，用他的名义来号召群众和组织群众”，孙氏“通过同盟会领导”[④]，以及其思想、同盟会的纲领、方略对武昌起义的指导作用等方面，来论证孙中山对武昌起义的领导和指导作用。

让位于袁世凯。有说孙氏主政临时政府时期虽对袁世凯有妥协，但始终坚持推翻帝制、创立共和的原则和立场，“就其本质和主流来说，不是妥协退让史，而是革命斗争史”[⑤]；有说“让位”标志着资产阶级民主革命“高潮的最后完成”[⑥]。对让位原因的探讨，或着墨客观条件：“起决定作用的还是力量之间的对比，即革命的力量过于弱小，反革命的力量过于强大所决定的”[⑦]；或强调主观因素，阐释孙氏错误地抱着“以和平收革命之功”的方针[⑧]；或说是孙氏厌薄权势利禄；或说是迫于形势采取的“对付袁世凯的革命策略灵活之运用”[⑨]。在评价让位得失利弊时，有说“给革命造成极大的危害”[⑩]；有说“是正确与错误交织，成功与失败并存”[⑪]，功过各半。

“二次革命”、中华革命党及护法运动。论者指出，孙氏是宋案后“党人中最先觉悟和主张武力讨袁”者，“是‘二次革命’的策动者和精神领袖”[⑫]，其反袁抉择乃是“保卫辛亥革命成果，抵抗北洋军阀反革命暴力的

---

① 袁伟时：《为民族民主革命服务的唯物主义一元论》，《中山大学学报》1979 年第 4 期。

② 方克立：《中国哲学史上的知行观》，人民出版社 1982 年版，第 340—341 页。

③ 笠柏松：《关于武昌起义的领导问题》，《江汉论坛》1981 年第 5 期。

④ 彭明：《论南京临时政府》，《近代史研究》1981 年第 3 期。

⑤ 陈胜粦：《论孙中山创建南京临时政府时期的斗争》，《中山大学学报》1979 年第 4 期。

⑥ 徐梁伯：《应该重新评价“孙中山让位”》，《社会科学战线》1980 年第 4 期。

⑦ 金冲及、胡绳武：《论孙中山在临时政府时期的斗争》，《历史研究》1980 年第 2 期。

⑧ 宝成关：《论南北议和与孙中山让位》，载《纪念辛亥革命七十周年学术讨论会论文集》（上），中华书局 1983 年版。

⑨ 尚明轩：《孙中山传》，人民出版社 1981 年版，第 174 页。

⑩ 肖万源：《孙中山哲学思想》，第 56 页。

⑪ 彭大雍：《孙中山让位给袁世凯的思想基础》，《光明日报》1983 年 4 月 6 日。

⑫ 章开沅、林增平：《辛亥革命史》下册，人民出版社 1981 年版，第 459 页。

义战”[1]。关于中华革命党，论者既指出其缺陷，也肯定它“在党的纲领、武装斗争等方面，较之国民党有所前进”；“是一个代表民族资产阶级利益的、粗具全国规模的革命政党”[2]。有的论者肯定该党是“革命低潮时的反袁旗帜”，同时指出又是“倒袁高潮的配角”。其不足者为：“纲领——缺乏号召力；党务——未能广泛地团结同盟军；军事——没有依靠和发动群众”，是一个“秘密结社性质”的“排他性”革命政党。[3] 关于该党的作用，有说“孙中山是护国运动的旗手和精神领袖；他所领导的中华革命党是护国运动中最主要的政治力量之一”。但因其军事力量有限，“没有能掌握运动的领导权”。[4] 有说其只能充任“配角”，而以梁启超为首的进步党人“取得了反袁世凯的领导地位”[5]。有说中华革命军与护国军仿如反袁护国大业上的“两驾马车”，“各搞各的”[6]，齐头并进。关于护法运动，一是肯定了孙氏揭举护法旗帜，维护“主权在民”的最高原则，反对军阀割据和混战的意义；二是对孙氏和陈炯明、唐继尧、陆荣廷、段祺瑞、张作霖等角色的关系作了比较深入的探讨。

国民党“一大”和第一次国共合作。论者赞扬了孙氏改组国民党，实行国共合作，重新解释三民主义的伟大功勋。指出召开国民党“一大”，建立第一次国共合作，是“‘适乎世界之潮流，合乎人群之需要’，为‘摆脱艰难顿挫’的困境，继续前进，开创新的革命局面，采取的一项极为重大的英明战略决策”；“中国革命史上一个前所未有的巨大高潮，由此澎湃而起”；国共合作“正是我们民族团结、奋起的一种有效形式”[7]。

这一阶段的研究具以下特点：第一，对孙氏历史地位和作用的评价，较前更为具体细致；第二，将孙氏思想置于更为广阔的背景下进行论述，题材较宽广；第三，专题性研究日渐广阔深入；第四，一批中青年学者在前辈的奖掖下，崭露头角。但对孙氏生平各个阶段的研究还不平衡，研究

---

① 赵矢元：《辛亥革命至“二次革命”之间的孙中山》，《东北师大学报》1981 年第 5 期。

② 章开沅、林增平：《辛亥革命史》下册，第 489—491 页。

③ 王杰：《中华革命党略论》，载《纪念辛亥革命七十周年青年学术讨论会论文集》（下）。

④ 谢本书等：《护国运动史》，贵州人民出版社 1984 年版，第 91 页。

⑤ 胡绳：《从鸦片战争到五四运动》下册，人民出版社 1982 年版，第 928 页。

⑥ 参见政协广东省委员会办公厅、广东省政协文化与文史资料委员会编《岭南史学名家》，中国文史出版社 2009 年版，第 118 页。

⑦ 陆仁：《历史的必然，革命的需要》，刘大年：《序言》，均载《中国国民党“一大”六十周年纪念论文集》，中国社会科学出版社 1984 年版。

深度尚显不够，研究队伍仍处于自发状态。值得欣慰的是，这些不足已经引起识者的重视，为往后的拓展揭示了方向。

第三节　走向繁荣

1985—1990 年可称为孙中山研究的繁荣期，争鸣宽松，热潮迭起，成果厚重。1985 年在河北涿县召开的“回顾与展望——孙中山研究述评国际学术讨论会”，中外学者联手对研究的现状把脉，为进一步的深入研究提出了导向性的建议，堪称孙中山研究事业的一个里程碑。1986 年的“孙中山和他的时代”国际学术讨论会，论题涉及面宽广，专题研究色彩较浓，且多采用系统分析和比较研究等方法，使一些理论问题得以突破或深化。1990 年的“孙中山与亚洲”国际学术讨论会，开创了海峡两岸学者在内地面对面交流的平台，学人本着相互尊重的精神，求同存异，不拘一格，意义不同凡响。此期间主要论争如下。

家世源流。关于孙氏祖籍，新中国成立前即存在“紫金”与“东莞”两说。有论者以大量可靠的文物资料证明罗香林提出的“国父上世源出于广东紫金”说不能成立，认定翠亨孙氏源出东莞。[①] 但仍有人重申“孙中山是客家人，祖籍在紫金”。以事实为判断尺度，应该说，“东莞说”较为真实可信。

三大政策。关于三大政策的提出及其概念的形成，有如下几种表述：“一是受各被压迫阶级民主联合战线形成的必然趋势所激发”，“二是受新时代潮流所促动”[②]；孙氏在制定“一大”宣言的过程中“对联俄、联共、扶助农工这三件事都是确认了的”，但“并没有把这三者联成一个整体，概括为‘三大政策’予以宣布”，“这种概括工作是由共产党人完成的”[③]，“但它的形成也包含着国民党人探讨的成分”[④]。

民生主义（社会主义）。论者大多认为民生主义是一种主观社会主义，

---

① 参见邱捷、李伯新《关于孙中山的祖籍问题》，《中山大学学报》1986 年第 4 期。

② 林家有、周兴樑：《孙中山与第一次国共合作》，四川人民出版社 1988 年版，第 111、113 页。

③ 黄彦：《关于国民党“一大”宣言的几个问题》，载《孙中山和他的时代》中册，中华书局 1989 年版，第 1236—1237 页。

④ 鲁振祥：《关于孙中山三大政策研究中的几个问题》，《北京师范大学学报》1986 年第 6 期。

其形成主要接纳了亨利·乔治的影响，与他的学说具有共同的特征："一、基本上不触动生产资料所有制问题；二、发挥国家的调节职能，促使资本主义的迅速发展；三、实行分配领域的改革，防止贫富差异的扩大。"① 持异见者认为，以"平均地权"为核心的民生主义"是一个折中的、温和的改良主义方案，较之亨利·乔治显然又有所后退"②。

与近代军阀的关系。这是研究的难点。有论者指出，孙氏对军阀的认识经历了由对某一个军阀认识不清到逐渐认识，进而到对整个军阀集团面目的清醒认识的过程。孙氏与军阀的合作，有幻想的成分，也有策略的运用，越到后期，幻想成分越少，策略的运用越占主要地位，直至提出打倒军阀及其后台帝国主义的主张，反映了他的彻底觉醒。③ 有的论者以西南军阀为个案，指出孙氏正是经历了多次的反复与挫折，才抛弃了对西南军阀的幻想，转而寻求新的道路和力量。④

亚洲观与国际观。孙氏的亚洲观，可表述为：第一，亚洲的复兴是必然趋势；第二，振兴亚洲是亚洲人的责任；第三，解决中国问题是复兴亚洲的第一步；第四，特别注重"中日合作"、"中日联盟"。⑤ 其国际观主要由三个层面构成：思想上以发达国家的先进理论和实践经验为导向；策略上以争取列强不干涉乃至支持中国革命为重心；行动上以寻求列强物质援助为重点。这种强国中心取向，是为中国革命争取最大便利，并有助于世界上一切民族的独立解放。因此孙氏始终坚持两条原则：利用强权以打破强权；支持被压迫民族的反帝斗争。⑥ 关于"大亚洲主义"，有学人誉其为"孙文学说关于东西方文化和亚洲问题的总纲"，"实质上是亚洲民族解放运动和帝国主义世界殖民体系的矛盾、冲突和斗争问题"⑦；持异议者认为"这是一个有争议的遗产，既有积极意义又带消极意义"⑧，它是孙氏兴

---

① 夏良才：《论孙中山与亨利·乔治》，《近代史研究》1986 年第 6 期。

② 杨天石：《孙中山与中国革命的前途》，载《孙中山和他的时代》上册，中华书局 1989 年版。

③ 参见段云章、邱捷《孙中山与中国近代军阀》，四川人民出版社 1990 年版。

④ 参见谢本书《孙中山与西南军阀》，《云南社会科学》1985 年第 3 期。

⑤ 参见陈锡祺《孙中山亚洲观论纲》，《近代史研究》1990 年第 6 期。

⑥ 参见桑兵《试论孙中山的国际观与亚洲观》，载《"孙中山与亚洲"国际学术讨论会论文集》，中山大学出版社 1994 年版。

⑦ 唐上意：《孙中山的大亚洲主义论纲》，载《"孙中山与亚洲"国际学术讨论会论文集》。

⑧ 李吉奎：《试论孙中山的兴亚思想与日本的关系》，载《"孙中山与亚洲"国际学术讨论会论文集》。

亚思想的核心，其本质有别于日本国权主义者的观点，但其本身并不是一个严密完整的反对帝国主义的理论体系。

文化思想。在这一专题上学人观点分歧颇大。关于文化思想构成的特点，有论者采用孙中山本人的表述，归纳为“因袭”、“规抚”与“创获”，指出孙氏在对中西文化进行比较时，没有完全脱离“中体西用”的窠臼。① 陈旭麓《“因袭”、“规抚”、“创获”——孙中山的中西文化观论纲》，《孙中山和他的时代》下册，中华书局1989年版。有论者强调孙氏对于传统文化有一个从“离异”到“回归”的曲折历程。② 这种回归，是一种从否定到否定的过程，是一个辩证的升华。他对中国古代思想和文化的吸收利用表现为：第一，继承和发扬儒学中的民本思想和重民思想；第二，吸收了儒学“大同思想”的因素；第三，对儒学所确立的某些基本伦理道德观念的继承、改造和利用。③ 持异见者指出，孙氏从来不是“孔孟的传人”，他择取传统文化的某些方面，带有很大的实用性质，可说是“西学为体，中学为用”。④ 其晚年就中国固有的道德、旧政治哲学发表的意见，“带有浓厚的感情成分，有些甚至是即兴式的呼吁和发挥”⑤。

关于对外开放与利用外资思想。有说孙氏是“中国近、现代史上提倡开放主义，主张利用外资的集大成者和先行者”⑥。其“开放”范畴的提出，“标志着中国近代开放思想已经达到了比较完备、比较成熟的阶段”⑦。有说“把孙中山主张开放当成学习西方的同义语，对它的内容扩大地理解为包括政治、经济和思想文化诸方面，甚至连‘以俄为师’也纳入其中，却未必是恰当的”⑧。

这一阶段的特点为：一是研究方法喜见更新，既有系统的历史分析，又添比较研究，手段多维；二是研究领域开始拓展，一些专题研究也有所

---

① 参见李吉奎《试论孙中山的兴亚思想与日本的关系》，载《“孙中山与亚洲”国际学术讨论会论文集》。

② 参见章开沅《从离异到回归——孙中山与传统文化的关系》，载《孙中山和他的时代》下册。

③ 参见李侃《孙中山和传统儒学》，载《孙中山和他的时代》下册。

④ 参见周兴樑《吸取、融贯、创新——略论孙中山与中西文化的关系》，载《“孙中山与亚洲”国际学术讨论会论文集》。

⑤ 李时岳：《评“孙中山与亚洲”国际学术讨论会》，载《“孙中山与亚洲”国际学术讨论会论文集》。

⑥ 曹均伟：《孙中山的“利用外资”思想》，《社会科学》1985年第1期。

⑦ 郑学益：《论孙中山的开放主义》，《北京大学学报》1989年第6期。

⑧ 黄彦：《论孙中山的开放思想》，《广东社会科学》1988年第4期。

深化；三是学术论著初现规模，其间发表论文不下900篇，出版专著50余部；四是学术氛围宽松，不同的观点相互切磋，尤其是能够客观地吸收、评价台湾地区学者的成果，促进了研究水平的升华。

第四节　深化与拓展

1991—1999年是孙中山研究走向深化和进一步拓展的时期。学术研究的活力重在创新，90年代以降，孙学面临如何在原有基础上深化拓展的问题。学者们深入思考，更多地从宏观的视角另辟蹊径，使之继续保持旺盛的生机与活力。此时段的热点有四。

一　孙中山与中国近代化

将孙中山切入中国近代化的研究不失为这一时段的一大特色，1996年在广东召开的"孙中山与中国近代化"国际学术讨论会则是这一论题的大阅兵。论者指出，三民主义是当时中国最完整的近代化思想，它既表现出与欧美各国近代化常轨"从同"，创建民族国家的认识，又包含在社会发展上迎头赶上但避免其弊病的"超越"思想。[①] 学人强调孙氏的近代化思想是一个完整的体系："挣破殖民主义与封建主义双重枷锁是前提；实业化构成方案中心；民主政治等同于杠杆；科学、教育和文化当是必要条件；正确的文化取向则是关于思想导向、精神动力和智力依托的重要关键。"近代化的基本目标，"即是建立独立、统一、民主和富强的新中国"。[②] 孙中山的"全部革命活动和斗争，都是围绕着民族解放与发展生产、实现近代化这两个宗旨去进行的"。其近代化思想"是他同时代的大多数人中最先进的，没有或很少有人超过他"。[③]

关于政治近代化思想，有云"孙中山不仅是第一个提出并始终坚持要在中国实施民主立宪政治制度的伟大民主革命先行者，而且是在中国传播近代社会主义思想的伟大先驱"。他"在中国政治思想史上第一个提出了'为一般平民所共有'，并由中国国民党和中国共产党联合而成的党作为

---

① 参见刘学照《"从同"和"超越"：孙中山近代化思想的特色》，载《孙中山与中国近代化》上册，人民出版社1999年版。

② 张磊：《孙中山与中国近代化》，载《孙中山与中国近代化》上册。

③ 刘大年：《关于研究孙中山与中国近代化问题》，载《孙中山与中国近代化》上册。

‘掌握政权之中枢’的国家政权思想”。[①] 有云其思想代表了近代政治思想的高峰，宣告了儒家政治思想统治的终结，是近代中华制度文化的新建构。[②]

关于经济近代化思想，学人认为，国家资本主义和私人资本主义构成了孙氏近代化方案的经济模式，“依靠国家力量”、“由政府总其成”是方法，对外开放、利用外资是重要途径。[③] 其经济发展战略的理论前提和逻辑起点是民生主义，特点是：以三大港口为增长极，以沿海为重点的梯度开发的区域发展战略；以港口为点，以铁路、水路、公路为轴线的点轴式开发模式；以交通、运输、原材料和生活资料工业为重点的工业化产业发展战略。[④]

学者们还从近代化角度具体探讨了孙中山在社会、农业、教育、法律、科学、军事等方面的思想。[⑤]

1999 年，林家有撰述的《孙中山与中国近代化道路研究》，是一部力作。该书以近代化为主线，从孙中山对西方近代化和中国近代化的反思切入，剖析中国寻求近代化各种模式及其失败的因由，探讨孙中山近代化主张的思想渊源、理论架构和具体实践。通过孙式的“近代化”与洋务派、维新派和清末新政的比较研究，凸显孙氏的近代化主张的优越性。

二　孙中山与中西文化

这一专题在 80 年代的基础上有所拓展。关于其思想的演化，有云孙氏对待中西文化的态度前后差异较大。辛亥前后，他主张吸取西方近代文化，以对封建文化进行彻底的改造；“五四”后，则提倡恢复传统。有云其文化思想的主旨是融合中西，兼收众长，走文化创新之路。他既不是完全离异传统的全盘西化者，也不是单纯固守传统的文化保守主义者，说其晚年有向传统文化“回归”倾向有失偏颇。[⑥]

关于孙中山与西方文化，有云孙氏在近代文化变革中基本上还停留在

---

① 韦杰廷：《孙中山三民主义历史地位论》，载《孙中山与中国近代化》上册。

② 参见陈华新《论孙中山政治思想的地位和作用》，载《孙中山与中国近代化》上册。

③ 参见鲜于浩、田永秀《试论孙中山的经济近代化方案》，载《孙中山与中国近代化》上册。

④ 参见郭灿《孙中山经济发展战略的再认识》，载《孙中山与中国近代化》上册。

⑤ 参见《孙中山与中国近代化》上册。

⑥ 参见赵春晨《再论孙中山晚年的文化思想》，《广东社会科学》1999 年第 1 期。

主张采纳西方近代科学技术和政治经济制度这一层面，而偏少主张对以个性原则为基础的近代思想学说这一更深层次的精神文化的吸取。[①] 关于孙中山与传统文化，有说孙氏长期客居海外，这决定他所理解的主要是经西方文化“过滤”后的传统文化；虽然他对传统文化契合处不少，但“时装洋化”的现象也难免存在。其一生对待传统文化既有一以贯之的坚信，又有因时而变的权通，这种态度使他与反传统主义及文化保守主义区别开来。[②]

三 孙中山与日本

这一领域的研究取得了长足进展。《孙中山与日本关系研究》《孙中山与日本》按时间顺序探究了孙氏在各个重要时期与日本各界人士的复杂关系。两书作者认为：“孙中山和中国革命党人，期待日本援助，是利用外援以达到革命目标，而日本方面，尤其是军部和浪人，无疑是妄图利用他们的被支持者，达到对华扩张的野心”[③]，“两者的根本目的始终是对立的。但是，两者在部分问题利害上有时又暂时一致，即两者为实现各自的目的，其手段和方法在特殊的历史条件下有时一致”[④]。这说明孙中山在政治上是理想主义，而在实践上又往往表现出实用主义和机会主义。《孙文与日本史事编年》是一部资料性很强的书，它揭露了日本帝国主义者利用、操纵、扼制中国革命力量的种种阴谋，又展示了孙中山对日本当局的期望、幻想及认识逐步提高的过程。[⑤]

另一焦点即“中日盟约”真伪问题的讨论。有论者对《中日盟约》持否定态度，认为它的瑕疵在于：出处不明；“孙文”图章造伪；“孙文”签名是描摹的；2 月 5 日并非签署日期。它只是“日本军部策划侵略中国的阴谋，其目的是想以此作为论证日本掠夺中国的依据，从而掩盖‘二十一条’侵略中国的野心”。孙中山坚决反对“二十一条”，“他决不会以日本援助中国革命作抵押条件，去放弃国家主权，更不会接受日本军部所提

① 参见王垒《传统儒学与孙中山对民族文化素质的认识》，《社会科学研究》1995 年第3 期。
② 参见桑兵《孙中山与传统文化三题》，《近代史研究》1995 年第 3 期。
③ 李吉奎：《孙中山与日本》，广东人民出版社 1996 年版，第 3 页。
④ 俞辛焞：《孙中山与日本关系研究》，人民出版社 1996 年版，第 2 页。
⑤ 参见段云章《孙文与日本史事编年》，广东人民出版社 1996 年版。

出与二十一条相匹敌的所谓‘中日盟约’案”。[①] 有人持论“中立”，对《中日盟约》的“真物说”或“伪物说”均表质疑。[②]

四　孙中山与苏俄

对孙中山与苏俄关系的探讨，也是此间研究重点之一。有人探讨了孙中山与张作霖和苏俄的关系。为达到与苏俄合作的目的，孙中山极力调解两者的关系。“这反映出孙中山一方面决心在苏俄的帮助下开创革命的新局面，另一方面力图把旧的斗争方式和策略纳入新的计划之中的思想，反映了其晚年革命斗争思想的复杂性。”[③]

有论者认为，苏俄在20世纪20年代初以国家利益为发出点，最终寻求以孙中山为合作对象的历程。苏俄的对华政策具有双重性，既要推进中国革命，又要与中国建交并维护苏俄在华利益。苏俄最初选择掌握北京政府实权的吴佩孚，后又极力促使吴氏与孙中山合组亲俄政府，最终转向实力和地位不断上升的孙中山。[④]

越飞在促使孙中山与吴佩孚合作的秘密交涉过程中起着重要作用，有人根据新发现和整理出版的史料对此做了探究。认为越飞密促“孙吴合作”不能成功，使苏俄对华政策两个目标同时实现的愿望落空。此后，苏俄不得不继续同南北两个中国政权打交道。然而，同孙中山合作关系的建立，又使苏俄在华外交活动取得很大的主动权。“这段不成功的秘密交涉对孙中山晚年的政治斗争有着相当重要的意义。”[⑤]

特别值得一提的是，1996年10月孙中山基金会的第一批丛书问世：金冲及的《孙中山和辛亥革命》、张磊的《孙中山：愈挫愈奋的伟大先行者》、黄彦的《孙中山研究和史料编纂》、姜义华的《大道之行——孙中山思想发微》、段云章的《孙文与日本史事编年》、李吉奎的《孙中山与日本》、林家有的《孙中山振兴中华思想研究》、邱捷的《孙中山领导的革命运动与清末民初的广东》、刘曼容的《孙中山与中国国民革命》、李志业等编译的《孙中山与广东——广东省档案馆库藏海关档案选译》。这些书

---

① 王耿雄：《孙中山与“中日盟约”的真相》，《历史档案》1997年第3期。

② 参见俞辛焞《孙中山的中日盟约问题辨析》，《近代史研究》1997年第2期。

③ 邱捷：《孙中山张作霖的关系与〈孙文越飞宣言〉》，《历史研究》1997年第2期。

④ 参见杨雨果《国家利益：苏俄对在华合作者的选择》，《历史研究》1999年第4期。

⑤ 邱捷：《越飞与所谓“孙吴合作”》，《历史研究》1998年第3期。

堪称上乘之作，反映了当时的研究水平和新进展。其他如莫世祥的《护法运动史》、段云章的《放眼世界的孙中山》、黄明同和卢昌健的《孙中山经济思想研究》、周兴樑的《孙中山的伟大思想与革命实践》等，也不乏新见。

20 世纪 90 年代的孙中山研究，取得了质量化的成就：一是研究视野不断拓展，如社会思潮、心态研究等均有涉及；二是研究难点有所突破，如孙中山与日本研究喜见几本力作，孙中山与苏俄关系的研究趋向深化；三是研究队伍、论著数量也在稳步增长。但同时也存在一些不足：第一，除近代化论题外，争论热烈的、新颖的观点不多，重大理论问题鲜有突破；第二，某些论作质量堪忧，存在溢美、抄袭、炒冷饭等样态；第三，研究队伍期待年轻化。

第五节　新的进展

进入 21 世纪，孙中山研究在原有的基础上更为理性、持续拓展，成果丰硕，仍然是中国近现代史的热点之一。2008 年，孙中山基金会创办了《孙中山研究》会刊，为孙学提供了专门的学术园地。

2001 年辛亥革命 90 周年之际，中山大学出版社印行“孙中山与近代中国学术系列”八种：《孙中山与辛亥革命史研究——庆贺陈锡祺先生九十华诞论文集》《理想 · 道德 · 大同——孙中山与世界和平国际学术研讨会论文集》《孙中山对国内情势的审视》《孙中山的生平及其事业》《孙中山的活动与思想》《孙中山与祖国的和平统一——纪念辛亥革命九十周年学术研讨会论文集》《孙中山与近代中国民主革命》《孙中山与近代中国的觉醒》。

2004 年，《广东省志 · 孙中山志》出版，该书系中国第一部人物志书，分生平、思想、著述、家世与亲属、相关人物、纪念地、学术研究凡七篇，附录有学人简介等，对志主的事功及研究作静态与动态的展示，洋洋 100 余万言，有“孙中山研究的小百科全书”之称。

专题研究，显见较大进展，前人较少涉及的课题喜出新著，如《孙中山革命与美国》《孙中山题词遗墨汇编》《孙中山与香港》《孙中山政治心理研究》《接合与更替：三民主义在孙中山身后的流变》《孙中山与辛亥革命史研究新审视》《孙中山与近代中国的开放》等。

学术研讨会，有“孙中山与20世纪中国的社会变革”、“孙中山与世界和平”、“孙中山与祖国的和平统一”、“辛亥革命与二十世纪的中国”、“辛亥革命与当代中国社会发展”、“孙中山与近代中国社会变迁”、“孙中山与中国现代化”、“孙中山与中华民族的崛起”、“孙中山与世界”、“孙中山思想与泛珠三角区域经济发展”、“纪念中国同盟会成立100周年暨孙中山先生逝世80周年”、“孙中山与振兴中华”、“孙中山与和谐社会”、“孙中山与中国社会”等议题。

主要有以下三个研究热点。

一　孙中山与世界

学人论及孙中山的世界观，孙中山与日本、苏俄（含共产国际）、美国、韩国的关系等。

有论者认为孙中山的世界观是“为了中国，了解世界”；主张文明共享，共同发展；国与国相交，必须平等互惠。强调“由文化世界观向民族世界观转变是孙中山觉醒的表现”。①

学人指出，孙中山将世界理念作为共和革命，“建设新中国”思想的一个重要理论支柱：主张“吸收世界文化”，“兼取众长，益以创新”；倡导驰骤“世界经济之场”，振兴实业，又力持“以欧美为鉴”，谋求社会“均等发展”，表现出一种具有世界眼光和时代意识的文化整合思想。②有学人侧重研究孙中山世界潮流观的形成和发展、内涵和思想基础。③

关于孙中山的大同理想，论者认为，孙中山对于“天下”的认识经历了一个由近及远、由小到大、由浅转深的过程，他的革命理想也因具有世界眼光而迥异于古代的大同学说。辛亥革命后的种种挫折和黑暗现实，促使孙中山作深刻的反思，故晚年对大同思想作了更明确的论析。“以中国人民作为亚洲世界主义的基础，然后扩而大之，才能实现整个人类的世界主义，也就是真正的世界大同——这就是孙中山的理想世界。”④

① 林家有：《再论孙中山的世界观》，载林家有、李明主编《看清世界与正视中国——“孙中山与世界”国际学术研讨会论文选集》，天津古籍出版社2005年版。

② 刘学照：《孙中山世界理念论析》，《天津师范大学学报》2004年第6期。

③ 参见赵春晨《论孙中山的世界潮流观》，载《看清世界与正视中国——“孙中山与世界”国际学术研讨会论文选集》。

④ 章开沅：《王道与霸道——试论孙中山的大同理想》，《浙江社会科学》2000年第3期。

为探究《中日盟约》之真伪，2000 年 12 月 26 日，14 位广东学人在中山大学举办了专题座谈，普遍倾向于《中日盟约》具真实性。① 学者指出，不应排除《中日盟约》存在的可能性，但因涉情复杂，一些矛盾现象还得不到合理的解释，暂且“存疑待考”。假定这些文件确实存在，则可视作孙中山从革命利益高于一切的原则出发，为了实现既定革命目标而采取的革命策略手段；这种策略以牺牲国家重大权益为妥协条件，既与当时艰难的革命环境密切相关，又与他向来重视借助外力及其主权观念一脉相承。②

孙中山晚年创建黄埔军校，深受苏俄的影响有目共睹，学者认为其影响表现在：理论上凸显于以主义建军、建立政治工作制度；以党治军，建立党代表制度；强调武力与国民相结合。实践上体现在创办黄埔军校培养骨干，成立党军；按照黄埔党军的模式改造旧军队，使之成为革命军的组成部分。③

1879—1911 年，孙中山七访美国，留下了许多革命史迹。有学人较系统地论述了美国政治、经济思想家以及政治制度对孙中山早期思想的影响；分析了三民主义与林肯主义的关系等问题。④ 有学者分析了兴中会时期孙中山与美国致公堂的关系。⑤

对孙中山与韩国关系的研究，近年升温。有学者论述了孙中山对韩国一贯的持助。⑥ 有学者透过《震坛》（20 世纪 20 年代韩国独立运动领导人在沪创办的中文周刊），阐述孙中山领导下的中国革命与韩国独立运动相互声援与支持的互动关系。⑦ 有学者将孙中山与金玉均的对日关系作比较，探讨两人日本观的异同。⑧

---

① 参见黄彦等整理《广东学者讨论〈中日盟约〉真伪问题座谈会纪要》，载林家有、［日］高桥强主编《理想·道德·大同——孙中山与世界和平国际学术研讨会论文集》，中山大学出版社 2001 年版。

② 参见黄彦《孙中山对日观之我见》，《广东社会科学》2004 年第 3 期。

③ 参见刘曼容《论孙中山师法苏俄模式建军的理论与实践》，《广东社会科学》2004 年第3 期。

④ 参见郝平《孙中山革命与美国》，北京大学出版社 2000 年版。

⑤ 参见邵雍《兴中会时期孙中山与美国致公堂的关系》，载《近代中国》第 15 辑，上海社会科学院出版社 2005 年版。

⑥ 参见张小萌《孙中山与韩国民族独立运动》，载徐万民主编《孙中山研究论集——纪念辛亥革命九十周年》，北京图书馆出版社 2001 年版。

⑦ 参见张金超《从〈震坛〉看中国革命与韩国独立运动的关系》，《广东社会科学》2009 年第 4 期。

⑧ 参见俞辛焞《孙中山与韩国金玉均对日关系比较》，载《看清世界与正视中国——“孙中山与世界”国际学术研讨会论文选集》。

二　孙中山与时代同人的关系

对孙中山与同时代人物关系的研究，是学人着墨较多的课题之一。有整体把握的，多为彼此互动的。

关于孙中山与知识分子的关系。学人指出，由于特定社会历史背景的影响，孙中山对知识分子中的旧式士大夫历来就不抱希望，而对新式知识分子特别是青年学生则寄予厚望，把他们看成是革命的原动力，在各个时期都希望他们承担救国的重任。①

关于"五四"以后孙中山与新文化派的关系。论者认为，世界主义自清末取代以天下观为主导的大同思想进入中国，便在以西为尊的新青年中渐成流行趋势，经过与外力压迫下不断高涨的爱国情绪相融合，形成"世界的国家主义"或"世界主义的国家"观念，与孙中山改造后的民族主义虽有分歧，也存在沟通的基础，随着民族危亡的日趋严重，越来越多的新文化派重新回到民族国家的立场。②

关于孙中山与近代妇女的关系。论者指出，孙中山对妇女在辛亥革命中所起的作用给予了高度评价，并为提高妇女的地位作了长期的斗争。他对妇女要求参政的态度表示赞许，但认为不能立即实施，强调必须重视女子教育，努力提高妇女的文化素质，为男女平权、妇女参政创造条件。在新三民主义的理论框架中，孙中山的妇女观有了新的升华。③

对孙中山与陈炯明关系的研究近年成果显著。《孙文与陈炯明史事编年》以孙、陈为中心，以事件为绳结，依次展示其互动关系。④ 有学人探讨共产国际、苏俄对孙中山、陈炯明关系的观察与评论，聚焦在孙、陈所持信仰及歧异，如何统一中国，二者究竟依靠何种力量和代表谁等问题上。认为共产国际、苏俄的"观察和评论"有一个过程，评论前后不一致，而且内部也有歧见，直到陈炯明发动兵变反对孙中山后，才渐趋一致。⑤

---

① 参见邱捷《孙中山与近代中国知识分子》，《广东社会科学》2000 年第 1 期。

② 参见桑兵《世界主义与民族主义——孙中山对新文化派的回应》，《近代史研究》2003 年第 2 期。

③ 参见邵雍《孙中山与近代妇女问题》，《广西师范大学学报（哲学社会科学版）》2002 年第 3 期。

④ 参见段云章、沈晓敏编著《孙文与陈炯明史实编年》，广东人民出版社 2003 年版。

⑤ 参见段云章《共产国际、苏俄对孙中山陈炯明分裂的观察和评论》，《中山大学学报论丛（社会科学版）》2000 年第 3 期。

孙、刘（成禺）关系近年进入学人的视野。论者认为，两人在1900年始有联系。1902年，刘氏受湖北官派赴日留学，在孙氏领导下积极从事反清活动。1904年刘氏赴美留学，主持旧金山《大同日报》，大力宣传革命主张和孙氏学说，并将孙中山介绍给旅欧湖北留学生。及民元至1916年袁世凯去世，孙、刘关系从疏离走向对立。护法军兴，孙、刘复合，迄孙中山逝世，二人关系密切。孙中山还为刘氏的《太平天国战纪》、《洪宪纪事诗》作序。①

有学人发掘中日档案史料，探讨孙中山与刘学询关系的演变。揭示刘氏在东京执行“联倭杀康”计划期间，于“夜深人静”之际与孙氏“闭户密谈”。孙氏试图通过刘学询筹集革命经费，而刘氏则心怀鬼胎，另有图谋。孙氏对刘氏抱太多幻想，又太重乡情，对刘氏效忠清廷、唯利是图的本质缺乏足够认识，故屡遭挫折。②

关于孙中山与王宠惠的关系。有人认为，王氏早年在孙中山的带动和影响下从事革命，是孙中山革命事业的重要追随者；辛亥革命时期二人在政治上联系最紧密，王氏成为孙中山在外交等方面的得力助手；袁世凯窃国后，王氏投身北洋政务，但他们仍保持了密切联系。③

三　孙中山与和谐社会建设

以“孙中山与和谐社会建设”为视角，是近年孙中山研究的一大亮点。论点集中体现于2007年11月在广东中山市举办的“孙中山思想与和谐社会”学术讨论会。

大多数学者从“和谐”的维度切入探究孙中山和谐社会的理论，强调祖国统一是孙中山为之而鞠躬尽瘁的夙愿，他开创民主时代，整合裂变国家，追赶时代潮流，为祖国统一不懈奋斗的精神，为世人所景仰。孙中山始终是全体中国人和世界华人无可争议的共同精神纽带，其统一中国的思想实践，对今天的统一大业启迪尤深。

孙中山的文化思想寓含“调和”的时代价值。有学人认为，孙中山对于中国的文化问题发表了许多很有见地的论点，阐明了他对中国固有文

① 参见李吉奎《孙中山与刘成禺》，《中山大学学报论丛（社会科学版）》2000年第3期。

② 参见孔祥吉《戊戌前后的孙中山与刘学询关系发微》，《广东社会科学》2005年第2期。

③ 参见刘宝东《王宠惠与孙中山》，《史学月刊》2002年第7期。

化、西方文化以及创建新文化的主张：对中国固有文化，既不盲目否定，也不泥古、崇古；对于西方文化要吸收，但不能全盘照搬；赞扬新文化，主张文化创新；孙中山正确对待西方文化，不仅表现在论说上，而且体现于三民主义学说中。学者强调，孙中山十分重视对传统文化精神的内化，倡导恢复固有文化的精华和精神，提高民族自尊心和自信心。孙中山处理中西文化关系所表现的中西融贯与中西合璧的基本立场、态度和方法值得效法。孙中山调和中西、取法乎上的文化观，反映了近代的历史特点，是一种比较合理的文化取向。

有学人对孙中山民生经济的“调和论”加以剖析，指出“调和”表现为：经济自由与经济计划并重、私有财产与公有财产并存、民营企业与国有企业并行、市场职能与政府调节并用、生产与分配并重、个体经济与总体经济兼顾、国民经济与国家经济配合等，诠释了孙中山经济思想的指导性与前瞻性。指出从孙中山的经济思想中，透过相关经济目标的整体调和，展现其对经济的“前瞻性、平衡性、有序性、和谐性、永续性”等层面的期许。有学人进而认为，孙氏一生主张调和，其武装斗争举措纯属被迫或不得已；还有学人强调，孙氏既主张阶级斗争，又强调阶级调和。其调和矛盾、缓冲斗争的思想取向，展现着和谐社会的意蕴。

有学者把握时代脉搏，从不同视角探讨孙中山思想对建设社会主义和谐社会的启迪。认为大同理想是孙中山的矢志目标，“三民主义”的大同情结，描绘了大同社会的美好蓝图。他一贯强调，国家利益由人民共享，如是，国利民福，人民才得享真正幸福，民生主义是要实现贫富机会平等，富者不能压制穷人，乃是“民有”、“民享”、“民治”的大同社会，即“天下为公”的高度和谐社会。

有学者从解读《建国方略》入手，指出孙中山倡行“互助”以达“大同”，揭示了人类进化的一般规律，表达了人类的最高理想。他赋“互助论”以新意，引申为“爱国”、“以德治国”、“博爱”、“服务”、“协调”等理念，不失为时下构建和谐社会的理论依据。

有学者指出，孙中山民主政治思想的闪光点是建设“四万万人做皇帝”的民权时代。民权社会就是民主社会，孙中山采撷“权能分治”作为民主政制建构，“权能分治”的精髓是造就一个全能政府，置“五权”分立，限制其权利，同时引入“道德”作“润滑剂”，以充分发挥“权能分治”的作用，消除人民与政府间的矛盾，建立一个以平等为基础的真正的和谐社会，从而实现“天下为公”的社会理想。

以往学人多将民族、民权、民生分划在“民族的”、“国民的”、“社会的”三个不同范畴中。因之，对孙中山的政治设计，多从政治角度察析，有嫌偏颇。事实上，孙中山早就萌生政治革命与社会革命“毕其功于一役”，政治设计与社会建设的目标有机统一，互相影响。学人切入孙中山关于地方自治、革命程序、均权主义等关乎政体和程序的政治主张，考察其政治设计中的社会建设因素，揭示其思想的高瞻远瞩与现实取向。指出孙中山以社会建设为考量目标设计了政治模式，又致力社会改造，促进了人民觉醒，推动了民主政治的发展。

关于孙中山社会建设理论的评价，学人强调，孙中山提出以系统论证法为核心的社会建设理论，超前而富有现代意义。从理论形态层面阐释，其社会建设理论核心是系统辩证法，以“立”为价值取向，是构建和谐社会的方法论基础；从理论特征内涵分析，它海纳百川，融汇了东西方文化精华，是构建和谐社会重要的思想宝库；从理论的时代视角透视，它承前启后，继往开来，现代文明彰显。对构建和谐社会、促进中华民族伟大复兴具有恒久魅力和启迪作用。

还有学者探究孙中山三民主义思想和博爱、公仆精神的形成，及其建设和谐社会的现实意义。面涉博爱观、宣誓观、公仆精神、政治制度、党魁集权、五权宪法、民权、进化观、社会建设、土地产权等。①

关于孙中山与和谐社会建设，有学人著述《孙中山社会建设思想研究》，对孙中山社会建设思想的理论建构、对传统社会的认知与改造、社会政治意识与社会变革、对福利社会的追求、宗教精神与对儒学的改造、大同理想与社会新秩序的构想等作了较系统的论述，阐明社会的文明、进步、和谐是一个动态建构的过程，是一个不断改革、重构、渐进的过程。在这些方面，孙中山的社会建设思想都有重大的当代意义。② 还有学者从孙中山的民生主义理念中挖掘其和谐的文化内蕴，阐释他主张的四个和谐——和谐国际，借外国的资本主义建设中国的社会主义；协调区际，以发展交通，拉近优劣差距；调和阶级，促贫富共融，润滑民生；平等人

① 参见王杰《孙中山研究的新拓展——“孙中山思想与和谐社会”学术研讨会述要》，《广东社会科学》2008 年第 3 期。

② 参见林家有等《孙中山社会建设思想研究》，中山大学出版社 2009 年版。

际，倡互信互助，博爱天下，从不同的维度去拓展他的文化心理取向。强调孙氏虽然未作过“和谐社会”的专论，但诸如“天下为公”、“均富”、“博爱”、“互助”等理论无疑具有普世意义，蕴含着追求和谐社会的思想元素。①

此间的孙中山研究呈现如是特征：第一，因循中国近代史研究范式的转换，由侧重宏观研究向微观研究和宏观与微观相结合的模式过渡；第二，逐步摆脱政治框架的束缚和主观因素的干扰，更加学术化，既以政治史、思想史为重心，又向经济史、文化史、社会史等层面扩展；第三，研究视域宽泛，思想、事功研究仍是重点，而孙中山与世界、孙中山思想与和谐社会等专题骤然升温，堪称热点；第四，一些前人较少涉足的“非主流”领域，如对守旧派、对立面等的研究，少了定性，多了剖析，并取得进展；第五，研究方法多样化，比较研究法、心理研究法，“动静模式”相结合，均得到了有益尝试；第六，史料发掘方面，在重视传统文献的基础上，拓宽了范围，档案、报刊、文史资料以及墨宝、照片等均有新的发现和新的成果。但也有不足之处，主要表现在：首先，热衷趋新，追赶“时尚”，大多标榜“新论”、“新见”、“新发现”等字眼的选题，实际上并无太多新的内容。其次，“比较研究”滥行，一些人赶时髦走捷径，拿无可比性的人物来与孙中山作硬性比较，难免显得牵强穿凿。再次，冷饭热炒、重复劳动的现象时隐时现，浮躁之风堪忧。最后，学术争鸣有步向式微之虞，缺乏应有的论战，旺盛的生命力将难以为继。

第六节　几点改进意见

60 年来的孙中山研究，与近代史其他领域相比较，成果是喜人的。但也还存在着隐忧与不足，亟须我们去应对与拓展。

第一，需在理性的理解中拓展视角。庶几，方可寻找新的切入点，才有新的观点问世。

比如，我们拿“国情”这个概念介入孙中山研究，就应考虑从当时的社会环境、集团利害、社会心理等层面去拓宽思维，把孙中山置于当时社会的大范围和多层面去研究，即大至“环境”、中及“集团”、小到“心

① 参见王杰《和谐共融：孙中山民生主义的文化引喻》，《广东社会科学》2009 年第 3 期。

理”，通过层层解剖，去透视孙氏思想与实践的真貌。

又如，孙中山与军阀的关系，孙氏与军阀之“个体”和“群体”均有过节，与“南”和“北”的军阀都有过接触，早岁与晚年情景各异，顺势与逆境心态不同，“幻想”与“策略”表里交织。如何“理顺”孙氏与近代军阀的关系？倘能从“环境”、“集团”和“心理”去深探，所获当不会肤浅。谈到社会心理研究，章开沅教授较有心得，他认为，在戊戌变法、辛亥革命、中国共产党这三个不同时代的领导人中，存在着历史紧迫感和变革急性病相互伴随着出现的连续性。再进一步，就是探讨这样的社会心理产生的历史根源。领导者为了赢得群众，往往作出过高的许诺，民众则对这些许诺的实现也抱有过高的期望，这对领导者来说，便形成了强大的心理压力，他们据此容易采取超越现实许可范围的急进政策，急进政策容易失败，其结果必然是领导集团和意识形态的急遽更替，而新的领导集团和意识形态，又往往给民众以更多更高的许诺，并使民众对革命和新政权的期待提到更高、更紧迫的境地，而这种无形的心理压力，使新的领导者更趋向于采取超越现实的急进政策。

这种带负面效应的循环反复，就是中国革命和现代化屡屡受挫的社会心理根源。[①] 若从这一视角去审视孙氏的思想与实践，对一些难点、疑点的理解或许会少一些牵强附会。

第二，仍需在结合国情中尝试静动融贯的模式。以往孙中山研究的论作，静态研究（从史料到理论）的多，动态研究（从理论到现实）的少，静动融贯的研究模式不多见矣。弘扬孙氏之思想与精神，绝不是发思古之幽情，而是将20世纪的伟人伟业薪尽火传，继往开来。由此而展开，诸如孙中山身后政治流派之演变脉络趋向，即对胡汉民、戴季陶、周佛海、邵元冲、甘乃光、杨幼炯、崔书琴、叶青等人对孙中山三民主义学说的解释与影响，均不失为孙中山研究静动融贯模式的对象。近年来，尽管已有学人在此领域取得了一些研究成果，但仍有努力的空间。

第三，目光不应局限于孙中山生活的年代和他所试图解决的中国具体问题。这可从两个层面去理解。首先，孙氏毕生矢志以求和为之奋斗的独立、民主和富强，仍然是世界大多数要求民主进步的国家面临的主要课

① 参见章开沅《关于孙中山研究的思考》，《辛亥前后史事论丛续编》，华中师范大学出版社1996年版。

题，具有现实意义，即使是在发达国家，也应是继续崇奉的准则。独立的课题始终存在，而民主和富强是无止境的。所以，孙中山研究在时空两方面具有跨时代和跨国度性质。其次，孙中山既是中国人民的伟大儿子，又是世界性人物，且堪称世界巨人，他从来不把自己的思想和活动局限于中国和亚洲，而是与世界结合，足迹遍五洲，友人满天下，他把自己的活动融于一切被压迫民族和进步人类的斗争中。他融贯中西之思想，远比孔子思想合乎当今世界之潮流，产生于农耕社会的孔子思想于今仍可以与世界文化对话，那么孙中山的文明理念由“因袭”东方和“规抚”西方而“创获”，其“世界价值”比儒学更胜一筹，理应旗帜鲜明地登上国际学坛，与世界文化对话。

第四，需走细化与深化之路。历史研究首先要弄清楚“是什么”，方可发问“为什么”。因之，着手微观，“小题大做”，走细化研究的道路，既是基础，又是必然，这已成学者们的共识。目前，我们还有很多“是什么”的工作要做，列举如下：

有论者指出：孙中山思想很丰富，很复杂，他到底接受过哪些人、哪些著作的影响？对此并没有多少具体细微的研究。他的思想也发生过一些变化，在某些方面也存在一定程度的内在矛盾。要把这些梳理清楚，还需要做大量的深入、细致的研究。①

又比如，要研究孙中山的联俄实践及其思想演变脉络，就应该仔细研究孙中山联俄的源头。孙中山于十月革命胜利不久，即产生了联俄念头，曾遣曹亚伯为首使，曹氏衔命乘海轮过地中海，经意大利、瑞士，历一个多月辗转达德国。约 1918 年 1 月抵柏林。驻德两个月无法假道赴俄，旋返国复命。这本是一个细节，虽然目前尚难明晰曹氏受命的前因后果，与德交涉的艰难险阻以及联俄失败的诸种因由，它却表明孙氏的联俄抉择与实际操作已提前至 1917 年与 1918 年之交。

孙中山研究，犹如一座宏大的学术殿堂，遗产无穷，探索不止。诚如孙中山留给后人的遗训：“革命尚未成功，同志仍须努力”。

---

① 参见耿云志《孙中山研究可以更加深化和细化》，载林家有主编《孙中山研究》第 1 辑，广东人民出版社 2006 年版。

第十八章 辛亥革命史

辛亥革命一举推翻中国延续2000多年的皇权帝制，建立了亚洲第一个共和国，其影响不仅在国内极为深远，而且在亚、非等殖民地、半殖民地国家也有程度不等的传播。因此，60年来的辛亥革命史研究，已经发展成为具有国际性的重要史学分支之一。

回顾往昔，就中国内地辛亥革命史的编撰出版而言，可以说其初始与辛亥革命几乎同年，迄今已有百年的历史了。

1949年以前，以中国革命史命名的辛亥革命史书，以苏生编写的《中国革命史》问世最早，是武昌起义后不久（即辛亥阴历九月）出版的。此后出版的与此同名或名称相近的史书共约15种，其中1912年商务印书馆出版的郭孝成编的《中国革命纪事本末》，条理清楚，叙事比较确切扼要，为人们所熟悉和经常引用。

最早以辛亥革命史命名的史书，据个人所见，是1912年6月刊行的渤海寿民编的《辛亥革命始末记》，该书实际上不过是并非十分完备的剪报辑录，时间从辛亥八月二十日到同年十二月二十五日。其后贝华、高劳、郭真、左舜生等编写的《辛亥革命史》，大多出版于20世纪二三十年代，共约10种，左氏等著作已渐有学术性。

范围有所扩大的是中华民国史之类书籍，其中出版最早且较有参考价值的，是曾任清末直隶谘议局议员和民初国会参议员的谷钟秀编的《中华民国开国史》，由泰东图书局于1914年刊行。以大事记体裁编辑成书的，最早则是上海有正书局于1912年出版的天笑生编的《中华民国大事记》。以上两类书籍合计近20种。

至于有关孙中山的传记、年谱等书，1949 年以前已出版四五十种之多，如果再加上各种文集、翰墨、资料、回忆录之类，更是不胜枚举。还有专门记述辛亥革命时期各个地区和各类事件、各种人物的史籍谱传，为数亦多，难以作比较完整的统计。

回顾早期辛亥革命史论著，出版于 20 世纪 20 年代以前者大多属于史事记述，往往流于资料罗列，粗疏浅薄。由于作者政见不同，则又难免党同伐异，甚至歪曲史实。如 1924 年刊行的尚秉和的《辛壬春秋》，叙事虽尚条理明晰，间有为外界所罕知者，但字里行间则充满对革命的仇恨与攻讦。

及至 30 年代，国民党政府已经建立全国统治，辛亥革命史基本上被纳入国民党党史范畴，为蒋介石集团宣扬其正统观念服务。许多史书削足适履，掩饰涂改，以致往事面目全非。不过，40 年代中期以后出版的若干著作，则具有较多参考价值。如老同盟会会员且曾任稽勋局局长的冯自由撰述的《革命逸史》（商务印书馆 1945—1947 年版）、国民党元老且曾任中山大学校长的邹鲁撰写的《中国国民党史稿》（商务印书馆 1944 年版）、著名历史学者罗香林的学术专著《国父大学时代》（重庆独立出版社 1945 年版）等，或以资料搜罗丰富取胜，或以体例比较严谨见长，或则长期致力于若干史事的严密考订，均为当时及晚近历史学者所重视。但严格说起来，这些作者仍不免囿于党派成见，甚至带有某种官方色彩，从而限制了他们的学术成就。

对于辛亥革命史，马克思主义者历来给以高度重视。几乎从这次革命刚一爆发，列宁便对它和它的领导者给予很高的评价。20 年代以后，毛泽东和中国老一辈无产阶级革命家，对辛亥革命也有一系列精辟论述。只是由于革命战争的频繁紧迫，为种种客观条件限制，以马克思主义为指导的辛亥革命史学术著作毕竟极少。1948 年生活书店出版的黎澍的《辛亥革命与袁世凯》（1954 年修订为《辛亥革命前后的中国政治》，由人民出版社出版），或许可以说是仅有的开创性成果。

总之，在 1949 年以前，除出版数量较多的有关辛亥革命史的文献资料外，对于这一领域的学术研究还很难令人满意。

第一节　初始阶段(1949—1966)

1949 年以后，由于国家政权的更易，同时也由于本来就为数不多的几位辛亥革命史研究者迁居港、台，内地的辛亥革命史研究更形冷落，所以不能像太平天国史研究和中国近代史分期问题那样入选争鸣热烈的历史学“五朵金花”。

直到1956年，政府隆重纪念孙中山诞辰90周年，毛泽东发表了闪耀着历史辩证法光辉的《纪念孙中山先生》一文，对孙中山和辛亥革命给予高度评价，其他老一辈无产阶级革命家也作了很多相关深刻论述。稍后，《民报》影印出版并作为“中国近代史资料丛刊”之一种的《辛亥革命》（共8册）的刊行，也为辛亥革命史研究者提供了方便。据不完全统计，从1956年下半年到1957年上半年，有关孙中山和辛亥革命史的文章已发表200余篇之多。不过这个短暂的热潮并不足以说明辛亥革命史研究已经踏上学术的坦途，因为其中很多作品属于报刊纪念性文字，缺乏必要的研究基础。而且，由于“大跃进”、“教育革命”之类运动的干扰，1958年至1960年顿形冷落，两三年之间发表的有关孙中山的应景文章不过10篇左右。

1961年以后，由于辛亥革命50周年纪念活动的促进，特别是“双百”方针重新得到贯彻，辛亥革命史研究又形活跃。在武昌举行的由中国史学会和湖北省哲学社会科学联合会主办的“纪念辛亥革命50周年学术讨论会”，有吴玉章、范文澜等全国各地学者100余人参加，提交论文40余篇。这是以辛亥革命为主题的第一次全国性学术会议，所以大家非常重视，讨论也非常热烈①，初步呈现出实事求是和自由争论的良好风气。刘大年的《辛亥革命与反满问题》、陈旭麓的《清末新军与辛亥革命》、李文海的《辛亥革命与会党》、徐崙的《张謇在辛亥革命中的政治活动》、章开沅的《武昌起义与湖北革命运动》、隗瀛涛的《四川保路运动》等文，都得到人们的好评。会后由中华书局出版《辛亥革命五十周年纪念论文集》，收入会议内外论文32篇，近50万字，是1949年以来辛亥革命史研究的重要成果之一，至今仍然受到中外学者的重视。人民出版社印行的吴玉章《辛亥革命》一书，由于作者不仅是辛亥革命的重要当事人，而且具有很高的理论素养和丰富的社会阅历，他以娴熟的马克思主义观点深入地论述了辛亥革命的全过程，从而使此书的意义超越个人回忆录的范围，

① 会上讨论得较多的为新军、会党、张謇的阶级属性、辛亥时期社会主要矛盾以及当时资产阶级与农民的关系等问题。

赢得了史学界的相当重视。此外，回忆录和各种文献资料的征集工作蔚然成风，也应当看作是这次纪念活动的重要成果。全国政协文史资料委员会编辑的6卷本（以后增补为8卷本）《辛亥革命回忆录》以及各省、市（还有一些县）有关单位编印的辛亥革命回忆录的资料选辑，还有《辛亥革命前十年间时论选集》的陆续出版，为研究者提供了大量很有价值的素材。

从60年代初期的形势来看，辛亥革命史研究本来可以，也完全应该有一个较大的突破。但是由于大家都已熟知的“左”倾思潮的干扰，紧接着便是“十年动乱”，使刚刚活跃起来的辛亥革命史研究横遭摧残。关于这方面的情况，过去论述已多，本文无须重复。其实，就连在1949年至1966年这17年，历史学者实际可以比较认真研究辛亥革命史的时间，充其量也不过四五个年头。因此，只能把“文化大革命”前的辛亥革命史研究看作初始阶段，不必太多苛求。

但是，这一阶段的辛亥革命史研究毕竟出现了新的气象，并且与1949年前的旧史学区别开来。

1949年前的辛亥革命史研究，单纯侧重于孤立的政治事件的叙述，并且有意无意地掩盖其阶级斗争的实质。1949年以后的研究，则强调了经济背景和阶级关系的探讨，并且把辛亥革命看作是清末社会主要矛盾激化的产物。对于民族资本主义工业的研究，对于民族资产阶级性格的研究，对于资产阶级内部阶层区分的研究，对于农民问题的研究，对于资产阶级与农民关系的研究，对于一些重要历史人物和政治团体阶级属性的研究……正是由于把握了阶级斗争这条线索，人们才有可能透过辛亥革命时期种种看来迷离混沌的历史现象，特别是透过各种矛盾交错的意向，来探讨各种阶级、阶层不同的物质生活条件和生活状况，从而逐步获得若干带规律性的真切理解。

1949年前的辛亥革命史研究，往往侧重少数知名人士的个人活动，很少甚至没有涉及人民群众的地位和作用。新中国成立后的研究比较注重人民群众的意愿和行动，为矫正旧史学根深蒂固的流弊，许多学者为群众斗争资料的发掘和整理研究，付出十分辛勤的劳动。对于辛亥革命时期抗捐抗税斗争、反对外国教会的斗争、抢米风潮、反清起义、拒法拒俄运动、抵制美货运动、收回利权运动、保路风潮和各地革命党人领导的反抗运动，乃至对新军、会党的专题研究等，都丰富了辛亥革命史的内容，并且有助于恢复历史的本来面目。

据不完全统计，1949 年 10 月至 1966 年 6 月，中国大陆共出版有关辛亥革命的书籍 50 余种，资料 30 余种，论文约 500 篇。通过 10 多年的艰难努力，辛亥革命史领域已形成一支虽然为数不多但却较为精干的研究队伍，为此后的学术发展奠定了初步基础。但毋庸讳言，1966 年以前的辛亥革命史研究，从总体上来说又是不够成熟的，而且还存在明显的局限。以已出版的书籍而言，大多是中小型知识读物，具有学术深度者甚少。已发表的论文有一部分颇具学术价值，但又偏重人物研究，特别是偏重少数革命领袖人物政治思想及其实践。这样的学术研究，自然很难从总体上取得较大的突破。

这些局限的存在，除了由于辛亥革命史研究本身既往发育不够和我们多数研究者还比较年轻以外，“左”的干扰是一个更为重要的原因。极“左”思潮在 1958 年的所谓“史学革命”中已经甚嚣尘上，60 年代初曾有短暂收敛，而通过 1964 年所谓“李秀成评价问题”等讨论又复抬头，并且采取比过去更为偏激的方式，把学术问题与政治问题完全混同起来。这种“左”倾幼稚病扩展的势头越来越大，到“文化大革命”期间终于形成一种思想体系，即以“立足于批”为指导原则，以所谓“资产阶级中心”论、“资产阶级决定”论、“资产阶级高明”论为三根大棒的一整套禁锢辛亥革命史乃至世界上一切资产阶级革命史研究的枷锁。

正是这种极“左”思潮的泛滥，加上“四人帮”出于政治需要而拼凑的“儒法路线斗争”框架，把辛亥革命的历史歪曲得面目全非，正常的学术研究被迫完全中断。

第二节　复苏与崛起(1976—1990)

“文化大革命”结束以后，就中国近现代史学科而言，辛亥革命史研究与太平天国史研究，是恢复较早而且发展较快的两个分支。由章开沅、林增平共同主编的多卷本《辛亥革命史》，早在 1976 年即已开始前期工作，1977 年正式组建编写组，成员包括湖北、湖南、四川、贵州、河南等省学者。1978 年底又成立了中南地区（包括湖南、湖北、广东、广西、河南 5 个省）辛亥革命史研究会，这个学术团体虽然规模不大，但由于得到京、津、沪等地众多学者的关心与支持，所以能够对全国辛亥革命史研究起一定推动作用。1979 年 11 月，该会与中山大学、广东省史学会在广州联合举办“孙中山与辛亥革命学术讨论会”。会议收到论文 84 篇，到会代表 145 人，其中有美国、日本和中国香港地区学者 4 人，开中国大陆举办辛亥革命国际性学术会议之先声。会议开得热烈活泼，所以人们深情地称之为“春天里的第一只燕子”。

辛亥革命史研究的复苏，首先是得益于内地的开放与改革，但经由开放而初步认知的外在世界，却给我们的辛亥革命史研究带来严峻的挑战。因为，正是在内地困顿于“十年浩劫”而无所作为的时候，北美、日本和中国香港、台湾地区的辛亥革命史研究却取得长足的进步，而在 70 年代后期竟成为国际史坛的热点之一，名家辈出，佳作纷呈，与史坛的多年沉寂形成鲜明对照。

但是这种挑战并没有使我们悲观失望，反而对我们的辛亥革命史研究起了明显的促进作用。一是鞭策我们奋起努力改变落后状态，迎头赶上世界范围的学术发展潮流。二是从海外辛亥革命史研究的科际整合（或称多学科相互渗透）趋势中得到启发，我们在研究方法方面开始有所变化。三是中外学者之间通过日益频繁的交流，逐步增进了相互理解与合作，共同把辛亥革命史研究发展成为一门国际性的显学。

中共十一届三中全会以后，中国正式进入改革开放的新时期，并且提倡解放思想与实事求是的新学风。历史学界和其他各种行业一样，人们备受压抑而又积蓄甚久的积极性，像埋藏在地下的丰饶泉水一样突然喷涌而出。辛亥革命史研究者并没有花费很多精力去批判“四人帮”的“左”倾思潮与影射史学，因为那些凭借暂时威权横行史学界的浅薄而又荒谬的大杂烩实在不值一驳。我们倒是对自己过去的学术工作进行更为认真的反思，力图在新的历史时期，通过切实的学术实践，寻求新的途径与进展。

进展是举世瞩目的。从 80 年代一开始，三种大型辛亥革命专著便相继出版。首先是上述章、林等五省学者集体编著的《辛亥革命史》（3 册，共 120 万字），由人民出版社于 1980—1981 年出版；接着便是李新主编的《中华民国史》第 1 编（上、下两册），由中华书局于 1981—1982 年出版；还有金冲及、胡绳武合著的《辛亥革命史稿》第 1 卷，由上海人民出版社于 1980 年出版。这三部书虽然大多正式撰著于“文化大革命”结束以后，但一般都有10余年以上的个人或集体的研究积累，因此能够显示各自的功力与特色之所在。相较而言，《辛亥革命史》对社会环境，特别是对资本主义经济发展与资产阶级状况着力较多，对保路运动等群众斗争论述之详尽也为旧时著作所不及，对辛亥革命前后各个阶级、阶层、政派的状况及相互关系，也能再现当时广阔而复杂的社会图景。所以，日本学者誉之为通论性的皇皇巨著。李新主编之书为中国社会科学院近代史研究所民国史研究室长期集体研究的成果，有陆续编辑出版的大事记、人物传、资料丛刊作为坚实基础。其第1编虽然是作为中华民国史之背景撰述，但论述精练、结构严谨，首尾连贯，也可独立视为辛亥革命通论性专著。金、胡是合作已达20余年的老搭档，相互之间的默契补益堪称上乘，《辛亥革命史稿》一书对以孙中山为代表的资产阶级革命派这一主线论述尤为着力，对知识界和社会思潮均有系统介绍，运用报刊等新闻资料较多也为特色。同时，由于全书出版较为滞后，能够吸收更多新的成果，所以颇有后来居上之势。

除这三本通论性大型著作以外，“文化大革命”后出版的各种辛亥革命专著仍以历史人物的研究占多数，据不完全统计，到80年代末此类专著已近80种。其中孙中山研究仍居领先地位，《孙中山年谱》（中华书局1980年版）、《孙中山论》（张磊著，广东人民出版社1986年版）都是集体或个人长期勤奋工作的结晶，有关孙中山思想研究的专著多种，也有作者各自的独到见解与体系。对黄兴、秋瑾、宋教仁等革命人物的研究持续发展并逐步深入。其中毛注青所编《黄兴年谱》（湖南人民出版社1980年版），资料翔实，态度严谨，颇得中外学者好评。

章太炎研究的进展更为显著，至80年代末已出有关专著6本。汤志钧的《章太炎年谱长编》（中华书局1979年版），以及其他相关论著，如姜义华的《章太炎思想研究》（上海人民出版社1985年版），唐文权、罗福惠的《章太炎思想研究》（华中师范大学出版社1986年版）都是各具特色、具有长期积累的力作。对章太炎学术思想（包括哲学、佛学、史学、经学、诸子学、语言文字学）的深入探讨，丰富了辛亥革命史研究的内容，同时也促进了正在兴起的近代中国学术文化史研究。

张謇研究在80年代中期的兴起也颇引人注目。60年代初有关张謇的讨论主要限于政治层面，而争论焦点则是他的阶级属性，大多谈不上有多少深入研究。进入80年代以后，由于南通市和江苏省有关单位的重视，张謇研究蔚然成风，而且加强了与日本、北美、欧洲相关学者的交流。日本学者史实实证的谨严，西方学者视野的开阔与总体把握的准确，都给国内张謇研究以良好影响。1986 年章开沅的《开拓者的足迹——张謇传稿》（中华书局版）的出版和 1987 年第一次张謇国际研讨会在南京的召开，标志着张謇研究进入学术规范的新阶段。《传稿》一书把张謇纳入社会群体转型研究，以及作者在其他论著中对社会环境、社会群体、社会心态研究的再三提倡，对辛亥革命史研究注入若干新鲜活力。

中国是一个幅员辽阔、人口众多的大国，区域研究是总体研究不可缺少的前提与基础。80 年代以来，许多省、市的辛亥革命史研究都有不同程度的发展，《辛亥武昌首义史》《辛亥革命在湖北》《辛亥革命在湖南》《贵州辛亥革命》《辛亥革命在河南》《辛亥革命在山西》《辛亥革命在浙江》《辛亥革命在新疆》等新著相继出版。这些著述尽管篇幅不等，但大多对 20 世纪初年各省社会状况、革命团体的宣传活动和武装斗争、新政府的建立及其特点等，作了比较细致的叙述与论析，既说明辛亥革命是一场全国规模的政治运动，也展示革命在各地发展的特点与不平衡性，从而在不同程度上增进了人们对于辛亥革命的理解。

在区域研究中，隗瀛涛的《四川保路运动史》（四川人民出版社 1981 年版）也为历经长期潜心研究的力作。此书对川汉铁路资本积累（如“租股”）的特点、四川地主阶级不同程度的向资本主义转化、同盟会在四川的政治作用等方面，都提出比较深刻的新见解。因此，此书并未限于事件全过程的如实叙述，在对辛亥革命历史的解释方面也给读者提供某些启发。此外，林家有的《辛亥革命与少数民族》（河南出版社 1981 年版）一书，则填补了此前辛亥革命研究的一大空白。作者曾在中国社会科学院民族研究所工作 10 余年，“文化大革命”后应邀担任《辛亥革命史》各册有关少数民族部分的撰著，然后又在此基础上综合写成此书。作者广搜博采，以丰富的内容论述了包括满族人民在内的少数民族反抗清王朝的英勇斗争，从而更为有力地说明辛亥革命并非汉满之间的种族斗争。

在这一时期，辛亥革命研究者还为大批重要文献资料的编辑出版付出了辛勤劳动。重要人物文集有《孙中山全集》（11 卷本）以及《黄兴集》《宋教仁集》《章太炎集》《蔡松坡集》《秦力山集》《陈天华集》《宁调元集》以及由章开沅、唐文权主编的“辛亥前后人物文集丛书”（1989 年以前已出言铁崖、经元善、居正、吴禄贞等集）。重要档案文献有《临时政府公报》《中华民国档案资料汇编》《湖北军政府文献资料汇编》《武昌起义档案资料选编》《清末档案资料丛编》等。其他一些重要专题资料，如盛宣怀档案、张謇未刊函电的整理出版和《辛亥革命前十年间民变档案史料》《清末筹备立案档案史料》《清末海军史料》《拒俄运动史料》《萍浏澧起义资料汇编》，以及各省、市有关辛亥革命的文史资料也陆续印行。《日本外交文书选译——关于辛亥革命》《英国蓝皮书有关辛亥革命资料》等中译本也相继问世。《梁启超年谱长编》也获整理出版，《革命逸史》《武昌革命真史》等旧时重要著述与《申报》《大公报》《东方杂志》等报刊则经影印或重印。这些重要资料的公开出版，为辛亥革命研究提供极大方便，并促进了某些新课题的开拓。

以辛亥革命为主题的学术会议的频繁召开，也是这一时期独具的特色。以国内会议而言，1949—1978 年只在武昌举办过一次纪念辛亥革命 50 周年的学术讨论会，而自 1979 年以后则连绵不绝。除中南地区辛亥革命研究会自己的年会（中南五省轮流举办，并邀请京、津、沪少数学者参加）外，有前面已经提及的 1979 年 11 月广州“孙中山和辛亥革命学术讨论会”，1980 年 11 月的长沙“辛亥革命史学术讨论会”（中南地区辛亥革命研究会与湖南省历史学会联合举办），1981 年 8 月上海的“清末民初中国社会学术讨论会”（复旦大学举办，以辛亥革命为重点），1981 年的长沙“纪念辛亥革命 70 周年青年研究工作者学术讨论会”（中南地区辛亥革命研究会与湖南省历史学会联合举办），1985 年 12 月的昆明“护国起义 70 周年学术讨论会”（云南省社会科学院、中南地区辛亥革命研究会等联合举办），1986 年 9 月的武昌“两湖地区纪念孙中山诞辰 120 周年暨辛亥革命 75 周年学术讨论会”（湖北省社联、中南地区辛亥革命研究会等主办）等。[①] 国际会议则有 1981 年武昌“纪念辛亥革命 70 周年国际学术研讨会”（中国史学会与湖北省社联主办），1984 年广州“孙中山研究学术讨论会”（中山大学与中南地区辛亥革命史研究会联合举办），1985 年 3 月涿县“孙中山研究述评国际学术讨论会”（孙中山研究学会主办），

① 在此期间，全国各省、市尚有规模不等的学术会议，如地区性纪念辛亥革命 70 周年讨论会，纪念秋瑾、陶成章讨论会，蔡锷评价讨论会，纪念光复会 80 周年讨论会，纪念邹容诞辰 100 周年讨论会，纪念萍、浏澧起义 80 周年讨论会，唐绍仪史料研讨会，纪念宋教仁诞辰 105 周年讨论会，纪念蒋翊武就义 75 周年座谈会，唐绍仪研讨会等，不及一一缕叙。

1986年11月中山“孙中山研究国际学术讨论会”（孙中山研究学会主办），1986年6月杭州“纪念章太炎逝世50周年学术讨论会”（中国史学会、浙江省政协等联合举办），1988年12月长沙“黄兴研究学术讨论会”（湖南省政协、湖南省社联等联合举办）。

以上这些学术会议，分布各地，规模不等，主题各异，均有自己的特色，呈现出全国范围辛亥革命史研究一片生机勃勃的新气象。在这些会议中，纪念辛亥革命70周年和孙中山研究两次国际学术讨论会，规模最大而且也最具水平。前者以“辛亥革命与资产阶级”为主题，与会学者有来自中国内地各省、市127人，来自美、加、日、英、法、澳等17个国家及中国香港地区44人。收到论文106篇，其中海外学者提交25篇。这是中国首次正式举办的研讨辛亥革命的国际会议，而由于各国知名研究者到会踊跃，也就成为一次名副其实的国际学术盛会。后者以“孙中山及其时代”为主题，与会者有来自中国内地学者109人，北美、欧、亚、澳等国和中国香港地区学者38人。收到论文76篇，其中海外学者提交30余篇。出席此次会议的海外知名学者又有所增加（如苏联的齐赫文斯基、美国的韦慕廷），内地学者则以中青年学者的崛起引人瞩目，而会议论文质量从总体来说又有明显提高。通过这两次盛会，不仅加强了与海外史学界的交流，而且充分显示了中国辛亥革命史研究在“文化大革命”以后10年间的迅速发展，人才之盛，成果之多，举世瞩目。即使是一些过去长期对我们持有偏见的海外学者，也不能不改变自己的错误看法。此外，“孙中山研究述评国际学术讨论会”规模虽然不大（共49人，其中有海外学者16人），但由于到会者大多是研究有素的资深学者，而且带有学术全面回顾与前瞻意义，这种交流更具有全面性和深层次性。

我们还不断应邀参加国外举办的有关辛亥革命的研讨会。比较重要的有1981年10月下旬在东京举办的“纪念辛亥革命70周年国际学术会议”，这是中国辛亥革命史研究者第一次组团（团长为胡绳）出国参加国际学术会议。接着是1982年4月北美亚洲学会在芝加哥举行第34届年会，特地为中国举办辛亥革命研讨会，邀请海峡两岸学者参加。大陆方面由胡绳率团参加，台湾方面则由秦孝仪领队，双方都派出强大的学者阵容。这是海峡两岸历史学者首次正式讨论辛亥革命史，因而引起海外众多媒体的密切关注。1985年孙文研究会在东京和神户举办“孙中山研究日中国际学术讨论会”，1986 年苏联科学院等在莫斯科举办“纪念伟大的中国革命民主主义者、苏联的朋友孙中山诞辰 120 周年学术讨论会”，同年澳大利亚悉尼大学和亚洲学者协会分别在悉尼与新加坡举办“孙中山和辛亥革命研讨会”，我们都曾组团或以个人身份应邀参加。此外，在这 10 余年间，中外辛亥革命研究者相互访问、讲学或合作研究也日渐增多，这更加大了交流的规模与深度。

对国外辛亥革命史佳作的译介，也是这个时期学术交流的一个重要部分。杨慎之从 70 年代末开始，连续翻译了美国学者薛君度的《黄兴与中国革命》（湖南人民出版社、生活·读书·新知三联书店香港分店 1980 年版）、周锡瑞的《改良与革命——辛亥革命在两湖》（中华书局 1982 年版）和韦慕廷的《壮志未酬的爱国者——孙中山》（中山大学出版社 1986 年版），都是西方影响较大的力作，而且译风严谨，文笔典雅而忠实原意，起了良好的先导作用。丘权政、符致兴翻译的史扶邻的《孙中山与中国革命的起源》（中国社会科学出版社 1981 年版），在研究方法和资料信息方面都增添了人们对海外辛亥革命史研究的关注。此外，中南地区辛亥革命史研究会等单位先后编印《辛亥革命研究会通讯》《国外辛亥革命史研究动态》之类不定期出版物，经常刊登对于海外有关论著的译文和评介，并及时介绍海外学者对中国辛亥革命史论著与学术会议的评论。及至 80 年代中期以后，中外学术交流渠道畅通，海外辛亥革命史书刊除通过国书进出口公司购阅外，还有中外学者之间的随时馈赠，这些都是前此未曾有过的优越条件。

正是由于以上这些主客观积极因素的不断增长，中国辛亥革命史研究呈现空前的繁荣。仅就论文数量而言，据不完全统计，1979 年 75 篇，1980 年 176 篇，1981 年 1224 篇，1982 年 593 篇，1983 年 432 篇，1984 年 398 篇，1985 年 420 篇，1986 年 614 篇，1987 年 672 篇，1988 年 368 篇，1989 年 350 篇，总计为 5300 篇左右，为 1949—1978 年的 10 倍。[①]

问题不仅在于论文数量增长的迅猛，而且还在于许多论文体现了辛亥革命史研究在理论、方法以及资料发掘方面的改进与革新。下面择其要者略作介绍。

---

① 主要依据《辛亥革命史研究会通讯》所载历年论文目录，因此不可能十分齐全，其中也有些是学术性不强的纪念性文章。

第一，在这5000多篇论文中，孙中山研究虽然仍占20%左右很大的比重，但已加强对过去所忽视的孙中山思想许多层面的探索，特别是对其人格、心理、领袖品质、文化结构的深入剖析。同时，对孙中山以外的其他人物，特别是对历史上曾经反对过孙中山的人物，也加强了系统而深入的研究。而对革命团体的研究也扩展到兴中会、同盟会以外的众多社团（包括立宪团体与立宪运动），并且大多力求作客观、公正的论述，这样就打破了长期存在的“孙中山中心”的陈旧框架，消除了正统主义史观的束缚。

第二，有关政治史、武装革命史、群众斗争史的文章，虽然仍有相当大的数量，但对经济、文化、教育、中外关系、风俗习惯、妇女状况等方面的研究已有明显增强。由于80年代“文化热”的兴起，以及人们对现代化理论与实践的日益关切，传统文化与现代化的关系问题也成为辛亥革命研究中的热点之一。社会思潮的研究已从过去专注于以三民主义为主旋律的民族民主潮流，扩展到国粹主义、无政府主义和早期社会主义的研究，逐渐加深了对于辛亥革命时期思想文化的多元性与复杂性的认识。

第三，辛亥革命的性质长期以毛泽东的有关论述为唯一依据，80年代以后，人们才发现海内外历史学者的论析差异甚大，甚至相互对立。概略区分可以归纳为三种：一是资产阶级革命说（以中国大陆学者和若干日本学者为代表），二是全民革命说（以中国台湾学者为代表），三是社会精英或绅士运动说（以西方学者为代表）。前两种论者都肯定这是一次具有伟大意义的革命，但革命主要动力则有资产阶级与全体民众之分；第三种意见强调新式社会精英的崛起和主导作用，甚至否定辛亥革命是一次社会革命。改革开放为中外学者、海峡两岸学者提供了直接对话的机会，不同观点的碰撞与论战不仅无可避免，而且对促进学术发展来说更是非常必要。正是通过不断的讨论与争辩，海内外学者加强了相互的沟通与理解。虽然在论点方面仍多存异，但在理论概念、研究方法和资料运用等方面，逐渐发现了相异产生的缘由。这样对话便有了沟通的基础，并进而排除既往成见，日渐收相互切磋补益之效，这可以看作是辛亥革命史国际学术交流的成功之处。

第四，辛亥革命性质问题的论战，促进了早期资产阶级的研究。1981年武昌会议曾以此为主题，并出现了中外学者之间的激烈争论。会后，加拿大著名华裔学者陈志让教授为增进中外学者之间的相互交流，亲自把提交会议的5篇中国学者论文一丝不苟地译成英文，在美国《中国历史研究》杂志上作为专辑发表[①]，为西方学者直接了解中国学者的观点、方法与史实依据提供了方便。其间，1982年4月在芝加哥会议上还出现过“张（玉法）章（开沅）之争”，即全民革命说与资产阶级革命说正面交锋。由于会上受到时间限制未能畅所欲言，加以会后许多台湾报刊攻讦性的歪曲报道，笔者便及时撰写《就辛亥革命性质问题答台北学者》长文，在《近代史研究》1983年第1期上发表，全面说明资产阶级革命说的大量史实依据与理论、方法的具体运用，使香港、台湾地区学者能够在较高的层次上直接了解我们的学术见解。经过这些争论与相互沟通，不少海外学者逐渐减少了对大陆辛亥革命研究的学术偏见（甚至政治偏见），转而以比较客观友好的态度与我们进行学术交流乃至某些合作研究。早在80年代初，以王德昭、吴伦霓霞等为代表的香港辛亥革命研究者即已开始与内地学者频繁交流，及至80年代中期，以蒋永敬、张朋园、张玉法等为代表的阵容更盛的台湾辛亥革命研究群体，也逐步加强了对大陆的关注与交流。海峡两岸三地辛亥革命研究者的友好合作，使辛亥革命史研究呈现更为繁荣发达的态势。

第三节　持续发展(1991—1999)

毋庸讳言，中国辛亥革命史研究的发展势头，在20世纪80年代后期曾出现明显下降趋势，这从上述历史论文数量统计即可看出。主要原因有四：一是文化史研究热和现代化研究，吸引了部分辛亥革命史研究者，分散了他们的精力；二是辛亥革命史研究已经达到相当高度（所谓“学术高原”），如想进一步发展与重大突破，需要有一段时间的重新积累与探索；三是学者生活的清贫和其他的社会原因，驱使有些中青年学者往其他行业谋求发展；四是经费困难直接影响了相关论著、资料和学术刊物的及时出版。但情况并非完全令人悲观，下降趋势中仍然隐藏着不少积极因素：

第一，有些从80年代开始的大型学术工作仍在继续，如广东方面陈

① 这5篇论文是章开沅《辛亥革命与江浙资产阶级》、丁日初《辛亥革命前上海资本家阶级》、皮明庥《武昌首义中的武汉商会、商团》、邱捷《广东商人与辛亥革命》、黄逸平《辛亥革命对民族资本主义工业的推动作用》，陈志让译文均载 *Chinese Studies in History*（Spring-Summer, 1985）。

锡祺主编的《孙中山年谱长编》（共3卷，155万字，中华书局1991年版）和金冲及、胡绳武的《辛亥革命史稿》第2、3、4卷（全书共150余万字，上海人民出版社于1991年出齐），还有章开沅、林增平等受中华书局委托编辑的“中国近代史资料丛刊”《辛亥革命资料续编》（约300万字，以中、英、法、日档案为主，已编好但因经费问题未能及时出版）。章开沅主编的“辛亥人物文集丛书”，在90年代出版了桑兵、唐文权编的《戴季陶集》（100万字）、饶怀民的《刘揆一集》与虞和平的《周学熙集》。武汉学者集体编写的《辛亥革命辞典》（武汉出版社1991年版）的问世，亦为辛亥革命史研究重大成果之一。

第二，章开沅在1984年即已提出辛亥革命史研究必须“上下延伸和横向会通”[①]，80年代后期情况正是悄悄地朝这个方面发展。历史从纵向而言是一个前后连续的运动过程，从横向来看则是一个完整的多层面的社会结构乃至国际结构。任何重大历史事件都不应孤立地就事论事，而必须放在历史过程中与社会系统内加以探讨，这样才会拥有广阔的研究空间与持续的学术生命。80年代中期以后，一批勤奋耕耘的辛亥革命史研究者的“转向”，实际上是正在或将要把辛亥革命史研究引入一个新的境界。例如，素以研究章太炎见长的汤志钧，其新著《近代经学与政治》（中华书局1989年版），就体现了这种延伸与会通。这本书不仅是作者对于近代经学多年研究的总结，而且也从学术与政治关系的侧面，使人们增进了对于辛亥革命与章太炎等历史人物的理解。章开沅、罗福惠等从80年代中期开始转向文化思想史与中国近代化研究，并编辑出版“中外近代化比较研究丛书”，但他们并没有完全离开辛亥革命史研究，而是从各自不同的角度把辛亥革命史研究引入文化史和现代化比较研究的道路，使之具有更为广阔的视野与更为深层的思考。

第三，作为这种延伸与会通更为明显的收获，是商会史与社会群体史研究的兴起。1982年章开沅在芝加哥会议上即已明确指出，商会档案是研究中国资产阶级不可缺少的重要文献资料，曾引起海内外许多学者的重视。此后，华中师范大学历史研究所（现改为中国近代史研究所）和苏州市档案馆，天津市社会科学院历史研究所和天津市工商业联合会，都投入大量人力，分别编辑出版了《苏州商会档案丛编》第1辑（117万字，华

① 《辛亥革命史研究如何深入》，《近代史研究》1984年第5期。

中师范大学出版社 1991 年版）和《天津商会档案汇编》（上、下卷，187 万字，天津人民出版社 1989 年版）。与此相呼应的，则是海内外以中国商会为研究对象的博士学位论文的逐渐增多，大型学术研讨会的召开与商会史研究会的成立。商会史研究不仅有助于阐析清末民初资产阶级的实际状况、角色与作用，而且也为正在热烈讨论之中的“市民社会”、“公共空间”等重大问题提供了新的视角与视野。与此相伴随的则是各种社会群体研究的开展，如绅商群体、商人社团、学生群体、督抚群体、出版人群体，乃至日本的大陆浪人群体，等等。而作为此类研究结集的便是社科“九五”规划重点项目“近代官绅商学研究”，项目的主持者和参与者希望借此不仅为辛亥革命史研究开辟一块新的耕耘之地，而且还为解读近代中国历史提供一把新的钥匙。

第四，辛亥革命史研究队伍的世代更新正常进行。20 世纪最后 10 多年，全球各地都出现了史坛世代更新现象，即令是辛亥革命史这个小小的领域也不例外。早在 80 年代中期，特别是纪念孙中山诞辰 120 周年的国际研讨会，一代意气风发的年轻学者群体崛起。进入 90 年代以后，无论在纪念辛亥革命 80 周年国际研讨会、纪念孙中山诞辰 130 周年国际研讨会上，还是在各种学术交流场合和重要论著的撰述方面，都可以看到中、新生代学者逐步取代长者原先的重要地位。这些新起学术骨干，大多在“文化大革命”后接受过系统的研究生教育，有较好的专业基础与方法训练，而且通过学术交流在理论与方法方面都有所创新，并且拥有比过去更多的资料与信息来源。他们的学位论文一般都经过长期积累与严格锤炼，因而大多能在某个侧面有所突破与创新，甚至为开辟新领域奠定初始的基础。其中，如马敏的《官商之间：社会剧变中的近代绅商》（天津人民出版社 1995 年版）、朱英的《转型时期的社会与国家——以近代中国商会为主体的历史透视》（华中师范大学出版社 1997 年版）、虞和平的《商会与中国早期现代化》（上海人民出版社 1993 年版）、桑兵的《晚清学堂学生与社会变迁》（台湾稻乡出版社 1991 年版）、乐正的《近代上海人社会心态（1860—1910）》（上海人民出版社 1991 年版）、赵军的《辛亥革命与大陆浪人》（中国大百科全书出版社 1991 年版）、何建明的《佛法观念的近代调适》（广东人民出版社 1998 年版）、邱捷的《孙中山领导的革命运动与清末民初的广东》（广东人民出版社 1996 年版），等等，都是具有不同程度开创性的奠基之作。正是由于涌现了这一批优秀的中青年学者，而且还有不少年长者仍在坚持研究工作，所以辛亥革命史研究才能在相当艰难的情况下持续发展。

第四节　新世纪之初的深化（2000—2009）

辛亥革命史研究经过中国几代学者半个多世纪的开掘、积淀与传承，取得系列标志性成果，跃升为具有国际性影响力的分支学科。在辛亥革命史研究成为“显学”之时，也逐渐进入学术研究的“平台期”，新史料的发掘、新论点的提出、固有思维模式的突破，均面临挑战。幸运的是，辛亥革命史研究在2000—2009年仍然能在较高的学术平台上在若干方面有一定推进。其动因：

一是固有的以辛亥革命史研究见长的学术团队与个人，仍以此为使命，坚忍执着。华中师范大学中国近代史研究所2000年推出《中国近代史上的官绅商学》（章开沅主编，湖北人民出版社2000年版），2001年又推出系列成果：章开沅和田彤《张謇与近代社会》、马敏《商人精神的嬗变——近代中国商人精神观念研究》、朱英《近代中国商人与社会》、严昌洪和许小青《癸卯年万岁——1903年革命思潮与革命运动》、罗福惠《辛亥革命时期的精英文化研究》（均为华中师范大学出版社2001年版）。2005年，章开沅、严昌洪主编《辛亥革命与中国政治发展》（华中师范大学出版社2005年版），从政治思想演变、民族国家认同、政党政治、制度建设、政权建设、宪政思想、外交方面，较为完整系统地勾勒出辛亥革命与中国政局的关系，彰显辛亥革命的历史地位与作用。该所还继续出版“辛亥人物文集丛书”《宗仰上人集》（沈潜编，华中师范大学出版社2000年版）、《张难先文集》（严昌洪、张铭玉等编，华中师范大学出版社2005年版）。武汉出版社2001年出版辛亥革命研究专家皮明庥专著《一位总督·一座城市·一场革命》。辛亥革命史研究会、武昌辛亥革命研究中心继续编刊《辛亥革命史丛刊》《辛亥革命研究动态》。中山大学出版社当年刊行该校历史系“孙中山与近代中国学术”系列丛书，主要包括桑兵《孙中山的活动与思想》、段云章《孙中山对国内情势的审视》、李吉奎《孙中山的生平及其事业》、周兴樑《孙中山与近代中国民主革命》、林家有《孙中山与近代中国的觉醒》。广东省社会科学院孙中山研究所同人结集出版《辛亥革命与中国民主进程》（北京燕山出版社2001年版）。俞辛焞《辛亥革命时期中日外交史》（天津人民出版社 2000 年版）、汪林茂《浙江辛亥革命史》（浙江大学出版社 2001 年版）、胡国枢《光复会与浙江辛亥革命》（杭州出版社 2002 年版）、桑兵《庚子勤王与晚清政局》（北京大学出版社 2004 年版）、吴剑杰《张之洞年谱长编》（上海交通大学出版社 2009 年版）、林家有等《孙中山社会建设思想研究》（中山大学出版社 2009 年版）也是精细之作。

值得欣慰的是，辛亥革命史论域仍然是博士论文的选题。以“辛亥革命”为题的论文即有《辛亥革命时期两湖地区的革命运动》（霍修勇，湖南师范大学，2002 年）、《近代湖南资本主义发展与辛亥革命》（陈曦，湖南师范大学，2002 年）、《辛亥革命前后的满族研究》（常书红，北京师范大学，2003 年）、《江苏辛亥革命研究》（王佩良，湖南师范大学，2004 年）、《辛亥革命时期的政党观念》（闻丽，复旦大学，2006 年）、《辛亥革命与城市空间》（瞿骏，华东师范大学，2007 年）。

二是辛亥革命系列学术纪念活动推动相关议题的持续讨论。辛亥革命 90 周年之际，2001 年 10 月中旬，中国社会科学院、中国史学会、湖北省社会科学联合会、武昌辛亥革命研究中心共同主办“纪念辛亥革命九十周年”国际学术讨论会，国内外学者提交论文 102 篇，就辛亥时期的政局与政治集团、革命运动与起义、人物、中华民族认同、辛亥革命与国际社会、工商业活动、国家与社会、思想与文化、辛亥革命研究学术史等论题展开讨论。[①] 这是 21 世纪对辛亥革命研究的首次检阅。在此前后，一些省市相继召开各类级别学术会议。四川省社会科学院、成都市社会科学院、四川大学等联合举办“辛亥革命与中国现代化”学术研讨会。南开大学召开纪念辛亥革命 90 周年学术研讨会，在辛亥革命总体评价、天津与辛亥革命相关论题、辛亥革命对民初社会影响等方面展开讨论。香港浸会大学历史系等发起主办“辛亥革命、孙中山与廿一世纪中国”国际学术研讨会，论题包括历史评价、辛亥革命与近代中国政治社会变迁、华侨与对外关系。广东社会科学院等单位举办、中山大学孙中山研究所等单位承办的“辛亥革命与当代中国社会发展”学术讨论会，收到论文 94 篇，以“辛亥革命与近代社会变迁”、“孙中山的国家统一思想与祖国统一大业”、“辛

---

① 参见《“纪念辛亥革命九十周年”国际学术讨论会综述》，《近代史研究》2002 年第 1 期。

亥人物与时俱进品格与当代中国社会发展”为论题。①

2004 年，中山大学与广东革命博物馆联合举行“孙中山与世界”国际学术研讨会。2005 年，安徽师范大学与安徽大学等举办“辛亥革命与长江中下游暨中国同盟会岳王会百年纪念”国际学术研讨会，与会代表除探讨同盟会、岳王会等团体外，还注重辛亥革命前后安徽政治、经济与社会的变动的考察。②

三是相关学术研究涉及辛亥革命史。华中师范大学中国近代史研究所于 2005 年、2006 年、2007 年、2008 年分别召开“近代中国社会群体与经济组织”国际学术研讨会以及“中国道路：历史的探索与比较”、“晚清以降的经济与社会”和“近代中国社会群体与社会变迁”学术研讨会。中国人民大学清史研究所 2005 年、2006 年、2007 年召开“清代灾荒与中国社会”国际学术研讨会、“西学与清代文化”国际学术研讨会（与国家清史编纂委员会联合主办）、“清末民国社会调查与现代社会科学兴起”学术研讨会。2006 年，中国社会科学院近代史研究所晚清政治史研究室与苏州大学社会学院联合发起，由国家清史委员会、上海社会科学院历史研究所等 7 家共同主办首届“晚清国家与社会”国际学术研讨会。武汉大学中国传统文化研究中心、中南财经政法大学经济史研究中心与江汉大学城市研究所于 2009 年 9 月联合召开“张之洞与中国近代化”国际学术研讨会。历次会议均有参会者以辛亥革命前后史实为论题。2000 年、2006 年、2009 年由中国史学会等单位联合举办第三、第四、第五届张謇国际学术研讨会，对张謇与晚清政局均有探讨。

四是清史工程提供出版平台。清史工程自 2002 年 8 月启动，邀集千余素有专功之学者集体攻关，同时注重基础研究，成立文献组、档案组、编译组、研究丛刊编委会、出版组，专款出版“文献丛刊”、“档案丛刊”、“编译丛刊”、“研究丛刊”四大系列图书，至 2006 年底，共出版 4 类丛刊 40 种 380 册。另有图录丛刊 5 种 5 册，清史论著目录 2 种 2 册，清史译丛

① 参见山屈《“辛亥革命与当代中国社会发展”学术讨论会在中山市翠亨村举行》，《广东社会科学》2001 年第 6 期。

② 参见马陵合《“辛亥革命与长江中下游”国际学术研讨会综述》，《安徽师范大学学报》2005 年第 5 期。

5种5册。[①] 其中，与辛亥革命史相关的文献、研究成果得以相继面世。较有代表性的包括：《恽毓鼎澄斋日记》（史晓风整理，浙江古籍出版社2004年版）、《辛亥革命史资料新编》8卷（章开沅、罗福惠、严昌洪主编，湖北人民出版社2008年版）、《苏州商团档案汇编》2卷（华中师范大学中国近代史研究所与苏州市档案馆合编，成都巴蜀书社2007年版）、《庚子事变清宫档案汇编》18卷（中国第一历史档案馆编，中国人民大学出版社2003年版）、《清宫热河档案》18卷（中国第一历史档案馆、承德市文物园林局合编，中国档案出版社2003年版）、《清代中南海档案》30册（中国第一历史档案馆编，全国缩微复印中心2004年版）、《清代军机处电报档汇编》40册（中国第一历史档案馆编，人民大学出版社2005年版）、《张之洞全集》12卷（赵德馨主编，武汉出版社2008年版）、《奉天三十年（1883—1913）》（英国杜格尔德·克里斯蒂著，湖北人民出版社2007年版）、《罕为人知的中日结盟及其他》（孔祥吉、村田雄二郎著，巴蜀书社2004年版）、《张謇—— 中国早期现代化的前驱》（虞和平主编，吉林文史出版社2004年版）。

五是西方分析框架的"中国化"。"国家—社会"模式对近十几年来史学影响甚为深刻。自20世纪90年代中期以来，马敏、朱英等一些学者并未纠缠于该分析框架的内涵之争，而是着力于实证研究。在此影响下，大量相关研究都自觉不自觉地以此框架切入辛亥革命史相关研究，换言之，该分析框架已"内化"为学者的思维取向。关注清末新政的学者及邱捷、郭钦、李明、刘增合、王笛、李德英、许纪霖、程美宝、马向远等，均努力总结出有别于西方"国家—社会"两元对立的中国特征，探寻近代"市民社会"、"公共领域"的表征与实质。[②] 其中，像大众传媒、学会与学校而自成"公共领域"的论断，很好地接继商会研究的思路。桑兵从史实中爬梳出的"中等社会的自觉"为此分析模式提供疏证。[③]

世纪之初对原有研究的深化，主要表现在：

第一，史实考订。譬如，光绪死因之谜。光绪三十四年十月二十一日

① 参见许嘉俊、罗铮《国家清史编纂工程成果丰硕4年出书55种396册》，《文汇读书周报》2007年2月2日。

② 参见朱英《近代中国的"社会与国家"：研究回顾与思考》，《江苏社会科学》2006年第4期。

③ 参见桑兵《拒俄运动与中等社会的自觉》，《近代史研究》2004年第4期。

（1908 年 11 月 14 日），时年 38 岁的光绪帝崩于中南海瀛台涵元殿。机缘巧合，光绪病危之时，慈禧病入膏肓，不到 24 小时，二十二日未刻（15 日下午 1 点到 3 点之间）慈禧再毙。因戊戌维新，母子生变在先，光绪之死，中外便有传闻、揣测与评论，或谓慈禧加害，或谓李莲英相逼，或谓袁世凯谋杀，扑朔迷离。史学界对此考辨也多，自 20 世纪 80 年代以来，论文、书籍分别多达百篇、几十部之多，多根据脉案、药方，趋于认为光绪之死实为病患长期恶化结果，并非为慈禧所害，纯属自然死亡，两者相继而毙仅为巧合。[①] 在清史编纂委员会的支持下，“清光绪帝死因”课题组历时 5 年，运用多种科学检测手段，推论光绪系砒霜中毒死亡[②]，并由清史编纂委员会于 2008 年 11 月将结论公之于众。当然，如果能将光绪死期与慈禧之身体状况、死因、死期一并探明，将能进一步坐实慈禧毒毙光绪之论。不论光绪如何而死，或被何人所害，仅光绪之死的各种传言，足以反映晚清帝后矛盾、君臣矛盾、群臣矛盾及动荡的政朝。

第二，文献整理与编辑。《辛亥革命史资料新编》按文献类别分为 8 卷，计 510 万字，其中包括时人文集、人物年谱、传记、日记，浙江、江苏、吉林、云南四省档案，新加坡《中兴日报》《南洋总汇新报》选载，法国陆军部与外交部、日本外务省、英国外交部文献等稀见大量未刊文献。重要历史人物近臣日记，如恽毓鼎官起居注，王锡彤系袁世凯 1909 年后的幕僚，其《恽毓鼎澄斋日记》、《抑斋自述》（郑永福、吕美颐点注，河南大学出版社 2001 年版）公开发行，为观察晚清、民初政局，评价光绪帝、袁世凯提供绝佳视角。《李鸿章全集》39 卷（顾廷龙、戴逸主编，安徽教育出版社 2007 年版），在吴汝纶《李文忠公全书》基础上，增加散佚北京、上海、安徽等地所藏文献，其中近三分之二系首次公开的史料。

第三，研究范式与辛亥革命的评价标准。不同的范式取决于不同的价值取向。革命与现代化两种范式各有拥趸，牵涉对清末新政与辛亥革命的

① 参见朱金甫《从清宫医案论光绪帝载湉之死》，《故宫博物院院刊》1982 年第 3 期；周文权《论慈禧那拉氏之死》，《故宫博物院院刊》1985 年第 4 期；马忠文《时人日记中的光绪、慈禧之死》，《广东社会科学》2006 年第 5 期；叶赫那拉·根正《我所知道的慈禧太后》，金城出版社 2005 年版；屈维英《皇家医事：清朝宫廷医案揭密》，国际文化出版社公司 2007 年版；李荣国《清宫档案揭秘》，中国青年出版社 2004 年版。

② 参见戴逸《光绪之死》，《清史研究》2008 年第 4 期。

总体评价。两种范式在2006年初发生一次典型意义的冲突。袁伟时发表《现代化与历史教科书》（《中国青年报·冰点周刊》2006年1月11日），反对义和团式的盲目爱国心态与情绪，提醒国人反思义和团式的“革命”，呼吁“走出把革命粗鄙化的文化心态”，主张将中国近代的“革命”放在现代化的世界进程中加以考量。现代化范式对辛亥革命史直接冲击，是否定辛亥革命的史实，过分渲染清末新政之功，甚至认为革命打断了新政所开启的近代化的进程。袁伟时认为辛亥革命“建树不多”，但承认“加速了思想观念的变革”，肯定“辛亥革命是新文化运动的真正起点”；强调“辛亥革命前夕的清王朝，正在向立宪政体转化；而号称民国的政府大都是专制政权”，“辛亥革命前夕的清政府比后来军阀统治时期的政府更容易向民主、法治体制过渡”①。张海鹏著文《反帝反封建是近代中国历史的主题》、《再论现代化与历史教科书》（《中国青年报·冰点周刊》2006年3月1日），回应袁文的示例的错误，强调史学研究不能脱离史实与历史场景，指出革命是历史的主题，也是现代化的前提。他坚持主张兼采两种范式所长：“用‘革命史范式’撰写中国近代史，局限于革命史的视角，可能对社会经济发展、社会变迁注意不够。如果在‘革命史范式’主导下，兼采‘现代化范式’的视角，注意从现代化理论的角度，更多关注社会经济的发展、更多关注社会变迁及其对于革命进程的反作用，就可以完善‘革命史范式’的某些不足。反过来，如果不注意‘革命史范式’的主导，纯粹以‘现代化范式’分析、撰写中国近代史，就可能改铸、改写中国近代史。”②

评价辛亥革命虽然曾经历过由革命史观到现代化史观的转变过程，但主流评价仍主张客观对待历史。郭世佑在《辛亥革命与清末“新政”的内在联系及其他》（《学术研究》2002年第9期）中指出，革命与新政是相互依存与制约的因果关系，互相提供历史条件；同时强调财政匮乏、政治威权与治理能力衰弱，注定新政与王朝统治失败；革命成功也非孙中山为首的革命派单方面努力的结果，即“1911年的反满大合唱就是在革命的客观条件已经成熟而主观条件还不太成熟的情况下出现的”。张海鹏、李细珠所著《中国近代通史》第5卷《新政、立宪与辛亥革命（1901—

---

① 袁伟时：《辛亥革命的是是非非》，《二十一世纪》2001年第12号。

② 张海鹏：《20世纪中国近代史学科体系问题的探索》，《近代史研究》2005年第1期。

1912)》（江苏人民出版社2006年版），也持此一观点。

第四，辛亥革命的性质。辛亥革命到底是一场什么性质的革命，与其主体、动力、目标与结果紧密相关。辛亥革命既有的“资产阶级革命”论断，已为学界同人所质疑。张宪文从革命动力、支持者与奋斗目标分析，指出“不应将辛亥革命完全定性为资产阶级革命”，辛亥革命的性质是民族民主革命。并且否定辛亥革命失败说，认为辛亥革命完成推翻清王朝专制统治、建立民主共和国的任务，“至于当时深刻存在的更为复杂的社会改造任务，绝非武昌起义一声枪响，或革命党人一朝一夕所能完成的”，不必过分苛求革命先行者们。①

与之相似，郭世佑提出：“就辛亥革命的实质或性质而言，与其说它是资产阶级革命，还不如说是以反满为主题的国内民族革命与变君主政体为民主政体的政治革命的有机结合。”其立论根据：（1）“节制资本”的孙中山是否代表资产阶级有待释证；（2）孙中山等革命领袖认同平等、人权者甚少；（3）革命实际上是否有利于资产阶级参政需考订，如以同盟会骨干为主体的临时参议院1912年通过的《众议院议员选举法》中有若干条款不利于广大资本家参与民国政权；（4）如果承认“新政”带有资本主义性质的改革，同时认为辛亥革命为资本主义发展开辟道路，那么，辛亥革命的革命性与必要性在哪里？这几点是对辛亥革命的资产阶级性质立论的全面思考。②

朱宗震以革命直接后果、革命成败评判辛亥革命，认为革命后社会基础并未发生根本改变，“从理论指导上说，辛亥革命是国民革命”，“但事实上，辛亥革命的实践，根本达不到国民革命，也就是资产阶级革命的水平”。辛亥革命的“本体”，“仍然是一个王朝更替的运动，但它在方向上，开始了建立现代国家的最初步的也因此是最粗放的探索”。③

丁友文等人总结已有研究，认为首先必须厘清“资产阶级”概念。如果从服膺西方资产阶级民主思想的广义层面理解，孙中山等人具有资产阶级属性；如果将“资产阶级”限定为商业与产业资本家，相对同期君主立宪运动来说，反清革命则缺乏这样的阶级基础。他们指出，革命派的阶级

① 张宪文：《再论民国史研究中的几个重大问题》，《江海学刊》2008年第5期。

② 郭世佑：《辛亥革命的历史结局及其实质》，载日本孙文研究会编《辛亥革命的多元构造——辛亥革命90周年国际学术讨论会·神户》，日本汲古书院2003年版。

③ 朱宗震：《大视野下清末民初变革》，新华出版社2009年版，第180、6页。

属性与革命运动的阶级属性当属既联系又区别的概念。“如果认为辛亥革命是资产阶级革命，不仅要说明革命的领导者和参与者所代表的阶级是资产阶级，还要说明作为被代表者广大资本家们是如何积极响应和参与这场革命斗争的……尽管孙中山等人在长期的准备和发动过程中也曾得到部分资本家的热情支持，但毕竟是少数，还缺乏应有的代表性。孙中山等人主要不是靠这一阶级基础的支持，而是靠自身长期斗争迎来反清高潮。只是当反清革命高潮已经到来时，成批的资本家们才姗姗来迟地靠拢革命队伍。”他们强调：“一是革命党人是资产阶级的政治代言人，他们的思想和纲领是资产阶级的革命思想和纲领，他们的阶级属性是资产阶级。二是作为资产阶级主体和实体的资本家对辛亥革命从头到尾都支持得不够，辛亥革命的阶级基础显得十分薄弱。”其次，丁友文等认为孙中山的“节制资本”的民生主义纲领，不利于调动资本家的革命积极性。因此，断言孙中山代表资产阶级的中下层，断言辛亥革命是资产阶级革命，是缺乏说服力的。①

第五，清末新政研究成为史学、政治学与法学界共有论题，成果较为集中。代表性成果有关晓红《晚清学部研究》（广东教育出版社 2000 年版）、尚小明《留日学生与清末新政》（江西教育出版社 2003 年版）、李细珠《张之洞与清末新政研究》（上海书店出版社 2003 年版）、刘伟《晚清督抚政治：中央与地方关系研究》（湖北教育出版社 2003 年版）、赵云田《清末新政研究——20 世纪初的中国边疆》（黑龙江教育出版社 2004 年版）、刘增合《鸦片税收与清末新政》（生活·读书·新知三联书店 2005 年版）、苏全有《清末邮传部研究》（中华书局 2005 年版）、张海林《端方与清末新政》（南京大学出版社 2007 年版）、李细珠和张海鹏《中国近代通史》第 5 卷《新政、立宪与辛亥革命（1901—1912）》。其中，有关宪政、法制改革比重较大。如马小泉《国家与社会：清末地方自治与宪政改革》（河南大学出版社 2001 年版）、赵晓华《晚清讼狱制度的社会考察》（中国人民大学出版社 2001 年版）、程燎原《清末法政人的世界》（法律出版社 2003 年版）、高旺《晚清中国的政治转型——以清末宪政改革为中心》（中国社会科学出版社 2003 年版）、卞修全《立宪思潮与清末

① 丁友文、茶金学：《从资本家阶级在辛亥革命中的表现看辛亥革命的实质》，《江西社会科学》2001 年第 8 期。

法制改革》（中国社会科学出版社 2003 年版）、尤志安《清末刑事司法改革研究》（中国人民公安大学出版社 2004 年版）、沈晓敏《处常与求变：清末民初的浙江谘议局和省议会》（生活·读书·新知三联书店 2005 年版）、周松青《上海地方自治研究（1905—1927）》（上海社会科学院出版社 2005 年版）、陈煜《清末新政中的修订法律馆》（中国政法大学出版社 2009 年版）。上述研究多突出反映学者既承认新政与革命同时衍生、互动的史实，又认同将新政纳入政治革命范畴的价值取向。

第五节　回顾与前瞻

斗转星移，60 年也不过是弹指一挥间。经过多少风风雨雨，曲折坎坷，辛亥革命史研究从小到大，从低到高，从弱到强，终于发展到现在这样的水平。其学气之旺，人才之盛，持续之久，均已为海内外史学界所认知。其之所以能够如此，主要是由于：

一是政府与社会的关心与支持。纪念辛亥革命和孙中山诞辰每 10 年分别举办一次大型学术盛会，两者之间正好相距 5 年。学术研究与体育运动相似，都需要多种形式与不同层次的激励机制，而 5 年的周期大体与史学研究的进展节奏相适应。但学者在争取政府与社会支持时，必须注意保持学术研究的独立品格与自身规范，不可自行混同于政治宣传或所谓“为经济演戏搭台”。辛亥革命史研究之所以能够日益提升学术品位并赢得海外学者的广泛好评，正是由于在这方面已经逐步形成优良传统。

二是注意对年轻学者的培养与扶植。学位制度的恢复，为选拔和培养较高层次的辛亥革命研究人员提供了良好的机遇。辛亥革命和孙中山青年研究者全国学术会议先后召开，并且邀集资深学者认真评选优秀论文和总结其得失，是激励年轻学人加速成长的有效方法。人们可以看到，现今活跃在辛亥革命研究前沿的学术骨干，很多都是当年青年研究会议的参与者与获奖者，当然我们在这些新生力量的身上也不难发现老一辈学者的心血与良好影响。此外，在社会上不拘一格地识拔与扶掖新人参与学术活动，也是辛亥革命研究队伍日渐壮大的原因之一。

三是得益于国际学术交流的不断加强。“文化大革命”以后，辛亥革命史研究较早接受外国资深学者来华进修（如 1978 年美国高慕柯教授在华中师范大学历史所做为期一年的访问学者），也较早应邀到国外进行学术交流（如章开沅、萧致治1979年先后到美国、日本讲学与访问），可以说是开风气之先。经过近40年的频繁交往，我们与东京辛亥革命研究会、京都大学人文科学研究所以及北美、西欧若干重要研究机构已经建立比较稳定的交流关系，人员与资料的流通持久不辍。特别是一些国际知名学者（如日本的野泽丰、岛田虔次，美国的韦慕廷、周锡瑞，法国的白吉尔、巴斯蒂，韩国的闵斗基等），与我们结下了深厚的友谊，而且这种学术纽带已逐步向中、新生代延伸。把世界的辛亥革命研究引入中国，把中国的辛亥革命研究引向世界，不断增强的国际化乃是推进辛亥革命研究不断向前发展的重要驱动力之一。

回顾辛亥革命研究发展历史，是为了继续推展其研究。近年来，严昌洪与马敏①、郭世佑②、张艳华与章慕荣③、李玉④、崔志海⑤、杜继东⑥、李细珠⑦、郭绍敏⑧等人在总结学术前沿的基础上，均提出有价值的思考。或主张厘清辛亥革命、民权主义内涵，或主张走向地方史，或主张加强与世界各国政治革命或改革的比较，或主张实证研究。其中，主张将政治史与社会史相结合的建议引起广泛兴趣，并得到认同。茅海建指出，政治史重“变”，社会史着力描述的却是社会结构与社会生活的“不变”（指变化不大，或某些变化只是表象而非实质）；强调两者都存在仅以若干地区、民众为观察点而不能全面反映史实之失；主张将两种研究融为一体，希望在弄清以下诸如此类的问题后再行探讨中国社会因素对政治革命的制约力：“中国社会变了没有？”“哪些变了，哪些没有变？”“变化的那一部分究竟是一种表象的，还是一种实质的变化？”如此，才可能既探寻政治革命的西方资源，又可阐明社会结构与生活中的中国元素，真正把握近代中国的“变”与“不变”以及两者的相互关系与近代中国的整体走向。⑨ 如

---

① 《20世纪的辛亥革命史研究》，《历史研究》2000年第3期。

② 《五十年来大陆学者关于辛亥革命时期孙中山民族主义思想研究述评》，《东南学术》2000年第4期。

③ 《近二十年来辛亥革命研究综述》，《史学月刊》2001年第4期。

④ 《中国同盟会研究综述》，《江苏社会科学》2001年第6期。

⑤ 《国外清末新政研究专著述评》，《近代史研究》2003年第4期。

⑥ 《中国大陆地区孙中山与日本关系研究回顾》，《近代史研究》2005年第3期。

⑦ 《近五年来晚清政治史研究述评》，《社会科学管理与评论》2007年第4期。

⑧ 《局限与反思：近十年来国内清末宪政史研究述评》，周永坤主编《东吴法学》第16卷，中国法制出版社2008年版。

⑨ 参见茅海建《中国近代政治史面对的挑战及其思考》，《史林》2006年第6期。

此，有关辛亥革命的功绩、成败的争论，有关辛亥革命究竟是政治革命还是社会革命的争议，或许归于更为客观的评断。这是深入探讨辛亥革命史应该遵循的研究路径。当然，由于“政治”是社会生活的核心与主轴，有必要矫正过于强调所谓“下层日常生活”的社会史思维。这也是杨念群重提“政治史”研究的关键所在。①

那么，如何加强政治史与社会史的互动研究？辛亥革命无疑是中国政治的“断裂”，然而，这一政治“断裂”是否也是士、农、工、商四民社会结构整体裂解、失序与满汉关系紧张的结果？所谓革命派与立宪派同属西方宪政范畴，学理上并无根本冲突，其区别应该是社会地位与社会身份的霄壤之别，那么，决定两派之间争斗的根源到底是什么？这都是我们需要进一步思索的问题。

其次，应加强宏观思考。“他山之石，可以攻玉。”加州学派，善于从区域入手，到较为宏观层面的推理，再到中外之间的比较与归纳，参验西方经验，凸显中国特征。由于中国社会各地区发展不平衡，革命进程与社会变革的不平衡，应该在继续加强各地区辛亥革命史研究基础上，进一步将各地革命加以比较，探究共性与个性；继续将辛亥革命与法、英革命加以比较，“复原”与合理解释近代中国的社会变革。史学研究离不开“小问题”的考辨、释疑，但要警惕将“小”问题上升为“大”问题而导致“假问题”，将无足轻重的史实虚化为“历史大事”。我们可以思考这样几个问题：（1）从资产阶级革命派的主观动机与目标，从部分地区（如东南地区）以绅商为主体的特征而论，辛亥革命是一次资产阶级革命；但从实际参与者而论，从更多地区对革命大潮的因应而论，辛亥革命又是一场全民革命。如果考虑发达地区对落后地区有示范与先导作用，如果考虑资本主义与资产阶级是传统社会走向近代社会的标识，代表社会主流“话语”，那么，是否能以发达地区资产阶级革命性涵盖落后地区？（2）革命派到底代表谁的利益？谁是革命的阶级基础？（3）依照“中等社会”的分析，资产阶级革命派作为一种新型社会集团，是否能离开其资本主义经济母体（资本家）而独立存在？（4）海外华侨的社会分层与内地资产阶级的政治属性。（5）辛亥革命与20世纪。阿尔文·托夫勒在《权力的转移》（中信出版社2006年版）中，将21世纪前的权力异动归之于暴力（政府）、

① 参见杨念群《为什么要重提“政治史”研究》，《历史研究》2004年第4期。

资本与知识三重因素的角力，我们能否借鉴此模式深化中国主题？总之，我们需要不断提出新的辛亥革命史的解释框架。史学研究固然不是建构历史框架，但缺少理论探讨的研究则是苍白的。

再次，应在多维视野中诠释辛亥革命史。现代化、革命史、文化（器物—制度—观念形态）等范式均在不同时期深化着辛亥革命史的研究，分别产生一批有代表性的论著与论断，然而正如每种模式有其优长一样，每种模式均有其先天单一视角的缺陷。严诫以某种解说方式否定另一种解说模式的武断思维，片面拘执某一解说模式。有学者指出，现代化模式与它所批判的革命史叙事一样，“讲究抛弃细节，专讲历史趋势与走向，‘人’在这种宏观研究中消失了”①。从宏观立论，史学是人学，约略包括形而上的宗教、哲学、思想与形而下的社会构成、体制、经济基础等基本面相，而将形上与形下扭结一体的则是人及其复杂的社会关系。辛亥革命史研究应该以“人”为主体，多链条地既揭示社会走向又展现“人”的活动。任何一种模式的解说，均非整个史实的表达。

同样，以文化视角观察历史，也可能产生有悖常理的结论。以文化视角立论，我们必须注意不同政派、社会阶层对文化因子的相同的认识，并不等同于政派、社会阶层具有共同的价值观，更不等同于它们之间的政治宽容与包容；反之亦然。勿刻意异中求同或同中求异，而远离似同实异或似异实同的史实。如果以此展示文化、思想复杂性则可，如果以此为由虚构史实则非。

最后，应“去熟悉化”，打破惯有思维定式。为什么外国学者常能在我们视为“常识”处推绎出独到见解？一方面应该是他有自己的解说工具与知识背景，但另一方面不容忽视的是缘于他们对中国的“陌生”而不放弃对任何问题的溯源释解。比如，在满汉关系的释解方面，美国德州大学的路康乐教授为我们提供了一个范例。他并未将满人或满族作为一个既定概念探析辛亥革命时期的满汉关系，而是循“族群”（既是“种族”，也是由于文化、经济、社会、语言及政治等因素形成的人群间的区隔）演化，考察“满”作为一个“民族”的形成过程；指出早期满汉并非族类或政治地位，而是包括汉人在内的职业之别；直到19世纪末20世纪初民族国家概念传入后，“满”开始从一种职业身份转化为族群及与之相应的有

① 杨念群：《〈新史学〉发表之后，21世纪我们能做什么》，《浙江学刊》2002年第2期。

政治地位之别的“满人”；强调革命派普遍使用“满人”，官方则用“旗人”代之。[①] 路康乐在一定程度上完成“谁是满，谁是汉?”及满汉畛域的设问。当然，我们更想进一步了解满族以外民众对“满族”的称谓及其内在价值判断。路氏正是把我们“熟悉”的语词当作“陌生”话语加以深究而出新意。究其实质，路康乐的思路就是西方“语义”分析法，这种方法已经并正在为中国学者所采纳。这种方法可以帮助中国学者完成“去熟悉化”，从而不带或少带主观预设思考问题。

革命派领袖人物的研究同样需要“去熟悉化”，应将人物“回归”历史时态考察，而非“贴标签”，即全面描述历史人物的发展与成长历程。领袖人物研究已多，但不乏脱离历史时空的苛责论断。其实，即使是孙中山，同样起于“草莽”，而非天生伟人，同时，伟人也非“完人”；研究者不应以先验的“伟人”即“完人”心态美化孙中山。细密梳理领袖人物及其社会关系，分析其思想心路，应是最基本的研究方法。与此相应，我们也不能以西方成熟的政党模式绳墨中国革命政党，以西方资产阶级革命衡量辛亥革命。

辛亥革命史研究的60年是成果丰硕的60年。辛亥革命的功绩并不限于“第一枪”，更重要的是迈出民主政治的“第一步”。辛亥革命所确立的民主共和国与现代国家的基本原则（以人为本、以法治国、人民治国）直到今天仍然是社会进步的尺度与目标。我们相信未来会有更多自我期许的学者推出华彩篇章。

① 参见王笛《路康乐著〈满与汉：清末民初的族群关系与政治权力，1861—1928〉》，《历史研究》2002年第4期。

第十九章
北洋军阀史

北洋军阀是中国近代史上一个重要的政治军事集团。它源自1895年袁世凯奉清廷之命在天津小站编练的“新建陆军”。因其最初受北洋通商大臣及1901年继任此职的袁世凯节制，一直被后人称为北洋军。这是一支采用近代兵制和武器装备的新式武装力量。1911年武昌起义推翻清朝统治后，袁世凯倚仗这支武装力量，于1912年3月在北京登上中华民国临时大总统的宝座，开启了一个直至1928年才结束的长达16年的先后由袁世凯及与袁世凯同源同流的段祺瑞皖系、冯国璋直系军阀和与袁世凯不同源而后合流的张作霖奉系军阀掌控国家军政大权的“北洋军阀统治时期”，从而使北洋军阀史有了狭义和广义的双重含义。就狭义而言，它仅仅是袁世凯北洋军阀及与其同源同流的段祺瑞皖系和冯国璋、曹锟、吴佩孚直系军阀史而已，而广义的北洋军阀史则应涵括虽然不同源但却合流的张作霖奉系军阀和西南及其他地方军阀。

新中国成立后，由于北洋军阀多为人民革命的对象，在当时政治形势的影响下，北洋军阀史研究，一度是个不受重视的薄弱领域，在相当长的一段时间内被学者视为禁区，形成“旧著难找，新著很少”的局面。50年代，出版的专著仅有两种，一是陶菊隐的《北洋军阀统治时期史话》（生活·读书·新知三联书店1957年版），二是来新夏的《北洋军阀史略》（湖北人民出版社1957年版）。可喜的是陶菊隐一书，不仅披露了众多原始史料，而且叙事也相当翔实，因此，至今仍受到学界的重视，甚至成了某些人编纂所谓“北洋军阀史”著作的主要蓝本。有评论者指出：“陶菊隐先生这部著作的珍贵，我以为最重要的一点即为客观叙述，而毫不‘戏说’，务求‘去伪存真’。这就给后人留下了真实的史料。”① 然而，奇怪的是“文化大革命”后期，一向少有人问津的北洋军阀史却又成了“四人帮”集团“批林批孔”的政治斗争工具，他们利用袁世凯、张勋复辟事件，大批林彪宣扬孔孟之道，与袁世凯、张勋一样也是为了“反革命复辟”。直到“四人帮”集团垮台、改革开放后的80年代以后，随着人们思想观念的不断解放和实事求是学术空气的日趋浓厚，北洋军阀史的研究才出现了前所未有的蓬勃发展趋势，涌现了无论在数量还是质量上都远远超过先前的大批研究论著。本章拟从广义的角度对新中国成立60年以来的北洋军阀史研究作一简要的回顾和介绍。

第一节　对几个理论问题的探讨

关于军阀史的理论探讨，主要集中在以下几个问题上：

1. 何谓军阀？何谓北洋军阀？对于前者，李新的解释是：拥有私兵、据有地盘和实行武治，即直接的军事统治，其中是否实行武治是判别军阀与非军阀的最重要的标准。至于后者，他认为可概括为四个特点：一是采用外国兵制；二是财政来源已不完全依靠封建经济，其饷源大宗往往来自关税、盐税、铁路及轮船局等官办企业的收入和发行公债、举借外债；三是实行募兵制，兵源主要依靠招收破产农民或其他劳苦群众；四是不断分裂，乃至发展为各成一派、各据一方，连年混战。② 对于北洋军阀的特点，来新夏与李新的看法类似，但对以北洋军阀为代表的近代军阀的解释却不完全一致，他认为近代军阀是一个“以一定军事力量为支柱，以一定地域为依托，在‘中体西用’思想指导下，以封建关系为纽带，以帝国主义为奥援，参与各项政治、军事及社会活动，罔顾公义，而以只图私利为行使权力之目的之个人和集团”③。还有学者提出，军阀的特点就是“利用政治特权掠夺了大量的土地”，“都是反动的武装政治集团”，“都以帝国主义

---

① 朱小平：《开卷有益的史话——读〈武夫当国——北洋军阀统治时期史话〉》，《博览群书》2007年第3期；《陶菊隐与北洋军阀》，《群言》2011年第9期。

② 参见李新《军阀论》，《史学月刊》1985年第1期；《北洋军阀的兴亡》，《史学月刊》1985年第3期。

③ 来新夏：《论近代军阀的定义》，《社会科学战线》1993年第2期。

作为他们的靠山”，“长期混战”①。另有学者将学界关于何谓军阀的代表性观点归纳成以下几种：一是“军人领导绅士控制政权，不保卫国家主权的完整，自筹军饷，拥有防区或行政区”。二是“在以宪法为根据建立国家之前的国家政权及其军队都具有军阀性质”。三是“大凡政治权力建立在武力之上，使用这种权力的人物就是军阀”。四是“军阀不过是对军事敌人的辱骂词”。五是有私人的军队，占有相对稳定的地盘，实施直接的军事统治而不是文治。根据这些特征，又可区分为古代军阀和近代军阀，“近代军阀是半封建军阀，有资本主义因素”，且又可分为“北洋军阀和国民党新军阀。国民党新军阀的特点是封建主义现代化，法西斯主义中国化”。但是，这位学者并不赞成这些观点，他认为这些观点均难以准确解释军阀的含义，因为“中国近代军阀是半殖民地半封建中国社会的产物，军阀统治是封建地主阶级和买办资产阶级的联合专政，是反对中国民主主义革命的反动派。军阀统治是阶级的统治，各个军阀集团及其代表人物都是从属于统治阶级的。军阀统治的特点是军阀派系繁多，割据称雄和不断地进行战争，而军阀所进行的战争，无不打有帝国主义的烙印。从这一意义上说，中国近代军阀是帝国主义的忠实走狗”。② 而张华腾则提出，宜以中性词“北洋集团”来表述袁世凯为首的北洋势力，认为这样可以更清楚地看出北洋集团发展演变的轨迹。“北洋集团崛起于清末新政，发展于民国初年，袁世凯称帝及其以后，北洋集团演变为北洋军阀。北洋集团孕育了北洋军阀，北洋军阀是北洋集团发展的最后阶段，也是北洋集团走向灭亡的阶段。”在他看来，“这样的表述也许更为科学”。③

2. 近代军阀政治的起源、上下时限及其成因。关于近代军阀政治的起源，罗尔纲认为，曾国藩创立湘军，不仅改变了清朝的兵制，在军队中形成了“兵为将有”的状况，也牵动了政局的演变，在地方上形成了“督抚专政”的局面，因此，近代军阀政治当起源于湘军。但李新持不同意见，他认为所谓军阀，最基本的条件是军队为个人所有，因此不能把曾国藩、

① 徐桂梅：《军阀统治的特点及其对中国社会的危害》，《河北师范大学学报》（哲学社会科学版）1988 年第 2 期。

② 韩剑夫：《中国近代军阀史研究中的几个问题》，《广东社会科学》1988 年第 3 期。

③ 张华腾：《北洋军阀词语探源——简论北洋军阀、北洋集团概念的使用》，《史林》2008 年第 3 期。

左宗棠和胡林翼、李鸿章等人“作为中国近代军阀的开端”。他还认为就连辛亥革命前的袁世凯也不能称之为军阀，只有到了清帝退位，袁世凯窃夺全国政权之后，北洋军才完全为袁氏所私有。从这个意义上说，是“武昌起义促成了袁世凯北洋军阀的形成”。①

至于近代军阀史的上下限有学者归纳，20 世纪 80 年代以来，学界有以下几种观点：一是“李鸿章、袁世凯、段祺瑞、冯国璋、吴佩孚……蒋介石都是军阀。这就是说，中国近代军阀史的上限始于李鸿章，下限终于蒋介石”。二是“1916 年至 1928 年是中国军阀统治时期，也称为典型的军阀统治时期。对于 1916 年以前的袁世凯和 1927 年以后的国民党蒋介石是不是军阀，既不作肯定也不作否定”。三是“1937 年抗日战争开始之后，中国就不存在军阀了，因为国民党蒋介石参加了抗日战争，国共两党实行了第二次合作，主张近代军阀史写至 1936 年。这就是说，1937 年抗日战争开始便是中国近代军阀史的下限”。但该文作者认为：“中国近代军阀史属于中国近代史这一历史范畴，但不可以把中国近代史与中国近代军阀史的上下限等同起来。”“中国近代军阀史的上限是在辛亥革命失败后袁世凯建立的北洋军阀统治时开始，其下限是 1949 年国民党新军阀统治的结束。”②

关于军阀政治的形成，任恒俊认为受到了清末南北新军不同编练方式的影响。他指出，清末北洋新军基本保持一个系统，北洋军阀控制北京政权后，尽管派系林立乃至火并内讧，却“始终控制北京政权，以‘中央’名义倒行逆施”，而南方新军在清末时即由各省自行编练，其“地域性特点和听命各省军事首领的状况孕育了割据军阀倾向潜滋暗长。反袁护国的战火保卫的民国招牌，再没有灌输多少革命意识，此后随着首领的蜕变迅速地衍化成割据一方的军阀武装。”③ 刘江船分析了文化方面的原因，他指出，就军阀上层而言，“儒家传统文化尤其是它的伦理道德观对宗派的产生起着极其重要的作用，而宗派又是军阀的基础。因而，可以说传统文化是形成中国近代军阀的一大思想根源”。对于普通士兵，“在经济观上……当兵去，足以养家糊口，有的甚至可以赚钱发财”。对于读书人而言，“在

---

① 李新：《北洋军阀的兴亡》，《史学月刊》1988 年第 3 期。

② 韩剑夫：《中国近代军阀史研究中的几个问题》，《广东社会科学》1988 年第 3 期。

③ 任恒俊：《新军差异与南北军阀的形成》，《文史哲》1990 年第 4 期。

中国传统仕途被堵塞之后，一筹莫展的知识分子中很多人纷纷弃文从武，大批有识有志青年投笔从戎，于是形成了一股从军热。这些人或充任中下级军官或充任文职秘书幕僚等，成为军阀割据混战最有生命力的源源不断的人力基础，他们给任人唯亲的腐朽军阀注入了'新鲜血液'，使军阀们得以苟延残喘割据下去，甚至有极少数一部分人上升为军阀"。军阀所奉行的"军阀主义"，"即指那种因军治政，以军代政、拥兵自重、扩军备战的哲学思想。这一哲学思想的精神实质是重兵观念和实用主义，一切行为的准则是是否有利于其军队和统治"。而这里的实用主义，"既盘踞一方，又唯利是图；既割据，又混战"。地方主义、对于"不变的利益"的追求，以及张宗昌样式的"三多主义"，即"构成了军阀主义的有机内容，这一哲学思想是军阀分裂割据的一大原因"。[1] 高海燕、久玉林等人从地方主义和军事主义的角度，考察了军阀政治形成的原因。他们在承认"地方主义不一定会导致地方割据，军事主义也不一定走向军人政治"的同时，指出"督抚的集权化、士绅的政治化无疑会造成地方主义对中央集权的分割，并加剧整个社会的分散态势。这种分散态势在中央集权权威仍然存在时，还不会造成整个国家的分裂，一旦中央集权解体，这种地方主义便会成为左右局势的决定因素，并显示出分裂主义的政治内涵。军事主义与统治中国两千年之久的儒家传统相比，也缺乏足够的凝聚力和稳固性。因此这种力量虽可制造短暂的统一和集权，却绝不会持久。辛亥革命推翻了原有的统治权威，却未建立起相应的文人政治或政党政治，于是军事主义便成为一种首当其冲的选择。在特定的历史条件下，地方主义和军事主义便成为中国社会的决定因素，并最终聚合为一种新的政治形式——军阀割据。这里不排除各种合力因素的共同作用，但在各种合力因素中，地方主义与军事主义是分裂的主要作用力"[2]。王振羽、王翔宇从政治权力、经济结构和文化结构三个层面讨论了军阀政治产生的根源。[3] 胡玉海则认为："近代以来封建社会的王统政权、道统文化、族统社会的三维体系发生裂变，是近

① 刘江船：《论民初军阀割据的文化原因》，《民国档案》1994 年第 3 期。

② 高海燕：《地方主义·军事主义——近代中国军阀政治探源》，《史学集刊》1998 年第 3 期（该文同时发表于《中州学刊》1998 年第 3 期）；久玉林：《中国近代军阀政治探源》，《学习与探索》1999 年第 1 期。

③ 参见王振羽、王翔宇《中国近代社会结构与军阀产生根源浅论》，《南京化工大学学报（哲学社会科学版）》2000 年第 4 期。

代军阀政治产生的根源；军阀政治经历了滋生、雏形和最后形成三个阶段，具有四点特征：一是拥兵自重，控制政治；二是利用民主政治形式实现军阀专制；三是个人及政治角色之间不受法律制度约束；四是中央权威弱化，军阀割据混战。"[①] 黄璜从自然经济角度提出了自己的看法："以小农经济相对独立的生产单元造成个体的分散，下层农民容易受到地方势力的左右。适应这种模式的生产关系导致了社会阶层的相对孤立和分化，这在客观上为军阀政治的产生提供了天然的条件。地方分离主义来源于宗法体制的相对独立性，农民的利益在社会动荡之际只能依靠地方势力的保护，他们提供的资源自然成为军阀们的战略资源。"[②]

3. 北洋军阀的阶级基础及其政权性质。对于北洋军阀史的上下时间断限，学界已有基本一致的认识，即始自清末小站练兵，终于 1928 年东三省的改旗易帜。但对北洋军阀的阶级基础的认识，学界则存在较大的分歧。彭明认为："北洋军阀是地主阶级的代理人"，"最落后和最反动的生产关系的代表，它极力维护和巩固地主阶级对农民阶级的封建统治秩序"[③]，北洋军阀上台的直接后果就是封建势力的再度强化。来新夏鉴于北洋军阀执政期间资本主义经济有过一定的发展，中国的社会性质也有所变化，因而认为这一政权不仅是地主阶级的代表，在某一方面或某一阶段已带有资产阶级的色彩。[④] 魏明通过对若干军阀官僚私人资本主义经济活动的考察，指出"军阀官僚中的一部分人基本上已与封建生产关系相脱离或转化"[⑤]，认为这是与以前的统治阶级很大的不同点，说明北洋军阀政权的性质也有所不同了。但来新夏更强调：北洋军阀的阶级基础是以地主资产阶级为基础的。"北洋军阀集团含有资产阶级性质这一点是可以被接受的，但有时间与阶段的问题。北洋军阀集团之带有资产阶级特性是在后来，大体说来是在第一次世界大战后期开始，所以不能把二者并列。北洋军阀的连年混战，对于资产阶级的利益有所伤害与触动。商人在混战中由于运输物资被扣、关卡勒索、市面不稳、币制混乱等而感到不便，甚至蒙受损失。所以北洋军阀集团究竟代表资产阶级多少利益是值得研究的。"因此，

① 胡玉海：《近代中国军阀政治的形成及特征》，《社会科学辑刊》2003 年第 1 期。

② 黄璜：《中国自然经济与民国初期军阀割据的形成》，《传承》2009 年第 9 期。

③ 彭明：《北洋军阀（研究提纲）》，《教学与研究》1980 年第 5 期。

④ 参见来新夏《北洋军阀史研究中的几个问题》，《学术月刊》1982 年第 4 期。

⑤ 魏明：《论北洋军阀官僚的私人资本主义经济活动》，《近代史研究》1985 年第 2 期。

他认为“北洋军阀是以封建地主阶级为主要的社会基础”。[①] 然而，也有学者对此提出质疑。潘敏从具体剖析北洋军阀推行的政策入手，考察了北洋军阀政权与地主阶级、资产阶级的关系，认为北洋军阀既不服务于地主阶级，也不维护资产阶级的利益，而是一种超越特定阶级利益的“波拿巴式政权”。从本质上说，北洋军阀政权与资产阶级、地主阶级仅“是一种相互利用的关系”。“从阶级基础这一个角度来说，北洋政府的迅速崩溃的最根本原因，或许就在于它的脆弱性，本身没有任何阶级基础的政治背景。”[②] 唐学锋则认为将军阀割据的社会基础视为封建地主阶级的观点，“忽视了对近代中国社会结构演变的研究”。他指出 19 世纪末 20 世纪初，中国社会的大动荡，导致了土地所有权的演变，特别是辛亥革命后土地逐渐转移到军事起家的新兴的军阀官僚手中，传统的封建地主阶级日趋没落。新兴的军阀官僚“是社会的暴发户，他们的支持者和保护者不是没落的地主阶级，而是破产农民和无业游民”。因此，军阀割据的真正社会基础不是封建地主阶级，而是破产的农民和无业游民，“这是旧中国社会病态的反映”。[③] 这一观点得到了刘进的支持。[④]

4. 北洋军阀集团的历史地位和作用。一种意见认为，北洋军阀集团是中国近代史上一个反动的军事政治集团，它在辛亥革命前后各 16 年的历史进程中是一个祸国殃民的丑恶角色，所以对它的历史地位和作用应予完全否定。黄志仁指出，北洋军阀不但“摧毁资产阶级民主制，推行专制独裁统治”，还破坏了“中国走现代化道路”。首先，它顽固推行媚外政策，疯狂出卖国家权益，极大地阻碍了民族经济的发展。其次，连年不息的军阀混战给国民经济带来了浩劫。再次，它横征暴敛，吞没了大量社会财富，严重地破坏了工农业的再生产。最后，它凭借反动政权，竭力维护封建买办的生产关系，严重束缚了社会生产力的发展。[⑤] 王明德认为：“地盘是军阀生存的基础，对地盘利益的争夺构成了军阀活动的主要内容。军阀地盘的位置关系及其空间分布影响军阀势力的发展和彼此之间的关系，军

① 来新夏：《略论民国军阀史的研究》，《学术月刊》1985 年第 1 期。

② 潘敏：《北洋军阀政府的政权性质再探讨》，《黄冈师专学报》1999 年第 1 期。

③ 参见唐学锋《试论军阀割据的社会基础》，《西南民族学院学报（哲学社会科学版）》1990 年第 4 期。

④ 参见刘进《农民与民初军阀割据》，《甘肃社会科学》1999 年论文辑刊。

⑤ 黄志仁：《北洋军阀对资产阶级民主制的摧残》，《厦门大学学报（哲学社会科学版）》1979 年第 1 期；《北洋军阀破坏中国走现代化道路的史实》，《中国经济问题》1980 年第 5 期。

阀间地盘利益冲突的不可调和性，是军阀政争的死结，导致彼此陷入一个难以自拔的战争泥潭，进而在战争中走向灭亡。”① 徐桂梅对北洋军阀给社会造成的危害进行了分析。② 王方中以大量史实，揭露了20世纪20年代发生的几次重要军阀战争给交通和工商业带来的直接破坏，指出军阀混战“使本来可以顺利发展的民族工商业走上了一条动荡不定、坎坷曲折的道路”③。黄国荡、王玥等人对北洋军阀统治时期各地军阀为捞取军费，在辖区内鼓励种植鸦片，祸害社会的罪行进行了揭露和批判。④ 不少学者还就北洋军阀对地方经济的破坏进行了研究，如阮知对北洋军阀勒索下的湖北官钱局的败落进行了简要分析，王命能研究了周荫人在福建的统治历史，张兆文注意到吴新田在陕南的黑暗统治，张晓辉研究了民初军阀混战给广东社会经济带来的伤害，任念文、李国林考察了北洋军阀各派对上海的争夺及其破坏活动，等等。⑤

但是，以来新夏为代表的另一部分学者则认为，不宜简单地完全否定北洋军阀集团的历史地位和作用，指出北洋军阀集团的历史作用主要表现在：（1）北洋军阀集团是维系晚清十余年统治的一个支柱；（2）北洋军阀集团是辛亥革命时期转移政权的主要军事力量；（3）北洋军阀集团所把持的北洋政府是辛亥革命后统治中华民国的政权代表（含对外的国家代表）；（4）北洋军阀集团为由统一走向再统一的过渡做了铺路工作；（5）北

① 王明德：《试论民初军阀的地盘问题》，《台州学院学报（哲学社会科学版）》2005年第1期。

② 参见徐桂梅《军阀统治的特点及其对中国社会的危害》，《河北师范大学学报（哲学社会科学版）》1988年第2期。

③ 王方中：《1920—1930年间军阀混战对交通和工商业的破坏》，《近代史研究》1994年第5期。

④ 参见黄国荡《北洋军阀统治时期的福建烟祸》，《党史研究与教学》1999年第4期；熊英、张帆《湖南军阀与鸦片贸易》，《太原师范专科学校学报》1999年第2期；林星《福建地方军阀与鸦片》，《党史研究与教学》2000年第1期；王玥《北京政府时期的军阀与烟毒泛滥》，《北京科技大学学报（社会科学版）》2002年第2期。

⑤ 参见阮知《北洋军阀的勒索与湖北官钱局的倒闭》，《江汉论坛》1982年第3期；王命能《北洋军阀周荫人在闽期间福建简况》，《福建党史月刊》1986年第2期；张兆文《北洋军阀吴新田在陕南的割据和陕西人民反吴斗争》，《汉中师院学报（哲学社会科学版）》1991年第4期；张晓辉《论民初军阀战乱对广州社会经济的影响》，《广东社会科学》1997年第6期；任念文、李国林《江浙军阀战争与上海特别市的发端》，《太原师范学院学报（社会科学版）》2003年第1期。

洋军阀集团使中国的军制摆脱了旧有的落后陈旧的状态。① 郭剑林提出近代军阀对中国近代化的进程起了推动作用，认为主要是通过五个方面的“过渡”表现出这种作用，即从君主专制政治向军事分权政治过渡，从世袭政治权力向竞争政治权力过渡，从“以礼治国”向“中体西用”过渡，从封建经济向资本主义经济过渡，从封建军队向资本主义军队过渡。② 另有学者强调，民初中国工矿业的发展，“长期以来史学界将之归结为第一次世界大战的影响，这不符合事实……我们决不能忽视北洋政府的政策导向这一重要内因”。具体可分析为：“一、解除了对民间兴办工业企业的限制；二、对工矿业者采取保护和奖励政策；三、对新办企业实行保息和补助政策；四、对民族工业产品及所有原料实行减免捐税政策；五、劝导创办实业，鼓励利用外资。”③ 然而，也有学者指出，当时社会经济的发展，并非全是政府行为所致。他认为：“20 世纪初，中国社会环境的改变，政府的这种不完全作为，反而使各种社会因素更充分的调动起来，形成一种综合的社会力量，促进了这一时期的中国经济发展。”所谓“各种社会因素”，应包括辛亥革命的历史功绩、国际市场的新变化、北洋军阀政府的经济政策和实施、地方自治、民众爱国运动、人口迁徙，等等。④ 应该说，这种看法远较将这时的中国经济发展单纯归功于北洋政府的政策导向更加全面一些。认为北洋军阀政府行为引起经济发展者，至少需要指出当经济发展受阻时政府行为的影响力所在，而不是空泛罗列一些法令法规作为点缀。因为有法可依与有法不依，在很多时候并不冲突。也有学者对地方军阀同样进行这种多层面的研究，如李庚靖就在剖析龙济光在广东的黑暗统治的同时，又指出他既要千方百计维护自己的地位，又要“做出符合社会潮流的反应”，进行了比较新式的矿业开采，“阶级的局限，使他扮演了一个复杂多变的角色”⑤。

5. 北洋军阀与帝国主义列强的关系。20 世纪 80 年代以前，学界对这

① 参见蒋世弟、吴振棣《中国近代史参考资料》，高等教育出版社 1988 年版，第 68 页；来新夏等《北洋军阀史》，南开大学出版社 2000 年版，第 32—33 页。

② 参见郭剑林《中国近代军阀与中国近代化进程》，《学术研究》1991 年第 3 期。

③ 苏全有、张建海：《北洋军阀统治时期的政府行为与工业发展》，《南华大学学报（社会科学版）》2001 年第 4 期。

④ 徐占春：《北洋军阀统治时期中国经济发展原由初探》，《北京电子科技学院学报（哲学社会科学版）》2008 年第 1 期。

⑤ 李庚靖：《辛亥革命前后的龙济光》，《广西社会科学》1998 年第 5 期。

一问题的研究，多从北洋军阀与帝国主义列强相互勾结、狼狈为奸的角度立论，而且具有明显的程式化倾向，以致对它们间的关系作了帝国主义是北洋军阀的靠山、后台，而北洋军阀则是帝国主义的工具、走狗之类的简单描述；有的论者甚至把充当帝国主义在中国进行统治的工具视为北洋军阀的一大特点。事实上，军阀和帝国主义列强的关系错综复杂，变化多端。孙思白指出："为了弄清他们之间的关系，需要深入的挖掘资料……不然就会停留表面的理解上，或是让一些问题晦而不明，近于空白。奉、皖两系的背后有当时日本政府的支持，是人所共知的；但日本伸手的地方不仅奉、皖。英、美支持直系，从报刊舆论上很显著，从实际具体的活动上又很隐蔽，而且英、美也并非不对其他派系插手。如英、美也借款给张作霖便是一例。距边疆、海口较远的内地中小军阀与外国侵略者之间的关系，更是不易搞清楚的问题。同时，从另一方面看，军阀有需要向外国侵略势力投靠求助的一面，又有利害矛盾的一面，笼而统之地称为帝国主义'走狗'、'工具'不一定全合乎实际情况，其间关系往往是随时随地而有极多变化和复杂的内容，用一成不变的公式去硬套，往往是不恰当的。"①

随着研究的不断深入，这种有失简单化的方法和片面的结论逐渐得到纠正。不少论者注意到，卖国媚外并不是北洋军阀与帝国主义列强关系的全部内容。有的军阀派系的确是卖国求荣、甘奉帝国主义为主子的，如段祺瑞皖系军阀与日本帝国主义的关系即属于此种类型，不少论者以大量确凿的事实给予了充分的论证。② 但也不能不看到，军阀与帝国主义列强又有利害矛盾的一面，同样有不少论者以具体史实证实了这一点。如俞辛焞在《日本对直奉战争的双重外交》（《南开学报》1982 年第 4 期）一文中，具体分析了日本外务省和军部对直奉战争采取不同态度的原因及其后果，提出"实际上这是一种双重外交，或二元外交"，"外务省和军部互相配合，执行侵略政策"，从一个侧面揭露了帝国主义侵华手段的诡诈多变。车维汉《张作霖与郑家屯事件》（《近代史研究》1992 年第 5 期）一文论述了张作霖在郑家屯事件交涉中对日本的侵略行径所进行的抵制和斗争，

① 孙思白：《试论军阀史的研究及相关的几个问题》，《贵州社会科学》1982 年第 6 期。

② 参见章伯锋《皖系军阀与日本帝国主义的关系》，《历史研究》1982 年第 6 期；裴长洪《西原借款与中国军阀的派系斗争》，《河北学刊》1983 年第 4 期；庄鸿铸《试论段祺瑞与日本帝国主义的勾结》，《新疆大学学报（哲学社会科学版）》1983 年第 4 期；章伯锋《皖系军阀与日本》，四川人民出版社 1988 年版。

并分析张在该事件交涉中对日采取强硬态度的原因是：(1) 随着张作霖地位的不断提高，逐渐滋生了维护统治权威，摆脱日本控制的自主欲。(2) 受全国反日声势的震慑和影响。(3) 与同日本统治集团反对派的矛盾有关。而娄向哲《直系军阀政权与英美关系初探》(《天津师范大学学报》1986年第1期) 一文则从财政、军火等的支持与援助几个方面，对1922年5月至1924年10月直系军阀把持北京政府期间与英美帝国主义的关系作了初步考察，认为英美对直系的支持并不明显。等等。

为此，来新夏发表《北洋军阀与日本：20世纪末中国学者的研究》(《学术月刊》2004年第8期) 一文，通过对日本的对华政策的演变与北洋军阀各派系的对外关系、日本对中国军阀几次大混战的介入、北洋军阀各重要人物与日本的关系等方面的阐述，进一步指出：所谓日本支持皖、奉系，英、美支持直系的完全程式化的对应关系，实际上并不存在。“日本对直系军阀之所以采取审慎态度，主要是顾及与英、美的关系，也不愿把直系军阀完全推向自己的对立面。”“北洋军阀集团是中国半封建半殖民地社会的特殊现象。因此，它必然以封建势力与帝国主义列强为其依靠，即它除了努力强化其带有浓厚封建色彩的军事力量外，还需要求助于外国势力的支持。直、皖、奉三个主要派系都与英、美、日等国，或明或暗地进行不同形式和程度的勾结，而列强也为了最大限度地攫取在华利益，维护其势力范围，也以经济援助和政治干预等不同手段与北洋军阀各派系进行交易。由于历史的和地理的原因以及第一次世界大战西方列强无力东顾所留出的空当，致使北洋军阀集团与日本的关系尤为密切，而日本从各方面对中国政局的操纵与影响，也极为明显。”

第二节　关于袁世凯北洋建军及其统治时期的研究

袁世凯是北洋军阀的创始人，辛亥革命以后又以中华民国大总统身份执掌了北京中央政府的统治大权，将北洋军阀推向全盛时期。但是，好景不长，1916年6月就因其悍然称帝，遭到包括西南护国军在内的持不同立场的反对派的反对，而迅速结束了他的统治。对于这段历史，李宗一的《袁世凯传》(中华书局1980年版)、李新总编的《中华民国史》第2卷(1912—1916)(中华书局1981年版)、侯宜杰的《袁世凯一生》(河南人民出版社1982年版) 等专著均有比较系统、全面而中肯的记述。而这一时期的专题研究则主要集中于以下几个方面：

1. 袁世凯北洋建军的过程及评价。来新夏指出，袁世凯北洋建军，大致经历了新建陆军、武卫右军、北洋常备军和北洋六镇四个阶段。但邓亦兵认为，北洋建军过程的划分不能仅依据军队名称而定，应体现出北洋军由一支一般意义上的清末新军（当时南方有自强军），一步步发展成为军事集团的阶段性特点。因此，认为袁世凯北洋建军实践应分为三个时期，一是新建陆军时期，二是武卫军及其先锋队时期，三是北洋陆军时期。[①]关于袁世凯在北洋军阀形成过程中的作用，来新夏认为主要表现为组织人力、制定建军章则和善于抓住战机，而“这三件大事就是袁世凯为北洋军阀集团的形成发展所作的历史贡献”[②]。关于袁世凯北洋军的评价，吴兆清提出，不能将北洋新军的军制改革与北洋军阀祸国殃民的罪行混为一谈，不能以北洋军阀的罪恶否定其以资本主义军事制度代替封建主义军事制度的进步意义；而承认北洋新军的军制改革在中国军事发展史上应有的地位，也并不就是否认北洋新军的反动性质和它在历史上的反动作用。这一看法大致得到了姜廷玉等人的赞同。[③]

2. 袁世凯代替孙中山成为中华民国临时大总统的原因。胡绳武提出，武昌起义前，袁已形成了自己的政治和军事势力。武昌起义后，袁以伪装欺骗了革命派、立宪派和清政府。革命派也没有提出一个彻底的反封建纲领，认不清革命的敌人和朋友。帝国主义明确表示支持袁世凯，使革命党人屈服于帝国主义的压力。[④] 单宝则将这一历史结局，归结为以下四方面的原因：一是有北洋军做强大支柱，二是有帝国主义做后台老板，三是君主立宪派起了作用，四是袁世凯惯于玩弄阴谋手段。[⑤] 但周彦、常宗虎却提出与此截然不同的看法。周彦认为是“孙中山主动让位于袁世凯”的。常宗虎则认为袁世凯所以能登上临时大总统的宝座，是因为：（1）南京临时政府从筹备组建就期盼着袁的反正归来；（2）资产阶级共和国性质的临时政府是一个根本不可能存在下去的政权，袁完全有能力将它置于死地，

---

① 参见来新夏《北洋军阀的来历》，《文史知识》1983 年第 1 期；邓亦兵《论袁世凯的建军实践》，《北方论丛》1988 年第 3 期。

② 来新夏：《略论民国军阀史的研究》，《学术月刊》1985 年第 1 期。

③ 参见吴兆清《袁世凯练新军改军制及其历史地位》，《历史档案》1987 年第 1 期；姜廷玉《略述袁世凯的军事教育思想及实践》，《历史教学》1990 年第 11 期。

④ 参见胡绳武《袁世凯为什么能窃取临时大总统的席位》，《文史知识》1984 年第 9 期。

⑤ 参见单宝《袁世凯窃取政权的原因》，《史学月刊》1984 年第 5 期。

而无须“窃取”；（3）资产阶级和帝国主义这两个当时中国社会发展变化的主要因素选择袁作为新政权的核心。据此认为，袁世凯的临时大总统职位并非窃夺而来，而是历史机遇所赐，是资产阶级拱手让与的结果。①

3. 袁世凯与日本“二十一条”交涉。一直以来，学界视中日“二十一条”交涉为典型的“卖国外交”，并把它与袁世凯称帝联系起来，认为袁为换取日本对其帝制的支持而主动接受了“二十一条”。但罗志田指出，日本提出“二十一条”后，“在历时数月的谈判交涉期间，袁世凯政府一变过去秘密外交的方式，有意识地向英美使馆和北京的中外报界泄露日本的要求和谈判的内容”②，以寻求英美支持，这种政策获得相当的成功。吕慎华在考察袁世凯的外交策略后也指出：在谈判过程中，袁世凯确立了以拖延战术为主要谈判策略，配合撤换外交总长、与英美等密切关系国保持联系、新闻政策的运用、鼓动反日风潮、利用日本内部矛盾等数项辅助策略，采用多头并进方式，以加强中国政府抗拒“二十一条”要求的立场。总体而言，除期待中的国际共同干涉未能实现以外，袁世凯的交涉策略执行得相当成功。虽然以中日两国国力的差距与当时国际情势的不利，交涉结果中国仍不免损失利权，然袁世凯于谈判期间成功的策略运用已使中国的损失尽量减少，相对而言可视为有限的成功。③ 张国平、吴佩林则认为，“二十一条”是日本经过长期策划形成的，是日本侵略政策发展的必然结果，是日本趁机在华扩大侵略的产物。尽管袁世凯对此进行了抵制，但最终还是作出了让步。这种让步是袁在痛苦的两难选择中作出的理性抉择，与袁氏帝制野心无关。④ 祝曙光甚至认为袁政府与日本交涉“二十一条”期间，袁多次拍桌子发火，但内外环境决定了袁无法拒绝，只得“经此大难以后，大家务必认清此次接受日本要求为奇耻大辱，本卧薪尝胆之精神，做奋发有为之事业”⑤。持同样看法的还有马良玉，他认为袁世凯的接

---

① 参见周彦《南北议和与孙中山让位问题之我见》，《学习与探索》1991 年第 5 期；常宗虎《试论袁世凯取得临时大总统职位的是非》，《人文杂志》1992 年第 1 期。

② 罗志田：《乱世潜流：民族主义与民国政治》，上海古籍出版社 2001 年版，第 61 页。

③ 参见吕慎华《袁世凯的外交策略》，载金光耀等主编《北洋时期的中国外交》，复旦大学出版社 2006 年版，第 356 页。

④ 参见张国平、吴佩林：《重论中日“二十一条”交涉与袁世凯帝制野心的关系》，《长春师范学院学报（哲学社会科学版）》2003 年第 2 期。

⑤ 祝曙光：《袁世凯功过辨》，《学术争鸣》2004 年第 1 期。

受是一种妥协退让，是外交手段，不同于卖国，是一种审时度势的权宜之计。[①] 苏全有也撰文指出：袁世凯对于“二十一条”说帖，总体上认为不能接受，进行了相当的抵抗，并希望“西人掣制日本”，但由于第一次世界大战期间列强无暇东顾，最终只能接受修改的“二十一条”。同时，他还指出，“二十一条”的出笼，日本既有侵华的打算，又有去袁的打算。[②] 宋开友认为，袁接受日本的无理要求是日本抓住第一次世界大战中中国无援的机会，利用中国国内政治分裂、袁急于巩固自身权力的弱点并加以武力威胁的结果。[③]

4. 袁世凯与中国经济近代化。苏全有等人对袁世凯的重农思想进行了考察。他们认为袁世凯将农业放在中国经济近代化的战略之首，主张向发达国家学习先进的农业经验，设立农务学堂，重视农业试验，使理论和实践在农业上得到较好的结合。金建、周霞等人也持类似看法。[④] 朱英等人则重点考察了袁世凯的重商思想。朱英指出袁世凯在晚清时期重商保商思想已非常突出，就其实际影响而言，袁世凯的重商保商及其发展农业、工业的经济思想和主张，较之维新派思想家的有关理论还要显著。他还充分肯定了袁世凯在这期间的经济思想及其实施的有关措施。张步先等人认为发展工业是袁世凯经济思想中的核心内容，主要表现在四个方面：一是对外理性抗争；二是提倡国货，拒绝洋货，营造有利的工业发展氛围；三是引进外资，积累工业发展的资金；四是引进、推广机器，扶持民族工业发展。[⑤] 苏全有等人还对袁世凯的财政及金融思想进行了考察，认为袁世凯在中国财政金融初步走向近代化方面做出了重要贡献。周霞指出：袁世凯利用职权整顿税收，一定程度上缓解了当时的财政危机；同时注意增加进口税，减轻出口税，加强国货竞争力，对近代中国商业和对外贸易的发展

---

① 参见马良玉《袁世凯与“二十一条”》，《历史教学》2005 年第 2 期。

② 参见苏全有《袁世凯与二十一条新论》，《船山学刊》2005 年第 4 期。

③ 参见宋开友《袁世凯与日本对华“二十一条”谈判》，《江西社会科学》2005 年第 3 期。

④ 参见苏全有、朱选功《袁世凯与中国经济近代化——袁氏重农、重工、重商思想研究》，《河南师范大学学报（哲学社会科学版）》1994 年第 4 期；金建《袁世凯与民国初年的经济发展》，《安庆师范学院学报（社会科学版）》2003 年第 3 期；周霞《袁世凯的重农思想与政策措施探析》，《求实》2004 年第 1 期。

⑤ 参见朱英《袁世凯晚清经济思想及其政策措施》，《天津社会科学》1991 年第 2 期；张步先等《袁世凯与清末民初的工业发展》，《山西师大学报（社会科学版）》2002 年第 3 期。

产生了一些促进作用。[①] 乔惠茹等人则着重考察了袁世凯的对外开放思想，认为全国的自开商埠几乎都受到袁世凯的影响。苏全有进一步指出，袁世凯的对外开放思想主要体现在两个方面：一是自开通商“特区”，扩大开放范围；二是大胆引进外资，促进经济腾飞。他还十分注重侨资，从一定程度上可以说，这是中国最早具有近代化意义的对外开放思想。[②]

此外，还有学者注意到袁世凯晚清时期对中国交通事业发展的贡献与影响。大多数学者皆认为袁世凯督办修筑京张铁路，交涉收回关内外铁路及京汉铁路利权、与张之洞筹商津镇铁路与苏杭甬铁路借款合同，提拔新式人才等活动推动了中国近代交通的发展。如王炎提出，袁世凯在任直隶总督兼北洋大臣期间，利用显赫的地位，顺应时代潮流，先后主持收回多项路权，维护了国家主权；并上奏朝廷以回收后的关内外铁路盈余，“酌量提发，开办京张”，主持工程事宜，一切亲为；推举贤能，提拔詹天佑等一批英才俊杰，建成了中国人自修的第一条铁路。袁世凯在督办回收铁路时还表现出很强的经济意识和管理意识，不仅要求联军交还铁路，而且要求完整交还其余附属设施，使整个线路及时投入营运，一举扭亏为赢。[③] 但是，到了民国初年，由于袁世凯继续推行清季铁路“干线国有”政策，又与日本签订包含多项条款涉及铁路交通的丧权辱国的《民四条约》，学界对袁便多持批评否定态度了。宓汝成指出，袁世凯政府或武力威逼或封官许愿收买一些铁路公司的上层分子，从而达到国有的阴险目的；同时还实行取缔民办政策，杜绝民族资本参与铁路创业活动，为帝国主义攫取中国路权排除了障碍。刘启强也认为袁世凯不仅全部剥夺了各地绅商在清末所争得的铁路修筑权，而且使一度积累起来的相当数量的民间筑路资本重又分散，并以债券形式掠夺了民间资本，由此阻碍了中国铁路事业的发展。[④]

5. 袁世凯的阶级属性及评价问题。对于袁世凯的阶级属性，主要有两

---

① 参见苏全有等《论袁世凯的财政金融思想与实践》，《河南师范大学学报（哲学社会科学版）》1996 年第 1 期；周霞《袁世凯的赋税思想与政策》，《广西社会科学》2002 年第 1 期。

② 参见乔惠茹等《论袁世凯的自开商埠主张与实践》，《河南师范大学学报（哲学社会科学版）》1996 年第 5 期；苏全有《论袁世凯的对外开放思想》，《河南师范大学学报（哲学社会科学版）》1998 年第 2 期。

③ 参见王炎《袁世凯与近代铁路》，《社会科学研究》1992 年第 5 期。

④ 参见宓汝成《帝国主义与中国铁路》，上海人民出版社 1980 年版，第 224—227 页；刘启强《矛盾角色的嬗变——袁世凯与 20 世纪初的中国铁路建设》，《保山师专学报》2004 年第 3 期。

种意见：一种是众所周知的，认为他是“近代中国历史上大地主大买办阶级的一个极其重要的代表人物，一个伪装维新的封建专制主义者”①。另一种是尚无多少人响应与支持的，韩明提出，袁世凯与孙中山、张謇一样，同属于中国资产阶级的范畴，只是在半殖民地半封建的社会条件下，“转变成资产者”的道路不同而已。其根据是：“他们有共同的时代背景——外国资本主义侵略造成的民族危机；他们有共同的追求目标——救亡图存，使中国富强。这就使他们互相之间存在着或粗或细的共同利益纽带。但他们向资产阶级转化的程度和时序迥然各异，各自的社会地位也千差万别，使他们走上互相冲突的政治道路。这是资产阶级内部各层次的矛盾的运动基础。”②

对于袁世凯的评价，郭剑林指出：“在中国近代史上，袁世凯的名字可谓家喻户晓，几乎每一部研究中国近代历史的论著都一律骂倒。诸如：‘嗜血成性的专制暴君’，‘寡廉鲜耻的卖国贼’，‘独夫民贼袁世凯是近代史上臭名昭著的反动政客’，等等，不一而足。究其根源，无非来自陈伯达解放前写的那本小册子——《窃国大盗袁世凯》。”为此，他提出：“社会历史发展，有其客观性、阶段性和必然性，研究历史人物应当将其放到历史发展过程中来考察。袁世凯在清末民初这一特定历史条件下对中国政治、军事、经济、文化、外交、教育各方面的近代化进程所起的主体的积极作用还是应该肯定的。”“作为清末民初这样一个特定时期的历史人物，袁世凯在某些方面确实起了消极作用，如复辟帝制等，笔者并不想随意拔高与美化，但亦不愿不负责任的一味指责与苛求，只是想在评价其功过是非时能够实事求是，不应以‘窃国大盗’来盖棺论定。”③ 实际上，这也是改革开放后学界在历史人物评价问题上所持的共同态度，无论对袁世凯还是其他历史人物都不能离开实事求是的原则，并逐渐开始了这种历史性的转变。就袁世凯研究而言，20 世纪 80 年代以后可见一个明显的变化，这就是研究领域的扩大和深入，探讨的问题已不再仅仅限于政治、军事等方面，举凡袁世凯不同历史阶段的重要问题和具体细节均有专文予以具体论述和缜密的考证，不少学者开始将研究视野扩展到财政、经济、交通等

① 李宗一：《袁世凯传·前言》，中华书局 1980 年版，第 1 页。

② 韩明：《孙中山让位于袁世凯原因新议》，《历史研究》1986 年第 5 期。

③ 郭剑林：《关于袁世凯评价的几个问题》，《河北学刊》1994 年第 6 期。

领域，并取得了一定的突破。[①] 这种变化，为准确、全面评价袁世凯提供了一定的史实基础。不少论者对袁世凯在晚清新政及民初政治、经济等方面的作用给予了一定的肯定[②]，对其外交上的“卖国”行为，如与日本签订丧权辱国的以日本“二十一条”为初稿的《民四条约》等，也如上所述试图从“弱国无外交”的角度，给予了较为合乎情理的解释。[③]

第三节　关于皖系军阀的研究

学界普遍认为，以段祺瑞为首的皖系军阀，主要由三部分人组成，一是北洋出身的段派军事将领，二是安福系和安福国会官僚政客集团，三是财政支柱新交通系。单宝认为，皖系军阀集团“是以封建宗法的社会关系建立起来的军事政治集团”，“热衷于扩充军队和抢夺地盘”，“很善于玩弄政治手腕”，“主要投靠日本帝国主义”[④]。黄征等人编著的《段祺瑞与皖系军阀》（河南人民出版社 1990 年版）一书，对皖系军阀的基本情况作了比较完整的介绍，而有关皖系军阀的专题研究则主要集中在以下几个方面：

1. 皖系军阀的形成。学者对这个问题的看法各异。有的认为袁世凯 1916 年“洪宪”称帝失败后，北洋军阀即分裂为以段祺瑞为首的皖系和以冯国璋为首的直系两大军事集团。有的认为 1917—1918 年的冯、段之争，虽然具有造成分裂的派系冲突趋势，但从冯、段之争的全过程看，这种斗争仍属北洋军队体系分裂前，主要头目之间为争夺体系内首领地位而形成的界限不甚分明、组织不甚严密有序的派别之争。直、皖分庭抗礼实际开始于曹锟、吴佩孚时代，而不是北洋军队体系内派别力量的组合的直、皖系之争。[⑤] 而莫建来则从近代中国特定的社会历史背景、段祺瑞的

① 参见沈家五《从农商部注册看北洋时期民族资本主义的发展》，《历史档案》1984 年第 4 期；刘桂五《“交通系”概述》，《社会科学战线》1982 年第 3 期；张学继《论袁世凯政府的工商业政策》，《中国经济史研究》1991 年第 1 期；朱宗震《袁世凯的币制改革》，《近代史研究》1989 年第 2 期。

② 参见侯宜杰、任恒俊《袁世凯“新政”评议》，《河北师院学报（哲学社会科学版）》1986 年第 3 期、1987 年第 1 期；另参阅沈家五、刘桂五、张学继、朱宗震等人的文章。

③ 参见张神根《对国内外袁世凯研究的分析与思考》，《史学月刊》1993 年第 3 期。

④ 单宝：《皖系军阀的兴衰和特点》，《历史教学》1984 年第 4 期。

⑤ 参见丁长清《1917—1918 年的冯段之争并非直皖之争》，《河北学刊》1994 年第 2 期。

个人因素以及清末民初各种势力之间的矛盾争斗三个方面，对皖系军阀的形成问题作了专门而较有深度的论述，揭示了皖系军阀的形成原因及其由胚胎而胎儿最终脱胎成为军阀派系势力的形成过程。[①] 周俊旗还对皖系军阀控制中央政权的主客观原因和过程及其政权特点进行了研究，认为皖系集团囊括了各种人才，控制了相当规模的军队和地盘，段祺瑞的个人因素，以及皖系在争夺中央政权中的有利的客观形势，使得皖系军阀集团在控制中央政权的竞争中“捷足先登”。尽管皖系集团对中央政权的控制力有限，“但北京政府毕竟以国家政权的面目出现，皖系因此可以享受中央政权的收入和国家政权的权威，影响中央政权的内外政策，使之对自己派系有利。皖系集团对外以国家法统的地位进行外交活动，争取了日本对自己的支持，对内找到各种借口发展自己的力量，这样，在发展自己的势力上优越于其他在野的派系”[②]。

2. 皖系军阀与日本的关系。学界比较一致的看法是：皖系军阀是日本一手扶植的亲日势力，其控制下的北京政府的对内对外政策完全服从于日本帝国主义的需要，使日本在中国攫取了大量政治上、经济上的侵略特权，故而支持皖系也一直是日本从寺内内阁直至原敬内阁一贯的对华方针。章伯锋从20世纪60年代便开始从事这一问题的研究，于内地改革开放后陆续发表了《皖系军阀与日本帝国主义的关系》（《历史研究》1982年第6期）、《直皖战争与日本》（《近代史研究》1987年第6期）等多篇颇有研究力度的论文，并于1988年推出专著《皖系军阀与日本》（四川人民出版社）一书，全面深入分析了皖系军阀统治时期的段、日关系，涉及了这一历史过程中的许多重大事件，以确凿的事实为依据，令人信服地指出：皖系军阀的统治，主要依靠日本帝国主义的支持和援助。皖系军阀不顾民生凋敝，连年对南方发动战争，其庞大的军政费用支出，主要依赖新交通系所经手的对日借款。段祺瑞为了换取日本的实力援助，只要给钱，给军火武器，什么国家主权、民族利益，都可以廉价拍卖，从铁路、矿山、工厂到各种税收，都成了段祺瑞以各种名目对日借款的抵押和担保，其卖国的本领，远远超过他的前辈袁世凯，在北洋军阀各派系中，也是非

① 参见莫建来《论皖系军阀的形成》，《安徽史学》2006年第1期。

② 周俊旗：《试论皖系军阀控制中央政权的原因及其政权的特点》，《安徽史学》1989年第3期。

常突出的。此外，裴长洪还对日本寺内内阁的对华政策以及西原借款与中国军阀派系斗争的关系进行了深入研究，指出：“在第一次世界大战中，由于国际形势和日本国内经济力量的变化，日本统治阶级为了变本加厉地扩张在华政治、经济势力，一改传统的以军事恫吓、外交讹诈为主的对华策略，而代之以政治拉拢、经济渗透为主的对华策略。西原借款正是这种策略转变的产物。”“在政治上，寺内内阁的策略是，通过以西原借款为中心的各种借款，支持亲日的皖系段祺瑞军阀势力，提供大量军费让段用于武力统一西南，并在北洋军阀内部制造矛盾，拉一派，打一派。企图利用段祺瑞这个忠顺的政治工具，在中国排除其他非亲日的政治势力，从而达到在政治上单独控制中国政府的目的。”裴长洪还“就西原借款在日皖勾结中的这种作用，剖析 1917—1918 年前后中国军阀派系斗争与日本帝国主义对华侵略扩张的密切联系”。①

3. 皖系军阀重要成员的活动。首先一个当然是地位仅次于袁世凯的北洋军阀二号人物、皖系军阀头号人物段祺瑞。莫建来对段祺瑞在北洋建军时期的主要活动给予了较为客观的评价，认为就中国军制摆脱过去落后而陈旧的状态而言，段祺瑞在督练北洋新军、主持各类军事学堂和厘定、编译各种练兵章制、操法、兵书等三方面的“作用及其在北洋建军史上的地位，诚然应予肯定。但如就主要因军队的私有化所造成的民初政治的动荡和社会的阢陧不安而言，段祺瑞也实难辞其咎”②。此外，他还考察了皖系军阀与研究系政客相互利用的结盟关系。对于段祺瑞反袁称帝时的评价，丁贤俊认为，尽管段祺瑞的共和观与革命党人并不完全一致，但他能冲破 20 年来与袁世凯结下的长僚关系和亲密私交，毅然反对“洪宪”帝制，对于一个在忠孝节义封建道德熏陶下成长起来的将领来说是难能可贵的。③李开弟则认为，段祺瑞与袁世凯的不合作，绝非有“共和”的思想基础，不过是一个一贯为谋取私利而反复无常的政治投机分子。④ 对于张勋复辟事件中的段祺瑞，胡晓认为总体上是“功远大于过，其粉碎复辟、捍卫民

① 裴长洪：《西原借款与寺内内阁对华策略》，《历史研究》1982 年第 5 期；《西原借款与中国军阀的派系斗争》，《河北学刊》1983 年第 4 期。

② 莫建来：《试论段祺瑞在北洋建军中的作用》，《历史档案》1991 年第 1 期；《皖系军阀与研究系关系探析》，《上海社会科学院学术季刊》1992 年第 1 期。

③ 参见丁贤俊《论段祺瑞三定共和》，《历史档案》1988 年第 3 期。

④ 参见李开弟《段祺瑞“三造共和”述评》，《安徽史学》1986 年第 1 期。

国的历史意义值得肯定和褒扬”。“其‘再造共和’的硕勋是当之无愧的。”但他“重掌北京政权后，针对南方阵营‘护法’旗帜下的北伐东进，出于维护北洋集团整体利益的考虑，对张勋复辟的善后处理是妥协的，不彻底的，对清室参与复辟的处置尤为姑息，这固然有现实政治和内外环境的因素，亦是其阶级立场和思想意识等所决定的”。[①]对段祺瑞执政时期所积极推行的参战问题，以往的研究者多简单地归结为“府院之争”，而未能给予应有的重视；有论者对此做了专门研究并提出了新的看法，认为“中国对德绝交和宣战是有理有利的”[②]，是顺应当时历史潮流、“出于现实和长远经济、政治利益”考虑而作出的“唯一必要的选择”[③]。

关于段祺瑞推行“武力统一”政策的原因，周俊旗认为一是“统一天下”是中国历史长河中最博大的政治目标之一，二是当时皖系控制的中央政权生存的需要。在段祺瑞看来，南方有与北京政权对立的军政府，虽其势力在军事上弱于北方，但有相当的威胁力，加以南方六省幅员辽阔，物产丰富，人口众多，如不能及时控制这些地区，将后患无穷。[④]关于段祺瑞未能在直皖战争中取胜的原因，王华斌认为，段祺瑞在政治上的孤立和军事上的失误，是其速败的两个重要原因。[⑤]还有不少学者认为张作霖奉系军阀的参战助直也是重要原因。另有学者认为安福系才是皖系失败的真正祸首。“安福系代表皖系集团站在政治舞台的前沿，与直系集团展开了激烈的政治斗争，进一步激化了直皖两派之间的矛盾。同时安福系的罪恶行径又使得国人与直系集团把斗争的矛头直指皖系集团，从而加速了皖系败北的进程。”[⑥]朱之江则认为“皖军失败的根本原因”固然在其“政治上的狂妄和反动，不过直接导致失败的则主要在于军事上的原因”[⑦]。关于段祺瑞任职临时执政的主要原因，学界一般认为是当时政坛各种势力各种

---

① 胡晓：《段祺瑞与张勋复辟》，《江淮论坛》2003 年第 7 期。蔡胜也在其文章中支持胡晓的段祺瑞并不支持张勋复辟的看法，参见蔡胜《段祺瑞与张勋复辟关系再探讨》，《西南交通大学学报（社会科学版）》2010 年第 6 期。

② 袁继成、王海林：《中国参加第一次世界大战和巴黎和会问题》，《近代史研究》1990 年第 6 期。

③ 吕茂兵：《中国参加“一战”缘由新探》，《争鸣》1991 年第 1 期。

④ 参见周俊旗《试论皖系军阀的武力统一政策》，《历史教学》1989 年第 12 期。

⑤ 参见王华斌《试论直皖战争直胜皖败的原因及其后果》，《学术月刊》1986 年第 1 期。

⑥ 张绪忠：《直皖战争皖系败北原因新探》，《贵州师范大学学报（社会科学版）》2004 年第 3 期。

⑦ 朱之江：《直皖战争中皖系败北的军事原因探析》，《军事历史研究》2001 年第 1 期。

矛盾冲突调和的结果，但杨德才不同意这种仅从外部看问题的观点，认为主要是段祺瑞自身努力的结果。他从三方面论述了段祺瑞出山前的一系列幕后活动：一是捐弃前嫌，拉拢张作霖结成奉皖联盟；二是运动孙中山，建立反直三角同盟；三是想方设法策动冯玉祥倒直。①

此外，还有学者对皖系军阀的二号人物徐树铮及其他重要成员展开研究。廖大伟、奚鹏彪撰文指出："作为段祺瑞的心腹谋士，皖系的核心人物，徐树铮的所作所为与皖系的兴衰有着直接的极大的关联。从某种意义上说，皖系兴则在徐，败亦在徐。"② 刘兰昌就徐树铮的西北筹边举措与北洋政争的关系进行了分析。③ 陈长河对曲同丰的研究投入了较多精力，发表多篇论文，论述了曲同丰的生平、实业活动以及他在直皖战争中被俘的真相。④ 此外，他还对皖系军阀干将吴光新在直皖战争中的活动进行了较为深入的考察。⑤ 来新夏等人自 20 世纪 80 年代初提出吴光新的籍贯为安徽合肥以后，学界对此深信不疑，但吴元康则确证其籍贯为江苏宿迁而非安徽合肥。⑥ 与此同时，学界对倪嗣冲的研究也取得不少成果，苏全有指出："这些成果大致可分为两类：一、现代化范式制约下的相关研究，包括倪嗣冲主皖期间对安徽的治理、在近代实业上的投资和开发东北边区两个方面；二、史实重建趋向制约下的相关研究，涉及倪嗣冲与民初的政治军事、倪嗣冲纪念银币之争议、倪嗣冲在天津寓所之谜、倪嗣冲迁移蚌埠之谜四个方面。" 当然，他也指出这一研究尚存在诸多不足。资料方面"主要是有关倪嗣冲的墓志铭、家传资料，文电资料、军事经历资料的挖掘需要强化"。研究方面"主要表现在：一、研究者的地域局限；二、受传统对北洋军阀祸国殃民的否定情结影响，评价缺乏客观性；三、研究内容有缺失，且缺乏横向的联系和比较"。⑦

① 参见杨德才《1924 年段祺瑞出山的主要原因》，《安徽史学》1993 年第 1 期。

② 廖大伟、奚鹏彪：《徐树铮与皖系军阀的兴衰》，《史林》1994 年第 1 期。

③ 参见刘兰昌《徐树铮西北筹边与军阀的派系政治》，《烟台师范学院学报（哲学社会科学版）》1991 年第 1 期。

④ 陈长河曾发表一系列关于曲同丰的研究文章，如：《曲同丰的实业活动》，《民国春秋》2000 年第 3 期；《皖系干将曲同丰》，《民国春秋》2001 年第 5 期；《皖系干将曲同丰是怎样被俘的》；《直皖战争中的曲同丰》，《历史教学》1984 年第 11 期。

⑤ 参见陈长河《直皖战争期间的皖系骨干吴光新》，《安徽史学》2004 年第 3 期。

⑥ 参见吴元康《皖系骨干吴光新籍贯考》，《安徽史学》1999 年第 1 期。

⑦ 苏全有、何亚丽：《对倪嗣冲研究的回顾与反思》，《洛阳师范学院学报（哲学社会科学版）》2012 年第 1 期。

第四节　关于直系军阀的研究

冯国璋直系军阀是袁世凯死后逐渐发展壮大的另一北洋嫡系军阀，其对民国政局的影响主要在直皖战争以后的曹锟、吴佩孚时期。公孙訇的《直系军阀始末》（《河北文史资料》第22辑，1987年）、《冯国璋年谱》（河北人民出版社1989年版），吕伟俊、王德刚的《冯国璋与直系军阀》（河南人民出版社1993年版），潘荣、孙新、魏又行的《冯国璋家族》（金城出版社2000年版），郑志廷、张秋山的《直系军阀史略》（人民出版社2007年版）等著述，对直系军阀的发展脉络作了大致介绍。其中《直系军阀史略》一书，揭示了直系军阀产生的历史渊源，还首次论述了保定军事学堂培养的历届学生在直系军阀形成中的重要地位，突出了直系军阀的完整性与延续性，并客观评述了直系军阀的历史地位和作用，较具学术价值。学界对直系军阀所进行的专题研究，主要集中在以下几个方面：

1. 直系军阀在直奉战争中战败的原因。郭剑林从政治、军事、战略战术、财政等方面比较了两次直奉战争，分析了两次战争双方胜负的原因。[①] 苏全有、孙宏云则着重分析了第一次直奉战争直胜奉败的原因。[②] 郁慕湛认为："直系的垮台，不仅仅是它当时面临着的种种困难，更重要的是在'五四'运动以后，人民革命的思潮已开始影响到了军阀集团的内部，从而间接地冲击了军阀的统治。"[③] 实际说的是冯玉祥的前线倒戈、发动北京政变，使直系士气一蹶不振，迅速溃败。对于这种单纯的政治角度的分析，有研究者指出："冯玉祥北京政变，仅是直系失败的一个直接原因，其根本原因在于政治上的多行不义，不得人心，经济上的捉襟见肘，军事上的内部分裂。""由于政治、经济、军事诸方面原因，致使直系军阀以失败而告终。冯玉祥的前线倒戈和鲁晋军阀的落井下石加速了其失败的进

① 参见郭剑林《两次直奉战争之比较》，《历史档案》1987年第3期。

② 参见苏全有、孙宏云《论第一次直奉战争直胜奉败的原因》，《社会科学战线》1994年第5期。

③ 郁慕湛：《第二次直奉战争直系失败的政治因素》，《河北学刊》1987年第2期。

程。"[①] 李军则认为"直系是在内部危机四伏，外部反直力量的共同打击下而走向失败的"。"首先，直系内部争权夺利，引起了激烈的矛盾斗争和分化，导致了内部的分崩离析。""第一次直奉战争后，直系内部因争权夺利，钩心斗角，最终导致矛盾斗争不断加深而出现分裂，大大削弱了直系自身的力量。在第二次直奉战争爆发前，其内部已危机四伏，说明不待外力打击，直系军阀的衰亡也必成趋势。""其次，财政危机和军队腐败也是造成直系在第二次直奉战争中失败的一个重要原因。""再次，吴佩孚经营的武力统一政策的破产，造成了有利于反直力量的客观形势。"就外部而言，"直系军阀残酷镇压工人运动和曹锟贿选总统的丑恶行径遭到全国各界的反对，直系成了国内最主要的敌人"。"孙中山、段祺瑞、张作霖三方反直三角同盟的形成是促成直系失败的主要外在因素。"英美在华势力的受挫和日本对于奉系的支持，又"为奉系赢得这场战争的胜利创造了条件"。[②] 娄向哲、来新夏还指出"'外债无源、内债难举'的财政崩溃的窘境"也是"第二次直奉战争中直系失败的一大重要原因"[③]。

2. 直系军阀与英美及其他列强的关系。章伯锋等人认为，直系军阀与英美的关系表现得若明若暗，较为隐蔽，不像日皖、日奉那样公开露骨，但英美支持直系以抵制日本在华侵略势力的扩张，却是不容争辩的事实。在直皖发生尖锐矛盾和斗争时乃至直皖战争直系战胜皖系后，英美积极支持吴佩孚，甚至视吴为其在中国的合适代理人，而直系也总是把英美视作自己的同盟者。直系统治北京政府财政拮据，英美曾积极谋求对其贷款，日本则极力反对，清楚反映了日本对英美所支持的直系军阀的敌视态度。[④] 但是，郭剑林、苏全有认为"吴佩孚不是属英美派，不是英美代理人"[⑤]。王甲成、王建华则认为历史总是复杂的，"既不能简单而铁案性地认定英、美是曹、吴集团的后台，也不能认为曹、吴不是亲英美派"。"整体而言，

---

① 王贵安:《第二次直奉战争直系失败原因之管见》,《山西师大学报（社会科学版)》1991年第1期。

② 李军:《第二次直奉战争中直系失败的原因》,《近代史研究》1985年第2期。

③ 娄向哲:《直系军阀政权的财政破产及其倾覆》,《学术月刊》1984年第2期；来新夏:《略论民国军阀史的研究》,《学术月刊》1985年第1期。

④ 参见章伯锋、李宗一主编《北洋军阀》(1912—1928)第1卷，武汉出版社1990年版，前言第10—11页。

⑤ 郭剑林、苏全有:《吴佩孚是英美代理人吗?》,《河南师大学报（哲学社会科学版)》1994年第6期。

曹、吴集团以英、美为奥援，同时也有矛盾，并且由于英、美为商业化高度垄断的资本主义国家，其侵华手段和日本不同，因而其与曹、吴的关系和日本对皖段、奉张的关系迥异，而呈现不明显的状态。”其实，英、美与曹、吴集团的关系经历了一个过程。“从英、美方面来说，经历了一个由寄予厚望积极支持曹、吴到失望而不愿支持的过程。从曹、吴方面来说，经历了一个乞求英、美援助大都没有成功的过程。”双方对彼此的选择以利益为导向，并不存在相对固化的特性。[①] 娄向哲指出：“在北洋军阀统治时期，衡量帝国主义列强与军阀政权关系的重要尺度之一，是列强是否和在多大程度上给予军阀政府以财政支持。”尽管英美等西方列强曾给直系政权一定的零星借款，“但更多的是与其他列强一起向直系政权勒索债务、进行经济压榨”。英美等列强与直系政权的确“作过一些军火生意”，但同样也大量“卖给直系的大敌奉系”，“其他列强，如法国、意大利，也是既售军火给直系，也售军火给奉系”。因此，他认为：“帝国主义列强，尤其是英美等国售军火给中国北洋各系军阀，在许多情况下是出于牟利意图，倾销其陈旧、剩余物资，其商业性质大大重于政治色彩。”“当然，像日本以大量军火支持张作霖，其军部免费武装奉系成旅军队，在战争关键时机供奉系以急需弹药等作法是不能以单纯牟利做生意去解释的。”直系尽管对于英美的真实态度有所察觉，可仍寄望于英美的援助，“但是，落花有意，流水无情，如同在直系政权财政窘迫之时并没有得到英美‘援助’一样，在决定直系命运的第二次直奉战争中，直系也没有从英美那里得到什么支持”。[②]

3. 曹锟及其相关活动。张洪祥、徐兴云、岳谦厚《布衣总统曹锟》（吉林文史出版社 1995 年版），岳谦厚、李庆刚、张玮《曹锟家族》（金城出版社 2000 年版），张祥斌《曹锟传》（吉林大学出版社 2010 年版）和周玉和、高乐才《曹锟全传》（黑龙江人民出版社 2001 年版）等书比较系统地介绍了曹锟及其家族的史事。专题研究方面主要集中于曹锟贿选及其对“二七”罢工的态度。郑志廷早在 1982 年就发表专文描述过曹锟贿

① 王甲成、王建华：《论直系军阀中的曹锟、吴佩孚集团》，《河北学刊》2003 年第 2 期。

② 娄向哲：《直系军阀政权与英美关系初探》，《天津师大学报（哲学社会科学版）》1986 年第 1 期。

选的过程。[①] 对于曹锟的执政，有学者提出应给以“客观积极的评价”[②]。但侯强在对曹锟的“贿选宪法”进行专门研究后指出：“以曹锟、吴佩孚为首的直系军阀，为确认和保护他们的利益，与其之前的各派军阀一样，又祭起了资产阶级民主共和的旗号，照例进行了一些点缀性的法制变革。”曹锟政府所颁布的这部《中华民国宪法》即“贿选宪法”，“是我国这一时期军阀文化精神的产物和集中体现”。它带有历史的双重效应：“一方面直系军阀的制宪活动是对《临时约法》的又一次背叛，以致‘贿选宪法’自公布之日起，即带上贿赂的阴影而备受非议；另一方面就‘贿选宪法’本身而言，其又综合体现了西方近代宪政理论和宪政原则以及中华民国十年共和历史的政治实践和立法经验。从这个意义上说，处于社会急剧转型时期的直系军阀政府，在近代中国法制现代化过程中，其又确实充当了‘历史的不自觉的工具’。”因此，他希望不要将其所谓“正面效应”予以扩大化的理解。[③] 关于曹锟对“二七”罢工的态度，苏全有认为，镇压此次罢工的“责任应该由曹锟、吴佩孚、萧耀南等军阀来承担，其中，曹锟乃幕后幕前的总指挥”[④]。

4. 吴佩孚及其洛派军阀集团。有关吴佩孚的传记，出版有蒋自强等人的《吴佩孚》（山东人民出版社 1985 年版）、章君穀的《吴佩孚传》（新华出版社 1987 年版）、郭剑林的《吴佩孚传》（北京图书馆出版社 2006 年版）等 40 多部。其中章君穀一书详尽介绍了吴佩孚的一生，在全面叙述吴佩孚的生活轨迹和行状思想的同时，重点介绍了吴的军事、政治、社会生活以及围绕这些活动的历史背景和人物，是研究、了解吴佩孚以及那个时代的重要著作。而郭剑林一书则以唯物史观为指导，以新的视角、新的观点分析研究了吴佩孚跌宕起伏的一生。

有关吴佩孚的专题论文，主要涉及以下问题：（1）吴佩孚在五四运动中的表现。郭剑林认为吴佩孚这时的言行，“对于达到‘外争主权，内除国贼’的两大目标和促进五四运动的蓬勃兴起及深入发展，起到了‘助推

① 参见郑志廷《试谈曹锟贿选》，《河北大学学报（哲学社会科学版）》1982 年第 2 期。

② 张欣：《从曹锟的执政活动看军阀政治的时代性》，《台州学院学报（哲学社会科学版）》2004 年第 2 期。

③ 侯强：《曹锟“贿选宪法”及其价值评价》，《重庆教育学院学报（哲学社会科学版）》2005 年第 1 期。

④ 苏全有：《曹锟与二七大罢工》，《史学月刊》2004 年第 9 期。

力’的作用”[①]。谭融认为，吴作为一个封建军阀，虽与皖系军阀之间存在权力之争，本人也具有个人野心，但仍不失为一个具有民族气节的军阀。[②]对于五四运动之前吴佩孚提出“救国同盟条件”军事密约，离湘北上，由北洋军悍将一变为西南军阀的“盟友”这一举动，谢本书认为吴的目的是要“北以共同对付皖系军阀，南以排斥孙中山，镇压革命”[③]。（2）吴佩孚开府洛阳时期的活动。林全民从军队构成、地盘、财政和官僚群四个方面考察了吴佩孚洛派集团的形成和发展。[④] 郭剑林、苏全有分析了吴佩孚开府洛阳时期的幕府、练兵和外交活动，认为其“网络人才，致力练兵，颇多可资借鉴之处。至于他在对外关系上反抗帝国主义侵略行径，则不失为一爱国军人。但他在此期间反对工农运动和国民革命，镇压二七罢工，则是其历史上一个不能宽恕的历史污点和反动罪责”[⑤]。王甲成等人对曹、吴集团的形成以及该集团的特点进行了深入的分析，认为“曹、吴集团的崛起，使北洋军阀正式分化和决裂”。“曹、吴大肆搜刮、滥使武力，连年的内战不仅使自身处于财政破产、武力政策处处碰壁的境地，也使国家人民遭殃，经济凋敝，民不聊生。”[⑥] 来新夏则认为吴佩孚在开府洛阳时期扶植亲信、遥控中央、操纵政局等举措，是为了实现“武力统一”的梦想，但由于“那时他的军事实力还未能达到一呼百应的程度，而且还有在北洋军阀集团中鼎足而立的奉系势力在障碍着他实现梦想”。因此，失败的结局是难以避免的。[⑦] 蒋自强的研究反映了吴佩孚颇著声名的军事谋略才能。[⑧] 关于吴佩孚在第二次直奉战争后东山再起的问题，宋镜明厘清了吴由联孙（传芳）反奉转向联奉反冯（玉祥）的过程。[⑨] 郑志廷、李凤伟从外部因素、政治因素和经济因素三方面入手，深入分析了吴佩孚制造“二

---

① 郭剑林：《五四时期的吴佩孚》，《学术月刊》1985 年第 11 期。

② 参见谭融《五四时期的吴佩孚》，《天津师大学报（哲学社会科学版）》1988 年第 5 期。

③ 谢本书：《吴佩孚与西南军阀的勾结》，《贵州社会科学》1983 年第 5 期。

④ 参见林全民《洛派军阀官僚集团的形成》，《军事历史研究》1994 年第 4 期；《洛派军阀官僚集团的反动统治》，《军事历史研究》1995 年第 2 期。

⑤ 郭剑林、苏全有：《洛阳时期的吴佩孚评析》，《史学月刊》1997 年第 5 期。

⑥ 王甲成、王建华：《论直系军阀中的曹锟、吴佩孚集团》，《河北学刊》2003 年第 2 期。

⑦ 来新夏：《论吴佩孚开府洛阳》，《江海学刊》2003 年第 1 期。

⑧ 参见蒋自强《从第一次直奉战争看吴佩孚的军事谋略》，《军事历史研究》1987 年第 4 期。

⑨ 参见宋镜明《论吴佩孚的再起与直奉联合对国民军的进攻》，《武汉大学学报（哲学社会科学版）》1986 年第 1 期。

七”血案的原因，认为血案的发生，与苏俄、共产国际的政策转变有关，“但促使吴佩孚屠杀罢工工人的根本因素，还是京汉铁路大罢工直接危害了他的军饷的主要经济来源”[①]。（3）吴佩孚1927年入川后的活动。王安平、刘丽敏认为吴佩孚“是三次川乱的导火线和催化剂”[②]，对四川政局产生深远影响。（4）吴佩孚在抗日战争时期的表现。郭剑林、王红梅认为，吴佩孚在民族危机的历史关头和险恶的生存环境中，以对祖国、对人民的“忠义”二字作为自己人生哲学的要谛，“抵制住日敌的各种威逼利诱，始终坚持原则，以国家利益为重，拒当汉奸傀儡，这种气节是值得称颂的”[③]。另有学者对吴佩孚拒当汉奸的原因进行了深入剖析：一是由于他思想中的民族主义情结；二是全国日益高涨的抗日民族运动以及抗日民族统一战线国共双方对吴佩孚的忠告、劝诫，使他不敢冒天下之大不韪而入汉奸之门；三是由于日本和吴佩孚双方在其出山条件上存在的矛盾和差距。[④]（5）吴佩孚的死因。大多认为吴佩孚之死是日本人所为。[⑤] 梁荣春进而指出：吴本是日本中意的对象，最后之所以死于日本人之手，是因他讨价还价引起不满而被杀一儆百。[⑥] 但苏全有提出相左的看法，他认为吴佩孚并非日本人所杀，而是因病而亡，并认为无论是否为日本所杀，都不影响他拒当汉奸的晚节。[⑦]

5. 冯玉祥及其评价。有关冯玉祥的传记，出版有王华岑等人的《冯玉祥将军传奇》（黑龙江人民出版社1983年版）、郭绪印等人的《爱国将军冯玉祥》（河南人民出版社1987年版）、冯醒仁等人的《冯玉祥传》（安徽人民出版社1998年版）、余华心的《传奇将军冯玉祥》（学苑出版社

---

① 郑志廷、李凤伟：《试论吴佩孚制造“二七惨案”的背景》，《历史教学》2003年第8期。

② 王安平、刘丽敏：《吴佩孚晚年寓居四川始末》，《四川师范学院学报（哲学社会科学版）》2001年第5期。

③ 郭剑林：《吴佩孚与抗日战争》，《社会科学战线》1992年第2期；王红梅：《论抗战时期的吴佩孚》，《河北大学成人教育学院学报（哲学社会科学版）》2004年第4期。

④ 参见张洪光《吴佩孚未做汉奸原因浅论》，《沧桑》2006年第5期。

⑤ 参见安国《日寇诱降与吴佩孚之死》，《文史精华》1997年第2期；苗体君《日本人是如何害死吴佩孚的》，《文史春秋》2003年第2期。上述看法与郭剑林所著《吴佩孚大传》（天津大学出版社1991年版）所持一致。

⑥ 参见梁荣春《“吴佩孚拒当汉奸保晚节”异议》，《学术论坛》1984年第2期。这一看法与吴根梁的观点——吴拒当汉奸保晚节（《日本土肥原机关的“吴佩孚工作”及其破产》，《近代史研究》1982年第3期）相左。

⑦ 参见苏全有《吴佩孚死因之谜》，《世纪》2003年第9期。

2009年版）、刘敬忠的《冯玉祥的前半生——兼对其自传〈我的生活〉辨析》（人民出版社2009年版）、张传华的《民主斗士——冯玉祥传》（团结出版社2000年版）等10余部。其中大多以冯玉祥《我的生活》之类的自述为主要依据，唯有刘敬忠所著一书对《我的生活》的记述有所辨析，较具学术价值。

学界对冯玉祥一生的评价，总体而言，趋于一致，认为他是一个不断追求进步的爱国将领，也是中国共产党长期合作的朋友，但对其思想转变过程的认识却存在一定分歧。高德福等人认为，1925年的“五卅”惨案是冯政治思想的转折点，他开始由一位军阀营垒中的爱国将领转变为革命将领。[①] 而刘敬忠则认为，“北京政变”以后相当长的一段时间内，冯玉祥并未完全跳出军阀的范畴，直到1926年4—8月南口大战时，在中国共产党的帮助教育下，才发生了根本性的变化，由仅仅维护本派系利益发展为以国民革命为目的。[②] 刘曼容更是认为直到这年9月冯玉祥五原誓师，才是“第一次重大的革命转变，即由一个北洋军阀中分化出来的将领，转而公开正式参加国共合作的国民革命”[③]。王宗华等人在《国民军史》一书中指出，1926年上半年冯玉祥国民军攻占天津以后对直、奉军阀的“主和”活动，是政治上“动摇”及“妥协”的表现，但又认为主要还是分化敌人的“策略”。林风升、吕书额则认为：“自1926年初至南口大战前，国民军对直奉两系军阀的主和活动，不管是假意和奉以争取时间，还是真心联直抗奉以保存实力，都是其企图能留在北洋军阀集团内的努力，都是其军阀本质的体现。”[④] 对于冯玉祥和曹锟贿选的关系，研究者看法不一，多数人沿袭冯玉祥《我的生活》之说，认定他对曹锟贿选和吴佩孚的武力统一政策是“不满”的。[⑤] 刘敬忠则比较客观，认为“不能简单地得出‘是’与‘否’的结论。实际情况是，他部分地卷入了这件政治丑闻，而

---

① 参见高德福《冯玉祥与国民军》，《南开学报》1982年第2期；熊建华《从〈民报〉看冯玉祥对“五卅”运动的态度》，《近代史研究》1986年第5期；海振忠《从基督将军到三民主义信徒——冯玉祥在大革命时期的历史转变》，《北方论丛》1989年第1期。

② 参见刘敬忠《冯玉祥与南口大战》，《历史教学》1984年第3期。

③ 刘曼容：《试论冯玉祥由北洋军阀参加国民革命的转变》，《武汉大学学报（哲学社会科学版）》1988年第2期。

④ 林风升、吕书额：《试析国民军对直奉两系军阀的主和活动（1926年初到南口大战前）》，《河北大学成人教育学院学报（哲学社会科学版）》2003年第4期。

⑤ 参见郭绪印、陈兴唐《爱国将军冯玉祥》，河南人民出版社1987年版，第64页。

又没有支持具体的‘贿选’”[①]。

6. 孙传芳及其对江浙的经营。仅孙氏传记就有吕伟俊、王德刚的《孙传芳》（山东大学出版社 1996 年版），何易、潘荣的《五省联帅——孙传芳》（兰州大学出版社 1997 年版），何德骞的《孙传芳真传》（辽宁古籍出版社 1997 年版）、王晓华的《北洋枭将孙传芳》（上海人民出版社 2000 年版），邵维国的《孙传芳全传》（黑龙江人民出版社 2001 年版），陈杰的《孙传芳传》（吉林大学出版社 2010 年版）等多部。经盛鸿对孙传芳与浙奉战争及其影响进行了专门研究。[②] 傅幼玲认为：“孙传芳在经营江浙期间，采取了一些顺应民心、安抚民众、推行民治的政治经济措施，既安定了社会秩序，又对本地区经济的恢复和发展有所裨益。但作为封建军阀，孙传芳思想保守僵化，自私狭隘，又缺乏军事远见和谋略，故难免出现联军内部矛盾重重、分崩离析的局面，更难抵挡北伐军锐利的攻势，其苦心经营年余的江浙地盘也最终尽数失去。”[③] 王晓华则认为：“孙传芳代表了腐朽、反动、没落的北洋军阀的利益，所谓‘保境安民’，实质上是实行封建割据，对抗中国的统一和大革命的洪流。因此，在北伐军的英勇打击下，其失败就是必然的了。”[④]

7. 王占元、萧耀南对湖北的统治。孔祥征对王占元督鄂七年的种种暴行和湖北民众的驱王运动进行了研究。[⑤] 对王占元被驱一事，学界存在两种认识倾向：一种认为“从表面看，这一事件是各方势力相互冲突，相互利用所引起的。以往的研究者也因此将驱王运动纳入湘鄂、川鄂战争中去考察，单从军阀混战的角度去分析，忽视了驱王运动的根本力量，使自己认识局限在暴政者的角逐与私争之中”。另一种则“不正视驱王运动的本身，而注重于‘自治’这个口号，将湖北以驱王为目标的‘鄂人治鄂’，同湖南、浙江等地的‘自治’运动完全相提并论，说成是一次‘西化’活动”。李崇义认为以上两种认识皆失之偏颇，他高度评价湖北驱王运动，认为这是民权革命战胜军阀的案例。“不能将这场运动看作是军阀为保全

---

① 刘敬忠：《冯玉祥与曹锟贿选》，《河北大学学报（哲学社会科学版）》1990 年第 1 期。

② 参见经盛鸿《孙传芳与浙奉战争》，《江苏社会科学》1992 年第 4 期。

③ 傅幼玲：《孙传芳经营江浙论略》，《徐州师范大学学报（哲学社会科学版）》2004 年第 4 期。

④ 三晓华：《孙传芳在北伐战争中失败原因初探》，《浙江学刊》1988 年第 6 期。

⑤ 参见孔祥征《王占元督鄂与驱王运动》，《武汉大学学报（社会科学版）》1984 年第 4 期。

地方实力的混战，也不能视为是仿效西方‘联邦自治’的‘西化’运动。而是湖北各阶级联盟与军阀势力的一次抗争，结果赶走了王占元，打击了吴佩孚。驱王运动是中国国民党人与共产党人第一次合作，为革命统一战线的建立提供了经验。”① 朱丹、田子渝比较充分地揭露了直系军阀在湖北的统治及对当地经济的搜刮。② 此外，倪忠文主编的《北洋军阀统治湖北史》（湖北人民出版社 1989 年版）一书比较系统地论述了北洋军阀对湖北的统治。还有学者对统治湖北的萧耀南也进行了一定的研究。③

第五节　关于奉系军阀的研究

张作霖奉系军阀严格说来并不属于正统的袁世凯北洋军阀，但是由于它后来与北洋军阀合流，并通过与北洋皖系、直系军阀的争战，最后夺得了北京中央政府的统治权，因此，一直受到学界特别是东北地方史研究者的重视。关于奉系军阀的综合研究，主要有胡玉海主编的系列丛书《奉系军阀全书》（辽海出版社 2001 年版）和胡玉海、里蓉主编的《奉系军阀大事记》（辽宁民族出版社 2005 年版）等专著。前者由《奉系纵横》《奉系经济》《奉系军事》《奉系教育》《奉系对外关系》及《奉系人物》六书组成，属于拓荒之作，为后人奠定了一定的基础研究。后者着重记述了 1894—1931 年张作霖的起家、统一东北、整军经武、逐鹿中原、问鼎北京政权以及皇姑屯被炸身亡，张学良子承父业、稳定东北政局、实行东北易帜，直至九一八事变奉系军阀的活动概貌。至于专题论文则多偏重于对奉系军阀后期活动的研究，主要集中在以下几个方面：

1. 奉系军阀的形成及特点。刘迎红分析了奉系军阀在关内的扩张过程，认为经历了三个时期：1918—1922 年是奉系军阀称兵入关，奉直共同把持北京政权时期；1922—1924 年是奉系军阀积蓄力量，组织同盟，待机入关时期；1925 年是奉系军阀势力扩张最嚣张的一年，同时也是张作霖关内扩张的强弩之末，走下坡路的开始，并指出“奉系军阀关内扩张的性质

---

① 李崇义：《王占元督郑与驱王运动》，《湖北大学学报（哲学社会科学版）》1989 年第 1 期。

② 参见朱丹、田子渝《直系军阀在湖北的经济搜刮》，《湖北社会科学》1988 年第 12 期。

③ 参见田子渝《军阀肖耀南论略》，《湖北大学学报（哲学社会科学版）》1985 年第 3 期；沈煌秋《萧耀南别传》，《武汉文史资料》2004 年第 4 辑。

从总体上看，无疑是军阀混战”[①]。张伟认为奉系军阀是“在特殊的历史背景下形成”的，在政治理念、地理位置、发挥作用等方面均有其自身的特点，即“始终没有明确、统一的政治理念”，“具有得天独厚的地理区位优势”，“内部统治具有较强的稳定性和凝聚力”，以及“能够保持统治区域内的社会稳定和经济发展”[②]。而胡玉海则主张奉系军阀集团“形成于民国初期”。他认为张作霖军事集团纳入北洋军阀系统、成了左右奉天政局最大的实力派、家兵家将组织体系的形成三个条件和特征，只是构成了张作霖向军阀演变的基础，还不是一个军阀。张作霖只有被登上民国大总统大位的袁世凯任命为北洋军二十七师师长以后，才“逐渐向军阀方面演变”，“由一个忠心耿耿为清廷效力的军人，到左右政局、排挤上司、与地方绅商结合、不听北京政府调遣的演变，表明他已经完成由军人到军阀的蜕变。张作霖出任奉天督军兼巡按使后，奉系军阀集团也最终形成了”。关于奉系军阀的特点，胡玉海除了补充“集团的核心领导人物多有‘绿林’经历”一条以外，全盘接受了前述张伟总结的四个特点。[③]

2. 奉系军阀与日本的关系。新中国成立后，以张作霖为首的奉系军阀长期被学界一致认定为日本侵略中国的工具，张作霖为实现自己的政治野心，不惜出卖国家主权，投靠日本帝国主义。直到20世纪80年代国家进入改革开放时期才开始在此问题上出现分歧意见。少数学者仍坚持张作霖与日本相互勾结，互为利用。[④] 但是，多数学者认为这一看法过于片面，真实的情况是既有勾结利用的一面，又有矛盾冲突的一面。[⑤] 何应会明确提出：“张作霖与日本的关系是复杂的，既有屈辱的言行，也有维护国家主权的表现。”[⑥] 陈崇桥、胡玉海对奉系军阀与日本帝国主义的关系进行了分阶段研究，认为二者的关系应分为三个阶段，即从“不即不离”到勾结为主，再到矛盾激化。[⑦] 车维汉等著《奉系对外关系》（辽海出版社2001

---

① 刘迎红：《奉系军阀关内扩张简析》，《求是学刊》1991年第5期。

② 张伟：《试论奉系军阀的特点》，《辽宁大学学报（哲学社会科学版）》2001年第3期。

③ 胡玉海：《论奉系军阀》，《东北史地》2008年第2期。

④ 参见常城主编《张作霖》，辽宁人民出版社1980年版。

⑤ 参见潘喜廷《张作霖与日本的关系》，《学术与探索》1980年第2期；白胡甫《张作霖传略》，《辽宁大学学报（哲学社会科学版）》1980年第3—4期。

⑥ 何应会：《试论张作霖与日本的关系》，《黑龙江教育学院学报（哲学社会科学版）》2000年第4期。

⑦ 参见陈崇桥、胡玉海《张作霖与日本》，《日本研究》1990年第1期。

年版）一书更是全面介绍了奉系军阀与日本的关系。佟冬主编的《中国东北史》（吉林文史出版社 1998 年版）一书，还依据具体事例说明张作霖在勾结日本的同时，也对其贪得无厌的要求进行过抗争。胡玉海甚至认为奉系军阀“对日妥协乃是‘生存’之策略，抗争才是其思想本质”[①]。关于奉系军阀的对日抗争，罗志田对奉系军阀末期的奉日关系提出了新的看法，认为这时的“奉系与日本的关系颇类似国民党与苏联的关系”，奉系已深感有必要并实质性地逐渐向美国和英国靠拢，并曾试图接近俄国，因而引起了一些日本少壮军官的注意。罗志田认为，奉张在外交上的这种倾向，“对理解后来日本人对张作霖的暗杀是至为重要的”。[②] 这是一个很有新意的思路，遗憾的是迄今仍无人对此展开实证性的研究。左世元虽然就奉系军阀对济南惨案的态度做过专门研究，仍只是指出：“事实上，北京安国军政府对此次事件反应也非常强烈”[③]，一度对日本暴行表达出强烈的不满，其主要是在高涨的民族主义情绪的影响下，奉系同日本帝国主义矛盾激化以及奉、蒋因各自利益相互妥协而最终导致的结果。

3. 奉系军阀的政治、军事、经济。在政治研究方面，丁雍年认为张作霖在镇压“宗社党”复辟、统一东北方面做出了贡献。[④] 但更多学者所关注的是奉系军阀与其他军阀的相互勾结与利用，以及在此过程中所采用的手段。莫建来撰文指出：“直皖战争的爆发，是直皖两派军阀间长期存在并日趋激化的矛盾和纷争的必然结果。但奉系军阀的居中挑拨、推波助澜以及直接出兵参战，对直皖战争的发生及其结局无疑也产生了相当大的影响。”[⑤] 刘迎红也认为：“张作霖施用政治权术和各种手段，充分利用皖系、直系间的矛盾，多次组织同盟，取得各方支持，孤立分化对手，战略上处于优势地位。”[⑥]

在军事研究方面，学者们除了关注奉系军阀的战争活动外，吕健还对奉系军阀军事力量迅速膨胀的原因进行了研究，认为奉系军阀“军事力量迅速膨胀的原因是多方面的，有张作霖个人的因素；也有他投靠日本，取

① 胡玉海：《论奉系军阀》，《东北史地》2008 年第 2 期。

② 罗志田：《济南事件与中美关系的转折》，《历史研究》1996 年第 2 期。

③ 左世元：《奉系军阀对济南惨案的态度及原因探析》，《江汉大学学报（人文科学版）》2008 年第 1 期。

④ 参见丁雍年《对张作霖的评价应实事求是》，《求是学刊》1982 年第 5 期。

⑤ 莫建来：《奉系军阀与直皖战争》，《学术月刊》1989 年第 3 期。

⑥ 刘迎红：《奉系军阀关内扩张简析》，《求是学刊》1991 年第 5 期。

得日本支持的因素；还有东北的地理和经济等方面的优势”[①]。高乐才、刘彬研究了奉系军阀的海军建设，认为“尽管东北海军在存在期间充当了奉系军阀统治东北和发动内战的军事工具，但在对外战争中也发挥了一定的积极作用，在近代中国海军史占有一定的地位”[②]。许超英关注的则是东北的空军发展。[③]

在经济研究方面，王德朋对奉系军阀的经济构成进行了研究，认为“奉系军阀经济力量的构成以五个部分为主：税收是奉系军阀经济力量的基础，奉系军阀从崛起到解体，一直在以不同的方式扩大征税的范围和幅度。金融业的迅速发展为奉系军阀提供了巨额利润；同时，也使东北三省的经济命脉牢固地掌握在奉系军阀手中。日益发达的工商业巩固了奉系军阀的经济基础，不断扩大的对外贸易既促进了东北同关内及世界有关国家和地区的经济交流，又大大增强了奉系军阀的经济实力。大量发行的债券及种植鸦片，在很大程度上缓解了奉系军阀的经济困难”[④]。姚会元认为“奉票”在整个奉系军阀扩张过程中起到了重要作用。然而，奉票的发行业又犹如一把双刃剑，在后期，由于巨额的军费开支，奉系军阀不得不大量印刷奉票，以至于“奉票的急剧贬值在奉省造成了恶性通货膨胀，导致了经济全面萧条”[⑤]。董昕也对东三省的币制混乱问题及其成因进行了研究。[⑥] 而胡学源认为边业银行对维持和巩固奉系军阀的统治起到了重要的作用。[⑦]

另有学者运用社会交往理论分析了奉系军阀的兴衰。[⑧] 常江还对奉系军阀在东北推行的职业教育进行了研究，认为其以“实用”、“实利”为

---

① 吕健：《试析奉系军阀军事力量迅速膨胀的原因》，《辽宁商务职业学院学报》2000年第3期。

② 高乐才、刘彬：《奉系军阀与东北海军的创建》，《东北师大学报（哲学社会科学版）》2006年第5期。

③ 参见许超英《东北空军发展史略》，《军事历史研究》1988年第4期。

④ 王德朋、华正伟：《论奉系军阀经济力量的构成》，《辽宁大学学报（哲学社会科学版）》2000年第2期。

⑤ 姚会元：《奉系军阀统治时期的辽宁纸币发行》，《中国钱币》2002年第4期。

⑥ 参见董昕《奉系时期东三省币制节略》，《东北史地》2004年第7期。

⑦ 参见胡学源《奉系政治舞台的支柱边业银行及其钞票》，《中国钱币》2005年第2期。

⑧ 参见陈紫微《社会交往与奉系军阀成长及消亡》，《哈尔滨学院学报》2007年第12期。

出发点的职业教育宗旨，颇具特色，且成绩不俗。[①]

4. 张作霖及其重要成员。张作霖作为奉系军阀的头号人物，自然成了学者们的重点研究对象。自20世纪80年代以来就先后出版了常城的《张作霖》（辽宁人民出版社1980年版），陈崇桥、胡玉海、胡毓峥的《从草莽英雄到大元帅——张作霖》（辽宁人民出版社1991年版），徐立亭的《张作霖大传》（哈尔滨工业大学出版社1994年版），陈崇桥、耿丽华的《张作霖真传》（辽海出版社1997年版），徐彻、徐悦的《张作霖传》（国际文化出版公司2010年版），张祥斌的《张作霖传》（吉林大学出版社2010年版）等专著10余部。至于专题论文就更多了。这些论著，在张作霖的总体评价方面，出现了两种截然相反的观点。有的学者认为，张作霖的一生是反动的一生、祸国殃民的一生。理由是：其一，多年来投靠日本帝国主义，与日本相互勾结、利用；其二，连年穷兵黩武，混战不已，给人民带来深重的灾难；其三，在辛亥革命、五四运动、五卅运动和北伐战争中，犯下一系列反革命罪行，特别是疯狂镇压共产党人，绞杀李大钊，犯下了不可饶恕的滔天罪行。[②] 但是，更多的学者认为此论过于片面，丁雍年、陈崇桥等人指出，张作霖在东北与日本是互相利用。入关后，对日本多次提出的侵略要求，都没有承诺，不论动机如何，这种行为在客观上对中华民族是有利的。1925年以后的东北铁路计划是张作霖想摆脱日本控制和干涉的行动，而皇姑屯事件是张作霖与日本之间矛盾激化的必然结果。张作霖统一东北后，整顿警政、税收，建立空军，重视人才，网罗文人等在军阀中是少见的，同时在安定社会秩序，镇压蒙匪和宗社党的复辟分裂活动，保卫祖国边疆等都做出过贡献。因此，对张作霖的评价也应该实事求是。[③] 车维汉指出，张作霖在郑家屯事件交涉中对日本提出的侵害中国东北主权的要求采取了抵制与抗争的态度，不论其主观动机如何，客观上是“有利于中国人民反抗侵略的正义事业的”[④]。王海晨也指出：张作霖面对日本要求在东北兑现“二十一条”的外交攻势，自始至终持“抵制

---

① 参见常江《实用实利的奉系职业教育》，《辽宁大学学报（哲学社会科学版）》2006年第6期。

② 参见常城主编《张作霖》，辽宁人民出版社1980年版。

③ 参见丁雍年《对张作霖的评价亦应实事求是》，《求是学刊》1982年第5期；陈崇桥《关于张作霖的评价问题》，《社会科学战线》1988年第4期。

④ 车维汉：《张作霖与郑家屯事件》，《近代史研究》1992年第5期。

态度”；对日本设领设警的要求也是坚决抵制的，而且采取了及时有效的措施[①]，等等。关于张作霖的死，大多认为是张作霖的对日抵制政策，导致其被关东军炸死，但徐玲不以为然，他认为是日本内部“武力占领”派与“经济侵略”派之争，导致张作霖被关东军炸死，意谓张作霖签署新五路条约合同的妥协行为导致他被炸死。[②] 潘喜廷还对1899—1911年张作霖经营辽西的概况进行了较为系统的研究，弥补了以往研究的不足。[③] 陈崇桥分析了张作霖对待知识分子的态度。强调：“一个封建军阀为了巩固其统治地位，却能做到‘礼贤下士’、尊重人才，今天我们从事‘四化’建设，需要更多的各种专门人才，更需要充分发挥知识分子的作用。张氏父子的成败得失，对于我们无疑是有可供借鉴之处的。”[④]

学界对奉系军阀中向往进步，并试图摆脱封建营垒的郭松龄也较为关注。万家星认为他是一位进步的爱国将领，“反帝反封建的不屈战士”[⑤]。毛履平、高红霞撰文指出，日本的介入是郭松龄反奉失败的根本原因。[⑥] 刘敬忠认为国民军的背盟行为也是“导致郭松龄败亡的重要原因之一”[⑦]。此外，周利成对北洋末期褚玉璞在天津的黑暗统治进行了较为全面的揭露。[⑧] 其他奉系军阀重要成员如王永江、吴俊升、孙烈臣、汤玉麟、李景林、杨宇霆等，皆有学者进行研究，并取得了一定的进展。

第六节　关于西南、西北军阀的研究

西南军阀是北洋军阀统治时期，“独立”于北洋军阀以外，派系更为复杂，对当时全国政局影响最大的一个地方军阀集团。20世纪80年代以

① 参见王海晨《张作霖与“二十一条”交涉》，《历史研究》2002年第2期；《从“满蒙交涉”看张作霖对日谋略》，《史学月刊》2004年第8期。

② 参见徐玲《从町野回忆录看张作霖之死》，《东北师大学报（哲学社会科学版）》1985年第1期。

③ 参见潘喜廷《张作霖在辽西的发迹》，《东北地方史研究》1985年第1期。

④ 陈崇桥：《奉系军阀与知识分子》，《辽宁大学学报》（哲学社会科学版）1986年第3期。

⑤ 万家星：《为郭松龄辩》，《社会科学战线》1999年第3期。

⑥ 参见毛履平《论郭松龄事变的性质及其失败的原因》，《学术月刊》1982年第5期；高红霞：《郭松龄倒戈失败剖析》，《学术月刊》1987年第12期。

⑦ 刘敬忠：《试析冯玉祥与郭松龄反奉的失败》，《河北建筑科技学院学报（社会科学版）》2005年第1期。

⑧ 参见周利成《褚玉璞在天津罪行纪略》，《历史档案》1997年第3期。

来，学界在这一领域先后推出了谢本书、冯祖贻主编的《西南军阀史》第1—3卷（贵州人民出版社1991年版）和贵州军阀史研究会编撰的《贵州军阀史》（贵州人民出版社1987年版）、肖波与马宣伟撰写的《四川军阀混战》（四川省社会科学院出版社1986年版）、匡珊吉等人主编的《四川军阀史》（四川人民出版社1991年版）等专著。前者记述了1911—1949年西南军阀（包括云南、广西、四川、贵州、广东、湖南六省区）从酝酿到发展直到尾声的全过程，分析了它们与北洋军阀、国民党新军阀的不同特点。后者各自介绍了贵州、四川两省军阀的兴衰概况。而有关西南军阀的专题研究则主要集中在以下几个问题上。

1. 西南军阀概念的界定和形成时间及分期。在中国近代史研究领域，虽早有学者提出“西南军阀”这一历史概念，但对其具体内涵却不曾深入阐释过。谢本书首次提出：西南军阀这个概念与“这些军阀所在省区处于中国的西南方或靠近西南方的省区直接有关。但是，应当注意的是，西南军阀并非‘地域概念’，而首先是一个政治概念”。“辛亥革命以后，北洋军阀集团控制了北京中央政权和全国的大部分地区。1916年护国战争以后，在中国的南方和西南地区，北洋军阀的势力尚未达到或尚未完全达到的各省，主要是云南、四川、广西、贵州、广东、湖南六省区，逐渐形成了相对独立的分成许多派系的地方军阀。这些军阀由于不属于北洋军阀系统，而所在省区又基本上处于中国的西南地区，因而历史上称为西南军阀（有时又笼统地称为南方军阀），以区别于北洋军阀（有时又笼统地称为北方军阀）。”“西南军阀在民国初年，以唐继尧为首的滇系和以陆荣廷为首的桂系，势力最大。这样又使六个省区大体上分为两类地区，滇系军阀唐继尧控制了云南、贵州两省，并力图向四川扩张；桂系军阀陆荣廷控制了广西、广东两省，湖南也在其势力影响之下。”“护国战争结束以后，中国在事实上出现了北洋军阀与西南军阀两个最大的军阀派别。西南军阀作为一个政治军事集团，是特指民国初年出现的与北洋军阀相对而言的西南六省的地方军阀集团，而不是指任何时期中国西南地区出现的地方军阀。”①

关于西南军阀的形成时间，杨维骏提出：“究竟西南军阀形成于何时，

① 谢本书：《简论西南军阀》，《历史教学》1987年第7期。10年后，丛曙光以大段相同的文字，题名为《西南军阀与北洋军阀之比较》，发表于《济南大学学报（哲学社会科学版）》1996年第3期。

还是得根据史实，对辛亥革命后西南各省的情况作具体分析。”首先，“不能单看该省主政者本人的阶级立场、政治倾向，更主要地应该看该省是否已置于一个封建军阀集团的封建专制统治之下。因为封建专制统治的形成，不是取决于某一人的主观意志，而是封建复辟势力战败革命势力取得了对该地区绝对控制的结果”。其次，依据军阀形成的主要特征，“云南军阀史的上限定于护国战争之后，恐怕较为符合历史实际”；而四川军阀统治史的上限可定于“滇、川、黔军在四川大混战”时期；贵州有没有形成封建军阀统治则“值得考虑”；从“二次革命”至护国反袁，广西陆荣廷政权“似乎基本上是从属于袁世凯北洋军阀的地方政府，还难于说是割据一方的桂系军阀政权”。可见，“西南各省军阀史的上限未必划一，各省情况有所不同，我们只能通过对西南各省辛亥革命后的情况作具体分析，以是否建立封建割据的封建专制统治为准则，来研究和划分各省地方军阀统治史的上限”。[①] 而谢本书则持不同意见，认为1917年爆发的川滇黔成都巷战，是西南军阀形成的重要标志。理由是：第一，在北洋军阀势力尚未达到或完全达到的西南六省，“逐步形成了相对于北洋军阀的地方军阀集团”。第二，1917年发生在四川省会成都的川滇黔战争，即所谓“刘罗”、“刘戴”之战，乃是典型的军阀混战性质的战争。[②] 谢本书的看法得到不少学者的认同。

关于西南军阀史的分期，谢本书认为在北京政府时期，西南军阀史可初步分作两个阶段。“第一阶段，西南军阀的酝酿时期（1911—1916年）。这一阶段，只是酝酿，是说明西南军阀形成的背景。”“第二阶段，西南军阀的形成及其发展时期（1917—1927年）。这是西南军阀的鼎盛时期，是西南军阀史研究的主要阶段，也是北洋军阀统治中国、军阀混战的重要阶段。”[③]

2. 西南军阀的特点。谢本书认为，相对于北洋军阀，西南军阀有其特殊性。第一，产生的具体历史条件不同。北洋军阀形成于清末，从一开始

---

① 杨维骏：《西南军阀史的上限》，载《西南军阀史研究丛刊》第1辑，四川人民出版社1982年版。

② 谢本书：《西南军阀形成的重要标志》，载《西南军阀史研究丛刊》第3辑，贵州人民出版社1985年版；李双璧：《试论一九一七年的川、滇、黔军阀混战》，《贵州文史丛刊》1984年第2期。

③ 谢本书：《简论西南军阀》，《历史教学》1987年第7期。

就是以镇压人民革命的反革命武装力量而登上历史舞台的。西南军阀则产生于民国初年，借助于护国的声威，在“护法”、“靖国”之类的旗号下进行扩张，因而能在一个时期蒙蔽一些善良的人们。第二，头面人物的经历很不一样，所起作用也不尽相同。“北洋军阀的头面人物，基本上是清末由行伍出身的反动军官，除了个别人以外，他们在人们的心目中，自然而然地属于反革命派。西南军阀的头面人物的经历要复杂得多，他们中的大部分人都参加过资产阶级领导的革命活动，其前半生多少是有功绩的。例如，唐继尧曾加入同盟会，参加云南辛亥起义，领导护国起义等。陆荣廷虽绿林出身，又为清廷招安，但据说也参加过同盟会，后来又参加护国起义。由于西南军阀头面人物的这些特点，使他们头上多了一层‘革命’的光环，能够在一个时期，打着‘革命’的旗号，经营军阀的事业。”第三，两者的权力不一样。“北洋军阀控制中央政权，对外投降，对内镇压，危害很大。西南军阀事实上是一批大大小小的土皇帝，内部派系林立，既无‘团体’之称，又无统一机关可言。与北洋军阀既有对立，又有勾结。由于他们的势力范围在中国的南方，而南方在民国初年是中国革命的中心地区，为了打击当时革命的主要敌人——北洋军阀，革命派有时要争取、联合他们，这就使西南军阀处在一种比较特殊的地位。”第四，投靠帝国主义的情形和程度很不一样。“北洋军阀各主要派系，实力强，势力范围大，还控制中央政权，与帝国主义关系更密切、直接。西南军阀各派系比较分散，力量有限，与帝国主义的关系一般不密切，也比较间接；也有较小的军阀，在一定时期还发出反对帝国主义的呼声。”①

3. 国内外各方与西南军阀的关系。段云章、邱捷《孙中山与中国近代军阀》（四川人民出版社 1990 年版）一书，“以较为翔实的史料和深入的论证，考察研究了孙中山一生与近代军阀的错综复杂的关系”。任建树认为，中国共产党早期领袖陈独秀早年对军阀有过不切实际的幻想，但他“对军阀（自然包含西南军阀在内）的认识是和他本人的思想发展、转变同步前进的”。陈独秀深知西南军阀只是地方性军阀，难以影响全局。20 世纪 20 年代，陈独秀有许多关于西南军阀及相关的联省自治问题的论述，“但他从不就事论事，孤立地谈论这个问题。在他看来反对西南军阀是反帝反封建全盘革命任务中的一个组成部分，因此他对西南军阀的揭露与斗

① 谢本书：《简论西南军阀》，《历史教学》1987 年第 7 期。

争，总是从革命的全局着眼”。[①] 这一看法得到宋锐乔、倪少玉的支持。关于某些社会名流如章太炎与西南军阀的关系，冯祖贻指出：“一九一四年以后，章太炎渐渐脱离政治，但其间也有变化，袁世凯死后，章捐弃前嫌再度与孙中山合作护法，反对北洋军阀，因而与西南军阀发生了关系。第一次护法失败，在五四运动革命潮流滚滚向前之际，章的政治态度从反对军阀割据转向拥护军阀割据，鼓吹‘联省自治’，进而反对孙中山的革命三民主义。显而易见，一九一四年后章太炎的这一思想变化和他与西南军阀之间的纠葛有关。”[②] 关于皖系军阀与西南军阀的关系，陈长河认为，西南军阀在直皖战争中的“联直制皖”策略仅是一种权宜之计，其与直系的“合作”是“出于各有所求，形势使然。但以彼此利害关系，在‘合作’中又充满矛盾”[③]，也证明西南军阀在本质上与北洋军阀没有区别。关于日本与西南军阀的关系，陈正卿指出：日本在扶植东北奉系军阀张作霖的同时，也曾“加紧引诱拉拢西南军阀唐继尧、陆荣廷”。“五四运动前后，日本对唐继尧的拉拢勾结，对中国政局产生了相当影响。首先，它阻碍了这一运动和新文化在西南地区发展。”“唐继尧与日本勾结也进一步威胁着孙中山的护法事业”，“加速了西南滇黔川战争的爆发”。“从上述日本与唐继尧的勾结过程来看，日本也确实达到了它的罪恶目的。虽然它内部军阀、财阀派别不一，但在执行分头操纵中国南北军阀阴谋时，其策略倒是相互串通基本一致的。”[④]

4. 西南军阀对五四运动及鸦片贸易的态度。对于1919年的南北议和，学界一般认为“它是由帝国主义导演的一场南北军阀‘分赃以肥私’的政治争夺”。但夏石斌认为，由于各派军阀所处的地位不同，“不仅有‘分赃以肥私’的共性，而且又存在对中国历史发展有不同作用的个性”。西南军阀“由于特定的地位，特定的环境”，在这场斗争中也“起了某种积极作用，这就是西南军阀的双重性”。[⑤] 谢本书更明确指出，五四运动发生

---

① 任建树：《陈独秀与西南军阀》，《史林》1988年第2期；《陈独秀与西南军阀及其联省自治》，《安庆师范学院学报（哲学社会科学版）》1994年第1期。

② 冯祖贻：《略论章太炎与西南军阀》，《贵州社会科学》1985年第9期。

③ 陈长河：《西南军阀与1920年直皖战争》，《军事历史研究》2003年第1期；谢本书：《吴佩孚与西南军阀的勾结》，《贵州社会科学》1983年第5期。

④ 陈正卿：《“五四”运动前后日本拉拢西南军阀述论》，《档案与史学》1994年第3期。

⑤ 夏石斌：《从一九一九年“南北议和”看西南军阀》，《吉首大学学报（社会科学版）》1989年第4期。

后，西南军阀“基本上采取了有条件的支持态度”，“尽管这种支持是有条件的和有限制的，而这种支持本身，客观上有利于运动的发展”①。至于对鸦片贸易的态度，高言弘指出，“鸦片税收，既然是军阀财政的主要来源”，因此，西南军阀对鸦片种植是鼓励的，并“为了控制和扩展鸦片烟的产销地区”②，和战时起。

5. 四川军阀的形成及其社会危害。张建基认为四川“防区制的确定，标志着川系军阀之形成”③。王友平认为“防区制是一种割据争雄，武人专制，旨在掠夺，破坏极大的地方军阀割据统治形式……实为一种恶劣的武装割据现象”④。赵清认为袍哥是四川军阀的重要来源。⑤ 龙岱等人认为鸦片税收是四川军阀最主要的财政来源和支柱。⑥ 唐学锋、傅曾阳等人分析了四川军阀长期混战的原因，他们指出：军阀混战越剧烈，社会经济遭到破坏程度越大，农民破产和城市人口失业的就越多，而军队的兵源就不断扩大。兵越多，又助长了军阀进行混战的野心。这种恶性循环是造成近代军阀割据的重要原因。而这种恶性循环又与四川封闭的地理环境，自然经济的存在，人口的迅速增加，知识分子寻找出路等因素有关。吃粮从军，军事起家，便成了四川军阀混战次数特别多，位居全国榜首的重要原因。⑦另有学者认为，吴佩孚鼎力支持杨森也加剧了四川军阀间的混战。⑧ 涂鸣皋对四川军阀的形成、割据混战及混战根源与社会危害进行了深入分析。⑨沈涛揭露了四川军阀对于自贡盐场的劫掠。⑩ 张杰“从社会史的角度，以

---

① 谢本书：《西南军阀与五四运动》，《学术月刊》1989 年第 5 期。

② 高言弘：《西南军阀与鸦片贸易》，《学术论坛》1982 年第 2 期。

③ 张建基：《川系军阀的形成》，《军事历史研究》2003 年第 3 期。

④ 王友平：《四川军阀割据中防区制的特点》，《天府新论》1999 年第 2 期。

⑤ 参见赵清《重视对袍哥、土匪和军阀史的研究》，《四川大学学报（哲学社会科学版）》1990 年第 2 期。

⑥ 参见龙岱《四川军阀时期的烟祸》，《西南民族学院学报（社会科学版）》1986 年第 6 期；林寿荣、龙岱《四川军阀与鸦片烟》，《四川大学学报（哲学社会科学版）》1984 年第 3 期。

⑦ 参见唐学锋《四川军阀混战频繁之原因》，《西南师范大学学报（哲学社会科学版）》1990 年第 2 期；傅曾阳《试析四川军阀长期混战之因》，《四川师范大学学报（哲学社会科学版）》1998 年第 8 期。

⑧ 参见赖悦《吴、杨勾结与四川军阀混战》，《惠州大学学报（社会科学版）》1994 年第 2 期。

⑨ 参见涂鸣皋《关于四川军阀割据混战的几个问题》，《西南师范大学学报（人文社会科学版）》1980 年第 1 期。

⑩ 参见沈涛《从档案看四川军阀对自贡盐场的劫掠》，《四川档案》2001 年第 5 期。

民国川省军阀、土匪、袍哥三位一体的事实，以及他们相互勾结的背景、条件、过程、心态及其影响"，论述了"民国年间四川社会，军阀混战、袍哥横行、土匪猖獗，是相当引人注目的三大社会问题。他们的活动与整个民国四川史相始终，其势力和影响波及经济、文化、行政各个领域"[①]。杨光彦、潘询指出，四川军阀给四川社会造成了严重危害。"从1917年到1935年，军阀割据持续长达18年之久。为争权夺利，各派军阀之间混战不已，大小战事400余次。为筹措战争经费和满足个人挥霍，各派军阀不惜竭泽而渔：骇人听闻的田赋附加和预征；毒害川民、布祸全国的鸦片种植；滥发滥铸纸币劣币；巧立名目征收各种苛捐杂税，等等。造成农业萎缩、工业衰退、商业萧条，人民群众在饥饿死亡线上挣扎，把'天府之国'变成了'人间地狱'。"[②]

6. 贵州军阀及刘显世的评价问题。有学者对贵州军阀统治时期的财政窘况进行了研究。[③] 熊宗仁则对贵州军阀混战进行了较为深入的探讨。[④] 关于贵州军阀与北洋军阀的关系，有学者认为贵州军阀曾与北洋对峙乃至分庭抗礼。[⑤] 何长风则认为贵州军阀对于北洋军阀始终处于依附地位。"没有发生过与之'分庭抗礼'，更没有出现过搞'军事割据'、闹'独立王国'的情况。"要说有的话，也"只是在兴义系军阀政府统治时期，'旧派'势力依附北洋军阀政府反对南方临时政府和军政府，或者成为北洋军阀反对南方军阀的附庸。'新派'势力则是依附、支持南方临时政府和军政府，参与南方军阀（含西南军阀）反对北洋军阀的战争"。[⑥] 李双璧考察了贵州兴义系军阀的形成及其社会基础，认为它是"一个代表封建地主阶级、资产阶级上层利益的反动势力"，"在政治上极其保守，拒绝任何形式的改革，在经济上横征暴敛，陷贵州人民于水火之中，成为阻碍贵州社会进步

---

① 张杰：《民国川省土匪、袍哥与军阀的关系》，《江苏社会科学》1991年第3期。

② 杨光彦、潘询：《爱国主义传统与四川军阀的两次转变》，《西南师范大学学报（哲学社会科学版）》1996年第1期。

③ 参见孙德灏《军阀统治时期贵州财政发展概述》，《贵州大学学报（哲学社会科学版）》1993年第1期。

④ 参见熊宗仁《贵州军阀统治形态走向成熟的三部曲》，《贵州社会科学》2001年第3期。

⑤ 参见贵州军阀史研究会、贵州社会科学院历史研究所《贵州军阀史》，贵州人民出版社1987年版。

⑥ 何长风：《贵州军阀政府的依附性——兼评"对峙"、"分庭抗礼"论》，《贵州师范大学学报（社会科学版）》2001年第3期。

的绊脚石”[①]。龚晓林则认为“兴义军阀具有武治地方社会的割据性、利权掠夺的争夺性、传统封建关系的伦理取向性、对外关系的非帝国主义依附性、行为准则的随己性等特点”[②]。

范同寿对贵州军阀桐梓系周西成集团在20世纪20年代的崛起及其在西南军阀派系中的纵横捭阖活动进行了研究，较为客观地指出：“以周西成为首的贵州桐梓系军阀集团之所以能在短短的几年中迅速崛起，除了其本身善于投机取巧、纵横捭阖这一主观因素外，很大程度上还在于一九二三至一九二五年间，川黔两省乃至全国政治、军事形势的演变。”其实力扩张的原因，与“桐梓系军队本身的一些特点，例如官兵中除上下级关系外，尤为注重封建宗法式的同乡、戚族关系，在同等条件下，军队的战斗力较其他军阀队伍为强等等因素”不无关系。“不过，那种过份强调周西成‘干练’及桐梓系军队‘善战’的看法，却是不可取的。可以断言，如果没有一九二三年以后川、滇、黔军阀的大混战，没有南方大革命运动蓬勃兴起对北洋军阀的遏制，以周西成为首的这支小小地方军阀派系，决不可能如此快地跻进西南军阀的行列，当然更谈不上建立起桐梓系集团对贵州为期十年的统治。”[③]

关于刘显世的评价问题，熊宗仁研究刘氏的生平事迹后指出：刘显世“除了反映军阀的本质和主流的一面之外，还有在某些历史转折关头或重大历史事变中与时代潮流俱进，在历史前进的合力中加入他的一分力量的非本质、非主流的另一面。这两面的有机结合，才是历史上的刘显世其人。”“刘显世一生的形象除了作为封建军阀这条主线之外，还有一些似乎违背形式逻辑但却符合历史逻辑的行动，往往把反动与进步、逆潮流与顺时势统一于一身。”[④] 对于刘显世在护国战争中的地位和作用，学界一度普遍持全面否定的态度，认为他参加护国战争，纯属“被迫”，是“反革命投机家”。[⑤] 但曾业英对此提出质疑，认为“刘显世于云南护国起义以前，

---

① 李双璧：《贵州兴义系军阀的形成及其社会基础》，《贵州文史丛刊》1983年第2期。

② 龚晓林：《论兴义军阀及其特点》，《凯里学院学报》2010年第4期。

③ 范同寿：《浅谈贵州桐梓系军阀的实力扩充》，《贵州文史丛刊》1984年第3期。

④ 熊宗仁：《论贵州军阀的开山祖刘显世》，《贵州文史丛刊》1987年第2期。

⑤ 见顾大全《刘显世与袁世凯——评刘显世参加护国运动》（载西南军阀史研究会编《西南军阀史研究丛刊》第1辑）、《贵州护国起义》（《贵州文史丛刊》1985年第4期）、《护国战争与贵州》（贵州人民出版社1985年版）等。谢本书等《护国运动史》（贵州人民出版社1984年版）也持同样观点。

虽投过帝制赞成票，但并不足以说明他就是袁世凯帝制派”。“完全否定刘显世在护国战争中的地位和作用是不公正的，不仅与事实不符，且理论上也说不通。”① 另有学者从湖湘文化的影响力方面分析其生平，考察其在贵州近代化方面做出的努力，给予了正面的评价。②

7. 旧桂系军阀的兴衰。莫杰剖析了以陆荣廷为首的旧桂系军阀集团的出现、演化和覆灭，认为旧桂系的基本特点是：首领人物的素质，决定了他们拿不出像样的维护统治的精神支柱，只能乞灵于封建迷信和“江湖义气”。他们赖以维持内部团结的纽带，是拜把关系和裙带关系。他们的主要社会基础是乡村的豪绅阶级，所遵奉的是封闭型的地方主义。其统治方式为封建把头的家长制封建统治，“属于地主阶级的军阀官僚的统治”。“不仅英、美帝国主义扶植旧桂系军阀，而且日本帝国主义也扶植旧桂系军阀。”③ 黄宗炎则分析了护国战争与旧桂系兴亡的关系。④ 熊宗仁就旧桂系据粤的缘由进行了研究，认为“除了陆荣廷等政治暴发户赤裸裸的财富欲、权势欲和膨胀了的占山为王的绿林习气等主观因素外”，还有桂、粤两省财政的贫富悬殊、陆荣廷借护国战争之机，以及两广联治的历史政治传统和北京政府的无奈认可等深刻原因，以及“适逢的历史机遇和传统的思想观念”方面的客观原因。⑤ 罗婧则进一步结合旧桂系的军政活动，将其发展战略概括为“立足广西，参与南北对抗”⑥，并分析了采取这一发展战略的原因。周中坚、黄卷超还注意到陆荣廷旧桂系军阀在广西现代化过程中的贡献。⑦ 袁少芬则介绍了岑春煊在旧桂系崛起时代的作用及破坏护法运动的表现。⑧ 林小群、傅玉能从社会政治学的角度，“对在桂系集团崛

① 曾业英：《刘显世与护国战争》，《近代史研究》1988 年第 3 期。

② 参见袁运隆《湖湘文化视域下的刘显世》，《贵州文史丛刊》2010 年第 2 期。

③ 莫杰：《陆荣廷军阀政权的出现和覆灭》，《学术论坛》1980 年第 4 期；《陆荣廷上台和旧桂系军阀的特点》，《学术论坛》1980 年第 1 期；《军阀的基本特征和新旧桂系的比较研究》，《学术论坛》1985 年第 8 期。

④ 参见黄宗炎《护国战争与旧桂系的兴亡》，《学术论坛》1988 年第 3 期。

⑤ 熊宗仁：《也论桂系据粤之由来》，《广州研究》1986 年第 7 期。

⑥ 罗婧：《浅析陆荣廷政治战略对新桂系的影响》，《学术论坛》1995 年第 6 期。

⑦ 参见周中坚《广西近代化进程中的老桂系时期（1912—1924）》，《东南亚纵横》2008 年第 3 期；黄卷超《试论旧桂系首领陆荣廷执政治桂贡献》，《广西地方志》2007 年第 5 期。

⑧ 参见袁少芬《旧桂系军阀元老岑春煊》，《广西民族学院学报（哲学社会科学版）》1980 年第 1 期。

起中起关键作用的桂系核心集团组织结构及内部联系"① 进行了个案探究，以追寻旧桂系集团迅速崛起及最终迅速彻底瓦解的原因。

8. 陈炯明粤系军阀的特点。有学者指出，概括地说，该系军阀的特点是："（一）粤系军阀代表人物陈炯明是从革命党人蜕化过来的"，"可以称之为过渡类型的军阀"。"（二）粤系军阀的军队，是以封建依存关系和反动政治关系结合起来维系的。由若干小系统组成大系统的军队，是一支比较典型的军阀军队。它开创了历史上臭名昭著的团防武装——城乡地主买办阶级武装。（三）粤系军阀具有明显的买办性。陈炯明始终得到广东的地主买办、资产阶级的支持，而这些地主买办资产阶级的后台便是帝国主义。陈炯明的叛变是帝国主义收买政策的结果。（四）所有军阀都是地方主义者，但粤系军阀在这一点上表现特别突出，所以有人称之为'地域主义'。"②

9. 唐继尧评价问题。学界对唐继尧的研究，主要集中在以下四个方面：一是在护国、护法运动中的表现；二是治理云南的施政措施；三是与云南近代化的关系；四是与国内外政局的关系。学者们对此有褒有贬。以唐继尧对护国战争的贡献而言，有全面肯定的，认为此时的唐继尧尚未蜕变为军阀，还是资产阶级革命党人，他担任了护国运动的全面领导。唐继尧作为辛亥云南起义的主要策划人和参加者，是有重要历史功绩的，在云南也是有实力的，不能把推翻"洪宪"帝制的功劳都归于蔡锷。③ 也有全面否定的，认为护国战争的"原动力来自孙中山领导的中华革命党，如果没有唐继尧的破坏和屠杀，云南反袁工作早就发动起来了"。这位学者还引用其他学者 20 世纪 60 年代的话说："从 1912—1927 年唐继尧的言行看来……在'护国'战争中，他仅在客观上起一些作用而已。从主流来看问题，显然唐继尧不是什么正面的人物。"④ 多年来，云南学界对唐继尧的评价问题展开了热烈讨论，有关情况可参阅杨淳惠《1980 年以来唐继尧研究综述》（《文山学院学报》2012 年第 5 期）一文。

---

① 林小群、傅玉能：《试论旧桂系核心集团成员关系及组织结构》，《史学月刊》1997 年第 3 期。

② 韩剑夫：《论粤系军阀的特点》，《广州研究》1986 年第 7 期。

③ 参见夏光辅《护国运动的领导问题》，《昆明师范学院学报（哲学社会科学版）》1980 年第 5 期；陈忠《蔡锷与唐继尧谁是护国运动首功》，《贵州文史天地》2001 年第 1 期。

④ 李开林：《说点老实话》，《评唐继尧护国》，云南民族出版社 2006 年版，第 12—13 页。

西北军阀主要指盘踞于甘青宁地区的马氏军阀集团和新疆军阀杨增新。对于马氏军阀集团的研究，主要集中在以下两个方面：

一是马氏军阀集团的产生及长期存在的原因。吴忠礼就马氏军阀集团的兴衰进行了一般的探讨。① 周立人认为该军阀集团起源于清末陕甘回民起义中的回军乃至庚子国变时期的董福祥甘军，具体而言，它“产生于十九世纪末二十世纪初，形成于二十世纪二十年代，到了三十年代‘三马’掌权时，他们利用新军阀混战的机会，使军事力量得到了迅速的发展，遂成为西北的地方割据势力”②。薛正昌认为，董福祥与西北马家军阀集团的孕育与形成有着直接的关系。③ 许宪隆等人就辛亥革命前后诸马集团在政治上的多次转变及其动因进行了研究。④ 田旺杰“从地理环境、宗教、社会历史背景和内在改革机制等方面剖析了青海军阀长期存在的原因”，认为“青海回族军阀存在近半个世纪，它的成功在于具有较强的适应性和应变能力，适应了社会发展的历史需求，并能根据社会的实际需要，做出符合社会需求的举动。但是他们的一举一动是在矛盾中艰难地发展，因为他们本身的局限性不情愿也决不会完全按社会和青海人民的意愿所为，只是局部的适应”⑤。李庆勇等人从伊斯兰门宦教派的角度考察了它们在西北马氏军阀集团形成中的作用。⑥ 刘进则指出：“当历史和人为形成的民族对立依然未能消解时，回族民众在一定程度上把诸马势力视为维护本民族利益的依靠，这是西北诸马军阀能长久生存的原因之一。”⑦

二是马氏军阀集团的特点及影响。作为回族地方割据势力的马氏军阀集团，其势力曾扩展到西北数省，对这几个省的政治、经济和文化都产生过颇大的影响。马氏军阀集团中个别实权人物的势力范围还一度跃出西北进入绥远诸地。王劲指出这个集团的主要特点是：具有特别浓厚的封建

① 参见吴忠礼《甘、宁、青回族军阀述略》，《宁夏大学学报（社会科学版）》1982 年第 4 期。

② 周立人：《“三马”军阀集团的形成及其统治特点》，《温州师专学报（社会科学版）》1986 年第 2 期。

③ 参见薛正昌《中日甲午之战与河徨起义间的董福祥》，《固原师专学报》1989 年第 4 期。

④ 参见许宪隆、韦甜《论辛亥革命前后西北诸马军阀的角色转换》，《民族研究》2002 年第 2 期。

⑤ 田旺杰：《民国时期青海军阀长期存在的原因探析》，《青海民族研究》2004 年第 4 期。

⑥ 参见李庆勇、王建斌《伊斯兰门宦教派与近代西北回族军阀的形成》，《青海民族研究》2006 年第 1 期。

⑦ 刘进：《晚清民初中央权威衰落与诸马军阀崛起述论》，《兰州学刊》2009 年第 8 期。

性，其统治建立在传统的农牧业结合的封建经济基础之上，靠家族主义纽带维系内部；附庸下的独立，自身条件制约他们不能与“中央”公开抗衡；力图与宗教保持密切联系，以政权控制宗教。[①] 其社会影响，吴忠礼等人指出，回族军阀势力的崛起，实际上是近代以来回族求生存求发展的根本权益的体现，其军阀统治在给当地带来黑暗落后的同时，也为国家民族起到一定作用。从国家主权角度看，“它的出现，及时填补了辛亥革命后西北某些地区（主要是宁夏、青海和甘肃河西走廊地区）产生的权力真空，使这些地区得到了及时有效的管制，从而排除了帝国主义分子借这一地区民族问题而干涉中国内政的可能性，也使某些帝国主义分子和分裂分子的阴谋无法得逞”。“由于回族军阀的民族特点，使得回族穆斯林群众的生存权利和生活习惯较之以往受到了一定程度上的尊重。”[②] 霍维洮也认为西北回族军阀“曲折地体现了回族社会的历史要求，与这一民族社会紧密结合，标志着西北回族社会发展的新阶段。同时，它处于多民族社会环境和近代化过程之中，作出了适应环境和时代需要的各种努力，因而协调了各种社会关系，但它终于不能从民族运动向社会变革转化而败亡”[③]。许宪隆对马氏军阀集团与西北穆斯林社会早期“现代化运动”的关系进行了较为深入的研究。[④] 赵维玺则考察了青海回族军阀的缘起与发展及其在近代化过程中的局限。[⑤] 牛敬忠等人认为马福祥在绥远一面“鼓励民间种植鸦片、军政人员贩卖鸦片”，“导致绥远地区鸦片的泛滥”，一面又“重视地方教育事业，在教育、军事、行政诸领域任用地方人士”，因而对马福祥的所作所为“不应简单地加以否定”[⑥]。

关于新疆军阀杨增新的研究，主要有彭武麟、段金生等人的论著。他们都从维护边疆稳定方面对杨增新治理新疆的理念与实践给予了肯定。段

① 参见王劲、苏培新《试论西北诸马军阀的几个特点》，《兰州大学学报（社会科学版）》1995 年第 4 期。

② 吴忠礼等：《论西北回族军阀产生的社会历史条件》，《宁夏社会科学》1988 年第 4 期。

③ 霍维洮：《西北回族军阀论略》（上、下），《宁夏大学学报（人文社会科学版）》2000 年第 2 期、2001 年第 5 期。

④ 参见许宪隆《诸马军阀集团与西北穆斯林社会》，宁夏人民出版社 2001 年版。

⑤ 参见赵维玺《关于青海回族军阀的两个问题》，《西北第二民族学院学报》2006 年第 1 期。

⑥ 牛敬忠、付丽娜：《北洋军阀统治时期的绥远都统马福祥》，《内蒙古师范大学学报（哲学社会科学版）》2007 年第 6 期。

金生指出，杨增新主政新疆期间，“中国正经历着晚清到民国的社会剧变，他坚持弃绝战乱、保境安民的坚定信念，实行具有个性特征的各项治新措施，使得新疆在他统治时期保持了社会的相对稳定。这从统一的多民族国家发展的大局来看，杨增新在这一时期所起到的历史作用会越来越被人们所重视。”①

第七节　值得重视的几个问题

新中国60多年来，北洋军阀史研究经历了一些曲折。在头一个长达30年的岁月里，少有学者从事这方面的研究，也几乎没有什么经得起历史检验的研究成果问世。直到70年代末国家改革开放以后，才终于打破这种尴尬的局面，使这一领域的研究进入了一个持续30年的成果累累的大发展时期。但是，这些成果的取得，并不意味着北洋军阀史研究已经完美无缺，可以继续按部就班沿着这一现成轨迹走下去，无须再作任何改进了。事实上，为更好推进这一研究领域的健康发展，也还有一些不能忽视的问题，主要是：

1. 模仿有余，创新不足。改革开放以来的北洋军阀史研究有个明显特点，就是突出北洋军阀与中国近代化的研究，充分肯定北洋军阀在实现中国近代化方面所起的作用。有学者指出：“无论军阀们怎样思考，他们是无法改变中国走向现代化的进步潮流的。为了生存，他们不得不依然打着‘民主’、‘共和’、‘自由’、‘地方自治’等具资产阶级性质的招牌，并在一定区域内实施一些现代化实验，并力图把这些措施推向全国。代表中央政府的北洋军阀、桂系军阀、广东的陈炯明、山西的阎锡山等，他们在教育、工商、军事、城市建设等方面都实施了一系列现代化措施，并取得了一定成绩。”为此，这位学者认为：“军阀割据时期与封建专制时代相比，社会进步与文明的因素增多了，开放性与现代性也增多了，政府的现代行为也增多了。从这个角度看，军阀政治相对于封建专制政治是一种进步。它是从封建专制到资产阶级民主政治的一种特殊过渡形式。”②

---

①　彭武麟：《简论杨增新治新思想与策略》，《民族史研究》第1辑，1999年11月；段金生：《调适与冲突：杨增新思想与治新实践研究》，云南人民出版社2010年版。

②　李岱恩：《中国早期现代化与民初军阀割据》，《西南师范大学学报（哲学社会科学版）》1997年第6期。

为什么这时会有这么多学者趋向于研究北洋军阀对中国近代化的贡献呢？不外两个原因：一是内部的，改革开放后断然否定了“以阶级斗争为纲”的国策，确立了以现代化为目标的经济建设的中心地位，有所谓现实的需要。二是外部的，即海外史学理论和方法的影响。美国兰比尔沃拉不是说过吗？军阀割据“没有使中国经济的现代工业得到什么发展，但是它没有阻止向城市化发展的倾向，特别是通商口岸的发展。商业和工业继续扩大，中小学和大学数量增加，杂志和报纸数量激增……本世纪头 30 年，中国的对外贸易额增加了 350%……中国越来越多地进口原棉、机械、煤油、纸、电话和电报设备以及科学仪器。这反映出工业化和近代化的倾向……工业尽管受到军阀的干扰，从 1912 年到 1929 年的年增长速度，仍然达到 13. 8%”①。不是也有不少西方学者通过自己的研究实践，向中国学者提供过众多依据这一理论和方法解读北洋军阀史的著述吗？不少学者不加分析地全盘接受了他们的理论和方法及实践，自以为这就是“创新”了。

诚然，科学是无国界的，为提高中国历史科学的研究水平，借鉴一些有助于正确解读包括北洋军阀史在内的中国历史的海外史学理论和方法，是必需的，也是无可厚非的，关键在于必须结合中国历史实际，有自己的创造，不能只知一味模仿。简单的模仿，不是创新。模仿得再惟妙惟肖，也只是赝品，不能登大雅之堂。何况不少学者的研究还仅仅停留在记述某一北洋军阀派系或个人的所谓“近代化”思想、政策等表面现象上，并未对其何以产生这些思想、何以出台这些政策，这些思想和政策在其全部思想和政策中占多大比重、实践效果如何、与其对“近代化”的破坏相比较孰重孰轻等问题进行深入的研究。更有学者为突出北洋军阀的这种“贡献”，干脆回避其对中国“近代化”所造成的巨大破坏，以彰显其正面性。还有学者在评述北洋军阀的军事、政治活动时，也是完全照搬海外学者对军阀政治的分析理论与框架，认为北洋军阀的“纷争和割据是在认同一个国家的原则下进行的。认同国家的思想既有历史传统力量的引导，又有现代民族主义的激发”。着力强调北洋军阀的军事、政治活动对国家民族认同的重要意义，而对其为一己私利争战不已的图谋则不置一词。这样的研究，纯属东施效颦，与创新风马牛不相及，对推进北洋军阀史研究的深入

① 兰比尔沃拉：《中国：前现代化的阵痛》，廖七一等译，辽宁人民出版社 1989 年版，第 181— 182 页。

发展作用有限。

2. 重复之作，屡见不鲜。主要表现在以下三个方面：

一是选题重复。以袁世凯研究为例，自 1980 年李宗一的《袁世凯传》出版以后，又出版过为数众多的相同选题的著作。李宗一相当重视史料发掘工作，所著《袁世凯传》一书，可谓一部以丰富史料记述袁世凯一生的开山之作。但是，此后出版的同类著作，除个别例外，绝大多数大同小异，既没有什么新史料，也没有什么新的看法。然而，令人不解的是，就是这样的重复之作，却还有书评盛赞其论叙如何周详，刻画如何入微。又如，20 世纪 80 年代，不少学者在国家改革开放、思想解放大好形势的鼓舞下，实事求是地对北洋军阀在中国近代化方面的贡献问题进行过一些新的探索，提出过一些新的看法。从此，这一选题便成了北洋军阀史研究者的热门选题，乃至迄今仍有不少学者不厌其烦地做着这方面的研究，但研究的结果却少有不同，无非是学界已耳熟能详的那句老话：某人在中国近代化方面做出了一定贡献，不宜随意否定。当然，历史研究是永无止境的，同一选题的研究必然会伴随着时代的进程永远延续下去。我们无须也不应该对此说三道四。但是，如果这种同一选题的研究，不能对前人的研究有所深化，有所创新，那就只能说是学术研究所不取的低水平的重复了。

二是研究思路和结论的雷同。此类事例不少，这里仅举数例，以见一斑。如有关皖系军阀与研究系的关系问题，早在 1992 年就有学者刊发专文讨论过，并指出："皖系军阀与研究系在互相利用的基础上携手结盟。段皖对研究系利其虚声以点缀北洋门面，实较其他崇奉武力的军阀技高一筹；研究系欲借武夫之力以求在内阁中名'段'实'梁'，实现政党政治的目的，无异与虎谋皮。一旦失去利用价值，二者又分道扬镳。研究系在遭摒弃后对段皖大肆攻讦，这虽加速了军阀衰亡的进程，但对北洋之时频繁的政争和南北长期对立，又负有不可推卸的责任。这一切展示了一幕近代军阀政治的历史活剧。"① 可是，事隔六七年之后，竟又有人刊文大讲护国战争之后梁启超与"段皖在互相利用的基础上携手结盟，皖系对研究系利用其虚声以点缀北洋门面；研究系欲借武夫之力以求改造国会，实现其

① 莫建来：《皖系军阀与研究系关系探析》，《上海社会科学院学术季刊》1992 年第 1 期。

政党政治的理想。一旦失去利用价值，二者又分道扬镳。梁启超从拥段到反段的活动，对当时的政局变化产生了巨大影响，在近代中国再次导演了一幕联系军阀实现其宪政理想的历史活剧”[①]。后者除了将前者标题中的“研究系”改为“梁启超”及两者前后顺序颠倒一下之外，其研究思路和结论，甚至结论部分的文字皆与前者并无甚不同。又如，关于张学良东北易帜的过程，早在 1991 年就有学者刊文提出，张学良东北易帜经历了京津易帜、热河易帜、滦东易帜、东三省易帜等“四个步骤”。[②] 且不论此文的研究思路和结论是否如有的学者指出的那样并不符合历史实际[③]，令人意想不到的是，九年之后竟在学术刊物上出现了一篇研究思路和结论与此完全一致的论作，更加匪夷所思的是该文竟在标题上特地标明是关于这一问题的“新释”。[④] 再如，2003 年即已有学者刊文指出：“近代以来封建社会的王统政权、道统文化、族统社会的三维体系发生裂变，是近代军阀政治产生的根源；军阀政治经历了滋生、雏形和最后形成三个阶段，具有四点特征：一是拥兵自重，控制政治；二是利用民主政治形式实现军阀专制；三是个人及政治角色之间不受法律制度约束；四是中央权威弱化，军阀割据混战。”[⑤] 可是，到了 2008 年却又有人以“学界对军阀政治的讨论多集中于军事和政治，而对传统三维社会的裂变与军阀政治的关系以及军阀政治的特点阐述相对较少”为由，再次发表专文讨论这一问题，而其结论却几乎完全照搬前者的论断，所不同的仅仅是将前者归纳的军阀政治特征，由四个虚化成大同小异的七个而已：“一是拥兵自雄干预政治的称霸性。二是政治行为的投机性和无原则性。三是利权的攫取性与排他性。四是政治伦理取向的封建性。五是政治面目的虚伪性。六是对外关系中的严重依附性。七是军阀政权更迭的频繁性。”[⑥] 可见，在北洋军阀史的研究中，研究思路和结论的雷同并不是个别现象。

---

① 潘日波：《梁启超与皖系军阀关系述论》，《赣南师范学院学报》1999 年第 4 期。

② 参见丛广玉《张学良“东北易帜”辨析》，《辽宁教育学院学报（社会科学版）》1991 年第 2 期。

③ 参见曾业英《论 1928 年的东北易帜》，《历史研究》2003 年第 2 期。又见曾业英《古调新弹——民国史事及其他》，社会科学文献出版社 2010 年版，第 392—436 页。

④ 参见钱进《张学良与东北易帜新释》，《民国档案》2000 年第 4 期。

⑤ 胡玉海：《近代中国军阀政治的形成及特征》，《社会科学辑刊》2003 年第 1 期。

⑥ 袁文伟：《近代三维社会变迁与军阀政治的崛起》，《晋阳学刊》2008 年第 6 期。

三是重复发表。首先要说明的是，这里所指重复发表，并非那些应不同主题要求而收录在不同论文集中的同题论文，而主要是指当下各种学术报刊发表的论文（姑且不论其是否篇篇皆称得上是“论文”）。稍微留心一下当下的学术报刊，便不难发现存在这么几种奇特现象：一是同一篇论文，今天以作者甲的名义发表，明天又以作者乙的名义发表；二是一篇论文发表后，多年后又原封不动地以原作者的名义再次出现在另一报刊上；三是多年后再次出现在另一报刊上的论文，标题固然有所变化，但内容却照旧；四是一篇论文同时发表在多个刊物上。何以同一篇论文会以不同作者的名义发表于不同的学术报刊，究竟谁是真正的作者，当事人这样做是怎么想的，目的何在，外人难以猜测，只有当事人自己清楚。然而，不管当事人怎样想，无论问题出在哪里，这种现象总不能说是好现象，因为它既浪费了大量报刊资源，也辜负了读者的信任和期望，实际是一种对读者不负责任的损人不利己的行为。

3. 引用史料，很少甚至不辨真伪。北洋军阀史的史料蕴藏极为丰富，除了北洋军阀自身留下的档案文献，当时各类报刊对北洋军阀的报道、评论，以及有关当事人的回忆外，还留存有20世纪二三十年代由当时各方人士记述出版的大批北洋军阀史事著述。如汪克明编撰的《直皖直奉大战实记》（上海和平书局），张一麐编辑的《直皖战史》（上海和平书局），吴下琴鹤仙馆编辑、南都天禄旧主校正的《吴佩孚讨逆演义》（上海民强书局），濑江浊物的《吴佩孚正传》（上海中央国史编辑社），广文编辑所编辑的《吴佩孚全传》（上海世界书局），《中国之华盛顿——吴佩孚政史》（上海民强书局），戎马书生编辑的《直奉战争记》（北京文蔚书局），《直奉大战史》（上海竞智图书馆编印），王小隐的《直奉大秘密》（上海中国第一书局），上海宏文图书馆编印的《直奉大战记》（上海和平书局），上海竞智图书馆编印的《吴佩孚大战奉军史》，中外新闻社编辑的《吴佩孚全史》（上海世界书局），无聊子编辑的《现代之吴佩孚》（上海共和书局）、《第二次奉直大战记》（上海共和书局），南海胤子的《安福祸国记》（北京神州国光社），梁河间的《直皖战争全史》（上海和平书局），信史编辑社编辑发行的《段祺瑞秘史》，温世霖的《段氏卖国记》（著者自刊），中央新闻社编辑印行的《徐树铮秘史》，张一麐的《直皖秘史》（上海世界书局），费保彦的《善后会议史》（北京寰宇印刷局），冯玉祥的《冯玉祥自传》（1929 年抄本）及《我的生活》（华英书局版）[1]，等等。

这些著述均为当时人甚至当事人的记述，与其他各类史料一样自然是今天研究北洋军阀史的重要参考资料。但由于其编著者的身份、地位不同，它们所记述的史事却并不完全相同，不但详略不一，还有你记我不记，甚至你否定我肯定的完全对立的记载。如吴下琴鹤仙馆编辑、南都天禄旧主校正的《吴佩孚讨逆演义》就是为吴佩孚“背书”的，瀨江浊物的《吴佩孚正传》也对吴佩孚多有溢美之词，上海民强书局出版的《中国之华盛顿——吴佩孚政史》更是从书名上便让人一目了然看到了它的极端捧吴立场，而倾向于皖系军阀的一些著述则对此持完全相反的态度和立场。因此，对于北洋军阀史研究者来说，史料蕴藏丰富固然是件好事，但也由此带来了一个更加繁难的史料辨伪任务。倘若对这些因立场、认识不同而记载各异的史料不加分析，明辨是非，确定真伪，仅仅以言之有据，拒绝杜撰，而各是其是，各非其非，各取所需，各执所见为满足的话，是绝对不可能向读者贡献真正体现客观、公正价值观的真实的北洋军阀史研究论著的。诚如来新夏所说：“当时派系对立，为了制造舆论声气，相互攻讦诋毁，时有发生。通电声讨，洋洋洒洒，对己则正义在我，对人则非义在彼，危言耸听，攻及人身，吴佩孚的通电，大多类此。而以‘秘史’、‘丑史’、‘祸国史’等等为题的小册子更多敌意宣传。设以此种资料为据，往往与历史实际有异，甚至并非实有其事。”[2]

可是，综观当今的北洋军阀史研究领域，虽然成果无数，不说论文，光以“北洋军阀史”之类命名的专著及相关人物传记就难以统计出个准确的数字，但若细察内容，则似乎大多数都基本上是在前人著述基础上加减而成的，除了多了些“与时俱进”的新概念外，少有事实上的差别。举两个较为典型的例子，一是吴佩孚的。有人发表了一篇《吴佩孚——一个被认为更有希望统治中国的军阀》（《文史天地》2010 年第 1 期）的文章，其实这只是一篇未对史料进行任何辨析，也未对吴佩孚一生做综合研究，

---

① 在冯玉祥的回忆录中，经由冯氏旧部余华心整理的《冯玉祥自传》（军事科学出版社 1988 年版），远不如《我的生活》受到出版者和读者的重视，无论是解放军文艺出版社出版的《冯玉祥自传》（2002 年版），还是世界知识出版社出版的《冯玉祥自传》（2006 年版），其中有关冯氏 1930 年前的经历均采自《我的生活》。

② 来新夏：《略论民国军阀史的研究》，《学术月刊》1985 年第 1 期。

仅仅依据预设观点东拼西凑一些可为其“增光”的史料而成的普通文章。但却得到了好评，有人在同期杂志上发表读后感，自称“第一次对吴佩孚其人其事获得了一个较为全面和完整的印象。也可以说，重新读到和认识了一个更为真实的吴佩孚”。第二个例子是冯玉祥的。20 世纪 60 年代以后，有关冯玉祥的论著层出无穷，光传记就有 10 余部之多。由于这些传记在纪事方面大多没有对史料进行必要的去伪存真的辨析，而是直接采用冯玉祥《我的生活》之类著述中的记载，因而常常出现一些与史实有出入甚至完全相悖的记述。可见，不少北洋军阀史研究者的史料辨伪意识似乎还是比较淡薄的。当然，也有个别例外，如刘敬忠就曾撰写《冯玉祥的前半生——兼对其自传〈我的生活〉辨析》（人民出版社 2009 年版）一书，对冯玉祥《我的生活》中的一些不实之词进行了一定的辨析和考证，为后人的进一步讨论提供了基础。就此而言，刘敬忠此书可说是在北洋军阀史领域，进行了一次实不多见的历史文献学方面的研究尝试。

4. 个案研究盛行，整体研究严重缺失。改革开放以来的北洋军阀史研究的另一个显著特点，是研究领域的不断扩大和个案研究愈来愈受到重视。研究者已不再专注于政权争夺和军事混战这一主体领域和抽象的宏大叙事，而扩大到了经济、社会、思想、文化、城市、乡村、工矿企业、交通运输等等研究领域和种种具体的个案问题，并由此引出了一系列认识上的变化。这一变化为我们更加完整和深入地了解与认识这段历史的全貌，提供了一定的可能性，当然也是北洋军阀史研究的一种进步。不过，倘若细察其中实况，似乎也不是毫无可议之处。如，随着研究领域的扩大，政治、军事领域的研究日趋萎缩。又如，随着具体个案研究的盛行，宏观研究几无人问津。再如，研究的问题愈来愈具体，愈来愈细化，而引出的结论却大得可观，动辄曰北洋军阀为什么做出了“重要贡献”。有人甚至认为北洋军阀时期中国经济的相对繁荣，主要是由两方面力量推动完成的，一部分是中国民族资本家的积极参与，另一部分则是在朝在野的北洋军阀政客的投入。还有北洋军阀时期思想如何“宽松”，言论如何“自由”，等等。

的确，对历史研究而言，多角度多侧面地扩大研究领域，将一个个具体问题的细节考察清楚是必需的，非此不能对历史做出较为符合或接近历史真实的认识。不是说远眺高山“横看成岭侧成峰”吗？不是说“一滴水可以见太阳”吗？不是说廓清历史细节是历史研究的基础吗？以小见大，见微知著，的确是一种行之有效的分析、认识问题的方法。但是，凡事总是相互联系和制约的，历史问题更是如此，不管它们有少个角度，多少个侧面，有多么具体，多么细小，从来就不可能是孤立存在的，总是和其他事物相互联系又相互制约的。不将他们联系起来做整体的综合研究，仅仅研究个别领域，个别问题，个别细节，是难以揭示历史真相和本质的。就此所得出的结论，在这个领域，这个问题，这个细节的范围内，可能是正确的，能成立的，但就整体而言，很可能是站不住脚的，不能成立的。以北洋军阀在中国近代化中的作用为例，仅仅依据其某种经济思想和政策，或在某一经济建设中的某种作为，而不对其向列强出卖了多少实际权益、所发动的军阀战争给中国近代化造成了多大破坏和损失等等问题做比较研究，就断定其为中国近代化做出了多大贡献，显然是失之片面的。可见，光有孤立的各个领域具体问题的研究是不够的，唯有同时进行综合的整体性研究，才能求得历史的真解，否则就只能是瞎子摸象，虽然摸清了大象的各个部位，却仍然不知大象究竟像什么。其实，这也不是什么新发现，罗志田等有识之士多年前就提出了这个问题，遗憾的是并未引起学界的足够重视，以致迄今仍无明显改变而已。

那么，这种现象是怎样产生的？长此以往将会出现什么后果呢？杨天宏针对中国近代史研究中缺失系统性研究所说的一段话，应该说同样适用于北洋军阀史研究。他认为这种现象的产生“与这些年来日渐兴起的以‘解构’为特征的研究理论与方法不无关系。近年来，具有后现代色彩的‘解构主义’充斥盛行，对一切事物都要下一番‘解构’的功夫。‘解构主义’将结构的‘中心性’颠覆为‘差异性’的意义链，对以追求整体性或系统性为特征的‘结构主义’是一种理论挑战。这一‘主义’对历史研究可能的贡献在于蔑视权威及已经建构的学术秩序，且因解析法的精密应用导致研究局部的细致深入，缺陷在于容易导致史学研究的‘无形化’，即导致研究客体整体形态的支离破碎，以至消失。而一旦历史人物和事件在形态上消失，‘解构’则成了类似庖丁解牛的操作技巧表演，虽于牛的肌肤腠理掌握精确，达到出神入化、杀百牛不折一刃的神奇境地，却留下了‘未见全牛’的遗憾。历史研究若被做成只分解‘牛’的内在结构，不探究‘牛’的身体面貌，系统性完备周至的原则也就随之落空。这些年来，学术专著做得越来越精深细密，而通史性的著作却越来越缺少综合性与系统性，究其原因，与研究方法选择上的偏执有直接关系”。杨天宏指出："近代新史学兴起以来形成的实证主义史学传统以及新中国成立头30年形成的马克思主义史学传统，却因此而统统丢失。"①

总之，人类历史是科学，既然是科学，就应按照科学本身的规律对待，这就是实事求是的精神。"在历史科学中，专靠一些公式是办不了什么事的。"② 要想继续推动北洋军阀史研究大步前进，就必须对以上各方面的问题有所改进，将实事求是精神贯彻到底。

① 杨天宏：《系统性的缺失：中国近代史研究现状之忧》，《近代史研究》2010年第2期。

② 马克思：《政治经济学的形而上学》（《哲学的贫困》第二章）（1847年上半年），《马克思恩格斯选集》第1卷，人民出版社1966年版，第123页。

第二十章

中共党史

首先应当说明，本章是在《50年来中共党史研究评述》一文的基础上修改而成的，因此基本内容仍不离前文，仍旧只是就与中国共产党自身历史有关的研究状况表达笔者个人的一些看法。同时，也不打算系统介绍反映这些年来中共党史进展的各种成果，只准备就笔者观感所及，集中讨论与60年来中共党史研究的学术发展有重要关系的某些问题。虽然又过去了10年之久，但是，中共党史研究中存在的问题似乎仍未改变或解决，因此，笔者原来的目的仍有其现实的意义，希望借此机会能够让所有熟悉和不熟悉中共党史研究的读者，多少了解一点此一研究不同于其他历史学研究的关键所在，和它走向学术化的那种不为一般人所知的艰辛。如果多数读者读后终于明白中共党史研究的现状何以至今未能尽如人意，知道它的发展很大程度上取决于它的学术化程度有无可能进一步提高，我的目的也就达到了。

第一节　30年的曲折与徘徊

就学术研究而言，中共党史研究在新中国60年中的前30年，究竟多大程度上具有学术研究的价值，笔者以为颇值得怀疑，可说是有“研究”而少“学术”。为什么？这与笔者对“学术”二字的理解有关。何谓学术？梁启超解释说：“学也者，观察事物而发明其真理也；术也者，取所发明之真理而致诸用者也。”[①] 如何观察事物才可得“真理”并以为用？则非有独立治学与实事求是二条件不可。换言之，学术研究最重要的一个特征，就是其独立性与科学性。没有“正其谊而不谋其利，明其道却不计其功”的精神，即没有学术之存在。陈乐民有云：要求真学问，就必须能够并敢于“为学术而学术”，即“纯然地去采寻事之然和所以然。设若不是这样，在研究问题时或者随俗趋势，或者依凭一己好恶，或者存有事功之心，或者求‘保险’、‘稳妥’，于是便时然亦然，时非亦非，时作‘违心之论’，那便是为学之大忌，学人所不当为”。[②] “纯然地去求事之然和所以然”，可谓道出了学术研究之真谛。“纯然”，就是不为外力所左右，不受利禄所影响，且不因感情所蒙蔽，决不为亲者、贤者、尊者乃至王者讳，也不因疏、劣、卑、贫而彰其恶；既不曲意暴露，也不存心护短，严格保持一种客观的、实事求是的科学态度。具体到中共党史研究来说，就是要在搜集、验证和研究史料的过程中，在分析和说明历史人物和事件的过程中，要尽可能全面地占有扎实的史料，坚持具体问题具体分析，把人和事放到当时特定的条件和环境当中，用发展的眼光，从历史的大背景来认识，既不能从今人的标准来衡量，更不能对人对事取双重标准，或简单地以一己一派的感情好恶先入为主地断定历史上的是非曲直，并用以支配自己对史料的选择和对事实结果的分析。

这样一种态度，其实就是毛泽东也未必是不赞成的。毛泽东对党的历史的认识虽然始终受到其政治判断的影响，其理智上却从来都是强调一切要从实际出发，主张凡事都要实事求是的。他明确提出：“马克思主义的历史观不是主观主义，应该找出历史事件的实质和它的客观原因”，强调对中共党史必须“进行客观的研究”，研究“必须是科学的，不是主观主义”的[③]。如何才能做到客观的而非主观的？借用叶圣陶一句比较形象些的话来说，就是要“站在这东西的外面，而去爬剔、分析、检察这东西的意思”。自陷于是非之中，听凭主观情感左右自己的价值判断，虽然也可以研究，也可以有“成就”，却很难有真正意义上的学术研究，更不大容易取得学术成就。

---

① 梁启超：《饮冰室合集》第3册，中华书局1989年影印版，第12页，

② 转见段吉福编《中国现代学术文化随笔》，四川人民出版社1998年版，第24—25页。

③ 毛泽东：《如何研究中共党史》(1942年3月30日)，《毛泽东文集》第2卷，人民出版社1993年版，第406页。

以新中国成立后最早出版的有系统的中共党史著作《中国共产党的三十年》为例。它原本是毛泽东的政治秘书、时任中央宣传部副部长和新闻出版署署长的胡乔木，于1951年上半年为刘少奇起草的一篇在纪念中国共产党诞生30周年大会上的报告。因其较1944年六届七中全会通过的《关于若干历史问题的决议》更完整地总结了30年来党内的功过是非，深为毛泽东所欣赏，故毛阅后当即指定改以胡乔木名义迅速发表。在这本高度评价毛泽东为“伟大的革命天才”的简明中共党史读本当中，我们可以清楚地看出，中共党史自新中国成立后就已成为歌颂毛泽东战无不胜的正确路线和他在各方面丰功伟绩的一种极为重要的政治宣传形式，与学术研究已没有多少共通之处了。其突出的特点在于，第一，宣传共产党的丰功伟绩；第二，强调毛泽东一贯正确，而党的光荣、正确、伟大均来自毛泽东的正确指导和他坚持不懈地同各种错误路线、错误倾向进行斗争；第三，以毛泽东的著作解读中共历史。①

在新中国成立伊始就由中共宣传部门最主要的负责人来发表这样一部中共党史著作，虽然多少有点事出偶然，却也是事出有因。几乎所有了解中共党史的人都知道，毛泽东历来对斯大林评价不高，并且心存怨意，但他却高度重视斯大林亲自主持编写的《联共（布）党史简明教程》，自延安整风时起，该书就被评价为“马列主义的百科全书”，并被列在党的高级干部必读书之榜首。该书最突出的特点其实就是两点：一是大兴斯大林个人崇拜之风；二是以路线斗争为线索，诠释党的历史。而该书最令人瞩目之处还在于其高度权威性，凡权力所及之处，一切事关党的历史的解释，都只能以此书为准，不能有第二种说法。

毛泽东欣赏斯大林的这种做法，在延安整风时显然是基于统一全党思想的考虑。因为从克服党内对莫斯科权威的迷信的角度，当时确实存在着树立毛泽东权威的必要性问题，怎么树？一个最简单的办法，就是历数党的历史，根本解决应该以谁为正统的问题。中共六届七中全会通过的《关于若干历史问题的决议》，就是仿照斯大林的《联共（布）党史简明教程》的方法，通过正确与错误两条路线斗争的历史对比，来树立毛泽东的

① 《关于若干历史问题的决议》（1945年4月20日）对毛泽东功绩的肯定只讲到了抗战开始之前。参见《毛泽东选集》（竖排合订本），人民出版社1964年版，第955—999页；胡乔木《中国共产党的三十年》，《胡乔木文集》第2卷，人民出版社1993年版，第7—76页；叶永烈《胡乔木》，中共中央党校出版社1993年版，第104—106页。

绝对权威和正统地位。[①] 在1949年以后，当中共取得如同苏共一样一统天下的执政党地位之后，进一步模仿斯大林的做法，写出一部更系统的类似《联共（布）党史简明教程》那样的中共党史教科书，自然也就是天经地义的事情了。毛泽东也讲过，“历史是胜利者书写的”[②]。经过铁与血的战斗才成为执政党的中国共产党，自然要突出宣传自己的胜利，并希望用自己的一贯为民造福的业绩来换取人民的长久拥护，这并不难以理解。问题在于，《联共（布）党史简明教程》乃集粉饰、歪曲，甚至伪造历史之大成，以其为楷模，中共党史焉能跳出其沉浮的怪圈？

正是由于得到毛泽东的肯定，胡乔木的这个小册子一出来，很快就成为以后有数的几种不同版本的中共党史著作的范本。在此之前，胡华的《中国新民主主义革命史》一度令人瞩目，其书乃由吴玉章耳提面命，继承了张闻天延安时期所著《中国现代革命运动史》的史论结合的写法。[③] 但胡乔木书出来后，中共党史基本上就进入以论代史的时代了。受教育部门委托，何干之主编的最典型的以论代史的《中国现代革命史讲义》（北京高等教育出版社1955年版），从此成为最主要的教材。新讲义的特点是“以乔木同志的书为经，以伯达同志的书为纬”，同时参照毛泽东的著作和党报各个时期的社论。[④] 此后的中共党史读本无一例外地也是如此办理。当然，随后出版的这些中共党史著作，特别是稍晚些受到20世纪50年代中后期那种政治气氛影响的著作，在对毛泽东的颂扬和对路线斗争的强调方面，经常不受胡书的局限。特别是涉及那些所谓“错误路线”的代表时，不少书批判否定之不遗余力，更是胜过胡书许多。[⑤] 但它们不过是进一步夸大和突显了胡书政治宣传的一面而已，并非是因为有了更个性化的深入研究。

与此同时，从50年代初起，宣传、教育部门等就陆续作出规定，强

---

① 前引《关于若干历史问题的决议》。

② 转引自邵燕祥为朱正著《1957年的夏季——从百家争鸣到两家争鸣》一书所作序，见朱正《1957年的夏季》，河南人民出版社1998年版，第6页。

③ 参见中国现代革命史研究会编《中国现代革命运动史》，延安解放社1937年版；胡华《中国新民主主义革命史讲义》（北京高等教育出版社1995年版），新华书店1950年版。

④ 由于陈伯达也是毛泽东的秘书，因此当时陈伯达的书和文章也具有同样的指导意义。一度也被史学界奉为经典的陈著有：《窃国大盗袁世凯》、《人民公敌蒋介石》、《中国四大家族》，以及《关于十年内战》、《读〈湖南农民运动考察报告〉》、《斯大林论中国革命》等。

⑤ 如：缪楚黄：《中国共产党简要历史》，学习杂志社1956年版；王实等：《中国共产党历史简编》，上海人民出版社1958年版；徐元冬等：《中国共产党历史讲话》，中国青年出版社1962年版。

调要“通过党史宣传与教育，帮助人们了解党的历史经验，认识中国近现代社会历史发展的规律，懂得‘没有共产党就没有新中国’和‘只有社会主义才能救中国’的真理，系统地了解毛泽东思想的科学体系，学会运用马克思主义的立场、观点、方法观察问题、解决问题，增强识别和抵制各种错误思潮的能力”①。于是，中共党史很快就以“政治理论课”的形式进入了各高等院校和专科学校的课堂，并由此带上了更加鲜明的政治功利主义的色彩。先是规定学习毛泽东的有关文章，然后是规定学习中国革命史，之后则规定直接学习中共党史。对党史的学习，逐渐普及各行各业。中共党史自此在形式上也彻底脱离了历史学的范畴，以至二三十年之后，即当内地普通学者已经多少可以从个人的角度，而非从组织的角度独立地对中共党史进行研究之后，不少人干脆搞不清它究竟是属于理论宣传呢，还是也可以算作一门学问；如果它也应该具有科学的性质，可以算是一门学问，那么它究竟是应当属于政治学呢，还是应当属于历史学？

把中共党史研究等同于政治宣传和政治教育，所造成的最大隐患，就是伴随着中共路线及政策的变换，以及随之而来的党内斗争的起伏与发展，中共党史不可避免地会出现“时然亦然，时非亦非”的怪现象。这种情况在50年代后期即开始清楚地表现出来。从批判历史上的两条军事路线，到批判彭德怀的右倾投降，人物臧否备受影响。50年代末60年代初北京市委主持编写的新的中共党史讲义，干脆提出“一根红线”的观点，不从中共上海发起组织开始讲党史，要从韶山冲开始讲，不要说陈独秀不能讲，就连李大钊也不能多讲，否则就有“抬李压毛”之嫌。进入60年代中期，特别是“文化大革命”爆发以后，这种现象更是恶性发展，除了毛泽东以外，几乎所有在毛泽东之前或与毛泽东同时代的中共领导人，在中共党史书中或者被隐去姓名、事迹，或者都成了反革命小丑，共产党历史上的每一项成功，不管有无事实依据，统统记在了毛泽东的头上。所谓中共党史成了个人崇拜史，成了毛泽东与一次又一次错误路线斗争的历史，毛泽东的名字在一本二三百页的书中能够出现数百次之多。不仅如此，中共党史还成了一种政治晴雨表，谁在台上就捧谁，谁下台就骂谁。党史教科书翻来覆去地改写。林彪成为毛泽东的接班人，中共党史的作者就大书特书，居然连朱德与毛泽东在井冈山会师也改成了林彪与毛泽东在

① 张静如、唐曼珍主编：《中共党史学史》，中国人民大学出版社1990年版，第141页。

井冈山会师。林彪叛逃摔死，中共党史的作者马上就大批特批，把林彪从头到尾都说成是野心家、阴谋家，连同林彪过去的战功也一笔抹杀。① 类似的现象不一而足。如果说开粉饰、伪造历史之先的《联共（布）党史简明教程》，在斯大林在世时一以贯之，多少还能给人一种虚假的真实感的话，中共党史在毛泽东在世时就已经是翻天覆地，让人无所适从了。在这里，历史真的成了一个任人打扮的小姑娘。

政治也者，时与势之术也。时过境迁，势去道移。由于政治本身必须应时应势而变，政治宣传的内容通常都只具有时效性。不是宣传不重要，问题是简单地把中共党史同需要应时而变的政治宣传等同起来，难免因其过分具有宣传意味或变来变去而严重贬损其自身的价值。《联共（布）党史简明教程》之成为世人笑柄，"文化大革命"中中共党史被人涂来改去的可悲命运，都再清楚不过地显示出将历史问题简单地政治化绝不是一种好的做法。因为人们不能不怀疑，是不是凡是公开宣传的中共党史就一定不会太真实？20 世纪 80 年代书肆坊摊上畅销的各种粗制滥造的"揭秘"史学的流行，最典型地反映了人们的这种心理。

关于中共党史在人们心目中地位之低，可以随便举出几个简单的例子。比如，记得读大学期间，遇到一位过去的同事，当得知所学的专业之后，对方竟大不以为然，当时就表示："党史有什么好学的?"再比如，某次赴台访问，同机与一位近代史学界颇负盛名的老前辈聊天，偶然谈起中共党史，老先生深有感触地叹息道："我早先就教党史，实在搞不下去，幸亏及早转了行。"那意思很明白，搞中共党史，很难有什么出息。一位作者在文章中就公开讲："1921 至 1949 年的中共党史，无论从哪一个角度来看，都可谓辉煌灿烂……相比之下，研究这一时期的党史著作却是淡然无采。我不止一次地听到青年学生对此类著作表示生厌。"因为"此类著作的绝大多数结论不是来源于作者个人的分析，而是采撷于某人讲话、某项决议、某次会议"，"其目的也不是如一般史学家对历史进程进行描述或分析，而是拿来向广大人民群众宣教"。②

可以想象，相当多的党史学界人士也持有几乎同样的心理。因此，十

① 参见《学习中共党史参考提纲（内部讨论稿）》，1970 年；广东省高等院校政治理论课编写组《中国共产党两条路线斗争史讲义》，1974 年。

② 茅海建：《不同的声音——读〈中间地带的革命〉》，《近代史研究》1995 年第 1 期。

一届三中全会以后，民国史研究等其他相近的历史研究天地被打开，“中国现代史 = 中国革命史 = 中共党史 = 党内十次路线斗争史”的状况被打破，甚至不久后高校中共党史课程也被取消，改为中国革命史课程，结果是许多中共党史教师纷纷“跳槽”。事实证明，那些基础扎实又较早改了行的研究同仁，多数都取得了较好的成绩，不少人成为某个方面的学术带头人。这里面的原因很简单，即使改革开放了，中共党史很多年也还没有脱离政治化的束缚，不仅学生没有多少学问好学，教师也实在没有多少问题可以研究和发挥。很少有人通过深入研究史料，对中共历史上的重要事件和问题，实事求是地得出自己的解释和观点。这里面除了有高校的中共党史教师不大容易看到较为系统的党史资料这一客观原因以外，更重要的原因其实还是中共党史与现实政治的联系过于密切。

尽管开始了改革开放的进程，中共党史的教学却仍旧属于政治理论课的范畴。既然是政治理论课，自然就是宣传意识形态，因此也就有观点问题、立场问题、倾向问题等使独立的学术研究动辄得咎的政治障碍；自然也就难以在真正意义上做到独立治学和实事求是，难以切实实现“百花齐放，百家争鸣”。结果，不仅是教中共党史的教师，就是从事中共党史研究的学者，在相当一段时间里面，最牢靠的“学问”还是熟读四卷本的《毛泽东选集》，因为至少1949年以前所有中共党史重大问题的解释，几乎都可以从那里面找到说法。记得80年代中期有的党史界权威对《毛泽东选集》之熟悉，竟到了能够倒背如流的程度，随口就能说出毛泽东的哪句话在哪一页哪一行。不过，也正因为如此，如果有哪位教师讲中共党史，只是试图依照《毛泽东选集》中的观点，按照自己的理解加以发挥的话，都有可能受到他们的尖锐批评，理由很简单：“难道你比毛泽东还高明?”

在经历了同“两个凡是”观点的胜利斗争①，召开了具有历史意义的十一届三中全会，确立了实事求是的思想政治路线之后，中共党史学界在相当一段时间里仍然存在毛泽东的话“一句顶一万句”的现象，多少有些

① “两个凡是”即是：“凡是毛主席作出的决策，我们都坚决维护；凡是毛主席的指示，我们都始终不渝地遵循。”这一观点最初是根据当时的中共中央领导人华国锋的指示，提出于1977年2月7日《人民日报》、《解放军报》和《红旗》杂志两报一刊的社论中的。1978年5月，胡耀邦在主持中央党校工作期间，指导发表了《实践是检验真理的唯一标准》一文，对“两个凡是”提出针锋相对的批评。此一争论在邓小平等人的支持下取得了胜利。

令人匪夷所思。其实，十一届三中全会以后的中共党史界与全党和全国各行各业一样，已经开始了思想解放的进程。那些坚持必须照《毛泽东选集》的观点研究和宣讲中共党史的党史界权威们，在公开的文章和讲话里也是反对“一句顶一万句”的观点的。他们明确讲，过去“假党史”的表现之一，就是“把领袖描写成‘先知先觉’”，“说什么领袖的话句句是真理，一句顶一万句”。只是，在他们看来，“假党史”只是指特定的“文化大革命”而言的，批评“一句顶一万句”不等于说那些已成定论的中共党史问题有必要另出新的说法，毕竟一个学者、教师不可能比毛主席、党中央更高明吧！

80 年代前半期，在中共党史仍旧属于“政治理论课”，即仍旧属于党的政治宣传和政治教育工作内容的情况下，不要说让党史教师和党史研究工作者完全改变唯上唯书的习惯不容易，就是让上级主管部门承认“宣传有纪律，研究无禁区”，同意将中共党史的宣传与研究分开，事实上都很困难。关于要由中共中央党史研究室编写官定“正本”，以统一党史宣传和教学口径的说法，就是在这段时间里提出来的。

不过，值得注意的是，随着全党、全国都开始了思想解放的进程，中共党史研究崇尚实事求是，走向学术化，也是一个发展的大趋势。记得关于编定“正本”的说法刚一出来，虽然仍有相当多的人认为必要，却有不少从事中共党史研究和教学的人员在各种场合表示异议。他们认为，在提倡思想解放，强调实事求是的大好形势下，中共党史研究正在开始破除迷信、解放思想的过程中，有大量的历史问题需要重新研究和探讨，这个时候急忙“定于一尊”，不可避免地会阻碍今后中共党史研究的深入和实事求是精神的贯彻，不利于中共党史研究学术化的进程。毫无疑问，之所以会有这样的意见产生出来，就是因为在中共党史研究的问题上，自 1979 年以来，已经开始出现了一些走向学术化的新气象。

第二节　拨乱反正的艰难尝试

历史研究本身既不是为谁找说法，也不是为谁讨公道。所谓“拨乱反正”，不过是特殊历史条件下历史研究一种附带的功效罢了，它并不是历史研究本身应有之义。但 20 世纪 80 年代的中共党史研究却可以说基本上处于一种“拨乱反正”的阶段。好在这种“拨乱反正”对中共党史研究学术化的推进，是具有相当积极作用的。这是因为，不管人们怎样理解这四个字，这时的所谓“拨乱反正”，实际上并不仅仅是针对“文化大革命”中那些胡编乱造的“两条路线斗争史”而来的，它在很大程度上也是针对新中国成立以来中共党史研究中所存在的种种背离实事求是精神的错误倾向而来的。比如研究者们不仅为刘少奇、瞿秋白、彭德怀等大批在“文化大革命”中备受冤屈的党史人物鸣不平，而且也提到了大量“文化大革命”以前就久已存在的问题，像写五四运动要不要肯定陈独秀的功绩；写中共一大的代表可不可以写张国焘、周佛海、陈公博等人的名字，写广东农民讲习所是否也应该讲到毛泽东主办的第六届以前的几期及其主办人，以及讲中国共产党的历史发展能否只谈毛泽东一个人的作用，如此等等。①不过，主要从拨乱反正的角度来研究人物及其历史，难免会较多地侧重于政治评价。而过多地从政治评价的角度来研究人物，必然存在着掌握政治标准或宽或严和不易避免掺杂感情因素等问题，研究时容易太多地纠缠于“左”右对错的争辩，或者忽略研究者应持的客观平实的学术态度，或者因政治本身的局限而使研究无法深入。十一届三中全会以后讨论最热烈的陈独秀问题，就反映出这种情况。

关于陈独秀早期作用的评价，胡乔木在《中国共产党的三十年》中是这样说的：“党的第一次代表大会选举陈独秀担任中央的领导工作。陈独秀并不是好的马克思主义者。陈独秀在‘五四’运动以前和‘五四’运动中间以中国急进的民主派著名；当马克思主义传入中国以后，他成了有很大影响的社会主义宣传者和党的发起者。”②

胡乔木在这里讲了两层意思：第一层意思是对一个事实的认定，即陈独秀在中共一大即被推举担任中央的领导工作。第二层意思却是囿于长期以来关于陈独秀“右倾投降”导致中共在大革命失败的观点，着意在政治上对陈独秀的早期作用加以限定，即强调陈“五四”时只是“急进的民主派”，虽然后来成了有很大影响的社会主义宣传者和党的发起者，但“并不是好的马克思主义者”。仿佛这样就可以证明，陈独秀后来为什么会走到“右倾投降”的地步。

---

① 这时这一类文章中比较重要的有：蒋杰：《百团大战的探讨》，《近代史研究》1979 年第 1 期；陈铁健：《瞿秋白与〈多余的话〉》，《历史研究》1979 年第 3 期；苏克尘：《历史的见证：“和平民主新阶段”的前前后后》，《近代史研究》1980 年第 3 期，等等。

② 《胡乔木文集》第 2 卷，人民出版社 1993 年版，第 11 页。

这样一种典型的穿靴戴帽的方式，与后来盛行的“出身论”有一脉相承的关系，就是凡是在中共历史上犯了这样或那样“错误”的人，不论其是否有贡献于这个党，都必须与党的正确路线划清界限，并且要追根溯源，断定其所犯错误并非偶然，一定有这样或那样的思想根源、社会根源甚至阶级根源。陈独秀大概是中共党史中这一逻辑的最早的一位受害者了。胡乔木的这个说法延续了几十年，并且陈从“不是好的马克思主义者”，最后干脆变成了“从来没有成为一个马克思列宁主义者”，只“是一个资产阶级的激进民主派”。陈之当选中共领导工作，也被说成是因为党在初创时期“缺乏经验”和过于“幼稚”。而为了避免人们由此推导出其他结论来，“文化大革命”中的党史著作中还要特别补上一句，说是“这丝毫也无损于党的伟大、光荣、正确。党正是在逐步清洗自己队伍里的机会主义分子的斗争过程中巩固和发展起来的”。[①]

有关陈独秀的政治评价问题，严格说来不是历史学范围内学术研究必须讨论的课题，但这种人物的政治评价严重妨碍正常学术讨论的展开，却是显而易见的。因此，当十一届三中全会明确提出实事求是的思想路线之后，中共党史学界中很快就有人提出了新的看法。1979 年 2 月，中共党史学界即就此召开讨论会，会上虽然有人仍坚持认为陈独秀不仅不是好的马克思主义者，而且根本就不是马克思主义者，只是一个资产阶级激进民主派，但已有不少人提出，陈独秀在“五四”后期，即建党前后“观察社会问题的方法基本上是马克思主义的”了，他“已经从具有初步共产主义思想的知识分子发展成为我国初期的马克思主义者了”[②]。而尤为引人注目的是，会后内地几十种社会科学杂志和学报，都不约而同地就此发表了研究论文。[③] 除了极个别的文章坚持陈从来不是马克思主义者以外，几乎所有文章都持同一口径，即肯定“五四”后期建党前后的陈独秀已经“初步接

① 徐元冬等：《中国共产党历史讲话》，中国青年出版社 1962 年版，第 22 页；北京师范大学政教系：《中国共产党历史讲义》上册，1976 年，第 14 页。

② 《中国新民主主义革命史研究会举办陈独秀等人物评价讨论会》，《党史研究资料》1979 年第 1 期。

③ 据统计，自 1979 年初至 1980 年 7 月止，全国报刊发表的评论陈独秀的文章就有 100 余篇，评论“五四”及建党前后者就有 80 余篇。参见王洪模《近年来评论陈独秀简况》，《党史研究》1980 年第 5 期。

受马克思主义"，成了马克思主义者。[①] 几乎在同一个时期，各期刊如此集中地发表如此多的有着几乎同样观点的为陈独秀鸣不平的文章，这在新中国的历史上是前所未有的，它清楚地反映出当时的大多数中共党史学者是多么渴望能够给陈独秀这样的历史人物一个公道的说法啊。

然而，同中共党史中其他一些更敏感的问题相比，围绕着陈独秀早期作用的评价问题所展开的这场讨论，对推进中共党史学术化的进程影响并不明显。这是因为，上述说法看似较新，却未必与胡乔木的看法有多大的抵触。因为这时几乎所有为陈独秀鸣不平的文章都异口同声地重复着胡乔木关于陈"不是好的马克思主义者"的说法，以便表示自己的观点并没有脱出权威的轨道。而事实上，从后来公布的胡乔木文稿的写作过程显示，胡在最初起草《中国共产党的三十年》时，原本也没有否定陈是马克思主义者，而且肯定陈当时已是"最有影响的马克思主义宣传者和党的发起者"了。后来仅仅是因为考虑到"最有影响的马克思主义宣传者"与"不是好的马克思主义者"这一说法易生歧异，才在毛泽东的赞同下，把那个"最"字取消，并且把"马克思主义宣传者"换成了"社会主义宣传者"这种语义含混的用词。[②] 这也就是说，包括毛泽东在内，"最高权威"未必认为陈独秀在创建共产党的时候，以及在成为党的领导人以后，还是所谓"资产阶级激进民主派"。因此，虽然肯定陈独秀是马克思主义者也属于拨乱反正，但这在当时确实也很难说在学术上有多大的突破。

在陈独秀问题上的"雷区"，最主要的是他的所谓"右倾投降主义"问题。因为，关于这个问题，无论在《关于若干历史问题的决议》当中，还是在《毛泽东选集》当中，都有过很尖锐的批判。《决议》中明确讲：

---

① 如：胡宁邦：《略谈陈独秀在五四运动和建党时期的作用》，《武汉师范学院学报》1979年第1期；朱玉湘、吕伟俊：《陈独秀在五四时期的历史地位》，《文史哲》1979年第2期；晓然：《五四时期陈独秀思想的探讨》，《上海师范大学学报》1979年第2期；陈世英：《对五四时期的陈独秀的几点认识》，《北京师范学院学报》1979年第2期；李恺玲：《陈独秀与文学革命》，《武汉师范学院学报》1979年第2期；杨荣华：《试论五四时期陈独秀的马克思主义思想》，《安徽大学学报》1979年第3期；冯建辉：《建党初期的陈独秀》，《历史研究》1979年第4期；丁守和：《陈独秀和〈新青年〉》，《历史研究》1979年第5期；林茂生等：《略谈陈独秀》，《历史教学》1979年第5期，等等。这时唯一坚持陈独秀不是马克思主义者的文章，大概就是沙健孙的《五四后期的陈独秀是不是马克思主义者?》（《北京大学学报》1979年第3期）一文了。对于沙健孙的观点，邓野在《试论五四后期陈独秀世界观的转变》（《近代史研究》1980年第4期）一文中全面地阐述了不同意见。

② 《建国以来毛泽东文稿》第2册，中央文献出版社1988年版，第366页。

1924—1927 年中国大革命的失败，除了当时的同盟者国民党叛变、当时帝国主义和国民党联合的力量过于强大以外，“特别是由于在这次革命的最后一个时期内（约有半年时间），党内以陈独秀为代表的右倾思想，发展为投降主义路线，在党的领导机关中占了统治地位，拒绝执行共产国际和斯大林同志的许多英明指示，拒绝接受毛泽东同志和其他同志的正确意见，以至于当国民党叛变革命，向人民突然袭击的时候，党和人民不能组织有效的抵抗，这次革命终于失败了”①。什么是共产国际和斯大林的英明指示呢？这主要是指 1927 年那个主张马上大规模武装工农的所谓“五月紧急指示”。而毛泽东等同志的正确意见，则主要是指毛泽东等人当时强调两湖农民运动“好得很”，否认农民运动（也包括工人运动）“过火”的文章。

突破《决议》和《毛选》的说法，在 20 世纪 80 年代还是一个非常敏感的问题。但是，即使在 80 年代初，一些学者已经在尝试着这样做了。陈独秀是否应该像《决议》和《毛选》中所说的那样承担大革命失败的主要责任呢？向青 1979 年即在自己的文章中表示了异议。他显然不同意关于陈独秀因违背共产国际和斯大林同志的英明指示而导致革命失败的说法，认为这是对当时的情况“没有历史地科学地加以分析”。他强调，那个时候中国共产党是共产国际的下级支部之一，共产国际代表则是共产国际在中国的化身，中共中央按照共产国际及其代表的指示工作是共产国际章程所规定的。所谓陈独秀的错误，其实从一开始就不是违背了共产国际的指示和纪律的问题，而是执行了共产国际的指示的问题。因此，他提出：“我们在党史上所说的‘陈独秀右倾机会主义路线’，不仅把共产国际的错误加在了陈独秀的头上，而且把共产国际驻中国的代表、国民党内的苏联顾问——魏金斯基、鲍罗廷、罗易等等所做的错事也都一古脑儿加在了陈独秀的头上。”② 新中国初年就曾接连出版过有关解放战争和新中国建立方面中共党史著作的廖盖隆，次年也表明了同样的观点。他指出，过去所说的陈独秀领导的中共中央多次应该反击国民党右派而没有反击，其实是和共产国际把主要希望寄托于蒋介石、汪精卫的指导方针，和共产国际

① 引自《毛泽东选集》，第 956—957 页。

② 向青：《陈独秀右倾机会主义路线和共产国际关于中国革命的政策》，载王树棣等编《陈独秀评论选编》（下），河南人民出版社 1982 年版，第 137—151 页。

代表以及苏联顾问的主张有关的。特别是大革命进入后期，即 1927 年上半年以后，形势变化很快，情况错综复杂，莫斯科在几千公里之外遥控指挥中国革命，要及时地正确地指导实际斗争是不可能的。即使这时有些指示是对的，也来得太晚了。“例如共产国际曾建议我们党武装工农，但是革命都快失败了才来建立武装，怎么来得及呢?”①

1980 年，革命博物馆主办的《党史研究资料》第 5 期发表了刘少奇 1937 年 2 月 26 日的一封信，题为《关于大革命历史教训中的一个问题》，其中突出谈到了 1927 年上半年工人运动中的“左”倾错误问题。除了举例说明这种“左”倾的种种严重现象以外，特别说明这些“左”的事情造成了严重的后果，不仅严重破坏了统一战线，使党和工会陷于孤立，而且使“我们最亲近的人离开了我们，在反对党的方针与号召上去进行暴动”，加速了革命的失败。这封信的发表，显然促使一些学者开始对所谓陈独秀右倾错误之一是压制工农运动，拒绝毛泽东等同志正确意见，指责工农运动“过火”的说法，提出了质疑。郭绪印在 1980 年发表文章，明确认为，过去胡华主编的《中国革命史讲义》等高等学校中共党史教材中关于“陈独秀机会主义者一贯否认农民在革命中的作用，反对农民的革命斗争”的说法，是缺乏根据的。他同时列举大量事实说明，陈独秀指出农民运动中存在大量“过火”行为，“是尊重客观实际的”，并非像一些教科书所写的那样，是“站在地主资产阶级立场上对农民运动的污蔑”。他并且由此得出结论称，正是总是把如实地汇报情况，提出意见，动辄扣上什么“阶级立场”、什么“污蔑”之类的大帽子，使共产党的“左”倾“过火”现象得不到及时纠正，以致“左”倾错误一次比一次更加严重。“为了从历史上总结出可贵的经验和教训，找出规律性的问题，首先就必须尊重历史事实。那么对于陈独秀所说的农民运动有‘过火’行为这句话，难道不应实事求是的予以重新评价吗?”②

对《决议》和《毛选》的这种突破，之所以没有遇到特别的“关照”，一个重要原因大概是论者都没有否认陈独秀存有“右倾错误”。在承认这个基本认识的前提下，说明共产国际也有错误，工农运动也有“过

① 廖盖隆：《在全国政协第三次文史资料工作会议上的报告》（1980 年 12 月 4 日），《党史探索》，中共中央党校出版社 1983 年版，第 372 页。

② 郭绪印：《重评陈独秀对农民运动的态度》，《上海师范学院学报》1980 年第 4 期。

火”表现，相对来讲这个突破就只是局部的，不大容易触“雷”。相比较而言，富田事变问题的重新探讨和结论的改正，则是这时对《毛选》中已有历史结论的一个更有典型性的突破了。

富田事变长期以来被说成是江西苏区内部暗藏的反共组织AB团策动的一场反革命事变。通常所说的经过是：1930年12月上旬，红一方面军总政治部秘书长兼肃反委员会主任李韶九，奉总前委书记毛泽东之命率红十二军一连士兵，前往省行委所在地吉安富田去抓AB团分子。后红二十军一七四团政委刘敌带部队将被捕的上百名AB团分子抢回，并杀害了拥护毛泽东的干部群众上百人，喊出了“打倒毛泽东”的口号。这一事变很快被平息。《毛选》据此多次提及这个AB团，并讲到AB团在富田、东固一带对群众影响很大，导致群众与红军对立。注释中更明确讲：“AB团是当时国民党潜伏在红色区域内的反革命特务组织”。[①]

然而，1979年底，《江西大学学报》登出戴向青的《略论富田事变的性质及其历史教训》一文，对富田事变的性质做了完全不同的说明，明确认为这场事变并非反革命事变，对事变参与者的镇压是严重的肃反扩大化。随后戴向青又写出《富田事变考》，对所谓富田事变领导人杀害上百名拥护毛泽东的干部和群众的说法进行了具体的考证，说明此说纯属子虚。根据戴向青的深入调查与研究，证实所谓富田事变完全是一起冤假错案。实际情况是，因当时担任总前委的毛泽东与江西省行动委员会及省苏维埃领导人之间一直在土地分配等问题上存在矛盾，加上与毛持同一立场和认识的毛妻贺子珍妹夫刘士奇又被开除党籍，毛误信省行委内有所谓AB团的谣言，于1930年12月3日派李韶九带部队去抓省行委的领导人，李又用逼供信的手段逼出一连串假口供，逮捕的范围进一步扩大。刘敌得知此情况后，率独立营将被捕人员救出，并认定此事为毛泽东所为，故在次日的士兵大会上，喊出了“打倒毛泽东，拥护朱（德）、彭（德怀）、黄（公略）”的口号。省行委派常委段良弼前往上海向中央诉说事变详情及与毛泽东之间的分歧，段将报告送到并与博古等谈话后即不知下落。而六届四中全会后新组成的中央政治局却作出决议，将富田事变定性为AB团领导的反革命暴动，并派任弼时、王稼祥、顾作霖组成中央代表团赴中央苏区。中央代表团4月中旬到苏区后，即将认定富田事变为党内矛盾的

① 参见《毛泽东选集》，第204、211、236页。

代理书记项英免职，代之以毛泽东。结果便发生了一系列镇压行动。先是原省行委及参与事变的刘敌等红二十军干部如数逮捕处决，三个月后更将红二十军调至于都平头寨，把近800名排以上军官全部杀害。而后开展的所谓“肃反”工作中，更有7万人被冠以所谓AB团分子的名义而遭杀害。①

在中共早期历史上，这大概是最骇人听闻的一起大冤案了。其实，毛泽东本人对此也不是毫无认识。还在1956年，当斯大林问题披露以后，毛本人也几度从教训的角度提到过富田事变和延安时期的抢救运动，承认当时搞逼供信制造了许多假口供。言外之意，这一事件确有冤情。只不过，事情过去多年，毛不认为有公开纠正的必要罢了。十一届三中全会后重提此事，并没有引起太多的争议。相反，从江西省到中共中央，许多从苏区出来的老干部都明确表态支持。但即便如此，甚至经过了许多年的调查，1989年平反文件已经起草完毕，最后仍不了了之。只是在1991年新版的《毛选》和《中国共产党历史》（上卷）中，对此有了一个与过去不同的说法。《毛选》新写的注释文虽然改变了过去的说法，但新的说法仍旧显得不十分确定。称：“从一九三〇年五月起，赣西南开展了肃AB团的斗争。斗争不断扩大，严重混淆了敌我矛盾。”文中对于这个肃AB团的斗争究竟对还是不对，态度含混，给人的印象好像只是斗争扩大化才发生了混淆敌我矛盾的问题。而《中国共产党历史》（上卷）则比较全面地汲收了戴向青等人的研究成果，并肯定“肃清‘AB团’和‘社会民主党’的斗争，是严重臆测和逼供信的产物，混淆了敌我，造成了许多冤、假、错案”。

80年代的中共党史研究有一个重要特点，就是凡是关系到对重要历史问题的突破，势必要得到一些“老同志”的支持。因为，中共党史上的这种突破，经常并不完全是一个学术上的问题，往往会涉及方方面面。富田事变问题就反映出这种情况。但富田事变毕竟过去了五六十年，受害一方的当事人在位的几乎没有，换到其他一些问题上，情况就复杂多了。比如，西路军问题，虽然也有许多“老同志”支持，但由于中共中央过去就这个问题有过专门的决定，又有大批当事人在位，虽然无所谓“平反”问题，解决起来还是相当艰难。

① 参见戴向青、罗惠兰《AB团与富田事变》，河南人民出版社1994年版。

西路军问题的核心是“张国焘逃跑路线”的问题。由于张国焘于1935年10月在红军长征途中坚持退往西康，并另立中央，因此被指为退却逃跑路线。按照《毛选》中的说法，“红军第四方面军的西路军在黄河以西的失败，是这个路线的最后的破产”。《毛选》并且在注释中具体解释说：“1936年秋季，红四方面军与红二方面军会合后，从西康东北部出发，作北上的转移。张国焘这时候仍然坚持反党，坚持他一贯的退却主义和取消主义。同年十月，红二、四方面军到达甘肃后，张国焘命令红四方面军的前锋部队二万余人，组织西路军，渡黄河向青海西进。西路军一九三六年十二月在战争中受到打击而基本失败，至一九三七年三月完全失败。”①

对于上述说法，《党史研究》杂志1982年第1期发表署名严实的文章，首先就所谓张国焘擅自将红四方面军组成西路军，并令其渡过黄河向青海西进这一史实做出考证。文章指出，西路军的组成是在渡过黄河之后，而非在此之前；渡河后是向甘肃西部河西走廊，而非青海；红四方面军西渡黄河也并非是张国焘“擅自决定”，而是根据中共中央宁夏战役计划，按照毛泽东等人的电报指示行事的。② 这一考证已清楚显示《毛选》的说法在史实方面存在明显的错误。

1983年，参加徐向前回忆录整理工作的丛进接连发表文章，进一步对《毛选》有关内容提出质疑。文章指出：“上述断语和注释，是多年来党史界论述西路军问题的依据，也是一些革命回忆录的基本口径。有些党史著作和文章并有所发挥……至今，全国各高等院校的中共党史讲义的说法也大致如此。”但不仅上述不是事实，而且西路军本身的任务也是中共中央所赋予的，不能说是“按张国焘的错误命令沿甘肃走廊西进”。文章特别就《毛选》中提到上述断语的《中国革命战争的战略问题》一文的成文时间表示怀疑。因为，此文标明成文于1936年12月，但文中对张国焘路线的批判和有关西路军失败的结论，都明显地与成文时间不符。与丛进文章同时发表的竹郁的文章《把历史的内容还给历史——西路军问题初探》，则比较全面讨论了西路军问题的来龙去脉。文章从三个方面提出了自己的看法：第一，“打通国际路线”是中共中央的战略方针，与张国焘的逃跑路线无关；第二，红四方面军西渡是根据中共中央“打通国际路线”的战

① 《毛泽东选集》，第192、234—235页。

② 参见严实《关于西路军的几个史实问题的研究》，《党史研究》1982年第1期。

略方针，按照宁夏战役计划所采取的作战行动，并非执行张国焘的“西进计划”；第三，西路军的失败除敌我力量相差悬殊、环境困难等客观原因以外，还有一个非常重要的原因，那就是西安事变后它担负着牵制配合河东中央红军作战及国共谈判的任务。西路军未能及时突向新疆，而是在条件极端不利的河西走廊浴血鏖战，创造完全无法实现的根据地，是服从中共中央全局部署的一种结果，并非按照张国焘的命令行事。①

但是，从进、竹郁的文章，以及随后发表在《历史研究》（1987 年第 2 期）上陈铁健的《论西路军》一文，显然受到了有关方面的“关照”，不仅受到了批评，而且《历史研究》从此不得再刊登有关中共党史方面的文章。在 80 年代的中共党史研究当中，这是官方最引人注目的一次政治干预。② 其实，这种干预是否必要，着实令人怀疑。因为很快从共产国际与中共关系的研究当中也发掘出大量新的史实，证实所谓“打通国际路线”以及西路军在河西走廊的失败，都与中共中央接取苏联军事援助的整个战略部署密切相关，与张国焘“逃跑路线”没有多少关联。③ 不仅如此，几年之后，即 1991 年《毛泽东选集》再版时，这样的观点实际上也还是被官方接受了。在新版的《毛选》当中，尽管毛文中的说法难以改动，改写的注释却对西路军给予了全然不同的评价。新的注释称，红军三个方面军在甘肃会师后，“十月下旬，四方面军一部奉中央军委指示西渡黄河，执行宁夏战役计划。十一月上旬根据中共中央和中央军委的决定，过河部队称西路军。他们在极端困难的条件下孤军奋战四个月，歼敌二万余人，终因敌众我寡，于一九三七年三月失败”④。新的注释肯定西路军执行的是中央军委交给的任务，与张国焘路线无关，这在事实上就否定了毛文中关于“西路军在黄河以西的失败，是这个路线的最后的破产”的说法。

---

① 竹郁：《把历史的内容还给历史》，丛进：《对“毛选”中关于西路军的一个断语和一条注释的辨疑》，皆载《党史研究资料》1983 年第 9 期。

② 刊登竹郁、丛进等文章的这一期《党史研究资料》未及全部送到读者手中即被收回。由中共中央党史研究室主办的《党史通讯》于 1987 年第 6 期受命为此发表了一篇编辑部文章，强调“对中央已经明确结论的重大历史问题，有的报刊未经中央授权，未向中央请示，即擅自发表文章，提出原则性的不同意见，引发势必会妨碍党内团结的争论。这种作法显然是不妥当的。”要求对这类有争议的重大问题，如果研究取得有价值的成果，“应当在党内向上报告，使党中央及时了解这些情况，以便在适当时机采取适当的方法去加以解决”。

③ 参见杨奎松《中国红军打通国际路线战略方针的演变》，《中共党史研究》1988 年增刊。

④ 《毛泽东选集》第 1 卷，人民出版社 1991 年版，第 241 页。

第三节　对传统研究模式的重要突破

把历史研究与许多现实问题联系起来，是困扰20世纪80年代中共党史研究的一个重要现象。只不过，并不是所有这一类的问题官方都将其定为研究禁区。这个时候有些禁区是官方明文限定的，比如有关西安事变问题的研究，就有很长一段时间被严格限制，据说是因为张学良当时在台湾还未完全恢复自由，怕对张不利。而有的问题是深入研究之后引起某些方面的重视才被定为禁区的，比如有关20世纪30年代中央特科问题的研究，十一届三中全会后一度广泛征集史料，后来却被禁止发表深入的研究成果，据说是担心有负面影响。不过也有另一类与现实联系也很密切，官方并无禁令的问题，研究起来也备受困扰。比如围绕着皖南事变问题发生的争论，就是一个很典型的例子。

皖南事变发生于1941年1月，新四军军部总共7000人被国民党军围歼，军长叶挺被俘，政委项英等被叛徒杀害，这是中共在抗战中最惨重的一次失败。事变刚刚结束，许多情况尚未来得及调查和汇集，中共中央当即就通过了一项决议，严厉批评新四军政委项英自抗战开始以来就与中共中央存在着政治原则和军事方针上的分歧，“对国民党的反共政策从来就没有领导过斗争，精神上早已做了国民党的俘虏，并使皖南部队失去精神准备”。“对于中央的指示，一贯的阳奉阴违，一切迁就国民党”，“此次皖南部队北移，本可避免损失，乃项、袁（国平）先则犹豫动摇，继则自寻绝路，投入蒋介石反共军之包围罗网”。决议认为项英不仅“犯了右倾机会主义错误”，而且像张国焘一样犯了不服从中央的组织错误。① 再以后，随着延安整风将王明树为右倾投降主义的党内代表，项英则进一步被定性为王明路线的主要追随者。

十一届三中全会以后，围绕着如何认识项英错误，以及如何看待皖南事变的问题，很快就出现了不同的意见。最具戏剧性的是，作家黎汝清大胆介入，并尖锐批评党史工作者把一潭清水搅浑了，不仅断言项英要对皖南新四军失败负全部责任，而且抛出一个项英的“三山计划”来，说历史

① 《中央关于项袁错误的决定》（1941年1月），载《中共中央文件选集》第13卷，中共中央党校出版社1991年版，第31—33页。

不仅要研究资料，而且要研究心理，史学界过去不仅不研究心理，就连资料的研究都是各取所需，不少根本就搞错了。他认为，项英选择南下茂林根本就是抗拒中央关于要他到江北敌后去与陈毅部汇合的方针，打算拉上部队南进到国民党后方大山里去的冒险计划。[①] 此说一出，更是引起中共党史界大哗。

所谓中共党史学者把清水搅浑的说法自然是极而言之，但研究皖南事变的党史工作者在资料引用上容易各取所需，感情的倾向性影响研究的客观性，却是时有发生的事情。一个十分明显的现象是，当年在江南项英领导下和在江北陈毅、刘少奇领导下的许多新四军干部都直接或间接地参加到争论中来，或者对争论的一方给予支持。结果是把一个历史问题搞成壁垒分明的样子，甚至你有你的阵地、我有我的阵地，研究者不沾皖南事变问题则已，沾则往往会弄成一方称道，而另一方驳斥的复杂局面。[②]

类似皖南事变这样的情况，在中共党史上自然远不止这一个。西北局的历史问题、东北抗联的历史问题，等等，都与皖南事变的问题没有什么两样。任何一篇涉及这些问题的研究文章，都可能引起一场“官司”。于是，也就有了“历史问题宜粗不宜细”的官方说法。就这种事情看起来，似乎也有一些道理。因为这些历史上的恩恩怨怨，经常涉及许多活人的利益。一个富田事变，对立面几乎不复存在，调查研究工作还反复进行了10年之久，弄到最后还是未能发出一纸平反令，又何况那些直接关系当事双方利益人的事件呢？

由此不难看出，完全无视中共党史研究的特殊性，几乎是不可能的。这种特殊性主要有二，一是它是当前中国唯一执政党的历史，二是它距离今人太近，一个说法的改变都可能触动政治宣传部门的神经，或者影响到某些在位者及其相关亲友的感情和利益。也正因为如此，现实政治环境对学术的影响也就很难完全避免。当然，换个角度来考虑，由于上述情况的存在，特别是由于以往的中共党史像《联共（布）党史简明教程》一样，掩盖和歪曲了太多的历史事实，中共党史中存在的疑点、难点和需要由表及里、去伪存真的问题相对较多。只要不去触动那些明显的“雷区”，肯

① 参见黎汝清《皖南事变》，解放军文艺出版社1987年版，第768—792页。

② 当然，可以争论总还是有些好处。比如项英的铜像就可以在家乡竖起来了，而皖南新四军军部的纪念碑也可以立了。这些在过去是不可能的。

于从史实的角度去钻研，它还是能够给普通研究者提供大量出成果的机会的。

自改革开放以来，中共党史研究的最为突出的成就，就是学者们在许多基本史实的研究上取得了引人注目的进展。新中国成立后30多年间，官方注重宣传中共党史，却连中共党史上的许多基本的史实都没有设法去弄清楚。包括早期共产主义小组的组成情况；俄共代表维经斯基来华及活动的情形；中共一大的召开时间、代表人数；共产国际代表马林来华工作的情况及国共“党内合作”政策提出的经过；苏联顾问鲍罗廷来华及其与国共两党的关系；第一次全国劳动大会召开的时间及经过；“三·二〇”事变发生的原委；上海三次工人武装起义的经过；共产国际第七次扩大执委会决议对中国革命的影响；所谓十万农军围长沙的问题；“八七”会议的情况；十一月紧急会议的情况；南昌起义、秋收起义、广州起义的情况；赣南会议的情况；宁都会议的召开时间和内容；遵义会议的召开时间及会后传达的内容……几乎所有中共党史上的重要史实，大都是在改革开放以后10年左右的时间里才基本上弄清楚的。用“丰硕”两个字来形容改革开放30年来中共党史研究在史实研究方面的收获，无论如何都是不过分的。而中共党史学术化的进程很大程度上就是靠这些深入的史实研究来推动的。

关于历史研究应该是以论代史，还是论从史出，在20世纪80年代曾经引起过一些讨论。但是，正如自改革开放以来争论了将近10年时间的中共党史学科的性质问题一样，再争论也无法否认它存在的基础是历史学，而不是什么“政治理论”。任何一种有关中共党史的议论，不论必要与否，显然都离不开以史实为基础。因此，当大量新的史实被披露出来之后，以往那种“穿靴戴帽”式的以议论为中心的研究方法，就变得越发让人打一个问号了。

比如以往对王明“右倾机会主义”的批判，差不多从共产国际七大前后就算起了。有的文章甚至连1935年的《八一宣言》也给捎上了。[①] 凡是王明发表的主张联合国民党的言论，统统以妥协投降视之。为了强调毛泽东的独立自主，对王明和共产国际的一切主张都要戴上“右倾”的帽子，

① 姚寅虎、杨圣清《简评〈八一宣言〉》(《党史研究》1983年第2期)一文指出：“现在对这个宣言的认识并不完全一致。”

因而任何认为中共中央从“抗日反蒋”方针到“逼蒋抗日”方针的政策转变，受到过共产国际影响的说法都不能接受。至于1937年共产国际总书记季米特洛夫提议派王明等人回国，就更是被一些人怀疑是要夺毛泽东权的重要政治步骤而严加斥责。[①] 对此，有学者于1987年在《党史研究》上接连发表两篇文章，从史实上对于相关的一些说法一一加以辨正。此后，1988年出版的《共产国际和中国革命》一书，更系统地对共产国际和王明在20世纪30年代中国共产党抗日民族统一战线政策形成过程中的作用做了正面的说明。不仅如此，书中对一般党史著作中所谓毛泽东1937年底1938年初坚决抵制了共产国际的错误主张的说法，依据史实重新做了说明。根据书中的说明可以看出，不仅中共中央在联合蒋介石抗日等政策方针上曾经受到过共产国际政策的影响，王明回国后毛泽东一度也是基本上接受了王明传达的共产国际的主张的。也正因为如此，毛泽东才得到了共产国际在政治上的肯定，季米特洛夫也才会在注意到王明有争权嫌疑时，主动提议由毛泽东来做中共领袖。中共六届六中全会关于进一步加强与国民党合作的决议，以及毛泽东在会上高度评价国民党是抗日战争与抗日民族统一战线的“领导与基干”的报告，也清楚地反映了毛泽东这时对共产国际的主张绝不是持简单抵制的态度。[②]

把历史人物脸谱化，并采取双重标准，是中共党史研究中一种相当普遍的现象。就像我们在过去的电影中经常可以看到的那样，“好人”、“坏人”一目了然。只不过，在中共党史的论著当中，人们不是通过那些刻意丑化的形体和语言来表现“坏人”，而是通过大量具有贬损或批判意味的政治术语（即所谓“帽子”）和作者“无限上纲”的归纳法来描写他们。说“好人”，一切都好，即使有严重错误，也要再三肯定动机好；说“坏人”，一切都坏，即使动机未必不好，也一定要按照“动机效果统一论”将其动机解释成居心不良。党内斗争如此，国共斗争也是如此。中苏关系恶化后，涉及毛泽东与共产国际和苏联关系的写法同样如此，好像不如此

① 向青：《共产国际与中国革命关系论文集》，上海人民出版社1985年版，第39—46页，等等。

② 参见杨奎松《三十年代共产国际、苏联与中国革命关系若干史实辨析》（《党史研究》1987年第2期）、《抗日战争时期共产国际、苏联与中国共产党关系中的几个问题》（《党史研究》1987年第6期）；杨云若、杨奎松《共产国际和中国革命》，上海人民出版社1988年版，第327—469页。

就不足以显示其党性原则和阶级立场。殊不知，在历史研究上采取这样一种态度，只能是越研究越背离实事求是的原则，越研究离历史真实越远。

举一个写“好人”的例子。长期以来，写中共三大以及写陈独秀三大后提出所谓“二次革命论”经过的中共党史读本，大都强调当时毛泽东是正确路线的代表，因为他既反对陈独秀的右倾，也反对张国焘的左倾。[①]但毛泽东当时真的是既反右，也反左吗？其实，这种说法并没有什么史实上的依据。而更为重要的是，许多研究者并不是不知道毛泽东当时发表过一篇《北京政变与商人》的文章，其中所表露的观点与陈独秀的观点几乎没有什么不同。而后来马林档案所记录的毛泽东当时的谈话，更清楚地显示了毛泽东与陈独秀观点相近的情况。但是，直到20世纪80年代，大家视而不见，没有人提及毛泽东的这篇文章，好像它根本不存在。即使有人注意到当年青年国际代表达林在回忆中引用了当时批评毛泽东这种倾向的信件，也断然拒绝相信这是真的，主观上就判定了它是伪造的。

再举一个写“坏人”的例子。仍以上述对王明的评价为例，一些著作讲到王明在抗日民族统一战线政策形成过程中和回国后一段时期的表现时，基本上无视王明在共产国际七大召开前和召开后为中共抗日民族统一战线政策的形成所做的积极工作。多半仍旧是一个“上纲”三段式：先认定王明是“坏人”，扣上一顶“右倾机会主义”的帽子，然后在王明的文章中找出几句可以归结为“右倾”言论的词句列出来，最后经过一番如此这般的分析，便得出王明美化、抬高蒋介石国民党，要共产党向国民党妥协投降，把政权和军队让给蒋介石这样一个吓人的结论来。[②] 其实，哪怕稍微客观一点，我们就不可能从王明当时的文章中得出这样的结论来。更何况，在当时统战的条件下，共产党领导人公开发表的文章中讲的是一回事，心里则往往还有更深层次的考虑。这些考虑有时只有在一些内部的高层会议讲话里才能看到。奇怪的是，当人们主观上认定某某人是“坏人”以后，经常是连读他的讲话的感觉也变味了，眼睛里只剩下那些可以被视为问题的词句了。很显然，有些研究者是读过王明这时在内部会议上的发言的，但却只是注意到他讲：红军的改编，不仅名义改变了，而且内容也

① 参见王实等《中国共产党历史简编》，上海人民出版社1958年版，第43页。

② 参见向青《共产国际与中国革命关系论文集》，上海人民出版社1985年版，第204、215页。

改变了，因为已经有了先入为主的政治判断，因而全然不顾王明紧接着所讲的政治正确的内容。如王明在会上明确讲，尤其要注意保存红军的独立性：第一要保障党的领导；第二要保障自己干部的领导；第三要建立自己的教育与政治工作；第四要使之成为打胜仗的模范。要将我们的军队扩大到30万。这些研究者只注意到王明说：我们不应当说谁领导谁，而应当提国共共同负责、共同领导，却视而不见王明紧接着强调的在政治局以外不能说的话，即："对于革命前途问题，我们对外说中国抗战胜利是民主共和国，而我们自己要明白，中国将来是由民族阵线转到人民阵线最后到社会主义的胜利。""今天的中心问题是一切为了抗日，一切经过统一战线，一切服从抗日"，但"我们应认识到，我们是中国的主人，中国是我们的，国民党是过渡的"。加强国共合作是争取将来不是国共关系破裂，而是革命与反革命完全分裂，使国民党内革命的分子到我们领导下来，"使右派最后滚出去"。① 很显然，如果我们不是戴着有色眼镜去看王明的文章和讲话，是不可能得出那些吓人的政治结论的。

第四节　20世纪90年代的学术进展与问题

20世纪80年代中共党史研究的几乎所有学术上的进展和局限，除了上面提到的影响因素以外，还有一个最核心的因素，那就是档案文献史料的开放与刊布的问题。80年代，许多研究能够取得进展，许多史实能够得以发现，都和这段时间的档案相对开放有着极为密切的联系。

80年代前半期，中国的改革开放曾经极大地冲击了中国的档案学界和档案保管部门，促成了《中华人民共和国档案法》的诞生。在这方面，中共中央党史工作领导小组，尤其是副组长、主管中共党史正本写作工作的胡乔木对推动中央档案馆的档案开放工作，一度起了很重要的作用。在80年代中期，一向戒备森严，从不向普通中共党史研究者开放，更不要说对外开放的中共中央档案馆，那个时候曾经不得不根据新的规定开始接待一些得到中央一级相关部门批准的研究者到它那里查阅档案了。尽管这个时候有机会前去查阅档案的，大多数还都是根据单位所派任务拿着正式批件前往的中央、部队及各省市中共党史研究机构的研究者，他们查阅的范围

① 转引自青石《如果季米特洛夫不支持毛泽东……》，《百年潮》1998年第1期。

也受到他们任务范围的严格限制，但是，由于不少高等院校的教师受邀加入到这样的写作任务中来，因而使他们有了近距离接近中共历史档案的机会。这个年代的许多新的研究成果，特别是在史实研究上有所突破的文章和著作，如前述有关富田事变的研究、西路军问题的研究、皖南事变的研究，包括许多重要的中共历史人物，如张闻天生平等的研究，显然都是得益于当时的这种情况。

除了中央档案馆及其相应的一些地方档案馆的部分开放以外，在此期间一般研究者往往还可以通过以下几种渠道看到过去所看不到的许多档案史料。

一是各种中共党史研究机构和相关教学单位。比如1980年成立的中央文献研究室、中央党史研究室和中央党史资料征集委员会，以及中共中央党校的党史教研室，解放军政治学院的党史教研室，以及中国人民大学的中共党史系等。由于这些机构和单位本身所从事的就是中共历史研究或资料征集工作，因此，它们除了有权从中共中央档案馆得到一些所需的基本研究资料以外，还往往保存有自己从各个方面得到的一些独特的档案文献史料。改革开放后，因为上述中央一级研究机构大都刚刚成立起来，不得不从高校教师当中吸收或借用人才，因而其所藏资料往往也便利了这些教师的教学和研究工作。也正是基于当年教学与研究的需要，解放军政治学院党史教研室和中国人民大学中共党史系先后将它们所搜集的各个不同时期的中共历史文献，包括相关的一些背景资料，编辑印刷为成套的中共党史教学参考资料。这些基本资料对当年的中共党史研究的进展，起了很重要的推动作用。

二是各种中共党史研究机构的定期刊物。由于最初的中共党史研究严重缺乏档案史料，因此，《党史研究》从1979年由中共中央党校党史教研室创办开始，就尝试着刊布各种历史文献资料。以后陆续出现的各种中共党史刊物，也都一度在这方面进行过相应的努力。而80年代对中共党史学界来说最有帮助的，还是中央文献研究室主办的《文献和研究》。因为它的主办单位本身就具有文献研究的性质，又直接与中央档案馆合作，因而其文献刊布的条件自然要好得多。在80年代，它也确实公布了许多很有价值的中共历史档案史料。

三是各种专题出版物。80年代最早大批出版中共党史文献史料的，是人民出版社。它从组织出版早期共产国际派驻中国代表、苏联顾问的相关资料和回忆录（包括内部出版王明、李德、弗拉基米洛夫等人的回忆录）开始，逐渐到成批出版中共不同时期历史事件的文献史料，从新民学会、中共一大，一直到中共历次暴动和各个苏区的相关史料，总括为“中国现代革命史料丛刊”，前后出版了20余种。受其影响，其他许多出版社，包括各地出版机构，也都一度推出过极具专题性的相关史料。比较有名的是中共党史资料出版社推出的一套“中国共产党历史资料丛书”，前后也有二三十种。有些甚至就是直接出自中央和各地档案馆的档案史料。如中共中央党校出版社出版的《皖南事变（资料选辑）》①、档案出版社出版的《中共中央抗日民族统一战线文件选编》②、上海人民出版社出版的《上海三次工人武装起义》和《上海工会联合会》③，以及重庆出版社出版的《南方局党史资料》④，等等。如此之多的文献史料和回忆史料的出版，包括诸如《谢觉哉日记》⑤ 这样重要的领导人的日记能够出版，自然会对推动中共党史研究作用不小。⑥

但是，这个年代的文献史料的开放也有很大的局限性。一方面是史料刊布基本上都是经过各有关部门严格审定的，因而选编者筛选资料的主观性和倾向性极大；另一方面是许多重要的文献史料往往经过了编辑者的删节，甚至是改动。在这方面，中央文献研究室这段时间编辑出版的一些中共领导人的选集，不仅从当今的政治正确出发选材，而且还会像过去编辑加工《毛泽东选集》那样，不加说明地依据当今的政治正确和文通字顺的标准，来删改加工这些领导人当年的报告、讲演和电报，多数中共党史研究者又不辨真伪，拿来就用，其所造成的历史误读，自然最为后来人所诟病。

需要指出的是，大量历史档案史料，包括历史回忆的开放，甚至是出版，不论其如何筛选，还是会对原来的研究成果产生极大的冲击，并为后来的研究者提供了许多新的研究领域。一个很重要的现象就是，进入到20

---

① 中央档案馆编：《皖南事变（资料选辑）》，中共中央党校出版社1982年版。

② 《中共中央抗日民族统一战线文件选编》（上、中、下），档案出版社1986年版。

③ 上海市档案馆编：《上海三次工人武装起义》，上海人民出版社1983年版；上海市档案馆编：《上海工会联合会》，上海人民出版社1989年版。

④ 《南方局党史资料》（1—6），重庆出版社1986年版。

⑤ 《谢觉哉日记》（上、下），人民出版社1984年版。

⑥ 陈永发《红太阳下的罂粟花》（《新史学》第1卷第4期，1990年）等，就研究并借助了该日记中的相关记载。

世纪90年代以后，大多数中共党史研究者变得客观多了。尽管他们中多数人仍旧很少受到过史学训练，但中共党史不属于政治理论，而属于历史学的大局已定，中共党史研究者不可避免地开始大量接触史学研究的方法与规范，因此不少著作文章的写法明显地减少了许多武断的定论，而多了几分依据史实的分析。包括1991年出版的，中共中央党史研究室着重于宣传目的编写的党史读本，虽然依旧公式化地给陈独秀、王明等人戴上一顶顶“××主义”的政治帽子，但对问题的分析已经注意避免简单化了。比如，谈到王明的问题，书中至少没有了关于王明要把政权和军队让给蒋介石之类让人莫名其妙的结论。它们分析王明的问题时只是强调：第一，王明当时相信抗日必须依靠国民党，因此“眼中只有国民党，好像为了抗日，就只能一切听从国民党，唯恐得罪国民党就会造成破裂，于是只强调团结不讲斗争”。第二，王明把共产国际的指示神圣化，而当时“共产国际和苏联的一些领导人对蒋介石的抗日积极性估计过高，对他的反共立场估计不足，这就对王明这样的人起了强烈的影响”。[①] 这个分析虽然不足以解释该书仍要将王明问题定性为“右倾投降主义”的理由，并且也不足以让读者了解王明当时的真实想法，但它起码让人觉得比较合乎情理了。

把1991年出版的《中国共产党历史》上卷，以及新版《毛泽东选集》注释，同以往的中共党史读本和第一版《毛泽东选集》加以对照，可以很清楚地看出80年代中共党史研究所取得的一些重要的进步。引人注目的进步主要表现在两个方面，一个是在新的史实的研究方面，一个是在历史人物的评价方面。新的《中国共产党历史》已经成为一部内容丰富的以史实叙述为主的著作，不再是过去那种“政治理论”读物了。而对历史人物的评价，包括《毛泽东选集》在内，也特别强调了“客观和准确”的问题，即使不得不做政治评价，也力求语言平实，大量删去了诸如“早年投机革命”、“是蒋介石反革命的忠实走狗”之类明显带有丑化意味的政治断语。[②] 而对于学术界来说，进入90年代以后中共党史研究最为重要的一个进步在于，80年代编写《中国共产党历史》时提出的“正本”的概念，

---

① 胡绳主编，中共中央党史研究室著：《中国共产党的七十年》，中共党史出版社1991年版，第163—164页；中共中央党史研究室：《中国共产党历史》上卷，人民出版社1991年版，第522页。

② 参见《毛泽东选集一至四卷第二版编辑纪实》，中央文献出版社1991年版，第106—113页。

这时已经不复存在了。包括80年代中共党史界经常可以听到的，关于一切教学与研究都不应违反《关于若干历史问题的决议》的说法，进入90年代以后也很少能够听到了。尽管，由中共中央党史研究室编写《中国共产党历史》仍旧是一种“组织行为”，其目的也在宣传介绍，不属于学术研究范畴，但不坚持“定于一尊”，不人为地设定一个禁止前进的界限，即使这种“组织行为”存在某种缺陷或不足，都不致妨碍学术研究的继续和深入。从中共党史研究的学术发展的角度看，这不能不是一个值得提及的情况。

进入90年代以后，中共党史研究的一个十分显著的现象，就是低水平的重复性研究明显增多了。这在很大程度上是与中共党史研究队伍人数过多，而学术水平不高，往往找不到适合的课题或做不出有学术水准的论文这一情况有关。在这种情况下，历史学研究者推出的一些中共党史研究的著作，自然就比较容易引人注目了。如1999年杨奎松的《毛泽东与莫斯科的恩恩怨怨》（江西人民出版社1999年版；香港三联书店2000年版）和2000年高华的《红太阳是怎样升起的》（香港中文大学出版社2000年版），一经推出，就在内地和海外引起相当关注。这两本书都着眼于讨论毛泽东的政治成长经历，只不过，高华的书更多地着眼于毛泽东通过延安整风取得权力的经过情形，而杨奎松则试图解构毛泽东与莫斯科关系当中盛为流传的种种神话。杨奎松的书推出后多次重印并再版，几年销售数万册，至今每年还有几千册的销量。高华的书尽管出在香港，但仍对内地学界产生了很大的冲击，也是几度加印，并被年轻网民放到网上，成为网上下载量很高的学术著作。

由于90年代中共党史研究的学术水准相应提高，也影响到官办党史研究机构的研究水平有了很大的提升。这里面最为引人注意的就是金冲及主编的《周恩来传》。[①] 其1989年出版的《周恩来传（1898—1949）》，从学术研究的标准来看，就存在着相当多的史实错误，鉴于所有这些错误绝大部分都发生在周恩来生平的背景说明和相关事件说明方面，它清楚地反映出中央文献研究室的编撰者对整个中华民国史以及中国国民党史不仅不

① 金冲及主编：《周恩来传（1898—1949）》上卷，人民出版社、中央文献出版社1989年版；金冲及主编：《周恩来传（1898—1976）》，中央文献出版社1998年版。

熟悉，而且不重视。[①] 作为一种“组织行为”和官修传记，这种问题原本可以忽略不计。但由于金冲及有着史学研究的长期训练，因而在随后出版周恩来传续卷时，明显地用学术标准加强了对具体编撰者的质量要求。经过补充修订进一步于2003年推出的《周恩来传（1898—1976）》，在质量上就有了很大的提升。作为一本官修领袖传记，能够运用大量常人难以见到的档案文献史料，在写法上、分析上，以及史料引证和注释上，都能够做到基本上严谨可靠，这足以显示出90年代中共党史研究的学术水平已经有了明显的提高。

由于篇幅等原因，这里无法列举那些可以反映90年代内地中共党史研究学术进展的典型例子。但需要指出的是，无论是毛泽东生平研究、毛泽东思想研究、中共与苏联和共产国际关系研究、中共对国民党的策略研究、陈独秀研究等方面，都出现了一些具有个性化的、能够反映学者独立治学、独立思考的“不同的声音”。[②] 80年代的一些研究禁区已经被突破。如80年代末出版的肖延中的《历史巨人的诞生——“毛泽东现象”的意识起源及中国近代政治文化的发展》（国际文化出版公司1988年版），90年代出版的王观泉的《一个人和一个时代——瞿秋白传》、何友良的《中国苏维埃区域社会变动史》（当代中国出版社1996年版），戴向青和罗惠兰的《AB团与富田事变始末》（河南人民出版社1994年版）、牛军的《从延安走向世界——中国共产党对外关系的起源》（福建人民出版社1992年版）等，都值得重视。当然，如果从史学的标准来要求，上列书中多数也都还有种种不尽如人意之处。在这方面做得更好些的似乎是研究中共党史的某些论文，如章百家的《抗日战争结束前后中国共产党对美国政策的演变》（《中共党史研究》1991年第1期）、沈志华的《中苏结盟与苏联对新疆政策的变化》（《党史研究资料》1999年第2期，另节略后刊载于《近代史研究》1999年第3期）、杨奎松的《向忠发是怎样一个总书记?》（《近代史研究》1992年第1期）、《“江浙同乡会”事件始末》（《近代史研究》1992年第3—5期）、《毛泽东为什么放弃新民主主义?》（《近代史研究》1997年第4期）、《陈独秀与共产国际——兼谈陈独秀的“右倾”问题》（《近代史研究》1999年第2期）等，都是笔者视野所及在学

① 参见邱路《对〈周恩来传〉若干史实的考辨》，《党的文献》1990年第4期。

② 参见茅海建《不同的声音——读〈中间地带的革命〉》，《近代史研究》1995年第1期。

术研究上比较规范且有相当新意的成果。

当然，即使进入90年代，中共党史研究的学术水平在整体上仍不能同中国古代史和近代史研究的水平相比，这是一个客观存在的事实。自然，这里可能有笔者眼界不广和细心不够的缘故，但在翻阅了90年代几乎全部《中共党史研究》《党史研究资料》《中共党史资料》《近代史研究》以及大部分《中国现代史》报刊复印资料，查阅了中央党校图书馆和近代史研究所图书馆的有关藏书目录，并调阅了某些著作之后，笔者自信在这方面的缺漏不会在总体上影响笔者判断的正确性。

那么，什么样的中共党史著作文章才算是真正具有学术水准呢？在笔者看来，首先当然看有无新意，其次还要看是否具备两方面的素养，一是史家的功力，一是史家的眼光。不能给人们提供重要的新的史实和观点的研究，只是修修补补，或讲些抽象的“意义”，题目再大，写得再好，也是炒冷饭，谈不上学术价值。这一点，相信中共党史界的学人一般不会有太多的异议。问题是仅仅强调新意还不够，中共党史研究既然被公认是历史学的一个分支，衡量学术水准高低自然不能离开对研究者史学训练及素养的判断。① 对此，不少中共党史研究者似乎不屑一顾。因为他们仍旧相信弄清历史事实很容易，关键是要有马克思主义理论作指导。因此，似乎很少有中共党史学界中人谈史学素养如何重要，大家谈得更多的都是如何把中共党史的研究上升到理论的层次上来。胡绳就讲：“历史事实的真象是需要弄清楚的，不弄清楚就谈不上进行科学的研究……但弄清事实只是历史研究的开始。历史研究工作者如果没有哲学的修养，没有经济学的修养，不学会运用历史唯物主义，就不能进行认真的科学的历史研究工作。”② 这反映出中共党史学界对史学训练远不如对理论训练重视。

不错，中共党史研究者大都有较好的理论素养和分析能力。没有这样一种素养和能力，对中共自身的意识形态语境都弄不明白，不可能从事中共党史研究。但是，中共党史既然是一种历史，并且是处于极端复杂环境

① 有关历史研究的方法问题，中共党史学界中人也曾有所提倡。如何东《中国现代史史料学》；求实出版社1987年版；陈明显《中国现代史料学概论》，中国人民大学党史系1987年印行；张注洪《中国现代革命史史料学》，中共党史资料出版社1987年版。另外近代史学界荣孟源先生著《史料与历史科学》中也曾涉及中共党史研究方面的问题。王仲清主编《中共党史学概论》（浙江人民出版社1991年版）对此也有专章论述。

② 胡绳：《谈党史研究工作》，《党史通讯》1984年第1期。大致相同的观点还可见邢贲思《对中共党史研究的几点意见》，《中共党史研究》1992年第1期，等等。

中的一种历史，弄清“历史事实的真象”就绝不是一件轻而易举的事情，它需要专门的知识和素养。而我们过去许许多多中共党史的著作文章之所以总是经不起时间的考验，一个重要的原因，也是它们往往只是凭借着几条自认为最有意义的史料就敢于高谈阔论，轻率地上升到理论的高度去分析、归纳甚至演绎，去讨论什么必然性和规律性。殊不知，弄清事实固然是历史研究的“开始”，但历史研究的一切结论却都是建立在这个“开始”之上的。要想弄清事实，就必须具备史学的一般素养，比如占有史料要全面，运用取舍要合理，引证要准确，注释要规范，等等。

正因为如此，每当笔者看到那些通篇没有多少引文注释、不熟悉史料考订和注释规则的中共党史论文和著作时，总是不免为中共党史研究感到某种悲哀。毫无疑问，改革开放 30 年来中共党史研究在学术进展上之所以仍然不尽如人意，除了其他种种原因以外，一茬接一茬的党史教师和研究人员不是史学科班出身，又未能自觉加强史学训练和素养，《中共党史研究》等权威刊物不注重学术标准，使不合规范的文章有市场、有影响，是造成低水平研究持续不断的极为关键的两大原因。笔者之所以自认为以上所举的著作文章，尚可代表 90 年代中共党史研究的学术进展，一个重要考虑就是它们中多数所反映出来的作者的史学意识比笔者所看到的一般中共党史的著作文章要好些。比如史学科班出身的金冲及虽然身为中央文献研究室副主任，他主编的《周恩来传》却相当注重关键史料的考订工作和引文注释。其 1997 年出版的《周恩来传》上卷（即新版 1—2 卷）830 余页，注释规范且超过 1500 条。而通常登在《中共党史研究》等刊物上的文章，将近 1500 字一页还经常是平均一页一条注释都达不到，在史料考订与注释规范方面的问题就更多了。简单地引用经过修改的《毛选》等著作中的话来作为自己立论的依据，将他人研究成果中的注释直接抄来而不注明转抄出处者，比比皆是。这种“研究”不要说不合乎基本的史学规范，就是从历史学的角度来看，其文章著作的可靠性也大可怀疑。

弄清史实之不简单，关键还在于研究者是否有一双治史的眼睛，这就涉及史学界所再三强调的态度要客观，视野要开阔，史料诠释要合乎“当时之实事”等标准了。前引胡绳那段话的秩序颠倒一下，其实恰恰应当是对史家视野的一种要求。即应当说：“历史研究工作者如果没有哲学的修养，如果没有经济学的修养，如果……”恐怕很多时候连史实都未必弄得清楚。近年来，学术界大力推崇王国维、陈寅恪、钱钟书等人的成就，也正是基于他们具有“中”学“西”学融会贯通的学术素养。当然，对历史学家来说，最重要的还是能否保持一种客观的实事求是的研究态度。而要做到这一点，在中共党史学界又恰恰最难。甚至“客观”两个字长期以来在中共党史研究问题上就受到非难，当年大批判盛行时曾有过一顶政治帽子，就叫作“资产阶级客观主义”。80 年代前半期，这顶帽子还常常出现在一些人的嘴里。自 80 年代后半期以来，强调“客观”地研究中共党史在政治上已经不再犯忌，但这不等于当你改变一种陈说、提出一种新观点时，肯定没有人会追究你的“政治倾向”或“政治导向”问题。由此可见，即使在中共党史研究学界，也仍有人固守陈说，不允许有任何不同的声音出现。任何个性化的研究，弄得不好，还是有被人扣帽子、打棍子的危险。中共党史研究学术进展缓慢且艰难，这应该是最重要的原因之一了。

第五节 21 世纪初年的新现象新趋势

自 21 世纪起，也就是新中国成立 50 年以后的中共党史研究，出现了一些十分重要的现象与趋势。

首先值得注意的是史料方面的发掘与利用。如涉及 1949 年以前中共党史的历史文献，这些年得到了前所未有的发掘和公开。这里最值得一提的就是《共产国际、联共（布）与中国革命档案资料丛书》的编辑出版①，以及各省与中央档案馆合编的地方革命历史档案资料汇编陆续从“内部”变成了“公开”的研究资料。②

《共产国际、联共（布）与中国革命档案资料丛书》从 1995 年开始出中文版，到 2012 年最后出齐，它的最大价值在于，此前中国方面出版的在研究中共中央历史决策经过方面最具权威性的《中共中央文件选编》，仅仅提供了一些中共中央不同历史阶段已形成的最基本的政治决议和政策指示，却没有提供任何形成这些政治决议和政策指示背后的动因资料和过

---

① 《共产国际、联共（布）与中国革命档案资料丛书》总计 21 卷，分别由北京图书馆出版社、中央文献出版社和中共党史出版社分批出版。

② 各省革命历史档案资料汇编自 80 年代陆续开始由中共中央档案馆与各地档案馆分头编辑，内部少量印刷且编号保存。已知全国除西藏、新疆、青海等极少数省区没有见到编成的档案集外，其他各省区几乎都有少则五六卷，多则数十上百卷的这类档案汇编。

程文献。而这套资料中来自俄国档案的部分，则恰恰提供了20世纪20—40年代相当一段时间里，影响中共中央决策的许多关键性的背景情况。因此，它对研究中共高层人事、政策变动的历史，自然具有很重要的价值。

各地革命历史档案资料汇编多数在80年代和90年代即已编成，它们的最大特点在于其地方性和事务性。毫无疑问，这些历史文献则是研究中共中央与地方关系，尤其是地方党，包括各省和各个早期根据地内部发生的种种历史问题与历史事件，以及研究中共地方史，特别是深入探讨中共基层组织历史状况的十分重要的第一手资料。就整体研究中共的历史而言，它们对已经出版的《中共中央文件选编》也具有极为重要的补充参考作用。尤其是有些省份出版的史料数量很大；有的不仅有内部本，还有公开本，相互间还有许多不重合的内容。[①] 如此大量反映基层情况的这类文献史料的出版，对研究者来说极为有益。不过，在过去的许多年里，它们基本上不向内地学者开放，印数极少，还有专门编号。十分吊诡的是，正是这些有编号的严格保密的内部资料，大量流传到了海外，台港澳地区、日本、美国的许多大学都收集有数种或十数种。因此，最先利用到它们的，自然是海外的中共党史研究学者。这种情况直到越来越多的内地高校研究中国现代史的历史学教师有机会到海外进行学术交流，才开始逐渐改变。2000年前后内地部分历史学研究者已经开始对这些资料给予高度重视，大量从海外和内地民间渠道购买、复制，甚或制成电子文本，一些研究者也开始着手利用这些资料进行中共基层党史的研究了。

其次特别值得注意的是，和改革开放后各界高度关注官方党史正本写作出版的情况相反，2000年以后官方的党史正本不再受人关注了，影响到政府各党史专门机关的中共党史研究开始一蹶不振。在此期间，虽然仍有中共党史研究者依托诸如《联共（布）、共产国际与中国革命档案资料丛书》等重要史料，发表和出版一些新的论著，但是，由于其依旧不能如史学研究那样严谨科学，又不能力持客观立场而在观点及史实重建方面有所突破，结果这类看起来并不差的研究题材，却全然引不起读者的兴趣，更不要说赢得学术界的关注了。这种情况甚至也影响到了一些其实有相当

① 如山东省档案馆编辑出版的革命历史档案资料，就有公开和内部两种。公开本名为《山东革命历史档案资料选编》（山东人民出版社1982年版），加目录卷共24辑；内部版名为《山东革命历史档案汇编》，共8辑。

内容或质量的研究成果。如当时还是中共党史学会会长的龚育之先后推出了《党史札记》（浙江人民出版社 2002 年版）、《党史札记二编》（浙江人民出版社 2004 年版）、《党史札记末编》（中共党史出版社 2008 年版），以他的经历及研究功力，本应得到各方的重视，结果也很不理想。再如时任华东师范大学教授周一平编撰的《中共党史文献学》（华东师范大学出版社 2002 年版），照理也是一本既有功力，又能够给予中共党史研究者很大帮助的学术工具书，但即使在中共党史学界也未能引起足够的重视。

与此形成鲜明对比的是，这一时期不少非官方的，甚至是海外的相关著作，却表现出了很强的吸引力。

这里首先需要提到的，是台湾地区“中央研究院”近代史研究所学者陈永发的《中国共产革命七十年》（台湾联经出版社 1998 年初版、2001 年修订版）[①]。该书分上下两卷，全面讨论了中共自 1921 年建党以来的历史，是台湾地区自王健民的《中国共产党史稿》（1—3）（香港中文图书供应社 1974—1975 年版）和司马璐的《中共党史暨史料选粹》（1—12）（香港自联出版社 1979 年版）以后，第一部有关中共党史的通史性著作。陈永发几乎是台湾地区当今唯一的中共党史研究专家，过去所著《制造革命》、《延安的阴影》以及《红太阳下的罂粟花》等，不仅在美国得过奖项，而且其研究一向较为深入，因此，他的这本书一经推出，即数度印刷，广受海外读者的重视。这和几乎同一时间内地一些中共党史学者为纪念新中国成立 50 周年而集体推出的各种大部头中共通史著作，在内地几乎乏人问津的情况，形成了极大的反差。尽管以陈永发以往研究的范围，想要做好这样一部通史，许多地方都显得过于吃力，其中史实上的错误和解读有欠准确的地方不在少数[②]，但是，他的研究所提供的某些思路，对内地的研究者还是会有所触动，也因此成了许多关心中共党史的年轻学生的必读书之一。

除了陈永发的《中国共产革命七十年》以外，台湾地区陈耀煌所著《共产党、菁英、农民——鄂豫皖苏区革命（1922—1932）》一书，第一次系统利用地方革命历史文件汇集，从微观的角度考察鄂豫皖苏区本地干部

① 陈书出版于 90 年代末，但为大陆学界了解并在大陆发生影响，则在 2000 年以后。

② 参见杨奎松《评〈中国共产革命七十年〉》，《近代史研究》1999 年第 3 期。

和外来干部关系的影响，也在相当程度上填补了中共党史研究在这方面的空白。当然，这些著作到底不能在大陆发行，因此，其影响力相对而言还比较有限的。与此相对照，日本学者石川祯浩的中共党史研究专著，却因为被译成中文，并成功地在内地出版，给了中共党史学界更多的刺激。

石川的这本书名叫《中国共产党成立史》①，和几年前在内地出版的中共党史研究者邵维正的《中国共产党创建史》（解放军出版社 1991 年版）一书，研究的内容完全相同。但是，两者所得出的结论却相差甚远。邵书可谓集数十年国内中共创立史研究之大成，洋洋洒洒数十万言，高屋建瓴地考察了从近代鸦片战争到五四运动前后中国社会的方方面面，结果却只是在进一步印证传统中共党史就中共建党问题已有的各种结论，中心观点只是在证明："五四运动时期，马克思主义在中国广泛传播"，"奠定了思想基础"，"中国工人运动有了迅猛的发展"，"奠定了阶级基础"，加上早期共产主义知识分子的桥梁作用，三者结合，中共的产生既是"客观需要"，也是"必然结果"。石川的研究却从微观入手，细密地考察种种内地传统说法用以支撑其观点的各个关键史实，作出了全然不同的判断。他通过对照研究多方面的史料，对相关史实详加考据，不仅否定了在中国内地的中共党史学界中长期流行的"南陈北李""相约建党"说②，而且从根本上否定了所谓"三结合"说。他得出的研究结论是，中共在 1920—1921 年的迅速形成，既不是得益于马克思主义的深入传播，也不是因为中国当时有了怎样迅猛的工人运动，而是由于当时得到了来自俄国布尔什维克方面的有效推动和帮助。石川祯浩和邵维正在史实研究中最大的不同，就是邵基本上仍旧局限于已有的各种中文史料，观点上先入为主，不怀疑、不考据，而石川则除了广泛利用中文史料外，还大量利用了日文、俄文和英文的相关史料，同时基于对当时条件下中国所谓早期共产主义者马克思主

① 石川祯浩：《中国共产党成立史》，袁广泉译，中国社会科学出版社 2005 年版。

② 他首先考察出此说源自 1927 年 5 月高一涵在李大钊追悼会上的一段演词。进而对照高先后各种回忆文字，发现高历次回忆都再未提及他有听到陈、李商谈建党事宜的事情。再考察高演词中所述陈独秀与李大钊在前往河北乐亭途中谈论组织共产党一事时的行踪，发现高当时正在日本，进而认定高确不可能亲耳听到陈、李在去乐亭途中所进行的交谈，由此认定高 1927 年 5 月演词中的说法并不准确，他后来回忆中的不同说法当更为可靠。

义认识水平的大胆怀疑，很容易地发现了从李大钊传播马克思主义的文章，到《共产党》月刊中的思想理论资料，一直到中共一大的党纲，几乎都是生吞活剥地搬用日本、俄国和美国各种相关文献而已。据此，他进一步考察当时俄国共产党在中国、日本和朝鲜几乎同一时间帮助三国共产党成立的情况，就很清楚地看出了俄国共产党在中共成立问题上所起的重要推动作用。他因此怀疑，许多中国的中共党史研究工作者长期以来还没有掌握基本的史学研究方法，更不懂得学术研究必须于不疑处有疑，以至于研究数十年而毫无进步。不论石川的研究还存在着怎样的不足，他的这一研究结论及其对中国内地中共党史研究工作者的这种直率批评，能够被译成中文并通过审查在中国内地发表，还是极大地体现了这一时期中共党史学界前所未有的开放态度。虽然，对石川的观点和批评，仍有内地部分中共党史研究者表示了强烈的不满，但多数学者还是公开表示了对其研究成果的高度肯定。①

另外一本在2005年出版的研究中共党史的专著，即何方的《党史笔记——从遵义会议到延安整风》（香港利文出版社），也在近几年得到了不少关注中共党史问题的读者的重视。何方曾经做过前中共总书记张闻天的秘书，改革开放后又长期参与整理研究张闻天的生平资料，因此出于“要给张闻天拨乱反正”的动机，作者为张闻天做了全面的辩护。尽管在这一点上作者的倾向性或多或少地影响了其历史判断的客观性和准确性，但该书对自张闻天1931年回国后，一直到中共七大期间中共高层人事关系及政治斗争的内幕，都有很详细的研究与讨论。尤其是对延安整风的幕后情况，特别是对张闻天在运动中的困难处境和所以说违心话、做违心事，都有具体史实的披露。该书还用了不少篇幅讨论自90年代以来几种在中共党史研究中最为引人注目的著作中存在的问题。如作者就明确认为，1994年出版的《胡乔木回忆毛泽东》与2001年出版的《杨尚昆回忆录》中存在误读甚至是曲解史实的问题。从他的讨论中也可以很清楚地看出，许多在事实上由写作班子帮助完成的所谓个人“回忆”，或者回忆人自己不能

① 参见占善钦《一部精心考证的创新之作——石川祯浩〈中国共产党成立史〉评介》，《中共党史研究》2006年第4期；李丹阳、刘建一《新视野下的中国共产主义运动起源研究》，《近代史研究》2006年第5期；田子渝《〈中国共产党成立史〉是非的三个问题》，《党史研究与教学》2007年第1期。

真实地说明历史，或者记录人无法真实地记录回忆人的说法。而作者对高华的《红太阳是怎样升起的》及对王若水《新发现的毛泽东》[①] 的讨论，则反映出作者与高华和王若水等人在解读历史和认识问题方面的极为不同的视角和立场。他以张闻天身边人和历史亲历者的角色进行历史反思，也是本书最大的特色之一。

和海外，尤其是台湾、香港地区这一阶段日趋活跃的中共党史研究相比，内地这一阶段有关1949年以前的中共党史研究，多少显得有些沉闷。史料出版方面的进展并没有对史实研究产生很明显的推动作用，有关中共与莫斯科关系问题最具突破性的研究成果，就是杨奎松的《共产国际为中共提供财政援助的历史考察》（《党史研究资料》2004年第1—2期）一文了。这篇文章第一次依据大量确凿的历史文献考察出，中国共产党从建党之日起，一直到30年代初，作为共产国际下属支部，每年提出预算，然后按月从莫斯科领取活动经费，进行各种活动，包括支付作为职业革命家的各级干部的生活费用。随着中共人数日益增多，这种开销也日渐庞大。直至30年代中期中共中央退入农村苏区，城市工作基本瘫痪，这种情况才逐渐得以改变。而此后莫斯科对中共仍旧保持着经济上的援助，只是由于中共已经取得了军队和根据地等获取经济来源的重要手段，因而在共产国际存续期间，这种援助改为根据中共中央的书面申请，报经由联共（布）中央政治局批准和拨款的方式了。

不过，相对于一向偏重于政治、军事、思想史的中共党史研究而言，今天对中共历史的研究明显地越来越开始偏向于社会史方面的话题了。以黄宗智主编的《中国乡村研究》杂志为代表，许多学者把目光投向了作为中共革命基础的乡村和农民问题。像黄宗智的《中国革命中的农村阶级斗争——从土改到文革时期的表达性现实与客观性现实》[②]、刘昶的《在江南干革命：共产党与江南农村（1927—1945）》[③]、李放春的《北方土改中的“翻身”与“生产”——中国革命现代性的一个话语——历

---

① 何方在撰写此书时，似未能读到王若水《新发现的毛泽东》（香港明报出版社2002年版）一书，但曾读到王同名长文。

② 黄宗智：《中国革命中的农村阶级斗争——从土改到文革时期的表达性现实与客观性现实》，载《中国乡村研究》第2辑，商务印书馆2003年版，第66—95页。

③ 刘昶：《在江南干革命：共产党与江南农村（1927—1945）》，载《中国乡村研究》第1辑，商务印书馆2003年版，第112—137页。

史矛盾溯考》①，就是这方面研究的代表作。在当下，不少高校的硕、博士研究生，也往往会选择这方面的课题来做自己的论文。而一些过去比较关注中共历史，或中国革命史研究的教师，也不约而同地重视起对革命期间中国农村和农民更微观一些的考察和研究来了。如魏宏运主编的《二十世纪三四十年代太行山地区社会调查与研究》（人民出版社 2003 年版）和姜义华主持下推出的“革命与乡村”丛书②等，就主要是推动学生所进行的研究工作。

需要了解的是，传统的中共党史研究的一个极大的弊病，就是眼睛向上，不是路线斗争史，就是英明领导史，在所有正统的中共党史教材中，几乎看不到下层的民众与具体的社会。胡绳担任中共党史研究室主任时，曾不止一次地发出过呼吁，希望能够改变这种研究和写作模式，结果却并不见效。在中国内地，领此种风气之先的，是美国华裔教授黄宗智。

黄宗智 90 年代末就来到中国内地，开始把西方社会史研究的一些方法和他对中国乡村问题的关注，传授给一些高校学生。几年时间下来，其影响可谓立竿见影。当然，具体深入到一个个社区、乡村，考察基层社会中的干部和民众与革命的关系，常常不可避免地呈现出与传统的中共党史宣传有极大反差的情况。像黄道炫的《逃跑与回流：苏区群众对中共施政方针的回应》（《社会科学研究》2005 年第 6 期）、《苏区时期的“赤白对立”——阶级革命中的非阶级现象》（《史学月刊》2005 年第 11 期）、《洗脸——1946—1948 年农村土改中的干部整改》（《历史研究》2007 年第 4 期），就是很好的例子。而且，许多新的研究思路和方法，往往还带有后现代解构主义的色彩，如此，它对传统的革命史观的冲击就更是难以阻挡了。因此，这种新的研究趋向，一方面可以说极大地推动中共党史的学术性发展，另一方面却又对传统的中共党史研究构成了严重的挑战。实际上，这种挑战恐怕才不过是刚刚开始呢。

---

① 李放春的《北方土改中的“翻身”与“生产”——中国革命现代性的一个话语——历史矛盾溯考》，载《中国乡村研究》第 3 辑，社会科学文献出版社 2005 年版，第 231—292 页。

② 该丛书由上海社会科学院出版社于 2006 年出版，共 5 种，有黄琨的《从暴动到乡村割据（1927—1929）》、王友明的《解放区土地改革研究（1941—1948）》、陈益元的《建国初期农村基层政权建设研究：1949—1957——以湖南省醴陵县为个案》等。

第六节　关于当代中共党史研究的简略回顾

如果说研究1949年以前的中共党史难，那么，研究新中国成立以后的中共党史照理就更难了，因为越是接近现实，其政治敏感度自然越高，禁区更多。但令人称奇的是，十几年二十年来，这一研究反倒开展得蓬蓬勃勃。而且，正是因为改革开放，提出了一个让世人几乎无法回避的历史问题：毛泽东时代到底出了什么问题，为什么必须进行如此根本性的大改革？尽管对于这个问题的讨论，因为事情涉及对许多历史问题的评价，常常起而又止，且限制多多，但自1978年以来，人们一遇到对改革开放的评价问题，就难免会一次又一次地自发地就此展开讨论。

改革开放后第一波围绕着这方面问题展开的讨论，发生在1980—1981年。当时中共中央决定起草《关于建国以来党的若干历史问题的决议》，由胡乔木主持。进而又发动党政军学各界高层4000人讨论初稿，直到1981年6月27日十一届六中全会通过为止。这一波讨论虽然大多集中在内部，但影响所及，极大地激发了人们关心和讨论新中国成立后中共党史的热情。从当时讨论的情况来看，整个讨论是比较民主的。基于不得不改革开放的现实，相当多的人尖锐批评新中国成立后毛泽东的种种作为，不少人对《决议》稿仍旧把毛泽东思想与毛泽东的思想加以区别，强调毛泽东思想只有正确没有错误，毛泽东的思想才有错误的说法，表示难于理解。对30年来的历史，大家基本肯定的也只有两段，一是经济恢复时期，即1949年10月以后到1952年；一是经济调整时期，即1961—1965年。对邓小平关于1957年以前毛泽东的领导还是正确的，1957年的反右派斗争还要肯定的说法也提出了不同意见，认为凡是用政治运动的方法来解决社会问题，包括1957年以前所进行的“三反”、“五反”和反右运动，都是错误的。一些人并且提出：“一化三改”（即实现社会主义工业化及对农业、手工业、资本主义工商业的社会主义改造）搞急了，社会主义搞早了，从1955年毛泽东开始加快农业合作化的步伐，1956年提出反冒进之后，整个政策实际上就已经左倾了。

基于对以往错误的反思，主持文件起草的胡乔木最初也表示过与多数与会者相同的意见。比如，他明确讲，不能说从1949年新中国成立之日起就开始了社会主义革命，实际上直到1957年完成社会主义改造都是新民主主义阶段，而且公私合营等等是搞快了，另外许多运动本来是不必要搞的，包括新中国成立初的知识分子思想改造运动、反胡风的斗争，等等，1957 年的反右派运动也完全可以不发生，“关键是出在大鸣大放上”。而他最重要的说法是：“党的历史传统就潜伏了发生文化大革命的可能性”。再加上跟着列宁的《共产主义运动中的左派幼稚病》里的说法宣传领袖专政，结果民主没有了，毛泽东一切都学斯大林，要绝对权威。“南宁会议奠定了毛主席在中央的特殊地位”，“在一定范围内把一个社会主义国家变成一个专制主义国家，把一个无产阶级政党变成一个专制主义的党”。“毛主席自己反对教条主义，但是他又把对他的学说的教条主义发展到了顶点。”①

坦率地说，要在如此短的时间里，集中一批“秀才”，起草一个文件，对长达 30 年的复杂历史问题做出结论，即使有 4000 人参加了两三周的讨论，也会有太多难以解决的问题和困难。但这毕竟不是历史研究，而是要形成中共的一种政治上的集体宣言。在“文化大革命”已经搞乱了一切，人们的思想处于极度混乱的情况下，邓小平相信这样做有助于恢复党的形象和统一人们的认识。因此，包括对毛泽东的错误，最初的讨论稿也是尽量少讲，因为照邓小平的说法，是“文化大革命”结束以来“讲得太重了”，这不利于党和国家的形象。不难看出，起草《决议》包含有很强的政治目的性。邓小平讲得很明白，第一是要肯定毛泽东的功绩还是主要的；第二是要肯定党在 30 年中的成绩，特别是“文化大革命”前 10 年的成绩还是主要的。② 虽然，《决议》最后在一定程度上吸收了部分讨论参加者的意见，但对多数意见，包括起草人的许多看法，事实上也很难吸收进去。很明显，《决议》的目的是力图恢复党的正面形象，这与史学研究专以弄清史实为目的的出发点，是有区别的。期望一个《决议》一劳永逸地澄清和解决新中国成立以后中共党史上发生的各种问题，也不现实。

第二波新中国成立后中共党史的大讨论发生在 80 年代后期。当时曾

① 《胡乔木对起草〈关于建国以来党的若干历史问题的决议〉中的讲话》（1980 年 7 月 4、5、8、18 日），邓小平：《对起草〈关于建国以来党的若干历史问题的决议〉的意见》（1980 年 3 月—1981 年 6 月），中共中央文献研究室编《关于建国以来党的若干历史问题的决议注释本》，人民出版社 1983 年版，第 76—77 页。

② 参见邓小平《对起草〈关于建国以来党的若干历史问题的决议〉的意见》（1980 年 3 月—1981 年 6 月），中共中央文献研究室编《关于建国以来党的若干历史问题的决议注释本》，第 73—97 页。

出版过一批代表着那个时候新中国成立后的中共党史研究最高水平的著作。其中尤以庞松、王东的《滑轨与嬗变——新民主主义社会阶段备忘录》、戴知贤的《文坛三公案》、谢春涛的《大跃进狂澜》、从进的《曲折发展的岁月》等著作[①]令人瞩目。而格外能够表现出当时学者们的独立治学精神的是，从著名经济学家薛暮桥，到年轻一代的党史学者庞松等，都开始突破1981年《决议》的说法，对中国为什么会在生产资料所有制以及生产关系方面出现重大的历史反复，提出了新的思考。

《决议》认为，1949年到1956年从新民主主义到社会主义的转变，是在党领导下“有步骤地实现”的，1952年提出以“一化三改”为目标的过渡时期总路线“反映了历史的必然性”，“是完全正确的”。而随后的事实也证明，这一阶段“党确定的指导方针和基本政策是正确的，取得的胜利是辉煌的”，“促进了工农业和整个国民经济的发展”。缺点和偏差是：“在一九五五年夏季以后，农业合作化以及对手工业和个体商业的改造要求过急，工作过粗，改变过快，形式也过于简单划一，以致在长期间遗留了一些问题。”[②]

但是，《决议》中的解释明显地不能解答许多人的疑问，即如果说当初废弃新民主主义多种经济成分并存的经济体制，实现对农业、手工业和工商业的社会主义所有制改造，“反映了历史的必然”，“完全正确”，那么20多年后有什么必要再搞经济体制改革，重新将已经实现了“一大二公”的社会主义单一所有制，退回到多种经济成分并存的体制上去？如果说单一所有制结构的建立“促进了工农业和整个国民经济的发展”，那么为什么20多年来整个国家的经济发展远远落后于资本主义发达国家，甚至远远落后于本来与中国处于大致相同水平上的亚洲其他一些国家和地区的经济发展？为什么到1978年新中国成立后近30年人均消费粮食的水平还不及解放初，为什么几亿农民尚未解决基本的温饱问题，而且当年一些

① 庞松、王东：《滑轨与嬗变——新民主主义社会阶段备忘录》，河南人民出版社1990年版；戴知贤：《文坛三公案》，河南人民出版社1990年版；谢春涛：《大跃进狂澜》，河南人民出版社1990年版；从进：《曲折发展的岁月》，河南人民出版社1989年版；王年一：《大动乱的年代》，河南人民出版社1988年版。同年出版的虽非历史学著作，但具有相同的揭示历史真相作用的纪实文学作品还有李辉的《胡风集团冤案始末》（人民日报出版社1989年版）等书。

② 《关于建国以来党的若干历史问题的决议》，1981年6月27日。

曾经是革命根据地的地区，人民的生活甚至不如新中国成立前?①

对此，薛暮桥在1988年即公开提出了自己的看法。他指出：应当看到，社会主义总路线提得太早了，在生产力十分落后的中国，应当有一个较长的新民主主义时期，不宜匆忙消灭个体经济和资本主义的私营企业。而且社会主义改造原定15年完成，结果四五年就搞完了，把资本主义经济和绝大部分个体经济统统消灭了，这显然是错误的。因为，衡量一种经济成分有无存在的必要，应当看它是否有利于生产力的发展。而50年代的中国，资本主义所能容纳的生产力远没有完全发挥出来，无论在城市，还是在农村，它当时都是有利于社会生产力发展的。②

1989年，庞松等在《滑轨与嬗变——新民主主义社会阶段备忘录》一书中，更是列举大量数字和文献资料，进一步从更深层次做出分析，认为新中国在经过了新民主主义社会的充分发展之后，再转入社会主义社会，才是最正确的一种选择。“骤然而至的经济结构大变革虽然确立了社会主义公有制的绝对优势，但同时也使中国广大城乡主要从事商品生产经营的私人经济绝大部分被消灭；组织起来的农民进行商品流通交换活动受到越来越大的限制而趋于萎缩；全社会的生产经营活动在排斥市场调节作用的前提下，愈来愈多地被纳入到国家计划的单一轨道；曾经在多种经济成分并存的环境下比较活跃的商品经济的发展，长时期受到不合理的遏制；中国政治民主化的进程因缺乏相应的商品经济的条件而陷于停滞状态。所有这些长期困扰的问题，实际上是由新民主主义社会的滑轨与嬗变所带来的，它超出了社会主义改造后期‘要求过急、工作过粗、改变过快、形式过于简单划一’一类概括，具有不容忽视的更为严重的性质，即它对于社会生产力发展的内在阻滞作用，事实上超过了使国民经济维持一时增长的表层作用；它渗透于整个社会生活领域的多方面影响和惯性力，在社会主义改造基本完成以后不仅没有消失，反而愈益发展，并在一浪接一浪的‘反右派’运动、‘大跃进’运动、人民公社化运动、‘反右倾机会主义’

① 在讨论《决议》的过程中，一些人提到他们刚刚考察过的陕甘宁边区和辽宁的朝阳、河北的承德等地区，称那里的群众在战争年代与我们同甘共苦，现在许多公社的人民“衣不遮体”、“一贫如洗”。他们问：“我们党怎样领导这件大事的？为什么竟使群众遭受这样困苦达20年之久，而不能改进？”为什么“相当多的队甚至比合作社之前、比建国前的陕甘宁边区更加贫困了”？

② 薛暮桥：《从新民主主义到社会主义初级阶段》，《理论动态》第802期，1988年10月20日。

运动、‘四清’运动中一再顽强地显示出来，直至发展到‘文化大革命’的极端。”①

不难想象，在1989年如此鲜明地对《决议》的说法提出不同的观点，难免会受到某种压力。只是，这种压力并非是来自公开的辩驳和争论，更多却是来自内部的批评。尤其庞松又是中共中央党史研究室的研究人员，胡乔木又有过“党内在这样重大的原则问题上不能‘百家争鸣’，以免动摇党心军心民心”的严厉说法②，其结果可想而知。

第三波的讨论发生在90年代末。首先是“文化大革命”史以及反右运动史研究在某种程度上解禁引人注目。多年来，尽管“文化大革命”史和反右运动史的研究受到整个社会的强烈关注，这种研究即使从政治角度考虑也对党和国家的建设有益，但官方始终考虑到形象问题和恩怨问题，严格控制这方面的研究和出版。80年代只出版过两部有关“文化大革命”史的书，其中只有一部算是史学著作，还是借助于丛书得以出版的。③ 关于反右运动史的著作则一部没有，就连研究的论文也很少见到。终于，到1996年前后，经过严格的审查之后，金春明的《文化大革命史稿》（四川人民出版社1995年版）、席宣和金春明的《“文化大革命”简史》（中共党史出版社1996年版）得到了出版许可。1998年，朱正的《1957年的夏季——从百家争鸣到两家争鸣》（河南人民出版社1957年版）也在历经反复之后，成为公开出版的第一部全面研究和介绍反右运动历史的重要史学著作。④ 甚至，随着十一届三中全会召开20周年的到来，大批反映改革开放决策内幕的书籍相继出版，其中透露了大量当年高层讨论经过的文献档案。如此近距离的大批档案资料得以开放，这在中共党史研究上是前所未有的。

第三波讨论最能够反映出中共党史研究对新中国成立后这一段的学术

---

① 庞松等：《滑轨与嬗变——新民主主义社会阶段备忘录》，第296、318—319页。

② 胡乔木：《关于〈历史决议〉的几点说明》（1981年5月19日），《胡乔木文集》第2卷，人民出版社1993年版，第158页。

③ 参见王年一《大动乱的年代》；高皋、严加其著《“文化大革命”十年史》（天津人民出版社1986年版）严格说不能算是史学著作。这时研究“文化大革命”史的学者，为出版“文化大革命”史著作，只好与海外出版界联系。如“文化大革命”辞典等就是送到海外去出版的。

④ 涉及文化大革命史方面的写得较好的一本书，1993年中国青年出版社还出版过一部丛书中的一种：郑谦、韩钢著《毛泽东之路——晚年岁月》。关于反右运动史1998年得到批准出版的还有叶永烈的一部纪实文学作品：《反右运动始末》（青海人民出版社1998年版）。

研究进展的，仍旧比较多地集中在新民主主义向社会主义转变这个问题上。再度鼓起研究者勇气的，似乎是1995年公开发表的毛泽东在中共七大会议上的讲话。因为毛泽东在讲话中再三强调："我们不要怕发展资本主义"，俄国的民粹派"'左'得要命，要更快地搞社会主义，不发展资本主义，结果呢，他们变成了反革命。布尔什维克不是这样。他们肯定俄国要发展资本主义，认为这对无产阶级是有利的"。中国的情况更是如此，绝不能想象从封建经济直接发展到社会主义，必须要"广泛地发展资本主义"。新民主主义就是这样一种资本主义，"这种资本主义有它的生命力，还有革命性"，因为它是那种帮助我们走向社会主义的"革命的、有用的"资本主义。①

冲破"凡是"派的思想禁锢已经21年，但对于中共党史研究来说，有时不靠"本本"撑腰还真不行。毕竟，胡乔木明确讲过，那些关于"中国应补上资本主义这一课"之类的说法都属"谬论"之列②，如果没有更高权威的话，比如新发现的毛泽东的这些话做根据，要想批评毛泽东受到民粹主义思想影响，重提"补上资本主义这一课"这几个字，会艰难得多。③

值得注意的是，这次的讨论发起者不再是一般的中共党史研究人员，而是中共中央党史研究室的负责人。而这次的反对者也不能采取10年前的办法，在内部批评压制，只好公开在会议上和刊物上进行辩驳了。

1996年，中央党史研究室龚育之副主任最先开始发挥毛泽东的这些思想，断言新中国从新民主主义向社会主义的转变过快过早了，中国"需要资本主义的广大发展"。随后，胡绳主任公开发表谈话和文章进一步明确提出："社会主义改造的飞速完成，是符合实际的要求呢，还是主要依靠政权力量人为地促成?"我们今天确实应该从生产力的角度衡量一下。实际上，"拿1949年—1953年和1945年相比，资本主义恐怕并不是更多一点，而是更少一点"，甚至比1936年都少。中国革命在资本主义不是太

---

① 《毛泽东在七大报告和讲话集》，中央文献出版社1995年版，第126—127、189—190页。

② 胡乔木：《关于〈历史决议〉的几点说明》（1981年5月19日），《胡乔木文集》第2卷，人民出版社1993年版，第158页。

③ 最早十分委婉地提到毛泽东在三大改造问题上有没有受到民粹主义思想影响问题的，是石仲泉。但这是在中共中央党史研究室召开的批评国外学者所谓"毛泽东思想具有民粹主义倾向"座谈会上的发言，因此其发言基调自然只能是否定"毛泽东思想具有民粹主义倾向"这个观点的。参见石仲泉《关于国外毛泽东研究的民粹主义问题》，《中共党史研究》1992年第6期。

多，而是太少的情况下取得胜利，“不具备全面地实现社会主义社会的条件和可能”。因此，按1949年《共同纲领》的规定，“在一个相当长的时期内”适当地发展资本主义，是唯一正确的发展道路。过快过急地过渡到社会主义，实际上是不顾生产力发展水平而盲目追求社会主义生产关系的提高，结果“是倒向民粹主义，而离开了马克思主义”。不仅如此，“这种提高不但不是真正的提高，而且只会对生产力的发展和社会的进步起阻碍作用”。①

有关新中国成立初有无必要急于从新民主主义过渡到社会主义，这种过渡或转变究竟推动了中国的前进，还是阻碍了中国的前进，我们应该从中吸取什么样的教训这个问题，毫无疑问是自改革开放以来社会上和学者中间问得最多的一个问题。中央党史研究室负责人带头打破禁区讨论这个问题，足以说明来自社会的呼声之高。尽管总是有少数人对讨论这样的问题表示极端反感②，生怕这种讨论会动摇人们继续坚持社会主义制度的信心，但从70年代末80年代初、80年代末和90年代末人们三度顽强地重提这个问题的情况可以清楚地看出，在现实提出了类似的问题之后，要阻止人们进行必要的理性思考，不仅十分不智，而且也难以办到。尤其是，当学者们在思考、在争辩的时候，无论对错，他们充其量也不过是在表达他们个人的一种思想、一种观点罢了。过分担心学者们的科学思考会动摇社会上人们这样或那样的信心，更是给人以杞人忧天的感觉。如果我们的制度真的脆弱到连不同的思想观点都难以承受的地步，那倒是真要好好思考一下了。因为那绝对不是学者们的勇气出了问题，而是制度本身出了大毛病。

第七节　中外学者的不同研究取向

虽然关于1949年以后的中共党史研究的学术进展道路一直曲曲折折，时起时伏，但由于社会关心程度高，再加上文献档案和报刊资料保存完整、“文化大革命”中流散出去的高层资料又多，许多老同志还留有日记

① 参见郑惠《胡绳访谈录》，《百年潮》1997年第1期；胡绳《毛泽东的新民主主义论再评价》，《中共党史研究》1999年第3期。

② 参见《中流》1999年第5期。

或笔记，因此研究难度反比 1949 年以前的中共党史要小，故不时有重要成果问世。许多鲜为人知的决策内情和重要事件内幕一波又一波地被披露出来，引起众多亲身经历了那个时代的读者的强烈关注。甚至在国人的研究还受到相当限制的时候，美国哈佛大学政治学教授麦克法夸尔早早就推出了他的两册《文化大革命的起源》，并且成功地译成中文在中国内地出版了。①

促成中共建立新中国以及 50 年代诸多史实的研究的一个重要条件，就是各种文献和回忆史料极为丰富。包括保密程度最高的中共中央的决策与指示，自改革开放以来就有不少重要的史料可供利用了。这里最有必要提到的，就是和 1949 年以前中共党史研究的基本文献史料《中共中央文件选编》具有相同价值的《建国以来毛泽东文稿》《建国以来刘少奇文稿》和《建国以来周恩来文稿》，以及《建国以来重要文件选编》《中华人民共和国经济档案资料选编》等。这些基本文献档案史料的编辑出版，对于研究中共建立新中国和 50 年代的历史，具有非同寻常的价值。尽管像《建国以来毛泽东文稿》中的历史文献仍有不加说明被编辑删节的情况，利用时需要有所小心，但是，因为新中国成立后的这类资料不像新中国成立前革命时期散失焚毁的厉害，同时还有《毛泽东选集》第五卷和各种版本的《毛泽东思想万岁》等可以作为参考，研究中共高层的资料条件甚至比研究 1949 年前的条件还要好许多。

进一步有助于学者接触更多未公开的档案史料的，是中央文献研究室编辑的《毛泽东年谱》和其他诸多领导人的年谱（尤其是修订版的年谱），以及《毛泽东传（1949—1976）》《周恩来传》《刘少奇传》《陈云传》，等等。其他中共党政军领导人也出版有自己的，或由自己口述，经过写作班子代为执笔的各种回忆录。这些回忆录的作者，或其写作班子，很多也得到批准前往相关的档案馆，查阅了不少档案史料，因此，经由这些年谱、传记和回忆录所透露出来的片断的档案文献，也往往能够对学者的学术研究产生某些有益的帮助。

比如，长期做过中共中央统战部部长的李维汉，就率先出版过《回忆与研究》（上、下）（中央党史资料出版社 1986 年版）一书，借助于相关

① 麦克法夸尔：《文化大革命的起源》第一、二卷，该书翻译组译，河北人民出版社 1989 年版。

档案记录，比较系统地介绍过新中国成立初期中共中央种种决策和冲突情况。此后，长期担任过毛泽东俄文翻译的师哲的《在历史巨人的身边》回忆录，借助于本人的回忆和整理者在中央文献研究室就近查阅补充档案文献的便利，也在相当程度上“还原”了一些新中国成立初期毛泽东与苏联交往过程中的重要情况。尤其是新中国成立后长期在中共党内参与领导经济工作的薄一波出版的《若干重大决策与事件的回顾》（上、下）（中共中央党校出版社 1991 年版）一书，在这方面披露出来的档案文献和背景资料更为丰富，故此书迄今出版近 20 年，仍旧是研究中共建立新中国历史的学者非读且非引述不可的重要参考书。

自然，也并不是只有涉及中共中央领导人一级的人物的回忆史料等，才能够提供出有助于研究新中国历史的相关史料。一些曾经在相关机构工作过的中高级干部的回忆、书信、日记，也同样具有十分重要的价值。其中最有名的像曾经做过毛泽东秘书的李锐的各种日记、笔记，甚至是书信，就极具史料价值，并成为研究新中国条件下中共党史的必读之物。① 其他像吴冷西的《十年论战——中苏关系回忆录（1956—1966）》（上、下）（中央文献出版社 1999 年版），韦君宜的《思痛录》（北京十月文艺出版社 1998 年版），何方的《从延安一路走来的反思》（香港明报出版社 2007 年版），陈铁健整理的《流逝的岁月——李新回忆录》（山西人民出版社 2008 年版）等，都或者因为作者依据大量工作笔记，提供了重要的历史资料，或者因为作者通过亲身经历，讲出了历史真相和真心的感受，引起了众多学者，乃至普通读者的极大兴趣。

而在历史学界高度关注社会史研究的情况下，另外几类史料在今天甚至更为注重社会史研究的学者所关注。一类是一些普通知识分子的日记，如陈敏之和丁东编的《顾准日记》、宋云彬的《红尘冷眼——一个文化名人笔下的三十年》（山西人民出版社 2002 年版）、《吴宓日记续编》（生活·读书·新知三联书店 2006 年版）以及冯亦代的《悔余日录》（河南人民出版社 2000 年版）等。这些历经运动，难得保存下来的日记，因为如实记录下来许多鲜为人知的人生经历和思想状态，为后来人了解他们在中共领

① 参见李锐《庐山会议实录》（春秋出版社 1989 年版）、《大跃进亲历记》（上海远东出版社 1996 年版）、《李锐日记》（1—3）（溪流出版社 2008 年版）；李南央编《父母昨日书——李锐、范元甄通信录》，广东人民出版社 2008 年版。

导下的真实境遇和感受提供了极其宝贵的资料。一类是更普通的人或单位的史料，如李辉编《杜高档案》（中国文联出版公司 2004 年版）、华东师范大学中国当代史研究中心编《河北冀县门庄公社门庄大队档案》（东方出版中心 2009 年版）等。前者提供了一般人很难看到的在中共干部人事管理体制下保存在个人档案中的种种隐秘内容；后者提供了一个生产队在政治运动过程中实行阶级斗争的具体记录。一类则是许多普通人的回忆录。如吴文勉的《风雨人生》（中国文史出版社 2003 年版），李蕴晖的《追寻》（甘肃人民出版社 2002 年版），国亚的《一个普通中国人的家族史》（中国广播出版社 2005 年版），等等。高华曾通过对 15 个小人物的回忆录的内容分析，专门讨论中共新政权在不同的地方，对不同的人群，是如何实行社会统合的这个问题。① 实际上，这些小人物回忆录中透露出来的社会基层人群生活工作及其各种命运的信息，也是极为丰富的。

与此同时，因为距今才不过几十年的时间，许多当年的历史文献也大量留存了下来。像新中国前后中共发动的土地改革运动的相关史料，无论是政策指示，还是调查资料，仅在各个图书馆中就不难发现成册的这类史料不下数十种。其他像镇反、三反、五反、肃反、反右、思想改造等政治运动的各种政策指示、法律规定，或宣传资料，也同样多得不可胜数。而更让新中国成立后的中共党史的研究变得方便起来的，还有各地档案馆可以利用。根据《中华人民共和国档案法》“自形成之日起满三十年向社会开放”的解密规定，多年以来绝大多数地方从省到县的各级档案馆，就已经在陆续对外开放 1949 年以来的各种档案文献了。除了根据中央档案局的相关规定，涉及政治运动等一些较为敏感的档案资料一般不提供查阅外，其他不少档案资料通常都对外开放。许多高校学生就利用这些开放档案做研究论文。

有如此多的史料，自然也就会催生出相当数量的研究成果。在借助于各种资料讲述中共建立新中国后的种种历史问题方面，罗平汉的著作大概最具代表性。查罗平汉近几年出版的相关著作就有十几种之多，从《土地改革运动史》（福建人民出版社 2005 年版）、《农业合作化史》（福建人民出版社 2004 年版）、《票证年代——统购统销史》（福建人民出版社 2008

① 参见高华《新中国五十年代初如何社会统合——十五个“小人物”的回忆录研究》，《领导者》第 17 期，2007 年 8 月。

年版)、《大锅饭——公共食堂始末》(广西人民出版社 2001 年版)、《农村人民公社史》(福建人民出版社 2006 年版)、《大迁徙——1961—1963 年的城镇人口精简》、《村民自治史》(福建人民出版社 2006 年版),到《1958—1962 年的中国知识界》(中央人民出版社 2008 年版)、《墙上春秋——大字报的兴衰》(福建出版社 2003 年版)、《文革前夜的中国》(人民出版社 2008 年版)等。罗平汉在不到 10 年的时间里,平均每年推出 1.5 部二三十万字的著述,其速度之快,足以令历史学界瞠目结舌。但是,罗所谈话题,又并不陈旧,著述中也均有一些新史料和新史实,可见其实际上是充分借助了各种新旧史料之便利。

当然,以罗平汉的著述方式,很难有条件做深入的考据和研究,也很少可能像东夫,像张永东,像谢泳等学者那样去思考农民问题和知识分子问题。[①] 但这并不等于说,只要做得慢一些,这种研究就一定能做得好一些,或做得更深入一些,更微观一些。

比较 2004 年中国内地学者郭德宏等编辑的《中华人民共和国专题史稿(1949—1956)》和 2007 年美国毕克伟等编著的《胜利的困境——中华人民共和国的早年岁月》,可以很清楚地看出美国历史学者和中国内地的中共党史学者在研究倾向上的明显不同。

中国学者的论文显然还是政治史当家,而且几乎全部眼睛向上。其主要篇目有《新中国建国方略的形成和确立》《中华人民共和国政治体制的建立》《建国后的新区土地改革运动》《“三反”、“五反”运动》《建国初期知识分子思想改造运动》《抗美援朝战争若干重大决策始末》《计划经济体制的形成和确立》《建国初期党内的几次争论和高饶事件》《中华人民共和国宪法的制定和人民代表大会制度的确立》《新中国外交方针的形成和实施》《中苏友好互助同盟条约谈判中的利益冲突及其解决》《和平共处五项原则的提出及其初步实践》《中苏关系的演变》《和平共处五项原则的提出及其初步实践》《建国初期的思想文化批判和意识形态体制的建立》《建国初期的经济格局和国民经济的恢复》《建国初期的工商业调整》《国家工业化建设和过渡时期总路线》《第一个五年计划和国家工业

① 参见东夫《麦苗青菜花黄——大饥荒川西纪事》,田园书屋 2008 年版;张永东《一九四九年后中国农村制度变革史》,自由文化出版社 2008 年版;谢泳《中国现代知识分子的困境》,秀威资讯科技 2008 年版。

化建设》，《计划经济体制的形成和确立》等。

而美国年轻一代历史学研究者的论文却更多地关注到了整个社会，包括社会底层、社会文化、女性研究、身体研究，运用了社会学的和人类学的研究方法，不少研究者都比较重视使用人类学研究的田野调查方法。我们几乎找不到他们直接讨论共产党方针政策和制度体制形成问题的文章。如《清理：上海的新秩序》《国家的主人：人民共和国早期的上海工人》《新民主主义和上海私人慈善业的终结》《从反共到反美：西南的内战和朝鲜战争》《老大哥在看着：地方的中苏关系与新大连的形成》《第一课：1950 年中国人类进化的教学》《创建新中国第一所标准的大学》《鳄鱼鸟：20 世纪 50 年代早期的相声》《像革命者那样演戏——1949—1952 年间的石挥、文华影业公司与民营制片》《接生的故事：20 世纪 50 年代的乡村产婆》，等等。

美国年轻一代历史学者的研究侧重点，一方面体现了美国历史学研究者这些年来越来越多地结合了社会学、人类学的研究方法，越来越多地关注于人和社会的研究，另一方面也反映出欧美史学研究越来越多地转向非政治化的倾向。当今的美国高校里面，用政治学的方法研究中国问题逐渐成为一种过时的现象。太多从政治臧否的角度来研究中国现当代史的著作，越来越不受学者和学生们的重视。不仅如此，一股新的研究风气还在蔓延。这就是，因为以往的中国当代史研究过多着眼于政治性的批判与反思，如今从学术创新的角度，不少年轻学者和学生转而开始努力去发现那些过去被人们所忽略掉的种种值得肯定和表现的东西。

在今天评价究竟哪种方法和哪种角度更适合于用来研究中国现当代历史或中共党史，恐怕都未必是适宜的。1949 年以后中国历史的研究还正在一个成长期，有太多新的东西涌现出来，因而也必须经过一定时间的沉淀，才有可能形成一轮自然的淘汰与选择。

但可以肯定的一点是，无论非政治化的研究倾向发展到何种程度，至少在中国内地，这样的倾向短时期内还不会成为学术研究的主流。中国今天研究中共党史的问题，最主要还是两方面的：一是政治开放程度的问题；二是档案开放程度的问题。在关键性档案还不向公众开放的情况下，注定会影响到许许多多的研究。因为很少有人对利用中国现在开放的反映中共高层决策经过的文献档案及回忆史料来做历史研究，会有足够的信心。如果从这个意义上来看中外学者之间的研究倾向，我们或许也可以认为，两者研究倾向对比的这种巨大差距，并不就等于说美国学者真的完全不关心新中国的政治与中共政策自身的问题了。比如，同为美国历史学研究者的高峥在其专著《共产党接管杭州：城市和干部的改变》一书中，就同时关注了政治（中共接管）和社会（城市居民生存状态变动）这两个层面的互动关系。[①] 加拿大学者周杰荣（Jeremy Brown）关于新中国之初贵州一些农民因被逼征粮投身国民党人领导的武装反抗中共，被打败后收编送上朝鲜战场又参加反抗美国作战的一个案例研究，在某种程度上反映的也是一个政治性质的问题。

注意到这种情况，我们有理由相信，中国自己的历史学研究者在这方面仍旧有着欧美学者所不能比拟的优长之处。比如，和上述周杰荣的文章相比，中国学者王海光的《征粮、民变与“匪乱”——以中共建政初期的贵州为中心》一文的研究，就显得要深入和全面一些。周杰荣敏锐地注意到新政权之初进占西南地区时因征粮激起的广泛反抗的情况，但其依据的核心史料基本上只是来自抗美援朝战争中被俘的几名贵州籍的志愿军士兵的口供，因而文章对中共接管贵州初期的情况和对反抗者的兴起及其实际状况的了解，都不够全面和深入。在这方面，王海光的资料优势就极为明显，因而他对贵州征粮与“匪乱”互动关系的解读，也就显得更加入情入理了。[②]

就目前内地史学界在中国当代史研究方面的发展趋向看，更加注重微观社会和底层社会研究的风气必定会越来越兴盛。实际上，一些学者运用经济学、社会学、人类学等学科知识和方法于历史研究，也已取得了初步的成绩。他们的努力，包括他们所培养的学生的努力，都注定会在不久的将来影响到1949年后的中共党史研究。

总而言之，改革开放30年之后，中共党史研究的政治环境比30年前确实要宽松得多了。以言定罪的现象基本上已不复存在，因为提出了不同的观点而受到“整肃”（开除、批斗、降职等）的情况也不大能够见到了；甚至即使是发表了被官方认为是有“严重问题”的研究成果，通常被

---

① *The Communist Takeover of Hangzhou: The Transformation of City and Cadre, 1949—1954*, Honolulu: University of Hawaii Press, 2004.

② 参见杰瑞米·布朗《从反抗共产党人到反抗美国——中国西南地区的内战与朝鲜战争》、王海光《征粮、民变与“匪乱”——以中共建政初期的贵州为中心》，载《中国当代史研究》第1辑，九州出版社2009年版，第177—236页。

处罚的也是出版机关，而不是直接追究研究者的责任了。这种情况毫无疑问对包括中共党史研究在内的整个学术发展都是比较有利的。但必须指出的是，因为过于担心所谓“合法性”危机而阻止许多类别档案的开放，因为不加区别地对一切有关领导人生平思想和所谓重大党史题材的论著实行出版审查制度，因为关怀现实导致发生所谓“政治倾向”问题，或因为学术观点上的所谓“错误”而受到不公正待遇之类的情况依旧存在，从而不可避免地影响了众多研究者的研究取向，更在相当程度上限制了中共党史研究的学术发展，使许多历史问题至今无法深入研究和探讨。这也是迄今为止内地的中共党史研究状况依旧不容乐观的最重要原因之一。

好在历史每天都在向前延伸，无论如何曲折，它也总是要前进的。60年来中共党史研究的进展和变化已经清楚地说明了这一点；中共党史学界“前赴后继”三度顽强地提出新中国之初“转变”问题也可以证明这一点。

第二十一章

抗日战争史*

抗日战争是中国近代历史中仅有的以中华民族的完全胜利而告结束的民族解放战争。战争期间，在政府与人民、各政治派别、各民族、国内人民与海外同胞之间建立了密切的合作关系，表现出近代以来前所未有的民族凝聚力。日本侵略给中华民族带来了空前的灾难，国家和人民遭受的损失比近代以来任何一次外敌入侵所造成的损失都要惨重。战争结束后，中国国内政治力量的对比以及中国在国际社会中所处的地位发生了很大改变，并最后促成中国近代历史因中华人民共和国的建立而告结束。抗日战争史在中国近代历史中有着重要的地位。新中国成立以来，抗日战争史研究取得了长足的进展，本章择要选取几个问题，简介如下。

第一节　战时国共关系

中国抗日战争能够取得最后胜利，国共两党合作是重要的原因之一。同时，国共两党关系随着战争局势的发展和各自力量的消长而产生了十分复杂的变化，这些变化又对抗日战争的进程产生了重要影响。因此，抗日战争时期的国共关系，是抗日战争史研究中的一个重要课题，一直受到学术界的重视。

---

* 本章介绍的学术观点和引用的统计数据，主要来源于《抗日战争研究》1999—2009 年各相关述评文章，谨此说明。

20 世纪 50 年代至 70 年代末，有关抗日战争时期国共关系的论述，仅见于中共党史著作和革命史著作之中。这些著述所反映的有关这一问题的历史认识相当一致，并无学术观点上的差异。撮其要，主要有以下几点：（1）共产党历经“抗日反蒋”、“逼蒋抗日”和“联蒋抗日”的策略变化，正确处理了民族矛盾与阶级矛盾的关系，从而导致第二次国共合作的形成；（2）国民党停止“剿共”政策，外部是共产党与人民的压力，内部是由于日本的侵略而激化的亲英美派集团与亲日派集团之间的矛盾；（3）国共产党一直存在着“抗日、团结、进步”与“妥协、分裂、倒退”之间的斗争；（4）共产党坚持独立自主发展人民力量的原则，国民党也一直没有停止反共活动；（5）抗日战争后期，围绕战后中国政权的性质问题，国共两党的斗争日益激化，终于导致战后两党分裂。以上观点的理论依据和史料依据，主要是毛泽东著作和公开的中共党史史料。这些观点构成的抗日战争时期国共关系研究的基本框架，明显地把共产党的革命策略放在了首位，很大程度上排斥了国共两党合作抗日的一面。

1980 年，邓小平提出“我们和国民党有过两次合作的历史”。联系到他对第三次国共合作的展望，应该说他对抗日战争时期两党合作的历史是持肯定态度的。随着 1985 年纪念抗日战争胜利 40 周年开始的抗日战争史研究热潮的出现，第二次国共合作的历史引起人们的关注，到 1990 年为止，明显形成了一个研究国共合作史的高潮。几年时间，涉及抗日战争时期国共两党关系研究的学术论文，发表百篇以上，并连续出版了几部国共合作史著作。这些著述与以往的研究明显不同，主要是利用了更多的史料。如未曾公开的《中共中央文件汇编》《毛泽东著作汇编》以及中共中央档案馆和全国政协保管的史料等。比较突出的基于史料发掘而形成的研究成果，可以西安事变研究为例，李海文的《西安事变前国共两党接触和谈判的历史过程》（《文献和研究》第 7—8 期）以及李坤的《略述第二次国共合作的形成》（《党史研究》1985 年第 8 期），即利用中共中央档案馆保存的中共档案及其他中共党史资料，第一次披露了国共两党在 1936 年秘密接触的一些细节，使人们对两党谈判始末在史实方面有了新的认识。其后，杨奎松《关于 1936 年国共两党秘密接触经过的几个问题》（《近代史研究》1990 年第 1 期），又对前述文章进行了补订，基本上弄清了双方谈判的人物、联络渠道、谈判经过与时间、谈判内容与双方条件等。另外，其他相关课题研究成果也对国共关系研究起到了促进作用。如在中美关系研究中，资中筠的《美国对华政策的缘起》（重庆出版社 1987 年版）和牛军的《从赫尔利到马歇尔——美国调处国共矛盾始末》（福建人民出版社 1989 年版），利用《美国外交文件》《中华民国重要史料初编》和中共中央文件，对抗日战争后期美国调处国共矛盾的原因、经过及失败的结局，做了比较翔实的描述。

然而，1980 年后 10 年间的研究，主要成绩还仅在于开拓了一个新的研究局面，而具有较高学术价值的研究成果并不多见。究其原因，除档案开放尚不充分以外，学者比较热衷于强调国共两党合作的一面，却往往忽略了两党冲突的一面，也是一个重要原因。这虽然与 20 世纪 50 年代至 70 年代主要强调国共两党斗争的一面形成极大反差，也说明研究中存在一个相同的方法问题。

90 年代以后，有更多的史料被发掘出来，国共关系研究取得了新进展。如杨奎松的《西安事变新探——张学良与中共关系之研究》（台北东大图书公司 1995 年版），对 1936 年国共两党秘密谈判期间张学良与共产党的关系，披露了不少鲜为人知的史实，同时对若干问题的具体细节进行了考证，纠正了过去研究中的缺失。该书的重要观点是：在延安会谈中，是共产党影响了张学良，而不是张学良影响了共产党；在西安事变之前，张也一度抱着反蒋态度，预备联苏、联共实现西北大联合，自成局面，与蒋翻脸并不惜动武。针对该书引据刘鼎所言张曾在 1936 年表示“一二月内定有变动”，有人提出这个变动并非预谋政变①。另外，还有人对共产党在西安事变中对蒋态度的变化进行了研究，认为共产党的“和平方针”是在 12 月 17 日周恩来到西安之后才提出的，之前，共产党大多数人的意见是“审蒋”和“以西安为中心来领导全国”②。而关于共产党态度的转变，有人提出张闻天起到无可替代的关键作用③。也有人注意到国共两党以外人物对西安事变产生的影响，如罗健的《西安事变前后的黎天才》（《抗日战争研究》2000 年第 3 期），该文披露了一段鲜为人知的史实，展现了一位几乎被人们淡忘却在西安事变中确实起过重要作用的人物。作者依据

① 参见蒋永敬《西安事变前张学良所谓“一二月内定有变动”何指?》，《近代史研究》1996 年第 1 期。

② 张伟：《“审蒋”无法和平解决西安事变》，《抗日战争研究》1997 年第 2 期。

③ 参见徐波《张闻天在抗日民族统一战线策略形成过程中的领导作用》，《抗日战争研究》1997 年第 2 期。

两岸公开的史料和黎天才、罗章龙、吴成方等人的未刊文稿，论述了前共产党人、“中央非常委员会”重要成员黎天才在西安事变前后对张学良产生的重要影响，认为张的“兵谏”与黎的影响有关，而张对黎也特别倚重，事变后的张杨“八项通电”，即由黎起草并最后完成，而张护送蒋回南京，黎也是知情人。另外，文章还披露了黎与共产党北方特科和“北方非委”的关系，以及黎与罗章龙在西安事变前的秘密联络等情况。这些，为人们研究西安事变，提供了应该特别引起重视的线索。与西安事变的历史背景相关，关于九一八事变至七七事变之间中国政局变化的研究，以往多以蒋介石国民党的“攘外必先安内”政策、共产党的抗日民族统一战线政策为研究中心，荣维木的《九一八事变与中国的政局》（《抗日战争研究》2001 年第 4 期），从另外的视角提出九一八事变至七七事变之间中国政局的特性是：分裂的现实与统一的趋向并存。关于分裂问题，他认为仅从蒋介石的“攘外必先安内”政策来分析是不全面的，还必须具体分析国共两党之间、国民党内部不同派别之间的利害关系，而各种反蒋口号的提出，首先是与这种利害关系联系在一起的，而不是与抗日联系在一起的。关于统一问题，他认为西安事变只是一个结果，而造成这个结果的原因除了共产党政策的制定与实施外，日本利用和制造中国分裂以扩大侵略的阴谋的败露、美英苏从不同方面对中国施加影响与压力、国内舆情的影响与压力，等等，也是造成这个结果的重要原因。

除西安事变研究外，其他研究的水平也有明显提升。如马仲廉的《国共两党军队协同作战之典型一役——忻口战役之研究》（《抗日战争研究》1996 年第 1 期），开了国共两党军事合作战例研究的先例。又如习五一的《抗战前期国共两党共建一个“大党”的谈判》（《抗日战争研究》1996 年第 1 期），杨奎松的《皖南事变前后毛泽东的形势估计和策略变动》（《抗日战争研究》1993 年第 3 期），《国民党走向皖南事变之经过》（《抗日战争研究》2002 年第 4 期）和《皖南事变的发生、善后与结果》（《近代史研究》2003 年第 3 期），李良志的《皖南事变前夕中央对委员长估计的失误》（《党史研究资料》1994 年第 4 期），汤宇兵的《1939 年秋—1940 年夏国民党的南调命令及其影响》（《安徽史学》2004 年第 6 期），邓野的《皖南事变之后国共两党的政治较量》（《近代史研究》2008 年第 5 期），金冲及的《抗战后期中国政局的重要动向——论 1944 年大后方人心巨变和“联合政府”主张的提出》（《抗日战争研究》1995 年增刊）等文章，从不同角度审视了抗日战争时期国共两党关系的演变，提出了与以往不同的见解。另外，这一时期涉及国共关系史的学术著作也出版了多种，其中比较有影响的是李良志的《渡尽劫波兄弟在——战时国共谈判实录》(广西师范大学出版社 1993 年版)、杨奎松的《失去的机会？——战时国共谈判实录》(广西师范大学出版社 1992 年版)、马齐彬主编的《国共两党关系史》(中共中央党校出版社 1995 年版)、毛磊和范小芳主编的《国共两党谈判通史》(兰州大学出版社 1996 年版)、黄修荣的《国共关系七十年》(广东教育出版社 1998 年版)、田克勤的《国共关系论纲》(东北师范大学出版社 1992 年版)、王功安等主编的《国共两党关系概论》(武汉出版社 1996 年版)、黄修荣的《国共关系史》(共三册)(广东教育出版社 2002 年版)等。尽管这些著述难免还存在着不同的缺陷，但它们毕竟把抗日战争时期国共两党关系的研究推向了一个新的阶段。

第二节　敌后战场

敌后战场一般也称“解放区战场”，后一种称谓来源于中共七大时毛泽东的《论联合政府》政治报告和朱德的《论解放区战场》军事报告。虽然已有学者提出国民党军队也曾活动于敌后战场，但这种观点还很难为多数人所接受。而从军事战略角度看，敌后战场当指日军正面推进线之后方的抗日战场。这里不对敌后战场作概念上的界定，仅按一般习惯，把共产党领导的抗日战场视为敌后战场，对其研究状况做一评述。

新中国成立以来，对敌后战场的研究是抗日战争研究的一个重头戏。甚至可以认为，在 20 世纪 80 年代以前，内地的抗日战争研究实际上就是敌后战场的研究。因此，与抗日战争其他方面的研究相比，这个方面的研究一直受到学界关注，著述也比较丰富。除各种版本的中共党史和革命史著述都涉及敌后战场方面的内容外，研究专著也出版不少，如叶蠖生的《人民的胜利》(工人出版社 1956 年版)、吴天骥的《平型关大战》(江苏人民出版社 1956 年版)、河北省军区政治部编写的《冀中抗日战争简史》(河北人民出版社 1958 年版)、齐武的《一个根据地的成长——抗日战争和解放战争时期的晋冀鲁豫边区概况》(人民出版社 1957 年版)，以及中国人民解放军内部出版发行的《八路军一二〇师及晋绥根据地战史》《一二九师及晋冀鲁豫根据地战史》《晋察冀军区战史》《山东军区战史》《冀热辽军区战史》《新四军战史》，等等。这些著作除述及具体战役战斗和根据地建设方面有所不同外，在基本研究观点方面是一致的，即敌后战场是抗日战争的主要战场，它抗击了日军多数和几乎全部伪军，对抗日战争的最后胜利起了决定作用；敌后战场坚持全面抗战路线，采取游击战略，实行人民战争；敌后战场包括对日、伪、顽的斗争；人民抗日力量在敌后战场不断发展壮大，为抗日战争结束后建立新中国积蓄了革命力量，等等。应当说，这些研究取得了一些成绩，但是，由于比较强调共产党独立自主的政策及其与国民党的政治军事斗争，对敌后战场与正面战场的关系以及两个战场之间的战略战役配合，则研究得不够充分。另外，受政治因素影响，对一些人物和事件也不能予以客观评价。

中共十一届三中全会以后，对敌后战场的研究上了一个新台阶，后30年的研究成果大大超过前30年的数量和水平。

在史料方面，出版的文献史料有《中共中央文件选集》18集（中共中央党校出版社1991年版，内有5集是抗日战争时期的文件），还有中共党、政、军高层人物如毛、刘、周、朱、邓、任、彭、徐、叶、陈、粟等人的选集、军事文集，以及八路军、新四军、东北抗日联军、山西新军、东江纵队等军队和各抗日根据地的史料丛书。回忆录史料主要有军队将帅如彭德怀、聂荣臻、徐向前、杨成武、陈再道、肖克、杨得志、黄克诚、许世友等人的回忆录以及各文史资料所载相关口碑。另外，一些人物年谱和传记，也是敌后战场研究可资利用的史料。

这一时期出版的研究专著主要有王淇主编的《砥柱中流——抗战中的解放区战场》、刘家国的《浴血奋战——抗日英雄八路军》、田玄的《铁军纵横——华中抗战的新四军》、乐思平的《鏖战华北——震惊中外的百团大战》（均为广西师范大学出版社1995年版），以及王辅一的《新四军简史》（中共党史出版社1997年版），等等，以及抗日部队战史和敌后根据地史多种。其他抗日战争通史类的著作中，敌后战场研究也占有很大比例。如比较常见的张宪文的《中国抗日战争史》（南京大学出版社2001年版），樊吉厚、李茂盛、岳谦厚的《华北抗日战争史》（山西人民出版社2005年版），王秀鑫、郭德宏主编的《中华民族抗日战争史》（中共党史出版社2005年版），何理的《中国人民抗日战争史》（上海人民出版社2005年版），萧一平、郭德宏主编的《中国抗日战争全史》（四川人民出版社2005年版），等等，均以大量笔墨论述了敌后战场。近年出版的这一时期关于敌后战场研究的论文，据不完全统计在500篇以上，内容涉及敌后战场的开辟和发展、敌后战场的战略方针、敌后战场的作用和历史地位、敌后战场与正面战场的关系、战役和人物的分析评价，等等。这些研究与以往的不同可以概括为：范围渐宽、认识渐深、争鸣渐多。

关于敌后战场的战略方针问题，过去一般认为"独立自主的山地游击战"或"基本的是游击战，但不放松有利条件下的运动战"是在1937年8月中共洛川会议上提出的。现有人提出这个战略方针的形成有一个过程，早在1935年瓦窑堡会议上即已提出。[①] 也有人不同意，认为1937年7月，共产党的战略方针仍然是为着南京政府战略部署的需要而以正规战为主，直到召开共产党六届六中全会，游击战战略方针才为全党接受，而在此前，中共党内存在着很大的意见分歧。[②] 关于共产党从内战到抗战的军事战略转变，过去的研究比较侧重毛泽东在其中起的作用，而徐波、沈卫则提出："中国红军由国内战争到抗日战争的战略性转变，自红军长征到达陕北至抗战初期，历时两年有余，涉及诸多复杂问题。在这一巨大转变的过程中，时任中共总负责人的张闻天运筹主持，率领中共领袖集团及时提出转变任务，调整军事机制，把握军事发展方向，抉择合宜方略，并为日益迫切的大规模民族战争确立了军事战略方针的斟酌原则和理论，对这一历史性转变的实现做出了重大贡献。"[③] 与此问题相关的是中国抗日战争有无总的战略方针问题，过去认为国民党在片面抗战路线指导下只有"速胜论"，现在则一般都承认持久战略是国共两党和全国大多数人的共识。当然，共产党的持久战略与国民党的持久消耗战略到底有多大差别，现在尚有不同意见。

关于敌后战场形成的时间问题，过去一般都根据毛泽东的说法，认为中国抗日战争，一开始就分为两个战场。现有人提出，抗日战争开始时中国只有一个战场，即国民党正面战场，而中国分为两个战场的最早时间只能在1938年以后[④]。这种看法主要立足于敌后战场战略作用的表现方面，

① 马齐彬、赵丽江：《抗日战争初期中共领导的人民军队的战略转变》，《抗日民主根据地与敌后游击战争》，中共党史出版社1986年版。

② 参见杨奎松《抗日战争爆发后中国共产党对日军事方针的演变》，《近代史研究》1988年第2期。

③ 《张闻天与中国从内战到抗战的战略转变》，《抗日战争研究》2001年第4期。

④ 参见刘庭华《中国抗日战争研究中的几个问题》，《史学月刊》1987年第3期；陈文渊《抗日战争史研究中的几个问题》，《军事史林》1987年第3期。

即抗日战略相持阶段到来后，敌后战场的独立战略作用才比较明显地发挥出来。这里涉及一个中国抗日战争主战场的问题，刘庭华的《关于国民党正面战场的历史地位》（《抗日战争研究》2006 年第 2 期），具体分析了 1939 年至 1940 年国民党正面战场战役的规模、作战效果、战绩及其对共产党的政策，认为 1938 年至 1940 年，中国战场的军事形势是由战略防御向战略相持过渡的阶段，还不是完全的相持阶段。日军的军事进攻重点仍然放在国民党正面战场，国民党军队整体作战还比较积极努力。关于敌后战场产生的原因，有人提出：（1）抗战开始时即已确定的国共两党的分割指挥；（2）战局的演变及国共两党对战地的不同选择；（3）中日战争的基本特点决定了中共军队不能在正面进行正规战，而只能在敌后进行游击战。[①]

关于敌后战场与正面战场的关系，过去由于对正面战场的贬斥，很少进行这方面的研究。现在多数人认为，两个战场之间有着互相依存、互相协同、互相配合的关系，缺少哪个战场，中国抗战都无法坚持。有人总结：正面战场和敌后战场，都是在总的持久战方针的指导下的整体战争的组成部分，它们之间既有战略上的配合，也有战役战斗上的配合，抗战前期是战役战斗的配合；中、后期则是战略上的配合[②]。还有文章对两个战场相互配合的具体史实进行了阐述。

关于敌后战场的地位和作用，意见分歧较大。有人明确提出："在中国战场上，对日作战的主要战线就是正面战场。"[③] 这些人主要是从日军侵华战略和中国抗日的作战规模方面考察问题，认为即使是在战略相持阶段，日军也没有完全放弃正面进攻，在正面战场发生过多次重大战役，其规模远远超出敌后战场。持不同意见者则认为，战略相持阶段到来后，敌后战场的积极作战成为延缓日军正面推进的一个重要因素，日军的主要作战目标被迫转向推进线的后方，因此敌后战场上升为中国抗日的主战场。而敌后战场的作用也不能以作战规模的大小而论，而应看实际效果。有人统计，在 8 年抗战中，日军伤亡 133 万人，其中有 52 万人是在敌后战场被歼的，占全部被歼人数的 40%；如以作战军队的人数比例来看，敌后战场

① 参见徐焰《抗日战争中两个战场的形成及其相互关系》，《近代史研究》1986 年第 4 期。

② 参见何理《中国抗日战争是整体的民族战争》，1999 年 1 月在东京"中日军事史国际研讨会"上的发言。

③ 马振犊：《血染的辉煌——抗战正面战场写实》，广西师范大学出版社 1993 年版。

军队人均歼敌数是正面战场军队人均歼敌数的2倍。①

关于敌后战场有无战略反攻阶段，有两种对立的意见。否定者认为，实施战略反攻的重要条件是在敌我力量对比中我方大体取得优势。而在事实上，直到日本投降前不久，敌强我弱的力量对比状况并无改变，因此也就不存在战略反攻，而只有战役战斗的进攻。而日本投降后敌后战场的大规模反攻作战，实际上是国共两党之间争夺抗战胜利果实的斗争，不能算是抗日战争的战略反攻。② 肯定者则认为，敌我力量对比中的强弱不是绝对的，中国抗日战争是世界反法西斯战争的一个组成部分，而从1943年后的形势来看，日本在世界范围与包括中国在内的盟国力量对比已经处于劣势，后来即使是在中国战场，日军的优势也是相对的，在一些地区中国已经取得了局部的优势，因此，中国实施战略反攻是顺理成章的事情。③

一些学者还对具体的战役战斗进行了研究。比较引人注意的是关于百团大战的研究。在彭德怀冤案形成至昭雪的过程中，对百团大战先后出现过全盘否定到“失大于得”、“得失各半”、“得大于失”等不同认识，现在则出现全盘肯定的趋向。如有人认为，百团大战并不存在“引火烧身”的问题，无论有无百团大战，日军在“以战养战”的战略目标下都要对华北实行“扫荡”，而百团大战前形成了八路军扩军高潮，军、政、民组织在战役中得到了巩固和提高，抗日官兵在作战中得到了锻炼，这些恰恰为后来战胜严重困难奠定了基础。④ 又如丁则勤提出：“建国以来许多版本的中共党史、中国革命史以及中国现代史教材或专著，采取把百团大战和治安强化运动分开的写法，把太平洋战争爆发作为治安强化运动的背景，这样的写法是值得商榷的。”他认为：“在百团大战前夕，华北日军并非任何有价值的情报都没有得到，但主要是由于对中共力量认识的不足，完全未做准备，因而遭到了大规模的突然袭击，陷入被动挨打的局面。”百团大战之后，受到强烈打击的日军“加深了对中共力量的认识，全方位调整了在华北的反共政策：一度加强在华北的兵力；制定‘肃正建设三年计划’；

① 参见张廷贵《从若干材料看我军在抗战中的主力军作用》，《军事历史》总第17期。

② 参见王桧林《抗日战争有无战略反攻阶段》，载《中外学者论抗日根据地——南开大学第二届中国抗日根据地国际学术讨论会论文集》，档案出版社1993年版。

③ 参见贺新城《论中国抗战的战略反攻》，载《纪念抗日战争胜利50周年学术讨论会论文集》中卷，中共党史出版社1996年版。

④ 参见舒舜元《对“百团大战”的评价何以大起大落》，《炎黄春秋》1997年第11期。

加强对中共的情报工作；加强伪政权与武装；制造封锁墙和千里无人区；利用伪新民会宣传反共，开展了五次强化治安运动和对华北各根据地空前规模的残酷‘扫荡’”。“这对中国抗战局面和中共政策的制订均发生了重要影响。”① 其他如对平型关战斗歼敌人数的考证、对皖南事变发生原因的分析等，也有新的研究。

第三节　正面战场

所谓正面战场，是指在日军侵华推进线上中日两国军队交战的战场。它主要位于中日两国正面军事对峙的大中城市附近、交通点线两侧和其他战略要地。由于在这个战场作战的中国军队主要是国民党的军队，因此一般也称其为国民党正面战场。它与共产党领导的敌后战场共同构成了中国的抗日战场。

新中国成立以后，海峡两岸严重政治对立，不能不影响人们对抗日战争历史的认识。在相当长的一个时期内，与台湾国民党当局极力贬低共产党在抗日战争中的作用形成鲜明对照的是，大陆在强调共产党为中国抗日战争的领导者的同时，对于国民党军队的对日作战历史也采取了淡化的态度。因此，从50年代开始直至中共十一届三中全会提出实事求是、解放思想的方针之前，史学界对国民党军队正面战场的研究是很不充分的。在一些关于抗日战争的著述中，大多强调国民党的片面抗战路线和军队的溃败，仅对一些官兵的英勇抗战稍有肯定。

80年代以后，尤其是1985年纪念抗日战争胜利40周年时出现抗日主战场的争论以后，对于正面战场的研究开始热起来。首先是史料出版，文献史料有荣孟源、孙彩霞编辑的《中国国民党历次代表大会及中央全会资料选编》（光明日报出版社1985年版）、中国第二历史档案馆编辑的《抗日战争正面战场》（江苏古籍出版社1987年版）和《抗日战争时期国民党军机密作战日记》（档案出版社1995年版），以及扩大重编的《抗日战争正面战场》（凤凰出版社2005年版）等；专题史料有中共中央党校党史教研室编辑的《卢沟桥事变与平津抗战》（1985年印行）、上海社会科学院历史研究所编辑的《八一三抗日史料选编》（上海人民出版社1986年版）、

① 《论百团大战后日本对华北的政策》，《抗日战争研究》2000年第2期。

武汉市档案馆等编辑的《武汉抗战史料选编》（1985 年印行）等。口碑史料有全国政协文史资料编辑委员会编辑的《原国民党将领抗日战争亲历记》（包括七七事变、淞沪抗战、南京保卫战、徐州会战、武汉会战、中原抗战、晋绥抗战、湖南会战、闽浙赣抗战、粤桂黔滇抗战、远征印缅抗战等数种）。另外，台湾地区出版的《中华民国重要史料初编：对日抗战时期》《抗日御侮》《革命文献》等史料也经常被研究者利用。与 80 年代以前相比，可资研究者利用的史料丰富多了。

关于正面战场的通论性著作有郭雄的《抗日战争时期国民党正面战场重要战役介绍》（四川人民出版社 1985 年版，2005 年再版）、陈小功的《抗日战争中的正面战场》（解放军出版社 1987 年版）、张宪文主编的《抗日战争的正面战场》（河南人民出版社 1987 年版）、马振犊的《血染的辉煌——抗日正面战场写实》（广西师范大学出版社 1993 年版）、郭汝瑰和黄玉章主编的《中国抗日战争正面战场作战记》（江苏人民出版社 2002 年版）。关于具体战役个案研究的有广西师范大学出版社 1996 年后陆续出版的《炮火下的觉醒——卢沟桥事变》（荣维木）、《大捷——台儿庄战役实录》（林治波、赵国璋）、《兵火奇观——武汉保卫战》（敖文蔚）、《铁血远征——中国远征军印缅抗战》（田玄）。还有罗玉明的《抗日战争时期的湖南战场》（学林出版社 2002 年版）等。需要说明的是，笔者并不主张把七七事变以前的局部抗战也划归正面战场的研究范围，因为义勇军、抗联、察哈尔同盟军的抗战并非由国民党领导指挥，而“一二八”淞沪抗战、长城抗战、绥远抗战虽然由国民党直接领导和指挥，但在日本尚未实行全面侵华战略和国民党尚未实行全面抗日战略的情况下，这些战役还不具备正面攻防的战略意义。

对正面战场的研究，主要集中于以下几个问题：

一是全面抗战爆发前国民政府有无抗日战略准备。80 年代以前，一致认为国民党在西安事变以前一直坚持对外妥协、对内“剿共”的方针，直到七七事变并无抗日战略准备。此后则有了意见分歧，有的坚持认为“在抗战前的长时期内，国民党执行‘攘外必先安内’的反动政策，对抗战几乎没有做任何战争准备。”① 有的则认为在九一八事变后不久，国民党即已着手抗日的准备工作，如划分国防区并制订和实施修筑国防工事计划，成

① 陈小功：《抗日战争中国民党军队的战略防御》，《文献与研究》1985 年第 5 期。

立国防设计委员会，对军队实力、战略资源、军工生产、交通运输、后勤补给等情况进行调查并寻求解决办法，着手对军队进行整编、进行军事演习，等等①。黄道炫《蒋介石“攘外必先安内”方针研究》（《抗日战争研究》2000 年第 2 期），通过对“攘外必先安内”方针的提出、抵抗与妥协的关系、“安内”的内涵、“安内”的方式以及“攘外”与“安内”之间重心的变化等问题的分析，认为蒋介石提出的这一方针，“有违背大众意愿，消极抵抗的一面，也有权衡整体国力，在当时形势下有不得已的隐衷；有对内镇压和武力反共的迫切要求，也有最后关头准备起而抵抗的决心。是当时内外交困局面下，国民党和蒋介石应付时局的一种无奈的抉择”。杨天石《卢沟桥事变前蒋介石的对日谋略——以蒋氏日记为中心所做的考察》（《近代史研究》2001 年第 2 期），提出蒋介石因中日两国国力、军力相差悬殊，“总是尽可能避免决战，并且力图以‘和平’作为推迟战争的手段……一方面对日忍让、妥协，一方面则广结盟国，调整政策，安定内部，建设‘国防据点’，经营西南根据地，准备抗战”。对于蒋介石此时所进行的“剿共”战争，该文提出这是在为“准备抗战”而“经营西南根据地”的过程中所采取的“以‘剿共’为抗日之掩护”的措施。

二是关于国民党的战略方针问题。过去仅强调国民党片面抗战，对其战略方针并无研究。现在则一般认为国民党的战略方针是“持久消耗战”，它的基本内容是“以空间换时间、积小胜为大胜”。有人提出，早在 1932 年国民党四届二中全会决议中，就写明对日“长期抵抗”，不久蒋介石更明确提出：“长期的抗战，愈能持久，愈是有利。”直至 1937 年 8 月国防会议，正式提出了“持久消耗战”战略方针。关于国民党的“持久消耗战”与共产党的“持久战”的异同，现在尚有争论。认为不同者强调，两个战略的指导路线有本质区别，在片面抗战路线指导下的“持久消耗战”只能是节节抵抗、节节后退，因而是消极的战略；认为相同者则强调，两个战略所依据的是同一客观条件，想要达到的战略目的也是一致的，因而它们“并不存在根本性的原则区别”，并且这正是两党军事合作的基础。②还有人对国共两党战略的异同进行了具体分析。③

① 参见马振犊《血染的辉煌——抗战正面战场写实》；陈谦平《试论抗战前国民党政府的国防建设》，《南京大学学报》1987 年第 1 期。

② 陈先初：《关于国民党初期抗战几个问题的再探讨》，《求索》1994 年第 4 期。

③ 参见黄道炫《国共两党持久战略思想之比较研究》，《抗日战争研究》1996 年第 3 期。

三是国民党是否开展过敌后游击战。有人提出国民党为了实现持久消耗的战略目的，也曾提出过抗日游击战的方针。关于这一方针的形成时间有这样几种意见：（1）1938 年底的南岳军事会议提出“正面阵地防御战转变为敌后游击战”[①]；（2）1937 年冬由白崇禧在武汉军事会议提出，蒋介石采取并通令实施[②]；（3）国民党制订 1937 年度国防作战计划时就提出了“采游击战术，以牵制敌军，并扰其后方”[③]；（4）1935 年蒋百里即已提出在将来的抗日战争中“开展广泛的游击战”[④]。持上述观点者一般都肯定国民党实施过游击战。还有人研究国民党敌后游击战的实施问题，如罗玉明认为：“从游击战来看，设立了冀察、鲁苏两个游击区，配置了 12 个步兵师 1 个骑兵师约 20 万兵力，另外在第一、第五、第九、第三战区设立了 7 个游击区，配置了大量国民党正规部队，总计国民党在敌后开展游击战争的兵力约在 50 万人以上。这些游击化了的正规军在敌后建立根据地，配合国民党正面战场作战，牵制了大量日军，极大地威胁着日军的后方基地和补给线。”[⑤] 也有人对共产党游击战和国民党游击战进行过比较研究。如杨奎松的《抗战期间国共两党的敌后游击战》（《抗日战争研究》2006 年第 2 期）提出：整个抗日战争时期，国共两党在游击战问题上都进行过尝试和努力。国民党的敌后游击战主要带有配合正面战场作战的性质，是一种正规战的辅助战法。共产党的游击战则具有独立自主的战略意义和价值。双方敌后作战的最大区别，一是战法上，二是兵民关系上。正是由于战法太过僵硬，再加上缺少民众的支持与配合，国民党的敌后游击部队不仅难与日军长期周旋，而且无力与共产党的敌后武装争夺控制权。相反的意见则认为：在抗战初期，国民党并不重视游击战，也未曾计划在敌后部署游击战，少数部队在敌后开展游击战，也是违抗蒋介石的命令而与共产党合作的结果，这些部队后来都参加了八路军；武汉失守后，国民党才开始重视敌后游击战，并成立了冀察战区和苏鲁战区，但这样做的目的一是使正规军作战得到游击战的支援和配合，一是限制和破坏共产党敌

① 戚厚杰：《国民党敌后游击战争初探》，《军事历史研究》1990 年第 1 期。

② 参见韩信夫《试论国民党的抗日游击战》，《民国档案》1990 年第 3 期；刘赤《评抗战时期国民党的敌后游击战》，《广西师范学院学报》1992 年第 4 期。

③ 唐利国：《关于国民党抗日游击战的几个问题》，《抗日战争研究》1997 年第 1 期。

④ 马振犊：《血染的辉煌——抗战正面战场写实》。

⑤ 《第一次南岳会议述论》，《怀化师专学报》2000 年第 1 期。

后根据地的发展。这些部队后来有相当部分投敌成了伪军，其余的则撤退到国统区，还有一些游杂部队，活动范围狭小，很少抗日作战，因此并不存在一个国民党的敌后游击战场。①

四是正面战场何时开始消极抗战。过去的观点一般都把1938年广州、武汉的失守和1939年国民党五届五中全会作为国民党由积极抗战转向消极抗战、积极反共的时间标志。80年代以后有人提出，1938年11月至1940年夏，是中国抗日战场由战略防御向战略相持过渡的阶段，日军的进攻重点仍然放在正面战场，国民党也尚未消极抗战。在这期间，正面战场曾发生过南昌、随枣、长沙、桂南、枣宜等较大规模的会战，另外国民党还出动总兵力的半数发起过“冬季攻势”，两年时间伤亡官兵百余万，歼敌26万余。而在1941年太平洋战争爆发后，国民党把胜利的希望完全寄托在美英盟军方面，开始消极抗战。② 还有人认为，国民党五五全会虽然提出反共方针，但与消极抗战并无必然联系。③ 也有人提出，国民党的消极抗战不是始于广州、武汉的失守，也不是始于太平洋战争的爆发，而是始于1940年正面战场冬季攻势的失败。④

五是关于正面战场战役的个案研究。关于日本有意发动卢沟桥事变以发动全面侵华战争，以及在平津作战时利用谈判实施“缓兵之计”，多数学者没有不同意见。近年有人对日本的“缓兵之计”何以奏效进行了研究，认为冀察当局在现地谈判中未能与南京政府采取一致态度，对日本驻屯军做了极大妥协，是导致失利的一个重要因素。⑤ 对于国民政府在事变中的态度，有人认为也不是一意主战，其深层原因是担心对日开战削弱军力而为苏联和中共提供机会，故以“应战姿态而求免战结果是蒋介石处理卢沟桥事件的一个重要指导思想”⑥。

对于淞沪会战，关于国民政府的战略意图与会战关系的争论最为突出。有人提出，淞沪会战经国民政府事先筹划，意图将日军主攻方向由华北引向华东，变日军沿平汉路自北而南的俯攻为沿长江由东向西的仰攻，

---

① 参见肖一平《略论中国抗日战争的特点》，《科学社会主义》1997年第4期。

② 参见刘庭华《抗日战争时期的国民党正面战场》，《历史教学》1986年第7期。

③ 参见江于夫《武汉失守到太平洋战争前国民党抗战问题再探》，《史学月刊》1992年第3期。

④ 参见张设华《国民党消极抗战起于何时》，《抗日战争研究》1997年第4期。

⑤ 参见荣维木《论卢沟桥事变期间的“现地交涉”》，《民国档案》1998年第4期。

⑥ 王建朗：《卢沟桥事件后国民政府的和战抉择》，《近代史研究》1998年第5期。

从而打破日军将中国军队压制在平汉线以东逐一歼灭的企图，这一战略意图的实现对中国抗战具有重要意义[①]。有人则认为，“中国无意把战争引向淞沪地区自伐肺俯，自损资源，以改变敌进攻方向”[②]；不仅国民政府事先并无主动诱使日军改变作战方向的战略构想，而且会战的结果也没有改变日军的进攻方向，事实上，日军向西进攻武汉，是在1938年5月的徐州会战以后。[③] 也有人认为，淞沪会战并非“自伐肺腑”，而是先发制敌。会战开始后中国不断增加兵力、扩大沪战，一个目的是使日军不能沿平汉线南下直趋武汉，这已经包含了改变日军进攻方向之意。[④] 还有人依据日本史料提出，由进攻上海而进入长江，溯长江西上武汉，是日本的既定战略，而沿平汉线南下案实际上是不成立的，因此淞沪会战不存在改变日军作战方向的问题。[⑤]

关于武汉会战，针对中国军队部署不当、消极应付、处于被动地位的观点，有人比较了中日双方作战方案与会战结果，认为：“中国方面充分汲取了历次作战的经验教训，利用武汉周边的地形地利，实施了正确的作战指导，极大地限制了日军的作战主动权。反观日军方面，在中国的制约下，一再更改作战方案，被迫采取最不利的作战方式……预定目的未能实现。两相比较，中国的作战指导是成功的，而日军则是失败的。”[⑥]

关于中国远征军作战，以往研究在一些史实描述方面存在异议，其中关于第一次缅甸战役失败的原因更是“聚讼不已的话题”。黄道炫的《缅甸战役蒋介石、史迪威的失败责任》(《抗日战争研究》2001年第2期)，比较全面地探讨了这个问题。明确提出：“史迪威在缅甸战役指导中，过多地强调进攻，没有注意到战场的实际情况，造成中国军队分割使用，疲于奔命，处处为英军堵洞的恶果。其在战略指导及具体指挥上的错误使其应负主要责任。蒋介石虽对缅甸作战有一些正确设想，对史迪威的错误指导也作过一些抵制，但在战役中、后段，因惧怕开罪美国，放弃指导责任，迁就史迪威的错误指挥，也有一定责任。”他的结论是通过对大量史

① 参见马振犊《血染的辉煌——抗战正面战场写实》。

② 军事科学院军事历史研究部编：《中国抗日战争史》中卷，解放军出版社1991年版。

③ 参见余子道《论抗战初期正面战场作战重心之转移》，《抗日战争研究》1992年第3期。

④ 参见张振鹍《淞沪抗战：中国的主动进攻与日军主要作战方向的改变》，《抗日战争研究》1996年第3期。

⑤ 参见徐勇《日本侵华既定战略进攻方向考察》，《抗日战争研究》1996年第3期。

⑥ 于国红：《浅析武汉会战中日双方作战指导之得失》，《抗日战争研究》1999年第2期。

料的分析而得出的，因而比以往的研究有了明显进展。此外，他还对远征军兵力数字及伤亡情况进行了比较细致的考证，认为总兵力7万出头、伤亡3万多。这比以往通常说的总兵力10万人、伤亡6万人有较大差距。

关于湖南会战，王奇生的《湖南会战：中国军队对日军“一号作战”的回应》（《抗日战争研究》2004年第3期），认为湖南会战是1944年“一号作战”中交战时间最长，国民政府军队抵抗最为顽强的一次战役，并对战役的战略决策机制、情报信息系统、官兵素质、后勤补给、兵役军纪等情况作了深入分析，指出湖南会战“军令部对敌情的判断及其部署明显存有缺陷”，“各部队之间步调不齐，协同能力差”，国军战斗力薄弱等，都是战役失败的原因。该文突破了以往多以政治视角，而不是军事视角对该战役进行描述的常态。

关于正面战场海军与空军的作战，是90年代以来开始的新的研究课题，研究内容涉及了战争时期的历次空战及中国空军与苏、美援华航空队合作的情况，海军从淞沪会战开始直到战略相持阶段后期的作战情况。惜限于资料，普遍缺乏深度。

第四节　沦陷区和伪政权

沦陷区和伪政权研究，是抗日战争史研究中的一个重要内容，新中国成立以后就引起研究者的重视。据统计，从50年代至“文化大革命”前的17年中，有关沦陷区和伪政权的研究著述包括论文40余篇、专著五六部；其他列有相关内容的著述10余部。这些著述涉及了沦陷区日伪的统治政策及其罪行、日本对沦陷区的经济掠夺和经济统制。从整体来看，这时的研究还处于一般史实的描述及资料整理阶段。“文化大革命”期间，研究中断。80年代以后，沦陷区和伪政权研究得以恢复并取得很大进展。据统计，至20世纪末止，共发表论文500余篇，出版学术专著60余部、资料集30余种，并翻译出版国外相关著作、史料和回忆录10余种。最近10年，又有大量论著问世。

关于汪精卫伪政权的资料书籍，蔡德金、李惠贤编写的《汪精卫伪国民政府纪事》（中国社会科学出版社1982年版）是较早出版的一部。余子道、黄美真主持选编的大型资料丛书《汪伪政权史料选编》（已出版《汪精卫集团投敌》、《汪精卫国民政府成立》，上海人民出版社1984年版；

《汪精卫国民政府“清乡”运动》，上海人民出版社 1985 年版），内容相当丰富。另有中国第二历史档案馆选编的《汪伪国民政府公报》（江苏古籍出版社 1992 年版）和《汪伪政府行政院会议记录》（档案出版社 1992 年版）、南京市档案馆选编的《审讯汪伪汉奸笔录》（江苏古籍出版社 1992 年版）。中央档案馆编《日本帝国主义侵华档案资料选编》资料丛书中也有“汪伪政权”专卷（中华书局 2004 年版）。人物史料则有蔡德金编注的《周佛海日记》（中国社会科学出版社 1986 年版）、公安部档案馆编注的《周佛海狱中日记》（中国文史出版社 1991 年版）、蔡德金和王升编著的《汪精卫生平纪事》（中国文史出版社 1993 年版），黄美真选编的《伪廷影录》（中国文史出版社 1991 年版）。关于汪精卫伪政权的研究著作主要有蔡德金的《历史的怪胎——汪精卫国民政府》（广西师范大学出版社 1993 年版）、余子道等的《汪精卫汉奸政权的兴亡》（复旦大学出版社 1987 年版）、余子道和曹振威等的《汪伪政权全史》（上下册）（上海人民出版社 2006 年版）。这三部著作比较全面地论述了汪伪政权形成、演变至覆灭的过程以及它的性质和对中国抗日战争的影响。专题研究著作主要有黄美真、张云的《汪精卫叛国投敌记》，黄友岚的《抗日战争时期的“和平”运动》（解放军出版社 1988 年版），蔡德金、尚岳的《魔窟——汪伪特工总部七十六号》（中国文史出版社 1986 年版），张生的《日伪关系研究：以华东地区为中心》（南京出版社 2003 年版），蔡德金的遗著《讨逆集》（兰州大学出版社 2005 年版）等。另有大批论文对汪伪政权的政治、军事、经济、文化、思想等分别进行研究。比较引人注意的研究热点是汪伪集团叛国投敌的原因。一般认为，客观原因包括抗战的失利、日本的诱降、国际援华的不到位、蒋介石的两面政策，等等；主观原因则包括汪的民族投降主义思想、反共立场、高度膨胀的权力欲，等等。也有人认为，汪蒋不和与他们之间的权力之争是一个重要原因。还有少数人认为，在中国抗战失利情况下妥协图存和妄求偏安，也是汪等投敌的一个重要原因。另有文章论及汪伪集团内部的权力斗争和汪日矛盾问题。

关于伪满政权，史料方面有孙邦等人主编的《伪满史料丛书》（吉林人民出版社 1993 年版），吉林大学和吉林社会科学院合编的多卷本《满铁史资料》（中华书局 1987 年版），中央档案馆编的《伪满洲国的统治与内幕：伪满官员供述》（中华书局 2000 年版）等。研究著述主要有姜念东等的《伪满洲国史》（吉林人民出版社 1980 年版），这是关于伪满政权的第一部通论性专著。其后，又有解学诗的《历史的毒瘤——伪满政权兴亡》（广西师范大学出版社 1993 年版）和《伪满洲国史新编》（人民出版社 1995 年版，2007 年再版），两书吸收了许多新的研究成果，论述更为翔实。其他专著还有车霁虹的《伪满基层政权研究》（黑龙江人民出版社 2000 年版），王胜今的《伪满时期中国东北地区移民研究：兼论日本帝国主义实施的移民侵略》（中国社会科学出版社 2005 版），刘晶辉的《民族、性别与阶层——伪满时期的“王道政治”》（社会科学文献出版社 2004 版），李淑娟的《日伪统治下的东北农村（1931—1945）》（当代中国出版社 2005 年版），解学诗、（日）松村高夫主编的《满铁与中国劳工》（社会科学文献出版社 2003 年版），王希亮的《东北沦陷区殖民教育史》（黑龙江人民出版社 2008 年版），等等。

关于华北沦陷区，史料方面有北京市档案馆选编的《日伪在北京的五次治安强化运动》、《日伪北京新民会》（北京燕山出版社 1987 年版），居之芬主编的《日本对华北经济的掠夺和统制》（北京出版社 1995 年版）等。相关的研究著作有卢明辉的《蒙古“自治运动”始末》（中华书局 1980 年版）。该书对德王为首的部分蒙古上层统治者勾结日本侵略者，分裂祖国的活动，以及关东军导演的伪蒙古联合自治政府、伪察南联合自治政府和伪晋北联合自治政府合流成立伪蒙疆联合委员会与伪蒙疆联合自治政府的过程，作了详细的论述。张洪祥等编著的《冀东日伪政权》（档案出版社 1992 年版），对日本导演的华北自治运动和殷汝耕的伪冀东防共自治政府进行了较为系统的研究。郭贵儒、张同乐等的《华北伪政权史稿：从“临时政府”到“华北政务委员会”》（社会科学文献出版社 2007 年版），刘敬忠的《华北日伪政权研究》（人民出版社 2007 年版），更在前人研究基础上对某些历史细节有所考订。此外，费正等人的《抗战时期的伪政权》（河南人民出版社 1993 年版），也涉及伪蒙疆政府、伪维新政府、伪临时政府的内容。

关于沦陷区的经济，在伪“满洲国”，研究者比较注意殖民地形态的形成过程及其特征。一般认为，日本在东北建立了比较完整的殖民地经济体系，这一体系从九一八事变后开始建立，至 1935 年前后初步形成，其后不断深化。日本在东北的投资规模和掠夺物资的数额超过了其他任何一个沦陷区，反映出当时东北已经沦为日本的完全殖民地。关于日本投资产业的种类、掠夺资源的方式、统制政策的具体内容、强掠奴役中国劳工以及移民情况，等等，均有文章论及。对于东北的殖民地经济形态，有人提出，直到日本统制经济垮台前，封建经济依然是殖民地农村经济的重要组成部分，为日本所利用。[①] 还有人对东北民族资本进行了深入分析，认为1937年以前，以轻纺各业为主的民族资本受到的影响还不大，以后则普遍衰落。[②] 关于伪满的经济，一般认为它在“日满一体的计划经济”中处于附庸地位。也有人提出，到抗日战争后期，伪满的资本总额已超过日本在东北的投资，但这一资本不是通常说的官僚资本或国家垄断资本，而是一种殖民地型的资本。日本在东北的人力资源掠夺是经济掠夺的一个重要组成部分，刘萍的《伪满“勤劳奉公法”出台及其与协和会的关系》（《抗日战争研究》2006年第1期），具体考察了日本在东北掠夺战略资源的一个重要方式，即“勤劳奉公运动”。

关于其他沦陷区的经济，研究内容主要涉及日本投资情况、与日资合作的私人资本的性质、与东北经济殖民地程度的比较、日本在不同时期的不同经济政策，等等。关于华北沦陷区的经济，有人对日伪的金融控制和掠夺进行了深入分析，提出“中联银行”通过独占货币发行权、实施通货膨胀政策、统制汇兑等方式对华北沦陷区进行金融掠夺，造成了华北民众贫困化、民族工业衰败、农村经济破产等严重后果。[③] 还以日伪史料为主，对华北沦陷区的农村经济进行了深入考察，指出日伪是该地区农村经济破产的罪魁祸首。[④] 也有人通过对日本对华北沦陷区粮食的掠夺与统制的考察，认为这种掠夺极大地破坏了华北农村经济。[⑤] 关于华中沦陷区的经济，有人认为，汪伪统制经济既是日本统制经济的附属品，也继承了中国半殖民地半封建经济的基本特征，即运用政权力量干预经济；控制金融、交通、资源和重要工业原料；依附帝国主义势力；牺牲民族资本，等等。[⑥] 还有人对汪伪政权粮食政策的制订、实施和失败的结局进行了研究，从一个具体方面揭示汪日勾结中相互依赖又明争暗斗的复杂关系。[⑦] 也有人利

---

① 参见孔经纬《新编中国东北地区经济史》，吉林教育出版社1994年版。

② 参见许涤新、吴承明主编《新民主主义革命时期的中国资本主义》，人民出版社1993年版。

③ 参见曾业英《日本对华北沦陷区的金融控制与掠夺》，《抗日战争研究》1994年第1期。

④ 参见曾业英《日伪统治下的华北农村经济》，《近代史研究》1998年第3期。

⑤ 参见王士花《华北沦陷区粮食的生产与流通》，《史学月刊》2006年第11期。

⑥ 参见程洪刚《汪伪统制经济述论》，《汪伪政权史研究论集》，复旦大学出版社1987年版。

⑦ 参见刘志英《汪伪政府粮政述评》，《抗日战争研究》1999年第1期。

用大量档案史料，考证战时江南地区农村蚕业、林业、棉业、渔业和手工业遭受破坏的状况及受害农民的惨状，认为战争打断了江南农村的现代化进程，阻断了江南农村的改良和社会发展。①

关于沦陷区的文化，主要集中在对日伪教育、新闻出版、“东亚联盟运动”、“新国民运动”等问题的研究。其中对日伪教育的研究较其他问题相对充分一些。研究者通过对不同沦陷区教育机构、教育体制、大中小学课程内容、留学制度等的考察，指出沦陷区实行的是殖民地奴化教育政策，目的是为日本的侵华培养奴才，消弭沦陷区人民的抗日意志。

但在沦陷区文学研究方面则出现了较大的争论。张泉在《沦陷区文学研究应当坚持历史的原则——谈沦陷区文学评价中的史实准确与政治正确问题》（《抗日战争研究》2002 年第 1 期）一文中提出：“史实是评说沦陷区文学的唯一前提；判断和结论在政治上是否正确，取决于史料的确凿与否。”为此，他认为“沦陷区似乎没有文学或只有汉奸文学的感觉”是以往研究存在“差错”的结果。“差错之一：‘笔部队’是中国沦陷区文学的重要组成部分”；“差错之二：‘皇民文学’是中国沦陷区文学的重要组成部分”。因此，他提出，把为侵略战争服务的日本作家组成的“笔部队”作品划分到中国沦陷区文学，混淆了民族界限；“皇民文学”是台湾地区“皇民化运动”的伴生物，“台湾是日本的领土，台湾人是日本过渡公民”，而大陆沦陷区文学并不包括这些内容。此外，他还提出沦陷区作家政治评判的依据问题，认为把张爱玲“塑造成‘文化汉奸’或‘附敌附伪的作家’，也形成了大量史实差错”。张泉的看法引起了比较强烈的反对意见，但作为学术探讨，不同意见的交锋是正常的也是必要的。

汉奸人物也是一个研究热点。黄美真等人撰写的《汪伪十汉奸》（上海人民出版社 1986 年版），辑录了汪精卫、陈公博、周佛海、褚民谊、陈璧君、罗君强、王克敏、王揖唐、梁鸿志、李士群等人的传记。其他有蔡德金的《汪精卫评传》（四川人民出版社 1988 年版）、《汪伪二号人物陈公博》（河南人民出版社 1993 年版）、《朝秦暮楚的周佛海》（河南人民出版社 1992 年版），闻少华的《汪精卫传》（吉林文史出版社 1988 年版，修订后改由团结出版社 2006 年重新出版）、《周佛海评传》（武汉出版社 1990 年版）、《陈公博传》（东方出版社 1994 年版），李理等人的《汪精卫

---

① 参见马俊亚《抗战时期江南农村经济的衰变》，《抗日战争研究》2003 年第 4 期。

评传》(武汉出版社 1988 年版),程舒伟的《汪精卫和陈璧君》(吉林文史出版社 1988 年版),等等。

关于汉奸问题的研究,也有人向传统伦理道德提出了挑战。潘敏的《日伪时期江苏县镇“维持会”研究》(《抗日战争研究》2002 年第 3 期),不是从道德审判的角度研究一般被称为汉奸组织的维持会,而是对其产生的社会条件、参加者的不同类型、实际作用,特别是它与日本人的矛盾进行分析。该文考察江苏省 22 个县的维持会之后得出结论说:“维持会中的上层人物基本上是地方头面人物,或者说是有势力、有影响力之人,但他们进入维持会动机复杂”,“某些人是出于自保或安境保民而进入维持会;另外一些人是不得已而与日本人‘合作’”;“当然也有一些人死心塌地替日本人做事”。“正因为参与其中之人动机复杂,才使维持会中的中国人与日本人矛盾迭起。中国人显然的弱势地位迫使一些人只能采取退避的方式消极抵抗。一些地方的维持会几经易人,其资源汲取能力越来越强,而维持秩序的职能却越来越弱,甚至成为社会的乱源。”

其他如沦陷区的经济问题,也有人研究日本殖民掠夺之外是否也有推动生产发展的作用。且不说这些看法能否成立,但可以将此类问题提出来讨论,不能不说是内地学术研究的一大进步。

通过对沦陷区和伪政权的研究,学者们取得了几点主要共识:一是认为日本在沦陷区的统治带有一体化的特征,其在沦陷区所建立的殖民统治秩序,是军事进攻之后的必然结果。把中国变成日本的完全殖民地是日本发动侵华战争的最终目的。二是在沦陷区扶植汉奸集团和傀儡政权,即“以华制华”是日本的一项基本政策。尽管各伪政权在不同程度上都自称有“独立自治”的权利,但事实上无一不是日本的附庸。而日本则对不同傀儡政权采取“分而治之”的政策,为当地日军侵华军事服务。三是认为“经济统制”是日本在沦陷区的基本经济政策,实施这一政策是为了掠夺中国的财富资源,以达“以战养战”的目的,而所谓的“日、满、华一体化”和对沦陷区的工业、农业及其他产业的开发,也完全以掠夺为唯一目的。所谓“沦陷区人民生活水平高于其他地区的观点”,毫无事实根据。

第五节 战时外交

抗日战争是世界反法西斯战争的重要组成部分。中国的抗日需要外援，而中国战场又牵动全局，这就决定了战争期间中国的外交活动不仅十分频繁，而且非常重要。因此，战时外交成了抗日战争史研究中的重要内容。但是，20 世纪 50 年代至 70 年代末，对以国民政府为主体的战时外交的研究却很薄弱。一些零星的研究，仅仅论及蒋介石对日妥协和英美对日绥靖问题，而对战时外交的其他许多重要问题则未予重视。

80 年代以后，战时外交研究作为抗日战争史研究中的重要组成部分，逐渐引起学者们的重视，研究规模、深入程度皆超出了近代中外关系研究中的其他任何阶段。仅就专著而言，已出版的综合性专著有陶文钊、杨奎松、王建朗的《抗日战争时期中国对外关系》（中共党史出版社 1995 年版），王建朗的《抗战初期的远东国际关系》（台湾东大图书公司 1996 年版）；以双边关系为研究对象的有王淇主编的《从中立到结盟——抗日战争时期美国对华政策》、任东来的《争吵不休的伙伴——美援与中美抗日同盟》、王真的《动荡中的同盟——抗日战争时期的中苏关系》、李嘉谷的《合作与冲突——1931—1945 年的中苏关系》、曹振威的《侵略与自卫——全面抗战时的中日关系》、马振犊和戚如高的《友乎？敌乎？德国与中国抗战》（以上专著皆被列入广西师范大学出版社推出的“抗日战争史丛书”，于 1993—1996 年出版）、徐蓝的《英国与中日战争（1931—1941）》（北京师范学院出版社 1991 年版）、李世安的《太平洋战争时期的中英关系》（中国社会科学出版社 1994 年版）等。专题性的著作有黄友岚的《抗日战争时期的“和平工作”》（解放军出版社 1988 年版）、徐万民的《战争生命线——国际交通与八年抗战》、王真的《没有硝烟的战线——抗战时期的中共外交》（以上两书均为广西师范大学出版社 1995 年版）、项立岭的《转折的一年——赫尔利使华与美国对华政策》（重庆出版社 1988 年版）、牛军的《从赫尔利到马歇尔——美国调处国共矛盾始末》（福建人民出版社 1988 年版）和《从延安走向世界——中国共产党对外关系的起源》（福建人民出版社 1992 年版）、王建朗的《中国废除不平等条约的历程》（江西人民出版社 2000 版）、陈雁的《抗日战争时期中国外交制度研究》（复旦大学出版社 2002 年版）、陈仁霞的《中德日三角关系研究（1936—1938）》（生活·读书·新知三联书店 2003 年版）等。另外，还有大量有关战时外交的学术论文发表。

关于战时外交的研究，主要集中在以下几个方面。

一　中日关系

从日本发动全面侵华战争开始，敌对的中日两国之间不复存在正常的外交关系。但中日两国是如何进入战争状态的，以及战争期间中日之间的秘密交涉，仍属战时外交的研究范畴。

卢沟桥事变是日本发动全面侵华战争的起点，但日本一些人一直认为事变的发生是“偶然”的，事变之前日本“完全没有进行日华全面战争的计划和准备”。中国学者则认为日本以侵略扩张为目的的“大陆政策”，决定了它必然发动全面侵华战争。关于卢沟桥事变起因，过去一般认为事变之前日本的“佐藤外交”是施放和平烟幕，现有人依据日文资料指出，在1937年6月，日本决策者即已决定“侧重对华自主积极的推进，对佐藤外交之后退色彩予以修正”，而在事变发生的前一天，日本内阁在“首先对华一击”上取得了一致意见，剩下的问题只是选择时间和地点来制造借口予以实施。① 又有人对与事变起因相关的“不法射击”和“士兵失踪”等问题进行了比较详细的考证，指出日方编造的二十九军士兵打响第一枪、中国共产党派人居中放枪、日军士兵失踪等战争起因说法的荒谬性，并根据日本资料，论证事变绝非“偶发”，而是日本华北驻屯军、日本驻平津特务机关及日本侵华激进派共同策划的阴谋。日本军队是真正的肇事者。② 还有人认为，事变发生后中国政府虽然做了万不得已时起而抵抗的准备，但还是希望能求得事件的和平解决，并准备做出一定的妥协，可日本的贪得无厌把国民政府逼上了奋起抗战的道路。从把冲突扩大为战争的角度来说，日本挑起战争的责任也是不可逃脱的。③ 也有人对卢沟桥事变后中日两国外交交涉的两种途径进行了分析，认为日本在现地交涉和南京交涉中采取了迥异的策略，目的是分裂华北，为大规模的战争做准备。④ 另外，还有人对卢沟桥事变后中日两国在战争状态下却没有相互宣战的原因进行了分析。

关于战争期间中日双方的秘密交涉，论者过去一般是从国民政府和蒋介石准备妥协投降的方面加以阐述。近年出现一些认识上的分歧。如有人

---

① 臧运祜：《卢沟桥事变前夕日本对华政策的演变》，《抗日战争研究》1998年第1期。

② 曲家源：《卢沟桥事变起因考论：兼与日本有关学者商榷》，中国华侨出版社1992年版。

③ 参见王建朗《抗战初期的日本外交综论》、《卢沟桥事变后国民政府的战和抉择》，《近代史研究》1992年第1期、1998年第5期。

④ 参见荣维木《炮火下的觉醒——卢沟桥事变》，广西师范大学出版社1996年版。

认为，国民政府与日本的秘密交涉是对抗战的动摇，因为中日之间的“和平交涉”不是国际法一般意义上的“媾和”，在日本方面交涉的性质是政治诱降，目的是剥夺中国的国家主权，把中国变成日本的独占殖民地。蒋介石每当军事上严重失利、日本施弄诱降策略时，便发生谋求妥协的政治动摇。只是在1941年初美国采取积极的援华政策之后，国民政府才不再轻易俯就日本。[①]“近些年来某些论点肯定蒋介石以‘恢复七七事变以前的原状’为条件对日妥协为‘恰当’、‘有基本原则’的说法是站不住脚的。”[②] 另一些人却认为，妥协并不等于投降，为了结束战争而进行交涉并做出一定妥协并没有错，关键在于妥协的条件是什么。蒋介石在交涉中始终坚持恢复七七事变前的状态，反对日本的防共驻兵，是有基本原则的。[③] 在分歧意见之外也有一致的认识，即在中日交涉中双方各有意图，日本是想不战而胜，从中国抽兵北进或南进；蒋介石的策略目的，或为延缓日军进攻，或为阻止汪精卫成立伪政权，或为向英美施压以求得更多援助。[④]

另外，也有人具体考证中日秘密交涉个案，如杨天石的《“桐工作”辨析》（《历史研究》2005年第2期），主要利用了日本防卫厅防卫研究所的档案资料和台湾“国史馆”的“蒋中正总统档案—特交档—和平酝酿”，对发生在1940年的日本与国民政府的“和平”谈判即“桐工作”进行了较为深入的考证。认为这次谈判就中方来说，不过是军统特务为刺取情报而采取的权谋，其派出身份，出示的蒋介石亲笔文件和许多中方意见都是假的；蒋介石最初以“先行解决汪逆”为谈判条件，其后逐渐认识到日方的“欺诱”，主张“严拒”，同时下令审查参与谈判的军统人员，但为了阻挠日本对汪伪政权的外交承认，并没有立即关闭和日本秘密谈判之门。该文对于澄清以往关于“桐工作”研究中由于史料的差异而形成错讹，较有价值。

---

① 参见沈予《论抗日战争时期日蒋的“和平交涉”》，《历史研究》1993年第2期。

② 沈予：《抗日战争前期蒋介石对日议和问题再探讨》，《抗日战争研究》2000年第3期。

③ 参见蔡德金《如何评价卢 x 沟桥事变爆发后蒋介石的对日交涉》，《抗日战争研究》1996年第3期。

④ 参见杨天石《抗战前期日本“民间人士”和蒋介石集团的秘密谈判》，《历史研究》1990年第1期；汪熙《太平洋战争与中国》，《复旦学报》1992年第4期；杨奎松《蒋介石抗日态度之研究——以抗战前期中日秘密交涉为例》，《抗日战争研究》2000年第4期。

二　中德关系

在以往的研究中，德日两个法西斯国家被认为从一开始就狼狈为奸，德国协助日本破坏中国的抗战。现在不少人提出，日本发动侵华战争并不符合德国的战略利益，因为它担心日本陷入中国战场从而失去对苏联的钳制作用，并可能把中国推向苏联一边。“陶德曼调停”就是在这样的背景下产生的。在这一调停中，德国希望中日双方都做出妥协，达成停战，而并非站在日本的立场迫使中国投降。[①] 还有人提出，在抗战之初德国曾在中日间保持中立态度，并继续向中国输出军事物资，其军事顾问继续在中国军队中发挥作用。“陶德曼调停”失败后，德国外交政策完全倒向日本，但中德之间的易货贸易仍在暗中进行。直到 1941 年德国宣布承认汪伪政权，国民政府才宣布与德国断交。太平洋战争爆发后，中国对德宣战。[②] 但也有人认为，从九一八事变起直至中日战争全面爆发，德日两国都把德日关系置于它们同中国的关系之上，包括陶德曼调停在内，德国说服中国屈服日本的意图十分明确，其中并不存在中日双方妥协的期望。[③]

三　中苏关系

关于《中苏互不侵犯条约》，以往一般认为中国是单方面的受惠国。现有人提出，中国仅希望签署“中苏互助条约”，对“互不侵犯条约”并无兴趣，只是苏联施以不签此约就不向中国提供军事援助的压力后，中国才同意订立这一条约。作为条约的附加条件，中国承诺不与第三国签订“共同防共协定”，这就缓解了苏联对日本联华制苏的担忧。所以，这一条约对苏联也是有利的。[④]

---

① 参见杨玉文、杨玉生《中日战争初期纳粹德国“调停”活动内幕及其结局》，《近代史研究》1988 年第 1 期；王建朗《陶德曼调停中一些问题的再探讨》，《中共党史研究》1989 年第 4 期。

② 参见易豪精《从“蜜月”到断交——抗战爆发前后中德外交关系的演变》，《中共党史研究》1995 年第 5 期；陈方孟《论中日战争初期德国的对华政策》，《抗日战争研究》1996 年第 2 期。

③ 参见陈仁霞《德国召回在华军事顾问始末——中德日三角关系背景下的历史考察》，《抗日战争研究》2004 年第 2 期；陈仁霞《陶德曼调停新论》，《历史研究》2003 年第 6 期。

④ 参见王建朗《抗战初期的远东国际关系》，台湾东大图书公司 1995 年版；孙艳玲《抗战前期中国争取同苏联订立互助条约始末——兼析〈中苏互不侵犯条约〉的签订》，《抗日战争研究》2006 年第 1 期。

关于苏联对中国的物资援助，学者们一致予以肯定。但关于苏联向中国提供物资援助的数额及使用情况，过去一直有多种说法。有学者对此进行了认真的考证，澄清了过去在这个问题上的若干讹误，得出了比较准确的结论。① 还有人指出，苏联也因援助中国而深获其利，因为中国的抗战大大减轻了日本对苏联的压力。② 也有人提出，苏联对中国2.5亿美元的援助，后来中国都以战略物资进行了补偿。

关于《苏日中立条约》，有学者认为它分化了日德关系，保证了苏联在远东的安全，使之能够集中力量准备对德作战，这对世界反法西斯战争的全局具有意义。但苏日互相保证尊重所谓“满洲国”和“蒙古人民共和国”的领土完整和不可侵犯，是对中国领土主权的侵犯。③ 另有人认为，该约反映了苏联促使日本南下的意图，它既满足了日本占有中国东北的要求，又切断了日本经外蒙进犯苏联的通道，因而它是苏联为自身利益而牺牲中国的绥靖主义产物。④ 李嘉谷的《“苏日中立条约”签订的国际背景及其对中苏关系的影响》（《世界历史》2002年第4期），除继续表明《苏日中立条约》所附“宣言”侵犯了中国领土主权而理应遭到中国抗议外，还认为国民政府对该条约的评论是十分慎重的，蒋介石甚至认为：“是以苏日条约，就整个局势而论，对于我国抗战，与其谓有害，无宁谓其有益矣！”这是因为就日本来说，签订该条约主要是针对美英的。因此，作者认为“《苏日中立条约》促使美英在远东采取强硬政策，并积极援助中国的抗日战争”。这种从与以往不同角度评价《苏日中立条约》对中国影响的研究，值得人们思考。

关于《中苏友好同盟条约》，相当长的时期内，学术界对其持肯定态度。新的研究则认为，此约既有苏联协助中国对日作战的一面，也有苏联恢复沙俄在日俄战争中失去的权益的一面，不应全面肯定。它的积极因素是，苏联红军根据条约精神对日宣战，加速了战争结束的进程，并且在一定程度上遏制了美国势力。消极因素则是将雅尔塔协定合法化，反映了苏

① 参见李嘉谷《抗日战争时期苏联对华贷款与军火物资援助》，《近代史研究》1988年第4期。

② 参见齐世荣《中国抗日战争与国际关系（1931—1941）》，《世界历史》1987年第4期。

③ 参见李嘉谷《中苏关系史研究二题》，《抗日战争研究》1995年第1期。

④ 参见厉声《苏日中立条约试析》，《苏联历史问题》1985年第2期。

联的民族利己主义。对于中国革命，这一条约也产生了双重影响。① 也有人明确指出这是一个不平等条约，其中有关旅顺、大连、东北铁路和外蒙古的内容，都严重侵害了中国的主权。②

四　中国与英、美的关系

关于远东慕尼黑与英美的绥靖政策。一般认为抗战前期英美对待中日的政策具有双重性，一是对日妥协，一是援华制日。随着时间的推移，援华制日，逐渐成为主流。而在对日妥协这点上是否存在过远东慕尼黑阴谋，则有不同看法。传统的认识是，英美等国在绥靖政策主导下，确实存在过出卖中国的远东慕尼黑阴谋，拟议中的“太平洋会议”即是证据。近年有人提出不同意见，认为英美在远东对日本作出的妥协，无论在动机、程度还是后果上都不能和在欧洲的慕尼黑阴谋相提并论，而“太平洋会议”是由国民政府而不是由美英积极推动的，其目的是联合英美制日，因此不能把它说成是出卖中国的慕尼黑式的会议。③

关于英美新约。1943 年，英美同意与中国在废除不平等条约的基础上签订新约，一些学者对此予以充分肯定，认为尽管此后在实际上中国并未取得与英美完全平等的地位，但就法理而言，中国已经摆脱了屈辱地位。新约的订立，是包括中国共产党在内的全体中国人民奋勇抗战的结果，因此，肯定新约并不是对国民政府的褒扬，而是对中国全体军民抗日业绩的肯定。④ 还有学者对废约谈判进行了详细考察，指出美英政府在对华谈判中的态度有所不同，这是此后中英关系冷淡，中美关系亲密的主要原因之一。⑤ 也有人进一步分析美英在废约问题上表现不同，不仅在于美英在华利益和两国体制的差异，更深层次的原因是两国对战后世界的勾画，对中

---

① 参见王真《动荡中的同盟——抗战时期的中苏关系》。

② 参见刘存宽《重新评价 1945 年〈中苏友好同盟条约〉》，载《抗日战争研究》编辑部编《抗日战争胜利五十周年纪念集》；张振鹍《评〈中国近代不平等条约选编与介绍〉》，《近代史研究》1999 年第 3 期。

③ 参见王建朗《太平洋会议是怎么回事——关于远东慕尼黑的考察之一》，《抗日战争研究》1996 年第 3 期；《试评太平洋战争爆发前的英美对日妥协倾向——关于远东慕尼黑的考察之二》，《抗日战争研究》1998 年第 1 期。

④ 参见王建朗《中国废除不平等条约的历史考察》，《历史研究》1987 年第 5 期。

⑤ 参见吴景平《中美平等新约谈判述评》，《抗日战争研究》1994 年第 2 期。

国角色的期待和定位有着不同的认识。[①] 有争议的问题是，有人认为新约收回国家主权，应被视为中国摆脱半殖民地状态的标志。[②] 异议者则认为，新约并不标志着中国已经摆脱半殖民地地位，因为新约废除的主要是政治特权，并未废除所有的特权，而且在新约签订后，英美并未真正以平等态度对待中国，雅尔塔会议便是明证。[③]

关于美国在抗战后期的扶蒋抑共政策。过去一般认为，美国在抗日战争后期卷入中国内政，实行的是扶蒋反共政策。现有人通过对史迪威事件的研究，提出美国以战胜日本为首要目的，曾企图增强和发挥共产党部队的抗日作用，并主张国民党实行改革和加强国共合作；而蒋介石则一心保存实力，准备战后与共产党争战，不愿积极抗战，这是史蒋分歧的根本原因。[④] 关于赫尔利访问延安时接受中国共产党的五点建议，过去曾认为是一个骗局。现在多数人认为，赫尔利是认真的，因为赫尔利调处国共矛盾的目的，是要使中国共产党武装置于国民政府的控制之下，避免中国的内战。赫尔利后来变卦，转而支持蒋介石的三点反建议则另有原因。一是在国共矛盾不可调和的情况下，他的使命是无条件地支持蒋介石；二是他对国共两党分歧的要害缺乏了解。赫尔利是奉命行事，但在扶蒋抑共方面，他有时比美国政府的政策走得更远，并对美国政策的转变起了推波助澜的作用。[⑤] 赵人坤则认为，影响美国对华政策制定的因素是美国的整体世界战略、远东国际关系格局、中国国内政治形势。“抗战胜利前后的美国对华政策是促进国共合作，组成以蒋介石为首的联合政府。这一政策实施的时间是 1944 年春至 1946 年 3 月。”[⑥]

关于中国共产党战时对美政策问题。于化民的《短暂的合作：抗战后期中共与美国关系解析》（《抗日战争研究》2007 年第 3 期），比较深入地研究了战争后期中国共产党与美国的关系。作者利用大量中美两国的资料，论述了美军观察组访问延安如何开启中国共产党与美国合作关系、中

---

① 参见王建朗《英美战时废约政策之异同与协调》，《抗日战争研究》2003 年第 3 期。

② 参见陶文钊《中美关系史讨论会综述》，《近代史研究》1988 年第 6 期。

③ 参见王淇《1943 年〈中美平等新约〉签订的历史背景及其意义评析》，《中共党史研究》1989 年第 4 期。

④ 参见魏楚雄《论史迪威事件及其原因》，《近代史研究》1985 年第 1 期。

⑤ 参见陶文钊《赫尔利使华与美国政府扶蒋反共政策的确定》，《近代史研究》1987 年第 2 期。

⑥ 《二战结束前后美国对华政策问题再探讨》，《抗日战争研究》2008 年第 3 期。

国共产党对史迪威指挥权的支持、中国共产党配合美军登陆的战略设计、罗斯福对华政策的实质、赫尔利在国共纷争中所起的作用以及美国军事战略变化对其与中国共产党合作的影响，等等。他认为：战争后期，美国出于对日反攻作战的需要，排除了蒋介石的干扰，谋求与中国共产党建立合作关系，而中国共产党对此予以积极的回应，这主要表现在对史迪威的支持与配合美军登陆政策的制定与实施方面。但是，美国的长期战略目标是使中国成为一个由蒋介石主导的亲美国家，用以对抗苏联在远东的扩张企图。因此，尽管罗斯福主张在国共之间采取一种相对灵活的政策，但赫尔利却坚持无条件支持蒋介石的立场。结果是中国共产党与美国的合作并未达到双方预期的目的，而对抗必然代替合作。同样是研究中国共产党与美国的关系，刘中刚、孟俭红则在《抗战后期中共对美援的争取》（《抗日战争研究》2007 年第 1 期）一文中，从一个具体方面考察了中国共产党与美国合作关系的过程与结果。该文翔实描述了中国共产党从 1942 年开始至 1945 年中共七大以后结束的争取美援的全部历史过程，认为中国共产党争取美援失败主要有三个原因，即意识形态的差异、共同利益的逐渐丧失、蒋介石的阻挠。但是通过此举，中国共产党也有所收获，即向美国和世界展示了敌后抗日的业绩，逐渐认识到美国对华政策的本质，积累了对美外交经验并吸引了一些对中国共产党友好的美国人士。

关于战时美国援华战略与实施问题。阮家新的《抗战时期驻华美军部署及作战概况——兼谈中国战区在美国战略棋盘上的地位》（《抗日战争研究》2007 年第 3 期），比较翔实地叙述了战时美军在华部署及其变化，并且客观地评价了美军援华的作用以及美国援华的战略考虑。洪小夏的《抗日战争时期中美合作所论析》（《抗日战争研究》2007 年第 3 期），比较客观地描述了中美合作所成立的背景、过程与组织机构，认为该机构的主要职能是培训敌后游击干部，并组建中美联合游击队，而非反共。

关于中英之间有关香港问题的交涉。有人指出，在中英新约谈判时，英国顽固坚持殖民主义态度，不肯与中方讨论交回新界租借地问题。国民政府的态度一度比较坚决，但最终做出退让，致使中英新约得以成立。①

① 参见刘存宽《1942 年关于香港新界问题的中英交涉》，《抗日战争研究》1991 年第 1 期；李世安《1943 年中英废除不平等条约的谈判和香港问题》，《历史研究》1993 年第 5 期；陶文钊《太平洋战争期间的香港问题》，《历史研究》1994 年第 5 期。

至抗战结束时，国民政府没有认真做好收回香港的准备，使英国重新占领了香港。有人分析出现这种结果的主要原因是：英国人顽固地坚持其旧殖民主义的立场；美国的态度发生了变化；国民政府缺乏自立自强的精神，实行“反共优先”的政策。① 丁兆东的《中国访英团述评》（《抗日战争研究》2008 年第 1 期），内容涉及 1943 年底国民政府派遣中国访英团（又称报聘团）访英的曲折过程，其中披露的国民政府访英计划，也涉及香港问题、九龙问题、西藏问题和印度问题，等等。

关于美、英与中国西藏问题。张值荣、渠怀重《抗战前后中美英西藏问题的交涉》（《抗日战争研究》2007 年第 1 期）一文指出：“西藏很早就受到西方的觊觎。与美国相比，老牌殖民帝国英国更早涉入西藏问题，早在 20 世纪初英国就确立了在西藏势力范围的优势。因此，当太平洋战争爆发后美国发现西藏的地缘战略重要性时，势必与英国在西藏的利益发生冲突。”作者认为，由于战时中国与盟国的战略伙伴关系，并且与香港问题联系起来，英国虽然“并不承认自己有承认中国对西藏宗主权的义务”，但却主张维持西藏的现状，美国的政策则是：“就战争全局而言，中国政府的态度对美国和各盟国都具有极大的重要性。”因此，美国认为其“和西藏当局的任何关系中……应该避免无意之中和无缘无故地触怒中国政府”。尽管如此，无论是英国还是美国，在战时都与西藏分裂势力有着程度不同的联系。而在战后，美英两国虽然都有插手西藏的企图，但美国却更为积极，它的“以藏制华”，与其全球冷战战略需要有密切关系。另外，蒋耘的《宋子文与战时西藏问题交涉》（《民国档案》2008 年第 1 期），叙述了 1943 年中英间关于西藏危机交涉的过程，强调宋子文成功地维护了中国对西藏的主权。

五 中法、中韩关系

罗敏的《抗战时期的中国国民党与越南独立运动》（《抗日战争研究》2000 年第 4 期），论述了抗战时期国民党的援越政策经历了由秘密收容逐渐过渡到公开扶植，由局部的、应急性的援助过渡到全面的、有组织的援助的过程。同时还分析认为，因受对法关系的影响、中国援越机构之间的分歧、越南革命同盟会内部的矛盾等因素的影响，中国援越工作的实际成

① 参见刘存宽《英国重占香港与中英受降之争》，《抗日战争研究》1992 年第 2 期。

效并不显著。表明中国政府虽对越南独立运动深表同情，但本国利益的最大化是其最终依归。刘卫东的《论抗战前期法国关于中国借道越南运输的政策》（《近代史研究》2001 年第 2 期），探讨了抗日战争前期法国对华政策，认为中国根据中法有关条约向法国提出借道越南运输战略物资的请求，但法国却无视中国要求，原因之一是法国自身利益的需要，之二是奉行与英、美平行政策的产物，因而成为抗战时期西方列强对日绥靖的表现之一，制约和影响了中国抗战能力的发挥；但是，由于法国在借道政策的执行过程中对中国抱有一定程度的同情，使中国过境越南的运输在实际上一直没有中断，这种“禁而不止”的政策特征又使其带有较强的有限援华色彩，在客观效果上对中国抗战产生了一定的积极影响。黄庆华《抗日战争时期及战后初期的中法关系》（《抗日战争研究》2008 年第 3 期）一文，通过对蒋介石与戴高乐及其法国临时政府合作关系的建立、中国收容法国在越南的败军、法国交还广州湾租借地、宋子文拜访戴高乐、国民党越北交防并撤军等事件的考察，翔实叙述了战时中法关系的演变过程。作者认为，由于战时中法两国不仅同是受法西斯侵略的国家，并且战时两国都曾出现与日本合作的伪政权，因此两国间呈现了比较复杂的关系，即战时任何一个阶段的中法关系，都是在相互利用的基础上建立和发展起来的。

关于中韩关系，杨天石《蒋介石与韩国独立运动》（《抗日战争研究》2000 年第 4 期）一文，从蒋介石 20 世纪三四十年代促进在华韩国抗日力量的团结、支持朝鲜义勇队与韩国光复军、确定先于他国首先承认韩国临时政府的原则、推动韩国临时政府的改组、在开罗会议上倡言保证韩国战后独立、反对国际共管与南北分割而继续支持韩国临时政府等方面，论述了蒋与国民党给予韩国独立运动的政治、经济、军事、外交、道义等方面的援助。

除上述国民政府的战时外交活动外，还有学者对国民政府的外交制度问题展开了研究。如陈雁的《蒋介石与战时外交制度》（《民国档案》2002 年第 1 期）、刘贵福的《九一八事变后特种外交委员会的对日外交谋划》（《抗日战争研究》2002 年第 2 期），都属这类研究。

第六节　战时经济

抗日战争时期的中国经济，是在极为特殊的条件下运行的，它与中国抗战的进程及胜负结局有着密切的联系，因而也是抗日战争史研究中的一项重要内容。

早在20世纪50年代，作为中国近代经济史研究的一个部分，抗日战争时期的经济研究就已经开始。70年代末以后逐渐受到重视，出版、发表了大量研究资料、专著和论文。其中“国统区”的经济研究尤受学者青睐，取得的成果也最多。光专著就先后出版有周天豹和凌承学主编的《抗日战争时期西南经济发展概述》（西南师范大学出版社1988年版）、李平生的《烽火映方舟——抗战时期大后方经济》（广西师范大学出版社1996年版）、黄立人的《抗战时期大后方经济史研究》（中国档案出版社1998年版）、孙宝根的《抗战时期国民政府缉私研究（1931—1945）》（中国档案出版社2006年版）等多部。一些以民国经济史为研究对象的论著也少不了这方面的内容。更有大量论文发表。

对战时国统区经济的基本评价，从20世纪50年代至70年代末，一般少有人注意战时国统区经济相对日本的侵略而具有民族性的一面。因此，在总体评价上，对战时国统区经济多持否定态度。其中的主要观点是，以“四大家族”为代表的中国官僚买办资本在战时急剧膨胀，国民政府的经济统制政策主要是为了聚敛民财为官僚资本服务，这是造成战时通货膨胀、民不聊生的重要原因，其结果破坏了生产力的发展，妨碍了中国的抗日战争。80年代以后，一些学者开始注意从战时状态下中国经济与反侵略密切相关的大背景考察问题，对国民政府的战时经济政策给予比较客观的评价。如有人提出，国民政府在抗战初期的经济政策，总体上顺应了全国抗战的潮流，是符合人民利益的，它的实施促进了西南经济的发展，并有利于摆脱抗战初期的被动局面。① 关于统制经济，虽然有些学者仍持基本否定态度，但研究方法却与过去简单地套用现成理论框架不同，已比较注意对统制政策制定的背景、类别、内容、实施情况等进行深入分析。另有一些学者对统制政策持基本肯定的态度，认为它的制订与实施是反侵略战争的需要，在经济统制政策下，不仅公营企业得到了发展，部分民营企业也得到了发展。如在矿业方面，统制政策主要是由国民政府资源委员会中的专家制订的，在战争的特殊环境下，它的制订是被迫的，同时也是合理的；在战时由国家控制生产和流通、分配，有利于减少风险和阻力，促进

① 参见王同起《抗战初期国民政府经济体制与政策的调整》，《历史教学》1998年第9期。

矿业发展。[①] 再如黄岭峻的《30—40年代中国思想界的“计划经济”思潮》（《近代史研究》2000年第2期），与以往关于战时国民政府经济统制政策的制定实施与利害分析的研究不同，主要是从经济模式思想方面，探讨了在抗战相持阶段来临之际，国民党关于如何学习苏联“计划经济”的讨论之出现的原因，以及“统制”与“私有”观点之间的争论和“计划经济”赖以实现的政治条件。又如关于统制政策得失的研究，过去一般认为1942年后出现的严重经济衰退是统制政策造成的，现在有人提出，这种经济衰退是战争条件的变化引起的，与统制政策并无关系。[②]

除战时统制政策外，也有人注意到对国民政府的具体社会经济政策进行研究。如对于赣南新建设的研究，何友良的《蒋经国“建设新赣南”思想简论》（《抗日战争研究》2002年第2期），以蒋经国在赣南的“新政”主张与实践为研究对象，对影响一时的赣南“新政”进行了比较深入的剖析。文章提出，以“五有”（人人有工作、有饭吃、有衣穿、有屋住、有书读）为目标的赣南社会改革，在战时国统区十分罕见。而蒋经国的“新政”思想渊源，事实上并非完全“落在苏联的模式里”，其中还有孙中山的三民主义、蒋介石的三民主义、古代政治家的经验、现代资产阶级的政治学说，当然也包括了苏联社会主义的思想成果。从实践来看，这种社会改革确实取得了一些成效，但由于他的改革目标与战时环境、社会条件，尤其是国民党的体制和统治现实之间存在着深刻矛盾，最终还是难以实现。相关的研究还有温锐、游海华的《抗日战争时期赣闽粤边区的第一次现代化浪潮》（《抗日战争研究》2004年第4期）、黎志辉的《蒋经国“赣南新政”时期的社会动员》（《抗日战争研究》2004年第4期）。

关于国统区的农业经济，研究也在深入。过去一般认为田赋征实、垄断购销等战时农业政策是导致后方农业经济危机的一个重要原因。除仍有人坚持认为国民政府此时的农业政策消极影响大以外，也有人认为国民政府通过调整农业机构、增加投入、推广新技术、鼓励垦荒、兴修水利等措施，对后方的农业发展发生过积极作用。还有人认为，这些政策的实施，再加上工业内迁等因素的影响，后方农产品产量曾有较大增长，商品经济

---

① 参见唐凌《论抗战时期国民政府的矿业政策》，《抗日战争研究》1993年第4期。

② 参见陈雷、戴建兵《统制经济与抗日战争》，《抗日战争研究》2007年第2期。

也有发展。[①] 李在全、游海华的《抗日战争时期的乡村建设运动——以平教会为中心的考察》（《抗日战争研究》2008 年第 3 期）一文，考察了抗战时期平教会在湖南、四川等地开展的乡村建设活动，审视了这些活动如何与地方社会、经济、文化和政治产生互动与影响，并探讨了抗战时期民间团体与政府的关系与相互影响，最后指出："如果摆脱'革命'与'改良'这样两元对立、非此即彼的话语分析，我们会发现民国时期的乡村建设的大方向和实践内容是符合农村现代化规律和历史潮流的。"

关于国民政府的战时货币金融体制和外债的研究。过去一般认为，国民政府高度垄断的货币金融体制，是造成战时恶性通货膨胀的重要原因。现有人考察这一体制形成的原因、运作情况及结果，认为它尽管存在着许多弊端，却对抗战起到物质保证作用，并且把中国金融货币制度推进到资本主义时代。[②] 关于国民政府战时外债情况，实证研究的成绩最为突出。有人详细考证战时外债种类、债权国国别、外债数额、动用情况、本息偿付等情况后提出，"中国举借和使用外债的必要性、合理性应基本予以肯定"。"中国没有因外债问题而导致国家主权新的重大损失，中国在外债问题上所处的地位，也要优于其他任何时期。这些都与中国抗战在世界反法西斯战争中所处的重要地位以及中外关系新格局的形成，有着密切的联系"。[③] 其他相关研究还有潘国旗的《第三次全国财政会议与抗战后期国民政府财政经济政策的调整》、金正贤的《论国民政府的法币价值稳定政策及其在抗战中的作用》（以上两文均见《抗日战争研究》2004 年第 4 期）、张天政的《"八一三"时期的上海银行公会》（《抗日战争研究》2004 年第 2 期）、王红曼的《四联总处与西南区域金融网络》（《中国社会经济史研究》2004 年第 4 期），等等。

中国共产党领导下的根据地经济是战时经济研究的又一重点。在史料方面，从 20 世纪 80 年代以后，陆续出版了陕甘宁、晋察冀、晋冀鲁豫、山东、安徽、华中、东江等抗日根据地的财政经济史料集多种。专著主要有许毅主编的《中央革命根据地财政经济史长编》（人民出版社 1982 年版），朱绍南、杨辉远、陆文培的《淮北抗日根据地财政经济史稿》（安

① 参见周天豹、凌承学《抗日战争时期西南经济发展概述》。
② 参见董长芝《论国民政府抗战时期的金融体制》，《抗日战争研究》1997 年第 4 期。
③ 吴景平：《抗战时期的中国外债问题》，《抗日战争研究》1997 年第 1 期。

徽人民出版社 1985 年版），魏宏运主编的《晋察冀抗日根据地财政经济史稿》（档案出版社 1985 年版），应兆麟主编的《皖江抗日根据地财政经史稿》（安徽人民出版社 1985 年版），星光、张扬主编的《抗日战争时期陕甘宁边区财政经济史稿》（西北大学出版社 1988 年版），赵秀山主编的《抗日战争时期晋冀鲁豫边区财政经济史》（中国财政经济出版社 1995 年版），谢忠厚的《新民主主义社会雏形：彭真关于晋察冀抗日根据地建设的思想与实践》（人民出版社 2002 年版），李茂盛的《华北抗日根据地经济研究》（中央文献出版社 2003 年版），陈廷煊的《抗日根据地经济史》（社会科学文献出版社 2007 年版），等等。另外，新出版的一些新民主主义经济通史论著中，也有相当篇幅是记述抗日根据地经济的。至于研究论文，近 30 年来不下数百篇。这些研究，涉及中国共产党经济政策、土地改革、减租减息、财政税收、金融货币、大生产运动、工商交通各行业等内容。

土地改革和减租减息，一直是根据地经济研究的主要内容。一般认为，土地改革是中国共产党领导的新民主主义革命的内容之一，但在抗日战争时期，中国共产党的土地政策却是革命与改良相结合，是抗日民族统一战线总政策的一个组成部分。[①] 也有人认为，根据地的土地变革，表现在农村土地关系和阶级结构的变化以及某些地方的封建土地所有制问题的解决。[②] 还有人认为，减租减息虽然有着历史局限性，但这样的“让步”政策，加强了根据地的物质基础和群众基础。[③] 关于中共土地政策（减租减息）转变的时间，一般认为是以全面抗战爆发为标志，龚大明的《关于抗战时期中共土地政策的两个问题》（《贵州工业大学学报》2004 年第 2 期），通过考证认为 1935 年 12 月 6 日，中共中央做出《关于改变对富农策略的决定》是土地政策转变的开始，而 1942 年 1 月 28 日中共中央下发的《关于抗日根据地土地政策的决定》及其附件是土地政策正式形成的标志。李伯林的《减租减息与淮北抗日根据地乡村社会的变迁》（《抗日战争研究》2006 年第 2 期），具体考察了淮北根据地减租减息运动对农村社会产生的影响：减租减息使土地分散到中、贫农手中；阶级结构呈现出由

① 参见肖一平、郭德宏《抗日战争时期的减租减息》，《近代史研究》1981 年第 4 期。

② 参见温锐《略论晋察冀边区的土地变革运动》，载《第二届中国抗日根据地史国际学术讨论会论文集》，档案出版社 1993 年版。

③ 参见郭绪印《抗日战争时期中国共产党领导的减租减息运动》，《历史教学问题》1981 年第 3 期。

两极向中间流入的态势；乡村生活特别是贫下中农的生活得到改善，农民的参政意识由此增强。这种变迁深刻影响着中国乡村社会的历史走向。

关于税收和人民负担问题，一般认为，在服从抗日需要的前提下，根据地的税收政策以合理负担为基本原则，且税种少、税率低，照顾了多数群众的利益。也有人认为，在实行合理负担政策时，有些地区出现了“左”的偏向，这主要表现在税收累进率过高，影响了抗日各阶层之间的团结，不利于统一战线的巩固。中共中央发现问题后进行了纠正，做到钱多多出、钱少少出、赤贫免征，使税收负担面明显扩大。有的地区还把统一累进税改为农业累进税和工商累进税，实行不同算法，使负担更加合理。① 还有一种意见认为，根据地人民负担过重引起群众对政府的不满，而缓解这种矛盾则是开展大生产运动的一个重要原因。

关于货币金融，一般认为根据地的政策是成功的。有人认为，根据地的政策是“发行与巩固边币，保护法币，打击伪钞，肃清杂钞”②。对于边币发行流通对调剂农村经济、扶植生产、发展贸易、繁荣市场等增强抗日经济力量的作用，一般均持肯定态度。关于边币与法币的关系、边币与伪币的斗争，也有人进行研究。与货币金融相关的还有根据地的农贷研究。李金铮的《论 1938—1949 年华北抗日根据地、解放区的农贷》（《近代史研究》2000 年第 4 期），首次比较系统地介绍了华北根据地农贷政策的制订、农贷的组织系统、农贷的对象与用途、农贷的利率与清偿等情况，并对农贷的绩效与偏向作了客观分析，指出农贷政策的贯彻和执行，对根据地经济的恢复发展起到一定促进作用，但在实践中也发生了贷款平均分散、一些贫苦农民贷款少或没有贷上、干部徇私舞弊、贷款未用于生产、贷款不及时和有贷无还等错误和偏向。

关于工商贸易，其农村集市贸易和对敌贸易战方面的研究引人注目。有人以晋冀鲁豫根据地为例，详细介绍了农村集市贸易的由来和发展，提出它是根据地建设中不可缺少的一个方面，起到刺激根据地生产、提供军需、调剂人民物资联系、战胜伪币、支持抗日货币、促进根据地经济繁荣

---

① 参见星光《敌后抗日根据地的农村负担政策》，《抗日民主根据地建设与敌后游击战争》，中共党史资料出版社 1986 年版。

② 王同兴：《抗日战争和解放战争时期革命根据地的金融建设》，《中共党史研究》1990 年第 3 期。

的重要作用。[①] 也有人分析根据地对外贸易政策的演变过程，认为初期的对敌经济绝交造成走私盛行的消极后果，之后实行统一关税保护制、统一进出口管理、以货易货、有出有进等管理办法，逐步扭转了被动局面。[②] 李建国的《陕甘宁边区的食盐运销及对边区的影响》（《抗日战争研究》2004 年第 3 期），论证了抗战时期，为克服经济困难，打破国民党当局对边区的经济封锁，陕甘宁边区政府发起大规模食盐运销活动，对当时边区的贸易、财政、金融以及军政机关和边区人民生活都产生了巨大的影响，对边区社会经济的发展起到积极作用。陈志杰的《抗战时期陕甘宁边区公营商业的构成与经营》（《抗日战争研究》2004 年第 2 期），考察了陕甘宁边区公营商业的构成、经营状况，指出公营商业虽然数量不多，但能力较强，在承担政府要求的保障供给、稳定市场等方面起了关键作用。皖南事变后，公营商业由供给型转为经营型，虽然在实际运作中存在不少问题，但其经营方式、手段得以进一步丰富，也获得了可观的经济效果，客观上为克服经济、财政困难发挥了更大的作用。

此外，关于各根据地的大生产运动、工合运动、公营企业与私营企业、家庭手工业、难民安置、社会保障等问题，也均有人研究。其中比较系统深入的研究有黄正林的《抗战时期陕甘宁边区的经济政策与经济立法》（《近代史研究》2001 年第 1 期）、《抗战时期陕甘宁边区农业劳动力资源的整合》（《中国农史》2004 年第 1 期），闫庆生、黄正林的《抗战时期陕甘宁边区的农村经济研究》（《近代史研究》2001 年第 3 期）。

第七节　战时思想文化

中国近代每次剧烈的社会变动，都成为思想文化发展的重要动因，抗日战争也不例外。而战时思想文化的发展变化又与战争的实际进程密切相关，并在一定程度上影响战争的进程。因此，战时思想文化研究也成了抗日战争史研究中的重要内容。

新中国成立后，对于抗日战争时期的思想文化研究，主要集中在新民

① 参见魏宏运《论晋冀鲁豫抗日根据地的集市贸易》，《抗日战争研究》1997 年第 1 期。

② 参见杜晓《太行抗日根据地的财经建设》，《抗日民主根据地与敌后游击战争》，中共党史资料出版社 1987 年版。

主主义思想文化方面，但如同抗日战争史中其他问题的研究一样也是不充分的。据统计，80 年代以前，出版的相关史料仅有中国现代史资料编辑委员会 1957 年翻印的原由延安时事问题研究会编辑的《抗战中的中国文化教育》、北京大学政治系编印的《抗日战争时期的整风运动参考资料》(1962 年版)、张鼎的《抗战前线的文化兵工厂——回忆新四军的印刷所》(上海人民出版社 1958 年版)；文章 38 篇，其中多数还是史事介绍和回忆性文章；研究专著竟告阙如（据荣天琳主编的《中国现代史论文著作目录索引》中《抗日战争时期文化、史料类》的统计，北京大学出版社 1986 年版)。可以说，真正的学术研究尚未开始。直到 80 年代以后，关于抗日战争时期思想文化的研究才逐渐繁荣起来。

关于知识分子群体在抗日战争中的作为的研究，过去没有引起足够重视，只是到了最近 20 年，才有学者系统研究他们在抗战时期的种种活动及其在抗战中的影响。有人提出，从九一八事变开始，中国最先觉悟的知识分子就站在了抗日救国的前列。在整个抗日战争时期，以知识分子为主体的抗日群众团体、传播抗日救亡思想的图书报刊文艺作品，数量之多、影响之大，超出了近代中国其他任何一个时期。同时，尽管知识分子群体中包含了不同阶级属性的人群，他们有各自的思想政治倾向和文化流派观点，对社会政治和学术问题历来存在着争论，但在要不要抗日、要不要救国的问题上，却基本上没有什么分歧和争论。无论是共产党领导的解放区，还是在国民党统治区或沦陷区，都有知识分子群体开展抗日救亡活动，表现了中国知识分子抗敌救国的坚强品质。① 也有人对抗日战争时期知识分子的主要代表人物进行了研究，如关于胡适，过去的研究一般都强调他避战求和的政治主张，而对他从主和到拥护抗战的思想转变却没有论及。现有人提出，1937 年 9 月胡适奉命赴美做抗日宣传前夕，即已明告“低调俱乐部”诸人，他的态度全变了。后来还成了奔走抗日的外交使节。认为日本灭亡中国的野心，蒋介石政权的脆弱，无力担起议和的责任，国际上又无支持和平的确实保障，是促使胡适产生“和比战难百倍”见解的客观原因，而主观方面则不能忽略他内心的爱国憎日心理。胡适的低调主张，是一个学者的理智判断，以为妥协可以争取时间，避免过早应战而导

① 参见李侃《抗日战争与知识分子》，《抗日战争研究》1993 年第 1 期。

致惨败不可收拾。如因此而判定他是亲日、媚日，未免失于偏颇。① 有人对胡适在抗战时期关于中日现代化问题的思考进行了研究，认为胡适依据文化冲突的理论及规律模式，归纳了中日两国两种截然不同的现代化反应类型，即散发渗透型与中央控制型，由此预言中国必然战胜日本的前途。② 也有人通过对钱穆、张其昀、萨孟武等人思想的分析，重新检讨抗日战争时期的“民族文化优越论”，认为他们所倡导的古文化精华，实际上是借鉴西方现代化的模式，结合抗战现实需要，对中国古代文化形态的重塑。③

关于中国文化教育重心的转移。多年来，抗战期间高校的内迁问题引起了研究者的极大兴趣。普遍认为战时高校内迁打破了中国文化发展的不平衡性，不仅有力推动了抗日救亡运动的发展，而且为中国文化、中国教育在西南内地的发展做出了历史性的贡献。有人提出，高校内迁的结果是，改变了战前中国教育布局的不合理性，保存了中华民族最精要的资本，促进了抗战事业的进行和胜利，有助于后方经济建设和中国现代化事业，促进了贫瘠落后地区教育的现代化。关于战时大学教育恢复与发展过程中的各种原因，有学者研究后指出：国民政府对高等教育的重视，以及颁布的一些合理政策，如救济学生、增设学校、充实设施等，对战时高等教育的发展起了一定的促进和推动作用。④ 另有学者对沿江沿海文化科研机构的内迁进行了研究，指出这种内迁对西南地区经济文化的发展以至中国抗战，都产生了积极影响。⑤

关于战时思想流派的研究。以中国民族文化复兴为口号，战时出现过不同思想派别间的论争。这方面的研究也取得了一定的进展。如关于战国策派，过去少有研究，只是笼统地认为它是一种反民主的法西斯理论，是

---

① 参见耿云志《七七事变后胡适对日态度的转变》，《抗日战争研究》1992 年第 1 期。

② 参见陆发春《抗战时期胡适对中日现代化进程的历史反思》，《抗日战争研究》2006 年第 3 期。

③ 参见马勇《笔谈抗日战争与中国的现代化》，《抗日战争研究》2006 年第 3 期。

④ 参见余子侠《抗战时期高校内迁及其历史意义》，《近代史研究》1995 年第 6 期；余子侠《抗战时期教会高校的迁变》，侯德础、张勤《高校内迁与战时西南的科技文化事业》，徐国利《关于“抗战时期高校内迁”的几个问题》，金以林《战时大学教育的恢复和发展》，均载《抗日战争研究》1998 年第 2 期。

⑤ 参见张瑾、张新华《抗日战争时期大后方科技进步述评》，《抗日战争研究》1993 年第 4 期；黄立人《论抗战时期的大后方工业科技》，《抗日战争研究》1996 年第 1 期。

为国民党的政治独裁提供理论依据的，而对这一思想流派产生的社会文化背景并无认真考察。近年来，有人对战国策派的思想渊源和政治主张进行了具体分析，认为战国策派与国民党当局之间不可能是亲密无间的，他们反对传统文化，但目的是扫除他们认为的存在于儒家道德中的假仁假义，提倡尚武风气，从而抗战到底。这种非理性的民族主义存在着难以治愈的硬伤，即从个人本位的哲学出发，想得出以国家为本位的结论，从一开始就陷入一种二律背反的矛盾之中。[①] 还有人提出，"历史警醒意识"是战国策派在理论方面最有价值的贡献。"历史警醒意识"并不是单纯地号召人们不要忘记历史，更重要的是要求人们必须有足够的能力去驾驭历史。基于此种认识，战国策派严厉批判古史辨派只知从古书中寻找历史的学院派倾向，号召民众尤其是青年不要逃避现实，躲在古书里，而要勇敢地投入抗战洪流中。[②] 又如对陈立夫的唯生论和蒋介石的力行哲学的研究，有人提出，唯生论本质上就是唯心论，但它并不是一种纯粹的哲学主张，而是通过宣扬唯心主义世界观在政治实践中维护国民党的一党独裁统治。至于蒋介石的所谓力行哲学，有人指出它没有多少学理上的创造，不过是由王阳明的"知行合一"说与孙中山的"知难行易"说杂凑出来的，与唯生论一样，在本质上仍是唯心论。[③] 另外，对于传统文化学派、东方文化学派人物思想的个案研究也取得了相当的成果，如王鉴平的《冯友兰哲学思想研究》（四川人民出版社 1988 年版）、马勇的《梁漱溟评传》（安徽人民出版社 1991 年版）、郑大华的《张君劢传》（中华书局 1997 年版）等。陈独秀独立于各思想流派之外，在抗战时期提出过一些独到的思想主张，对此也有人进行了研究。如有人认为，他在抗战时期与国共两党及托派的政治主张均有很大分歧，总起来讲，在抗战初期他主要立足于国内状况去考察民主问题；在生命的最后几年，主要通过对苏联社会主义和国际共产主义运动的经验的分析，去考察人类社会的民主问题，提出了以民主为核心的政治体制的重建设想。[④] 相关研究还有范书林的《论陈独秀晚年的政

---

① 参见黄岭峻《试论抗战时期两种非理性的民族主义思潮——保守主义与"战国策派"》，《抗日战争研究》1995 年第 2 期。

② 参见雷戈《论"战国策派"的历史警醒意识》，《武陵学刊》1998 年第 5 期。

③ 参见刘大年、白介夫主编《中国复兴枢纽》，北京出版社 1997 年版。

④ 参见赵国忠《90 年代陈独秀研究的新进展》，《安庆师院学报》1998 年第 4 期；史远香《陈独秀抗战主张述评》，《抗日战争研究》1998 年第 2 期。

治思想》（《东岳论丛》2006 年第 4 期），鞠北平、蒋立场的《陈独秀晚年民主思想探源》（《兰州学刊》2008 年第 2 期），王燕的《陈独秀晚年对苏共若干问题的认识与反思》（《东岳论丛》2008 第 3 期），等等，这些研究大多肯定了陈独秀的晚年思想。

关于抗战文艺研究。就广义而言，抗战文艺研究既包括文艺作品的研究，也包括文艺创作的政策、思想等背景状况的研究。而文艺作品的研究，无论按其小说、散文、诗歌、音乐、电影、戏剧等形式分类，还是按解放区、国统区、沦陷区作品分类，内容均十分庞杂，难以一一介绍，有兴趣者可参阅章绍嗣《抗战文艺 60 年回眸》、李仲明《抗战时期沦陷区文学研究述略》两文（均见《抗日战争研究》1998 年第 4 期）。这里仅就有关抗战文艺创作的政策、思想等背景状况的研究略作介绍。

关于国民政府的文艺政策。有人提出，国民政府在抗战时期的文艺政策从总体上说是顽固地推行文化专制主义，但在抗战的不同阶段也有所不同：一是 1937 年 7 月至 1938 年 6 月，国民政府的文艺政策在抗战爆发的大背景下有过一段时间的暂时放松；二是 1938 年 7 月至 1940 年底，国民政府开始采取一些防范措施，控制进步文艺，只是出于对抗日民族统一战线这面招牌的顾虑，未敢推行赤裸裸的文化专制主义政策；三是 1941 年初至抗战胜利，由于国共摩擦的加剧，国民党为配合政治上军事上的反共高潮，开始推行赤裸裸的专制主义的文化政策。①

关于桂林文化城问题。20 世纪 60 年代初，《广西日报》副刊开辟“文化城忆旧”专栏，为桂林文化城的研究提供了一些有价值的资料。“文化大革命”期间，文化城的研究成为禁区。80 年代，桂林文化城的研究步入正轨，陆续出版了一批回忆录、专题资料和学术著作，发表了大量研究论文。关于桂林文化城的建立与发展，许多人认为共产党人特别是周恩来起了很大的推动作用。② 也有人认为，桂林文化城的形成，是桂系领导人实行开明政策的结果。关于桂林文化城的贡献，多数人认为桂林抗战文化发展了“五四”以来的新文化，把国统区抗日文化运动推向了一个新阶段，在那里涌现出的一大批有影响的文艺作品，在中国现代文化史上留下

① 参见张强《国民党抗战时期的文艺政策》，《民国档案》1991 年第 2 期。

② 参见曹裕文《抗日战争初期周恩来在桂林的贡献》，《广西党校学报》1990 年第 5 期；魏华龄《抗日时期文艺界抗敌桂林分会》，《广西文史资料》1982 年第 15 期。

了光辉的篇章。[①] 另外，还出版有桂林抗战文化研究专著数种，如邓群的《中国共产党与桂林抗战文化》（广西人民出版社 2005 年版）、魏华龄的《一个独特的历史现象：桂林抗战文化》（漓江出版社 2008 年版）等。除桂林文化城外，还有人以区域划分，对台湾、昆明、延安、上海、贵阳、山东等地的战时文学发展状况进行了研究。

关于新民主主义文化思想的研究。这一研究在很大程度上是对具有反映意识形态特点的关于中国文化发展方向认识方面的研究，因此，新中国成立以来一直很受重视。不过，现在也有人提出不同的观点。如有人从东方文化复兴的角度，具体分析新民主主义文化思想与新儒学派、西化自由派的关系，认为毛泽东的“民族的科学的大众的文化”的著名论断，“隐含着对东方文化以民族为本位的民族精神与以西化自由派科学民主为用的时代精神，也隐含着共产党人以人民为体的民本思想和政治倾向，是一种综合性的文化整合与创造”；“新民主主义文化是中国的马克思主义旗帜，应该说它对新儒学派与西化自由派的观点尽管有反驳，然而其体系深处还是有着许多互相联系而共同形成了以新儒学派、西化自由派及马克思主义三大思潮为代表的现代人文基础”[②]。还有人提出，在共产党人内部，关于新民主主义文化的思想认识也有明显歧见。张闻天在毛泽东提出的“民族的、科学的、大众的”文化方向之外，还提出了“民主的”方向。对于“民主的”这一点，张闻天解释即反封建、反专制、反独裁、反压迫人民自由的思想习惯，主张民主自由的思想习惯与制度，主张民主自由、民主政治、民主生活与民主作风。毛泽东未提“民主的”，而只是在解释“大众的”时说，“这种新民主主义的文化是大众的，因而即是民主的”。以“大众的”来包括文化发展的民主方向，道理上说不通。这表明在中国文化发展方向问题上，毛泽东和张闻天存在着重要分歧。[③]

另外，也有人对中国共产党抗战时期的思想走向进行研究，如王桧林的《中国共产党在抗日战争时期的两种趋向：融入世界与转向民族传统》

① 参见魏华龄《近十几年桂林抗战文化研究述评》，《抗日战争研究》1994 年第 3 期。

② 皇甫晓涛：《抗战前后文化思潮与“东方文化复兴”的历史主题发展》，《吉林大学学报》1997 年第 6 期。

③ 曾彦修：《文化发展方向要不要强调民主——延安时期毛泽东、张闻天在这个问题上的歧见》，《炎黄春秋》1998 年第 7 期。

(《抗日战争研究》2001 年第 1 期), 比较宏观地分析了中国共产党战时的两个并存的重要的思想发展趋向。他提出:“在世界进入资本主义化进程的时候, 中国还是一个落后的封建国家, 中国要生存下去就必须学习西方, 这就产生了一个融入世界的问题。中西文化接触后, 在吸收西方先进文化的同时, 也出现了割裂中国文化传统、过分否定中国传统文化价值的现象; 但是一因中国文化传统深厚, 二因传统文化有其实效性, 这就产生了转向民族传统的问题。近代以来这两种趋向一直存在, 而抗日战争期间更有突出的表现。抗日战争时期中国共产党对于上面两种趋向做了顺应的变化。中共本来只是在共产国际划定的范围内活动, 对帝国主义国家采取坚决对立的立场, 这时则积极与美英打交道, 认为‘中国已紧密地与世界连成一体’。中共长期激烈地反传统, 甚至声称‘五四’‘被埋葬在历史坟墓里’了。这时转为主张批判地继承中国传统文化, 提倡‘马克思主义中国化’、‘民族形式’、‘中国作风与中国气派’。这些是中共党史上的重大变化”, 而“这种变化对中国有着极大的意义。”

第八节　日军侵华政策与战争遗留问题

在抗日战争史研究中, 日本侵华政策的演变及其实施, 日军的罪行、暴行, 战后的审判与战争遗留问题等重大问题, 也引起了学者们的极大关注。

关于日本侵华政策, 严格说来应属于日本近代史或中日关系史的研究范畴, 但它与中国抗日战争又有着密切联系, 也是抗日战争史研究的对象之一。资料方面, 最早出版的是上海复旦大学历史系编辑的《日本军国主义侵华资料长编》(上海人民出版社 1978 年版)。从 20 世纪 70 年代末起, 由中国社会科学院近代史研究所民国史研究室编辑、中华书局陆续印行的《中华民国资料丛稿》中, 翻译了一批主要源于日本防卫厅防卫研究所战史室整理的史料, 其中包括《中国事变陆军作战》《华北治安战》《河南作战》《湖南作战》《广西作战》, 等等。之后, 天津政协编译委员会又摘译了日本防卫厅防卫研究所战史室编纂的《大本营陆军部》, 另名为《日本帝国主义侵华资料长编》(四川人民出版社 1987 年版)。在此前后, 参加过侵华战争并在不同层次上参与过侵华政策制订的原日本官员的回忆录，也被翻译成中文，其中有重光葵的《侵华内幕》（解放军出版社 1987 年版）、《土肥原秘录》（中华书局 1980 年版）、《今井武夫回忆录》（中国文史出版社 1987 年版）。另外就是井上清的《日本军国主义》（商务印书馆 1985 年版）、藤原彰的《日本近代史》（商务印书馆 1983 年版）、服部卓四郎的《大东亚战争全史》（商务印书馆 1984 年版）、森松俊夫的《日军大本营》（军事科学出版社 1985 年版）、信夫清三郎的《日本外交史》（商务印书馆 1980 年版）了，等等。这些翻译过来的史料和专著，为中国学者研究日本侵华战略提供了一些方便。内地对日本侵华战略的系统研究，有徐勇的《征服之梦——日本侵华战略》（广西师范大学出版社 1993 年版）、臧运祜的《七七事变前的日本对华政策》（社会科学文献出版社 2000 年版）、史桂芳的《“东亚联盟论”研究》（首都师范大学出版社 2001 版）、关捷的《日本侵华政策与机构》（社会科学文献出版社 2002 年版）、沈予的《日本大陆政策史（1868—1945）》（社会科学文献出版社 2005 年版）、林庆元和杨齐福的《“大东亚共荣圈”源流》（社会科学文献出版社 2006 年版）、米庆余的《近代日本的东亚战略和政策》（人民出版社 2006 年版）等。这些研究，对于日本近代以来侵华政策的缘起和演变，都有基本的勾勒。一般来说，中国学者之间并无观点分歧，而在日本侵华政策是否有一以贯之的特征问题上，与日本学者的分歧却比较明显。

关于日军罪行、暴行的研究，从 20 世纪 80 年代开始，到 90 年代形成高潮。由于这种研究主要是揭露与考证史实，故在出版的著作中难以区分哪些是史料性图书、哪些是研究专著。已经出版的图书主要有：南京大屠杀史料编辑委员会编辑的《侵华日军南京大屠杀史料》（江苏古籍出版社 1985 年版）、《侵华日军南京大屠杀暴行照片集》（江苏古籍出版社 1985 年版）、《侵华日军南京大屠杀档案》（江苏古籍出版社 1987 年版）、中央档案馆和中国第二历史档案馆编辑的《日本帝国主义侵华档案选编——南京大屠杀》（中华书局 1995 年版）、朱成山的《侵华日军南京大屠杀幸存者证言集》（江苏古籍出版社 1994 年版）、南京大屠杀遇难同胞纪念馆编辑的《侵华日军南京大屠杀外籍人士证言集》（江苏古籍出版社 1998 年版）、章开沅的《南京大屠杀的历史见证》（湖北人民出版社 1995 年版）、中国第二历史档案馆等编辑的《侵华日军南京大屠杀图集》（江苏古籍出版社 1997 年版）、中国人民抗日战争纪念馆编辑的《日军侵华暴行》（北京出版社 1995 年版）、章伯锋等主编的《血证——侵华日军暴行日志》

(成都出版社1995年版)、军事科学院编辑的《凶残的兽蹄——日军暴行录》(解放军出版社1994年版)、中央党史研究室编辑的《日军侵华暴行纪实》(中共党史出版社1994年版)、北京档案馆编辑的《日本侵华罪行实证》(人民出版社1995年版)、李秉新编辑的《侵华日军暴行总录》(河北人民出版社1995年版)、符和积主编的《铁蹄下的腥风血雨——日军侵琼暴行实录》(海南出版社1995年版)、郭成周等编辑的《侵华日军细菌战纪实》(北京燕山出版社1997年版)、韩晓编辑的《侵华日军细菌部队罪证图片集》、纪道庄等编辑的《侵华日军的毒气战》(北京出版社1995年版)、步平等编辑的《化学战》和《阳光下的罪恶——侵华日军毒气战实录》(黑龙江人民出版社1999年版),以及与日军南京大屠杀有关的译著《拉贝日记》(江苏人民出版社、江苏教育出版社1997年版)和《东史郎日记》(江苏教育出版社1999年版)等。最近10年,相关著述更是层出不穷,如章开沅的《从耶鲁到东京:为南京大屠杀取证》(广东人民出版社2003年版),陈先初的《人道的颠覆:日军侵湘暴行研究》(社会科学文献出版社2004年版),中共河北省委党史研究室编的《长城线上千里无人区》(中央编译出版社2005年版),中央档案馆、中国第二历史档案馆、河北省社会科学院编的《日本侵略华北罪行档案》(河北人民出版社2005年版),张宪文、吕晶编的《南京大屠杀真相》(江苏人民出版社2007年版),张宪文主编的《南京大屠杀史料集》(江苏人民出版社2005年出版1—29集,2007年出版30—55集),等等。《南京大屠杀史料集》的内容涵盖四大类型:一是加害方日本方面的史料;二是受害方中国方面的史料;三是第三方欧美国家等方面的史料;四是战后远东国际军事法庭和中国军事法庭方面的史料。这些史料,多数是首次在内地披露,利用价值极高。

关于战争遗留问题,并不仅仅是个学术问题,实际是国家之间的大是大非问题,没有日本对中国的侵略,当然也就不存在什么战争遗留问题了。因此,20世纪90年代以后,战争遗留问题开始成为抗日战争史研究中的一项新内容。战争遗留问题主要包括钓鱼列岛的主权归属问题、中国劳工和慰安妇受害事实、日军施用生化武器侵害和遗害中国问题、香港军票问题、中国民间战争受害赔偿问题,等等。战争遗留问题虽然是个新的研究领域,研究时间也不算长,而且还有某种非学术性因素的干扰,但在众多学者和社会热心人士的积极努力下,还是取得了相当可观的成绩。限于篇幅，这里仅择要介绍有关钓鱼列岛主权归属和慰安妇两个问题的研究概况。

关于钓鱼列岛主权归属问题的研究。钓鱼列岛自古以来就是中国的固有领土，由于清政府的腐败无能，1895 年后被日本武力窃占。1945 年日本在第二次世界大战中战败投降，该列岛受美国托管。1971 年美国结束托管，将该列岛作为琉球群岛的一部分，私相授受于日本管理。新中国成立以后，中国政府多次申明对该列岛拥有主权。20 世纪 90 年代，有学者以大量文献资料论证：早在 15 世纪以前，中国就已经发现了钓鱼岛并为之命名。以后几个世纪，在日本图籍中不仅沿用了中国对钓鱼岛及附近岛屿的命名，而且明确将其划在中国海域之内。还有数种明清文献资料证明：钓鱼列岛列入中国版图之后，曾先后划归中国福建和台湾海防区域。虽然日本在甲午战争后吞并了钓鱼列岛，但按照《开罗宣言》和《波茨坦公告》，日本理应将其交还给中国。[①] 还有人以日本文献，论证日本在中日甲午战后实际占领钓鱼列岛之前，朝野人士的共识是："钓鱼列屿系台湾附近清国所属岛屿。"[②] 近年出版的相关图书，则有鞠德源的《日本国窃土源流：钓鱼列屿主权辨》（首都师范大学出版社 2001 年版）和《钓鱼岛正名：钓鱼岛列屿的历史主权及国际法渊源》（昆仑出版社 2006 年版）、郑海麟的《钓鱼岛列屿之历史与法理研究》（中华书局 2007 年版），等等。

关于慰安妇问题的研究。中国学者的研究，相对于日本、韩国学者，起步较晚。出版的研究著作，主要有苏智良撰写的《慰安妇研究》（上海书店出版社 1999 年版）、《日军性奴隶：中国"慰安妇"真相》（人民出版社 2000 年版），以及由他主编的《滔天罪孽：二战时期的日军"慰安妇"制度》（学林出版社 2000 年版），还有陈庆港的《血痛：26 个慰安妇的控诉》（北京出版社 2005 年版），陈丽菲、苏智良的《追索：朝鲜"慰安妇"朴永心和她的姐妹们》（广东人民出版社 2005 年版），苏智良、陈丽菲、姚霏的《上海日军慰安所实录》（上海三联书店 2005 年版），等等。论文方面，有学者对日军实行慰安妇制度的动机和成因做了比较深入的研究，提出慰安妇制度绝不是商业行为，而是日军以进行侵略战争为目的的

---

① 参见吕一燃《历史资料证明：钓鱼列岛的主权属于中国》，《抗日战争研究》1997 年第 4 期。

② 吴天颖：《日本觊觎我钓鱼列屿的历史考析——再质奥原敏雄教授》，《抗日战争研究》1998 年第 2 期。

决策；中国慰安妇来源于抢夺、俘虏、诱骗和强征妓女；在36万至41万慰安妇中，大多数是朝鲜和中国妇女。① 史料方面，有人披露了日军在天津强征慰安妇的一组档案资料，内容涉及日军设立强征中国慰安妇的机构、向伪政府下达征集慰安妇的命令、强征人数、管理办法等。② 有人对日军设在上海和南京的一些慰安妇所进行了实地考察，还有人对山西盂县幸存的当年受害妇女进行了访问调查。这些工作，推动了研究的深入。

第九节　未来展望

中国近代史，以往一度以五四运动为界，其后便不属于近代史范围，而称为中国现代史了。这是以民族民主革命为研究分期的划分标准，近代史属于旧民主主义革命史，现代史属于新民主主义革命史。在这样的研究分期划分下，抗日战争史作为中国现代史中的革命史或中共党史的组成部分，固然受到重视，却难免存在研究上的某种局限。20世纪70年代末至80年代初，中华民国史开始成为研究“热门”，抗日战争史研究作为民国史研究的一个组成部分，无论是在视角还是内容，甚至方法方面，都发生了很大的变化。而到了90年代之后，由于中日现实关系明显受到历史问题的影响，也由于中国迫切需要建构民族复兴理论以加快现代化建设的步伐，抗日战争史的研究逐渐成为近代史研究中的一个独立部分，研究视角与内容又有了新的变化。

就视角而言，抗日战争史的研究，总的说来不外两大视角，一是日本的侵略，二是中国的抵抗。抗日战争作为中国民族民主革命的重大事件，它的发生、发展过程与结果，确曾极大地改变中国的历史走向，中国共产党不仅在战争中发展壮大起来，并且在战后不长的时间内就战胜了国民党的专制、独裁，建立了新中国。因此，在民族民主革命研究分期的条件下，中国共产党在抗战时期的活动便必然成为观察与记述的中心和重点。而当民国史研究兴起后，这种情况便发生了变化，对于抗日战争的观察和记述渐渐超越了国共党派斗争的视角，在很大程度上促成了抗日战争史研

① 参见苏智良《关于日军慰安妇制度的几点辨析》，《抗日战争研究》1997年第3期。

② 参见王凯捷、杨厚供稿《日军在天津强征中国妇女充当慰安妇的档案史料》，《近代史资料》总第94号。

究的深入。最近十几年，尤其是近几年，受国家以经济建设为中心的现代化建设需要的影响，研究视角又有所变化。一些学者开始更多地审视抗日战争对中国现代化进程的影响。袁成毅《现代化视野中的抗日战争》（《史林》2005 年第 1 期）、荣维木《怎样以现代化的视角解读抗日战争》（《史学月刊》2005 年第 4 期）、虞和平《中国抗日战争与中国文艺的现代化进程》（《抗日战争研究》2005 年第 4 期）、丁贤勇《近代战争与新式交通发展：以浙江抗日战争为中心》（《抗日战争研究》2007 年第 3 期）等文所阐述的无不是这方面的思考。也有学者就如何建立抗日战争史研究的跨国合作，达成跨越国境的共同认识提出了自己的见解，认为建立跨越国境历史认识其实并不仅仅表现在学术研究层面，而可深入到政治层面与民众感情层面，历史研究者必须意识到解决这两个层面的历史认识问题的重要性。①

随着研究视角的扩大，研究内容当然也就丰富多了。受研究视角的影响，以往的研究多数时候主要集中在政治、军事方面，虽然诸如经济、外交、社会等方面也有所涉及，但相对政治、军事而言，实际仍处于从属地位。而近 30 年，尤其是最近 10 年，情况有了很大不同。政治、军事研究已明显减少，其他方面的研究在明显增长。即使是政治、军事研究，所研究的内容和认识也大不相同了。抗日战争作为一个历史时段，它对中国各方面的影响都成了学者的研究对象，而且开辟了一些新的研究方向，如前所述关于战争遗留等问题，就是 20 世纪 90 年代以后开始成为研究热门课题的。

抗日战争史研究的这些新变化，有助于研究的深入发展。但是，要想取得抗日战争史研究更大更多的成就，全面提升抗日战争史研究的科学性，仅仅满足于此种变化是不够的，个人以为，尚需在以下三个方面做出新的努力。

一是要坚持和正确运用马克思主义唯物主义历史观，坚决排除先入为主的唯心主义怪想。像以往那样片面夸大共产党及八路军、新四军在抗日战争中的地位和作用，抹杀蒋介石及国民党军队的地位和作用，不分青红皂白地将“汉奸”问题无限扩大化，以为但凡留在沦陷区的知识分子都是“汉奸”，沦陷区的文学、艺术都是为日本侵华服务的，通通贴上“汉

① 参见步平《笔谈“抗日战争与中日关系史研究”》，《抗日战争研究》2009 年第 1 期。

奸”文学、艺术的标签，等等，必然有违历史事实，为真正的历史科学所不取。但是，近今出现的一味贬损、抹杀共产党及八路军、新四军在抗日战争中的地位和作用，夸大蒋介石及国民党军队的地位和作用，甚至把蒋介石的“剿共”也看作是为抗日而做的准备，千方百计为出卖国家、民族利益的汉奸辩解，甚至完全否定汉奸的存在，连汪精卫也认为不应“被视为汉奸”的倾向，应该说也不是实事求是的科学态度，同样是一种违背历史实际的片面性，与以往的片面性毫无差别，必须坚决抛弃。而要做到这一点，唯有坚持和正确运用马克思主义唯物主义历史观才有可能。

二是要正确处理实证研究与理论研究的关系。历史研究的任务是什么？首要的任务当然是准确地把握历史事实，其次就是在了解真实历史事实的前提下发现历史的基本规律。实证性研究是为了弄清基本的史实，而理论研究是为了寻找历史的基本规律，表面似有先后之别，实际是一个不能分割的完整的研究过程。视角的扩大，史料的发掘，方法的更新，为准确把握历史事实创造了条件。若干年来，实证性研究大为加强，有关史实辨证的成果相对丰富，无疑是一个十分可喜的现象。但是，如果我们的研究仅仅停滞在此，而不去研究历史发展的基本规律，那就只走了历史研究进程的一半，也忽略了历史研究的根本意义。个人不太赞成“一切历史都是史料学”的说法，而比较倾向于“一切历史都是思想史”的观点，就是从这一根本任务出发的。以往那种“以论代史”的所谓研究固然不可取，今日抗日战争史研究中一定程度存在的重史而略论的倾向同样也是不可取的。因为它与不少学者评说的日本史学界的“碎化历史”和“历史无构造”倾向，有着异曲同工之处。

三是要正确处理历史研究与现实政治的关系。历史研究有为现实政治服务的一面，这是毫无疑问的，古今中外，莫不如此。所谓“一切历史都是当代史”，就是这个意思。60年抗日战争史研究的演变历程，其实也反映了这一点。但是，历史经验同时也告诉我们，历史研究还有学术性的一面。历史研究虽与现实政治密不可分，却有一个限度问题，超过了这个限度，就违反了科学性。所谓科学性，就是要尊重历史实际，既不能曲解、改铸历史，也不能对历史事实熟视无睹，更不能故意隐瞒历史真相。如果出现这种现象，不仅会阻碍学术研究的深入，间接地也会削弱它为现实政治服务的功能。比如，两个战场作用与关系的研究，中国抗日战争与世界反法西斯战争关系的研究，中国战争损失的研究，战争遗留问题的研究，其本身就存在很大的政治性，这种研究如果超出了历史研究特性所能允许的限度，就往往会陷入难以自圆其说的困境。这是需要引起人们特别注意的，否则，历史研究反而不能实现为现实政治服务的功能。

第二十二章

人物研究

历史是由人创造的，历史研究从来就是以人物研究为重心为主题的。在新中国诞生后的60年中，中国近代史研究发生了天翻地覆的变化，许多重要历史人物的评价发生颠覆性的改变：或走下神坛，步入凡间；或祛除“妖魔化”，恢复其本来面目；过去“革命话语”中的反面，乃至反动的人物，纷纷被重新评价，有的甚至被重新塑造成近代中国的圣人、完人，比如曾国藩。这些变化有其合理性，也有某些非理性因素。

全面评述60年来近代历史人物研究的成就与问题，当然不是本章有限的篇幅所能完成的，而只是囿于个人阅读，在尽可能兼顾各方面基本状态的同时，有所选择地略加评述，挂一漏万，势所难免。

如同整个近代史学科一样，近代中国历史人物的研究在过去60年中总是随着中国政治生活的变动而改变着自己的形态和评估体系。大体说来，以1979年为标志分为前后各30年两大阶段[①]，前一个阶段“以阶级斗争为纲”的主张对近代人物的研究有着深刻影响，而后一个阶段，先是“去阶级斗争化”，继则多元化、多样化，“去政治化”，许多近代政治人物的研究越来越倾向于个性人格，甚至根本不再提及阶级分析和阶级立场。

两个大的历史阶段当然还可以细分，比如第一阶段至少可以分为新中国诞生后17年和“文化大革命”10年；第二个阶段也至少可以分为两个时期，一是1979—1989年，1989年春夏之交的政治风波是改革开放30年

---

① 1978年底，中共十一届三中全会召开，标志着新时期的开始，学术界所受到的影响略微滞后。

历史中一个重要转折，此后20年与先前10年虽然没有本质区别，但苏联东欧政治剧变的深刻影响，市场经济的剧烈冲击，在在影响着学术界的走向，影响着对近代百年人物研究的进程。

第一节　价值体系的重建与实践

1949年10月中华人民共和国成立以后，近代中国历史人物研究与历史学的其他领域一样，确立了马克思主义的历史唯物主义和辩证唯物主义的支配地位，建立了新的价值评估体系。在此价值体系下，旧史学盛行的以帝王将相为主体的英雄史观遭到否定和摒弃，近代中国历史人物研究的面貌发生了前所未有的变化。

按照历史唯物主义观点，代表社会历史前进方向的是人民群众，因此人民群众在近代中国历史上的活动和作用开始受到研究者的重视。如鸦片战争时期三元里以及东南沿海人民群众的抗英斗争、太平天国时期各族人民的反清斗争、辛亥革命时期各地所发生的“民变”、“五四”时期的青年学生运动、第一次国共合作时期的工农运动、抗日战争时期各族人民的抗日斗争、解放战争时期人民群众的支前运动等，都成为那时一些新派学者津津乐道的研究对象，一部近代史已不再是单纯的统治阶级帝王将相、英雄豪杰的奋斗史、争权史，而是人民群众反对帝国主义、封建主义和官僚买办资本主义三座大山的历史。

人民群众成了历史的主角，历朝历代被视为叛逆、流寇、盗贼等的那些人被1949年之后的新史学奉为历史发展的动力和主力，正统史学家强加给他们的那些诬蔑不实之词被彻底清除，马克思主义新史学认为这些所谓的叛逆、流寇、匪首、盗贼等，其实就是农民起义的领袖，就是资产阶级反清革命家、思想家、社会改革家，他们的历史地位不容否定，他们的历史贡献值得仔细研究和表彰，他们反抗外国侵略和封建压迫的光辉业绩得到了应有的肯定，他们为挽救民族危亡和推动社会进步与发展的献身精神得到了应有的尊重和赞扬，从这个意义上说，马克思主义新史学的确是将被正统史学家颠倒的历史重新颠倒过来了。

然而，由于人们刚刚开始学习和运用马克思主义唯物史观，形而上学和形式主义的东西在所难免。许多研究者虽然真诚希望运用马克思主义的观点分析问题和研究问题，但在研究实践中似乎依然重复着中国共产党在民主革命时期所进行的工作，所要论证的依然是“革命无罪，造反有理”，不知道中国共产党已经从一个造反者转变为执政者，是在朝而不是在野，不知道怎样研究历朝历代统治方略、统治思想，对于近代中国统治阶级中的历史人物，依然延续“革命话语”叙事模式，继续持一种基本否定的态度，没有及时将革命时期的历史研究转变到建设时期的历史研究上来。

马克思主义新史学在1949年之后没有发生转变的原因很复杂，并不单单是学术本身的规律，政治领导人的爱好、思想倾向也决定了这个转变的艰难甚至不可能，而研究者本身特别是马克思主义新史学的领导人基本上还是从延安从重庆来的那一代，他们与政治领导人的思想有一个互动，领导人的思想倾向影响着他们的史学研究，而他们的史学研究实际上也影响着政治领导人的判断。1949年之后近代中国历史特别是近代中国人物研究中的“左”倾思潮并不都是政治领导人的出题，其实有很多内容是研究者特别是史学研究领导者组织者自发进行的，只是预设的结论与政治领导人的判断相同而已。于是，近代中国人物研究的重点不是那些统治者，更不是那些稳重偏右的统治阶层中的人物，而是那些政治异端、思想异端，是那些从来不被正统史家看上的造反者。这从当时一些主要成果的研究范围和重点中可以比较明显地看到：1949—1965年的近代人物研究的重点主要在于那些“正面”的历史人物，如鸦片战争前后的龚自珍、林则徐和魏源，太平天国运动中的洪秀全、洪仁玕，戊戌维新运动中的康有为、梁启超、谭嗣同等维新派，辛亥革命中的孙中山、黄兴等革命派，五四新文化运动中的早期马克思主义者，以及中国共产党的领袖人物等，而对于历史上的那些“反面”、反动人物，如清王朝统治集团中的道光帝、慈禧太后、光绪帝以及琦善、曾国藩、李鸿章、袁世凯与北洋军阀统治集团、蒋介石，以及那些国民党统治集团中的历史人物，除了一些批判性的宣传性作品外，相对来说缺少具有学术理性的研究成果。据不完全统计，1949—1965年撰写的林则徐以及与林则徐相关的传记性著作有12种，而同时期关于曾国藩的只有1种，还是范文澜在1949年之前写作，1951年修订重印的《汉奸刽子手曾国藩的一生》。① 由此可以概见此时期近代史学界的学

① 据复旦大学历史系资料室《中国近代史论著目录（1949—1979）》一书的统计，上海人民出版社1980年版。

术兴趣，可以知道近代人物研究的一般趋势与倾向。

1949 年之后的史学界对历代农民起义有着特别浓厚的兴趣，太平天国和义和团运动的主要人物尤其是太平天国的领导者洪秀全等更是近代中国史学界竭力歌颂的对象。相对于太平天国、辛亥革命的历史人物来说，洋务运动的历史人物研究在那时比较寂寞，因为马克思主义史学界长期以来对洋务运动持基本否定的态度，以为洋务运动只是挽救了清王朝，并没有将中国带上一条新路。基于这样一种价值判断，洋务运动中涌现出来的实业家和思想家在那时很少有人专门从事研究，据不完全统计，1949—1965 年发表的关于马建忠的论文 3 篇，王韬的 4 篇，冯桂芬的 14 篇，陈炽的 1 篇，郑观应的 9 篇，而同时期关于太平天国领袖石达开的论文就有 25 篇，秋瑾的 43 篇，至于领袖级的洪秀全、孙中山，以及引起当代政治领袖兴致的李秀成等人的研究论文均有数百篇。[①] 由此可见当时近代中国史学界的研究重点之所在。

至于那些反面、反派，特别是反动的历史人物，那时不仅参与研究的学者少，而且结论在研究之前，大致只是延续 1949 年之后的“革命话语”，往往以点代面，以偏概全，概念化、片面性极强。像曾国藩研究，仍以范文澜的成果最为著名，影响最大，但他无视曾国藩在近代中国政治风云变幻中的种种作为、贡献，仅仅从曾国藩镇压太平天国一事就将其界定为罪不容赦的刽子手，是遗臭万年的千古罪人。范文澜在延安时代的这个研究显然具有强烈的时代意义，具有借古讽今，影射蒋介石集团对内独裁专制、对外投降卖国的意思。所以说这部著作与其说是学术论著，不如说是一篇政治宣言。所以从学术立场观察，范文澜这篇文章的某些结论是经不起检验和推敲的。比如范文澜反复强调曾国藩服务于清廷，断定他是“出卖民族的汉奸”，这种观点已远远超出时代要求的范围，具有苛求古人的倾向。范文澜说：“那拉氏、肃顺二人是当时满洲皇族里最有‘政治头脑’的，他们知道为了挽救满清的统治不能依靠满人而要依靠汉奸。”[②] 这个基本前提如果可以成立，包括左宗棠、张之洞、陈宝箴、黄遵宪等在内的汉族大臣都成了汉奸，晚清史就变成一部满汉斗争史。这显然不是历史

---

① 据徐立亭、熊炜《中国近代史论文资料索引（1949—1979）》一书的统计，中华书局 1983 年版。

② 《范文澜历史论文选集》，中国社会科学出版社 1979 年版，第 167 页。

唯物主义，而是历史虚无主义，是以后来的理念去苛求古人。或许正是因为这样的所谓研究道理太少，太过武断，所以到1979年之后的反弹也就最剧烈，简直是一个上天，一个入地，所谓天壤之别，用在曾国藩等历史人物评价60年变迁上可能最合适。

1949—1966年的近代历史人物研究的实际成果虽说不算太多，但关于历史人物研究的理论探讨却有很大的进展。广大史学工作者甚至包括那些久已成名的史学家都开始尝试运用马克思主义唯物史观来研究历史、评价人物。比较一致的看法是，马克思主义唯物史观是评价历史人物的总原则，但是否还需要一些具体的共同标准？否则就仁者见仁，智者见智了。有学者认为，评价历史人物不必先设定一些固定限制，或者一定要拟定出一个万世不变的公式性标准。任何时代具体的社会生活都是异常复杂的，想以一个固定公式加以概括，是马克思主义唯物辩证法所不能允许的，事实上也是根本不可能的。这种观点虽然遵从马克思主义原则，但显然不期望将马克思主义唯物史观作为教条来运用。

也有学者认为，评价历史人物应该有统一的、固定的共同标准，而不能随政治需要而随意变换标准。表扬或批评某个历史人物，或某些历史人物的某些方面，这和当前政治任务是相关的，但是各个历史人物所应得的评价绝不会随着政治任务的变化而变化。那种认为对历史人物的评价没有什么客观标准，说好说坏只是由于某种政治需要的看法，在这些马克思主义史学家看来，显然是错误的。①

与当时政治生活中一切以阶级分析作为万能工具相对应，学术界在讨论怎样评价历史人物时，自然要受这种观点的影响。比较通行的观点认为，在阶级社会中，任何个人都是一定阶级关系和阶级利益的代表者，任何个人的活动，都受到他们所属的那个阶级和社会阶级斗争形势的制约与规定。因此研究和评价历史人物，应该而且必须对他们进行阶级分析。

有的学者认为，判断历史人物的阶级属性，出身、家庭无疑是应该着重考察的一个方面，但不是主要的或者说决定一切的方面。阶级分析不是唯成分论，不能以阶级成分作为评价历史人物的唯一标准，否则，便极容易否定中国历史上一切卓越的历史人物，造成民族虚无主义，不利于社会进步与发展。因为在中国传统社会，几乎只有统治阶级的子弟才有接受教

---

① 参见《有关历史人物的评价问题》，《历史研究》1964年第3期。

育的机会，中国历史上对社会进步有过积极贡献的政治家、军事家、文学家等差不多都属于剥削阶级。①

就理论而言，人们都承认历史人物有其时代和阶级局限，但在研究中究竟如何看待和分析这些局限性，则又是一个有争议的问题。有学者指出，只有把历史人物的活动放到全部历史发展的进程中进行考察，不仅跟前代比，也要跟后代比，才能作出比较全面公正的评价。判断历史人物的历史功绩，一般是指历史人物提供了前辈所没有提供的东西；而分析其局限性，则一般是指历史人物没有做到他们的后辈所能够做到的事情。指出某些历史人物的活动比他们的前辈提供了新东西，实际上已经站在较高的境界来评价那些前辈的活动的不足和局限。因此评价这些历史人物的局限和不足，又必须和他们的后辈所提供的新东西进行比较，否则便很难看明白他们的贡献和不足。

在怎样处理历史人物的政治活动与他们个人的道德品质、政治操守以及私生活之间的关系问题上，有学者认为，评价历史人物应从政治措施、政治作用出发，而不应该从私生活方面出发，也就是应以政治作为衡量历史人物的价值尺度。个人生活、作风等问题虽然对评价这些历史人物可以产生一定的影响，但这种影响毕竟是次要的、个别的，不是评价他们历史功绩的唯一标准。还有学者认为，评价历史人物当然应该以他们的政治实践为价值尺度，但这并不排斥对这些历史人物个人品质和个性的研究与估计。历史人物个人品质和个性是从属性的东西，必须结合历史人物的社会地位、阶级性来进行考察。当然也应该注意回避中国传统道德观对评价历史人物的消极影响，比如忠君思想、儒家伦理等。②

“文化大革命”前的近代历史人物研究虽然不尽如人意，但无论是理论探讨还是实际评价，都仍有一定学术意味和学术价值。只是到了“文化大革命”的十年间，历史学突然成为显学，成为政治的帮衬，终于完全走上了以现实政治为中心，与学术全然无关的歧途。

第二节　从拨乱反正到初步繁荣

1976 年是中国政治历史转折年，毛泽东等领导人相继去世，持续十年

---

① 参见吴晗《论历史人物评价》，《人民日报》1962 年 3 月 23 日。

② 参见吴泽、谢天佑《关于历史人物评价的若干理论问题》，《学术月刊》1960 年第 1 期。

之久的所谓“文化大革命”终于结束，近代历史人物研究与当时所有的事情一样，开始步入正轨。学术界开始尝试着突破传统意识形态的束缚，尤其是极“左”思潮的影响，纠正形而上学和教条化、简单化的偏向，力求用完整、准确的马克思主义历史观研究历史人物。学术空气日趋活跃，研究工作不断有新的进展，比较有学术价值的成果也开始增多。

历史人物评价的理论问题，是历史人物研究的指南。因此，史学界在批判“四人帮”影射史学的同时，迅即在历史人物研究的理论问题上展开争鸣。

鉴于先前的教训，史学界对“以阶级斗争为纲”的思想观念进行了反思，比较一致的看法是，对历史人物进行阶级属性的分析是完全必要的，但以往运用阶级分析方法时往往存在着形而上学的倾向，更多的是用贴阶级标签的简单办法代替具体而深入的阶级分析。其具体表现可以归纳为：一是把历史人物的阶级性与历史性对立起来，实际上形成了“以瑜掩瑕”或“以瑕掩瑜”的现象，从而把历史人物的评价推向两个极端；二是把阶级分析简单化，其主要的表现就是过去的研究只是关注正面人物、进步人物、革命人物，或者是对反面人物、反派人物、反动人物进行批判，而缺少对中间阶级、阶层的分析和研究。对一个社会来说，居于社会中间状态的才是最大多数，才是社会的主体。

随着政治体制上的松动，随着对外开放、对内改革进程的加快，与思想界隔绝数十年的西方思想文化在20世纪80年代几乎像潮水般涌向中国，西方的史学方法与史学思想也开始影响中国史学界。在西方史学思想影响下，有的研究者主张在研究历史人物时，不仅要注意分析他们成长的时代和各种政治条件，研究他们在政治、经济、文化各个领域中所做的大事，而且还应当注意运用在西方史学中已经证明是有意义的一些现代科学方法，诸如弗洛伊德的精神分析方法、现代遗传学的方法和理念、现代人才学、历史心理学的理论等，主张用多学科或跨学科的研究去探讨历史人物的不同特点，如个人性格、素质、威信、心理等。在西方史学观念看来，历史事变中领导人物的个人性格往往会起决定性作用，个人能够在一定程度上加速或延缓历史进程，局部改变历史发展的面目。①

在过去的研究中，历史人物的个人性格几乎不被重视，人们习惯通过

① 参见史苏苑《关于历史人物评价五题》，《史学月刊》1982年第5期。

阶级的分析去判断历史人物活动价值与意义。在 80 年代思想解放的影响下，有研究者开始意识到个人性格才是构成历史复杂性的关键，因此应当具体剖析历史人物个人生活，探讨其个人生活所形成的性格特点以及对历史进程的潜在影响。历史人物的思想、观点可以对历史进程发生重大作用；他们的知识水平和政治能力是阶级力量对比的一个因素；他们的威望在历史进程中也会起到某些微妙作用；甚至历史人物的年龄变化、心理特征，以及其他诸如疾病等因素也都可能成为在一定程度上改变历史面貌的因素之一。[①] 一个健康的政治家和一个病夫在治理国家上肯定会有所不同，一个注意私德的政治家肯定要比那些不注意私德的政客更稳重。因此评价历史人物，不仅要看其阶级性，更重要的还要看个人素质。一个人的个人素质，是由许多条件构成的，如经济条件、政治条件、家庭教养、传统道德观念和知识文化素质等，而并不仅仅是其政治出身，同样阶级出身的人可以有不同的政治选择，历史的复杂性、丰富性就是因为历史人物性格各异，做派不同。[②]

相对于人类历史长河，个体生命不过百年，但是对于一个重要的历史人物来说，这漫长而又短暂的百年，可能在很多情况下并不是一成不变，所以历史人物的研究应当重视其不同阶段，要注意区分其思想的早中晚，注意其成长过程的“不同阶段”，而不是笼统地谈论历史人物有几分好、几分坏，要根据历史人物一生大节，根据其活动的不同性质，结合历史大势及具体时间、地点、条件等，逐段评论历史人物的功过是非。有的人物早期激进而晚年没落或保守，有的人物或许正相反。[③]

确实，从历史研究的实践来说，任何一个历史人物，不管他多么伟大，其思想都不可能是一成不变的，都应该有一个发展变化的过程。研究历史人物，就应当把历史人物思想发展的过程，分析得比较细致一些，得出的结论才能符合或接近历史的实际。[④]

在“文化大革命”期间乃至“文化大革命”前 17 年，甚至再早些的延安时代，马克思主义史学家在谈到历史发展动力问题时，基本上都是在复述斯大林的说法，以为只有人民群众才是历史的创造者。到了 80 年代

---

① 参见余志森《研究历史人物不可忽视个人特点》，《文汇报》1984 年 10 月 15 日。

② 参见简修伟《关于历史人物评价的几个理论问题》，《史学月刊》1987 年第 3 期。

③ 参见降大任《评价历史人物宜用“阶段论”》，《光明日报》1983 年 6 月 29 日。

④ 参见彭明《如何评价历史人物》，《历史教学》1980 年第 6 期。

初期，黎澍对这种传统观点提出质疑，他认为，斯大林的这种观点现在看来可能是对马克思主义的曲解，因为马克思、恩格斯、列宁等经典作家提的是“人们自己创造自己的历史”，显然认为所有的人都在创造自己的历史，并且每次都强调不能随心所欲地创造“一切历史”。在黎澍看来，论证人民群众是历史创造者的理由，无非是说“人民群众是物质财富的生产者”，另一个理由是“人民群众是精神财富的创造者”，根据是，人民群众的社会实践是一切科学文化艺术的源泉。黎澍认为，前一说不确切，后一说依然根据不足，逻辑也成问题。这样的论证实际是把源泉看作创造，代替精神财富的创造，从而否定了一切高级的科学文化艺术作品的真正创造者——科学家、思想家、文艺家等的贡献。

在黎澍看来，如果一般地说“人民群众是历史的主人”，似乎所有历史都是人民群众当主角，显然与事实不符。研究政治史、军事史、教育史、艺术史、宗教史等，是不能离开帝王将相和剥削阶级上层人物的活动的。他们或高明或愚蠢的决策，或正义或非正义的行动，或推动或阻碍历史进步等，在不同领域起着各自不同的作用。所以不能说所有历史全是劳动人民创造的，人民群众是历史的主人。事实上，在历史上劳动群众是作为被剥削阶级和被压迫者而活动的，他们总是被排斥在政治生活之外，只有大规模反抗残暴统治的政治斗争高涨时，劳动群众才短暂地成为政治舞台上的主角，一旦事件平息，社会归于平静，劳动群众又成为沉默的大多数。这种看法显然较过去抽象肯定人民群众是历史的主人更加细致化，对统治者被统治者历史作用的评价更加公允公正。

由于逐步克服了以阶级斗争作为研究历史人物唯一主线的缺陷，80 年代开始的近代历史人物研究在许多方面取得了明显进步。如关于太平天国领导人的研究，人们已不再用僵化的理论一味颂扬，而是对这些历史人物进行历史的、全面的考察，具体问题具体分析，在肯定太平天国革命性的同时，也看到其历史的阶级的局限。对于 1856 年发生的“天京事变”，人们不再把它归于阶级斗争在革命队伍内部的表现，是钻进农民起义队伍的阶级异己分子韦昌辉发动的反革命政变，或者是两条路线的斗争，而是从社会经济基础和农民阶级局限性方面加以分析，承认太平天国政权逐渐封建化和伴随着这种封建化而来的思想蜕化，导致太平天国领导集团的内讧，而这种内讧并不牵涉政治路线、战略方针，完全是领导集团内部争权夺利。对于石达开、李秀成，也不再简单地扣上叛徒的帽子了事，而是给予恰如其分的历史分析。

80 年代的近代中国历史人物研究的一个主要特色是研究领域的扩大，许多过去不被人们注意和研究的历史人物，都开始有人进行专门的研究。如对鸦片战争前后历史人物的研究，过去几乎一直局限于林则徐、龚自珍、魏源等少数人，这时，研究者的视野已开始注意到姚莹、道光帝、琦善等人的活动。甲午战争、中法战争中的历史人物评价在这些年也开始有所变化，对刘步蟾、丁汝昌、刘永福、刘铭传等人开始出现颇有新意的研究。至 80 年代中期，曾国藩、左宗棠、李鸿章、康有为、梁启超、章太炎、胡适、罗家伦、傅斯年、顾颉刚，乃至林纾、辜鸿铭、梁漱溟、熊十力、周作人等都有专人从事研究，并逐步得出比较合乎历史实际的评价。

对于李鸿章，许多学者提出要在承认李确有“误国”之处的同时，充分肯定他在推动中国近代化方面的贡献，逐步将一个反派人物向正面人物转变。[①] 这显然与当时的对外开放、大规模开始经济建设的政治现实密切相关，至少是现实政治对研究者的潜在影响。同样的道理，对于洋务运动中其他历史人物，不仅研究成果日趋增加，而且研究者都能以一种所谓“理解的同情”，在指出其阶级的历史的局限性之外，充分肯定和承认他们在中国现代化历程中的作用，这为后来兴起的“现代化史”研究以及“现代化史观”的建构提供了资料，奠定了基础。当时比较有影响的成果主要有夏东元的《盛宣怀传》、《郑观应传》和汪敬虞的《唐廷枢研究》等。

对于胡适，研究者在新的历史条件下开始改变 20 世纪 50 年代对胡适的政治批判，在充分估计胡适思想局限性的同时，更注意到他在现代中国政治、思想、文化等各个领域中的深刻影响，先后出版的几部传记、论集基本上将胡适在现代中国的实际地位勾勒出来了。比较一致的观点是，胡适在开辟一个思想解放伟大时代中，在探寻中国古代文明的来龙去脉、弘扬中华民族优秀文化中，在普及和提高中国现代学术水平过程中，都做出了许多贡献，不愧为“前空千古，下开百世”的文化巨匠。

当然，这时的胡适研究还不可能真正重建一个完整的历史真实，不可能确认胡适在中国近代学术谱系中的地位。这是意识形态深刻影响的残留，许多研究者在承认、感叹胡适伟大一面的同时，依然不忘指出他作为典型的资产阶级知识分子，身上集中体现了中国资产阶级先天性弱点，即

① 参见《李鸿章与中国近代化》，安徽人民出版社 1989 年版。

软弱性和妥协性。他在政治上坚持改良主义，在反帝反封建等根本政治问题上，总是采取温和态度。他一生我行我素，不赶时髦，甘当不识时务的落伍者。他这种自由主义思想和行为最遭物议，也最使人失望。胡适不分是非的和平主义思想，越到后来，越远离人民大众，终于从杜威走向蒋介石，最终被革命洪流所淹没。在这些研究者看来，这是胡适的悲剧，但是并不能由此认为胡适在政治思想方面一无是处。他提倡个性解放、妇女解放，主张思想自由、教育救国，反映了中国人民摆脱贫穷落后的强烈愿望，也体现了那一代中国知识分子难能可贵的世界眼光和社会责任感。

与胡适的情况相类似，早在20世纪20年代即已享有盛名的梁漱溟，也在80年代受到研究者的追捧和重视。不仅他的那些观点独特的著作得以出版或重印，而且关于他的研究成果也在那时相继问世。研究者比较研究了梁漱溟与毛泽东对于中国农民问题的看法，重新估价梁漱溟所致力的乡村建设运动。比较一致的看法是，梁漱溟与毛泽东是两位观点迥异的人，但他们又有一个共同点，即敏锐洞察到了中国的根本问题是农民问题，只有解放和改造农民才能解放和改造旧中国。至于在如何解放和改造农民这一问题上，这两位同龄人却分道扬镳了。毛泽东主张用革命的、暴力的、剥夺的、阶级对抗的方式；而梁漱溟则以“中国的圣雄甘地”自我期许，主张用和平的、建设的、改良的、教育的方式去拯救农村，建设农村。研究者无法摆脱时代局限，许多人依然认同主流意识形态对梁漱溟的判断，认为其主导的乡村建设运动从根本上说不过是一种文化改造、改良运动，因此它在阶级对抗的旧中国必然失败，中国农村的未来，中国农民的未来，可能还有其他路径。

对于戊戌维新运动中的历史人物，学者们普遍认为，康有为、梁启超、谭嗣同、严复等人虽然没有提出推翻清政府的政治主张，但他们反对卖国投降，要求实行君主立宪，发展资本主义，实际上就是要革腐朽的卖国的封建专制政府的命。他们倡导和发动的戊戌维新运动是近代中国的资产阶级在尚未完全成熟之前所参与的一次大规模的改良运动，是近代中国不成熟的资产阶级夺取政权的初步尝试。维新与守旧的斗争实质上是中国新兴资产阶级与封建顽固势力之间的阶级斗争，维新的目标就是要把半殖民地半封建的中国变为独立的、民主的、资本主义的中国，维新运动点燃了爱国、民主的火炬，召唤着一代志士仁人为救国救民的真理而献身，是辛亥革命的一次预演，具有明显的反封建主义性质，是近代中国一次规模巨大的思想启蒙和思想解放运动。它不仅使整个社会风气为之一变，而且为此后的资产阶级新文化的发生发展提供了思想理论依据。20 世纪中国的真正起点正是 1898 年的戊戌维新运动。[①] 对于严复，这时的研究者开始注意其思想前中后三期的不同。对于过去一味指责严复晚年思想复古倒退，也有学者从中国传统文化再估计的立场辨析其思想价值。

至于辛亥革命中的历史人物，除了孙中山的研究继续取得进步外，其他做出过重大贡献的人物也开始受到学术界的重视。学者们普遍认为，宋教仁为推翻清朝的黑暗统治和建立资产阶级民主共和国奋斗了一生，然而长时期以来却受到不公正的评价。事实上，当 1912 年孙中山、黄兴先后交出政权、军权，从事实业救国，袁世凯接任中华民国大总统之后，民初政治实际上逐步走上政党政治、议会政治的道路。此时，宋教仁积极改组同盟会，组建国民党，希望通过竞选、通过选举成为议会中第一大党，并由第一大党组建责任内阁，以此约束大总统的权力，防止个人独裁，从而有效地控制住辛亥革命所建立的资产阶级政权。宋教仁的政治活动在民国初年无疑是有意义的，是合乎历史潮流的，过去一味指责他是“议会迷”，显然不太合乎民国初年中国政治实际。至于宋教仁在改组后的国民党政纲中放弃民生主义，以及拉拢一批官僚政客入党等问题，有学者认为这是放弃革命原则的妥协表现，较之同盟会来说是一种倒退。

对于中国共产党的著名历史人物，如李大钊、邓中夏、方志敏、周恩来、朱德、邓小平、董必武等，80 年代的研究成果也比较多，出版了不少年谱、专著、传记，澄清了一些原先较为模糊的历史问题。尤其是由中共中央文献研究室主持编写的毛泽东、周恩来、刘少奇、朱德等人的年谱、传记，利用大量一般研究者难有机会阅读使用的档案资料，既丰富了中共党史研究的内容，也为历史人物研究开辟了新的资料来源。

80 年代，史学界对许多先前蒙受冤屈的中国共产党著名历史人物甚至是领袖人物做了大量研究工作，像陈独秀、瞿秋白、刘少奇、张闻天、王稼祥、李立三、项英、叶挺、彭德怀等，经过史学工作者的努力，恢复了名誉，恢复了历史真相，为重构中共党史叙事模式提供了基础，准备了条件。

关于陈独秀，在过去几十年里几乎是研究禁区，即便与政治毫无瓜葛

---

① 参见《广东史学界部分同志座谈戊戌维新与康梁的研究》，《学术研究》1982 年第 3 期。

的新文化运动，他在其中的贡献也被严重低估。甚至到了80年代后期，建立新文化运动纪念馆时，在与此相对应的纪念浮雕上，突出了许多新文化运动中的学生辈人物，却无视历史事实，没有展现陈独秀的形象。由此可以概见陈独秀研究的艰难。

陈独秀研究的困难，主要还在对其后期的政治活动及思想的评估。而这些思想与活动在80年代还不太容易被人们所接受。许多档案无法看到，而苏联和共产国际的相关文件也无法使用。尽管如此，学术界一些有心人依然潜心于陈独秀的研究，尽可能本着历史唯物主义的原则，为他恢复历史本来面目。比如大革命失败问题，新的研究改变了过去把一切责任归于陈独秀的观点，指出他的错误可能更多地来自共产国际和苏联，他只是这种错误路线的执行者，甚至在很多时候，他本人也非常反对共产国际的一些指示。

在陈独秀托派问题上，有学者认为，应该把陈独秀转向托派之后与中共党内的分歧视为革命阵营内部在如何推翻国民党政治统治上的意见分歧，而不应该定为反革命性质，因为陈独秀始终没有放弃反帝反国民党独裁统治的立场，他还多次拒绝国民党的反共拉拢，保持了革命者的气节。

对于陈独秀晚年的民主思想，许多学者给予很高评价，以为他之所以在晚年抛弃斯大林主义的无产阶级专政模式，是因为他已理智地认识到这种模式严重损害了人民的根本利益。陈独秀在“五四”时期提出的“民主”与“科学”两大口号，更是受到学者们的高度推崇。①

在中国共产党早期领袖中，蒙受屈辱的不独陈独秀，接替陈的瞿秋白其实也在很长时间蒙受不白之冤。随着思想解放运动的深入，学术界对瞿秋白的思想与政治活动进行重新研究，得出了与先前完全不同的结论。丁守和的《瞿秋白思想研究》（四川人民出版社1985年版）一书从各个方面系统研究了瞿秋白的贡献，指出瞿秋白最早论述中国革命必须分为两步走；最先宣传马克思主义的科学宇宙观和方法论，并强调它的实践性；最早提出马克思主义和中国革命实践相结合；最早提出无产阶级在民主革命中的领导权问题；最早重视农民问题；最早重视武装斗争和创造革命军队；最早提出发动游击战争，建立革命根据地；最早支持毛泽东发动农民运动。如果说丁守和的研究重点在于剖析瞿秋白的思想贡献，而陈铁健的

① 参见唐宝林《近十年对陈独秀的评价》，《群言》1989年第9期。

《瞿秋白传》（上海人民出版社 1986 年版）则更多地从辩诬层面揭示瞿秋白文人从政的内在苦闷与心曲，尤其是对《多余的话》的分析，不仅在学术上为这篇有争议的文献寻找到一个合理的解释，而且为中央专案组重评瞿秋白提供了学术基础。

近代中国是世界的一部分，在近代中国所发生的重大事件，差不多都能找到国际背景，因此对于近代以来那些来华的外国人，在改革开放之前的中国近代史学界除了个别历史人物外，几乎都予以否定。改革开放后，人们的观念发生了很大变化，对近代来华的外国人也能够比较心平气和地重新评估他们对中国近代历史的贡献，对于他们的历史地位给予恰如其分的估计。像李提摩太、古德诺、端纳、马歇尔、史迪威、赫尔利、司徒雷登等，都有不少论文或专著论述他们的生平与活动。

共产国际是影响近代中国历史发展的一个重要因素，不仅中国共产党的历史与共产国际有关，即便是国民党的发展也与共产国际有着极为密切的联系。80 年代以来，鲍罗廷、维经斯基、马林等人在中国的活动都曾引起人们的兴趣，有专人进行研究。

中国革命得到国际社会的大力支持，许多有正义感的外国人都成为中国人民的好朋友，像史沫特莱、斯诺、斯特朗、路易·艾黎等，都曾在中国革命重要关头发挥过积极作用，所以他们的业绩一直受到中国学术界的重视，改革开放之后更建立一些专门机构搜集整理他们的文献，以便对他们进行更加深入的研究。

此外，对于曾是中国共产党重要领导人的王明、张国焘、林彪、陈伯达等人的研究也在 80 年代取得许多重要成果，从根本上改变了过去那种说好一切都好，说坏一切都坏的形而上学倾向，比较实事求是地评价了他们在中国革命史上的贡献。

比如王明，由于以往过分强调党内两条路线的斗争，王明给人的印象似乎只是错误路线的代表，似乎终其一生也没有给党和人民做过一件好事。80 年代中共党史研究的重大成果之一，可以说是在对王明研究上有了新的进展或者说突破。有学者根据充分的史料认为王明在抗战时期确有右倾错误，但也做过许多有益工作，起草了一系列重要宣言和指示，对中国共产党从“反蒋抗日”到“联蒋抗日”政策的转变以及抗日民族统一战线的形成，起了一定的促进作用。对于王明在武汉时期及长江局的工作，有学者认为也应该根据实事求是的原则进行研究，肯定他对南方党和新四军的工作提出过有益的建议。至于王明在抗日民族统一战线中的右倾错误，许多学者认为只是认识问题，并不一定要上升到“右倾投降主义路线”，因为王明始终主张积极抗日，对党的感情也是深厚而无须怀疑的。[①]

对于林彪，许多研究者都认为应该用历史唯物主义的观点给以实事求是的评价，不能用“倒算账”的办法将其历史一笔抹杀，要坚持两点论，一是肯定他在“文化大革命”中犯有不可饶恕的罪行，二是不能因为第一点而随意贬斥他以前所做过的事情。应该充分承认林彪是中国共产党历史上一员战将，为中国革命胜利确实做过许多贡献。

至于国民党方面的一些领袖人物，在80年代也开始受到学术界的重视。首先是蒋介石家族的人物传记的出版呈现活跃之势。这些著作对蒋介石一生的历史做了较为全面、完整的叙述，并把这个复杂的历史人物置于近代中国诸多国内外矛盾冲突的大背景下，历史地客观地考察其言行，评价也相对来说比较公允。

关于国民党人与社会主义在中国的传播，这本是一个很有学术价值的题目，但是多年来并没有引起学术界重视。事实上，当社会主义理论在中国得到广泛传播时，中国国民党人是这一时期宣传社会主义的一支重要方面军，他们为中国人民全面深入了解这个学说提供了不少有价值的材料。国民党领袖人物或骨干成员如胡汉民、戴季陶、李烈钧、龙云、陈英士、林云陔、朱执信、商震、宋哲元、张治中等，都是当时中国思想界谈论马克思主义十分活跃的人物。他们主编的《建设》《星期评论》《觉悟》等都是当时宣传社会主义和马克思主义的重要阵地。但是过去出版的一些研究中国社会主义、马克思主义传播史的论著碍于意识形态，对于国民党人在这方面的贡献或一笔带过，或极力贬低，或干脆避而不谈。改革开放后，学术界有多篇论著专门探讨这个问题，不仅使国民党人对社会主义在中国的传播所作的贡献得到恰当说明，而且使社会主义、马克思主义在中国传播的路线、环节及重要关节更加明晰。

对于历史上曾经对中国共产党比较友好或对中华民族做出过重大贡献的国民党左派、民主党派及无党派人士、实业界领袖等，改革开放之后的研究也比较充分。像于右任、廖仲恺、何香凝、宋庆龄、李宗仁、邓演

---

① 参见黄烨、舒励《中国现代史学术讨论会综述》，《内蒙古师大学报》1988年第4期；瞿超《抗日战争时期共产国际与中国革命关系讨论观点综述》，《社科信息》（江苏）1988年第9期。

达、蔡元培、陈友仁、彭泽民、张学良、杨虎城、黄炎培、晏阳初、阎宝航等，或为他们编辑出版文集，或为他们出版传记年谱等。

即便是那些对中国共产党不太友好的国民党人，如宋美龄、孔祥熙、何应钦、宋子文、胡宗南、陈布雷等，甚至一些帮会中人物如黄金荣、杜月笙、张啸林等，在新时期的历史研究中也都得到足够的重视。有不少论文或传记论述他们的活动情形及应有地位，尽量祛除“妖魔化”，恰如其分地恢复他们在历史上的本来面目。

在思想文化史方面，改革开放以后的研究，已远远突破先前只研究一些主要的正面历史人物，而将许多次要或反面的历史人物弃而不理的倾向，人们的视野越来越开阔，关注的历史人物也越来越多。尤其是过去没有或很少研究的历史人物，或者带有灰色、黑色的历史人物如曾国藩、郭嵩焘、王国维、刘师培、黄侃等，都开始为研究者所重视。对于历史上因反对过鲁迅或其他进步人士而一度被误解或遭受委屈的文化历史人物，新时期中国史学界也做过不少实事求是的研究工作，像林语堂因曾与鲁迅论战过，多年来得不到公正评价，80 年代开始有文章表彰林语堂不仅是一个“热烈的爱国者”，而且在文学发展史上占有相当重要的地位。

至于曾经与陈独秀等《新青年》派进行过激烈论争的杜亚泉，在过去几十年更是被一概否定，几乎非专业的近代史工作者已经没有多少人知道杜的情况。80 年代开始有学者郑重介绍杜亚泉在传播西方自然科学方面的成就，比较公平地分析他在五四新文化运动中的地位和作用，以为杜之所以在文化问题上沦为落伍者，主要的原因在于他在传播西方科学知识时，只讲科学知识，没有讲科学方法、科学精神、科学态度，不理解或者说不知道西方科学的宇宙观、社会观、人生观，科学的思想方式、工作方式和生活方式，所以造成他与陈独秀等《新青年》派的分野。至于杜亚泉对中国传统文化的推崇，更有学者以为非常值得重视和检讨，暗示杜亚泉的这一思想看到五四新文化运动中全盘反传统的理论漏洞，是对现代中国激进主义的修正。

历史人物传记的写作，向来为学者所重视。改革开放后在综合性传记写作方面获得重大突破，学术界利用集体力量，编辑出版了一批有价值的综合传记，如《清代人物传稿》《民国人物传》《民国高级将领列传》《黄埔军校名人传略》《中共党史人物传》《革命烈士传》，以及各种名人录、历史人物大辞典等，应该说各有不同参考价值。

在单个的历史人物传记写作方面，这期间的成果也很值得重视。其中一个最重要的现象是人们开始用新的方法、新的视角尝试传记写作。这些传记作品大都能够注意将传主的思想与实践放在特定的社会历史环境中加以考察，摆脱了以往评论历史人物的简单模式，而采取实事求是、刻意追求公正的态度，多角度多层次地剖析历史人物的方法，力求忠实于历史人物的本来面目。即使是对那些基本否定的历史人物，研究者也能坚持具体分析，尽量肯定其值得肯定的方面。对于那些有着重大争议的历史人物，学术界适时展开有益讨论和争鸣。如蔡锷的功过、宋教仁对民国初年政治的影响、梁启超在护国运动中的作用及其功过、虞洽卿的阶级属性等，都曾引起不少学者的讨论。

第三节　繁荣中的问题

1989 年春夏之交的政治风波将 30 年的改革开放历史分成前后两个阶段，此后的政治发展、社会进步、经济成长等不能不深刻影响到中国学术界，影响到近代中国历史人物的研究与评价。

就总体而言，此后 20 年近代历史人物的研究面较先前 10 多年更加广泛，深度也是前所未有的。许多过去不曾被学者关注的历史人物已经引起学术界的足够重视，历史人物传记的出版也远比过去丰富多彩。

在 20 世纪 80 年代，现代化的研究逐渐成为近代史研究领域中一道亮丽的风景线，进入 90 年代，便开始出现一些从现代化立场上重估近代中国历史人物的论文和专著，于是许多历史人物的评判与先前有重大差异，善待先人的学术理念逐渐成为研究者普遍遵循的原则，尽管也因此而出现研究谁而爱谁而推崇谁这样的学术偏差，对一些有争议、负面的历史人物不愿再进行阶级分析，不愿再提及其负面、消极乃至反动的东西。这显然也不是真正的科学态度。

如果从现代化的角度重观近代中国的历史，许多问题似乎都值得提出来重新研究。正是在这样一种学术背景下，在近代中国历史人物的研究与评价方面，分歧越来越大。

关于近代早期的历史人物，争议最大的莫过于鸦片战争中的历史人物。诸如鸦片战争前清政府内部是否存在严禁派与弛禁派？究竟是不是林则徐促使道光皇帝下令严禁鸦片贸易？琦善是不是卖国贼，他有没有陷害过林则徐？关天培之死与虎门战败是不是琦善的过错？尤其是在关于林则徐的评价问题上，研究者们更是莫衷一是，各执己见。

作为近代早期历史人物，林则徐身上具有明显的两面性。他一方面主张对外抵抗，反对侵略，但是另一方面正如蒋廷黻早在20世纪30年代就指出过的那样，林则徐“总不肯公开提倡改革”①。因此从这个意义上说，一贯沿用的坏人当道、好人遭厄的“忠奸模式”并不能有效解释鸦片战争的必然失败，否则就是让奸臣们承担了本应由中国旧体制承担的责任。新的研究充分证明，林则徐的选择可能并不是中国的唯一选项。鸦片战争的真正意义可能在于，这场战争终于用火与剑的形式震惊国人，落后必然挨打，只是经济的落后、军事的落后，都不可怕，真正可怕的是政治上落后，教育上落后，观念上落后，所以中国要想摆脱落后挨打的历史宿命，就必须振作起来，顺应世界潮流，学习人类文明中的一切长处，不再故步自封，不再自我老大，不再天朝上国，而是充分世界化，充分近代化，与世界潮流同进退。

近代中国的特殊情况在于，中国总是被侵略，因此从道义上看，中国总是站在正义的一边，而西方列强总是非正义的侵略者。晚清以来的官绅阶层和20世纪的一些知识分子，便往往以此为理由把肯定西方和检讨本国弱点或错误的言论视为大逆不道。出现这种思想的背景主要在于，评价者忘记了近代中国所面临的任务，除了反对侵略，争取国家主权的独立完整外，还有一个如何使中国尽快走向现代化的任务。而中国如欲走向现代化，就要学习外来的先进文化，就要反对本国的专制主义意识形态和旧的政治、经济体制。因此，近代中国的有识之士正是从这个立场上，总是先走一步地看到这一点，总是在反对西方侵略的同时，也充分肯定西方的先进文化和制度，对本国的文化传统不遗余力地进行攻击。历史已经证明，他们的攻击与渴望总是正确的，但又总是不合时宜的，因而在其生前和死后的一段时间里，总是要受到人们这样那样的非议。正是从这种观点来观察，这些人在近代中国历史上被诬为“汉奸”、“买办”、“卖国贼”，等等，其中一个最重要的原因，就是近代国人太容易陷入狭隘民族主义的误区。

与指责这些传统的正面人物、英雄人物相呼应，过去被视为反面、反

① 蒋廷黻：《中国近代史》，岳麓书社1987年版，第26页。

动的一些近代中国历史人物开始走红。早在20世纪80年代中期，冯友兰在重新思考近代中国哲学的历史时，最先提出对曾国藩及太平天国进行重新研究，至长篇小说《曾国藩》出版，以翻案为主要特征的近代历史人物研究达到登峰造极的状态。先前所确立的许多观念都发生了根本性的颠覆，许多认识发生根本变化，原来镇压太平天国的刽子手曾国藩逐步重新登上神坛，成了人们顶礼膜拜的圣人；原来被歌颂的农民领袖洪秀全，则成了腐败、无耻的化身，冯友兰甚至断言，幸亏太平天国没有获取最后的胜利，不然的话，中国必将重回中世纪。

与鸦片战争、太平天国的历史人物研究相比，1989年之后关于戊戌维新运动的研究，由于中国现实政治变动所引发的思考，学者们在内心深处比较倾向于认同稳健的政治改良，而批评维新派某些过于激进的主张。在“告别革命”、认同改良等思潮影响下，研究者试图从各个角度论证维新运动是中国人全面追求现代化的最初尝试，是中国政治近代化的先导，加速了中国经济近代化的进程，成为中国文化教育近代化的真正开端，并有力地推动了中国军事的近代化。甚至可以说，戊戌维新是一场政治体制的革命，是中国从传统中华秩序向近代国民国家体制转变的最初尝试。①

鉴于对戊戌维新运动总体评价的变动，研究者在对戊戌历史人物的研究与评价方面也有不少新意，研究面较过去几十年有很大拓展。除了康有为、梁启超、谭嗣同、严复等人的研究进一步丰富、深入外，对光绪帝、慈禧太后，以及其他维新志士、帝党、后党、洋务派、顽固派，如翁同龢、张荫桓、张之洞、黄遵宪、张元济、刘光第、张謇等人的研究都有一些新进展，基本上肯定他们在维新变法期间的贡献和作用。

在对康有为的评价上，研究者已不再泛泛谈论康有为的贡献与局限，而是着力于探讨康有为思想主张的细节。比如有的学者认为康有为的主要贡献在于提出了行政、议政权力分立的政治见解，提出设立总揽变法全局的议政机构制度局或懋勤殿，试图对传统君主专制政体进行改造，从而使维新运动在政治内涵上显然有别于先前几十年的洋务运动，具有政治体制变革的意味。对于原来研究所认定的康有为落后保守的一面，如利用孔子鼓吹变法、尊君权抑民权、主张以孔教为国教等，都有学者提出不同意见，大多也能自圆其说，成一家之言。

① 参见王晓秋《戊戌维新一百周年国际学术讨论会综述》，《历史研究》1998年第6期。

至于梁启超的研究，在过去 20 年先后出版了几本传记，这些传记特色各异，详略不一，但基本上都能对梁启超持一种同情理解的立场，在很大程度上纠正了过去对梁启超的批评，更多地肯定他对中国近代化，对中国学术向现代转型，对于近代中国政治变动所作出的积极贡献。梁启超先前改良主义者的形象有所改观，在近代中国历史上愈来愈像一个正面人物。即便是其政治思想前后不一，变动不居，也有学者为之辩解，认为其与时俱进，顺应潮流。

严复是近代中国最著名的启蒙思想家，但其晚年则比较多地留恋中国传统，甚至在某种程度上赞成帝制复辟。如何评价严复的这些变化与思想，几十年来一直困扰着中国学术界。20 世纪 90 年代以来严复故里和北京大学等单位连续举办过几次讨论会，对于推动严复研究有不小的帮助。大多数学者都充分注意和肯定严复在传播西学、认识西方、批判中国传统方面的贡献。但在解读严复思想内涵方面有两个不容忽视的倾向，一是有学者借机宣扬新权威主义，一些非专业研究者将严复定性为中国近代权威主义先驱，以为严复的思想遗产主要是其坚守政府主导的政治变革，崇尚权威；与此相反，信仰自由主义的非专业研究者则视严复为中国自由主义开山者，甚至有学者认为严复对自由主义采取一种工具主义态度，在思想倾向上更接近新自由主义而远离古典自由主义。在对严复晚年思想与政治主张和政治行为的评估上，研究者的分歧一直比较大，有的认为严复晚年实际上已经边缘化，对思想、政治的影响力已经不大，有的认为严复的思想并不存在前后期的明显分野，只是前后的侧重点不同而已。

至于谭嗣同，一直没有人否认他是近代中国冲破封建罗网的闯将和积极推行变法维新的勇士，他的仁学思想也一直受到学术界重视。正是谭嗣同与梁启超等人构成近代中国真正意义上的第一代青年文化精英。他们对传统主流文化的挑战，不仅对 1898 年维新运动，而且对此后辛亥革命、五四运动都具有直接影响力。但是，随着中国思想界对近代中国政治激进主义思潮的批评日益增多，开始有学者指责谭嗣同是近代中国政治激进主义和全盘西化的思想先驱，直接开启了近代中国一波又一波的激进主义政治思潮，对中国政治生态变化起到非常大的负面作用。

90 年代以来的学术界在对于戊戌时期的后党及顽固派的研究上，更多地肯定他们思想、行为的积极方面，甚至认同他们对维新措施的批评、阻挠的积极意义，强调作为当时中国实际上的最高负责人，慈禧太后如果不是真诚支持变法维新，就不可能有1898年的变法运动，帝党与后党之间的冲突说到底并不是政策层面的冲突，而是政治主导权的冲突。所以说慈禧太后出来阻止了以光绪帝为首的政治激进主义变革，并不意味着中国政治就此后退，适度的后退、让步是为了大踏步地前进，因此在清政府镇压戊戌维新运动之后仅仅两年时间，就掀起了一场范围更广的政治变革运动，拉开了晚清政治变革的序幕。

对于端方、袁世凯等人在戊戌维新期间的表现，有的研究者也做了重新研究，提出一些新的观点。研究者认为，袁世凯曾是变法运动的积极支持者，他在变法关键时刻之所以背叛维新派有着许多复杂原因，其中最主要的一点是他与维新派在政策层面发生分歧。他在一定程度上开始认识到如果按照维新派的主张行事，给中国带来的只是混乱而不是发展。但是，他与康有为在戊戌期间的密切交往，直接影响着戊戌维新的政治格局，是维新成败中不可忽视的一个重要因素。对于袁世凯是否告密以及背叛维新派的问题，学术界的研究取向是日趋否定。有的学者对照袁世凯的《戊戌纪略》与梁启超的《戊戌政变记》，以为仅就此事而言，袁世凯的记载更真实可靠，据此可解开这个历史之谜。研究者证明杨崇伊奏请训政密折后，慈禧太后即已决定回宫。因此，戊戌政变之发生，并不始于袁世凯告密，而是另有原因。

说到端方，传统观点一般是把他划为后党，但新的说法则认为端方属于帝党，他曾积极支持、参与变法，但又与维新派没有密切联系，政变后未受到重惩反而得以重用，是因为他得到荣禄和李莲英的庇护，并通过进呈《劝善歌》而讨得慈禧太后的欢心。端方是晚清政治格局中的一颗新星，他在后来的政治变革中发挥过许多别人无法替代的积极作用。

至于李鸿章，始终是晚清政治人物研究的重点，大约从2003年播出《走向共和》电视剧之后，慈禧太后、李鸿章、袁世凯似乎逐渐成了晚清政治史上的正面人物，共同推动着晚清政治的进步。而翁同龢、康有为等人则逐渐成为负面人物，具有迂腐、守旧，自私、颟顸等特征。有学者论证李鸿章几乎像曾国藩一样，是近代中国的道德完人，宣称其一生所作所为虽是凭直觉办事，但无不中规中矩，成为晚清政治场上忍辱负重的形象。即便其签订《马关条约》，也被一些学者曲为辩护，以为只是奉命行事，即便没有李鸿章，也会有张鸿章、赵鸿章出面签字。这些观念或许有其道理，但总使人在感情上有抵触的地方。

对于中共历史人物，1989 年之后比较严肃的研究成果依然很多，但由于某种原因，关于毛泽东及其他领袖人物的研究也出现了情绪化的两极现象：一极是以点代面、以偏概全，完全否定毛泽东在中国近代历史上的地位和作用的倾向；一极是不改既往，继续一味歌颂和神化的倾向。后一种倾向又助长了所谓“毛泽东热”的兴起与持久不衰，甚至有专门的网站完全以“文化大革命”口吻歌颂毛泽东。这虽然不属于严格意义上的学术研究，但这种民间思潮为毛泽东真正成为内地学者科学研究的对象设置了困难，真正意义上的毛泽东研究还有待将来。不过，在过去 20 年中，关于毛泽东的文献编辑还是取得了很大进步，毛泽东的著作大致都有了比较完善的版本。毛泽东年谱长编之类著作的出版，也使他的活动线索有了比较清晰的勾勒，使中共历史上的许多重要问题有了进一步讨论的可能。

至于陈独秀的研究，一直是吸引众多学者的课题之一。研究者根据苏联解体后公布的共产国际文献，不仅充分肯定陈独秀在马克思主义传播和中国共产党建立时期的积极贡献，而且对所谓陈独秀晚年的错误也有了新的认识，特别是陈独秀的所谓“二次革命论”，所谓右倾投降主义，所谓托派问题，以及中国革命与共产国际，与苏联之间的关联等，都有了新的认识，新的结论。[①] 这些认识和结论，为进一步研究相关问题提供了讨论基础。

如果说进入改革开放的 80 年代是中国当代历史上一个“思考的时代”，那么经过 1989 年政治变动，人们在政治上恪守“不争论”的原则同时，也对思想学术的发展产生非常重要的影响。大致上说，过去的 20 年，确乎如一些研究者所说的那样，是一个“思想家淡出，学问家凸显”的时代，学术风尚已不再以谈论思想新奇为高，而以学术功底为尚。这一学术转轨在近代中国历史人物的研究方面也有所体现，此前学术界津津乐道的陈独秀、胡适、梁漱溟等思想家类型的历史人物，已被王国维、陈寅恪、陈垣、顾颉刚、傅斯年、吴宓、钱钟书等所谓“国学大师”所取代。于是乎连带所及，那些素来对中国传统很不敬或有时不敬的如严复、蔡元培、胡适，特别是鲁迅等人，也都被一些追逐时尚的研究者简单冠上了“国学大师”名号。这个思潮与主流意识形态在 1989 年之后刻意弘扬传统文化，

① 参见唐宝林《把陈独秀当作正面历史人物来写——参加中共中央党史研究室著〈中国共产党历史〉修改稿（大革命部分）讨论会侧记》，《陈独秀研究动态》第 6 期，1999 年 5 月。

弘扬爱国主义可能有很重要的关联。

与这些“国学大师”的情况不同，自由主义知识分子在20世纪中国曾经起过巨大启蒙作用，其思想转变和成员分化也在20世纪中国政治斗争中起过积极和消极双重作用。尤其是在20世纪40年代中期随着国民党政权日益腐败和不得人心，这批自由主义知识分子开始朝激进主义方向转变。如何看待这批自由主义知识分子的转变，在20世纪80年代之前并不存在问题，人们几乎一致认定这种转变的进步意义。然而到了90年代之后，不断有研究者对这种转变提出质疑，以为像闻一多、吴晗等人从自由主义立场向左转并不单纯意味着他们在政治上的进步追求，国民党的腐败使他们丧失了对现政权的基本信心，而共产党对国民党一党独裁政治理念的批判，也使这批自由主义者产生了一种信心。所以他们的转变并不能单纯地归结为一种非理性的盲目的浪漫主义激情，实际上还是应该放到当时的历史背景中寻找具体原因。

有研究者在反省知识分子在过去百年中国政治进程中的作用时，有一种很深的自责倾向，以为近代知识分子实际上并没有完成从传统士大夫向现代知识分子的转变，知识分子虽然在专业上分工越来越细，但脱离了专业，知识分子依然觉得像传统士大夫一样无所不知无所不能，于是“文人误国”几乎成为过去百年中国知识分子无法逃避的责任。当他们躲进小楼从事象牙塔学问时，他们是清醒的，是理性的，但是当他们走出小楼，投身政治时，知识分子的理性似乎突然消失，代之以一种喷薄而出的激情，其选择的失误是不言而喻的。

在许多研究者看来，现代知识分子应该谨守自己的专业范围和职业操守，画地为牢，将政治交给政治家，尊重政治本身的专业特征，坚守专业领域从事创造性的工作，不应该也不可能介入现实政治，因为专业知识分子一旦放弃自己的专业而从事现实政治，便自然失去智者的尊严和高明，而沦为芸芸众生般的平庸。

如果说赞扬文化保守主义还只是一个比较纯正的学术问题，那么过去20年对周作人、汪精卫等人的研究和表述，有的虽然“雷人”，虽然轰动，但其实缺少相应的学术含量，缺失知人论世的起码原则。

应该说，在短短30年间，周作人研究确实有了长足进展，除了资料建设外，更有不少有价值的专著，对周作人社会思想、文艺理论、创作成就、翻译成就等进行研究，取得一些重要进展。然而随着研究进展，也出现了一些不协调的声音，甚至有些非专业研究者不惜曲解事实，为周作人进行辩解和翻案。在拿周作人与乃兄鲁迅进行比较研究时，许多研究者肆意抬周贬鲁，评价失衡，甚至不惜拿鲁迅充当“祭旗的牺牲”。有研究者认为，周作人的散文闲适淡雅，没有人间烟火气，读之令人心旷神怡，是散文中的上品。与周作人比较，鲁迅的散文则显得太直率，太直面人生，火药味未免显得太浓，只能算散文中的中品或下品。有研究者指出，周作人的文艺思想比鲁迅高明，鲁迅只知道“为人生”、“揭出病苦”，“普罗气”太重，而周作人“人的文学”、平民文学则真正体现了现代知识分子对人类命运的终极关怀。就翻译成就而论，有的研究者认为，周作人的翻译成就比鲁迅大得多。在谈到周、鲁的历史地位时，也有研究者认为，就总体而言，周作人在五四新文化运动中的地位，远比鲁迅高。至于“二周失和”，许多新派研究者貌似公允，大讲“清官难断家务事”，其实在字里行间却已断案，参照弗洛伊德的性心理学，暗示鲁迅对其弟媳不无垂涎，结果打翻了周作人的“醋坛子”，兄弟二人彻底翻脸。

在谈到周作人为什么当汉奸这一重大历史问题时，有的研究者不顾历史事实，曲意辩解：有说迫不得已，情有可原的；有说一念之差，偶尔失足的；还有说并非投降日寇，而是中国共产党让他留在北平，深入敌人心脏从事地下工作的。更可笑的是，有的研究者竟然说，周作人即使当汉奸后，依然是一个高尚的人道主义者，而且即使他不当汉奸，也会有别人去当。与其让别人当，还不如让周作人当。显然，这些论点已有失学者的基本理性，这种观念即便到了世界大同，也很难获得认同。毕竟具体的历史阶段和父母之邦无法超越，做人总是要坚守最起码的道德底线。如果周作人在抗战时期的政治选择可以容忍，值得推广，哪里还有抗战的胜利，还有正义非正义之分？

在过去20年，近代中国历史人物研究中还有一个更值得注意的倾向，是日本的“侵略有理论”以及与之相呼应的“汉奸有理论”，对中国学术界的渗透与影响。某些貌似的学者公然为汪精卫的卖国理论与卖国实践翻案，为汪记“曲线救国论”招魂。他们甚至提出要重估汪伪政权的历史功过，要彻底摆脱国共两党原来对汪伪政权的观点，声称汪精卫的南京国民政府是重庆国民政府的补充，它代表了广大“灰色地带”人民的利益，而不是代表日本法西斯的利益。与此同时，一些歪曲历史，美化汪精卫、陈璧君、周作人等人的论著、文艺作品纷纷出笼。在沦陷区和汪伪统治区活跃的作家张爱玲、梅娘、苏青、胡兰成等人的作品一度畅销，成为过去 20 年非常奇怪的一种文化现象。

这些问题之所以发生，背景极为复杂，其中一个最值得注意的迹象是这些历史人物的亲属及近代中国历史人物所在地政府或团体的介入，使历史人物研究带有更多的感情色彩。许多本来并不难解决的问题成为旷日持久的争论焦点，许多本不该翻案的问题也重新翻案，使问题越来越繁杂。方伯谦、严复等人的研究都存在这些问题。近代中国历史人物的后人和所在地的政府或团体希望对这些历史人物评价高一些，这是可以理解的。因此一些纪念性讨论会多说好话，也是人之常情。但是，科学研究毕竟是一种科学，如果历史学不尊重科学，不尊重事实，就只能沦为一种“史学广告”，为亲者讳，为贤者讳，为尊者讳，那确实是学术的堕落和悲哀。

至于某些研究者，由于知识背景和能力的限制，无法从宏观上把握所研究的对象在整个历史发展进程中所处的实际地位，而是过多地介入感情。甚至可以说，许多研究者研究谁，就爱上谁，不仅自己不能从被研究者的身上疏离出来，进行分析，有点批判意识，有些过分武断者甚至不许别人对他的研究对象说一个不字。这显然不是科学的态度和精神。

改革开放 30 年，近代中国历史人物研究中所出现的过分翻案倾向，使原本可以接受的结论变成摇摆不定的问题。如果说在 1978 年之后最初 10 年的近代历史人物研究中的翻案还带有拨乱反正意义的话，那么 1989 年之后 20 年的某些翻案文章，则更多地带有搅浑水的意味，带有黑格尔所说的“正反合”的意思，以否定之否定的研究方法作为学术创新的捷径，就必然丧失最起码的学术良知和价值标准了。

第二十三章
近代史资料的整理与出版

中华人民共和国成立60年以来，中国近代史研究发展很快，取得了丰硕的成果。其原因除了中国近代史是一部中华民族与帝国主义、封建主义抗争的历史，是一部振兴中华、高扬爱国主义的历史，历来得到社会各界和历史研究者的特别关注和重视外，更主要的是有组织有计划的大规模史料发掘整理与出版工作为其奠定了坚实的研究基础，发挥了重要的保障作用。

无论是过去的历史学家，还是当代的历史学家，都把发掘、占有史料看作历史科学得以生存和发展的根本条件。傅斯年曾经说过：史料即是史学。这话强调史料对史学的功用，未必全面，但是指出史料的重要性还是有其合理成分的。总之，凡从事历史研究者必须尽可能充分地占有史料，去伪存真，由表及里，才能考察历史的进程，探寻历史的发展规律。如果缺乏可靠的史料，就不可能进行实事求是的研究，建立真正的历史科学。

第一节　20世纪下半叶的编辑出版概况和特点

中国近代史资料，内容相当广泛，涉及政治、军事、经济、外交、文化、思想、教育、社会、民俗诸多方面，形式多样，有公文档案、函电、奏议、文集、日记、报刊、当事人回忆录、碑传以及外文资料，还有近代修撰的地方志书，等等，数量非常庞大，可谓汗牛充栋，浩如烟海。

在新中国成立以前，公文档案非一般人所能看到，即使文集、奏议这类资料，因多系私人刻版刊印，印数极少，流传不广，历史研究者很难利用这些档案文献资料。故宫博物院收藏清代档案 900 余万件，但是从 1925—1949 年的 20 多年间，除在《文献丛刊》和《史料旬刊》上刊载过部分近代史资料外，整理出版的近代资料专集只有《筹办夷务始末》《清光绪朝中日交涉史料》《清季外交史料》《清光绪朝中法交涉史料》《清宣统朝中日交涉史料》《清季教案史料》等七八种。新中国成立以后，中国近代史的研究工作，得到中共中央和政府的高度重视，发掘整理中国近代史资料的任务随即提上了历史研究者的工作日程。20 世纪下半叶的近代史资料出版概况和特点，大体可归纳为以下六大方面。

第一，编辑出版了一套奠定近代史研究基础的“资料丛刊”。20 世纪 50 年代初，在中国史学会的倡导和支持下，史学研究者开始了大规模的近代史资料的搜集整理和编辑出版工作。论其规模与影响，首推中国史学会主编的“中国近代史资料丛刊”。[①] 这部丛刊由北京等地高等院校及科研机构的专家学者分工协作，通力编纂，先后出版了《鸦片战争》《太平天国》《第二次鸦片战争》《回民起义》《捻军》《洋务运动》《中法战争》《中日战争》《戊戌变法》《义和团》《辛亥革命》11 种专题资料，共计 68 册，2758 万字。同时，中国科学院近代史研究所主编的《近代史资料》期刊也于 1954 年创刊问世。45 年来，该刊出版 100 期，编辑出版专刊资料 22 种，总计 2700 多万字。“丛刊”、期刊的出版，为海内外学者的研究和教学工作提供了极大方便，因而受到他们的高度重视。据一位美国学者说，他们利用这套“丛刊”，培养了数百名汉学博士。其影响与作用，由此可见一斑。

与此同时，由一批经济史学家编辑的近代经济史资料也陆续面世，影响较大的有 4 种丛刊或丛编。第一种是中国科学院经济研究所主编的“中国近代经济史参考资料丛刊”，包括《中国近代经济资料选辑》《中国近代工业史资料》《中国近代农业史资料》《中国近代手工业史资料》《中国近代对外贸易史资料》《中国近代铁路史资料》《中国近代航运史资料》《中国近代外债史统计资料》《旧中国公债史资料》。第二种是中国近代经济史资料丛刊编辑委员会主编的“帝国主义与中国海关资料丛编”，共 10

---

① 本章所引述的重点资料集的编者、出版单位、出版年月，在《中国档案文献辞典》一书中均有著录。

种，如《中国海关与滇缅问题》《中国海关与英德续借款》《中国海关与义和团》等。第三种是中国科学院经济研究所等单位主编的“中国资本主义工商业史料丛刊”，包括《北京瑞蚨祥》《上海民族橡胶工业》《上海市棉布商业》《上海民族机器工业》《上海民族火柴工业》《上海民族毛纺织工业》《永安纺织印染公司》《旧中国机制面粉工业统计资料》等。第四种是“上海资本主义典型企业史料”丛书，包括南洋兄弟烟草公司、荣家企业、刘鸿生企业等专题资料集。这些丛刊、丛编都是经过专家学者认真选辑，具有相当参考价值的近代经济史资料，从而促进了近代经济史研究的深入发展。据统计，迄今已编纂成书的经济史资料书已达 40 余种。

正当中国近代史学科呈现蓬勃生机之际，所谓的“文化大革命”爆发了，近代史资料的编辑和整理工作也因此停滞了整整 10 年。1978 年以后，经过拨乱反正，近代史资料的整理和出版工作，得到迅速恢复和发展，累计出版资料书籍有上千种。其中列为“中国近代史资料丛刊”第 12 种的《北洋军阀》和第 13 种的《抗日战争》引起了学术界的关注。从鸦片战争到辛亥革命的 11 种专题资料，也由中华书局等出版社主持编辑续集，现已出版《鸦片战争档案史料》和《中日战争》等多种续集。经过近代史研究者 50 年的辛勤努力，终于建立了比较完整的中国近代史资料体系。

第二，出版了一批以地域为中心的专题资料。上述“资料丛刊”尽管涵盖清政府档案、官修书籍、私家著述、地方史志及外文资料，但是这些资料偏重于反映重大事件的过程和全国政治、经济、军事、中外关系等方面的情况，对地域性较强的专题关注不够。地方性专题史料的整理和出版，弥补了这方面的不足。兹举数例如次。

有关鸦片战争的地方专题资料，有广东文史研究馆编辑的《三元里人民抗英斗争史料》、福建师范大学历史系编辑的《鸦片战争在闽台史料选编》、上海科学院历史研究所筹备委员会编辑的《鸦片战争末期英军在长江下游的罪行》和阿英编辑的《鸦片战争文学集》等。此外，时人记载鸦片战争的著述很多，或记载禁烟运动和抗英斗争，或记载英国侵略军窜犯各地的罪行，或记载《江宁条约》的缔结和战后情况，虽然详略不一，但都是纂著者亲见亲闻的史实，具有相当大的参考价值。在众多的时人著述中，为大家熟知而又经常引用的是梁廷枏的《夷氛闻记》、魏源的《道光洋艘征抚记》，以及张集馨的《道咸宦海见闻录》等。

太平天国、义和团、辛亥革命是20世纪50年代至80年代近代史研究领域中几个较为热门的专题，无论是内地档案资料的搜集，还是外文资料的翻译的规模，皆远超其他专题。

太平天国运动时期或稍后，时人著述太平天国事迹的书籍很多，粗略统计，约在千种以上，而其中多数是记一时一地的。这些私家著述或分散各地，或湮没在故纸堆中，极不容易见到。为便于研究者参考和利用，太平天国博物馆编辑出版了《太平天国史料丛编简辑》，共6册，汇集《粤寇起事纪实》等46种资料。此外，还有静吾和仲丁编辑的《吴煦档案中的太平天国史料》、上海社会科学院历史研究所编辑的《小刀会起义史料汇编》和张守常编辑的《太平军北伐史料选辑》，等等。有关义和团运动的，有齐鲁出版社出版的“义和团资料丛编”5种，包括《山东义和团案卷》《山东义和团调查资料选辑》《山东教案史料》和《天津义和团调查》等。辛亥革命运动的资料出版更多。较早出版者为戴执礼编的《四川保路运动资料》、隗瀛涛主编的《四川辛亥革命资料》、《近代史资料》编辑部编的《云南贵州辛亥革命资料》。嗣后，湖北、江苏、广东、浙江、上海等地学术团体也编辑出版了辛亥革命在本地区的综合资料，史料价值较高的有《云南辛亥革命资料》《辛亥革命在上海史料选辑》《辛亥革命浙江史料选辑》《辛亥革命江苏地区资料》《广东辛亥革命资料》《辛亥革命在广西》和《华侨与辛亥革命》等。就迄今所能见到的武昌首义资料集而言，内容最为丰富的是《武昌首义档案资料选编》。本书由政协湖北省委员会暨武汉市委员会、湖北省博物馆、武汉市档案馆、中国社会科学院近代史研究所等单位共同负责编辑整理工作，全部材料均出自湖北实录馆遗留下来的档案和文稿。《武昌首义档案资料选编》共分3卷4编，约210万字。所选录的资料大多数是未刊手稿，而撰述者都是亲身参加辛亥首义的人士。1986年，辛亥革命武昌起义纪念馆等单位合编的《湖北军政府文献资料汇编》，汇录文献档案928件，约58万余字，时间自1901年10月至1912年4月。所汇资料，多数摘录于《民立报》《中华民国公报》《时报》，以及曹亚伯《武昌革命真史》、胡石庵《湖北革命实见记》、李廉芳《辛亥武昌散记》等报刊书籍，少数是辛亥革命武昌起义纪念馆提供的未刊藏品。除此之外，还有两种专题资料汇编是值得引起重视的，一种是《辛亥首义回忆录》，一种是《辛亥革命在湖北史料选辑》。在20世纪50年代初，居住在武汉三镇的辛亥首义老人尚有700余人，湖北省政协动员他们撰写亲身经历和见闻。他们投寄了大量稿件，并捐赠大批革命文物。编委会从中选出有代表性的文稿，按照历史事件发生的先后次序编成《辛亥首义回忆录》4 辑，在 1957—1961 年陆续出版。这是中国第一部辛亥革命回忆录。《辛亥革命在湖北史料选辑》，由武汉大学历史系中国近代史教研室编辑出版，选录胡石庵《湖北革命实见记》、胡祖舜《六十谈往》、居正《辛亥札记》等史料价值颇高而不易见到的私家记述，计 58 万余字。系统而又全面地反映辛亥革命在江苏有关情况的资料，首推扬州师范学院历史系编辑的《辛亥革命江苏地区史料》。此书的资料征集工作始于 1958 年，经 3 年努力，得 50 余万言。其中以罕见的史籍居多，其次是亲历者的回忆录及地方报刊资料。在辛亥革命出版物中，此书是内地唯一利用实地调查资料编成的集子，也是研究江苏辛亥革命历史必备的参考资料。广东是资产阶级革命党人活动最为活跃的地区。有关广东光复的资料极为丰富，重要的回忆录和采访录均收在《广东辛亥革命史料》和《纪念辛亥革命七十周年史料专辑》中。两书撰稿人均属辛亥亲历者，他们从不同的侧面记载了庚子惠州三洲田起义、庚戌广东新军起义、辛亥三月十九日文州起义的情况，以及江门、新会、顺德、佛山、东江、惠州、博罗、紫金、潮汕、大埔、永定、上杭、梅州、钦县、化州、阳江、肇庆、韶州、连州等地的光复经过。从甲午战争失败至武昌起义前的 17 年中，台湾人民支持和参加了反清斗争，并在辛亥革命影响下，掀起了驱日复台的爱国运动高潮。这些可歌可泣的事迹，散见于其他专题性资料中。如章伯锋主编的《辛亥革命资料类编》，就收录了珍贵史料《罗福星革命集》。有关边陲地区辛亥革命的情况，可供参阅的专题资料有：政协广西省文史资料研究委员会编《辛亥革命在广西》，广西民族历史调查组编《广西辛亥革命资料》，《西藏研究》编辑部编《民元藏事电稿》、《藏乱始末见闻记》，政协内蒙古自治区文史资料研究委员会编《内蒙古辛亥革命史料》等。这些资料均有较高的参考价值。

第三，重点出版了一批有关五四运动的资料。第一次世界大战后，中国以战胜国的身份参加巴黎和会，但山东问题交涉失败，帝国主义的侵逼，引起中国人民的愤怒和反抗，直接导致五四运动的爆发。关于帝国主义侵略中国的资料，以外交关系文书为主，包括条约、换文、协定、合同、照会、通牒及备忘录等。这方面的资料，已出版的有 3 种：（1）《中外旧约章汇编》，内容包括 1840—1949 年清政府、北洋政府、国民党政府对外签订的各类条约、协定、合同等；（2）《中外条约汇编》，内容包括1840—1935年清政府、北洋政府、国民党政府同各国订立的条约、协定、合同等；（3）《第一次世界大战以来帝国主义侵华文件选辑》，内容包括1914—1949年间北洋政府、国民党政府同各国签订的条约。国人引为奇耻大辱的日本对华“二十一条”和《巴黎和会对山东问题的决议案》等都包括在内。涉及巴黎和会黑幕的资料，当推在五四运动60周年纪念之际，由中国社会科学院近代史研究所《近代史资料》编辑室主编的《秘籍录存》。这部资料集为原任大总统的徐世昌退出政界多年以后主持编纂的一部未刊稿本。其中“巴黎和会”篇，汇集了1918年9月16日至1920年11月5日北京政府秘书厅归档的重要电报380余件。其中许多电文属第一次公布，有较高的史料价值。

五四运动时期和稍后，时人记述五四运动事迹的书籍较多，中国社会科学院近代史研究所《近代史资料》编辑室编辑的《五四爱国运动资料》共收录7种记述五四运动的出版物，即《青岛潮》《学界风潮记》《上海罢市实录》《民潮七日记》《上海罢市救亡史》《章宗祥》《陆宗舆》；1种档案，即《上海公共租界工部局警务处档案》；1种报刊资料辑录，即《五四——六三爱国运动大事目录》。这本资料集于1979年重印出版时又增加了7篇资料和几十幅珍贵图片，其中有周恩来编写的《警亭拘留记》和《检厅日录》，还有《五四》《五四运动纪实》《五四爱国运动北京资料选录》《北京大学平民教育讲演团》《五四运动在天津》《天津抵制日货的经过》《东游挥汗录》等。档案资料，中国第二历史档案馆汇辑成册的有3种：（1）《中国现代政治史资料汇编》一书中有关五四运动的资料10卷；（2）《中华民国史档案资料汇编》收录有五四运动前的档案资料，涉及政治、军事、外交、财政、文化；（3）“中华民国史档案资料丛刊”中有中国社会科学院近代史研究所和中国第二历史档案馆合编的《五四爱国运动档案资料》，共收档案400余件，包括北洋政府国务院、财政部、内务部、陆军部、步军统领衙门、督办边防事务档案处、京畿卫戍总司令部、筹备国会事务局等机构的旧档，还有国立中央大学、云南省政府秘书处、交通银行等单位的档案。外文翻译资料比较少，目前可供参考者，只有上海复旦大学历史系编辑的《中国近代对外关系史资料》。该书下卷首章为五四运动，其中的重要文件是从《日本外交年表和主要文书》和《美国外交文件》中辑录翻译过来的。

北京是五四运动的发源地，记载北京情况的资料也最多，主要有下列数种：（1）《五四》，由蔡晓舟、杨景工同编，于1919年7月出版，是最早叙述五四运动经过的一本书。（2）《五四运动纪实》，是五四运动参加者匡互生于1925年后写的回忆录，最先登载在《立达季刊》上，1933年印成单行本发行。（3）《五四爱国运动北京资料选录》，北京大学校史资料室编，资料录自《每周评论》和《晨报》。（4）《五四运动与北京高师》，北京师范大学校史资料室编，收录记事和回忆录34篇、人物传略21篇、社团刊物资料45篇。北京高师和北京大学是挑头发起天安门集会的两所学校，以往的记载只提北京大学的作用，而很少提到北京高师的作用。李大钊、钱玄同、缪伯英、周予同、杨明轩、陈荩民的回忆和传记，以及介绍工学会、北京工读互助团、女子工读互助团、女权运动同盟会、平民教育社和《史地丛刊》《北京女师半月刊》《五七日刊》等社团和期刊的文章中，可以看出北京高师在五四运动中是与北京大学齐名的学校，所起的作用是很突出的。

记述五四运动在全国各地的资料也相当丰富。天津历史博物馆和南开大学历史系于1979年编辑的《五四运动在天津》，汇集了当时天津的报刊如《益世报》《大公报》《天津学生联合会报》《南开日刊》《觉悟》等所登载的文件和记事，还收录了邓颖超、刘清扬等人的21篇回忆文章。时任天津学生联合会代表的周恩来撰写的《警厅拘留记》和《检厅日录》值得特别重视。《近代史资料》编辑室编的《五四爱国运动》全文刊登了这两篇重要文献。五四运动在上海的资料卷帙浩繁。1949年以后整理的《上海公共租界工部局警务处档案》，汇录1919年5月到7月的档案88件。中国科学院上海历史研究所编的《五四运动在上海史料选辑》，1960年出版，1979年再版，共计57万余字。所录资料大部分来自《民国日报》《申报》《时事新报》《新闻报》《大陆报》等报纸，小部分来自外国档案和报纸。张影辉、孔祥征编的《五四运动在武汉》，再现了武汉以及鄂省人民的斗争事迹。所收资料，主要来源于当时的《汉口新闻报》《大汉报》《新湖北》以及《武汉星期评论》，主要内容系记述1919年5月学生运动兴起到1920年武汉建立共产主义小组期间的史实。由湖南省哲学社会科学研究所现代史研究室编的《五四时期湖南人民革命斗争史料选编》，反映了湖南人民的斗争概况。胡信本编的《五四运动在山东资料选辑》，择要辑录1897年德国借口巨野教案侵占胶澳至1920年山东建立共产主义小组期间的有关资料，反映了山东人民爱国救亡，求生存的斗争实况。河南省地方志编纂委员会总编室编辑的《五四运动在河南》，比较翔实地反映了五四爱国运动在河南开展的情况。五四运动在重庆的资料，现在出版的只有中共重庆市委党史工作委员会编辑的《五四爱国运动在重庆》，所选资料有历史文献、报刊资料、档案以及回忆录等。

关于五四运动前后新文化运动的资料，主要有张允侯等编的《五四时期的社团》，共收录新民学会、互助社、利群书社、少年中国学会、国民杂志社等 32 个社团的资料。中共中央马恩列斯著作编译局研究室编的《五四时期期刊介绍》，共 3 集，对五四运动时期出版的 160 余种期刊作了比较系统的介绍，是研究新文化运动和共产主义思想传播的入门参考书。另外，由中国社会科学院近代史研究所编的《五四运动文选》，收有陈独秀、易白沙、李大钊、胡适、吴虞、刘半农、王敬轩、钱玄同、鲁迅、蔡元培、林琴南等人的相关文章，为研究新民主主义文化的发展，提供了比较系统的资料。全国妇联妇运史研究室编的《五四时期妇女问题文选》，则由当时的《新青年》《少年中国》《解放与改造》《觉悟》《妇女杂志》《新妇女》《劳动与妇女》《新潮》《女界钟》《少年世界》《每周评论》等期刊的有关妇女运动的文章组成，表明随着五四运动的发展，中国妇女也在日益觉醒。

第四，出版了大批独具特色的文史资料和地方史志资料。1960 年，在周恩来的倡导下，全国政协主办的《文史资料选辑》正式创刊。在 1983 年第四次全国文史资料工作会议开幕式上，杨成武总结说："据统计，全国参加提供史料的达 6 万人次，征集到资料 4 亿多字，全国有 166 个单位编辑出版《文史资料选辑》等著作，向社会提供了 1 亿字左右资料。"此后，各地文史资料的出版又有新的发展，据 1990 年统计，全国县级以上政协文史资料委员会及其文史办公室，编印文史资料集共 2300 多种，计 1.3 万多册，约收文稿 30 万余篇，总字数近 2 亿。

各地文史资料选辑的文稿，大多数是亲历、亲见、亲闻者自撰和口述，部分为调查访问记，少数为历史档案、报刊、史志书稿等文献的摘登。这些文稿从不同角度记录了中国近代历史上政治、军事、外交、经济、文化、社会、地理诸方面的情况和重大事件的始末，以及形形色色的人物的活动情况。尽管其中部分文稿或因撰稿人记忆有误，或因某种缘故未能秉笔直书，造成失真的局限性，但从总体上看，仍然不失为珍贵的第一手资料，是值得史学工作者关注的新史源。由李永璞主编的《中国近现代史料介绍与研究丛书·全国各级政协文史资料篇目索引》（共5册），介绍篇目30余万条，分列政治军事外交篇、经济篇、文化篇、社会篇、地理篇、人物篇计6大类，每类又下分若干级子目，最多至六级子目，非常便于检索使用。此外，《中国史志类内部书刊名录（1949—1988）》和《全国各级政协文史资料名录（1960—1990）》专门介绍每一种文史资料丛刊、丛书和专辑的名称、编印单位、开本版型、发刊范围、刊印期年和已出版数量，展示了各地文史资料的概貌。

续修地方志是中国的历史传统，代代相承，绵延不辍。在20世纪50年代，编修社会主义新方志的项目，两度列入国家社会科学规划。1979年以后，编修新方志的工作在全国迅速展开，经过数万人的辛苦耕耘，取得了令人瞩目的成绩。据1998年统计，全国各省、市、县志书已出版4000余部，尚有1000余部正在审定、印刷、出版的过程中。新方志是储量巨大的信息资料库，国内外学术界许多学者利用新方志资料取得了有价值的学术研究成果。

第五，各档案收藏机构纷纷编辑出版有关近代史的档案资料。档案资料对历史研究有着特殊的意义，但在20世纪80年代以前，利用政府文献档案编辑出版的资料集，无论种类还是数量均与学术界的需求差距较大，此后国家及地方档案馆投入大量人力物力，编辑出版了众多所藏档案史料书刊，便利了学术界的利用和研究。

中国第一历史档案馆编辑出版的近代史资料中，影响较大的有4种：《鸦片战争档案史料》《清政府镇压太平天国档案史料》《戊戌变法档案史料》和《清末筹备立宪档案史料》。这些资料，均从上谕档、剿捕档、录副奏折以及照会、函札中选出，其中有些档案资料为过去已刊资料所不载。有些资料不仅记事翔实，而且还匡正了已刊资料的谬误。例如，《清政府镇压太平天国档案史料》就纠正了《钦定剿平粤匪方略》中的许多舛误。中国第二历史档案馆主编的两种规模较大的史料，颇受学界推重。其一是《中华民国史档案资料汇编》，最初出版《辛亥革命》和《南京临时政府》两辑，从第三辑开始按北洋政府、国民党政府两个时期的政治、军事、经济、财政金融、工矿业、农商等分册编辑，现共出版4辑20册。其二是“中华民国史档案资料丛刊”，是根据该馆所藏历史档案，按照重要的历史事件、历史问题、历史人物及企事业机构，分专题编辑成书，已经出版《北洋军阀统治时期的兵变》《直皖战争》等专题。

各省市地区档案馆等机构也利用藏档汇编了颇有研究价值的资料集。已面世的有上海图书馆主编《盛宣怀档案资料选辑》、广东档案馆编《民国时期广东省政府档案史料选编》14 册、中国第二历史档案馆和中国社会科学院近代史研究所编译《中国海关密档》等。东北地区档案馆从满铁档案中已选译出版《满铁资料》和《九一八事变前后日本与中国东北——满铁秘档选编》。吉林省社会科学院历史研究所与东北地区档案馆合作编辑出版《日本帝国主义侵华档案资料选编》，分为九一八事变、华北事变、伪满和汪伪政权、东北历次大惨案、伪满警宪法西斯统治、华北大扫荡、细菌战、经济掠夺等卷，已经陆续出版问世。天津市社会科学院、档案馆、工商联等单位合编的《天津商会档案汇编（1903—1911）》以及华中师范大学历史研究所与苏州市档案馆合编的《苏州商会档案丛编（1905—1911）》两书，颇具特色。天津、苏州、北京、上海、南京、武汉、广州、重庆的商会组织，号称清末八大商会，然而各地商会的档案，历经朝代更迭和连年战乱，流失几尽，只有天津和苏州商会的档案得以侥幸保存下来，弥足珍贵。

社会上存有历史档案的一些单位和个人，或者将档案整理成专书出版，或者投稿于刊物。近 20 年来，全国以公布档案史料为主的刊物，似雨后春笋，纷纷行世。中国第一历史档案馆、中国第二历史档案馆率先创办《历史档案》和《民国档案》期刊，嗣后各省档案馆也陆续创办了这类刊物，例如《档案与历史》和《北京档案史料》等，共有 20 多种，每年公布的档案约在 200 万字以上。

与此同时，各级科研院所图书馆也把收藏的档案和稿本付梓出版，如北京大学图书馆馆藏稿本丛书已影印出版 23 册，其中有不少为清末和民国时期的史料。中国社会科学院近代史研究所编的《近代稗海》已出版 14 辑，刊载 74 种近代史资料，多为稿本或流传较少的印本。

第六，大力开展海外近代史资料的搜集和出版工作。自鸦片战争以来，中国一直是列强侵略宰割的对象。研究中国近代史，首先必须研究各个时期的中外关系史，因此搜集、开发、利用与研究海外资料就显得格外重要了。关于鸦片战争，英国是元凶，该国议会文件、外交文书、私人著述和报刊资料中有大量涉及这次战争内幕的重要资料。对于这些资料，过去一直没有引起足够的重视，翻译不多，较重要者有广东文史研究馆编译的《鸦片战争史料选译》和《鸦片战争与林则徐史料选辑》、中国科学院上海历史研究所筹备委员会编的《鸦片战争末期英军在长江下游侵略的罪行》和《近代史资料》上发表的《英国鸦片贩子策划鸦片战争的幕后活动》等数种。而保存在美国的这方面的资料，则无人进行系统的搜集、翻译和利用。第二次鸦片战争期间，英国曾从中国抢走大批档案，其中数量最大的是两广总督衙门的公私档案，现藏于英国国家档案馆内。日本学者佐佐木正哉依据该馆所藏中文档案，编成《鸦片战争研究（资料篇）》，收入琦善与义律在广州交涉期间逐日往来的照会。这些档案的发现，不仅弥补了中国已刊史料的不足，而且还为弄清一些历史事件的真相，提供了有说服力的证据。其中最为突出的例证即是“穿鼻草约”纯属义律伪造。

太平天国失败以后，清朝统治者不准民间收藏太平天国印书，几将太平天国文献荡尽，因此，自20世纪二三十年代起，太平天国历史的研究者无不重视海外太平天国资料的搜集工作。1983年，王庆成在英国访学期间，搜得若干太平天国文献和其他中、英文史料，其中最重要的是发现太平天国的两种印书，即《天父圣旨》和《天兄圣旨》。这两种印书涉及金田起义和太平天国历史上重要的或有趣的史事。长期以来，学界对萧朝贵的身世，以及究竟有无洪宣娇其人，存在不同的看法。《天兄圣旨》发现以后，这些问题一一得到了澄清。改革开放以来，还从各国档案馆以及在华外交官和传教士的私家著述中发现了众多有关太平天国的史料，这些资料已分别刊载在《近代史资料》《太平天国文献史料集》《太平天国史译丛》《太平天国学刊》等书刊中。

有关义和团的外文著作，大多出于在华的外交官、传教士、商人、侵略军军官及新闻记者之手，约有百余种，据粗略统计，已译成中文的有数十种，如《庚子使馆被围记》《瓦德西拳乱笔记》《八国联军志》《庚子中外战纪》《俄国在远东》《维特伯爵回忆录》等。1980年天津社会科学院历史研究所编译的《八国联军在天津》中，辑录了《华北作战记》《中国与联军》《在华一年纪》《京津随军记》《天津——插图本史纲》《天津海关一八九二年至一九〇一年十年调查报告书》和《美军在华解围远征记》7种。这些著述，主要记载1900年6月至8月天津及其周围地区的战斗情况。1954年王崇武依据英国档案馆藏中国事务文件，译成《英国档案馆所藏有关义和团运动的资料选辑》。1980年，胡滨译成《英国蓝皮书有关义和团运动资料选辑》，起自1899年山东卜克斯教案，止于1901年签订

《辛丑条约》。该书所选译的资料，绝大多数是当时英国公使、领事、武官、教士向英国政府提交的报告和往来文件。

辛亥革命是中国乃至世界历史上的一件大事。中国近代经济会刊编辑委员会利用外贸部海关总署所藏旧海关档案资料编译有《中国海关与辛亥革命》一书，内容涉及中央到地方的政局动态、商贸行情变化和社会生活等各个方面，大至政局内幕，小至物价变动，都有所记述。邹念之编译的《日本外交文书选译——关于辛亥革命》是考察日本政府对辛亥革命的态度和立场的重要文件，从中可看到日本政府在不同态势下所采取的不同政策。关于英国政府的对华政策，可参考胡滨编译的《英国蓝皮书有关辛亥革命资料选辑》。孙瑞芹编译《德国外交文件有关中国交涉史料选译》和张蓉初编译的《红档杂志有关中国交涉史料选译》，是考察德、俄两国政府对辛亥革命的态度和立场的极为重要的资料。

第一次世界大战后，德国公开了 1871—1914 年的外交档案，并汇成 54 卷正式出版。1960 年，孙瑞芹译出其中与中国有直接关系的资料，编成《德国外交文件有关中国交涉史料选译》一书，分 3 卷，上起 1894 年中日战争，下至 1914 年第一次世界大战爆发，其中第二卷是关于义和团运动的资料。

1922—1941 年，苏联公布一批帝俄时代的外交档案，发表于《红色档案》杂志。1957 年，张蓉初从中译出中俄交涉史料，题名《红档杂志有关中国交涉史料选译》。全书分为中日战争文件、德国侵占胶州湾、俄帝国主义在远东的最初步骤、关于收买李鸿章和张荫桓、义和团起义、库罗巴特金日记、辛亥革命 7 篇，大多为义和团运动相关资料。1980 年，吉林省社会科学院历史研究所选择沙俄总参谋部军事档案馆 1902 年作为机要保密资料保存的一部分奏折和电报，编译成《俄军在华军事行动资料》一书，记载了 1900—1901 年俄国在华的军事活动情况。

而朱士嘉则以内地中文档案为主，编译成《十九世纪美国侵华档案史料选辑》一书。

第二节　几个热门课题的资料发掘概况

改革开放以来，内地近代史学界逐渐形成若干个新的或大或小、或宽或窄的热门研究课题，如中华民国史、北洋军阀史、抗日战争史、文化变迁史、城市发展史、秘密会社和政党史、灾荒史、近代思潮与学术史、商会史、区域经济史和近代人物研究，等等。这些热门课题从萌动到发展，原因是多方面的，但毋庸置疑，与资料的整理与出版有着密不可分的关系，甚至可说是最为重要的原因。因此，有必要在此就 20 世纪下半叶几个主要的热门课题的资料发掘情况，作一专门介绍。

一是北洋军阀史和中华民国史。北洋军阀的历史，1949 年以前研究的人不多，加之天灾人祸，战乱频繁，档案资料流失严重，搜集整理有一定难度。早在 20 世纪 50 年代，中国史学会计划编辑出版“中国近代史料丛刊”时，即包括这一专题。嗣后，《鸦片战争》等 11 种专题资料相继出版，而北洋军阀专题资料由于种种客观原因，时编时停，迟迟未能问世。直至 1980 年以后，从事民国史研究的学者日渐增多，史料与论著才陆续出版。在档案文献资料方面，先后出版了《白朗起义》《直皖战争》《北洋军阀统治时期的兵变》《善后会议》《护国文献》《护国运动资料选编》《蔡松坡集》《梁启超年谱长编》《民初政争与二次革命》《奉系军阀密电、密信》等。1986 年陈振江主编的“北洋军阀史料”系列资料集出版，包括《北洋新军史料》《北洋陆军史料》《北洋军阀天津档案史料选编》。1989 年来新夏主编的《北洋军阀》出版。1991 年中国第二历史档案馆先后编辑出版《中华民国史档案资料汇编》20 册，其中第三辑 16 册，全部是北京政府时期的资料，第四辑 2 册为广州军政府资料，均是按政治、军事、财政、经济、外交等分类，按档案文件的时间顺序编辑。该馆还影印出版了北京政府时期全套《政府公报》。这些均为研究北洋军阀史的基本史料。在此期间，章伯锋主编的 6 卷本《北洋军阀（1912—1928）》大型综合资料集也与读者见面。上述各书收录了清政府的档案史料，比较系统地反映出北洋军阀的源起与发展，对研究北洋军阀军事政治集团的形成，提供了极有价值的第一手资料。

章伯锋主编《北洋军阀（1912—1928）》一书，被列为中国史学会主编的“中国近代史资料丛刊”的第 12 种。第 1 卷主要介绍北洋军阀的军事沿革、军队与军费，以及民初政党等，其中有不少是首次刊出的原始资料与稿本。第 2 卷反映袁世凯独裁统治的建立及其败亡。民初一些重大对外交涉事件，如善后大借款、中俄蒙古问题交涉、日本侵略山东、“二十一条”交涉等专题的资料，均选自中国外交文电和日、俄、美等国外交文书。关于洪宪帝制和护国战争，收录了中国社会科学院近代史研究所收藏的袁世凯政府的帝制文电和张国淦存稿，很多资料为他书所未载。第 3 卷是皖系军阀统治时期的专题资料。本卷从《日本外交文书》、日本外务省档案缩微胶卷及日文资料中，选译了数十万字的资料，涉及日皖勾结、西原借款、中日军事协定、直皖矛盾、南北议和、直皖战争等专题，为研究这一时期的日皖关系，提供了第一手资料。第 4 卷是曹锟、吴佩孚直系军阀统治时期的专题资料。本卷分列直皖战后的北方政局、直系势力的扩张、奉皖孙（中山）反直三角同盟的形成、两次直奉战争、江浙战争、直系军阀的财政与军费、直系与英美的关系等专题。所收史料包括北京政府文电、未刊稿本，外交文件选译，当事人回忆录，专著及报刊通讯报道等。第 5 卷是奉系军阀与北洋军阀最后覆灭的专题资料，重点在于 1925 年以后奉系、直系、国民军各派之间的混战和直奉系及孙传芳五省联军的最后覆灭。这一时期日本的对华侵略、日奉关系、皇姑屯事件、东北易帜等也均列有专题，收录了日本对华政策文件、皇姑屯事件策划者河本大作的回忆录，以及奉系军阀的密电密函。这些资料均有较高的参考价值。第 6 卷是北洋军阀统治时期大事要录和北洋军政人物简志，所收内容可与前 5 卷互为补充，其人物简志共收 460 余人，活跃在民国初年政治舞台上的重要人物多收录在内。

除上述各种“丛刊”、“汇编”外，内地各省市《文史资料选辑》中也有大量北洋军阀史资料，多为当事人、知情人或北洋军政要员的故旧亲友执笔撰写的文章，内容丰富，体裁多样，为研究北洋军阀史提供了一批档案史籍所不载的资料，极为珍贵。全国政协编《文史资料选辑》刊出者，内容涵盖袁世凯独裁统治与洪宪帝制、段祺瑞与皖系军阀、吴佩孚和曹锟与直系军阀、张作霖和张学良与奉系、新旧交通系和政学系、民初的国会与政党，以及军政人物生平事迹，等等。而各省市县的文史资料则详于本地区大小军阀及重要历史事件、人物的史料发掘、搜集与整理，例如，西南军阀的活动，在四川、云南、贵州、广东、广西、湖南等省《文史资料选辑》中，均有大量的刊载。这些材料弥补了档案文献史料之不足，为发掘和保存北洋军阀史、民国史资料，做出了极为可贵的贡献。

中华民国史涵盖“北洋军阀”专题，因习惯上一般将民国初年北洋军阀的统治作为民国史上一个时期单独划开，因而以下所述民国史资料，基本不包括北洋军阀这一内容。已出版的民国史资料，重要的有“中华民国史资料丛稿”。这套资料由中国社会科学院近代史研究所民国史研究室主编，中华书局出版，包括：1911—1949 年大事记；人物传记 23 辑；民国人物传 14 卷；特刊 7 辑，如孙中山年谱、民主党派史料、黄炎培日记、民国会门武装等；专题资料 21 种，如阎锡山与山西省银行、农民银行、张学良与西安事变、九三学社、中国致公党、中国青年党、救国会、胡适任驻美大使往来电稿、长城抗战、台儿庄会战等；翻译外文资料 17 种，其中英文资料有马歇尔出使中国报告书、史迪威资料、民国名人传记词典等，日文资料有“日本战史丛书”，包括河南会战、湖南会战、广西会战、长沙作战、香港作战、缅甸作战、中国事变陆军作战史、中国事变海军作战史、满洲事变作战经过概要、土肥原秘录、东北抗日联军、昭和二十年（1945）的中国派遣军等。这批资料的出版，受到国内外史学界的普遍关注和重视。海峡彼岸的同行，对大陆史学界开展民国史研究感到“震惊”，促使有关当局出版了一批民国史的资料与论著。大陆学者和出版部门也在这段时间里推出了许多民国史的论著与资料书，对民国史的研究与教学工作起了有力的推动作用。

二是近代社会文化变迁史。20 世纪 80 年代的“文化热”最引人注目。对于这一新的领域，收集整理资料是当务之急。虽然哲学史资料、文学史资料、教育史资料、出版史资料、思想史资料，以及近代人物的各种文集、选集、全集等已经出版了很多，可供研究者参考和借鉴，但就学科发展而言仍然是远远不够的。《中国近代思想和文化史集刊》、“中国近代思想文化史资料丛刊”、重版的《中国地方志民俗资料汇编》、《中华民国史档案资料汇编·文化卷》，以及重新影印出版的近代报刊等，大大弥补了这方面的不足。由刘志琴主编的《近代中国社会文化变迁录》使人耳目一新。这部书以编年为经，以本末为纬，以史实为体，充分利用当时的报刊、档案、文集、外文期刊和译著，以及各类资料汇编，广搜博采，务求翔实可靠，不仅系统记述了近代中国社会文化变迁的走向，还起到了工具书的检索作用。

三是近代人物研究。中共十一届三中全会以后，近代人物资料的整理出版工作取得了突出的成绩。近代人物的文集、全集、选集、日记、传记、年谱和未刊函札，已成为近代史资料的一个重要组成部分。中华书局出版的“中国近代人物文集丛书”、“中国近代人物日记丛书”，江苏古籍出版社出版的“民国名人日记丛书”，以及各地出版社先后出版的曾国藩、左宗棠、李鸿章、薛福成、曾纪泽、康有为、谭嗣同、梁启超、郑观应、唐才常、孙中山、黄兴、宋教仁、廖仲恺、朱执信、蔡元培、王国维、章太炎、柳亚子、秋瑾、熊希龄、蔡锷、翁同龢、郭嵩焘、王文韶、李星沅、王韬、张謇、邵元冲、蒋作宾、吴虞、周佛海、白坚武、袁世凯等人的文集或日记，为深入了解和研究这些重要人物在各个重大历史时期与事件中的活动和思想，提供了系统的资料，拓宽了近代史研究的深度与广度。

在近代人物资料的整理出版方面，有关孙中山的资料最多最丰富。其次是黄兴、廖仲恺、朱执信、章太炎、宋教仁、陶成章等人的资料。1949年以后出版了两种版本的孙中山文集。一种是1956年为纪念孙中山诞辰90周年出版的《孙中山选集》，一种是1981年辛亥革命70周年出版的《孙中山全集》。《孙中山全集》由广东省社会科学院历史研究所、中国社会科学院近代史研究所民国史研究室、中山大学历史系孙中山研究室合编，历经数年时间付梓出版。本书广泛搜求资料，比台湾地区1973年出版的《国父全集》多出100余万字。有关孙中山思想及活动的资料，还有三种出版物应当引起重视。其一，黄彦等人编辑的《孙中山藏档选编（辛亥革命前后）》，收录翠亨村中山故居藏档508件，多数是未刊文献，至为珍贵。其二，政协广东省文史资料研究委员会编的《孙中山史料专辑》。其三，政协广东省文史资料研究委员会编的《孙中山与辛亥革命史料专辑》。今人所编《孙中山年谱》有两种，一部由魏宏运编纂，另一部由广东省社会科学院历史研究所编纂。后者比前者详细具体，也比较准确。画册方面有文物出版社出版的《纪念孙中山》，刊登300多幅反映孙中山生平的照片。此外，中国新闻社编发的《辛亥革命七十周年》和姚迁等编辑的《中山陵》，均是以孙中山为中心的图片集。黄兴是与孙中山齐名的资产阶级民主革命家。由湖南省社会科学院历史研究所编的《黄兴集》，汇集文章、讲演、函电、公牍、诗词等600余篇，较台北出版的《黄克强先生全集》更加完善。

有关廖仲恺的资料，最早汇编成册的是1926年出版的《廖仲恺集》，极不完备。广东省社会科学院历史研究所吸收前人成果，并从《星期评论》、上海《民国日报》等杂志史籍中补充了一批材料，编成《廖仲恺集》。后来在再版时又增补了60多篇著述，成为一部完备的全集。朱执信是资产阶级民主革命派的著名理论家和活动家，一生撰写了许多理论文章，阐发孙中山的三民主义，均汇集在《朱执信集》中。此书比1912年建设社编的《朱执信集》两卷本及1926年邵元冲编的《朱执信文钞》的内容要丰富得多。

有关章太炎的资料，有汤志钧编的《章太炎政论选集》和《章太炎年谱长编》。选集收录政治论文、演说以及宣言、电报、书简、诗歌等257篇，《年谱长编》则是所见年谱中的出类拔萃之作。有关宋教仁的资料，有陈旭麓主编的《宋教仁集》，由《我之历史》、《宋渔父》第1集、《宋渔父先生文集》、《渔父先生雄辩集》、《宋渔父初集》、《宋渔父林颂亭书牍》和《二十世纪之支那》、《民报》、《醒狮》、《民立报》、《亚细亚日报》、《民视报》、《临时政府公报》、《政府公报》，以及博物馆、图书馆的藏品整理汇编而成。

陶成章是光复会的缔造者和领导人之一。过去对他的功过评说极不公允，现已成为引人注目的研究对象。由湖南省哲学社会科学研究所编的《陶成章信札》，为考察光复会和同盟会合而又分的内幕，以及陶成章生平事迹，提供了参考价值颇高的第一手资料。刘斯翰注释的《柳亚子诗集》，郑逸梅编的《南社丛谈》，杨天石、刘彦成编的《南社》，蔡元培晚年秘书高叔平编的《蔡元培选集》和《蔡元培年谱》，曾业英编的《蔡松坡集》，中华书局上海编辑所编的《秋瑾集》和《秋瑾史迹》，以及最近汤志钧等合编的《章太炎全集》等，都是研究辛亥风云人物的重要资料。

四是抗日战争史。抗日战争是100多年以来中国人民第一次取得完全胜利的民族革命战争。1945年抗日战争结束后，一些学者即开始对其历史进行研究，但因诸种原因，未能形成气候。1949年以后，抗日战争史的研究也甚为薄弱，当时所能见到的资料，只有翻印延安时期的“抗战的中国”丛书、《陕甘宁边区参议会文献汇辑》，还有《星火燎原》一类的回忆录。虽然取得了一定的成绩，但若与抗日战争在中国近代历史上和世界反法西斯战争中所占有的特殊地位相比较还是远远不够的。原因之一是资料的搜集和整理、大批外文资料的翻译和利用、口述资料的抢救等方面，均落后于研究的需要。因此，抗日战争史资料的系统搜集和整理，成为当务之急。下面将改革开放至20世纪末这一课题的资料出版情况作一简要介绍。

有关日本侵华和日军暴行的资料，系统完整的大型资料集有中央档案馆等编《日本帝国主义侵华档案资料选编》，现已出版《九一八事变》《东北大讨伐》《细菌战和毒气战》《东北历次大惨案》《东北经济掠夺》

等卷，以及复旦大学历史系编《日本帝国主义对外侵略史料选编（1931—1945)》。专题资料集有辽宁省档案馆等编《九一八事变档案资料精编》、《九一八事变前后的日本与中国——满铁秘档选编》，南开大学马列教研室编《华北事变资料选编》，中国第二历史档案馆编《侵华日军南京大屠杀档案》，章伯锋、庄建平主编《侵华日军暴行实录》和《侵华日军暴行日志》，解放军军事科学院编《日本侵略军在中国的暴行》，江苏人民出版社和江苏教育出版社翻译出版的《拉贝日记》和《东史郎日记》等，此外还有中国社会科学院近代史研究所翻译的《中国事变陆军作战史》，天津市编译中心摘译的《日本军国主义侵华资料长编》等。

有关国民党战场的资料，中国第二历史档案馆利用馆藏文书档案，编印了《抗日战争正面战争》上下卷，浙江省中国国民党历史研究组编印了《抗日战争时期国民党战场史料选编》，全国政协文史资料委员会编印了“原国民党将领抗日战争亲历记”丛书。此外，各地还出版了地域性专题抗战资料，例如，中共中央党校编《卢沟桥事变和平津抗战》、上海社会科学院历史研究所编《八一三抗日史料选编》，以及四川省政府参事室编《川军抗战亲历记》等。在1997年纪念中国抗日战争爆发60周年之际，四川大学出版社出版了由章伯锋、庄建平主编的近千万字的《抗日战争》史料集。这是一部综合性的资料汇编，列为中国史学会主编的“中国近代史资料丛刊”第13种。全书涉及抗日战争时期政治、军事、经济、对外关系、日伪政权与沦陷区等方面，所收资料包括文献档案、政府公报、专著、回忆录、各地文史刊物中的“三亲”史料，以及美、英、日、苏、德、法等国的外交文件。全书共分7卷，依次为《绪论——九一八至七七》《抗日战争时期的正面战场和敌后战场》《抗战时期的国内政治》《抗战时期中国的对外关系》《抗战时期国民政府与大后方的经济》《日伪政权与沦陷区》《日军暴行日志》。该书具有三个鲜明特色：

第一，全方位展现了抗日战争的历史。近些年来，国内外出版了多种有关抗日战争的资料集，但是还没有一部全面、系统地反映抗日战争的综合性资料集。《抗日战争》以“展现抗日战争是中华民族全民族的抗战，抗战胜利是全中国人民在中国共产党倡导的抗日民族统一战线方针路线指引下浴血奋战取得的伟大民族胜利”为指导思想和编辑原则，从政治、经济、军事、外交、文化等方面，着眼于基本史料，对日本全面武装侵华政策的形成、日本侵华战争的全面展开、日本侵略军在中国的残酷暴行，以及中国人民抗日民族统一战线的形成、中华民族全民族抗战的爆发、抗日战争中敌后战场和正面战场中国军民的重要战斗、抗日战争的伟大胜利等方面，给予了全方位的展现。

第二，注重科学性。抗日战争是中国各民族人民共同反抗日本侵略的民族战争，其重点尤在对敌军事方面。在八年抗战中，形成了国民政府领导下的正面战场和共产党领导下的敌后战场，两个战场互相支持、互相依存，均为夺取抗日战争的最后胜利做出了巨大的贡献。在该书军事卷中，编者以较大的篇幅，公正、全面、客观地反映了正面战场的对敌作战和敌后战场的抗日游击战争。关于正面战场，编者广泛收录了海内外业已刊布的档案资料、国民党抗战将领的回忆录、台湾地区"国防部"史政局编纂的《抗日战史》等。关于敌后战场，编者参考和利用了已出版的50余种各抗日根据地的资料选编、汇编、回忆录、文献档案以及《中共中央文件选集》等，对共产党领导的敌后抗日根据地的创立、形成与发展，以及敌后战场在抗日战争中所发挥的巨大作用，进行了详尽的介绍。日军方面的材料，则主要选译日本出版的战史资料、档案、大本营等决策机关的会议记录等原始文件，以及日军将领的日记、回忆录等，对日本在侵华战争之各个阶段的战略决策、战役部署等方面作了全面揭露。

编者对新资料的刻意关注和充分选录、选译，更使本书的科学性得到了很好的体现。这一点，在外交卷中尤有突出表现。抗战期间的中国外交，与此前近100年的屈辱外交相比，已有很大的不同。由于内地对抗战时期的外交的外文资料翻译出版甚少，战时对外关系史的研究较其他专题显得薄弱。因此，该卷重点利用外文资料，除选录部分内地已经翻译出版的英、美、德、法等国的外交文件外，又利用中国社会科学院近代史研究所收藏的缩微胶卷和原件复印件，翻译公布了近100万字的英、美等国家档案馆的未刊档案，其中有美国国家档案馆总馆藏《美国参谋长联席会议档案》《陆军部作战计划处档案》《二次大战中缅印战场档案》，以及美国罗斯福图书馆藏《地图室档案》、陆军部藏1973年解密文件《延安观察组——迪克西使团》缩微胶卷，还有英国公共档案馆丘园新馆藏《外交部档案》《首相府档案》《内阁档案》等，所有这些资料皆系首次在国内翻译公布。

第三，层次分明，重点突出，脉络清晰。翻开此书，即便是对抗日战争无所研究的人，也能对中华民族这一段悲壮历史有一全面的了解。

此外，该书还有很多可取之处，诸如所录资料出处的详细注明、每卷资料的前言综述、每一组专题资料的编者说明、易见资料的存目备查、“三亲”史实的合理利用、参考文献的开列等，都显示出编者严谨认真的治学态度和精雕细刻的编辑技能。

有关中国共产党领导的军队和敌后抗战的史料，常为研究者引用的综合性史料集是中国人民解放军资料丛书和抗日根据地战史以及经济史资料，如由军队系统编纂的《八路军》和《新四军》资料丛书，地方中共党史研究机构与档案馆、科研院所合作编辑出版的陕甘宁、晋察冀、冀热辽、冀鲁豫、鄂豫边区、豫皖苏、华中，以及苏北、苏中、皖江、淮南、山东等抗日根据地的资料选编和财政经济史资料选编。此外，各地编辑当地的抗日战争史料极多，如东北地区档案馆等编《东北抗日联军史料》、中共北京市委党史研究委员会编《北京地区抗战史料》、广东省党史研究会编《琼崖抗日斗争史料选编》和《广东华侨港澳同胞回乡服务团史料》，等等，均具有较高的史料价值。

有关日伪政权与沦陷区的资料。抗日战争时期，日本侵略者先后扶植成立了伪“满洲国”、伪“蒙古联合自治政府”、伪“北京临时政府”、伪“南京维新政府”，供其驱使。关于伪“满洲国”和汪伪“南京政府”，已经出版了孙邦主编的“伪满史料丛书”和余子道、黄美真主编的“汪伪政权史资料选编”等系统资料丛书或专题资料多种。

有关抗日民族统一战线的资料。已出版的有中共中央统战部、中央档案馆编《中共中央抗日民族统一战线文件》，重庆市政协文史资料委员会编《抗战时期国共合作纪实》，以及西安事变、皖南事变等多种专题史料。这些资料选自档案文献或回忆录，均有较高的史料价值。

随着抗日战争研究领域的拓展，有关日本掠夺劳工、日本对中国经济的掠夺和统制、日本强征中国妇女充当慰安妇，以及日本实施鸦片毒害政策等战争遗留问题的多种专题资料也已出版，用铁铸的事实，更加充分地揭露了日本在华的侵略罪行。

以上所述，只是20世纪下半叶近代史资料编辑出版的简略概况。虽然成绩不小，然而也应看到，近代中国的历史是丰富多彩的，如果全面审视一下其间编辑出版的资料，便不难发现仍不能完全反映近代中国社会的全貌，某些重要专题的资料发掘和编纂工作仍有待加强，例如，近代文化、近代伦理、近代科技、近代灾荒、近代禁烟禁毒、近代社会生活、近代货币、近代思潮、近代学术、近代秘密会社和会党、近代农村、近代城市、近代法制，等等。

第三节　21世纪初年的编辑出版概况及问题

21世纪最初十年，为推进中国近代史研究，历史研究者遵循中国史学重视资料建设的优良传统，汲取新中国成立以来中国近代史分支学科的成功经验，继续大力坚持资料的发掘、整理工作，编纂、出版了大量近代史资料。现依我们所见，将其间问世的近代史资料，依其不同内容，归纳为以下几大类，简介如下。

一是涵盖政治、经济、军事、思想文化各方面内容的综合性资料。主要有中国第一历史档案馆编的《道光朝上谕档》、《咸丰朝上谕档》、《同治朝上谕档》、《光绪朝上谕档》、《宣统朝上谕档》、《光绪帝起居注》、《宣统帝起居注》、《清代军机处电报档汇编》（影印本），全国图书馆缩微复制中心编印的《清季（未刊）收发文本电文辑录》（影印本）、《清同治朝政务档案》、《清内务府档案文献续编》、《大总统府秘书厅公函》、《抗日战争时期中国国情史料汇编》、《新民通信社稿》、《民国时期中国六省农村调查资料》、《台湾史料汇编》、《日本统治时期台湾省五十一年来统计提要》、《民国时期台湾省行政长官公署施政报告》，中国边疆史地研究中心、辽宁省档案馆、吉林省档案馆、黑龙江省档案馆编的《东北边疆档案选辑》（清代、民国），中国第一历史档案馆、中国边疆史地研究中心、吉林省延吉档案馆编的《珲春副都统衙门档》，中国第二历史档案馆编的《汪伪中央政治委员会暨最高国防会议会议录》、《中国国民党中央执行委员会常务委员会会议录》，王晓莉、贾仲益主编的涉及贵州、四川、广东、广西、西藏、甘肃、新疆、内蒙古等众多地区的《中国边疆地区社会调查报告集成》46种，广西师范大学出版社组织整理和编辑的《美国政府解密档案（中国关系）·美国驻广州领事馆领事报告（1790—1906）》和《美国政府解密档案（中国关系）·中美往来照会集（1846—1931）》，国家图书馆古籍馆编的《国家图书馆藏近代统计资料丛刊》（影印本）107种、《国家图书馆藏清代民国调查报告丛刊》（影印本）80种，沈志华编的总计34卷36册2000多万字的《苏联历史档案选编》，武汉地方志编纂委员会办公室编的《武汉国民政府史料》，吉林省图书馆特藏部编的《伪满洲国史料》，武汉市档案馆、江汉大学城市研究所编的《武汉沦陷时期档案史料丛编》，等等。

二是专为研究经济、中外关系、历史事件、边疆问题、日本侵华、抗日战争、法制等专题而编辑的资料。

在经济方面，主要有中国社会科学院经济研究所编的《清代道光至宣统的粮价表》，中国第二历史档案馆编的《全国经济委员会会议录》《行政院经济会议、国家总动员会议会议录》《四联总处会议录》，全国图书馆文献缩微复制中心编印的《中国早期博览会资料汇编》《清末民初铁路档案汇编》《清光绪筹办各省荒政档案》《清末民初涉外矿务档案汇编》《清末通商贸易档案汇编》《清末民初通商口岸档案汇编》《清末民初外国在华商号洋行档案汇编》《清光绪二十二省财政说明书》《中国近代粮政史料》《民国时期物价生活费工资史料汇编》《民国劳工劳务史料选编》《民国时期市政建设史料选编》《民国初年全国工商会议报告》《国民政府实业部工业施政概况》《抗战时期敌伪经济情报》《民国时期两广工商经济特辑》《民国时期各省市经济建设一览》《民国时期陕西实业考察》《日伪时期东三省经济实况揽要》《民国时期台湾经济史文献选编》《民国与伪满时期东北经济史料丛书》《晚清民国对外商事贸易统计资料》《战后天津商情变动统计资料》《民国时期上海证券与资本市场概览》《民国时期中国内外债史料详编》，海关总署《旧中国海关总税务司署通令选编》编译委员会编的《旧中国海关总税务司署通令选编（1861—1949 年）》，美国凯瑟琳·F. 布鲁纳等编、中国傅曾仁等译的《步入中国清廷仕途——赫德日记》，章开沅主编的《苏州商团档案汇编》，马敏等主编的《苏州商会档案丛编》，宓汝成编的《中华民国铁路史资料（1912—1949）》，黄鉴晖编的《山西票号史料》（增订本），杨世源主编的《西北农民银行史料》，上海市工商业联合会编的《上海总商会议事录》，北京图书馆出版社编印的《清末民国财政史料辑刊》，等等。

在中外关系方面，主要有中国第一历史档案馆编的《清代中国与东南亚各国关系档案史料汇编》菲律宾卷以及《清代外务部中外关系档案史料丛编》之中英关系卷、中西关系卷、中葡关系卷，权赫秀编的《近代中韩关系史料选编》，邢永福等编的《清代中琉关系五编》《清代中琉关系档案六编》《清代中哈关系档案汇编》，全国图书馆文献缩微复制中心编印的《国家图书馆藏清代孤本外交档案续编》《国家图书馆藏民国孤本外交档案续编》《稀见清咸丰军事外交谕令密件》《外交部收发电稿》《外交文牍》《清外务部收发文依类存稿》《晚清外交会晤并外务密启档案汇编》《清末民初出使外洋外务密档》《民国外交部国际联盟交通议事密档》《清末中俄东三省铁路电线交涉档案》《晚清船务船运交涉档案》《清末外务部日俄战争议和档案》《近代邮电交涉档案汇编》《清末民初外国在华银行交涉档案》《民国广州武汉时期革命外交文献》《近代中国参加之国际公约汇编》《民国外交档案文献汇览》《抗战前期国际联合会文献》，陶文钊等主编的《美国对华政策文件集》，等等。

在历史事件方面，主要有中国第一历史档案馆、福建师范大学历史系编的《中国近代史资料丛刊续编》之一《清末教案·英国议会文件选译》（第6册），倪瑞英译的《八国联军占领实录：天津临时政府会议纪要》，罗尔纲、王庆成主编的《中国近代史资料丛刊续编·太平天国》，章开沅等编的《辛亥革命史资料新编》（共8册），文闻编的《"围剿"中央苏区作战秘档》，全国图书馆缩微复制中心编印的《鸦片战事奏档》《稀见中英鸦片战争密奏》《中日甲午战争奏稿》《日清战史讲授录》《光绪中法战争奏稿函电》《清嘉咸同三朝平定农民起义奏稿手札》《督蜀电存》《民国外交部第一次世界大战档案汇编》，中国第二历史档案馆编的《台湾光复档案文献史料》，上海社会科学院历史研究所编的《五卅运动史料》第3卷，周天度、孙彩霞编的《救国会史料集》，北京图书馆出版社影印室编辑的《清末民初宪政史料辑印》，等等。

在边疆问题方面，主要有卢秀璋主编的《清末民初藏事资料选编（1877—1919）》，刘丽楣等编的《民国时期西藏及藏区经济开发建设档案选编》，赵心愚等编的《清季民国康区藏族文献辑要》、《康区藏族社会珍稀资料辑要》（上、下册），张羽新等编的《清朝治理新疆方略汇编》，全国图书馆缩微复制中心编印的《西藏奏议川藏奏底合编》《曹（鸿勋）中丞抚黔奏电稿》《清代新疆地区涉外档案汇编》《清末边境界务档案》《清光绪经营新疆会议折奏》《清季西北函电折奏八种》《晚清桂黔要事函电密奏》《晚清民初西藏事务密档》《清季筹藏奏牍》《民国东北县治纪要》以及《民国西南边陲史料丛书》广西、四川、康藏、云贵、综合卷，中国边疆史地研究中心、辽宁省档案馆、吉林省档案馆、黑龙江省档案馆编的《东北边疆档案选辑》（清代、民国），等等。

在日本侵华方面，主要有全国图书馆缩微复制中心出版的《清光绪日军纷扰东三省各处档案》、《东北日占区万宝山事件与韩人排华惨案》，黑龙江、吉林省档案馆编的《东北日本移民档案》，辽宁省档案馆编的《满铁调查报告》(4辑98册)，天津图书馆编的《天津日本租界居留民团资料》，吉林省档案馆、广西师范大学出版社合编的《日本关东宪兵队报告集》，张宪文主编的《南京大屠杀史料集》，吴绪成等编的《侵华日军在湖北暴行史料》，居之芬等编的《日本掠夺华北强制劳工档案史料集》，上海市档案馆编的《日本在华中经济掠夺史料(1937—1945)》，中央档案馆整理的《日本侵华战犯笔供》(影印本)，等等。

抗日战争方面，有全国图书馆缩微复制中心编印的《十九路军抗日血战图文史料》《近代中国外谍与内奸史料汇编》《国民政府战后处理日伪敌产文献汇编》《中国战区日本投降文献汇编》，四川省档案馆编的《川魂：四川抗战档案史料选编》，等等。

在法制方面，主要有中国第二历史档案馆编的《国民政府立法院会议录》，全国图书馆缩微复制中心编印的《民国时期劳动问题与劳动法令汇编》《国民政府行政法令大全》《民国律师文献史料汇编》《国民政府司法例规全编》《清末民初华洋诉讼例案汇编》《国民政府岁计法令汇编》《民国时期地方自治实施方案法规汇编》，徐秀丽编的《中国近代乡村自治法规选编》，等等。

其他方面，主要有全国图书馆缩微复制中心编印的《中国近代教育史料汇编》民国卷以及《中国西部开发文献》《中国近代哲学思想史料选编》《近代中国人口史料汇览》《民国时期监狱文献史料》《民国园艺资料汇编》《民国茶文献史料汇编》，赵嘉珠主编的《中国会道门史料集成》，辽宁省档案馆编的《中国近代社会生活档案》，陈元晖主编的《中国近代教育史资料汇编》，等等。

三是人物专集。主要有辽宁省档案馆编的《辽宁省档案馆珍藏张学良档案》，程焕文等辑注的《邹鲁未刊稿》，上海图书馆编的《上海图书馆庋藏居正先生文献集录》，谢持著《谢持日记未刊稿》，谢幼臣整理的《居正日记书信未刊稿》，陈红民辑注的《胡汉民未刊往来函电稿》，美国Ferdinand Dagenais主编的《傅兰雅档案》，周文玖选编的《朱希祖文存》，岳麓书社出版的《魏源全集》和《曾国荃全集》，顾廷龙、戴逸主编的《李鸿章全集》，赵德馨主编、吴剑杰和周秀鸾等点校的《张之洞全集》，商务印书馆出版的《张元济全集》，上海科技教育出版社出版的《竺可桢全集》，许纪霖等编的《杜亚泉文存》，汪叔子、张求会编的《陈宝箴集》，朱正编的《丁文江集》，湖南教育出版社出版的《杨昌济集》和《范源濂集》，湖南人民出版社出版的刘晴波修订版《杨度集》、曾业英修订版《蔡锷集》、刘泱泱修订版《黄兴集》、刘晴波等编补的《陈天华集》，等等。

四是旧报刊。主要有全国图书馆缩微复制中心影印出版的《京话日报》《北洋周刊》《清末官报汇编》《八路军军政杂志》《国民革命军总司令部公报》《国民政府军事委员会公报》，以及计收晚清珍稀期刊 65 种的《晚清珍稀期刊汇编》和《晚清珍稀期刊续编》，计收 1897—1947 年出版的农学期刊 15 种的《中国早期农学期刊汇编》，计收 1937 年七七事变后国共两党出版的宣传抗日的期刊 44 种的《抗日战争期刊汇编》，计收 1899—1948 年记录中外时论、政治要闻、经济动态、国际瞭望、教育、军事等内容的期刊 11 种的《民国时事文献汇编》，计收研究民国边疆、民族问题的期刊 12 种的《民国边事文献汇编》，计收中国共产党早期宣传马列主义、建立革命统一战线等内容的期刊 6 种的《中国共产党早期刊物汇编》，计收集邮期刊 10 余种的《民国时期集邮期刊汇粹》，计收漫画期刊 15 种的《民国漫画期刊集粹》，分综合、北京、上海、天津、港粤 5 卷计收录画报 96 种的《民国画报汇编》，计收 1921—1948 年间电影早期刊物 22 种的《中国早期电影画报》，计收北京、上海、天津、四川、广西、南京等地戏剧类刊物 22 种的《中国早期戏剧画刊》，计收 1908—1947 年的国学类刊物 18 种的《中国早期国学期刊汇编》，计收 1901—1909 年的白话报 27 种的《中国早期白话报汇编》，计收《故宫周刊》《新潮》《经济统计月志》《实业金融》《大众》《南风》《教育益闻录》《京兆通俗周刊》《再生》《青年界》《每周情报》《进展月刊》《制言》《吾友》《励志》《时与潮》《我存杂志》《中原》《时代精神》《希望月刊》等民国期刊近 30 种的《民国珍稀期刊》，计北京、天津、上海、广州、重庆、浙江、江苏、广东、广西、云南、贵州、东北、西北、福建、江西、湖南、湖北、山东、甘肃、河南、安徽、山西、四川、河北等 24 卷 1800 余种各类刊物的《民国珍稀短刊断刊》；线装书局影印出版的计收 20 多种具有代表性的女性期刊的《中国近现代女性期刊汇编》（148 册）；湖南电子音像出版社影印出版的《长沙日报》《湖南通俗日报》《湖南大公报》《国民日报》《国民政报》《观察日报》《大刚报》《湘乡民报》；湖南师范大学出版社影印出版的《船山学报》《湘江评论》《新湖南》《新时代》《游学译编》以及湖南《体育周报》、湖南《实业杂志》，等等。

纵观上述整理出版的近代史资料，不难发现以下几个明显特点：（1）就资料类型而言，主要是两大类，一是各种档案资料，二是当年出版的旧报刊。（2）就资料形成和收藏者而言，既有政府形成、收藏的资料，也有私人形成、收藏的资料；既有正统政权形成、收藏的资料，也有非正统或伪政权形成、收藏的资料；既有本国政府形成、收藏的资料，也有外国政府形成、收藏的资料。（3）就收藏与公布资料者的级别而言，绝大多数来自国家、省部级档案馆和国家图书馆，以及少数几个大城市的图书馆。（4）就出版方式而言，大多采用较为便捷的影印方式，而较少采用由编者整理加工的付梓方式。（5）就资料出版宗旨而言，已逐渐转入学术研究的正常轨道，不再一味固守所谓“政治挂帅”的原则，不论是“正面”、“反面”、“革命”、“反革命”的资料，只要有研究需要和价值，均可提供使用或出版。

诸如此类近代史资料的大量公布，固然为中国近代史研究提供了很大方便。但是，若要更好满足研究者的需要，似乎也还有几个问题值得一提。

第一，要进一步扩大资料搜集、发掘范围。除了仍需如前所述，加强近代文化、近代伦理、近代科技、近代灾荒、近代禁烟禁毒、近代社会生活、近代货币、近代思潮、近代学术、近代秘密会社和会党、近代农村、近代城市、近代法制等重要专题资料的发掘和编纂工作外，还须进一步扩大资料的搜集范围。近期整理出版的近代史资料，基本源自中国第一、第二两家国家历史档案馆、国家图书馆及几个省级档案馆与个别大城市的图书馆，而未及地县级档案馆和中小图书馆。其实，已有不少研究者在搜集资料的过程中，深切体会到有些资料踏破铁鞋无觅处，未能在大档案馆、图书馆发现，却在某个不起眼的小档案馆、图书馆里找到了。因此，除了继续发掘这些单位的宝藏外，似也应眼睛向下，重视采集地县级档案馆和中小图书馆的资料；甚至可考虑趁国家经济形势大好之机，找个权威机构牵头，联合其他相关机构，逐步对全国各地大小档案馆、图书馆、博物馆收藏的近代史资料，进行一次全面的拉网式调查，然后组织全国各地的专家学者分工合作，对所获资料有计划、有步骤地加以整理、出版。

第二，要汲取范文澜当年选择若干重大历史事件，以专题形式编辑《中国近代史资料丛刊》的经验，大力整理出版政治、经济、文化、人物等各方面的专题资料。近来所刊近代史资料，虽如上述，也有不少所谓“专题资料”，但除人物专集外，相对而言，大多只是粗线条的“大”专题，并未细化成严格意义上的专题资料。中国近代史专题无数。仅以1911年后38年的民国史为例，据中国社会科学院近代史研究所民国史研究室早期评估，有影响的大小专题就近600个①，如加上此前的60年，为数就更多了。因此，除了继续整理出版难以分割的综合性资料外，似应更加重视整理出版细化的专题资料，以为研究者提供更加快捷的服务。

第三，要在资料出版方面采取影印原件与重新整理并重的方式。如上所说，近期出版的近代史资料，似以影印原件者居多。这是一种“短平快”方式，一定程度上反映了出版行业正快速走向市场化。当然，影印方式并非不可取，我也没有反对影印出版的意思。因为影印出版，不仅可以保证资料的准确性，而且还有文物观赏价值，有选择地出版若干也未尝不可。何况有些资料还唯有影印一法可行，如复制旧报刊，总不能再按现代释文重新排印一次吧。但是，就方便研究者使用而言，则除了旧报刊这类整体复制的资料不能不采用影印方式外，其他包括原始档案在内的大部分资料似乎还是以现代释文重新整理后再加出版为好。

第四，整理出版的资料务求准确。此前问世的经过编者整理的近代史资料，总体说来，质量是好的，为研究者提供了很大便利。但也毋庸讳言，其中确有少数质量较差甚至低劣的。主要表现为对资料原文的误判、误断、擅改、妄加，由此造成文义大变，或不知所云，或全然相反，给研究者带来了不应有的正确解读资料的重重障碍。早在2000年，就有学者撰文公开指出过这一点。② 遗憾的是多年过去了，这一现象似乎仍不同程度地存在于今日的资料整理出版之中。形成这一现象的原因是多方面的，一一穷究，似大可不必了，时代使然也。只是须知，既然彼此都有一个繁荣中国近代史研究的共同心愿，那么，为研究者提供准确的资料，就不是任何个人的私事，而是一种谁都无法推卸的公众责任了，我们没有理由不为此而努力。

---

① 参见《中华民国史专题资料选题》（未刊稿），1979年2月编印。

② 参见吴剑杰《近代史籍史料的整理应当务求准确——以三种资料书为例》，《近代史研究》2000年第4期。

第二十四章
海外中国近代史研究著作的译介

自海通以还，新学渐兴，域外学术书籍译介遂成近代中国“输入学理，再造文明”（胡适语）之重要途径；而对外国学者中国史研究著述的译介，不仅有益于学术的繁荣发展，更有助于我们在一定程度上克服因“身在此山”而形成的某些局限。但国外中国史研究林林总总，洋洋大观，几十年来对其译介虽多，终也只能是“取一瓢饮”，因此这种译介的态度和选择标准本身小而言之实际又是学术变迁的反映，大而言之甚至可说是时代、社会变化的一种折射，成为值得研究的对象。本章不拟对60年来海外中国近代史研究著作译介的丰硕成果做全面研究述论，更非具体的书评书介，仅想对这种译介在不同时期的主要特点、对内地中国近代史研究的主要影响和意义等试作初步研究概述。

第一节 “立足于批”

1949年中华人民共和国的成立并不仅仅是一种政权的更迭，更是从经济基础、社会结构到上层建筑深刻而全面的巨变，马克思列宁主义上升为国家意识形态。马克思主义基本原理认为，经济基础决定上层建筑，但上层建筑反过来又会影响经济基础，因此一种全面的社会变动要求一种全新的意识形态与之相应。学术属上层建筑，所以对旧有的学术进行“改造”就势所必至了。由于对中国近代历史的认识与中国革命关系重大，所以中国近代史研究中的马克思主义学派在中国共产党夺取政权的革命战争年代就已相对成熟；但在原先的高等院校的知识分子中，这一时期占统治地位的一直是种种非马克思主义学派。这样，以前者改造后者，对资产阶级学术思想进行批判，自然成为这一领域的中心任务，对海外中国近代史研究著作的译介，自然也不可能离开这一中心任务。

对此意图，当时出版的所有海外中国近代史研究著作译介几乎都有明确的说明。《中华帝国对外关系史》的《中译本序言》谈到之所以翻译此书一是因为该书的资料“有不小的利用价值”，但“更重要的一个理由”是因为它“一向被中外资产阶级学者奉为圭臬之作”，现在“不要忘记这些谬论在很长的一个时期中，曾经严重地毒害了中国的思想界。应该说在殖民主义理论的作品中，这部书是占着非常重要的地位的，因而也就是反对殖民主义者所应该注意阅读的东西”。[①] 丹涅特的《美国人在东亚》（商务印书馆 1959 年版）、莱特的《中国关税沿革史》（商务印书馆 1958 年版）、约瑟夫的《列强对华外交》（商务印书馆 1959 年版）、威罗贝的《外人在华特权和利益》（生活·读书·新知三联书店 1957 年版）、伯尔考维茨的《中国通与英国外交部》（商务印书馆 1960 年版）的译者前言或后记，都毫无例外地郑重声明了这一点。

在当时百废俱兴的历史条件下，就数量而言，翻译出版的海外中国近代史研究著作并不算多。但从学术研究的角度看，20 世纪 50 年代组织选译的绝大多数著作的确代表了国外有关学术研究的一流水平，选书之精当与译品质量之高至今仍令人钦佩，此皆说明选译者眼光的不凡、学识的深厚与态度的严肃认真。例如，直到现在《中华帝国对外关系史》仍是被内地中外关系研究者引征最频的著作之一；《外人在华特权和利益》一书在整体上仍未被超越，等等。更有意义的是，当时代环境发生变化后，这些译著的学术性便立即显示出来，为一些相关学科在新时期的迅速发展打下一定基础。

更值得注意的是，20 世纪 50 年代初期对苏“一边倒”，各学科都在自身建设方面竞相翻译出版“苏联老大哥”的有关著作作为“教科书”，并奉为“典范”时，有关研究中国近代史的著作却翻译出版极少，更无被视为“典范”之作。这也从一个方面说明在中国近代史学科中中国的马克思

① 邵循正：《中译本序言》，［美］马士《中华帝国对外关系史》第 1 卷，张汇文等译，生活·读书·新知三联书店 1957 年版，第 1—2 页。该书第 2 卷、第 3 卷均为张汇文等译，分别由生活·读书·新知三联书店 1958 年、商务印书馆 1960 年出版。

列宁主义学派当时即已相对成熟，已基本形成了自己的理论体系、框架和方法，无须像其他不少学科那样匆忙照搬苏联的“教科书”。

随着内地政治形势的变化和发展，“阶级斗争”愈演愈烈，对外国资产阶级学者的分析、批判言辞也日趋激烈，这种“译介”更明确被提到“了解敌情”、“兴无灭资”、“反帝反修”的程度。《外国资产阶级是怎样看待中国历史的——资本主义国家反动学者研究中国近代历史的论著选译》第1、2卷（商务印书馆1961年版）和《外国资产阶级对于中国现代史的看法》（商务印书馆1963年版）近120万字，选译了从19世纪末叶以来，尤其是近几十年来仍有影响的英、美、法、德、日等国数十位资产阶级学者对中国近代社会性质、近代经济及文化问题、中外关系、农民战争、边疆危机、中国革命、国共斗争等各方面有代表性的论述。在长达万言的序言中，选编者对近百年来外国资产阶级学者的中国研究状况进行了高度的概括，对各种观点进行了严厉的政治批判，并进一步申明了编译的目的：“我们选译这些资料，即是为了了解敌情和提供反面教材进行兴无灭资的斗争。我们从这些资料里可以进一步认清学术思想领域内，外国资产阶级学者的真面目，认识帝国主义通过文化侵略毒化中国人民的罪恶活动，借以激发我们民族自尊心和爱国主义思想，积极参加反对帝国主义和现代修正主义的斗争，并且从斗争中清除资产阶级历史学在中国史学界的流毒和影响，壮大历史科学队伍，团结一切爱国的历史科学工作者，共同建设社会主义和共产主义的新文化。”①

10年“文化大革命”特别是它的中后期，有关俄苏研究中国近代史的著作在一片荒芜的学术园地中突然“一花独放”，翻译出版了一大批。这种“一花独放”，完全是由于“反修”斗争和中苏边境冲突的需要。齐赫文斯基主编的《中国近代史》的中译本出版说明写道：“本书炮制者以极其卑劣无耻的手法，全面、系统地伪造近代中国历史”，“恶毒诽谤攻击中国人民的伟大革命斗争和中国共产党的马列主义正确路线”。这篇不到5000字的“说明”充满了“恬不知耻”、“疯狂攻击”、“秉承其主子的意

① 中国科学院近代史研究所资料编译组编译：《外国资产阶级是怎样看待中国历史的——资本主义国家反动学者研究中国近代历史的论著选译》第1卷，商务印书馆1961年版，第10—14页。

旨”这样一些几近谩骂的文字，并认定这部书的目的是“妄图否定毛主席关于中国近代史的一系列科学论断，否定毛主席为中国革命制定的马列主义正确路线”，“变中国为苏修社会帝国主义的殖民地”。① 当时的“时代精神”可说尽在其中。而有关中俄边境著述的译介更多，由于这些译著以资料、回忆录为主且限于本章篇幅，恕不细述。但是这些翻译为后来的中俄关系史研究打下了较为深厚的基础。

另外值得一提的是，由于中美关系在1971年开始解冻，费正清的名著《美国与中国》也在“供有关部门研究中美关系时批判和参考之用”的名义下，由商务印书馆组织翻译出版。

第二节　百花齐放

“文化大革命”结束后，随着改革开放的新时期的开始，沉寂已久的学术研究工作开始复苏，由于较长时期的自我封闭，学界对国外学术研究的了解尤其必要、急迫。这种形势，为海外中国近代史研究译介的繁荣发展提供了客观条件，而开风气之先且成效最著的则为中国社会科学院近代史研究所在国门初启的1980年创办的不定期刊物《国外中国近代史研究》。

该刊编者在创刊号中明确表示其“目的在于及时介绍外国研究中国近代史的情况，了解外国研究中国近代史的动态，沟通中外学术交流”。承认“近年来，在中国近代史这个学术领域内，国外的研究工作发展较快”，“一些我们还未涉及的问题，国外也有了较深入的研究；国外还不时对我国近代史研究上的某些观点提出不同意见，进行商榷或争论。凡此种种，都需要我们及时了解，以改变闭目塞听的状况，活跃学术空气，促进研究工作的发展”。“所收文章主要看其是否有新观点、新资料，或新进展，至于内容与观点正确与否，则不一定要求。”② 从“了解敌情”、“反面教材”到“沟通中外学术交流”、彼此平等地“进行商榷或争论”，承认自己多有不足、曾经“闭目塞听”，这种转变是巨大的、根本性的。这篇《编者

① ［苏］齐赫文斯基主编：《中国近代史》上、下册，北京师范大学历史系、北京大学历史系、北京大学俄语系翻译小组译，生活·读书·新知三联书店1974年版，第1—6页。

② 《编者的话》，《国外中国近代史研究》第1辑，中国社会科学出版社1980年版。

的话》虽只短短400多字，但却从一个侧面反映出新时代的新精神，也说明所谓新时期确非虚言泛论，而是实实在在地发生了方方面面巨大的新变化。后人或许很难想象，这种平实如常的语言所说的本是最平常不过的道理，然而实际却是那样“不平常”，因为它是那样来之不易。这种态度，可说是新时期译介的代表。从1980年创刊到1995年终刊，《国外中国近代史研究》15年来共出版27辑，发表了400余篇近800万字的译作。其中有国外学术期刊的论文翻译，也有著作摘译，文种涉及英、日、俄、法、德等诸多语种，以较快的速度，较为全面地向内地学术界介绍了外部世界的有关信息，对学术研究起了重要作用。对学术发展如此重要的刊物却因种种原因不得不于1995年停刊，学界至今仍为其惋惜。另外，由中共中央党史研究室主办的《国外中共党史研究动态》从1990年创刊到1996年停刊，共出刊42期，也曾是了解国外有关学术发展的一个重要窗口。

改革开放之后的30年中，有关译介越来越多，越来越快，其中影响较大的译丛有：

中国社会科学出版社从1987年起出版“中国近代史研究译丛”，陆续出版的有美国学者魏斐德的《大门口的陌生人——1839—1861年间华南的社会动乱》、孔飞力的《中华帝国晚期的叛乱及其敌人——1796—1864年的军事化与社会结构》、费维恺的《中国早期工业化——盛宣怀（1844—1916）和官督商办企业》、陈锦江的《清末现代企业与官商关系》、施坚雅的《中国农村的市场和社会结构》，英国学者杨国伦的《英国对华政策(1895—1902)》，日本学者滨下武志的《近代中国的国际契机——朝贡贸易体系与近代亚洲经济圈》。

江苏人民出版社从1988年起陆续出版的“海外中国研究丛书”中与近代中国有关的译著有美国学者费正清和赖肖尔的《中国：传统与变革》、罗兹曼主编的《中国的现代化》、格里德的《胡适与中国的文艺复兴——中国革命中的自由主义（1917—1950)》、郭颖颐的《中国现代思潮中的唯科学主义（1900—1950)》、史华兹的《寻求富强：严复与西方》、柯文的《在传统与现代性之间：王韬与晚清改革》、墨子刻的《摆脱困境——新儒学与中国政治文化的演进》、周锡瑞的《义和团运动的起源》、杜赞奇的《文化、权力与国家——1900—1942年的华北农村》、艾恺的《最后的儒家——梁漱溟与中国现代化的两难》、张灏的《梁启超与中国思想的过渡（1890—1907）》、任达的《新政革命与日本——中国，1898—1912》、周策纵的《五四运动：现代中国的思想革命》、萧公权的《近代中国与新世界：康有为变法与大同思想研究》。

山西人民出版社1989年出版的“五四与现代中国”丛书收有译著《五四：文化的阐释与评价——西方学者论五四》，美国学者施瓦支（舒衡哲）的《中国的启蒙运动——知识分子与五四遗产》、张灏的《危机中的中国知识分子》、纪文勋的《现代中国的思想遗产——民主主义与权威主义》，日本学者近藤邦康的《救亡与传统》。

其他译著更是难以胜数，对不同专业领域都有相当的影响。

通论性的主要有费正清编《剑桥中国晚清史》上下卷（中国社会科学出版社1985年版）、《剑桥中华民国史》上下卷（中国社会科学出版社1994年版）。另外，费氏的《美国与中国》不断重印，《费正清集》（天津人民出版社1992年版）、《伟大的中国革命（1800—1985）》（国际文化出版公司1989年版）、《费正清自传》（天津人民出版社1994年版）和《费正清看中国》（上海人民出版社1995年版）等都已翻译出版。还有美国学者石约翰的《中国革命的历史透视》（东方出版中心1998年版）、史景迁的《天安门：知识分子与中国革命》（中央编译出版社1998年版）、柯文的《在中国发现历史——中国中心观在美国的兴起》（中华书局1989年版），以及日本学者沟口雄三的《日本人视野中的中国学》（中国人民大学出版社1996年版）等。

经济史方面主要有美国学者郝延平的《中国近代商业革命》（上海人民出版社1991年版）、《十九世纪的中国买办——东西间桥梁》（上海人民出版社1988年版），刘广京的《英美航运势力在华的竞争（1862—1874）》（上海社会科学院出版社1988年版），日本学者中村哲的《近代东亚经济的发展和世界市场》（商务印书馆1994年版），美国学者珀金斯的《中国农业的发展——1368—1968》（上海译文出版社1984年版），黄宗智的《华北的小农经济与社会变迁》（中华书局1986年版）、《长江三角洲小农家庭与乡村发展》（中华书局1992年版）、《中国农村的过密化与现代化》（上海社会科学院出版社1992年版），杨格的《近百年来上海政治经济史（1842—1937）》，法国学者白吉尔的《中国资产阶级的黄金时代（1911—1937）》（上海人民出版社1994年版）等。

政治、军事、社会史方面的译著主要有美国学者周锡瑞的《改良与革命——辛亥革命在两湖》（中华书局 1982 年版）、易劳逸的《蒋介石与蒋经国》（中国青年出版社 1989 年版）、胡素珊的《中国的内战》（中国青年出版社 1997 年版）、齐锡生的《中国的军阀政治（1916—1928）》（中国人民大学出版社 1991 年版）、小科布尔的《江浙财阀与国民政府（1927—1937）》（南开大学出版社 1987 年版）、鲍威尔的《中国军事力量的兴起（1895—1912）》（中国社会科学出版社 1979 年版）、施坚雅的《中国封建社会晚期城市研究》（吉林教育出版社 1991 年版），英国学者贝思飞的《民国时期的土匪》（中国青年出版社 1992 年版），加拿大学者陈志让的《军绅政权——近代中国的军阀时期》（生活·读书·新知三联书店 1980 年版），苏联学者卡尔图诺娃的《加伦在中国，1924—1927》（中国社会科学出版社 1983 年版）、切列潘诺夫的《中国国民革命军的北伐》（中国社会科学出版社 1981 年版）、贾比才等的《中国革命与苏联顾问》（中国社会科学出版社 1981 年版）、论文集《共产国际与中国革命——苏联学者论文选译》（四川人民出版社 1987 年版）等。

有关中外关系史的译著主要有英国学者季南的《英国对华外交（1880—1885）》（商务印书馆 1984 年版），美国学者李约翰的《清帝逊位与列强（1908—1912）》（中华书局 1982 年版）、威维尔的《美国与中国：财政和外交研究（1906—1913）》（社会科学文献出版社 1990 年版）、柯里的《伍德罗·威尔逊与远东政策（1913—1921）》（社会科学文献出版社 1994 年版）、塔奇曼的《史迪威与美国在华经验（1911—1945）》（商务印书馆 1985 年版）、菲斯的《中国的纠葛——从珍珠港事变到马歇尔使华美国在中国的努力》（北京大学出版社 1989 年版）、科尔的《炮舰与海军陆战队——美国海军在中国（1925—1928）》（重庆出版社 1986 年版）、沙勒的《美国十字军在中国（1938—1945）》（商务印书馆 1982 年版）、柯伟林的《蒋介石政府与纳粹德国》（中国青年出版社 1994 年版）、包瑞德的《美军观察组在延安》（解放军出版社 1984 年版）、凯恩的《美国政治中的“院外援华集团”》（商务印书馆 1984 年版）、孔华润的《美国对中国的反应：中美关系的历史剖析》（复旦大学出版社 1989 年版）、谢伟思的《美国对华政策：1944—1945〈美亚文件〉和美中关系中的若干问题》（中国社会科学出版社 1989 年版），日本学者藤村道生的《日清战争》（上海译文出版社 1981 年版），苏联学者鲍里索夫等的《苏中关系》（生活·读书·新知三联书店 1982 年版）等。

思想文化史方面的译著主要有美国学者伯纳尔的《一九〇七年以前中国的社会主义思潮》（福建人民出版社 1985 年版）、林毓生的《中国意识的危机——“五四”时期激烈的反传统主义》（贵州人民出版社 1988 年版）、卢茨的《中国教会大学史》（浙江教育出版社 1988 年版），日本学者实藤惠秀的《中国人留学日本史》（生活·读书·新知三联书店 1983 年版），法国学者卫青心的《法国对华传教政策——清末五口通商和传教自由（1842—1856）》（中国社会科学出版社 1991 年版）等。

人物研究方面的译著主要有美国学者德雷克的《徐继畬及其〈瀛寰志略〉》（文津出版社 1990 年版）、史扶邻的《孙中山与中国革命的起源》（中国社会科学出版社 1980 年版）、薛君度的《黄兴与中国革命》（湖南人民出版社 1980 年版）、麦柯马克的《张作霖在东北》（吉林文史出版社 1988 年版），日本学者松本一男的《张学良》（中国青年出版社 1994 年版），苏联学者普里马科夫的《冯玉祥与国民军》（中国社会科学出版社 1982 年版），英国学者施拉姆的《毛泽东》（红旗出版社 1987 年版），美国学者特里尔的《毛泽东传》（河北人民出版社 1989 年版）、迈斯纳的《李大钊与中国马克思主义的起源》（中共党史资料出版社 1989 年版）、周明之的《胡适与中国现代知识分子的选择》（四川人民出版社 1991 年版）、弗思的《丁文江——科学与中国新文化》（湖南科学技术出版社 1987 年版）等。

这期间的海外中国近代史研究著作译介对内地有关研究的影响、促进是多方面的。当然，学术的变化、各种新观点的产生总体而言自有更为深刻的社会与学术自身的背景和原因，这种译介只是其中因素之一。但由于本章的任务只是分析这种译介的作用，不必对其他背景与原因作深入探讨与详细论述，故祈读者勿因此而以为笔者认为新时期的种种新观点完全是这种译介外在作用的结果；同样，对各种新观点本身的具体分析、深入研究和评判也不是本章的任务。故本章也仅限于客观论述译介对各种新观点的影响和作用。大体而言，这种影响有以下几个方面：

新时期中国近代史研究中一个引人注目、也引起激烈争论的观点是从现代化（本章中“现代化”与“近代化”二词意义相同，根据行文需要选择使用）的角度，而不仅仅或主要不是从阶级斗争、民族斗争的角度来看待中国近代史。“海外中国研究”丛书的总序明确表示：“故步自封，不跳出自家的文化圈子，透过强烈的反差去思量自身，中华文明将难以找到进入其现代形态的入口。”“收入本丛书的译著，大多从各自的不同角度、不同领域接触到中国现代化的问题。”在很长的一个时期内，以费正清为代表的“西方冲击—中国反应”模式是西方中国近代史研究中占主导地位的学派。这一模式认为“传统”与“现代”互相对立，中国近代的历史尤其是现代化史的动力完全来自外部的刺激和挑战，因此“19世纪之前使得中国如此伟大的东西，恰恰被证明也就是后来严重地阻碍着中国实现现代化转换的东西”。“中国作为‘中央之国’，其自我独立的政治和文化运转体系，以长期未受到外来挑战而闻名于世”，但也因此“直到现代挑战不可避免地降落到它的大门口之时，都未能领悟到这种挑战的性质”，因而错过了现代化的时机。① 新观点也正是从这一角度出发，从中国近代自身的政治、经济、文化等方面探讨现代化受挫的原因；同时对西方的侵略带来的不同（广义的）文化的“碰撞”以及这种“碰撞”引起的中国社会的变化等作了不同以往的结论。在现代化理论框架中，洋务运动自然成为“中国早期工业化”的一个重要阶段，而兴办洋务的最初动机则无足轻重，也因此才会在20世纪80年代形成洋务运动研究热。同样，一些研究者对民国时期尤其是抗战前的经济状况也做了更为客观的研究。

近代中国的“市民社会”、国家与社会的关系、公共领域等是近些年美国学界的一个研究热点，并有激烈的争论，而近年中国的有关研究，如对晚清商会、自治社团或组织、地方精英、公共机构等方面的研究成果甚丰，明显受此影响与启发。甚至对近代中国“市民社会”这种观念提出质疑、反对意见的，其基本“理论资源”也还是来自美国学界的不同观点，也见其影响之深。

由于主要的不是从阶级斗争或民族斗争而是从中西文化冲突、互补（在近代中国实际上几乎是西方文化向中国文化的单向流动）的角度出发，不少研究者更侧重于买办、租界在东西方文化交流中的作用与意义。同样，传教士、教会学校在中国现代化过程中所起的积极作用，主要是传播近代科学文化知识，近年也得到更多的强调与重视。文化与社会的关系或者文化背后的社会意义，是近些年来在西方兴起的一种新的学术观点、方

① ［美］罗兹曼主编：《中国的现代化》，国家社会科学基金“比较现代化”课题组译，江苏人民出版社1988年版，第669页。

法和思潮，《义和团运动的起源》和《文化、权力与国家——1900—1942年的华北农村》便是这种新范式在中国近代史研究领域的代表作。前者对19世纪山东省的社会、经济结构作了区域性分析，尤其是用文化人类学的方法对鲁西北地区的民间文化，如社戏、话本、宗教、庙会、集市、尚武传统、中西文化冲突的历史等做了细致的研究。在此基础上，作者认为义和团运动的爆发是鲁西北的社会经济结构与文化传统之间由多种原因"互动"的结果。后者力图打通历史学与社会学的间隔，从大众文化的角度，提出了"权力的文化网络"等新概念，以华北农村为例，详细论证了国家权力是如何通过种种渠道，诸如商业团体、庙会组织、宗教、神话等深入社会底层的，如"龙王庙"的实际意义是掌管水资源的分配，乡绅关注"关帝庙"将其既作为国家的守护神又作为地方的保护者。这两本书对近年来内地的有关研究产生了明显的影响，如传统文化与义和团的关系，庙会的社会文化意义、功能都受到研究者的重视。

在中外关系史研究中，一些研究者认为中国被纳入近代国际体系的过程当然是国家主权受侵犯的过程，是被殖民的过程，但同时也是近代中国"睁眼看世界"、破除"华夏中心"的过程，是外交近代化，即近代外交观念、制度产生和发展的过程。几十年前的"侵华史"已渐为现在更加中性的"中外关系史"所取代，虽只一名之兴替，却也可略窥学术之变化，表明研究的"理论预设"今昔已有所不同。

在思想史研究方面，以前未获研究的"唯科学主义"开始被研究者注意，对自由主义及其代表人物的研究更加客观，已从政治批判转入学术研究，这反映出译介的影响。《中国的启蒙运动——知识分子与五四遗产》一书中对"启蒙"与"救亡"关系的探讨，使中国思想、学术界深受启发。从20世纪70年代后期起，美国的中国史研究中"传统"与"现代"互相对立的模式渐为新的现代化理论所取代，即"现代"从"传统"中发展而来，应更加注重承继、利用种种传统资源。《中国意识的危机——"五四"时期激烈的反传统主义》一书更侧重对近代中国，尤其是"五四"时期"激烈"、"全面"反传统思想的负面作用进行分析，在80年代中后期"文化热"、"激烈反传统"思潮再度产生的背景下，该书的翻译出版确引人注目，作者可能也未想到，该书实际为90年代因种种原因而异军突起的"文化保守主义"作了重要的理论铺垫。

在人物研究方面，《孙中山与中国革命的起源》将孙中山个人与社会环境紧密结合起来考察，突破了以往人们讥称的“孙中心”框框。《黄兴与中国革命》一书对以往注意不够的黄兴与辛亥革命的关系做了细致的研究，引起了有益的探讨，促进了有关研究的深化。而且，以上两书均在国门初启时翻译出版，当时也更引人注目。《李大钊与中国马克思主义的起源》一书对李大钊思想与民粹主义的关系做了深刻的研究和分析，启发了关于民粹主义对中国共产党其他领导人思想影响的研究，这种研究直到现在仍引起热烈的争论。相对于内地的人物研究以前主要集中于政治人物，国外对文化人物的研究一直比较重视，如对梁漱溟、丁文江、钱穆、洪业等都有研究专著，这些专著的译介对内地有关研究有着明显的推动作用。

第三节　日趋繁荣

1998 年以来，随着中国近代史研究的长足发展，海外中国近代史研究著作的译介也呈日趋繁荣之势。

江苏人民出版社继续出版“海外中国研究丛书”，为中国近代史研究学界了解国外的学术成就做出了重要贡献。目前，这套丛书已经成为这一领域的佼佼者，拥有很高的知名度，具备了一定的品牌效应，其中的部分精品已多次再版。1998 年以来，这套丛书中的中国近代史论著主要有：艾尔曼的《经学、政治和宗族：中华帝国晚期常州今文学派研究》（1998 年版）、王国斌的《转变的中国——历史变迁与欧洲经验的局限》（1998 年版）、冯客的《近代中国之种族观念》（1999 年版）、马若孟的《中国农民经济》（1999 年版）、萧邦奇的《血路：革命中国中的沈定一（玄庐）传奇》（1999 年版）、柯文的《历史三调：作为事件、经历和神话的义和团》（2000 年版）、杨懋春的《一个中国村庄：山东台头》（2001 年版）、安敏成的《现实主义的限制：革命时代的中国小说》（2001 年版）、裴宜理的《上海罢工：中国工人政治研究》（2001 年版）、贺萧的《危险的愉悦——20 世纪上海的娼妓问题与现代性》（2003 年版）、余英时的《中国思想传统的现代诠释》（2003 年版）、彭慕兰的《大分流：欧洲、中国及现代世界经济的发展》（2004 年版）、朱爱岚的《中国北方村落的社会性别与权力》（2004 年版）、赫大维的《先贤的民主——杜威、孔子与中国民主之希望》（2004 年版）、岛田虔次的《中国近代思维的挫折》（2005 年版）、拉铁摩尔的《中国的亚洲内陆边疆》（2005 年版）、德里克的《革命与历史：中国马克思主义历史学的起源，1919—1937》（2005 年版）、滨下武志的《中国近代经济史研究：清末海关财政与通商口岸市场圈》（2006 年版）、白馥兰的《技术与性别：晚期帝制中国的权力经纬》（2006 年版）、佐藤慎一的《近代中国的知识分子与文明》（2006 年版）、柯伟林的《德国与中华民国》（2006 年版）、韩敏的《回应革命与改革：皖北李村的社会变迁与延续》（2007 年版）、张英进的《中国现代文学与电影中的城市》（2007 年版）、史书美的《现代的诱惑：书写半殖民地中国的现代主义（1917—1937）》（2007 年版）、罗芙芸的《卫生的现代性：中国通商口岸卫生与疾病的含义》（2007 年版）、冯客的《近代中国的犯罪、惩罚与监狱》（2008 年版）、王冠华的《寻求正义：1905—1906 年的抵制美货运动》（2008 年）、易劳逸的《毁灭的种子：战争与革命中的国民党中国（1937—1949）》（2009 年版）、顾琳的《中国的经济革命：20 世纪的乡村工业》（2009 年版）、高彦颐的《缠足》（2009 年版）、胡缨的《翻译的传说：中国新女性的形成（1898—1918）》（2009 年版）。

中国社会科学出版社的“中国近代史研究译丛”继续出版了如下几种专著：芮玛丽的《同治中兴：中国保守主义的最后抵抗》（2002 年版）、K. E. 福尔索姆的《朋友·客人·同事：晚清的幕府制度》（2002 年版）、R. J. 史密斯的《19 世纪的中国常胜军：外国雇佣兵与清帝国官员》（2003 年版）、谢爱伦的《被监押的帝国主义——英法在华企业的命运》（2004 年版）、久保亨的《走向自立之路：两次世界大战之间中国的关税通货政策和经济发展》（2004 年版）。

21 世纪以来面世的具有重大影响的译丛是国家清史编纂委员会自 2004 年开始出版的“编译丛刊”，其“总序”对丛刊的出版做了这样的说明：“在编纂清史时要有世界眼光，这已是广大史学工作者的共识。不仅要把清史放到世界历史的范畴中去分析、研究和评价，既要着眼中国历史的发展，又要联系世界历史的发展进程，而且还要放眼世界，博采众长，搜集和积累世界各国人士关于清代中国的大量记载，汲取外国清史研究的有益成果，为我所用。正是从这一基本认识出发”，国家清史编纂委员会决定编辑出版“编译丛刊”。这套丛书中有不少涉及晚清史的论著，主要有安文思的《中国新史》（大象出版社 2004 年版）、李明的《中国近事报道（1687—1692）》（大象出版社 2004 年版）、赫德的《这些从秦国来：

中国问题论集》（天津古籍出版社 2005 年版）、余凯思的《在“模范殖民地”胶州湾的统治与抵抗：1897—1914 年中国与德国的相互作用》（山东大学出版社 2005 年版）、罗威廉的《汉口：一个中国城市的商业与社会（1796—1889）》（中国人民大学出版社 2005 年版）、李提摩太的《亲历晚清四十五年：李提摩太在华回忆录》（天津人民出版社 2005 年版）、杜格尔德·克里斯蒂的《奉天三十年（1883—1913）——杜格尔德·克里斯蒂的经历与回忆》（湖北人民出版社 2007 年版）、佐藤公彦的《义和团的起源及其运动》（中国社会科学出版社 2007 年版）、安冈昭男的《明治前期日中关系史研究》（福建人民出版社 2007 年版）、尼古拉·阿多拉茨基的《东正教在华两百年史》（广东人民出版社 2007 年版）、何伟亚的《英国的课业：19 世纪中国的帝国主义教程》（社会科学文献出版社 2007 年版）、托米·本特森等的《压力下的生活：1700—1900 年欧洲与亚洲的死亡率和生活水平》（社会科学文献出版社 2007 年版）、威廉·埃德加·盖洛的《中国十八省府》（山东画报出版社 2008 年版）和《扬子江上的美国人》（山东画报出版社 2008 年版）、罗威廉的《汉口：一个中国城市的冲突和社区（1796—1895）》（中国人民大学出版社 2008 年版）、森田明的《清代水利与区域社会》（山东画报出版社 2008 年版）、王业键的《清代田赋刍论（1750—1911）》（人民出版社 2008 年版）、罗友枝的《清代宫廷社会史》（中国人民大学出版社 2009 年版）。

与此同时，国家清史编纂委员会编译组还于 2004 年创办《清史译丛》杂志，其办刊宗旨是根据清史编纂工程进度的需要，向编纂委员会及下属研究人员以编辑或翻译的形式，提供各类急需和重要的外文研究资料，包括相关文献档案和研究成果的目录、摘要、摘译或全译等内容，为清史纂修的主体工程服务。《清史译丛》主要内容包括：（1）与清代有关的外文文献资料的介绍和选译；（2）国外清史研究重要学术论文的摘要或全译；（3）国外清史研究的重要学术著作的介绍、书评或选译；（4）国外清史研究的学术动态，包括研究机构、人才、会议或研究综述等内容。主要栏目有：“专题研究”、“论著及文献选择”、“学术综述”、“名家访谈”、“海外专稿”、“理论争鸣”、“论点摘编”、“新书书评”等。至 2008 年 1 月，《清史译丛》已出版至第 7 辑。《清史译丛》所登论文和信息大部分涉及中国近代史，在一定程度上弥补了《国外中国近代史研究》杂志停刊给学术界造成的缺憾。

经过改革开放30年的播种和积累，内地学术界对抗日战争史的研究在最近10年进入收获季节，相关成果极其丰富，与此相应，域外相关资料和论著的翻译出版数量也大为增加。

日军在华暴行可谓罄竹难书，关于日军暴行的研究一直是中国学术界和社会上关注的一个重大课题。近些年来，内地学者在搜集整理历史资料、记录幸存受害者证言的同时，也翻译出版了不少外文资料和论著。在这方面，德国人约翰·拉贝的《拉贝日记》（江苏人民出版社1997年版）和美国华裔作家张纯如的《南京暴行——被遗忘的南京大屠杀》（东方出版社1998年版）起到了先导性作用。前者是时任南京安全区主席的拉贝对他所看到的南京大屠杀的真实记录，因为前者是日本的盟国——德国的公民，且是纳粹党党员，所以他的日记具有不可替代的可信度。张纯如的著作对南京大屠杀做了全面回顾，改变了所有英语国家都没有详细记载南京大屠杀这一历史事件的状况。哈佛大学历史系主任柯伟林在该书序言里指出，它是“第一本充分研究南京大屠杀的英文著作”。此书的翻译出版在中国内地及华人世界里都引起了很大的震动。

此后，关于南京大屠杀和日军其他暴行的翻译作品相继问世，主要有《东史郎日记》（江苏教育出版社1999年版）、《魏特琳日记》（江苏人民出版社2000年版）、田野正彰的《战争罪责：一个日本学者关于侵华士兵的社会调查》（广西师范大学出版社2000年版）、哈里斯的《死亡工厂：美国掩盖的日本细菌战犯罪》（上海人民出版社2000年版）、东中野修道的《南京大屠杀的彻底检证》（新华出版社2000年版）、本多胜一的《南京大屠杀始末采访录》（北岳文艺出版社2001年版）、松村俊夫的《南京屠杀疑问》（新华出版社2001年版）、井上晴树的《旅顺大屠杀》（大连出版社2001年版）、森村诚一的《恶魔的饱食：日本细菌战部队揭密》（学苑出版社2003年版）、丹·温《日本在中国的超级大屠杀》（北京大学出版社2005年版）、水野明的《日本军队对海南岛的侵占与暴政》（南海出版公司2005年版），等等。

由于历史和现实的原因，中日关系是当今中国面临的重要双边关系之一，关于中日关系史的研究自然是近代中外关系史研究中的热点之一，这方面的翻译著作主要有莫嘉度的《从广州透视战争：葡萄牙驻广州总领事莫嘉度关于中日战争的报告》（上海社会科学院出版社2000年版）、本村英夫的《战败前夕》（江苏古籍出版社2001年版）、江口圭一的《日本帝国主义史研究：以侵华战争为中心》（世界知识出版社2002年版）、高家龙的《大公司与关系网：中国境内的西方、日本和华商大企业（1880—1937）》（上海社会科学院出版社2002年版）、赫伯特·比克斯的《真相：裕仁天皇与侵华战争》（新华出版社2004年版）、加藤克子的《日中战争中悲哀的军队：搜寻父亲记忆的旅行》（中国广播电视出版社2004年版）、水中春喜的《"建国大学"的幻影》（昆仑出版社2004年版）、柯博文的《走向"最后关头"：中国民族国家构建中的日本因素》（社会科学文献出版社2004年版）、依田憙家的《日中两国近代化比较研究》（上海远东出版社2004年版）、竹内实的《日中关系研究》（中国文联出版公司2004年版）、中塚明的《还历史的本来面目：日清战争是怎样发生的》（天津古籍出版社2004年版），等等。

另外一些著作涉及抗日战争时期的其他内容，主要有陈纳德的《飞虎将军陈纳德回忆录》（浙江文艺出版社1998年版）、詹姆斯·贝特兰的《在战争的阴影下：贝特兰在抗日战争中的经历》（中国和平出版社2001年版）、依田憙家的《日本帝国主义研究》（上海远东出版社2004年版）和《近代日本的历史问题》（上海远东出版社2004年版）、野田正彰的《战争与罪责》（昆仑出版社2004年版）、威廉·凯宁的《飞越驼峰》（辽宁教育出版社2005年版）、前田哲男的《从重庆通往伦敦、东京、广岛的道路：二战时期的战略大轰炸》（中华书局2007年版），等等。

人物研究专著的翻译出版也是此一时期的一个亮点，受到关注的不仅有毛泽东等著名政治人物，其他领域的一些重要人物也进入了翻译者和出版者的视野。

翻译出版最多的仍是毛泽东研究专著，其中最引人注目的是中国人民大学出版社从2005年开始陆续出版的"国外毛泽东研究译丛"：斯图尔特·施拉姆的《毛泽东的思想》、杨炳章的《从革命到政治：长征与毛泽东的崛起》、斯塔尔的《毛泽东的政治哲学》、莫里斯·迈斯纳的《马克思主义、毛泽东主义与乌托邦主义》、魏斐德的《历史与意志：毛泽东思想的哲学透视》、沃马克的《毛泽东政治思想的基础：1917—1935》、史华慈的《中国的共产主义与毛泽东的崛起》、特里尔的《毛泽东传》（最新版全译本）。

其他的还有：迪克·威尔逊的《毛泽东》（中央文献出版社2000年版）、埃德加·斯诺笔录的《毛泽东自传》（青岛出版社2003年版）、菲力普·肖特的《毛泽东传》（中国青年出版社 2004 年版）、近藤邦康的《毛泽东：革命者与建设者》（中国青年出版社 2004 年版）、尼·特·费德林等的《毛泽东与斯大林、赫鲁晓夫交往录》（东方出版社 2004 年版）、李中的《追寻毛泽东的革命轨迹：一个韩国人眼中的毛泽东》（人民出版社 2006 年版），等等。

中国共产党其他领袖人物的传记有迪克·威尔逊的《周恩来》（中央文献出版社 2000 年版）、大卫·贝奇曼的《陈云》（中央文献出版社 2001 年版）。国民党领导人的传记有陶涵的《蒋经国传》（新华出版社 2002 年版）。

晚清人物有：庞百腾的《沈葆桢评传：中国近代化的尝试》（上海古籍出版社 2000 年版）、凯瑟琳·卡尔的《禁苑黄昏：一个美国女画师眼中的西太后》（百家出版社 2001 年版）、史景迁的《“天国之子”和他的世俗王朝：洪秀全与太平天国》（上海远东出版社 2001 年版）、汤森的《马礼逊：中华传教士的先驱》（大象出版社 2002 年版）、德龄的《慈禧后宫实录》（学林出版社 2002 年版）、I. T. 赫德兰的《一个美国人眼中的晚清宫廷》（百花文艺出版社 2002 年版）、费正清等编的《步入中国清廷仕途：赫德日记（1854—1863）》（中国海关出版社 2003 年版）、何德兰的《慈禧与光绪：中国宫廷中的生存游戏》（中华书局 2004 年版），等等。

民国人物有：波兹德涅耶娃的《鲁迅评传》（湖南教育出版社 2000 年版）、卜利德的《一个中国人的文学观：周作人的文艺思想》（复旦大学出版社 2001 年版）、齐藤孝治的《聂耳：闪光的生涯》（上海音乐出版社 2003 年版）、魏斐德的《间谍王：戴笠与中国特工》（团结出版社 2004 年版）、周明之的《胡适与中国现代知识分子的选择》（广西师范大学出版社 2005 年版）、金介甫的《沈从文传》（国际文化出版公司 2005 年版）、费侠莉的《丁文江：科学与中国新文化》（新星出版社 2006 年版）、丁淑芳的《丁玲和她的母亲：人文心理学研究》（厦门大学出版社 2006 年版）、施耐德的《真理与历史：傅斯年、陈寅恪的史学思想与民族认同》（社会科学文献出版社 2008 年版）。

值得称道的还有地方史研究论著的翻译出版。这方面首推上海古籍出版社 2003—2004 年出版的“上海史研究译丛”，与中国近代史有关的有：小浜正子的《近代上海的公共性与国家》、刘建辉的《魔都上海：日本知识人的“近代”体验》、安克强的《上海妓女：19—20世纪中国的卖淫与性》、魏斐德的《上海歹土：战时恐怖活动与城市犯罪》、安克强的《1927—1937年的上海》、梁元生的《上海道台研究：转变中之联系人物(1843—1890)》、魏斐德的《上海警察：1927—1937》、韩起澜的《苏北人在上海：1850—1980》。

除此之外，尚有武汉和香港的地方史。武汉方面，除前述国家清史编纂委员会“编译丛刊”出版的罗威廉的两本专著外，武汉出版社还出版了麦金农的《武汉，1938——战争、难民与现代中国的形成》(2008年版)。中央编译出版社则出版了弗兰克·韦尔什的《香港史》(2007年版)。

还有一些译著未包括在上述译丛或专题中，现分别介绍如下：

通论性的专著主要有：费正清的《中国：传统与变迁》(世界知识出版社2002年版)、E. A. 罗丝的《病痛时代：19—20世纪之交的中国》(中央编译出版社2005年版)、何天爵的《真正的中国佬》(中华书局2006年版)、E. A. 罗丝的《变化中的中国人》(中华书局2006年版)、阿瑟·亨德森·史密斯的《中国人的人性》(中国和平出版社2006年版)、徐中约的《中国近代史：中国的奋斗(1600—2000)》(世界图书出版公司北京公司2008年版)，等等。

关于近代中国革命史，主要有：费正清的《伟大的中国革命：1800—1985年》(世界知识出版社2000年版)、马克·赛尔登的《革命中的中国：延安道路》(社会科学文献出版社2002年版)、三谷孝的《秘密结社与中国革命》(中国社会科学出版社2002年版)、大卫·古德曼的《中国革命中的太行山抗日根据地社会变迁》(中央文献出版社2003年版)、海伦·福斯特的《红都延安采访实录》(中国社会出版社2004年版)、奥托·布莱恩的《中国纪事》(东方出版社2004年版)、石川祯浩的《中国共产党成立史》(中国社会科学出版社2006年版)、德里克的《中国革命中的无政府主义》(广西师范大学出版社2006年版)、方德万的《中国的民族主义和战争(1925—1945)》(生活·读书·新知三联书店2007年版)、裴宜理的《华北的叛乱者与革命者(1845—1945)》(商务印书馆2007年版)。

关于政治史和军事史，主要有：松本真澄的《中国民族政策之研究：以清末至1945年的“民族论”为中心》(民族出版社2003年版)、伯纳·布立赛《1860：圆明园大劫难》(浙江古籍出版社2005年版)、绿蒂的

《北京的陷落》（山东友谊出版社 2005 年版）、李怀印的《华北村治：晚清和民国时期的国家与乡村》（中华书局 2008 年版）。

关于经济史，主要有：高加龙的《中国的大企业——烟草工业中的中外竞争（1890—1930）》（商务印书馆 2001 年版）、白凯的《长江下游地区的地租、赋税与农民的反抗斗争：1840—1950》（上海书店出版社 2005 年版）。

关于中外关系史，主要有：M. G. 马森的《西方的中华帝国观：1840—1876》（时事出版社 1999 年版）、约·罗伯茨编的《十九世纪西方人眼中的中国》（时事出版社 1999 年版）、柯文与默尔·戈德曼主编的《费正清的中国世界：同时代人的回忆》（东方出版中心 2000 年版）、何伟亚的《怀柔远人：马嘎尔尼使华的中英礼仪冲突》（社会科学文献出版社 2002 年版）、多米尼克·士风·李的《晚清华洋录：美国传教士、满大人和李家的故事》（上海人民出版社 2004 年版）、卡萝尔·卡特的《延安使命：1944—1947 美军观察组延安 963 天》（世界知识出版社 2004 年版）、孔秉德、尹晓煌主编的《美籍华人与中美关系》（新华出版社 2004 年版）、缪里尔·德特里的《法国—中国：两个世界的碰撞》（上海译文出版社 2004 年版）、特拉维斯·黑尼斯三世和弗兰克·萨奈罗的《鸦片战争：一个帝国的沉迷和另一个帝国的堕落》（生活·读书·新知三联书店 2005 年版）、邢军的《革命之火的洗礼：美国社会福音和中国基督教青年会》（上海古籍出版社 2006 年版）、高斯坦主编的《中国与犹太—以色列关系 100 年》（中国社会科学出版社 2006 年版）、M. G. 马森的《西方的中国及中国人观念》（中华书局 2006 年版）、维克托·乌索夫的《苏联情报机关在中国：20 世纪 20 年代》（解放军出版社 2007 年版）、孟德卫的《1500—1800：中西方的伟大相遇》（新星出版社 2007 年版）、徐国琦的《中国与大战：寻求新的国家认同与国际化》（上海三联书店 2008 年版）。

关于社会史，主要有：刘易斯·查尔斯·阿灵顿的《古都旧景：65 年前外国人眼中的老北京》（经济科学出版社 1999 年版）、施坚雅主编的《中华帝国晚期的城市》（中华书局 2000 年版）、莫里斯·弗里德曼的《中国东南的宗族组织》（上海人民出版社 2000 年版）、李中清和王丰的《人类的四分之一：马尔萨斯的神话与中国的现实（1700—2000）》（生活·读书·新知三联书店 2000 年版）、罗梅君的《北京的生育、婚姻和丧葬：19 世纪至当代的民间文化和上层文化》（中华书局 2001 年版）、冈田宏二的《中国华南民族社会史研究》（民族出版社 2002 年版）、布赖恩·马丁的《上海青帮》（上海三联书店 2002 年版）、张信的《二十世纪初期中国社会之演变：国家与河南地方精英（1900—1937）》（中华书局 2004 年版）、彭慕兰的《腹地的构建：华北内地的国家、社会与经济，1853—1937》（社会科学文献出版社 2005 年版）、林达·约翰逊主编的《帝国晚期的江南城市》（上海人民出版社 2005 年版）、白凯的《中国的妇女与财产（960—1949）》（上海书店出版社 2007 年版）、吉尔伯特·威尔士和亨利·诺曼的《龙旗下的臣民：近代中国礼俗与社会》（光明日报出版社 2000 年版）。

关于文化史，主要有：戴仁的《上海商务印书馆：1897—1949》（商务印书馆 2000 年版）、杰罗姆·B. 格里德尔的《知识分子与现代中国》（南开大学出版社 2002 年版）、榎本泰子的《乐人之都上海：西洋音乐在近代中国的发轫》（上海音乐出版社 2003 年版）、韩南的《中国近代小说的兴起》（上海教育出版社 2004 年版）、何凯立的《基督教在华出版事业（1912—1949）》（四川大学出版社 2004 年版）、王德威的《被压抑的现代性：晚清小说新论》（北京大学出版社 2005 年版）、樽本照雄的《清末小说研究集稿》（齐鲁书社 2007 年版）、李欧梵的《上海摩登：一种新都市文化在中国（1930—1945）》（上海三联书店 2008 年版）、J. K. 施赖奥克的《近代中国人的宗教信仰：安庆的寺庙及其崇拜》（安徽大学出版社 2008 年版）。

此一时期的国外近代史研究译介，品种多，涉及的国家多。据笔者不完全统计，1998 年以来翻译出版的中国近代史外文论著数量达 200 余种，与此前 50 年的数量大体相当。除选自美、英、法、德、俄、日等国家的书籍以外，还有葡萄牙、新西兰、澳大利亚、韩国、以色列、荷兰、加拿大等国的作品。如此之多的数量和国别，应可反映翻译出版的繁荣状况，而翻译出版的繁荣又从另外一个侧面证明，随着中国改革开放的不断深化和经济实力的不断增强，中国近代史学科的学术研究和中外近代史学界的相互交流已进入一个前所未有的快速发展阶段。

此一时期的中国近代史学界，在进一步吸收和学习国外学者研究问题的理论和方法的同时，也对这些观点给予更加深入的思考。如果说“文化大革命”以前是“立足于批”，改革开放前 20 年主要是接受和模仿的话，最近 10 年来近代史学界对海外学者的观点所抱持的态度已趋于理性，不再盲目地批判或接受，而是在结合中国历史的实际情况进行认真反思后提出商榷或驳议。从世界的角度来看，外国学者关于中国近代史研究的理论与模式的积极意义在于，促使中国学者更加重视建立理论框架和意识到实证研究方面的“缺口”。在经历了20世纪90年代相对扎实的实证性研究阶段后，中国学者意识到需要对一贯拿来就用的西方理论展开自觉而清醒的批判与反思。下面试举几个典型事例加以说明。

第一，对“中国中心观”的批评。1970年之前，三大模式主导着美国的中国近代史研究，即冲击—反应模式、现代化（或传统—现代）模式和帝国主义（或帝国主义—革命）模式。后来，柯文对此提出挑战，他的《在中国发现历史——中国中心观在美国的兴起》一书乃是他试图摆脱“西方中心观”的影响，努力确立“中国中心观”的奠基之作。他在前三章中分别探讨了上述三种模式或研究取向所表现的“西方中心观”的偏见，对“西方中心观”提出批评，反对把“帝国主义”、“冲击—反应”甚至“近代的”等概念当作囊括一切的思想框架，来研究中国近代的历史。在此基础上，他提出了“中国中心观”，认为传统中国有自己独特的历史样态和展开过程，其社会内部结构产生的各种巨大力量会不断地为自身的发展开辟前进的道路，所以，研究者应该努力尝试从中国历史的观点出发——密切注意中国历史的轨迹和中国人对自身问题的看法，而不仅仅从西方历史的观点出发，去理解中国历史。柯文的观点给中国近代史学界的启发意义是毋庸置疑的，对20世纪90年代以来的中国近代史研究产生了重大影响。正如夏明方所言：“1990年代以来，在大陆学术界占主导地位的中国近代史研究范式，开始遭到舶自美国汉学界之‘中国中心观’潮流日益强劲的挑战和冲击。”① 进入21世纪以后，学者们开始对“中国中心观”的缺陷和内在矛盾提出批评，其中以夏明方的批评最为全面和深入。

夏明方把柯文“中国中心观”的三大核心内容概括为“柯文三论”，即“在历史变化动力上的‘去冲击论’，在历史变化方向上的‘去近代（化）论’以及在历史变化主体上的‘去帝国主义论’”。柯文的理论既顺应了欧美思想界日渐兴起的反欧洲中心论的潮流，“又在很大程度上给那

① 夏明方：《一部没有“近代”的中国近代史———从“柯文三论”看“中国中心观”的内在逻辑及其困境》，《近代史研究》2007年第1期。

些不愿意正视或刻意回避乃至忘却近代中国落后挨打之惨痛现实的中国学者一些心灵上的慰藉，因而一经传到国内，便引起越来越广泛的影响”。但是，在夏明方看来，柯文采取的实际上是“一种类似于拔河比赛的策略”：你说是“西方冲击”，我偏要寻找中国历史的内在动力；你坚持传统与现代的二元对立，我则抹去两者之间的差异；你认为帝国主义发挥了决定性的作用，不管是好是坏，我就是要淡化帝国主义的影响力。“如此针锋相对，势必矫枉过正，从一个极端走向另一个极端，以致在激发人们历史想象力的同时，又严重束缚了人们的思想。”夏明方批评说，这种模式在中国的流行，尽管是“对教条化的马克思主义历史观的进一步反动，但其结果看来既非唯物史观的复原，亦非真正中国气派和本土特色的新范式的确立，而是逐渐走上了另一种新教条主义的道路”。①

罗志田则指出：“在中国发现历史”一语近年在中国颇流行，但不少接受者像李大钊所说，待之如“通货”，虽不断流通传播，却很少认真审视作者之原意，以至于其“形象”有些模糊失真。那一取向本是针对西方（特别是美国）的中国研究，不一定特别适合于中国大陆的“学情”。至少中国学界对近代史的研究，向来注重本国内容而忽视“冲击”中国的外国因素。“既然西潮早已成为今人面对的近代中国‘传统’之一部分，既然我们过去的研究也未曾离开‘从西方借用来的词汇、概念和分析框架’，或不如提倡去揭示‘在中国发生的历史’，即将‘在中国发现历史’落实到‘发现在中国的历史’。”②

第二，对施坚雅模式的反思。在反对“西方中心观”的学术氛围中，美国学术界产生了大量以中国社会史为中心的研究成果，而政治、外交史的研究则受到一定程度的冷落。有的外国学者解剖中国社会经济变迁状况，提出了分析传统农耕社会向现代工业社会转化的中国经济的种种理论。施坚雅根据集市体系理论和区域体系理论对中国的乡村社会与中国的城市化进行研究，在吸收中心地学说、城市空间网络学说、等级—规模学说及许多相关研究成果的基础上提出的施坚雅模式，当属于这一系列。施坚雅模式在近代市场史、城市史和人口史方面，均对中国近代史的研究产

① 夏明方：《一部没有“近代”的中国近代史———从“柯文三论”看“中国中心观”的内在逻辑及其困境》，《近代史研究》2007 年第 1 期。

② 罗志田：《发现在中国的历史——关于中国近代史研究的一点反思》，《北京大学学报》2004 年第 5 期。

生了重大影响。正如任放指出的，施坚雅运用“中心地理论”和“巨区理论”，“把不同的基层市场视为层级性的连续体，将农村集市网络概括为‘市场共同体’说以及地理学的正六边形结构”①。这一理论不但在国际学术界大为流行，被研究区域社会经济的学者广泛运用，而且中国学者受到的启发也很大，直接导致了一批颇有分量的研究成果的问世。② 不过，中国学者在具体的研究过程中，也逐渐发现施坚雅理论中的缺陷与内在矛盾，并以实证研究为基础提出批评。其中，最受中国学者诟病的要数他的六边形区域市场理论。不少人认为，这一理论是施氏根据其对成都平原的研究推论出来的，或者这个推论本身就有问题。有些人认为，这一理论只适用于成都平原，施氏却要把它推广到全中国，因而产生了错误。还有一些人认为，施氏是把欧洲的模型移植到了中国。王庆成利用晚清华北数十州县的方志资料，对晚清时期华北的集市和集市圈做了较详尽的研究，对施坚雅关于中国乡村市场和社会结构的理论、公式提出了质疑。③ 此文被史建云誉为“极少数能够站在同等高度与施坚雅对话的论文之一”④。比较中外学者的相关研究可看出，由于外国学者难以充分占用和利用中国的第一手资料，而主要是将其模式或理论建立在较烦琐的理论推衍或逻辑推理上，所以难免受到实证研究的挑战。不过，即使是在理性层面，其理论来源及模式或理论本身也值得质疑，所以那些模式或理论与中国历史的实际情况肯定是有偏差的。《近代史研究》2004 年发表王庆成、史建云、任放和黄正林的四篇论文，除了提倡国内外学者间的对话外，其实也是对一些学者认为西方人文社会科学对中国人文社会科学存在“文化霸权”观点的一种回应。中国学者对施坚雅的理论或模式与中国历史的契合度进行的分析，即中外历史学者在近代史领域进行“同等高度”的对话，提出了一个值得我们深思的问题，那就是如何将产生于国外的具有一定普遍意义的分析模式、理论框架应用于中国实际。

第三，关于《大分流》的讨论。20 世纪 80 年代以来，受到新经济史学的长期浸染，国外（尤其是美国）研究中国经济史的学者开始广泛运用

---

① 任放：《施坚雅模式与中国近代史研究》，《近代史研究》2004 年第 4 期。

② 例如：王笛：《跨出封闭的世界——长江上游区域社会研究（1644—1911）》，中华书局 1993 年版；单强：《江南区域市场研究》，人民出版社 1999 年版。

③ 参见王庆成《晚清华北的集市和集市圈》，《近代史研究》2004 年第 4 期。

④ 史建云：《对施坚雅市场理论的若干思考》，《近代史研究》2004 年第 4 期。

新经济史学的理论和方法研究中国经济史。其中，以近年来在中国经济史研究中崛起并成为主导力量的美国加州大学为代表，形成了加州学派。加州学派，也称尔湾学派，成员主要有王国斌、李中清、弗兰克、戈德斯通、彭慕兰等人，中国学者李伯重因为在加州访学和讲学时间较长，学术理念不谋而合，也被一些人视为加州学派人物。这个学派的特点，用彭慕兰自己的话说，他们的研究形成了一个“对中国史和世界史进行学术再评价的更广泛的潮流”。他们尽管对很多问题有争议，但都认为18世纪的中国比前辈学者认为的更繁荣。这一学派成员的主要著作，如：李中清和王丰的《人类的四分之一：马尔萨斯的神话与中国的现实》、王国斌的《转变的中国——历史变迁与欧洲经验的局限》、弗兰克的《白银资本：重视经济全球化中的东方》、彭慕兰的《大分流》等，都以其全新的视角、方法与成果产生了很大影响。

在这些论著中，对中国学界影响最大的是彭慕兰的《大分流》。为了解决为什么工业革命发生在西欧，西欧有什么独特的内生优势导致了工业革命这个问题，彭慕兰收集了形形色色的西欧中心论观点，将它们分门别类，逐项进行区域性的比较分析，最后得出了一个标新立异的结论：18世纪以前，东西方走在一条大致相同的发展道路上，西方并没有任何明显的、完全为西方自己独有的内生优势；18世纪末19世纪初，历史来到了一个岔路口，东西方之间开始逐渐背离，分道扬镳，距离越来越大。造成这种背离的主要原因有两个，一是美洲新大陆的开发，一是英国煤矿优越的地理位置。

彭氏此书一经出版，即引起广泛关注和讨论。美国学者黄宗智和中国学者王家范等人都撰写论文，对彭氏观点提出批评。① 本书译者史建云在深入思考后，也对彭氏理论提出了批评。史建云认为，彭慕兰的逻辑是存在问题的。他论证的方式，表面上看起来颇有道理，实则不然。他是这样做的：把西欧中心论的种种因素拿出来进行比较，凡是其他地方也有的，就不能算是西欧独有的内生优势，因而不是西欧能够独自优先现代化的原因。他的逻辑是，如果你具备的条件我也具备，这个条件就不是你独有，

① 参见黄宗智《发展还是内卷？18世纪英国与中国——评彭慕兰〈大分岔：中国、欧洲与近代世界经济的形成〉》，《历史研究》2002年第4期；王家范《〈大分岔〉与中国历史重估》（《文汇报·学林》2003年2月9日）、《中国社会经济史面临的挑战——回应〈大分流〉的“问题意识”》（《史林》2004年第4期）。

你成功了我失败了，这个条件就不是成功的决定性条件。假如英格兰的所有优势，江南也都具备，这种逻辑自然可以成立。但问题在于，他的比较并不限于英格兰和江南。他的比较方法是，首先拿江南与英格兰比较，假如英格兰的某个先进因素江南不具备，就与日本比较，日本也不具备，就去看印度、东南亚甚至非洲。拿英格兰与全世界这样比较，英格兰就一项内生优势也没有了。

在史建云看来，现代化是一个系统工程，是许多因素综合作用的结果。也就是说，18 世纪的英国具备了最多的优势、最多的促进现代化的条件，江南略次于英国，日本更少，印度、非洲等只具备一两项。即使英国一个自己独有的内生的因素都没有，它的现代化仍然是顺理成章的。江南所不具备的那些优势很可能并不重要，单独看没有什么决定性可言，但与其他因素组合在一起，就构成了英格兰的真正的优势。换句话说，我们可以把英国具备了最多的条件这件事本身，视为英国独有的内生优势。①

第四，对后现代主义史学思潮的评议。后现代主义是一个处于不断变动的难以把握的概念，渗透到当代社会的方方面面，如自然科学、哲学、人文社会科学等诸多领域，它并非一种意识形态，而是一种“状态”。什么是后现代主义呢？要把握后现代主义的含义，我们有必要首先了解什么是现代主义。所谓现代主义，就是最好的方法、最佳的途径。现代性的规定特性是：（1）对科学和技术的压倒一切的信仰和信任；（2）推崇技术的正面效果；（3）认为发展是必然的，是现代思维所希望的。

从形式上讲，后现代主义是一股源自现代主义但又怀疑甚至反叛现代主义的思潮；从内容上看，后现代主义是一种源于工业文明、对工业文明的负面效应的思考与回答，是对现代化过程中出现的剥夺人的主体性、感觉丰富性的死板僵化、机械划一的整体性、中心、同一性等的批判与解构，也是对西方传统哲学的本质主义、基础主义、“形而上学的在场”、“逻各斯中心主义”等的批判与解构；从实质上说，后现代主义是对西方传统哲学和西方现代社会的纠正与反叛，其要旨在于放弃现代性的基本前提及其规范内容，最极端的情况是整个地排斥现代性观点。如果现代主义是寻求永恒真理，那么后现代主义就是对这些永恒真理的怀疑；如果现代

---

① 参见史建云《彭慕兰〈大分流〉一书在中外学术界的反响——在近代史研究所文化史研究室信息沙龙上的演讲》，近代中国研究网（http：//jds. cass. cn/）。

主义是寻求知识的明确表征，那么后现代主义则认为知识的状态随着社会进入后工业时代以及文化进入后现代时代而改变着。总之，后现代主义的规定特性是对现代主义规定特性的排斥，并代之以（1）信仰多元化；（2）全方位地审视技术所带来的结果；（3）审视发展是否总是必然的，“技术发展”可能根本就不是发展。

后现代主义思潮被引入历史研究领域后，形成后现代主义史学思潮，这种思潮以全面批评乃至颠覆现代史学为宗旨，其具体表现主要是：否定西方现代历史学所追求的历史的“真实性”、“客观性”、“趋势性”、“科学性”、“规律性”及其所奉行的西方中心论、西方民族国家史、整体史、精英史、男性史等，把其中史学界所基本认同的历史的基本属性统称为“预设”或“先入之见”，认为真正的历史是不能认知的，把现代历史学对这些主要内容的研究和叙述称为“宏大叙事”。它注重研究非中心、非精英、非理性的历史，也就是要研究多元的、多样的、非西方的、边缘的、普通的、下层的、生活的、女性的、枝节的、突发的、偶然的历史，即所谓的“微小叙事”；还主张采用叙事式的写作方式，构建历史的情节和场景，进而主张情节想象和反事实研究。①

柯文《历史三调：作为事件、经历和神话的义和团》就是一本深受后现代主义影响的著作。此书的主旨并不是研究义和团运动本身，而是以这个运动为载体，全面阐发柯文本人关于历史和历史研究的一些思考。历史是什么？到底应该如何看待历史？人们亲身经历的历史、历史学家笔下的历史和神话化的历史三者之间存在什么样的互动关系？此书以义和团运动为例，对上述问题进行了探讨和解释：第一部分是历史学家笔下的历史，以叙事为主；第二部分考察直接参与义和团运动的中外各类人物当时的想法、感受和行为，指出他们对正在发生之事的看法与后来重塑历史的历史学家的看法大为不同；第三部分评述在20世纪中国产生的关于义和团（包括红灯照）的种种神话。柯文认为，就上述三条认识历史的不同途径而言，经历和神话对普通读者具有更大的说服力和影响力。柯文在绪论中指出：“历史学家重塑的历史实际上根本不同于人们经历的历史。不论历史学家能够选择和实际选择的史料多么接近真实，多么接近人们的实际经历，他们最终写出来的史书在某些方面肯定有别于真实的历史。”（第10

① 参见虞和平《中国近代史研究篇》，《中国社会科学院院报》2007年6月26日。

页）历史的“不确定性、不完整性和短暂性对历史学家产生了强烈的吸引力。他们利用搜集到的证据和自己的所有想象力，努力去理解和解释历史。最终的结果是，历史学家的解释既非原原本本地复原历史，亦非对历史学家作为历史叙述者的价值观和愿望的简单体现。（当然，这种情况经常发生。但是，当这种情况出现时，我们面对的就不是历史而是神话了）”（第12页）。因此，“历史学家在重塑历史时，必须在现在与过去之间找到某种平衡，撷取二者当中特别重要的内涵，在寻找平衡的过程中不断地调整自己的观念”（第12页）。他的这些看法对中国史学工作者无疑具有重要的启发意义。但是，他书中的后现代主义倾向也值得我们加以重视。后现代理论的代表人物海登·怀特就曾说过，“所有历史著作的内容，发明出来的不亚于发现出来的”，并直言“史书与小说并无多大区别”。在他看来，“文本不可能反映真实的过去，任何史书，既无所谓真相，自毋须辨证文本真伪，无庸客观史事佐证，但求论述之一致、连贯与明白而已”。①

对史学研究中的这种后现代主义思潮，中国学术界不乏批评的声音，如虞和平就直言：“它在思想本质上是一种反科学的历史虚无主义，在具体内容和写作上虽有反对西方中心主义和丰富史学研究的正面作用，但也有碎化、伪化史学的负面作用。”② 曾业英在详细考证蔡锷与小凤仙交往的相关史事后指出，“历史研究不能盲目随‘后现代’理论起舞，应高度重视史料辨伪和史事考证工作”。“那种不加区分地否定史料的可信性，否定历史求真的可能性，否定历史知识的客观性，断言可以不必考证史料真伪和史事虚实，甚至企图将历史学家从学术纪律中‘解放’出来，彻底颠覆史学传统方法和主流价值的反历史、反真相、反客观的倾向，就不是以求真为要务的历史研究者所认同和接受的了。”③

上述反思、讨论和批评，表达了中国学者要建立真正的中国气派和本土特色的新范式的思想倾向，表明进入21世纪以来中国学者在与外国学者进行学术对话时的心态，与改革开放初期相比，已经成熟并深刻了许多。

① 转引自汪荣祖《后现代思潮下中国现代史学走向》，载《“中央研究院”近代史研究所集刊》第56期，2007年6月，第165页。

② 虞和平：《中国近代史研究篇》，《中国社会科学院院报》2007年6月26日。

③ 曾业英：《蔡锷与小凤仙——兼谈史料辨伪和史事考证问题》，《近代史研究》2009年第1期。

总而言之，60 年来海外中国近代史研究著作的译介与中华人民共和国的历史一样走过了曲折发展的过程，现在确可说是百花齐放，日趋繁荣。但在这种繁荣之下却仍有不能忽视的隐忧，即译作的质量有每况愈下之势，一些错译、误译反而起了学术的“误导”作用，倘若长此以往，会使人对所有译介的准确性产生怀疑，终将使这种学术发展必不可少的译介本身受到严重损害。提高译作质量，是译介者的当务之急。当然，每个研究者都必须面对的挑战是，在如此多样化的译作面前如何能真正撷其精华而不是食洋不化，机械照搬。而这，却是更加艰难，也更加重要的。

主要参考文献*

一　论文

白寿彝:《谈谈近代中国的史学》,《史学史研究》1983 年第 3 期。

白寿彝等:《马克思主义史学在中国的传播和发展》,《史学史研究》1983 年第 1 期。

鲍成志:《近代中国交通地理变迁与城市兴衰》,《四川师范大学学报》(社会科学版)2007 年第 4 期。

本刊评论员:《把历史的内容还给历史》,《历史研究》1987 年第 1 期。

步平:《笔谈"抗日战争与中日关系史研究"》,《抗日战争研究》2009 年第 1 期;《改革开放与中国近代史研究》,《近代史研究》2009 年第 5 期。

曹国祉:《太平天国的土地政策及其赋税政策》(上篇),《中山大学学报》1959 年第 3 期。

曹靖国:《梁启超进化史观的演变》,《东北师大学报》1985 年第 3 期。

常建华:《从"新清史"研究看〈乾隆朝满文寄信档译编〉的史料价值》,《历史档案》2011 年第 1 期。

畅引婷:《第一次国内革命战争时期妇女运动的特点》,《山西师大学报》1992 年第 3 期。

车维汉:《张作霖与郑家屯事件》,《近代史研究》1992 年第 5 期。

陈崇桥、胡玉海:《张作霖与日本》,《日本研究》1990 年第 1 期。

---

* 本主要参考文献的中文论文和著作按作者姓氏音序排列,外文译著按著者汉字国别音序排列。

陈方孟:《论中日战争初期德国的对华政策》,《抗日战争研究》1996年第2期。

陈峰:《趋新反入旧:傅斯年、史语所与西方史学潮流》,《文史哲》2008年第3期。

陈晖:《马歇尔使华与苏联对华政策》,《历史研究》2008年第6期。

陈金龙:《“半殖民地半封建”概念形成过程考析》,《近代史研究》1996年第4期。

陈开科:《耆英与第二次鸦片战争中的中俄交涉》,《近代史研究》2009年第4期。

陈可青:《试论孙中山经济建设思想》,《经济研究》1980年第2期。

陈雷、戴建兵:《统制经济与抗日战争》,《抗日战争研究》2007年第2期。

陈其泰:《论近代史学对传统史学的扬弃》,《中国史研究》1987年第1期。

陈其泰等:《民国初年历史观领域的新变革》,《陕西师范大学学报》2005年第2期。

陈谦平:《试论抗战前国民党政府的国防建设》,《南京大学学报》1987年第1期。

陈世英:《对五四时期的陈独秀的几点认识》,《北京师范学院学报》1979年第2期。

陈铁健:《论西路军》,《历史研究》1987年第2期。

陈铁军:《关于中国近代史的一种新的理论架构》,《史学理论研究》1999年第4期。

陈文渊:《抗日战争史研究中的几个问题》,《军事史林》1987年第3期。

陈锡祺:《同盟会成立前孙中山的革命思想与活动》,《中山大学学报》1957年第1期;《孙中山亚洲观论纲》,《近代史研究》1990年第6期。

陈先初:《关于国民党初期抗战几个问题的再探讨》,《求索》1994年第4期。

陈旭麓:《关于中国近代史线索的思考》,《历史研究》1988年第3期。

陈以爱:《胡适对王国维“古史新证”的回应》,《历史研究》2008年第6期。

陈永霞:《民族主义与20世纪初年的“新史学”》,《史学月刊》2012年第

5 期。
陈蕴茜、叶青:《论民国时期城市婚姻的变迁》,《近代史研究》1998 年第 6 期。
陈振江:《义和团几个问题的辨析》,《历史研究》1981 年第 1 期;《清末民初婚姻家庭变革运动的趋向》,《南开大学学报》1997 年第 4 期。
程道德:《试述南京国民政府建立初期争取关税自主权的对外交涉》,《近代史研究》1992 年第 6 期。
程涛平:《怎样看待武汉政府时期工人运动中的“左”倾错误?》,《党史研究》1982 年第 3 期。
程早霞、李晔:《一九四九年前后美国中情局谍员秘密入藏探析》,《历史研究》2009 年第 5 期。
池子华:《近代史上的“打工妹”》,《妇女研究论丛》2000 年第 1 期。
池子华等:《北伐太平军“裹胁”问题述论》,《历史档案》2001 年第 3 期。
迟云飞:《清末最后十年的平满汉畛域问题》,《近代史研究》2001 年第 5 期。
褚晓奇:《近代上海菜场研究》,《史林》2005 年第 5 期。
从翰香:《关于中国民族资本的原始积累问题》,《历史研究》1962 年第 2 期。
崔志海:《试论 1903 年中美〈通商行船续订条约〉》,《近代史研究》2001 年第 5 期;《关于美国第一次退还部分庚款的几个问题》,《近代史研究》2004 年第 1 期;《摄政王载沣驱袁事件再研究》,《近代史研究》2011 年第 6 期;《近三年来晚清政治史研究回顾》,《史林》2012 年第 5 期。
戴鞍钢:《近代上海与周围农村》,《史学月刊》1994 年第 2 期。
戴东阳:《日本修改条约交涉与何如璋的条约认识》,《近代史研究》2004 年第 6 期;《甲申事变前后黎庶昌的琉球策略》,《历史研究》2007 年第 2 期;《中国驻日使团与金玉均——兼论金玉均被刺与甲午战争爆发之关系》,《近代史研究》2009 年第 4 期。
戴海斌:《庚子事变时期张之洞的对日交涉》,《历史研究》2010 年第 4 期。
戴逸:《论太平天国革命发生的原因》,《光明日报》1961 年 1 月 11 日;《中国近代工业和旧式手工业的关系》,《人民日报》1965 年 8 月 20 日;

《论光绪之死》，《清史研究》2008 年 4 期。

邓野：《巴黎和会中国拒约问题研究》，《中国社会科学》1986 年第 2 期；《国民党六届二中全会研究》，《历史研究》2000 年第 1 期；《东北问题与四平决战》，《历史研究》2001 年第 6 期；《南京谈判与第二次国共合作的终结》，《历史研究》2002 年第 2 期；《联合政府的谈判与抗战末期的中国政治》，《中国社会科学》2002 年第 5 期；《论国共重庆谈判的政治性质》，《近代史研究》2005 年第 1 期；《傅作义政治转型过程中的双重性》，《历史研究》2005 年第 5 期。

丁名楠、张振鹍：《中美关系史研究：向前进，还是向后倒退》，《近代史研究》1979 年第 2 期。

丁名楠：《义和团运动评价中的几个问题》，载路遥编《义和团运动》，巴蜀书社 1985 年版；《关于美国对华门户开放政策的若干历史考察》，《档案与历史》1986 年第 1 期。

丁宁：《中国大革命时期的英国对华政策》，《近代史研究》1989 年第 1 期。

丁日初、沈祖炜：《论晚清的国家资本主义》，《历史研究》1983 年第 6 期；《论抗日战争时期的国家资本》，《民国档案》1986 年第 4 期。

丁日初：《论抗日战争时期的国家资本》，《民国档案》1986 年第 4 期；《再论上海成为近代中国经济中心的条件》，《近代史研究》1994 年第 1 期。

丁守和：《陈独秀和〈新青年〉》，《历史研究》1979 年第 5 期；《关于五四运动的几个问题》，《历史研究》1989 年第 3 期。

丁友文、茶金学：《从资本家阶级在辛亥革命中的表现看辛亥革命的实质》，《江西社会科学》2001 年第 8 期。

丁则勤：《论百团大战后日本对华北的政策》，《抗日战争研究》2000 年第 2 期。

丁长清：《试论中国近代农业中资本主义发展水平》，《南开学报》1984 年第 6 期；《1917—1918 年的冯段之争并非直皖之争》，《河北学刊》1994 年第 2 期。

定宜庄：《妇女史与社会性别史研究的史料问题》，《历史研究》2002 年第 6 期。

董长芝：《论国民政府抗战时期的金融体制》，《抗日战争研究》1997 年第

4 期。
杜恂诚:《北洋政府时期国家资本主义的中断》,《历史研究》1989 年第 2 期;《20 世纪 30 年代中国国内市场商品流通量的一个估计》,《中国经济史研究》1989 年第 4 期;《近代中外金融制度变迁比较》,《中国经济史研究》2002 年第 3 期;《儒家伦理与中国近代企业制度》,《财经研究》2005 年第 1 期;《近代上海钱业习惯法初探》,《历史研究》2006 年第 1 期。
杜蒸民:《试论章太炎的史学思想及其成就》,《史学史研究》1983 年 4 期。
段本洛:《太平天国革命的时代特征与前途》,《江苏师院学报》1980 年第 2 期;《近代苏州丝织手工业 18 年间的演变》,《近代史研究》1984 年第 4 期。
段云章:《孙中山早期革命思想的阶级基础》,《中山大学学报》1962 年第 3 期;《共产国际、苏俄对孙中山陈炯明分裂的观察和评论》,《中山大学学报论丛》(社会科学版)2000 年第 3 期。
樊百川:《试论中国资产阶级的各个组成部分》,载《中国科学院历史研究所第三所集刊》第 2 集,1955 年;《中国手工业在外国资本主义侵入后的遭遇和命运》,《历史研究》1962 年第 3 期。
范文澜:《中国近代史的分期问题》,载《中国近代史分期问题讨论集》,生活·读书·新知三联书店 1957 年版。
方克立:《评“中体西用”和“西体中用”》,载《传统文化与现代化》,中国人民大学出版社 1987 年版。
方铭:《关于苏俄两次对华宣言和废除中俄不平等条约问题》,《历史研究》1980 年第 6 期。
冯尔康:《开展社会史研究》,《历史研究》1987 年第 1 期。
冯国民:《评“中东路事件”》,《世界历史》1986 年第 12 期。
冯建辉:《建党初期的陈独秀》,《历史研究》1979 年第 4 期。
傅璇琮:《陈寅恪文化心态与学术品位的考察》,《社会科学战线》1991 年第 3 期。
傅筑夫、谷书堂:《中国原始资本积累问题》,《南开大学学报》1956 年第 1 期。
高德福:《冯玉祥与国民军》,《南开学报》1982 年第 2 期;《试论国民党政府的关税自主政策》，《史学月刊》1987 年第 1 期。
高海燕：《地方主义·军事主义——近代中国军阀政治探源》，《史学集刊》1998 年第 3 期。
高世瑜：《妇女史研究三议》，《妇女研究论丛》1997 年第 3 期。
葛夫平：《法国与第二次鸦片战争》，《近代史研究》1997 年第 1 期；《中法庚款案中的无利债券问题》，《近代史研究》2005 年第 2 期。
葛涛：《照相与清末民初上海社会生活》，《史林》2003 年第 4 期。
葛兆光：《重绘近代思想、社会与学术地图——评罗志田〈权势转移：近代中国的思想、社会与学术〉》，《历史研究》2001 年第 1 期；《〈新史学〉之后——1929 年的中国历史学界》，《历史研究》2003 年第 1 期。
耿云志：《七七事变后胡适对日态度的转变》，《抗日战争研究》1992 年第 1 期；《中国近代思想史上的民族主义》，《史学月刊》2006 年第 6 期。
龚书铎：《近代中国文化结构的变化》，《历史研究》1985 年第 1 期。
顾邦文：《旧中国大多数知识分子是无产阶级的一部分》，《社会科学》1985 年第 3 期。
顾诚：《如何正确评价〈甲申三百年祭〉》，《中国史研究》1981 年第 4 期。
关晓红：《清末州县考绩制度的演变》，《清史研究》2005 年第 3 期；《从幕府到职官：清季外官制改革中的幕职分科治事》，《历史研究》2006 年第 5 期；《晚清直省公费与吏治整顿》，《历史研究》2010 年第 2 期。
郭大钧：《从“九·一八”到“八·一三”国民党政府对日政策的演变》，《历史研究》1984 年第 6 期。
郭丽萍：《显学的背后：沈垚西北史地学述论》，《中国边疆史地研究》2005 年第 1 期。
郭齐勇：《现代化与中国传统刍议》，《武汉大学学报》1986 年第 5 期。
郭卫东：《片面最惠国待遇在近代中国的确立》，《近代史研究》1996 年第 1 期；《近代中国利权丧失的另一种因由——领事裁判权在华确立过程研究》，《近代史研究》1997 年第 2 期。
郭绪印：《重评陈独秀对农民运动的态度》，《上海师范学院学报》1980 年第 4 期；《城市转型中近代上海会馆的特点》，《学术月刊》2003 年第 3 期。
郭学旺、孟国祥：《中条山会战述评》，《近代史研究》1987 年第 4 期。
韩剑夫：《中国近代军阀史研究中的几个问题》，《广东社会科学》1988 年第 3 期。
韩茂莉：《近代山陕地区地理环境与水权保障系统》，《近代史研究》2006 年第 1 期。
韩信夫：《试论国民党抗日游击战场》，《民国档案》1990 年第 3 期。
行龙：《论太平天国革命前后江南地区人口变动及其影响》，《中国经济史研究》1991 年第 2 期；《清末民初婚姻生活中的新潮》，《近代史研究》1991 年第 3 期；《经济史与社会史》，《山西大学学报》2003 年第 4 期。
何黎萍：《论中国近代女权思想的形成》，《中国人民大学学报》1997 年第 3 期；《中国妇女争取财产权和继承权的斗争历程》，《北京社会科学》1998 年第 4 期。
何练成：《试论孙中山的社会经济思想》，《西北大学学报》1957 年第 2 期。
何艳艳：《国民外交背景下的中苏建交谈判（1923—1924）》，《近代史研究》2005 年第 4 期。
何一民：《辛亥革命前后中国城市市民生活观念的变化》，《西南交通大学学报》（社会科学版）2001 年第 3 期；《从政治中心优先发展到经济中心优先发展》，《西南民族大学学报》（社会科学版）2004 年第 1 期；《近代中国衰落城市：一个被忽视的重要研究领域》，《四川师范大学学报》（社会科学版）2007 年第 4 期。
何友良：《蒋经国“建设新赣南”思想简论》，《抗日战争研究》2002 年第 2 期。
洪认清：《论延安时期的中国近代史研究》，《史学史研究》2004 年第 3 期。
侯德础、张勤：《高校内迁与战时西南的科技文化事业》，《抗日战争研究》1998 年第 2 期。
侯外庐：《孙中山的哲学思想及其同政治思想的关系》，《历史研究》1957 年第 2 期。
侯云灏：《雷海宗早期史学思想研究》，《史学理论研究》1992 年第 3 期；《20 世纪前期中国史学流派略论》，《史学理论研究》1999 年第 2 期。
侯中军：《近代中国不平等条约数目与评判标准的探讨》，《历史研究》2009 年第 2 期。
胡滨：《论梁启超的史学》，《文史哲》1957 年第 4 期。

胡成：《近代江南农村的工价及其影响——兼论小农与经营式农场衰败的关系》，《历史研究》2000 年第 6 期。

胡德坤：《九一八事变与绥靖政策》，《武汉大学学报》1979 年第 3 期。

胡逢祥：《西方史学的输入和中国史学的近代化》，《学术季刊》1990 年第 1 期；《中国近代史学的发展进程及其特点》，《华东师范大学学报》1991 年第 4 期；《历史学的自省：从经验到理性的转折——略评 20 世纪上半叶我国的史学史研究》，《华东师范大学学报》2004 年第 1 期。

胡宁邦：《略谈陈独秀在五四运动和建党时期的作用》，《武汉师范学院学报》1979 年第 1 期。

胡绳：《中国近代历史的分期问题》，《历史研究》1954 年第 1 期；《毛泽东的新民主主义论再评价》，《中共党史研究》1999 年第 3 期。

胡玉海：《近代中国军阀政治的形成及特征》，《社会科学辑刊》2003 年第 1 期；《论奉系军阀》，《东北史地》2008 年第 2 期。

皇甫晓涛：《抗战前后文化思潮与“东方文化复兴”的历史主题发展》，《吉林大学学报》1997 年第 6 期。

黄道炫：《一九二〇—一九四〇年代中国东南地区的土地占有——兼谈地主、农民与土地革命》，《历史研究》2005 年第 1 期；《洗脸——1946—1948 年农村土改中的干部整改》，《历史研究》2007 年第 4 期。

黄岭峻：《试论抗战时期两种非理性的民族主义思潮——保守主义与“战国策派”》，《抗日战争研究》1995 年第 2 期；《30—40 年代中国思想界的“计划经济”思潮》，《近代史研究》2000 年第 2 期。

黄美真、张济顺：《近代上海与近代中国几个问题的思考》，《论上海研究》，复旦大学出版社 1991 年版。

黄敏兰：《梁启超〈新史学〉的真实意义及历史学的误解》，《近代史研究》1994 年第 2 期；《梁启超〈新史学〉的政治意义》，《政治学研究》1996 年第 4 期。

黄如桐：《1935 年国民党政府法币政策概述及其评价》，《近代史研究》1985 年第 6 期。

黄万盛、尹继佐：《试论中国无产阶级局限性》，《社会科学》1980 年第 5 期；《再论中国无产阶级局限性——兼答几位批评者》，《社会科学》1982 年第 3 期。

黄彦：《论孙中山的开放思想》，《广东社会科学》1988 年第 4 期。

黄逸峰：《中国资本原始积累的形式及其特点》，《江海学刊》1962 年第 3 期；《关于旧中国买办资产阶级的研究》，《历史研究》1964 年第 3 期。

黄逸平：《近代中国民族商业资本的产生》，《近代史研究》1986 年第 4 期；《辛亥革命后的经济政策与中国近代化》，《学术月刊》1992 年第 6 期。

黄正林：《近代甘宁青农村市场研究》，《近代史研究》2004 年第 4 期。

黄志仁：《北洋军阀对资产阶级民主制的摧残》，《厦门大学学报》（哲学社会科学版）1979 年第 1 期；《北洋军阀破坏中国走现代化道路的史实》，《中国经济问题》1980 年第 5 期。

黄宗炎：《护国战争与旧桂系的兴亡》，《学术论坛》1988 年第 3 期。

黄宗智：《发展还是内卷？18 世纪英国与中国——评彭慕兰〈大分叉：中国、欧洲与近代世界经济的形成〉》，《历史研究》2002 年第 4 期；《中国革命中的农村阶级斗争——从土改到文革时期的表达性现实与客观性现实》，载《中国乡村研究》第 2 辑，商务印书馆 2003 年版。

计秋枫：《中国加入近代国际体系的历程》，《南京大学学报》2001 年第 6 期。

贾维：《国民党与三青团的关系及其矛盾之由来》，《近代史研究》1994 年第 4 期；《三青团的成立与中共的对策》，《近代史研究》1995 年第 2 期。

贾中福：《近代国民外交视角下的 1905 年抵制美货运动》，《贵州社会科学》2005 年第 4 期。

简修伟：《关于历史人物评价的几个理论问题》，《史学月刊》1987 年第 3 期。

江海澄：《试论孙中山的反帝思想》，《山东大学学报》1962 年第 1 期。

江英：《中国近代军事史研究新进展》，《军事历史研究》1994 年第 1 期；《近两年中国近代军事史研究新进展》，《军事历史研究》1995 年第 4 期、1996 年第 1 期。

江于夫：《武汉失守到太平洋战争前国民党抗战问题再探》，《史学月刊》1992 年第 3 期。

姜铎：《略论洋务企业的性质》，《历史研究》1985 年第 6 期。

姜省：《区域・社会・空间・文化——近代中国城市史研究的主要问题》，《城市问题》2008 年第 11 期。

姜涛:《人口与太平天国革命》,《南京社会科学》1991 年第 1 期;《洪秀全“登极”史实辨正》,《历史研究》1993 年第 1 期;《金田起义再辨析》,《近代史研究》1996 年第 2 期。

姜义华:《从“史官史学”走向“史家史学”:当代中国历史学家角色的转换》,《复旦学报》1995 年第 3 期。

蒋大椿:《中国史学科的回顾与展望》,载《唯物史观与史学》,吉林教育出版社 1991 年版;《孙中山民生史观析论》,《中国社会科学》2000 年第 2 期。

焦润明:《1910—1911 年的东北大鼠疫及朝野应对措施》,《近代史研究》2006 年第 3 期。

金冲及、胡绳武:《论孙中山在临时政府时期的斗争》,《历史研究》1980 年第 2 期。

金冲及:《对于中国近代历史分期问题的意见》,载《中国近代史分期问题讨论集》,生活·读书·新知三联书店 1957 年版;《中国近代思想史研究中的几个问题》,载《中国文化研究集刊》第 1 辑,复旦大学出版社 1984 年版。

金景芳:《中国古代史分期商榷》,《历史研究》1979 年第 2—3 期。

金以林:《地域观念与派系冲突——以二三十年代国民党粤籍领袖为中心的考察》,《历史研究》2005 年第 3 期;《蒋介石的第二次下野与再起》,《历史研究》2006 年第 2 期。

靳一舟:《太平天国研究述评》,《历史研究》1961 年第 2 期。

经君健:《加强中国经济史研究是发展经济学科的一项重要战略任务》,《经济研究》1983 年第 10 期。

经盛鸿:《孙传芳与浙奉战争》,《江苏社会科学》1992 年第 4 期。

鞠方安:《清末官制改革中官员的俸禄改革》,《中国人民大学学报》2001 年第 5 期。

孔德琪:《1987 年中国近代军事史研究述评》,《军事历史研究》1988 年第 1 期。

孔经伟:《鸦片战争前中国社会是否形成了统一市场》,《学术月刊》1961 年第 5 期。

孔祥吉:《张之洞在庚子年的帝王梦——以宇都宫太郎的日记为线索》,《学术月刊》2005 年第 8 期;《再释张之洞帝王之梦——兼答李细珠先生》，《近代史研究》2010 年第 5 期；《日本档案中的张之洞与革命党——以吴禄贞事件为中心》，《福建论坛》2010 年第 5 期；《奕劻在义和团运动中的庐山真面目》，《近代史研究》2011 年第 5 期。

来新夏、郭剑林、焦静宜：《北洋军阀史研究中的几个问题》，《学术月刊》1982 年第 4 期。

来新夏：《同盟会及其政纲》，《历史教学》1955 年第 6 期；《北洋军阀史研究中的几个问题》，《学术月刊》1982 年第 4 期；《略论民国军阀史的研究》，《学术月刊》1985 年第 1 期；《论近代军阀的定义》，《社会科战线 1993 年第 2 期》；《北洋军阀与日本：20 世纪末中国学者的研究》，《学术月刊》2004 年第 8 期。

乐嘉庆、姜天鹰：《评抗战前夕国民党南京政府的抗日准备》，《复旦学报》1987 年第 5 期。

乐正：《开埠通商与近代中国的城市化问题》，《中山大学学报》1991 年第 1 期；《近代城市发展的主题与中国模式》，《天津社会科学》1992 年第 2 期。

李柏槐：《商民的利益集团：商民协会——成都与上海等地商民协会差异之比较》，《社会科学战线》2005 年第 1 期；《民国商会与同业公会关系探析——以 1929—1949 年的成都为例》，《四川师范大学学报》（社会科学版）2005 年第 2 期。

李伯重：《问题与希望：有感于中国妇女史研究现状》，《历史研究》2002 年第 6 期。

李岱恩：《中国早期现代化与民初军阀割据》，《西南师范大学学报》（哲学社会科学版）1997 年第 6 期。

李丹阳、刘建一：《新视野下的中国共产主义运动起源研究》，《近代史研究》2006 年第 5 期。

李德英：《民国时期成都平原的押租与押扣——兼与刘克祥先生商榷》，《近代史研究》2007 年第 1 期。

李帆：《“文化形态史观”的东渐——战国策派与汤因比》，《近代史研究》1993 年第 6 期；《从〈刘向歆父子年谱〉看钱穆的史学理念》，《史学史研究》2005 年第 2 期；《辛亥革命时期的“夷夏之辨”和民族国家认同》，《史学月刊》2011 年第 4 期。

李光灿、郭云鹏：《孙中山的哲学思想》，《哲学研究》1962 年第 4 期。

李光灿:《论孙中山的民族主义》,《新建设》1956 年第 12 期;《孙中山的民权主义》,《历史研究》1962 年第 6 期。

李桂海:《近代中国妇女解放运动的特点》,《船山学刊》2003 年第 2 期。

李怀印:《晚清及民国时期华北村庄中的乡地制——以河北获鹿县为例》,《历史研究》2001 年第 6 期。

李嘉谷:《抗日战争时期苏联对华贷款与军火物资援助》,《近代史研究》1988 年第 4 期;《九一八事变后中苏关系的调整》,《抗日战争研究》1992 年第 2 期;《中苏关系史研究二题》,《抗日战争研究》1995 年第 1 期。

李静之:《新民主主义革命时期中国共产党妇女运动指导思想的确立和发展》,《妇女研究论丛》2001 年第 4 期。

李军:《第二次直奉战争中直系失败的原因》,《近代史研究》1985 年第 2 期。

李恺玲:《陈独秀与文学革命》,《武汉师范学院学报》1979 年第 2 期。

李侃:《梁启超史学思想试论》,《新建设》1963 年第 7 期;《关于义和团运动的评价问题》,《人民日报》1980 年 4 月 10 日;《孙中山和传统儒学》,载《孙中山和他的时代》下册,中华书局 1989 年版;《抗日战争与知识分子》,《抗日战争研究》1993 年第 1 期。

李良玉、蔡少卿:《六十年来的中国近代社会史研究》,《南京晓庄学院学报》2010 年第 4 期。

李良玉:《论民国时期的关税自主》,《南京大学学报》1986 年第 3 期。

李润苍:《章太炎的史学观点和方法》,《学术月刊》1984 年第 8 期;《关于中国近代史学史的基本内容和几点想法》,《史学史研究》1985 年第 2 期。

李时岳、胡滨:《李鸿章与轮船招商局》,《历史研究》1982 年第 4 期;《从开平矿务局看官督商办企业的历史作用》,《近代史研究》1985 年第 5 期。

李时岳:《孙中山的道路》,《史学集刊》1956 年第 2 期;《从洋务、维新到资产阶级革命》,《历史研究》1980 年第 1 期;《中国近代史主要线索及其标志之我见》,《历史研究》1984 年第 2 期;《反洋教斗争的性质及其他》,《近代史研究》1985 年第 5 期;《关于“半殖民地半封建”的几点思考》,《历史研究》1988 年第 1 期。

李世安:《1943 年中英废除不平等条约的谈判和香港问题》,《历史研究》1993 年第 5 期。

李文海:《认识近代国情的几个重大历史是非》,《近代史研究》1996 年第 6 期;《对“民族主义”要作具体的历史的分析》,《史学月刊》2006 年第 6 期;《深化区域史研究的一点思考》,《安徽大学学报》(哲学社会科学版)2007 年第 3 期。

李细珠:《清末民变与清政府社会控制机制的效能——以长沙抢米风潮中的官绅矛盾为视点》,《历史研究》2009 年第 4 期;《张之洞庚子年何曾有过帝王梦——与孔祥吉先生商榷》,《近代史研究》2010 年第 3 期。

李新:《军阀论》,《史学月刊》1985 年第 1 期;《北洋军阀的兴亡》,《史学月刊》1985 年第 3 期。

李星、黄杜:《再论中国工人阶级由自在阶级到自为阶级的转变》,《学术月刊》1961 年第 7 期。

李星、赵亲、黄杜:《论中国工人阶级由自在阶级到自为阶级的转变》,《学术月刊》1961 年第 2 期。

李义彬:《华北事变后国民党政府对日政策的变化》,《民国档案》1989 年第 1 期;《南京国民政府的联苏制日方针》,《历史研究》1991 年第 1 期。

李玉:《北洋时期股份有限公司的股份制度述论》,《民国档案》2006 年第 3 期。

李玉敏、栾雪飞:《国民政府的合作社经济政策及其评价》,《东北师大学报》2006 年第 4 期。

李玉尚:《近代中国的鼠疫应对机制——以云南、广东和福建为例》,《历史研究》2002 年第 1 期;《地理环境与近代江南地区的传染病》,《社会科学研究》2005 年第 6 期。

李育民:《论清政府的信守条约方针及其变化》,《近代史研究》2004 年第 2 期;《晚清改进、收回领事裁判权的谋划及努力》,《近代史研究》2009 年第 1 期。

李运华:《中国城市近代化和近代中国城市化之命脉》,载《城市史研究》第 7 辑,天津教育出版社 1992 年版。

李泽厚:《论孙中山的“民生主义”》,《历史研究》1956 年第 11 期;《启蒙救亡的双重变奏》,《走向未来》1986 年第 1 期;《中国现代思想史的三次大论战》，《走向未来》1986 年第 2 期。

李长莉：《上海社会生活史的典型意义》，《史林》2002 年 第 4 期；《以上海为例看晚清时期社会生活方式及观念的变迁》，《史学月刊》2004 年第 5 期。

厉声：《苏日中立条约试析》，《苏联历史问题》1985 年第 2 期。

郦永庆：《有关禁烟问题的几点新认识》，《历史档案》1985 年第 3 期；《从档案看鸦片战争时期清政府的对外政策》，《历史研究》1990 年第 2 期。

梁景时：《中国近代不缠足运动始末》，《山西师大学报》1995 年第 1 期。

梁其姿：《麻风隔离与近代中国》，《历史研究》2003 年第 5 期。

廖盖隆：《抗日战争后期和解放战争时期苏联与中国革命的关系》，《中共党史研究》1990 年增刊。

林敦奎、孔祥吉：《鸦片战争前期统治阶级内部斗争新探》，《近代史研究》1986 年第 3 期。

林甘泉：《20 世纪的中国史学》，《历史研究》1996 年第 2 期；《吕振羽与中国社会经济形态研究》，《史学史研究》2000 年第 4 期。

林全民：《洛派军阀官僚集团的形成》，《军事历史研究》1994 年第 4 期；《洛派军阀官僚集团的反动统治》，《军事历史研究》1995 年第 2 期。

林寿荣、龙岱：《四川军阀与鸦片烟》，《四川大学学报》（哲学社会科学版）1984 年第 3 期。

林小群、傅玉能：《试论旧桂系核心集团成员关系及组织结构》，《史学月刊》1997 年第 3 期。

林星：《福建地方军阀与鸦片》，《党史研究与教学》2000 年第 1 期；《近代东南沿海通商口岸城市城乡关系的透视——以福州和厦门为个案》，《中国社会经济史研究》2007 年第 2 期。

凌耀伦：《浅谈中国近代城市史研究》，载《城市史研究》第 3 辑，天津教育出版社 1990 年版。

刘宝东：《王宠惠与孙中山》，《史学月刊》2002 年第 7 期。

刘存宽：《1942 年关于香港新界问题的中英交涉》，《抗日战争研究》1991 年第 1 期；《英国重占香港与中英受降之争》，《抗日战争研究》1992 年第 2 期；《试论英国发动鸦片战争的双重动因》，《近代史研究》1998 年第 4 期；《中俄关系与外蒙古自中国的分离》，《历史研究》2004 年第

4 期。

刘大年：《辛亥革命与反满问题》，《历史研究》1961 年第 5 期；《中国近代思想史的一页》，《新建设》1962 年第 12 期；《中国近代史研究从何处突破》，《光明日报》1981 年 2 月 17 日；《关于研究孙中山与中国近代化问题》，载《孙中山与中国近代化》上册，人民出版社 1999 年版。

刘海岩：《近代中国城市史研究的回顾与展望》，《历史研究》1992 年第 3 期。

刘继增、毛磊、袁继承：《武汉工人纠察队交枪事件的考察》，《历史研究》1980 年第 6 期；《武汉政府时期工人运动中的“左”倾错误》，《江汉论坛》1981 年第 4 期。

刘江船：《论民初军阀割据的文化原因》，《民国档案》1994 年第 3 期。

刘进：《农民与民初军阀割据》，《甘肃社会科学》1999 年论文辑刊；《晚清民初中央权威衰落与诸马军阀崛起述论》，《兰州学刊》2009 年第 8 期。

刘晶芳：《土地革命战争时期白区的赤色工会》，《近代史研究》1987 午第 4 期。

刘巨才：《新民主主义妇女解放理论初探》，《妇女研究论丛》1992 年第 1 期；《对中国妇女运动的几点看法》，《妇女研究论丛》1994 年第 1 期。

刘克祥：《1895—1927 年通商口岸附近和铁路沿线地区的农产品商品化》，载《中国社会科学院经济研究所集刊》第 11 集；《关于押租和近代封建租佃制度的若干问题——答李德英先生》，《近代史研究》2012 年第 1 期。

刘俐娜：《五四时期学者对史学功能的认识》，《历史研究》1996 年第 3 期；《20 世纪 20 年代中国史学界对历史的认识》，《史学理论研究》2003 年第 1 期；《论顾颉刚的史料学思想》，《史学史研究》2003 年第 2 期；《晚清政治与新史学》，《史学月刊》2003 年第 8 期；《试论傅斯年史学思想的现代性及局限性》，载《“傅斯年与中国文化”国际学术研讨会论文集》，天津古籍出版社 2004 年版；《20 世纪初期中国社会转型与史学的发展》，《教学与研究》2004 年第 6 期；《抗日战争时期顾颉刚的史学思想》，《史学史研究》2005 年第 3 期；《晚清史学的发展与变革》，载《晚清国家与社会》，社会科学文献出版社 2007 年版。

刘曼容：《试论冯玉祥由北洋军阀参加国民革命的转变》，《武汉大学学报》（哲学社会科学版）1988 年第 2 期；《论孙中山师法苏俄模式建军的理论与实践》，《广东社会科学》2004 年第 3 期。

刘蜀永：《从香港史看西方对近代中国社会的影响》，《史学集刊》1991 年第 2 期。

刘庭华：《抗日战争时期的国民党正面战场》，《历史教学》1986 年第 7 期；《中国抗日战争研究中的几个问题》，《史学月刊》1987 年第 3 期。

刘巍：《〈教学通义〉与康有为的早期经学路向及其转向》，《历史研究》2005 年第 4 期；《经典的没落与章学诚“六经皆史”说的提升》，《近代史研究》2008 年第 2 期。

刘文明：《“新妇女史”在大陆的兴起》，《史学理论研究》2003 年第 1 期；《妇女史与社会性别的启示》，《史学理论研究》2004 年第 3 期。

刘五书：《论抗日战争正面战场的战略反攻》，《抗日战争研究》1995 年第 3 期。

刘显忠：《中东路事件研究中的几个问题》，《历史研究》2009 年第 6 期。

刘小萌：《清朝史中的八旗研究》，《清史研究》2010 年第 2 期 。

刘迎红：《奉系军阀关内扩张简析》，《求是学刊》1991 年第 5 期。

刘泽华：《开展思想与社会互动和整体研究》，《历史教学》2001 年第 8 期。

刘增合：《西方预算制度与清季财政改制》，《历史研究》2009 年第 2 期；《清季中央对外省的财政清查》，《近代史研究》2011 年第 6 期。

刘振岚：《梁启超对历史发展规律的探索》，《历史研究》1984 年第 5 期。

刘志强、姚玉萍：《对北洋政府时期下层人民家庭功能及革命动因的考察》，《近代史研究》1991 年第 5 期。

刘志琴：《中国文化近代化的开启》，《社会学研究》1993 年第 2 期。

刘志英：《汪伪政府粮政述评》，《抗日战争研究》1999 年第 1 期。

刘中刚、孟俭红：《抗战后期中共对美援的争取》，《抗日战争研究》2007 年第 1 期。

龙盛运：《关于太平天国的土地政策》，《历史研究》1963 年第 6 期。

娄向哲：《直系军阀政权的财政破产及其倾覆》，《学术月刊》1984 年第 2 期；《直系军阀政权与英美关系初探》，《天津师大学报》（哲学社会科学版）1986 年第 1 期。

卢毅:《“整理国故运动”兴盛原因探究》,《东南文化》2006 年第 4 期;《章门弟子与“古史辨派”》,《史学史研究》2007 年第 3 期。

鲁振祥:《关于孙中山三大政策研究中的几个问题》,《北京师范大学学报》1986 年第 6 期。

陆发春:《抗战时期胡适对中日现代化进程的历史反思》,《抗日战争研究》2006 年第 3 期。

陆震:《关于社会史研究的学科对象诸问题》,《历史研究》1987 年第 1 期。

鹿锡俊:《1932 年中国对苏复交的决策过程》,《近代史研究》2001 年第 1 期;《蒋介石与 1935 年中日苏关系的转折》,《近代史研究》2009 年第 3 期。

路新生:《顾颉刚疑古学浅论》,《华东师范大学学报》2002 年第 1 期。

栾景河:《新中国成立前期苏联对华政策剖析——以苏联将使馆由南京撤至广州事件为中心》,《当代中国史研究》2003 年第 2 期。

罗尔纲:《杜文秀“卖国”说辟谬》,《学术月刊》1980 年第 4 期;《金田起义日期再考》,《学术论坛》1980 年第 3 期;《重考“洪宣娇”从何而来》,《历史研究》1987 年第 5 期。

罗检秋:《从“新史学”到社会文化史》,《史学史研究》2011 年第 4 期。

罗敏:《从对立走向交涉:福建事变前后的西南与中央》,《历史研究》2006 年第 2 期;《“矛盾政策”中找寻出路——四届五中全会后的胡汉民与西南时局》,《近代史研究》2007 年第 5 期。

罗荣渠:《关于中美关系史和美国史研究的一些问题》,《历史研究》1980 年第 3 期。

罗澍伟:《中国城市史研究述要》,载《城市史研究》第 1 辑,天津教育出版社 1989 年版;《试论近代华北的区域城市系统》,《天津社会科学》1992 年第 5 期。

罗志田:《济南事件与中美关系的转折》,《历史研究》1996 年第 2 期;《古今与中外的时空互动:新文化运动时期关于整理国故的思想论争》,《近代史研究》2000 年第 6 期;《清季保存国粹的朝野努力及其观念异同》,《近代史研究》2001 年第 2 期;《发现在中国的历史——关于中国近代史研究的一点反思》,《北京大学学报》2004 年第 5 期;《近三十年中国近代史研究的变与不变——几点不系统的反思》,《社会科学研究》

2008 年第 6 期；《陈寅恪的“不古不今之学”》，《近代史研究》2008 年第 6 期；《通史致用：简析近代史学地位的一度上升》，《社会科学战线》2010 年第 2 期。

吕美颐、郑永福：《20 世纪 20、30 年代女子职业简论：从上海女子商业储蓄银行谈起》，《郑州大学学报》2002 年第 6 期。

吕美颐：《论中国近代妇女运动对社会变迁的推动作用》，《郑州大学学报》1999 年第 4 期；《性别制度与社会规范》，《郑州大学学报》2009 年第 2 期。

吕一燃：《历史资料证明：钓鱼列岛的主权属于中国》，《抗日战争研究》1997 年第 4 期。

麻天祥：《变徵协奏曲——中国近代学术统论》，《湖南师范大学社会科学学报》2000 年第 2 期。

马俊亚：《抗战时期江南农村经济的衰变》，《抗日战争研究》2003 年第 4 期。

马敏：《商事裁判与商会——论晚清苏州商事纠纷的调处》，《历史研究》1996 年第 1 期。

马勇：《笔谈抗日战争与中国的现代化》，《抗日战争研究》2006 年第 3 期。

马振犊：《“八一三”淞沪战役起因辨正》，《近代史研究》1985 年第 5 期。

毛履平：《论郭松龄事变的性质及其失败的原因》，《学术月刊》1982 年第 5 期。

茅海建、郑匡民：《日本政府对于戊戌变法的观察与反应》，《历史研究》2004 年第 3 期。

茅海建：《中国近代政治史面对的挑战及其思考》，《史林》2006 年第 6 期；《张之洞与杨锐的关系——兼谈孔祥吉发现的“百日维新密札”作者》，《中华文史论丛》2010 年第 4 期；《戊戌政变前后张之洞与京、津、沪的密电往来》，《中华文史论丛》2011 年第 1 期；《张之洞与〈时务报〉、〈昌言报〉——兼论张之洞与黄遵宪的关系》，《中华文史论丛》2011 年第 2 期；《张之洞与陈宝箴及湖南维新运动》，《中华文史论丛》2011 年第 3 期。

茅家琦：《太平天国历史上几个问题的质疑》，载《太平天国史学术讨论会论文选集》，中华书局 1981 年版。

莫建来：《奉系军阀与直皖战争》，《学术月刊》1989 年第 3 期。

默明哲：《关于中体西用与西体中用的反思》，《社会科学》1986 年第 6 期。

牟安世：《关于洋务运动对中国早期民族资本的作用问题》，《文汇报》1962 年 5 月 17 日；《论太平天国运动能否称为革命》，《社会科学研究》1981 年第 1 期；《中国人民反对外国教会侵略的斗争和中国近代史的主要线索》，《社会科学研究》1985 年第 4 期；《再论中国人民反对外国教会侵略的斗争和中国近代史的主要线索》，《近代史研究》1990 年第 2 期。

倪玉平：《近 20 年“两半”问题研究述评》，《学术研究》2008 年第 10 期；《关于“半殖民地半封建社会”问题研究之新进展》，《北京日报》2009 年 2 月 16 日。

牛大勇、陈长伟：《北伐时期列强对华政策研究评价》，《历史研究》2005 年第 3 期。

牛大勇：《美国对华政策与四一二政变的关系》，《历史研究》1985 年第 4 期；《北伐战争时期美国分化政策与美蒋关系的形成》，《近代史研究》1986 年第 6 期。

牛军：《赫尔利与 1945 年前后的国共谈判》，《近代史研究》1986 年第 1 期。

欧阳跃峰：《利用会党：辛亥革命的一个误区》，《史学月刊》2007 年第 2 期。

潘敏：《北洋军阀政府的政权性质再探讨》，《黄冈师专学报》1999 年第 1 期。

潘喜廷：《张作霖与日本的关系》，《学术与探索》1980 年第 2 期。

潘志平：《关于 1945 年中苏友好同盟条约的评价》，《世界史研究动态》1985 年第 9 期。

裴长洪：《西原借款与寺内内阁对华策略》，《历史研究》1982 年第 5 期。

彭明：《论南京临时政府》，《近代史研究》1981 年第 3 期；《论五四时期的理性精神》，《历史研究》1989 年第 3 期。

彭南生：《半工业化：近代乡村手工业发展进程的一种描述》，《史学月刊》2003 年第 7 期。

彭泽益：《近代中国工业资本主义经济中的工场手工业》，《近代史研究》

1984 年第 1 期。

皮明庥、李怀军：《城市史的思路与视野》，载《城市史研究》第 5 辑，天津教育出版社 1991 年版。

皮明庥：《城市史研究略论》，《历史研究》1992 年第 3 期。

戚厚杰：《国民党敌后游击战争初探》，《军事历史研究》1990 年第 1 期。

戚其章：《关于中国近代史基本线索的几点意见》，《历史研究》1985 年第 6 期。

齐世荣：《中国抗日战争与国际关系（1931—1941）》，《世界历史》1987 年第 4 期。

钱进：《张学良与东北易帜新释》，《民国档案》2000 年第 4 期。

钱茂伟：《中国史学史研究视角的转换》，《学术月刊》2012 年第 1 期。

乔兆红：《大革命初期的商民协会与商民运动》，《文史哲》2005 年第 6 期。

谯珊：《近代城市消费生活变迁的原因及其特点》，《中华文化论坛》2001 年第 2 期；《近代中国自然灾害与城市衰落》，《西南民族大学学报》（社会科学版）2007 年第 4 期。

秦如藩：《二十世纪前孙中山政治思想的发展》，《中山大学学报》1962 年第 1 期。

邱国盛：《从人力车看近代上海城市公共交通的演变》，《华东师范大学学报》（哲学社会科学版）2004 年第 2 期；《从国家让渡到民间介入——同乡组织与近代上海外来人口管理》，《华东师范大学学报》（哲学社会科学版）2005 年第 3 期；《近代北京、上海城乡关系比较研究》，《西南民族大学学报》（人文社科版）2008 年第 6 期。

邱捷：《孙中山张作霖的关系与〈孙文越飞宣言〉》，《历史研究》1997 年第 2 期；《孙中山与近代中国知识分子》，《广东社会科学》2000 年第 1 期；《广州商团与商团事变——从商人团体的角度的再探讨》，《历史研究》2002 年第 2 期；《近代广东商人与广东的早期现代化》，《广东社会科学》2002 年第 2 期；《民国初年广东乡村的基层权力机构》，《史学月刊》2003 年第 5 期。

邱松庆：《中央革命根据地的妇女运动》，《江西社会科学》1983 年第 1 期。

邱涛、郑匡民：《戊戌政变前的日中结盟活动》，《近代史研究》2010 年第

1 期。
瞿林东:《近五十年来中国史学史研究的进展》,《史学月刊》2003 年第 10 期;《试论中国史学史研究的新路向》,《天津社会科学》2012 年第 1 期。
饶戈平:《1945—1949 年国民党政府的对美政策》,《民国档案》1988 年第 2 期。
饶景英:《三十年代上海的帮会与工会》,《史林》1993 年第 3 期。
饶任坤:《太平天国妇女问题再探》,《学术月刊》1990 年第 6 期。
任放:《施坚雅模式与中国近代史研究》,《近代史研究》2004 年第 4 期。
任恒俊:《新军差异与南北军阀的形成》,《文史哲》1990 年第 4 期。
任建树:《陈独秀与西南军阀》,《史林》1988 年第 2 期;《陈独秀与西南军阀及其联省自治》,《安庆师范学院学报》(哲学社会科学版)1994 年第 1 期。
任智勇:《试述晚清户部银库制度与庚子之后的变革》,《清史研究》2005 年第 2 期。
荣孟源:《金田起义日期的探讨》,《社会科学研究》1981 年第 1 期;《谈中国近代史的两个过程》,《历史教学》1984 年第 7 期。
荣天琳、张注洪、周承恩:《五四前后的中国工人阶级》,《北大史学论丛》1959 年。
荣维木:《论卢沟桥事变期间的"现地交涉"》,《民国档案》1998 年第 4 期。
桑兵:《近代中国女性史研究散论》,《近代史研究》1996 年第 3 期;《教学需求与学风转变——近代大学史学教育的社会科学化》,《中国社会科学》2001 年第 4 期;《世界主义与民族主义——孙中山对新文化派的回应》,《近代史研究》2003 年第 2 期;《从眼光向下回到历史现场——社会学人类学对近代中国的影响》,《中国社会科学》2005 年第 1 期;《近代中国的新史学及其流变》,《史学月刊》2007 年 11 期;《"了解之同情"与陈寅恪的治史方法》,《社会科学战线》2008 年第 10 期。
沙健孙:《五四后期的陈独秀是不是马克思主义者?》,《北京大学学报》1979 年第 3 期。
尚小明:《抗战前北大史学系的课程变革》,《近代史研究》2006 年第 1 期。

邵循正:《洋务运动和资本主义发展关系问题》,《新建设》1963 年 3 月。
邵雍:《五卅运动中的工人帮会问题》,《党史研究与教学》1993 年第 3 期;《孙中山与近代妇女问题》,《广西师范大学学报》(哲学社会科学版)2002 年第 3 期。
沈家五:《从农商部注册看北洋时期民族资本主义的发展》,《历史档案》1984 年第 4 期。
沈毅:《近代旅、大租借地的农业与城乡关系研究》,《华东师大学报》1992 年第 3 期。
沈予:《论日本币原外交破坏中国大革命》,载《中日关系史论文集》,黑龙江人民出版社 1984 年版;《四一二反革命政变与帝国主义关系的再探讨》,《历史研究》1984 年第 4 期;《论抗日战争时期日蒋的“和平交涉”》,《历史研究》1993 年第 2 期;《抗日战争前期蒋介石对日议和问题再探讨》,《抗日战争研究》2000 年第 3 期。
沈志华:《中苏结盟与苏联对新疆政策的变化(1944—1950)》,《党史研究资料》1999 年第 2 期。
施忠连:《新儒学与中华文化活精神》,《哲学研究》1989 年第 9 期。
石波:《辛亥革命与中国民族资本主义经济的发展》,《湖北社会科学》1991 年第 8 期。
石巧兰、李兴芝:《马克思主义妇女观在我国的早期传播及其中国化》,《妇女研究论丛》1992 年第 1 期。
石仲泉:《关于国外毛泽东研究的民粹主义问题》,《中共党史研究》1992 年第 6 期。
史革新:《章太炎社会思想述略》,《史学理论研究》2005 年第 3 期。
史建云:《对施坚雅市场理论的若干思考》,《近代史研究》2004 年第 4 期。
史苏苑:《关于历史人物评价五题》,《史学月刊》1982 年第 5 期。
史新恒:《清末官制改革与各省提法使的设立》,《求索》2010 年第 10 期;《效法西方话语下的自我书写——提法使与清末审判改革》,《历史教学》2010 年第 10 期;《分科改制:提法使官制向近代科层制的演进》,《求索》2011 年第 6 期。
宋镜明:《论吴佩孚的再起与直奉联合对国民军的进攻》,《武汉大学学报》(哲学社会科学版)1986 年第 1 期。

宋开友：《袁世凯与日本对华“二十一条”谈判》，《江西社会科学》2005年第3期。

宋美云：《论商会在市场化进程中的作用——以近代天津为例》，《天津师范大学学报》（社会科学版）2005年第3期。

苏全有、孙宏云：《论第一次直奉战争直胜奉败的原因》，《社会科学战线》1994年第5期。

苏智良、陈丽菲：《侵华日军慰安妇制度略论》，《历史研究》1998年第4期。

苏智良：《关于日军慰安妇制度的几点辨析》，《抗日战争研究》1997年第3期。

隋淑芬：《严复的历史观与历史研究方法》，《史学史研究》2003年第4期。

孙才顺：《如何评价抗战期间中苏关系中的是与非》，《抗日战争研究》2001年第3期。

孙健：《国民经济史研究的对象、方法和任务》，《经济研究》1957年第2期。

孙克复、关捷：《太平天国政权性质商榷》，《社会科学辑刊》1981年第1期。

孙兰英：《论中国近代妇女运动的“男性特色”》，《史学月刊》1996年第3期。

孙守任：《中国近代历史的分期问题的商榷》，载《中国近代史分期问题讨论集》，生活·读书·新知三联书店1957年版。

孙思白：《试论军阀史的研究及相关的几个问题》，《贵州社会科学》1982年第6期。

孙艳玲：《抗战前期中国争取同苏联订立互助条约始末———兼析〈中苏互不侵犯条约〉的签订》，《抗日战争研究》2006年第1期。

孙祚民：《关于太平天国政权性质研究中的几个问题》，《北方论坛》1980年第1期；《判断太平天国政权性质的标准——五论关于“农民政权”问题》，《学术研究》1981年第5期。

覃光广、冯利：《关于中国近代教案研究方法的反思》，《近代中国教案研究》。

唐力行：《从徽学研究看区域化的中国近代史研究》，《学术月刊》2006年第 3 期。
唐利国：《关于国民党抗日游击战的几个问题》，《抗日战争研究》1997 年第 1 期。
唐凌：《论抗战时期国民政府的矿业政策》，《抗日战争研究》1993 年第 4 期。
唐启华：《“北洋外交”研究评价》，《历史研究》2004 年第 1 期；《1924 年〈中俄协定〉与旧约废止问题——以〈密件议定书〉为中心的探讨》，《近代史研究》2006 年第 3 期；《1927 年中俄会议研究》，《近代史研究》2007 年第 4 期。
唐学锋：《四川军阀混战频繁之原因》，《西南师范大学学报》（哲学社会科学版）1990 年第 2 期；《试论军阀割据的社会基础》，《西南民族学院学报》（哲学社会科学版）1990 年第 4 期。
陶文钊：《赫尔利使华与美国政府扶蒋反共政策的确定》，《近代史研究》1987 年第 2 期；《中美关系史讨论会综述》，《近代史研究》1988 年第 6 期；《太平洋战争期间的香港问题》，《历史研究》1994 年第 5 期。
田居俭：《中国社会史研究的反思与展望》，《社会科学战线》1989 年第 3 期。
田旺杰：《民国时期青海军阀长期存在的原因探析》，《青海民族研究》2004 年第 4 期。
涂鸣皋：《关于四川军阀割据混战的几个问题》，《西南师范大学学报》（人文社会科学版）1980 年第 1 期。
万灵：《中国区域史研究理论和方法散论》，《南京师大学报》1992 年第 3 期。
万谦：《开放领域与专门学科——建筑史学视野中的中国城市史研究概览》，《建筑师》2008 年第 10 期。
汪朝光：《抗战胜利后国民党东北决策研究》，《历史研究》1995 年第 6 期；《1946 年早春中国民主化进程的顿挫——以政协会议及国共关系为中心的研究》，《历史研究》2000 年第 6 期；《战后国民党对共政策的重要转折——国民党六届二中全会再研究》，《历史研究》2001 年第 4 期；《战与和的变奏——重庆谈判至政协会议期间的中国时局演变》，《近代史研究》2002 年第 1 期；《关于战后对苏外交及东北问题的激烈争执》，《民国档案》2006 年第 3 期。

汪高鑫、邓锐：《今文经学与史学的近代化——以康有为、崔适、梁启超和夏曾佑为考察中心》，《史学史研究》2009 年第 4 期。
汪敬虞：《从上海机器织布局看洋务运动和资本主义发展关系问题》，《新建设》1963 年 8 月；《论中国资本主义两个部分的产生》，《近代史研究》1983 年第 3 期；《洋务派不能承担发展中国资本主义的历史任务》，《历史研究》1985 年第 4 期；《中国近代社会、近代资产阶级和资产阶级革命》，《历史研究》1986 年第 6 期；《中国近代手工业及其在中国资本主义产生中的地位》，《中国经济史研究》1988 年第 1 期；《近代中国资本主义的发展和不发展》，《历史研究》1988 年第 5 期；《关于中国近代史研究中的殖民主义观点问题》，《近代史研究》1996 年第 6 期。
汪林茂：《中国近代思想史上的四个转折点》，《求是学刊》1985 年第 5 期。
汪熙：《略论中美关系史上的几个问题》，《世界历史》1979 年第 3 期；《太平洋战争与中国》，《复旦学报》1992 年第 4 期。
汪永平、贺宏斌：《中国近代民族企业的企业文化探析》，《中国社会经济史研究》2007 年第 4 期。
王春良：《评日苏中立条约和雅尔塔协定》，《山东师范大学学报》1985 年第 1 期。
王春英：《官商互动的多元图景呈现——清末商会成立形式初探》，《华中师范大学学报》（人文社会科学版）2005 年第 5 期。
王迪：《试论清末商会的设立与官商关系》，《史学月刊》1987 年第 4 期。
王汎森：《晚清政治概念与“新史学”》，载罗志田主编《20 世纪的中国：学术与社会·史学卷》（上），山东人民出版社 2001 年版。
王方中：《1920—1930 年间军阀混战对交通和工商业的破坏》，《近代史研究》1994 年第 5 期。
王桧林：《抗日战争史研究中的几个问题》，《北京师范大学学报》1985 年第 4 期。
王海晨：《张作霖与“二十一条”交涉》，《历史研究》2002 年第 2 期；《从“满蒙交涉”看张作霖对日谋略》，《史学月刊》2004 年第 8 期。
王红曼：《四联总处与西南区域金融网络》，《中国社会经济史研究》2004 年第 4 期。
王宏斌：《清末广东禁烟运动与中英外交争执》，《近代史研究》2003 年第

6 期。
王华斌：《试论直皖战争直胜皖败的原因及其后果》，《学术月刊》1986 年第 1 期。
王家范：《中国社会史学科建设刍议》，《历史研究》1989 年第 3 期。
王建革：《役畜与近代华北乡村社会》，《社会科学研究》2006 年第 2 期。
王建朗：《抗战初期国民党军事战略方针述评》，《复旦学报》1985 年第 4 期；《二战爆发前国民政府外交综论》，《历史研究》1995 年第 4 期；《卢沟桥事件后国民政府的和战抉择》，《近代史研究》1998 年第 5 期；《日本与国民政府的革命外交：对关税自主交涉的考察》，《历史研究》2002 年第 6 期；《英美战时废约政策之异同与协调》，《抗日战争研究》2003 年第 3 期；《北京政府参战问题再考察》，《近代史研究》2005 年第 4 期；《大国意识与大国作为——抗战后期的中国国际角色定位与外交努力》，《历史研究》2008 年第 6 期；《信任的流失：从蒋介石日记看抗战后期的中美关系》，《近代史研究》2009 年第 3 期。
王劲、苏培新：《试论西北诸马军阀的几个特点》，《兰州大学学报》（社会科学版）1995 年第 4 期。
王立诚：《英国与近代中外贸易"法治"的建立》，《历史研究》2001 年第 2 期。
王立新：《华盛顿体系与中国国民革命：二十年代中美关系新探》，《历史研究》2001 年第 2 期。
王美秀：《西学东渐影响下的中国近代妇女运动》，《北京大学学报》1995 年第 4 期。
王敏：《西方列强与苏报案关系述论》，《历史研究》2009 年第 2 期。
王奇生：《湖南会战：中国军队对日军"一号作战"的回应》，《抗日战争研究》2004 年第 3 期。
王淇：《中美关系史讨论会综述》，《近代史研究》1988 年第 6 期。
王晴佳：《科学史学乎？"科学古学"乎？——傅斯年"史学便是史料学"之思想渊源新探》，《史学史研究》2007 年第 4 期。
王庆成：《论洪秀全的早期思想及其发展》，《历史研究》1979 年第 8—9 期；《太平天国的对外关系和国际观念》，《历史研究》1991 年第 1 期；《晚清华北村落》，《近代史研究》2002 年第 3 期；《晚清华北村镇人口》，《历史研究》2002 年第 6 期；《晚清华北的集市和集市圈》，《近代史研究》2004 年第 4 期；《晚清华北乡村：历史与规模》，《历史研究》2007 年第 2 期。

王士花：《华北沦陷区粮食的生产与流通》，《史学月刊》2006 年第 11 期。

王天奖：《太平天国乡官的阶级成份》，《历史研究》1958 年 3 期。

王炜：《近代北京公园开放与公共空间的拓展》，《北京社会科学》2008 年第 2 期。

王先明：《中国近代社会史研究的理论思考——兼论历史学的社会学化》，《近代史研究》1993 年第 4 期；《开展二十世纪的中国乡村史研究》，《光明日报》2000 年 12 月 1 日；《社会史的学术关注与问题意识》，《人民日报》2006 年 2 月 24 日。

王学典：《实证追求与阐释取向之间的百年史学》，《文史哲》1997 年第 6 期；《二十世纪中国史学是如何被叙述的——对学术史书写客观性的一种探讨》，《清华大学学报》2008 年第 2 期。

王燕军：《近年来中国文化史研究述评》，《华南师范大学学报》1990 年第 2 期。

王跃生：《20 世纪三四十年代冀南农村分家行为研究》，《近代史研究》2002 年第 4 期。

王兆锋：《认识中国无产阶级局限性的几个问题》，《社会科学》1982 年第 6 期。

王致中：《封建蒙昧主义与义和团运动》，《历史研究》1980 年第 1 期。

隗瀛涛、谢放：《近代中国区域城市研究的初步构想》，《天津社会科学》1992 年 1 期。

隗瀛涛等：《关于近代中国城市史研究的几个问题》，载《城市史研究》第 3 辑，天津教育出版社 1990 年版。

魏宏运：《论晋冀鲁豫抗日根据地的集市贸易》，《抗日战争研究》1997 年第 1 期。

魏明：《论北洋军阀官僚的私人资本主义经济活动》，《近代史研究》1985 年第 2 期。

魏文享：《商人团体与抗战时期国统区的经济统制》，《中国经济史研究》2006 年第 1 期。

温锐、苏盾：《重评 1944 年中国抗日战争的正面战场》，《抗日战争研究》1996 年第 4 期。

邬国义：《新史学思潮经世功能的再考察》，《华东师范大学学报》第35卷第3期，2003年5月；《论近代经世致用史学思潮的兴起》，《史林》2003年第6期。

吴承明：《中国资产阶级的产生问题》，《经济研究》1965年第9期；《中国经济史研究中的计量问题》，《历史研究》1985年第3期；《近代国内市场商品量的估计》，《中国经济史研究》1994年第4期；《经济史：历史观与方法论》，《中国经济史研究》2001年第3期。

吴汉全：《李大钊与历史哲学理论》，《史学史研究》2002年第2期；《李大钊与中国近代史研究》，《近代史研究》2003年第3期。

吴宏岐：《历史地理学视野下的中国近代社会史研究》，《学术月刊》2006年第3期。

吴剑杰：《关于近代史研究"新范式"的若干思考》，《近代史研究》2001年第2期。

吴金钟：《近代中国教案史研究综述》，载四川省哲学社会科学联合会等编《近代中国教案研究》，四川省社会科学院出版社1987年版。

吴景平：《英国与1935年的中国币制改革》，《历史研究》1988年第6期；《抗战时期的中国外债问题》，《抗日战争研究》1997年第1期；《上海银行公会改组风波》，《历史研究》2003年第2期。

吴善中：《太平天国圣库制度辨正》，《近代史研究》2011年第1期。

吴天颖：《日本觊觎我钓鱼列屿的历史考析——再质奥原敏雄教授》，《抗日战争研究》1998年第2期。

吴廷嘉：《合力辩：兼与刘大年同志商榷》，《历史研究》1988年第3期。

吴雁南：《试论太平天国的土地制度》，《历史研究》1958年第2期。

吴义雄：《鸦片战争前的鸦片贸易再研究》，《近代史研究》2002年第2期；《鸦片战争前英国在华治外法权之酝酿与尝试》，《历史研究》2006年第4期；《权利与体制：义律与1834—1839年的中英关系》，《历史研究》2007年第1期；《鸦片战争前在华西人与对华战争舆论的形成》，《近代史研究》2009年第2期。

吴元丰：《近百年来满文档案编译出版综述——以中国大陆为中心》，《满语研究》2011年第2期。

吴泽、谢天佑：《关于历史人物评价的若干理论问题》，《学术月刊》1960年第1期。

吴泽勇:《清末修订〈刑事民事诉讼法〉论考——兼论法典编纂的时机、策略和技术》,《现代法学》2006年第2期。
吴忠礼等:《论西北回族军阀产生的社会历史条件》,《宁夏社会科学》1988年第4期。
伍纯武:《中国资本的原始积累问题》,《学术月刊》1961年第3期。
习五一:《论废止中比不平等条约》,《近代史研究》1986年第2期。
夏春涛:《太平军中的婚姻状况与两性关系探析》,《近代史研究》2003年第1期。
夏东元:《论清政府所办近代军用工业的性质》,《华东师范大学学报》1958年第1期;《略论洋务运动的多边关系》,《社会科学》1982年第9期;《110年中国近代史应以戊戌变法微分断线》,《历史研究》1989年第4期。
夏晓虹:《从男女平等到女权意识——晚清的妇女思潮》,《北京大学学报》1995年第4期。
项立岭:《试论中国工人运动由自发到自觉的转变》,《学术月刊》1961年第7期;《怎样向前推进?中美关系史研究中的几个问题》,《世界历史》1980年第5期。
肖一平、郭德宏:《抗日战争时期的减租减息》,《近代史研究》1981年第4期。
肖一平:《略论中国抗日战争的特点》,《科学社会主义》1997年第4期。
谢本书:《吴佩孚与西南军阀的勾结》,《贵州社会科学》1983年第5期;《孙中山与西南军阀》,《云南社会科学》1985年第3期;《西南军阀与五四运动》,《学术月刊》1989年第5期。
谢放:《清末民初四川农村商品经济与社会变迁》,《四川大学学报》1990年第4期。
谢蔚:《晚清刑部皂役收入研究》,《史学月刊》2009年第4期。
邢贲思:《对中共党史研究的几点意见》,《中共党史研究》1992年第1期。
熊月之、张生:《中国城市史研究综述(1986—2006)》,《史林》2008年第1期。
徐鼎新:《旧中国商会溯源》,《中国社会经济史研究》1983年第1期;《清末上海若干行会的演变和商会的早期形态》,载《中国近代经济史研究资料》第9辑,上海社会科学院出版社1989年版。

徐国利:《钱穆论史体与史书》,《史学史研究》2000年第4期;《钱穆的中西史学比较观》,《史学史研究》2002年第1期;《钱穆的学术史方法与史识——义理、考据与辞章之辨》,《史学史研究》2005年第4期;《关于区域史研究中的理论问题——区域史的定义及其区域的界定和选择》,《学术月刊》2007年第3期。

徐建生:《近代中国婚姻家庭变革思潮述论》,《近代史研究》1991年第3期。

徐绪典:《论太平天国的拜上帝会与基督教的关系》,《文史哲》1963年第5期。

徐焰:《抗日战争中两个战场的形成及其相互关系》,《近代史研究》1986年第4期。

徐叶丽:《近年来宋庆龄研究综述》,载《纪念宋庆龄文集》,上海人民出版社1993年版。

徐义君:《试论广州武汉政府时期国民政府的反帝外交策略》,《近代史研究》1982年第3期。

徐勇:《日本侵华既定战略进攻方向考察》,《抗日战争研究》1996年第3期。

许超英:《东北航空军发展史略》,《军事历史研究》1988年第4期。

许苏民:《"一位擎着火炬的侍女"——论中国近代思想史学科建设中的三大问题与九大关系》,《南京大学学报》2005年第2期。

许宪隆、韦甜:《论辛亥革命前后西北诸马军阀的角色转换》,《民族研究》2002年第2期。

许小青:《20世纪初新史学与民族国家观念的兴起》,《社会科学研究》2006年第6期。

禤倩红、卢权:《香港海员大罢工是国民党领导的吗?》,《近代史研究》1987年第5期。

薛衔天:《试论"苏俄第一次对华宣言"内容变化问题》,《社会科学战线》1991年第3期;《战后东北问题与中苏关系走向》,《近代史研究》1996年第1期。

严昌洪:《民国时期丧葬礼俗的改革与演变》,《近代史研究》1998年第5期。

严实：《关于西路军的几个史实问题的研究》，《党史研究》1982 年第 1 期。

严中平：《中国近代史研究上的一个薄弱环节》，《人民日报》1956 年 7 月 17 日。

颜军：《胡适清代思想史研究浅议》，《近代史研究》2000 年第 1 期。

杨大春：《晚清政府与罗马教廷的外交历程》，《史学月刊》2001 年第 1 期。

杨光彦、潘询：《爱国主义传统与四川军阀的两次转变》，《西南师范大学学报》（哲学社会科学版）1996 年第 1 期。

杨慧：《论国统区妇女界抗日救亡统一战线》，《东南大学学报》2001 年第 2 期。

杨奎松：《三十年代共产国际、苏联与中国革命关系若干史实考辩》，《党史研究》1987 年第 2 期；《抗日战争时期共产国际、苏联与中国共产党关系中的几个问题》，《党史研究》1987 年第 6 期；《中国红军打通国际路线战略方针的演变》，《中共党史研究》1988 年增刊；《1946 年国共两党斗争与马歇尔调处》，《历史研究》1990 年第 5 期；《毛泽东为什么放弃新民主主义?》，《近代史研究》1997 年第 4 期；《陈独秀与共产国际——兼谈陈独秀的“右倾”问题》，《近代史研究》1999 年第 2 期；《蒋介石抗日态度之研究——以抗战前期中日秘密交涉为例》，《抗日战争研究》2000 年第 4 期；《蒋介石、张学良与中东路事件之交涉》，《近代史研究》2005 年第 1 期。

杨念群：《为什么要重提“政治史”研究》，《历史研究》2004 年第 4 期；《“地方性知识”、“地方感”与“跨区域研究”的前景》，《天津社会科学》2004 年第 6 期。

杨鹏程：《长沙抢米风潮中的官、绅、民》，《近代史研究》2002 年第 3 期。

杨天宏：《国民党与善后会议关系考析》，《近代史研究》2000 年第 3 期；《北洋外交与“治外法权”的撤废——基于法权会议所做的历史考察》，《近代史研究》2005 年第 4 期；《北洋外交与华府会议条约规定的突破——关税会议的事实梳理与问题分析》，《历史研究》2007 年第 5 期；《系统性的缺失：中国近代史研究现状之忧》，《近代史研究》2010 年第 2 期。

杨天石：《抗战前期日本“民间人士”和蒋介石集团的秘密谈判》，《历史研究》1990 年第 1 期；《济案交涉与蒋介石对日妥协的开端》，《近代史研究》1998 年第 1 期；《卢沟桥事变前蒋介石的对日谋略——以蒋氏日记为中心所做的考察》，《近代史研究》2001 年第 2 期。

杨兴梅：《南京国民政府禁止妇女缠足的努力及其成效》，《历史研究》1998 年第 3 期；《观念与社会：女子小脚的美丑与近代中国的两个世界》，《近代史研究》2000 年第 4 期；《从劝导到禁罚：清季四川反缠足努力述略》，《历史研究》2000 年第 6 期。

杨雨果：《国家利益：苏俄对在华合作者的选择》，《历史研究》1999 年第 4 期。

杨玉文、杨玉生：《中日战争初期纳粹德国“调停”活动内幕及其结局》，《近代史研究》1988 年第 1 期。

叶桂生、刘茂林：《略论马克思主义中国历史学的创立和发展》，《学习与研究》1982 年第 11 期。

叶桂生：《关于现代史学史的思索》，《史学史研究》1989 年第 4 期。

叶桂生等：《中国社会史论战与马克思主义历史学的形成》，《中国史研究》1983 年第 1 期。

易豪精：《从“蜜月”到断交——抗日战争爆发前后中德关系的演变》，《中共党史研究》1995 年第 5 期。

裔昭印：《基督教和近代中国妇女运动》，《上海师范大学学报》2000 年第 4 期；《妇女史对历史学的贡献》，《史学理论研究》2004 年第 3 期。

于化民：《短暂的合作：抗战后期中共与美国关系解析》，《抗日战争研究》2007 年第 3 期。

余子道：《中国正面战场初期的作战方向问题》，《军事历史研究》1987 年第 4 期；《中国正面战场对日战略的演变》，《历史研究》1988 年第 5 期；《论抗战初期正面战场作战重心之转移》，《抗日战争研究》1992 年第 3 期。

余子明：《从乡村到城市：晚清绅士群体的城市化》，《史学月刊》2002 第 8 期。

余子侠：《抗战时期高校内迁及其历史意义》，《近代史研究》1995 年第 6 期；《抗战时期教会高校的迁变》，《抗日战争研究》1998 年第 2 期。

俞旦初：《简论十九世纪后期的史学》，《近代史研究》1981 年第 2 期；

《中国近代的爱国主义史学思潮》,《史学史研究》1985 年第 2 期。
俞辛焞：《日本对直奉战争的双重外交》，《南开学报》1982 年第 4 期；《孙中山的中日盟约问题辨析》,《近代史研究》1997 年第 2 期。
虞宝棠:《一九三五年国民党政府币制改革初探》,《华东师范大学学报》1982 年第 4 期;《试论国民党政府的法币政策》,《历史档案》1983 年第 4 期。
虞和平:《清末民初中美商会的互访和合作》,《近代史研究》1988 年第 3 期;《商会与中国资产阶级自为化问题》,《近代史研究》1991 年第 3 期;《鸦片战争后通商口岸行会的近代化》,《历史研究》1991 年第 6 期;《辛亥革命与中国经济近代化的社会动员》,《社会学研究》1992 年第 5 期;《清末民初经济伦理的资本主义化与经济社团的发展》,《近代史研究》1996 年第 4 期;《五四运动与商人外交》,《近代史研究》2000 年第 2 期;《清末民初商会的商事仲裁制度建设》,《学术月刊》2004 年第 4 期;《民国时期乡村建设运动的农村改造模式》,《近代史研究》2006 年第 4 期。
喻大华:《东直督抚与义和团运动的兴起》,《清史研究》2000 年第 4 期。
袁继成、王海林:《中国参加第一次世界大战和巴黎和会问题》,《近代史研究》1990 年第 6 期。
袁伟时:《为民族民主革命服务的唯物主义一元论》,《中山大学学报》1979 年第 4 期。
袁英光:《“战国策派”反动史学观点批判》,《华东师范大学学报》1958 年第 2 期。
臧运祜:《卢沟桥事变前夕日本对华政策的演变》,《抗日战争研究》1998 年第 1 期。
曾业英:《刘显世与护国战争》,《近代史研究》1988 年第 3 期;《日本对华北沦陷区的金融控制与掠夺》,《抗日战争研究》1994 年第 1 期;《日伪统治下的华北农村经济》,《近代史研究》1998 年第 3 期;《论 1928 年的东北易帜》,《历史研究》2003 年第 2 期;《蔡锷与小凤仙——兼谈史料辨伪和史事考证问题》,《近代史研究》2009 年第 1 期。
张广智:《20 世纪前期西方史学输入中国的行程》,《史学理论研究》1996 年第 1 期。
张国辉:《中国近代煤矿企业中的官商关系与资本主义发生问题》,《历史研究》1964 年第 3 期。
张海鹏:《中国近代史的“两个过程”及有关问题》,《历史研究》1984 年第 4 期;《“告别革命”说错在哪里?》,《当代中国史研究》1996 年第 6 期;《关于中国近代史的分期及其“沉沦”与“上升”诸问题》,《近代史研究》1998 年第 2 期;《中国近代史研究的回顾》,《追求集——中国近代历史进程的探索》,社会科学文献出版社 1998 年版;《20 世纪中国近代史学科体系问题的探索》,《近代史研究》2005 年第 1 期。
张和声:《文化形态史观与战国策派的史学》,《史林》1992 年第 2 期。
张洪武:《1924 年广东商团与广东革命政府关系之嬗变》,《四川师范大学学报》2002 年第 1 期。
张建基:《川系军阀的形成》,《军事历史研究》2003 年第 3 期。
张瑾、张新华:《抗日战争时期大后方科技进步述评》,《抗日战争研究》1993 年第 4 期。
张静如等:《北洋军阀统治时期的社会和革命》,《教学与研究》1986 年第 6 期。
张俊义:《南方政府截取关余事件与英国的反应》,《历史研究》2007 年第 1 期。
张磊:《论孙中山的民族主义》,《北京大学学报》1957 年第 4 期;《略论孙中山的社会历史观》,《学术研究》1963 年第 1 期。
张利民:《区域史研究中的空间范围界定》,《学术月刊》2006 年第 3 期。
张莲波:《二十世纪初的妇女团体》,《史学月刊》1991 年第 2 期。
张佩国:《近代江南农村妇女的“财产权”》,《史学月刊》2002 年第 1 期。
张启雄:《东西国际秩序原理的冲突——清末民初中暹建交的名分交涉》,《历史研究》2007 年第 1 期。
张强:《国民党抗战时期的文艺政策》,《民国档案》1991 年第 2 期。
张神根:《对国内外袁世凯研究的分析与思考》,《史学月刊》1993 年第 3 期。
张生:《南京国民政府初期关税改革述评》,《近代史研究》1993 年第 2 期。
张万全等:《中国民族资产阶级究竟何时形成的》,《学术月刊》1963 年第 9 期。
张宪文:《再论民国史研究中的几个重大问题》,《江海学刊》2008 年第

5 期。

张小路：《中国对“门户开放”政策的反应》，《社会科学战线》1998 年第 2 期。

张晓辉：《论民初军阀战乱对广州社会经济的影响》，《广东社会科学》1997 年第 6 期。

张绪忠：《直皖战争皖系败北原因新探》，《贵州师范大学学报》（社会科学版）2004 年第 3 期。

张学继：《论袁世凯政府的工商业政策》，《中国经济史研究》1991 年第 1 期。

张业赏：《论国民党军在山东敌后战场的地位》，《抗日战争研究》1996 年第 1 期。

张亦工：《商民协会初探》，《历史研究》1992 年第 3 期。

张永：《从“十八星旗”到“五色旗”——辛亥革命时期从汉族国家到五族共和国家的建国模式转变》，《北京大学学报》2002 年第 2 期。

张永英：《中国共产党成立后关于妇女参政的理论认识与实践经验》，《妇女研究论丛》2001 年增刊。

张勇：《新民主主义理论与三四十年代关于中国现代化的争论》，《中共党史研究》2000 年第 2 期。

张玉田：《应当全面看待义和团运动》，《辽宁大学学报》1979 年第 1 期。

张越：《试论学衡派的史学思想》，《辽宁师范大学学报》2002 年第 6 期；《进化史观对中国史学转型的促进和影响》，《求是学刊》2003 年第 1 期；《从对整理国故和“古史辨派”的评价看郭沫若的史学思想》，《郭沫若学刊》2003 年第 1 期；《试析 20 世纪 40 年代中国马克思主义史学家对史料和历史考证方法的重视》，《史学集刊》2006 年第 2 期。

张昭军：《论章太炎的经史观》，《史学史研究》2004 年第 2 期；《梁启超的新史学是文化史》，《史学理论研究》2010 年第 2 期。

张振鹍：《清末十年间中外关系史的几个问题》，《近代史研究》1982 年第 2 期；《淞沪抗战：中国的主动进攻与日军主要作战方向的改变》，《抗日战争研究》1996 年第 3 期。

张芝联：《当代中国史学的成就与困惑》，《史学理论研究》1994 年第 4 期。

张值荣、渠怀重：《抗战前后中美英西藏问题的交涉》，《抗日战争研究》

2007 年第 1 期。
张仲礼:《关于中国民族资本在 20 年代的发展问题》,《社会科学》1983 年第 10 期;《近代上海市场发育的若干特点》,《上海社会科学院学术季刊》1994 年第 2 期。
张仲礼等:《近代上海城市的发展、特点和研究理论》,《近代史研究》1991 年第 4 期。
章百家:《抗日战争时期国共两党的对美政策》,《历史研究》1987 年第 3 期;《美国对华政策新解》,《历史研究》1990 年第 4 期;《对重庆谈判一些问题的探讨》,《近代史研究》1993 年第 5 期。
章伯锋:《皖系军阀与日本帝国主义的关系》,《历史研究》1982 年第 6 期。
章开沅:《有关太平天国革命性质的几个问题》,《理论战线》1958 年第 2 期;《"排满"与民族运动》,《近代史研究》1981 年第 3 期;《关于改进研究中国资产阶级方法的若干意见》,《历史研究》1983 年第 5 期;《民族运动与中国近代史的基本线索》,《历史研究》1984 年第 3 期;《关于孙中山研究的思考》,《辛亥前后史事论丛续编》,华中师范大学出版社 1996 年版;《王道与霸道——试论孙中山的大同理想》,《浙江社会科学》2000 年第 3 期;《张汤交谊与辛亥革命》,《历史研究》2002 年第 1 期。
章清:《"学术社会"的建构与知识分子的"权势网络"》,《历史研究》2002 年第 4 期。
赵德馨:《列宁关于半殖民地半封建社会的学说》,《青海社会科学》1984 年第 4 期。
赵可:《体制创新与 20 世纪 20 年代广州市政的崛起》,《广西社会科学》2006 年第 3 期。
赵庆云:《论金毓黻与中国近代史研究》,《史学史研究》2008 年第 2 期。
赵泉民、忻平:《资金构成与合作社的"异化"——基于 20 世纪三四十年代中国乡村社会变迁的考察》,《华东师范大学学报》2006 年第 2 期。
赵泉民:《论晚清重农思潮》,《社会科学研究》2000 年第 6 期;《政府意志:20 世纪三四十年代中国乡村合作运动价值取向论》,《中国社会经济史研究》2006 年第 1 期。
赵人坤:《二战结束前后美国对华政策问题再探讨》,《抗日战争研究》

2008 年第 3 期。
赵矢元:《辛亥革命至“二次革命”之间的孙中山》,《东北师大学报》1981 年第 5 期。
赵云田:《清末新政期间新疆文化教育的发展》,《西域研究》2002 年第 2 期;《清末川边改革新探》,《中国藏学》2002 年第 3 期;《清末新政期间东北边疆的政治改革》,《中国边疆史地研究》2002 年第 3 期;《清末西藏新政述论》,《近代史研究》2002 年第 5 期。
郑成林:《1927—1936 年国民政府与商会关系述论》,《近代史研究》2003 年第 3 期;《抗战后中华民国商会联合会简论》,《华中师范大学学报》2006 年第 5 期。
郑大华、谭庆辉:《20 世纪 30 年代初中国知识界的社会主义思潮》,《近代史研究》2008 年第 3 期。
郑洸:《解放战争时期国统区学运史研究的几个问题》,载《解放战争时期学生运动》,同济大学出版社 1988 年版;《民主革命时期青运史专题研究综述》,《中国青运》1989 年第 6 期。
郑鹤声:《试论孙中山思想的发展道路》,《文史哲》1954 年第 4 期;《太平天国妇女解放运动及其评价》,《文史哲》1955 年第 8 期。
郑宏卫:《历史的动力与合力:兼评刘大年的〈说“合力”〉》,《学术研究》1988 年第 3 期。
郑会欣:《一九三五年币制改革的动因及其与帝国主义的关系》,《史学月刊》1987 年第 1 期;《1933 年的中美棉麦借款》,《历史研究》1988 年第 5 期。
郑家栋:《儒家与新儒家的命运》,《哲学研究》1989 年第 3 期。
郑庆声:《中国工人运动史的研究对象问题》,《史林》1986 年第 3 期。
郑师渠:《晚清国粹派的新史学探讨》,《北京师范大学学报》1991 年第 5 期;《学衡派史学思想初探》,《北京师范大学学报》1998 年第 4 期;《梁启超与新文化运动》,《近代史研究》2005 年第 2 期。
郑学益:《论孙中山的开放主义》,《北京大学学报》1989 年第 6 期。
郑焱、汤可可:《太平天国并不是一次妇女解放运动》,《史学月刊》1981 年第 2 期。
郑永福、吕美颐:《佛教与基督教在近代中国女性中影响之比较》,《佛学研究》1996 年第 6 期;《论民国时期影响女性服饰演变的诸因素》,《中州学刊》2007 年第 5 期。
郑志林：《略论我国近代女子体育的兴起》，《体育文史》1994 年第 3 期。
周俊旗：《试论皖系军阀控制中央政权的原因及其政权的特点》，《安徽史学》1989 年第 3 期；《关于近代区域城市系统研究的几个问题》，《天津社会科学》1994 年第 5 期。
周少川：《论陈垣先生的民族文化史观》，《史学史研究》2002 年第 3 期。
周文玖：《我国 20 世纪三四十年代的史学评述》，《史学理论研究》1999 年第 2 期；《朱希祖史学略论》，《史学史研究》2004 年第 4 期。
周锡瑞：《重塑中国城市：城市空间和大众文化》，《史学月刊》2008 年第 5 期。
周子峰：《近代厦门的市政建设运动及其影响（1920—1937）》，《中国社会经济史研究》2004 年第 2 期。
朱丹、田子渝：《直系军阀在湖北的经济搜刮》，《湖北社会科学》1988 年第 12 期。
朱东安、张海鹏、刘建一：《应当如何看待义和团的排外主义》，《近代史研究》1981 年第 2 期。
朱发建：《史学科学化——考察中国近代史学史的新思路》，《湖南师范大学学报》第 33 卷第 6 期，2004 年 11 月。
朱金甫：《从清宫医案论光绪帝载湉之死》，《故宫博物院院刊》1982 年第 3 期；《再论光绪帝载湉之死》，《历史档案》2010 年第 4 期。
朱敏彦：《近年来宋庆龄研究综述》，《党史教学与研究》1992 年第 6 期。
朱荫贵：《近代中国的第一批股份制企业》，《历史研究》2001 年 5 期；《中国近代股份制企业的特点——以资金运行为中心的考察》，《中国社会科学》2006 年第 5 期。
朱英：《近代中国广告的产生发展及其影响》，《近代史研究》2000 年第 4 期；《商民运动与中国近代史研究》，《天津社会科学》2005 年第 4 期；《近代中国的"社会与国家"：研究回顾与思考》，《江苏社会科学》2006 年第 4 期。
朱玉湘、吕伟俊：《陈独秀在五四时期的历史地位》，《文史哲》1979 年第 2 期。
朱政惠：《中国史学史研究的国际视野》，《学术月刊》2012 年第 1 期。
朱之江：《直皖战争中皖系败北的军事原因探析》，《军事历史研究》2001

年第 1 期。
朱仲玉:《1919 年至 1949 年间中国的马克思主义史学》,《史学史研究》1981 年第 3 期。
朱宗震:《袁世凯的币制改革》,《近代史研究》1989 年第 2 期。
左双文:《“九一八”事变后南京国民政府设立的特种外交委员会》,《近代史研究》2003 年第 1 期;《近代史家和 20 世纪三四十年代香港史学》,《史学史研究》2004 年第 1 期。

二 著作

[德] 马克思、恩格斯:《马克思恩格斯选集》第 1 卷,人民出版社 1966 年版。
[日] 石川祯浩:《中国共产党成立史》,袁广泉译,中国社会科学出版社 2005 年版。
[苏] 列宁:《列宁全集》第 2 卷,人民出版社 1959 年版;《列宁选集》第 2 卷,人民出版社 1961 年版。
[苏] 齐赫文斯基主编:《中国近代史》(上、下册),北京师范大学历史系、北京大学历史系、北京大学俄语系翻译小组译,生活·读书·新知三联书店 1974 年版。
[英] 巴勒克拉夫:《当代史学主要趋势》,上海译文出版社 1987 年版。
白钢:《中国封建社会长期延续问题论战的由来与发展》,中国社会科学出版社 1984 年版。
蔡美彪:《学林旧事》,中华书局 2012 年版。
曹洪涛等:《中国近现代城市的发展》,中国城市出版社 1998 年版。
曹树基:《中国人口史》第 5 卷下册,复旦大学出版社 2001 年版。
曹幸穗:《旧中国苏南农家经济研究》,中央编译出版社 1996 年版。
陈其泰:《史学与中国文化传统》,书目文献出版社 1992 年版。
从翰香主编:《近代冀鲁豫乡村》,中国社会科学出版社 1995 年版。
崔之清主编:《太平天国战争全史》,南京大学出版社 2002 年版。
戴均良:《中国城市发展史》,黑龙江人民出版社 1992 年版。
单强:《江南区域市场研究》,人民出版社 1999 年版。
邓野:《联合政府与一党训政——1944—1946 年间国共政争》,社会科学文献出版社 2003 年版。

丁名楠、余绳武、张振鹍等：《帝国主义侵华史》第1卷，科学出版社1958年版。
丁伟志、陈崧：《中西体用之间》，中国社会科学出版社1995年版。
丁卫平：《中国妇女抗战史研究》，吉林人民出版社1999年版。
董蔡时：《太平天国在苏州》，江苏人民出版社1981年版。
杜芳琴、王政主编：《中国历史中的妇女与性别》，天津人民出版社2004年版。
杜芳琴：《妇女学和妇女史的本土探索》，天津人民出版社2002年版。
段云章、邱捷：《孙中山与中国近代军阀》，四川人民出版社1990年版。
范文澜：《中国近代史》上编第1分册，人民出版社1951年修订版；《范文澜历史论文选集》，中国社会科学出版社1979年版；《中国近代史》，人民出版社1979年版。
斐民：《中国近代思想发展简史》，上海时代书局1949年版。
冯尔康：《中国社会史概论》，高等教育出版社2004年版。
冯天瑜主编：《东方的黎明——中国文化走向近代化的历程》，巴蜀书社1988年版。
高军、王桧林、杨树标主编：《中国现代政治思想评要》，华夏出版社1990年版。
高瑞泉主编：《中国近代社会思潮》，华东师范大学出版社1996年版。
葛兆光：《中国思想史》第2卷，复旦大学出版社2000年版。
耿云志等：《西方民主在近代中国》，中国青年出版社2003年版。
龚书铎等：《清代理学史》，广东教育出版社2007年版。
龚育之：《党史札记》，浙江人民出版社2002年版；《党史札记二编》，浙江人民出版社2004年版；《党史札记末编》，中共党史出版社2008年版。
顾朝林：《中国城镇体系：历史、现状与展望》，商务印书馆1992年版。
顾大全：《护国战争与贵州》，贵州人民出版社1985年版。
关梦觉：《中国原始资本积累问题初步探索》，上海人民出版社1958年版。
关晓红：《晚清学部研究》，广东教育出版社2000年版。
贵州军阀史研究会、贵州社会科学院历史研究所：《贵州军阀史》，贵州人民出版社1987年版。
桂遵义：《马克思主义史学在中国》，山东人民出版社1992年版。

郭剑林等：《北洋政府简史》，天津古籍出版社 2000 年版。
郭沫若：《中国史稿》第 4 册，人民出版社 1962 年版。
郭毅生：《太平天国经济史》，广西人民出版社 1991 年版。
郭豫明：《捻军史》，上海人民出版社 2001 年版。
郝平：《孙中山革命与美国》，北京大学出版社 2000 年版。
何东：《中国现代史史料学》，求实出版社 1987 年版。
何干之：《中国现代革命史讲义》，高等教育出版社 1955 年版。
何理：《抗日战争史》，上海人民出版社 1985 年版。
何新：《中国文化史新论》，黑龙江人民出版社 1985 年版。
何一民：《中国城市史纲》，四川大学出版社 1994 年版。
何一民主编：《近代中国城市发展与社会变迁（1840—1949）》，科学出版社 2004 年版；《20 世纪中国西部中等城市与区域发展》，巴蜀书社 2005 年版。
何友良：《中国苏维埃区域社会变动史》，当代中国出版社 1996 年版。
何兆武等：《中国思想发展史》，湖北人民出版社 2007 年版。
侯外庐主编：《中国思想史纲》下册，人民出版社 1957 年版；《中国近代哲学史》，人民出版社 1978 年版。
侯宜杰：《二十世纪初中国政治改革风潮——清末立宪运动史》，人民出版社 1993 年版。
侯云灏：《20 世纪中国史学思潮与变革》，北京师范大学出版社 2007 年版。
胡滨：《十九世纪末叶帝国主义争夺中国权益史》，生活·读书·新知三联书店 1957 年版；《中国近代改良主义思想》，中华书局 1964 年版。
胡逢祥、张文建：《中国近代史学思潮与流派》，华东师范大学出版社 1991 年版。
胡华：《中国新民主主义革命史讲义》，新华书店 1950 年版。
胡绳：《帝国主义与中国政治》，生活·读书·新知三联书店 1950 年版；《从鸦片战争到五四运动》上册，人民出版社 1981 年版；《从鸦片战争到五四运动》下册，人民出版社 1982 年版。
胡绳主编，中共中央党史研究室著：《中国共产党的七十年》，中共党史出版社 1991 年版。
胡维革：《中国近代社会思潮研究》，东北师范大学出版社 1994 年版。

湖北大学中国思想文化史研究所:《中国文化的现代转型》,湖北教育出版社1996年版。
贾熟村:《太平天国时期的地主阶级》,广西人民出版社1991年版。
贾秀岩、陆满平:《民国价格史》,中国物价出版社1992年版。
贾中福:《中美商人团体与近代国民外交(1905—1927)》,中国社会科学出版社2008年版。
翦伯赞:《中国史纲要》第4册,人民出版社1964年版。
姜沛南:《中国工运史论》,辽宁人民出版社1996年版。
蒋俊:《中国史学近代化进程》,齐鲁书社1995年版。
蒋廷黻:《中国近代史》,岳麓书社1987年版。
金冲及主编:《周恩来传(1898—1949)》上卷,中央文献出版社1989年版;《周恩来传(1898—1976)》,中央文献出版社1998年版。
金光耀等主编:《北洋时期的中国外交》,复旦大学出版社2006年版。
军事科学院军事历史研究部编:《中国抗日战争史》中卷,解放军出版社1991年版。
孔经纬:《新编中国东北地区经济史》,吉林教育出版社1994年版。
来新夏等:《北洋军阀史稿》,湖北人民出版社1983年版;《北洋军阀史》,南开大学出版社2000年版。
黎澍:《黎澍自选集》,广东人民出版社1998年版。
李华兴:《中国近代思想史》,浙江人民出版社1988年版。
李吉奎:《孙中山与日本》,广东人民出版社1996年版。
李静之:《伟大的七十年》,中共党史出版社1992年版。
李静之等:《马克思主义的妇女观》,中国人民大学出版社1992年版。
李文海、刘仰东:《太平天国社会风情》,中国人民大学出版社1989年版。
李喜所:《近代留学生与中外文化》,天津人民出版社1992年版。
李细珠:《张之洞与清末新政研究》,上海书店出版社2003年版。
李新总主编:《中华民国史》第1编,中华书局1981—1982年版。
李育民:《中国废约史》,中华书局2005年版。
李泽厚:《中国近代思想史论》,人民出版社1979年版;《中国现代思想史论》,东方出版社1987年版。
李兆祥:《近代中国的外交转型研究》,中国社会科学出版社2008年版。
历史研究编辑部:《中国近代史分期问题讨论集》,生活·读书·新知三联书店 1957 年版。
郦纯：《太平天国制度初探》，人民出版社 1956 年初版，中华书局 1989 年修订版。
林甘泉等：《中国古代史分期讨论五十年》，上海人民出版社 1982 年版。
林家有、周兴樑：《孙中山与第一次国共合作》，四川人民出版社 1988 年版。
林家有等：《孙中山社会建设思想研究》，中山大学出版社 2009 年版。
林茂生、王维礼、王桧林主编：《中国现代政治思想史》，黑龙江人民出版社 1984 年版。
林增平：《中国近代史》，湖南人民出版社 1958 年版。
刘大年：《刘大年史学论文选集》，人民出版社 1987 年版；《抗日战争时代》，中央文献出版社 1996 年版。
刘凤云、刘文鹏编：《清朝的国家认同——“新清史”研究与争鸣》，《清史研究丛书》，中国人民大学出版社 2010 年版。
刘佛丁等：《近代中国的经济发展》，山东人民出版社 1997 年版。
刘克祥、吴太昌主编：《中国近代经济史（1927—1937）》，人民出版社 2010 年版。
刘俐娜：《由传统到现代——论中国史学的转型》，社科文献出版社 2006 年版。
刘永明：《国民党人与五四运动》，中国社会科学出版社 1990 年版。
龙盛运：《湘军史稿》，四川人民出版社 1990 年版。
陆仰渊、方庆秋：《民国社会经济史》，中国经济出版社 1991 年版。
罗尔纲：《忠王自传原稿考证与论考据》，科学出版社 1958 年版；《太平天国史事考》，生活·读书·新知三联书店 1979 年版；《太平天国史》，中华书局 1991 年版。
罗荣渠：《现代化新论》，北京大学出版社 1993 年版。
罗澍伟等：《近代天津城市史》，中国社会科学出版社 1993 年版。
罗苏文：《女性与近代中国社会》，上海人民出版社 1996 年版。
罗志田：《乱世潜流：民族主义与民国政治》，上海古籍出版社 2001 年版；《近代中国史学十论》，复旦大学出版社 2003 年版。
吕美颐、郑永福：《中国妇女运动（1840—1921）》，河南人民出版社 1990 年版。

马定祥、马传德：《太平天国钱币》，上海人民出版社 1983 年版。
马振犊：《血染的辉煌——抗战正面战场写实》，广西师范大学出版社 1993 年版。
毛泽东：《毛泽东选集》（横排合订本），人民出版社 1967 年版；《建国以来毛泽东文稿》第 2 册，中央文献出版社 1988 年版；《毛泽东选集》，人民出版社 1991 年版；《毛泽东文集》第 2 卷，人民出版社 1993 年版。
茅海建：《天朝的崩溃》，生活 · 读书 · 新知三联书店 2005 年版；《戊戌变法史事考初集》，生活 · 读书 · 新知三联书店 2005 年版；《戊戌变法史事考二集》，生活 · 读书 · 新知三联书店 2011 年版。
茅家琦、方之光、童光华：《太平天国兴亡史》，上海人民出版社 1980 年版。
茅家琦：《太平天国与列强》，广西人民出版社 1992 年版。
茅家琦主编：《太平天国通史》（全 3 册），南京大学出版社 1991 年版。
宓汝成：《帝国主义与中国铁路》，上海人民出版社 1980 年版。
缪楚黄：《中国共产党简要历史》，学习杂志社 1956 年版。
莫建来：《皖系军阀统治史稿》，天津古籍出版社 2004 年版。
聂宝璋：《中国买办资产阶级的发生》，中国社会科学出版社 1979 年版。
宁越敏等：《中国城市发展史》，安徽科技出版社 1994 年版。
牛军：《从延安走向世界——中国共产党对外关系的起源》，福建人民出版社 1992 年版。
逄先知、金冲及主编：《毛泽东传（1949—1976）》（上），中央文献出版社 2003 年版。
彭明、程歗主编：《近代中国的思想历程（1840—1949）》，中国人民大学出版社 1999 年版。
皮明庥主编：《近代武汉城市史》，中国社会科学出版社 1993 年版。
戚其章：《甲午战争史》，上海人民出版社 1990 年版；《国际法视角下的甲午战争》，人民出版社 2001 年版。
乔志强主编：《中国近代社会史》，人民出版社 1992 年版。
乔治忠、姜胜利编著：《中国史学史研究述要》，天津教育出版社 1996 年版。
曲家源：《卢沟桥事变起因考论：兼与日本有关学者商榷》，中国华侨出版社 1992 年版。

全国妇联：《中国妇女运动史（新民主主义时期）》，春秋出版社 1989 年版。
全国哲学社会科学规划办公室编：《哲学社会科学各学科研究状况与发展趋势》，学习出版社 1997 年版。
荣孟源：《史料与历史科学》，人民出版社 1978 年版。
荣维木：《炮火下的觉醒——卢沟桥事变》，广西师范大学出版社 1996 年版。
沙健孙、龚书铎主编：《走什么路——关于中国近现代历史上的若干重大是非问题》，山东人民出版社 1997 年版。
上海市档案馆编：《上海三次工人武装起义》，上海人民出版社 1983 年版；《上海工会联合会》，上海人民出版社 1989 年版。
尚明轩：《孙中山传》，北京人民出版社 1981 年版。
尚小明：《留日学生与清末新政》，江西教育出版社 2002 年版。
邵维正：《中国共产党创建史》，解放军出版社 1991 年版。
邵雍：《中国秘密社会》第 6 卷《民国帮会》，福建人民出版社 2002 年版。
沈以行、姜沛南、郑庆声主编：《中国工运史论》，辽宁人民出版社 1996 年版。
盛邦和：《解体与重构：现代中国史学与儒学思想变迁》，华东师范大学出版社 2002 年版。
盛巽昌：《太平天国职官志》，广西人民出版社 1999 年版。
石峻、任继愈、朱伯昆编：《中国近代思想史讲授提纲》，人民出版社 1955 年版。
史明正：《走向近代化的北京城——城市建设与社会变革》，北京大学出版社 1995 年版。
史式：《太平天国词语研究》，广西人民出版社 1993 年版。
四川省哲学社会科学联合会等编：《近代中国教案研究》，四川省社会科学院出版社 1987 年版。
苏全有：《清末邮传部研究》，中华书局 2005 年版。
苏双碧：《太平天国史综论》，广西人民出版社 1993 年版。
苏智良等主编：《袁世凯与北洋军阀》，上海人民出版社 2006 年版。
孙石月：《中国近代女子留学史》，中国和平出版社 1995 年版。
陶飞亚主编：《性别与历史：近代中国妇女与基督教》，上海人民出版社

2006 年版。
万峰:《日本近代史》，中国社会科学出版社 1978 年版。
汪敬虞主编:《中国近代经济史（1895—1927）》，人民出版社 2000 年版。
王建朗:《抗战初期的远东国际关系》，台湾东大图书公司 1995 年版；《中国废除不平等条约的历程》，江西人民出版社 2000 年版。
王金铻、李子文:《中国现代政治思想史》，吉林大学出版社 1991 年版。
王立新:《美国传教士与晚清中国现代化》，天津人民出版社 1997 年版。
王庆成:《太平天国的文献和历史》，中华书局 1985 年版。
王戎笙、龙盛运、贾熟村、何龄修：《太平天国运动史》，人民出版社 1986 年版。
王实等:《中国共产党历史简编》，上海人民出版社 1958 年版。
王玉茹:《近代中国价格结构研究》，陕西人民出版社 1997 年版。
王政、陈雁:《百年中国女权思潮研究》，复旦大学出版社 2005 年版。
王仲清主编:《中共党史学概论》，浙江人民出版社 1991 年版。
隗瀛涛等主编:《辛亥革命史》中册，人民出版社 1980 年版。
隗瀛涛主编：《中国近代不同类型城市综合研究》，四川大学出版社 1998 年版；《近代长江上游城乡关系研究》，四川出版集团、天地出版社 2003 年版。
魏光奇:《官治与自治——20 世纪上半期的中国县治》，商务印书馆 2004 年版。
魏文亨:《中间组织——近代工商同业公会研究（1918—1949）》，华中师范大学出版社 2007 年版。
吴承明:《中国资本主义与国内市场》，中国社会科学出版社 1985 年版；《市场·近代化·经济史论》，云南大学出版社 1996 年版。
吴怀祺:《中国史学思想史》，安徽人民出版社 1996 年版。
吴剑杰:《中国近代思潮及其演进》，武汉大学出版社 1989 年版。
吴雁南、冯祖贻等主编：《中国近代社会思潮》，湖南教育出版社 1998 年版。
吴雁南等主编:《清末社会思潮》，福建人民出版社 1990 年版。
吴玉章:《辛亥革命》，人民出版社 1961 年版。
吴泽主编，袁英光、桂遵义著：《中国近代史学史》，江苏古籍出版社 1989 年版。

吴泽主编：《史学概论》，安徽人民出版社 1985 年版。
席宣、金春明：《“文化大革命”简史》，中共党史出版社 1996 年版。
夏春涛：《太平天国宗教》，南京大学出版社 1992 年版；《天国的陨落——太平天国宗教再研究》，中国人民大学出版社 2006 年版。
夏东元：《洋务运动史》，华东师范大学出版社 1992 年版。
夏晓虹编著：《晚清女性与近代中国》，北京大学出版社 2004 年版。
向青：《共产国际与中国革命关系论文集》，上海人民出版社 1985 年版。
肖万源：《孙中山哲学思想》，中国社会科学出版社 1981 年版。
谢保成：《民国史学述稿（1912—1949）》，上海人民出版社 2011 年版。
谢本书等：《护国运动史》，贵州人民出版社 1984 年版。
谢本书、冯祖贻主编：《西南军阀史》第 1—3 卷，贵州人民出版社 1991、1994 年版。
熊月之：《中国近代民主思想史》，上海人民出版社 1986 年版。
徐立亭、熊炜编：《中国近代史论文资料索引（1949—1979）》，中华书局 1983 年版。
徐顺教等主编：《中国近代伦理思想研究》，华东师范大学出版社 1993 年版。
徐元冬等：《中国共产党历史讲话》，中国青年出版社 1962 年版。
许涤新、吴承明主编：《中国资本主义发展史》第 1—3 卷，人民出版社 1985、1990、1993 年版。
杨奎松：《中间地带的革命——中国革命的策略在国际背景下的演变》，中共中央党校出版社 1992 年版；《毛泽东与莫斯科的恩恩怨怨》，江西人民出版社 1999 年版、香港三联书店 2000 年版。
杨云若、杨奎松：《共产国际和中国革命》，上海人民出版社 1988 年版。
尹达主编：《中国史学发展史》，中州古籍出版社 1985 年版。
余子道等：《汪伪政权全史》，上海人民出版社 2006 年版。
俞辛焞：《孙中山与日本关系研究》，人民出版社 1996 年版；《辛亥革命时期的中日外交史》，天津人民出版社 2000 年版。
虞和平：《商会与中国早期现代化》，上海人民出版社 1993 年版。
袁继成：《近代中国租界史稿》，中国财经出版社 1988 年版。
张生等：《日伪关系研究——以华东地区为中心》，南京出版社 2003 年版。
张岱年、程宜山：《中国文化与文化论争》，中国人民大学出版社 1990

年版。
张东刚：《总需求的变动趋势与近代中国经济发展》，高等教育出版社 1997 年版。
张海鹏主编：《中国近代通史》第 1—10 卷，凤凰出版传媒集团、江苏人民出版社 2006 年版。
张静如、唐曼珍主编：《中共党史学史》，中国人民大学出版社 1990 年版。
张岂之、陈国庆：《近代伦理思想的变迁》，中华书局 1993 年版。
张岂之主编：《中国近代史学学术史》，中国社会科学出版社 1996 年版。
张书学：《中国现代史学思潮研究》，湖南教育出版社 1998 年版。
张锡勤：《中国近现代伦理思想史》，黑龙江人民出版社 1984 年版；《中国近代思想史》，黑龙江人民出版社 1988 年版。
张一文、刘庆、皮明勇：《中国近代军事史研究概览》，天津教育出版社 1991 年版。
张一文：《太平天国军事史》，广西人民出版社 1994 年版。
张仲礼、熊月之、沈祖炜主编：《长江沿江城市与中国近代化》，上海人民出版社 2002 年版。
张仲礼主编：《近代上海城市研究》，上海人民出版社 1990 年版；《东南沿海城市与中国近代化》，上海人民出版社 1996 年出版。
张注洪：《中国现代革命史史料学》，中共党史资料出版社 1987 年版。
章伯锋、李宗一主编：《北洋军阀（1912—1928）》第 1 卷，武汉出版社 1990 年版。
章伯锋：《皖系军阀与日本》，四川人民出版社 1988 年版。
章开沅、林增平：《辛亥革命史》下册，人民出版社 1981 年版。
章开沅、罗福惠主编：《比较中的审视：中国早期现代化研究》，浙江人民出版社 1993 年版。
章开沅、朱英主编：《对外经济关系与中国近代化》，华中师范大学出版社 1990 年版。
章开沅等：《张謇与近代社会》，华中师范大学出版社 2001 版。
郑洸、罗成全主编：《中国青年运动六十年》，中国青年出版社 1990 年版。
郑永福等：《近代中国妇女生活》，河南人民出版社 1993 年版。
中共中央党史研究室：《中国共产党历史》上卷，人民出版社 1991 年版。
中国科学院近代史研究所资料编译组编译：《外国资产阶级是怎样看待中

国历史的——资本主义国家反动学者研究中国近代历史的论著选译》第1卷，商务印书馆1961年版。

中国社会科学院近代史研究所：《日本侵华七十年史》，中国社会科学出版社1992年版。

中国现代革命史研究会编：《中国现代革命运动史》，延安解放社1937年版。

钟文典选编：《罗尔纲文选》，广西师范大学出版社1999年版。

朱从兵、崔德田：《太平天国文书制度》，广西人民出版社1993年版。

朱寰、王恒伟主编：《中国对外条约辞典》，吉林教育出版社1994年版。

朱荫贵：《国家干预经济与中日近代化》，东方出版社1994年版。

朱英：《晚清经济政策与改革措施》，华中师范大学出版社1996年版。

朱宗震：《大视野下清末民初变革》，新华出版社2009年版。

邹兆辰、江湄、邓京力：《新时期中国史学思潮》，当代中国出版社2001年版。

左旭初：《中国近代商标简史》，学林出版社2003年版；《著名企业家与名牌商标》，上海社会科学院出版社2008年版。

左玉河：《从四部之学到七科之学——学术分科与近代中国知识系统之创建》，上海书店出版社2004年版。